Franzsepp Würtenberger

Das Ich als Mittelpunkt der Welt

Eine äonische Biographie

 von Loeper Verlag

Umschlag unter Verwendung eines Fotos von Foto Gleis

CIP-Kurztitelaufnahme der Deutschen Bibliothek

Würtenberger, Franzsepp:
Das Ich als Mittelpunkt der Welt: e. äon.
Biografie / Franzsepp Würtenberger. – Karlsruhe:
von Loeper, 1986
ISBN 3-88652-505-8

Originalausgabe
© 1986 by von Loeper Verlag GmbH, Kiefernweg 13,
7500 Karlsruhe 31

Alle Rechte, insbesondere die der Vervielfältigung und Verbreitung,
vorbehalten.

Lektorat: Klaus Isele, Ady Henry Kiss
Herstellung: Buch & Service von Loeper, Karlsruhe

Printed in Germany
ISBN 3-88652-505-8

Einstimmung des Lesers in die Lektüre meiner Biographie

In meiner Biographie geht es zunächst um alles andere und nur nicht um das Wesen, das sich selber Franzsepp Würtenberger nennt und auch die anderen Menschen sich angewöhnt haben, es so zu benennen.

Bei der Lektüre meiner Biographie soll der Nachvollzieher meines Lebens zunächst weit ab von mir geführt werden. So ungeheuer unendlich weit ab, daß er glauben könnte, dieses Buch handle sich gar nicht mehr um mich, diesen Franzsepp Würtenberger, und der Eindruck entsteht, als hätte man und ich mich restlos vergessen, aus dem Gesichtskreis verloren. Der Leser wird schreien: «Wo bleibst Du, Franzsepp? Wo bleiben Sie ab, Herr Würtenberger? Ich finde ihn nicht mehr.»

Ich habe das allerallergewaltigste Unternehmen vor, das ich kenne und das ich mir vorstellen oder besser: es mir eben nicht mehr vorstellen kann.

Dieses Superunternehmen besteht einfach darin: Ich will meine lächerlich kleine Figur, diese unsagbar winzige, weltgeschichtliche Sternschnuppe, dieses absolute Nichts und Nihil in Beziehung setzen zu dem unausdenkbaren Gegenpol: dem Weltall-Ganzen!

An sich ein verwegenes, irres Unternehmen.

Die In-Beziehung-Setzung des Weltganzen zu meiner Person ergibt sich einzig und allein aus dem angenommenen allgemeinen allmächtigen Kausalgesetz, das feststellt, daß Jegliches mit Jeglichem in irgendeinem direkten oder indirekten Kausalzusammenhang steht. Insofern kann ich auf mich bezogen die alle Bedenken und Hemmnisse überrennende Weltrechnung und Kausalkette aufstellen:

> Das Weltall ist Ich und
> Ich bin das Weltall

Nach diesem Gesetz will ich mein Sein und Leben betrachten, somit auch meine Biographie aufbauen, die nach dieser These identisch ist mit der gesamten Weltgeschichte!

Eine gewisse Ahnung vom Ausmaß meines Vorhabens äußerte einmal Hermann Hesse, indem er sich folgenden Überlegungen hingab:

«Eines Menschen Leben und eines Dichters Werk wächst aus hundert und tausend Wurzeln und nimmt, solange es nicht abgeschlossen ist, hundert und tausend neue Beziehungen und Verbindungen auf, und wenn es einmal geschähe, daß ein Menschenleben von seinem Beginn bis zu seinem Ende aufgeschrieben würde samt allen diesen Verwurzelungen und Verflechtungen, so würde das ein Epos ergeben, so reich wie die ganze Weltgeschichte».

(Zitat aus: Hermann Hesse. Eine Chronik in Bildern von Bernhard Zeller Frankfurt a. M., 1960 S. XI.)

Genau dies ist meine Absicht und mein Ziel. Hinsichtlich dieser Verwurzelungen und Verflechtungen muß man fragen: Wohin führen sie? Wo sind sie noch greifbar und feststellbar? Wo nicht? Führen sie uns nicht in weite und ferne und durch ihre Weite und Ferne in immer unbekannter werdende Gefilde? Darauf will ich Bedacht nehmen und diese Ungewißheit stört mich keineswegs: Ich muß aus dem Sachverhalt heraus den Sprung ins Unfaßbare auf mich nehmen.

Dort, im Unbekannten des Unbekanntesten, soll der wirkliche Anfang meiner Biographie sein.

Ich will dann vom Weltganzen, vom Weltall, vom All in unendlicher Wandlung zu mir (ausgelöst durch meine Zeugung) *hinabzusteigen* versuchen und dann wieder versuchen von mir weg (ausgelöst durch meinen Tod) zum Weltganzen *aufzusteigen*.

Zu diesem allergewaltigsten Ausflug aller Ausflüge, zu dieser Riesen-Reise aller Reisen ist der Leser eingeladen!

Ich will das gesamte vorstellbare und unvorstellbare Weltganze abschreiten, um die Grundfrage meines Seins und Daseins zu beantworten:

Wie reihe ich mich in das All, in den Ablauf des Raumes und der Räume und in den Ablauf der Zeit und der Zeiten ein?

> Woher komme ich? (Vergangenheit)
> Wer bin ich? (Gegenwart)
> Wohin gehe ich? (Zukunft)

Erst dann und dann erst, wenn ich dieses Wagnis, diesen, nennen wir es einmal: Kreis ausgeschritten habe, bin ich beruhigt, habe ich die Aufgabe, die ich mir selber an mich selbst um meiner selbst willen gestellt habe, versucht zu erfüllen. Erst dann kann ich wieder Achtung vor mir selbst haben. Vorher nicht.

Insofern ist dies Unternehmen kein literarischer Spaß und leicht hingeworfener Scherz, sondern höchst notwendig.

Ich weiß nicht, welch anderer Mensch sich als Mensch dieses Unternehmens, aus welchen Gründen auch immer, sich für seine Person entschlagen könnte.

Bevor ich den Leser an die Hand nehme, um mit ihm die Weltenreise par excellence zu unternehmen, will ich die Route des Gedankenganges, den Fahrplan meiner Biographie, vorher bekanntgeben.

Die Route lautet:

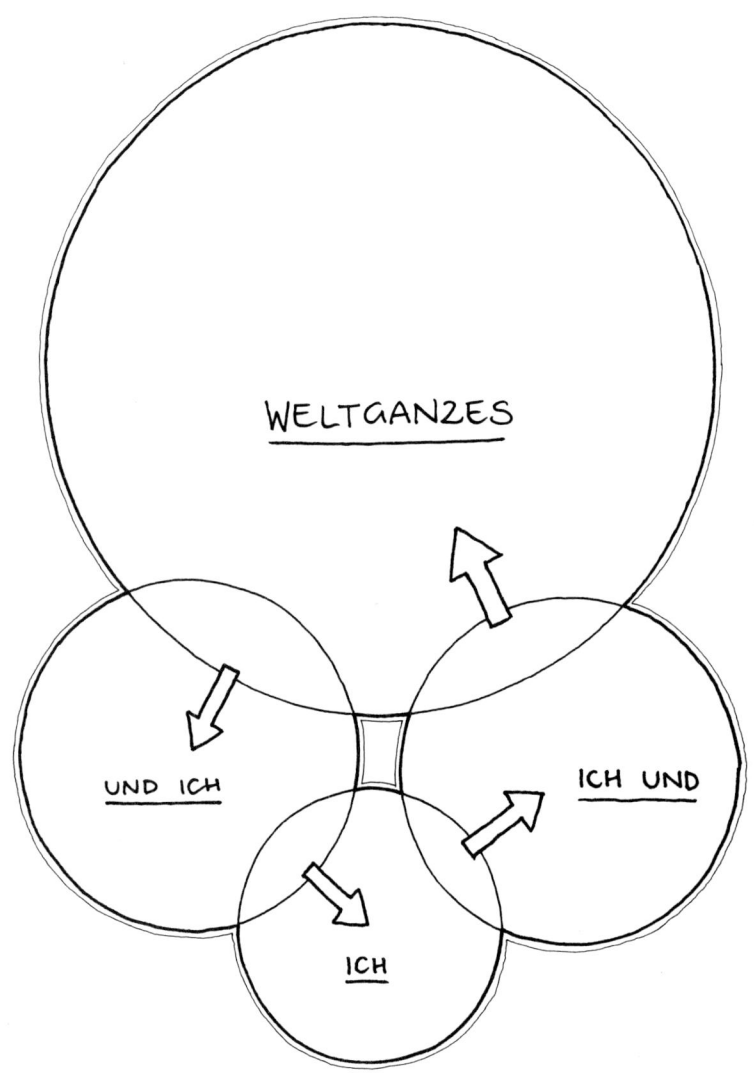

Das Weltganze und Ich

I. Das Weltganze

Ernst Würtenberger. «Ich weiß keinen Anfang.» Selbstbildnis. Zeichnung.

und Haltung eines vom Himmel her Hoffnung herabflehenden Evangelisten, wie wir diesen auf mittelalterlichen Miniaturen abgebildet sehen können, die Frage aller Fragen beantwortete mit dem Satz der Verzweiflung: «Ich weiß keinen Anfang».

Mein Vater legte dieses Bekenntnis ab, indem er den Heiligen Johannes, den Evangelisten, in Medaillonform entwarf und dieser Abbildung die Anfangsworte des Johannes-Evangeliums hinzufügte: «En archä än ho logos», «Am Anfang war das Wort», wozu zu ergänzen ist: «Und das Wort war bei Gott».

Ernst Würtenberger: Der Heilige Johannes Evangelista. Holzschnitt.

Für den im Verhältnis zur Weltganzheitlichkeit punktuell dahinvegetierenden, irdisch bedingten Menschen ist es schwer und eigentlich unmöglich, den Begriff des Weltganzen oder der Allheit des Seienden mit einer diesem Begriffe adäquaten Fülle und Überfülle zu begegnen.

Es übersteigt die Kapazität und Denkenergie des menschlichen Gehirns mit seinen irdisch beschränkten Mitteln und Werkzeugen und Apparaten zu überirdischen Gedanken oder gar überirdischen Zuständen aufzusteigen.

Es überfällt uns bei einem solchen Unternehmen die bange Frage: Wo anfangen? Wo enden? Es geht mir dabei um keinen Deut besser als es meinem Vater erging, als er in der Gestalt

Auf das eigene Sein und Schaffen meines Vaters bezogen, blieb die Beantwortung dieser Frage aller Fragen im Ungewissen stecken.

Aber ungeachtet der Wahrheit, daß der Mensch die Unmöglichkeit seines Tuns und die Ohnmacht seines Denkens einsehen muß, hat sich das Denken des Menschen mit dem Begriff des Weltganzen vielfältig herumgeschlagen und auseinandergesetzt.

Wann, das heißt in welchem Lebensaugenblick, mir selber die hohe Bedeutung des Begriffes des Weltganzen für mein Leben mit aller Wucht entgegentrat und mein Denken in Beschlag genommen und in eine ganz bestimmte Richtung gestoßen hat, kann ich genau angeben:

Im Sommersemester 1930 begann ich an der Universität Freiburg im Breisgau mein Studium der Philosophie mit dem Anhören der Vorlesungen von Martin Heidegger. Die Vorlesungen fanden Mo, Di, Do, Fr 17h – 18h statt. Thema der Vorlesung war «Einführung in die Philosophie (vom Wesen der Freiheit)».

Die ersten Sätze meines Kollegheftes – es sind lapidar gemeißelte Grunderkenntnisse – lauten:

«Allheit des Seienden = Welt.
Urgrund dessen Gott.
Der Mensch in der Allheit d. S. (des Seienden)
nur eine Ecke u. in Bezug
d. (der) Geschichte u. (des) Kosmos gebrechlich
u. (und) eine unaufhaltbare
Flüchtigkeit.»

Mit diesen prägnant aneinandergereihten Definitionen war mir eine Setzung des Verhältnisses zwischen Allheit, Weltganzem und dem Menschen, und in dessen Spezialfall auch zu mir, gegeben. Diese Sätze von Martin Heidegger konnte ich nie mehr vergessen, und sie schwelten stets dumpf in mir nach.

Damit waren aber auch die Ur-Idee, das Ur-Schema und der gedankliche Antrieb zu diesem Buch, zur Abfassung meiner Biographie, in mich eingesenkt worden.

Martin Heidegger spricht in seiner Schrift «Vom Wesen des Grundes», 1929, nochmals von dem verwandten Begriff der Totalitas der Welt und des Mundus und wieder von der Welt im ganzen und vom Kosmos. Die kurze Abhandlung habe ich seinerzeit sofort erworben als Ergänzung zu seiner Vorlesung und ebenso wie diese als Wissensschatz in mir bewahrt.

Steigen wir nun zum Begriff des Weltganzen mit allen Folgerungen, die diesem Begriffe innewohnen, auf, so kommen wir in eine Zone, wo unvorhergesehen Gräßliches passiert, wo die uns liebgewordenen irdischen Grundbegriffe, nach denen wir die uns zugängliche Welt in gutem Glauben an sie messen und beurteilen, aufgehoben sind.

Es ist die Zone, wo es uns unmöglich wird, die normalen, gewöhnlichen und gewohnten Denkprinzipien erfolgreich anzuwenden.

Wir kommen in eine Zone, wo es vor allem keine Streiterei mehr um die irdischen Gegensätze von Begriffen gibt.

Es ist die Zone, wo sogar die Grundkategorien, nach denen wir unsere Welt uns verständlich machen, die Kategorien von Zeit und Raum ihre Verbindlichkeit verlieren.

Es sind aber noch viele andere Begriffe und Begriffspaare, die ihre Poligkeit einbüßen.

So ist, um einige zu nennen, der Gegensatz aufgehoben von

Ordnung und Chaos
Materie und Geist
Körper und Seele
Wirklichkeit und Idee
Gut und Böse
Klein und Groß
Tief und Hoch
Kurz und Lang
Kalt und Warm
Schwach und Stark
Innen und Außen
Mikrokosmos und Makrokosmos
Anfang und Ende
Teil und Ganzes
Ich und Weltganzes
Sein und Nicht-Sein

Ich könnte eine Menge von Lösungsvorschlägen aus der Geschichte der Naturwissenschaft, der Religionen und Mythen aufzählen, die sich mit dem Weltganzen befassen.

Doch wenige Proben, denen ich besonders hellhörig und bewußt begegnet bin, sollen für das an sich unlösbare Problem genügen.

Der Buddhismus spricht von der «Leeren Unendlichkeit». Dem Auge wird diese Vorstellung durch die schlichte Linie eines Kreises übermittelt.

«Alles ist eines – Eines in Allem.» Ostasiatische Malerei.

Diese Deutung trat mir im Buche von C. G. Jung und Richard Wilhelm «Das Geheimnis der Goldenen Blüte. Ein chinesisches Lebensbuch», Zürich und Stuttgart 1954 kurz nach dessen Erscheinen entgegen.

Dieses von tiefer Urweisheit zeugende Buch erhielt ich von der Karlsruher Kirchenglas-Bilderentwerferin und Wandteppichstickerin Clara Kreß (1899–1971) geschenkt. Sie gab mir das Buch zu jener Zeit, 1958, als ich gerade mein Buch «Weltbild und Bilderwelt» konzipierte und wir unter anderem intensiv die Frage der Stellung des Menschen im Kosmos aufgrund der neuesten Forschungen und Meinungen von Teilhard de Chardin in vielen langen Gesprächen durchdiskutierten.

Im genannten Buch von Jung und Wilhelm fand ich folgende Stelle, wo von der Aufhebung der irdischen Begriffswelt gesprochen wird.

Der Passus lautet:

Die leere Unendlichkeit

Ohne Entstehen, ohne Vergehen,
Ohne Vergangenheit, ohne Zukunft.
Ein Lichtschein umgibt die Welt des Geistes.
Man vergißt einander, still und rein, ganz mächtig und leer.
Die Leere wird durchleuchtet vom Schein des Herzens des Himmels.

Mit der «Leeren Unendlichkeit» des Buddhismus, dargestellt durch den Kreis, ist eine «Allegorie des göttlichen Wesens» aus dem christlichen Gedankengut vergleichbar. Matthäus Merian bildet diese Allegorie in seinen «Bildern zur Bibel» von 1630, herausgegeben in Straßburg, ab.

Das göttliche Wesen ist eine Sonne, mit Strahlen gebildet, zwei Kreise umgeben den Mittelpunkt. Inschriften erläutern das göttliche Prinzip. Es wird erklärt: Der ewige Gott als Vater ist der Anfang und die Quelle, die Alles auslöst. Gott ist das Prinzip und die Quelle und das Licht, die aus sich selbst entstehen. Alle diese sind Ursache, ohne außer ihr liegende, fremde Kausalität. Hier, in Gott, findet die Kette aller Gründe und aller Entstehungsursachen ihr Ende!

Diesen Stich publizierte ich in meinem Aufsatz «Maschine und Kunstwerk» («Das Münster», Freiburg i. Br., Juni 1973). Während meines Studiums und Forschens begegnete ich natürlich immer wieder in den verschiedensten Zusammenhängen historischen Beispielen, wo versucht wurde, die Allheit und Vollkommenheit der Schöpfung in das Symbol und die Form des Kreises zu gießen.

Matthäus Merian: Allegorie des Göttlichen Wesens.

Giulio Romano: Palazzo del Te in Mantua.

Großen Eindruck machte mir der Rundtempel des Zeus im Palazzo del Te in Mantua in der Deckenmalerei der Sala dei Giganti von Giulio Romano. Deshalb bildete ich auch diesen Tempel, der über allen Wolken schwebt, in meinem Manierismus-Buch (1962) ab, gleichsam als Huldigung an die Vorstellung des Ewigen, wie manieristische Künstler sie zu gestalten verstanden.

Über die «Rundheit», den Kreis und die Kugel in der Architektur berichtet Adolf Max Vogt in seinem Buche: «Boullées Newton-Denkmal. Sakralbau und Kugelidee» im Kapitel 10.2 «Das Lob der Kugel bei Boullée, Palladio und Plato».

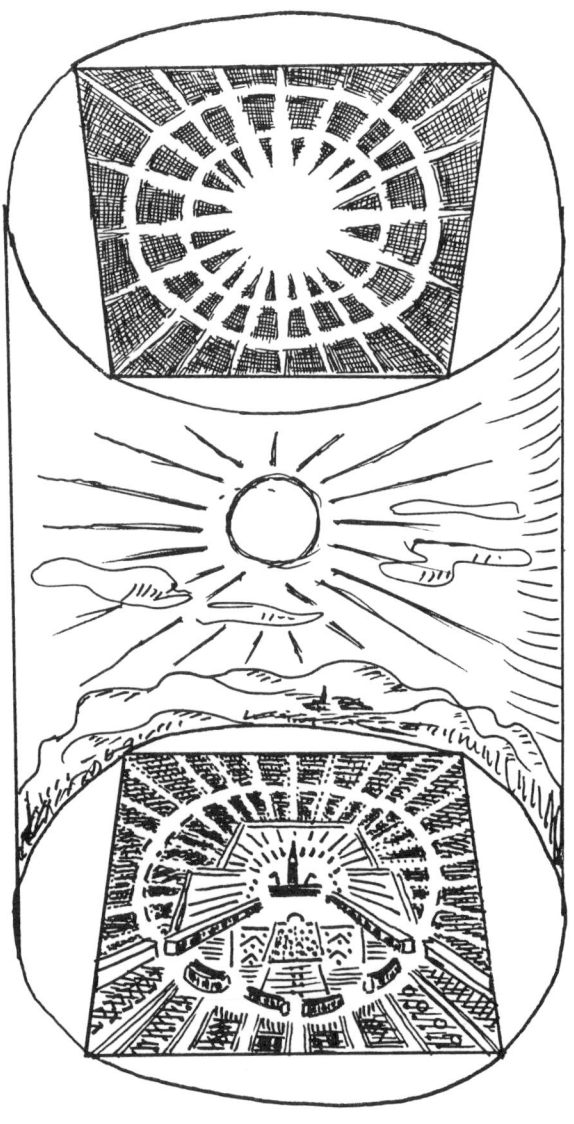

F. S. W. Entwurf der Rotunde des Denkens im Ganzen des Antitechnischen Museums

Die Kreis-Form benutzte ich dann schließlich 1979, mich als entwerfender Architekt betätigend, in dem Entwurf meines Anti-Technischen-Museums. Dort kam es mir darauf an, «Das Monument des Denkens im Ganzen» zu gestalten. Und ich fand für den Grundriß keine adäquatere Form als die Kreisform. Im selben Museumsentwurf stellte ich die Allegorie Gottes von Merian über den formverwandten Kreisfächergrundriß der Stadt Karlsruhe.

Eine andere Weltformel ist auf einer Darstellung des Makrokosmos aus dem 13. Jahrhundert abgebildet, wo wir den Satz finden: «Omnia de nihilo fecit manus omnipotentis.» «Alles schuf aus dem Nichts die Hand des Allmächtigen.»

Ein anderes Bild, um das Weltganze zu manifestieren, sind die Buchstaben A und O (Alpha und Omega), Anfang und Ende, die Gott in der Apokalypse für sich in Anspruch nimmt. Alpha und Omega sollen auch die ganze ausschreitbare Welt beinhalten.

Diesmal ist aber die Ganzheit etwas anders gefaßt. Nicht mehr so direkt global. Diesmal ist die Ganzheit in Etappen, in der Entwicklung und in einem Streckenbezug gezeigt. Sie erstreckt sich von ihrem Ausgangspunkt bis zu ihrem Endpunkt.

In der «Offenbarung Johannis» heißt es: «Ich bin das A und das O, der Anfang und das Ende, spricht der Herr, der da kommt, und der da war, und der da kommt, der Allmächtige.»

Das A und O findet man in der Bildenden Kunst auch auf die zwei aufgeschlagenen Seiten aufgemalt, gleichsam als Bekenntnis, daß Christus das Weltganze vertritt und der Anfang und das Ende ist. Einer solchen Darstellung aus jüngerer Zeit begegnet man im Hochaltarblatt der Kirche von Hofweier bei Offenburg. Dort malte 1978 der Maler Reinhard Dassler den heiligen Gallus, den Titelheiligen der Kirche, wie er die Bibel mit dem A und O als Glaubensbeweis für die Allmacht Gottes einer Gruppe von ihn umstehenden Menschen entgegenhält.

Diese Gruppe stellen Personen aus dem Bekannten- und Freundeskreis des Malers dar. Sie gestikulieren, beten, meditieren, sinnieren oder sind in ihr irdisches Tun wie Zeitunglesen oder Fotografieren verstrickt. Unter dieser Gruppe ist auch meine Person zu finden. Reinhard Dassler stellte mich dar, wie ich gerade mit meiner rechten Hand auf das A und O hinweise. So bekenne ich mich wenigstens im Bilde zur Allmacht Gottes, dem Herrn über das Weltall.

Am Ende meines Buches «Meine akrobatischen Unterschriften» (1976), das in der Abwandlung der Unterschriften über mein ganzes Leben hinweg eine Art von Biographie vorführt, habe ich am Schluß auch mit der Verdeutlichung von den Begriffen von Anfang und Ende und des überzeitlichen Weltganzheitsaspektes gerungen.

Ich schrieb über die dortige letzte Unterschrift: «... zog ich noch eine Unterschrift ... mit einer Eigenschaft, die alle übrigen Unterschriften an Länge und Dauer in den Schatten stellt.

Reinhard Dassler: Hochaltar der Kirche in Hofweier.

Es ist der Namenszug als kontinuierliche Linie, die keinen Anfang und kein Ende hat, sondern ein ewiges Kreisen beinhaltet.

Man weiß nicht, woher diese Linie kommt, und man weiß nicht, wohin sie geht. Sie ist vergleichbar mit dem Lebensfaden der Parzen. Irgendwann und irgendwo leuchtet sie aus dem Dunkel ins Bewußtsein auf, wird Wirklichkeit und verschwindet unmerklich ins Ungewisse und Grenzenlose. Es ist die linea aeterna und infinita, in die das Menschenleben eingespannt ist.»

Nun möchte ich noch ein Beispiel anfügen, in welcher Weise der Schlußpassus meines Buches über die linea aeterna und infinita auf einen meiner Kollegen der Architekturgeschichte und Denkmalpflege wirkte und welche Überlegungen er hinsichtlich seines eigenen Lebens in ihm auslöste. Er erkannte als Mangel, daß der moderne gehetzte Mensch es unterläßt, sein Leben unter den größeren Bogen des Bewußtseins der Welt im Ganzen zu stellen.

Mein Kollege schrieb mir am 22. Januar 1979 folgendes über seine derzeitige Lebenssituation:

«... Sie sagen, daß Ihnen die weitgefächerten Probleme meiner Arbeit und das Engagement imponieren. Ihr Buch hat mir aber gezeigt, daß mich diese Arbeiterei genau daran hindert oder hindern will, auf diese Welt und ihre Äußerungen so zu reagieren, wie Sie das mit Ihren Unterschriften-Beischriften-Bemerkungen getan haben. Natürlich bilde ich mir nicht ein, daß man auf diese Weise oder daß jeder auf diese Weise den Druck loswerden könne, den dieses Leben so bringt – aber es ist doch eine Möglichkeit, seinen inneren Menschen sprechen zu lassen und zwar buchstäblich und besser, als wenn er nur

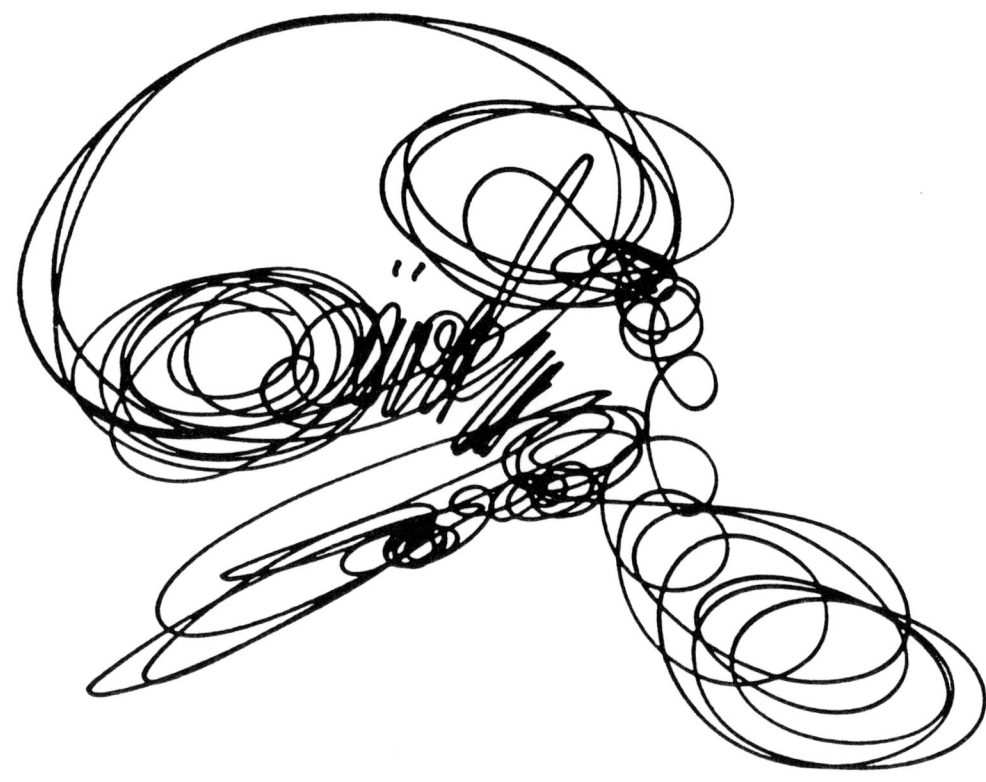

F. S. W. Die Linea infinita und aeterna.

denken kann. Wir meinen ja immer, daß man die Lebensprobleme mit denselben Mitteln lösen könne wie unsere Fachprobleme, nämlich mit der ratio des Wissenschaftlers. Leider geht das nicht – sonst müßten ja die Wissenschaftler die ausgeglichensten und glücklichsten Menschen der Welt sein. Und das gerade sind sie nicht. Um es an meinem Beispiel zu sagen: ich ernte zwar gerade die Früchte jahrelanger Mühen insofern, als eine Reihe von Aufgaben zum Abschluß kommen – noch lang nicht anerkannt werden – hänge aber gleichzeitig in einer recht depressiven Phase. Man nennt das zur Zeit ja «midlife-crisis» und hält es für normal. Immerhin ein Trost. Aber mehr Trost ist mir eigentlich Ihr Schlußsatz. Von der linea aeterna und infinita. So sollte man sich begreifen können, dann erhält das Ganze wieder mehr Sinn.

Ich will mir das gut merken.»

Will man die linea aeterna hinsichtlich ihres Weltganzheitscharakters mit dem Urknäuel des Kindes, wie er im zweiten Lebensjahr gezeichnet wird, vergleichen, so legt das Kind, was bei meiner Unterschrift bewußt geschehen ist, bei seinem Gekritzel unbewußt die Idee der Gesamtheit der Welt hinein.

Hier möchte ich auf einen Urwirbel hinweisen, wie ihn meine Großnichte Laura Carolina Würtenberger mit ihren zwei Jahren am 28. Mai 1980 für mich, den Großonkel Franzsepp zeichnete, als meine Schwester Monika bei meinem Neffen Prof. Dr. Thomas Würtenberger in Augsburg auf Besuch war.

Aus diesen Beispielen geht hervor: Beim Kind handelt es sich, wie gesagt, um keine Absicht, die Ganzheit der Welt zu erfassen, sondern der Urwirbel entspricht dem noch im Kinde instinkthaft wesenden und eingeborenen Weltganzheitsgefühl, das sich das Kind aus dem All, seinem Herkunftsort, noch herübergerettet hat. Denn das Kind hat noch nicht einen so einschneidenden Verlust an Weltganzheitsbewußtsein erlitten wie der kultur- und zivilisationsimprägnierte erwachsene Mensch.

II. Kosmos und Mensch

Den denkenden Menschen kann das untergründige innere Bedürfnis überfallen, daß er sein eigenes Ich mit der übermächtigen Mächtigkeit des Universums und des Kosmos in einer ungeheuren Dimensionskonkurrenz in Zusammenhang sieht. In welchen Formen mir dies begegnete, davon soll hier berichtet werden.

Abgelöst von aller Irdischkeit und aufgelöst in den unendlichen Sphärenräumen des Universums der Milchstraßen und der Sternenmeere finde ich mich im Portrait von Clara Kress von 1960.

Die verschiedenen Partien meines Kopfes teilen sich auf in astronomische Unendlichkeiten. Die Haare werden zu Milchstraßen und Kometenschweifen und die Backe zu Sternennebeln. Das eine Auge wird zur Sonne, die ihre Strahlen entsendet. Das Sonnenauge wird quasi zum Mittelpunkt der Sternen-All-Räume. Die Augenmystik ist ein besonderes Kapitel. Auge und Sonne können somit synonym sein. In Goethes «Farbenlehre» heißt es:

> «Wär nicht das Auge sonnenhaft,
> Die Sonne könnt es nie erblicken.
> Läg nicht in uns des Gottes eigene Kraft,
> Wie könnt uns Göttliches entzücken?»

Das Auge Gottes wird manchmal auch zum Inbegriff der Allheit erhoben.

Das siderisch-kosmische Portrait, das Clara Kress von meiner Person entwarf, ist kunsthistorisch vergleichbar mit dem Selbstportrait von Otto Dix als Kriegsgott Mars von 1915.

Clara Kress: Porträt des F. S. W. als Sternenmeer. 1960.

Otto Dix: Selbstbildnis als Mars. 1915.

Das Sternen-Chaos, das Clara Kress aus reinen Formenschwüngen entwickelt, läßt Otto Dix aus den Explosionen auf dem Kriegsschauplatz entstehen.

Über die Gleichsetzung der Menschengestalt oder des menschlichen Gesichtes mit den unendlichen Sternenräumen habe ich selber zur gleichen Zeit, als die «Portrait»-Zeichnung von Clara Kress entstanden ist, in meinem Buche «Weltbild und Bilderwelt» (1958) berichtet: «In der Holzschnittfolge eines Künstlerlebens von Frans Masereel, betitelt ‹Die Sonne› von 1926, wird am Schluß der Künstler von den Sonnenstrahlen selber emporgezogen, ja direkt hineingezogen bis zur Auflösung seines irdischen Körpers. In Masareels Holzschnittfolge ‹Das Werk› von 1928 sammelt der Künstler im Sternenhimmelall die Planeten wie Blumen auf der Wiese und zuletzt umarmt er unseren Erdball, der im Universum schwebt.»

Frans Masereel: Der Künstler sammelt die Planeten wie Blumen.

Dieser Vorstellung entsprechen die aufgespaltenen, fast wie Explosionen anmutenden Künstlerbildnisse von Georg Muche (1953) und von Salvador Dali (um 1928). Die Maler zeigen ihre eigene Person in Sonnenräumen, in kosmische Strahlungen verwandelt. Es ist geradezu die Gleichung aufgestellt: ‹Mensch = Sonne, Sonne = Mensch›.

Wie das menschliche Gesicht vom All durchtränkt sein kann und ungeheure Großraumdimensionen annimmt, mit diesem Problem wurde ich nochmals konfrontiert, als ich die Ausstellung «Das Gesicht», Aquarelle von Emil Wachter, in der Landesbibliothek Karlsruhe am 4. März 1977 eröffnete.

Dort schrieb ich in Beziehung auf Emil Wachter: «Man sieht es diesen Gesichtern an, daß sie kunstgeschichtlich herkunftsmäßig durch die Landschaftsmalerei als musikalische Allraummalerei hindurchgegangen sind. Man spürt die Unendlichkeit des Meeres und der Wüste.» (Zitiert bei Herbert Schade «Gesichter als Gesichte».)

Die Beschäftigung mit dem Gleichwerden oder der Verschmelzung des Menschen mit dem Sternenkosmos ließ die Bekanntschaft und Freundschaft mit dem Maler Hermann Finsterlin (1887–1973) intensiv aufleben. Ich besuchte Hermann Finsterlin um 1957 in seiner Stuttgarter Wohnung im Stadtteil Waldhof und befragte ihn über seine Weltbildposition, die er einnehme, um seine Bilder malen zu können.

Da beschrieb mir Hermann Finsterlin, wie er sein Maleratelier in den Sternenräumen habe und wie er als Aeon im unendlichen Weltenraum schwebend zu seinen Werken inspiriert werde. Aufgrund dieses Gesprächs habe ich dann meine theoretische Zeichnung gefertigt, aquarelliert von Dr. Gerda Kircher, wo Finsterlin in einer anthroposophisch eckenlosen, eiartigen Ateliergondel durch die kosmischen Sternenräume als ein neuer Jules Verne fährt.

Über Hermann Finsterlins Verhältnis zu der Sternenwelt mich nochmals zu äußern, ergab sich Gelegenheit, als ich am 25. Mai 1973 die Ausstellung seiner Malereien im Stuttgarter Kunstverein mit einer Rede eröffnete.

Wie der Mensch im Kosmos verströmt und seine Körperteile womöglich über das All des Kosmos verteilt, dafür zitierte ich eine Stelle aus Hermann Finsterlins Gedichten (Hermann Finsterlin. Ein Griff in ein halbes Jahrhundert. Lieder des Pan. Stuttgart 1964). Ich stellte zunächst fest: «Ja, Hermann Finsterlin scheut nicht davor zurück, die Weltidentifikation sehr konkret und anschaulich an seinem eigenen Ich vollziehen zu lassen.» Über diesen tollen Vorgang gibt es die folgenden Verse:

«Auf Schiffen war ich im Begriff
Verteilt ins All hinauszusegeln,
Ein jedes Glied nach anderen Regeln,
Der Kopf zur Sonne, Aug' zum Riff.

Der Beteigeuze, zur Astarte
Das unverzeihlichste Organ,
Die Lunge zum Saturn, na warte
Mein Herz, du kommst schon auch noch dran.»

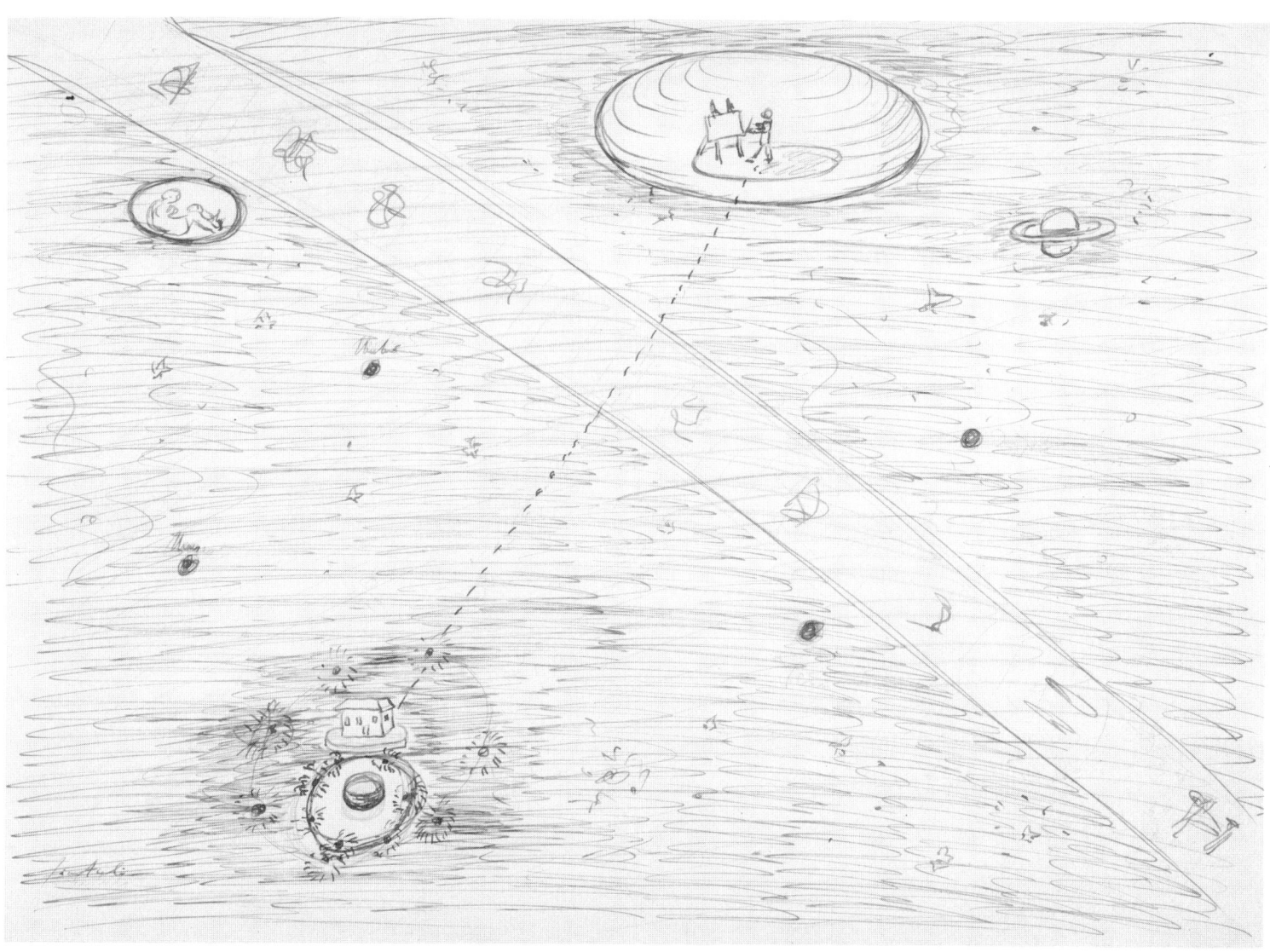

F. S. W. Hermann Finsterlin in seinem Atelier im Sternenmeer fahrend. Zeichnung.

Die Proportionierung des Ichs zur Weltdimension wird immer wieder neu abgesteckt:

«Die Welt wird immer kleiner um mich her,
Schon ist die Sonn', der Mond zum Greifen nahe,
Schon schrumpfen Sternenriesen und ich sehe
den Zoodiack mich gürten wie Ge-Wehr —

Und plötzlich rag ich jenseits der Gestirne
Gereckten Haupts in unfaßbares Licht —
Ich habe kein Gehirn mehr in der Stirne,
denn dieses Unsagbare denkt sich nicht.»

In der Erzählung «Eduards Traum» von Wilhelm Busch (1891), nach der ich 1956 eine theoretische Zeichnung anfertigte, welche Dr. Gerda Kircher in Aquarell umsetzte, wird die Feststellung getroffen: «Ich wollte doch eben mal nachsehen, ob die Welt eigentlich ein Ende hätte oder nicht. Auf der Fahrt bin ich weißglühend geworden.» Diese Fahrt Eduards «als denkender Punkt im Weltall» habe ich 1956 in einer theoretischen Zeichnung nachgebildet. Und zwar wie Eduard über den Tierkreis hinausflog, wie er das passierte Loch zur Erde wiederfand, wie er durch den leeren unermeßlichen Raum flog und er wieder zu «unserm kleinen Erdel» zurückkehrte.

Gewissermaßen als eine Parallele zu Wilhelm Buschs «Eduards Traum» kann ein deutscher Holzschnitt um 1550 angesehen werden. Ein wandernder Wissenschaftler will einen Blick tun in den Sphärenraum des Himmels, der über und hinter dem Sternenhimmel sich befindet. Wie bei «Eduards

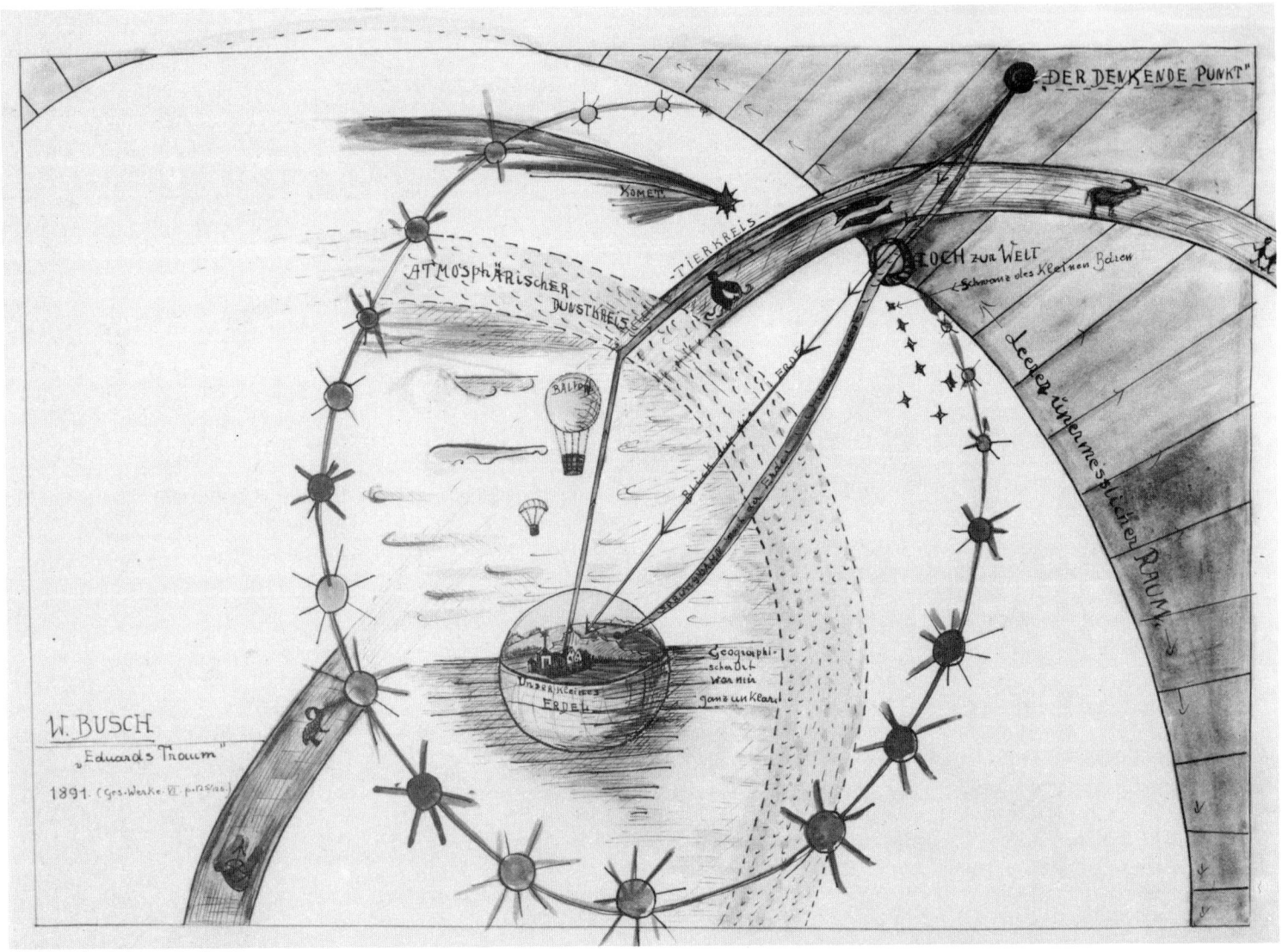

F. S. W. Nach Wilhelm Buschs Erzählung «Eduards Traum».

Traum» muß auch er eine feste Trennungswand, ein Loch, durchstoßen zu dieser Einsicht über den fernsten Himmelsmechanismus.

Diese Abbildung habe ich als Vergleichsstück herangezogen in meinem Buche «Pieter Bruegel d. Ä. und die deutsche Kunst» (1957), um sie in Beziehung zu setzen mit der Himmelsvorstellung von Pieter Bruegel d. Ä. Das ganze Kapitel, in dem ich die Problematik der verschiedenen Himmelsvorstellungen darlegte, habe ich überschrieben: «Meßbarkeit des Unermeßlichen?» Dort heißt es auf Seite 52:

«Beim deutschen Holzschnitt um 1550 wurde aus dem gläubigen Christen ein rechnender und staunender Pantheist, der trotz aller wissenschaftlicher Erkenntnis die irdisch-profane Landschaft [...] nicht verlassen kann.» Mit all diesem modernen Naturmystizismus hat Bruegel nichts zu tun. Das Unermeßbare und damit das Unermeßliche, das Ungreifbare und damit das Übersinnliche kannte er in seiner Kunst nicht. Damit stand er zu fest mit beiden Füßen auf dem Boden der entmythisierten Wirklichkeit. Seine Menschen sind Indifferentisten, die nur soweit sehen, wie ihre Nase reicht. [...] Mußte jedoch der Wirklichkeitsfanatiker Bruegel im Stich der ‹Temperantia› bei der Schilderung der Arbeit des Astronomen und des Geometers doch zur Unermeßlichkeit des Weltgebäudes Stellung nehmen, so war dies für den so sehr ex prinzipio dem erdgebundenen Nahblick ergebenen Zeichner Bruegel ein prekäres Unterfangen. Er zog sich kurzerhand aus der Affäre, er verkleinerte den Erden- und den Himmelsraum einfach, ja, an seine Stelle setzte er einen nur noch vier Meter hohen Globus und ein

Kosmos und Mensch 17

Blick des Wanderers in den Weltenraum. Deutscher Holzschnitt um 1550.

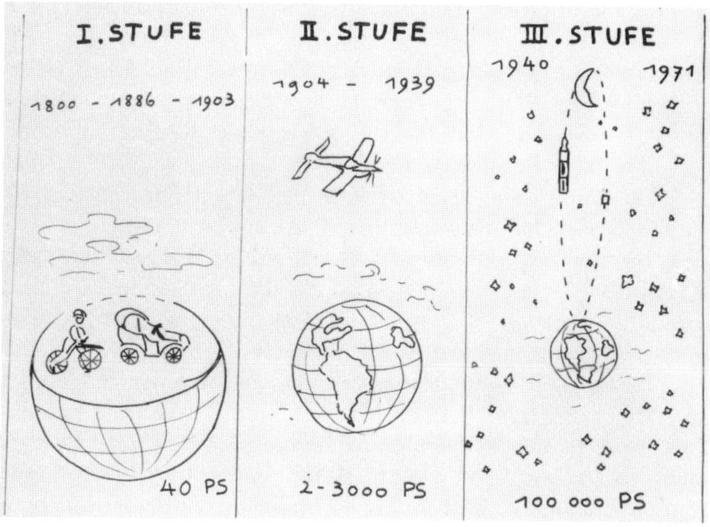

Tabelle der drei Stufen der mechanischen Fortbewegung.

Tellurium-Modell in einem Planetarium. Ein Verfahren, das Shakespeare sprachlich in den Ausdruck über das Theater kleidete: «Von den Brettern, die die Welt bedeuten.»

Seit der Zeit, als ich diesen Holzschnitt in meinem Bruegel-Buch abbildete, ist etwas Ungeheures passiert. Inzwischen ist der Mensch de facto ein Kosmoseroberer geworden. Der Mensch hat seinen bisherigen irdischen Seinsbezirk gesprengt und ist als Mondfahrer in den Kosmos leibhaftig vorgestoßen. Damit ereignete sich ein ungeheurer Einschnitt im Verhältnis des Menschen zu sich selbst und zu dem bisher unbetretbaren Kosmos. Um dieses Problem durchleuchtet vor mir zu haben, erwarb ich mir das ausgezeichnete Buch von Günther Anders «Der Blick vom Mond. Reflexionen über Weltraumflug». (München 1970).

In der Zeitschrift «Das Münster» (1973) publizierte ich eine Tabelle, die die Stufen des Autos, des Flugzeugs und der Weltraumrakete zeigt, d. h. wie der Mensch infolge der Perfektion der Fahrzeugmaschinen im Stande ist, immer größere Raumstrecken zu bewältigen.

Mit Gewinn konsultierte ich seinerzeit das Buch von Richard Müller-Freienfels «Der Mensch und das Universum. Philosophische Antworten auf kosmische Fragen» (München 1949).

Im besonderen interessierte mich die Beziehung zwischen dem Künstler und den möglichen Weltpositionen, wie sie Paul Klee in seiner Schrift «Wege des Naturstudiums» aufzeigt. Das Auge des Künstlers besitzt außer dem optisch-physikalischen Weg noch den metaphysischen Weg der kosmischen Gemein-

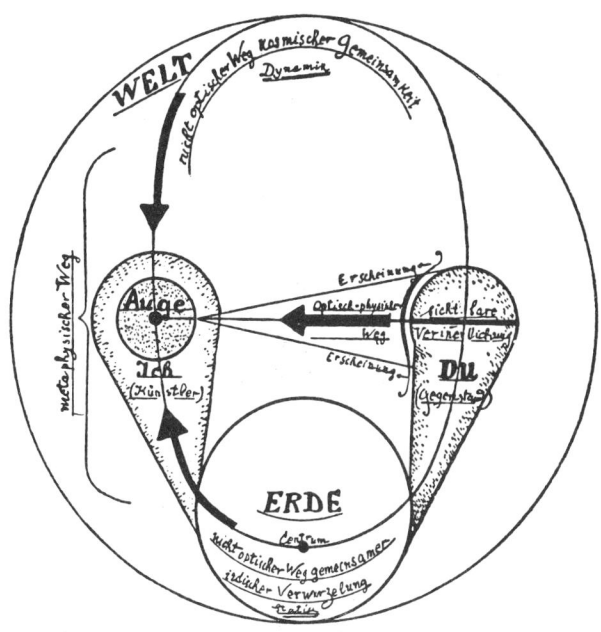

Die Beziehung zwischen dem Künstler und den möglichen Weltpositionen. Schematische Zeichnung von Paul Klee aus seinem Aufsatz «Wege des Naturstudiums».

samkeiten. Die theoretische Zeichnung von Klee zu diesem Thema bildete ich in meinem Buche «Weltbild und Bilderwelt» 1958 ab.

Hier ist es, gleichsam zur Ergänzung von Paul Klees Überlegungen, am Platze, auf die Unterscheidung aufmerksam zu machen, ob der Mensch sich als seiende Realität oder als Realität dem Weltganzen gegenüber verhält.

Im ersten Falle ist er sozusagen als integrierter Partikel im Kreise des Weltganzen unentrinnbar eingeschlossen.

Im zweiten Falle hingegen tritt er als Denker aus dem Kreis des Weltganzen heraus und hat das Weltganze sozusagen von außen her als Objekt, als ein Gegenüber, als zweite Seinswelt neben seinem eigenen Ich vor sich.

Bevor diese Aufzeichnungen über das Weltganze beendet werden, will ich noch einen Mann in mein Gedächtnis zurückrufen, der in seinem Denken nach dem höchsten Ideal strebte, sich einen gefüllten Begriff vom Weltganzen selbständig zurechtzulegen. Dieser Mann ist mein Großonkel Franzsepp Würtenberger (1818–1889), der Bruder meines Großvaters Thomas Würtenberger.

Er war den Naturwissenschaften, speziell der Geologie und der Paläontologie, leidenschaftlich hingegeben. Doch sein Wissensdrang war nicht einseitig und fachlich begrenzt. Ihm ging es um die großen universalen Zusammenhänge der Natur, um die Zusammenschau des Mikro- und Makrokosmos. Es war ihm letzten Endes darum zu tun, ein weltganzheitliches Weltbild zu erlangen, in dem die Einzelerscheinungen den ihnen gebührenden Platz erhalten sollten.

Daß er aber der Gnade der höheren Weltsicht in eifrigem Studium teilhaftig werden konnte, dagegen türmten sich ihm auf seinem Lebensweg als einfacher, kleiner Bauer allerschwerste äußere Hindernisse auf.

Aufs bitterste beklagte der Einundfünfzigjährige sich 1869 in einer Art von Rechenschaftsbericht über sein bisheriges Leben, daß ihm ob all den materiellen Sorgen und alltäglichen Nöten zur Ernährung seiner Familie kaum noch Zeit und Kraft bleibe, sich der Wissenschaft zu widmen. Aber er ließ sich nicht unterkriegen. Der in ihm schwelende Drang nach größeren Weltdimensionen in seinem Denken war ihm wichtiger als alles tägliche Mühen um die äußere Existenz.

Vernehmen wir Franzsepp Würtenberger selber, wie er mit ungeheurem Nerven- und Kräfteaufwand zu seinem eigenen Weltbild kam und wie dieses in seiner Gedankenkonzeption aussah:

«Aber jetzt schon, in der Mitte meiner zwanziger Jahre stehend, mußte natürlich jede Hoffnung, eine wissenschaftliche oder künstlerische Beschäftigung zum Beruf machen zu können, schwinden.

Es blieb mir nichts mehr übrig, als eine möglichst unabhängige Lage anzustreben, in welcher ich neben dem anderen Geschäfte doch noch Muße und Zeit fände, den Wissenschaften zu leben. In dieser Absicht gründete ich in meiner Heimat eine kleine Landwirtschaft und Handlung. Doch so wie ich auf Credit ein prosaisches Geschäft gründen und heiraten, ist nicht geeignet, die Gunst der Musen zu gewinnen; denn der Brotkorb spielt die Hauptrolle. Nach den Arbeiten, Sorgen und Mühen war aber doch zeitweise eine Erholung nötig und geboten. Diese suchte ich nicht etwa im Wein- oder Bierhaus, sondern im Dienst der Musen. Jene schöpferischen Werke unserer Dichter und spekulativen Philosophen, die den Jüngling so mächtig anzogen und in eine ideale Welt versetzt hatten, konnten dem Manne, der erkennen wollte, ‹was die Welt im Innersten zusammenhält› nicht mehr genügen und so wurde ich aus innerem Bedürfnisse zu den Naturwissenschaften als den untrüglichsten Quellen menschlichen Wissens hingedrängt.

Durch die Verschaffung der einschlägigen Literatur wurden mir die hohen Genüsse zuteil, im Geiste dem mit dem Mikroskop bewaffneten Forscher zu folgen in das wunderbare Reich des kleinsten Lebens. Hinauszuschweifen mit dem Astronomen in die Unendlichkeit des Raumes, um sie anzustaunen, die ‹Wunder des Himmels›. Dem kühnen Reisenden zu folgen auf den Wogen des Weltmeeres und in das Innere des Continents, in die sonnige Tropenwelt und in die Eiswüsten der Pole. Den Geologen zu begleiten auf die höchsten Gipfel der Berge und in die tiefsten Schächte der Erde, zu den dampfenden, sprühenden Essen der tätigen und den öden Schlackentrümmern erloschener Vulkane etc. etc. Überall lauschen den geheimnisvollen Gesetzen der Natur oder des Werdens und Vergehens des Erdmagnetismus, der Elektrizität, Wärmeverteilung, Luft- und Meeresströmungen etc. besonders aber der Entwicklungs- und Bildungsweise unseres Planeten und seines so wundervollen organischen Lebens.

Für diese Betrachtungen bleiben mir meistens nur die hierfür sehr geeigneten, auf dem Lande so stillen, einsamen Stunden der Nacht.»

Wenn ich diese Sätze über 100 Jahre, nachdem sie geschrieben wurden, lese, erschüttert mich der bekennerhafte Weitblick meines Großonkels Franzsepp Würtenberger. Und ich, mit demselben Namen Franzsepp Würtenberger über die Taufe gehoben, fühle mich seinem Wollen und Wissensdrang aufs engste verbunden.

Ich bin hoch befriedigt, wenn ich sehe, daß sich in meiner Verwandtschaft schon ein Vorläufer findet, der dasselbe Weltganzheitsbewußtsein in sich trug, wie es auch mir eigen ist.

Ich finde es in diesem speziellen und mir sehr wesentlich erscheinenden Punkte meines geistigen Strebens tröstlich, daß ich mit meinem Wollen nicht nur auf mein eigenes Ich im Alleingang angewiesen bin oder nur der Reproduzent von angelesenen bildungsliterarischen Überlieferungen und Meinungen sein muß, sondern mich damit eingebettet fühlen kann in eine viel tiefere Seinsschicht, nämlich in das deutlich bezeugte und ausgesprochene verwandtschaftliche Erbe.

Ich vermag sogar daraus zu entnehmen, daß selbst so etwas wie das Weltganzheitsbewußtsein, das eigentlich doch jedem

Menschen ein Höchstes und immer Verfügbares sein sollte, es nicht ist oder zum mindesten nicht zu sein braucht, sondern daß auch dies etwas Ererbtes und damit Eingeborenes ist, oder wenn dies nicht der Fall ist, etwas zu Erlernendes sein kann; je nachdem auf welche Weise dem Menschen diese Erkenntnisgaben vom Schicksal zugeteilt oder auch verwehrt sind.

III. Der Kosmos-Mensch

Bisher war nur die Rede vom Weltall. In bezug auf den Menschen wurde gezeigt, wie sich der Mensch im Weltall auflöst, seine Gestalt sich als menschlicher Gegenkosmos zum Weltall nicht behauptet.

Jetzt gibt es aber noch eine andere Verbindung zwischen dem Weltall und dem Menschen. Nämlich die Art und Weise, wie das Weltall und die Menschengestalt an Bedeutung und Größe und Dimension in Konkurrenz treten. Diese Stellung möchte ich im Unterschied zum vorigen Typus «Der Mensch im Kosmos» nun den Kosmos-Menschen nennen.

Von der Erscheinung des Kosmos-Menschen bekam ich zuerst Kenntnis, als ich den Aufsatz über die Philosophie von Hildegard von Bingen in der Zeitschrift «Das Werk des Künstlers» las. Ich habe damals diesen Aufsatz wißbegierig verschlungen. Später erlangte dieser Menschentyp noch stärker mein Interesse, als ich über dieselbe Heilige das Buch erwarb: «Hildegard von Bingen. Welt und Mensch, de operatione Dei. Aus dem Genter Kodex übersetzt und erläutert von Heinrich Schipperges, Salzburg 1965.» Dort fand ich die großartige erschütternde Darstellung, wie die Gestalt des Menschen in der Schöpfung Gottes ruht und seine Gestalt ausbreitet. Hier wird wahrgemacht, daß eine Verbundenheit des Menschen mit allen Wesen der Weltschöpfung Gottes besteht.

Weitergebildet und abgewandelt findet man diese Vorstellung auch in der Schrift des Dr. Robert Fludd «Utriusque Cosmi Historiae», Oppenheim 1617. Der Mensch ist eingespannt in den Kreis des «Dies Microcosmicus» und der «Nox Microcosmica». Und um ihn rotieren noch mehrere Kreise verschiedenster Art.

Was in der Illustration zu Dr. Robert Fludds Abhandlung dargelegt wird, interpretiert sein Zeitgenosse Jakob Böhme philosophisch auf folgende Weise: «Der Mensch ist eine kleine Welt aus der großen und hat der ganzen großen Welt Eigenschaften in sich: also hat er auch der Erden und Steine Eigenschaften in sich, denn Gott sprach zu ihm nach dem Falle: Du bist Erde und sollst zu Erde werden...

Hildegard von Bingen: Der Kosmos-Mensch.

Denn der Mensch ist ein Bild der ganzen Kreation aller drei Prinzipien, nicht allein im Ente der äußeren Natur der Sterne und vier Elemente als der geschaffenen Welt, sondern auch der inneren geistlichen Welt Ente... In Summa der menschliche Corpus ist ein Limus (Schlamm, Schmutz) aus dem Wesen aller Wesen.»

Die Einbindung meiner Person in den Kosmos, mehr zum Typus des kosmischen Menschen hinneigend, unternahm die Malerin Clara Kress in einer Farbstiftfederzeichnung zu meinem 54. Geburtstag am 9. 9. 1963. Im kosmischen Rund werde ich als Wickelkind gezeigt mit Angabe meines Eintritts in die großkosmische Welt durch den Geburtsvorgang, der bezüglich des Ortes in Zürich stattfand und bezüglich der Zeitangabe am 9. 9. 1909 erfolgte.

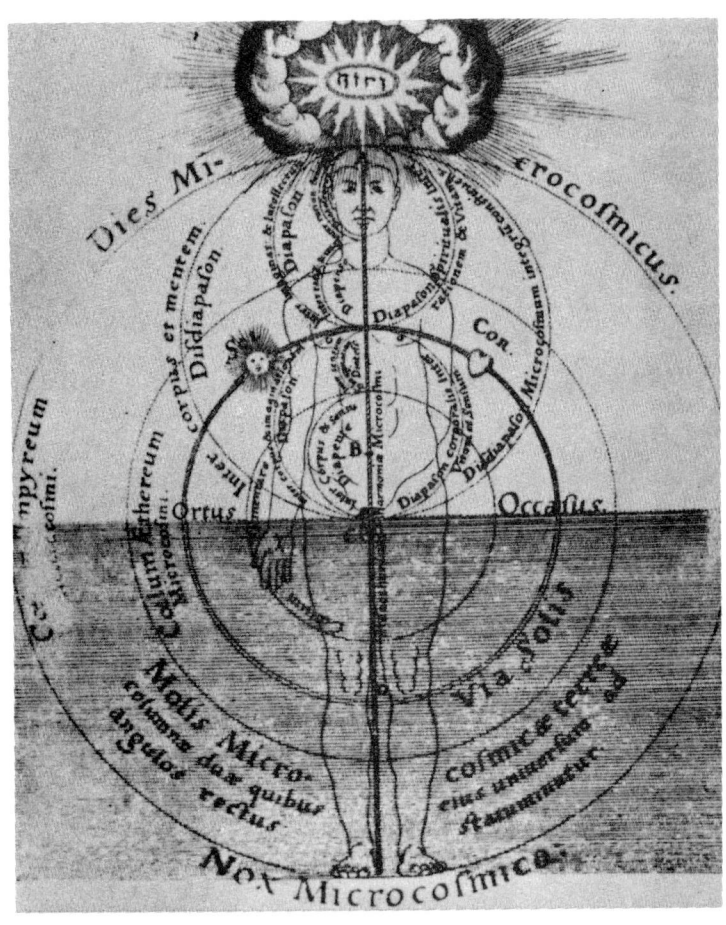

Robert Fludd: Der Mensch als Mikrokosmos. 1617.

Clara Kress: Zeichnung für F. S. W. zu seinem 54. Geburtstag.

Das kosmische, grüngrundierte Rundbild, «Ich in meiner Wiege liegend», quasi ein Imago clipeata, schwebt frei im Himmelsblau, umgeben von fünf Büchern und von Sonne, Mond und dem Sternenmeer. Die Bücher sind eine Anspielung auf meine damals herausgekommenen kunstgeschichtlichen, literarischen Opera. Gemeint sind 1. meine Dissertation «Das holländische Gesellschaftsbild», 2. «Pieter Bruegel d. Ä. und die deutsche Kunst», 3. Meine Habilitationsschrift «Die manieristische Deckenmalerei in Mittelitalien», 4. «Weltbild und Bilderwelt» und 5. «Der Manierismus».

Ich, für meine eigene Person, habe mich ungefähr 10 Jahre später in die allumspannende Geste des raumergreifenden Armausstreckens hineinbegeben, als ich 1975 beim Karlsruher Fotografen Gleis irgendeine ausdrucksvolle Fotografiepose einnehmen sollte, da der Fotograf mich als Fotomodell für sein Experimentieren unbedingt benutzen wollte.

Ich nahm mir vor, mein vollstes und allumfassendstes Lebensgefühl, das ich mir in diesem Moment überhaupt nur vorstellen konnte, zum Ausdruck zu bringen. Deshalb grätschte ich meine Beine und streckte die Arme horizontal aus und nahm dadurch unwillkürlich und gleichsam ungewollt diese priesterhafte, sakral-liturgisch anmutende Haltung an.

Auf das Fasnachtskostüm, das ich angezogen hatte, ist in großen Lettern mein Name Franzsepp geschrieben. Da aber die erste Hälfte meines Namens Franz auf der Vorderseite des Gewandes und die zweite Hälfte meines Namens Sepp auf der Rückseite des Gewandes erscheint, hat der Fotograf zwei sich ergänzende Aufnahmen von mir in derselben Grundstellung angefertigt.

Der kosmisch erdabgelöste Zustand meiner Person wird noch erhöht, indem das Fotoatelier einen horizontlosen, gleichmäßig verteilt blauen Hintergrund bereithielt, wo die Unterscheidung von Erdboden als Stehfläche und Himmelsluft aufgehoben wird. So wurde ich — ohne es eigentlich absichtlich zu wollen — zum im Kosmosall schwerelos schwebenden Menschen. Aber wenn ich es mir überlege, so begab ich mich doch nicht so unvorbereitet und nur rein zufällig in diese kosmische Geste. Es regten sich lang in mir lagernde kunsthistorische Reminiszenzen.

Der Gestus des Ausbreitens der Arme begegnet uns zunächst schon im Mittelalter in den Darstellungen der Heili-

Der Kosmos-Mensch 21

F. S. W. als Kosmos – Mensch von vorn. Foto.

F. S. W. als Kosmos – Mensch vom Rücken. Foto.

Gebetgestus des hl. Dominikus. Miniatur.

Ferdinand Hodler: Blick in die Ferne. 1905.

gen. Die Heiligen im Gebet geben sich mit diesem Gestus ganz der Gottheit hin. Das Ziel ihrer Hingabe ist dabei deutlich fixiert.

Es ist zugleich auch ein Gestus einer vollkommenen Entselbstung. Es ist der Wille bekundet, das eigene Ich zu Gunsten eines höheren Seinszustandes aufzugeben. Es liegt die seelische Bereitschaft vor, sich dem Einfluß der Gottheit völlig auszusetzen.

Dieser besondere Adorationsgestus erscheint in den neuen Gebetsarten des Heiligen Dominikus, wie er in dem Codex Rossianus Nr. 3 der Vatikanischen Bibliothek aus dem letzten Viertel des 13. Jahrhunderts abgebildet ist. Dort breitet der Heilige Dominikus beim 6. Gebetsgestus vor dem gekreuzigten Christusbild, das auf dem Hausaltar steht, seine Arme aus, wobei er die weitausgestreckten Arme des Gekreuzigten nachahmt. Ein wunderbares Bestreben, mit Christus eins zu werden. Wenn der religiöse mittelalterliche Mensch das Bedürfnis in sich spürte, sich mit dem konkreten Gottesbild in Seelenkorrespondenz zu begeben, so ist in der modernen Neuzeit für den Menschen ein ganz anderes Gegenüber geboten, dem er sich hingibt. An Stelle der genau bestimmten Gestalt der Gottheit tritt nun ein viel allgemeiner gehaltenes Weltgefühl, nämlich das des Allraumes, der räumlichen Allmacht des Universums, des weithin ausgebreiteten Naturhimmels.

Insofern war es den Künstlern seit dem Jugendstil ein besonderes Anliegen, daß sich der Mensch sehnsuchtsvoll dem realen Weltall mit ganzem Einsatz des Sich-Öffnens entgegenwerfe und in ihm aufgehe.

Aus diesem allgemein verbreiteten Weltgefühl heraus malte Ferdinand Hodler 1902 sein Gemälde «Das Aufgehen im All» oder 1905 «Blick in die Ferne».

In dem Jahr 1903, sechs Jahre vor meiner Geburt im Jahre 1909, wurde das Flugzeug erfunden und mit seiner Hilfe fanden die ersten Flüge statt als technische Möglichkeit, sich als ohne Flügel geborener Mensch mit dem All spürbar zu verbinden.

Wenn ich all diese Bilder in mir vorüberziehen lasse, so wundert es mich gar nicht mehr, daß ich mich selber auch in dieselbe symbolträchtige Pose hineinbegab und einem allgemeinen traditionellen Zeitgefühl auf meine Art und Weise huldigen wollte.

Mit der markanten Geste, mit der ich mich in der Fotografie von Gleis präsentiere, ähnle ich zugleich auch der Menschengestalt, die Leonardo da Vinci in seinen Proportionsstudien vorführte. Dort ist die Gestalt des Menschen mit den ausgestreckten Armen und den gespreizten Beinen in die geometrischen Grundformen des Kreises und des Vierecks eingefaßt.

Ich erwähne diese Verwandtschaft besonders, da diese Figur von Leonardo in jüngster Zeit einen hohen Stellenwert in bezug auf das moderne Menschenbild erlangt hat. Diese Figur wurde zum mahnenden Symbol erhoben für den wahrhaftigen, natürlichen Menschen, der sein Menschsein bewahrt hat im

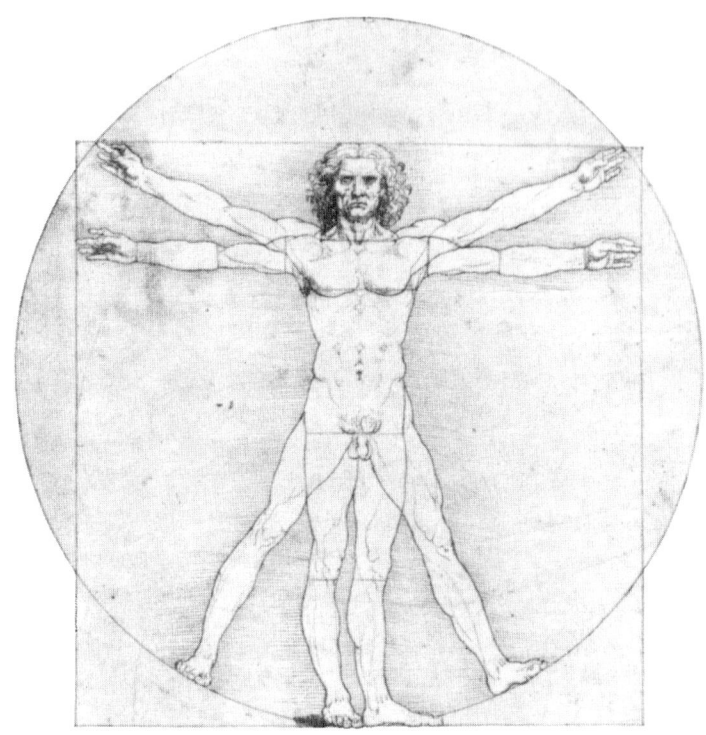

Leonardo da Vinci. Proportionsstudie.

Aufkleber für den Naturschutz.

Gegensatz zum unmenschlichen, vertechnisierten Über- und damit Untermenschentum, dem ein Großteil der heutigen Menschheit in Unvernunft und brutaler Rücksichtslosigkeit verfallen ist. So hat sich heute die weltweite Umweltschutzbewegung dieses Bild von Leonardo als Signet und Werbeanreiz für ihre Ideen auserkoren und erwählt. Diese Maßnahme wurde notwendig, da bei der Übertechnisierung die Weltsubstanz leidet oder gar zerstört wird.

Allerdings wurde die Leonardo-Figur in den Klauen der Werbedesigner zu einem häßlichen Kretin verunstaltet. So unmenschlich gefühllos, wie die ganze moderne vertechnisierte und brutale Weltzerstörergesellschaft eben gefühllos ist.

Mein Freund Walter Schmidt äußerte sich, als er einen Signet-Werbe-Aufkleber mit der Leonardo-Figur am 24. 8. 1978 sah, spontan entsetzt: «Oh, das ist ja gemein, wie ein Bierdeckel. Wenn die Werbeleute es aber so machen, erreichen sie die meisten Menschen.» Und weiter: «Da wird die Umwelt zum Spielzeug-Sandkasten degradiert.»

Aus der ganzen geschäftsreklameverseuchten Gesinnung heraus erkennt man, wie niederträchtig liederlich und ungepflegt schluderig die heutigen Menschen ihre höchsten und wichtigsten Aufgaben auffassen: Die Ehrfurcht vor der Natur!

Um diese Verwirrung und Verirrung zu steuern, versuchte ich, die von Natur aus vorhandene Verbindung und Beziehung des Menschen zu dem übergeordneten Kosmos neu zu definieren und festzustellen.

In meinem Vortrag «Das Menschenbild in der modernen Kunst», den ich im Vortragszyklus in der Evangelischen Akademie in Bad Herrenalb unter dem allgemeinen Motto «Verneinung des Menschen?» am 10. 2. 1978 hielt, habe ich den biologischen Bestand der Menschengestalt in ihrem Zusammenhang und Beziehungssystem zum Erdboden und zum Himmelsgewölbe aufgezeigt und über dieses Problem im einzelnen folgende Ausführungen gemacht:

«Betrachten wir das Gebäude des menschlichen Körpers in seiner kosmischen Bezüglichkeit, Antwort und Bedeutung, so ist die menschliche Gestalt eingespannt zwischen die zwei kosmischen Zonen und Pole von Himmel und Erde; zwischen Erdboden, Luft und Sternen.

Die Füße sind für die unterste Zone der Erde da. Sie bilden die Basis.

Die Fußsohlen als Flächen gleichen sich formal der Erdboden-Fläche an, um darauf zu stehen und im Abrollen der Füße das Gehen zu ermöglichen.

Die Beine dienen dazu, im Ablauf der Schritte die Dimensionen von Raum und Zeit real zu erschließen.

Der Rumpf teilt sich in die Bereiche über und unter der Gürtel-Linie.

Die untere Partie besitzt die Geschlechtsteile. Durch sie wird es dem Menschen ermöglicht, sein Sein zu vermehren und damit über sich hinaus die Kontinuität der Geschichtlichkeit der Generationsfolgen zu erreichen.

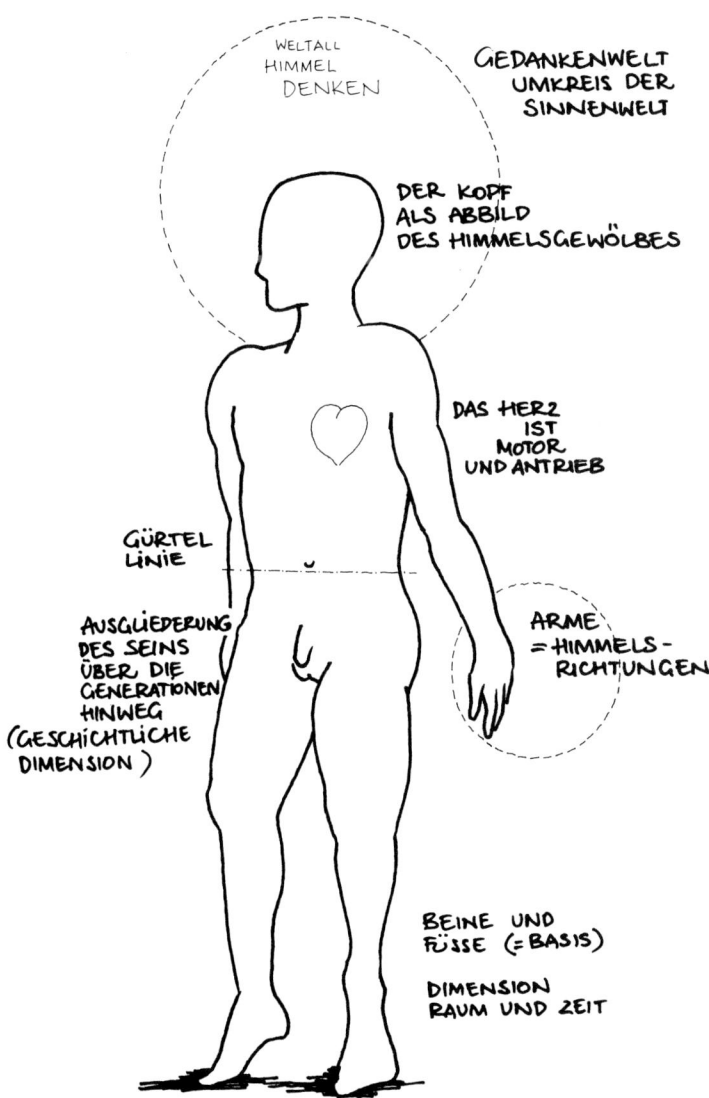

Das Herz ist sozusagen der Antrieb, der Motor für den übrigen Körper.

Die Arme und die Hände mit ihren Fingern ermöglichen dem Menschen, den nächsten Umraum tätig zu bearbeiten und sich dienstbar zu machen.

Werden aber die Arme nach beiden Seiten waagrecht ausgestreckt, so erhält dieser weit über sich hinausweisende Gestus eine hohe symbolische Bedeutung.

Diese Figur erschließt sich die Himmelsrichtungen und wird damit zur Drehscheibe und zum Mittelpunkt zur Welt und zum Dirigenten des kosmischen Großraumes.

Der Hals bereitet, gleichsam als Kugelgelenk, vor, den frei nach allen Seiten beweglichen Kopf aufzunehmen.

Der Kopf als Form ist besonders ausgezeichnet. Er zeigt eine Annäherung an die vollkommenste Volumenform, die denkbar ist. Er ist eine in sich ruhende, geschlossene Weltsphäre besonderer Art. Er gleicht sich einer Kugel an und ist dadurch schon geadelt.

Durch den aufrechten Gang nimmt die Gestalt des Menschen die Senkrechte für sich in Anspruch, die die Verbindungsrichtung zwischen Erde und Himmel aufnimmt.

Die menschliche Körperorganisation ist auf den Himmel bezogen, im Gegensatz zu den Tieren, die horizontal als Vierbeiner nur auf die irdische Erdausdehnung bezogen sind.

Als höchster Teil des Körpers ist besonders betont der Kopf auf die höhere Region des Himmels bezogen.

Er ist auch der erdabgelösteste, freieste Teil der menschlichen Gesamtgestalt.

Die Schädelkalotte ist gleichsam ein Abbild des Himmelsgewölbes, so, wie in der Architektur und im Kunstwerkorganismus die Kuppel im Bau eines Domes auch den Himmel symbolisiert.

Diesen Vergleich stellt Salvador Dali anhand einer Zeichnung des Kopfes seiner Frau Gala an, wo deren Mütze auch wieder als Kuppel der Kirche erscheint.

Die Öffnungen des Kopfes, wie Augen, Ohren, Nase und Mund erschließen dem Menschen den ihn umgebenden Raum von Sehstrahlen und Tonschwingungen und Luftströmen.

Die Augen entsenden den Blick in die Ferne.

Die Ohren nehmen die Töne von dorther auf.

Die Nase atmet die Luft sowohl ein als auch aus.

Dem Mund entfließt die weithin tönende Sprache.

Im Innern des Kopfes ist der Sitz des Denkens, das Gehirn. Im Kopf sprengen die Gedanken, die Ideen und Vorstellungen alle körperlichen und real beschränkten Dimensionen, bis ins Irreal-Phantastische.

Und das Gedächtnis hortet die Ereignisse der Zeit. Des Kopfes, dieser zentralen Befehlsstelle und Oberleitung beraubt und entblößt, ist der Mensch als Mensch, als denkendes Wesen nicht lebensfähig. Wohl auch kaum fähig, als zentral verstümmeltes untertierisches Unwesen zu vegetieren.

Salvador Dali. Der Kopf Galas sich in Architektur verwandelnd.

IV. Übergang vom Weltganzen über das Weltganze und Ich zum ausschließlichen Ich

Günther Diehl. Der Kopf von F. S. W. im Spiel zwischen Licht und Finsternis.

Nun bin ich – und selbstverständlich auch der Leser als mein brüderlicher Mitwanderer – in meiner Weltallreise im angekündigten Fahrplan an dem Punkte angelangt, wo ich den unendlich großen Kreis des Weltganzen verlasse und in die Zone des Überganges vom Weltganzen und Ich zum ausschließlichen Ich-Kreis komme.

Dies ist eine Manipulation, in der das unfaßbar gewaltig-große Weltganze einen ungeheuren Dimensionsverlust hinnehmen muß, um sich schließlich auf den winzigen Punkt des Ichs, meines Ichs – als absolut vollgültige Gegenwelt zur Allwelt des Universums – zu konzentrieren.

Es ist schwierig, auf irgendeine Art und Weise diesen Übergang in seinen Etappen plausibel oder gar zum mindesten in vertrauten Vorstellungsbildern anschaulich zu machen.

Um aber dies doch zu bewerkstelligen, will ich zur Demonstration der Schöpfungs- und Weltganzheitsminderung, d. h. diesen Abstieg vom Weltganzen bis zum winzigen Weltdetail, das sich auf mein Ich bezieht, und das Ich bin, die Schemata der Rundbilder zu Hilfe nehmen, wie sie uns Schedels Weltchronik von 1493 darbietet.

Die Ausgliederung und jeweilige Spezifizierung, und damit verbunden auch die Verkleinerung des Schöpfungsradius des Alls, findet in der Reihenfolge der 6 Illustrationen der Schöpfungsvorgänge statt.

Um dem Anspruch der jeweiligen Weltganzheits-Vorgänge gerecht zu werden, hat der Illustrator stets den Kreis, das kosmische Rund, für seine Bilder gewählt. Diese Kreisform verschwindet erst, als nicht mehr eine Großschöpfung stattfindet, sondern nur eine Spezifikation und Ausgliederung des irdischen Wesens Mensch vorgenommen wird, indem aus der Rippe Adams sein geschlechtliches Gegenstück und zugleich die Ergänzung des Mannes, nämlich die Frau, genannt Eva, die Urmutter des Menschengeschlechtes erschaffen wird. Diese irdische Szene ist in das irdische Viereck-Format gesetzt. Das kosmische Schöpfungsrund hat hier nur noch allein den Heiligenschein von Gottvater zu vertreten. Betrachten wir die Abfolge der 6 kosmischen Rundbilder als stets sich spezifizierender Schöpfungsvorgang, d. h. als kleiner werdender Schöpfungseffekt im einzelnen:

Am 1. Tag erfolgte die Trennung von Licht und Finsternis.
Am 2. Tag erfolgte die Erschaffung des Firmamentes, des Himmels.
Am 3. Tag erfolgte die Scheidung von Wasser, Meer und der Feste und des Trockenen der Erde.
Am 4. Tag erfolgte die Erschaffung der Sterne, von Sonne und Mond.
Am 5. Tag erfolgte die Erschaffung der Pflanzen und der Fische und der Vögel.
Am 6. Tag erfolgte die Erschaffung der Tiere und des ersten Menschen, genannt Adam.

Mit dem Erscheinen von Adam als erstem Menschen, dem Urvater der Menschheit und der einzelnen Menschen, ist die entscheidende Schöpfungsmarke gesetzt, gibt es die grundsätzliche Möglichkeit, daß auch Ich, ebenfalls ein Exemplar der Gattung des Wesens Mensch, auch einmal in der Welt erscheinen könnte und dann auch tatsächlich erschien.

Doch – wie sieht die Verbindung, der genealogische Zusammenhang, zwischen Adam und mir als Auch-Mensch aus? Da taucht die Frage der Nachkommenschaft Adams und die Ahnenreihe des Menschenstammes, zu dem ich mich zähle, auf. Und im Besonderen ist zu fragen, wie verhalten sich diese zwei genealogischen Ströme, die Nachkommenschaft von Adam und die Vorkommenschaft von mir, meine Ahnen, zueinander? Dieses Verhältnis werden die nächsten Kapitel klären.

Holzschnitte aus der Schedelschen Weltchronik.

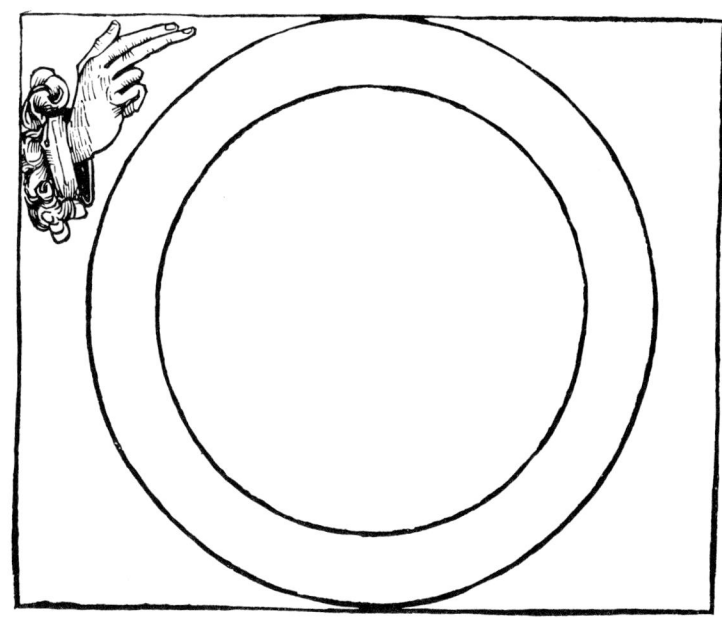

Trennung von Licht und Finsternis.

26 Vom Weltganzen zum Ich

Erschaffung des Firmamentes, des Himmels.

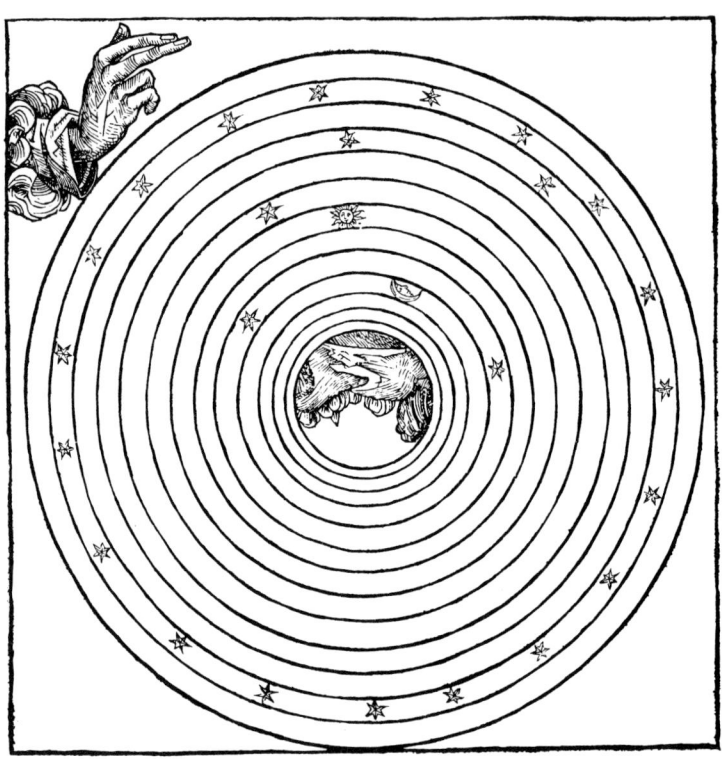

Erschaffung der Sterne, von Sonne und Mond.

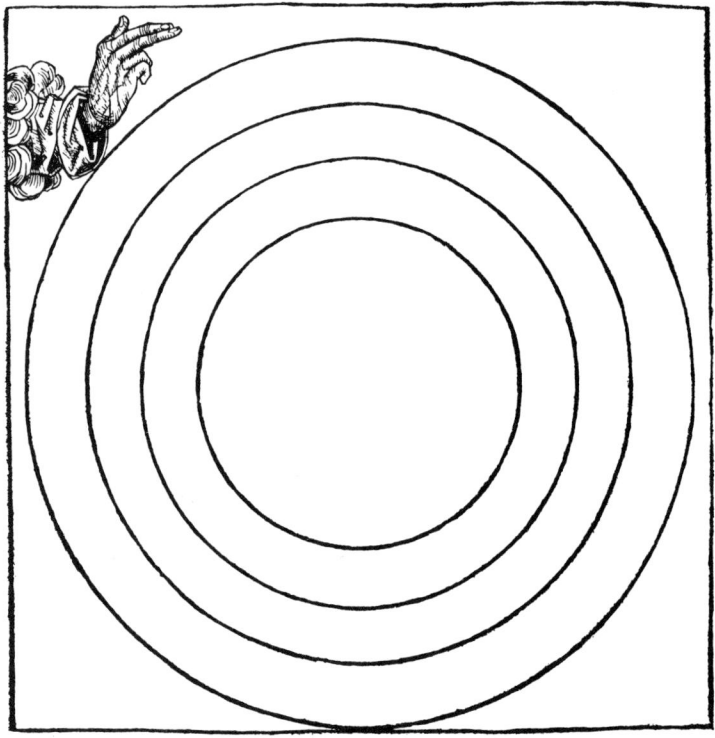

Scheidung von Wasser, Meer und der Feste und des Trockenen der Erde.

Erschaffung der Pflanzen und der Fische und der Vögel.

Vom Weltganzen zum Ich 27

Erschaffung der Tiere und des ersten Menschen, genannt Adam.

DER KREIS ÖFFNET SICH

Erschaffung der Eva, der Urmutter des Menschengeschlechtes.

Die Prämissen zur speziellen Existenz meines Ichs

I. Ich und meine Ahnen

Die zwei Pole des Menschengeschlechtes zwischen dem ersten Menschen und F.S.W.

In dem Strome der Geschichte des Bestandes des Menschengeschlechtes gibt es zwei Pole und Pyramiden. Diese ergeben sich aus folgenden Gesichtspunkten und Standpunktnahmen.

Wenn man die moderne naturwissenschaftliche Darwinsche Abstammungslehre der Lebewesengattung Mensch, die nicht zum Menschen führt, sondern im Tierreich versandet, bei Seite läßt und die Menschheitsgeschichte nach der Angabe der Bibel bei Adam als dem ersten Menschen und Urvater beginnen läßt, so entwickelt sich eine Menschenpyramide, von der Adam die oberste Spitze ist. Von ihm aus verbreitet sie sich von der Vergangenheit in die Zukunft, indem sich von Adam ab eine Generation an die andere reiht. Wenn man aber gleichsam als Gegenadam und auch als zweiten Mittelpunkt des Weltgeschehens die eigene Person als unterste Spitze seines Ahnenstromes, die bei der Person von Adam fehlt, annimmt, so entwickelt sich eine Pyramide in entgegengesetzter Richtung: von der Person, also hier von mir selber, rückwärts von der Gegenwart in die Vergangenheit. Dazwischen liegt ein großes Nebelmeer. Eine Zone des Unbekannten und nur Angedeuteten, nur unklar Vermuteten.

Aus diesem Nebel bilden sich dann plötzlich in allerdings zunächst noch verschwimmenden Konturen und Rändern reale Fakten und Vorboten, die zum Dasein-Können und zur Existenz der eigenen Person führen. Es scheidet sich dann, und es vermischt sich Unerforschbares und historisch faktisch Belegbares.

Diesen Übergang vom Dunkel und Nebel meines speziellen Ursprungs aus dem unendlichen Strom der Menschenmillionen will ich näher aufzuhellen versuchen. Ich werde Aktenjäger und Anhaltspunktsucher für die historische Faßbarkeit meiner Person, meines Ichs. Folgende Quellen geben mir Anhaltspunkte und klären mich auf:

1. Stellen aus der Biographie meines Vaters «Das Werden eines Malers», 1936, von mir herausgegeben und mit einem Vorwort versehen. Besonders das Kapitel «Die Sippe der Mutter» und «In der Heimat des Vaters» berichten über meine Vorfahren.
2. «Der Stammbaum der Familie Schönenberger vom Jahre 1736 bis heute, ausgearbeitet von Arthur Schönenberger, Rottenburg am Neckar, März 1936». Damit sind auf das Jahr genau zweihundert Jahre dieser Familiengeschichte mütterlicherseits erfaßt worden.
3. Mein offiziell erforderlicher sogenannter «Ahnenpaß», der 1942 zusammengestellt wurde.
4. Der Aufsatz, den Gaston Mayer, Karlsruhe, über «Die Geologenfamilie Würtenberger» schrieb. Erschienen in «Berichte der Naturforscher-Gesellschaft», Freiburg i. Br., Bd. 53, S. 241–257. Freiburg i. Br., 1963.
5. Ein Album mit den Fotos, die mein Großvater Thomas Würtenberger und mein Vater Ernst Würtenberger aufgenommen haben.
6. Ein Fotoalbum, in rotem Samt eingebunden, mit Fotos aus dem Kreis meiner Großeltern mütterlicherseits und meiner Mutter Lina Schönenberger.
7. Die Zeichnungen und Gemälde meines Vaters, die sich auf die Familienmitglieder beziehen.

Zum Teil treten meine Ahnen nur sehr verstümmelt und willkürlich unvollständig erfaßbar in das Gesichtsfeld meines genealogischen Bewußtseins. Ich will es gleich sagen: so sehr weit zurückreichend ist das Kenntnisfeld meiner Vorfahren nicht. Doch ich will wenigstens die vorhandenen Anhaltspunkte und Trümmerreste der einstmals voll existent Gewesenen aufzeigen.

Die früheste mir zugängliche Kunde von Menschen, die die Möglichkeit haben, zu meiner Vorfahrenschaft in irgendeiner Beziehung zu gehören, trat kometenhaft am großen Sternenhimmel der Großsippe der in Frage kommenden Verwandtschaft auf.

Am 22. 9. 1966 schreibe ich als 57jähriger an meine 85jährige Mutter in das Altersheim «Theresienheim» nach Baden-Baden, Lichtental, Geroldsauerstraße 9, als ich gerade auf Reisen bin, um mein Barockbuch zu fördern, eine Ansichtspostkarte («Freisinger Dom, Blick zum Ostchor»):

«München, Hotel Europäischer Hof, Landsberger Str., neben Hauptbahnhof.

Liebe Mutter, liebe Monika! Habe schon die Meissner Porzellanausstellung angesehen. Sehr schöne Dinge. Heute nach Schleissheim und nachmittag noch nach Freising, das sich in jeder Weise lohnte. Fand einen Grabstein im Kreuzgang des Domes des ältesten Würtenberger: Georg Wirtenberger, Domherr und Generalvikar. Gest. 16. 2. 1558. Da haben wir's. Herzlichst F. S. W.»

Dieser Hinweis bedeutet nicht mehr und nicht weniger, als daß es schon im 16. Jahrhundert Träger meines Nachnamens gab. In der Schreibweise des Namens Würtenberger mit i anstatt mit ü.

Der Domherr wurde eines die Jahrhunderte überdauernden Grabsteins würdig befunden. Nicht mehr. Oder immerhin dies. Das Todesjahr des Domherrn 1558 verbindet sich innerhalb meines kunsthistorischen Jahreszahlengedächtnisses automatisch mit der Entstehung des Stiches des «Alchemisten» von Pieter Bruegel d. Ä. Diesem Stich mit dem bedeutungsvollen Wortspiel «Alghe-Mist» = «Alles umsonst» widmete ich in meinem Bruegel-Buch eine längere Betrachtung.

Ich gelangte aber in der direkten, nachweisbaren Vorfahrenschaft zeitlich kaum über die Schwelle des 19. Jahrhunderts ins 18. Jahrhundert hinein und damit in die letzten Ausläufer des Barockzeitalters.

II. Meine Ahnen väterlicherseits

Die Sippe der Würtenberger in Küssnach im 18. und 19. Jahrhundert

Aus der von mir 1936 herausgegebenen Autobiographie meines Vaters Ernst Würtenberger «Das Werden eines Malers», Heidelberg, wußte ich, daß ein Teil der Sippe der Würtenberger im Dorfe Küssnach im Klettgau bei Waldshut ansässig war. In welchem Umfang dies der Fall war, davon hatte ich allerdings keine weitere Vorstellung. Eine gewisse Konkretisierung dieser Andeutung erhielt ich nach vielen Jahrzehnten im März 1982 durch die Zusendung eines Zeitungsartikels aus dem «Südkurier».

Dieser Zeitungsartikel mit dem Titel «Das alte Geschlecht der Würtenberger. Im vorigen Jahrhundert in Küssnach stark vertreten» wurde von Frau Brigitte Matt-Willmatt geschrieben. Dort wird die Äußerung meines Vaters über das Geschlecht der Würtenberger in seinem Buche «Das Werden eines Malers» erhärtet und im einzelnen belegt. Dazu wird u. a. festgestellt:

«Im Jahre 1815 werden in einer Aufstellung der Dorfbewohner neben den Familien Burkard, Müller, Sutter, Scheuble, Schneider und Wagemann 27 Angehörige der Würtenbergersippe genannt. Darunter sind die Müller Anton, Johann und Joseph Würtenberger, der Wirt Xaver Würtenberger, Schneider Xaver Würtenberger, Kreuzträger Xaver Würtenberger, Fähger, Geschworener Xaveri Würtenberger, Dorfschmied Josef Würtenberger, Schuster Josef Würtenberger und der Weber Johann Würtenberger. Wie das bei den gleichen Vornamen nicht zu vermeiden war, dienten Haus-, oder Bei- oder Übernamen zur Unterscheidung. 1830 hatte Josef Würtenberger Peters die Tag- und Nachtwache im Dorf und bekam dafür von jedem wachpflichtigen Bürger einen Gulden. Im Sommer mußte er jede Nacht zweimal und im Winter dreimal die Stunde ausrufen [...] Gute Beziehungen bestanden zwischen der Gemeinde und dem Landrichter, Posthalter und Adlerwirt Johann Baptist Würtenberger in Oberlauchringen, dessen Geschlecht vermutlich von Küssnach stammt.»

Aus der auffälligen Konzentration von Bürgern, die in Küssnach den Namen Würtenberger tragen, kann man schließen, daß die Würtenberger unter sich so etwas wie eine Art geschlossene Sippengemeinschaft bildeten, wie wir sie in der Ethnologie als Frühform des Zusammenlebens der Menschen untereinander kennen.

Die Aufzählung der Träger des Namens Würtenberger in Küssnach weist im großen und ganzen vor allem diejenigen Berufe und Handwerkssparten auf, die zur Befriedigung der allgemeinsten und täglichen materiellen Bedürfnisse einer damaligen dörflichen, größtenteils auf sich selber angewiesenen Gemeinschaft vonnöten waren.

Von der späteren, am Ende des 19. Jahrhunderts und am Anfang des 20. Jahrhunderts einsetzenden Auflockerung der Familien- und Sippenverbände infolge der modernen veränderten Verkehrs- und Wirtschaftsbedingungen ist noch kaum etwas zu spüren. Die Familien- und Sippenverbände leben und wohnen noch dicht nebeneinander und sprengen noch kaum die lokale Zusammengehörigkeit. Der alte, fast mittelalterliche, ort- und gauverbundene Sippenverband ist hier noch spürbar.

Für das genealogisch-soziologische Bewußtsein meiner Herkunft stehe ich durch diesen Artikel vor einem ganz neuen Phänomen. Ich werde plötzlich inne, aus welchem urtümlichen Urbrei von Betätigungen und handwerklich-bäuerlich-dörflichen Urwurzeln auch selbst ich stamme.

Auch ich!

Und zwar gerade auch ich, der ich doch in meiner sonstigen beruflichen und gesellschaftlichen Ausprägung von jeglichem Handwerk und jeglicher Beschäftigung aus banaler, alltäglich geforderter Notdurft weit entfernt bin und genau die soziologische Gegenposition des städtischen Intellektuellen vertrete und vollständig dem Handwerk abgestorbener Geistesgeschichte angehöre.

Dabei bin ich nicht einmal selbstschaffender Künstler, sondern als Kunsthistoriker nur passiver Kunstbeurteiler und Schriftsteller darüber, was die anderen Menschen mit ihrer handwerklichen Schaffenskraft und Mühe erarbeitet haben.

Ich lebe und denke und arbeite ausschließlich als ein von den praktischen Alltagsbeschäftigungen abgelöster Wissenschaftler und Weltbilddenker und philosophisch interessierter Weltbilderspezialist. Ich bin ausschließlich und ganz ein Mann der Ideen, und dies viel stärker als der praktischen Realität.

Daß ich aber so sehr von meinen handwerklich-bäuerlichen Vorfahren gesellschaftlich und soziologisch entfernt bin, dies hat seine besondere gesellschaftsdramatische Bewandtnis. Dieser Sprung ging nicht so einfach und von heute auf morgen ruckartig vonstatten.

Dafür war ein gewaltiger, gesellschaftlicher und geistiger Umwandlungsprozeß von Generation zu Generation notwendig, von dem die Rede sein muß, um die familiengeschichtlichen und geistesgenealogischen Voraussetzungen meiner Existenz richtig beurteilen zu können.

III. Meine direkten Ahnen väterlicherseits

in Dettighofen und anderswo

Nach diesen allgemeinen, immer noch unbestimmten Feststellungen sollen aber nun die aktenmäßig belegbaren Fakten und Dokumente meiner nachweislichen direkten Vorfahren angeführt werden.

Wohl sind die frühesten Aktenvermerke noch recht zufällig und lückenhaft, aber sie besitzen den Vorzug des Belegbaren. Hier komme ich wenigstens auf sicheren Boden, und der Nebel des nur Vermuteten und als wahrscheinlich Angenommenen lichtet sich.

Meine direkt nachweisbaren väterlichen Vorfahren lebten zunächst in Küssnach, wo sich auch noch im ganzen 19. Jahrhundert hindurch viele Würtenberger zusammenfanden.

Von meinen Ur-ur-ur-Großeltern aus der Mitte des 18. Jahrhunderts, die in Küssnach ansässig waren, kenne ich nur die kargen Namen Jakob Würtenberger und Maria Anna Mathis(in).

Zu meinem 75. Geburtstag am 9.9.1984 schrieb mir Frau Brigitte Matt-Willmatt zusätzlich über meine Ur-ur-ur-Großeltern Jakob Würtenberger und Maria Anna Mathis aus Bechtersbohl ihr Ehedatum vom 4.2.1744 in Küssnach. Zeugen waren Johannes und Xaver Würtenberger. «Ich vermerke, daß dieser Jakob Würtenberger, der am 9.5.1719 geborene Sohn der Eheleute Adam Würtenberger und Anna geb. Wagemann war. Dies also als kleiner Ahnenbeitrag zum Festtag.» Somit kenne ich wenigstens die Namen meiner Ur-ur-ur-ur-Großeltern.

Von ihrem Enkel Joseph Würtenberger, meinem Ur-ur-Großvater, kenne ich etwas Weniges mehr. Am 18.3.1757 wurde er in Küssnach geboren. Seine Paten waren Petrus und Maria Würtenberger.

Am 4.2.1788 hat sich Josef Würtenberger im nahe gelegenen Dettighofen (Amt Waldshut) mit Magdalena Fischer verheiratet. Zeugen waren Matthäus Wagenmann von Küssnach und Math. Bercher von Dettighofen (Kirchbuch Bühl). Damit wurde Josef Würtenberger der Stammvater der Dettighofener Linie; er starb als «Bauer und Bürger» im Jahre 1834, seine Frau Magdalena 1840. (Freundliche Mitteilung von Frau Brigitte Matt-Willmatt in Freiburg im Breisgau vom 9.3.1983).

Bei dem Dettighofener Zweig der Sippe der Würtenberger zeigt sich ein neuer Zug hinsichtlich ihres persönlichen Weltverhaltens. Sie sind wohl noch im bäuerlich-dörflichen Milieu verhaftet, aber in ihnen kommt bereits eine andere Komponente zum Durchbruch. In ihnen regt sich mächtig eine geistige, künstlerische, wissenschaftliche und weltphilosophische Ader, die mit Energie und Urgewalt das bäuerlich-handwerkliche Milieu zu sprengen versucht.

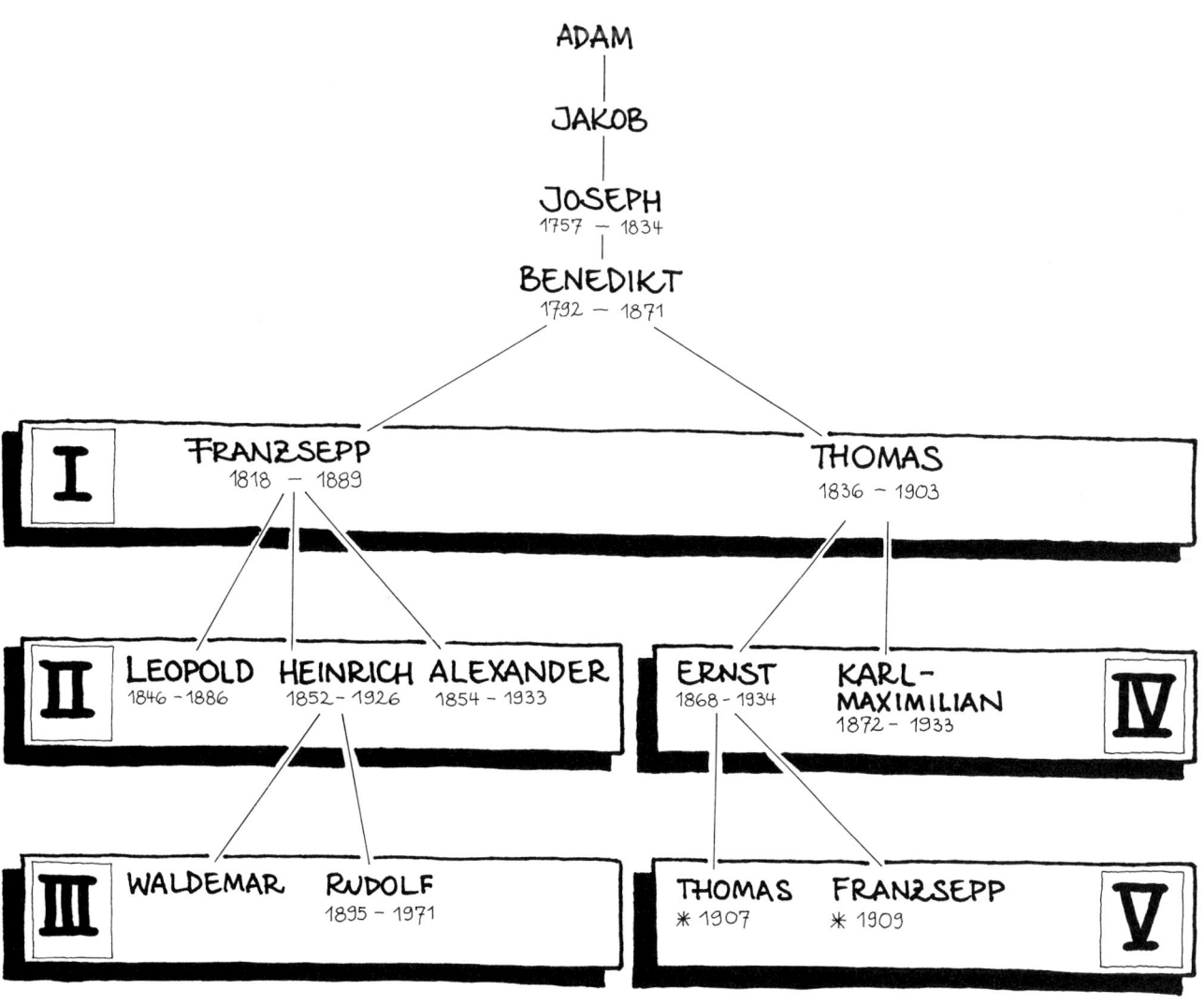

Es kommt in ihre Persönlichkeiten ein Zwiespalt zwischen Handarbeit und Geistesarbeit. Aus diesem Doppelleben ergeben sich Schwierigkeiten, die zu nicht geringen Konfliktsituationen führen. Doch die frühesten direkten Aktenvermerke und anderweitigen Überlieferungen sind zunächst noch nicht so ausführlich, daß man daraus spezielle Schicksalsschlüsse aus den Begabungen ziehen könnte.

Der Sohn aus der Ehe von Joseph Würtenberger und seiner Frau Magdalena, geborene Fischer, mein Urgroßvater, hieß standesamtlich notiert Benedictus Würtenberger.

Er ist in Dettighofen am 23.3.1792, also noch im 18. Jahrhundert, kurz nach dem Ausbruch der Französischen Revolution, geboren. Gestorben ist er 1871.

Am 23.5.1814 verheiratete er sich mit Magdalena Simmler, die am 1.11.1793 in Albführen geboren wurde und 1868, im Geburtsjahr meines Vaters Ernst Würtenberger (1868–1934), verstarb.

Die Eltern von Magdalena Simmler, auch ein Paar meiner Ur-ur-Großeltern, hießen Xaver Simmler und Agathe Röthenbach.

Es fällt mir auf, daß standesamtlich für die Vornamen meines Ur-ur-ur-Großvaters und Ur-Großvaters die lateinische Form, also Josefus und nicht Joseph und Benedictus und nicht Benedikt gebraucht werden. Offiziell namensmäßig gehören sie noch der lateinischen, humanistisch denkenden Barockkultur an.

Benedikt Würtenberger war neben seiner Landwirtschaft ein Liebhaber mechanischer Werke und verbrachte seine freie Zeit fast ausschließlich in der Anfertigung von komplizierten, mit beweglichen Zeigern ausgestatteten Uhrwerken (vgl. die Lebensbeschreibung seines Sohnes Franzsepp Würtenberger von 1869). Damit reihte sich Benedikt Würtenberger ein in die Basteleien von Weltbildmechanismen, wie sie im südlichen Schwarzwald vielfach getrieben wurden und zu einer handwerklichen Industrie ausgebaut waren.

Über die Bedeutung der Herstellung und Erfindung solcher Uhrwerke für das allgemeine weltphilosophische Weltbewußtsein äußerte sich mein Vater Ernst Würtenberger, der Enkel von Benedikt Würtenberger, als er anhand der Charakterisierung von Hans Thomas Weltbewußtsein in seinem Buche «Hans Thoma. In hoc signo. Aufzeichnungen und Betrachtungen», Zürich-Erlenbach 1924, das kosmische Urgefühl der Menschen des Schwarzwaldes schilderte.

Dafür führt Ernst Würtenberger besonders den jüngsten Bruder der Mutter des Malers und Schriftstellers Hans Thoma (1839–1924) an, der ja in seiner Kunst- und Lebensphilosophie einen besonderen Zugang zum Kalenderwesen und den Planetengöttern hatte. Von diesem Bruder der Mutter von Hans Thoma wird berichtet: «Der jüngste Bruder der Mutter war Uhrmacher, hatte aber daneben vielerlei Liebhabereien [...] Auch verfertigte er ein Tellurium [...] ein solches Tellurium, eine Art Modell, das die Sonne, Erde, Mond und Sterne in ihrem Lauf anschaulich macht. Ein solches Tellurium mag man als den Versuch einer künstlerischen Realisation des Weltganzen betrachten, und als solches wird es bedeutungsvoll.»

Zu diesen Weltbildbastlern gehörte auch Benedikt Würtenberger, auch er muß ein besonderer Weltbildphilosoph gewesen sein.

Seine Frau Magdalena Simmler war nach der Aussage ihres Sohnes Franzsepp Würtenberger eine verständige, gemütvolle, für alle humanen Interessen hochbegeisterte Mutter.

Wenn wir bei Benedikt Würtenberger noch keine Anzeichen und Belege haben, daß seine weltphilosophischen Ambitionen mit den beruflichen, landwirtschaftlich-praktischen Tagesaufgaben in irgendwelche Kollisionen kamen, so bricht aber dieser mögliche Widerstreit um so vehementer und härter bei seinem naturwissenschaftlich hochbegabten, dem Zeichnen und Malen zugeneigten und weltphilosophisch außerordentlich engagierten Sohne Franzsepp Würtenberger (1818–1889) hervor.

Der Großonkel Franzsepp Würtenberger. Foto.

Wie diese Schwierigkeiten am Ende des 19. Jahrhunderts bei seinen Mitmenschen beurteilt wurden, geht aus einem Gespräch hervor, das mein Vater Ernst Würtenberger als Gymnasiast zu Besuch bei den Verwandten in Dettighofen mit dem angeheirateten Onkel, dem Manne einer Schwester seines Vaters, namens Ruf aus Kadelburg führte und in seiner Autobiographie «Das Werden eines Malers» im Kapitel «In der Heimat meines Vaters» wiedergibt.

Das Gespräch zwischen dem Onkel Ruf und meinem Vater wurde auf dem Wege von Dettighofen nach Kadelburg geführt. Mein Vater schreibt (S. 64 f.): «Als wir auf der Höhe der Küssaburg anlangten, war es schon Nacht. Die Burg lag gegen Westen von uns, übermäßig hoch und groß durch den dahinter aufsteigenden Mond, sagen- und schattenhaft. Jetzt blieb Ruf stehen, nahm seinen phantastischen Helm ab, trocknete sein spärliches Haar, denn er war in Schweiß geraten, wendete sich an mich und sagte: ‹Weißt Du, daß Ihr dort herstammt, wo die paar Lichter sind? Es ist Küßnacht ein Drecknest, ein Kühnest, jetzt freilich sieht es großartig und poetisch aus, wenn man nichts davon sieht.› ‹Ja›, sagte er zu mir, ‹Ihr seid einmal etwas gewesen, obgleich jetzt nur noch ein Kühbauer dort sitzt. Überall seid Ihr Würtenberger als Vögte gesessen. In St. Blasien sogar ein Dominus, ein ganz Großkopfeter. Aber jetzt seid Ihr wieder unten, wenn Ihr auch den Versuch macht, wieder hochzukommen. Gewiß, Dein Vater hat studiert, aber es war auch nichts Rechtes damit, denn er hat den Geometer mit dem Fabrikanten vertauscht. Der Onkel Franzsepp in Dettighofen ist auch so ein Halbgelehrter. Und doch bleibt er, wenn er auch Geologe und Rosenzüchter ist, ein Bauer. Köpfe seid Ihr schon. Aber es muß Euch doch etwas fehlen. Ihr fangt etwas mit aller Energie an, treibt es bis fast zum Schluß, aber das Allerletzte macht ihr nicht fertig. Energie habt Ihr schon. Ihr lauft zehn Stunden weit, wenn Ihr irgendwo eine seltene Pflanze suchen wollt, aber auf der anderen Seite könnt Ihr Euch nicht entschließen, nur eine Postkarte zu schreiben. Ihr seid zuverlässig, gerade wie es Euch paßt, d. h. einmal seid Ihr es, ein andermal nicht. Ihr habt eine hohe Meinung von Euch und seid oft gegen andere unterwürfig. Kurzum, Ihr seid merkwürdige Kerle.›»

Wie nun der Onkel Ruf in der Schilderung von Ernst Würtenberger meinen Großonkel Franzsepp Würtenberger charakterisierte, daß er ein Halbgelehrter sei und – obwohl Geologe und Rosenzüchter – doch immer ein Bauer bleibe, kann in der soziologischen Schwere und auch Tragik noch sehr erhärtet und dokumentiert werden in der Lebensbeschreibung, die Franzsepp Würtenberger als 50jähriger 1869 als Resümee und Bilanz seines Lebens verfaßte. Dort beklagt er sich bitter, wie es ihm fast zum Verzweifeln schwierig wird, Gelehrtentum und Bauerntum unter lauter ausschließlich dem Alltag zugewandten Dorfmitbewohnern zu vereinen.

Schon in seiner frühen Jugend tat sich die Schwierigkeit auf, neben den harten landwirtschaftlichen Arbeiten freie Zeit zum Lernen zu haben. Nur an den «verhältnismäßig langen Winterabenden» war dazu Gelegenheit. Und Franzsepp Würtenberger notierte darüber: «In dieser für mich goldenen Zeit konnte ich so recht nach Herzenslust lesen, schreiben, zeichnen etc. Kaum des Lesens kundig, spürte ich alle im Dörfchen vorhandenen Bücher und Kalender auf, welche, da ihre Zahl nicht groß war, bald gelesen, die besten Stellen abgeschrieben und die Bilder abgezeichnet waren. [...] Schon in den Knabenjahren gab ich mir alle erdenkliche Mühe, eine wissenschaftliche oder künstlerische Laufbahn zu betreten.» Doch die Widerstände der beschränkten Vermögensverhältnisse der Eltern und die «gänzliche Abneigung meines Vaters, den Bestrebungen seines Sohnes Rechnung zu tragen» waren zu groß. So blieb nichts anderes übrig, als durch eifriges Selbststudium sich die Quellen des Wissens zu erschließen. Er wurde frühzeitig mit den Meisterwerken der Dichter, einiger Philosophen und Geschichtsschreiber bekannt, sowie mit den Schriften ausgezeichneter Naturforscher. Der schweizerische Dichter Zschokke hatte es ihm besonders angetan.

Heinrich Zschokke (1771–1848) war Herausgeber der Zeitschrift «Der aufrichtige und wohlerfahrene Schweizerbote» (1798 und 1804/32), die der rationalistischen Volksaufklärung, aber auch nützlichen Belehrung und Unterhaltung diente. Zschokke war Verfasser von beliebten Erzählungen, Romanen und Schauspielen. Der Roman «Alamontade, der Galeerensklave» (Zürich 1802) bezeichnet Zschokkes Wendung zum religiösen Pantheismus. Wirtschaftliche und soziale Belehrung geben die Romane «Geldmacherdorf» (Aarau 1817), «Brantweinpest» (Aarau 1837) und «Meister Jordan» (Aarau 1845).

Schließlich, nach mannigfachem finanziellen Scheitern und einer längeren Krankheitsperiode erhob Franzsepp Würtenberger Anklage gegen sein Schicksal. Eine einschneidende Enttäuschung war es für ihn gewesen, daß er sich nach langen geologischen Forschungen zum Verkauf seiner Petrefakten-Sammlung entschließen mußte, die durch 17 000 Exemplare von über 1 300 fossilen Zier- und Pflanzenspezies ausgezeichnet war. Denn inzwischen war er zu einem angesehenen geologischen und paläontologischen Forscher geworden. Diese Sammlung bildete die wissenschaftliche Basis für sein Weiterarbeiten. 1869 erwarb sie der badische Staat für 1 500 Gulden, dazu für weitere 100 Gulden ein von Franzsepp Würtenberger verfertigtes geognostisches koloriertes Relief des Klettgaues, das bei der Ausstellung landwirtschaftlicher Lehrmittel in Karlsruhe mit einer bronzenen Medaille ausgezeichnet worden war. Diese Sammlung ging bis auf wenige Exemplare im Zweiten Weltkrieg in der Nacht vom 2. zum 3. September 1942 zugrunde, als das Karlsruher naturwissenschaftliche Sammlungsgebäude von Brandbomben getroffen wurde.

Nach dem Verkauf schildert Franzsepp Würtenberger seine Lage folgendermaßen: «Nach den neuesten Vorgängen muß ich die eben ausgesprochene Hoffnung als eine Täuschung bezeichnen, denn mit dem wenigen, welches mir bis jetzt für

Landessammlung für Naturkunde in Karlsruhe.

meine Sammlung angeboten wurde, bin ich nicht im Stande, meine Lage gründlich zu verbessern. Es scheint, daß ich zu derjenigen Menschenklasse gehöre, welche man gern mit dem Namen ‹Pechvögel› bezeichnet.

Da ich nicht zu den Glücklichen gehöre, denen es vom Schicksal vergönnt war, den legalen sicheren Weg in den Musentempel zu wandern und ich, zum Teil verspätet, auf steilen, wenig betretenen Pfaden dahin zu gelangen suchte, so werde ich, wie ich meine, fast überall als ein unberufener, nicht legitimer Eindringling in das Gebiet der Wissenschaften betrachtet und behandelt und meine Arbeiten, wie mir scheint auch die Sammlung, darnach taxiert. – Ob mit Recht oder Unrecht, wage ich nicht zu entscheiden. Als ich vor kurzem in den Verkaufsangelegenheiten meiner Sammlung in Karlsruhe war (denn beiläufig erwähnt ist es mein sehnlichster Wunsch, daß dieselbe dem engeren Vaterland erhalten bleibe), mußte ich staunen über die großartige Anlage des neu entstehenden Musentempels, welcher zur Aufnahme wissenschaftlicher Sammlungen bestimmt ist. Bei dem Gedanken, daß möglicherweise auch die vielen, theils sehr schönen und seltenen Fossilien, welche ich mit eigener Hand aus der Berge finsterem Schoße an das Tageslicht der Wissenschaft gezogen, hier in glänzenden Räumen zur Verbreitung von Licht und Wahrheit für die Mit- und Nachwelt aufgestellt würden, schlug mein Herz höher und meine Schritte verdoppelten sich. Doch diese so schnell aufgeblühten Rosen hatten sehr spitze Dornen. Plötzlich drängte sich mir ein anderer Gedanke wie ein böser Dämon mit Vorwürfen auf. Was nützen dir deine wissenschaftlichen Bestrebungen? – Du bringst dich und deine Familie damit in Noth und Elend. Eine trostlose Zukunft wartet deiner. Du hättest deine Kräfte mehr für praktische eigennützige Zwecke ausnutzen sollen. Hierzu ist es aber jetzt fast zu spät. Du trägst ja schon ein halbes Jahrhundert auf dem Rücken. Deine Haare sind im Dienste der Wissenschaft grau und deine Gesundheit schwankend geworden. Trotz deinen Anstrengungen zur Gegenwehr wird man dich aus dem sogenannten Mittelstande hinauswerfen. Unter dem Hohn und Spott der Menge wird man dich schonungslos hinausstoßen in den öden giftigen Sumpf der Armuth, wo dir nichts bleibt als ... ‹Halt ein!› rief ich. ‹Hier stehe ich! Ich konnte nicht anders.› Ich werde, wenn mich die Kraft nicht verläßt, auch die härtesten Schicksalsschläge entweder mit stoischem Gleichmuth zu tragen oder mit Energie gegen sie anzukämpfen wissen. Nur eins kann mich betrüben, daß meine Familie das Los, welches ich gerne allein getragen hätte, mit mir theilen muß.»

Was Franzsepp Würtenberger über sich selber schreibt, ist ein erschütternder, ja geradezu heroisch-tragischer Bericht, wie er trotz aller äußeren widrigen Umstände sich seiner eigenen geistigen Welt der Wissenschaft zu widmen nicht nehmen läßt und an ihr verbissen festhält.

Das Rätsel der gewaltigen Weltschöpfung zu verstehen mit Hilfe der Einsichten der Naturwissenschaft steht ihm über allen kleinen alltäglichen Verrichtungen. Keine Macht kann ihn von seinem Wissensdrang abhalten. So sehr unbeugsam ist er von seiner Mission überzeugt. Und es gelang ihm auch mit Aufsätzen, die von der Wissenschaft anerkannt sind, seine geologischen Erkenntnisse und Forschungen darzulegen.

Der nächsten Generation, den drei Söhnen von Franzsepp Würtenberger: Leopold, Heinrich und Alexander, war je nach ihrer Begabung und ihrem praktischen oder wissenschaftlichen oder literarisch-künstlerischen Streben ein verschiedener Lebensweg beschieden. Es kam jeweils darauf an, ob sie sich mehr den reinen Naturwissenschaften anschlossen oder mehr ihre literarisch-künstlerischen Interessen und Begabungen zum Durchbruch kamen.

In dem ältesten Sohne Leopold (1846–1886) war die ausgesprochen naturwissenschaftlich-geologische Interessensphäre seines Vaters am ausgeprägtesten fortgesetzt worden. Vater und Sohn arbeiteten vielfach auf diesem Gebiete Hand in Hand. Leopold Würtenberger gelang als erstem der Würtenberger eine gewissermaßen bescheidene akademische Beamtenlaufbahn, aber noch keineswegs ein freies Forscherleben.

Zunächst besuchte er als beste Grundlage eine schweizer Sekundarschule, dann das Polytechnikum in Karlsruhe, wo er Geologie, Mineralogie, Chemie und Mathematik studierte. 1866/67 war er dort als Assistent der Mineralogie tätig. 1874 wurde er bei der Münzverwaltung in Karlsruhe als Technischer Assistent angestellt. 1876 wechselte er als Assistent zur ständigen Ausstellung landwirtschaftlicher Lehrmittel, Geräte und Maschinen über. Doch im gleichen Jahr wurde er auf seine Bitte hin wegen Krankheit in sein Heimatdorf Dettighofen beurlaubt und im Oktober 1877 aus dem Dienstverhältnis entlassen. 1886 starb Leopold Würtenberger in Karlsruhe.

Als Wissenschaftler waren seine Hauptinteressengebiete Geologie und Paläontologie. Außer mit der Stratigraphie und

Paläontologie der heimatlichen Juraformation hat er sich eingehend mit den Problemen von Charles Darwin beschäftigt, besonders mit der Stammesgeschichte der Ammoniten. Er hat auch als Erster seine Ansichten über die Entstehung des Rheinfalls veröffentlicht.

Da er jedoch von Hause aus wirtschaftlich schlecht gestellt war, blieb ihm eine hauptberufliche Tätigkeit auf seinen Wissensgebieten trotz mannigfacher Anstrengungen versagt. In seiner Not wandte er sich in Briefen an die damals höchsten Vertreter seines Forschungsgebietes, 1872 an Ernst Haeckel und 1879 an Charles Darwin in Kent mit der Bitte um Beistand, um als freier Wissenschaftler weiterzuforschen können. Ernst Haeckel hatte seine Arbeit über die Ammoniten als Dissertation angenommen, aber Leopold Würtenberger hatte nicht die dazu nötige Gebühr zur Verfügung. (Wie noch auf meine eigenen kunsthistorischen Arbeiten die Entwicklungslehre und Forschungsmethode von Darwin und Haeckel sich nach 60 Jahren auswirkte, vgl. das Kapitel dieser vorliegenden Biographie «Die Vorfahren meiner geistigen Entwicklung. Ich und die Entwicklungstheorie von Darwin und Haeckel».)

Heinrich Würtenberger (1852–1926), der 6 Jahre jüngere Bruder des Leopold Würtenberger, war vom Schicksal eher begünstigt. In erfolgreicher Laufbahn widmete er sich hauptamtlich der Verwaltung landwirtschaftlicher Güter.

In Waldshut besuchte er zunächst «Die Winterschule» und wurde nebenher als Gärtner ausgebildet.

Schon mit 25 Jahren wurde er vom Großherzog Friedrich I. von Baden zum Verwalter des großherzoglichen Schloßgutes Eberstein im Murgtal oberhalb von Gernsbach ernannt. Dort legte er eine weit bekannte Rosenanlage an und war im Aufbau und in der Pflege der Obstkulturen, des Weinbaues und der Viehzucht vorbildlich.

Bald wurde er Vorsitzender des landwirtschaftlichen Vereins; er war Mitglied des Badischen Landwirtschaftsrates und der Badischen Landwirtschaftskammer. 1902 erfolgte seine Ernennung zum Großherzoglichen Ökonomierat. Er organisierte landwirtschaftliche Ausstellungen und verbreitete seine Erkenntnisse in Fachzeitschriften.

Alexander Würtenberger (1854–1933) führte ein etwas abenteuerlicheres Leben als sein Bruder Heinrich, der als Beamter in seiner Existenz gesicherter war.

Alexander Würtenberger besuchte die Sekundarschule im schweizerischen Wyl und erlernte danach ebenso wie sein Bruder Heinrich den Gärtnerberuf. In Dettighofen führte er die Rosenkultur ein. Es entstanden Rosen- und Baumschulen, wodurch die Not landwirtschaftlicher Verhältnisse gesteuert wurde.

1890 war Alexander Würtenberger der Initiator der Gründung des Imkervereins Klettgau, und er wurde auch zum 1. Vorsitzenden des neugegründeten «Klettgauer Bienenvereins» gewählt.

Neben seiner beruflichen Tätigkeit war er lange Zeit

Alexander Würtenberger. Foto.

Schriftleiter der in München erscheinenden «Illustrierten Garten-Zeitung».

Alexander Würtenberger trieb es in den späteren Jahren noch in die weite Welt hinaus. Die Jahre 1910–1919 verbrachte er in den USA. Dort war er zuerst Lehrer an einem neu gegründeten Landerziehungsheim, später erwarb er in Texas eine Baumwollfarm. Eine Sturmflut zerstörte Ernte und Anwesen, so daß er 1919 in die Heimat nach Dettighofen in sein Haus auf dem Eichberg zurückkehrte. Er betrieb seine Rosenzucht weiter und bot seine Blumen auf dem Wochenmarkt in Zürich feil, wohin er zu Fuß an einem Tage hin- und zurückwanderte.

Doch beiden Brüdern, sowohl dem Heinrich wie dem Alexander Würtenberger, genügten ebenso wie ihrem Vater Franzsepp Würtenberger für ihre Lebensgestaltung keineswegs allein die praktischen landwirtschaftlichen Tätigkeiten und Belange, so sehr sie auch darin florierten und durchaus viel davon verstanden. Der Drang zu geistiger, literarischer Stellungnahme und zu künstlerisch-schöpferischer Gestaltung war beiden Brüdern gleichermaßen zu eigen und eine innere Notwendigkeit. Allerdings nicht im ausgesprochen betont naturwissenschaftlichen Sinne wie bei ihrem Vater Franzsepp, ihrem Bruder Leopold oder Onkel Thomas Würtenberger, meinem Großvater, von dem noch die Rede sein wird.

Heinrich und Alexander Würtenberger interessierte die literarische Habhaftwerdung der Welt in Erzählungen, historischen Heimatromanen und in Kalendergeschichten. Sie beide wurden Volksschriftsteller.

Sie wurden Schilderer ihrer eigenen Heimat. Dies war die dichterische Verklärung ihrer dörflich-bäuerlichen Welt, in der sie selber lebten und in der die Wurzeln ihrer Herkunft und der Menschen, mit denen sie täglich verkehrten, waren.

Eine diesbezügliche Erklärung, mit welcher Berechtigung Heinrich Würtenberger aus seinem eigenen Milieu des Bauern heraus seine Bauerngeschichten schrieb, gibt er in der kurzen Vorbemerkung, die er seinen zwei Bändchen «Für die Bauernstube. Volkserzählungen.» Karlsruhe 1897, voranstellte.

«Es wird verschiedentlich behauptet, daß wenn ein Bauersmann zu erzählen anfange, so bringe er alles durcheinander ‹wie Kraut und Rüben›. – Ich habe aber auch schon viel mal gebildete Herren gehört, die allerlei Zeug zusammenpappelten, so daß ihnen in bezug auf logisches Denken der einfachste Bauer weit überlegen wäre. – Ja, Schwatzbasen gibt es unter allen Ständen. – Wenn ich aus meinem Leben erzähle, so tue ich dies nicht aus Eitelkeit, oder weil ich etwa glaube, damit der Mitwelt viel zu nützen, sondern weil ich dafür halte, daß eine Bauernlebensgeschichte, von einem Bauern erzählt, mehr Anspruch auf Natürlichkeit hat als wenn – wie dies jetzt vielfach geschieht – gelehrte Weiber und gelehrte Herren die Bauernart nach ihrer Auffassung schildern. – Also jetzt erzählt ein Bauer – frisch drauf los. –»

Heinrich Würtenberger veröffentlichte zahlreiche Aufsätze im «Landwirtschaftlichen Wochenblatt»; 1897 erschienen zwei Bändchen «Für die Bauernstube». Um die Jahrhundertwende übernahm er die Schriftleitung des Kalenders «Der Landwirt», für den er die meisten Beiträge lieferte.

Im Jahre 1920 erschienen die Erzählungen «Kalendergeschichten», 1926 folgten die Mundarterzählungen «Bure-Geschichte us em allemannische Land, erzählt von Heinrich Würtenberger. Mit Bildschmuck von Lothar Rohrer», Karlsruhe, G. Braun (vgl. Ruthard Hambrecht. «Heinrich Würtenberger schrieb ein Stück Landwirtschafts- und Weinbaugeschichte.» Badisches Tagblatt. Der Murgtäler, Samstag, 16. Oktober 1982).

Sein Bruder Alexander Würtenberger schrieb Heimatromane, Novellen, Theaterstücke, Gedichte sowie gärtnerische und botanische Abhandlungen. Er veröffentlichte «Alte Geschichten vom Oberrhein», Waldshut, Verlag Zimmermann, 1880, «Schwarzwaldsagen und Geschichten», Baden-Baden, Verlag Wild, 1881, und schließlich «Aurelias Sagenkreis. Die schönsten Geschichten, Sagen und Märchen von Baden-Baden und dem Schwarzwald» (Hrsg. Alexander Würtenberger, 2. vermehrte Auflage, Baden-Baden 1894 und 1904).

Heinrich Würtenberger schrieb über die Freilichtaufführungen, die sein Bruder Alexander Würtenberger veranstaltete in seinem Kalender «Der badische Landwirt» im Jahrgang 1907 folgendes: «Schon seit vielen Jahren ist Dettighofen in der weiteren Umgebung vorteilhaft bekannt durch die Aufführung von Volksschauspielen, die der jetzige Vorsitzende des Volksbildungsvereins (Alexander Würtenberger) verfaßt und leitet. Abschnitte aus der Heimatgeschichte werden in unverfälschten, ungekünstelten, naturgetreuen Bildern so trefflich vorgeführt, daß sie dem besten Theater alle Ehre machen würden. Um die Fastnachtszeit wird gewöhnlich gespielt auf im Freien errichteter Bühne. Zu Hunderten strömen die Menschen dem kleinen Dorfe zu und lange bevor die Vorstellung beginnt, sammeln sich alle dichtgedrängt um die Bühne. Und da entstehen unsere Altvorderen lebhaftig vor uns, wie sie gekämpft und gerungen, gelebt und geliebt. Volkswitz und Volkseigenart ist treu wiedergegeben.»

Die Söhne von Heinrich Würtenberger, Waldemar und Rudolf Würtenberger, waren nicht mehr praktische Landwirte, sondern gingen als Beamte in den landwirtschaftlichen Verwaltungsdienst.

Waldemar war Beamter der Badischen Landwirtschaftskammer. Rudolf Würtenberger (am 8. 5. 1895 geboren in Ebersteinburg bei Gernsbach, gestorben am 4. 3. 1971 in Langensteinbacher Höhe) studierte in Hohenheim. Zuerst war er landwirtschaftlicher Versuchsleiter von fünf großen Gütern in Pommern, anschließend landwirtschaftlicher Lehrer und dann als Oberlandwirtschaftsrat und Oberregierungsrat im Baden-Württembergischen Landwirtschaftsministerium in Stuttgart. Er betätigte sich als Herausgeber eines «Landwirtschaftlichen Lehrbuches, Zugleich Handbuch für praktische Landwirte. Schriftleitung: Otto Kanold, Rudolf Würtenberger, August Götz», 3. neu bearbeitete Auflage. Bd. 1 und 2. Stuttgart, Verlag Ulmer 1967.

Karl Maximilian Würtenberger. Büste meines Großvaters Thomas Würtenberger.

Dem 18 Jahre jüngeren Bruder des Franzsepp Würtenberger, meinem Großvater väterlicherseits Thomas Würtenberger (1836–1903), war ebenso wie seinen Neffen Alexander und Heinrich Würtenberger ein günstigeres soziales und berufliches Schicksal beschieden. Es gelang ihm, was seinem älteren Bruder Franzsepp zu dessen größtem Bedauern nicht vergönnt war, sich von dem bäuerlichen Milieu seines Heimatdorfes Dettighofen und seiner Vorfahren zu lösen und sich zunächst dem Beamtentum und dann dem selbständigen Unternehmertum erfolgreich zuzuwenden.

Thomas Würtenberger studierte in Karlsruhe wie sein Neffe Leopold auf dem Polytechnikum. Nach absolviertem Staatsexamen betätigte er sich bei der Staatlichen Landesvermessung im badischen Oberland als Geometer in Steißlingen und in Radolfzell. 1876, mit 30 Jahren, verließ er den badischen Staatsdienst und übernahm mit einem Teilhaber eine Ziegelei im schweizerischen Emmishofen bei Konstanz, die er aus kleinen Anfängen zu einem renommierten Unternehmen entwickelte.

Aber alle diese beruflichen Beschäftigungen füllten ihn ebensowenig aus wie seinen Bruder Franzsepp. Mit Leidenschaft widmete er sich seiner Wissenschaft der Geologie, und wie sein Neffe Leopold war er ein begeisterter Anhänger der Lehren von Darwin und von Ernst Haeckel.

Auch er schrieb in seiner Fachwissenschaft bedeutungsvolle Arbeiten.

Jetzt muß aber noch, neben ihren genannten naturwissenschaftlichen Ambitionen, von einer zweiten Begabung der Brüder Franzsepp und Thomas Würtenberger die Rede sein: Von ihrer künstlerischen Neigung als Zeichner.

Wie es Franzsepp mit seiner zeichnerischen Begabung erging, dies schildert Ernst Würtenberger in seiner Biographie «Das Werden eines Malers» in dem Kapitel «Ein erloschenes und ein neu angefachtes Feuer».

«Onkel Franzsepp erzählte mir, er habe in früheren Jahren auch gerne gezeichnet und gemalt. Doch sei ihm damals auf einer Gemäldeausstellung in Zürich eine Sommerlandschaft mit Kornfeldern, blauem Himmel und weißen Wolken zu Gesicht gekommen – ich erkannte viele Jahre später die von ihm beschriebene Landschaft als den ‹Sommertag› von Zünd im Basler Museum –, diese sei so schön und zugleich so naturwahr gewesen, und so habe er eingesehen, daß ihm nie auch nur im entferntesten eine solche Vollkommenheit zu erreichen vergönnt sein werde. Darauf habe er ein für alle Male die Pinsel und den Stift beiseite gelegt und seine Werke seither nie mehr angesehen. Jetzt aber wolle er sie wieder einmal hervorholen und sie mir zeigen. Es waren verschiedene Aufnahmen des Dorfes von der Höhe herab gesehen; einmal im Sommer, wenn die Häuser fast ganz in den Obstgärten verschwanden, so daß nur das Türmlein der bescheidenen Dorfkapelle und einige Dachfirste zu sehen waren. Diese Ansicht hatte ihn aber gerade deshalb nicht befriedigt, und so wiederholte er das Dorf im Spätherbst, als die Bäume in der Hauptsache kahl waren und so die Häuser mehr hervortraten. Dann hatte er auch versucht, den Wald von einem Höhenzug nördlich des Dorfes, dem sogenannten Wolfzalter aus, zu malen. Aber er hatte das Bild nicht fertig gemacht, weil unterdessen jener Besuch der Zürcher Gemäldeausstellung mit seiner fatalen Wirkung dazwischen gekommen war. Er zeigte mir noch mehrere Arbeiten; es waren mit dünner, zarter Aquarellfarbe getuschte Ansichten, die etwas dilettantisch anmuteten, aber doch durch ihre rührende Unbeholfenheit und durch eine bescheidene Sachlichkeit einen besonderen Anblick boten. [...] Eine Landschaft, die ihm besonders ans Herz gewachsen schien, und die er auch zu malen versucht hatte, war das Dörfchen Bühl, das zwar im Tale gelegen, sich auf einem engen Hügel lagerte und das durch den weiten, kahlen, fast unheimlichen Höhenzug des Kaltwangen gegen Süden abgeschlossen wurde.»

Thomas Würtenberger. Frau am Brunnen. Zeichnung. 1858.

Von Ernst Würtenberger existiert eine Zeichnung von dem genannten Orte Bühl bei Dettighofen aus dem Jahre 1885, vier Jahre vor dem Tode des Onkels Franzsepp Würtenberger.

Von seinem Vater Thomas Würtenberger haben sich zwei Zeichnungen von Figuren erhalten. Sie gehören in ihrer Reinheit und Präzision dem spätnazarenischen und spätklassizistischen Stile an. Alle drei Zeichnungen sind im Besitze von Monika und Franzsepp Würtenberger in Karlsruhe.

Diese Begabung zur Bildenden Kunst, zum Zeichnen, Malen oder zur Bildhauerei schlug sich in den Söhnen von Thomas Würtenberger, dem Brüderpaar Ernst (1868–1934) und Karl-Maximilian (1872–1933) nieder.

Beide erhoben ihre künstlerische Begabung zum ersten Mal in der Familiengeschichte zu ihrem professionellen Hauptbetätigungsfeld.

Mein Vater Ernst Würtenberger wurde Maler und Graphiker, und mein Onkel Karl-Maximilian wurde Bildhauer und Keramiker. Ob dies aber auch die endgültige gesellschaftlich soziale Absage an und der Ausstieg aus dem dörflichen bäuerlichen Heimatmilieu der Vorfahren war, wird sich noch im Verlaufe dieser Erörterungen zeigen.

Schon im Vaterhause bekamen Ernst und Karl-Maximilian im Kindesalter zur zeichnerischen Gestaltung Anleitung und erzieherisch gezielte Aufforderung.

Ihr Vater Thomas Würtenberger hat für seine Kinder ein Album angelegt und bereitgehalten, in das alle seine sieben Kinder der Reihe nach ihren Beitrag liefern mußten je nach dem Können ihrer Altersstufe. Dieses Album ist noch im Besitz von Monika und Franzsepp Würtenberger in Karlsruhe.

Ernst Würtenberger trieb es intensiv zur Porträtmalerei. Sie wurde ihm so sehr zur Leidenschaft, daß er enthusiastisch von sich selber schrieb: «Hurra und nochmals Hurra, daß die Leute Köpfe hatten, die man zeichnen konnte.»

Nicht nur die Verwandten, Eltern und Geschwister, Freunde und Personen der gehobenen Gesellschaft porträtierte er. In gleicher Weise interessierten ihn diejenigen Menschen, die in ihrer anonymen Schicksalsgeprägtheit eine ebenso starke, wenn nicht noch eine menschlich intensivere Anteilnahme des Künstlers an ihrer Erscheinungsweise verursachen konnten.

Als Thomas Würtenberger, der Vater meines Vaters, in Emmishofen bei Kreuzlingen (Kanton Thurgau) eine Ziegelei betrieb, hatte mein Vater Ernst Würtenberger als Darstellungsobjekt seiner Kunst auch die Arbeiter der Ziegelei und ihre Arbeitsstätte zur Ziegelgewinnung in seiner Frühzeit gezeichnet und aquarelliert. Und als mein Vater auf das Hofgut seines Onkels Emil Schönenberger im Hegau bei Stockach zu Besuch kam, hat er dort ebenfalls das landwirtschaftliche Milieu zum Objekt seiner Malereien gemacht. Dort portraitierte er außer den Verwandten ebenso intensiv die Knechte, Mägde, Schäfer und Hüterkinder.

Auch als mein Vater als einjähriger Soldat diente, war er in ein Milieu seines künstlerischen Interesses gekommen. Aus dieser Zeit um 1888 existieren viele Zeichnungen und Aquarelle von Soldatenszenen.

Als reif gewordener Künstler blieb mein Vater Ernst Würtenberger in der Motivwahl seiner Gemälde dem bäuerlichen, ländlichen, volkstümlichen und existenziellen Milieu treu.

Er wollte nichts wissen von den großstädtischen Sujets, von den Baigneusen von Renoir, nichts von den Pariser Milieus der Halbwelt eines Toulouse-Lautrec, oder gar von Jean Pascin. Dies soll aber keineswegs heißen, daß Ernst Würtenberger sich nicht sehr intensiv mit den neuesten Tendenzen und Errungenschaften der Malerei auseinandergesetzt hätte, etwa mit Cézanne, Delaunay, mit dem damals schon bekannten Picasso oder mit der Gruppe des «Blauen Reiters». Er erkannte durchaus an, daß dies eine Möglichkeit der künstlerischen Gestaltung war, und er hat gelungene Vorstöße in diesen Richtungen unternommen. Am handwerklichen Können hätte es keineswegs gefehlt, hier mitzutun. Für seine eigene Vorstellung von Wertungen der Welt kamen diese Lösungen und Einsätze jedoch nicht in Frage. Da beugte er sich keiner Strömung, zu der er nicht ganz ja sagen konnte.

Ebenso verhielt es sich bei seinem Bruder Karl-Maximilian, dem Bildhauer und Keramiker. Auch er setzte sich mit den modernen Bildhauern auseinander, besonders mit dem Werke von Auguste Rodin, von dem er das übernahm, was ihm für sein Kunstwollen geeignet erschien.

Mein Vater wurde im Grunde seines Herzens nie ein Städter, nie ein «heimat- und volksentwurzelter Intellektueller». Alles, nur dies nicht.

Solche prinzipiellen und persönlichen Entscheidungen der Weltbildwahl drückten sich auch im Verhältnis zur Kunst Ferdinand Hodlers aus, dessen Malereien Ernst Würtenberger sehr bewunderte und dessen ausdrucksstarker Strichführung er sehr viel verdankt als Charakterisierungsmöglichkeit eines von der Realität scharf angepackten Menschentums. Man kann sagen, fast von einem Tag auf den anderen löste sich Ernst Würtenberger vom bisherigen Einfluß Arnold Böcklins, als er 1902 von Florenz nach Zürich übersiedelte, wo damals der Kampf um die Anerkennung der formenkonzentrierten Kunst Ferdinand Hodlers in vollem Gange war.

Mein Vater folgte in seinem Stilwollen jedoch nicht mehr dem späten Jugendstil-Symbolisten Hodler. Er wollte nichts wissen vom gedanklich-schönlinig überlasteten «Aufgehen im All», nichts von der «Heiligen Stunde» oder «Blick in die Unendlichkeit». Dies war in seinen Augen zu sehr weltanschauungsüberzogen und zu pathetisch-irreal.

Von der Linienkunst um ihrer selbst willen, wie die L'art pour l'art-Kunst des Jugendstils sie darbot, distanzierte sich Ernst Würtenberger. Bei ihm mußte jede Linie der realen Sache und nicht weltanschaulichen Ausschweifungen dienen. Und darin war Ernst Würtenberger im höchsten Maße ein unbestechlicher Meister. An dieser Einstellung zu den Dingen, die seine Hand erschufen, hielt er während seines ganzen Künstlerlebens fest.

Die frühe Periode Hodlers, als Hodler noch auf dem Boden der Realität stand, als er noch die Handwerker, die Schreiner, die Schuhmacher, die Arbeiter, die Netzeflicker, die Wegmacher, die Bauern und die Bettler malte, konnte für Ernst Würtenberger das Vorbild sein, dem er seinen Wesenseigenschaften gemäß zu folgen vermochte.

In seinen Landschaftsbildern liegt dasselbe Verhältnis zu Hodler vor. Ernst Würtenberger liebte die sanfteren Hügellandschaften um den Bodensee oder am Züricher See, nicht die steilen zackigen Berge und mit ewigem Schnee bedeckten und vom Menschen unbewohnbaren Gletscher und Firnen der Alpenlandschaften von Hodler. Diese Kraftakte waren seinem Weltgefühl entsprechend zu extrem. Wenn eine Parallele zu seiner Landschaftsmalerei zu nennen wäre, so wäre es diejenige von Hans Thoma.

Wenn man nun das Gesamtwerk von Ernst Würtenberger nach den von ihm behandelten Motiven untersucht, so bevorzugt ein umfangreicher Hauptkomplex das bäuerliche Milieu.

Es seien nach diesem Gesichtspunkt entsprechende Werke angeführt: Als frühes Beispiel das «Riesenspielzeug», dann der «Kuhhandel», «Fuhrmänner», «Schäferszenen», «Hüterkinder», «In der Apfelkammer», «Der Hofbauer und Schäfer in der Ofenecke», «Die Tischgesellschaft der Knechte und Mägde», «Die Knechtekammer», «Der Schäfer bei der Sonntagmorgen Toilette» (vgl. meinen Vortrag und Aufsatz: Franzsepp Würtenberger «Der Maler Ernst Würtenberger und das Hofgut Braunenberg», Zeitschrift «Hegau», 1982). Eine Serie von kolorierten Federzeichnungen behandelt die ländlichen Berufe: der Bauer, der Schäfer, der Fischer, der Jäger etc. Auch in Buchillustrationen ist auf das existentielle Milieu abgehoben. So wandte sich aus zentraler Herkunftsähnlichkeit Ernst Würtenberger der Lebensbeschreibung von Ulrich Bräcker «Der arme Mann in Tockenburg» zu. Dort erscheint auch das Doppelsein des armen Mannes als bäuerlicher und handwerklicher und zugleich als geistiger, literarisch sich betätigender Mensch. Einmal erscheinen die Szenen «Hirtenleben», «Hausbau» und «Garnhandel». Zum anderen findet der arme Mann aber auch «Muse zum Schreiben», wie er geruhsam in seiner Stube sitzt neben dem Ofen und an seinen literarischen Werken arbeitet. Verklärt wird das ganze Leben in der Szene, wo der arme Mann seinen Kindern im Einklang mit der Größe der Natur im eigenen Garten mit vielen Sonnenblumen «die Schönheit der Welt» zeigt.

Neben die bäuerlichen Themen können noch die existentiellen Themen im Werke von Ernst Würtenberger gestellt werden. Davon seien einige Beispiele aufgezählt: «Ach, die sich lieben wie arm» (Holzschnitt und großes Gemälde), «Begräbnis» (Holzschnitt von 1914 und großes Gemälde), «Bettler» (in verschiedenen Gemälden), «Der Nachsitzer» (Gemälde), «Trauernde Frauen» (großes Gemälde und Holzschnitt), «Mit Mann und Roß und Wagen» (großes Gemälde und Holzschnitt), «Zahnweh» (Holzschnitt), «Die Melancholie des Königs» (Holzschnitt 1917), ein Bauer auf dem Acker stehend neben der in den Boden gesteckten Harke mit der Unterschrift «Der arme Teufel» (Zeichnung). «Geizhals und Verschwender» (Gemäldediptychon).

In den Holzschnitten gehört die Folge nach dem Grimmschen Märchen «Das Märchen vom Fischer und syner Fru» ganz besonders zu jenen Themen, welche die menschliche Existenz in ihrer ständischen Anerkennung oder ihrem Verbot scharf beleuchten und kritisch beurteilen.

Seine geistige Weltbildvorstellung präzisierte Ernst Würtenberger mit der Verehrung ganz bestimmter Dichter des alemannisch-schweizerischen Kultur- und Heimatraumes. In derartigen Bestrebungen folgte er seinem Onkel Franzsepp Würtenberger, der ebenfalls einem Kreis von Lieblingsdichtern und Philosophen bei der Konsolidierung seines Weltverständnisses zugetan war. Für Ernst Würtenberger sind in diesem Zusammenhang besonders zu nennen: Jeremias Gotthelf, Johann Peter Hebel, Gottfried Keller, Conrad Ferdinand Meyer. Jeder einzelnen dieser Dichterpersönlichkeiten widmete Ernst Würtenberger als inneres Bekenntnis zu ihrer Weltvorstellung besondere Federzeichnungen, Holzschnitte und Gemälde. Beim großen Holzschnitt von Jeremias Gotthelf ist der Dichter von den bäuerlichen Charakterfiguren seiner Dichtungen umringt. Manchen Erzählungen von Gottfried Keller hat Ernst Würtenberger Folgen von Holzschnitten gewidmet, so «Die drei gerechten Kammacher», «Romeo und Julia auf dem Dorfe» und «Dietegen».

Dem genannten Kreis von Dichtern und Malern setzte Ernst Würtenberger zwei besondere Gedenkaktionen.

Zum einen in der Folge der Lithographienmappe der sogenannten «Alemannischen Bildnisse» von 1902 mit den zehn Bildnissen der Dichter Johann Peter Hebel, Josef Victor von Scheffel, Gottfried Keller, Conrad Ferdinand Meyer, Emil Strauß und Emanuel von Bodman und den Malern Hans Holbein, Arnold Böcklin, Albert Welti und Hans Thoma.

Zum andern schuf Ernst Würtenberger die Komposition der großformatigen Lithographie «Fähnlein der sieben Aufrechten» von 1905 nach der Novelle von Gottfried Keller. Die «sieben Aufrechten» marschieren beim Schützenfest an der Festmenge vorbei und sind unter der Fahne des schweizer Kreuzes geeint. Dabei sind unter anderem dargestellt der Architekt Hirzel, Arnold Böcklin, Conrad Ferdinand Meyer, Gottfried Keller, Jeremias Gotthelf und als Fähnrich Anselm Feuerbach.

In späteren Jahren war Ernst Würtenberger von den Dichtungen des Norwegers Knut Hamsun gepackt. Für die existentielle Not, in der die Hamsun'schen Gestalten sich bewegen, hatte Ernst Würtenberger vollstes Verständnis. Jeden neuen Roman von Knut Hamsun, der in seine Hände kam, las er mit Spannung. Sei es «Der Hunger», «Viktoria», die Landstreicher-

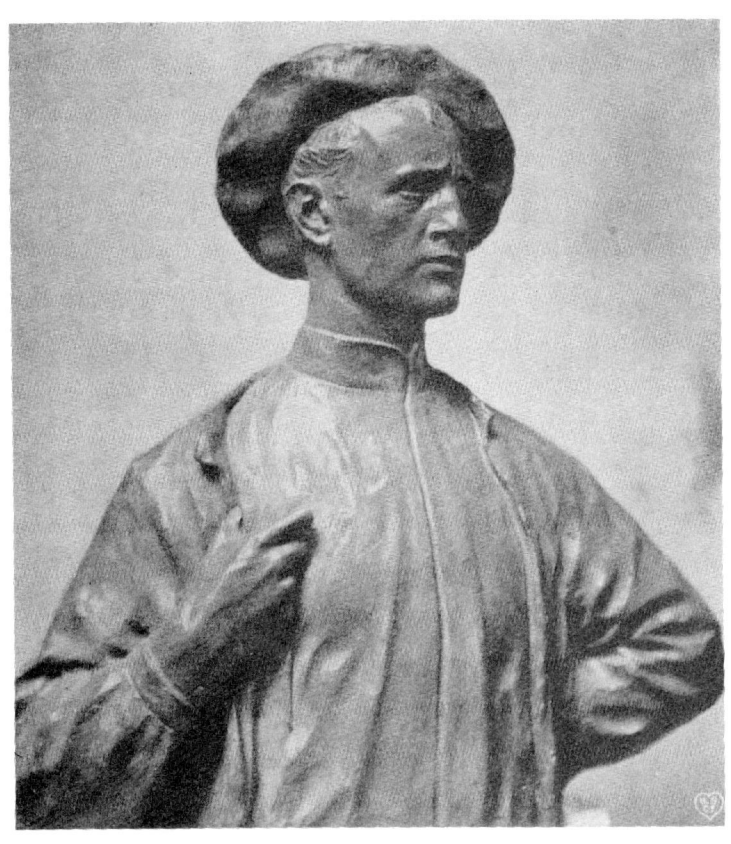

Karl Maximilian Würtenberger. Selbstbildnis. Gebrannter Ton.

Ernst Würtenberger. Selbstbildnis. 1929.

romane, «Unter Herbststernen», «Die Stadt Segelfoß» oder «Die letzte Freude».

Die Gestalt des Dichters hat Ernst Würtenberger in vier Zeichnungen in einem Schreibheft festgehalten. Er billigte ihm die Dreiviertelgestalt zu, um ihn in seiner ganzen körperlich überzeugenden Kraft des Dastehens zu fassen. Als Holzschnitt übersetzt, würde sich seine Gestalt neben die späten Holzschnitte von Emil Strauß oder von Wilhelm Traumann stellen. Ausgeführt hat er ein Kopfstück des Dichters Knut Hamsun als kleineres Gemälde.

Nun soll noch ein Vergleich zwischen Ernst Würtenberger und seinem Bruder Karl-Maximilian durchgeführt werden.

Die Brüder Ernst und Karl-Maximilian gehörten ihrem Körperbau und ihrer Mentalität nach zwei verschiedenen Typen an. Ernst war vom Körperbau her zart und mittelgroß. Die Statur erbte er von seiner Mutter aus der Familie der Schönenberger. Vom Gemüt her war Ernst Würtenberger ausgeglichen.

Karl-Maximilian war schwerknochig und groß, ein Erbteil von der Seite des Vaters. Von einem Rezensenten wird der 29jährige Karl-Maximilian Würtenberger 1902 («Die Rheinlande», II. Jahrgang, Heft 5) folgendermaßen charakterisiert:

«Er ist eine echte Schwabennatur, schlicht, säuberlich, arbeitsam: geradeheraus, derb und doch, wenn ihm der Schalk im Nacken sitzt, ein wahrer Till Eulenspiegel von boshaftem Witz.» In seiner Mentalität war er eher aufbrausend und herrisch. (Über das Schaffen meines Onkels Karl-Maximilian Würtenberger schrieb ich einen kurzen Aufsatz im «Konrads-Blatt», Karlsruhe, 4. 3. 1979.)

Beide, Ernst wie Karl-Maximilian, waren sportlich begabt. Akrobatisch fuhr Karl-Maximilian auf dem Hochrad auf dem Eis, und Ernst fuhr glänzend Schlittschuh.

In ihren Selbstbildnissen wissen sich beide in der Vollkraft ihres künstlerischen Schaffens in souveräner, selbstbewußter Pose zu geben. Hier sind nebeneinanderzuhalten das Selbstbildnis mit Hut, mit eingestemmtem Arm und hochgeworfenem Kopf von Ernst Würtenberger und die Selbstbildnisbüste von Karl-Maximilian Würtenberger um 1902.

In ihrem künstlerischen Schaffen und Milieuklang leiten beide Brüder vielfach ähnliche Ziele und Vorstellungen. Beide nehmen hohen Anteil an der Erscheinungsweise der Menschen und sind von daher hervorragende Portraitisten.

Ernst Würtenberger empfindet, wie wir schon erwähnt haben, im Portraitieren überhaupt die Hauptaufgabe seines

Karl Maximilian Würtenberger. Tintengefäß mit Jude.

Ernst Würtenberger. Der Bettler. Gemälde. 1911.

künstlerischen Schaffens und hinterließ ein reiches Œuvre von einigen hundert Bildnissen. Er wurde schon der Portraitist des zeitgenössischen geistigen Zürichs genannt, wo er seine Hauptschaffenszeit von 1902 bis 1921 verbrachte.

Karl-Maximilian Würtenberger schuf viele Portraitreliefs seiner Verwandten und des Bekanntenkreises, besonders von Konstanz. Daneben sind auch lebensgroße Portraitbüsten, Selbstbildnisse, Bildnis des Vaters Thomas Würtenberger und Portraitgruppen, wie zum Beispiel die Familie Nicolai, vorhanden. Manchmal sind es auch dieselben Persönlichkeiten, die sowohl Ernst wie Karl-Maximilian im Portrait festhielten, zunächst in ihrer Frühzeit Portraits ihres Vaters Thomas und ihrer Mutter Luise Würtenberger oder die Portraits von Hans Thoma und Arnold Böcklin.

Beiden Brüdern ist in ihren Kunstäußerungen jeweils eine auf ihre Weise an die Grenze des Karikaturhaften führende Charakterisierung von Menschentypen über das Portraithafte hinaus eigen. In der Ausdrucksgestik der Genrefiguren wollen beide eine gewisse emotionale Sprengwirkung erzielen. Die Figuren werden in ihren Bewegungen hart vom Schicksal angepackt und erhalten dadurch ebenso auch eine künstlerisch-formale Überprägnanz. Es ist etwas Gotisches, Faltiges, Ausgemergeltes, Struktur-Geschütteltes an ihnen. Nach diesen Gesichtspunkten kann man zum Vergleich zusammenhalten: «Der Bettler» von 1911 von Ernst Würtenberger und der «Jude», der an einem Tisch sitzt, der als Tintenfaß zu benutzen ist, von Karl-Maximilian Würtenberger.

In der Motivwahl der volkstümlichen Menschentypen der

Keramiken von Karl-Maximilian Würtenberger läßt sich eine überraschende Affinität zu den entsprechenden Gemälden von Ernst Würtenberger feststellen. Oftmals überschneiden sich die Themen. Hier sind zu nennen: «Die Sieben Schwaben» und «Der Kuhhandel», oder von Ernst Würtenberger «Die Fuhrmänner mit ihren Pferden» und von Karl-Maximilian Würtenberger das Motiv des Soldaten und des Mädchens bei der Pferdetränke.

Die «Sieben Schwaben» waren so recht ein Sujet, an dem man in humorvoller Weise die Selbstironie der Volkstypen demonstrieren konnte, wie die ungelenken Kerle trotz gemeinsamer Übermacht dem Hasen kaum zu Leibe zu rücken vermögen. Die sieben Schwaben interpretierte Ernst Würtenberger wie Karl-Maximilian Würtenberger, und es gibt manche Varianten dieses Themas.

Außer dem «Kuhhandel» komponierte Karl-Maximilian Würtenberger des öfteren noch andere Kaufszenen von Bauerngruppen. Ernst Würtenberger versetzte sich so intensiv in dieses Thema des Kuhhandels, daß es sein Hauptwerk des bäuerlichen Genres wurde. Es existieren über dieses Thema sehr viele Studien, Gemälde, Aquarelle und Skizzen. Eine ausgeführte Fassung von 1910 befindet sich in der Staatlichen Kunsthalle in Karlsruhe.

Diese volkstümlichen Themen haben eine gute kunstgeschichtliche Herkunftsquelle im alemannischen Raum im 19. Jahrhundert erfahren, und zwar ganz speziell ist auf die Zizenhauser Figuren von Joseph Sohn und Franz Joseph Sohn hinzuweisen, die unter anderem nach Vorlagen des Basler Hieronymus Hess geschaffen wurden. Von Hieronymus Hess gibt es ein Portrait von Ernst Würtenberger in einer Folge von Federzeichnungen schweizer Dichter und Maler.

In den Zizenhauser Figuren, die man bis in das 20. Jahrhundert hinein herstellte, wurden thematisch schon die gleichen Themen bildhauerisch gestaltet, deren sich dann auch wieder Ernst Würtenberger und Karl-Maximilian Würtenberger annahmen. Über die speziellen Beziehungen zwischen den Zizenhausener Figuren und den Keramiken von Karl-Maximilian Würtenberger berichtet ein Aufsatz von dem Kunsthistoriker Wilhelm Fränger im «Bodensee-Buch» von 1922: «Karl-Maximilian Würtenberger und die Überlieferung der Zizenhauser Terrakotten».

Die Begeisterung für die Zizenhausener Figuren war mit den thematischen Beziehungen der Keramiken von Karl-Maximilian Würtenberger in der Familie noch nicht zu Ende. Sie glimmte selbst noch bei meinen eigenen kunsthistorischen Arbeiten nach. Ich habe meinen ersten jünglingshaften kunsthistorischen Aufsatz den Zizenhauser Figuren gewidmet, da ich in Stockach unweit Zizenhausens oft meine Ferien verbrachte. (1930, «Überlinger Kalender», Verlag August Feyl, Überlingen.)

Auf der Basis des Volkstümlichen und des allgemein verständlichen Flugblattes als Kunstform, auf die mein Vater Ernst

Karl Maximilian Würtenberger. Die Sieben Schwaben.

Würtenberger in seinem Schaffen großen Wert legte und sich darüber auch literarisch äußerte, beruht dann auch meine Vorliebe zur Kunst von Pieter Bruegel d. Ä., der das Volkstümlich-Graphische und Flugblatthafte in die hohe Kunst seiner Stiche und Gemälde übersetzte. Ich schrieb 1957 ein Buch darüber: «Pieter Bruegel d. Ä. und die deutsche Kunst», wo ich besonders im Einleitungskapitel auf die Bedeutung des Flugblattwesens im 16. Jahrhundert hinwies, genau so, wie es schon vor 40 Jahren, 1919, mein Vater Ernst Würtenberger in seinem Buche «Zeichnung, Holzschnitt und Illustration» getan hatte (vgl. das Kapitel dieser Biographie «Ich und die Kunst Pieter Bruegels d. Ä.»). Ich weise in dieser Biographie überhaupt darauf hin, wie sehr ich kunsthistorische Forschungen über Motive aufgriff, die mein Vater als schaffender Künstler in seinem Werke behandelte. Zu diesem Fragenkomplex vergleiche man die folgenden Kapitel: den Vortrag «Die Maler als Wanderer» und «Ich und das Gesellschaftsspiel der berühmten Männer».

Zusammenfassend ist festzustellen, daß bei allen Gebrüderpaaren der Würtenberger, auch bei denen, die sich vom bäuerlichen Milieu schon weitgehend entfernt haben, immer noch die gleiche Verhaftetheit und ein großes inneres Verständnis für und mit der ländlich-bäuerlichen Welt geblieben ist. Sowohl bei den Volksschriftstellern Alexander und Heinrich Würtenberger, wie auch bei den Bildenden Künstlern Ernst und Karl-Maximilian Würtenberger. Alle Viere drängten keineswegs aus ihrer geistig-seelischen stammesmäßigen Verwurzelung im Bauerntum heraus.

Meine Ahnen 43

Ernst Würtenberger. Die Sieben Schwaben. 1897.

Anton Sohn. Die Sieben Schwaben.

Wenn man die Charakterisierung und weltanschauliche Rechtfertigung des Südschwarzwälders Hans Thoma, die mein Vater in seinem Buche «Hans Thoma, In hoc signo, Aufzeichnungen und Betrachtungen» von 1924, niedergelegt hat, liest, so glaubt man, mein Vater habe dort mittelbar zugleich eine Charakterisierung seiner eigenen Welteinstellung, die ihm von seinen Vorfahren des Klettgaues überkommen ist, anhand von Hans Thoma vorgenommen.

Was Ernst Würtenberger über die Landschaft des Schwarzwaldes und über die dortigen Bewohner schreibt, paßt ebenso gut für seine Vorfahren wie für seine eigene Person (S. 13): «Es sind gewöhnliche Leute, die keine irdischen Schätze sammeln, dem Leben gegenüber äußerst genügsam, dafür aber innerlich gesegnet sind. Eigentliche Philosophennaturen sind darunter. Doch nicht nur die Landschaft prägt das Gesicht des Elementaren. Auch die Bewohner eignet in ihrem Tun und Gehaben, in ihren Sitten und Bräuchen das Einfache, das Homerische. Zum weitaus größten Teil sind sie Bauern und Handwerker und als solche stehen sie in Leid und Lust, in Arbeit und Not in einem natürlichen primitiven Verhältnis zur Umwelt. Das Allgemeine, das Menschliche, die Existenz tritt stärker, weil unmittelbarer hervor.»

Zum Begriff des Volkhaften äußerte sich Ernst Würtenberger nochmals in einer Ermahnung zur echten Kunst. Ein Zitat lautet: «Besinnen wir uns wieder auf den uralten Zusammenhang zwischen Wort und Bild! Geben wir wieder der Kunst den Inhalt, so geben wir die Kunst auch dem Volke wieder.» (Vgl. Franzsepp Würtenberger «Das graphische Werk von Ernst Würtenberger», Karlsruhe 1938, S. XII.)

Dazu ist auf das heutige Verschwinden des damaligen alten Volksbegriffes hinzuweisen. Bei Ernst Würtenberger ging es soweit, daß er diesen Sachverhalt auch glasklar formulierte und einen bekennerhaften Vortrag zum Inhalt der Malerei, dabei die moderne Kunst anklagend, «Vom inhaltlosen Bild zur bilderlosen Wand» (1929) betitelte.

Ernst Würtenberger stellte auch in seinen Bildern dar, wie der Künstler oder jeder, der eine lebenswichtige Botschaft, die für das Leben etwas wert ist, verkündet, mit den Lebensgewohnheiten des Volkes verbunden ist.

Es muß ein fruchtbares Geben und Nehmen zwischen den gewöhnlichen, existentiellen Menschen sein, so daß lebensgeprüfte und damit für die Erfassung des Sinnes des Lebens wertvolle Kunst entstehen kann. Die These dieses Kreislaufes zeigt Ernst Würtenberger am eindrucksvollsten in seinem Gemälde und Holzschnitt von 1917/18 «Der Dichter»: Der Dichter steht auf dem Marktplatz, der von der Kirche überhöht wird, inmitten des Volkes, inmitten von Marktfrauen, Händlern und dem Publikum. Der Dichter zieht seine geistig-schöpferische Kraft aus dem Treiben des Volkes und gibt in seinen Schöpfungen und Kunstwerken wiederum den Menschen, dem Volke, die geistige Nahrung und das durch das Kunstwerk geläuterte Kulturgut zurück.

Ernst Würtenberger. Der Dichter. Holzschnitt. 1917/18.

Aus derselben Gesinnung heraus schuf Ernst Würtenberger einen Holzschnitt, wie Savonarola der Volksmenge von Florenz predigt.

Beide Brüder, Ernst sowie auch Karl-Maximilian Würtenberger standen um 1900 im Banne der damals zwei großen Sterne am deutsch-alemannischen Kunsthimmel. Beide nahmen sich vor, jeder auf seine Weise, ganz im Sinne des Baslers Arnold Böcklin (1828–1901) und des Bernauers Hans Thoma (1839–1924) zu malen und zu bildhauern.

1905 erschien von Henry Thode die Schrift «Böcklin und Thoma. Acht Vorträge über neudeutsche Malerei. Gehalten für ein Gesamtpublikum an der Universität zu Heidelberg im Sommer 1905», Heidelberg 1905, Carl Winters-Universitätsbuchhandlung.

In dieser Schrift bricht der Zwiespalt auf zwischen zwei verschiedenen, sich immer stärker bekämpfenden Kunstauffassungen. Der Streit geht um die stammesgebundene Heimatkunst und um die grundsätzlich andere Ziele verfolgende intellektuelle Großstadtkunst, damals im besonderen im Impressionismus. Dieser Gegensatz wird Ernst Würtenberger selber sehr beschäftigen und zu Stellungnahmen zwingen.

Beide Brüder, Ernst wie auch Karl-Maximilian, waren um 1900 in Florenz und verkehrten mit Böcklin und seinem Kreis. Beide schufen Portraits von Böcklin. Eines von Ernst Würtenberger befindet sich im Kunstmuseum in Basel, und eine Federzeichnung in der Mappe der Lithographien der «Alemannischen Bildnisse» von 1902.

Karl-Maximilian Würtenberger trat in enge berufliche Beziehung zu Hans Thoma, indem er von 1904 bis 1907 an der Staatlichen Majolika-Manufaktur in Karlsruhe tätig war, die von Thoma gegründet und geleitet wurde, und war ebenso mit ihm befreundet wie Ernst Würtenberger, der ihn des öfteren durch Bildnisholzschnitte ehrte.

Außerdem schrieb Ernst Würtenberger: «Hans Thoma. In hoc signo. Aufzeichnungen und Betrachtungen» über ihn. Weiterhin äußerte er sich nach dem Tode in einem Nachruf «Hans Thoma zum Gedächtnis» in «Hausrat. Eine Vierteljahr-Schrift», Heft 3/4, 1924.

Kurz vor Hans Thomas Tod durfte ich 14jährig, gemeinsam mit meinen Eltern und Geschwistern, den 84jährigen besuchen und bewundern. Ich selber übernahm die hohe Verehrung für Hans Thoma von seiten meines Vaters. Wie sehr Hans Thoma für die Bildung meiner eigenen Weltvorstellung prägend war und wieviel ich ihm dazu verdanke, habe ich in einer Sonderabhandlung «Ich und Hans Thoma», Februar/März 1980, festgehalten.

Ich habe von Hans Thoma gemäß der veränderten allgemeinen Weltlage noch ganz andere Eigenschaften und Urteile angeführt als mein Vater vor 60 Jahren. Ich habe Hans Thoma als Gegner und Warner vor der Vertechnisierung der Welt herausgestellt, als einen für seine Zeit sehr bewußten und kritischen Umweltschützer. Dies sind Probleme, die erst allerneuestens im großen und beängstigenden Maßstab akut geworden sind, die aber Hans Thoma schon heraufdräuen sah. Für meine Stellungnahme vergleiche man meine Vorträge «Hans Thoma als Mensch, Künstler und Denker» und im besonderen die Gedächtnisrede zu seinem 50. Todestage, die ich 1974 in Reutlingen in der Hans Thoma-Gesellschaft hielt.

Bei dem Brüderpaar der beiden Söhne von Ernst Würtenberger, Thomas (geb. 1907) und Franzsepp (geb. 1909), d. h. bei mir selber, wiederholte sich zum fünften Male, daß ein Brüderpaar zu den speziellen Familienbegabungen Stellung bezieht.

Man kann gespannt sein, wie dieses Brüderpaar auf die neue soziologisch-milieumäßige Situation, als Künstlerkinder in einer Stadt und damit in einem ganz anderen Bildungsmilieu geboren zu sein, reagieren wird.

Den beiden Brüdern, Thomas und mir, wurde an sich die Chance gegeben, auch Maler zu werden.

Im Elternhaus war es selbstverständlich, daß sie sich als Kinder mit besonderem Eifer dem Zeichnen hingaben, und von allen drei Kindern, mit Einschluß der älteren Schwester Monika (geb. 1905), existiert ein umfangreiches Œuvre von Kinderzeichnungen.

Wie sehr das Zeichnen, vor allem das Abzeichnen nach Vorlagen von Ludwig Richter oder Hans Thoma oder aus den Pestalozzi-Kalendern oder nach den Motiven aus dem Werk des Vaters von den Eltern gefördert und geschätzt wurde, geht daraus hervor, daß die Mutter 1967, kurz vor ihrem Tode, allen drei Kindern drei Pakete ihrer Kinderzeichnungen in vollkommener Geschlossenheit übergab. Dies war möglich, da meine Mutter sie liebevoll von Anfang an gesammelt, wenn nötig datiert und sorgsamst aufbewahrt hatte.

Das Paket meiner Kinderzeichnungen, die zwischen 1915 und 1926 entstanden sind, war für mich bei dem vorliegenden Werk ein hochwillkommenes Quellenmaterial. Zur besseren Bearbeitung hat meine Schwester Monika alle Zeichnungen fein säuberlich in Passe-partouts übertragen.

In meiner frühen Kinderzeit war das Zeichnen die eigentlich geübte Sprache der Habhaftwerdung der Welt, viel elementarer als das Wort und das Schreiben.

Viele Kapitel meiner Biographie wären nicht möglich gewesen, wenn dieses Material mir nicht geschlossen vorläge. Hier sind folgende Kapitel zu nennen:

   I. «Nachklänge und Rückerinnerungen an meinen Zustand als Embryo im Mutterleib»
  II. «Ich und die Welt der Tiere»
 III. «Ich und die Welt der Akrobaten»
 IV. «Der Zauberer und die Schatzkiste»
  V. «Die Zeichnungen der Bibel und der antiken Mythologie»
 VI. «Ich und der Dadaismus»
VII. «Erstmals in den Klauen der Moral»
VIII. «Ich und das Gesellschaftsspiel der berühmten Männer»

Die Begabung des Zeichnens als Eigenschaft der Würtenberger hat in besonderem Maße meine vier Jahre ältere Schwester Monika geerbt. Sie war auf der Kunstgewerbeschule in Zürich und auf der Badischen Landeskunstschule in Karlsruhe. Wenn sie zeichnet, so zeichnet sie ausgezeichnet, präzise und ganz im Sinne des Vaters, mit dem sie sehr oft zusammen war und ihn auch auf seinen Zeichnungsexkursionen begleitete.

Für die beiden Söhne von Ernst Würtenberger war es selbstverständlich, daß sie, nachdem sie das Karlsruher Gymnasium absolviert hatten, dem bildungsgesättigten Milieu des Elternhauses entsprechend, anschließend auf Universitäten studieren.

Der ältere Thomas hatte von seiner Veranlagung und Mentalität her wenig Ambitionen zur Bildenden Kunst oder gar zur Musik. Dafür besitzt er einen geschärften Blick für geistesgeschichtliche Zusammenhänge.

Zuerst studierte er Geschichte und Soziologie, und dann ging er seinem praktischen Realsinne entsprechend zum Jurastudium über. Als Abschluß des Studiums trat er 1932 mit einer preisgekrönten Schrift über «Das System der Rechtsgüterordnung in der deutschen Sprachrechtsgesetzgebung seit 1532» hervor. In schneller Karriere über die Tätigkeit im Ministerium für Kultus und Wissenschaft in Karlsruhe als Referent für Hochschulangelegenheiten wurde er seit 1942 Ordinarius für Strafrecht, Strafrechtsgeschichte und Kriminologie an den Universitäten in Erlangen, Mainz und Freiburg im Breisgau. Er entwickelte eine fruchtbare Publikationstätigkeit juristischer Abhandlungen mit vielen Aufsätzen in Fachzeitschriften.

Das Schaffen von Thomas Würtenberger wurde anläßlich seines 60. Geburtstag in einem Zeitungsartikel folgendermaßen charakterisiert:

«Das umfangreiche Werk des Gelehrten zeichnet sich durch eine außerordentliche Vielseitigkeit und einen bemerkenswerten Reichtum an Facetten aus, die vielfach Einblicke in neue Fragestellungen eröffnen. Eine umfassende humanistische und kunsthistorische Bildung, das Erbe des künstlerisch veranlagten Vaters, trägt dazu bei, immer wieder die Grenzen des eigenen Fachgebietes zu sprengen und nach neuen Horizonten Ausschau zu halten. So reicht der weitgespannte Bogen der Veröffentlichungen von dogmatischen Arbeiten aus dem allgemeinen Teil des Strafrechts und aus dem Strafprozeßrecht über rechtsphilosophische und rechtsgeschichtliche Schriften bis hin zu kriminologischen und strafvollzugswissenschaftlichen Publikationen.

Ebenso wie er sich um eine interdisziplinäre Vermittlung verschiedenartiger Wissenschaftsgebiete bemüht zeigt, ist der Gelehrte schon seit vielen Jahren teils als Vorsitzender, teils als Mitglied namhafter in- und ausländischer Vereinigungen maßgeblich am internationalen Wissenschaftsgespräch beteiligt. Besonders charakteristisch hierfür erscheinen seine Tätigkeit im Vorstand der ‹Kriminalbiologischen Gesellschaft› sowie seine Mitarbeit in der ‹Société internationale de Criminologie› und der ‹Internationalen Gesellschaft für Rechts- und Sozialphilosophie›. Seit 1963 leitet er überdies einen vom ‹Bundeszusammenschluß für Straffälligenhilfe› gebildeten Fachausschuß für die Strafvollzugsreform.

Dieser umfassenden Wirksamkeit und seinem wissenschaftlichen Beitrag zur Reform des Strafvollzugs verdankt Thomas Würtenberger auch die Berufung in die Strafvollzugskommission durch den Bundesjustizminister. Darin mag Thomas Würtenberger nicht zuletzt eine gewisse Anerkennung von Erkenntnissen erblicken, die er bereits in einer Zeit vertreten hat, als sie weder in der Wissenschaft noch in der Öffentlichkeit populär waren.»

Wenn man nach der zeichnerischen Begabung als einer ausgebildeten Eigenschaft seit drei Generationen in der Familie Würtenberger fragt, so ruhte diese bei Thomas Würtenberger neben seiner Wissenschaft nicht ganz. Sie wurde später zu familiären Zwecken eingesetzt. Jede Weihnachten hielt er die entscheidenden Ereignisse, die in seiner Familie das Jahr über passierten, in einer Zeichnung fest. Diesen Sport betreibt er nun gut über 40 Jahre.

Zu seinem 75. Geburtstag wurde von einer Hamburger Künstlerin eine Porträtmedaille von ihm gefertigt. Diese Festgabe paßt zu seinem Interesse an Medaillen, die sich speziell auf das Recht beziehen. Dieses besondere Interesse hängt damit zusammen, daß dies auch in gewisser Weise ein Erbe seines Vaters Ernst Würtenberger ist, indem sich dieser als Künstler außerordentlich intensiv mit dem Problem der Medaille als Kunstform auseinandersetzte und viele Medaillen von berühmten Männern in Holz schnitt.

Zur Bearbeitung des Nachlasses der Werke von Ernst Würtenberger gründete Thomas Würtenberger das Ernst Würtenberger-Archiv.

Bei Franzsepp Würtenberger, das heißt bei mir selber, waren die Neigungen etwas anders gelagert.

IV. Meine Ahnen mütterlicherseits

Als mein Vater Ernst Würtenberger, nachdem er seine Studienzeit an den Akademien in Karlsruhe, in München und bei Arnold Böcklin in Florenz beendet hatte, sich vornahm zu heiraten, fiel seine Wahl auf keine Frau aus einem städtischen Milieu, weder aus dem städtischen Konstanz, wo er damals durch seine Porträtmalerei zu den Kreisen der Geschäftsleute und der Beamtenschaft Zugang hatte und Wertschätzung erfuhr, noch aus einer anderen Stadt oder gar aus Italien. Diese Kreise waren ihm für seine Wesensart zu konventionell und zu realitätsabgelöst. Er fühlte sich mehr hingezogen zum bäuerlichen einfachen Lebensstil, wo ein unmittelbarer Bezug zu den natürlichen Dingen und vor allem zu den echt existentiell engagierten Menschen besteht.

Wie sehr sich Ernst Würtenberger im ländlichen Milieu wohl und in Rückerinnerung zu den bäuerlichen Verwandten seines Vaters hingezogen fühlte, geht aus der autobiographischen Schilderung in der Schrift «Das Werden eines Malers» hervor:

«Jene Tage sind mir unvergeßlich, die ich hier in einem schlichten Bauernwesen miterleben durfte, das noch durchaus patriarchalischer Art war, mir heute als der Kern und Träger des Volkstums erscheint.» Dieses Volkstum in seinen Gemälden und Holzschnitten zu verherrlichen, empfand Ernst Würtenberger überdies als eine Hauptaufgabe seiner künstlerischen Absichten. Um diese seine Vorstellungen des Weltbetriebes verwirklichen zu können, heiratete mein Vater in das ihm adäquat erscheinende Milieu eines bäuerlichen Hofgutes. Dieses Vorhaben erschien ihm nicht allzu schwierig, denn mein Vater heiratete die Tochter seines Patenonkels und Onkels Emil Schönenberger, Maria Karolina, genannt Lina, von dem Hofgut Braunenberg.

Seine 1881 geborene, 12 Jahre jüngere Braut und Kusine hatte er bereits als kleines Mädchen durch Besuche bei seinem Onkel, dem Bruder der Mutter, Luise Würtenberger, kennen-

Ernst Würtenberger. Meine Großeltern Thomas und Luise Würtenberger. 1927.

Ernst Würtenberger. Meine Großeltern Emil und Monika Schönenberger. 1904.

gelernt. Die Verlobung mit der Tochter des Ehepaares Emil und Monika Schönenberger fand in seinen künstlerischen Arbeiten ihren Niederschlag.

1901 schuf er ein als Selbstportrait angelegtes Gemälde, in dessen Hintergrund, für diese Darstellungsweise ungewöhnlich, ein großes Doppelbildnis seiner im Obstgarten des Hofgutes stehenden zukünftigen Schwiegereltern hineinkomponiert ist. Für ein später entstandenes repräsentatives Einzelbild wählte er das gleiche Motiv.

Mit seinen Schwiegereltern hatte Ernst Würtenberger stets ein gutes Verhältnis, das von gegenseitiger Wertschätzung getragen war. Die standesamtliche Trauung des jungen Paares Ernst und Lina fand am 24. Mai 1902 in Kreuzlingen-Emmishofen statt, anschließend die kirchliche römisch-katholische Trauung in Nenzingen, zu welcher Pfarrei das Hofgut Braunenberg gehört.

Über die Vorfahren meiner Mutter ist folgendes zu berichten: Der Ur-ur-Großvater mütterlicherseits hieß Senes Siegfried Schönenberger. Sein Geburts- und Sterbedatum, wie sein Geburtsort und Sterbeort sind mir nicht bekannt. Er war verheiratet mit Karoline Chorherr. Von dieser Karoline Chorherr kenne ich das Geburtsdatum. Sie wurde am 11. Dezember 1779 in Steißlingen als Tochter des Josef Ignatz Chorherr und der Maria Walburga Weidmann geboren.

Der Sohn von Senes Siegfried Schönenberger war Karl Borromäus Schönenberger, genannt der Bierkarle, da er u. a. eine Bierbrauerei betrieb. Er wurde am 28. Februar 1811 in Steißlingen geboren und am 3. März 1811 römisch-katholisch getauft. Er verheiratete sich mit Ottilia Welte, die die Tochter von Josef Welte und von Anna Maria Bechler war.

Aus dem Bücherbestand von Anna Maria Bechler, verheiratete Welte, besitze ich in meiner Bibliothek «Die heilige Schrift des Neuen Testaments. Zum Gebrauch der katholischen Stadt- und Landschulen im Großherzogtum Baden. Mit einem Titelkupfer. Freiburg, In der Herder'schen Universitäts-Buchhandlung, 1815». Diese Schulbibel trägt den Besitzvermerk «Anna Maria Weltin in Friedingen an der Aach. 1821. Anna Maria Weltin.» (Nach einem neuen Besitzvermerk ging das Buch vier Jahre später, 1825, in den Besitz der Tochter Ottilie, einer meiner Urgroßmütter über.)

In dem Besitz meiner Schwester Monika hat sich ein Rähmchen mit Haaren von Ottilie Welte erhalten. Ein darüber angebrachter Namenszettel berichtet:

«Ottilie Schönenberger, geb. Welte,
geboren den 4. März 1814
gestorben den 22. August 1877»

Das Täfelchen-Arrangement verfertigte der «Chirurg-Coiffeur, A. Fackelmann, Constanz»

Es scheint Sitte gewesen zu sein, daß Haare von Verstorbenen schön ornamental mit einem Bändchen zusammengehalten in einem Rähmchen unter Glas aufbewahrt wurden und Verwandten verschickt wurden zum Andenken an die Verstorbenen. So wissen wir, daß beim Tode Dürers eine Locke von ihm an seinen Schüler Hans Baldung Grien geschickt wurde.

Der Sohn von Karl Schönenberger, mein Großvater mütterlicherseits, Emil Josef Schönenberger, wurde am 6. März 1845 in Steißlingen geboren und am 8. März römisch-katholisch getauft. Am 23. Mai 1871 verheiratete er sich mit Monika Hanssler. Mit dieser Verheiratung ging Emil Schönenberger von Steißlingen weg und zog als Hofbauer im Hofgut Braunenberg in der Gemarkung Nenzingen ein. Er starb Weihnachten 1919 in Stockach. Damals war ich 10 Jahre alt.

Nun die Ahnen meiner Großmutter mütterlicherseits. Meine Ur-ur-ur-Großeltern aus dieser Linie waren Anton Hanssler und seine Frau Elisabeth, geborene Birkhöfer. Die Lebensdaten der beiden sind mir nicht bekannt. Deren Sohn, mein Ur-ur-Großvater, ist Johannes Nepomuk Hanssler. Er ist am 22. Mai 1760 geboren in Zussdorf. Verheiratet war er mit Maria Gebhard, die am 10. März 1766 in Zussdorf geboren wurde. Getraut wurde dieses Paar am 24. Oktober 1791. Die Sterbedaten fehlen. Die Eltern der Maria Gebhard hießen Mathias und Maria Gebhard.

Der Sohn des Johann Nepomuk Hanssler war Simon Hanssler. Er wurde geboren und getauft am 26. Oktober 1796 in Zussdorf. Von ihm kenne ich das Sterbedatum: 17. November 1869. Er war verheiratet seit dem 31. Januar 1842 mit Kresentia Schulz, die am 8. Dezember 1810 in Espasingen geboren wurde.

Von Simon Hanssler ist zu berichten, daß er als Vierundzwanzigjähriger von Zussdorf auf das Hofgut Braunenberg übersiedelte. Er muß ein tatkräftig unternehmender Mann gewesen sein.

Das Wohnhaus im Unteren Hof des Braunenberg errichtete er selber, es wurde mit Steinen aus dem eigenen Steinbruch erbaut.

Diese Aufbauarbeit war allerdings erst in Angriff genommen worden, nachdem er das alte Haus hergerichtet und dann zugunsten des Neubaus abgebrochen hatte.

Es wurde ein stattliches Gebäude, das noch heute steht. Ich erwähne dies besonders, da dieses Haus und das Hofgut Braunenberg im Erlebnisschatz meiner Jugendzeit eine bedeutsame Rolle spielt.

Über das Hofgut Braunenberg, wo meine Großmutter und meine Mutter geboren wurden und mein Vater seine Jugendferien und ich regelmäßig meine Schulferien verbrachte, hielt ich am Familientag der Schönenberger am 21. Mai 1978 im Gemeindehaus Steißlingen den Vortrag «Ein Gang durch das Hofgut Braunenberg mit den Augen des Malers Ernst Würtenberger» («Der Hegau», Herbst 1980). Darin schilderte ich, wie mein Vater dieses Hofgut 40 Jahre lang als Objekt und Motivarsenal für seine Malereien verwendet hatte.

Das Ehepaar Simon und Kresentia Hanssler hatte drei Kinder. Das zweitälteste Kind ist meine Großmutter Monika Hanssler. Sie ist am 31. Dezember 1847 geboren und am 1. Januar 1847 römisch-katholisch getauft worden. Sie heiratete am 23. Mai 1871 meinen Großvater Emil Schönenberger. Sie starb im Oktober 1933. Damals war ich 24 Jahre alt.

Aus der Ehe meiner Großmutter entstammen vier Kinder. Das dritte Kind ist meine Mutter. Zwei Brüder, Albert (geb. 1872) und Oskar (geb. 1874), kamen vor ihr zur Welt. Nach ihr wurde ihr Bruder Adolf 1884 geboren. Meine Mutter starb am 22. Februar 1967 in Baden-Baden. Damals war ich 58 Jahre alt. Meine Mutter erreichte dasselbe hohe Alter von 86 Jahren wie ihre Mutter Monika Schönenberger.

V. Ich als Sammelbecken und Widerspiegelung aller meiner Ahnen

Wie sehr alle meine Ahnen in mir enthalten sind, d. h. wie sehr mein Aussehen, die Beschaffenheit und die Eigenarten meines Körperbaues, meiner Gliedmaßen und im Besonderen meines Kopfbaues durch das Genbündel in mir, das ich von meinen Ahnen empfangen habe, geprägt ist, habe ich in einer konkreten Situation als ein für mich geradezu groteskes Schauspiel erfahren.

Dieses ungewöhnliche Erlebnis verdanke ich Frau Liselotte Anschütz-Russwurm, die im Sommer 1972 meine Büste modellierte. Während der Sitzungen, denen auch meine Schwester und Elisabeth Reinke beiwohnten und die sich allmählich zu geselligen Zusammenkünften entwickelt hatten, nahmen wir alle lebhaften Anteil an den Bemühungen der Bildhauerin, die da mit meinem Kopfe rang und der Frage, ob es ihr gelänge, ihn in seiner besonderen Charakteristik zu erfassen.

Wie es sich in solchen Fällen meist ergibt, kam es auch zu einer heftigen Diskussion über die Ähnlichkeit. Während die Bildhauerin vielseitig pröbelnd an meinem Kopf modellierte, da etwas anstückte, dort eine Nuance wegnahm, geriet das Gespräch unerwartet in ein gänzlich anderes Fahrwasser.

Plötzlich fingen meine Schwester Monika und ich an, das Problem meiner Ähnlichkeit oder Nicht-Ähnlichkeit auf einer ganz anderen Ebene zu sehen. Wir begannen, die Büste in die Ähnlichkeit mit sämtlichen Ahnen, die wir in unserem Wissens- und Erfahrungsschatz zur Verfügung haben, aufzuteilen.

Wir stellten fest: Die Oberlippe habe ich von der Tante Elsa, der Schwester meines Vaters. Die Kontur des Hinterkopfes habe ich von meinem Vater. Meine Nase zeigt Ähnlichkeit

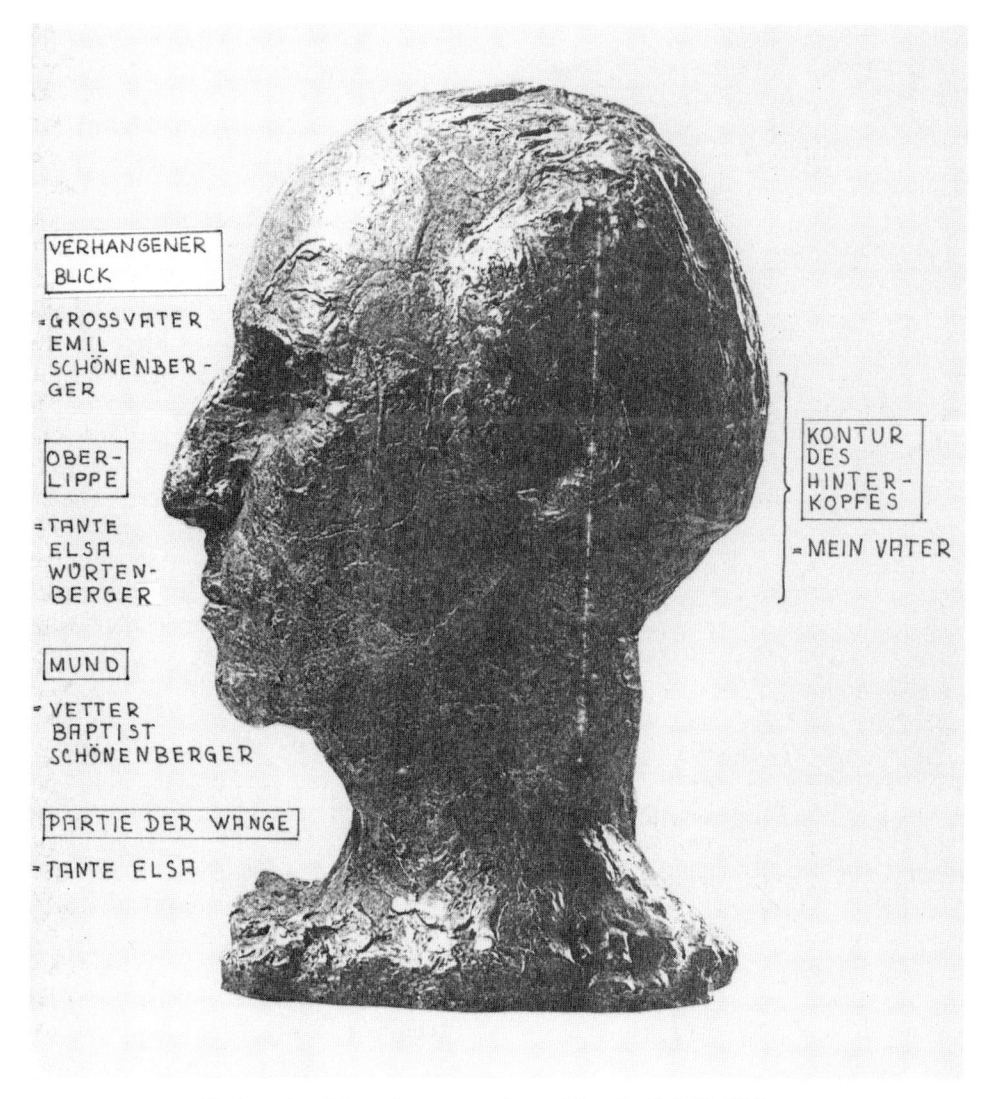

Liselotte Anschütz – Russwurm. Bronzebüste des F. S. W. 1972.

mit derjenigen meines Großvaters Thomas Würtenberger. Hier west meine Mutter, dort dieser oder jener Onkel. Ich stellte fest, die tiefliegenden Augen und den etwas verhangenen Blick habe ich von meinem Großvater mütterlicherseits. Die Partie der Wange hätte ich wiederum von der Tante Elsa. Meine Schwester Monika meinte, mein Mund habe Ähnlichkeit mit demjenigen meines Vetters Baptist Schönenberger; eine Feststellung, die mir höchst neu und überraschend war. Ich entnahm daraus, wie wenig man das eigene Aussehen und seine genealogische Verwurzelung kennt.

Kreuz und quer in der Ahnenreihe verhaftet, löste sich mein Kopf in lauter Ahnenverwandtschaften auf. Monika und ich trieben das Entdeckungsspiel so weit, bis wir schließlich heftig zu lachen anfingen. Unversehens war ich nicht mehr ich, sondern ein brodelnder Topf der Gestalten meiner Vorfahren und Verwandten! Was war passiert? Wir rekonstruierten meine Herkunft.

Dies Phänomen, daß die Ahnen durch das eigene Aussehen und das eigene Gesicht hindurchwachsen und hindurchschimmern, war mir partiell schon zehn Jahre vorher begegnet beim Portrait, das mein Freund Eberhard Doser 1962 von mir verfertigte. Das Portrait ist so sehr kokoschkahaft expressionistisch-rayonistisch in seiner plastischen Substanz aufgelöst und diffus, daß manche Beschauer nicht unterscheiden können, ob es sich um ein Männer- oder Frauenportrait handelt. Aus diesem Grunde könnte man das Portrait ein übergeschlechtliches Portrait nennen, was bei den heutigen Bedürfnissen in dieser Richtung nur ein Ehrentitel wäre.

Eberhard Doser. Portrait des F. S. W. 1962.

Nun, einige Beschauer lasen aus meinem Portrait von Doser eine Übereinstimmung mit den Gesichtszügen meiner Mutter heraus. Und es stimmt: der Haaransatz, die Stirnpartie ist ganz nach meiner Mutter gestaltet. Eberhard Doser kannte meine Mutter und hatte später, 1965, auch ihren Kopf portraitiert, und zwar in einer Auffassung, wie ich meine Mutter kaum sah. Doch trotzdem muß ich Doser zugestehen, daß er mir bisher gleichsam unbekannte Züge und Eigenschaften an meiner Mutter erfaßte und bloßlegte.

Bei meinem Portrait hat der Künstler aber sicherlich unbewußt Züge meiner Mutter erwischt und hineingelegt. Man erkennt daraus, ein welch sphinxhaft kompliziertes Wesen der Mensch verkörpert und wie schwer es in der Portraitkunst wird, aber auch im realen Umgang mit den Menschen, stets ihrer Komplexität und ihrem tausendfachen Ahnenstrom, der durch sie hindurchgeht und in ihnen immer weiterbrodelt, gerecht zu werden.

VI. Die Vorfahren meiner geistigen Entwicklung

(Ich und die Evolutionstheorie von Darwin und Haeckel bei meinen Vorfahren und in meinen eigenen Schriften)

So sehr ich mich bei der Behandlung und Vorführung der Entwicklungsstufen des Menschen im allgemeinen und damit auch von meiner Person in der Frühform als Ei bis zum Embryo in meiner Biographie auf die Forschungen anderer verlassen mußte, so ist es vielleicht doch nicht ganz unberechtigt, daß gerade ich die Ergebnisse der neuesten Beobachtungen der Forschungsmethode der Evolutionstheorie oder der sogenannten Entwicklungslehre, die durch die wissenschaftlichen Arbeiten von Charles Darwin und Ernst Haeckel ausgelöst worden sind, in Anspruch nehme, mich ihrer zu bedienen. Die hier vorgetragenen Ergebnisse der Wissenschaft der Embryologie durch Geraldine Lux Flanagan fußen auf den Schriften von Charles Darwin wie «On the Origin of Species by Means of Natural Selection» von 1859 und «The Descent of Men and on Selection in Relation to Sex» (Die Abstammung des Menschen und die geschlechtliche Zuchtwahl) von 1871.

Das entwicklungsgeschichtliche und naturwissenschaftliche Denken hat sich seit damals auf der ganzen Welt verbreitet und damit viele andere Denkmodifikationen und daraus sich ergebende Weltbildsystem-Aufbaumöglichkeiten verdrängt.

Nun möchte ich feststellen, daß die Herkunft des einen Stranges meines Denkens, das aus mehreren Strängen und Herkunftskomponenten besteht, durch meine Vorfahren entscheidend vorgeprägt wurde. Denn mein Großvater väterlicherseits, Thomas Würtenberger (1836–1903), und sein älterer Bruder Franzsepp Würtenberger (1818–1889) und dessen Sohn Leopold Würtenberger (1846–1886) sind begeisterte und in ihren wissenschaftlichen Studien der Geologie und Paläontologie tatkräftige und für den damaligen Stand der Naturwissenschaften fortschrittliche Verfechter der Lehre Darwins und Haeckels gewesen. Ernst Haeckels letzte Publikation «Die Welträthsel, Gemeinverständliche Studien über Monistische Philosophie», Bonn 1899, hat mein Großvater Thomas Würtenberger wenige Jahre vor seinem Tode noch in seinem Besitz gehabt und mit übergroßem Schwung seinen Namen: Th. Würtenberger als stolzen Besitzervermerk hineingeschrieben. Dieses Exemplar ist z. Zt. in meiner Bibliothek als Zeuge, wie auch bei mir die Herkunftsstränge meines Denkens verlaufen.

Es ist ganz aufschlußreich zu erfahren, wie 1903 das Buch von Ernst Haeckel «Die Welträthsel» von dem mit meinem Vater Ernst und Großvater Thomas Würtenberger befreundeten Dichter Emanuel von Bodman in dessen «Tagebüchern» beurteilt wurde.

«Bücher wie ‹Die Welträthsel› von Haeckel sind für das Volk ganz gut einstweilen als Besen zu gebrauchen, und um den alten Glaubensschutt wegzufegen. Das Oberflächliche an ihnen wird später erkannt werden, und die Sehnsucht nach einer vertieften Auffassung von Welt und Einsicht in das Nichtlösenkönnen des höchsten Mysteriums des Woher und Wohin wird kommen. (Die Kunst, und vor allem das Drama, läßt uns mehr das Geheimnis der Welt erleiden als die Wissenschaft. – Sie wird freilich dem Dichter Dienerin sein müssen.)»

Für mich als Weltbildsystemforscher und selber Weltbildentwerfer hat das Buch «Die Welträthsel» heute eine besondere Bedeutung. Es enthält eigentlich schon vorweggenommen das Programm meines wissenschaftlichen Lebenskonzepts. In Haeckels «Welträthsel» ist geradezu paradigmatisch ein vollständiger Weltentwurf enthalten. Eine wohlüberlegte und logische Liste und Hierarchie der Weltwerte ist vorgeführt. Sie ist folgendermaßen dosiert:

1. Anthropologischer Teil: Der Mensch
2. Psychologischer Teil: Die Seele
3. Kosmologischer Teil: Die Welt
4. Theologischer Teil: Der Gott

Dieses Buch enthält schon alle Grundbegriffe und Gebiete und Lebensfragen, die ich in meinen Arbeiten über Weltbildsysteme auch beurteilen und in meinen eigenen Weltbildsystementwürfen und Konzepten behandeln werde. Insofern liegen hier in diesem Buche der «Welträthsel» von Ernst Haeckel, im frühen Besitz meines Großvaters, auch die Wurzeln meines eigenen Denkens und Forschens.

Nun aber zurück zum speziellen Darwinismus meiner Vorfahren.

Leopold Würtenberger lieferte direkte Beiträge zur Erhellung der Darwinschen Entwicklungslehre in bezug auf die Zoologie, denn er verfaßte eine Schrift über die Stammesgeschichte der Ammoniten. Forschungsberichte über dieses Thema hatte er Charles Darwin nach England geschickt, mit dem er wegen Gewährung eines Forschungsdarlehens 1879 korrespondierte. Mit dieser Schrift griff er weit hinein in die Paläontologie. Leopold Würtenberger hat diese Schrift außer an Darwin auch an Ernst Haeckel geschickt und am 2. November 1872 den damals berühmten Gelehrten gebeten, ob er mit dieser wissenschaftlichen Arbeit an der Universität in Jena den Doktortitel erlangen könne. Haeckel antwortete auf diese Anfrage, er

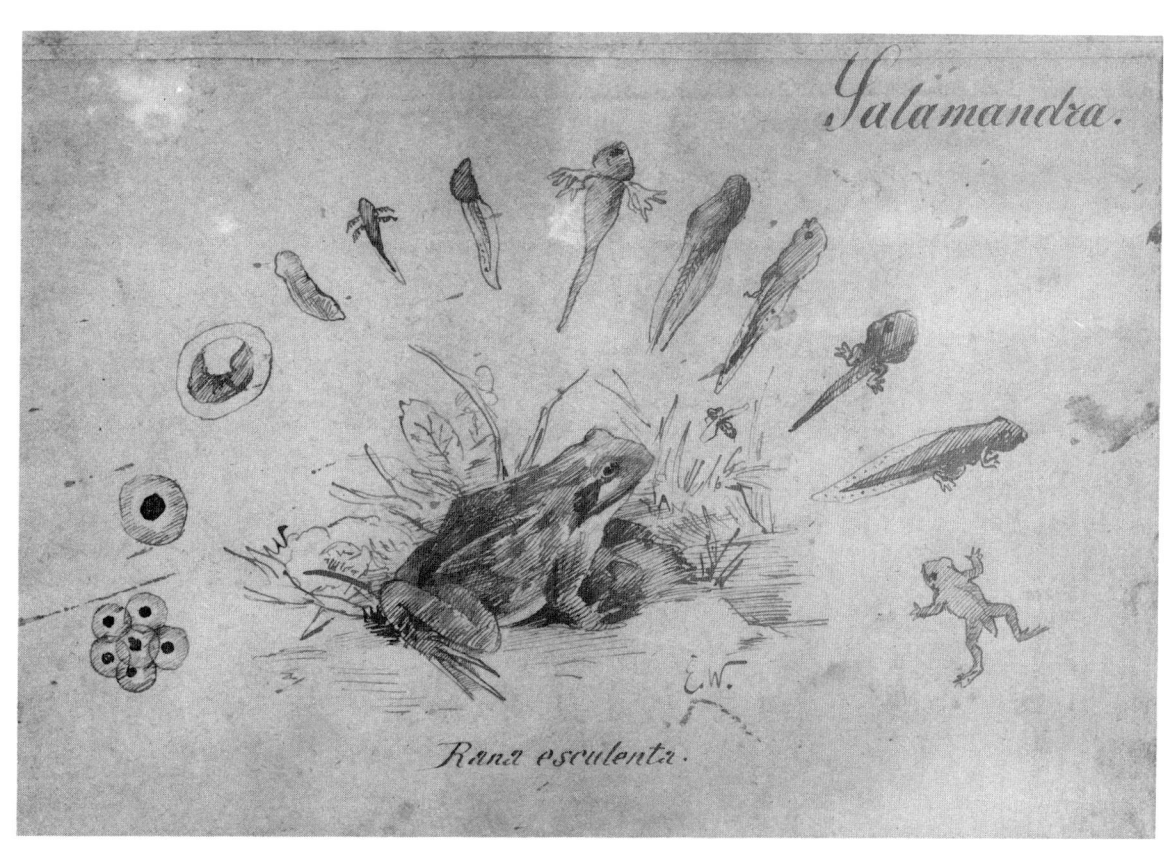

Ernst Würtenberger. Die Entwicklungsstufen des Frosches. Federzeichnung.

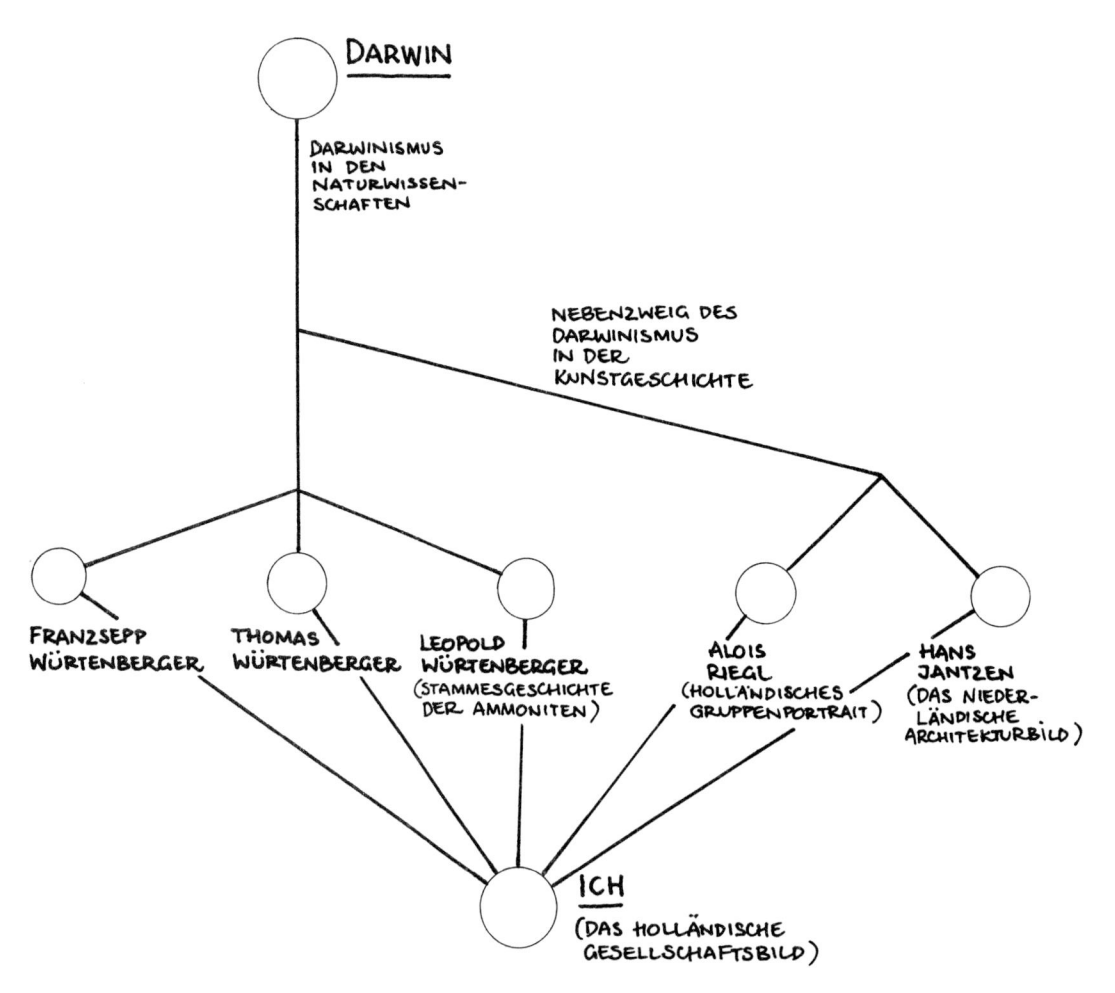

F. S. W. und die Evolutionstheorie von Charles Darwin.

zweifle nicht, daß auch für Leopold Würtenberger der § 11,8 Anwendung finden würde: «als wissenschaftlicher Schriftsteller rühmlich bekannt».

«Ihre Ammoniten-Arbeit (die selbstverständlich für die Dissertation mehr als genügend wäre) hat mich durch die Art, wie Sie die Species gefaßt und die Entwicklung deduziert haben, lebhaft interessiert. Ich wünsche Ihnen von Herzen guten Erfolg Ihrer Arbeiten, die umso wertvoller erscheinen müssen, je geistloser die Mehrzahl unserer Geologen die Paläontologie behandelte.» (Gaston Mayer, Die Geologenfamilie Würtenberger, S. 251).

Allerdings war den Bedingungen der Promotion beigefügt, daß der Anwärter nur promovieren könne, wenn die Gebühren (65 Reichstaler, 18 Silbergroschen) vorher einbezahlt sind. Diese Summe vermochte Leopold Würtenberger nicht aufzubringen, da er ziemlich in Geldverlegenheit war, und so unterblieb die Erlangung des Doktortitels.

Noch von einer anderen Seite her läßt sich das Interesse der Würtenberger an der Entwicklung der Lebewesen nachweisen. Mein Vater hat die Entwicklungsstufen des Frosches sorgfältig in Feder gezeichnet, die Veränderungen seiner Gestalt von den Eiern in 13 Phasen über die Kaulquappen bis zum ausgewachsenen Frosch. Diese Darstellungen entstanden wahrscheinlich in Zusammenhang mit der Gründung des Naturwissenschaftlichen Vereins «Salamandra» in Konstanz durch den Vater von Ernst Würtenberger.

Obwohl ich später nicht wie meine Vorfahren die Naturwissenschaften zum Gebiet meiner wissenschaftlichen Forschungen gemacht habe, sondern sogenannter Geistesgeschichtler, Kunstgeschichtler geworden bin, bin ich doch sehr stark von der naturwissenschaftlichen Denkmethode der Evolutionstheorie des Darwinismus beeinflußt und mit hineingerissen worden.

Die Kunstgeschichte als Wissenschaft hat sich seit dem 20. Jahrhundert stark der Evolutionstheorie Darwins bedient. So weit ging der Siegeszug des naturwissenschaftlichen, rein positivistisch-rationalistischen Denkens in unserem Jahrhundert. Dafür stehen vor allem die für die Kunstgeschichte beispielgebenden, rein entwicklungsgeschichtlich aufgebauten und abrollenden Arbeiten von Alois Riegl, wie «Das holländische Gruppenportrait» von 1902 oder von Hans Jantzen «Das niederländische Architekturbild» von 1909. An diese Schriften und ihre Methode schloß ich mich in meiner Dissertation «Das holländische Gesellschaftsbild» von 1937 an. Erst viel viel später, d. h. 20 Jahre später, habe ich die nur bedingte Anwendbarkeit dieser Forschungsmethode eingesehen und Wege zu gehen versucht, die die rein entwicklungsmäßige Behandlung von geschichtlichen Ereignissen überwanden und modifizierten. Ich versuchte mit allen meinen Kräften das ausschließlich und betont einseitig horizontal ausgerichtete Denken in Geschichtsstrecken, das zu Ungunsten des senkrechten Denkens in Hierarchien geübt wurde, zu überwinden. Wie dies bewerkstelligt wurde, darüber berichte ich am geeigneten Punkt meiner Entwicklung als Wissenschaftler und Weltdenker im Kapitel: Weltbild und Bilderwelt.

Wilhelm Steinhausen. «Mutterglück.» Lithografie.

VII. Ich und die Projektierung meiner Person

Das Erscheinen meiner Person auf der Weltbühne läßt sich in seinen Stufen der Realisierung an Hand von Dokumenten verfolgen. Ein frühes Zeugnis dieser Art läßt sich schon kurz vor der Verheiratung meiner Eltern nachweisen.

Mein Vater schenkte zu Weihnachten 1901 meiner damals noch nicht verheirateten Mutter die Monographie «Wilhelm Steinhausen. Ein deutscher Künstler» von David Koch. Die Beschreibung dieses Malerlebens bezieht auch das Familienleben des Künstlers intensiv mit ein. Dabei sind 37 Handzeichnungen von Steinhausen erwähnt und 4 davon abgebildet, speziell über das Mutterglück. Die Mutter hält ihr Kind liebevoll in ihren Armen, einmal mehr oder einmal weniger eng an sich schmiegend. Aber immer von stiller, zufriedener Freude erfüllt.

Mit einer Gabe dieser Art drückte mein Vater den Wunsch und den Entschluß aus, mit meiner Mutter ebenfalls eine Familie zu gründen.

Ernst Würtenberger. Meine Mutter. Gemälde um 1900.

Ernst Würtenberger. Meine Mutter. Gemälde. 1905.

Ernst Würtenberger. Mein Vater. Selbstbildnis. Gemälde. 1906.

Wie das zukünftige Familienglück im Einzelnen und im Konkreten aussehen wird, konnte mein Vater damals in der Verlobungszeit und der Absicht der Familiengründung noch nicht wissen.

Immerhin ist damit aber, auf meine Person bezogen, die allgemeine Idee und Möglichkeit gegeben, daß einmal ich geboren werden könnte.

Ein noch konkreteres Dokument, das Anspielungen auf die zukünftige Familiengründung zeigt, ist das im kosmischen Rund gefaßte Portrait meiner Mutter als Eva, als der Stamm-Mutter des Menschengeschlechtes.

Meine Mutter greift nach einem Apfel, und vier weitere Äpfel hängen im Blattwerk des Baumes. Die Äpfel ergeben zusammengenommen die Zahl 5, die Zahl der Hochzeit und der Familie. Die fünf Äpfel sehen fast so aus wie eine Prophezeiung oder ein Bekenntnis, daß fünf Wesen eine vollwertige Einheit, eine Familie, ausmachen. Und tatsächlich, diese Fünfzahl ging an der Familie meiner Eltern in Erfüllung. Zuerst aber mußten sie in den Stand der Ehe eintreten.

In dem Jahr 1905, als meine Eltern dabei waren, sich als mehrköpfige Familie zu konstituieren, und als meine Mutter mit meiner Schwester Monika, dem ältesten meiner Geschwister, schwanger war, malte mein Vater ein repräsentatives Portraitpaar von sich selbst – und als Pendant – ein Bild meiner Mutter, als Ausdruck dafür, daß ein neuer wichtiger Lebensabschnitt begann. Mein Vater steht im weißen Malkittel vor der Staffelei. Meine Mutter steht vor einem Kornfeld. Beide in stattlicher Dreiviertelgröße.

Durch die Geburt meiner Schwester Monika war aus dem bisherigen Einzelpaar die kleinste Familieneinheit geworden, eine Dreiheit. Durch die Geburt meines Bruders Thomas wurde die Dreizahl zur Zahl Vier erhöht.

Schließlich wurde durch die Geburt meiner Person die Zahl Fünf, die Hochzeitszahl, die Vollfamilie würde man vielleicht am besten sagen, erreicht. Ich bin und war der Jüngste und Letzte. Und dabei blieb es.

Der Einstand zu meinem Lebensweg

I. Ich als Embryo

Günther Diehl. F. S. W. als Embryo. Zeichnung. 1977.

Die Zeugung meiner Person soll geheim und ein Geheimnis bleiben. Doch die allgemeine Weltsituation, in der der Embryo sich befindet, soll zur Sprache kommen. Sie wurde mir zum ersten Mal kunstgeschichtlich-surrealistisch trickhaft vergegenwärtigt durch Salvador Dali.

Als ich mir die Autobiographie von Dali «La vie secrète de Salvador Dali par Salvador Dali» im Mai 1953 in Paris kaufte, erfuhr ich, daß sich Dali erkühnt, über seinen Zustand als Embryo im Mutterleib ziemlich verbindliche Aussagen zu machen. Zu meiner Überraschung – ja eigentlich ein gedankliches Erdbeben in mir auslösend – gibt Dali genau Auskunft, welche Farben ihm im Mutterleib erschienen sind, und er ergeht sich dabei in vorgegebenen konkreten Einzelheiten wie nur ein Surrealist es sich einfallen lassen kann. Er erzählt: Das inter-uterine Paradies hat die Farbe des Feuers der Hölle: Rot, Orange, Gelb und Blau. Dali ist der Ansicht, daß durch das Verlassen des Mutterleibes, durch den schrecklichen Traumatismus der Geburt, die Menschen brutal aus dem Paradies ausgestoßen werden. Dies alles machte auf mich einen ungeheuern Eindruck.

Dann staunte ich über die Fotomontage, wie sich Dali im Ei fotografieren ließ, zusammengekauert wie ein Embryo.

Als ich 1960 meinen Dali-Vortrag vorbereitete, legte ich allergrößten Wert darauf, daß ich dies Foto dem Publikum zeigte. Meine Ausführungen im Vortrag über Dali und auch die zwei Kapitel meiner Biographie über die Höhlensituation am Anfang und am Ende des Lebens machten dann einen ähnlich bemerkenswerten Eindruck auf meinen Schüler Günther Diehl. Auch er kam nicht mehr weg von der Vorstellung des Interuterinen. Günther Diehl zeichnete mich im Uterus in seiner Bildermappe von 30 Zeichnungen, die er unter dem Titel «Franzsepp Würtenberger als Mensch, Forscher und Zeitkritiker» 1977 zusammenstellte. Als Anregung der Zeichnung meines Ichs im Uterus im Anschluß an Salvador Dalis Vorbild verwendete er Graphiken, die er in der Anatomie der Universität Heidelberg nach der Natur von Embryos gemacht hatte.

In der «Laudatio», die Günther Diehl zu meinem 70. Geburtstag 1979 verfaßte, überschrieb er den Abschnitt III «Der Interuterine» und bemerkte: «Das Wort interutrin stammt von Freud und gelangte über Dali zu Ihnen.

Hier ein Studentenmanuskript aus Ihrer Surrealismus-Vorlesung. Auf dieser Seite eine Skizze von Dalis Fotomontage, seine Person im Ei. Doch Sie haben es nicht nötig, Ihr Vorbild Dali kleinlich zu kopieren. Das liegt daran, daß Sie in Ihrem Wesen selbst interutrin geblieben sind.»

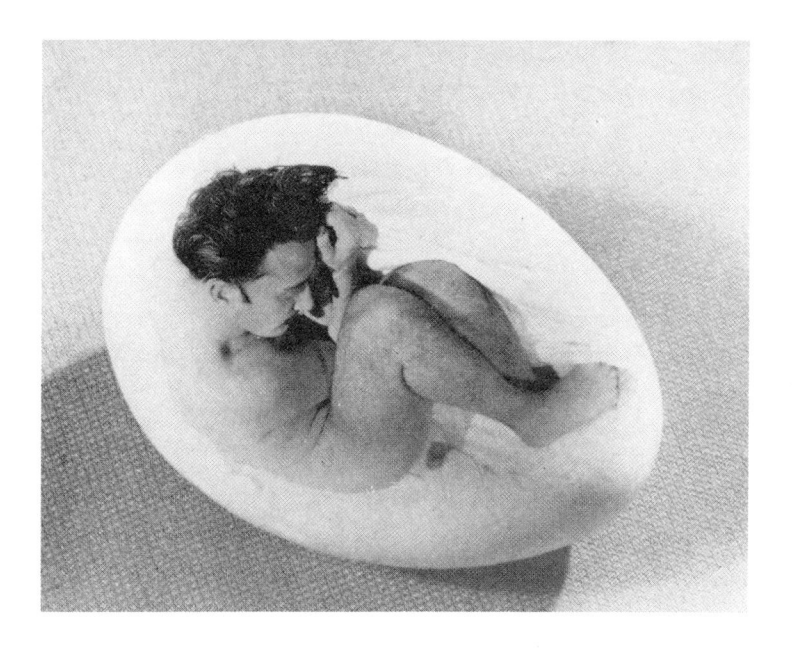

Salvador Dali im Ei schlafend. Photomontage.

56 Ich als Embryo

Am 15. 2. 1980 entdeckte ich bei der Lektüre «Texte zum Nachdenken. Buchstaben des Lebens. Nach jüdischer Überlieferung erzählt von Friedrich Weinreb», Freiburg i. Br., 1979, daß Günther Diehl mit seiner Bemerkung nicht so unrecht hat. Nämlich im hebräischen Alphabet ist der Buchstabe Teth aus dem Zeichen der Gebärmutter mit dem Embryo gebildet. Und dieser Buchstabe, der mit der Gebärmutter und dem Embryo zusammengehalten wird, trägt die Zahl 9. Und die Zahl 9 ist meine Schicksalszahl, denn ich habe in meinem Geburtsdatum vier Neuner: 9. 9. 1909. Wie sich der interuterine Seinszustand in meinen Kinderzeichnungen und in meinen wissenschaftlichen Arbeiten auswirkte, ist in dem Kapitel «Nachklänge und Rückerinnerungen an meinen Zustand im Mutterleib als Embryo» nachzulesen.

Der Seinszustand des Embryo im Mutterleib sollte aber auch in meiner Wissenschaft der Kunstgeschichte eine Rolle spielen. Ich entwickelte aus dem Seinszustand des Embryo, des praenatalen Menschen, den kunst- und kulturgeschichtlichen Begriff des Drehraumgefühls.

Diesen Begriff und den Grad der Verwirklichung dieses Begriffes übertrug ich dann auf die stilistische Erscheinungsweise von Kunstwerken, von Gemälden.

Ich erkannte, daß die modernen Kompositionen und Formenkonstellationen sich vom Horizont lösen und quasi richtungslos und schwerelos wie der Embryo im Mutterleib schweben. In meinem Buche «Weltbild und Bilderwelt» stellte ich eine Tabelle des Drehraumgefühls von 1770–1950 auf.

Einen Schritt weiter ging ich in meinem Anti-Technischen Museum. Dort führte ich das embryonale Drehraumgefühl als weltethische Kategorie ein und prangerte es als Eigenschaft der Hölle an. Als Beispiel dazu zitierte ich eine mittelalterliche Höllendarstellung, in der die Teufel kreuz und quer durcheinanderwirbeln und keinerlei festen Halt mehr haben.

Daß der Mikrokosmos des Anfanges des Menschen als Ei und Embryo in Beziehung gesetzt werden kann mit dem Makrokosmos der Weltenschöpfung, läßt die Parallelsetzung zwischen der Erschaffung des Menschen und der Schöpfung der Welt in den religionsgeschichtlichen Berichten erkennen. Sehen wir, was Mircea Eliade darüber in seinem Buch «Ewige Bilder und Sinnbilder. Vom unvergänglichen menschlichen Seelenraum», Kapitel Symbolik des «Zentrums», anmerkt: «‹Der Hochheilige hat die Welt erschaffen gleich einem Embryo› – dies verkündet ein rabbinischer Text. ‹Alles Seiende wächst gleich einem Embryo, vom Nabel her seinen Anfang nehmend, und so hat auch Gott die Welt zu erschaffen begonnen, vom Nabel aus, von seinem Ausgangspunkt aus hat sie sich dann in alle Richtungen verbreitet.› ‹Die Welt wurde geschaffen, indem sie von Sion aus ihren Anfang nahm›, sagt ein anderer Text. Die Erschaffung des Menschen – eine Nachbildung der Weltenschöpfung – fand gleichfalls in einem Mittelpunkt statt: im Weltzentrum. Laut mesopotamischer Überlieferung wurde der Mensch ‹Im Weltnabel› gebildet: dort, wo auch Dur-An-Ki sich befindet, das Band zwischen Himmel und Erde. Und Ahuramanda erschafft den Urmenschen Gajomard im Weltmittelpunkt. Das Paradies, in dem Adam aus Erdenstaub gebildet wurde, ist unzweifelhaft im Mittelpunkt des Alls zu finden.»

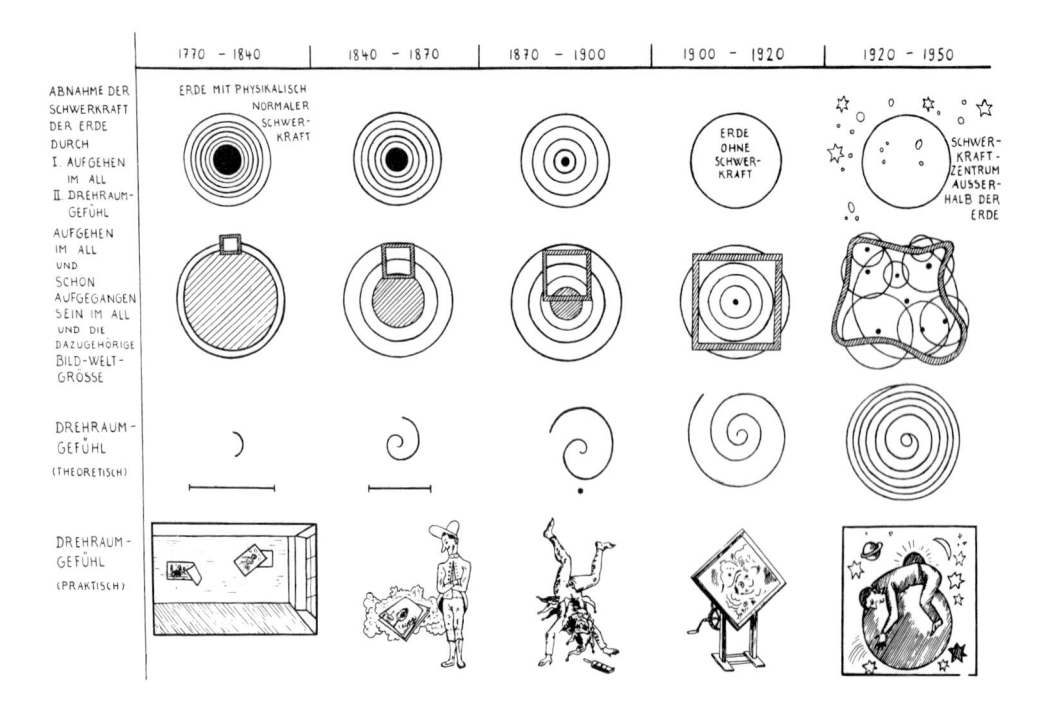

Die Entwicklung des Drehraum-Gefühls zwischen 1770 und 1950.

II. Meine Geburt

Am Anfang meines Seins war der höchste Kulminationspunkt meiner Existenz überhaupt. Jegliche Weiterentwicklung und sogenannte Entfaltung ist eine Minderung meines Universum-Daseins im Mutterleib. Durch jede Ausgliederung und gegliederte Komplizierung und Verfeinerung meiner Gestalt, jedes Abweichen von der Vollkommenheit der Kugelgestalt als Embryo ist ohne Zweifel ein verflachterer und zerstörterer Seinszustand erreicht. Ein zunehmender Abfall des Embryo-Universums als Sein im Ganzen findet statt. Dieser Zustand steigert sich so sehr, bis der Seins-Ort im Universum-Raum des Mutterleibes nicht mehr ausreicht, seine Hülle zu eng und die Begrenzung gesprengt wird.

Es findet dann eine gewaltsame Grenzüberschreitung statt. Jetzt ändert sich jedes Gesetz von Maß. Für die Grenzüberschreitung, für die Torsituation, für diesen Wechsel von Weltsystem zu Weltsystem werden von der Natur ungeheure Kräfte und Mechanismen organisiert. Man kann sich am besten davon eine Vorstellung machen, wenn man den Geburtsvorgang bei Geraldine Lux Flanagan in dem Buche «Die ersten neun Monate des Lebens», Reinbek bei Hamburg, 1963 nachliest: «Die Geburt beginnt mit einer Einschnürung des Uterus, durch die der Körper des Babys so gestreckt wird, daß der Kopf – oder in einigen Fällen das Gesäß – gegen den Ausgang des Uterus gepreßt wird. Die Ausgangspartie der Gebärmutter wird Zervix genannt (lat.: der Hals). Jetzt muß sich die fest verschlossene Zervix so weit öffnen, daß der Kopf des Babys durchtreten kann. Man hat ermittelt, daß das Baby bei jeder Kontraktion des Uterus mit einer Kraft von nahezu 55 Pfund gegen die Zervix gedrückt wird. Gewöhnlich zerreißt unter diesem Druck das Amnion, wobei das Fruchtwasser – je nach Größe und Ort des Risses – entweder hinausschießt oder auch nur hinauströpfelt. Die Kontraktionen folgen nun in immer kürzeren Abständen aufeinander und drücken das Baby so lange gegen die Zervix, bis die nur passiv Widerstand leistende Muskulatur nachgibt und der Kopf des Babys wie aus einer enganliegenden Badekappe austritt. Damit ist der erste und längste Abschnitt der Geburt beendet, die zweite Etappe ist kürzer, erfordert aber mehr Kraft. Um das Baby zur ‹Krönung› zu bringen (wie die Austreibung des Kopfes, des größten Gliedes des Kindes, genannt wird), ist eine Kraft von nahezu einem Zentner erforderlich. Die zusätzliche Kraft muß von der Mutter beigesteuert werden, man spricht dabei mit Recht von der ‹Geburts-Arbeit›. Wenn die Mutter hellwach ist, dann ist es das Baby auch. Es unternimmt schon beim Austritt fortgesetzt Atemübungen, kann bei seiner Ankunft von selbst atmen und ist lebhaft.

Die ersten Atemzüge sind die schwersten des Lebens. Man hat festgestellt, daß die erste Einatmung fünfmal soviel Kraft erfordert wie ein gewöhnlicher Atemzug, weil die Tausende von winzigen und unentfalteten Luftbläschen der Lunge erst geöffnet werden müssen. Die Anstrengung entspricht derjenigen, die zum Aufblasen eines Luftballons erforderlich ist.»

Es werden existentielle Seinszustände und zugleich -bereiche ausgetauscht. Der Mensch als Embryo verläßt das bisher hermetisch von der übrigen Welt abgeschirmte, nur für sich allein existierende Universum des Mutterleibes. Das Universum des Embryos hatte keine direkte Verbindung mit dem übrigen Universum, weder mit der irdischen Geographie noch mit dem Erdball, noch mit dem Kosmos oder dem Universum. Das Universum als Makrokosmos stand gegen das Ei- und Embryo-Universum als Mikrokosmos. Das Verlassen des praktisch ganz in sich geschlossenen Universums im Mutterleib heißt für den Embryo Eintritt in ein völlig neues Weltsystem. Die Gegenüberstellung und das Getrenntsein der zwei genannten, in ihrer Größe so verschiedenen Universa wird aufgehoben.

Den Übertritt vom Ei-Embryo-Universum in das Sonnensystem-Universum mit allen Folgen und Folgerungen, die daraus für meine Existenz gezogen werden müssen, vollzog ich für meine Person am Morgen des 9. September 1909.

Gewöhnlich wird das Ereignis der Geburt mit dem poetischen Ausdruck gekennzeichnet «Das Licht der Welt erblicken». In wieviel Biographien lesen wir diese Metapher! Der Soundso «erblickte das Licht der Welt» am so und sovielten Tag, im soundsovielten Monat, im so und sovielten Jahr, an dem und dem Ort. So bediente sich z. B. die Markgräfin Wilhelmine von Bayreuth in ihren Memoiren dieses Ausdrucks. Oder Ludwig Richter schrieb in seinen Lebenserinnerungen «Am Tag vor St. Michael, dem 28. September 1803, erblickte ich das Licht der Erde...»

In meinem Geburtsdatum bedeutet die Jahreszahl 1909, daß zum 1909ten Mal der Stern von Bethlehem aufgegangen ist, unsere Erde den Jahreszyklus durchgemacht hat und auf ihr Weihnachten gefeiert wurde.

Als meine geistige Entwicklung so weit fortgeschritten war, daß ich Historienbilder der christlichen Weltgeschichte anzufertigen vermochte, habe ich auch die Himmelserscheinung des Sterns von Bethlehem des öfteren gezeichnet. Beispiele haben sich davon aus den Jahren 1920 und 1921 erhalten. Es sind vier Weihnachtszeichnungen, eines 11–12jährigen, die ich meinem Vater, meiner Großmutter Monika Schönenberger und meinem Onkel Oskar Würtenberger widmete.

Jetzt erst bin ich Mitglied des Makrokosmos, unseres Sonnensystems, von dem unser Erdglobus ein Teil ist.

Mit dem ersten Sonnenstrahl, der sich in meinen, nach der Geburt geöffneten Augen spiegelte, bin ich bewußt angeschlossen an das neue Zeit- und Raumwelt-System mit seinem Uhrwerk des Zählens. Jetzt erst bin ich eingespannt in unsere Begriffe von Zeit und Raum. Jetzt erst trete ich ein in den Rhythmus von Sonnenlauf und Erdumdrehung, von Tag und Nacht, Licht und Finsternis, und in den Rhythmus der Jahres-

F. S. W. Geburt Christi. Zeichnung.

zeiten und Monate, Tage, Stunden, Minuten und Sekunden.

Vorher war der Mutterleib der einzige Ort, der mir als Embryo sein Gesetz und seinen Rhythmus übermittelte. Da ging mich Helle und Dunkel, Sommer und Winter, Wärme und Kälte, Härte und Weichheit, Bequem und Unbequem, Gut und Schlecht, Schön und Häßlich nichts an.

Im engen Gebärmutter-Universum-Raum war ich an einem Ort des Seins im Ganzen. Mit dem Eingespanntsein in das Raum- und Zeitsystem unseres Universum-Raumes verlor ich diese Einheit im Ganzen und wurde in ein Reich der Vielheit, der Aufgliederung, der mühsam durchführbaren Detaillierung und Zerfahrenheit geworfen. Man kann dieses Ereignis nur mit der biblischen Austreibung aus dem Paradiese als gleichstarke Grenzüberschreitung vergleichen.

Der Embryo war ein überzeitliches und übergeographisches Wesen, er kannte noch nicht den genauen geographischen Punkt seiner Existenz. Er wußte nichts von Erdteilen, Ländern, Bergen und Tälern, Dörfern und Städten, Straßen, Häusern und Zimmern. Auch war die Windrose der Himmelsrichtungen: Osten, Westen, Süden und Norden keineswegs für ihn verbindlich, geschweige denn Breitengrade, Meridiane oder gar die Meereshöhe. Jede Art von Fortbewegung, Gehen, Fahren, Reisen oder Fliegen war ihm verwehrt. Ich als Embryo schwamm im Fruchtwasser der Gebärmutter des Leibes meiner Mutter ohne Bewußtsein und Anhaltspunkte des Wo und Wann. Ohne Richtungsbezogenheit zum Erdboden, zur Horizontalen oder Vertikalen. Mein Horizont war noch der Rundhorizont der Gebärmutterwand. Später nannte ich diesen Zustand, den ich an Gemälden einer besonderen Entwicklungsstufe der modernen Malerei ebenfalls beobachtete und wie gesagt in meinem Buche «Weltbild und Bilderwelt» von 1958 im Text und in Tabellen schilderte: Drehraumgefühl.

Nun aber als eben geborener Säugling wird mein Sein neu klassifiziert. Ich werde sofort automatisch eingereiht in den Ortsbestimmungskatalog der hiesigen irdischen Erdglobusverhältnisse.

Ich habe die tollkühne Landung aus dem Element des Wassers auf das Element der Erde vollzogen, wo die Gravitation, die Schwere und das Gewicht meines Körpers die Entscheidung meiner Lage bringt.

Nun werde ich in weiche Windeln gewickelt und hingelegt auf die Unterlage meines Körpers. Von den Menschen, die sich um mich bemühen und mich als ihresgleichen begrüßen und die alle diese Metamorphose als Schicksalsgenossen hinter sich gelassen haben, werde ich betreut. Sie sehen darauf, daß der Übergang nicht zu kraß wird und möglichst ähnliche Bedingungen geschaffen werden, wie ich sie im Mutterleib verlassen habe.

Jetzt berühre ich die Außenwelt, die Unterlage, die verhindert, daß ich falle und mich verletze. Jetzt werde ich wirklich von der Erdoberfläche getragen; liege ich an einem ganz bestimmten geographischen Punkte, auf Rücken oder Bauch je nach meiner Lage, meiner Lagerstatt, sei es auf dem Wickeltisch, im Stubenwagen oder im Bett meiner Mutter.

Mein Hiersein, mein plötzliches In-der-Welt-Sein wird von den Menschen meiner Umgebung wie ein Wunder, wie ein geheimnisvolles Freudenereignis empfunden, und man bemüht sich, diesem Wunder gerecht zu werden.

Bis auf den heutigen Tag ist es Sitte, daß das neu angekommene Kindlein in der Wiege bestaunt und mit den Engeln im Himmel in Verbindung gebracht wird. Man glaubt, das neuangekommene Kindlein sei aus aller Ferne von den himmlischen Gefilden hierher herabgesenkt worden.

Diesen Gedanken und diese Vorstellung, daß das Kind vom Himmel stammt und eine lange Reise zurückgelegt hat, bis es auf der Erde endlich angekommen ist, findet man in den Kinderbüchern anschaulich vorgeführt. Dieser Vorgang wird in dem Kinderbuch «Rumpumpel. Ein Buch für junge Mütter und ihre Kleinsten von Paula Dehmel mit Bildern von Karl Hofer» aus dem Jahre 1903, sechs Jahre vor meiner Ankunft von meiner Himmel-Erde-Reise herausgegeben, im Einzelnen folgendermaßen geschildert:

Das Neugeborene schläft in der Wiege auf einer Wiese mit Tulpen, und die Wiege wird wie ein Heiligtum, wie ein Altar bewacht. Hinter der Wiege breitet ein Engel seine Flügel wie eine schützende Muschel oder Nische aus. Er mahnt die herzutretenden Mitmenschen des Kindes Stille und Ruhe zu halten und bedeutet behutsam, auf den Mund die Hand haltend:

Meine Geburt 59

«Geht leise.» Aus dem Kinderbuch Rumpumpel von Paula Dehmel und Karl Hofer.

«GEHT LEISE
Geht leise –
es ist müd' von der Reise!
Es kommt weit her,
vom Himmel übers Meer,
vom Meer den dunkeln Weg ins Land,
bis es die kleine Wiege fand –
Geht leise.»

Feierlich errichten sechs Engel über der Wiege eine Hoheitsarchitektur, einen Baldachin, ein luftiges Gewölbe als Abbild des Himmelsgewölbes aus Blumengirlanden. Auf dem First schnäbeln zwei Tauben. Auf den Wolken im Himmel musizieren zwei Engel. Und in der Ferne sieht man das blaue Meer. Dies sind die neuen Raumdimensionen, die dem neuen Menschen zur Verfügung stehen.

Wenn ich diese Zeichnung ansehe, so löst sie in mir die

Wunschvorstellung aus, daß auch ich auf diese Art und Weise auf unsere Erde gekommen sein möge und eine solche rücksichtsvolle Empfangszeremonie mir zu Teil geworden sei.

Sicherlich trug meine Mutter dazu bei, daß auch mir die nötige Verschnaufpause gegönnt wurde, um unwiderruflich ganz hier zu sein.

III. Mein Ich als Mittelpunkt der Welt

Johanne Itten. Zeichnung aus einem Brief. 1920.

Die Geburt ist die Ich-Werdung des Ichs, indem es ein Nicht-Ich als ein Anderes, als ein Du, nämlich den Gegensatz von Ich und Welt gibt. Jetzt erst tritt die Unterscheidung von Ich und Du auf.

Dieses neue Verhältnis des zum Kind gewordenen Embryo zur Welt, das durch die Geburt des Neugeborenen eintritt, diese neue Seinsbestimmung des Menschen hat Hans Thoma so wunderbar einfach und wahr geschildert, daß ich die Stelle hier zitieren muß. Diese Schilderung von Hans Thoma ist für die Auffassung meines eigenen Ichs von solch prinzipieller Bedeutung, da sie gleichsam den Schlüssel meiner Biographie bietet.

Das, was Hans Thoma nur ganz prinzipiell von allen Menschen schlechthin annimmt, habe ich auf den Einzelfall meines eigenen Ich-Seins bezogen, und genau von der Weltbildkonstruktion und Position aus, die Hans Thoma diesem Problem des Ichs gegenüber einnimmt, ist meine Biographie verfaßt.

Die Stelle aus dem «Jahrbuch der Seele», 1922, 13 Jahre nach meiner Geburt aufgezeichnet und zu der Zeit, als ich Hans Thoma mit meinen Eltern und Geschwistern besuchte, lautet: «Das ‹Ich› mit seinem Bewußtsein ist der Mittelpunkt der Welt; in der Unendlichkeit und Ewigkeit, die ohne Grenzen sind, kann der Mittelpunkt überall sein. Nur vom ‹Ich› aus erkennt der Mensch die Welt. Um ‹Mich› kreist alles, und was nicht um mich kreist, ist nicht für mich vorhanden, meine Hände können es nicht erreichen, es ist außerhalb meines Bereiches.

Jeder Mensch ist für mich nur vorhanden, wenn er das Bewußtsein meines Ich umkreist. Wenn ich das ‹Du› begreife, so erkenne ich es als das Gleiche, wie das ‹Ich›. Das ursprüngliche Gefühl des Ich, wenn es in die Welt eingeht, ist der herrschende Lebenswille: Ich bin, ich sehe, ich höre, ich fühle, ich empfinde, ich denke. Das Ich ist der Welteroberer, denn alles, was das Ich umgibt, muß seinen Zwecken dienen. Es wird immer weiterer Kreise habhaft, je mehr sie seiner erfahrenden Vorstellung erkennbar werden.»

Gerade auf diese Stufen der «immer weiteren Kreise» lege ich im Aufbau und Ablauf meiner Biographie allergrößten Wert. Der Hauptinhalt ist, wie sich diese Stufen an mir selbst vollzogen und wie, wann, wo ich sie durchlaufen habe. «Durch diese Erkenntnis wird das Ich erst recht zum Mittelpunkt der Welt.»

Dieses «Mittelpunkt der Welt»-Werden hat nicht das Geringste mit überheblichem Egozentrismus zu tun, sondern ist überhaupt die einzig mögliche wahre Auseinandersetzung mit der Welt. Denn alles, was ich nicht selber erlebt und gedacht habe, habe ich als Welt nicht verfügbar. Kein anderer Mensch kann für mich erleben. Kein anderer Mensch kann für mich denken. Kein anderer Mensch kann an Stelle von mir geboren werden oder sterben.

Es kann Momente im Leben geben, wo dieses soeben besprochene Hochgefühl, Mittelpunkt der Welt zu sein, dem Individuum eventuell durch äußere Umstände besonders deutlich spürbar und bewußt gemacht wird. Insofern ein solches Gefühl überhaupt real, zur Schau gestellt, gestaltet zu werden vermag.

Das Gefühl, daß ich ein Wesen bin, abgesondert von der übrigen Umgebung und dadurch zur Drehscheibe und zum Mittelpunkt des gesamten Geschehens um mich herum werde, überkam mich im achten Lebensjahr, als ich anläßlich der Erstkommunion meiner Schwester Monika im April 1917 fotografiert wurde.

Zu dem Glück, dieses Gefühl zu erlangen, verhalf mir ein runder Dohlendeckel im Garten hinter unserem Haus in Zürich. Ich stellte mich automatisch instinktiv, symbolisch-weltganzheitlich denkend in den Mittelpunkt dieses mich magisch anziehenden Kreises. Meine Arme legte ich auf den Rücken, um desto mehr wie eine zentrierende Weltraummarke oder eine Weltmittelpunktsäule zu wirken.

Daß die Magie des Kreises auch eine Schutzzone, eine Isolation und dadurch auch eine rettende Insel sein kann, erkannte ich vier Jahre nach der Entstehung dieser Fotografie,

F. S. W. als Mittelpunkt der Welt. 1917. Foto.

indem ich nach einer Illustration von Ludwig Richter die Szene abzeichnete: «Faust im magischen Kreis begegnet dem Teufel.» Diese Zeichnung schenkte ich 1921 meinem Bruder Thomas zu Weihnachten.

Über den Ich-Kult in der Religions-, Staats-, Literatur-, Sport-, Theater- und Kunstgeschichte gibt es eine Zitaten-Aufstellung von Klaus Hoffmann in seinem Buche «Kunst-im-Kopf. Aspekte der Realkunst», im Kapitel: «Ich-Kunst». Ich setze diese Zitate hierher, um zu zeigen, wo und wie meine Welt-Mittelpunkt-Theorie kulturhistorisch eine gewisse Verankerung erfährt und man ermessen kann, wie ich mich von der neuerdings z. T. anspruchsvollen Psychologisierung des Problems scharf und absichtlich abhebe.

«*Ich-Aussagen*

Ich bin das A und O, der Anfang und das Ende.	Offenbarung 1,8
L'Etat c'est moi.	Ludwig XIV.
Ich habe alle Begabungen!	Rimbaud, Seher-Brief
I have nothing to declare but my genius	Oscar Wilde
Ich weiß, daß ich als Faktor in der Kunstentwicklung wichtig bin und in allen Zeiten wichtig bleiben werde. Ich sage das mit aller Ausdrücklichkeit, damit man nicht nachher sagen kann: ‹Der arme Mann hat es gar nicht gewußt, wie wichtig er war.›	Kurt Schwitters in «Ich und meine Ziele», 1931
I am the greatest!	Cassius Clay alias Muhammed Ali
Ich bin der Größte, wenn ich unter Strom stehe.	Norbert Grupe alias Wilhelm von Homburg, 1969
Das bin ich, erfolgreich, gut angezogen und wohl anzuschauen.	Bazon Brock, Theater heute, Mai 1965
Ich, in Worte gekleidet, spotte jeder Beschreibung ... Ich bin unbeschreiblich!	Timm UlrICHs, Wien, Januar 1968
Ich bin mein wichtigstes und wohl auch mein einziges Problem.	Witold Gombrowicz, Berliner Notizen, 1965
Eiffe will Bundeskanzler werden. Geht das?	Eiffe, Mai 1968
Immer in die Sonne sehen, die Sonne bin ich.	Charles Wilp, beim Fotografieren von Minister Arendt, Welt vom 21.3.70
Der einzige Unterschied zwischen einem Verrückten und mir ist, daß ich nicht verrückt bin.	Salvadore Dali
Attersee ist schön!	Attersee
Um Tourneen durchzuführen und auf die Bühne gehen zu können, muß man sein Ego über alles stellen; dorthin, wo man sagen kann, seht her, das bin ich. Alles Ego-Sache.	Mick Jagger (R. Hoffmann, Zwischen Galaxis & Underground, München 1971)
Ich bin der Dümmste – nicht!	Klaus Hoffmann

Der Ausspruch ‹L'Etat c'est moi›, der dem 14. Ludwig zugeschrieben wurde, kennzeichnet einen der Gipfel, den das menschliche Selbstbewußtsein einzunehmen fähig war. Der Satz war unanfechtbar wie jener, den der ehemalige Boxweltmeister aller Klassen, Cassius Clay, zeitweilig hinsichtlich seiner ‹Größe› von sich behaupten konnte. Für die Gläubigen wiederum ist der Satz der Offenbarung «Ich bin das A und O, der Anfang und das Ende» und jener andere «Ich bin der Erste und der Letzte und der Lebendige» von nicht geringerer Realität. Die Bedeutung solcher Selbst-Aussagen ist jeweils abhängig von der Übereinstimmung, die diese Sätze zu realen Fakten erlangen.

Ich-Psychologie und Ich-Analyse haben versucht, dem schwer zugänglichen Bezirk des Ichs auf die Spur zu kommen, sammelten Teilkenntnisse, ohne daß allzuviel geklärt wäre. Auf die Ich-Struktur der Träume ist Heinrich von Kleist intuitiv gestoßen («Im Traum ist man alles selber: der Träumer und alles Geträumte – Personen, Dinge, Umgebung, Vorgänge.»), ehe Freud mit Hilfe seiner Traumforschung seine Ich-Analyse entwickeln konnte. Freud hat der Ich-Forschung revolutionäre Beiträge geliefert, doch sein System – mit der Überbewertung des Ödipuskomplexes etwa – trieb die Forschung in eine Sackgasse.

Während der letzten Jahre sind einzelne Autoren und Akteure hervorgetreten, die ihre Ichbefangenheit abstreifen und ein aufgeklärtes Egomanentum praktizieren. Inmitten der Massengesellschaft treten in verstärktem Maße Einzelne hervor, die ihre Individualität mit Nachdruck behaupten. Diese Leute gelten als unverschämt, und man wirft ihnen Schamlosigkeit vor. Beides zu Unrecht.»

Bei Anaïs Nin, «Die Tagebücher der Anaïs Nin. 1955–1966», lese ich am 3. November 1980 im Brief an Jim: «Der rote Faden war das Ich, das verurteilt wurde. [...] Wir leben im Zeitalter der Masse. Ich zu sein, ist ein großes Verbrechen. Für mich war das Ich lediglich ein grenzenloses Gefäß, in dem alle Erfahrungen zusammenfließen konnten. Ich hatte nie das Gefühl, daß dieses Ich andere verdrängte, sondern sah seine Aufgabe darin, daß es mit anderen in Beziehungen trat.»

Dies ist die bisher letzte mir zu Gesicht gekommene Stellungnahme zur Einschätzung des Ichs. Man sieht nochmals daraus, wie vieldeutig und heikel dieses Problem ist und wie zentral es die Menschen stets bewegt.

IV. Ich und meine Namen Franzsepp und Bepp

Mit der Geburt des Kindes ist verbunden, daß es auch eine gesellschaftliche Etikettierung erfährt, daß es sprachlich fixiert werden kann, daß es einen Namen bekommt. Einmal mit dem Namen belegt, gehört dieser schicksalsmächtig zur Person, zum Rahmen des Ichs. Durch ihn bricht sich das eigene Ich tausendfältig in der Vorstellung der Mitmenschen. Nur schon aus seinem Klang bilden sich Assoziationen, werden je nachdem ganze Gedankenreihen ausgelöst. Durch seinen Namen ist man für die Mitmenschen zum verfügbaren Subjekt gestempelt.

Den Vorgang der Namensgebung empfand ich als Kunsthistoriker immer als einen besonders feierlichen und gewichtigen Akt. Wenn von Namensgebung gesprochen wird, vergegenwärtige ich mir stets aus meinem kunsthistorischen Bilderschatz die Szene der Namensgebung in der Lebensgeschichte des hl. Johannes von Rogier van der Weyden, wie Joachim dasitzt und den Namen seines Sohnes aufschreibt.

Für mich hatten meine Eltern den Namen Franzsepp bereitgestellt. Meine Schwester Monika wurde nach unserer Großmutter mütterlicherseits Monika Schönenberger benannt und zusätzlich Luise nach der Großmutter väterlicherseits. Mein Bruder Thomas wurde nach meinem Großvater väterlicherseits Thomas genannt und zusätzlich nach dem Großvater mütterlicherseits Emil. Und ich wurde analog dazu als zweiter männlicher Sproß nach dem Bruder meines Großvaters, nach meinem Großonkel Franzsepp Würtenberger, Franzsepp genannt.

Die Namensgebung meiner Geschwister war also in den Großelternpaaren verankert, und die Namen vollziehen geradezu eine Wiederholung der Großelterngeneration. Ein eigenartiges familienrationales Vorgehen.

Ich legte großen Wert auf die Form des Franzsepp. Wohl schrieb ich ab und zu Franz Josef, aber die größten Strecken meines Lebens bekannte ich mich ausschließlich zum Franzsepp. Mit dem Joseph erging es mir sonderbar. Meine katholischen Freunde kaprizierten sich beim Namenstag auf den hl. Josef, nicht auf Franz, auf den lange gefeierten Josefstag und schickten mir auf diesen Tag Gratulationskarten oder überreichten kleine Geschenke.

Mit dem Namen Franzsepp hatte es noch eine besondere Bewandtnis hinsichtlich meiner Zahl 9. Das Wort Franzsepp besteht aus 9 Buchstaben und paßt damit absolut zu meinem Geburtsdatum 9.9.1909, das ebenfalls auch der Neunergruppe angehört. Man könnte glauben, daß meine Eltern unwillkürlich und instinktiv diesem Neunerkult auch in der Namensgebung huldigen wollten.

Wir Geschwister spielten manchmal mit unserem Namen, wir lasen die Buchstabenfolge scherzweise von hinten nach vorn anstatt normal von links nach rechts. Dabei verwandelte sich

Günther Diehl. F. S. W. seinen Namen «Franzsepp» in die Luft speiend. Zeichnung. 1977.

Franzsepp in Ppesznarf, oder Thomas in Samoth oder Monika in Akinom. Doch diese Scherze blieben auf uns Kinder beschränkt. Es wäre uns nie in den Sinn gekommen, die Vornamen unserer Eltern Ernst und Lina einer solchen Verfremdung zu unterziehen.

In meinen Kinderjahren hatte ich neben dem Vornamen Franzsepp noch eine zweite Form, eine Abwandlung. Im intimen Hausgebrauch meiner Eltern und Geschwister und höchstens noch ganz guter Nachbarfreunde meiner Eltern und Geschwister wurde ich mit der Kinderform des Namens Franzsepp Bepp genannt. Solche Verkindlichungsformen gehören nun einmal dazu, so wie es neben den Erwachsenen-Eßbestecken Kinderbestecke gibt. Ich fühlte mich bei dieser Rufform wohl, und die Kurzform entsprach auch meiner kleinen, kindlich-keimhaften Gestalt und Denkungsweise.

Doch ist es eigentümlich. In meinen Kinderzeichnungen des 6- und Mehrjährigen, wo ich mich jeweils anstrengte und eine Leistung vollbringen wollte, findet sich diese Verniedlichungsform nicht. Da schreibe ich stets Franzsepp aus. Eine Zeichnung, die mein Vater 1913 von mir machte, «der lieben Mama» gewidmet, (am 16. Mai ist meiner Mutter Geburtstag) ist von ihm in Gänsefüßchen «Bepp» unterschrieben.

Einmal durchbrach ich die Regel und war auch in einer Zeichnung so zutraulich kindlich und unterschrieb mit Bepp. Nämlich als ich in sentimentaler Anwandlung meiner Schwester Monika 1922 die Zeichnung nach Ludwig Richter «Putto und Kerzenschein» zu Weihnachten schenkte und unterschrieb: Der lieben Monika zu Weihnachten von Bepp. Dies sollte mein sehr enges und herzliches Verhältnis zu meiner Schwester dokumentieren. Zur letzten Weihnacht hatte ich ihr die Zeichnung nach Ludwig Richter mit dem Gelübde «Freundschaft bis in den Tod» abgezeichnet.

Meine Eltern waren sehr darauf aus, daß die Periode der Kindlichkeit nicht über Gebühr ins Erwachsenenalter hinausgezogen werden sollte. Aus dieser Meinung heraus schalteten sie in ihrer eigenen Namensbezeichnung eines schönen Tages für uns wie aus heiterem Himmel um. Wir Kinder sollten nicht mehr Mama und Papa sagen, diese Periode sei vorüber, sondern die offiziellen Namen Vater und Mutter.

Wie auch immer eine solche Zäsur pädagogisch beurteilt wird, so lernte ich doch aus dieser Maßnahme heraus die Grenzsituation des Menschen kennen und zu unterscheiden, was Kinder- und was Erwachsenensprache und Mentalität ist. So sehr auch die vertraute Atmosphäre zwischen Kind und Eltern in ein ehrfurchtsvolleres, härteres Verhältnis geschoben wurde, sah ich doch, wie sich hinter der Namensform und hinter der Wahl der Wortbegriffe verschiedene Stellungnahmen zur Welt verstecken.

Was ich dann aus meinem Namen als geschriebenem Namenszug mein ganzes Leben hindurch gemacht habe, habe ich in einem besonderen Buch unter dem Titel: «Meine akrobatischen Unterschriften» 1978 veröffentlicht.

V. Ich und meine Schicksalszahl 9

Mein Geburtstag, dieser Tag des ersten Wunders des Innewerdens der Lichterwelt, das zeitlebens bleibt, ist hinsichtlich der Zahlensymbolik besonders ausgezeichnet. Dieses Datum 9.9.1909 enthält bei 6 Zahlen viermal die Zahl 9. Diese Zahl 9 ist somit unausweichlich meine Zahl: Meine Schicksalszahl.

Die Zahl 9 deutet auf eine kosmische Vollendung hin und ist damit unter Verwendung der bekannten Entsprechungslehre des Kosmischen mit dem Biologischen auch für den Menschen und sein Leben eine Art von Vollendungszahl. Wir haben schon bei der Zeugung hingewiesen, wie die Zahl 9 eine Struktur-Gewebezahl des Weltenlaufes ist. Bei dem, was sich alles bei der Geburt vollzieht, ist die Zahl 9 nicht gering daran beteiligt als tief begründete Weltgesetzzahl, und dieses Wissen hat darum ein langes Herkommen. So wird z. B. in der griechischen Mythologie die Zahl 9 mit dem Geburtsvorgang in Zusammenhang gebracht. «Die Geburtswehen der Mutter des Apoll und der Artemis dauerten 9 Tage und 9 Nächte (symbolisch verschoben aus 9monatiger Schwangerschaft), und Eileithyia, die der armen Lete behilflich war, erhält von ihr das neungliederige Halsband, das ein Symbol der Nabelschnur zu sein scheint, aus der das Embryo 9 Monate lang Nahrung und Blut dem Mutterkörper entzieht.» (Franz Carl Endres. Mystik und Magie der Zahlen). Die Neun wird in den germanischen deutschen Sagen verwendet. So hören wir von Geburten von 9 Kindern auf einmal, von 9 gestifteten Kirchen, von 9 Schwestern. Ziemlich verbreitet ist der Volksglaube in Deutschland, daß sich ein Neugeborenes 9 Tage in Richtung auf das Leben oder auf den Tod vorbereite und dementsprechend verändere.

Welche Rolle die Zahl 9 in der Biologie und bei der Zeitspanne des Geborenwerdens spielt, haben wir soeben in Erfahrung gebracht. Aber die Zahl 9 kann auch noch im schon geborenen Menschen ihre Nachwirkung haben. Und zwar insofern, als der Aufbau des Charakters des fertigen Menschen in 9 Unterabteilungen zerfällt. Darüber berichtet Robert Musil in seinem Roman «Der Mann ohne Eigenschaften»: «Denn ein Landesbewohner hat mindestens 9 Charaktere, einen Berufs-, einen National-, einen Staats-, einen Klassen-, einen geographischen, einen Geschlechts-, einen bewußten, einen unbewußten und vielleicht auch noch einen privaten Charakter, ...».

Welches Mysterium nun aber über alle biologischen und charakterologischen Zusammenhänge hinaus die Neunerzahl für die christliche Welt- und weiter für die Gottesvorstellung bedeutet, darüber gibt Dante anläßlich der Behandlung der Geburt Beatricens im Prosakommentar der «Vita nova» weitgespannte Auskunft. Diese Zahlenmystik scheint eine spätere Zutat des Selbstkommentators Dante zu sein: «... da nach Ptolomäus, so wie nach dem, was die Christen lehren, es gewißlich wahr ist, daß der Himmel neun sind, die sich bewegen und nach der gemeinsamen Ansicht der Astrologen die besagten 9 Himmel ihren Einfluß hienieden ausüben, je nach der Weise, in der sie zueinander in Einklang stehen, so soll damit, daß diese Zahl ihr wert und vertraut war, zu verstehen gegeben werden, daß bei ihrer Geburt alle 9 beweglichen Himmel in dem vollkommensten Einklang standen. Dies ist der eine Grund davon; aber wenn man es tiefer bedenken will und der unverbrüchlichen Wahrheit gemäß, so war sie selbst diese Zahl: Ich meine nämlich im Gleichnis, und ich verstehe es so: die Zahl Drei ist die Wurzel der Neun, weil sie ohne Hilfe einer anderen Zahl mit sich selbst vervielfacht neun gibt, wie wir es ja ganz offenbar sehen, denn drei mal drei ist neun. Wenn daher die Drei für sich selbst der Schöpfer der Neun ist und so auch der Schöpfer der Wunder an sich die Drei ist, nämlich der Vater, der Sohn und der Heilige Geist, die da drei und eins sind, so war dieses Weib von der Zahl Neun begleitet, auf daß verstanden werde, daß sie eine Neun, d. h. ein Wunder war, dessen Wurzel lediglich die wundertätige Dreieinigkeit sein kann. Vielleicht wird eine tiefsinnigere Person einen noch tieferen Grund in alledem finden, aber dieser ist der, den ich darin finde und der mir am besten gefällt.» (Carl Federer)

Und so mache ich es in meiner Biographie wie Dante mit Beatrice. Überall, wo meine Zahl 9 in meinem Lebenslauf markant auftaucht, werde ich es an den entsprechenden Stellen anmerken. Es wird sich bei diesem Verfahren herausstellen, wie sehr mein Leben in seinen Entwicklungsrhythmen von meiner Schicksalszahl 9 beherrscht wird. Die Ausgangsbasis zu solchen Beobachtungen ist also aufs beste gegeben.

Ich als Apoll und die neun Musen

Geburtstagskaffee am 9.9.1974, an meinem 65. Geburtstag.

An meinem 65. Geburtstag, am 9.9.1974, huldigte ich dem Kulte, den ich mit meiner Zahl 9 trieb, auf besondere Art und Weise.

Ich habe in Gegenanalogie zu der Einladung von Fräulein Dr. Gerda Kircher, die an ihrem 70. Geburtstag vor 7 Jahren lauter Männer eingeladen hatte, meinerseits eine Damengesellschaft aufgeboten. Es ergab sich dafür ganz zwanglos gerade meine Zahl neun. Es waren am Tische vereint: Fräulein Dr.

Gerda Kircher, Frau Lisa von Schneider, Frau Elisabeth Reinke, Fräulein Edith Ammann, meine Schwägerin Ingrid, die aus Freiburg extra herüberkam, Frau Dr. Gundel Tschira, ihre Töchter, mein Patenkind Anna Barbara Tschira und Verena Tschira und endlich noch meine Schwester Monika.

Als wir alle in harmonischer Unterhaltung und selbstverständlicher Eintracht beisammen saßen in der Galerie der Gemälde meines Vaters im 2. Stock meines Hauses, dachte ich bei mir, ich würde quasi wie einst Apoll ebenfalls von neun Musen umgeben sein und würde diesen mythologischen Hof in die Gegenwart hineinprojizieren.

Ich erinnerte mich auch kunstgeschichtlicher Darstellungen dieser Situation, so an Mantegnas «Parnass» aus dem Studiolo der Isabella d'Este im Louvre.

Es gibt Punkte im Leben – so wenige es sein mögen, diesmal war es einer – wo alles auf die besondere Situation der eigenen Person bezogen ist und in gewisser Weise auch eine Summe gezogen wird aus dem Verhalten, das man den Mitmenschen entgegengebracht hat. So konnte auch ich also einmal Apoll sein.

Meine Diana, so nannte sich Lotte, kommentierte am 14. August 1976: «Wer Dich in deinem ersten Semester gekannt hat, wußte auch, daß Du in Wahrheit die Erscheinung eines Apoll hattest.»

Als ich am 9. September 1978, an meinem Geburtstage, das Atelierhaus der «Gruppe II» mit einem Vortrag eröffnete, machte ich mir den Spaß und schloß mit der Erwähnung des Stiches von J. von Sandrart «Die fruchtbringende Gesellschaft oder der gekrönte Palmenorden», wo auch Apoll mit den 9 Musen glanzvoll erscheint.

Nachtrag vom 6. August 1974:

Heute werde ich gleich noch zweimal über mein Geburtsdatum vom 9. September weiterhin belehrt und fühle mich mit den zwei folgenden Ereignissen und Lesefrüchten persönlich verbunden:

I. Beim Besuch der Staatlichen Kunsthalle Karlsruhe lese ich im Anbau, daß der Großherzog Friedrich am 9. September 1890 an seinem und auch meinem Geburtsmonat und -tag diesen Anbau einweihte. Herr Walter Schmidt bemerkt dazu aus seiner Kinderzeit: Jedesmal, wenn nach seinem Geburtsdatum gefragt wurde, wiesen seine Eltern auf den Geburtstag der Königin Luise hin, auf den 22. Oktober. Dieser Hinweis erfolgte regelmäßig. Dies ist ein Zeichen der Verhaftetheit mit der Geschichte.

II. Salvador Dali, den ich sehr verehre, weiß auch um die hohe Bedeutung des 9. September. Dies freut mich mächtig, und ich fühle mich mit ihm umso mehr verbunden. Er schreibt darüber in «Dali sagt ... Tagebuch eines Genies» unter dem Datum des September 1956:

«Gestern, am 9. September, habe ich die Bilanz meiner Genialität gezogen, um zu sehen, ob sie zunimmt, da die Zahl neun der letzte Kubus eines Hyperkubus ist. Dem ist tatsächlich so!»

Als unterschwellige Spielerei füge ich die Bemerkung von Frau Oels hinzu, die am 9. Januar geboren ist. Die Quersumme ihres Geburtsdatums ergibt (ohne 19) = 12, worin also 4 × die Drei enthalten ist. Nimmt man aber die gesamte Jahreszahl = 1920, so ergibt die Quersumme des Geburtsdatums 22, also = 4. Manchmal hat sie es auch mit der Vier zu tun.

Nachtrag vom 27. 12. 1974:

Ich kann es immer noch nicht lassen, von der Zahl Neun fasziniert zu sein. Wo sie mir auch in meiner Lektüre begegnet, muß ich sie mir notieren.

Bei Peter Bamm «An der Küste des Lichts» lese ich: «Uranos hatte die mit Gäa, der Erde, gezeugten Cyklopen in den Tartaros geworfen, eine dämmrige Region der Unterwelt, die so weit unter der Erde lag, wie der Himmel über ihr. Ein fallender Amboß brauchte, um den Tartaros zu erreichen, 9 Tage.»

Dies war die Neun als kosmisches Weltenbereichs-Urmaß!

Bemerkung vom 31. 12. 1974 als Notiz in bezug auf das Bücherschreiben:

Zitat aus: Erhard Kästner «Aufstand der Dinge. Byzantinische Aufzeichnungen», S. 297: «Ruhm Doxa. Horatius empfahl, neun Jahre lang mit der Hinausgabe eines jeden Manuskriptes zu warten. Er konnte das, weil er, Sohn und Schüler der Griechen, eine bestimmte Vorstellung von Ruhm hatte.

In der Antike mußte jeder Politiker, jeder Wettkämpfer, jeder Künstler den Ruhm suchen, weil ihm nach dem Tode der Hades bevorstand, ein Dortsein im Halblicht in ewigem Durst nach dem Hiersein.»

Dann S. 303: «Es ist aber so gekommen, daß die Schreiber, nicht einmal mehr lachend über die neun Jahre, die dieser alte Fürstenknecht, hieß er nicht Horaz, vorschlug, es für ein Versäumnis halten, auch bloß neun Wochen hingehen zu lassen, ohne irgendein Geschwätz über sich zu veranlassen, und ein übles sei immer noch besser als gar keines.

Wichtiger als alles: Recht oft auf dem Bildschirm erscheinen ...» S. 304: «Dich in recht vielen Mündern wälzen [...] Das ist die Auffassung von Ruhm jetzt.»

Zusatz zur Zahl 9 vom 24. 9. 1975:

Auf der Bahnfahrt von Heidelberg nach Paris hinter Landstuhl sah ich auf dem Felde schwarze Kühe liegen. Ich wunderte mich über ihren Gemeinschaftssinn. Als ich zählte, wieviel Kühe nun von einem und dem gleichen Lebensgefühl des Ausruhens am Vormittag erfaßt sind, waren es 9 Stück! Welches Glück für mich, da ich die Zahl 9 so sehr liebe.

Zum Todestag meiner Mutter am 22. 5. 1976:

Beim Besuch des Grabes meiner Eltern am 9. Todestag meiner Mutter, am 22. April 1976 auf dem Hauptfriedhof in Karlsruhe stellte ich fest, daß die Lebensdaten meiner Eltern, gezählt vom Geburtsjahr meines Vaters 1868 an bis zum Todesjahr meiner Mutter 1967 gerade 99 Jahre ausmachen.

Der Tod Mao Tse-tungs:

Am 9. 9. 1976 starb Mao Tse-tung. Dieses Datum bezog ich unwillkürlich irgendwie auch auf mich. Wieso gerade an meinem Geburtstags-Datum dieses Ereignis?

Denn von dem Tode Mao Tse-tung war auch ich betroffen. Es ging, wie sich heute, am 23. Dezember 1978, herausstellte, eine Epoche und Etappe der Selbstfindung Chinas zu Ende.

Ich habe mich mit dem Schicksal dieses auch dichtenden Volksführers schon einige Zeit beschäftigt. Am 12. 1. 1976 kaufte ich das Büchlein «Mao Tse-tung: 37 Gedichte».

In bezug auf meine Unterschriften interessierte mich die Zeichenführung seiner im Faksimile wiedergegebenen Handschriftproben. Einige Zeit vorher hatte ich schon seine Biographie erworben. Über die Ungeheuerlichkeit meiner dort vollzogenen chinesisierenden Unterschrift habe ich in meinem Buche «Meine akrobatischen Unterschriften» berichtet.

Zur Zahl 99 am 30. September 1976:

Den 1. Rutsch des Layouts machten Herr Wunder und ich am 9. 9. 1976. Ich machte das letzte Layout meines Bilderbuches «Meine akrobatischen Unterschriften» mit Herrn Wunder und komponierte die Seiten endgültig zusammen.

Es kamen noch ein paar Seiten hinzu. Ich fügte auch noch eine mir sehr wichtige Textstelle an.

Und am Schluß: Wie viele Seiten hat es ergeben? Welches Wunder, Herr Wunder! Ich habe haargenauestens meine Zahl erreicht. Ungezwungen ergaben sich 99 Seiten.

Wenn ich meine Unterschriften-«Biographie» schreibe und gestalte, wie könnte es anders sein, als daß ich meine Lieblings- und Schicksalszahl erreichte! Wie hätte es anders sein können?

Die Zahl 9 in der ägyptischen Götterlehre:
(I.H. Breasted. Geschichte Ägyptens. S. 48/49)

«Der Sonnengott erzeugte aus sich selbst 4 Kinder, Schu und Tefênet, Geb und Nut. [...]

Geb und Nut waren dann die Eltern der beiden Götterpaare Isis und Osiris und Seth und Nephtis. Mit ihrem Urvater, dem Sonnengott zusammen, bildeten sie einen ‹Kreis› von 9 Gottheiten, den man als Neunheit bezeichnete.

Dieses Verhältnis der Urgottheiten zueinander als Vater, Mutter und Sohn hat die Theologie späterer Zeiten stark beeinflußt.

Schließlich besaß jeder Tempel eine künstlich geschaffene Dreiheit, auf der dann die Neunheit aufgebaut wurde.»

Die 9fache Wiederholung des Wortes «Freude» als Ausdruck höchsten Glückes:

Anaïs Nin hat in ihren «Tagebüchern» die Befreiung Frankreichs im 2. Weltkrieg im August 1944 mit folgendem hochemotionalen Ausruf begrüßt:

«Frankreich ist frei!
Freude. Freude. Freude.
Freude. Freude. Freude.
Freude. Freude. Freude.

Eine solche Freude, ein solches Glück, Hoffnung auf das Ende des Krieges. Glück im Einklang mit der ganzen Welt. Wahnsinniges Glück!»

Anaïs Nin wußte ihrer Freude nicht besser Nachdruck zu verleihen, als daß ihr die Zahl 9 so passend erschien, mit heiliger Ehrfurcht neun Mal das Wort Freude fast kultisch zeremoniell zu wiederholen. Die 9. Symphonie Beethovens ist das Lied an die Freude.

VI. Ich und der «Club der Neuner»

I. *Wie es zur Gründung des «Clubs der Neuner» kam:*

Zunächst und zuerst habe ich die Zahl 9 als meine persönliche Schicksalszahl erkannt und die Kraft und Macht der Zahl 9 fast ausschließlich auf meine Person bezogen behandelt.

Dann aber trat ein Ereignis ein, das den Wirkungsradius der Zahl 9 auch auf andere Personen ausweitete und, ausgehend von meiner Anregung, mir der Vorschlag gemacht wurde, sogar einen «Club der Neuner» zu gründen.

Dies kam so:

Mein Schüler an der Technischen Hochschule Karlsruhe, der jetzt Freie Architekt und Dipl.-Ing. Joachim Kirsch, hatte mich im Karlsruher Kellertheater Sandkorn am 19. Oktober 1976 in meinem Auftritt am Anschluß an Björn Fühlers Puppenspiel «Der Zirkus» als Zahlenmagier erlebt und mir daraufhin folgenden Brief geschrieben:

«Ettlingen, den 20. Oktober 1976

Sehr geehrter Herr Würtenberger!

Was im ersten Augenblick, für den Außenstehenden, fast unverständlich – weil zu selbstverständlich – erschien, geriet mir beim Selbstversuch durch Mißerfolge mehr und mehr in den Bereich der Anerkennung.

Mit großem Vergnügen habe ich, als ehemaliger Schüler, am vergangenen Sonntag, Ihr schelmisches Buchstaben- und Zahlenspiel erlebt.

Durch Zufall habe ich gestern im Magazin «Stern» den Bericht über einen Menschen entdeckt, mit dem es sich für Sie fast lohnen würde, einen Club der «Neuner» zu gründen, Herrn Brassai aus Transsylvanien. Eine Kopie füge ich bei.

Nach der Vernissage habe ich selbstverständlich in meinem Studienbuch sofort Ihre Unterschrift betrachtet, und mußte feststellen, daß hier in den späten 50er Jahren nur Ansätze von Akrobatik erkennbar sind. [...]

Mit freundlichen Grüßen
J. Kirsch»

In diesem Brief also erfolgte der Anstoß und die erste Idee, den «Club der Neuner» zu gründen. Und ich gründete ihn auch.

Jetzt will ich aber noch das Zitat aus der Illustrierten «Der Stern» vom 14. bis 20. Oktober 1976 – das mir Joachim Kirsch zuschickte – anführen, damit man auch weiß, was es mit dem Neuner-Kult von Brassai auf sich hat.

Der diesbezügliche Bericht lautet:

«Brassai, der eigentlich Guyla Halasz heißt, ist einer der bedeutendsten Fotografen der Welt. Sein Pseudonym hat er aus dem Namen seines Geburtsortes Brasso gebildet, einem kleinen Nest im rumänischen Transsylvanien, der Heimat des Grafen Dracula. Picasso hat ihn einmal gefragt: ‹Haben Sie Ihr Pseudonym wegen des Doppel-S gewählt?› Dabei hat er an sich selbst und die Malerkollegen Matisse, Poussin, Masson und den Zöllner Rousseau erinnert. Solchen ‹Zufällen› mißt Brassai ohne es erklären zu können, Bedeutung bei. So auch der Zahl 9: ‹Ich bin am 9. 9. 1899 um 9.00 Uhr geboren›. Aus Vergnügen und ein wenig stolz rechnet er auf einem Zettel ein Zahlenspiel vor: $1 + 8 = 9$; oder $2 \times 9 = 18$; oder $9 \times 9 = 81$. Das ist dann die Hausnummer seiner Pariser Wohnung in der Rue du Faubourg-St.-Jacques. ‹Die 9›, sagt Brassai, ‹begleitet mich mein ganzes Leben lang›.

»Aus diesem Bericht geht hervor, daß Brassai auch wie ich einige Neuner in seinem Geburtsdatum aufweist. Im Vergleich zu mir ist aber Brassai ein noch vollendeterer Neuner-Begünstigter. Wenn mein Geburtsdatum 4 Neuner aufweist und am 9. 9. 1909, 2.30 Uhr vormittags, lautet, so schlägt Brassai mich um einen Neuner, indem sein Geburtsdatum sogar 5 Neuner zählt: 9. 9. 1899 um 9.00 Uhr.

Die Anregung von Herrn Kirsch, einen «Club der Neuner» zu gründen, habe ich dann tatsächlich aufgenommen und Realität werden lassen. Und nach meiner Meinung «lohnte es sich».

II. *Die verschiedenen Grade und Anlässe der Mitgliedschaft des «Clubs der Neuner»:*

Über die Jahre hinweg hat es sich herausgebildet, daß man aus verschiedenen Anlässen und Grundlagen heraus sozusagen verschiedene Grade der Zugehörigkeit zu meinem «Club der Neuner» erwerben kann. Diese ergeben sich:

I. durch das tatsächlich mit 9 gespickte Geburtsdatum
II. durch die Anzahl der Buchstaben des Namens
III. durch Geschenke an mich, die sich auf die Zahl 9 beziehen.

Die echteste, legitimste und substanzvollste Art, dem «Club der Neuner» zugehörig sein zu können, beruht auf der Zahlenzusammensetzung des Geburtsdatums, das einige Neuner aufweist.

Bis jetzt haben diese Forderung folgende Personen erfüllt:
1. Mit fünf 9ern:
   Der schon genannte Brassai = 9. 9. 1899, 9.00 Uhr
2. Mit vier 9ern:
   Ich, Franzsepp Würtenberger selber = 9. 9. 1909
3. Mit drei 9ern:
a) Mein Schüler, Kunsterzieher und Graphiker Hans Gottfried Schubert = 9. 9. 1936 ($36 = 4 \times 9$). Schubert weist 3 echte 9er auf und der 4. Neuner ergibt 36 = entweder Quersumme $3 + 6 = 9$, oder die Multiplizierung von $4 \times 9 = 36$.

Ich habe Hans Gottfried Schubert mit seiner mit ihm jung verheirateten Frau Gudrun, geb. Bruckbach, eingeladen, um dem Paar Teile dieser meiner Biographie vorzulegen. Als ich mein Geburtsdatum nannte, schrie Schubert auf: «Ich bin ja auch ein Neuner, ich bin ja auch am 9. 9. geboren. Deshalb weiß ich so genau den Geburtstag und schreibe Ihnen immer pünktlich. Wußten Sie denn das nicht?»

Ich antwortete ihm, diese Tatsache sei mir sehr willkommen, denn darin läge vielleicht eine Begründung, daß wir uns so gut verstehen. Schubert erklärte noch weiter, er sei 1936 geboren und die zwei letzten Zahlen 3 und 6 gäben in der Quersumme auch 9 und desgleichen ist die Zahl 36 durch 9 dividierbar. Doch ich meinte, ich sei ein noch ausgesprochenerer Neuner, da ich anstatt 3 Neuner 4 Neuner im Geburtsdatum habe. Sein Verhältnis zur Zahl 9 überdenkend, kam Schubert zu dem Schluß: «Ich bin absolut von der Zahl 9 umstellt.»

Im Anschluß daran griff auch noch Frau Schubert in die Debatte um die Zahl 9 ein und stellte mit Nachdruck und Stolz fest: «Mein ehemaliger Mädchenname Bruckbach hat auch 9 Buchstaben. Das ist doch lustig.» Ich entgegnete ihr, mit ihrem Gedankengang sympathisierend: «Auch ich habe in meinem Vornamen Franzsepp die 9 Buchstabenzahl» und hierin sei ich wenigstens mit ihr besonders verbunden und ihr zugetan.

b) Emmanuel Doser, der Sohn meines Freundes, des Malers und Erfinders der Akustischen Malerei, Eberhard Doser, ist am 9. 9. 1975 geboren worden. Er wurde sofort bei der Bekanntgabe seines Geburtsdatums in den «Club der Neuner» aufgenommen. Sein älterer Bruder, Frédéric Doser, schrieb mir am 5. 9. 1980 aus Anlaß meines 71. Geburtstages folgende Stellungnahme zu dem Problem der unter der 9 Geborenen:

«Sie gehören zu den ganz wenigen Menschen, die noch etwas zu sagen haben.

Zu Ihrem 71. Geburtstag gratuliere ich Ihnen und wünsche Ihnen und Ihrer Schwester Monika Gesundheit und Schaffenskraft.

Meinen Bruder Emmanuel haben Sie zu den Neunern aufgenommen: Schade, daß ich nicht wie Sie und mein Bruder am 9. 9. geboren bin.

Mein Vater hat angekündigt, daß er Ihnen zu Ihrem 71. Geburtstag schreiben wird. Er findet die 7 und 1 = als 8:bares Leben und da lohnt es sich zu gratulieren. Mein 8:bares Leben beginnt im nächsten Jahr, dann bin ich 17 Jahre, nämlich 1 + 7 = 8 wie Sie 7 + 1 = 8.»

Wer es so sehr wie Frédéric Doser aufrichtig bedauert, nicht unter dem Stern der 9 geboren zu sein, hat das Anrecht über alle fehlenden tatsächlichen Grundlagen hinaus auch die Ehrenmitgliedschaft des «Clubs der Neuner» zu erwerben. Man sieht hieraus, was eine echte Sehnsucht ersetzen und erreichen kann.

c) Zum «Club der Neuner» gehört auch, durch das Geburtsdatum mit drei Neunern ausgezeichnet, die Tochter meiner Cousine Johanna Mayer, Gretel Mayer. Sie ist nämlich am 9. 9. 1942 geboren.

4. Mit zwei 9ern:

Frau Isolde Oels, mit der meine Schwester Monika und ich nachbarlich befreundet sind und die meine Arbeiten mit großer Anteilnahme verfolgt, hat in ihrem Geburtstagsdatum 2 Neuner. Sie ist am 9. 1. 1920 geboren. Frau Oels philosophierte im Zusammenhang mit meinem 70. Geburtstag am 9. 9. 1979 in einem Brief an mich vom 9. 10. 1979 über die Bedeutung der Zahl 9 folgendermaßen:

«9. 10. 1979

Lieber Herr Professor Würtenberger!

Eben als ich das Datum niederschreibe, entdecke ich, daß mal wieder der 9. ist. So möchte ich mich heute vielmals für Ihren reizenden, einfühlsamen Brief bedanken, und ich freue mich, daß Ihr Geburtstag so nett verlaufen ist und daß Sie und Ihre Schwester ‹mich vermissen›. Tut mir ‹janz jut›. Inzwischen bin ich von Zi. 9 umgezogen in Zi. 3! Ursprünglich war ich für die 1 vorgesehen, und plötzlich landete ich doch in der 3. Welcher Zufall! ... Aus der Beilage ersehen Sie, welche Gedanken ich mir noch über die 9 einfallen ließ. Vielleicht trug ein guter Heidelbeerwein den ‹Sprit› dazu bei.»

Aus der Beilage:

Weitere Feststellungen zur 9
Höchenschwand am *9.* Oktober 1*9*79:
Quersumme v. 10/1979 = 27 (:3) = 9
         2 + 7 = 9

Eigenartig auch, daß Sie zu Ihrem Geburtstag ausgerechnet *27* Gäste im Schloß-Hotel waren! Sicher ein gutes Omen!

Sie haben eben vier 9er im Geburtsdatum, ich nur zwei; insofern bin ich eben doch um 50% ‹geringer beneunt› als Sie. Wir werden sehen, wie das weitergeht. Irgendwie läßt die 9 *Sie* nicht los als *gute* Bestrahlung. *Mich* hat sie zeitweise nur ‹in der Zange›!? »

Zu meinem 70. Geburtstag überreichte mir Frau Oels ein selbst erfundenes und gezeichnetes Festblatt. Es ist überschrieben:

«9er Kalender
zum Geburtstag des 70jährigen Super 9ers
Franzsepp Würtenberger
von einer geringer Be 9 ten
z. Z. Zimmer 9. Schwimmbadstraße 9 (!), in Höchenschwand»

Die Komposition des Festblattkalenders besteht aus einem vierblättrigen und dreiblättrigen Kleeblatt.

Beim vierblättrigen Kleeblatt wird mit Geburtstagsreihen gespielt vom Jahre 1979 an bis zum Jahr 2009. Natürlich wiederum in 9 Kombinationen. Im dreiblättrigen Kleeblatt sind die «3 fröhlichen Weltbildler vom Scheffelplatz», eingezeichnet mit den Namen: «Franzsepp, Monika und Isolde». Die Bezeichnung «Weltbildler» ist eine Anspielung auf mein Buch «Weltbild und Bilderwelt», von dem Frau Oels sehr begeistert ist. Und der Hinweis auf den Scheffelplatz bedeutet, daß dieser Platz unsere zwei Wohnungen verbindet.

In einer zweiten Fassung des Festblattes fügte Frau Oels noch eine Korrektur an und schrieb mir:

«7. 9. 1979.

Lieber Herr Professor!

Bei dem Ihnen schon zugegangenen Schema ist mir der Übertragungsfehler unterlaufen (= typischer Urlaubsbeginnzustand) ‹im südl. Herzen›, was ich – wenn Sie mögen –, zu ergänzen bitte: ‹9.9. anno 2009› (Quersumme = 29).

Dabei habe ich mir die anderen Quersummen der Quer- und Längsachse angesehen und selbige wieder zerlegt, und siehe da, sie *alle* gehen in der 9 auf! Toll, gelt?

Sicher könnte ein Mathematiker mit diesem Zahlen-«Gedibber» noch mehr anfangen. Aber feststeht, daß die 9 (fast magisches) Integral Ihres Daseins ist oder ‹zu sein scheint›?!? Jedenfalls ist sie *Balancehalter*. Wäre u. U. interessant, einem Horoskopler vorzulegen? Ich selbst verstehe davon so gut wie nichts, aber außer Acht lassen kann man es m. E. nicht. Verzeihen Sie bitte die mangelhafte Form. Ich bin hier räumlich und noch mehr psychisch beengt und sehe eigentlich *hier* keine Chance, mich nervlich zu erholen. Bäschtle an einer räumlichen Veränderung herum, die sich aber noch herauskristallisieren muß.

Viele Grüße!

Ihre J. Oels.»

Zum Neujahr 1981 erhielt ich von Frau Isolde Oels folgendes Schreiben mit einem Gedicht.

Zum Jahreswechsel 1980/81

> Herrn Prof. Dr. Franzsepp Würtenberger,
> der am 9.9.1909 geboren und
> somit ein Vierfach-Neuner ist,
>
> als «Geschenk» gem. § 3 der Satzung des Neuner-Clubs
> überreicht
> von Isolde Oels,
> Mitglied des Neuner-Clubs als Zweifach-Neunerin,
>   am 9. Januar 1981.
>
> Ein Jahr wie einundachtzig (81),
> so hoffe ich, das macht sich
> für einen Vierfach-Neuner,
> der keinesfalls ein Träumer,
> wohl ganz besonders positiv.
>
> Er warnt:
> «Der Mensch liegt schief,
> das Weltbild ist verkehrt,
> die Erde wird zerstört.
> Darnieder liegt die Kunst zum Weinen,
> kein Lichtblick – will mir scheinen!
> Man leugnet den Zusammenhang.
> Sogar dem Teufel ist schon bang
> vor dem, was Menschen treiben,
> die Erde muß erleiden.
> Verloren geht der Schöpfung Sinn,
> wenn Technik macht doch alles hin!»
>
> Aus heil'ger Drei, mal drei betrachtet (3 × 3),
> wird neun (9) besonders hoch geachtet.
> Wie erst bei neun mal neun (9 × 9) gleich einundachtzig
> (81),
> und quer aus acht plus eins (8 + 1) *auch* neune (9) macht
> sich!
>
> Es zeigt, daß solcherlei Potenzen
> verraten tief're Konsequenzen,
> denn «alles fließt» und fließt im Kreis.
> Am besten dies ein Neuner weiß.
>
> Er schreibt das ständig auch behende.
> So wünsch' ich, daß nun bis zum Ende
> die Jahreszahl, mit Neunen gut gespickt,
> den Vierfach-Neuner wie auch uns beglückt!
>   Isolde Oels»

Aus all dem kann man ersehen, wie sich selbst ein «geringer be 9 tes» Mitglied des «Neuner Clubs» äußerst interessiert und hoch aktiv zu betätigen versteht. Dafür gebührt Frau Isolde Oels ein besonderer Grad der Mitgliedschaft des «Neuner Clubs».

Ebenfalls eine versteckte Neuner-Kombination weist übrigens meine Mutter Lina Würtenberger in ihrem Geburtstagsdatum auf, wenn man nach der Methode von Brassai die Zahlenspielerei mit Quersumme und Multiplikation 1 + 8 = 9; oder 2 × 9 = 18; oder 9 × 9 = 81 durchführt, denn das Geburtsjahr meiner Mutter ist 1881 (= 1 + 8 = 9 oder 2 × 9 = 18 und 9 × 9 = 81 = der Hyperkubus des Hyperkubus von 3 × 3 = 9 und 9 × 9 = 81).

III. *Mitgliedschaft zum «Club der Neuner» durch die Anzahl der Buchstaben des Namens:*

Diese Kategorie der Mitgliedschaft ist vom Wesen her etwas geringer, aber die Zugehörigkeit beruht auch noch auf realen, persönlichen Werten.

a) Zu dieser Kategorie gehöre auch ich selber, indem mein Doppelvorname Franzsepp die Summe von 9 Buchstaben enthält.

b) Ganz von selber meldete sich Museumsdirektor Professor Dr. Peter Metz aus Berlin, da er seinen Briefkopf vom Brief des 31.1.1977, in dem er für mein Buch «Meine akrobatischen Unterschriften» dankte, folgendermaßen gestaltete:

$$\begin{array}{cc} & 9 \\ 1\ 2\ 3\ 4\ 5 & 1\ 2\ 3\ 4 \\ \text{P e t e r} & \text{M e t z} \end{array}$$

IV. *Die Mitgliedschaft zum «Club der Neuner» durch Geschenke, die sich auf die Zahl 9 beziehen:*

a) *Michael Fühler*, der Bruder meines Freundes Björn Fühler, überreichte mir zu Ostern 1977 die im Stil von Wilhelm Busch gehaltene Bild- und Kurzgeschichte:
Lebenslauf eines erkälteten
Neuners
in neun Bildern (Titelblatt)

1. Bild. Ein Neuner kommt auf die Welt, wie jeder andere, nur ist er von Geburt an erkältet.
   (Mit einem Jahr)
2. Bild. Der erkältete Neuner wird älter und kommt in die Schule.
   (Mit zehn Jahren)
3. Bild. Der erkältete Neuner schafft sich einen Wagen an.
   (Mit zwanzig Jahren)
4. Bild. Der erkältete Neuner kommt in den Genuß einer Blume.
   (Mit dreißig Jahren)
5. Bild. Der erkältete Neuner hat Gegenwind, d. h. es geht ihm schlecht.
   (Mit vierzig Jahren)
6. Bild. Der erkältete Neuner hat Rückenwind, d. h. es geht ihm gut.
   (Mit fünfzig Jahren)

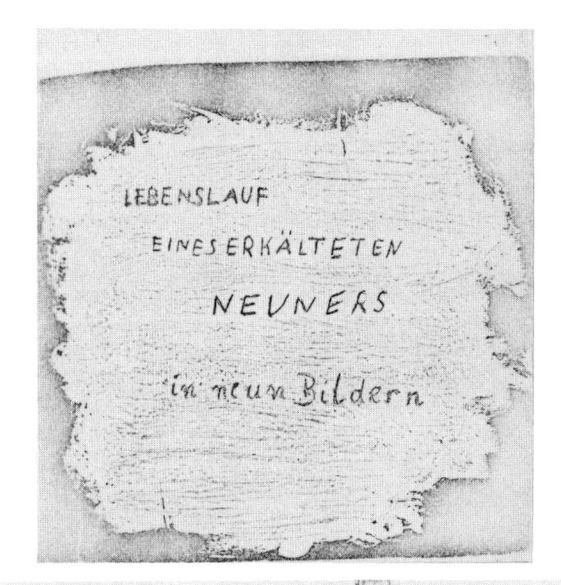

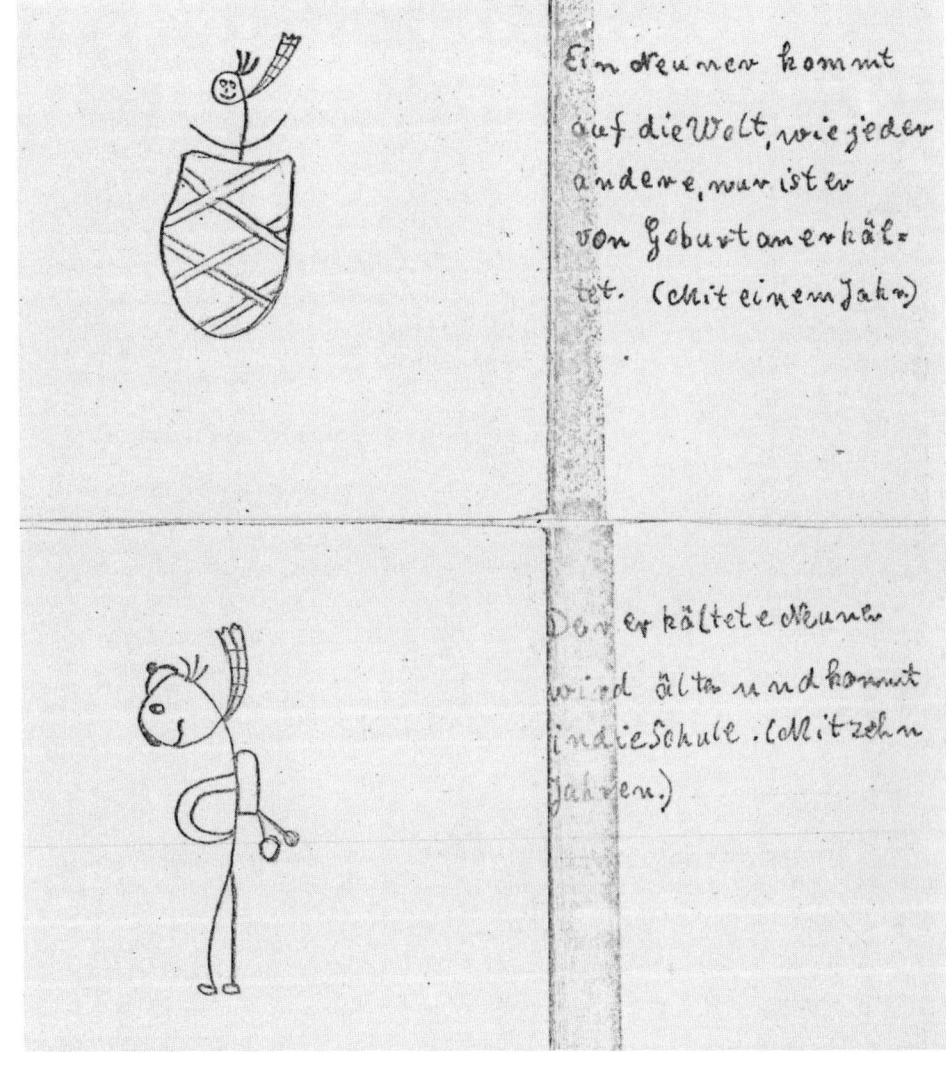

LEBENSLAUF
EINES ERKÄLTETEN
NEUNERS
in neun Bildern

Ein Neuner kommt auf die Welt, wie jeder andere, nur ist er von Geburt an erkältet. (Mit einem Jahr)

Der erkältete Neuner wird älter und kommt in die Schule. (Mit zehn Jahren)

Der erkältete Neuner schafft sich ein Wagen an. (Mit zwanzig Jahren.)

Der erkältete Neuner kommt in den Genuß einer Blume. (Mit dreißig Jahren.)

Der erkältete Neuner hat Gegenwind, d.h. es geht ihm schlecht. (Mit vierzig Jahren.)

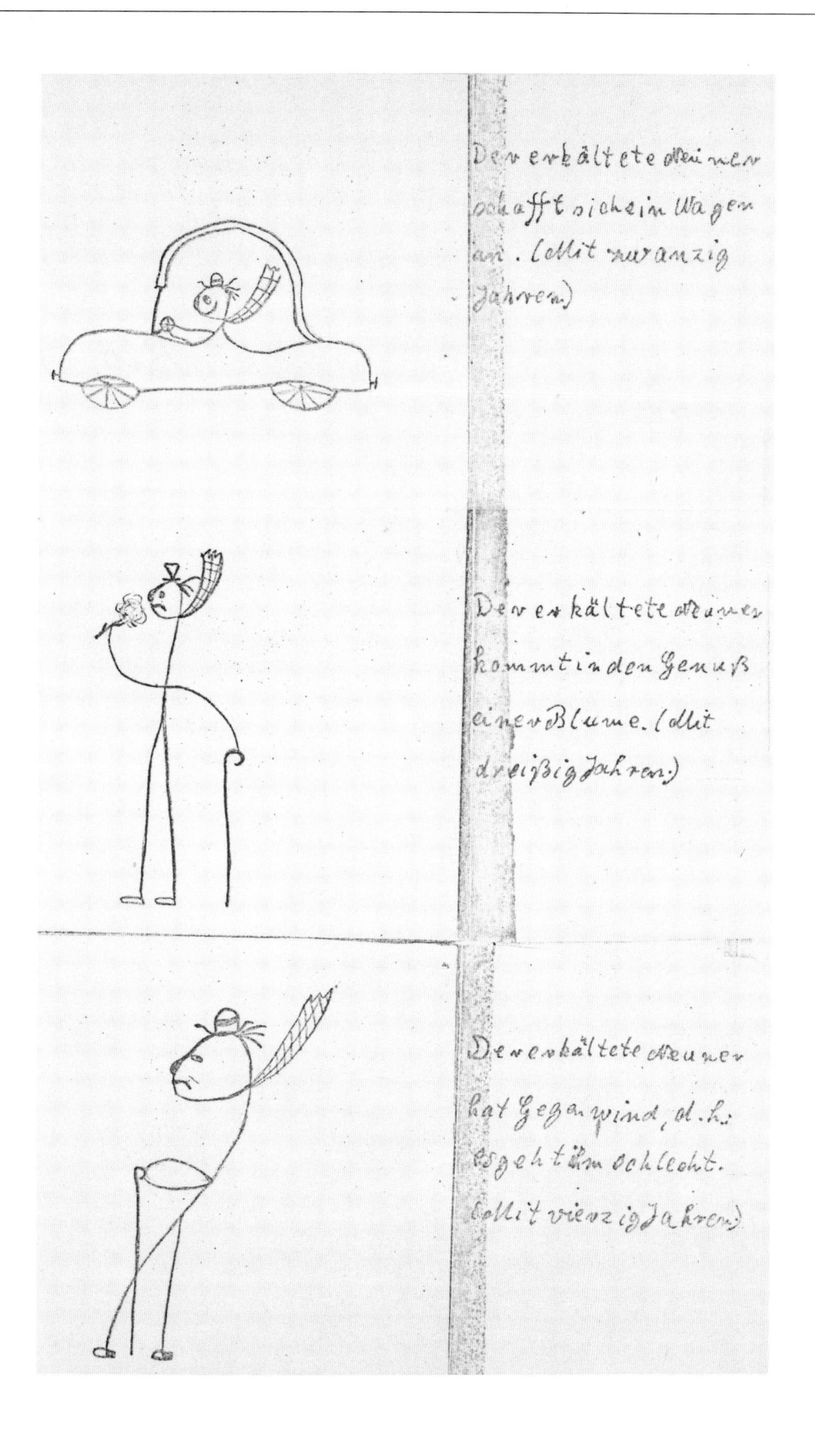

72 «Club der Neuner»

Der erkältete Neuner
hat Rückenwind, d.h.:
es geht ihm gut
(Mit fünfzig Jahren)

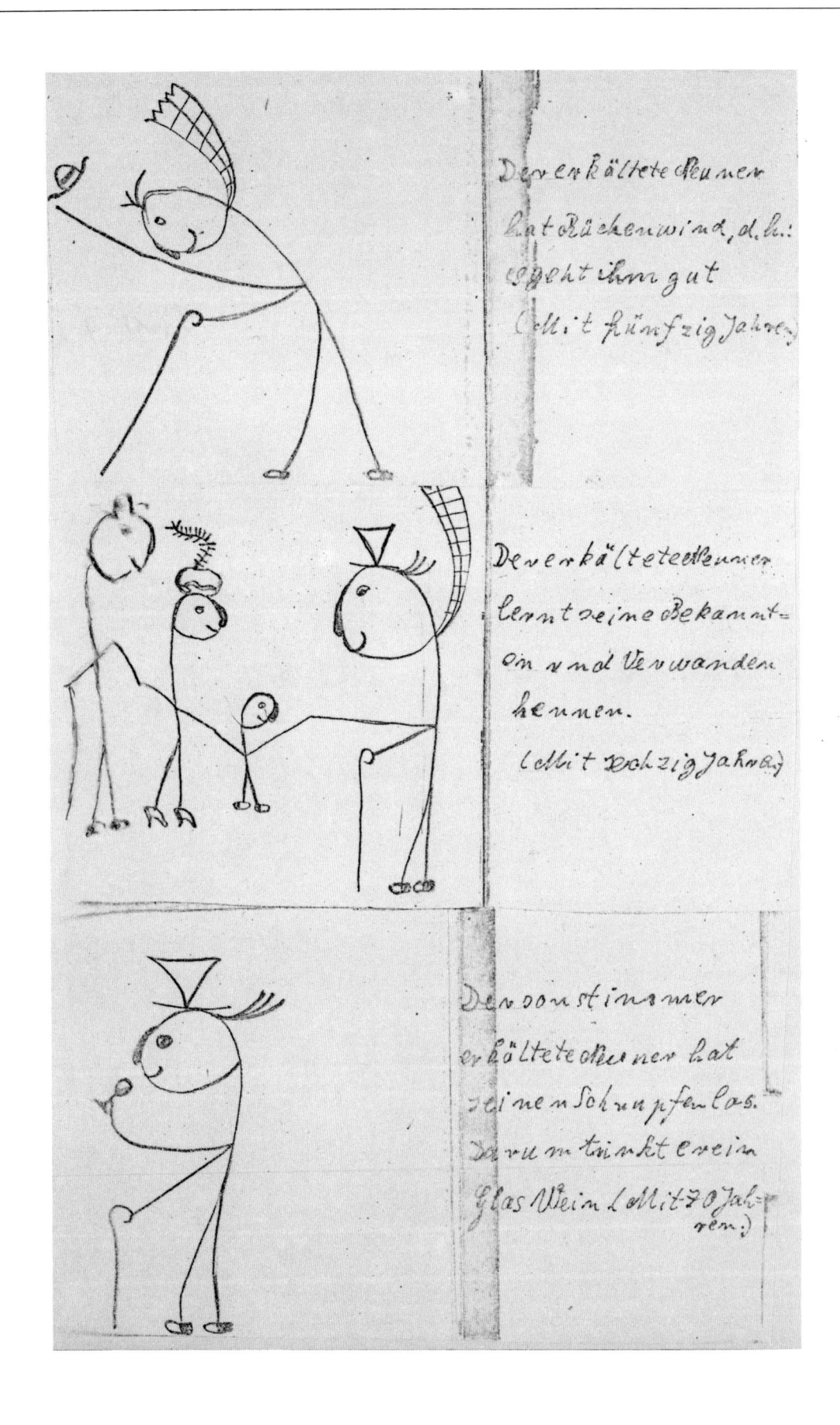

Der erkältete Neuner
lernt seine Bekannt=
en und Verwanden
kennen.
(Mit sechzig Jahren.)

Der sonst immer
erkältete Neuner hat
seinen Schnupfen los.
Darum trinkt er ein
Glas Wein. (Mit 70 Jah=
ren.)

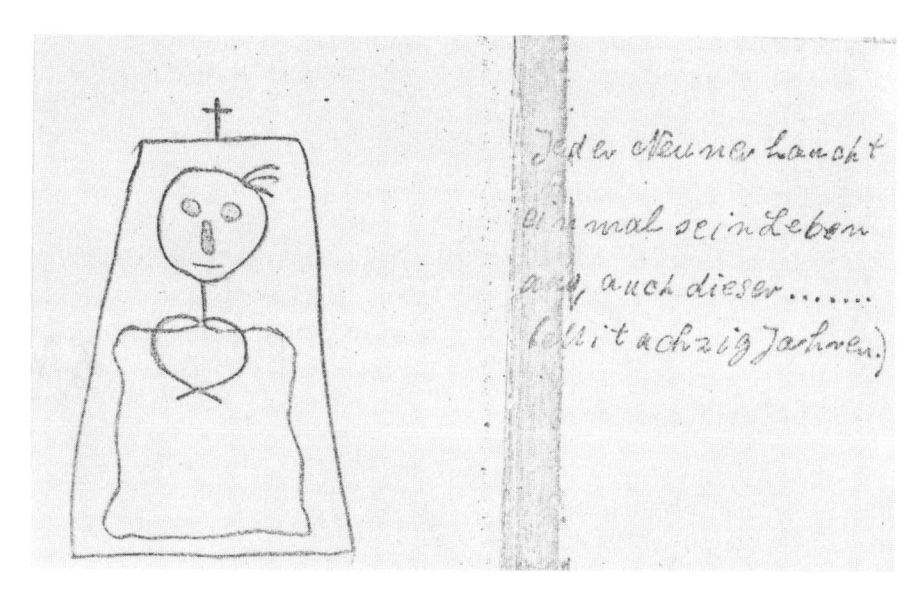

Michael Fühler. Lebenslauf eines erkälteten Neuners in neun Bildern.

7. Bild. Der erkältete Neuner lernt seine Bekannten und Verwandten kennen.
   (Mit sechzig Jahren)
8. Bild. Der sonst immer erkältete Neuner hat seinen Schnupfen los. Darum trinkt er ein Glas Wein.
   (Mit siebzig Jahren)
9. Bild. Jeder Neuner haucht einmal sein Leben aus, auch dieser ...
   (Mit achtzig Jahren)

Zusätzlich sind zu diesem geordneten Lebenslauf noch 4 Szenen angefügt, die ohne Lebensalterangabe sind. Wahrscheinlich sind es Frühversuche zur genannten Zeichnungsfolge.

1. Der erkältete Neuner
2. Der erkältete Neuner fährt Auto
3. Der erkältete Neuner riecht an einer Blume
4. Der Neuner ist nicht mehr erkältet, deshalb fährt er im Cabriolet

b) Professor Dr.-Ing. *Friedrich Christoph Wagner*, Architekt und Komponist, Schüler von Arnold Tschira und von mir auf der Technischen Hochschule in Karlsruhe und Freund meines Freundes Björn Fühler, sandte mir als Dank für die Überreichung des Buches «Meine akrobatischen Unterschriften» folgenden Brief mit einer eigenen Komposition, die aus 9 Tönen besteht und die sich auf meine Verhaftetheit mit der Zahl 9 bezieht.
Der Brief lautet:
«Düsseldorf, den 11. Mai 1977.
Lieber Herr Würtenberger,
endlich muß ich schreiben, wenn auch von Düsseldorf aus und so ohne die Möglichkeit, Sie in nächster Zeit einmal einzuladen, was wir sehr gerne möchten. Herzlichen Dank für das schöne Bändchen mit Ihren Unterschriften. Ich finde es sehr gelungen. Es freut mich, wenn ich die Ehre habe, Sie dazu angeregt zu haben ... Ihre Selbstdarstellung wird dadurch nicht geschmälert. Da anderen ja nicht benommen ist, Sie darzustellen: von mir eine Variante Ihres Namens als Stück für Violine solo aus streng genommen 9 Tönen, zu spielen zur Erweckung derer, die die Zeichen der Zeit verschlafen. Habe die Ehre ...
Ich wünsche Ihnen frohe Tage und herzliche Grüße, auch an Ihre Frau Schwester bis zu einem Wiedersehen in Karlsruhe.
Ihr
Frieder Wagner

P.S.: Als Wahldüsseldorfer fühle ich mich Schumann sehr verpflichtet, gestatte mir aber die Freiheit, durchaus nach meinen Vorstellungen zu komponieren!»
Diese Gabe ist besonders sinnvoll, da Frieder Wagner wußte, daß ich mich damals mit der Abfassung meines Buches «Malerei und Musik» beschäftigte.

c) Mein Freund, der Graphiker *Walter Schmidt*, überreichte mir zu meinem 70. Geburtstag ein graphisches Festblatt. Es sind meine zwei Jahresangaben von 1909 und 1979 in einen kunstvollen, architektonischen, altarartigen und monstranzähnlichen dreistöckigen Rahmen-Aufbau hineingestellt.
Walter Schmidt hat dadurch die an sich nüchternen Jahreszahlen und mein Monogramm F S W und meinen Nachnamen Würtenberger in ein sinnvolles Kunstwerkgebilde einzuformen gewußt. Dafür gebührt ihm ein besonderes freundschaftliches Lob.

d) Meine Freundin, Prof. Dr. *Lotte Brand Philip* meldete sich zu meinem 71. Geburtstag aus Engelberg, indem sie am 6. September 1980 schrieb:

«Ein winziges Geschenkchen (ein Taschenbuch), das ich für Dich bestellt habe, werde ich leider erst am Dienstag, Deinem Geburtstage, erhalten. Es enthält einen Passus über die magische Bedeutung Deines Geburtstags-Datums und wird Dich freuen, da Du ja Bezugsmomente auf Dich und magische, auf Dich bezügliche Zahlen sammelst.»

Meine Freundin Lotte reiht sich trotz des «winzigen Geschenkchens» durch dessen hohen Sinngehalt würdig in die Mitgliedschaft meines «Clubs der Neuner» ein, wie es sich zu einer wahren Freundschaft von Mitgefühl und Mitempfinden gehört.

Der Passus aus dem Buche: Susan Tyrell, «Drachen selber bauen. Phantasievolle Modelle aus aller Welt», lautet:

«Seit Jahrhunderten ist es in China Brauch, am neunten Tag im September Drachen steigen zu lassen. Jedes Jahr machen die Chinesen an diesem Festtag einen Picknickausflug in die Berge und verleben dort einen vergnüglichen Tag.

Dieses Fest, so berichtet die Legende, nahm seinen Anfang während der Herrschaft der Sungdynastie (960–1279 A.D.), als einmal ein weiser alter Wahrsager an einen Bauern namens Huan Ching herantrat und ihn vor einem bevorstehenden Unglück warnte. Am neunten Tag des neunten Monats, so sagte der Wahrsager dem besorgten Ching voraus, werde Unheil über seine ganze Familie hereinbrechen. Als der Tag der drohenden Gefahr gekommen war, beschloß Ching mit der ganzen Familie einen Ausflug in die Berge zu machen. Dort blieben sie den ganzen Tag, ließen Drachen steigen und tranken Chrysanthemenwein.

Am Abend, als Ching mit seiner Familie nach Hause zurückkehrte, fand er sein Haus zu einem Häufchen Asche niedergebrannt und sein ganzes Vieh abgeschlachtet am Boden liegen. Dennoch war die ganze Familie erleichtert. *Sie dankte den Göttern und erklärte ihnen zu Ehren den 9. September alljährlich zum Festtag.* Das Fest breitete sich immer weiter aus, bis es schließlich offiziell im ganzen Land zum Feiertag erklärt wurde, und China ein gigantisches Drachenfest feierte.»

Meine Freundin Lotte Brand Philip erläuterte zusätzlich in einem Brief aus New York vom 28. November 1980 sowohl ihre persönliche Einschätzung als auch die allgemeine Bedeutung der Zahl 9 gegenüber ihrer Idealzahl 6.

«Ich glaube, Zahlenglaube und Zahlenmagie sind der Menschheit so in Fleisch und Blut übergegangen, daß sich kaum jemand von diesem Aberglauben frei weiß.

Ich selbst habe einen Mordsrespekt vor der Zahl Neun, hauptsächlich im negativen Sinne. Für mich ist sie eine rein im Abstrakten schwebende, beängstigende Zahl mit der 3maligen Wiederholung der «unfaßbaren» Drei. Sie ist sozusagen ein lebloser Tugendturm. Ihr fehlt das Wichtigste, nämlich die Verbindung zum wirklichen Leben, wirklichen Menschen und zu unserer Erde. Die Realität ist nämlich die Zwei, die Gemeinsamkeit, Fruchtbarkeit, echte Produktivität und natürlich: Sexualität ausdrückt. Für mich ist ‹6› eben die ideale Zahl, da sie 2 *und* 3 enthält. Übrigens wird diese Zahl ganz allgemein für die wertvollste Zahl gehalten, eine Tatsache, die ich erst sehr lange nach der Zeit erfuhr, in der ich die Sechs als meine Lieblingszahl erkannte.»

e) Mein Schüler und Freund Günter Diehl machte mich mit dem 18jährigen *Ady Henry Kiss* bekannt, der mich als Autor der Schrift «Meine akrobatischen Unterschriften» unbedingt kennenlernen wollte. Ady Henry Kiss ist für sein jugendliches Alter außerordentlich dichterischen Ambitionen aufgeschlossen und legte mir schon einige Male seine schriftstellerischen Erstversuche vor.

Als ich ihm meinen Bericht über «Ich und der Club der Neuner» zeigte, war er von dieser Idee so sehr gepackt, daß er unbedingt auch in diesen Kreis der Auserwählten aufgenommen werden wollte. Zu diesem Zwecke überbrachte er mir am nächsten Tage das Aufnahmegesuch mit dem Aufnahmegeschenk seiner Kurzgeschichte «Neunsal».

Sein dichterischer Beitrag fand meine volle Zustimmung und auf Grund dessen wurde er in den «Club der Neuner» in allen Ehren aufgenommen.

Die zwei Schriftstücke, die dazu führten, lauten:

«Ady Henry Kiss
Kaiserstraße 124c
7500 Karlsruhe 1,   , 16. 11. 1980
Postadresse:
Zylch-Prod.
Postfach 6971
7500 Karlsruhe 1
Lieber Professor Würtenberger!
Ich möchte um die Mitgliedschaft im NEUNER-CLUB, der Crème der Zahlenmagischen nachsuchen und möchte dieses Gesuch mit folgenden Tatsachen begründen:

1. Ich habe ein mit der Zahl 9 verbundenes Geschenk beigelegt, eine Tragödie, welche nicht weniger als dreiundfünfzig mal den Begriff «neun» enthält. Somit habe ich bereits Punkt III der Aufnahmestatuten erfüllt, ein mit «neun» verbundenes Geschenk.

2. Punkt zwei der Statuten kann ich auch erfüllen, aufgrund meines Namens:
Ady Henry Kiss
  12345 6789
123
Mein zweiter Vorname und mein Nachname haben zusammen neun Buchstaben, mein erster Vorname drei Buchstaben, also eine aus neun teilbare Zahl.

3. Außerdem ist noch ein Sonderphänomen anzuführen, wel-

ches in den Aufnahmestatuten noch nicht berücksichtigt ist, die Anzahl der Zeichen in der alphanumerischen Sequenz aus Geburtstag und Geburtsort:
12011963 Heidelberg hat genau 18 Zeichen, also eine durch neun teilbare Zeichenanzahl, außerdem ist 1 + 8, sowie 8 + 1 auch neun.
Ich halte damit mein Aufnahmegesuch für hinreichend begründet.
Alle Neune!
gez. Ady Henry Kiss
(Ady Henry Kiss)

Neunsal
Es fing alles an auf Gleis Nr. 9. Hier stand Herr M. und wußte nicht recht, was er tun sollte, der arme Herr M., das neunte Kind einer kinderreichen Familie aus Neunburg (8462). Herr M. hatte im Gegensatz zu seinen neun Brüdern einen unersättlichen Reisedrang, er kannte alle neun sonstigen Mitgliedsländer der EG und war bereits mehrmals mit der Linie neun der New Yorker Straßenbahn gefahren. Herr M. stand nun also am Gleis Neun und erwartete voll Ungeduld den Neun-Uhr-Zug, der aber nicht kommen sollte, weil es der neunte Zug war, der dieses Jahr auf Kilometer Neun verunglücken sollte. Kilometer Neun, so hieß die vom Ingenieur Nausikuus Neuner entworfene Teststrecke für Neun-PS-Züge, wegen der er später auch im Staatsgefängnis Nr. 9 neun Jahre Zuchthaus verbüßen mußte. Herrn M. wurde kalt, auch die Lektüre des Buches «Die Neun von der Tankstelle» brachte ihm nur wenig Erheiterung und so entschloß er sich, mit dem Omnibus Nr. 9 für neun Mark zu seinem Ziel, dem Ort Neunstadt bei Ellwangen zu reisen. Er ließ sich auf Platz neun in Reihe neun nieder, als ihm bei einem Blick auf seine Uhr auffiel, daß ständig irgendwo Neuner waren.

Bei seiner Ankunft in Neunstadt mußte sich Herr M. von einem neunjährigen Lümmel erzählen lassen, alle neun Hotels seien geschlossen. Herr M. wußte aber einen Ausweg, denn er hatte in Neuneck bei Glatten einen neunzigjährigen Cousin, der dort ein Hotel besaß, wo er mit Sicherheit ein Zimmer bekommen würde. Tatsächlich hatte der Cousin ein Zimmer frei, nämlich das Zimmer neun im neunten Stock, das außer von Verwandten nicht bezogen werden durfte, weil dort einmal Franz Neuner, ein Mitarbeiter Dänikens übernachtet hatte, denn der Cousin war ein UFO-Fanatiker. Herr M. bedankte sich zwar für das Zimmer, zog sich aber zunächst einmal zurück in den Garten, um über die Anhäufung von Neunern nachzudenken. Plötzlich fiel ihm ein, daß ja auch noch der 9.9. war, der chinesische Nationalfeiertag und Geburtstag des Philosophen Würtenberger, den er nur wenige Meter entfernt im Park lustwandeln sehen konnte. Herr M. zog sich nun ganz in die Garage zurück und entdeckte dort ein Radio. Als er aufdrehte, kündigte der Sprecher eine Darbietung des 1910 geborenen Berliner Musikers Oskar Sala an, sein Lied Nr. 9 (Herr Sala wohnt im Distrikt 19 in Berlin). Herr M. verzweifelte und entdeckte in der Garage eine neungliedrige Kette, mit der er sich erhängte. Aus purem Interesse zählte er beim Erhängen mit, wie lange es bis zum Todeseintritt dauerte, kam aber nur bis neun. Am nächsten Morgen um neun Uhr wurde der Leichnam vom Sonderkommando 99, das mit einem Fahrzeug mit Neunecker Kennzeichen 999 ausgerückt war, aufgefunden. Die Obduktion, durchgeführt von Nausikuus Neuner, ergab eine Sterbezeit von 9,9 Sekunden, womit sich das medizinische Magazin neunzehnhundertneunundneunzig später in seiner neunten Jahresausgabe noch ausführlich befassen sollte.
(15. + 16.11.1980) yK
Ady Henry Kiss»

f) Mein Freund, der Maler, Graphiker, Plastiker und Glasfensterentwerfer *Emil Wachter* (geb. 1921) wußte von meiner Neunermanie.
Nach der Lektüre meines Buches «Meine akrobatischen Unterschriften» schrieb mir Emil Wachter am 2.1.1977 einen hochbegeisterten Brief und nahm auch direkt Bezug auf die Zahl 9 der Buchstaben meines Vornamens Franzsepp und auf die Zahl 12 meines Nachnamens Würtenberger und philosophierte über die Anzahl der Buchstaben seines eigenen Namens Emil Wachter.
Aus diesem Wissen heraus widmete er mir ausgerechnet das Exemplar 9 der Prachtpublikation «Emil Wachter. Weinreb hören und sehen. Friedrich Weinreb. Autobiographische Notizen zu Vorträgen und Veröffentlichungen 1928 bis 1980», mit dem Widmungstext:
«Emil Wachter für Franzsepp (geb. 9.9.1909) Würtenberger mit größter Freude! 18. November 1980.»
Dieses aktiv einfühlsame Sich-Einleben in die Belange eines anderen Menschen gehört belohnt. Und so sei auch Emil Wachter mit ebenso «größter Freude» in den «Club der Neuner» mit allen Ehrenbezeugungen aufgenommen.

g) Der Maler *Helmut Wetter* in Karlsruhe hat die Ehre, in den «Club der Neuner» aufgenommen zu werden, indem er mir eine Kohlezeichnung eines Stillebens mit zwei Gabeln und einem Glas schenkte mit der Widmung: «Dem hochverehrten Mitglied des Neuner Clubs, Herrn Prof. Dr. Franzsepp Würtenberger, zu seinem 72. Geburtstag am 9.9.1981 überreicht, verbunden mit den besten Wünschen von Helmut Wetter.»

h) Als 18. Mitglied des Neuner-Clubs bewarb sich am 8.10.1981 *Thea Bellm*. Sie hatte schon so viel von mir über den Neuner-Club gehört, daß sie es für richtig empfand, daß sie auch in diese hehre Sippschaft aufgenommen wurde. Ausschlaggebend dafür, daß Thea Bellm sich um die Mitgliedschaft bewarb, war die Erzählung ihres Sohnes Michael, daß ein katholischer Pfarrer darauf hinwies, in der Bibel seien alle Buchstaben und Worte noch mit Zahlensymbolik durchtränkt. Von dieser Symbolik war Thea Bellm begeistert und versuchte mir zuliebe ihre eigenen Lebensumstände mit dem Auge der Neuner-Zahl zu betrachten.

> Karlsruhe, 8.10. (Quersumme *9*)
> 1981 (Quersumme *19*)
>
> Verehrter (*9* Buchstaben) Franzsepp (sowieso *9* Buchstaben),
>
> der *9*er-Club gönnt mir seit *49* Stunden keine Ruhe. Es drängte mich immerzu, auch in meinem Leben mühsam nach *9*ern zu suchen, bzw. zu stochern. Nun kam ich zu folgendem Ergebnis, das ich Dir mitteilen möchte.
>
> Ich bin am 27.2.1926 (Quersumme *29*) um 3/4 *9* Uhr geboren. Ich wog 4,5 kg (Quersumme *9*). Mit *9* Jahren gab es in meinem Leben eine einschneidende Veränderung. Ich mußte fort aus meiner Heimat Bayern ins Rheinland. Aber mit «fast» 2 mal *9* Jahren durfte ich wieder ein Stück zurück in den Süden, wenigstens nach Baden, wo ich, wie Du ja weißt, dann hängen blieb. Im Laufe der Jahre hatte ich *9* Schulen, lernend und lehrend, besucht, bis ich im Jahr 1954 (Quersumme *19*) Richard begegnete. Am *9*. April jenes Jahres versprach er mir, mich zu heiraten, was er knapp zwei Jahre später am *29*. Dezember auch getan hat. Nach Richards *9*. Dienstjahr in Schwetzingen, 1963 (Quersumme *19*), zogen wir schließlich in die Karlsruher Eisenlohr-(*9* Buchstaben) Straße Nr. 45 (Quersumme *9*) in unsere jetzige Wohnung, die Du ja kennst, mit *9* Räumen (einschließlich Bad und Klo, Gang und Diele aber nicht mitgezählt) und leben darinnen seit 18 (Quersumme *9*) Jahren mit Michael, Elisabeth, Gertrud, Ursula (zusammen *29* Buchstaben). Ich habe von diesen unseren Kindern drei am 1., 7. und 21. Januar zur Welt gebracht;
>
> 1. Januar Michael
> 7. Januar Gertrud
> 21. Januar Ursula
>
> also kurz gesagt am *29*. Januar drei Kinder.
> (Bitte drücke ein Auge zu!)
>
> Eindeutiger ist Elisabeths Geburt am 2.7. (Quersumme *9*). Wie lange unsere Freundschaft zurückreicht – ich weiß es nicht genau. Richard ist mir da einige Pferdelängen voraus. Eine sehr deutliche Erinnerung geht bei mir zurück auf den Herbst 1975, vor 72 (Quersumme *9*) Monaten also, als Du und Deine liebe Schwester mich im Krankenhaus besuchten mit einem Lilienstrauß (mit *9* Blüten??).
>
> Auf meinem (unserem) Weg zu Euch betrete (beradle) ich die Eisenlohrstraße, Kriegstraße, Körnerstraße, Sofienstraße, Schillerstraße, Kaiserallee, Reinhold-Frank-Straße, Bismarckstraße, Schirmerstraße – also *9* Straßen.
>
> Die Schritte zu Euch ließen sich sicherlich auch mit einigem Ab- und Zugeben in das *9*er-Spiel einordnen. Und wenn wir uns am Dienstag nicht wieder so faszinierend unterhalten hätten (nicht nur über den *9*er-Club), dann hätten Deine liebe Schwester Monika und ich noch Zeit gehabt, einen Stock tiefer vor unserem *9*. Zeichen- und Malmotiv zu arbeiten. Ich werde nun schließen, um diesen Brief noch vor *19* Uhr in den Postkasten zu werfen, damit er morgen am *9*. bei Dir ist. Sei herzlich gegrüßt, und grüße bitte auch Dein Monikaschwesterlein (*19* Buchstaben)!
>
> Deine Thea
> (Zusammen *9* Buchstaben)
>
> P.S.
> Übrigens laut Familienchronik meines Vaters war mein 1. Wort «nein».
> (Klingt doch ähnlich wie *9*)!
>
> 2. P.S.
> Habe soeben 36 (Quersumme *9*) *9*er gezählt!»

Was mit Thea Bellms frisch-fröhlichem, spielerischem Sprung in die halb ernst, halb scherzhaft gemeinte Kombination von Zahlen und Ereignissen herauskam, davon zeugt ihr Brief.

Dabei möchte ich eine Sache anführen, die Thea Bellm übersah, indem sie meistens nur nach Quersummen von Zahlen suchte und die Anzahl der Worte außer Acht, d. h. außer Neun, ließ. Gleich in der Ortsangabe Karlsruhe entging ihr, daß das Wort Karlsruhe neun Buchstaben enthält.

Aber ich muß gestehen, erst durch Thea Bellms Vorgehen machte ich diese für mich erstaunliche Entdeckung. Diese Feststellung meinerseits ist insofern ein beachtliches Faktum, als ich als mit der Schicksalszahl Neun behafteter Mensch mich gerade so sehr in Karlsruhe festbiß und mich hier fest verwurzelte. Aus diesem Grunde fühle ich mich noch mehr Karlsruhe, der Neuner-Stadt, zugehörig und enger verbunden.

i) Zum 19. Mitglied des Clubs der Neuner wurde am 3. Oktober 1982 die Ehefrau von Emil Wachter, Pia Elisabeth (9!) Wachter, geborene Ruf, ernannt. Sie erwarb die Mitgliedschaft, indem ihr Schwiegersohn Andreas Bode auf einer alten Reichsbanknote im Werte von 100 Mark entdeckte, daß sie 1909 datiert ist. Als Pia Wachter genau hinsah, war das Datum der Ausgabe der 10. September. Da erkannte Pia Wachter spontan, das ist ja nur ein Tag nach dem Geburtstag von Franzsepp. Daraufhin schenkte sie mir diese Reichsbanknote, die üppig verziert ist mit damals üblichen Emblemen und dem Wasserzeichen mit dem Kopfe von Kaiser Wilhelm I.

Liste der bisherigen Mitglieder des «Clubs der Neuner»
(Stand September 1981)

1. Joachim Kirsch, der Anreger zur Gründung des «Clubs der Neuner»
2. Brassai, eigentlich Guyala Halasz, der höchste Favorit im «Club der Neuner»

3. Franzsepp Würtenberger, der Gründer und Verwalter des «Clubs der Neuner»
4. Hans Gottfried Schubert
5. Emanuel Doser
6. Frédéric Doser
7. Gretel Mayer
8. Isolde Oels
9. Peter Metz
10. Gudrun Schubert, geb. Bruckbach
11. Michael Fühler
12. Frieder Wagner
13. Walter Schmidt
14. Lotte Brand Philip
15. Ady Henry Kiss
16. Emil Wachter
17. Helmut Wetter
18. Thea Bellm
19. Pia Elisabeth Wachter, geb. Ruf

VII. Ich und die Problematik des kulturhistorischen und zivilisatorischen abendländischen Zeitpunktes meiner Geburt und die Ausgangsbasis meiner geistigen Existenz: das Jahr 1909

Jeder Mensch steigt mit dem Zeitpunkt seiner Geburt in eine ganz bestimmte allgemeine Wetterlage der Kultur ein, bekommt dadurch eine ihm zugeordnete Sternstunde; denn nicht nur astrologisch haften ihm bestimmte Eigenschaften an.

In Hinsicht der kulturellen Lage des Zeitpunktes seiner Geburt führt der Mensch sein Verhalten und Leben dann nach jenen Voraussetzungen, die er dort und damals vorgefunden hat, weiter. Und je nachdem, ist er entweder stiller Teilhaber der Ausgangslage oder aktiver Mitgestalter oder auch in der Beurteilung dieser Weltverhältnisse positiver oder negativer Fortsetzer der allgemeinen oder seiner speziellen Ausgangsposition.

Wie sich diese Ausgangslage in meinem Falle darbietet, will ich mit einigen markanten weltgeschichtlichen und kulturgeschichtlichen Fakten illustrieren und klarlegen. Die Reaktionen darauf im Einzelnen bilden dann den Hauptinhalt meiner Biographie.

Schlaglichtartig will ich die Fakten aufzeigen über das, was alles in meinem Geburtsjahr 1909 passierte. Im besonderen will ich auf die Interessenssparten und Problemkreise hinweisen, die mich in meinem Leben zu den entsprechenden Überlegungen, Forschungen und Arbeiten als Kunstwissenschaftler, Weltbildtheoretiker und Weltethiker gezwungen haben.

Diese Problemkreise sind:
1. Allgemeine Seelen- und Welterkenntnislage
   Weltängste und Philosophie
2. Allgemeine Kulturlage
   Bedrohung und Auflösungserscheinungen im Kulturgefüge
3. Allgemeiner Stand der Kunst
   a. Die Werke und die Schaffensstufe meines Vaters
   b. Letzte Reste kosmischen Architekturbewußtseins
   c. Der Begriff der Kathedrale
   d. Malerei und Musik
4. Stand der Kunstgeschichtsschreibung
5. Allgemeiner Stand der Errungenschaften der Technik
   a. Sport- und technische Hilfsgeräte
   b. Verkehrswesen
   c. Stand des Flugwesens
   d. Meine Kinderzeichnungen des Pferdefuhrwerks und des Autos von 1917.

Diese hier aufgezählten Gebiete werden bei mir in meinem Leben und Denken und Überlegen ganz bestimmte Reaktionen hervorrufen, von denen jetzt spezifiziert die Rede sein soll.

1. Allgemeine Seelen- und Welterkenntnislage

Weltangst:

Die Künstler sind damals besonders empfindlich geworden für die seelische Verfassung des Menschen.

Zwei Beispiele möchte ich anführen:
a) 1909 kommt Hans Thomas Lebensbeschreibung «Herbst des Lebens» heraus.

Auf das Titelblatt wurde eine höchst eindrucksvolle Vignette gesetzt, die mit beschwörenden Versen die Position des Menschen in dieser Welt umschreibt.
Die Verse des Titelblattes lauten:

«Vom Rätselrachen der Welt umfangen
Sitzt die arme Menschenseel in Furcht und Bangen
Das Ungeheuer kann sie ja spielend verschlingen
Und möchte doch jede so gern ihr fröhliches Lebenslied singen.»

Ich selber habe diese Charakterisierung des Menschen, seit sie mir in meiner frühesten Jugend zu Gesicht gekommen war, immer in dieser absurden Definition als richtig und kaum umstößlich wahr empfunden. Mit dieser Definition habe ich mich immer identifiziert und empfand sie als eine hervorragende Bestätigung auch meiner Geburts- und Daseins-Situation. Auch ich bekomme den Rätselrachen zu

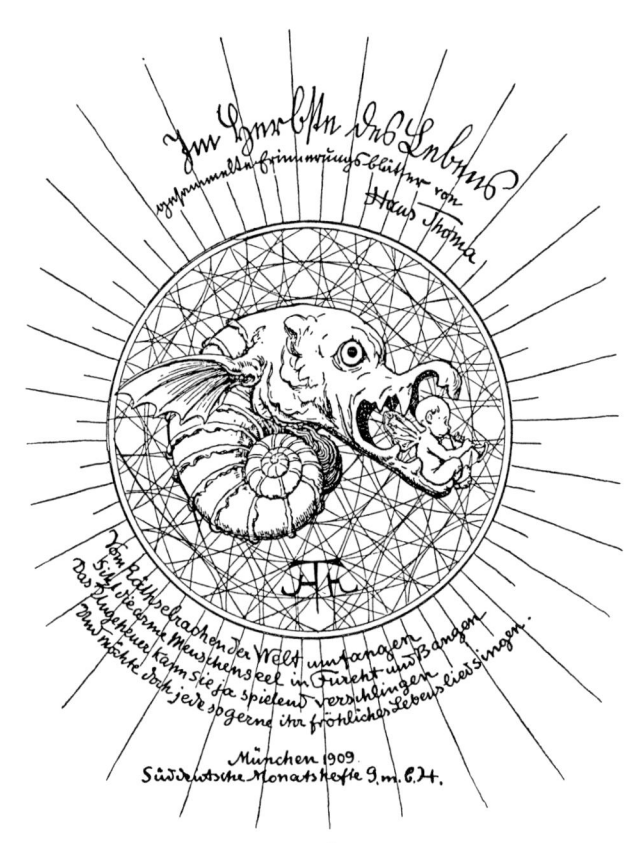

Hans Thoma. Der Rätselrachen der Welt. 1909.

spüren, und mein Leben lang bin ich von ihm umfangen! Gleichsam als unausweichliches Lebens- und Daseins-Motto.

b) Noch ein anderer Künstler nimmt Stellung zu den Daseins-Problemen: Alfred Kubin in seinem phantastischen Roman «Die andere Seite» von 1909.

Hier schildert Kubin eine Vision über die allgemeine Kultur, wie sie eigentlich nur in jenem Augenblick der damaligen Kulturlage, kurz vor dem Ersten Weltkrieg, möglich gewesen ist.

Der hypersensible Alfred Kubin sieht plötzlich den Zerfall der kulturellen Werte der Menschheit. Der Zusammenhalt der Menschen untereinander löst sich wie ein böses Gespinst in Nichts auf, und wo auch immer der Mensch irgendeinen Halt sucht, wird er genarrt und greift in eine Zerbröselung der noch soeben fest geglaubten Beziehungen. Auch diese Erlebniskatastrophe halte ich für mein Erleben für symptomatisch.

Die Auflösung der bisher gültigen Gesetze der abendländischen Kultur und Gesellschaft wird auch mein Leben schütteln und rütteln. Sie wird einmal beängstigendes Grundthema meiner Überlegungen werden. Es wird mich umtreiben, bis ich zur Gegenmaßnahme in meinem Projekt des Anti-technischen Museums greifen werde. Die Vision von Kubin nimmt jetzt (um 1980) von Jahr zu Jahr realere Züge an, und die Hilfeschreie der verantwortungsvollen Menschen in aller Welt werden immer eindringlicher und beschwörender. Selbst hier erlebe ich zuerst die Idee, die Vision, und dann gerate ich in die schauerliche Verwirklichung herein!

Religionsgeschichte:

1909 und 1911 bestritt Arthur Drews die Geschichtlichkeit Christi in seinem Buche «Die Christusmythe» und erklärte Christus als Mythos.

Diese Behauptungen sind zwar längst widerlegt, aber sie zeigen an, wie versucht wurde, die religionsgeschichtlichen Tatsachen ihres eigentlichen Wertes zu entkleiden.

Philosophie:

a) *Begriffe von Zeit und Raum*

Die Definition der Begriffe von Zeit und Raum werden in meinem Leben immer wieder auf mich zukommen, und immer wieder muß ich mich diesen Grundkategorien unseres Daseins gedanklich stellen.

1909 starb Hermann Minkowsky (1864, 4 Jahre vor meinem Vater geboren). 1908 gab er sein Werk «Raum und Zeit heraus. Die 4 dimensionale Raum-Zeit-Welt».

Dem Begriff der Zeit widme ich in meiner Biographie ein ganzes Kapitel: «Ich als Chronosmensch». In meinem Buche «Maschine und Kunstwerk» (1966) habe ich die hohe Bedeutung des Gottes Chronos in Form der Schnelligkeit als Grundkategorie des derzeitigen modernen Weltbilddenksystems herausgearbeitet.

Vom Tod handelte mein Vortrag: «Das Problem der Zeit und des Todes im modernen technischen Weltbild-Denksystem» (1970).

b) *Allgemeine Verhaltensforschung*

1909 erschien von Jakob von Üxküll (1864–1944): «Umwelt und Innenwelt der Tiere».

Dort stellt Üxküll fest, daß jedes Lebewesen seine artspezifische Umwelt hat. Der Begriff der Umwelt wird in meinen wissenschaftlichen Arbeiten ein ziemlich methodisch angewandter Gesichtspunkt werden.

Ich nenne daraus folgende Beispiele:
a.) Im Vortrag über Jan Steen (1958).
b.) Im Aufsatz: «Vom milieubedingten zum existentiellen Künstlertum» (1958).
c.) Im Buchmanuskript «Der Barock» (1964–1969). Dort in bezug auf die Schlösser und ihre Bewohner angewandt.
d.) Im Vortrag über Otto Laible (1963), wo ich die verschiedenen Umweltgegebenheiten dieses Malers während seines Lebens systematisch abgegrenzt vorführe.

e.) Auf das Schaffen meines Vaters habe ich den Umweltbegriff angewandt im Vortrag «Ein Gang durch das Hofgut Braunenberg mit den Augen des Malers Ernst Würtenberger» (1978).

f.) Vor allem möchte ich auf mein Buchmanuskript hinweisen: «Die Architektur der Tiere, des Menschen und der Maschinen», (Februar 1984). Hier komme ich direkt auf die Forschungen von Jakob von Üxküll zu sprechen, speziell auf die Abhandlung «Streifzüge durch die Umwelt von Tieren und Menschen. Bedeutungslehre», Hamburg 1956.

2. Allgemeine Kulturlage

(Bedrohung und Auflösungserscheinungen im Kulturgefüge)

Am härtesten wird mich die Ausgangsposition der Unkultur treffen. Ich werde mich mit ihrer feierlich-frechen Proklamation und ihren Auswirkungen auseinanderzusetzen haben.

Im Jahre 1909 erließ in Italien F. Tommaso Marinetti das Welt-Unordnungs-Manifest des sogenannten Futurismus, ursprünglich Dynamismus oder «Elektrizität» genannt (vielleicht schon 11. Oktober 1908).

Das, was damals begann und als rechtens hingestellt wurde, bekämpfe ich heute, 1980, mit allen Mitteln meines Denkens und Handelns. Dazu fühle ich mich verpflichtet.

3. Allgemeiner Stand der Kunst

a.) Ich und die Kunst meines Vaters

Für meine geistige Entwicklung ist es aufschlußreich zu berichten, in welche Phase des künstlerischen Schaffens meines Vaters ich hineingeboren wurde. Denn ich nahm schon von der frühesten Verständnisstufe an regsten Anteil an dem, was künstlerisch von seiten meines Vaters um mich herum geschah und an mich in unserem Hause herangetragen und im Atelier geschaffen wurde.

Vor allem ist der Ausgangspunkt deshalb bemerkenswert, da ich dann in meiner Knabenzeit mit der Erfassung und In-Mich-Aufnahme der Kunst meines Vaters rang und mich gewissermaßen als Konkurrenten empfand.

Im Jahre meiner Geburt war mein Vater auf einem Höhepunkt seines Schaffens angekommen und profilierte sich der Öffentlichkeit gegenüber mit stattlichen Werken.

Im Jahre 1909 erhielt er auf der Großen Kunstausstellung in München die Goldene Medaille für das Gemälde «Der Kuhhandel». Dieses Gemälde wurde eines der bekanntesten aus seiner Hand. Eine Fassung besitzt das Kunsthaus in Zürich. Eine andere besitzt die Staatliche Kunsthalle in Karlsruhe.

Ernst Würtenberger. Kuhhandel. 1909.

Zur Zeit (1980) wirbt dieses Gemälde auf den Plakatsäulen in Karlsruhe für den Besuch der Kunstsammlungen in der Kunsthalle.

Im Jahr 1909 wird bei aller Anerkennung und bei allem Erfolg meines Vaters in der Öffentlichkeit trotzdem die Brüchigkeit des Publikums gegenüber dem Künstler in ihrer harten Problematik bewußt. Als Portraitist war mein Vater gewissermaßen auf die Lust oder Unlust der Menschen angewiesen, die durch Portraitiertwerden in den Bann seiner Kunstauffassung kamen. Sich in dieser Problemzange befindend, bezieht mein Vater 1909 in einem Selbstbildnis selbstkritisch humorvoll Stellung, indem er dem Beschauer wutentbrannt die Zunge herausstreckt und ihm die Selbstironie entgegenschleudert:

> «Der Portraitist ist
> ein geplagtes Tier.
> Das Publikum
> kann Nichts dafür.»

b.) Das Problem von Architektur und Kosmos

Etwa seit 1972 interessierte mich das Problem des Zusammenhanges von Architektur und Kosmos brennend, und ich habe zu diesem Thema umfangreiches Material gesammelt.

Ich sah mit Erschrecken, daß außer in unserem modernen irdisch-vertechnisierten Denken auch in der Architektur die Beziehungen zwischen architektonischer Sinngestaltung und kosmischen Vorgängen auf ein bedauernswertes Minimum zusammengeschrumpft sind.

Ernst Würtenberger. Selbstbildnis. 1909.

Ernst Würtenberger. Nach Etienne Delaunay. Die Kirche Saint Severin in Paris. Holzschnitt. 1916.

Zu diesem Problem erschien aber gerade in meinem Geburtsjahr ein nach meiner Meinung beachtlicher Markstein. Es ist die Hans-Thoma-Kapelle in der Staatlichen Kunsthalle in Karlsruhe, die genau im Jahre 1909 eingeweiht wurde. Über sie bemerkte ich in meinem Aufsatz «Ich und Hans Thoma» (Februar/März 1980) folgendes:

«In der Hans-Thoma-Kapelle erwische ich gerade noch den letzten Rest des kosmischen Zusammenhanges, der unverbrüchlich in allen wirklichen Tempeln und Kirchen zu wesen hat.

Die Hans-Thoma-Kapelle demonstriert noch den längst in Vergessenheit geratenen Zusammenhang vom religiösen Heilsgedanken, vom Kirchenjahr und vom kosmischen Zeitrhythmus, der Uhr des Weltgeschehens.

Da diese Zusammenhänge mir in der Hans-Thoma-Kapelle immer vor Augen standen und immer als wesentlich vorkamen (belehrt noch durch die Erklärungen meines Vaters in seinem Buch über Hans Thoma: «Hans Thoma. In hoc signo. Erinnerungen und Gedanken»), mußte ich fast zwangshaft auf das Thema meiner Forschung kommen, über Architektur und Kosmos nachzudenken.»

c.) Der Begriff der Kathedrale

Im Jahre 1909 entstand von Robert Delaunay die Gemäldefolge der Kathedralen, und im gleichen Atemzug die technische Wunderarchitektur des Eiffelturmes und ebenfalls der technische Apparat des «Ballon dirigible».

Bald darauf schuf mein Vater nach Delaunays Gemälde den Holzschnitt «Die Kirche von Saint Severin» in Paris. Dieser Holzschnitt hing über meiner kulturhistorischen Wiege und hängt jetzt in meinem Schlafzimmer über meinem Manuskript-Schrank.

Der Begriff der geschändeten und zertrümmerten Kathedrale, wie er hier in der kubistischen Verzerrung und Auflösung vorliegt, wird mich noch ungeheuer beschäftigen und niederschlagen.

In meiner Folge der «Großen theoretischen Weltbildsystem-Zeichnungen» von 1956–1958 behandelt ein Blatt den «Abbau der Kathedrale von Giotto zu Rembrandt».

Zur Entwicklung des Begriffes der Kathedrale und ihrer «Verwandlung» durch die Jahrhunderte bis heute auf die einzelnen Künste bezogen, habe ich in einer besonderen Abhandlung Stellung genommen. Sie heißt: «Das Niederländische Architekturbild und das Problem der Kathedrale – als Architektur, Plastik, Malerei und Musik bis zur 5. ‹Kunst›, der Technik».

Außerdem kommt der Begriff der Kathedrale in meinen Forschungen so häufig als Topos für die kulturelle Ordnung vor, daß Günther Diehl in der mir gewidmeten Festschrift «Der Mensch und der Gelehrte Franzsepp Würtenberger in Umrissen. Laudatio zu seinem 70. Geburtstage», 1979, eine umfangreiche Tabelle über die verschiedenartigste Verwendung dieses Begriffes in meinen Schriften zusammenstellte.

d.) Malerei und Musik

1909 tritt im Verhältnis der beiden Künste Malerei und Musik eine epochale Wende ein.

In diesem Jahr machte Arnold Schönberg, 6 Jahre jünger als mein Vater, mit seinen «George-Liedern» und dem Monodrama «Erwartung» den entscheidenden Schritt zu einer tonal ungebundenen Musik.

Im gleichen Jahr löste sich der Maler Wassily Kandinsky, 2 Jahre älter als mein Vater, von den Bindungen an die gegenständlichen Zeichen der sichtbaren Natur. Durch diese Umwandlung der Malerei wird eine Annäherung an die Musik in einem erhöhten Maße möglich.

Insofern verschiebt sich das Verhältnis dieser beiden Künste zueinander in der Zukunft sehr wesentlich.

Man sagte schon, daß die innere Konkordanz zwischen der Annäherung bei dem Komponisten Schönberg an die Malerei und der des Malers Kandinsky an die Musik auch der Konkordanz des gleichzeitigen Datums des Jahres 1909 entspricht.

Was damals in meinem Geburtsjahr bei den Künsten Malerei und Musik zum ersten Mal eklatant ausbrach und sich zu erkennen gab, wird mich 50 Jahre später veranlassen, grundsätzlich das Verhältnis zwischen Malerei und Musik entwicklungsgeschichtlich in seinem historischen Verlauf zu überdenken. Daraus entstand 1963–1978 mein Buch «Malerei und Musik. Die Geschichte des Verhaltens zweier Künste zueinander – dargestellt nach den Quellen im Zeitraum von Leonardo da Vinci bis John Cage». Frankfurt a.M./Bern/Las Vegas. 1979.

4. Stand der Kunstgeschichtsschreibung

In der Kunstgeschichtsschreibung hatte sich analog zur Naturwissenschaft auch die Bevorzugung der entwicklungsgeschichtlichen Bearbeitung der kunstgeschichtlichen Probleme herausgebildet. 1902 erschien die darin vorbildhafte Abhandlung des Wiener Kunsthistorikers Alois Riegl: «Das holländische Gruppenportrait». Diese Methode machte außerordentlich Schule und fand viele Nachahmer. So schrieb 1909 mein Lehrer in Freiburg i. Br. Hans Jantzen seine Schrift: «Das niederländische Architekturbild».

Im Laufe meines Studiums lernte ich diese Abhandlung immer mehr zu schätzen, und sie zählte schließlich zu meinen Lieblingsbüchern. Der dort angewandten Methode habe ich dann auch meinen Tribut bezahlt, indem ich nach ihrem Vorbild von 1933 bis 1935 meine Dissertation «Das holländische Gesellschaftsbild» schrieb.

40 Jahre später, 1974/75, werde ich in der Abhandlung «Das niederländische Architekturbild und das Problem der Kathedrale», wobei ich sowohl das Mittelalter wie auch die Moderne heranziehe, meinen Ausgangspunkt vom niederländischen Architekturbild Jantzenscher Prägung nehmen. Denn mit dieser Erscheinung bin ich am intensivsten aufgewachsen. Und diese Ausgangslage blieb auch später bestimmend für derartige Betrachtungen.

5. Allgemeiner Stand der Errungenschaften der Technik

Im Jahre 1909 ist der Prozeß, daß der Mensch sich mit den technisch-maschinellen Errungenschaften entscheidend auseinandersetzen muß, schon im Gange.

Es beginnt damals, daß der Mensch in der Handhabung seines Körpers auf dem Gebiete des Sports in Konkurrenz tritt mit der perfektionierten, sich weit im täglichen Lebenszuschnitt verbreitenden Maschinenwelt. Der Mensch bedient sich Sportgeräten, mit denen er es an Schnelligkeit der Fortbewegung sogar den mechanischen Fahrzeugen gleichtut. 1909 wird im Schwarzwald in Triberg der erste Skilift eingerichtet.

Aufgrund der Motorisierung des Straßenverkehrs und des Überhandnehmens des Verkehrswesens überhaupt, mußten 1909 Gesetze über den Kraftfahrzeugverkehr in Deutschland erlassen werden. Die Automobilindustrie, die heute die Spitzenindustrie im Deutschen Bundesgebiet ist, beginnt sich 1909 zu konsolidieren. Die Maybach-Motorenbau GmbH wird gegründet von Wilhelm Maybach und dem Grafen Zeppelin.

Das Flugwesen – das heute eine ungeheure, damals noch nicht vorstellbare Ausdehnung und globale Verkehrsfunktion angenommen hat – war so weit gediehen, daß 1909 eine Flugwoche in Berlin-Johannisthal anberaumt wurde.

82 Das Jahr 1909

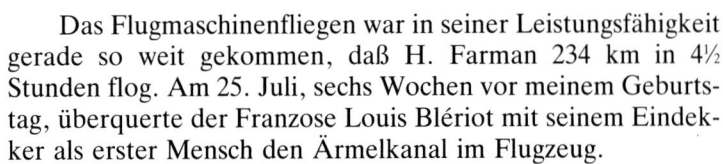

Das Flugmaschinenfliegen war in seiner Leistungsfähigkeit gerade so weit gekommen, daß H. Farman 234 km in 4½ Stunden flog. Am 25. Juli, sechs Wochen vor meinem Geburtstag, überquerte der Franzose Louis Blériot mit seinem Eindekker als erster Mensch den Ärmelkanal im Flugzeug.

Der Flug von Calais nach Dover dauerte 27 Minuten. 7 Jahre nach diesem technikgeschichtlichen Ereignis bin ich selber fähig, Flugzeuge in Zeichnungen festzuhalten und sie damit geistig zu erfassen und zu manipulieren. Die weitere rasante Ausdehnung der Technik mit ihrer Industrie der Konsum- und Wegwerf-Gesellschaft, die bis zur Bedrohung der Substanz unseres Planeten getrieben wird, werde ich in ihren weltethischen Konsequenzen erkennen und in den Jahren 1963 bis 1970 darüber mein Buchmanuskript «Maschine und Kunstwerk» schreiben.

1979 werde ich den Entwurf des «Anti-technischen Museums als weltethische Aufklärungsstätte» verfassen.

Meine zwei Kinderzeichnungen von 1917

Als im Jahre 1909 Geborener bin ich gerade in die Übergangsperiode geraten, in der die Mitkreatur Tier als Fortbeweger der Fuhrwerke zugunsten der automatischen Fahrzeugma-

Louis Blériot überquert den Ärmelkanal. 1909. Foto.

F. S. W. Pferdefuhrwerk. Zeichnung. 1917.

F. S. W. Zwei Autos. Zeichnung. 1917.

schinen ausgeschaltet wird. Das Pferdefuhrwerk, die Kutsche, wird durch das Auto ersetzt und abgelöst.

Für diesen Veränderungsvorgang, wie ich ihn erlebte, ist es typisch, daß ich in meinen Kinderzeichnungen schroff nebeneinander ein Pferdefuhrwerk und ein Automobil darstellte.

Diese zwei Kinderzeichnungen von 1917 vertreten dieselbe Entwicklungsübergangsstufe von der kulturellen, noch kreaturnahen Zeitepoche zur technisierten, kreatur- und naturfeindlichen Welteinstellung, wie sie sich in gleicher Weise in der drei Jahre vor meiner Zeichnung, 1914, entstandenen Plastik von Duchamp-Villon bemerkbar macht, indem diese Plastik doppeldeutig «Pferdestärke» genannt wird. Es werden in ihr in Bronze gegossene Gaul- und Autoteile zusammengestellt. Es werden also die feindlich entgegengesetzten Kräfte und Mächte absurd-pseudobrüderlich-schizophren zusammen gesehen.

Postkarte, von Ernst Würtenberger an seine Schwiegereltern gesandt. 1909.

VIII. Ich und die Kenntnisnahme meiner Geburt

a.) Postkarte meines Vaters an seine Schwiegereltern

Der Ort, die Erdenstelle, das Geburtshaus, das Geburtszimmer, wo meine Geburt sich ereignete, war eine moderne Spezialanstalt für derartige Zwecke: Die schweizerische Pflegerinnenschule in Zürich.

Die Tatsache meiner Geburt wurde am gleichen Tage noch verkündet. Mein Vater schickte eine Postkarte, auf der die Pflegerinnenschule und die nicht allzu ferne Kreuzkirche abgebildet sind, an seine Schwiegereltern, Herrn und Frau Emil Schönenberger nach Stockach (Baden). Durch die Mitabbildung der Kreuzkirche wurde ich zum erstenmal wenigstens bildlich mit einem Gotteshaus in Beziehung gebracht, das zu Ehren Christi errichtet wurde, nach dessen Geburtsjahr auch mein Geburtsjahr errechnet und offiziell angegeben wird.

Diese Postkarte ist in meinem Besitz als erstes Dokument, das von meiner Existenz berichtet:

«Liebe Eltern! Also wir haben einen gesunden Bub seit heute morgen. Es ist alles wohlauf. Lina und ich grüßen herzlich. Ernst.»

Und auf die Rückseite ist auf der Abbildung ein Pfeil eingezeichnet mit dem Vermerk: «Das ist Linas Zimmer.»

Die Idee meines Vaters, des Vaterseins, trat bei meiner Geburt zum dritten Male ein. Vor mir hatten meine Geschwister Monika am 16. Oktober 1905 und mein Bruder Thomas am 7. Oktober 1907 unseren Eltern die Freude ihrer Geburt bereitet. Mit mir wuchs die Familie meiner Eltern auf fünf Mitglieder an. Und dabei blieb es. Ich blieb immer der Jüngste und damit der Behütetste.

b.) Standesamtauszug

Am zweiten Tage nach meiner Geburt, am 11. September, wurde für mich die ganze Apparatur von Kulturwerkzeugen in Aktion versetzt von Druckerpresse, Papier, Gummistempel, Druckerschwärze, Stempelblau, Tinte und Schreibfeder, welche unsere Zivilisation bereithält, um einen Neuankömmling aus dem Embryo-Universum in die Liste der Erdglobus-Menschheit einzutragen.

Die Existenz meiner Person wurde vermerkt in dem Geburtsregister des Zivilstandskreises Zürich als Unterabteilung des Kantons Zürich, der selber wieder eine Unterabteilung der schweizerischen Eidgenossenschaft ist. Die höchste Einheit, welche dieser Geburtsschein vermeldet, ist das staatspolitische Territorium, dem in absoluter staatspolitischer Souveränität damals rund 4 Millionen Erdglobusbewohner angehörten, als Teil der Gesamtzahl von damals rund 3 Milliarden Bewohnern unseres Erdballs. Damit bin ich mein ganzes Leben lang staatspolitisch und staatsrechtlich festgelegt. Damit bin ich jetzt Bürger dieser unserer Welt.

Der «Auszug aus dem Geburts-Register (Geburtsschein)» der vor mir liegt lautet: «Jahr 1909, Band III, Seite 492. Den 9. September 1909 um 2 Uhr 30 Minuten vormittags wurde geboren zu Zürich, Schweiz, Pflegerinnenschule mit Frauenspital, Würtenberger, Franz Joseph, ehelicher Sohn des Würtenberger, Gustav, Ernst, Beruf: Kunstmaler von Dettighofen, Amt Waldshut, Großherzogtum Baden, wohnhaft in Zürich, Zollikerstraße 204 und der Maria Karolina Schönenberger von Braunenberg-Hindelwangen, Großherzogtum Baden. Für richtigen Auszug Zürich, den 11. September 1909. Der Zivilstandesbeamte J. Großmann.»

Die Angabe 2 Uhr 30 Minuten vormittags gibt also ganz genau und offiziell amtlich bekannt, wann ich in die große Weltmaschinenuhr unseres Sonnensystems mich, auch als kleines Rädchen, einzureihen begann. Vorher hat dieses System, wie wir gehört haben, noch keine Verbindlichkeit für die Zeitberechnung meines Lebens gehabt.

An sich sieht dieser Geburtsschein sehr harmlos aus, doch seine Angaben und Feststellungen bargen für die Zukunft, das Schicksal unserer Familie, gewisse Komplikationen. Die zwei Buchstaben G.H. und das Wort Baden hatten ihren gewissen Pferdefuß. Der staatspolitische Herkunftsort meines Vaters, Dettighofen, liegt nicht im staatlichen Hoheitsgebiet der Schweiz, sondern gehörte damals zum Deutschen Reich. Mein Vater war in der Schweiz Ausländer, und damit auch ich. Daraus resultierten für meine Denkweise in denjenigen Jahren, die ich bis 1921 in der Schweiz verbrachte, gewisse Konsequenzen. Um beiden Teilen in mir: der Tatsache der Geburt auf Schweizer Territorium und der Tatsache des Deutschseins meines Vaters gerecht zu werden, wurde ich gezwungen, ein geistiges Doppelleben zu führen. Und dieses Doppelleben habe ich auch großartig perfektioniert. Ich fühlte mich halb als Schweizer und halb als Deutscher. Es kamen in meinem Bewußtsein schon als Kind zwei Denkungsarten zusammen: Zwei Kulturkreise schnitten sich in mir; in der Umgebung und Schule nahm ich den Kulturkreis der Schweiz in mich auf, im Elternhause wurde ich vom Kultur- und Denkkreis des Deutschen Reiches und der Schweiz gleichermaßen geprägt. Das ging bis in die Sprache und die Wahl jedes Wortes hinein. Zu Hause in der Familie sprachen wir deutsch und badisch. Auf der Straße mit den Kindern sprachen wir Züridütsch. Mein Vater bewegte sich in beiden Kulturkreisen gleich heimisch. Die Schweizer Jeremias Gotthelf, Gottfried Keller, Conrad Ferdinand Mayer oder Arnold Böcklin, Albert Welti und Ferdinand Hodler standen im Haushalt des kulturellen Denkens meinem Vater schrankenlos mit den Deutschen Goethe, Johann Peter Hebel, Franz Lenbach oder Hans Thoma brüderlich vereint.

c.) Die staatliche Bestimmung meiner Existenz in meiner Wappenzeichnung von 1917

Als ich mit 8 Jahren fähig geworden war, mir über meine politisch-nationale Individualität bewußt zu werden und über sie meine Gedanken anzustellen, habe ich dieses Bewußtsein in einer Zeichnung zu fassen versucht. Ich zeichnete damals eine national-geographische Weltbild-Formel mit Monogramm meines Vor- und Zunamens, mit der Jahreszahl und mit 5 Wappen.

Ich bin jemand ganz Bestimmter auf der politischen, in Nationen eingeteilten geographischen Weltkarte. Die Wappenzeichen sagen zweierlei aus. Einmal, daß ich in der Schweiz lebe, wovon die vier äußeren Wappen Zeugnis geben. Das schwarz-weiß-rote Wappen des Deutschen Reiches besagt in meinem Falle, daß ich nicht schweizerischer, sondern deutscher Nationalität bin. Diese Tatsache war sehr wichtig, da zu dieser Zeit der Erste Weltkrieg in Europa tobte und man auch in der Schweiz zu fragen anfing, ob man Schweizer oder Ausländer ist. Und da bekannte ich mich zum Deutschen Reich bezüglich der Staatsangehörigkeit. Hingegen bezüglich des Wohnsitzes und auch der Welt, die mich im Lernstoff umgab, bekräftigte ich, daß ich mich in der Schweiz befinde und speziell in der Stadt Zürich. Die zwei anderen Wappen vom Kanton Schwyz und das gestreifte, nicht bestimmbare Wappen sind mehr ergänzend als in prägnanter Beziehung zu meiner Person spielerisch hinzugesetzt. Ich dachte wohl rational-national-kantonal, aber noch kindlich unbekümmert, nicht bis in die letzten Wirklichkeiten hinein. Gleichzeitig schwelgte ich auf anderen Zeichnungen mit vielen Kantonswappen der Schweiz, obwohl sie keinen direkten Bezug auf meine Person hatten. Das Wappenwesen an sich machte mir Spaß und Freude. Die Bestimmung der Nation des Aufenthaltslandes ist zunächst aber noch eine grobe Unterscheidung. Die Bestimmung des engeren Personenkreises, dem ich familienmäßig angehöre, habe ich erst zwei Jahre später vorgenommen. 1919 zeichnete ich das Wappen der Würtenberger.

d.) Wunschschreiben zu meiner Geburt

Am 19. April 1978, volle 68 1/2 Jahre nach meiner Geburt, übergab mir meine Schwester Monika, die nach weiteren Familiendokumenten gesucht hatte, aus Anlaß der bevorstehenden Vollendung des Vortrages über Werke meines Vaters «Ein Gang durch das Hofgut Braunenberg mit den Augen von Ernst Würtenberger» ein Päckchen, das mit einem blauen Band verschnürt war.

Dieses von meiner Mutter zusammengestellte Päckchen enthielt alle Glückwunschschreiben von Verwandten und Freunden zu den Geburten ihrer Kinder, zu meiner eigenen außerdem noch eine meiner Babylocken, darunter auch ein Telegramm des Malers Hans Sturzenegger vom 12.9.1909.

Der Konstanzer Freund und Arzt Dr. E. Weisschedel verknüpfte in seinem Kommentar meine Geburt groteskerweise noch mit damaligen Konstanzer Lokalereignissen, indem er schrieb:

«Konstanz 22.9.09.
Lieber Herr Würtenberger,
Unsere allerherzlichsten Glückwünsche! Das sind ja ganz kolossale Neuigkeiten und höchstens noch mit der Verlobung der Luise Stromeyer (gelt, da spitzen Sie!) zu vergleichen! Also wir gratulieren herzlich und dem Herrn Papa noch insbesondere zur Münchner Medaille!»

Ein Schreiben war mir aber besonders interessant nach einem, nämlich meinem, Menschenleben zu lesen. Es ist die ausführliche Prognose, wie sich der damalige österreichische Generalkonsul in Zürich, Stephan von Lippert – mein Vater hatte seine beiden Söhne portraitiert – meine zukünftige geistige Entwicklung vorstellt, mich für prädestiniert hält, in die Fußstapfen meines Vaters zu treten und schaffender bildnerischer Künstler zu werden, wie er, was allerdings nicht eingetre-

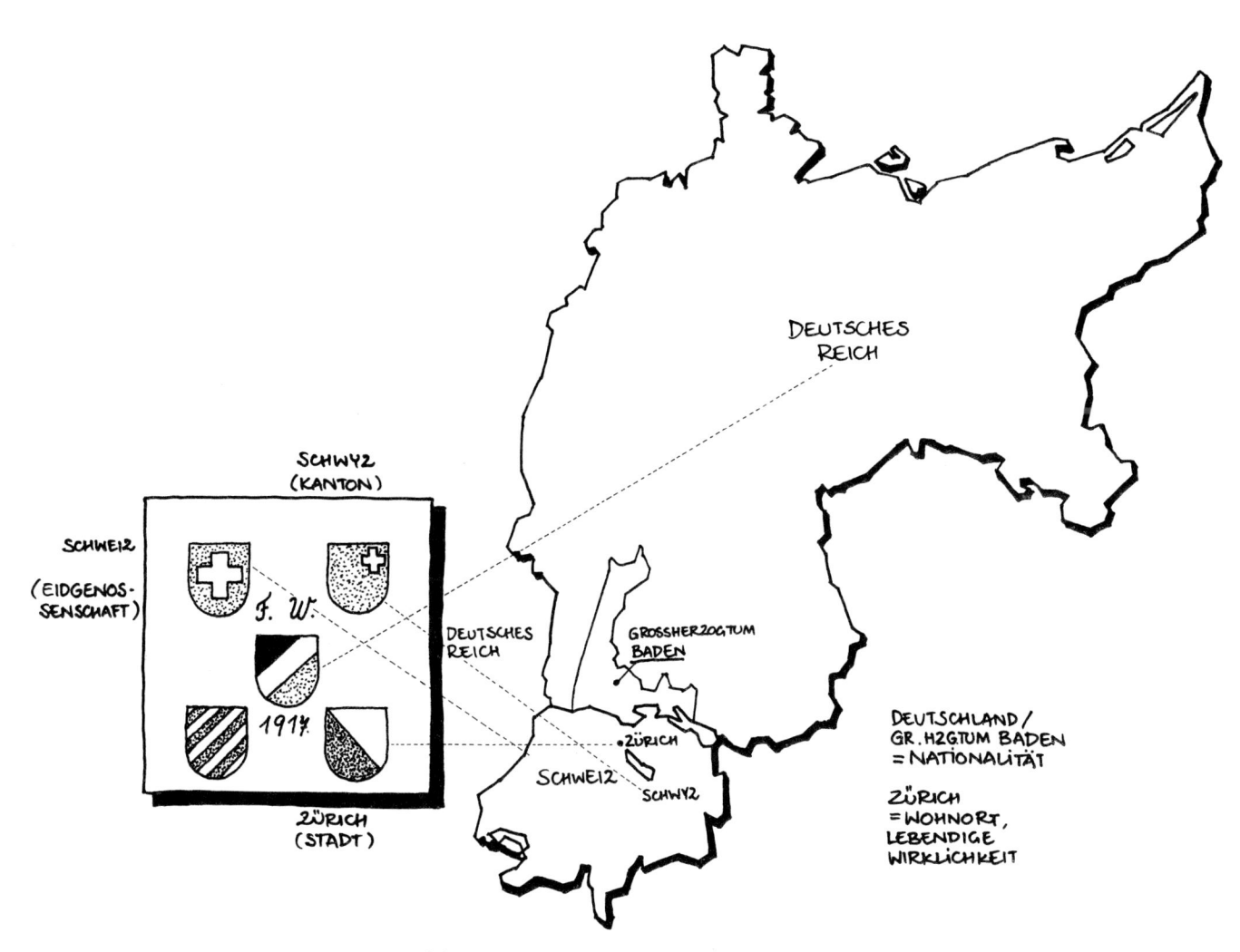

Schema zur staatlichen Zugehörigkeit des F. S. W.

ten ist. Aber auf andere Weise trat ich doch sehr stark in die Fußstapfen meines Vaters, ihm verdanke ich unendlich viel Entscheidendes und für mein ganzes lebenslanges Schaffen Bestimmendes.

Und dies wird in meiner Biographie an vielen Stellen immer wieder sowohl in der Jugend wie im Alter bezeugt. (Z. B. bei meiner Holzschnitt-Produktion, bei der Abfassung meines Buches «Weltbild und Bilderwelt», bei dem Vortrag «Die Maler als Wanderer» und bei dem Buche «Malerei und Musik»).

Der Brief von Herrn Stephan von Lippert lautet:
«Hus zum Tannäbäumli   den 10. September 1909
Resedastraße 26, Zürich V.

Hochgeschätzter Herr Würtenberger!

Ich hatte eine große Freude als ich gestern hörte: Der erste Sohn! Und dabei alles gutgegangen.

Die Aufrichtigkeit eines Wunsches ist die erste Chance für dessen Erfüllung. Zu meiner herzlichsten Gratulation spreche ich deshalb als überzeugter Anhänger der Erbschaftstheorien meinen Wunsch sogleich deutlich dahin aus, daß es dem kleinen Erdenbürger, der eben unter dem valenten Schutz seines Vaters auf den Kampfplatz dieser Welt getreten ist, vergönnt sein möge, mit dem vom Vater ererbten Auge, mit dem vom Vater ererbten hohen edlen künstlerischen Sinne und dessen reichen Talenten zum Schaffen auf den schwer erklimmbaren aber dafür ewig schönen Hochregionen der Kunst – den Namen seines Vaters, der ihm als glückliches Los in den Schoß gefallen ist – so weiter zu führen, daß der Vater selber – als competentester Kritiker – mit seinem Sohne als Mensch, als Mann und Künstler vollkommen zufrieden sein kann. Dazu gute Gesundheit und stets frohen Sinn – dann braucht er nicht mehr – und wird sich mit Gottes Schutz alles andere aus sich selber heraus

und unabhängig von allen anderen, wie es jedem wahren Künstler geziemt, schaffen. Das ist mein Wunsch. Der tapferen Mama bitte ich meine respectvollste Gratulation zu übermitteln und ich verbleibe nach wie vor sehr geehrter Herr Würtenberger Ihr Ihnen aufrichtig ergebener
Stephan von Lippert.»

Wohl hat sich Herr von Lippert über meine Stelle in der Geburtenreihe meiner Geschwister getäuscht. Ich bin nicht der erste, sondern der zweite Sohn. Aber daß er das künstlerische Engagement auf mich bezog, damit behielt er Recht. Der erstgeborene Sohn, mein Bruder Thomas, wandte sich viel intensiver den reinen Wissenschaften zu und wurde im Hauptberuf Jurist und Universitätsprofessor für Strafrecht, Rechtsgeschichte und Kriminologie.

Wenn ich aber heute diese Wunschvorstellungen des Herrn von Lippert, die er anläßlich meiner Geburt hegte, auf die Waagschale der Rückschau von über einem halben Jahrhundert lege, so muß ich eingestehen, daß eigentlich der Wunsch vielfach, wenn auch in etwas anderer Sparte der Beschäftigung mit Fragen der Kunst, tatsächlich in Erfüllung gegangen ist.

Auch die Einsicht, daß zum wahren Künstler die Unabhängigkeit von allem anderen gehöre, hat sich bei meinem Schaffen verwirklicht. Ich bin in der Auffassung der Kunstgeschichte zum Teil sogar betont meine eigenen Wege gegangen. Darin fühlte ich mich eher als schöpferischer Künstler und viel weniger als traditionell schulmäßiger Kunsthistoriker.

Die Prophetie von Herrn Stephan von Lippert über mein spezielles Schicksal als Sohn meines Vaters, der mir ganz bestimmte Eigenschaften als Erbe auf den Lebens- und Schaffenswege mitgeben konnte, ging voll und reich in Erfüllung. Und dies blieb auch meinen Mitmenschen nicht verborgen. Als Bestätigung dieser Aussage will ich den Brief zitieren, den mir ein 82jähriger Schüler meines Vaters, der Professor, Maler und Graphiker Max Egon Martin, anläßlich der Lektüre des Aufsatzes von Richard Bellm im Jahrbuch «Ekkhart 1985» der «Badischen Heimat» mit der Überschrift «Professor Dr. Franzsepp Würtenberger. 75 Jahre» am 30.12.1984 zusandte.

«Herdwangen, 30.12.84
Lieber Herr Dr. Würtenberger!
In dem Artikel «Prof. Dr. Franzsepp Würtenberger 75 Jahre» habe ich einiges mir bislang Unbekanntes aber sehr Wissenswertes über Ihr Sein und Wirken erfahren. Beim Lesen von Bellms Ausführungen sah ich wiederum neben Ihnen das Bild Ihres verehrten Vaters. Das Ihnen beiden Gemeinsame wurde mir nachdrücklich bewußt: das unermüdliche Bemühen um die Ergründung der Gesetzmäßigkeit des Geschehens hinter den Kulissen des Welttheaters. Was Sie selbst von der Vielzahl Ihrer Fachkollegen abhebt, ist m. E. Ihre Ihnen als väterliches Erbe in die Wiege gelegte – schöpferische Phantasie. Wer Ihre Ideen verstehen will, muß wohl selbst ein Quentchen der seltenen Gabe sein eigen nennen können.»

Die gedanklich vollzogene Prognose und Prophetie über die Gestaltung meiner möglichen und sogar erwarteten und theoretisch begründeten Lebensverwirklichung wirft das Problem der Beziehung von Idee und Wirklichkeit, von geistiger Projektion und wirklicher Durchführung der Idee auf. Das Frage- und Antwortspiel, dieser Zweitakt der Lebensabwicklung, wird in meiner Biographie noch eine große Rolle spielen. Immer wieder wird auf dieses zuerst Projektieren, diese erste geistige Schau und dann reale, schicksalmäßige Ausführung, hingewiesen werden. Ja, es wird geradezu ein strukturelles Grundgewebe meiner Betrachtungsweise meines Lebenslaufes sein.

Alles, was sich weiterhin ereignet und an mir sich vollzieht, möge und kann unter dieser Prophetie stehen und nach ihr beurteilt werden.

Daß gerade ein Österreicher diese gedanklich so einfühlsame Projektion und Idee meines zukünftigen Lebens sich überlegte, kommt meiner Meinung nach nicht von ungefähr.

Die österreichische Geistigkeit denkt in solchen Lebensbezügen, beobachtet die Dinge des Lebens mit solchen philosophierenden Gedankenanschlüssen. Und ich darf dazu bemerken, daß ich mich auf der Basis der Einfühlsamkeit der Lebensbezüge mit österreichischen Menschen sehr gut verstand. Auf diesem Denken beruhte meine Freundschaft mit Dr. Gustav Künstler in Wien, von 1957 bis zu seinem Tode 1972. Ebensolche Menschen traf ich in Graz an, wo sich Freundschaften ergaben mit dem Maler Hans von Schrötter und der Kunsthistorikerin Frau Dr. Trude Aldrian.

IX. Das frühe Auftauchen meiner Person in der Portraitmalerei meines Vaters

a.) Die Darstellung der Vierer-Familie noch ohne mich auf Monikas «Puppenkleider-Schachtel» um 1907

Das Kapitel über das Auftauchen meiner Person in der Portraitmalerei meines Vaters möge mit einer sogenannten Fehlanzeige beginnen. Worum es sich handelt, wird sich sogleich zeigen.

Mein Vater hatte die Schachtel für die Puppenkleider meiner Schwester Monika mit verschiedenen Szenen wie z. B. St. Nikolaus, Osterhase oder Weihnachtsbaum geschmückt. Auf dem Deckel der Schachtel befindet sich die Schilderung eines Spazierganges der ganzen damaligen Familie. Meine Mutter schiebt den Kinderwagen mit dem Sohn Thomas, mein

Ernst Würtenberger. Die Familie, noch ohne mich. Aquarell. 1907.

Vater führt seine Tochter Monika bei der Hand, neben dem Kinderwagen läuft der Schäferhund Benno. Der Personenstand unserer Familie ist also noch auf 4 Personen beschränkt.

Von meiner Person ist demnach 1907, in welchem Jahr wohl diese Aquarellmalerei entstand, noch nichts zu sehen. Nach meiner Geburt wird sich diese Situation des Familienspazierganges verändern. Vor allem mein zwei Jahre älterer Bruder Thomas wird den Kinderwagen verlassen haben und selbständig gehen können, und ich werde zunächst für einige Zeit seine Stelle im hier gezeigten Kinderwagen einnehmen. Meine Schwester Monika wird das Gehtempo unseres Vaters nicht mehr hemmen, sondern schritthalten. Aber so weit war es noch nicht, als diese Bestandsaufnahme der Familie vorgenommen wurde.

b.) Das Doppelportrait: Meine Mutter und ich von 1910

Das erste Portrait, das mein Vater von meiner Person komponierte, ist noch kein eigenwertiges Einzelportrait. So weit ist es mit meiner Selbständigkeit noch nicht, ich gehörte noch ganz der schützenden Obhut meiner Mutter an, und somit kam es situationsbedingt zu einem Doppelportrait.

Die Ei-Form meines Kopfes überschneidet die Ei-Form des Kopfes meiner Mutter. Wir gehören wie zwei Wesen, die erst im Begriffe sind sich zu lösen, noch wesensmäßig und existentiell aufeinander angewiesen, zusammen, wir beide schmiegen liebevoll Wange an Wange, – genau so, wie ich, selber zum Zeichner geworden, in meiner Kinderzeichnung als Husar meinen Kopf mit dem Kopf meines Pferdes zusammenbringen werde.

Im Doppelportrait mit meiner Mutter ist der Umraum

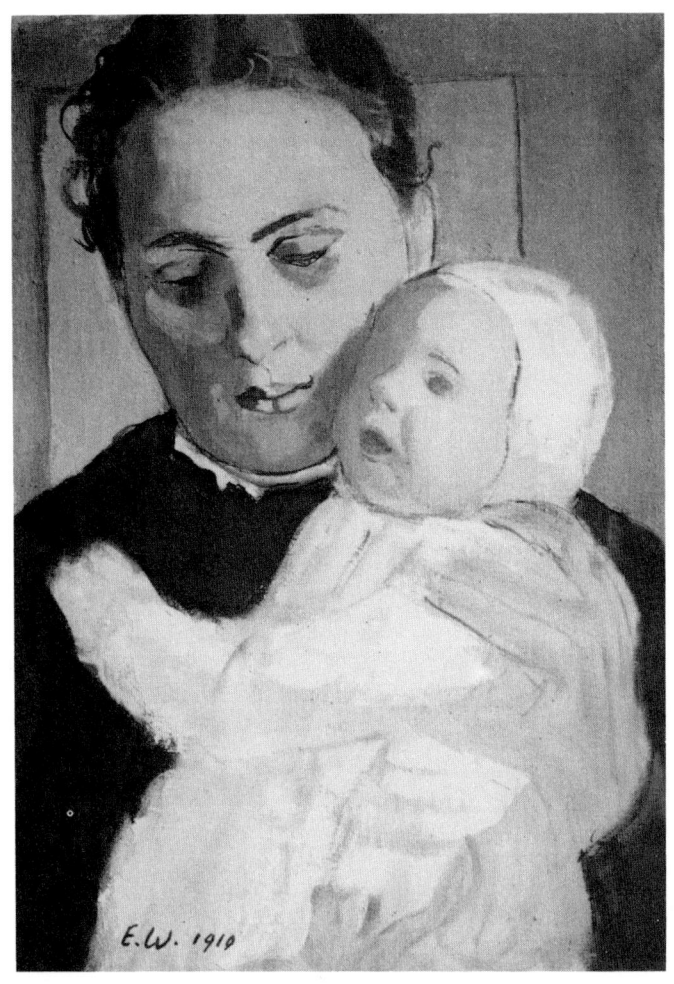

Ernst Würtenberger. Meine Mutter und ich. 1910.

Ernst Würtenberger. Das offizielle Familienbild. 1912.

möglichst eng gehalten, um die Zusammengehörigkeit noch zu unterstreichen, und uns durch nichts von unserer Verbundenheit abbringen zu lassen.

Der Kopf meiner Mutter ist durch die «Ideenplatte» der rahmenden Türfüllung ausgezeichnet, während ich von dieser kompositorischen Akzentsetzung nur nebenbei profitiere.

Meine Mutter sieht auf mich herunter, so daß ihre Augen nicht erkennbar werden. Ich blicke mit einem Auge in die Welt und habe den Mund halb geöffnet.

Mein Vater hat nur ein Auge gemalt. Das andere ist nicht einmal angedeutet. Und wirklich, ich sehe nur mit einem Auge richtig. Mein linkes Auge hat seit meiner Geburt nur ein Siebentel Sehschärfe und fällt beim genauen Fixieren der Dinge so ziemlich ganz aus.

Über das Phänomen der Einäugigkeit bei meinem Vater selber vergleiche man in seiner Autobiographie «Das Werden eines Malers» das Kapitel: «Zu meinem Schrecken: einäugig.»

Zur Zeit bin ich monokular, da das linke Fensterglas meiner Brille zersprang und ich dieses Glas nicht mehr ersetzen lassen will, sondern mich nur mit dem benötigten rechten Brillenglas begnüge.

Als am Weihnachtsmittag 1918 – ich war neun Jahre alt – mein Vater als Gabe für die Mutter einen Holzschnitt mit Madonna und Kind komponierte und wir Kinder zusehen durften, wie er dieses Bild zeichnete und schnitt, verwendete er genau denselben Typus, dasselbe konzentrierte Format und das gleiche Anschmiegen und Überschneiden der zwei Köpfe für die Maria und das Jesuskind wie auf dem Doppelportrait von meiner Mutter und mir. Auch die gleichen schützend-tragenden Hände der Mutter. Ich gebe mich auf meinem Portrait als Einjähriger der reinen Freude und Fröhlichkeit des Daseins hin.

c.) Das offizielle Familienbild von 1912

Durch die Geburt und das Hinzutreten meiner Person änderte sich der Status des Familienverbandes. Die bisherige Zahl Vier stieg auf die Zahl Fünf. Damit vollzog sich sozusagen der Aufstieg zur Großfamilie.

Dieses gewichtige Ereignis ist dann auch von meinem Vater künstlerisch gebührend gefeiert worden. Bald darauf, um 1912, malte er ein großes offizielles Familienbild.

Von dieser Komposition existieren mehrere Fassungen verschiedenen Formats und unterschiedlicher Farbstimmung. Die eine hängt in meinem Haus in Karlsruhe über dem Sofa in Monikas Wohnstube. Eine zweite Fassung besitzt mein Bruder Thomas in Freiburg i. Br. Eine dritte befindet sich in der Höheren Töchterschule in Zürich, Hohe Promenade, im Empfangszimmer des Rektors.

Geradezu in klassischer Harmonie und Staffelung setzte mein Vater die Familienmitglieder zueinander in Beziehung. Meine Mutter ist der Mittelpunkt der ganzen Komposition. Mein Bruder Thomas sitzt ihr auf dem Schoß in der schweren Selbstverständlichkeit, die ihm damals zu eigen war. Meine Schwester Monika steht neben ihr, als die Älteste schon selbständig, ihrer Würde bewußt. Ich als Jüngster werde von meiner Mutter an der Hand gehalten und blicke andächtig zu ihr auf, wie sie zu mir herunter. Dieses Viererarrangement überhöht und überspannt mein Vater, der sich von hinten über die Gruppe beugt. Er ist der Einzige, der den Kontakt mit dem Beschauer aufnimmt.

Wir drei Kinder sind einheitlich in hellgelbe Stilkleider mit stark betonten, schwarzen Randstreifen à la Jugendstil gehüllt, die damals, von meinem Vater entworfen, als künstlerateliergerechte Requisiten extra angefertigt wurden.

Ich nannte die Anordnung der Figuren in diesem Gemälde klassisch, weil ich letzthin bei Jan Brueghel d. Ä. dieselbe wohlgegliederte Fünfpersonenanordnung auf das Portrait seiner eigenen Familie angewendet vorfand.

Die Familie ist nach einer Fotografie in Zürich gemalt und sicherlich durch meinen Vater als lebendes Bild sorgfältig gestellt worden. Allerdings bin ich auf der Fotografie noch nicht anwesend. Meine Person hat mein Vater später hinzukomponiert.

Über die Symbolik der Zahlenwerte, 3, 4 und 5 bei der Familienbildung klärt uns das Buch von Friedrich Weinreb «Der göttliche Bauplan der Welt» auf. Dort wird die Drei als das Mann-Prinzip angesehen. Die Erfüllung des Mann-Prinzips ist die 9. Die Zahl des Frau-Prinzipes ist die Zahl 4 und die Erfüllung des Frau-Prinzipes ist die Zahl 16. Das Kind nimmt die Zahl 5 für sich in Anspruch und die Erfüllung des Kind-Prinzipes ist die Zahl 25.

Um die Bedeutung der Zahl Fünf bei der Bildung einer Familie noch etwas näher zu erläutern, wiederhole ich die Sätze, die ich 1958 in meinem Aufsatz «Vom milieubedingten zum existentiellen Künstlertum» in der Zeitschrift «Studium Generale» über dieses Thema veröffentlicht habe. Sie lauten: «Weiterhin entwickelt Friedrich Fröbel seinen Begriff der Familie aus den Prämissen des primitiven kindlichen Denkens heraus. Im Gedichtchen «Die Großmama und Mutter lieb und gut» wird festgestellt:

> Daß Mehrere ein Ganzes sind,
> dies ahnet wohl schon früh ein Kind.
> D'rum lehrt die Mutter auch mit Fleiß
> es kennen den Familienkreis.

Das Kind muß zuerst einmal die verschiedenen Familienmitglieder unterscheiden lernen: Mutter, Vater, Bruder, Schwester und sich selbst. Dieser auf der Zahl 5 beruhende Begriff der Familie kommt noch anschaulicher zur Geltung in der dazugehörigen Illustration von Friedrich Unger. Es wird von Unger einmal ein Familienzimmerhaus in der Mitte der Buchseite gezeigt und in den Randleisten die dazugehörigen Beispiele aus der Zoologie und Botanik. Damit erfolgte offensichtlich die natürlich-naturwissenschaftliche Verknüpfung des Menschendaseins mit der Natur als höchster Denkeinheit. Es werden gezeigt: Eine je 5köpfige Hasen-, Reh-, Fisch-, Enten- und Storchen-Familie, ein Vogelpaar auf dem Vogelnest, in den oberen Randleisten noch die Familienstaatenbildung der Ameisen mit Termitenhügel, Bienen mit Bienenhaus und Bienenkörben und schließlich noch eine Sumpfufer-Ecke mit Schneckenhäusern, Krebsen und Wasserschlangen. Und zu allem Überfluß wird noch das Vermehrungsprinzip im Astwerk der Umrahmung demonstriert als Verknotungen des Baumstammes und der Äste. Die Wichtigkeit der Zahl Fünf wird auch im Ornament ausgedeutet in den Fünfblatt-Blütlern des Kern- und Stein-Obstes.»

Die Zahl 5 hat in der Ikonographie und Symbolik eine hohe Bedeutung. Am 13. Oktober 1975 belehrte mich mein Freund Günther Diehl, daß die Fünf-Zahl die Hochzeitszahl ist, was man nach dem bisher darüber in Erfahrung Gebrachten gerne akzeptiert.

Seit den Ptolomäern gilt die Fünf-Zahl als Hochzeitszahl. Christus kommt mit fünf Jüngern zur Hochzeit von Kanaan. Der Bund des Sinai hat unter fünf Stämmen stattgefunden. Der 18. Psalm preist das Sinai-Gesetz als hochzeitliche Gabe Gottes in fünfteiligen Versen. Wo es sich um den himmlischen Bräutigam handelt im Neuen Testament (Matth. 25), treten die fünf klugen und die fünf törichten Jungfrauen auf.

Ergänzend dazu erklärte mir mein in der christlichen Ikonographie kundiger Freund Richard Bellm, daß man von Christus als der fünfblättrigen Rose spricht. Deshalb würden auch fünf Engel um den neugeborenen Christus knien, wie man dies z. B. beim Weihnachtsbild von Bernhard Striegel sehen kann. Ich selber brachte es auf meinen kindlichen Weihnachtsdarstellungen nur auf vier Engel, die dem Weihnachtsgeschehen assistieren und dabei musizieren.

d.) Das Gemälde unserer Familie mit der Mutter und uns drei Kindern ohne den Vater, 1913 datiert.

In derselben Zeit wie das offizielle fünffigurige Familienbild von meinem Vater gemalt wurde, wurde noch eine andere Idee des Familienbildes erwogen. Dabei sollte die Anzahl der

Ernst Würtenberger. Die Mutter mit den drei Kindern. Gemäldeskizze. 1913.

Figuren auf vier Personen beschränkt bleiben. Mein Vater schloß sich von der Gruppe aus, und meine Mutter schart uns drei Kinder allein um sich, wie es in Wirklichkeit meistens der Fall war. Die Reduzierung trägt zur Intimisierung der Situation bei.

Die Szenerie in der Pergola unter freiem Himmel im offiziellen Familienbild wechselte in den Innenraum der Wohnstube über, wo das große braune Buffet stand.

Diesmal ist meine Person viel stärker in das Zentrum der ganzen Figurenkomposition geschoben worden. Mein Bruder Thomas ging seiner Ganzfigurigkeit verlustig und wurde hinter die Gestalt meiner Mutter versetzt, an die er sich anschmiegt. Hingegen behauptete die Gestalt meiner Schwester Monika ihren Platz als Stehfigur und linkes Gegengewicht zur rechts sitzenden Mutter.

Das Hauptmotiv von dem die ganze Bildkomposition lebt, bin ich, zur Halbfigur avanciert und zu meiner Mutter emporblickend.

Diese eindrückliche Zweiergruppe von meiner Mutter, diesmal streng im Profil, und mir, wie ich meine beiden Unterarme vertrauensvoll auf ihre Unterarme lege, hat mein Vater wohl aus einem Gemälde von Ferdinand Hodler «Der Schuhmacher mit Töchterchen», um 1881, übernommen.

Beim Bild meines Vaters ist nur die Linienführung im Sinne des Jugendstils flüssiger.

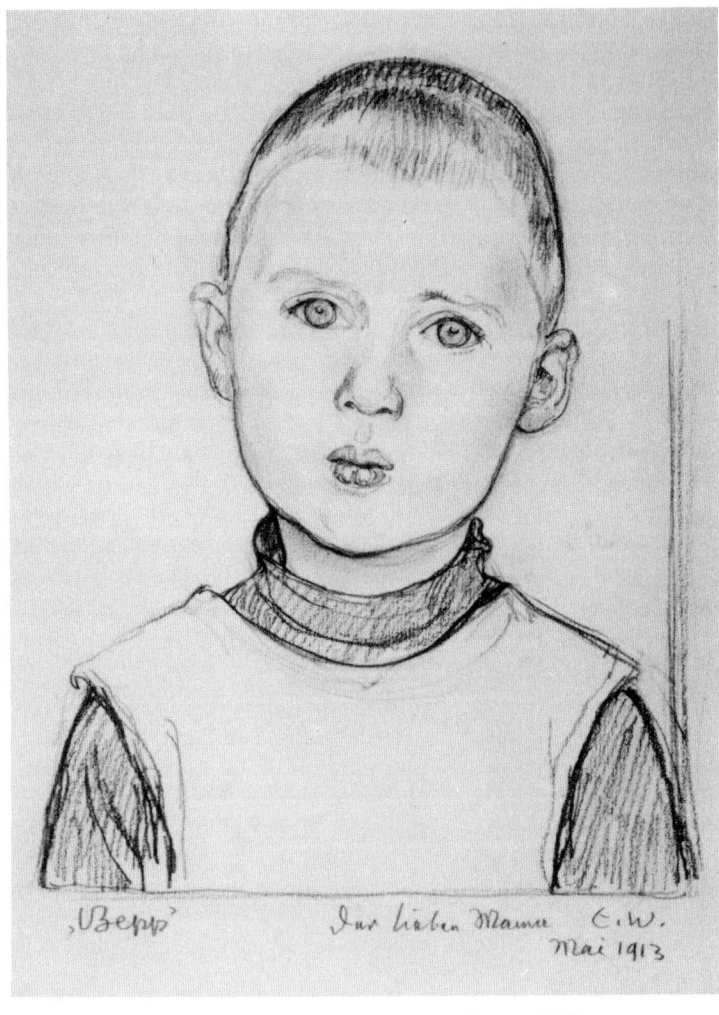

Ernst Würtenberger. «Bepp». Zeichnung. 1913.

Die farbige Erscheinung des Bildes wird von einem überraschend hellen, silbrig-graublauen Gesamtton beherrscht. Von diesem großformatigen Familienbild ist noch eine kleine Gemäldeskizze vorhanden.

e.) Die Zeichnung «Bepp» vom Mai 1913

Die erste nachweisbare isolierte Darstellung meiner Person durch meinen Vater, in der ich als vollgültiges Einzelindividuum faßbar werde, stammt vom Mai 1913, als ich gerade 3¾ Jahre alt war.

Diese Portraitzeichnung ist noch mit meiner Mutter in Beziehung gesetzt, indem sie ihr gewidmet ist: «Der lieben Mama». Insofern hat diese Zeichnung etwas von einer Huldigung und ganz persönlichen Gabe.

Ich werde in der Beischrift nicht mit dem offiziellen Vornamen Franzsepp bezeichnet, sondern mit der familiären, kindlich-intimen Kurzformel «Bepp».

In der ganzen Zeichnung herrschen klar geschwungene Linienzüge vor. Mein Kopf ist in eine sensibel schwingende Ei-Form eingeschrieben. Weder die Haare noch die Ohren vermögen diese Ei-Form von ihrem sicheren Linienlauf aus dem Geleise zu bringen. Der Pulloverkragen und der Schürzenausschnitt nehmen die Kurve meiner Kinnpartie in dreifachem Echo auf kurze Strecke auf. Das Jochbein mit den Augenbrauen ist kaum angedeutet. Meine Augen stehen wie runde, leuchtende, scharf geschnittene Edelsteinkugeln im Gesicht; und die Nase und der blütenhafte Lippenmund stimmen in den selben Rundungsmodul ein.

In dieser Eindeutigkeit sind fast noch kosmische, euklidisch-platonische Urformen spürbar. Es spricht aus all dem ein dem frischen Kinderkörper eigenes keimhaft pralles Ganzheitsvollgefühl.

Alles drängt danach, sich weiter zu entfalten. Man bemerkt noch nicht die eckigen Härten der Erschütterungen, die das gelebte Leben mit sich bringen wird. Von diesen ist erst andeutungsweise etwas zu verspüren durch die leicht aus der Mittelachse geratene Kopfhaltung, im Gegensatz zum absolut statisch unverrückbaren Sockel des hellen Schürzenausschnittes und der schraffierten Armansätze.

X. Ich und mein Nicht-Geburtshaus

Der amerikanisierte deutsche Architekt Konrad Wachsmann, Professor in Los Angeles, hat in seiner Festrede anläßlich der Einweihung des Egon-Eiermann-Hörsaales (früher Hörsaal 16) in der Universität Karlsruhe im Aula-Bau, wo ich früher meine Vorlesungen hielt, am 28. Januar 1976 die Behauptung aufgestellt, heute würde sich niemand mehr wünschen, in seinem Geburtshaus auch zu sterben. Diese Bemerkung ließ mich sofort betroffen aufhorchen.

Der heutige moderne mobile Mensch sei aus Prinzip so nomadenhaft unseßhaft geworden, daß er am liebsten im Wohnwagen von Ort zu Ort, von Job zu Job durch ganz Amerika ziehe. Dieses fahrende Leben sei unserer technologisch eingerichteten Welt am adäquatesten. Kontinuität und Tradition seien endlich und ein für allemal überwunden.

Diese Bemerkung veranlaßte mich, darüber nachzudenken, wie es denn nun mit meinem eigenen Geburtshaus steht. Dabei machte ich eine für die Situation sehr bezeichnende Feststellung: Im alten, üblichen Sinne habe ich gar kein Geburtshaus. Ich wurde sozusagen nicht zu Hause, nicht im Familienkreis geboren, sondern, wie ich bereits berichtete, wissenschaftlich modern in einem Spezialinstitut für Entbindung, in der kantonalen Pflegerinnenschule in Zürich. Man weiß wohl genau das Zimmer, in dem ich in die Welt gehoben wurde, aber in diesem Institutsgebäude eine Tafel anzubringen, wäre sinn- und stillos. Dieses Haus ist als Geburtshaus quasi eine Geburtsanstalt am laufenden Band für viele Menschen. Der Einzelne, der an dieser Weltstelle in die hiesige Welt eintritt, kann keinen besonderen, keinen persönlichen Anspruch auf ein Geburtshaus erheben.

Damit meine Geschwister mich nach meiner Geburt als neuen Erdenbürger begrüßen konnten, mußten sie in Begleitung von Tante Thusnelde mit der elektrischen Trambahn fahren, und dann durften sie mich auf kurze Zeit als einen außerhalb der Familienumgebung Angekommenen besuchen. Insofern bin ich – nolens volens – in der Art meiner Geburt schon ein moderner, geburtshausentwurzelter Mensch wie auch mein zwei Jahre älterer Bruder Thomas. Meine vier Jahre ältere Schwester Monika hingegen ist noch ein persönlicher Geburtshausmensch, indem sie wirklich zu Hause, ohne Spezialbetreuung zur Welt kommen konnte. Zwischen ihr, meinem Bruder und mir liegt die Zäsur der Weltepochen, der große Schnitt zwischen dem zu Hause familiär und außer Haus wissenschaftlich unfamiliär Geborenwerden. Doch bald nach der wissenschaftlich medizinisch betreuten Sonderaktion meines Geburtsvorganges kam ich in das Weltheim, wo unsere Familie ihr ausgeprägtes Leben führte. Von da her ging mir dann nichts ab an der häuslichen Geborgenheit des frühen Kindseins, und so ist mein Nicht-Geburtshaus am damaligen Stadtrand von Zürich nicht weniger reich angefüllt mit Erinnerungen als ein echtes Geburtshaus.

Das Haus, in dem der Mensch seine frühe Kindheit verbracht hat, und alles, was darum- und daranhängt, gibt dem Menschen den ersten Erlebniskosmos und Aktionsradius. In diesen Grenzen spielt sich sein Leben im wesentlichen ab.

Dieses Haus prägt sein Denken und Verhalten entscheidend. Es ist seine erste vollgültige Lebensbühne. Für mich war es das Weltheim der absoluten Geborgenheit an sich.

Dieses existentielle Behältnis für Grunderlebnisse kann dem Kinde auch zwingender Anlaß werden, von ihm zeichnerisch festgehalten und so in der kindlichen Vorstellungswelt besser verankert und bewußter bewältigt zu werden. Es wird der Lebensraum zeichnerisch-vergeistigt abgeklopft.

So erging es auch mir. Als Achtjähriger habe ich 1917 unser Haus an der Zolliker Straße gezeichnet. Die an sich karge Zeichnung weist die wichtigsten Merkmale auf. Die relative Kleinheit und die Zweistöckigkeit des Hauses, die Hundehütte, die allerdings damals nicht mehr benutzt wurde, und auch die Pergola notierte ich. Über der Haustüre durfte die so sehr vertraute Nummer 204 nicht fehlen. Die Fenster sind liebevoll mit Vorhängen versehen. Aber eine Hauptattraktion fehlt: Das an das Haus rechts angebaute Atelier meines Vaters mit seiner charakteristischen Glasfensterfassade habe ich schlankweg

F. S. W. Unser Wohnhaus in Zürich. Zeichnung. 1917.

weggelassen, denn dieser Teil war nicht unmittelbar mein eigener Lebensbereich, sondern gehörte zu einer anderen Seins-Kategorie. Es war das Heiligtum der Arbeitsstätte meines Vaters, das von meinem profanen Leben für gewöhnlich als unbetretbar ausgeklammert war und so auch nicht unbedingt gezeichnet werden mußte als speziell mir zugehörig. Auch der Gartenhag, das Trottoir, die Gaslaterne und alle Bäume fehlen. So rigoros egozentrisch sind nun einmal Kinder.

Dafür brachte ich jedoch unrealistische Zusätze an. Vor allem sollte das angepflockte Reitpferd aus meiner Spielzeugwelt die Realsituation verklären, denn zu jener Zeit spielte ich leidenschaftlich stundenlang traumverloren mit kleinen Holzpferdchen am Kindertisch.

Diese von allen Hausbewohnern akkreditierte Beschäftigung veranlaßte meinen Vater, diese Situation in allgemein bekannt gewordenen Gemälden und Zeichnungen um 1916/17 festzuhalten.

Manchmal vertauschte ich auch die auf der Tischplatte als «Ideenplatte» hin- und herzuschiebenden Spielzeugpferdchen mit dem Zeichenstift und ergötzte mich so an dem einmal liebgewonnenen Sujet der Pferdedarstellungen in vielen Zeichnungen.

Das angepflockte Pferd ist in jenen Zeichnungen als feststehendes und reihenweise stur wiederholbares Schema verwendet. Aus diesem Vorrat ist auch das Pferd in meine Zeichnung unseres Wohnhauses etwas unrealistisch hereingerutscht.

Ebenso unreal ist auch die antennenhafte Stangenkon-

Ernst Würtenberger. F. S. W. spielend. Gemälde. 1914.

struktion auf dem Dachfirst unseres Hauses mit den vielen Wappenfähnchen der Schweiz und der Stadt Zürich. Sie gehören zum stereotypen Sujet-Schatz meiner damaligen Zeichenkunst. Sonst sind sie in meinen gleichzeitigen Akrobatenzeichnungen bei den Zirkusgestalten oder bei den Schiffszeichnungen in reichlichen Variationen zu finden. Aber wo immer sie auch angebracht sind, war ich der Ansicht, daß sie ihre festlich-dekorative Wirkung tun. Davon sollte auch unser Haus – meine damalige Welthöhle – nicht ausgeschlossen sein.

Über das reale Aussehen unseres Hauses informiert eine Fotografie, wo ich am Gartenhang in Begleitung meiner Schwester Monika und ihrer Freundin Nelly Rutishauser mit der gleichen Schürze wie bei der Zeichnung mit dem Pferdchenspiel stehe. Wir Drei freuen uns, trotz unserer Kleinheit, als Staffagen mit auf das Bild zu kommen. Und mit Recht stehen wir da, denn diese Situation ist unsere Lebensbühne. Hier machten wir

Zürich. Wohn- und Atelierhaus der Familie Würtenberger. Foto. 1915.

unsere Kinderspiele. Hier spannten wir Schnüre über die Straße, um Fuhrwerke aufzuhalten. Hier begann ich, Schulbrote zu verzehren, die eigentlich erst in der Schule nach getaner Arbeit hätten gegessen werden sollen. Anlaß fotografiert zu werden, war der Geburtstag meiner Schwester Monika am 16. Oktober 1915.

Vor dem Haus steht die öffentliche gußeiserne Gaslaterne. Im Scheine dieser Laterne, die ihr Licht abends in den zweiten Stock warf, wurden wir Kinder zu Bett gebracht. Es wurde dadurch die fehlende Zimmerbeleuchtung gespart.

Es gibt noch eine zweite Zeichnung, von 1918, die in diesen Zusammenhang gehört: Meine Zeichnung der Scheune, die an der Straße gegenüber unserem Hause stand und wo vor unseren Kinderaugen außerordentlich viel und stets Interessantes passierte, dem wir den ganzen Tag lang fast fiebernd unsere Aufmerksamkeit schenkten.

Gleich am Morgen begann unter uns Geschwistern der Kampf, wer auf die Straße hinaussehen durfte, mit dem Schlachtruf: «Fensterplatz für mich besetzt!» Diese Zeichnung zeugt von der zweiten, ebenso wichtigen Aktionsbühne für die Kinder, die ein Bauernbetrieb mit Mist- und Heuwagen, Kühen, Milchkannen, Sensendengeln, Bauern und Knechten selber ist.

Mein Vater hielt in einer Zeichnung fest, wie meine Schwester Monika und ich am Tisch des erwähnten Fensterplatzes friedlich gemeinsam in einem Buche lesen. Monika als die Ältere hält das Buch, und ich als der Jüngere darf, eng an meine Schwester geschmiegt, auch hineinsehen.

Daß zeichnungsfreudige Knaben ihr Geburtshaus zeichnen, gleicht aus den angegebenen Gründen fast einem gewissen Topos. So hat etwa der in Groß-Karlowitz in Schlesien geborene Maler Eduard Grützner als Gymnasiast sein Geburtshaus gezeichnet. Oder beim jungen Hans Thoma spielte sich in seinem Geburtshaus in Bernau im Schwarzwald manche Szene ab, die er malte oder zeichnete.

Mein Nicht-Geburtshaus hat sich in seiner weiteren Daseinsberechtigung in schlimmen Zeiten für historische Baubestände gut gehalten. Als Künstleratelier-Haus schätzte man anscheinend seine Romantik, und bis jetzt konnten die abbruchgierigen Bauunternehmer ihm noch nichts anhaben. Trotzdem ist es ein Wunder, daß es noch steht als zwergenhaft niederer Bau und quasi als einsamer Zeuge früherer, noch ländlicher, dörflicher Vorstadt-Idyllik. Schon längst ist gegenüber die Scheune samt Kuhstall verschwunden und machte langweilig-schematischen modernen Wohnblockappartements Platz. Aus der Kuh- und Pferdefuhrwerk-Straße ist die übliche,

F. S. W. Scheune des Nachbarn. Zeichnung. 1918.

mit übermenschlichem Tempo erfüllte, asphaltierte Autorennbahn geworden.

Bei meinem Besuch von Zürich mit meiner Schwester Monika wußte ich auf einer Postkarte vom 1.9.1931 über die Umgebung unseres Hauses unseren Eltern nach Karlsruhe zu berichten: «... dann stießen wir zur Flühgasse hinauf. Dort ist alles total verändert, verbaut und bietet fast keinen Anhaltspunkt mehr zur Auffrischung der Erinnerung.»

Aber auch später zog es mich bei Aufenthalten in Zürich fast magisch zu unserem Haus an der Zollikerstraße hin. Und wenn es nur ein kurzer Blick war. So schreibe ich am 8.3.1951 von Freiburg aus meinem Bruder Thomas über meine Gefühle und Eindrücke:

«An die Zolliker-Straße ging ich auch kurz. Habe niemanden gesprochen dort. Wollte nur die Lage sehen. Unser Haus liegt wie eine verwunschene Insel zwischen den Veränderungen, welche die Poesie unkenntlich zerstörten. Hingegen Villa Patumba, also der Stadt zu, ist viel mehr komischerweise alt und parkmäßig geblieben.»

Die Villa Patumba war der Besitz des reichen Überseekaufmannes Grob, dessen Tochter Anna Grob die Patentante meines Bruders Thomas war. Heute ist die Villa Patumba ein Altersheim.

Nach dem Wegzug unserer Familie im Oktober 1921 kaufte der angesehene schweizerische Bildhauer Hermann Hubacher das Haus seinem früheren Besitzer ab. Nachdem 1976 Hermann Hubacher 91jährig gestorben war, veröffentlichte Dr. Michael Stettler in der Berner Zeitung «Der Bund»

Ernst Würtenberger. Monika und Franzsepp beim Lesen. Zeichnung.

(27.11.1976) ein «Gedenkblatt für Hermann Hubacher». In diesem Bericht ist eine Fotografie gezeigt, wie Hermann Hubacher im früheren Atelier meines Vaters an der Büste des Diplomaten und bekannten Historikers Carl. J. Burckhardt arbeitet.

So fand der Arbeitsort meines Vaters und das Künstleratelier als «Kultraum» meiner Kindheit, denn so empfand ich diese heilige Halle stets, noch eine würdige Nachfolge über ein halbes Jahrhundert hinaus. (Vgl. meinen Aufsatz «Das Maleratelier als Kultraum» in den Miscellanea Bibliothecae Hertzianae, Wien 1960).

Das Milieu unseres Züricher Wohn- und Lebens-Stils wäre aber nicht vollständig gekennzeichnet, wenn ich nicht noch eines Gegenbildes Erwähnung täte, mit dem ich in meiner Jugendzeit fast täglich in Berührung kam und das ich als Gegenmilieu erlebte.

Es war das Anwesen mit Haus und Garten der Familie

Pfleghardt, einige hundert Meter von uns entfernt an derselben Zollikerstraße gelegen. Der Vater meines Freundes Hansli Pfleghardt hatte ein Architekturbüro. In den Jahren 1904/05 ließ sich Herr Pfleghardt das Haus «Zum Öpfelbäumli» erbauen. Es ist ein typisches Jugendstil-Haus, und somit wurde ich mit der feudalen Lebensart der Jugendstil-Bewegung bekannt.

Mein Bruder Thomas und ich waren als Knaben oftmals in der Villa «Zum Öpfelbäumli» zu Gast. Dort war ein großer, wohl überlegter Garten angelegt. Dort gab es ein großes Säulenkapitell, einen Gartentisch, eine schöne Schaukel und eine steinerne Loggia.

Doch es wollte trotz all dieses feudalen Villenaufwandes keine richtige Stimmung aufkommen. Es fehlte bei all der Pracht und Gepflegtheit etwas Wesentliches: das wirkliche Leben, die wirkliche Wirklichkeit, die Kameradschaft der Gleichaltrigen. Da war in unserem bescheidenen Garten viel mehr los. Da strömten die Bauernjungen und die Kinderscharen der ärmeren Proletarier hinzu. Da war Betrieb und Anreiz. Und so kam es, daß Hansli Pfleghardt, das Kind des reichen Architekten, viel mehr und lieber bei uns spielte. Denn bei uns war volles Leben.

XI. Das Maleratelier meines Vaters und die Idee des Malerateliers als Kultraum

Die Idee, daß es geheimnisvolle Räume gibt, war mir seit allerfrühester Kindheit bewußt gewesen. Denn das Maleratelier meines Vaters kam mir immer als ein ganz besonders ausgezeichneter Ort vor. Dort herrschte ein anderes Gesetz des Atmens und des sich Benehmens. Und wie sehr er einer anderen Weltkategorie angehörte, geht ja schon daraus hervor, daß ich das Atelier, diesen Glasbau, in einer Kinderzeichnung von 1917 überhaupt wegließ; also gar nicht zu meiner von mir normal benutzten Umgebung zählte.

So sehr war dieser Raum von der übrigen Welt abgesondert, daß der Eingang vom Garten her unter schattigen Kastanienbäumen eine Doppeltür aufwies. Einmal die grüne äußere schwere Holztüre und zum anderen die mit Glas ausgestaltete, braune leichtere zweite Tür. Hatte man beide Türen hinter sich zugemacht, so war der Raum schalldicht abgeriegelt.

Man war wie in eine Alchemistenstube eingetreten, wo Zauberei betrieben wurde. Auch dort wurde nach dem Stein der Weisen, nach dem Lapis Philosophorum auf seine Weise gesucht. So wie ich in meinem Buche «Pieter Bruegel und die deutsche Kunst» von 1957 den Vorgang an Hand des Stiches von Bruegel «Der Alchimist» beschrieb: «Doch das ganze Durcheinander wird von einer erschreckenden Logik des Zufalles durchpulst. Das eine scheint sich aus dem anderen zu ergeben, alles scheint zum sofortigen Gebrauch bereit zu liegen.» Im Maleratelier fand das Wunder statt, wie aus dem Vergeistigungsprozeß der Materie Kunstwerke entstehen. Zeugnisse dieser Wunderwelt waren die Stapel der fertigen und halbfertigen Gemälde meines Vaters.

Dort roch es nach Terpentin. Da stand ein übergroßer Spiegel. Dort waren alle Raumdimensionen anders. Einmal die eng aufgeschichteten Gemälde, der Lehnstuhl des Großvaters, die Hocker, das kleine Maltischchen und das leere sperrig große Podium für die Modelle.

Wurde man selber darauf beordert, um portraitiert zu werden, so betrat man es nur mit Herzklopfen wie einen Altarpodest in der Kirche. Bei der Portraitsitzung hatte man die einmal angeordnete Stellung regungslos beizubehalten. Jede geringste Verschiebung des Kopfes wurde mit der Aufforderung von Seiten meines Vaters beantwortet: «Rechtes Ohr tiefer!» oder «Linkes Ohr tiefer!»

Durch die überhohen Glasfenster kam eine magische Beleuchtung in den hohen Raum.

Wenn ich mich im Atelier meines Vaters befand, hatte ich automatisch ganz andere Gedanken als außerhalb.

Diese Stimmungen hatte ich allerdings viele Jahre und Jahrzehnte wieder mehr oder weniger vergessen. Inzwischen habe ich längst meine eigene Studierstube bezogen.

In meinem Karlsruher Studierzimmer, Schirmerstraße 2c, stehen noch Reste der Ateliermöbel meines Vaters. Meine Mutter hat sie mir zur Einrichtung meiner Wohnung gegeben. Es ist der große Riemerschmidt-Zeichnungsschrank, der nun meine Schriften und mein Archiv birgt (Abb. S. 119).

Die Schmalseite gliederte ich zusätzlich durch Anbringung eines Fotos und von zwei Postkarten. Ich hatte lange gezögert, bis ich die Reißnägel ins heile Holz des Schrankes eindrückte. Aber ich fand dieses Foto für mich so wichtig, daß ich die Bedenken einer Beschädigung zurückstellte. Es hängt die Freundschaft mit Arnold Tschira symbolhaft daran, so daß ich es für richtig hielt, immer die Fotos des Tympanon, des Eingangsportals der Klosterkirche von Schwarzach an sichtbarer Stelle um mich zu haben. Denn die Kirche von Schwarzach hat Arnold Tschira seinerzeit denkmalpflegerisch wegweisend restauriert und über die Tympanon-Komposition, die Christus thronend, begleitet von Petrus und Paulus darstellt, hatte er verehrende Worte gefunden.

Im Zuge der Bearbeitung des mich faszinierenden Themas «Architektur und Kosmos» kamen noch die zwei Postkarten hinzu. Einmal die Rundpostkarte vom Dome zu Florenz und zum anderen vom Dom zu Salzburg. Die beiden Domansichten sind schöne Beispiele, wie die Kuppeln Abbilder des Himmelsfirmamentes sind.

Otto Speckter. Der Künstler in seinem Atelier. 1853.

Diesen Schrank nannte ich im Kapitel meiner vorliegenden Biographie «Ich und der Zauberer», ‹Meine Schatzkiste›.

Aus dem Ateliermobiliar meines Vaters steht im Vorraum meiner Studierstube das Maltischchen. Heute beherbergt es Medikamente, den Fieberthermometer und Sonderschriften meiner eigenen Produktion.

Außerdem steht heute bei mir der Großvater-Lehnstuhl, den mein Großvater Thomas Würtenberger in seiner Krankheit von seinen Kindern geschenkt bekommen hat. In ihm hat mein Vater in Zürich und in Karlsruhe ausruhend und seine Gemälde betrachtend seine Zigarre geraucht. Jetzt ziehe ich mich auf ihn zurück, wenn ich bequem etwas lesen will. Sonst biete ich ihn meinen Besuchern an. Für den dunkelblau bezogenen Stuhl habe ich ein goldgrünes Kissen gekauft. Es ist eines der wenigen Haushaltsrequisiten, die ich aus eigenem Antrieb anschaffte.

Erst, als ich die Geschichte des Malerateliers zu schreiben unternahm, fanden sich in mir wieder die gewaltigen Jugendeindrücke zurück, die ich im Atelier meines Vaters hatte, und ich setzte sie, auf weite Geschichtsepochen zerlegt, in kunstwissenschaftliche Forschungen um. Ich schrieb auf Grund meiner eigenen, erlebten Jugendeindrücke den speziellen Aufsatz «Das Maleratelier als Kultraum im 19. Jahrhundert».

Wenn ich in diesem Aufsatz die Abbildung der «Familienszene im Atelier» von Otto Speckter in der Kunsthalle Hamburg betrachte, so erinnert sie mich gar sehr an Züricher Eindrücke. Auch wir hatten gotische Figuren in unserem Wohnzimmer. Auch unsere Umgebung war feierlich-kulturhistorisch.

Wie man aus einer Interieur-Zeichnung meines Vaters von 1916 ersehen kann, stand auf dem Bücherschrank eine spätgoti-

Ernst Würtenberger. Unsere Wohnstube. Zeichnung. 1916.

sche Figurengruppe einer Anna Selbdritt eines schwäbischen Meisters um 1520. Diese Gruppe hielt mein Vater in einem Holzschnitt fest. Eine zweite spätgotische Figur, die wir schon in Zürich hatten, ein Heiliger Johannes Evangelista, steht heute auf meinem Schriften- und Archivschrank.

In unserer Wohnstube in Zürich, in der mein Vater abends am Familientisch zeichnete und seine Holzschnitte entwarf und schnitt, herrschte genau dieselbe Gesamtstimmung und Atmosphäre, wie ich sie 1961 für die «Familienszene im Atelier» bei Otto Speckter beschrieb: «Die neue Auffassung der Kunst in ihrer komplexen Vielschichtigkeit hat nun auch im Maleratelier Platz gegriffen. Auf einmal kann es sogar alles in einem sein: Feierraum und Arbeitsraum sowie gemütliche Familienstube. Der Hamburger Romantiker Otto Speckter hat in einem Gemälde diese liebliche und feierliche Kombination der Räume vorgeführt. Über allem irdischen Kleintreiben schweben die ehrwürdigen mittelalterlichen Kunstaltertümer, unter deren

Schutz und Schirm und Sinn man sich zusammengefunden hat [...] Sonst findet man solche Dinge in den Museen [...] Ob die Mutter näht, ob der Vater malt oder die Kinder spielen – man ist zufrieden beisammen.»

Geradezu einen Hymnus auf das Maleratelier stimmte ich bei der Abfassung meines Buches «Der Manierismus» (1962) an. Dort wies ich im Kapitel «Die manieristische Kunst als Mittel zur Verherrlichung künstlerischen Schöpfertums» unter dem Abschnitt «Der Wohnpalast des Künstlers», im besonderen auf den Palast des Giulio Romano in Mantua, Vasaris Palast in Florenz, auf Vasaris Haus in Arezzo, Zuccaris Haus in Florenz und Zuccaris Palast in Rom hin. Ich nannte den Palazzo Zuccari den gebauten Widerhall der Kunsttheorie des Federigo Zuccari: «Der Atelierpalast des Malers als Kathedrale des Geistes».

An den verschiedenen Rollen, die die Erscheinung des Malerateliers im Verlaufe meines Lebens für mein Fühlen und Denken einnehmen konnte, erkenne ich, welche verschiedenen Dimensionen eine Sache oder ein Begriff annehmen kann. Einmal in der Kindheit eine ehrfürchtig naiv hingenommene Gegebenheit und dann als Forscher im Mannesalter ein historisches Phänomen mit ungeahnten kulturellen Folgen in der geistigen Daseinsbestimmung der Menschen.

Meine zweite Geburt: Die Welt meiner Kinderzeichnungen

I. Biologische Voraussetzungen der Tätigkeit des Zeichners

Die Entwicklungsstufen des Menschen als Embryo und als Zeichner.

Nachdem ich mich einige Zeit auf der Erde zunächst als Säugling und dann als älteres Kind befand, kam der Tag und die Stunde, wo ich unter die Kunstanhänger ging, um mit Hilfe eines Bleistifts Zeichen zu setzen. Diese Tätigkeit ist der biographische Urbeginn einer sogenannten geistigen Tätigkeit. Der Beginn des Zeichnens ist materielle Kundgebung der geistigen Geburt des Menschen. Auch damit beginnt eine vita nuova.

Das Zeichensetzen erfolgt in ganz bestimmten Etappen und Stufen. Zuerst wird nur ein ganz allgemeines Weltgefühl gestaltet, es wird die Form des Urwirbels als noch überzeitliches Universumgefühl gewählt. Dieser Urwirbel klärt sich immer mehr, er nimmt sozusagen Gestalt an, es kristallisieren sich Kreisformen heraus. Es werden in diesen Kreissonnen Zwischenstufen erreicht, als ob ein Kopf oder auch das Universum gemeint sind. Diese Ursonnenkreise gliedern sich zu einem Gesicht. Die Umgebung der Kreise wird weiter interpretiert zu Gliedmaßen. Hände und Füße werden angehängt, es wird ein Rumpf sichtbar, es findet eine neue Menschwerdung statt. Wir kennen die Kopffüßlerstufe, wo allemal noch keine Ortsbestimmung vorgenommen wird, allemal ist das Menschengebilde noch in einem unbestimmten Universum-All schwebend. Dann aber als Abschluß: Der Mensch, die Person, das Männchen genügt nicht mehr. Es wird plötzlich ein Zusatz gemacht, der das ganze Konzept in einem anderen Lichte und Beziehungssystem erscheinen läßt. Es wird eine Horizontlinie, eine Erdbodenlinie gezogen. Damit ist der Mensch aus dem unbestimmten, vergleichbar kosmischen Urraum auf der Erde gelandet. Damit ist ein wichtiger Abschnitt im Denken und zugleich im Weltgefühl des zeichnenden Kindes erreicht.

Wenn wir die Etappen dieser geistigen Menschwerdung, dieser Geburt des zeichnenden Menschen beobachten, so möchte ich dieses Werden in Parallele setzen mit der körperlichen Geburt. Die Setzung der Horizont-Linie und das Stehen auf dem Erdboden als erste geographische Angabe kann verglichen werden mit dem Ausstieg des Embryo aus dem Universum des Mutterleibes in das Universum der Welt.

Insofern entspricht die Entwicklung des Zeichnens vom Urwirbel bis zu dem Männchen, das auf dem Erdboden-Horizont steht, der körperlichen Entwicklung von der Zeugung und vom Urei bis zur Geburt! Es findet im geistigen Bereich ebenfalls eine Gestaltwerdung und die Ausbildung des Sinnes für Proportion statt und zwar in einer sehr nahen und sehr beachtlichen Parallelität. Es ergeben sich im Gehirn des zeichnenden Menschen zwischen dem 1. und 5. Lebensjahr nämlich dieselben Seinszustände, die der Embryo im Mutterleib erlebte.

Um diese Tatsache zu erhärten, sollen die körperlichen Zustände des Menschen von der Zeugung, von der Eizelle bis zum proportionierten Menschlein als Säugling bei der Geburt mit den zeichnerisch geistigen Äußerungen von seinen Anfängen als Urwirbel bis zum Männchen, das auf der Horizontlinie steht, tabellarisch nebeneinander gehalten werden.

F. S. W. Sechs Kopffüßler. Zeichnung.

Hieraus geht hervor, daß das Thema, das Inhaltsprogramm der frühesten Kinderzeichnungen die biologischen Zustände des Embryo im Mutterleib wiederholt.

Damit ist das Kind in der Frühzeit seiner Zeichnungskunst noch gar nicht auf der Erde anwesend, sondern geistig ein unbestimmtes, mit Weltuniversum-Ganzheitsbewußtsein gefülltes Wesen.

Die frühesten Zeugnisse meiner künstlerischen Betätigung haben sich nicht erhalten. Nachweisbar ist meine Zeichnungskunst erst auf der Stufe der Kopffüßler.

Mein Vater hat auf den St. Nikolaustag 1914 meiner 4 Jahre älteren Schwester Monika ein Schreibheft geschenkt, in das er selber einige Aquarelle gemalt hat. Diese beginnen mit einem Nikolaus, der mit dem Sack auf dem Rücken durch den Schnee stapft. Dann folgen Papageien, Rehe, Häuser, Bäume und Blumen. Die übrigen Seiten sollten als Zeichnungsheft von Monika und auch von meinem 2 Jahre älteren Bruder Thomas bemalt werden. Die Einrichtung solch eines Heftes war in unserer Familie schon Tradition. Mein Großvater Thomas Würtenberger legte seinerzeit ein Heft an, worin seine Kinder ihre Zeichenkünste üben sollten.

In unser Heft habe ich auch eine Zeichnung gesetzt. Es

sind 6 Kopffüßler in verschiedenen Stadien. Die Ohren und der Kopf sind ungefähr gleich groß, Augen und Nase im Gesichtsrund bestehen aus 3 Kreisen, der Mund ist eine Gerade mit 2 Diagonalstrichen. Zu den großen Ohren sind die Füße als gleichwertige schwarze Kritzelflecken gesetzt. Diese Gebilde könnten auch auf 4 Beinen gehen. Anscheinend war es sensationell, daß ich als das jüngste und kleinste der Geschwister mich auch zeichnerisch betätigte, denn zu meiner Zeichnung ist der Vermerk gesetzt: «dises zeichnet der Franzepp». Ob diesen Vermerk meine Schwester oder ich selber hinsetzte, ist nicht mehr feststellbar.

Für die Umstände, wie und wo ich als Kind zeichnete, ist der Ort, wo diese Zeichnung in das Heft hereingesetzt ist, sehr charakteristisch und aufschlußreich. Sie steht nämlich direkt auf der gleichen Heftseite, auf der mein Vater Blumen, Bäume und eine Wiese für uns Kinder in einem gemäßigten Kinderstil aquarellierte. Direkt in die Raumlücke, die die 2 Aquarelle meines Vaters auf dem Blatte freiließen, habe ich meine Zeichnung sozusagen Schulter an Schulter hineingesetzt. Hier ist also auf diese Weise eine allerengste Verbindung meiner Zeichnungskunst mit der Malkunst meines Vaters hergestellt. Meine Fähigkeit des Zeichnens steht direkt neben der Fähigkeit meines Vaters.

Es ist also die Zeichnung eines 5jährigen Kindes neben das Aquarellbild eines fertigen Künstlers von 46 Jahren gestellt. Hier an dieser Stelle, gewissermaßen bei diesem Wettbewerb, ist der Ausgangspunkt, der Start, die Basis, der Keim des Verhältnisses und der Beziehung meiner Zeichnungsproduktion zur Zeichnungsproduktion meines Vaters.

Darauf möchte ich noch etwas näher eingehen. Hier ist natürlich ein riesiger Abstand von 41 Jahren, woraus die Diskrepanz der Fertigkeit und des Könnens der beiden Rivalen resultiert. Aber dies wird im Verlauf meiner Entwicklung anders werden. Ich werde mich immer mehr auf die Kunst und Fertigkeit meines Vorbildes hinentwickeln. Der Abstand des Könnens zwischen meinem Vater und mir wird in gesteigertem Tempo immer geringerer werden. Meine Produktion wird quasi in der Gesinnung des Konkurrenten mit der Kunst meines Vaters vor sich gehen. Ich werde Jahr für Jahr fähiger sein, die Werke meines Vaters genauer nachzuahmen, mich in sie einzuleben, sie in meinen Gedanken- und Gestaltungsschatz aufzunehmen, sie schließlich zu kopieren. Nach 10 Jahren, um 1925/26 bin ich so weit, daß ich in meiner Kunstproduktion auch erwachsen und vollkommen bin, daß ich gleichsam gleichwertig und ebenbürtig neben meinem Vater stehe. Und zwar in meinen Holzschnitten oder in Landschaftszeichnungen wie der Scheuer im Osterholz bei Stockach von 1931.

In diesen Werken habe ich meine 41 Jahre spätere Geburt gegenüber dem Geburtsjahr meines Vaters aufgeholt! Mein Vater hingegen hatte mir gegenüber nichts aufzuholen oder zu verändern, sondern er war zwischen 1915 und 1926 stets gleichmäßig erwachsen.

F. S. W. Neun Männchen. Zeichnungen. 1915.

Ab der weiteren Stufe, nach Überwindung der Kopffüßlerstufe, wohl ungefähr ein Jahr später, von Ende 1915 an, hat meine Mutter meine Männchenzeichnungen gesammelt. Es hat sich davon eine ganze Serie erhalten und zwar merkwürdigerweise 9 Stück, also gerade meine Schicksalszahl. Manche Männchen haben zur Unterstreichung des Wanderns einen Stock in der Hand. Zugleich ist der Übergang feststellbar von der unrealistischen Idealzahl von 3 Fingern an den Händen zur biologisch richtigen Zahl der 5 Finger.

In der gleichen Zeit, wie ich die anonymen Männchen zeichne, entdecke ich auch meine eigene Person.

In den zwei erhaltenen Selbstbildnissen vom Dezember 1915 rücke ich ab von der ganzheitlich agierenden Vollfigur und gönne mir selber Brustbilder. Anstatt im unbestimmten Frei-

100 Meine Kinderzeichnungen

F. S. W. Selbstbildnis. Zeichnung 1915.

F. S. W. Selbstbildnis. Zeichnung. 1915

raum zu stehen, sind sie rechteckig umrahmt. Am Rumpf hängen die Oberarme steif herab und von den Unterarmen und von den Händen ist nichts zu sehen. Durch die noch kindlich unbeholfen allgemeine Schablone der lappigen Ohren und zum Teil der großen Augen, die ich auch den anonymen Männchen zu Teil werden ließ, schimmert aber doch meine Individualität deutlich hindurch. Um aber über Identität mit mir selber keinen Zweifel aufkommen zu lassen, füge ich jeweils oben oder unten meinen Vornamen Franzsepp hinzu. Das eine Blatt wollte ich wahrscheinlich meinem Vater widmen, aber es kam nur zum Inschriftfragment: «Dem li...»

Diese Selbstbildniszeichnungen sind der Auftakt zu allen späteren Selbstbildnissen.

II. Nachklänge und Rückerinnerungen an meinen Zustand als Embryo im Mutterleib

Höhle und Wohnung

Das Urerlebnis, das der werdende Mensch als Embryo in seiner Umhüllung im Mutterleib bis zu seiner Geburt, bis zum Verlassen der Vagina, hat, bewahrt der Mensch sein ganzes Leben lang. 1903 hat der Kinderarzt E. von Lange darauf hingewiesen, daß unsere Wuchsweise im ganzen ersten Jahr nach der Geburt «embryonal» sei, also so verlaufe, als wären wir noch im Mutterkörper.

Außerdem haben wir gesehen, wie das Kind beim Erwachen seines Zeichnungstriebes dieselben Phasen und Stadien durchmacht und in seinen Zeichnungen wiederholt, die es als Embryo im Mutterleib durchlief.

Der Mensch kann sich sein ganzes Leben hindurch nie ganz loslösen von diesem Urzustand der Geborgenheit und der Umhüllung und des Abgeschlossenseins von seiner Umgebung. Auch kehrt der Mensch, sei er noch so erwachsen und noch so emanzipiert und noch so der Außenwelt und der großen Welt zugetan, immer wieder, jede Nacht, in die Urstellung zurück. Er rollt seinen Körper ein, schließt Beine und Arme eng an seinen Körper und schließt sich ab gegen die Außenwelt.

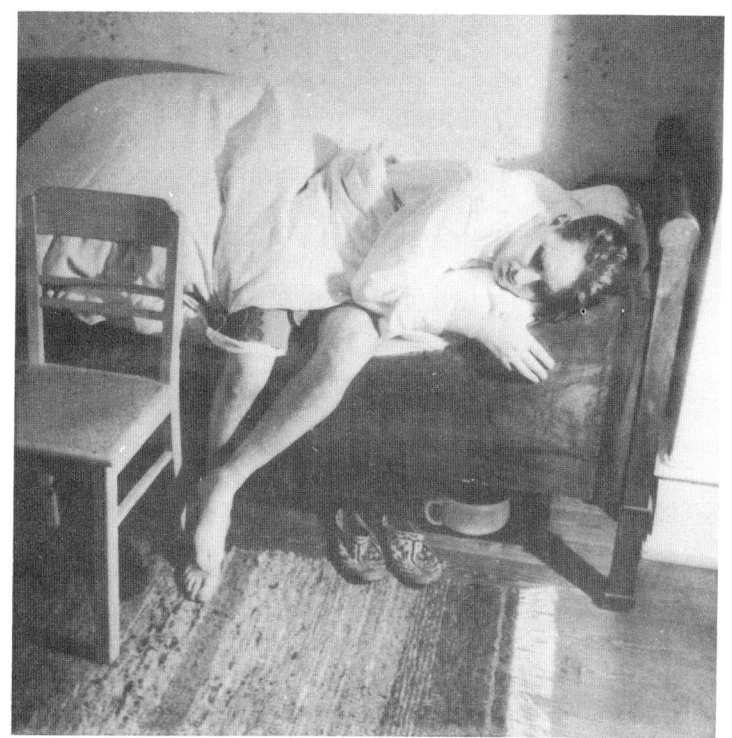

Jan Steen. Morgentoilette. Um 1650.

F. S. W. im Bett. Foto. 1940.

Wird der Mensch geboren, d. h., tritt er aus der Umhüllung des Mutterleibes heraus, so wird ihm sofort dieselbe Bedingung künstlich bereitet, wie er sie im Mutterleib gewohnt war. Es wird alle erdenkliche Sorgfalt darauf verwandt, damit der Übergang vom Geborgensein im Mutterleib in die freie Umgebung, den freien Raum der Realwelt nicht so einschneidend empfunden wird. Der kleine Säugling wird in eine künstliche Höhle gebettet, er kommt in den Stubenwagen. An meinen Stubenwagen kann ich mich noch gut erinnern. Der Stubenwagen, den meine Schwester, mein Bruder und zuletzt ich bezogen haben als erste selbständige Wohnung, war ein Weidengeflecht, rund und mit einem schützenden Dach versehen und auf vier Räder gestellt. Die Umhüllungen, die Bettdecken und Kissen behielt ich das ganze Leben wie die meisten Mitmenschen bei.

Allerdings ging mir in bezug auf meine Person diese besondere Situation des Imbettseins nur einmal auf, und ich habe sie auf meine Weise als weltgestaltender Mensch zu erfassen gesucht. Dies war im 2. Weltkrieg, als wir, meine Mutter und ich, evakuiert waren im Hause von Verwandten am Bodensee in Stockach, Ludwigshafener Straße 14. Da habe ich mich selber im Oktober 1940 fotografiert, wie ich halb im Bett liege. Doch die Situation habe ich nicht selbst erfunden. Sie entstammte meiner Praxis als Kunsthistoriker, in Reminiszenzen von Bildern aus der Kunstgeschichte zu denken. Als Vorbild ahmte ich, mich selbst als lebendes Bild stellend, das Gemälde der Morgentoilette von Jan Steen nach, das um 1650 entstanden ist. Dort wird geschildert, wie eine Bürgerin im Begriffe ist, ihre Schlafhöhle, ihr barockes Baldachinbett zu verlassen, indem sie überwechselt vom Nachtgewand zur Tageskleidung.

Von hier aus gesehen kann man sagen, daß der Mensch sein ganzes Leben lang die Eierschalen des embryonalen, vorgeburtlichen Zustandes und damit Höhlendaseins von der Wiege bis zum Grabe nie überwindet, sondern stets als Lebensform beibehält. Insofern könnte man den Menschen einen ewigen Embryo nennen.

Die Erinnerung an meinen Urzustand in der Geborgenheit, in der «Höhle» des Leibes meiner Mutter blieb wach in meinen frühen Kinderzeichnungen. Damals, 1917 und 1918, waren es erst 8 bis 9 Jahre her, daß ich die Urhöhle meines Seins verlassen hatte. Als ich dann in meiner geistigen Entwicklung und zweiten Geburt so weit war, daß ich reale Situationen spezifiziert als Örter darzustellen vermochte, taucht als Erinnerung jenes Urzustandes das Motiv der Höhle mehrfach auf.

Ich hielt mich noch nicht an die Realitäten, sondern hielt in den naturalistischen Zeichnungen Urerinnerungen meiner Lebensgeschichte fest, erzählte (wie es Großväter ihren Enkeln gegenüber tun) mir selber von meiner frühesten Jugend, von meinem frühen Dasein im Mutterleib: Nämlich in Form der Zwergengeschichten und der Bergwerksleute, die sich in das Gestein eingruben und nach den Schätzen des Erdinnern suchen. Über diesen ganzen Fragenkomplex der Beziehungen zwischen der unterirdischen Matrix und dem Embryo gibt Mircea Eliade in seiner Abhandlung «Mythen, Träume und Mysterien» hinlänglich Auskunft, um diese Zusammenhänge deuten zu können (S. 232):

«Zahllose Glaubensvorstellungen wissen zu berichten, daß die Frauen schwanger wurden, wenn sie sich an bestimmte Orte begaben – z. B. Felsen, Höhlen, Bäume oder Flüsse. Da traten dann die Seelen der Kinder in ihren Leib ein, und die Frauen empfingen.» Diese Kinderseelen «haben irgendwo verborgen auf ihre Einkörperung gewartet; sie lebten schon in einer sozusagen embryonalen Daseinsweise im Schoße ihrer wahren Mutter, der Erde. Dorther also kommen die Kinder. Von dort bringen sie, gemäß anderen Glaubensvorstellungen, die im Europa des 19. Jahrhunderts noch lebendig waren, manche Wassertiere: Fische, Frösche und vor allem Schwäne» (vgl. Tagebucheintrag vom 9. April 1919: «Wir gingen an den Rumensee, es gab nur große Frösche. Wir nahmen noch Schlüsselblumen und Veilchen nach Hause.» 11. April 1919: «(Wir) Ich und die Mutter gingen auf den Fischmarkt.»).

F. S. W. Der Zwerg. Zeichnung. 1918.

F. S. W. Vier Zwerge im Felsen. Zeichnung. 1918.

F. S. W. Zwerge im Bergwerk. Zeichnung. 1918.

Ich zeichnete im Jahre 1918 Zwergenmännchen, die in Felsschluchten stehen oder sitzen. Sie sind eingeengt wie in einem Gefängnis. Es bleibt ihnen nur wenig Raum, sie haben kein Blickfeld. Sie dösen und starren vor sich hin, blicken in sich hinein.

Ich kenne einen Mann von übergroßer Statur, in der er sich nicht wohlfühlt. Um die für ihn unglückliche Situation gedanklich zu verarbeiten, hat er die Sehnsucht, sich zum Embryo zurückzuentwickeln und in die Mutterhöhle seiner Mutter zurückzukehren. Aus diesem Bedürfnis heraus nennt er seine Mutter, die eine relativ kleine Statur besitzt, als Kosenamen «Zwerg». Mit dem Namen Zwerg verbindet er ein Wunschbild seiner Existenz, das ihm aufgrund seiner großen Statur unerreichbar ist. Die Größe hat er von seinem Vater geerbt, der von ziemlich stattlicher Statur ist. Schon die äußere Erscheinung seines Vaters mag dazu beitragen, daß er zu seinem Vater kein allzu gutes Verhältnis hat. Aus diesem Grunde nennt er seinen Vater «Lindwurm».

Meine Zeichnungen von Einzelzwergen werden noch ergänzt durch zwei Zeichnungen eines Bergwerkes. Auf der einen Zeichnung arbeiten vier Zwerge in Höhlen, und auf der anderen Zeichnung vom Dezember 1918 sind es fünf Zwerge. In der Zeichnung vom Dezember 1918 ist das Dunkel des Einganges in den Erdschacht besonders kräftig herausgehoben. Es ist so, daß die Rückkehr in diese dunkle Höhle fast sehnsuchtsvoll angedeutet werden soll, indem sie so zentral, so sehr als Ziel und Mittelpunkt des Blattes aufgefaßt ist.

Insofern ist es logisch und nicht verwunderlich, wenn ich im selben Jahr den Marktplatz eines Städtchens zeichnete mit Zwergen, die mit Lichtern herumgehen und in die Häuser, ihre Höhlen, eindringen wollen. Und tatsächlich empfindet ein Zwerg die Tür eines Hauses als Höhle, vergleichsweise als Bergwerkinneres und ist gerade dabei, mit einer Kerze in der Hand durch das Dunkel der Hausöffnung einzudringen ins Innere des Hauses. Es ist die noch primitive Darstellungsstufe der Nacht angewandt, es sind Mond und Sterne sichtbar, Laterne und Kerze zeigen die Nacht an, obgleich die Gesamtsituation des Marktplatzes in recht hellen, lichten Farben geschildert wird. Aber die Fenster als geheimnisvolles Unbekanntes sind jeweils dunkel und schwarz gezeichnet.

Eine andere Zeichnung, von 1919, die «Dem lb. Onkel Oskar» zum 53. Geburtstag gewidmet, ist «Heinzelmännchen» benannt. Sie zeigt ein Heinzelmännchen, wie es mit einem Handlicht in eine Höhle eines Hügels eindringt. Auf der Wiese kriecht unvermittelt kindlich eine übergroße Schnecke dahin. Die Thematik der Zeichnung hebt sich dadurch hervor, daß neben der dunklen Erdhöhle überdeutlich das helle Gesicht der Sonne mit ihren Strahlen aufleuchtet.

Für das kosmisch ungebrochene, weltganzheitliche Denken des Kindes ist es typisch, daß die extremsten Weltorte wie Sonne und Erdhöhle so nahe zueinander in Beziehung gesetzt werden. Es klingt hier noch archaisches Weltbewußtsein nach, wie wir es im Sonnenkult der ägyptischen Könige finden. Dazu sei eine Stelle aus einer Hymne zitiert, die an den Pharao Meneptah gerichtet ist.

«Du Sonne der Menschheit, die die Dunkelheit von Ägypten vertreibt, du bist wie dein Vater Re, der am Himmel erwacht. Deine Strahlen dringen selbst in eine Höhle, und es gibt keinen Ort, der ohne deine Schönheit wäre.»

Der Höhepunkt meiner Zwergen- und Höhlenromantik ist ein Aquarell von 1919, wo ich einen Zwerg als Helden mit einem Schwert in ein architektonisch ausgewogenes Halbkreisgewölbe setzte. Der Zwerg steht mitten im Halbkreis im Dunkeln. Die Außenwelt, von der der Zwerg keine Notiz nimmt, ist

104 Meine Kinderzeichnungen

F. S. W. Heinzelmännchen. Zeichnung. 1919.

F. S. W. Der Zwerg in der Höhle. Zeichnung. 1919.

eine schöne grüne Wiese. Auf ihr ist ein stattlicher Baum gewachsen. Man könnte glauben, daß dieser eine Art von Lebensbaum ist: Die Vegetation, das Wachstum, das Leben, das die Außenwelt, die Kraft des Lichts und der Sonne bewirkt, die Vegetation, der das Dasein in der Höhle als Dunkel verwehrt ist. Aber der Zwerg, der Held mit dem Schwerte, ist anscheinend bereit, auszuziehen, den Urzustand zu überwinden und in der sonnigen Lichtwelt seine Taten zu vollbringen. Von diesen Taten berichten dann meine Zeichnungen, wie Zwerge im Walde, sozusagen der zweiten Stufe der Geborgenheit, spazieren gehen.

Und schließlich verfertigte ich 1919 noch einen Holzschnittentwurf, wo ebenfalls ein bewaffneter Zwerg in einer Höhle steht. Diesmal tauschte er das Schwert mit Spieß und Schild. Diese Zeichnung ist der erste Versuch von mir, mich in die Kunst des Holzschnittes einzuleben und vorzutasten. Ich entdeckte die karge Kunst der reinen Linie als ästhetischen Selbstwert. Ich legte nun Wert auf klare, formale Bildlösungen.

Hier möchte ich noch darauf hinweisen, daß ich mich mit meinen Zwergen- und Bergwerkszeichnungen auf besondere Weise meinen Vorfahren, meinem Großvater Thomas Würtenberger und dem Großonkel Franzsepp Würtenberger verbunden fühle. Denn diese Gruppe meiner Verwandten väterlicherseits waren begeisterte Geologen und haben mit dem Hammer das Erdinnere, die Erdschichten wissenschaftlich bearbeitet.

Im selben Jahr habe ich noch einen anderen Modus gefunden, um die Enge des Lebensraumes zu schildern, auf andere Weise das embryonale Geborgenheitsgefühl zu gestalten. Ich verließ zu diesem Zwecke die Welt des Märchens und griff in den Kreis antiker Vorstellungen und klassischer Bildung. Ich zeichnete nach Wilhelm Busch den griechischen Philosophen

F. S. W. Diogenes im Faß. Nachzeichnung nach Wilhelm Busch. 1919.

Diogenes, wie er sich in seinem Fasse von der Welt zurückgezogen hat, und widmete diese Zeichnung meinem Vater zum Osterfest.

Damit traf ich ebenfalls einen Urzustand, eine Urwohnung, die wohl künstlich als Faß von den Menschen als Urarchitektur erfunden wurde und nun eine nicht mehr instinktive, biologisch begründete, sondern eine bewußte, absichtliche Absage an die Welt beinhaltet.

Das sich Zurückziehen in Fässer und andere enge Räume wie Zelte scheint eine prinzipielle Eigenart eines bestimmten Kindesalters zu sein. Im Buche «Spaß mit Spielen, Tips für Eltern, die gerne gesündere, klügere, glücklichere Kinder hätten» von Hildegard Lehner-Hain finde ich eine Abbildung, wie ein Knabe sich in ein Faß verkriecht und ein anderer Knabe in ein Zelt. Das Faß ist mit der Aufschrift auf dem Wimpel als Faß des Diogenes bestimmt. Die Bildunterschrift lautet, für die allgemeine Entwicklungsstufe des Kindes vielsagend: «Spiele, in denen ein kleiner Steinzeitmensch ins 20. Jahrhundert hineinwächst». Dies besagt, daß jeder gegenwärtige Mensch in sich die ganze kulturelle Menschheitsentwicklung durchlaufen muß, bis er ganz an die gegenwärtigen Erwachsenen mit ihrer speziellen Kulturhöhe oder -tiefe den Anschluß gefunden hat.

Meine schlichte Zeichnung des Diogenes im Fasse ist der Ausfluß der höchst prinzipiellen und schwerwiegenden Frage nach der Lebensführung und der Alternative der Verhaltensweise überhaupt der Welt gegenüber: Soll der Mensch dem Getriebe der Welt huldigen oder soll der Mensch sich in sich selbst, in das Faß seines Innenlebens zurückziehen? Diese Frage bewegte und bedrängte mich mit meinen 10 Jahren, und ich gab meinem Vater in dieser Zeichnung die Antwort. Durch die philosophischen und weltethischen Themenstellungen der Holzschnitte meines Vaters wurde ich fast automatisch zu dieser weltabsagenden Haltung veranlaßt. Denn im vorangegangenen Jahr, 1918, hatte mein Vater einen Holzschnitt geschaffen, wo dargestellt wird, wie ein Jüngling von der Frau Welt mit ihren Verlockungen verführt werden soll und der Jüngling in seiner Studierstube das Weib abwehrt mit dem Ausruf: «Laß o Welt, o laß mich sein!»

Ernst Würtenberger. «Lass' o Welt, o lass' mich sein.» Holzschnitt. 1917/18.

Von jenem Zeitpunkt ab war ich bewußt zum Stubenmenschen, zum Menschen der Idee und des Denkens im Gegensatz zum Menschen der Tat und des Weltgetriebes gestempelt worden. Diese damals geprägte Weltverhaltensweise und Stellungnahme zur Welt habe ich mein ganzes Leben beibehalten, und sie läßt sich durch mein ganzes weiteres Leben hindurch in vielerlei Situationen und Entscheidungen nachweisen.

Nach zwei Jahren, in den Sommerferien 1922, ziehe ich mich an einem schönen heißen Sonnentag völlig vom Betrieb der übrigen Welt zurück und begebe mich in den engen dunklen Speicher im Hause meiner Großmutter und zeichne dort eine höchst langweilige Ecke ab, wie wenn es auf der ganzen Welt kein attraktiveres Motiv gäbe als ausgerechnet diese abgestandene Speicherecke. Die Situation strömt völlige Ruhe, völlige Einfachheit und Enge aus. Wieso ich gerade auf diese Speichersituation kam, ist mir nicht klar. Vielleicht klang aber noch in meinem Bildergedächtnis Ludwig Richters Illustration zu «Bechsteins Märchenbuch» nach, wo zwei Kinder sich ebenfalls in eine Vorratsecke mit rohem Balkenwerk zurückgezogen haben und über die Schätze der Obstvorräte staunen. Diese Abbildung habe ich als Kind sicherlich unendlich vielmal angeschaut. Die Unterschrift lautet: «Gott ist überall». Diese pathetische, philosophisch-theologische Ortsbestimmung könnte man aber mit demselben Recht meiner kargen, menschenlosen, trostlos verlassenen Speicherecke zukommen lassen.

F. S. W. Speicherecke. Zeichnung. 1922.

Das Philosophieren über die Enge und Begrenztheit oder über die Weite und Ausdehnung von Seins-Räumen blieb mir auch später noch zugänglich bei meinen kunstwissenschaftlichen Arbeiten.

In meinem Buche «Pieter Bruegel d. Ä. und die deutsche Kunst» hat es mir das Tondo-Gemälde des «Betruges der Welt» von Bruegel angetan. Bei der Beschreibung mische ich ganz persönliche, noch aus dem Frühstadium meines Daseins gespeiste Ansichten dazwischen und komme zu folgender Lebensmaxime: «Steht man vor dem Bilde, so sagt man sich unwillkürlich: Jawohl, so und nicht anders ist der Lauf der Welt. So verlassen auf weiter Ebene steht man in ihr. So hinterlistig wird man von ihr bestohlen und am liebsten möchte man sich aus ihr in die sittliche Einsamkeit zurückziehen und nur noch aus schmalen Gewandspalten heraus mit der Nase und den betenden Händen die Verbindung mit der Außenwelt aufnehmen.» Also wiederum eine abgewandelte Diogenes-im-Faß-Situation!

Mein Freund Helmut Weirich hat diese Stelle richtig eingereiht. Dazu kannte er mich zu gut. Er sagte mir, da bist Du über Bruegel hinweggegangen. Da hast Du die Beschreibung zum Anlaß genommen und eine selbstbildnishafte Charakterisierung Deiner eigenen Weltmeinung vorgenommen. Zu dieser Beobachtung konnte ich nur sagen, Helmut Weirich hatte richtig gesehen.

In meinem Buche über den Manierismus ist die Verwissenschaftlichung meiner eigenen Erlebnissphäre so weit fortgeschritten und objektiviert, daß ich fähig bin, eine Typologie von Raumstimmungen in der Architektur aufzunehmen. Der Abschnitt lautet «Stimmungswechsel in den Raumabfolgen». Ich nehme die Beobachtungen vor am Beispiel des Palazzo del Te in Mantua, des Palazzo Vecchio in Florenz und im El Escorial. Ich weise auf den Gegensatz der Raumweiten in Florenz beim riesigen Salone dei Cinquecenti und des winzigen Studiolo des Francesco I. dei Medici hin. Im El Escorial liegt der Gegensatz zwischen den kleinen Privatgemächern des Herrschers und dem großen Sakralraum der Kirche oder gar dem Ausblick in die Ferne der ungeheuren Landschaftsszenerie vor. Schließlich lobe ich wieder besonders die Rückzugsposition des

Pieter Bruegel d. Ä. «Die Treulosigkeit der Welt.» 1568.

heiligen Johannes im Gemälde des «Marientodes» von Bruegel: «Der hl. Johannes hat sich in eine Ecke neben dem Kamin zurückgezogen, in ein letztes Refugium, wo er sich seinen Gedanken hingeben kann. Die Existenz des Menschen schrumpft zu einem zerknitterten Stück Stoff zusammen – und dies geschieht in dem gleichen historischen Augenblick, in welchem man die übergroße Landschaft entdeckte.»

Wie aus allem diesem, bezogen auf meine Person, hervorgeht, liebe ich mehr die Geborgenheit des Innenraumes als die unendlich geöffnete Weite des Außenraumes der Natur.

Wegen meiner Anspruchslosigkeit gegenüber den Landschaftseindrücken, geriet meine Freundin, Prof. Dr. Lotte Brand Philip, seit über 30 Jahren in New York wohnhaft, in der Ferienzeit mit mir in Konflikt. Im Berner Oberland wollten wir einige Wochen in Lenk verbringen, doch obwohl meine Freundin diesen Ort vorgeschlagen hatte, begann sie ihn bald wegen der Harmlosigkeit der Szenerie zu hassen. Lenk mußten wir deshalb im Sommer 1978 von einem Tag auf den anderen verlassen. Wir fuhren nach Engelberg mit seiner dramatischeren Landschaftsumgebung. Nachdem ich vorzeitig nach Karlsruhe zurückgefahren war, schrieb mir meine Freundin aus Engelberg am 2. August 1978: «Ich gesunde auch, weil mich der Anblick der Bergriesen in ihrer wechselnden Beleuchtung täglich seelisch erhebt, ein Erlebnis, das Dir ja leider völlig fremd ist, da Dir ja jede lächerlich unattraktive Gegend ‹genügt›.

Vielleicht muß in allerfrühester Jugend das Verständnis und Gefühl von den Eltern im Kind geweckt werden, genau wie in der Musik.»

Jetzt sei noch eine Stelle aus der Literatur über das prinzipielle Problem des Höhlenerlebnisses des Menschen angeführt. Der Wiener Maler Ernst Fuchs schreibt in seiner Abhandlung «Architektura Caelestis. Die Bilder des verlorenen Stils» im Kapitel «Das große Haus, der Kosmos»:

«Die höheren, sublimeren Formen des Lebens sind an besondere Lebensräume gebunden. Der Mensch etwa ist, wie alle Säugetiere, von seinem Wohnen im Uterus her an Geborgenheit gewöhnt und ihrer bedürftig. Von diesem Erleben der Geborgenheit durch die Geburt sich lösend, sucht er sich einen Wohnraum zu schaffen, in dem das Urerlebnis dieser initialen Geborgenheit wiederholbar wird. Dieses Initialerlebnis wird dem Lebewesen in der Zeit, die es im Uterus oder als Eikriecher im Ei verbringt, als eine Art Urbild eingeprägt. Die Tiere haben ihre Nester und Höhlen, viele sogar ihr Haus mit dem Leib verbunden. Jedes Lebewesen bestimmt aus der vorgeburtlichen Erfahrung heraus das ihm Angenehme. Kinderspiele unter Tisch und Sessel, häuserbauende oder höhlengrabende sind ein Hinweis auf dieses Bedürfnis.»

Zum Problem des Verhältnisses von Architektur und des vorgeburtlichen Wohnortes des Embryo im Mutterleib habe ich selber als anthropologisch engagierter Architektur-Theoretiker Stellung genommen. Anlaß dazu war meine Eröffnungsrede über die Ausstellung der Werke des Malers und meines Freundes Hermann Finsterlin im Stuttgarter Kunstverein am 25. Mai 1973.

Die Abbildung eines Architekturentwurfes von Finsterlin mag meine Erörterungen anschaulich werden lassen. (Vgl. H. Finsterlin. Idea dell architettura und meine Rede in Privatdruck S. 16.)

«Die Alternative lautet: Hybrider, unmenschlicher Rationalismus oder organische, natürliche Urgrundphantasie?

Bei dieser Frage nach dem Wesen der Architektur nimmt Finsterlin ohne Zweifel die bessere, geschichtlich langatmigere, tiefer begründbare, tiefer schürfende Grundposition ein. Über die Ursprünge des architektonischen Denkens, die aus den Ursprüngen der menschlichen Seele (und nicht aus dem Nicht-Ursprung der Ratio, die kein menschlicher Ur-Ursprung ist) kommen, weiß Finsterlin einfach als Weltdenker besser Bescheid.

Finsterlin denkt anthropologisch tiefer! Nicht zweckbedingt kausal, nicht hohlfunktional. Finsterlin geht in seinem Grunddenken von ganz anderen Prämissen aus. Er geht vom Ur-Sein des Menschen in der Mutterleibshöhle aus.

Aber Finsterlin ist kein solcher Phantast, daß er nicht wüßte, daß ein langer Weg von der Architektur des Embryo über die Architektur des Neugeborenen, über das Kind bis zum menschlich intakten Erwachsenen und gar zum technisierten (menschlich unintakten, sogar kranken und geschändeten)

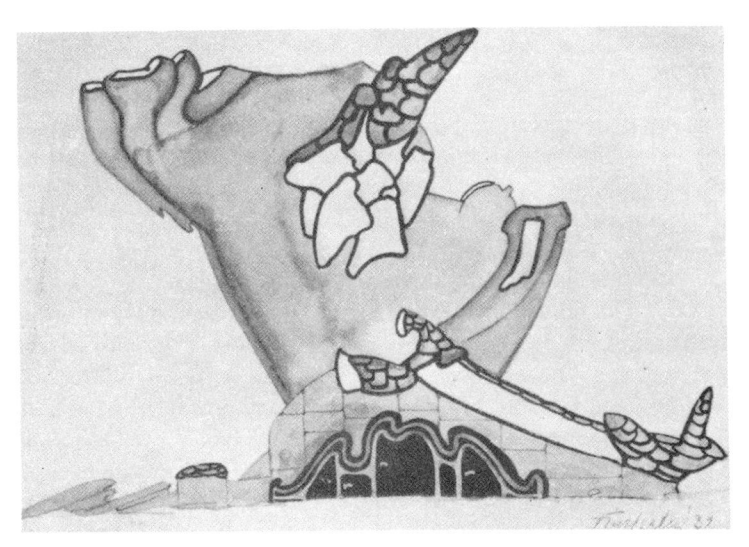

Hermann Finsterlin. Haus der Jugend. Aquarell. 1922.

technisch modernen Über-Menschen ein langer, sogar ein allzu langer Weg und auf der letzten Strecke des technisierten Über-Menschen sogar leider ein Fehlweg des architektonischen Denkens stattfindet und stattgefunden hat!

Finsterlin geht es zunächst gar nicht um die Ausführbarkeit seiner Architekturen. Sie bewegen sich grundsätzlich im Vorfeld. Es geht ihm um etwas viel Wichtigeres: Um das menschliche Ur-Denken über etwas, was Architektur in unserem geläufigen Sinne einmal werden könnte. Wie der Mensch erst erwachsen wird, wie der Mensch aber seine Ursprünge als Embryo, auch als Erwachsener, auch als technischer Über-Mensch nie verleugnen kann, so darf sich seine Architektur-Vorstellung auch nicht allzu weit vom Ursprung entfernen. Sonst wird der Mensch eine Vogelscheuche und ein Un-Mensch seines Menschseins.

Heute ist ein gigantischer Kampf zwischen Seele und Ratio, zwischen Kunst und Technik, zwischen Kunstwerk und Maschine in Gang. Die Seele, das Vegetabile, das unverbraucht Organische will sein Recht! Dieses Wollen ist nicht nur ein Wollen, es ist sogar ein Ur-Müssen; es ist die Frage der Existenz des Menschen im Ganzen oder sein Untergehen als Mensch, ein nur Dahinvegetieren als menschliches Abziehbildchen, als Ratioskelett ohne Fleisch und Blut.»

Zum Schluß noch ein Zitat von Hermann Finsterlin selber: «Wir haben bisher auf der Erde gebaut als Roboter und für Roboter. Unsere Gotteskäfige und Wohnkisten, Sachsärge und Wohnschachteln haben keine Beziehung zu Organismen und Organen.»

Der ungeheure Gegensatz zwischen dem höhlenartigen, raumarmen Innenraum und der möglichen Großräumigkeit der Architektur, wurde mir noch einmal säkular bewußt bei meiner Bearbeitung der Architektur der Lebewesen Anfang 1985. Dort machte ich die harte und prinzipielle Unterscheidung der vogelnestartigen Raumkonzentration und Raumkargheit der Architektur der Tiere und der Eingeborenen im Gegensatz zu der Raumentfaltung und dem Raumreichtum der Architektur der Hochkulturen.

Hier findet eine ähnlich folgenschwere Grenze und ein Raumgegensatzpaar statt wie in den Seinsstufen und den Seinszuständen beim Menschen selber, der als Embryo raumkarg eingeengt dahinlebt und nach der Geburt, nach der Entlassung aus dem Körper der Mutter in die Raumüberfülle der luftigen irdischen Welt entlassen wird. Einen ähnlich einschneidenden Sprung der Seinssphären gibt es also auch in der Architekturgeschichte zwischen der Architektur der Eingeborenen und der Hochkulturen. Aber um diese Feststellung zu machen, mußte ich viele Jahre durchschreiten und über 75 Jahre zurücklegen.

III. Ich und die Welt der Zauberer

Von den Gestalten, die im Sinne des Kindes die Welt beherrschen, gibt es eine große Schar. Es sind die Könige, die Prinzen und Prinzessinnen, die Helden, die Akrobaten, die Heinzelmännchen oder gar die Zauberer.

Von den Zauberern soll nun die Rede sein.

Die Zauberer sind die geheimnisvollen Magier, die großen Verwandlungskünstler, die über die Existenz oder Nichtexistenz der Dinge dieser Welt entscheiden. Sie bringen das absurde Kunststück fertig, die Dinge aus dem Nichts ins Dasein zu rufen und sie wieder vom Dasein ins Nichts verschwinden zu lassen. Sie heben damit alle vernünftige Gesetzlichkeit auf und greifen in die Sphäre des Übernatürlichen ein.

Vielen Kindern ist es ein inneres Bedürfnis, in die irrational sich gebende Welt der Zauberer sich einzuleben und deshalb auch Zauberer zu zeichnen.

So kennen wir von dem acht- bis neunjährigen Alfred Kubin die Zeichnung «Zauberer beschwört Spukgestalten» um 1885/1886.

Auch ich wurde als Knabe in einem ganz bestimmten Alter vom Phänomen des Zauberers gepackt. Die ganze Urgewalt des archaischen Denkens, wie dies noch die Schamanen aus alten Urzeiten bewahrt haben, kam über mich. Die nicht umgehbare Stunde war für mich als Acht- bis Neunjährigen in den Jahren 1917 bis 1918 gekommen, als dieses Phänomen mich brennend in seinen Bann schlug. Auch ich wollte mit meinem kindlich urtümlichen Drang nach Weltherrschaft mit den Zauberern ein Bündnis eingehen, um mit ihrer Hilfe Gewalt über die Welt zu bekommen.

Was es auch kostete, ich mußte mit diesen außerordentlichen Weltmächtigkeiten ins Reine kommen.

In dieser seelisch-geistigen Bedrängnis und zugleich Hochstimmung dachte ich mir die Geschichte «Der Zauberer und die Schatzkiste» aus. In dieses Thema investierte ich meine Gedanken.

In meiner Entwicklung des Denkens und Weltbegreifens nimmt diese Bilderzählung eine wichtige Stelle ein, denn an ihr erprobte ich zum ersten Mal den systematischen Ablauf einer Geschichte. Ob der Verlauf der Geschichte sehr logisch durchgeführt wurde, ist eine andere Frage und wird sich bei näherer Betrachtung herausstellen.

Auf jeden Fall sollte es eine ausgesprochene Bildergeschichte werden. Der Text in Form von kurzen Bildunterschriften sollte die Bilder nur begleiten. Denn es war für mich viel einfacher und selbstverständlicher, d. h. der Stufe meiner Äußerungsmöglichkeiten adäquater, in gezeichneten Bildern mein Denken anzuwenden, als mich literarisch in Worten und Fetzen auszudrücken. Außerdem kannte ich solche Bildergeschichten aus meinen Kinderbüchern, und ich sah sogar in meiner allernächsten häuslichen Umgebung solche Bildergeschichten entstehen. Mein Vater hatte in jener Zeit gerade seine Holzschnittfolgen wie «Der Dichter» oder «Dietegen» intensiv in Bearbeitung. Allerdings erreichte mein Vater eine ähnliche elementar engmaschige Logik der Abfolge der Bilder erst 1919 in den Holzschnitten zu «Das Märchen vom Fischer und syner Fru».

Mein Zeichenheft mit der Geschichte «Der Zauberer und die Schatzkiste» ist von kleinem Format und enthält 16 Seiten.

Die Themenstellung dieser Bilderzählung entspricht noch dem tiefschürfenden Grübeln kindlicher Weltvorstellungen. Es sind darin zwei Urbegriffe ins Spiel gebracht, die in ihrer überhöhten Welthaltigkeit wunderbar zueinander passen und einander in ihrer Hoheit und Würde ergänzen.

Wie die zwei Urbegriffe Zauberer und Schatzkiste auch in ihrer Gestalt zusammengehen können, habe ich in der Anordnung des *Titelblattes* exemplarisch zum Ausdruck gebracht.

Die Gestalt des Zauberers war für mein Knabenherz eine so geheimnisumwitterte und machtvolle Erscheinung, daß sie mit dem gesamten Kosmos, so wie etwa die Engel, in allerengster Verbindung steht. Der Zauberer ist ein Sendbote von überirdischen, himmlisch-siderischen Bereichen, Mächten und Sphären. Zum Zeichen dafür habe ich die hohe Mütze des Zauberers, mit den Emblemen der Sonne, eines Sternes und der Mondsichel geschmückt. Auf den drei erhaltenen Entwurfszeichnungen für die Folge ist die Form der Embleme klar erkennbar, während im Heft diese Einzelheiten klein und undeutlich wurden.

Aber auch die Schatzkiste ist mit höherer Bedeutung angereichert. Auf ihrer quadratischen Seitenwand ist sie mit einem Kreuz geschmückt. Ihr Deckel zeigt die sakrale Hoheitsform des Dreiecks, und auf die Dreiecksfläche zeichnete ich nochmals ein zweites, kleineres Dreieck ein. Das Dreieck als Zeichen der Trinität und auch das Kreuz stehen natürlich für den mächtigen Gedankenkomplex der Religion, des Kultes, des Zeremoniells und des Erhaben-Feierlichen an sich.

Neben die Schriftzeilen der Titelworte auf dem Titelblatt meines Heftes setzte ich auf jeweils kurze Horizontlinien links den Zauberer und rechts die Schatzkiste. Akteur und zu bearbeitendes Objekt sind somit eindeutig klar gekennzeichnet.

Es ist amüsant zu erkennen, wie sehr die Gestalt des Zauberers und die Gestalt der Schatzkiste wesensverwandt sind. Die hohe Dreiecksmütze des Zauberers findet im Dreiecksdeckel der Kiste ihr Ebenbild. Auch die Kiste ist gewissermaßen ein Lebewesen, denn genau wie der Zauberer zeigt auch sie zwei Füße, auf denen sie steht. Außerdem sind beide in ihrem Körpervolumen und in ihrer Höhe wohltuend etwa gleich groß.

Auf *Blatt 1* werden die Akteure der Erzählung, die auf dem Titelblatt nur signethaft, abstrahiert ortlos gezeigt wurden, in den räumlichen Zusammenhang einer Landschaftsbühne gestellt. Links steht allein als Landschaftsrequisit ein Baum. In der Mitte steht allein der Zauberer und rechts, ebenfalls allein, steht die Schatzkiste. Sie ist das kostbare, kultische Gerät, um dessen Schicksal es hier geht.

Blatt 2 bringt die erste aktive Begegnung mit der Schatzkiste.

Der Zauberer hat sich inzwischen der Schatzkiste genähert. Die Mitte des Platzes bleibt leer, der Zauberer ist auf einen Schemel gestiegen und hebt den Deckel der Schatzkiste empor. Woher nun plötzlich der Schemel gekommen ist, weiß man allerdings nicht.

Für mein kindliches, kurzatmiges Denken ist es typisch, daß aus dem Öffnen der Schatzkiste keinerlei Schlüsse gezogen werden. Nachdem der Zauberer die Schatzkiste geöffnet hat, ist genug geschehen und in der Tat: er schließt sie sofort wieder. Dieser Krebsgang der Geschichte wird auf *Blatt drei* geschildert. Als Neuerung der Szenerie ist in der Luft eine Schar von Vögeln eingezeichnet. Etwa an Stelle der Wolken, die allerdings nur auf Blatt 1 erscheinen.

Meine Erfindungsgabe ist erbärmlich armselig, denn ich wiederhole das schon beim Öffnen auf Blatt 2 erprobte Darstellungsschema ohne wirkliche szenische Veränderung. Hingegen in der zeichnerischen Ausführung ist wohl ein Unterschied, nämlich ein Abfall festzustellen. Auf diesem Blatt 3 machen sich Erlahmungserscheinungen meines Eifers in der Ausführung bemerkbar. Die Farbigkeit wird rigoros eingeschränkt. Wenn vorher noch verschiedene Farben verwendet wurden, grün, braun, blau und gelb, so haben diesmal überhaupt nur die vier Äste des Baumes die Ehre, grün angemalt zu werden. Alles übrige blieb farblos graphisch.

Mit *Blatt 4* soll die große Lokalitätsveränderung eintreten. Der Zauberer ist dabei, die Schatzkiste vom freien Feld in das Bäumedickicht des Waldes zu versetzen. Um zaubern zu können, hat der Zauberer von der Schatzkiste einen gewissen räumlichen Abstand genommen. Sonst ist die Gestalt des Zau-

110   Die Zauberer

Der Zauberer und die Schatzkiste.

No 1.   Der Zauberer geht zu der Schatzkiste.

Die Zauberer 111

N°2.   Er öfnet die Schatzkiste.

N°3.   Er schlist die Schatzkiste.

112 Die Zauberer

Er zaubert die Schatzkist in den Wald.

Die Schatzkiste im Walde.

Die Zauberer 113

Nº 6. Er macht ein Loch für die Schatzkiste.

Nº 7. Er zaubert die Schatzkiste ins Loch.

114   Die Zauberer

108.   Die Schatzkiste im Loche.

109. Er bedeckt mit Erde die Schatzkiste wieder.

Die Zauberer 115

Nr. 10 Er zaubert sie nieder herum.

Nr. 11 Er ist wieder bei der Chatzkiste.

116 Die Zauberer

Nr. 12. Er packt die Schatzkiste aus.

Nr. 13. Die Schatzkiste ist eingepakt.

Die Zauberer 117

N° 14. Zwei Männer laden die Schmutzkist auf einen Wagen.

N° 15.

berers völlig gleich wie auf Blatt 3. Hier ist zum ersten Mal die volle Machtentfaltung des Zauberers wirksam. Der Zauberer ist wiederum auf den Schemel gestiegen und läßt den Stab als Zauberinstrument in Aktion treten.

Im *Blatt 5* kommt der Effekt der Zauberei voll zur Geltung. Die Schatzkiste befindet sich nun im Walde. Der Wald mit seinem geschlossenen Ästedach ist hier als Ort des Geheimnisses, fast eines geheiligten Innenraumes gemeint. Ohne Zauberer, ganz allein, steht die Schatzkiste in der Mitte der vier Bäume. Aber so ganz einsam verlassen wagte ich meine geliebte Schatzkiste doch nicht hinzustellen. Fast als Ersatz des Zauberers setzte ich als Lebewesen neben die Schatzkiste noch einen Hasen.

Der Hase erscheint auch auf einer Entwurfszeichnung in Verbindung mit dem Zauberer.

Nun geht die Geschichte weiter.

Auf *Blatt 6*: «Er macht ein Loch für die Schatzkiste». Die Existenz der Schatzkiste wird hier in Frage gestellt. Sie soll vom sichtbaren Sein ins unsichtbare Nicht-mehr-Sein hinüberwechseln. Den Weg zu dieser Seinsveränderung bereitet der Zauberer hier allerdings unzauberisch vor. Er gräbt nämlich ganz real ein Loch, um die Schatzkiste verschwinden zu lassen.

Auf *Zeichnung 7* zaubert der Zauberer die Schatzkiste ins Loch. Wieder ist die Beschwörungsformel des Abstandes angewandt, aber diesmal ohne Schemel. Das Wort Zauberer muß auf mich so großen Eindruck gemacht haben, daß ich selbst das Zeitwort zaubern hier groß geschrieben habe.

Und im nächsten Bild, auf der *Zeichnung 8*, steht der Zauberer vor dem geglückten Resultat seiner Zauberei. Das Wunder besteht darin: Ohne Hand angelegt zu haben, begab sich die Schatzkiste quasi von selbst in die Grube. Aber die Schatzkiste ist im Loch noch teilweise sichtbar.

Um ihre Unsichtbarkeit zum Zeichen ihrer Nichtexistenz vollständig komplett zu machen, bedeckt nun der Zauberer auf *Blatt 9* die Schatzkiste mit Erde. Es ist für den wahren Zauberer aber eine etwas beschämende, mühsame Arbeit, den Zauberstab mit der Schaufel voll Erde zu vertauschen.

Meine Kraft und Ausdauer als Zeichner ist jedoch noch weiterhin erlahmt Anstatt daß der Wald aus vier Bäumen besteht, ist der Baumbestand auf drei Bäume geschrumpft.

Nun hat sich der Zauberer mit dem vollständigen Verschwindenlassen der Schatzkiste in eine Sackgasse hineinmanövriert. Das Geschehen stockt.

Um aber die Aktion überhaupt wieder irgendwie in Gang bringen zu können, macht der Zauberer sein Zauberwerk kurzerhand rückgängig. Von Neuem möchte er seine Schatzkiste in Besitz nehmen und wiedersehen.

Und so zaubert der Zauberer auf *Blatt 10* die Schatzkiste wieder aus dem Erdloch hervor. Es ist erschütternd einmalig, wie hoheitsvoll der Zauberer im leeren Wald, einsam und verlassen vor dem mittleren Baum stehend, sozusagen in den reinen Nichtsraum hineinzaubert.

Auf *Blatt 11* ist der Zauberer wieder bei seiner Schatzkiste. Und zwar ist diesmal die Schatzkiste an dieselbe zentrale Stelle gekommen, wo vorher der Zauberer stand.

Der Zauberer freut sich über das Wiedersehen wie eine Mutter, die ihr verlorenes Kind wiedergefunden hat.

Erst jetzt wird es dem Zauberer bewußt, was er wirklich an der Schatzkiste wiedergewonnen hat: Daß nämlich der eigentliche Sinn und Zweck der Schatzkiste darin besteht, kostbare Dinge zu beherbergen.

Im Blatt 11 macht sich das weitere Erlahmen des Eifers des Zeichners bemerkbar, indem ich den drei Bäumen keine Wurzeln gönne, nachdem sie schon auf Blatt 10 recht eingeschrumpft sind. Außerdem ist hier schon die Horizontlinie durch die Wurzeln hindurchgezogen, wodurch das Waldesinnere an Raumtiefe einbüßte.

Auf *Blatt 12* packt der Zauberer eigenhändig gewöhnlich ohne die Hilfe einer Beschwörungsformel die Schätze der Schatzkiste aus. Zu diesem Behufe steigt er wieder auf den Schemel, der plötzlich zur Verfügung steht. Heilige, kirchliche und christliche Kultgerätschaften kommen zum Vorschein: eine Monstranz, ein Kruzifix oder ein kleiner Tragaltar. Ganz für sich liegt rechts noch ein dreieckiger Gegenstand, der genau in die dreieckige Form des Deckels hineinpaßt.

Diese Prachtentfaltung der Gerätschaften, wo jeder der vier Zwischenräume zwischen den Bäumen ausgefüllt ist, ist der Höhepunkt der ganzen Erzählung.

Wie soll nun aber die Geschichte weitergehen?

Es bleibt nichts anderes übrig, als daß die Schatzkiste wieder eingepackt wird. Das *Blatt 13* führt diesen Zustand vor und ist lapidar unterschrieben: «Die Schatzkiste ist eingepackt.» Inzwischen ist aber die Schatzkiste vom dritten Zwischenraum zwischen den Bäumen zum zweiten Zwischenraum nach links verrutscht. In der Anordnung des Bühnenbildes hat sich etwas verändert. Wenn bisher der Zauberer stets links stand und die Schatzkiste rechts, so ist diesmal dieses Verhältnis gerade umgekehrt. Die Schatzkiste steht links und der Zauberer rechts. Dies bedeutet, die Handlungsrichtung ist gewissermaßen rückläufig. Für den europäischen Menschen, der von links nach rechts denkt, ist eine nicht weiter fortzuführende Endposition, ein Einhalt der Handlung erreicht.

Als Ende der Erzählung stehen keine Bilder mehr. Ich zeichnete für Blatt 14 und 15 nur die Rahmung des Blattes vor, sozusagen auf Vorrat, bevor ich wußte, wieviel Szenenblätter ich benötigte.

Unter das leere Bildfeld des *Blattes 14* schrieb ich eine Inhaltsangabe. Ich wagte zum Schluß eine radikale Patentlösung, um die Schatzkiste aus meinem und des Zauberers Gesichtsfeld herauszumanövrieren. Es ist wieder das probate Mittel der Ortsveränderung eingesetzt. Die Radikalkur heißt: «Die zwei Männer laden die Schatzkiste auf einen Wagen.» Damit entlaste ich die Schatzkiste ihrer Ortsbestimmtheit und zugleich ihrer Existenz. Das mit dem Wagen-Weggefahren-

Werden ist eine recht elegante Abschiedsszene. Keiner soll nach dem Wohin fragen. Aller Abgang ist schwer, auch wenn man sich zunächst einmal mit aller Energie für eine Sache, oder wie hier, für ein Darstellungsgeschehen eingesetzt hat.

Für meine geistige Entwicklung war das Ins-Werk-Setzen dieser fast märchenhaften Erzählung ein beachtlicher denkerischer Kraftakt. In meiner damaligen denkerischen Situation mußte ich fast zu der Bestätigung meiner neuen Denkstufe den Beweis erbringen, daß ich nicht mehr chaotisch emotional kindlich den Dingen der Welt gegenüberstehe, sondern daß ich in die Schicht der systematischen logischen Verknüpfung von Weltereignissen eingetreten bin.

Denn nun gibt es für mich nichts Zufälliges mehr. Mensch, Raum, Landschaft, Raumabstände, Gegenstände und zeitlicher Ablauf von Handlungen innerhalb der genannten Kategorien beherrsche ich – so wenig und primitiv einander zugeordnet sie sein mögen –, und nun kann ich sie sinnvoll kombinieren und deshalb auch eine Erzählung aufbauen. Ich habe damit bewiesen, weil ich so denke, muß und kann ich auch so und nicht anders zeichnen.

Das Heft «Der Zauberer und die Schatzkiste» ist in seinem Umfang und in seiner Größe recht bescheiden. Aber es ist überhaupt der erste Anfang meiner viel späteren Bücherschrei-

F. S. W. Der Zauberer und die Schlangen. Zeichnung.

F. S. W. an seinem Aktenschrank. Foto. 1980.

berei und die kernhafte Ausgangsleistung literarischer Veröffentlichungen. Der zweite Ansatz war dann das doppelt so große Heft der sogenannten «Weltbildpositionen» von 1919, worin ich mein erstes systematisch aufgebautes Weltbildprogramm entwarf. Doch davon später.

Wie es sich im Laufe der Zeit ereignet, war plötzlich die Welt der Zauberer aus meinem Interessenkegel entschwunden. Wohl gab es noch ab und zu ein Nachglimmen, z. B. zeichnete ich als etwa Vierzehnjähriger «Der Zauberer und die Schlangen» und schnitt als Kerbschrifttäfelchen einen Schlangenbeschwörer. Dies sind wohl noch Gestalten, die, ähnlich wie der Zauberer, über außerordentliche Geisteskräfte verfügen.

Aber diesmal ist das Wirkungsfeld des Zauberers viel eingeschränkter. Es ist mehr psychologisch-hypnotisch bedingt und nicht mehr existentiell-magisch. Auch die Spitzmütze des «Zauberers und die Schlangen» ist in ihren Emblemen bescheidener geworden. Stern und Sonne sind verschwunden und von der früheren Dreiheit blieb nur der Mond allein übrig.

Daraus geht hervor, daß ich mich immer stärker den rationalen irdischen Detailfragen zugewandt habe.

Jetzt möchte ich noch eine Bemerkung über die Bedeutung der Erscheinung der Schatzkiste innerhalb meines weiteren Lebenslaufes anschließen.

In der Geschichte des «Zauberers und die Schatzkiste» spielte die Schatzkiste nur eine fiktive, eine ideelle Rolle. Es war an keine wirklich existierende oder gar in meinem Besitz sich befindliche tatsächlich vorhandene Schatzkiste gedacht. Sie entsprang einer Wunschbildvorstellung, wie sie der Phantasiewelt der Kinder eigen ist.

Aber wie es im Leben geht, sollte in späteren Jahren doch eine Verwirklichung dieses fiktiven Wunschbildes und der kindlichen Idee stattfinden. Sollten doch Idee und Wirklichkeit austauschbar sein. Und dies kam so zustande. Als ich mir 1954 in Karlsruhe eine eigene Wohnung einrichtete, übergab mir meine Mutter den Schrank, den mein Vater sich zur Aufbewahrung seiner Zeichnungen und Graphiken anfertigen ließ. Es war ein Kernstück seiner Ateliermöbelausstattung. Diesen Schrank wählte sich mein Vater damals, um 1900, nach neuester Mode. Er ließ den Schrank nach dem in der Geschichte des Kunstgewerbes bekannten Riemerschmidt-Modell schreinern.

Er zeigt die damals typischen Stileigentümlichkeiten, daß das Naturholz und speziell die Astlöcher als Schmuckelemente sprechen und daß schmale Eisenscharniere wie lange Zungen verwendet werden.

Dieser Schrank war also für meinen Vater gleichsam schon in der persönlichen Zweckbestimmung ein geheiligtes Gebrauchsmöbel. Und bei mir und für mich hat er dieselbe Funktion beibehalten. Er enthält auch meine mir besonders wertvollen «Schätze»: Teile meiner Manuskripte, Teile meiner Zeichnungen, die persönlichen Akten, Familienpapiere und Kinderzeichnungen, die Schulhefte und Bücher, die ich als besondere Preziosen aufbewahren will. Überdies noch die Nachlaßzeichenhefte meines Onkels Karl-Maximilian Würtenberger.

Auf dem Schrank haben sich Plastiken besonderer, sozusagen familiärer Art versammelt. Die Büste meines Vaters von dem Bildhauer Hermann Volz, eine spätgotische Statue des Hl. Johannes Evangelista, die ich von meiner Mutter erhielt, das Relief der «Flora» meines Onkels Karl-Maximilian Würtenberger, die zuerst die Fassade unseres Hauses in Zürich, Zollikerstraße 204 und dann in Karlsruhe, Weinbrennerstraße 8 schmückte, eine Fotografie meiner Mutter, die Broncebüste, die die Bildhauerin Frau Liselotte Anschütz-Russwurm nach meiner Person modellierte, schließlich eine Römische Lampe, die ich von meiner 90jährigen Wohnungswirtin, Frau Peter geschenkt bekam, sowie eine Büste von Arnold Böcklin, die mein Onkel Karl-Maximilian Würtenberger als grün glasierte Keramik verfertigte. Hier entstand eine gewisse Art eines Lararriums, wo auch die Römer und Etrusker ihre Hausgötter ehrten.

Indem ich mir dies alles überdenke, empfinde ich diesen Riemerschmidt-Schrank meines Vaters in meinem Besitz durchaus als die Verwirklichung des Schatzbehälters, der «Schatzkiste», wie ich sie einstmals als Kind in meiner Erzählung erträumte.

IV. Ich und der Dadaismus (1915–1919)

Als ich 1915 sechs Jahre alt war, war ich schon der beste Dadaist. Von allen anderen Kunstrichtungen wußte ich durch meinen Vater und seine Züricher Freunde wie durch den Feuilleton-Redakteur der Neuen Zürcher Zeitung Dr. Hans Trog und die Maler Hans Sturzenegger und Willi Hummel bestens Bescheid. Nur merkwürdigerweise von den damals in Zürich frisch auftretenden Dadaisten wie Hugo Ball, Picabia, Paul Klee, Hans Arp oder Max Ernst erfuhr ich nichts. Gar nichts.

Dies war aber auch nicht schlimm.

Ich bedurfte der Dadaisten nicht. Ich war der beste, der ursprünglichste Dadaist, da ich schon, oder vielleicht besser gesagt, noch Kind war und nicht erst vom Erwachsenen mich krampfhaft zum Kind zurückentwickeln brauchte, wie dies damals Mode wurde bei den erwachsenen Kindern der Dadaisten.

Um zum Ideal des Kindlichen zu gelangen, brauchte ich keine mühsamen Wege zu machen. Das Kindliche hatte ich als Kind 1915–1919 von Natur aus schon in mir und brauchte es nicht wie die erwachsenen Dadaistenkinder erst erwerben und

F. S. W. Palasteingang mit König und Wächter. Zeichnung. 1919.

Paul Klee. Theater der Exoten. 1922.

F. S. W. Schellenkönig. Um 1919.

Paul Klee. Bildnis blauäugig. 1919.

122 Der Dadaismus

F. S. W. Knabe mit drei Taschen. Zeichnung. 1915.

Paul Klee. Angelus Novus. 1920.

F. S. W. Akrobaten. 1917.

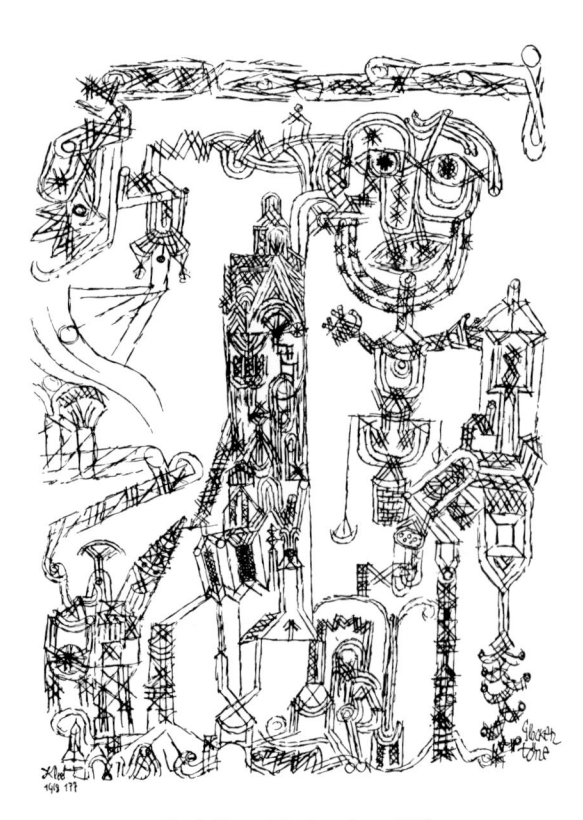

Paul Klee. Glockentöne. 1918.

rekonstruieren. Ich hatte somit das kunstgeschichtliche und zugleich bei der Produktion meiner Kinderzeichnungen das nicht genug zu schätzende Glück, schon als Kind auf höchster Höhe der damaligen modernsten und heute so sehr angebeteten Kunstbestrebungen zu stehen.

Dieses Glück wurde mir erst bewußt, als ich jetzt, 1971, meine Kinderzeichnungen wiederfand und sie kunstgeschichtlich einreihte. Dieses überraschende Resultat erfreut mich ungeheuer! Über das spezielle geschichtliche Werden und die geistesgeschichtliche Herkunft des Begriffes des Kindlichen habe ich 1952 eine Abhandlung geschrieben und auch Vorträge gehalten. Denn ich halte das Element des Kindhaften, künstlich erzeugten Kindlichen für eines der entscheidensten und wichtigsten Elemente der vom Dadaismus und Surrealismus gespeisten modernen Kunstbestrebungen. Über die verheerenden Folgen dieser geistigen Fehlleistung habe ich ausführlich berichtet, in meinem Aufsatz «Die Stellung des Ingenieurs und des Künstlers im modernen Weltbildsystem» im Kunstheft «Karlsruher Realisten» von 1970.

Für das Problem des kindlich Künstlerischen und Biologischen und die Zusammenhänge mit der Schicht der Historie vergleiche man das Zusammentreffen von Spielzeug und technischen Maschinen. Für das vorliegende Problem kann man eine parallele theoretische Tabelle aufstellen.

Zum Beweis meiner Aussage, daß ich schon Dadaist in den Jahren 1917–1919 war, kann ich aus dem Bestand meiner Kinderzeichnungen folgende Zeichnungen mit denjenigen der Dadaisten zusammenhalten:

1. Paul Klee: Theater der Exoten, 1922.
   Von mir: Palast-Eingang mit König und Wächter. 1919.
2. Paul Klee: Bildnis blauäugig, 1919.
   Von mir: Schellenkönig um 1919.
3. Paul Klee: Angelus Novus, 1920.
   Von mir: Knabe mit 3 Taschen. 1915.
4. Paul Klee: Glockentöne, 1918.
   Von mir: Akrobaten, 1917.

V. Ich und das Paradies der Tiere

Das Kind ist in seinem Denken dem Urzustand der Menschheit, wie ihn die Bibel in der Schöpfungsgeschichte der Welt schildert, noch sehr viel näher als der erwachsene Mensch. Das Kind ist sozusagen noch nicht, durch die Schlange verführt, aus dem Paradiesesgarten vertrieben. Das Kind besitzt noch das unverbildete Denken, das Ordnungsdenken, la pensée sauvage, wie es Lévi-Strauss ausdrückte, das Denken der Wilden, das die Erwachsenen längst verloren haben.

Das charakteristische Zeugnis dafür, daß das Kind noch die Verfassung und das Seinsgefühl des Urmenschen bewahrt hat, kann man an seinem Verhältnis zur Kreatur an sich, im besonderen zu den Tieren ablesen.

Das Kind lebt noch in einer wesenhaften leiblicheren und deshalb tierhafteren und ungebrocheneren Natürlichkeit als der Erwachsene, der sich von diesem Urzustand herausentwickelt hat und bei dem die Kluft zwischen Tier und Mensch zu einem absoluten Bruch geworden ist. Ja, sogar bis der Mensch wirklich ein als Mensch zu bezeichnendes Wesen wird, muß er die gesamte Schöpfung nochmals in sich wiederholen, muß er die Metamorphosen des Tierreiches durchlaufen, muß er Fisch und Vogel sein.

Insofern heißt es im «Demian. Die Geschichte von Emil Sinclairs Jugend» von Hermann Hesse: «Das Leben jedes Menschen ist ein Weg zu sich selber hin, der Versuch eines Weges, die Andeutung eines Pfades. Kein Mensch ist jemals ganz und gar er selbst gewesen: jeder strebt dennoch, es zu werden, einer dumpf, einer lichter, jeder wie er kann. Jeder trägt Reste seiner Geburt, Schleim und Eierschalen einer Umwelt, bis zum Ende mit sich hin. Mancher wird niemals Mensch, bleibt Frosch, bleibt Eidechse, bleibt Ameise. Mancher ist oben Mensch und unten Fisch. Aber jeder ist ein Wurf der Natur nach dem Menschen hin.»

Das seinem Wesen nach noch tierhafte Kind versteht es, sich mit den Tieren zu identifizieren und sie als seinesgleichen anzusehen, wie es uns erwachsenen Menschen nie mehr in unserem ganzen Leben vergönnt ist.

Durch unser spezifiziertes Wissen um die Dinge der Welt ist der erwachsene Mensch aus dem Tierreich herausgehoben und gehört dank seiner Intelligenz und seines Verstandes einer grundsätzlich anderen Gattung von Lebewesen an.

Der Erwachsene ordnet die Welt nach anderen Gesichtspunkten. Das Kind kennt noch keine Furcht vor dem Tier, es möchte jedes Tier, sei es noch so wild und heimtückisch, als etwas sich Bewegendes und auch Lebendiges, Liebenswertes streicheln und umarmen. Es kennt aber auch auf der anderen Seite kein Mitleid mit den Tieren. Ohne Hemmnis und ohne zu erröten, zieht es der Fliege die Flügel aus dem Leibe. Insofern kann das Kind grausam sein in seinem Unverstand.

124 Paradies der Tiere

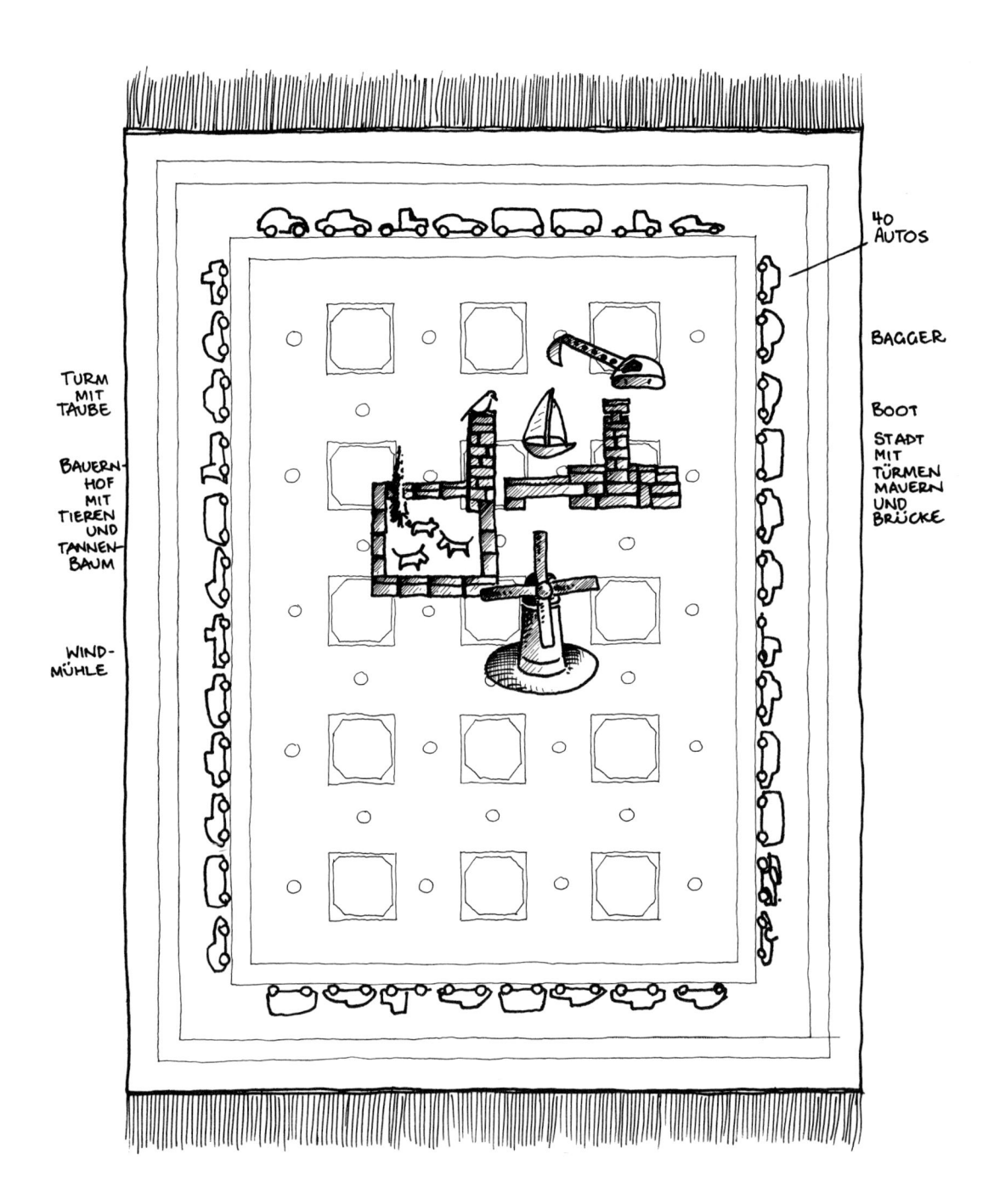

Mirjam Bentmann. Modell eines Weltbildplanes. 1972. (Gezeichnet von Ingo Gsedl).

Wie sehr die Tiere dem Kinde wertvoll und ein zu behütender Schatz sind, geht aus dem Modell des Weltbildplanes hervor, den ein 5 1/2jähriges Mädchen, Mirjam Bentmann, sich im Spiel auf dem Zimmerteppich erdachte und errichtete und das ich in Karlsruhe bei meinen Freunden, Dr. Reiner und Isolde Bentmann, im Februar 1972 entdeckte. In die Mitte des Teppichs setzte das Kind einen Bauernhof, einen von Mauern umgürteten Platz oder Binnenhof, in dem sich die verschiedenen Spielzeugtiere tummeln. Die Tierwelt ist wohlbehütet. Das Kernstück der gesamten Anlage des kindlichen Weltstufenplanes ist eine Art von Hortus conclusus. Im wesentlichen sind es die Haustiere; das Mädchen zählte sie mir der Reihe nach auf: Kuh, Babyschwein, Mutterschwein, Hund und Hund, Schäfchen und noch ein Schäfchen und Eisbär. Als letzte Krönung der Hierarchie der Tierwelt errichtete das Mädchen einen Turm, auf den es ein Täubchen setzte und kein Huhn, wie der Vater diesen Vogel zuerst nannte. Als einziges Gewächs ist im Hof das Tannenbaumspielzeug aufgestellt. So sehr ist das moderne Stadtkind der Botanik entfremdet. Als sekundärer Weltbildplan-Bezirk kam dann die Stadtandeutung mit Brücke und Mauern und ganz zuletzt auf dem Teppichrand die hohe Zahl von 40 Autos als Zeugnisse des modernen Verkehrs und als Exponenten der technischen Welt, in der das Mädchen am meisten tatsächlich lebt.

Um zu ermessen, welche geistige Verfassung im Kinde vorliegt, möchte ich zum Vergleich mit dem Kinde auf die Hinwendung zur Tierseele bei den Schamanen hinweisen, wie sie Mircea Eliade in seinem Buche «Mythen, Träume und Mysterien» im Kapitel IV «Das Heimweh nach dem Paradiese in den primitiven Überlieferungen» erläutert: «Wenn man den Glauben in Betracht zieht, daß der Schamane während seiner Einweihung einem Tier begegne, das ihm bestimmte Geheimnisse seines Berufes verrät, ihn die *TIERSPRACHE* lehrt oder sein *HILFSGEIST (FAMILIAR)* wird, so versteht man noch besser die freundschaftlichen und vertraulichen Beziehungen, welche den Schamanen mit den Tieren verbinden: Er spricht ihre Sprache, er wird ihr Freund und ihr Meister. Fügen wir jedoch gleich hinzu, daß mit dem Gewinnen der Freundschaft der Tiere und einer spontanen Herrschaft über sie für das archaische Bewußtsein keineswegs ein Rückfall in einen niedrigeren biologischen Zustand verbunden ist. Einerseits sind die Tiere Träger einer für das religiöse Leben äußerst wichtigen Mythologie und Symbolik; demzufolge ist der Verkehr mit den Tieren als ihr Freund und Herr, das Sprechen ihrer Sprache gleichbedeutend mit der Aneignung eines geistigen Lebens, das viel reicher als das nur-menschliche Leben der gewöhnlichen Sterblichen ist. Andererseits genießen die Tiere in den Augen der «Primitiven» ein beachtliches Ansehen: Sie kennen die Geheimnisse des Lebens und der Natur, sie kennen sogar das Geheimnis des immerwährenden Dauerns und der Unsterblichkeit. Indem der Schamane in sich die Seinsweise der Tiere verwirklicht, gewinnt er Anteil an ihren Geheimnissen und an ihrer Lebensfülle. Heben wir diese Tatsache hervor: Die Freundschaft mit den Tieren und die Kenntnis ihrer Sprache stellen einen ‹paradiesischen Zug› dar. *IN ILLO TEMPORE,* vor dem *FALL,* war diese Freundschaft ein wesentliches Element der ursprünglichen Verfassung des Menschen. Der Schamane gewinnt teilweise die paradiesische Verfassung des Urmenschen zurück, dank der Aneignung der Spontaneität und der *SPRACHE DER TIERE,* durch Nachahmung ihres Verhaltens und ihrer Laute. Wichtig ist die Feststellung, daß das Gespräch mit den Tieren oder deren *VERKÖRPERUNG* durch den Schamanen, wobei man sich hüten muß; dieses mystische Phänomen mit der *BESESSENHEIT* zu verwechseln, das vorekstatische Stadium einer Sitzung darstellt. Der Schamane kann erst dann seinen Körper verlassen und eine mystische Reise beginnen, wenn er durch seinen vertrauten Umgang mit den Tieren eine in seiner alltäglichen profanen *SITUATION* unerreichbare Glückseligkeit und Ursprünglichkeit erlangt hat. Die lebendige Erfahrung dieser Freundschaft mit den Tieren enthebt ihn den allgemeinen Bedingtheiten der ‹gefallenen› Menschheit und ermöglicht ihm, in das *ILLUD TEMPUS,* davon uns die Paradiesesmythen erzählen, zurückzukehren.»

Das Kind bemüht sich, die ganze Fülle der Tiergattungen und -arten in sich aufzunehmen, sich zum Besitz der eigenen Kreatürlichkeit zu machen. Dieses Bestreben kommt einer Inventaraufnahme auf diesem Sektor der Welt gleich. Nehmen wir alle Tiere zusammen, die wilden und zahmen, die einheimischen und exotischen, die das Kind im Verlauf seiner Kindheit zeichnet und damit in dieser Methode der Welteroberung in sein übriges Weltbild einreiht, so ergibt sich etwa der Bestand an Säugetieren, Reptilien, Insekten und Vögeln, wie wir sie in der Kunstgeschichte aus den Gemälden des Paradieses von Jan Breughel, Tintoretto oder Lucas Cranach oder aus der Bibelillustration von Matthäus Merian kennen.

Gewissermaßen einen ganz bestimmten Ausschnitt aus dem Tierparadies konnte ich als Kind in unserem Künstlerbilderbuch, betitelt «Buntscheck», von 1904 bewundern. Dort fand ich ein farbiges Vollbild von Ernst Kreidolf, «Hundepark» unterschrieben. Auf einer Wiese unter Bäumen ist ein Hundestall als Hundevilla gebaut, und die Hunde machen sich einen Spaß daraus, dort die Treppe hoch- und niederzuspringen und in heiterem Spiel und gestrecktem Galopp über die Wiese zu rasen. Zwei Hunde kläffen an einem Baum hoch, weil oben auf dem Ast eine weiße Katze sitzt. Zusätzlich badet ein Schwein im nahen Tümpel, und ein Kälbchen macht seine ersten unbeholfenen Sprünge: Im ganzen eine lebenslustige, heiter-fröhliche Welt ohne Sorgen, wie sie auch vergleichsweise dem Kinde eigen ist und eine Schilderung, die das Kind in vollsten Zügen akzeptiert.

Einem Tier ist das Kind in seiner geistigen und seelischen Verfassung besonders nahe: dem Tier, das die Seele verkörpert: Dem Schmetterling, dem alten antiken Seelenvogel. Der

Schmetterling ist noch sehr dem Reich des Ätherischen, Luftigen verhaftet, wie kaum ein anderes Tier. Es ist das Symboltier des Jenseits, der Ewigkeit. Die Schmetterlingswiese mit ihren Gästen erinnert uns sofort an das Paradies des Kindes. Eine deutliche Vorstellung bekam ich von dieser Art von Kinderparadies durch die Lithographie desselben Ernst Kreidolf vermittelt, wo eine Kinderstube mit dem Kind in der Wiege unten von einer Schmetterlingswiese umrandet wird. Weiße und schwarze Schmetterlinge gaukeln paarweise dahin. Sie antworten in ihren Farben des Lebens und des Todes den Schäfchen, die oben in der Waldlichtung weiden und sich in ihrer Farbe in Schwarz und Weiß teilen. Aber das Schwarz und Weiß erscheint auch im Mittelbild der Stube gleich symbolträchtig. Dem Kinde in seinen weißen Kissen kommt natürlich das Weiß, die Farbe des Lebens zu, während die Mutter, die das Kind in der Wiege schaukelt, in ihrem fortgeschrittenen Lebenslauf mit ihrer schwarzen Bluse und ihrem schwarzen Rock schon eher zum Sterben und Tode hinüberneigt.

Bei den Schmetterlingen auf der Wiese durchbricht ein Bläuling die Farbkontraste von Hell und Dunkel. Dieser Bläuling hat farblich seinen Gegenpol ganz oben im Blatt im Himmelsblau, das gerade noch durch den Wald der Lämmer hindurchschimmert. So sehr ist dieses Kunstblatt gedankenverschlungen durchkomponiert.

Hier möchte ich anschließen, daß ich als Kind selber, mit einem Schmetterlingsnetz bewaffnet, auf solche Wiesen hinausging, um der Schönheit dieser gaukelnden Lebenswelt und Farbenpracht der Schmetterlinge habhaft zu werden. Der Gedanke an die Schmetterlinge ließ unsere kindliche Phantasie erzittern. Und wir hatten die Schwalbenschwänze, die Pfauenaugen, Admirale, die Trauermäntel, die Kohlweißlinge, die Zitronenfalter und Bläulinge und den kleinen und großen Fuchs gefangen, nach unserem Schmetterlingsbuch genau bestimmt, fachgerecht sorgsam auf ein besonderes Brett aufgespannt und anschließend in wunderbaren Schaukästen gesammelt, als unveräußerbaren und wohlbehüteten Schatz. Wir glaubten damit trotz unseres kindlich-grausamen Spiels der höchsten himmlischen Farbenschönheit der Welt habhaft geworden zu sein. Diese Symboltiere unschuldiger Seelen gehörten mit größerem Recht uns Kindern als den Erwachsenen, denn wir waren ihrem Geist durch unsere größere Nähe zum Seelenreich des Himmels verbundener.

Und so haben wir Kinder auch einen Schmetterling fein säuberlich als Laubsägearbeit gestaltet, der bis auf den heutigen Tag sich erhalten hat.

Es ist ein Prachtstück eines üppigen Nachtfalters. Anstatt der hellen Farbtupfer auf den Flügeln wurden dekorative Löcher ins Holz hineingesägt. Im übrigen wurde der ganze Schmetterling mit schwarzer Farbe überstrichen und zu guter Letzt noch ein Faden durch die Flügellöcher gezogen, damit dieses Werk irgendwo als besonderes Schmuckstück aufgehängt werden kann.

Ob diese Kinderarbeit von meiner Schwester Monika oder von mir verfertigt wurde, ist nicht mehr festzustellen. Auf jeden Fall ist der Schmetterling ein Produkt der Begeisterung für diese paradiesischen Wundergeschöpfe der Natur.

Aber auf einer völlig anderen Kunstwerkschicht sollte ich mich nochmals mit dem Thema der Schmetterlinge einlassen. Nämlich ich selber, meine eigene Person, verwandelte sich in einen Schmetterling. Als derartiger Tänzer wurde ich von meiner Schwester Monika vor dem Schloß von Rastatt gefilmt, das ich zusammen mit ihr und meinem Paten-Neffen Julian Würtenberger besuchte. Dabei vollführte ich mit meinen Mantelflügeln solche Schwünge, daß ich das Hochgefühl empfand, selber zum fliegend gaukelnden Schmetterling zu werden. Geradezu ein traumhaftes Allgefühl ging unvermutet in Erfüllung!

Wie sehr die Schmetterlinge als Verkörperung der Menschenseele himmlisch-olympische Tiere sind, ging mir von Seiten der Bildungswelt der Kunstgeschichte auf, als ich durch den Aufsatz meines Lehrers Julius Schlosser in seinen Präludien «Der Weltenmaler Zeus. Ein Capriccio von Dosso Dossi» davon Kenntnis bekam, daß Zeus sich als Maler der Seelen der Menschen in Form des Malens von Schmetterlingen betätigt. Im Gemälde von Dosso Dossi im Kunsthistorischen Museum in Wien ist Zeus mit Pinsel und Palette in den Händen in seine hehre Beschäftigung versunken, und damit er auf gar keinen Fall darin gestört werde, wehrt der Götterbote Hermes sogar die Tugend vom Besuch beim höchsten Gotte ab. Dieses

Schmetterling. Laubsägearbeit.

F. S. W. als Schmetterlingstänzer. Filmaufnahme.

Gemälde habe ich als Farbtafel 1962 in meinem Buch «Der Manierismus» abbilden lassen.

Bei unseren Schmetterlingsexkursionen wußten wir Kinder, meine Geschwister und ich, es durch stille Übereinkunft besonders zu schätzen, daß unser Vater – als Maler dem Spiel der Farben zugetan – ebenso wie wir in das Fieber des Genusses der Schmetterlingspracht mit einstimmte.

Einen Abglanz all dieser Pracht und Glückseligkeit verfertigte ich mir als Achtjähriger am 16. August 1917 in zwei Aquarellen von Schmetterlingen, die besonders farbenprächtig ausfielen und heute noch Freude und Erstaunen auslösen.

Wenn ich meine Kinderzeichnungen, welche sich die Tierwelt erobern, zusammenstelle, so ergibt sich eine recht stattliche und abwechslungsreiche Zahl. Sie ist fast so reichhaltig, wie sie in den oben genannten Paradiesesbildern des 16. und 17. Jahrhunderts zu finden ist. Vielfach sind einige der Tierzeichnungen im Zusammenhang mit dem Zirkus entstanden. Von Ernst Eschmann hatten wir die Erzählung «Der Zircus-Toni». Daraus zeichnete ich den Elefanten mit dem Zirkus-Toni ab, der auf dem Hals des Elefanten steht und seinen Hut schwenkt. Dann gibt es eine Zeichnung mit drei Elefanten in der Manege mit einem Affen. Dazu kommt eine Zeichnung des Löwen von 1918. Dann schnitzte ich einen Löwenkopf als Springerle-Modell zum Schmuck für den Weihnachtsbaum. Den Tiger hielt ich zweimal fest. Einmal im Rahmen meiner geometrischen Zeichnungsfolge als Beispiel, wie man aus geraden Linien auch den komplizierten Organismus eines Tieres gestalten kann, das andere Mal auf blaues Papier gezeichnet.

Die Pferde-Zeichnungen sind ein Kapitel für sich. Schließlich wären noch Zeichnungen von zwei Hasen und einem Reh zu erwähnen.

Eine besondere Zuneigung hatte ich als Kind zu den Vögeln. Aus dem frühen Stadium meiner Kinderzeichnungen hat sich eine Zeichnung erhalten, bei der ich noch keinen Unterschied machte zwischen den Säugetieren und den Vögeln. Im Februar 1916 sperrte ich noch den Elefanten und den Löwen in denselben Käfig mit einem Pfau und einem Flamingo zusammen, wie sie im zoologischen Garten kaum in dieser Kombination zu sehen sind.

Die Vögel der Nacht, die Eule und der Uhu, scheinen es mir besonders angetan zu haben. Ich hielt sie in den Jahren 1915, 1918 und 1919 in Zeichnungen fest, wie sie dumpf und unheimlich in sich versunken auf den Ästen der Bäume sitzen. Im Bildausschnitt erinnern sie mich an die Zeichnung der Eule von Hieronymus Bosch. Einmal, 1918, kombinierte ich eine Eule mit einer Katze.

1919 habe ich anscheinend eine Folge von Vögeln angefangen. Erhalten haben sich davon ein Grünspecht, der auf den Baumstamm hackt, und ein stolzer Flamingo mit roten Rückenfedern.

Als mein Bruder Thomas und ich in Zürich die Zucht unserer Stallhasen auflösten und die Hasen auf dem Markte verkauft hatten, tat es mir leid, ganz der Tierhaltung entsagt zu

F. S. W. Schmetterlinge. Aquarell. 1919.

128 Paradies der Tiere

F. S. W. Eule mit Katze. Zeichnung. 1918.

F. S. W. Uhu. Zeichnung. 1918.

F. S. W. Grünspecht. Zeichnung. 1919.

F. S. W. Flamingo. Zeichnung. 1919.

Paradies der Tiere 129

F. S. W. Meine Lachtaube. Holzschnittentwurf. 1924.

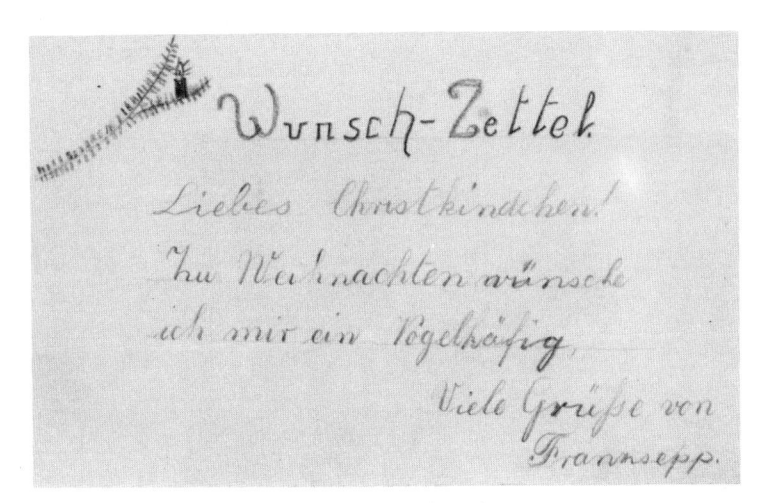

F. S. W. Wunschzettel.

haben. Ich entschloß mich deshalb, für den Erlös aus dem Hasenverkauf von 5 Sfr. eine Lachtaube zu kaufen. Diese Aktion fiel gerade in die Weihnachtszeit, und da schrieb ich dem Christkind einen Wunschzettel, daß ich mir einen Vogelkäfig wünsche. Das Objekt meines Wunsches war eben eine Lachtaube. Tatsächlich kaufte ich mir ein solches Exemplar bei einem Herrn Berchthold in unserer Nähe. Nun brauchte ich meine Neugier und Zuneigung zu den Vögeln nicht mehr durch Abzeichnen zu stillen oder im Zusehen, wie die Vögel im Winter an den Futterplätzen pickten, sondern ich konnte mich geschwisterlich um meine Lachtaube kümmern und mich an ihrem freundlichen Wesen, indem sie sich vielfach girrend verneigte, ergötzen. Diese Lachtaube wurde ein unentbehrlicher Teil unserer Familie.

Als wir von Zürich nach Karlsruhe zogen und die Lachtaube in unsere Pension nicht mitnehmen wollten, brachte sie meine Tante Thusnelde in Steißlingen bei Stockach unter. In den nächsten Sommerferien holten wir sie nach Karlsruhe in unser inzwischen neu erbautes Haus. Dort war sie im Eßzimmer untergebracht. Jedesmal, wenn jemand das Zimmer betrat, girrte und verneigte sie sich. Meiner Mutter, die vielmals am Tage das Eßzimmer betreten mußte, wurde aber eines Tages diese Reverenz und das monotone Gegirre zuviel. Daraufhin beschlossen wir, die Lachtaube wegzugeben, und ich schenkte sie dem zoologischen Garten in Karlsruhe.

Auf der künstlerischen Ebene gab ich aber nicht nach, sondern reihte das Portrait meiner Lachtaube in einem Holzschnitt-Entwurf unter die Abbildungen meiner früheren Vogelzeichnungen ein. Sehr klar löste ich die Wirkung der Stäbe und der Muster, und geschickt fügte ich die Jahreszahl 1924 in die oberen Zwickel hinein und nannte das Blatt «Meine Taube». Durch den jahrelangen engen Umgang hatte ich meine Lachtaube liebgewonnen und behielt zu den Tauben aller Art auch weiterhin ein herzliches Verhältnis.

Bei allen späteren Begegnungen, seien sie realer, bildungsgeschichtlicher oder religiös-symbolischer Art, dachte ich in guter Erinnerung an meine Lachtaube, an «meine Taube». 1930 wurde ich bei einer kunsthistorischen Exkursion nach Venedig fotografiert, wie ich im Verein mit meinen Kommilitonen die Tauben auf dem Markusplatz füttere. Pfingsten 1932 erlebte ich im Dome von Florenz, wie eine Holztaube an einem Seil durch das Mittelschiff des Domes gezogen wurde und die Kirchenbesucher über diese kultische Erscheinung des Hl. Geistes in Form der Holztaube in Freudenschreie ausbrachen. «La colombina, la colombina.»

1971 flogen in Karlsruhe schöne graue Tauben in meinen Garten und verweilten darin, bis sie wieder in Nachbargärten weiterflogen oder aber auch auf meinem Hausdach ausruhten und ihr Girren vernehmen liessen. Jedesmal mußte ich an meine Lachtaube denken und freute mich darüber, in Freiheit noch so würdige Nachfolgerinnen zu finden und wenigstens kurz auf meinem Territorium beheimaten zu dürfen.

Jetzt habe ich aber wenigstens bildhaft die Taube des Hl. Geistes bei mir als Motiv der christlichen Ikonographie als Hinterglasbild der Hl. Dreifaltigkeit in meinem Studier- und Wohnzimmer über der Tür hängend zu Gast. Diese Taube schwebt über Gott Vater und dem Kreuz Christi in den Lüften. Hier sind die Lüfte recht klein und unscheinbar, es gibt aber in der Kunstgeschichte noch Gelegenheiten, bei denen die Taube des Hl. Geistes einen viel umfassenderen Himmel, einen viel wirkungsvolleren Aktionsraum innehat. Dies geschieht bei den Kuppelmalereien der barocken Kirchen. Dort ist z. B. in der Klosterkirche Ettal der Taube extra eine Kuppellaterne als architektonisches Sonderhäuschen angewiesen. Dort ist die Taube des Hl. Geistes im Zentrum an der Zentralstelle des Himmels der Heiligen und Märtyrer, und sie ist der Sammelpunkt aller himmlischen Herrlichkeit. Hier bekommt in der Raumwirkung die Taube des Hl. Geistes in der Kunst zumindestens die gewaltigste und eindrucksvollste Machtentfaltung gleichsam als Mittelpunkt-«Sonne» des himmlischen Universums der Heiligen.

Mir selber ist es klar, was es mit der Relation Symbol, Gedanke und Wirklichkeit auf sich hat, auch bei der heiklen Frage der religiösen Symbolsprache. Doch bei vielen Zeitgenossen ist diese Relation in Unordnung und in die Zone gewisser Zweifelsüberlegungen geworfen. Dies erfahre ich in der Tageszeitung, die ich täglich morgens lese, aus den «Badischen Neuesten Nachrichten» vom Freitag, dem 11.6.1971. Über die Erscheinungsweise des Hl. Geistes anläßlich der Fronleichnamsprozession in München wird auf neue Art und Weise philosophiert. Auf der Titelseite der Zeitung verkündet ein AP-Funkfoto, daß gestern junge Christen in der großen Münchener Fronleichnamsprozession mit kritischen Transparenten durch die Innenstadt zogen. Auf einem dieser plakathaften Transparente, unter denen Mädchen und Jungmänner einherschreiten, ist zu lesen: «Der Hl. Geist ist mehr als eine römische Brief-

Notiz aus den Badischen Neuesten Nachrichten.

taube.» Dies ist der letzte Kommentar über die Auslegung der ikonographischen Symbolgestalt des Hl. Geistes als Taube, den ich zu Gesicht bekommen habe.

Der Heilige Geist wird allerdings nicht nur mit einer «römischen Brieftaube» verglichen. Außer dem Vergleich aus der Zoologie hat er sich auch noch in Konkurrenz zu sehen mit Apparaturen aus dem Bereich der modernsten, die Menschheit bedrohenden Technik.

So heißt es in den Badischen Neuesten Nachrichten zur Papstwahl von Johannes Paul I. am 26.8.1978 über das Konklave: «Doch der Heilige Geist, so meinen einige Konklavisten, ist glücklicherweise noch nicht computergesteuert.» In der Artikelüberschrift heißt es: «Nur ein Computer kennt schon die Nachfolge Papst Paul VI.»

Doch nach diesem Exkurs wollen wir uns wieder zurückversetzen ins Tierparadies der Kinder. Die Welt des Kindes ist reichlich von Tiergestalten erfüllt. Dies bezeugen die Märchen, an denen die Kinder so viel Freude haben. Ohne Tiere wären sie gar nicht denkbar. Man denke an das Märchen von den Sieben Raben, an die Bremer Stadtmusikanten mit der Tierpyramide, an den Gestiefelten Kater, an Reinecke Fuchs, das Märchen von den Sieben Geißlein usw. Dieser Tierfreundlichkeit im Märchen wurde in unserer Familie Rechnung getragen, indem die Eltern den Bilderbogen des Gestiefelten Katers von Moritz von Schwind in unser Kinderschlafzimmer gehängt hatten. Ich habe diesen Holzschnitt tausendfach angesehen und immer wieder die Situationen des gestiefelten Katers miterlebt. Am 5.1.1919 lautet ein Tagebucheintrag von mir: «Ich war im Stadttheater im Gestiefelten Kater mit Pfleghards Kindern.» Beim Erzählen des Märchens vom Wolfe und den sieben Geißlein durch meine Mutter, brach ich jedesmal an derselben Stelle in heftige Tränen aus, wenn der Wolf die sieben Geißlein verschlang.

Zu den von mir gezeichneten, gesehenen und womöglich selbst gehaltenen lebendigen Tieren, wie Frösche, Maikäfer, Raupen, Hasen, Meerschweinchen und meiner Lachtaube, gesellte sich noch ein anderer Realitätsgrad der Tiere: Die Spielzeugtiere. Von dieser Erscheinungsart und Umgangsmöglichkeit besaß ich ein Schäfchen mit heller weißer Wolle, einen Pferdestall mit vier Pferden, das Ziehroß, das Schaukelroß und dann noch ein sehr wichtiges Tier: Ein Stoffäffchen, das ich über meine Hand ziehen konnte. Zu diesen Spielsachen möchte ich noch das Eisbärfell hinzunehmen, das im Eßzimmer als Teppich lag. Ich stand auf gutem Fuße mit dem Eisbären und streichelte immer wieder seinen Kopf und hatte an seiner edlen, wenn auch durch die Gebrauchsform, die mich aber keineswegs störte, malträtierten Erscheinung Freude.

Durch diese Spielzeugtiere geriet ich ohne mein Wissen und ohne Ahnung der tiefen Bedeutung der Tiere in die symbolhafte Unterscheidung von Gut und Böse, denn das Schäfchen ist der Inbegriff des Guten und christlichen Heils. Dagegen verkörpert der Affe das Böse, die falsche Nachahmung Gottes.

F. S. W. Affe. Kerbschnitt.

F. S. W. Schlangenbeschwörer. Kerbschnitt.

In den etwas späteren Lebensjahren, als meine reine, unkritische Kinderseele abzusterben begann, verfertigte ich um 1923 das Kerbschnittäfelchen eines Affen, der zwischen zwei Baumästen hängt. Hier kam ich in dieser Form zum ersten Mal leibhaftig mit der Poligkeit des ethischen Menschenlebens in Berührung.

Zur Kenntnisnahme und zur künstlerischen Darstellung des suspekten Symboltieres, das den Menschen nach dem Bibelbericht aus dem Paradies, dem Tiergarten Eden vertreiben sollte, der Schlange, kam ich erst später, auf einer anderen Weltbildstufe meiner geistigen Entwicklung. Erst im Gymnasium zeichnete ich einen «Zauberer mit Schlange» und einen «Schlangenbeschwörer». Erst hier trat ich in Kampfstellung und als Bezwinger des Symboltieres, der Schlange, auf und fand damit den völligen Abschluß der Kindheitsepoche, in der Tier und Mensch noch einig und friedvoll beieinander leben können.

Ich muß noch von einem weiteren Tier sprechen. Ich habe es allerdings nie lebend gesehen. Es existierte nur in der Vorstellung und Phantasie meiner Geschwister und in den Gehirnen meiner noch unaufgeklärten Altersgenossen. Ich meine den Osterhasen.

Der Osterhase hat biologisch völlig absurde und auch sonst völlig unmögliche Eigenschaften. Er kann wie eine Henne Eier legen! Allerdings hat in Wirklichkeit noch niemand gesehen, wie er dieses Kunststück zuwege bringt. Doch in Bildern, die ja mehr vermögen als die Realität, habe ich als Kind den Osterhasen eierlegend zu Gesicht bekommen. Im Bilderbuch von Buntscheck war ein Hase abgebildet, der davonspringt und im Sprunge gleich sieben wundervolle Ostereier legt, schön hingezählt. Als Kind glaubt man, was man sieht, nach dem Motto eines meiner rationalistisch eingestellten Bauernvettern: Er glaube nur, was er sähe. Der Osterhase ist mit dem Christkindchen verwandt. Ebenso wie am Weihnachtsabend das Christkind die Geschenke auf den Gabentisch legt, ohne daß jemand es jemals bei dieser Tätigkeit beobachten konnte, so hat noch niemand am Ostermorgen den Osterhasen in unserem Garten gesehen, wie er die Eier in die Rabatten legte. Wenn wir Kinder in den Garten durften, um die Ostereier, sorgsam versteckt, aufzustöbern, war der Osterhase schon längst wieder über alle Berge gesprungen. Höchstens erwischte man mit einem allzukurzen und deshalb unkontrollierbaren Blick den letzten Rest seines Schwänzchens, wenn der Vater plötzlich auf Frühlingsspaziergängen auf ein dichtes Gebüsch hinwies und erregt fragte: «Hast du dort denn nicht den Osterhasen vorbeispringen sehen? Jetzt ist er aber schon fort.» Da ärgerte man sich, nicht schnell genug hingesehen zu haben und man hoffte, daß dies das nächste Mal bei günstigerer Situation gelingen möge. Die Szene, wie der Eier legende Osterhase davonspringt, hat übrigens mein Vater auf die Puppenkleiderschachtel meiner Schwester Monika aquarelliert.

Es ist merkwürdig: die Logik des Kindes ist noch nicht so perfekt ausgebildet, daß es zu erkennen vermochte, daß dieselben Ostereier, die mit großem Eifer am Vorabend vor Ostern von ihnen selber angemalt wurden, auch dieselben sind, welche der Osterhase so freundlicherweise am nächsten Morgen in den Garten legt. Doch allmählich löst das Kind das Rätsel auf, und aus dem Kind wird ein rational vorgehender Denker.

Mein Verhältnis zu der Tierwelt machte beachtliche Wandlungen durch. Zuerst war die Tierwelt noch rein und ausschließlich tierisch, ohne menschliche Züge und Berührungspunkte. Ich selber war noch ein so sehr urkreatürliches Ganzheitswesen, da ich in den Tieren noch meine Urkreatürlichkeit gespiegelt sah. In den dämonischen Löwen, Tigern und Uhus leuch-

Ernst Würtenberger. Der Osterhase. Aquarell. Um 1909.

tete noch meine eigene Dämonie ungebrochen hindurch. Dies war in den Jahren 1915 bis 1917 der Fall.

Erst allmählich lernt das Kind zu unterscheiden zwischen wilden, bösen, gefährlichen Tieren der freien Wildbahn und zwischen den zahmen und harmlosen Haustieren. Es ist typisch, daß auf meiner ersten Tierzeichnung, die erhalten ist, zahme und wilde Tiere friedlich nebeneinander aufgezählt werden.

Von einem gewissen Punkt an ist es an der Zeit, daß wir in unserer Entwicklung der Welterkenntnis die unschuldige Wildheit der Tierseele aus unserer Seele austreiben. Eine aufschlußreiche Illustration dazu gibt es von Carl Hofer in dem Kinderbuch von Paula Dehmel «Rumpumpel. Ein Buch für junge Mütter und ihre Kleinsten» von 1903. Dort werden die Seelöwen aus dem Hause gejagt. Damit ist gemeint, daß sie aus der Seele des Kindes gejagt werden.

In einem weiteren Stadium vermochte sich Tierisches und Menschliches zu vermischen. Meine Vorstellung des Tieres wurde gesitteter. Die Tiere konnten ganz gegen ihre zoologische Natur auch Allüren, Gesten und Gedankengänge des Menschen annehmen.

Ein typisches Beispiel dafür ist die Zeichnung des Osterhasen vom 23.2.1919, eine Kopie nach dem ABC-Buch von Hans Thoma. Dieser Hase geht aufrecht wie ein Mensch und ist fähig, einen Spazierstock zu führen. 1920 zeichnete ich die vermenschlichte Tierszene vom Hasen und dem Swinigel nach Ludwig Richter ab. Die beiden sind gekleidet wie Herr und Bauer und unterhalten sich, wie die Menschen zu tun pflegen.

1924, als ich 15 Jahre alt war, änderte sich mein Verhältnis zu der Tierwelt nochmals grundsätzlich.

Alle drei Bilder, die sich mit Tieren befassen, nehmen Distanz vom Tier. Ich schildere jeweils, wie der Mensch das Tier in seine Gewalt bekommen hat.

Die Lachtaube im Holzschnittentwurf ist vom Menschen, von mir selber, in ihren Käfig gesetzt worden und stellt sich wie ein Schaufensterrequisit zur Schau. Sie ist meine Gefangene.

Der Schlangenbeschwörer in der Kerbschnittafel unterwirft die Schlange seinem Willen.

Die zwei Neger in dem Ölbild, das ich 1924 malte, triumphieren über den erlegten Leoparden. Als Sieger halten sie dem Beschauer den Tierleichnam entgegen. Das Paradies, wo die Tiere der selbstverständliche Kamerad aus dem gleichen Topfe der Schöpfung sein können, wie es Kinder empfinden, ist somit in mir zerstört und verlassen.

Bisher waren alle Tiere so lebendig, so unbekümmert, so lebensfroh wie ich selber. Da war kein Unterschied. Nun habe ich die Relikte meines eigenen kindlich-naiven Tierseins überwunden, und das Tier ist für mich ein Außerhalb von mir, eine fremde Sache geworden, ein grundsätzlich vom Menschen abgehobenes Geschöpf, nicht mehr ein Stück meiner eigenen Welt, sondern ein von mir getrenntes Gegenüber.

Von da ab enthielt ich mich über Jahrzehnte hinweg, mich mit der Tierwelt, diesem gewaltigen Schöpfungskomplex, dem in der biblischen Erschaffungsgeschichte der Welt ein ganzes Tagewerk zugebilligt wird, zu beschäftigen. Denn ich hatte

134 Paradies der Tiere

F. S. W. Nach Hans Thoma. Osterhase. 1919.

mich zum kunstwissenschaftlichen Bildungsspezialisten mit ganz anderen Ambitionen und Interessenssphären hinabentwickelt.

Erst als ich mich vom enghorizontigen kunsthistorischen Einzelmotivforscher zum systematischen Weltganzheits-Theoretiker emporgearbeitet hatte, stieß ich auf die Rolle der Tiere, die sie in den verschiedenen geschichtlichen von mir durchforschten weltganzheitlichen Weltkonzepten spielten. Erst dann konnte die Tierwelt mir wieder zum beachtenswerten Problem werden.

Dies ereignete sich, als ich mich um die Jahre 1940 bis 1950 um das System der niederländischen Gattungsmalerei bemühte. Im großen Reigen der verschiedenen Themen treten die Tierdarstellungen als eigene Bildgattung auf, ebenso selbständig wie die Landschaft, das Seestück, das Architekturstück, das Portrait, das Gesellschaftsbild oder das Stilleben.

Zum zweiten Mal stieß ich auf die Bedeutung der Tierwelt, als ich in den Jahren 1965 und 1966 die Systematik des künstlerischen enzyklopädischen Weltbildes des Barockzeitalters behandelte.

Da stieß ich auf die Tierwelt, indem ihr in den Schloßanlagen die Menagerien, Volièren und Marställe zugeteilt waren und dadurch selbst die lebenden Tiere in den Organismus der Themensymphonie der Schlösser eingebaut waren.

Wie ich bei meinen Vorlesungen über das barocke Weltbildkonzept den Marstall im Schloß Pommersfelden zeige, zeichnete am 28.2.1967 mein Freund Walter Schmidt.

Zugleich wurde ich bei diesen Recherchen noch mit einem ganz anderen Phänomen konfrontiert. Nämlich damit, daß

F. S. W. Zwei Neger mit Leopard. Ölbild. 1924.

Walter Schmidt. F. S. W. bei der Barockvorlesung. 1967.

gemäß der griechischen Mythologie auch sagenhafte Mischwesen auftreten, die sich zwischen Mensch und Tiersein bewegen. Ich erinnere an die Kentauren, Najaden etc.

Hieraus wurde mir der weltbildsystematische Zusammenhang zwischen Kreatürlichkeit in der Form des Tieres und des Menschen entgegengetragen. Dies war für die denkerische Einreihung meines eigenen Selbst in das Weltganze – um die es vor allem ging – eine Überraschung und zugleich eine große Hilfe. Das Rätsel Mensch hatte etwas von seiner sonstigen Schärfe verloren. Diese Erkenntnis hatte etwas Befreiendes-Beruhigendes für mich. Meine zunächst rein wissenschaftlichen Überlegungen und Untersuchungen strahlten auch auf die persönliche Einsicht des allgemeinen Weltenbaues und der Weltgesetzlichkeit aus.

Zum dritten Mal trat mir die Tierwelt als ein in einem größeren Zusammenhang integrierter Weltbildkomplex entgegen, als ich es als 72jähriger 1981 unternahm, einen Bauernhof als für sich existierenden weltganzheitlichen Kosmos zu erkennen und in Einzelheiten zu schildern.

Die Gelegenheit dazu bot sich mir an, als ich an Hand der Gemälde und Zeichnungen meines Vaters Ernst Würtenberger das Hofgut Braunenberg, den Geburtsort meiner Mutter, beschrieb. Denn mein Vater hat über vierzig Jahre hinweg, von 1890 bis 1932 das Hofgut Braunenberg jeweils in den Hauptferienzeiten besucht und dort im Laufe unzähliger Aufenthalte alles gezeichnet und gemalt, was ihm am Betrieb eines Bauerngutes charakteristisch erschien an Landschaftssituationen, an Tiergestalten und Menschencharakteren. Über diese vielfach thematisch gefächerten Werke veranstaltete ich im Sommer 1981 eine Ausstellung im Kreismuseum Schloß Bonndorf im Südschwarzwald. Mein Vortrag über dieses Thema wurde in «Hegau. Zeitschrift für Geschichte, Volkskunde und Naturgeschichte des Gebietes zwischen Rhein, Donau und Bodensee» 36/37, 1979/80, veröffentlicht.

Die Idee, den Betrieb eines bäuerlichen Hofgutes als weltganzheitlichen Kosmos aufzufassen und systematisch aufzugliedern, kam mir analog zum Kosmos der Schlösser im Zeitalter des Barock, die auf ähnliche und vergleichbare Weise eine ebenso in sich geschlossene Weltbildkonzeption verkörpern, die ich ausführlich, wie ich schon erwähnte, in meinem Barock-Buch vorführte.

Bei der Bearbeitung der Zeichnungen und Gemälde meines Vaters ging es mir auf, welch eminente Rolle die Tiere im Gesamtkosmos eines Bauernhofes als Verbindungsglieder zwischen den landschaftlichen Weideräumen und notwendiger menschlicher Betreuung spielen.

Kunstgeschichtlich gesehen wies ich darauf hin, daß sich die einzelnen Großtierarten wie Schafe, Kühe oder Pferde in den Landschaftsszenerien der Gemälde kompositionell organisch rhythmisch einfügen.

Außerdem lag es mir am Herzen, speziell das enge Verhältnis der Bauern zu den von ihnen zu betreuenden Tieren hervorzuheben, sei es von Seiten der Schäfer, der Pferdeknechte, der Stallmägde oder auch der Hüterkinder, denn auf diese Eigenschaft legte mein Vater in seinen Bildmotiven großen Wert. Mein Vater besaß noch das außerordentliche Gefühl, wie in den früheren vorindustrialisierten Bauernhöfen Tier und Mensch eine schicksalhafte, fast familiär zu nennende, in sich verwobene Gemeinschaft bildeten. Jeder Einzelne hatte noch ein persönliches Verhältnis zu den ihm anvertrauten Tieren. Das Tier war noch nicht ausschließlich rohtechnisch manipulierbares Nutzprodukt.

Das Verhältnis der Fuhrleute zu ihren Pferden auf den Gemälden meines Vaters charakterisierte ich folgendermaßen: «Das Motiv der Kameradschaft der Fuhrmänner mit den ihnen anvertrauten Schützlingen, den Pferden, hat Ernst Würtenber-

Ernst Würtenberger. Fuhrmann mit Pferden. Gemäldeskizze.

ger zu einer eigenen Gemäldekomposition werden lassen. Um den engen, intimen Verkehr zwischen Mensch und Tier zu unterstreichen, ist der Bildausschnitt auch eng- und nahsichtig gefaßt. Der Kopf des Schimmels steht gleichgewichtig neben der Gestalt des Fuhrmannes. Beider augenblickliches Schicksal ist im beiderseitigen lässigen Warten zusammengekoppelt.»

Diese Charakterisierung konnte ich auch mit gutem Gewissen bestätigen, da ich selber besonders im Verkehr mit meinen bäuerlichen Vettern und Cousinen allenthalben in vielen Ferienaufenthalten miterleben durfte, welche Sorgfalt, welches mitfühlende Verständnis und welche Achtung sie den Tieren, die in ihre Obhut gegeben waren, in allen Lagen, tags und nachts, bei jedem Wetter, angedeihen ließen. Dies mitzuerleben war für mich ein großer Gewinn hinsichtlich der Gefühlsbildung der Mitkreatürlichkeit zwischen Mensch und Tier.

Aber zugleich erkannte ich dabei mit allergrößter Besorgnis, welchen geringen, oder anders ausgedrückt, welchen abscheulich vernachlässigten Stellenwert in der modernen technischen Weltbildkonzeption die Tierwelt – ein Hauptstück der natürlichen Schöpfung – innehat gegenüber der durch nichts wegzudiskutierenden Tatsache, daß die Tierwelt einen wesentlichen und kaum hoch genug einzuschätzenden Bestandteil im Aufbau der Weltschöpfungskonzeption als Naturkosmos ausmacht.

Es ist ein trauriges Zeichen, wie die Tiere heute meistens in speziellen und extra für sie eingerichteten museumshaften Zoos zu beobachten sind oder sonst nur ausschließlich als Nutzobjekte der fabrikmäßig ihre Produkte erzeugenden Nahrungsindustrie angesehen werden.

Ich kenne junge städtische, nur von den technischen Einrichtungen umringte Jetztzeitknaben, die erst mit 12 Jahren fähig geworden sind, in der freien Natur draußen eine Kuh von einem Pferd zu unterscheiden. Dies ist der Gipfel der Entfremdung vom natürlichen Weltbildwissen.

Doch wenn ich mich heute an jene Begegnungen auf dem Bauernhof Braunenberg zurückerinnere, so ist dies schon längst keine fortgeführte Gegenwart mehr, sondern weit hinter mir gelassene Vergangenheit. Ganz andere Ereignisse und Überlegungen und Tatsachen treten mir heute hinsichtlich der Tierwelt entgegen.

Inzwischen kam in den Jahren von 1970 bis 1980 die Tierwelt noch in völlig anderer Gestalt in mein Gesichtsfeld. Die historische, rein wissenschaftliche oder auch künstlerisch erfaßbare Dimension wurde für meine Weltsicht nicht mehr so wichtig. Die Tierwelt wurde über alle schönen historischen Betrachtungsweisen und künstlerisch ästhetischen Gestaltungen hinaus, wie überhaupt das ganze Verhältnis des modernen vertechnisierten Menschen zu den Dingen sich geändert hat, zu einem weltethischen Problem.

Zur Erläuterung dieses neuen Sachverhaltes sei ein Beispiel aufgezeigt.

Wenn ich nun unter dem neuen Gesichtspunkt mein letztes von mir gemaltes Tierbild, das ich 1924 vor über 50 Jahren verfertigte, nämlich die zwei Neger, die einen erlegten Leoparden uns Beschauern entgegenhalten, mit heutigen Augen betrachte, so überfallen mich ganz andere Gedankenkaskaden als damals, als ich dieses Gemälde entwarf. Denn inzwischen hat sich die Gesamtlage des Verhältnisses des Menschen zur Mitkreatur Tier radikal und erschreckend geändert.

Der Anblick des toten Leoparden läßt in mir die ganze trostlose Bilanz und den ganzen Jammer hochsteigen, daß die Tierwelt in katastrophalem Umfang von dem Aussterben bedroht ist. In den Tageszeitungen lese ich, wie viele Tierarten mit ihrem Überleben kämpfen und schon ausgerottet sind.

Mit Schaudern erkenne ich, wie der vertechnisierte Mensch sich an seinen Mitgeschöpfen, den Tieren, vergriffen hat. Ich sah mit blutendem Herzen die Fernsehsendungen des Frankfurter Zoodirektors Bernhard Grzymek an. Ich sehe mir die Aufkleber an, die von dem Bundesminister des Inneren herausgegeben werden und einen Schmetterling in neuer Bedrohung vorführen, mit dem wehmütigen und fast ironisch-zynischen Aufschrei «Umwelt kann schön sein» oder «Verspiel deine Umwelt nicht!», nachdem man sie so grausam unüberlegt geschändet hat.

Aufkleber des Bundesministeriums des Innern.

Aus dieser Gewissensnot heraus habe ich 1979 in mein Konzept des Anti-Technischen und Pro-Kulturellen Museums als weltethische Aufklärungsstätte in dem Bezirk der Grenze des Machbaren die zwei Gedenkmomente eingesetzt, die den schon ausgestorbenen Tier- und Pflanzenarten und, als Gegenstück dazu, den Verkehrstoten gewidmet sind (Abb. S. 461).

Zum Schluß unserer Ausführungen und Beobachtungen sei zum Seelenvogel Schmetterling zurückgekehrt.

Am 17. Mai 1980 bekam ich das Buch von Carl Amery «Natur als Politik. Die ökologische Chance des Menschen» von meiner Schülerin Annemarie Schmidt-Cords geschenkt, als sie von Brasilien aus, wo sie jetzt tätig ist, Deutschland besuchte. Es ist typisch für unser Desinteressement an den großen Weltvorgängen, daß ich gerade von ihr und nicht von jemandem von hier dieses äußerst kritische Buch bekam. Dort hat mich bei der Lektüre die Stelle über die heutige Situation der Schmetterlinge hart betroffen:

«Die Erinnerung an die unglaubliche Fülle von Schmetterlingsarten, die ich in meiner Jugend (in den zwanziger und dreißiger Jahren des Jahrhunderts) noch hier in Bayern erleben und sehen durfte, ruft in mir nicht nur freudige Erinnerung, sondern ohnmächtige Wut hervor; Wut auf eine Menschheit, die in blinder Allianz mit der Wüste so viele Gedanken Gottes zerstört hat. Aber rechnen wir – auch hier, auch auf diesen Seiten – mit der wachsenden Anzahl von Zeitgenossen, denen das Nichtmehrvorhandensein von Schmetterlings- und Vogelarten höchstens ein Gähnen entlockt, und bis zu den atemberaubenden Mysterien ihrer Porscheinnereien oder Wahlumfragen zurückkehren wollen. Ihnen sei gesagt, daß es nicht um Schmetterlinge oder Buchfinken geht, sondern um uns selber.»

VI. Ich und die Welt der Akrobaten

Es wird für mich schwierig, aus dem bisherigen Nirwana der schwebenden schwerelosen Seinswelt des Kindes auszutreten und in die rationale, schwerfällige Realwelt der Erwachsenen mit ihren physikalisch festgelegten Gesetzen um- und herabzusteigen.

Mit allen mir verfügbaren Mitteln sträube ich mich vor diesem Absturz, vor dieser Minderung des Seinsgefühls. Ich möchte die spielerische Leichtigkeit der kindlichen Weltvorstellung möglichst lange beibehalten. Ich möchte, daß der Mensch und vor allem ich selber, nicht dem alle Bewegungsfreiheit tötenden rationalen Gesetz der natürlichen Schwerkraft anheimfalle. Immer noch klingt in mir der ursprüngliche embryonale Zustand nach, wie ich im Fruchtwasser des Mutterleibes ohne Richtungsbetontheit schwerelos und ohne Gefühl für den Horizont schwimmen konnte.

Es ist eine ähnlich rückwärtsgewandte Sehnsucht, wie ich sie auch bei meinen Zeichnungen der Höhlen der Bergwerksleute und der Zwerge feststellte.

Ich möchte nur die fröhliche Heiterkeit des schwerelosen Sich-Bewegens und Jonglierens bewahren. Und dies, obwohl ich Horizont und Körperschwere, die Gegenpole der Losgelöstheit des Seinsgefühls, schon in mein Weltbildrepertoire aufgenommen hatte. Denn an sich stehen die von mir gezeichneten Menschen-Männchen schon längere Zeit auf der Horizontlinie.

Nun beginnt ein verzweifelter Endkampf zwischen den Weltgesetzen des Kindes und des Erwachsenwerdens. Um nicht in der Banalität des physikalischen Naturgesetzes der Körperschwere unterzugehen, rufe ich neben den Zauberern und Zwergen die Welt der Akrobaten, der Zirkusleute, der Seiltänzer zu Hilfe. Denn ihre Aufgabe und ihre Kunst besteht hauptsächlich darin, das Gesetz der trägen Masse ihres Körpers durch alle erdenklichen Tricks zu überwinden und zu annullieren und noch auf ihre Weise fast engelhafte Luftgeschöpfe zu sein.

Die Akrobatik in der Beherrschung des Körpers und in den Zeichnungen des Knaben

Mit den Akrobaten, diesen Tausendsassas der Beherrschung der Körperschwere und des Raumes, verbündet sich mein eigenes Seinsgefühl. In dieser künstlichen unwirklichen Welt schwelge ich und bin in meinen damaligen Zeichnungen von 1917 und 1918 als 8- bis 9jähriger Knabe höchst erfinderisch und produktiv.

Alles, was mit der Atmosphäre des Zirkus zusammenhängt, beflügelte mich.

Etwa 60 Jahre später bekam ich Gelegenheit, über die Welt des Zirkus prinzipielle Bemerkungen zu machen.

Mein Freund, der Maler und internationale Puppenspieler

138 Die Welt der Akrobaten

F. S. W. «Der Zirkustoni». Zeichnung.

Björn Fühler, gab über sein Puppenspiel «Der Zirkus. Stück für Puppen und belebte Figuren» 1976 eine Publikation heraus. Er forderte mich auf, einen Beitrag dazu zu liefern. Ich gab u. a. eine kulturgeschichtliche Definition des Zirkuswesens, die lautet: «Der moderne Zirkus ist eine feststehende Kunstform und ein in sich geschlossener Weltkosmos wie die Kathedrale im Mittelalter, wie das Schloß oder die Oper im Barock, wie die Symphonie oder das Ballett in der Neuzeit.

Der Zirkus trägt in sich den Charakter des Enzyklopädischen. Er umfaßt in gewisser Weise die gesamte Weltschöpfung. Dabei haftet ihm noch zugleich ein heiliger Schimmer des heilen Paradieses an. In ihm ist noch harmonisch und friedlich eine sehr weitgespannte Tabulatur von Menschen und Tieren aller Art vereint [...] Aber auch die Menschen wissen sich eigenen, außergewöhnlichen Gesetzlichkeiten mit Geschick und Eleganz zu unterwerfen. Man denke an die tollkühnen Akrobaten, Seiltänzer, Feuerfresser und die Clowns als die dummdreisten Weisen dieser Welt.»

Es befindet sich eine Postkarte meines Vaters in meinem Besitz, die an meine Schwester Monika, meine Mutter und mich von Zürich aus an das Jesuitenschloß bei Freiburg i. Br. gerichtet ist, wo wir gerade in Ferien bei unserem Onkel Oskar Schönenberger waren. Die Postkarte berichtet, daß mein Vater und mein Bruder Thomas in Zürich den Zirkus Charles besucht haben, und die Postkarte zeigt eine Indianer-Gruppe mit Elefanten. Auf dem Rücken des einen Elefanten sitzen Inder. 1917 werde ich selber einen solchen Elefanten abzeichnen, nach einer Vorlage im Kinderbuch von Ernst Eschmann «Der Zirkustoni», wo der Zirkustoni selber triumphierend balanciert und seinen Hut schwenkt.

Wie ein Wahnwitziger überschlage ich mich in der Darbietung von immer noch gewagteren Schaustücken meiner gezeichneten Akrobaten, die so leicht herumzujonglieren sind wie meine Spielzeugfigürchen, die fügsamen Gefährten meiner Knabenzeit.

Um meine Kunststücke durchführen zu können, lasse ich in meinen Zeichnungen die Akrobaten sich mannigfacher Apparaturen wie Gerüste, Reckstangen, Strickleitern, Seile, Stühle und Hanteln bedienen. Die Blattflächen übersäe ich zum Teil geradezu mit ihnen. 1917 nehme ich noch Flaggen zu Hilfe, wie ich sie auch bei meinen damaligen Schiffszeichnungen benützte, und verwende das gleiche rot-grüne Zickzackmuster für das Podium, die Balken und die Kostüme der Akrobaten. 1918 verschwinden die Flaggen, die Farbenskala wird eintöniger, brauner, irdischer, und ich konzentriere mich mehr auf die Personengruppen.

Der Höhepunkt meiner Bestrebungen ist eine Folge von 10 Aquarellen vom 8. November 1918. Hier wird die Skala systematisch ausgeklügelt und ausgelotet, mit welchen Tricks sich die Personen akrobatisch betätigen können.

Ein Hauptmotiv sind zwei Zeichnungen mit Seiltänzern. Wenn 1917 noch auf zwei Zeichnungen die Seiltänzer mit Flaggen über das Seil gehen, so haben die Seiltänzer 1918 die üblichen Balancierstangen in ihren Händen.

Zu dem Motiv der Seiltänzer möchte ich noch eine historische Anmerkung machen. Der Seiltänzer ist seit Nietzsche eine literarische Modefigur geworden. Auch mein Vater hat dieses Motiv aufgegriffen. Und zwar aus einem ganz konkreten Anlaß, da damals in den Straßen von Konstanz Seiltänzer aufgetreten sind. 1899 zeichnete er die Szene, wie über den Dächern ein Seiltänzer balanciert und weit unter ihm die Menge ihn bewundert. Wahrscheinlich aus demselben Anlaß hat sein Freund, der Dichter Emanuel von Bodman, die Erzählung «Das hohe Seil» und das Gedicht «Der Seiltänzer» geschaffen.

> Im Gedicht heißt es:
> «Miljeppa auf dem Seile,
> Er tanzt so leicht und flott,
> Die Menge klatscht und jubelt
> Zu ihrem Gauklergott»

Mein Vater wählte als 31jähriger aus wohlüberlegter, literarisch weltphilosophischer Begeisterung für den Artisten, der sein Leben für seine Kunst einsetzt, das Sujet des Seiltänzers. Emanuel von Bodman schreibt von seinem Seiltänzer Miljeppa, «der allmählich um einen Augenblick der Freiheit und um einen Zinnteller voll Nickel sein Leben aufs Spiel setzte». 19 Jahre später, 1918, waren meine Zeichnungen noch nicht von

Die Welt der Akrobaten 139

F. S. W. Bilderfolge: Die Akrobaten. 1918.

140 Die Welt der Akrobaten

F. S. W. Bilderfolge: Die Akrobaten. 1918.

Die Welt der Akrobaten 141

F. S. W. Bilderfolge: Die Akrobaten. 1918.

142 Die Welt der Akrobaten

F. S. W. Bilderfolge: Die Akrobaten. 1918.

Die Welt der Akrobaten   143

F. S. W. Bilderfolge: Die Akrobaten. 1918.

144 Die Welt der Akrobaten

Ernst Würtenberger. Seiltanzer. Zeichnung 1899.

F. S. W. Seiltänzer. Zeichnung. 1918.

«Als Castellers». Vilafranca del Penedès. Barcelona.

einer solchen Existenzangst belastet, sondern zeugen davon, wie beim Kinde unbeschwert noch alles wie im Märchen ohne rationale Einschränkung möglich ist.

Als anderes Akrobatenstück lasse ich meine Männchen Menschenpyramiden bauen, oder sie hängen vom Reck wie Trauben herab. Das kühnste Kunststück dieser Art besteht darin, daß die hohe Zahl von 16 Männchen von der Reckstange herab sich die Hände geben und halsbrecherisch in den Lüften hängen.

Als andere Attraktion stehen die Männchen aufeinander und türmen sich zu Pyramiden empor. Dieses Kunststück sah ich viel später um 1960 auf meinen Spanienreisen.

An einem hohen Feiertage huldigten die sogenannten «Als Castellers» zur Belustigung der klatschenden Bevölkerung dem Erzbischof von Tarragona vor seinem Palast. Von dieser Szene kaufte ich mir aus Begeisterung über das selbst miterlebte

Die Welt der Akrobaten   145

Jean Viset. Akrobaten.

Schauspiel zwei Postkarten. Die eine stellt die lebende Gruppe dar, die Männer in ihren weißen Hosen, schwarzen Bauchbinden und roten Trikots, und die andere zeigt die «Als Castellers» als steinernes Denkmal auf einem Platze in Vilafranca del Penedès (Barcelona).

Vergleichsweise kühne Balance-Akte begegneten mir dann weiter in meinem Studium über den Manierismus. Vgl. die Zeichnung von Jean Viset.

Akrobatenhafte Züge weisen auch die Zwerge auf, die in den Zeichnungen meiner Bergwerks-Serie dargestellt sind. Da spielen die Seile eine Rolle, an denen die Zwerge in die Tiefe herabgelassen werden.

Auch bei den Zeichnungen der Pferde von 1918 schleichen sich akrobatenartige Motive ein. Einen besonderen Balanceakt bietet der Jockey, der mit Hilfe einer langen Leiter am männchenmachenden Pferd hochsteigt.

Meine spezielle Freude über gelungene Balanceakte geht noch nach Jahren in meinen Schulaufsatz von 1924 «Großver-

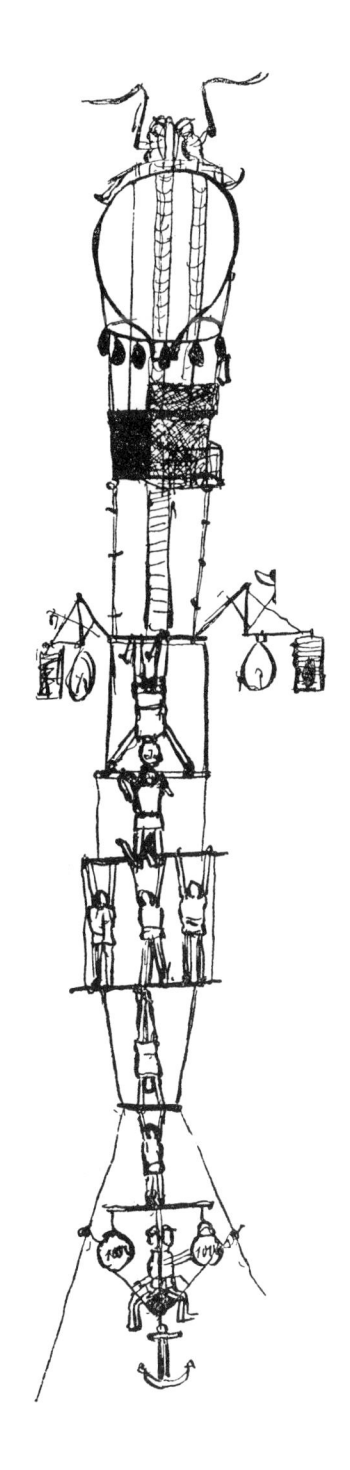

George Grosz. Schülerskizze.

146 Die Welt der Akrobaten

F. S. W. im Kopfstand mit seinem Bruder Thomas.

Pieter Bruegel d. Ä. Aus dem Gemälde «Kinderspiele».

kehr am Karlsruher Hauptbahnhof» in folgende etwas übertriebene literarische Beobachtung ein: «Hie und da kam ein Kellner herangesprengt mit einem meterhohen Tellerturm.» In meiner Serie von Akrobaten von 1918 findet man die vergleichbare Situation, wie ein liegender Akrobat über seiner Brust auf einer langen Stange ein Tablett mit Geschirr, drei Tassen und einer Kanne balanciert.

In der kindlichen Liebe zu den in den Lüften balancierenden Akrobaten stehe ich selbstverständlich nicht allein. Darin zu schwelgen, entspricht der allgemeinen kindlichen Mentalität. Ich möchte nur auf eine Schülerskizze von George Grosz hinweisen, wo Männchen in Hochstandstellung in die Takellage eines Schiffes eingewoben sind und der ganze kunstvolle Aufbau freiweg in das Nichts der Luft gesetzt wurde.

Aber diese Welt der kindlichen Losgelöstheit vom schweren Erdboden besteht nicht nur in meiner künstlerisch-künstlichen, gezeichneten Welt, sondern ich möchte auch selber meinen Körper möglichst souverän handhaben. Auch ich bin gerade aufgrund meiner Körperkräfte dazu fähig geworden, Akrobat zu sein, indem ich versuche, das Rad zu schlagen oder den Hand- und Kopfstand zu machen. Dies zu können, war ein nie wieder erreichter Höhepunkt meines Seinsgefühls. Damals mußte ich diese Kunststücke vollführen, um auf meiner Seins-

stufe Vollmensch zu sein und mir Achtung vor mir selber zu verschaffen. Es existiert sogar noch eine Photographie davon, wie ich im Garten meines Züricher Freundes Hans Pfleghardt den Kopfstand mache.

Es ist genau das welterobernde und welterprobende Seinsgefühl des Kindes, das ich in meinem Buche «Pieter Bruegel d. Ä. und die deutsche Kunst» an Hand des Gemäldes der «Kinderspiele» beschrieb:

«Die Kinder können alles, sie machen den Kopfstand (dieses Können steht an erster Stelle, denn diese Möglichkeit imponierte mir am meisten), schlagen Purzelbäume, rollen sich zusammen, machen Bocksprünge, raufen, bücken sich, reiten, tanzen und turnen, wo sie können, heben die Arme hoch. In ihren naiven Verrenkungsspielen sprechen sie ihre eigene Zeichensprache.»

Aus alldem geht hervor, daß die Welt, die ich zeichne und die Welt, die ich selber bin, noch ganz in eins verschmolzen sind.

Die Phantastik meiner Akrobatenzeichnungen und meines Seinsgefühls stimmen noch überein, und insofern ist es nicht richtig, wenn man von der Phantasie des Kindes spricht. Denn die sogenannte Phantasie des Kindes beruht auf der Stufe seines kindlichen Seinsgefühls und kann deshalb auch zugleich geglaubte Wirklichkeit sein. Sogenannte phantastische Unwirklichkeit und Wirklichkeit haben sich noch nicht getrennt, da das Kind und auch noch der Knabe diese Unterscheidung noch gar nicht im gehörigen Maße kennen und kennen können.

Als ich die Seinsstufe der Akrobatenwelt überwunden

hatte, habe ich mich jahrzehntelang der Beschäftigung mit der Welt der Akrobaten enthalten. Denn sie paßte nicht mehr in meinen Beobachtungsbereich und in meinen Gedankenvorrat. Als Erwachsener erachtet man es mehr oder weniger fast als verboten, sich solchen Kindereien und Abnormitäten hinzugeben, da man vernünftig und in der Phantasie gezähmt zu sein hat. Als Gymnasiast und als Student operierten meine Gedanken nur noch in rationalen Kategorien.

Umschaltung der Liebe zur Akrobatik auf das Gebiet meiner kunsthistorischen Forschung über die Stilepochen des Manierismus und Surrealismus

Die Welt der Akrobaten entfaltete sich mir erst wieder, als ich mich aus völlig eigenem Antrieb und eigener Lust den kunstwissenschaftlichen Studien zuwandte. Es war meine Beschäftigung mit dem Stilphänomen der manieristischen Malerei des 16. Jahrhunderts, das in neu erwachter Form meine Liebe zu den Akrobatenkunststücken weckte. Denn dort lag kunsthistorisch und entwicklungsgeschichtlich eine sehr ähnliche Situation vor wie sie anthropologisch beim einzelnen Menschen eintritt. Auch im Manierismus vollführen die Figuren tolle Akrobatenkunststücke, auch jene manieristischen Gestalten wollen das rationale Gesetz des neuzeitlichen Schwergewichtes der Renaissance nicht anerkennen, sondern wollen in der himmlisch schwerelosen Idealität der mittelalterlichen Denkweise mit allen Gegenmitteln verharren. Auch hier eine ähnliche Mischung von Rationalismus und Idealismus, von Phantastik und naturwissenschaftlicher Wirklichkeit.

Wenn ich heute meine Arbeit über die manieristische Deckenmalerei von 1939 betrachte, so muß ich sagen, daß ich mich dort in einer anderen Form – diesmal an einem wissenschaftlich-historischen Material – wiederum nach 20 Jahren der Extravaganzen meiner Knabenzeichnungen der Akrobaten verschrieben hatte.

Dazu war die Deckenmalerei des Manierismus das geeignetste, das kapriolenreichste Kapitel der Kunstepoche des Manierismus. Ich erinnere mich noch, wie fasziniert ich bei der Entdeckung der Decke des Palazzo Capponi von Bernardo Pocetti in Florenz war. Man kann die dichten Menschenleibertrauben und Menschenreigen geradezu mit meinen Knabenzeichnungen der Akrobaten zusammenhalten. Der Engelreigen um den heiligen Clemens in der Sala Clementina im Vatikan von Giovanni und Cherubino Alberti ist zusammenzuhalten mit der Figurenpyramide meiner Akrobatenzeichnung von 1918.

In meinem Buche «Der Manierismus» legte ich großen Wert darauf, den Gigantensturz von Giulio Romano im Palazzo del Te in Mantua zu analysieren. Dort ist sozusagen ein mißglücktes Akrobatenkunststück verwirklicht: Das schauerliche, Schrecken einjagende Schauspiel, wie kunstvoll kapriolenhaft die Säulen des Palastes im Sturze zerbrechen und die Übermenschen nach der bangsten Furcht kurz vor ihrem endgültigen Erschlagenwerden noch «Akrobaten» sein können, aber eben im äußersten Grade gefährdete Akrobatik.

Die Katastrophe des Sturzes eines zu kühnen «Akrobaten» hatte ich in meinem Bewußtsein schon 1920 einmal in meiner Zeichnung des in die Donau abgestürzten «Schneiders von Ulm» zur Kenntnis genommen.

Ich als derjenige, der als Knabe solche unstillbare und eingeborene Freude an den Akrobaten hatte, mußte mich fast zwanghaft für meine kunstwissenschaftlichen Forschungen – um die unmittelbare Einheit meines wissenschaftlichen Denkens und meines Seins auch späterhin unter Beweis zu stellen – zu den exzentrischen Akrobatenkunststücken hingezogen fühlen. Insofern war mir die Zuneigung zum Manierismus von Kindesbeinen in den Knochen und auf den Leib geschrieben und von langer Hand in mir vorgeprägt.

Ich habe in meinen eigenen Körperhaltungen Eigenschaften, die man auch an den manieristischen Figuren ausgebildet findet. Ich habe Freude daran, möglichst kompliziert balancierend auf einem Stuhl zu sitzen und vor allem meine Gliedmaßen gegenseitig abzustützen.

Ich fand übrigens eine Fotografie meines Großvaters Thomas Würtenberger, wie er in balancierender Haltung mit einem Ellenbogen tief auf einen Tisch gestützt, wo er seine geologischen Funde betrachtet, sich auch kunstvoll akrobatisch gibt. Wie ich, muß mein Großvater an solchen Gelegenheitsbalanceakten Freude gehabt haben, da er parallel zu meinen «akrobatischen Unterschriften» ebenfalls variantenreich seine Unterschriftenkapriolen erfand.

In einer mir adäquaten Stellung hat mich mein Vater siebenjährig 1916 beim Rechnen gezeichnet. Ich sitze auf unserem Sofa in der Stube in Zürich und habe das eine Bein möglichst hoch angezogen und lasse das andere Bein herunterfallen und konzentriere mich auf das Buch. Ich gleite fast von der Kante des Sofas herunter.

Wenn ich diese Kontrapostik ansehe, so verhalte ich mich ganz im Sinne der Sitzkünste der Figuren von Michelangelo. Am ähnlichsten bin ich der «Nacht» an den Medici-Gräbern in S. Lorenzo in Florenz. Ich entnehme daraus, wie sehr das manieristische Menschenideal meiner eigenen Mentalität entspricht.

Als ich mich im November 1976 mit meinen 67 Jahren in der Vorhalle der Kunsthalle in Baden-Baden von dem mir bekannten, zufällig fotografierenden Maler Benedikt Schaufelberger aus Freiburg i. Br. anläßlich der Robert Delaunay-Ausstellung aufnehmen ließ, so kapriolisierte ich meine Gestalt aus lauter übervoller Spiel- und Daseinslust ebenfalls in eine michelangeleske Kontrapostik par excellence hinein. Ja, ich schleuderte in der zweiten Fassung das eine Bein in die extremste Höhe, wie ich nur konnte, und ließ das andere Bein so weit es ging herunterhängen. Ich nahm also dieselbe supermanieristische Stellung ein wie der «Windgott auf einem Gebälk» von Pellegrino Tibaldi im Palazzo dell'Università in Bologna. Dieses Bravourstück bildete ich in dem Aufsatz «Die manieristi-

148 Die Welt der Akrobaten

Bernardo Poccetti. Deckenfresko im Palazzo Capponi in Florenz. 1583–1590.

Die Welt der Akrobaten   149

Ernst Würtenberger. F. S. W. beim Rechnen. 1916.

Michelangelo. Die Nacht. Florenz. San Lorenzo. 1524–1531.

F. S. W. in der Vorhalle der Kunsthalle Baden-Baden. 1976.

Pellegrino Tibaldi. Windgott. Bologna. Pal. Poggi. Nach 1552.

150   Die Welt der Akrobaten

Adolf Oberländer. Msr. Jabot. 1884.

Salvador Dali. Die Versuchung des Hl. Antonius. 1946.

sche Deckenmalerei in Mittelitalien» (1940) und in meinem Buche «Der Manierismus» ab.

Das Problem der Aufhebung der Schwerkraft als kunsthistorisches Phänomen war jedoch in meinen wissenschaftlichen Forschungen über den Manierismus noch nicht erloschen und abgeschlossen. In einem anderen Zusammenhang sollte dasselbe Problem in abgewandelter Form nochmals auf mich zukommen. Und zwar in meiner Abhandlung «Weltbild und Bilderwelt» von 1958, speziell im Kapitel des modernen Ausstellungsbildes von 1770 bis 1950.

Diesmal wird das Problem härter und folgenreicher angepackt als im Manierismus. Es handelt sich nicht mehr nur um die Figuren, sondern um das allgemeine Weltgefühl. Es ist der Punkt erreicht, wo der Horizont und die Schwerkraft in der Stilgeschichte einer kosmischen Schwerelosigkeit geopfert werden. Es tritt an Stelle der bisher üblichen Schwerkraft das von mir so benannte Drehraumgefühl. In meinem Buche erläutert eine schematische Darstellung diese Stilstufe.

Ich weise in diesem Zusammenhang sogar direkt auf eine Zirkusszene hin, auf die Zeichnung von Adolf Oberländer von 1884, wo sich der Monsieur Jabot, Universalschnellmaler, auf ein hohes Seil begibt, wie dieser Maler auf dem Rücken eines Pferdes stehend malt oder auch liegend sich seiner Kunst hingibt. Damit komme ich wiederum genau in die gleiche Sphäre des Zirkus wie in meiner Knabenzeit. Nur habe ich inzwischen gelernt, ein solches Phänomen als Kunstgeschichtler zu beurteilen und als Weltgeschichtsdenker zu wägen und an seinen kulturgeschichtlichen Platz zu stellen.

Wenn ich dieses alles überblicke, so kann ich sagen, daß das psychische Risiko des akrobatischen Balancierens immer wieder zu meinem Naturell gehörte. Auch meine Liebe zu Salvador Dali, dem Maler eines Akrobatenkunststückes wie «Die Versuchung des heiligen Antonius» von 1946, beruht zum Teil auf dieser Ursache.

Ganz zu schweigen von meinem Hineinversetzen in das Drehraumgefühl, das ich in den akrobatenhaften Unterschriften meines Namens besonders ausgeprägt übte (vgl. «Meine akrobatischen Unterschriften». Buch von 1976).

Als es im Winter 1973/74 darum ging, gemeinsam mit meinem Schüler und Freunde, dem Maler Björn Fühler eine charakteristische Formel für mein Bildnis zu finden, hatte ich als Anregung dafür kein treffenderes Motiv zur Verfügung als mich neben einen hohen Stoß von Büchern zu setzen, die das Gefühl des gefährlich drohenden Balancierens auslösen. Und Björn Fühler fügte diese auf meine Person und mein Denken speziell zugeschneiderte Komponente überzeugend in die Bildkomposition meines Portraits ein.

Die Welt der Akrobaten 151

Björn Fuhler. F. S. W. Gemälde. 1974.

Späte Körperakrobatik

F. S. W. als Tänzer. Sommer 1976.

Von der Gesamtübersicht her gesehen, hatte ich mein ganzes Leben hindurch den Drang, meine Körperkräfte tänzerisch auszutoben. Sei es nur schon, wenn ich beim Anziehen mein Hemd zuerst in die Höhe werfend in die Ärmel schlüpfte oder auch auf ähnliche Art in die Hose stieg.

Wenn ich in Stimmung kam, hatte ich ungeheure Freude, das Letzte an Bewegungsschwung aus mir herauszuholen. So erging es mir im Sommer 1976, als meine Schwester Monika und ich mit dem Auto nach Rastatt fuhren, um unserem Neffen Julian Würtenberger das dortige Barockschloß zu zeigen.

Julian wollte uns in der theaterkulissenartigen Barockszenerie des Schlosses mit seiner Kleinboxkamera filmen, was damals gerade sein Hobby war. Als wir bei den originellen Wachstubenkaminen auf der Terrasse des Schloß-Vorplatzes ankamen, fand ich die Szenerie günstig, und ich fing an, einen spontan-exstatischen Solotanz zu vollführen. Ich nahm mir vor, dem Bewegungsbild des Films möglichst gerecht zu werden und möglichst intensiv den Bewegungsradius des Menschen auszuloten. Ich tanzte wie ein Besessener hochspringend und die Arme hochwerfend oder niedersinkend oder wie ein Schmetter-

F. S. W. als Rollschuhläufer mit seiner Schwester Monika. 1981.

ling im Fluge meinen Mantel als Flügel entfaltend, und steigerte mich in ausdrucksvollste Kurvaturen hinein, wie es ein Berufsballettist nicht besser hätte hinkriegen können. Denn mit aller Kraft und mit allem Schwung versuchte ich auch hier, Sieger über die dumpfe Schwerkraft der Erde zu sein.

Eine zweite Ballettnummer arrangierte ich mit meiner Schwester Monika, indem ich sie, mich selber im Kreise drehend, umtanzte. Mein Freund, der Fotograf Walter Schmidt, hat aus diesem Filmstreifen zwei Fotoserien von 8 und 6 Fotos ausgewählt.

Wie es aber nun einem ergeht, verfügt man während des gesamten Lebens nicht immer im gleichen vollen Maße über Beweglichkeit und Sicherheit seines Körpers, geschweige denn die Fähigkeit zu akrobatischen Einfällen. Es kommt in der Anhäufung der Lebensjahre einmal der Punkt, wo die angesammelten Körperkräfte umkippen und zu schwinden beginnen und man sich den bisher stets ohne Einschränkung möglichen Körperkapriolen gegenüber vorsichtiger verhält, man überdies gezwungen wird, plötzlich aus Vernunft und Schwäche weniger zu wagen.

Von diesem Zustand legen die zwei Fotografien von 1981 Zeugnis ab, die mich als 72jährigen als Amateur-Rollschuhfahrer zeigen.

Zu diesen Auftritten kam es folgendermaßen: An einem schönen Tag besuchte mich mein Schüler, der Maler und Kunsterzieher Bernd Birnesser, genannt Perà, und sagte, er habe Lust, einige Fotos von mir zu machen, ich sei das geeignete Objekt für seinen momentanen Tatendrang. Zufällig habe er die Requisiten des Fußballspiel-Kopfschutzes gegen die Sonne und den Regen, eine Flöte und Rollschuhe dabei. Ich solle mich, wie ich wolle, dieser Requisiten bedienen.

Ich unterzog mich diesem Angebot und hier das Resultat, in welche Situation ich unversehens hineinmanövriert wurde.

Zaghaft ängstlich wage ich mit den Rollschuhen keinen Schritt zu machen, damit ich weder nach vorne noch nach hinten kippe und mir auf dem harten Pflaster die Knochen zerschlage, um ja in aller Welt diese Katastrophe zu verhindern.

Ich halte mich deshalb mit der einen Hand krampfhaft an dem Türladen meines Schlafzimmers fest und stütze mich mit der anderen Hand auf das lange Flötenrohr und wage in meiner unsicheren Haltung kaum den Fotografen anzublicken, geschweige denn, mich von der Stelle zu bewegen. Ich bin der absolute Gefangene meines Wagemutes.

Ich gleiche mehr einem bedauernswerten Erbärmdebild, als einem lebensfrohen, heiteren Alleskönner. So verquert und eingerostet sieht die Akrobatik des Alters aus. Am Schluß ist man froh, überhaupt noch einigermaßen aufrechtzustehen oder nur schon von einem Stuhle ohne allzu große Anstrengung und allzu großen Verlust der Körperenergie sich erheben zu können.

Nun möchte ich noch einige Zeugnisse anfügen, auf welche Weise die Freude an Körperbewegungsbeherrschung wie Akrobatik und Jonglieren in verschiedenen Mitgliedern der Familie Würtenberger als Erbgut drinnensteckt.

Über die Eislaufakrobatik meines Vaters und meines Onkels Karl Maximilian Würtenberger schrieb der mit ihnen befreundete Dichter Emanuel von Bodman in seiner Erzählung «Erwachen» (E. v. Bodman. Die Gesammelten Werke. Bd. 10): «Wen aber die Zuschauerschwärme besonders bestaunten, das waren die beiden Hildebrands (gemeint ist mein Vater und mein Onkel Karlmax Würtenberger). In ihren enganliegenden blauen Anzügen führten sie Kreise und Tänze auf wie Akrobaten, so daß selbst mancher Leutnant im Schweben innehielt und auf eine Weile hinblickte. Wie stolz war Sigmund (gemeint ist Emanuel von Bodman selber) auf seine Freunde!»

Ernst Gerber als Jongleur.

154 Die Welt der Akrobaten

Mein Vetter Ernst Gerber (1907–1981), dessen Mutter eine Schwester meines Vaters ist, erwählte das Jonglieren zu seiner höchsten Lebensaufgabe und wurde Berufsjongleur. Er studierte Sport und Leibesübungen und wurde Studentensportlehrer an der Universität Berlin. Doch diese Tätigkeit befriedigte ihn nicht, sondern er wurde Schüler von Rastelli und trat dann im Hauptberuf unter dem Künstlernamen Joy Kent als Jongleur auf. Wenn es Rastelli gelang, mit sieben Bällen zu jonglieren, so gelang dies meinem Vetter mit sechs Bällen. Mein Vetter betrieb das Jonglieren systematisch-wissenschaftlich. Wie er alles durchdachte, erläuterte er am 20.1.1975 in einem Brief an meine Schwester Monika folgendermaßen:

«Meine Bühnennummer besteht (bestand) aus 60 Tricks, also in sich abgeschlossene Einzelleistungen. Balancen auf jedem möglichen Körperteil: Kopf, Stirn, Schläfe, Nase, Nakken, Schulter, Knie, Fuß, Ellenbogen, Ferse, Handrücken, Finger flach und -spitze, dazu Wurf und Fang mit Bällen, Stäben, Ringen, dann natürlich x-Kombinationen von Wurf-Fang/Balancen, auch mit Mundstäben, um Hände und Fersen rotierende Reifen, nicht zuletzt im Hand- und Kopfstand, na ja, allerhand Möglichkeiten. Im Ganzen sind's 800 (achthundert) solcher «Tricks», die ich beherrsche und mir zur Auswahl stehen. Habe mir sogar die Mühe gemacht, sie aufzuschreiben. Alle achthundert. Eine Heidenarbeit (obwohl ich nicht weiß, ob Heiden mehr arbeiten als Christen), mit (abgekürzten) Fachausdrücken. Habe alles auf vier Schreibmaschinenblättern = 8 Seiten = 16 Kolonnen je 62 Zeilen je 36 Anschlägen untergebracht. Summa mehr als 36 000 Zeichen. Und natürlich alles logisch geordnet, kategorisiert, katalogisiert.»

Als Gesamtresumée definierte mein Vetter Ernst Gerber sein Auftreten als «Sport, Schau, Philosophie und sogar Gottesdienst».

Meine akrobatischen Unterschriften

Nachdem ich versucht habe, die Vielfalt meiner Neigungen zu akrobatischen Kapriolen zum einen in der Beherrschung meines Körpers und zum andern auf dem Gebiete der kunsthistorischen Einfühlung in gewagte Kompositionsvorstellungen zu dokumentieren, muß ich noch auf ein höchst persönliches Betätigungsfeld meiner Liebe zu Akrobatik und Exzentrik hinweisen. Und zwar entdeckte ich im speziellen in der Gestaltung meiner Unterschriften eine außerordentlich günstige und fruchtbare Ausdrucksmöglichkeit, um meinen Drang nach artistischer Gestaltung und Selbstverwirklichung zu befriedigen.

Wenn ich zunächst jahrzehntelang meine Unterschriften unbewußt formte, so kam im Laufe der Zeit der Punkt, wo ich die Chance erkannte, die Unterschriften gleichsam als ein von mir selbst inszeniertes Experiment an mir selber zu betrachten. Zugleich benutzte ich die Unterschriften, um die Kapazität meiner Erfindungskraftquote auszuloten, und ich betrieb dann dieses Spiel gleichsam als besonders gearteten Sport.

Als ich zum Abschied von meiner Vorlesungstätigkeit an

F. S. W. seine Unterschrift in die Luft werfend. Fotomontage. Oktober 1976.

der Universität Karlsruhe meinen Hörern des Studium Generale im Sommer 1971 etwas besonders Persönliches bieten wollte, kam ich auf den Gedanken, eine Vorlesung über meine Unterschriften zu halten und diese gleichsam kunsthistorisch einzureihen, das heißt zum Beispiel mit Bildschöpfungen von Paul Klee zu vergleichen. Dabei stellte sich heraus, daß sich eine solche Fülle angesammelt hatte, daß ich mich überdies entschloß, eine Ausstellung meiner Unterschriften zu veranstalten. Dazu bot die Vorführung des Puppenspielstückes «Der Zirkus» von Björn Fühler im Oktober 1976 Gelegenheit, wo ich zusätzlich in den Gängen des Kellertheaters «Sandkorn» meine Unterschriften mit denjenigen meiner Freunde, die sich inzwischen von meiner Marotte inspirieren ließen und ähnliches versuchten, ausstellen konnte.

Nicht genug damit, Björn Fühler und ich inszenierten noch ein zusätzliches Spektakulum im Anschluß an die Vorführung des Theaterstückes. In meinem Fastnachtskostüm warf ich mit kurvenreichen Linien meinen Namenszug Würtenberger in die Luft, soweit ich nur mit meinen Armen mich ausbreiten konnte. Ich identifizierte meine Körperbeweglichkeit mit den Bewegungsströmen meiner eigenen Unterschrift, ich war gleichsam zum lebenden Kunstwerk geworden.

Mit dieser akrobatischen Aktion gab ich mir nachträglich eine gewisse Antwort auf die früher nur theoretisch gestellte Frage, die ich mir bei der Lektüre des Buches «Happenings» von J. Becker und W. Vestell am 29.3.1975 vorlegte, als ich über den Sinn des Happenings nachdachte. Diesmal inszenierte ich selber eine Zirkusnummer, die Verwandtschaft aufweist mit der theaterhaften Kunstform der modernen Happenings.

Bei all diesen Vorarbeiten und Vorstößen lag es nahe, daß ich meine Unterschriften in einem Buche zusammenfaßte und veröffentlichte. Dies geschah auf Weihnachten 1976 im Selbstverlag. Dieses einzigartige Buch «Meine akrobatischen Unterschriften» wurde dann eine Sensation für die vielen Leser, die es meistens in einem Zuge verschlangen, und dies sehr oft als Nachtlektüre.

Um eine Probe der Stimmung zu geben, in welche die Leser versetzt werden können, möge der Bericht hier wiedergegeben werden, den Gerhard Adler im Südwestfunk Baden-Baden in der Sparte: «Soirée: Neue Bücher, neue Texte» am 16. Juli 1977 über mein Buch und meine Begegnung mit ihm sendete. Der Bericht lautet:

Bücherschreiben ist nichts Besonderes mehr, eher schon ein Gelesenwerden. Bei 80 000 Neuerscheinungen im Jahr werden die Schreiber und die Leser entmutigt. Die Schreiber, weil es kaum mehr Leser als Schreiber gibt, und die ernsthaften Leser, weil sie es gar nicht mehr schaffen, das zu lesen, was sie gerne lesen möchten. Wer kann da noch Rücksicht nehmen auf die ganz Unverzagten, die nicht einmal mehr einen Verlag finden für ihre Botschaft und die dann in den sauren Apfel beißen und Selbstverleger werden? Sie zahlen die Druckkosten, sie machen Werbung, so gut es eben geht, im eigenen Wohnzimmer finden Vertrieb, Versand und Verkauf statt.

Ein solcher Selbstverleger kam neulich hier zur Tür herein. Ob denn eine Möglichkeit bestünde, sein Buch zu besprechen. «Ich bin Franzsepp Würtenberger. Ich habe meine eigenen Unterschriften im Bild und mit Erklärungen herausgebracht, im Selbstverlag, das ist einmalig», so etwa sein Kommentar. Ich verstand den Franzsepp Würtenberger nicht. Aber es kommen hier viele zur Tür herein, die ich nicht verstehe, und manchmal sind ganz Komische darunter. Ein Buch über die Unterschriften des Autors? Wirklich einmalig! Im Gespräch verstanden wir uns dann doch ganz gut, wenn ich auch die Sache mit den Unterschriften nicht verstand. Dann ging Franzsepp Würtenberger wieder, ein pensionierter Universitätsprofessor für Kunstgeschichte übrigens, wie sich herausstellte.

Uni schützt vor Wahnsinn nicht, dachte ich eine Zeitlang und stellte das Buch zu den vielen übrigen Rezensionsexemplaren. Inzwischen weiß ich es besser: Auch die Uni kriegt Originalität nicht immer kaputt. Gestern Nacht nämlich habe ich Franzsepp Würtenbergers akrobatische Unterschriften genau betrachtet und seinen erstaunlichen Kommentar dazu gelesen. Da gingen mir mindestens zwei Lichter auf.

Das erste Licht ist dieses: Mag er auch ein Sonderling sein, der Professor, ein Narziß vielleicht, sowas gibt's nicht gleich wieder: in seiner Unterschrift erkennt er sich selbst, seine Entwicklung, seinen augenblicklichen Zustand, und wenn er nicht mehr unterschreiben kann, dann ist er krank. Zitat: «1956 – ich bin nun 47jährig – ereignete sich eine tiefe, plötzliche schöpferische Krise in meiner Unterschrift. Es erfaßte mich eine Durchschüttelung, ein Außer-Mir-Sein. Es findet eine Chaotisierung meiner Unterschrift statt.» (S.22).

Die Abbildungen sind ein überwältigendes Zeugnis für die Behauptung, er gebe sein Wesen in seiner Unterschrift wieder, gleichsam die Quintessenz im Namenszug. Noch nie ist mir soviel personifizierte Sensibilität begegnet, soviel Identität zwischen Zustand und Ausdruck, zwischen So-Sein und graphischem Niederschlag. Lebensgefühl und Welterleben finden eine getreue Widerspiegelung in einer einzigen Unterschrift, ein fulminanter Beleg für die uralte Lehre von der kosmischen Korrespondenz.

Es klingt schon wahnsinnig arrogant, wenn das Inhaltsverzeichnis als Kapitel 5 benennt: «Die Erhebung meines Namenszuges zum Kunstwerk». Aber nichts Geringeres ist es bei Franzsepp Würtenberger, eine Spinnerei vielleicht, aber auf der Ebene seines großen Vorbildes Salvador Dali.

Und da ging mir das zweite Licht auf. Eine der Besonderheiten unseres Unterschriftenakrobaten ist es nämlich, gelesene Bücher oder die Kataloge nach besuchten Ausstellungen mit Franzsepp Würtenberger zu zeichnen, wobei sich die Stimmung, die Eindrücke, auch die Langeweile und Ablehnung des Gelesenen oder Geschauten in der Unterschrift ausdrücken sollen. Die Übereinstimmung, die Würtenberger in seinen Kleinkunstwerken erreicht, hat mir einen allerersten Schimmer von der mir bislang gänzlich verschlossenen Gegenwartskunst vermittelt; mir beginnt nämlich aufzugehen, daß es hinter all der Subjektivität und Willkür offenbar doch eine Dimension gibt, die identifizierbar ist, auf die man sich einstimmen kann, die ein, wenn mir auch gänzlich fremdes, Weltbild und eine andersgeartete Daseinsstimmung vermitteln können.

Die Begegnung mit Franzsepp Würtenberger war ein kleines Erlebnis, die Lektüre seines Buches wurde mir zu einer kleinen Offenbarung. Heute bedaure ich nur, daß ich damals nicht um die Signierung des Buches gebeten habe. Sicherlich hätte seine Unterschrift meine eigene Verständnislosigkeit wiedergegeben.

Gerhard Adler 2.6.1977/Boe.

Erste bewußte Weltbildprojekte (1919–1920)

I. Ich als Chronos-Mensch

Das weltgeschichtlich überaus entscheidungsgefüllte Schicksalsjahr, in dem ich am 9.9.1919 die erste Dekade meines Lebens vollenden und an seinem Ende die 10 Weltbildpositionen konzipieren sollte, habe ich an seinem Anfang, an seinem ersten Tag, am 1.1.1919 mit einem ungeheueren Bewußtseinsruck begonnen.

Ich fühlte mich gedrängt, unbedingt mein bisher ungeformt dahinrollendes Leben mit einem besonderen Willenseinsatz zu festigen und in den Griff der Gestaltung zu bekommen.

Das geeignete Mittel dazu schien mir, ein Tagebuch anzulegen und Tag für Tag Ereignis um Ereignis zu notieren. Die Macht des schriftlichen Fixierens kam über mich. Ich wollte verhindern, daß der Erlebnisstrom meiner Erdentage gedächtnislos dahinrausche.

Mit meinem Tagebuch wollte ich – schon damals wie auch jetzt noch – Historiker und Denkmalpfleger meines eigenen Ichs sein. Hier ist der bewußte Anfang meiner Biographie.

Das Titelblatt dieses Lebens-Berichtes sollte dem Inhalt entsprechend feierlich gestaltet werden. Jeder Strich kostete Anstrengung und Überlegung der Organisation. Jeder Buchstabe und jede Zahl strahlen Gewicht und Deutlichkeit aus. Es war mir so ums Herz, wie wenn ich das wagemutige Unternehmen beginnen würde, auf einer großen leeren Wand einen Nagel einzuschlagen.

Stolz und geformt sind die drei Buchstaben meines Monogrammes F.J.W. nebeneinander gestellt und bilden eine Dreier-Harmonie. Diese Trias ist die Geheim-Formel meines Namens Franz Joseph Würtenberger. Zur Abrundung des Ganzen durfte als unterer Blattabschluß auch der Schnörkel nicht fehlen, das abstrakte Lebens-Schwingungs-Zeichen an sich. Auch dieses Hoheitszeichen habe ich aus dem Formenschatz meines Vaters übernommen.

Im selben Jahr habe ich nochmals das Thema des Jahreswechsels des Kalenders aufgenommen. Ich schnitt mit der Laubsäge einen Kalenderhalter aus.

Dieser Kalenderhalter zeugt ebenfalls von meinem kosmischen Bewußtsein und weist die Form des kosmischen Runds auf. Wie eminent kosmisch die ganze Bildidee gemeint ist, geht auch daraus hervor, daß der Knabe mit dem Blumenstrauß unmittelbar unter die kosmische Macht der über ihm herabstrahlenden Sonne, der Bewegerin der Zeitenuhr, gestellt wurde.

Die kosmisch-elementare Weltposition, daß sich der kleine Mensch unter den Schutz und in das direkte Auswirkungsfeld der siderischen Supermacht der Sonne begibt, steht kulturgeschichtlich eigentlich nur den hierarchisch höchstgestellten Menschen, den Königen, zu. Nur ihnen ist der direkte Verkehr mit den Gestirnen erlaubt. Ja, dieser ist sogar gerade ihre besondere Aufgabe und die Legitimation ihrer Herrscherbefugnis. Dies war von den alten ägyptischen Königen bis in die Neuzeit, bis zu Ludwig XIV., dem sogenannten «Sonnenkönig», der Fall.

Als Parallele aus Ägypten zu dem «Sonnenknaben» auf meinem Kalender-Täfelchen, weise ich auf das Grabbild des Amenophis IV. und seiner Familie hin. Dort wird die Familie ebenso wie mein «Sonnenknabe» von der Sonne intensiv und direkt beschienen und bestrahlt. Die Sonne ist die Spenderin des Lebens.

Diese unmittelbare Beziehung zur Sonne, die beim Herrscherkult sozusagen standesgemäß gefordert wird, habe ich für meinen «Sonnenknaben» naiv-kindlich ohne gesellschaftliche, hierarchische Bedenken und ohne Skrupel von allgemein menschlicher Überheblichkeit in Anspruch genommen.

Was dem einzelnen Menschen, ungeachtet seines sozialen Standes, überhaupt durch sein Mensch-Sein an sich zusteht, vergleiche das Kapitel: «Ich und meine Auseinandersetzung mit den historischen und modernen Lebenslauf-Schemata», besonders das Beispiel der himmlisch-olympischen Herkunft und der himmlisch-olympischen Rückkehr des Menschen, aufgezeigt an Hand des Medici-Zyklus des Peter Paul Rubens.

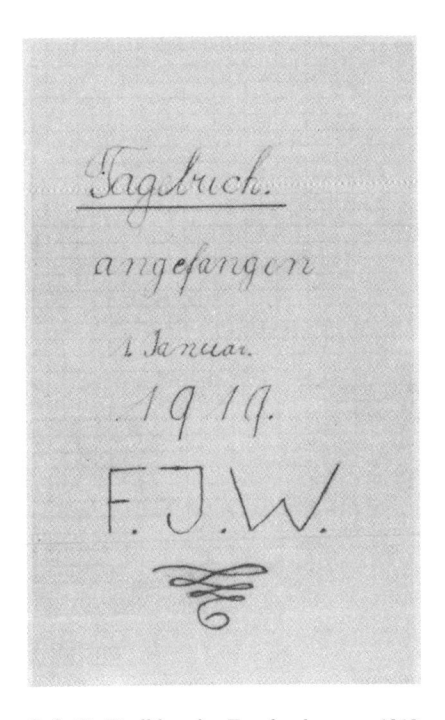

F. S. W. Titelblatt des Tagebuches von 1919.

F. S. W. Kalenderhalter. 1919.

Amenophis IV. und seine Familie. Grabbild.

Was hat nun aber die Weltbildkonstruktions-Zeichnung meines «Sonnenknaben» in meinem Leben zu bedeuten?

Jetzt, 1919, stelle ich zeichnerisch die Situation bewußt dar, in die ich durch meine Geburt zehn Jahre vorher, ohne geistig-schöpferische Stellungnahme existentiell gekommen war. Die Situation der Geburt soll zum Verständnis meines Kalenderhalter-Täfelchens nochmals vergegenwärtigt werden: «Jetzt erst bin ich Mitglied des Makrokosmos, unseres Sonnensystems, von dem unser Erdglobus ein Teil ist.

Mit dem ersten Sonnenstrahl, der sich in meinen, nach der Geburt geöffneten Augen spiegelte, bin ich bewußt angeschlossen an das neue Zeit- und Raum-Weltsystem mit dem Uhrwerk des Zählens. Jetzt erst trete ich ein in den Rhythmus von Sonnenlauf und Erdumdrehung, von Tag und Nacht, Licht und Finsternis, und in den Rhythmus der Jahreszeiten und Monate, Tage, Stunden, Minuten und Sekunden.»

Die Grundlagen dieses Zustandes sind eben der Inhalt meines Kalender-Täfelchens. Ich nehme es sehr genau, um diesem Gedanken gerecht zu werden. Die Figur des «Sonnenknaben» ist in die Pole zwischen Sonne und Erdboden eingespannt. Die Horizontgerade des Wiesenstückes und die aufgerichtete Senkrechte der Gestalt geben das große Achsenkreuz der Weltschöpfung wieder.

Dieser Tatbestand ist noch verstärkt durch die Symmetrie der Bildkomposition, indem ich die Figur exakt in die Mitte des Runds setzte und die Jahreszahl 1919 als zwei 19er, jeweils mit einem Punkt versehen, links und rechts vom Knaben wiederum in die Mitte des verfügbaren Himmelsraums einsetzte.

Nachdem ich mir in diesem Kalender-Täfelchen so sehr präzise geformt Rechenschaft gegeben habe, weiß ich über das Funktionieren des großen Achsenkreuzes, der Horizontale und Senkrechte, über das Verhältnis von Sonne, Erde und Mensch, als dritte Komponente, prinzipiell Bescheid.

Diese Relation wird für die ganze Zeit meines Lebens Gültigkeit haben.

Wie ich aber aus diesem Zeit- und Raum-Weltsystem wieder infolge des Todes austreten werde, und dann die hier demonstrierte Gesetzlichkeit wieder aufgehoben wird, werde ich am Ende dieses Buches, am Ende meines Lebenslaufes schildern im Kapitel «Der Übertritt vom Ich zum Weltganzen» als Gegenkapitel zum Anfang des Buches «Das Weltganze und Ich».

Wie beim Tode der Körper des Menschen seine senkrechte Aufgerichtetheit zu Gunsten der Horizontallage im Sarg verliert, schildere ich im Kapitel: «Ich und der Tod».

Man kann grundsätzlich sagen: All das, was bei der Geburt geschah, wird beim Tode wieder rückgängig gemacht. Nach

158   Der Chronos-Mensch

dem Tode herrscht ein anderer Modus des Seins. Das nun kleinlich erscheinende irdische Bezugssystem des Menschen zu Sonne und Erde wird zurückgenommen. Da werden die irdischen, zeitlich begrenzten Empfindungen und Weltgetriebe-Einstellungen wieder annulliert.

Daß der Mensch, der während seiner Lebenszeit der Erde verhaftet und dem kosmischen «Uhr»-Getriebe der Sonne unterworfen ist, zeichne ich ein Jahr später, 1920, noch einmal in anderem Zusammenhang. Ich zeichne aus Ludwig Richters Holzstich-Folge «Die Woche mit ihren Tagen» auch den Sonntag ab, der ebenfalls wie meine Kalenderhalter-Tafel die Relation Erdboden – Sonne beinhaltet (Vgl. Abb. S. 164).

Diesmal sitzt an Stelle des stehenden Knaben ein Engel in der Blumenwiese und faltet die Hände betend zur Sonne empor. Aus dem irdisch-profanen Knaben mit dem Blumenstrauß in der Hand ist die zeremonielle Verbindungsfigur zwischen Himmel und Erde, ein Engel mit Flügeln, geworden.

Zwei Jahre vorher, 1918, erfolgte zum ersten Mal eine allgemeine Einreihung meines Seins in die Kategorie der Zeit. Als Neunjähriger fertigte ich eine Zeichnung «Silvester» an, die darauf Bezug nimmt, daß die Zeit hier auf Erden in ganz bestimmten Rhythmen und Gedenkpunkten abläuft. Silvester und Neujahr sind immer und stets bewußtseinskritische Tage.

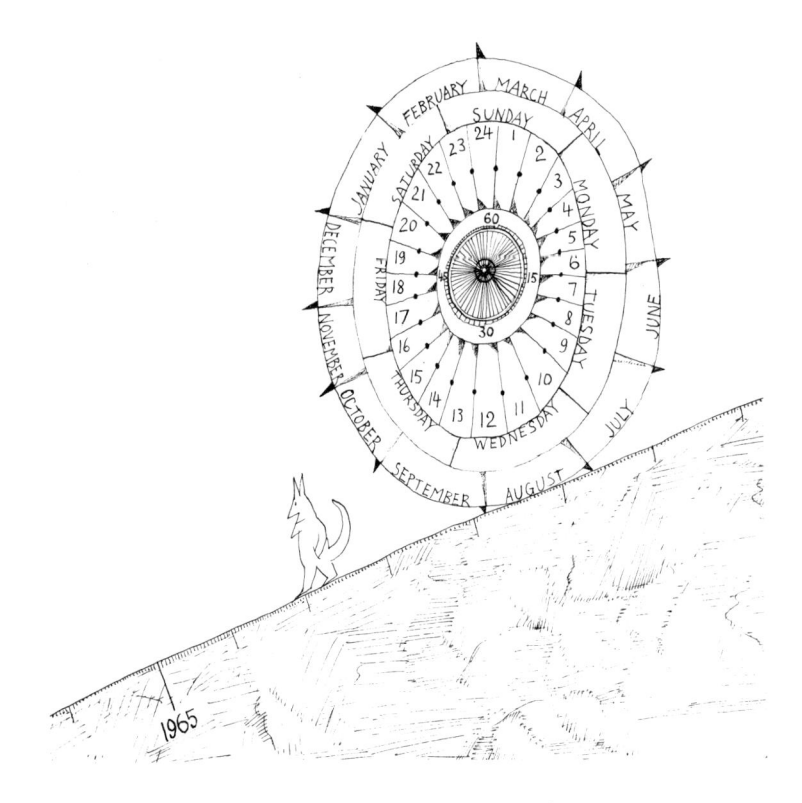

F. S. W. Silvester. Zeichnung. 1918.

Saul Steinberg. Die rollende Zeit. Zeichnung.

Dem Abrollen der Zeit verleihe ich Ausdruck, indem ich auf einer abschüssigen Bretter-Konstruktion drei Männer auf je einer Kugel balancierend, hinabrollen lasse. Der oberste Mann ist mit seinen Federn auf dem Kopfe als Indianer gekennzeichnet und hält einen Tomahawk in der Hand. Der mittlere hält eine Pfauenfeder in der Hand, und der unterste so etwas wie ein Zepter.

Das Bildschema der Szene habe ich dem Blatt 7 meiner Serie von akrobatischen Balance-Szenen von 1918 entnommen und präzisiert. Zur Erklärung der Bedeutung der Szene als Illustration des Ablaufes der Sternenzeit unseres Erdballs schrieb ich darauf: «Silvester 1918». Auf die Rückseite der Zeichnung notierte ich in fast biblischem Hochgefühl des Weltenschöpfers den lapidaren Vermerk: «Gemacht Silvester 1918 Dezember, 31.» Die Jahreszahl 1918 habe ich noch, um jeden Zweifel auszuschalten, um welche Zeitmarke der Weltgeschichtszeit unseres Planeten Erde es sich handelt, unterstrichen.

Woher ich dieses vorliegende Bildschema der als Kugel oder Scheibe auf einer schiefen Ebene abrollenden Zeit genommen habe, weiß ich nicht mehr. Aber es ist anscheinend eine verbreitete Bildvorstellung. In vollendeter Form begegnete sie mir neuerdings ein halbes Jahrhundert später im Bilderbuch von Saul Steinberg «Der Inspektor».

Dort rast die Radscheibe der Zeit, der Monate, der Wochentage, der Stunden und der Sekunden die schiefe Ebene hinunter. Das Abrollen bedeutet bei Saul Steinberg für den Menschen, der sich noch auf dem Streifen der unverbrauchten Zeit befindet, kein Triumphgefühl. Ein fuchsartiges, menschlich-tierisches Zwitterwesen flieht angstvoll vor der Wucht der ungeheuren Lawine Zeit, die seine Existenz bedroht. Es ist der hilflose Versuch, um der Katastrophe der Vernichtung durch die Zeit, der der Mensch vom ersten bis zum letzten Atemzug ausgesetzt ist, zu entgehen.

Andere Kinder können wiederum auf andere Art und Weise den Rhythmus des Zeitablaufes der Jahre erleben. So berichtet der Biograph Fritz Wartenweiler über den Schweizer Illustrator und Maler Ernst Kreidolf (1863–1956) folgendes: «In feierlicher Silvesterstimmung vergleicht der Knirps das Jahr mit einem Krug. Am letzten Tag ist er völlig ausgeleert. Und der liebe Gott weiß, womit er morgen neu gefüllt wird.»

Auf jeden Fall habe ich in meiner Silvesterzeichnung zum ersten Mal mein persönliches Dasein bewußt und aktiv in den großen Rhythmus des Kalenders eingereiht. Von jetzt ab bin ich kein zeitlos in unbestimmten Zeitrhythmen dahinträumendes Kind mehr, sondern in dieser Hinsicht ein geordnet denkender und schaffender Mensch. Ich bin fähig geworden, in meinen Lebensablauf Wegmarken, gewichtige Zäsuren zu setzen.

Das neue Bewußtsein für Ordnung kommt auch darin zum Ausdruck, daß ich den mir zur Verfügung stehenden Raum auf dem Zeichenblatt sehr genau überlegt durch die vier Diagonalen der Rutschbahnbretter einteile, so daß ich vier Fächer erhalte, über die ich wohlabgewogen die drei Männergestalten verteile.

Ernst Würtenberger. Gottfried Keller. Holzschnitt. 1919.

Das Problem der Proportionierung des geschichtlichen Zeitablaufes als Wertung unseres Tuns und Lassens konnte ich von meinem Vater lernen, da er dieses Thema in seinen bildlichen Darstellungen anschlug.

1903 verfertigte mein Vater eine Lithographie des Bildnisses von Gottfried Keller, wo ein Spruchband mit folgendem Zitat des Dichters angebracht ist: «Ein Tag kann eine Perle sein und ein Jahrhundert nichts.» Damit ist eine alle übliche Zeitrhythmik umwerfende These und Erkenntnisweisheit ausgesprochen.

1918, im selben Jahr, als ich neunjährig meine ersten Bemühungen unternahm, der Zeit begrifflich Herr zu werden, feierte mein Vater seinen 50. Geburtstag. Auf einem Holz-

Ernst Würtenberger nach Arnold Böcklin. «Vita somnium breve». Holzschnitt.

schnittentwurf eines Selbstbildnisses von 1918 schrieb er folgende Verse:

> «Hab' vieles versucht, manches erdacht
> Doch selten 'was Rechtes gemacht
> Will's dennoch so weiter treiben/
> Sollt' ich noch länger am Leben bleiben.»

Daraus konnte ich die Bedingtheit der Dauer des Lebens des Menschen entnehmen.

Eine weitere Einführung in die Problematik des Ablaufes des Weltgeschehens und seine Bewältigung durch den Menschen, übermittelte mir mein Vater 1919 im Prachtholzschnitt eines zweiten Bildnisses von Gottfried Keller. Der schweizer Dichter sinnt an seinem Schreibtisch sitzend über die Beurteilbarkeit des Weltgeschehens hinsichtlich der Lebenszeit des Menschen nach und kommt zu folgender Maxime:

> «Ergründe kühn das Leben,
> vergiß nicht in der Zeit,
> daß mit verborgenen Stäben
> mißt die Unendlichkeit.»

Ich erinnere mich, welch tiefen Eindruck diese Verse in meinem Denken hinterließen und ich sie damals immer wieder fast wie ein Gebet und Gebot vor mich hersagte. Still ahnend, dem Geheimnis des Lebens auf der Spur zu sein.

Als mein Vater sich in die Malereien von Arnold Böcklin einlebte und die Gemälde dieses Meisters in Holzschnittmanier übersetzte, wählte er einen Bildgedanken aus, der sich ebenfalls mit der Proportionierung des menschlichen Lebens im Strome der Zeit und der Ewigkeit auf seine Weise auseinandersetzte. Es ist der Holzschnitt «Vita somnium breve». Das Leben ist im Verhältnis zur unendlichen, unauslotbaren Zeitenfülle des Alls nur ein winziger Ausschnitt, nur ein kurz bemessener Traum, gleichsam fast nur ein irreales Aufleuchten.

Zugleich wird durch das Landschaftsmotiv der Quelle und des Stromes in Böcklins Bildgedanken der Zeitablauf symbolisiert, und die in der Landschaft verteilten Personen, die Kinder, der abenteuerliche Ritter und der Greis, der vom Tode erschlagen wird, lassen das Motiv der Lebensalter anklingen.

Für mich war dies ein früher Hinweis auf den Fragenkomplex, der mit den Lebensaltern zusammenhängt. Mit dieser Materie sollte ich mich dann später noch intensiv beschäftigen und auseinandersetzen.

Nirgends und durch Nichts, auch nicht in der Schule, hätte ich über den Gang des Weltgeschehens besser aufgeklärt werden können als durch diese Werke meines Vaters.

Von nun ab weiß ich etwas von Maß und Zeit. Die Kategorie Zeit als Beurteilungskategorie der Menschheitsgeschichte wird mich später als Wissenschafter und Welthistoriker noch sehr beschäftigen und in schwerer Gedankenarbeit hin- und herwerfen. Hier beginnt mein erster großer Vorstoß, mich selber in die gewaltige, je nachdem rationale oder irrationale Maschinerie des Uhrwerkes der Welt einzureihen.

Um dieses Grundwissen noch gleichsam speziell kosmisch zu untermauern, verfertigte ich eine Schemazeichnung über die Einteilung des Jahres in die vier Jahreszeiten und die zwölf Monate.

Um den Mittelkreis des Begriffes «Jahr» gruppierte ich die Monate. In jedes Rund der Monate setzte ich ein kleines Bildchen. Zum Beispiel für den Oktober eine Birne und zwei Weintrauben, für den Dezember einen Christbaum und für den Januar einen Schlitten. Die Kreise von Juni bis September bleiben leer. In die vier Ecken des Blattes zeichnete ich in viereckigen Kästchen je einen Baum im Wandel der vier Jah-

Standuhr. Zifferblatt bemalt von Ernst Würtenberger.

F. S. W. Die Sonne. Aquarell. 1919.

reszeiten. Nur die Darstellungen des Winters und des Frühlings sind mit Deckweiß gehöht, während bei Herbst und Sommer meine Ausdauer in der Ausführung immer mehr erlahmte.

Das Schema des Jahresablaufes mit den Beigaben, daß die zwölf Monate um den Zentralbegriff des Jahres als Medaillons herumgruppiert sind und noch durch die vier Jahreszeiten ergänzt werden, ist uralt. Man kennt es schon seit dem frühen Mittelalter. Als Beispiel, das im Grundprinzip mit meiner Kinderzeichnung übereinstimmt, soll auf eine Darstellung des Jahres in Kreiskomposition in einer Miniatur des 10. Jahrhunderts aus einem Sakramentar aus Fulda in Göttingen hingewiesen werden.

Dieses vorliegende Schema mit seinen Kreisen erinnert daran, daß der Lauf der Zeit ein Mechanismus, eine Maschine, eine Macchina del Mondo ist. Das Maschinenhafte der Weltorganisation der Zeit geht mir an Hand ihres Schemas prinzipiell auf. Diese Grunderkenntnis hat etwas Faszinierendes.

Das mechanische Funktionieren von Apparaten und Maschinen aller Art beobachtet das Kind auf allen Gebieten mit Staunen, sei es im kleinen Spielzeug, im Holzauto, an dem Räderwerk von Kränen des Spielzeugkastens. Sei es wie bei mir in den realen Pferdewagen mit ihren Bremsvorrichtungen, worüber ich ebenfalls sorgfältige Werkzeichnungen verfertigte, oder sei es auch das «Große Rad», wie ich es in den zehn Weltbildpositionen von 1919 konstruiert habe. Oder aber auch im überübergroßen Makrokosmos-Rund des Alls.

Jetzt betrachte und bemerke ich überhaupt mit Staunen die alte spätklassizistische Uhr, die früher in Zürich und später in Karlsruhe jeweils in unserem Eßzimmer stand. Sie steht jetzt im Schlafzimmer meines Karlsruher Hauses. Das Zifferblatt hatte mein Vater selber mit gotischen Ziffern bemalt, die in mir magische Gefühle auslösten. Darüber erschienen vor einem Spruchband zwei Putten, Seifenblasen in die Luft pustend, und ein Totengerippe mit der Sense, um die zwei Pole des Zeitablaufes, Jugend und Alter, Anfang und Ende, höchst eindrücklich zu personifizieren. Ein Putto in der Mitte des Spruchbandes ruft uns, die wir neugierig auf dem neuesten Stand der Zeitrechnung sind, brutal real entgegen: «hora ruit». Unten im Zifferblatt erscheinen die Angelpunkte der ganzen Rechnung,

Sakramentar aus Fulda. Bild des Jahres. Miniatur. 10. Jh.

der melancholische Mond und die lachende Sonne. Wenn ich das alles überblicke, wird in solchen Beobachtungen das Kind mit einer Grundformel des Weltaufbaues, der Weltorganisation an sich, und mit der kosmischen Verhaftung des Menschen mit der Welt bekanntgemacht.

Diese Erkenntnis über den Mechanismus der Welt wollte ich noch an einem weiteren Zeichenblatt erproben. Ich zeichnete 1919 eine Sonne, die von 15 Kreisen umgeben ist und nur halb über eine Rampe herüberschauend ihre Strahlen ausbreitet. Es sei unterstrichen, daß auch dieser Sonne der Charakter des Maschinenhaften anhaftet. Ich muß entzückt und gefangen gewesen sein von dem Tatbestand, dieser kosmischen Großmacht so deutlich habhaft geworden zu sein.

1920 ergänzte ich meine Studien, um das Wissen um das Phänomen Zeit noch besser zu festigen. Ich wurde Realist und erdbezogen. Ich zeichnete die sieben Wochentage ab nach den Zeichnungen von Ludwig Richter. Hier wird das reine kosmologisch-scholastische Begriffsschema verlassen, und für die Wochentage werden nun konkrete Situationen, in die die Menschen hineingeraten können, vorgeführt.

Am Dienstag unterrichtet eine Mutter zwei Kinder. Am Mittwoch werden Äpfel gewogen. Am Donnerstag wandern zwei Kinder, eng aneinandergeschmiegt, den Tragkorb als Regendach benutzend, im Gewitterregen. Am Freitag spielen zwei Kinder in der Wiese. Am Samstag ruht sich ein Kind mit einer Sichel im Arm im Grase aus. Montag und Sonntag sind

F. S. W. Schema des Jahres.

stark durch die Gestirne Mond und Sonne bestimmt. Am Montag sitzt Luna auf der Mondsichel und spinnt den Faden der Zeit. Am Sonntag sitzt ein Engel in einer Blumenwiese vor der Sonne und betet. Er versucht gedanklich, von seiner irdisch begrenzten Situation aus, den Anschluß an das unendliche All zu finden.

In dieser Art verleibte ich mir die Grundeinteilung des Zeitablaufes ein und habe sie mit dieser Methode ein für allemal für mein ganzes übriges Leben zum festen Wissensschatz gemacht.

Die Serie der Wochentage widmete ich meiner Mutter zu Weihnachten 1920. Eine zweite Serie von Zeichnungen, die ebenfalls eine Aufgliederung der Welt, diesmal allerdings die Menschen in ihren allgemeinen biologischen Eigenschaften betreffend, beinhalten, widmete ich gleichzeitig meinem Vater. Dort kam die rassische Verschiedenartigkeit der Menschen zur Sprache. Es sind folgende fünf Männerköpfe aus einem natürlich viel breiteren Genre ausgewählt worden: Malaye, Kaukasier, Indianer, Mongole und Neger.

Meinen zeichnerischen Bemühungen, mich in der Zeiteinteilung zurechtzufinden, laufen zwei Holzschnittfolgen parallel, die mein Vater 1918 bis 1919 demselben Thema gewidmet hat: Es sind die zwölf Blätter der Monatsbilder und die acht Blätter der Heiligen Woche.

Diese Folgen waren für meinen Vater als einem Fünfzigjährigen, der schon längst mit dem Weltengang vertraut war,

164   Der Chronos-Mensch

F. S. W. Nach Ludwig Richter. Die Wochentage. Zeichnungen. 1920.

Ernst Würtenberger. Titelblatt zur Holzschnittfolge der Monatsbilder. 1919.

Salvador Dali. Die weichen Uhren.

eine künstlerische Angelegenheit. Hingegen steckte für mich, als Neunjähriger und Neuling auf unserem Planeten, hinter meinen Zeichnungen eine ganz andere Absicht und Notwendigkeit. Es war der kindlich-knabenhafte Ernst, mich in der Welt zurechtzufinden, den bisherigen verschwommen unbestimmten und zeitlosen Zeitbegriff des Kindes zu vergessen und der Grundregeln, des Grundschemas der Weltmaschine als rationaler Konstruktion erst einmal innezuwerden und zu begreifen.

Den Abschluß des für ein Kind hochwichtigen Erkenntnisganges für die Zeiteinteilungsschemata bildete dann das Jahr 1920, als ich eine Armbanduhr bekam. Wie ich gezeigt habe, war ich für ein solches Geschenk geistig vorbereitet und somit auch würdig geworden.

Nach meiner Landung in der Kleinhorizontigkeit des irdischen, schematisch-rationalen Zeitablaufes habe ich jahrzehntelang nicht mehr über die Zeit nachgedacht. Weshalb sollte ich es auch?

Erst Jahrzehnte nach Erlangung der Kenntnis und durch den welthistorischen Überblick über die Weltgestaltungsmöglichkeiten durch die Kunst und Technik wurde ich wieder auf die größeren, grundsätzlichen Welt- und Zeitzusammenhänge hingewiesen.

Speziell über die Zeitmaschine der Räderuhr und die folgenschwere kultur- und vor allem technikgeschichtliche Bedeutung dieser Erfindung referierte ich in meiner Abschiedsvorlesung 1971 zum Thema «Maschine und Kunstwerk». Dort bearbeitete ich auch die Räderwerksschemata aus dem frühen Mittelalter und wies auf die Rose der Kathedrale von Lausanne als Vorstufe von Räderuhr und Rädermaschinen hin. Jetzt erlangte ich wieder die Voraussetzung einer neuen Seins- und Denkposition aus zum Teil überirdischem und überzeitlichem Denken.

Wenn ich aber glaubte, daß das Schema des Zeitablaufes, das ich mir in der Form der Uhr eingeprägt hatte, für mein ganzes Leben die einzig mögliche oder gar immer feste und verbindliche Form sein mußte, so hatte ich mich schwer getäuscht. Im Laufe der Zeit sollte kein Stein meiner angelernten Weltkenntnis auf dem anderen bleiben. Und dies war zum mindesten am anschaulichsten auf dem Sektor der Bildenden Kunst der Fall.

So wie die moderne Welt durch ihre Technisierung zu allen Dingen und Verhältnissen andere Regeln und Gesichtspunkte aufstellte, so auch bezüglich der Zeit und der Uhr. In diesem Zusammenhang ist am markantesten auf den gestörten Zeitbegriff bei dem surrealistischen Maler und Weltdenker Salvador Dali hinzuweisen.

Dali malte sogenannte weiche Uhren. Damit stürzte er den geordneten natürlichen Zeitrhythmus in Unordnung. Wenn die Uhr, die Zeit, in Unordnung kommt, dann wirkt das wie ein Erdbeben. Denn selbstverständlich sind alle übrigen Dinge willkürlichen Veränderungen und Erschütterungen und Verzerrungen unterworfen. Und dies trat in der Bildenden Kunst ein. Nun war Tür und Tor geöffnet für die A-Rhythmen und für die Relativität der Konsistenz unserer Dingwelt.

Einer der konsequentesten und erfindungsreichsten Hauptmeister dieser rücksichtslos brutalen Verzerrungs-Manipulationen an der Dingwelt war der Maler und Plastiker Pablo Picasso.

Als besondere Hilfe, damit die genannten zeitrhythmischen Verzerrungsmanipulationen überhaupt an der Dingwelt geschehen konnten, ist der Einfluß der Musik auf die bisher naturrhythmischen, normalen Bildkompositionen in Betracht zu ziehen.

Wie sich der diesbezügliche Einfluß der Musik in den Gemälden der Futuristen und Kubisten auswirkte, habe ich in meiner Abhandlung «Malerei und Musik. Die Geschichte des Verhaltens zweier Künste zueinander», 1979, geschildert.

Wie sehr ich selber der Manie der Verzerrungskunst gehuldigt habe, darüber gibt mein Buch «Meine akrobatischen Unterschriften» Auskunft. In meinen Unterschriften wandte ich die Zeitrhythmus-Verzerrung allerdings nicht auf die von der Natur geschaffene Dingwelt an, sondern auf die schon von vornherein vom Menschen künstlich erfundenen Schriftzeichen und Buchstaben.

In der unsicheren Durchgeschütteltheit ihrer Bilderwelt gefiel sich die moderne Kunst bis zum Exzeß. Und dieser Prozeß nahm gerade seinen Anfang, als ich geboren wurde und langsam begann, das Phänomen Zeit als Normalzeit für mein Denken und Dasein zu erkennen.

Aber die Störung und Zerstörung des Zeitrhythmus des Kosmos, von dem wir Erdenbürger auch ein Teil sind, fand keineswegs nur auf dem ästhetischen Sektor der Bildenden Kunst statt. Auch die Staatsverwalter und die Industriemanager glaubten, sie müßten an dem festen Naturrhythmus der Sonnenzeit nach ihrem utilitaristischen Zweckdenken willkürlich herummanövrieren. Wie es ihnen paßt, drehen sie die überirdisch-kosmische Uhrzeit vorwärts oder rückwärts, sie machen sich eine verschiedene Sommer- und Winterzeit zurecht, als ob sie die befugten Dirigenten und Maschinisten und kompetenten Herrgöttle der kosmischen Weltenuhr wären. Nichts ist den modernen Naturmanipulisten und Weltgesetzverächtern heilig.

1980, ich wurde damals 71 Jahre alt, hatten die europäischen Länder wie England, Frankreich und die Deutsche Bundesrepublik, die sogenannte Sommerzeit eingeführt, wie es schon die Superrationalrigorosisten, die Nationalsozialisten, während des Zweiten Weltkrieges getan hatten. Die Uhr wurde 1980 um eine Stunde vorgestellt.

Als Grund wurde das heute so wichtige Energie-Sparen angegeben. Doch der wirklich beabsichtigte Effekt war zweifelhaft, wenn man sich die Beurteilungen in der Presse ansieht, woraus man erkennt, wie mit den Grundwerten unseres kreatürlich-kosmisch bedingten Daseins, zu denen vor allem die kosmische Uhrzeit gehört, ironisch oberflächlich umgesprungen wird.

Um sich davon konkret eine Vorstellung zu machen, setze ich ein Zitat aus der Tageszeitung, die ich täglich lese, hierher. Die Zeitung «Badische Neueste Nachrichten» weiß am 2. September 1980 unter der Sammelsuriumrubrik «Vermischtes» zu berichten: «Freizeiteffekt ist der größte Gewinn: Energieeinsparung durch Sommerzeit ist umstritten, Elektrizitätswerke: Stromverbrauch blieb gleich.

Frankfurt (dpa). Die am 28. September zu Ende gehende Sommerzeit hat nach Ansicht der Vereinigten Deutschen Elektrizitätswerke keine nachweisbare Einsparung an Elektrizität gebracht. Der unbestreitbar größte Gewinn durch die Sommerzeit ist der «Freizeiteffekt»: Mehr Zeit an hellen Tagen zum Spazierengehen und für Hobbys.

Die meisten befragten Bürger zeigten sich – nach Anlaufschwierigkeiten vor allem für Morgenmuffel (ein völlig überflüssiger diskriminierender Ausdruck der Propaganda!) – hellauf begeistert von den helleren Abenden [...]

Der Wert der helleren Abende für Energieeinsparungen bleibt dagegen vorerst im dunkeln: Einsparung beim Verbrauch von elektrischer Energie ist nach den Erkenntnissen der Vereinigten Deutschen Elektrizitätswerke (VDEW) in Frankfurt nicht nachweisbar.

Die Übergangsschwierigkeiten zur Sommerzeit waren offensichtlich relativ schnell überwunden: Bei der Bahn klappte nach kurzer Anlaufzeit für den verschobenen Fahrplan selbst der Verkehr mit der Schweiz, die ihre Uhren nicht umgestellt hatte, und auch die Kühe und Schweine, die zunächst mit Unwillen auf die Schiebung mit ihren Futter- und Melkzeiten reagierten, hatten nach etwa einer Woche ihre innere Uhr der neuen Zeit angeglichen, weiß der hessische Bauernverband.»

Die wohl größten Probleme hatten die Firmen, die elektrische Uhrenanlagen – etwa in Betrieben, bei der Bahn oder auf öffentlichen Plätzen – umzustellen hatten: Rund 120 000 sogenannte 'Mutteruhren' mit etwa 600 000 bis 800 000 Nebenuhren mußten bundesweit angepaßt werden. Allein die Frankfurter Firma Telefonbau und Normalzeit mußte 600 Mitarbeiter ausschicken, um die neue Zeit auf den von ihr betreuten 46 000 Mutteruhren mit 250 000 Nebenuhren sichtbar zu machen.

Die Rückstellung am 28. September schreckt diese Branche dagegen wesentlich weniger. Die Industrie hat offensichtlich die Zeichen der Zeit erkannt und für automatische Hilfe gesorgt. So werden inzwischen Automaten zu Preisen zwischen 150 und 1100 DM angeboten, mit denen Uhrenanlagen automatisch wieder auf die Winterzeit und – im nächsten Jahr – auch wieder auf die Sommerzeit umgestellt werden können.

Bei den drei verschiedenen Typen dieser 'Zeitmaschinen' genügt in der einfachsten Ausführung ein Knopfdruck, in der aufwendigsten ein Zeitsignal von der Atom-Uhr der Technisch-Physikalischen Bundesanstalt in Braunschweig zum Umstellen. Das Signal dazu wird von einem Sender in Mainflingen ausgestrahlt.

Auch die Bundesbahn sieht der Rückstellung mit mehr Gelassenheit entgegen als dem Start der Sommerzeit: Dieser Termin fällt mit dem Beginn ihres Winterfahrplans zusammen – es muß also sowieso umgestellt werden. Für die Zukunft hofft die Bahn, daß auch für den Start der Sommerzeit in den kommenden Jahren derartig günstige Termine gewählt werden – am besten in ganz Europa. Zur Zeit gibt es nämlich in den europäischen Ländern vier verschiedene Start- und Schlußzeiten für die Sommerzeit – und die sommerzeitlose Schweiz».

Aus diesem Zeitungsbericht ersieht man in vielen Einzelheiten ganz deutlich, wie sehr sich die siebenmal gescheiten Maßnahmen der technikgläubigen Menschen, um die Naturgesetze hinters Licht zu führen, in die Verwirrung von Pro und Contra ihres kurzatmigen Besserwissenwollens verstricken. Und dies ist um so mehr der Fall, wenn es sich um eine solch elementare Naturgabe wie die der Zeit und ihren im Kosmos verankerten Naturrhythmus handelt.

II. Die 10 Weltbildpositionen

Am Ende des Jahres 1919, als ich mich nun schon 10 Jahre in dieser Welt bewegte, trat ein beachtliches Ereignis in meiner Stellungnahme zur Welt ein. Ich war in der Entwicklung meines Denkens so weit gelangt, daß ich fähig wurde, zum erstenmal das Projekt einer Weltkonstruktion, eine Art von statistischem Funktionsdiagramm der Welt zu entwerfen. Dies ist ein einschneidender Markstein in der Geschichte meines Denkens.

Nach dieser geistigen Tat bin ich nicht mehr derselbe Erdenbürger. Ich bin nicht mehr nur unbewußter, naiv-kindlich in der Welt Herumgetriebener und unreflektierender Teilnehmer. Ab jetzt erkenne ich die Konstruktion und die Zusammensetzung der Abteilungen der Welt. Jetzt bin ich fähig, über die Welt bewußt zu verfügen, sie als etwas Ganzes zu sehen und sie deshalb auch in Teile, sachliche Fächer und eigene Erlebnisräume zerlegen zu können. Nun bin ich zum erstenmal geistiger Herrscher über die Welt.

Diesen systematisch erdachten Weltbild-Gesamtentwurf lieferte ich in einem gewöhnlichen blauen Schulheft, das ich meinem Vater zu Weihnachten widmete. Es war anscheinend noch nicht genug, daß ich meinem Vater zur selben Weihnacht 1919 die große Zeichnung nach Ludwig Richter «Der Schmied von Jüterbog vor der Höllenpforte» unter den Christbaum legte.

Ich hatte diesmal überaus viel zu berichten und zu erzählen. Mein Erkenntnisdrang und Ordnungssinn lief auf Hochtouren. Meine Weltbildkonstruktion zerlegte ich in 10 sogenannte Weltbildpositionen, in 10 verschiedene Weltaspekte, mit denen der Mensch sich im Leben abzugeben hat und in die ich selber tatsächlich hineingeraten war. Es konnte gar nicht anders sein: Diese 10 Weltbildpositionen sind natürlich aus meinem eigenen damaligen Welterlebnishaushalt entnommen und entsprachen ihm.

Es sind folgende 10 Bereiche in den 10 Zeichnungen dargeboten:

1. «Großes Rad»
2. «Alpenhütte»
3. «Das Meerschiff»
4. «Johann Wilhelm von Archenholz»
5. «O. Biders Flug über das Jungfrau-Joch»
6. «Das Wappen der Würtenberger»
7. «Drache»
8. «Das Grundlein» (ohne Unterschrift und Bezeichnung)
9. «Das Kasperle-Theater»
10. «Der Christbaum»

1. «Großes Rad»

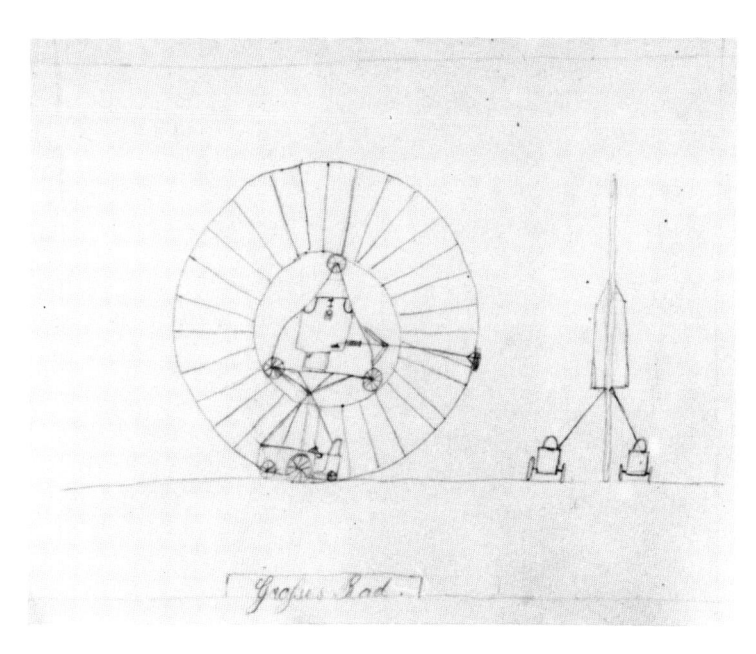

F. S. W. Großes Rad. Zeichnung. 1919.

Die Serie meiner 10 Weltpositionen beginnt mit einem großartigen Auftakt. Als erstes Bild erscheint eine der ältesten und folgenreichsten Erfindungen der Menschheitsgeschichte: das Rad.

Damit war eine Ur-Erfahrung und Ur-Erscheinung eines funktionierenden Ur-Organismus in mein Bewußtsein getreten. Das Rad als Rund vermittelt immer die Vorstellung einer vollkommen geschlossenen Ganzheit.

Das Rad lasse ich in meiner Zeichnung zu einer Art Fahrzeug werden, zu einem technisch funktionierenden Apparat. Als besonderen Zusatz setze ich an die Stelle der Nabe eine Dreieckskonstruktion, die mit drei kleinen Rädern im inneren Kreis fahrbar ist.

Mir genügte es anscheinend, überhaupt ein Maschinenmodell erdacht und ein Gestell dazukonstruiert zu haben, damit das Rad nicht im Stehen umfällt. Dazu lieferte ich noch eine zweite Ansicht, die Voderansicht des Rades, die diesen Sachverhalt noch erhärtet.

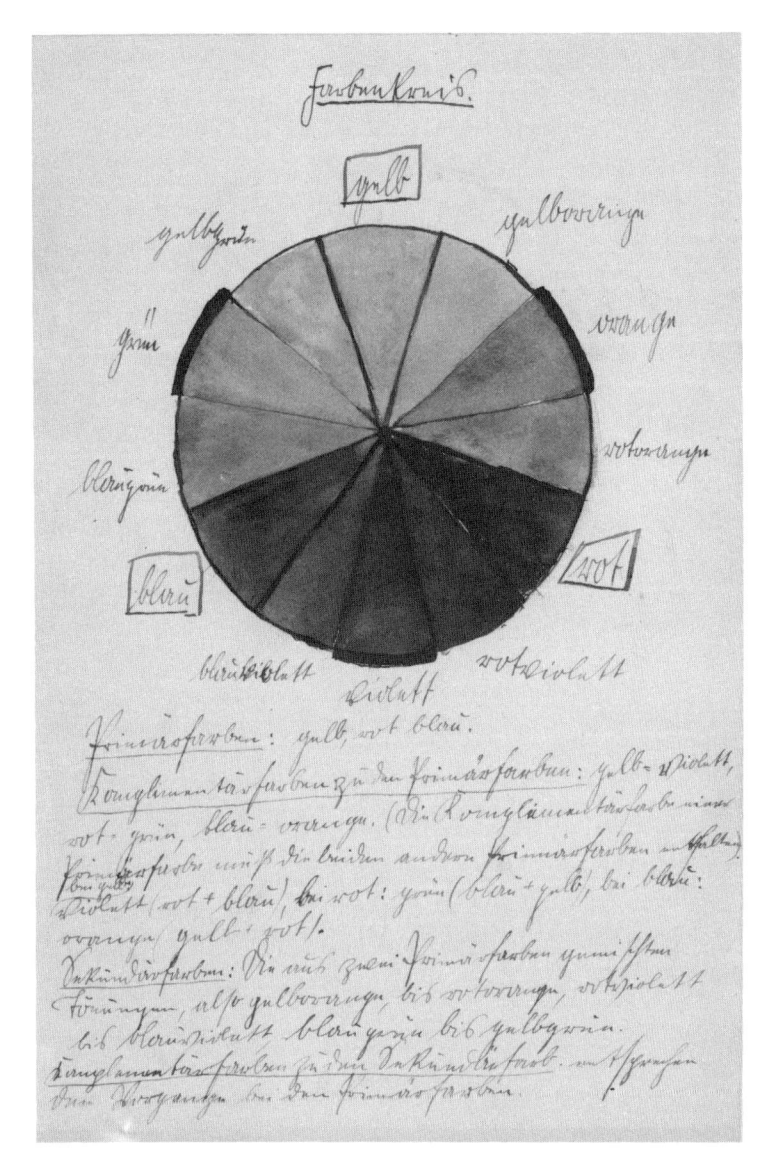

F. S. W. Farbenkreis. Zeichnung. Um 1925.

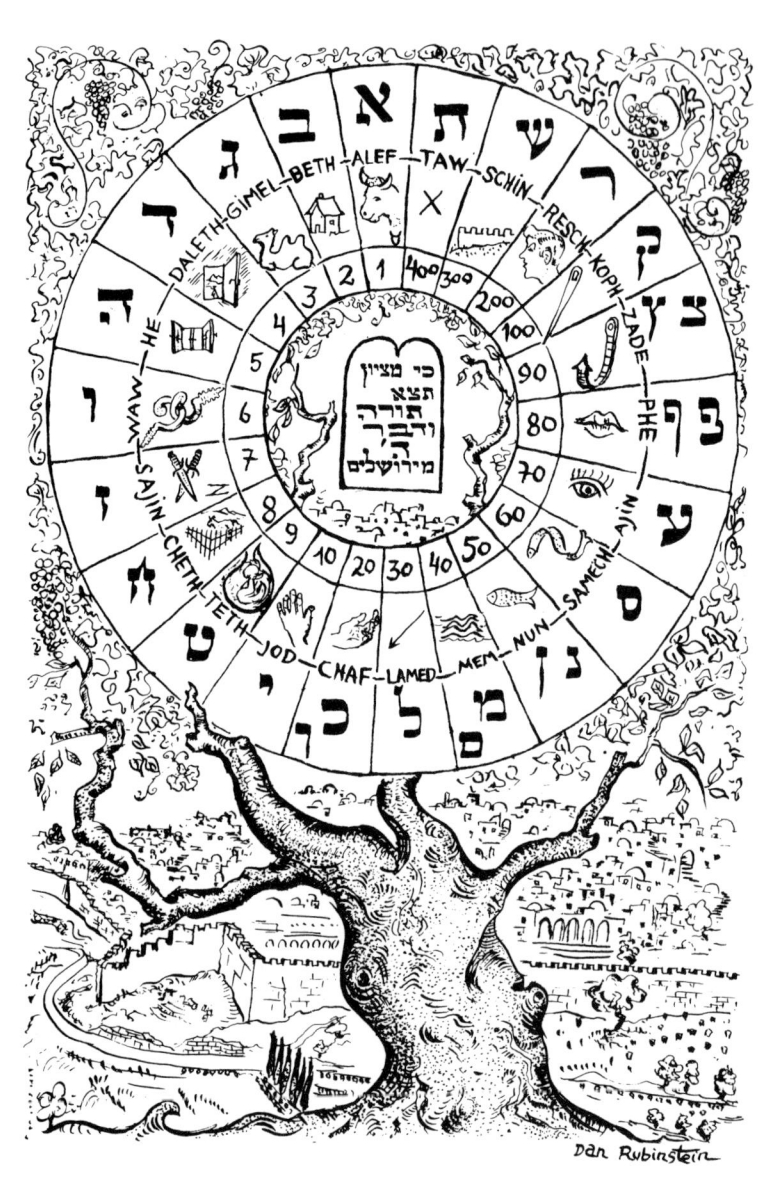

Kreis des hebräischen Alphabets.

Die Frage des Antriebes etwa durch einen Motor, beantwortete ich nicht. Wohl deutete ich eine Bremsvorrichtung an. Es ging mir um ein Grundprinzip, um eine über der Praxis stehende, theoretisch begriffene Ur-Maschine, die ich mit dem bedeutsamen Beiwort «Großes Rad» benannte. Es kann auch ein exemplarisches Gebilde an sich sein, wie das Wiener Riesenrad.

Damals, als ich das Heft mit den 10 Weltpositionen anlegte, interessierte ich mich brennend für die Mechanik, für technische Vorgänge. Als Vorstufen zu diesem «Großen Rad» hatte ich 1917/18 Fuhrwerke mit Pferden, oder auch ein Auto gezeichnet. Hier wurde ich prinzipieller. Das Rad als Weltmechanismus habe ich 1918/19 auch in den Aquarellen der Sonne erprobt. Kosmischer Großmechanismus und die Welt als Maschine, als Rad; dieser Gedanke mag hier mitschwingen. Rad, Erdenrund und Sonnenscheibe sind irgendwie vergleichbare Ur-Mechanismen.

Die Vorstellung des «Großen Rades» war auch für mich eine nie wieder verloren gegangene Grunderkenntnis in meinem Denken geworden. Das geht daraus hervor, daß ich in den verschiedensten Ausformungen und Verwendungen immer wieder auf diese Grundvorstellung zurückgriff. In meinen wissenschaftlichen Arbeiten taucht sie immer wieder auf. Wenn ich mich im Gedankenkreis der Radvorstellung bewegen konnte, so erfüllte sie mich jeweils mit einer wohltuenden Befriedigung und inneren Begeisterung an der Existenz einer solchen eindeutigen Grundvorstellung. Denn mit dieser Vorstellung glaubte ich Weltgesetzlichkeit faßbar demonstrieren zu können.

In welchen Zusammenhängen und in welchen Überlegungsreihen nun das Bild des Rades in meinem weiteren Leben zur Auswirkung kam, soll noch erörtert werden.

Das Schema, daß die Speichen des Rades als Einteilungsmodell verwendet werden, erschien mir, nur ein paar Jahre später, geeignet für die systematische Aufzählung der Farben im sogenannten Farbenkreis. In meinen künstlerischen Bestrebungen interessierte mich diese Einteilung der Farben außerordentlich. Es hat sich ein von mir um 1925 gezeichneter Farbenkreis erhalten. Es ist die Zeit, als ich in der Farbgebung meiner Aquarelle bewußter vorzugehen begann: Weil ich aber im weiteren Verlauf das ganzheitliche Weltdenken größtenteils einbüßte und verlor, kamen derartige Schema-Zeichnungen für Jahre und Jahrzehnte nicht mehr in meinen Gesichtskreis.

Erst 1958, als ich mein Buch «Weltbild und Bilderwelt» bearbeitete, kümmerte ich mich wieder um weltganzheitliche Zusammenhänge und stieß von neuem auf das Einteilungsschema des Radrunds.

In «Weltbild und Bilderwelt» veröffentlichte ich zur Erläuterung des naturalistischen Kunstsystems des 17. Jahrhunderts zwei Schema-Zeichnungen des Dr. Robert Fludd: den «Spiegel der unberührten Natur und Bild der Kunst» von 1617 und «Über die Nachahmung der Natur» von 1624.

Indem ich hier in meiner Biographie meine 10 Weltbildpositionen bearbeitete und ihren Weltganzheitscharakter aufzeigen wollte, wandte ich ebenfalls das Rad-Schema mit seinen Strahlen an und setzte jeweils eine Weltposition in einen Strahlensektor. Dieser Überlegung wäre ich 1919 bei der Verfertigung des Heftes der 10 Weltbildpositionen in meiner damaligen Denkstufe noch nicht fähig gewesen.

Dasselbe Verfahren übertrug ich auch auf die Holländische Gattungsmalerei, als ich den Gesamt-«Kosmos» dieser Malerei demonstrieren und den Anteil feststellen wollte, den ich in meiner Dissertation über das Holländische Gesellschaftsbild 1935 dazu lieferte. Je eine der 12 Malereigattungen setzte ich in einen Sektor des Runds.

Um den Gesamtkosmos der 22 hebräischen Buchstaben vorzuführen, fand ich dann das gleiche Ganzheits-Einteilungs-Schema bei Friedrich Weinreb: «Texte zum Nachdenken. Buchstaben des Lebens».

Als Höhepunkt der Idee des Weltenrades fand ich bei C.G. Jung «Psychologie und Alchemie» die Abbildung des vom Drachendämon umspielten tibetanischen «Weltenrades», wo der Mensch im Mechanismus des Weltenrades hin- und hergeworfen wird.

Vergleichsweise veröffentlichte ich in meinem Buche «Pieter Bruegel d.Ä. und die deutsche Kunst» aus unserem Kulturkreis das «Rad der Fortuna» von Georg Pencz, wo eine ähnliche Manipulation des Menschen stattfindet.

Tibetanisches «Weltrad».

2. «Alpenhütte»

An zweiter Stelle meiner 10 Weltbildpositionen steht ebenfalls eine Weltmaschine; allerdings ganz anderer Art. Diesmal ist sie nicht dem Gebiet der Technik entnommen. Es ist kein Fahrzeug, sondern ein immobiles Objekt aus dem Gebiet der Architektur. Es ist die «Weltmaschine», die sich der Mensch erbaut, um vor der Außenwelt geborgen zu sein, um statisch wohnen zu können.

Die Alpenhütte ist streng, ihrer doppelten Funktion gemäß, gehälftet. Links die Behausung und der Aufenthaltsraum für die Menschen. Zu ebener Erde Türe und ein Fenster mit Vorhängen, im zweiten Stock zwei Fenster mit Vorhängen. Hier könnte auch ich wohnen. Rechts der Aufenthaltsort für

170 Die Weltbildpositionen

F. S. W. «Alpenhütte». Zeichnung. 1919.

eine andere Gattung von Lebewesen, die Wohnstätte des Tieres: der Stall. Diesmal ist die Türe für die Kühe größer, und anstatt der drei Fenster ist eine vergitterte Öffnung angebracht. Kurz vorher zeichnete ich 1917 unser Haus in Zürich und 1918 die Scheune, die unserem Haus über die Straße hinweg gegenüberlag, mit dem Kuhstall unserer Nachbarn.

Es soll im Hinblick auf die weltbildprägende Kraft der Begriffe «Haus», «Wohnung» und «Architektur» darauf hingewiesen werden, daß das Haus in einem anderen Schema eines Weltbildkonzeptes ebenfalls an bevorzugter Stelle steht. Diese ist in der Weltkreisanordnung des hebräischen Alphabets anzutreffen, wo nach dem Anfangsbuchstaben Aleph an zweiter Stelle Beth, das Haus, eingereiht wird.

Es kommt mir heute vor, wie wenn ich instinktiv die hohe Bedeutung des Begriffes «Haus» oder «Wohnung» für die Weltbewältigung in unserem Denken und Sein gespürt hätte, um zu meiner Reihenfolge in meiner Serie der Weltpositionen zu gelangen.

Natürlich wußte ich als zehnjähriger Knabe die wirklichen geistesgeschichtlichen und weltphilosophischen Zusammenhänge noch nicht, die sich mit den Begriffen «Haus», «Wohnung» und «Architektur» als Weltmodell verbinden. Dies sollte mir erst viele Jahre später aufgehen. Zunächst schwelgte ich als Knabe noch in phantastischen Ideen. Im gleichen Jahr, 1919, zeichnete ich auch die Fassade des Traumpalastes eines Königs. Die Fassade wurde mit einem geheiligten großen Dreiecksgiebel überhöht, und in die Tore setzte ich die Gestalt des Königs mit seinen Wächtern.

Nach diesem kindlichen Phantasiespiel erlahmte mein Gefühl für die Weltbewältigung durch die Architektur als große Weltordnungsmacht. Die Anregungen durch meinen Vater blieben in dieser Beziehung aus. Dafür war er zu sehr Maler und kein architektonischer Weltkonstrukteur. Ich selber ging eher den Fragen der Architektur aus dem Wege, als daß ich sie suchte.

Ich wurde in meinem Studium zunächst einmal kunsthistorischer Spezialist für die niederländische Malerei.

Als ich dann aber beinahe gegen meine bisherigen Forschungsmilieus 1951 als Zweiundvierzigjähriger zur Architekturabteilung in der Technischen Hochschule Karlsruhe kam, mußte ich erst mühsam von Grund auf neu lernen, mit den Spezialanliegen der Architektur umzugehen. Dabei war mein täglicher Umgang mit meinem Freunde und Kollegen Arnold Tschira höchst lehr- und einsichtsreich. Da erfuhr ich erstmals von einem hervorragenden Kenner der Materie, was ein Bauorganismus ist und bedeutet. Arnold Tschira ging es bei seinen Forschungen, Gesprächen, Besuchen und dem Photographieren von Baudenkmälern ausschließlich um diese Fragen.

Als späte Frucht all dieses Bemühens erkannte ich die große Bedeutung der Beziehung zwischen Architekturvorstellungen und religiösen Himmelsvorstellungen über die Jahrtausende der Architekturgeschichte hinweg. Daraus entstanden meine Forschungen über die Zusammenhänge von Architektur und Kosmos, die ich etwa seit 1974 betreibe.

Mit Architekturgeschichte beschäftigte ich mich speziell in meinem Manierismus-Buch und im Barock-Buch. Schließlich untersuchte ich die Einwirkung von kosmischen Kräften auf die Architektur in der Vortragstrilogie: Architektur und Licht, Architektur und Farbe, Architektur und Gold. Im Zusammenhang der Bearbeitung des Landesmuseums für Technik und Arbeit in Mannheim, wurde ich zwischen 1979 und 1982 gezwungen, mich selber als eigenschöpferischer Architekt zu betätigen.

3. «Das Meerschiff»

F. S. W. «Das Meerschiff». Zeichnung. 1919.

In diesem dritten Blatte wollte ich anscheinend eine ganz bestimmte Grundzone der Welt treffen. Wenn das vorhergehende Blatt der Alpenhütte mehr dem Element Erde zugehörte, so dieses Blatt dem Element des Wassers. Dabei wollte ich nicht nur einen kleinen See darstellen, sondern die ganze geographische Wucht, die das Wasser als Meer haben kann, und nannte deshalb das Schiff pathetisch «Meerschiff». Zugleich traf ich mit der Hinzufügung des Luftschiffes den allgemeinen Begriff des Fahrens und damit des Verkehrs.

An sich imponiert dem Kinde das Fahren prinzipiell. Wie fiebert es, wenn es auf eine Reise, gleichgültig welcher Art, mitgenommen wird. Dies alles ist in diesem Blatte enthalten.

In meiner eigenen Entwicklung bringt dieses Blatt gewissermaßen das Sujet der vielen Schiffszeichnungen auf dem Wasser zu Ende, von denen ich eine ganze Serie, mindestens fünf Stück, seit November 1915, dargestellt habe. An sich hatten meine Schiffszeichnungen einen sehr konkreten Anlaß. Sie halten nämlich Situationen fest, die ich täglich vor Augen hatte. Wir wohnten in Zürich so, daß wir von unserem Fenster aus direkt auf den Züricher See sehen konnten. Mit allergrößtem Interesse verfolgten wir die Schiffstypen, die Lastschiffe, Dampfer und Segelschiffe. Ein besonderes Ereignis war es jeweils, wenn an einem strahlenden Sonntagmorgen die «Helvetia» mit Blechmusik und reichem Wimpelschmuck den Kurs nach dem oberen Züricher See nahm. Diese Festfahrt verklärte die Welt. Und von dieser Stimmung legt diese Zeichnung Zeugnis ab.

4. «Johann Wilhelm von Archenholz»

F. S. W. «Johann Wilhelm von Archenholz». Zeichnung. 1919.

In der Statistik meiner Weltbildpositionen durfte ein Komplex nicht fehlen. Es ist das Wissen um die Berühmten Männer der Welt und der Deutschen Geschichte.

Die Welt der Geisteshelden nahm im künsterlischen Weltbild meines Vaters neben seiner Portrait-, Genre- und Landschaftsmalerei einen breiten Platz ein. Mein Vater hielt nicht nur viele berühmte Dichter, Maler, Bildhauer, Architekten, Komponisten, Staatsmänner und Reformatoren in seinen Holzschnitten und Gemälden fest, auch die Bücher über ihr Leben und ihre Taten waren in unserer Bibliothek reich vertreten.

Von früh auf war ich von dem Geiste dieser Männer umweht, und sobald ich zeichnen konnte, habe ich versucht, ihre Physiognomien festzuhalten. Aus der Begeisterung für diese besondere Art von Menschen kam auch die Gattung der Berühmten Männer in meinen Weltbild-Kosmos der 10 Weltbildpositionen hinein.

172 Die Weltbildpositionen

Als Vertreter dieses Weltbereiches zeichnete ich einen Mann ab, der mir aus einem nicht mehr angebbaren Grunde damals gerade zur Verfügung stand. Es ist der Geschichtsschreiber Johann Wilhelm Archenholz (1743–1812), dessen frische Schilderungen der Epoche Friedrich des Großen in seiner Zeit viel gelesen wurden.

5. «O. Biders Flug über das Jungfraujoch (3 474m)»

F. S. W. «O. Biders Flug über das Jungfraujoch».

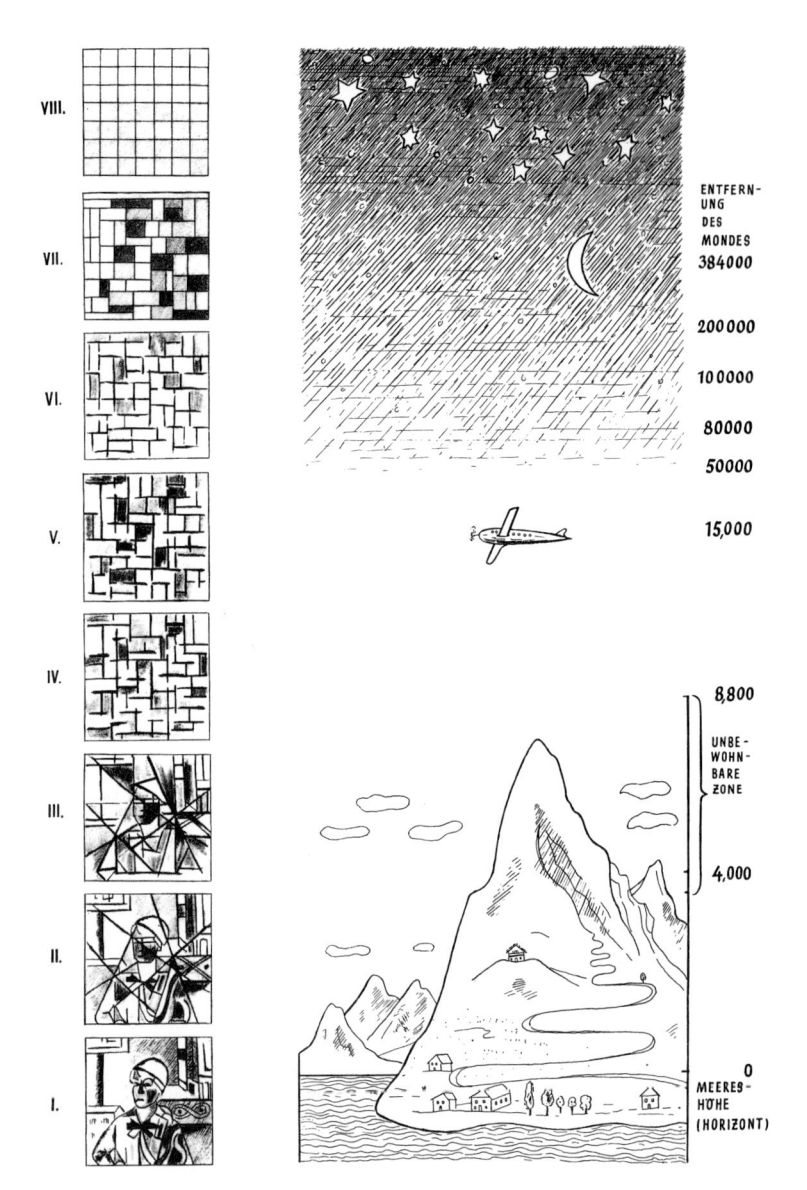

F. S. W. Die Bereichsstufen der Bildformen. Zeichnung. 1919.

Diese fünfte Zeichnung behandelt eine damals sehr aktuelle Weltbildposition. Es soll in ihr der Triumph gefeiert werden, daß es der technischen Erfindungsgabe des Menschen gelungen ist, mit Hilfe des Flugzeuges von der Erde abgelöst sich frei im Luftraum bewegen zu können. Man muß wissen, 1919 war es noch eine attraktive Sensation, ein Flugzeug durch die Lüfte schwirren zu sehen und zu hören. Heute hat allerdings das Fliegenkönnen jede Sensation der wagemutigen Pionierleistung verloren und ist zum verkehrstechnisch-gewohnten Alltagsbetrieb geworden. Doch für mich steckt in dieser Zeichnung noch das persönliche Erlebnis der Frühleistung des Flugsportes.

Die technische Erfindung des Fliegens faszinierte mein kindliches Gemüt. Jeweils fieberte ich, wenn ich mit eigenen Augen Zeuge war, wie die damals bekannten schweizer Piloten Bider oder Mittelholzer über dem Züricher See ihre waghalsigen Kunstflüge vorführten. Dieses Erlebnis in die zeichnerische Form zu kleiden, ist allerdings keine persönliche Leistung von mir. Diese Zeichnung habe ich aus dem Pestalozzi-Kalender von 1914 abgezeichnet. In diese Folge eingereiht, mutet die Zeichnung wie eine Verherrlichung des Elementes Luft an.

Und wenn man nach altem, antikem und scholastischem Weltbildschema noch die anderen drei oder vier Elemente aufzeigen möchte, so würde «das Meerschiff», das Wasser, die «Alpenhütte» die Erde und der feuerspeiende «Drache» das Feuer vertreten.

Das Bildschema, wie sich das Flugzeug über dem Gebirge in der Luft neue Seinsbereiche erobert, habe ich dann wieder in meinem Buche «Weltbild und Bilderwelt» aufgenommen, als ich die Stilstufen der modernen Gemälde, wie sie sich vom naturalistischen zum abstrakten Gemälde wandeln, mit den geographischen Höhenregionen verglich. Diesmal allerdings erweiterte ich die Skala Erde – Luft noch mit dem Hinzufügen des Sternenhimmels.

6. «Das Wappen der Würtenberger»

F. S. W. «Das Wappen der Würtenberger». Zeichnung. 1919.

In dieser Zeichnung habe ich geschickt verschlüsselt meine eigene Person, mein Ich, in die Weltpositionen eingeschmuggelt. Ich verstecke mich hinter dem Symbolzeichen des Wappens der Familie Würtenberger: den zwei Posthörnern. Als zweites Wappen setzte ich darüber das Wappen des Deutschen Reiches. Ich trete also nicht als Individuum auf, sondern als Glied einer Familie. Die Familie, die Sippe als Weltstruktur-Machtfaktor für den Bestand und für das Funktionieren der Welt, war mir wichtig. Wappen zu verwenden, war mir schon lange vertraut und ich hatte dieses Spiel in vielen Zeichnungen erprobt.

Ohne Zweifel hätte etwas an meiner Weltganzheits-Vorstellung gefehlt, wenn der täglich in Erscheinung tretende Interessenverband der Familie als vertrautes Lebensmilieu weggelassen worden wäre.

7. «Drache»

F. S. W. «Drache». Zeichnung. 1919.

In dieser Zeichnung des Drachens und in der nächsten Zeichnung des Grundleins stehen einander zwei weltweit getrennte Weltaspekte gegenüber. Durch große Gegensätze sind sie voneinander getrennt.

Der Drache als Fabelwesen ist nach altbabylonischer Vorstellung das alles Böse gebärende, vom Lichtgott bekämpfte Ur-Chaos. In der Apokalypse ist er der furchtbare Geist der Finsternis, der oft identisch gesetzt wird mit der Schlange der Verführung. Zugleich wird in diesem Symboltier noch das Thema der Dämonen angeschlagen, wozu das Teuflische und das untergründig Häßliche gehören.

Zu Weihnachten 1919 schenkte ich meinem Vater die Zeichnung des «Schmiedes von Jüterborg an der Höllenpforte» nach Ludwig Richter. Dort begebe ich mich in gleicher Weise in den Bereich des Bösen, wie bei meiner Drachenzeichnung. Ein Teufel hat denselben Flügel wie der Drache und speit in gleicher Weise durch sein Maul Feuer aus.

Diese Zeichnung des Drachen, die Nr. 7 meines Weltaufbauprogrammes der sogenannten Weltbildpositionen ist, war der erste Schub, daß ich gestalterisch mit diesem religions- und menschheitsgeschichtlichen urtümlichen Symboltier zusammenstieß. Diese Begegnung fand aus völlig persönlichem Anlaß statt. Denn die Vorstellung des Drachen lastete als beängstigender Riesenkoloß auf meiner kindlichen Seele.

Eine harmlosere, gewissermaßen entdämonisierte Ausdeutung werde ich 1922 in der Zeichnung der Illustration der «Parabel» vornehmen, wo der Wanderer im Brunnen an einer Wurzel hängend in Gefahr ist, in die Tiefe herabzustürzen und dem Rachen des Drachens anheimzufallen.

Der zweite Schub, wie die Drachengestalt auf mich zukam, fand drei Jahre später statt, als der Drache in einem Schulaufsatz am 10. 6. 1925 bearbeitet werden mußte. Anscheinend war das Drachen-Motiv bildungslegitim mächtig genug, um zum offiziellen Grundwissen des Menschen zu gehören und deshalb auch im Repertoir der Schulaufsätze aufgenommen zu werden.

Allerdings erscheint diesmal der Drache nicht in seiner ganzen dämonischen, mythologischen Urgewalt, sondern im Gedicht von Friedrich Schiller «Der Kampf mit dem Drachen», nach dem der Drache beschrieben werden mußte. Das Drachen-Motiv wurde seiner religionsgeschichtlichen Urgewalt entkernt und dazu benutzt, um eine christliche Tugend zu demonstrieren, nämlich die Frage des Gehorsams oder Ungehorsams des Ritters gegenüber der Obrigkeit, indem er die Insel Rhodos von diesem Untier befreite.

Die Nacherzählung der Drachengestalt anhand des Gedichtes von Schiller in meiner Fassung des Schulaufsatzes kann mit meiner Kinderzeichnung von 1919 verglichen werden, um dann festzustellen, ob ich mich in meiner Zeichnung oder in meiner schriftlichen Charakterisierung von der Wucht dieser mythischen Ur-Erscheinung tiefer oder oberflächlicher beeindrucken ließ.

Hier meine schulmäßig systematisch gegliederte Beschreibung des Drachen.

«Einleitung: Der Gesamteindruck des Drachen.
Hauptteil: Der Körper des Drachen
       a.) Kopf und Hals
       b.) Füße
       c.) Leib
       d.) Schwanz
Schluß: Der schlimmste Drache (vom Lehrer ergänzt: ‹ein Symbol des Ungehorsams›)

Auf der Insel Rhodos trieb ein grauer Drache sein Unwesen. Er war von scheußlichem Anblick, ein tierisches, kolossales Ungeheuer. Man wußte nicht, ob man es Drache, Moloch oder Wurm nennen sollte. Nur schon sein gräßlicher Rachen war der eines Krokodils; schwarz und mit riesigen, stachligen Zähnen versehen. Auch eine Zunge gleich einem Schwerte barg sein höllischer Schlund. In seinen Augen lag ein stechender und heimtückischer Blick. Der Kopf war mit dem Leib durch einen langen Hals verbunden. Den schweren, auch langen Körper trugen plumpe, mit Krallen ausgerüstete Füße. Den Rücken dieses Lindwurms bedeckte ein schirmender Schuppenpanzer. Nur der Bauch war leicht verwundbar, da er dort nur ein weiches Fell hatte. Sein Rücken lief in einem furchtbaren Schwanz aus. Dieser Schweif war von so ungeheurer Länge, daß er ihn um sich winden konnte, wie wenn eine Schlange sich zusammenrollt.

Max Ernst. Szene aus «Une semaine de bonté». Speziell aus: «Der Drachenhof».

Das war der erste gefährliche Drache. Jedoch es gibt noch einen zweiten, viel gefährlicheren und verheerenderen Drachen, und zwar den Ungehorsam: ihn meint unser Dichter!»

Im späteren Verlauf meines Lebens war die Drachengestalt für mich ein ikonographisches Motiv der Kunst- und Geistesgeschichte wie so viele andere. Doch bei einer Begegnung schwangen wieder persönlichste Gedanken und Überlegungen mit. Dies erfolgte, als ich um 1970 von Max Ernst die Stichfolge «Une semaine du bonté» zu Gesicht bekam und mir sofort erwarb. Da horchte ich auf, daß sich der Drache nicht außerhalb vom Menschen befindet, sondern auch von der eigenen Seele Besitz nimmt und sich in uns selber leibhaftig wie ein Krebsgeschwür breitmachen kann. Da erfolgte für mich der dritte und bisher letzte Schub der Begegnung mit dem Drachen.

8. «Das Grundlein»

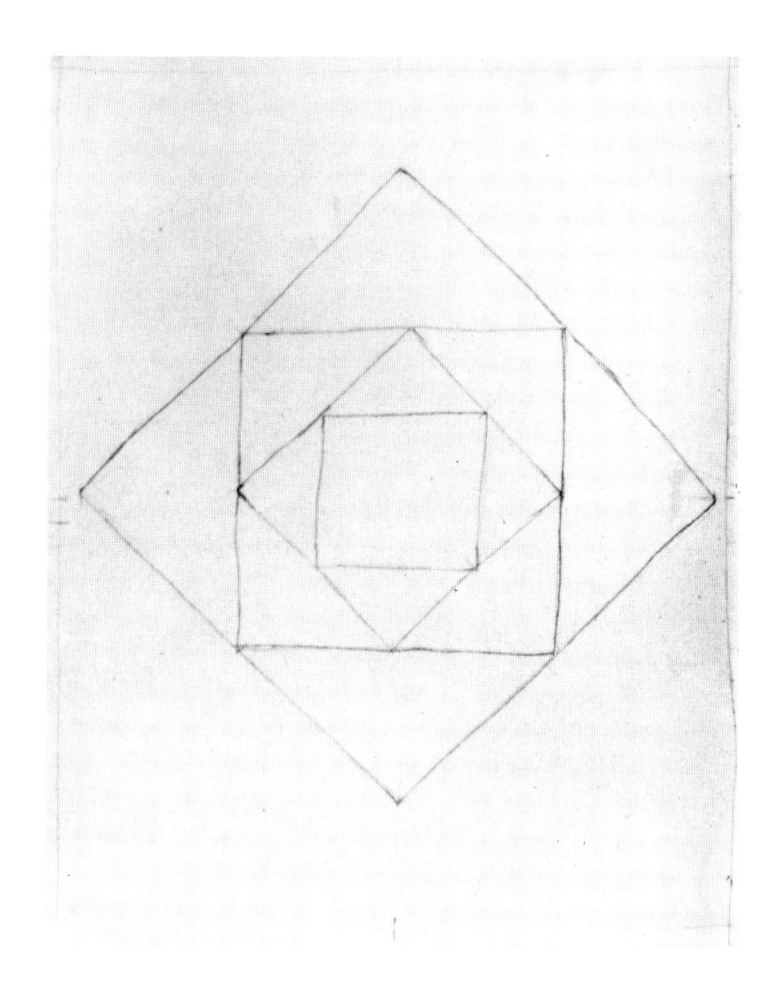

F. S. W. «Das Grundlein». Zeichnung. 1919.

Das Blatt Nr. 8, das sogenannte Grundlein, verkörpert eine ganz anders geartete Weltzone als das Blatt Nr. 7 «Der Drache». Hier erstrahlt das Saubere, das Reine und das kristallinisch Geklärte. Es hat seinen Ort in der himmlischen Höhe des Abstrakten und Geometrischen. Es vertritt das Begriffliche und Geistige.

Es ist vielleicht nicht ganz unwichtig festzustellen, welche Stellung das zur Weltmacht avancierte Abstrakte um 1919, als ich diese Zeichnung verfertigte, in der allgemeinen Kunstentwicklung einnahm. Paul Klee konzipierte seine Zeichnung «Tod für die Idee». Wassily Kandinsky feierte seine ersten Triumphe mit seinen abstrakten Gemälden. Kasimir Male-

Kasimir Molewitsch. «Das Quadrat». 1913.

witsch erhob seinen Suprematismus auf den Thron. Als Grundbaustein seiner Welt erklärte er das Quadrat, gleichsam sein persönliches Grundlein. Bruno Taut schwelgte in den Entwürfen seiner abstrakten Höhenarchitekturen. Hans Thoma schuf im selben Jahr seine Radierung mit dem Kristall mit der Unterschrift «Es ist der ewigen Seele Schöpferkraft, die aus Finsternis und Irrwahn Licht und Ordnung schafft». Die abstrakte, erdabgelöste Struktur der Sterne ist es also, die das Ordnungsgesetz der Welt verkündet.

Meine Zeichnung des Grundleins ist in der Bildfolge ohne Unterschrift. Das Grundlein ist für mich gleichsam das Unbenennbare, im Gegensatz zu den übrigen konkret faßbaren

Blättern. Es ist so etwas wie ein heiliges Zeichen, gewissermaßen eine Beschwörungsformel. Heute könnte man es mit einem ostasiatischen Mandala zusammenhalten. Das abstrakte Denken wird gleichsam als Grundbaustoff der Welt hingestellt.

Was dieses Zeichen, was das Grundlein nun wirklich kunst- und geistesgeschichtlich oder gar weltethisch bedeutet, dies konnte ich als Zehnjähriger allerdings noch nicht wissen. Erst viel später klärte sich für mich das Geheimnis darüber auf. Durch einen Aufsatz, den der Basler Kunsthistoriker Walter Überwasser 1935 veröffentlichte, wurde nicht nur ich, sondern auch alle anderen Kunstgeschichtler informiert, was es eigentlich in Wahrheit mit dem sogenannten Grundlein auf sich hat. Und ich weiß noch, wie ich geradezu fiebernd begierig die Belehrung durch Überwasser aufnahm, um über das Grundlein mehr und Substanzielleres zu erfahren.

Der Aufsatz von Walter Überwasser ist betitelt: «Nach rechtem Maß. Aussagen über den Begriff des Maßes in der Kunst des XIII.–XVI. Jahrhunderts» und erschien in dem «Jahrbuch der preußischen Kunstsammlungen» 56. Band, Berlin 1935. Darin wird exemplarisch-eindringlich gezeigt, wie die Figur des Grundleins zu den Grundbegriffen der mittelalterlichen, gotischen Baukunst gehört.

Schon im Traktat und Album des Villard de Honnecourt taucht das Grundlein auf. Überwasser behandelt, wie die Figur des Grundleins zustande kommt, indem er das Bauhüttenbuch von Matthias Roritzer, des Regensburger Buchdruckers und Dombaumeisters, «Von der Fialen Gerechtigkeit» von 1486 zu Hilfe nimmt. Denn dort wird der Entstehungshergang des Grundlein in vier Zeichnungen genau vor Augen geführt. Diesen Hergang beschreibt Überwasser folgendermaßen: «Mit der baumeisterlichen Figur, mit dem Quadrat (a b c d) fängt der Meister an, er halbiert dessen Seiten und errichtet ein zum ersten quergestelltes Innenquadrat e f g h. Er vollführt die selbe Operation noch einmal und erhält ein drittes Quadrat (i k l m), immer eins quer im anderen stehend in immer mehr verjüngter Form.

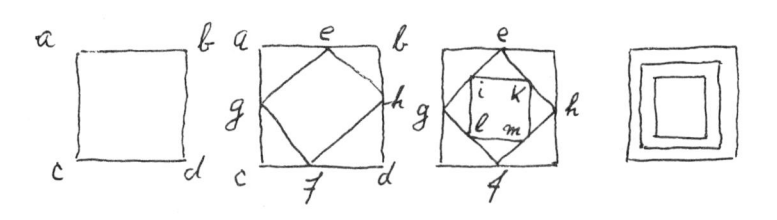

Dann schaltet er, durch eine Wendung von 45 Grad, das zweite Quadrat dem ersten und dem dritten gleich, wie es die Figur zeigt. In diesem von Roritzer «Grundlein» genannten Plan sind nun alle Proportionen in einer Grundform vorhanden, aus dem danach Sockel (größtes Quadrat), Leib (mittleres Quadrat) und weitere Leibesvertiefungen (im dritten Quadrat) für die ganze Fiale bestimmt werden. Er erhält also einen Grundriß, wie wir ihn gar nicht kennen. Was wir in mindestens zwei oder drei ziemlich ausführlichen, jedenfalls viel größeren Schnitten darstellen müßten, kann der Gotiker in abstrakter Weise in einem einzigen Grundlein mitteilen, da hier immer ein Maß mit dem anderen zusammenhängt.»

Was nun aber die Methode und die Norm des Grundlein für die allgemeine Kultur- und Geistesgeschichte bedeutet, kleidete Walter Überwasser in den Satz, der uns, die wir dabei sind, die Gesetzlichkeit, die auch im Grundlein steckt, zu verlieren und zu vergessen, zur Mahnung dienen soll:

«Nur das Gesetzlose ist arm – wie wir aus aller Kultur, in allem wirtschaftlichen, staatlichen und künstlerischen Leben einsehen sollten.»

Mit meiner Zeichnung des Grundleins entscheide ich mich zunächst als Knabe instinkthaft und bekenne mich zu dem Gesetzlichen, zu der Diziplin und Regel des Denkens, zum Gegründeten.

In derselben Zeit, in der ich das Grundlein in mein Heft zeichnete, war ich auch reif geworden, das Abstrakt-Geometrische auf praktische Beispiele zu übertragen. So geschah dies in meiner Zeichnung eines Palastes, wo die Palastfassade aus lauter starren geometrischen Formen zusammengesetzt ist.

Zugleich hatte ich damals die Anwendbarkeit des Geometrischen auf die einfachen Dinge von Bastelarbeiten in der Schule gelernt. Davon haben sich 21 Zeichnungen erhalten. Drei Zeichnungen weisen nur geometrische Winkelstriche und Rundbogen auf. Dann erfolgte die Anwendung dieser Rundbogen auf spezielle Dinge, auf eine Türe, auf einen Fensterladen, auf ein Winkelmaß mit Handgriff, auf einen Regenschirm und ein Faß, einen Pickel, einen Kleiderhaken, eine Bratpfanne und auf ein Wiegemesser für die Küche. Dann zeichnete ich Kirschen, einen Reifen mit Kreisen und eine Weintraube. Dann wandte ich ornamentale Formen (darunter Mäander und Sterne verschiedenster Art) in 10 farbigen Zeichnungen an. Schließlich kam als Abschluß der ganzen Folge die Anwendung der Geometrisierung auf naturalistische Sujets: Auf einen Tiger und eine Landschaft: Boot am Ufer mit Steg.

Neben diesen Zeichnungen verfertigte ich noch eine ganze Reihe von Handarbeiten: 1. Papierfaltearbeiten: zwei schmale Papierstreifen, zwei Dreieckpapiere, ein Viereckpapier, ein Viereckpapier als Behältnis, ein Heftmäppchen. 2. Klebearbeiten: Sechs Pappdeckelquadrate, gelb auf grün mit Sternen, Kreuz, über Eck gestelltem Quadrat und Raute, ein Anhänger mit Ring, ein auf Karton aufgeklebter Stundenplan. 3. Kombination von Falten und Kleben: zwei Briefumschläge, eine

Matthias Roritzer. Das «Grundlein» als Proportionsfolge für eine Fiale nach rechtem Maß.

Saul Steinberg. «Mädchen und Lehrer». 1954.

Hülle. 4. zwei geheftete Hefte (ohne Linien und mit Karos). 5. Ausschneidearbeiten: zwei Bilderrähmchen aus Karton.

In den genannten 21 Zeichnungen und den Bastelarbeiten erlebe ich die strikte, harte, unausweichliche Konfrontation mit der rationalen, phantasiefeindlichen, abstrakten Welt der Geometrie, der geraden Linie und den rechten Winkeln.

Ich werde mit Gewalt auf Vordermann gebracht, ob ich will oder nicht. Der Schulunterricht ist obligatorisch. Jetzt ist es aus mit der Welt der Akrobaten, Zwerge und Helden. An ihre Stelle tritt die unbeugsame Welt der akkuraten Ordnung. Es sind die Bügelfalten, der steife Kragen und die steifen Revers am Anzug oder des Zylinders anstatt der weichen Mütze im Denken. Es platzen im Kinderkopf zwei sich ausschließende Welthaltungen auseinander: die des phantasievollen Denkens des Kindes und die des akkuraten Denkens des Erwachsenen.

Die Kräfte der Altersstufen, die sich hier überlagern, hat einmal Saul Steinberg in einer Karikaturzeichnung hervorragend charakterisiert anhand der Darstellung eines Gesprächs zwischen den ungleichen Parteien eines kleinen Mädchens und eines älteren Herrn oder gar Lehrers. Das Mädchen spricht eine blumen- und blütenreiche, weiche, launig originelle Sprache voll spielerischer Einfälle in individuellen Kurven mit Vögeln, Hunden, Blumen und Haus und Rauchwolke. Der ältere Herr nimmt darauf keinerlei Rücksicht, er posaunt einen zackig-eckigen Blitzstrahl in die Luft mit harten Kanten und absolut geraden Linien. Unerbittlich brutal und klobig wird das zarte Gedankengewebe der Phantasie des Mädchens durchkreuzt und damit das Gedankenparadies des Kindes zerstört.

9. «Das Kasperle-Theater»

Die Zeichnung des Kasperle-Theaters steht in dieser Folge von Weltaspekten für die Welt des Menschen mit seinen von höheren Mächten vorprogrammierten Schicksalsschlägen. Sonst ist das Problem Mensch in der ganzen Folge in dieser direkten Form nicht angesprochen; außer im Portrait von Johann Wilhelm von Archenholz, der für den besonderen Menschentyp der Berühmten Männer steht.

Das Kasperle-Theater führt die frühe Zuneigung des Kindes zu seinen Puppen als seinem scheinbar lebendigen Gegenüber auf höhere, gedanklich geformtere und gewaltsam dramatische Stufe. Im Kasperle-Theater wird vor allem einmal ein Forum für die menschlichen Leidenschaften geboten und eine bestimmte, feste Hierarchie der Menschentypen vorgeführt.

Der Kasper wird in meiner Zeichnung begleitet von drei gewichtigen Standes- und Amtspersonen: vom Kaiser mit der Weltkugel in der Hand, vom Priester und vom Ritter mit der Lanze und dem Schild. Diese Darstellung stammt aus meiner eigenen Erlebnissphäre. Denn wir Geschwister spielten in diesen Jahren mit Begeisterung Kasperle-Theater, und wir wurden eine verschworene Arbeitsgemeinschaft, wie man sie sich auf unserer damaligen Altersstufe nicht schöner und harmonischer vorstellen kann.

Meine Schwester Monika war eifrig dabei, die Puppenkleider zu schneidern. Mein Bruder Thomas war mit seiner mir überlegenen geistigen Reife der Dramaturg und las die Stücke probeweise vor. Ich war mehr oder weniger im Trio eine Neben- und Hilfsperson. Das soll aber nicht heißen, daß ich deshalb weniger fasziniert und engagiert war. Nachdem wir ein gewisses Repertoir an Stücken erarbeitet hatten, gaben wir manche Vorstellung im Familienkreis, für die Besuche und für die Nachbarskinder, die begeistert ihre Mütter und Tanten dazu herbeischleppten.

Das Spiel des Kasperletheaters erhielt für uns noch eine krönende Überhöhung, indem mein Vater uns drei Geschwister in dieser Beschäftigung in einem Gemälde festhielt und somit in sein künstlerisches Werk voll und ganz aufnahm, worauf wir stolz waren.

178   Die Weltbildpositionen

F. S. W. «Das Kasperletheater». Zeichnung. 1919.

Wenn das Gemälde des Kasperletheaters eine tatsächliche Situation mit den Portraits von uns Kindern schildert, so ist meine kindliche Darstellung aus den 10 Weltbildpositionen mit den vier Hauptfiguren des Kasperletheaters mit kosmischen Elementen durchsetzt. Wie bei der kurz vorher entstandenen Bilderzählung des «Zauberers mit der Schatzkiste» fügte ich noch entsprechende Beigaben hinzu. Über den Personen schweben, am Theaterrahmen befestigt, Sonne und Mond, im Vorhangmuster erscheint ein Stern.

Als Knabe dachte ich also auch hier in weltumfassenden, kosmischen Kategorien.

Um die Bedeutung des Kasperletheaters über das bloße Kinderspiel hinaus in seiner urtümlichen und kulturhistorischen Dimension anklingen zu lassen, soll hier zitiert werden, was Edgar Dacqué in seiner Abhandlung «Das verlorene Paradies» im Kapitel «Evangelium und Mythos» schreibt:

«Ja, es kommt zuletzt noch, worauf Jeremias hinweist, geradezu zu einer mythischen Travestie. In Ägypten schon gab es kalendarische Osirisspiele, die sich im hellenistischen und römischen Kulturkreis fortsetzten, wo in scherzhafter, man möchte sagen shakespearischer Tragik der Volksheld gegen Tod und Teufel ficht und sie unterkriegt: es ist unser aus Ägypten hergekommenes Kasperletheater. Dahinter stehen tiefe Mysterien. Der die Erlösung bringende, durchaus ernst religiös gemeinte Held des Lichtes erscheint vor der Welt geradezu als Narr, als Narrenkönig. Und eben dieses Spiel trieben die römischen Kriegsknechte mit dem zum Tode verurteilten Jesus. Und hier ist der Erlösermythos ganz drastisch banale Wirklichkeit geworden. Auch hier gilt, sagt Jeremias, im allerhöchsten Sinn: Menschentorheit – Gottesweisheit.»

Ernst Würtenberger. Die Geschwister Würtenberger beim Kasperlespiel. Gemälde. 1928.

F. S. W. Kasperleszene. Zeichnung. Um 1920.

In meinen Zeichnungen erhält das Thema des Kasperletheaters um 1920 nochmals einen Widerhall, diesmal aus meinem unmittelbaren eigenen Erlebnisbereich. Ich selber trete in der Maske des Kasperles als Osterhas mit langen Ohren und Brille auf der Nase auf und lanziere einen echt bubenhaften, harmlos neckenden Angriff auf meinen Bruder Thomas. Die Unterschrift erklärt die Szene: «Der Osterhas / Sitzt im Gras / Und macht / Dem Thomas 'ne / Lange Nas./ F.J.W.»

10. «Der Christbaum»

F. S. W. «Der Christbaum». Zeichnung. 1919.

Die letzte Zeichnung der 10 Weltbildpositionen ist der Erlebnissphäre innerhalb der Familie entnommen. Sie ist dem Weihnachtsfest gewidmet, dem überhaupt die ganze Serie der Weltbildpositionen als Gabe an meinen Vater ihre Existenz verdankt.

In der Weltvorstellung meines Kind- und Knabenalters umfaßte das Wort und der Begriff Weihnachten eine hochfeierliche Stimmung und löste einen ganz bestimmten Komplex des Tuns und Denkens aus.

Die Weihnachtszeit war der absolute Höhepunkt des Jahresablaufes. Ostern und Pfingsten waren in der spezifischen Erlebnisstärke kaum konkurrenzfähig. An Weihnachten bekam alles einen anderen Glanz und Klang. Weihnachten bedeutet Wärme und Geborgenheit in der Kälte der winterlichen Schnee- und Eiszeit. Die Weihnachtstage waren Tage der Besinnlichkeit, der Einkehr und der Pflege des Innenlebens. Das diese Stimmung auslösende Symbol ist der Christbaum mit den Kerzen und dem Duft der Äpfel und Tannennadeln.

Aber noch etwas anderes zeichnete das Weihnachtsfest aus. Es öffnete sich das sonst meist verschlossene Reich der Wünsche. Man durfte an die Adresse des Christkindes Wunschzettel schreiben, von welcher Möglichkeit auch ich Gebrauch machte. Es haben sich meine Wunschzettel erhalten, deren Texte folgendermaßen lauteten:

«Wunschzettel. Liebes Christkind! Zu Weihnachten wünsche ich mir einen Vogelkäfig. Viele Grüße von Franzsepp.» Oder: «Wunschzettel. Liebes Christkind! Franzsepp möchte gern zu Weihnachten aus Brehms Tierleben über Vögel oder ein Kerbschnittmesser.»

Diese Zeichnungen sind mit einem Christbaum oder mit einem Tannenzweig geschmückt. Und wirklich, diese Wünsche wurden mir auch damals voll und ganz erfüllt, und man fühlte sich wie im Paradies. Deshalb ist mit Recht dem Weihnachtsfest in dieser Folge der 10 Weltbildaspekte ein Extrablatt gewidmet. Schon die Vorweihnachtszeit, die Vorbereitung für das eigentliche Fest, war etwas Besonderes. Sie löste eine erhöhte Geschäftigkeit aus. Man zeichnete, bastelte und laubsägte, strickte und stickte, um für Alle, die Eltern, Geschwister, die Großmutter, die Onkel und Tanten, Geschenke bereitzuhaben.

Weihnachten war aber auch die Zeit der Probe und der Prüfung. Man strengte sich an, man wollte unbedingt zur Schau stellen, was man das Jahr hindurch gelernt hatte. Man war darauf aus, Zeugnisse seiner besten Talente und Fähigkeiten auf den Weihnachtstisch zu legen. So ist ein Großteil meiner Zeichnungen für Weihnachten oder für Geburtstage verfertigt worden.

Das Motiv des Christbaums hatte schon eine längere Geschichte, bevor ich es als Schlußabbildung in meine Folge der 10 Weltbildpositionen aufnahm. 1912 fertigte mein Vater einen Holzschnitt mit dem Christbaum. Nach diesem Holzschnitt zeichnete ich 1919 den Christbaum ab. Ich wage es nicht, wie mein Vater die Kerzen hell in eine schwarze Gesamtfläche hineinzusetzen, sondern zeichne jeden Zweig fein säuberlich für sich und stecke auf die einzelnen Zweige die Kerzen.

Die naiv-gläubige Faszination des Weihnachtswunders ist auf ganz bestimmte Alter des Kindes eingeschränkt. Den Glauben an das Christkind ließ ich mir allerdings nicht rauben. Wozu? Ich spürte, daß ich dann, wenn ich mir diesen Glauben

Ernst Würtenberger. Christbaum. Holzschnitt. 1912.

nehmen ließe, aus dem intakten Idealreich vertrieben würde und eigentlich durch diese sogenannte Aufklärung etwas Wesentliches und für mein Denken Unabdingbares, nämlich meine Freude an einer höheren Überwirklichkeit, verlieren würde.

Ein gewisser Abschluß der Begeisterung und Beglückung durch Weihnachten trat ein, als ich in einem Schulaufsatz vom 23. 1. 1926 das Weihnachtsfest offiziell beschreiben mußte und durch diese reflektierende Analyse einen gewissen Abstand und ein objektiveres Verhältnis zu diesem Feste bekam.

Es erfolgte das Gleiche wie mit der Weltbildposition Nr. 7 des Drachen, den ich in der Zeichnung sozusagen selbständig für mein Weltbildsystem als wichtig erkannte und vorwegnahm, um ihn dann ebenfalls ein paar Jahre später in der Schule als offizielles Bildungsthema beschreiben zu müssen. Der Text des Aufsatzes über das Weihnachtsfest lautet:

«Nr. 9. Klassenaufsatz.   23. I. 26.
Weihnachten.

Weihnachten, das höchste Fest der Christenheit, wird schon Monate lang vorher von der ganzen Familie heimlich vorbereitet. Die Kinder strengen alle ihre Kräfte an, um den Eltern eine Freude zu bereiten und ihnen zu zeigen, welche Fortschritte sie das Jahr über gemacht haben in der jeweiligen Lieblingsbeschäftigung. Der eine spielt gerne Klavier, der andere macht gerne Zeichnungen, Holzschnitte, Schnitzereien oder sonst etwas.

Da ich einige Fertigkeit im Holzschneiden habe, mit dem ich meine freie Zeit verbringe, schnitt ich meinen Eltern ein Bild des Generalfeldmarschalls von Hindenburg, den ja meine Eltern und ich gesehen haben. Am Morgen vor dem Feste druckte ich ihn noch, dies war die größte Schwierigkeit, die zu überwinden war. Ich gab meinem Vater vor, ich wolle Neujahrskarten drucken, das erlaubte er mir auch auf seiner Druckvorrichtung zu tun. Natürlich zeigte ich ihm vorerst nur die Karten. Am Weihnachtsmittag mußte ich wie jedes Jahr in der Stadt den verschiedenen Bekannten und Verwandten die Weihnachtspakete bringen, um der Mutter nicht «im Wege umzugehen» beim Herrichten des Weihnachtszimmers. (Randnotiz des Lehrers: «Übergang?»)

Plötzlich klingelte die Weihnachtsglocke und die gesamte Familie betritt in feierlicher Stimmung das Zimmer. Der schöne Christbaum wird angeschaut, und meine Schwester und ich spielen am Klavier ein vierhändiges Weihnachtslied. Dann wird der schöne Abend noch verbracht mit dem Betrachten des Gabentisches. Die größte Freude machte mir ein Buch über deutsche Köpfe des Mittelalters. Am Weihnachtsmorgen nach dem Kirchgang zeichnete ich einen Kopf daraus ab.

Während der Feiertage machte es mir den größten Spaß, ein schönes Buch lesend neben dem Christbaum zu sitzen ohne jegliche Störung.

2/3   2.2 Ne» (= Neumeister, der Name des Lehrers)

Wie sich bei der Aufzählung dieser 10 Weltbildaspekte herausstellt, findet hier eine Zusammenfassung, eine Katalogisierung derjenigen Bereiche statt, denen ich mich bisher in Zeichnungen genähert oder die ich auch in Realsituationen erlebt hatte. Ich ziehe also Bilanz, ich mache Kassensturz. Es ist gleichgültig, ob die Weltbereiche, die mich bisher in ihren Bann schlugen, realer oder geistiger Natur sind.

Nun stelle ich die Themen zusammen, welche ich bisher getrennt und unübersichtlich in Angriff genommen habe und setze für jedes Gebiet ein Beispiel.

Man sagt, jeder Mensch muß die ganze Schöpfungs- und Weltgeschichte in sich wiederholen. Wenn ich von dieser These ausgehe und meinen Lebenslauf und meine geistige Entwicklung mit dem Weltlaufschema der biblischen Geschichte zusammenhalte und vergleiche, dann möchte ich sagen, daß ich an jenem Punkte angelangt bin; wie Moses auf dem Berge Sinai.

Als Moses am Sinai die Gebote Gottes in Empfang nahm, war die Menschheit in ihrer Bewußtseins- und Welterfahrungsstufe reif geworden, daß über ihr Tun und Verhalten auch Bilanz gezogen wird und sich für die Menschheitsgeschichte die Notwendigkeit ergibt, aus dem bisherigen chaotisch-naiven Tun moralische Verhaltensregeln abzuleiten. Ebenso erging es mir. Auch ich war am Punkte angelangt, aus dem Improvisieren herauszukommen und Bilanz zu ziehen. Es genügte mir nicht mehr, instinktiv fühlender Mensch zu sein, sondern ich wollte und mußte nun rational denkender Mensch werden: ein Mensch, der sich über die Strukturbezirke der Welt Rechenschaft gab. Ich selber gab mir in diesem Heft anstelle der Gesetzestafeln des Moses diese Aufklärung.

Wie in der Bibel die Gebote Gottes in die Zahl 10 eingebunden wurden, so habe ich auch dieselbe Zahl 10 in meinen Weltbildpositionen erreicht und festgesetzt. Denn die Zahl 10 gibt die Strukturbeschaffenheit der Welt an. «Welche große Rolle aber die 10 in der Schöpfungsgeschichte spielt, dafür sprechen die 10 Schöpfungstaten im Sechstagewerk mit aller Deutlichkeit.» (Weinreb: «Der Sinn der Bibel»).

Die Zahl 10 wurde in der Menschheitsgeschichte immer wieder herausgehoben. Auch im christlichen Bereich wurde die Zahl 10 gefeiert. Darüber klärt uns Josef Sauer in seinem Buch «Symbolik des Kirchengebäudes» auf. «Die Zahl der christlichen Vollkommenheit ist 10; sie schließt alle anderen Zahlen in sich: in ihr erfüllt sich das göttliche Gesetz mit seiner zweifachen Forderung von Gottes- und Nächstenliebe; zugleich weist sie aber auch auf den Lohn hin, der dieser Vollkommenheit verheißen ist, insofern sie den Abschluß des menschlichen Tagewerkes bezeichnet. Sie ist die Zahl, in der das Wissen vom Schöpfer und Geschöpf ausgesprochen ist; da ihre zwei Faktoren: 3 dem dreieinigen Gott und 7 den Menschen nach seinen leiblichen und geistigen Konstitutiv-Elementen bedeuten. Was über den Dekalog oder über die Zahl 10 geht, ist Sünde, Übertretung, Maßlosigkeit.»

Auch Nietzsche läßt den Menschen von der Zahl 10 im «Also sprach Zarathustra» beherrscht sein. Dort heißt es: «Keine geringe Kunst ist schlafen [...] zehnmal mußt du des Tages dich selbst überwinden: das macht eine gute Müdigkeit und ist Mohn der Seele.

Zehnmal mußt du dich mit dir selbst versöhnen, denn der Überwindung ist Bitternis, und schlecht schläft der Unversöhnte [...] Und welches waren die 10 Versöhnungen und die 10 Wahrheiten und die 10 Gelächter, mit denen sich mein Herz gütlich tut?

Solcherlei erwägend und gewiegt von 40 Gedanken überfällt mich auf einmal der Schlaf, der ungerufene, der Herr der Tugenden.»

Was Zarathustra auf einen Tag zusammenschob, habe ich auf Jahre verteilt. Als 10jähriger habe ich 1919 in meinen 10 Weltbildpositionen «mich mit mir selbst versöhnt», «habe ich 10 Wahrheiten gefunden», habe ich «10mal gelacht».

Die Zahl 10 als Einheitsmaß für eine Zeichnungsfolge hatte ich kurz vorher schon einmal gewählt, als ich im November 1918 die Zeichnungsfolge der 10 Blätter der Akrobaten konzipierte. Nur hatten diesmal die Weltbildausschnitt-Varianten der 10 Blätter ein ganz anderes Gewicht und eine welterkenntnishafte Dramatik in sich.

Nach diesem Ausgreifen, nach diesem Sammeln, nach diesem Systematisieren, nach dieser Hochstimmung und aktiven Fruchtbarkeit im Jahr 1919 erhebt sich die Frage: Was geschah in meiner Entwicklung unmittelbar nachher? Wie ging es weiter? Was wurde daraus? Diese Frage werden die nächsten Jahre und die nächsten Kapitel beantworten.

Matthaeus Merian. Moses auf dem Berge Sinai.

Abstieg vom weltganzheitlichen Einheitsdenken des Kindes zum Vielheitsdenken des Erwachsenen 1921–1930

I. Die Zeichnungen der Bibel und der antiken Mythologie

Allmählich verlasse ich die kindlich magische Welt. Mich interessieren die Zauberer, Jäger, Schatzgräber, Bergwerksleute oder Akrobaten nicht mehr. Mein Gesichtskreis verlagert sich zu anderen Gefilden. An die Stelle der den Kindern erzählten Märchen treten die selbst gelesenen Erzählungen. Ich wende mich den Helden und Abenteurern zu. Die Eintragungen meines Tagebuchs von 1919 lauten diesbezüglich:

«16. Febr. Ich las in Robinson Crusoe.»
«23. Febr. Ich las in Lederstrumpf-Erzählungen.»
Und ergänzend dazu:
«28. Febr. Herr Pontalti (katholischer Vikar) hatte von unserer Klasse im Unterricht andere Kinder von Intaner (= Indianer) vorlesen lassen.»

Damals, 1919, schlug sich meine Begeisterung für die Indianer mit ihren Federbüschen auch in mehreren Zeichnungen nieder. Ich zeichnete den Kopf eines Indianer-Häuptlings. Eine ähnliche Zeichnung widmete ich meinem Vater zum 51. Geburtstag am 23. Oktober 1919. In einer anderen Zeichnung überfällt ein Bär einen Indianer. Ob die Widmung dieser grausamen Szene zum Namenstag meiner Mutter, am 4. November 1920, sehr passend ist, möchte ich heute bezweifeln. Eine weitere Zeichnung schildert vier in einem Ruderboot fahrende Indianer unter fünf großen Wolken. Von Karl May besaß ich den «Schut», und von meinem Bruder und meinen Freunden lieh ich mir die Bände des «Winnetou». Die Helden- und Abenteurer-Geschichten standen im Mittelpunkt meiner Lektüre, aber auch in der Praxis bei den Räuberles-Spielen in der romantischen Umgebung des Bauernhofes, der unserer Wohnung gegenüberlag. Dort konnte man das Gelesene in wirkliche Taten umsetzen.

Zugleich aber kamen Ansätze, die von der Beschäftigung mit historischen Begebenheiten, also mit dem Gebiet der Geschichte, Zeugnis geben. Es handelt sich um Begebenheiten, die nicht den unmittelbaren Gegenwartsbezug haben konnten. Da waren es natürlich vornehmlich die bekannten christlichen Themen und solche der antiken Mythologie, die neu in mein Bewußtseinsfeld kamen.

Eine Reihe von Zeichnungen haben sich erhalten, die von dieser neuen Denkstufe künden. Es sind vor allem die Zeichnungen, die in Zusammenhang mit dem Weihnachtsfest als Gaben für die Eltern oder Großeltern und Onkels entstanden

F. S. W. «Verkündigung an Maria». Um 1921.

F. S. W. «Geburt Christi». Um 1921.

sind. Da gab es Gelegenheit, von irgendeiner Vorlage die Anbetung der Hirten (1921), die Geburt Christi, die Anbetung der Heiligen Drei Könige (1921), oder die Verkündigung an Maria abzuzeichnen. Die Farbigkeit verleiht den Zeichnungen eine bunte und gehobene Frische. Jeder Strich zeugt von kind-

F. S. W. «Die Geschichte von Theseus». Kolorierte Tuschzeichnungen.

lich andächtigem Sich-Versenken in den Inhalt des Gezeichneten.

Neben die christliche Bilderwelt stellt sich die andere Bildungsmacht, welche den abendländischen Menschen in seinem Geschichtsbewußtsein prägt: die antike Mythologie. Ich las Gustav Schwabs «Griechische Göttersagen» und zeichnete die Geschichte von Theseus in zwölf miniaturhaft akkurat gezeichneten Szenen. Jede Szene trägt fein säuberlich mein Monogramm F.J.W.

Das Betrachten dieser Theseus-Erzählung sollte noch ein Nachspiel haben.

Am 12. November 1980 besuchte mich mein Schüler, der Kunsterzieher und Oberstudienrat Günther Diehl. Begeistert berichtete er mir davon, mit welch außerordentlicher kreativer Energie und Fruchtbarkeit die Schüler im Rheinstettener Gymnasium seine neue Aufgabe aufgenommen hatten. Die Forderung bestand darin, je eine Folge von zwölf Varianten eines selbst gewählten Themas zusammenzustellen. Da hätten manche Schüler zwölf berühmte Männer aus dem Lexikon oder zwölf berühmte Bauwerke der Weltgeschichte oder zwölf Phasen des Vorganges des Baues eines Hauses von der Öde des Bauplatzes bis zur bezugsfertigen Wohnung oder zwölf Menschenrassen oder auch zwölf Stationen einer Erzählung gewählt. Über das vielfältige, lebendig durchgeführte Resultat war G. Diehl hocherstaunt. Beim anschließenden Durchblättern meiner Biographie starrte er dann aber geradezu konsterniert auf meine Darstellung der Theseus-Erzählung, wo er sehen mußte, daß ich vor 60 Jahren auch schon seine vermeintlich neue Aufgabenstellung der Zwölferfolge klassisch eindeutig gelöst hatte.

In allen diesen meinen Zeichnungen wechsle ich als neues Kunstmittel vom weichen Bleistift über zu der harten genaustrichligen Tuschfeder. Ich will die unbestechliche Deutlichkeit und eine gewisse sichere Handwerklichkeit des Striches erreichen. Diese Tuschzeichnungen bilden in meinem Zeichenwerk eine Gruppe für sich. Zu dieser Gruppe gehören noch die etwas größeren Zeichnungen «Der Schneider von Ulm» und «Die Parabel vom Kamel und dem Drachen».

Wenn ich mich in der Zeichnungsserie der Weltpositionen auf 10 Blätter beschränkte, die in ihrer Zahl meinen Lebensjahren entsprachen, so erhöhte ich die Zahl der Szenen in meinem Zyklus der Taten des Theseus auf 12. Nach Stil und Reife der Darstellung entstand dieser Zyklus wahrscheinlich 1921, als ich gerade in meinem 12. Lebensjahr stand.

Wenn ich bei meinen Zeichnungen das Zusammentreffen von christlichen und antiken mythologischen Szenen betrachte, so komme ich zu ähnlichen Schlüssen wie Karl Philipp Moritz in seinem Roman «Anton Reiser»: «Ebensowenig konnte er aber auch, was in der Bibel stand, verwerfen; um soviel mehr, da diese die ersten Eindrücke auf seine Seele gewesen waren. Er suchte also, welches ihm allein übrig blieb, die verschiedensten Systeme, so gut er konnte, in seinem Kopf zu vereinigen und auf diese Weise die Bibel mit dem Telemach, das Leben der Altväter mit der Acerra philologica und die heidnische Welt mit der christlichen zusammenzuschmelzen.

Die erste Person in der Gottheit und Jupiter, Kalypso und die Madam Guion, der Himmel und Elysium, die Hölle und der Tartarus, Pluto und der Teufel machten bei ihm die sonderbarste Ideenkombination, die wohl je in einem menschlichen Gehirn mag existiert haben.»

Die Frage, ob für unser Denken und Empfinden das Christentum oder die antike Mythologie Vorrang habe, trat an mich um 1966 bei der Abfassung meines Barock-Buches heran.

Zunächst war ich im Zweifel, ob ich die barocken Kirchen, oder ob ich die Schlösser an den Anfang stellen soll. Zuerst glaubte ich, den Kirchen und Stiften den Vorzug geben zu müssen. Doch im Laufe der Arbeit entschied ich mich eindeutig für die Schlösser. Denn ich erkannte diese Institution für den ohne Zweifel bestimmenderen und wirksameren Faktor für das kulturelle Gesamtgesicht der Barock-Epoche.

Heute liegt in der Entscheidung Christentum oder griechische Mythologie keine essentielle Bildungsentscheidung mehr. Denn beide Kultur- und Bildungskomplexe spielen in unserer gegenwärtigen hochtechnisierten Welt kaum mehr eine tonangebende Rolle. Sie sind z.T. nur noch Rohmaterial zur Verulkung überholter und dadurch komischer Welt-Meinungen.

Der Sinngehalt der griechischen Mythologie wird z. B. in den Fernsehsendungen nachmittags für Kinder durch modernistische Verdrehungen zerrieben und aufgebraucht (vgl. auch mein Veto gegen die Ausstellung in der Staatlichen Kunsthalle «Herkules und Supermann», wo die Gestalt des Herkules auf Kosten des technisierten Supermann entwertet wird, in meinem Herrenalber Vortrag von 1978 «Das moderne Menschenbild in der Kunst»).

II. Erstmals in den Klauen der Moral

Die Einengung der Freiheit des Kindes und das Einschwenken auf die rationalen Ordnungssysteme

Ich habe 1919 am 31. März zum ersten Mal gebeichtet. Ganz gleichgültig, was auch immer ich getan habe, ich mußte mir selber einen Rechenschaftsbericht anfertigen über mein Tun, ich mußte über mich selber ein Gerichtsverfahren eröffnen. Ich mußte die Welt in ihrem Lauf beurteilen. Ich bin kein unbeschriebenes Blatt mehr und blieb es auch nicht mehr bis

F. S. W. Nach Ludwig Richter. «Faust im magischen Kreis». 1921

F. S. W. Nach Ludwig Richter. «Freundschaft bis in den Tod». 1921.

auf den heutigen Tag. Ich habe gelernt, die Handlungen der Menschen und vor allem auch meine eigenen Handlungen zu unterscheiden, ob sie gut sind oder schlecht. Es wurde mir eine feste, unausweichlich einzuhaltende Skala vorgehalten, wie ich mich verhalten soll. Jedes Abweichen davon führe zur Katastrophe der Existenz. Im Katechismus steht es drin. Die 10 Gebote Gottes habe ich auswendig gelernt, so schwer es mir auch fiel. Im Auswendiglernen war ich nie besonders gut. Manche Punkte der 10 Gebote fand ich auch überflüssig, da sie für mich nie in Zweifel standen. Aber gelernt, hergesagt und gekannt mußten sie deshalb doch werden. Ich habe dieses Unterscheiden meiner Handlungen ebenso klar, eindeutig und rücksichtlos als Lernstoff aufgenommen, wie das Rechnen, wie zweimal zwei vier sind. Aber auch so ernst, wie die Unterscheidung beim Zeichnen, ob meine Linie krumm oder gerade, dick oder dünn ist, was ich vor einiger Zeit auch noch nicht wußte.

Ich mußte Grenzen setzen. Hier war der Ort des Guten, und dort war der Ort des Schlechten und Verabscheuungswürdigen. Diese Einteilung der Bezirke habe ich auch in einer Zeichnung nach einem Motiv Ludwig Richters festgehalten, die ich meinem Bruder Thomas zu Weihnachten 1921 schenkte: «Faust im magischen Kreis beschwört den außerhalb dieser Schutzzone des Kreises auf Wolken auftauchenden Teufel». Diese betont die Unterscheidung von verschieden gearteten Weltbezirken; der Welt des Geborgenen und der Welt der Versuchung, des Teufels, vor der man sich schützen muß.

Überhaupt bildet sich in mir die Fähigkeit, moralische Kategorien im Verkehr mit den Menschen zu beachten. Ich wäge ab, wo voraussetzungslose Sympathie ist und wo gewisse Schwierigkeiten im Verkehr der Menschen untereinander sind.

Insofern unterscheide ich auch das Verhältnis zu meinem Bruder Thomas und zu meiner Schwester Monika. Für die Dokumentierung des reinen und ungetrübten Verhältnisses zu meiner Schwester empfinde ich an derselben Weihnacht den hehren Begriff der Freundschaft genau als das Richtige. Deshalb wähle ich für meine Schwester die Nachzeichnung nach Ludwig Richter mit dem Motto: «Freundschaft bis in den Tod». Es ist ein Spruch, vergleichbar jenen sentimentgefüllten Lebensweisheitsversen, die sich Mädchen in diesem Alter ins Poesiealbum schreiben. Nun, meine geschwisterliche Hommage an meine Schwester Monika hat sich bis auf den heutigen Tag mein ganzes bisheriges Leben hindurch bewährt.

Ich bin nicht mehr im himmelnahen Paradies der Unschuld. Dieser Zustand ist ein- für allemal vorbei. Ich bin im Begriff, immer mehr Weltenbürger zu werden. Solange ich aber im Paradies der Unschuld war, hatte der Lauf der Welt eine Eigenschaft, die nun in Zweifel gezogen wurde durch die Unterscheidung von Gut und Böse. Bisher ist alles, was ich unternommen habe, grundsätzlich gelungen. Es konnte nichts wirklich schief gehen, weshalb auch? Es gab kein grundsätzliches Mißlingen. Die Grenzpfähle der Erwachsenen kennt das Kind noch nicht.

Den Begriff des Mißlingens, d. h. des falsch Handelns gab es bisher nicht. Das soll aber nicht heißen, daß ich mit dem einen oder anderen Tun nicht hereingefallen bin und Schiffbruch erlitten hätte. Ich habe nur am Ofen, als ich meinen Hintern zu nah wärmte, meine Hose verbrannt aus Unkenntnis der Physik der Wärmegrade und der Stoffqualität der Hose. Schon schlimmer war es, mit dem Essen des türkischen Honigs auf dem Meßplatz und dem Erbrechen nachts. Da hatte ich die

186 In den Klauen der Moral

F.S.W. Nach dem Gedicht von Friedrich Rückert. «Es ging ein Mann im Syrerland».

Warnung der Mutter nicht eingehalten, und die Strafe des nächtlichen Erbrechens folgte auf dem Fuße (7. April 1919 Tagebuch).

Jetzt aber hat man von sich aus Verständnis für heikle und gefährliche Situationen, man beginnt abzuwägen, welchen Kräften und Mächten man ausgesetzt ist. Davon spricht eine Zeichnung, die ich als Illustrierung der Parabel von Friedrich Rückert «Es ging ein Mann im Syrerland...» verfertigte. Ein Kamel jagt den Mann in den Brunnen, und nun hängt er an einem Strauch zwischen den zwei Polen von Rettung verheißender Höhe und verderbenbringender Tiefe.

Wenn die Wurzeln des Strauches an der Mauer der Brunnenwand nicht halten, so wird der Mann unaufhaltbar in die Tiefe stürzen und eine leichte Beute des unten wartenden Drachen sein und von seinem schon weit geöffneten Rachen verschlungen werden. Welche Vorlage ich zu dieser Zeichnung benützt habe, weiß ich nicht mehr. Eine Variante dieser Parabel fand ich vor nicht allzu langer Zeit in einem Stich des flämischen Stechers B.A. Bolswerth, wo das Kamel durch die Fabelgestalt eines Einhorns ersetzt wurde.

B. A. Bolswerth. Parabel. Stich.

Alle Mißgeschicke, große und kleine, waren bisher auf recht einfache und natürliche Art und Weise heilbar. Ob des Hereinfallens und jeglichen Mißgeschickes traurig und mißgestimmt, wurde ein sehr probates und stets wirksames Allheilverfahren angewandt. Die Maschinerie setzte sich automatisch in Bewegung, man ließ einen Strom von Tränen aus den Augen über die Backen laufen und spülte damit jeden Ärger hinweg. Die Frage der Schuld, der Reue oder Sühne ging im Strome des Heilwassers der Tränen unter. «Drei Tag Regen, drei Tag Schnee und es tut dem lieben Franzsepp nicht mehr weh.» Was die Tränen für den Seelenhaushalt im menschlichen Organismus bedeuten, darüber kann uns die Seherin Hildegard von Bingen aus dem 12. Jahrhundert aufklären in ihrem Buche «Welt und Mensch», 1. Teil «Die Welt des Menschen. Vierte Schau: Von der Gliederung des Leibes», speziell: «Von der Gabe der Tränen und ihrem Bezug zum Regen in der Welt und zur Reue in der Seele».

War genug geweint, so war in der Seele des Kindes wieder

voller Sonnenschein, und alles Unangenehme und Geschickwidrige war im kurzatmigen Gedächtnis wieder vergessen und ausgelöscht. Doch dieser seelig-glückbringende Zustand begann bei mir zu schwinden und zu zerbröseln. Man, und damit auch ich als auch ein «Man», wurde für mein Tun und Lassen, für mein Tun-Müssen und Unterlassen des Tuns verantwortlich, d.h. zur Verantwortung gezogen. Es gibt eine Relation zwischen außermoralischem Weinen und Moral. An Stelle des außermoralischen, instinkthaft hervorquellenden Weinens tritt das System der Pole von Gut und Böse, d. h. der Moral. Das Kind als noch himmelnahes Wesen besitzt keine Moral. Es besitzt keine Skala von Gut und Böse.

Seit 1919 wurde ich als beginnender, voll denkender Mensch, wie ich schon angedeutet habe, eingespannt in die Gesetze der 10 Gebote Gottes. Die Lehre des Katechismus wurde in Kraft gesetzt, die Kirche mit dem Religionsunterricht war für dieses System von Gut und Böse, für die Durchführung der Moral meines Handelns verantwortlich. Bis jetzt lebte ich unbekümmert dahin. Nun begann der Ernst des Lebens. Wie dieses Eingespanntwerden in die Forderungen der Kirche, speziell der katholischen Kirche, der ich angehöre und nach deren Ritus ich getauft wurde, vor sich ging, darüber geben die diesbezüglichen Stellen in meinem Tagebuch von 1919 Auskunft. Es wird berichtet:

«14. März Wir mußten in die Antonius-Kirche in den Unterricht.
16. März Die Mutter und ich gingen in die Fastenpredigt.
31. März Ich mußte zum ersten Mal beichten. Es schneite.
15. April Die Mutter und ich gingen in die Kirche.
17. April Wir gingen in das Hochamt.
18. April Es war Karfreitag. Ich ging in die Fastenpredigt mit Mutter und Monika.»

Dann nahte die Feier des Osterfestes heran, und man bereitete sich dafür in jeder Weise vor. Ich notierte darüber:

«19. April Die Mutter schnitt uns die Haare.
20. April Es war Ostern der Vater kam seit langer Zeit wieder einmal in die Kirche. Wir bekamen 10 Eier und einen Nougathas.»

Über das kirchliche Leben meines Bruders, der zwei Jahre älter war, schrieb ich:

«25. April Thomas hade die letzte exerzizen für die hl. Kommunion.
26. April Der Onkel Oskar kam an und Marie Nothelfer.» Wahrscheinlich, um bei dem Familienfest der Erstkommunion dabei sein zu können.

Aus diesen kurzen, noch kindhaft lakonischen Notizen geht allerdings nicht hervor, wie sehr ich in meinem Innern erregt, aufgewühlt und bestrebt war, nun wirklich den neuen Anforderungen gerecht zu werden. Es begann bei mir ein

F. S. W. «Der Schneider von Ulm». Kolorierte Zeichnung. 1920.

langes und kompliziertes Wägen und Überlegen, Drehen und Wenden vieler Argumente und nochmal Wägen und Überlegen, das bis auf den heutigen Tag in millionenfachen Modifikationen weitergeführt wurde. Ich mußte vom Zeitpunkt jener ersten Beichte an all mein Denken nach diesem neuen System ausrichten und es von der übermoralischen Unschuld des Kindes herkommend zurechtrücken.

Die innerliche Beschäftigung auf dieser neuen Ebene schlug sich bei mir in einem kritischen Verhältnis zur Welt nieder. Dieser Umbruch ist an sich nichts besonderes im Leben des Menschen. Das Sich-schuldig-Fühlen kommt anscheinend von selbst. Es gehört zur Weltwerdung des Individuums.

Zur Illustrierung dieses typischen Vorganges möchte ich die entsprechende Stelle aus dem Simplizius Simplizissimus des Grimmelshausen zitieren:

«... der Leib ist müd, der Verstand verwirrt, die Unschuld

ist hin, meine beste Jugend verschlissen, die edle Zeit verloren, nichts ist, das mich erfreuet, und über dies bin ich mir selber feind. Als ich nach meines Vaters seligen Tode in diese Welt kam, da war ich einfältig und rein, aufrecht und redlich, wahrhaftig, demütig, eingezogen, mäßig, keusch, schamhaftig, fromm und andächtig; bin aber bald boshaftig, falsch, verlogen, hoffärtig, unruhig und überall gottlos geworden, welche Laster ich alle ohne einen Lehrmeister gelernet; ich nahm meine Ehr in acht, nicht ihrer selbst, sondern meiner Erhöhung wegen.»

Aus dem für mich neuen Kritizismus heraus, wählte ich zu Weihnachten 1920 das Thema des Schneiders von Ulm als Zeichnungsmotiv. Ich traf diese Wahl zu dem Zweck, meinen Eltern, der höchsten Instanz, den ersten und nächsten Richtern über mein Tun und Handeln als guter oder schlechter Mensch, ein Dokument meines Denkens zu schenken. Um aber überhaupt keinen Zweifel aufkommen zu lassen, daß ich auch wirklich ein guter Mensch sei, bezeugte ich dies in der Formel der Widmung: «Dem lb. Vater und der lb. Mutter zu Weihnachten 1920 von ihrem lieben Franzsepp». Ich bezeichnete mich, gleich den Eltern, auch als lieb. Dieser Zusatz zu meinem Namen soll aussagen, daß ich ebenso wie meine Eltern zu den gerechten und lieben Menschen zähle und somit mit ihnen eine Dreieinigkeit des Lieb-Seins bilde.

Hier beim Schneider von Ulm hatte ich einen eklatant eindeutig moralischen Fall vorgefunden, daß ein Mensch falsch gehandelt hat und dafür sofort bestraft wird. In der Unterschrift wird unmißverständlich auf die Rolle des Teufels hingewiesen. Sie lautet: «In Ulm wollt' a Schneider das Fliegen probieren, Do tat ihn der Teufel in die Donau 'neinführen.»

Der Absturz des Schneiders von Ulm war also ein hochgeeignetes Thema, um vor den Richteraugen meiner Eltern zu beweisen, daß ich kapiert habe, was gut und böse, was Tat und Untat, was Schuld und Sühne, was Verführung und Strafe bedeuten. Hier an diesem eindeutigen Beispiel konnte ich beweisen, daß ich die Ethik der Welt begriffen hatte.

Weshalb eigentlich bin ich dem Fliegen gegenüber plötzlich so kritisch und ablehnend geworden? Noch 1919 hatte ich in meinem Heft der 10 Weltbildpositionen als Nr. 5 ein Flugzeug, hoch und sicher über dem Jungfraujoch schwebend aus dem Pestalozzi-Kalender von 1914 abgezeichnet. Diese Abbildung war einem Aufsatz im Pestalozzi-Kalender entnommen, der die «Fortschritte der schweizerischen Luftschiffahrt» schilderte und Flugzeuge im Gleitflug, im Aufstieg und auf Rundflügen zeigte. Es gab auch eine Tabelle der Rekordflüge im Aeroplan über die Dauer, Schnelligkeit und die Distanz ohne Zwischenlandung.

Die Rückseite dieser Rekordtabellen enthält sozusagen den Revers der Medaille, d. h. die Infragestellung des Fliegens an sich: Die Geschichte des fliegenden Schneiders von Ulm. Ein Jahr früher hatte ich mich noch über den geglückten Alpenflug Biders gefreut. Nun aber hatte es mir die Zeichnung des Unglücksfluges angetan. Die Absage an die Flugkünste des Menschen entsprach meiner damaligen Seelenlage und Weltbeurteilungsmöglichkeit. Dies soll aber nicht heißen, daß ich nicht so sensationsfreudig war und mir eine Flugveranstaltung ansah. Eine Postkarte vom 4. Juni 1925 an meinen Bruder Thomas nach München gibt Auskunft darüber. Ich schrieb ihm aus Karlsruhe: «Heute betrachte «Ich» «Mir» (avec mon ami Tisseur) [= Gerhard Schneider] den Deutschen Rundflug, ganz imposant 12 Flugi (Zürcher Dialekt = Flugzeug) auf- und absteigen sehen, zwar immer dasselbe Geknatter, aber doch ganz schön.»

Nun aber zurück zu meinem Aquarell des «Schneiders von Ulm». Die Vorlage des Stiches vereinfachte ich. Anstatt der drei Männer im zu Hilfe eilenden Ruderboot ließ ich die Ruderer weg, und übrig blieb allein der Kamerad, der hilflos erschreckt beide Arme in die Luft wirft. Ebenso vereinfachte ich die Stadtsilhouette mit den vielen Türmen und barockisierte das Münster zu Ulm – die erste Kathedrale, die ich zeichnete. Neu war für mich die Physiognomie des ertrinkenden Schneiders. Bis jetzt hatten die Gesichter nicht die Möglichkeit, psychologische Differenzierungen zwischen den Extremen der Freude oder dem Schmerz zu zeigen. Hier wurde ich früh mit den Problemen der Physiognomie konfrontiert, die mich später bei meinen kunstgeschichtlichen Studien sehr interessierten, was mich im weiteren Verlauf veranlaßte, Materialien zu einer Geschichte der Physiognomie zusammenzustellen.

In der Zeichnung des Schneiders von Ulm erreiche ich etwa die Stufe von Leonardo gegenüber dem undifferenzierten Mittelalter. Bevor ich den Unglücksflug des Schneiders von Ulm zu Gesicht bekam, war mir das Fliegen wohl vertraut, und

F. S. W. Flugzeug, Ballone und Schiffe. Um 1918.

ich hatte nie etwas dagegen einzuwenden. Ich zeichnete doch bislang viele Flugzeuge, die stolzen Bewohner der Luft. Ebenso immer fast leidenschaftlich ihre Ahnen und Brüder: Die Luftballons. Ich empfand diese in meinem Weltbild-Denksystem als geeignete Objekte, etwas Gutes, Erhebendes und hoch Beglückendes zu demonstrieren. Sie sind die Exponenten der Schwerelosigkeit der Welt. Die Flugzeuge standen auf derselben Liste wie die Akrobaten, die auch nicht auf der Erde landen konnten und deshalb gut waren. Dazu muß man wissen, daß ich noch vom Mutterleib her das Gefühl des Schwebens und der Schwerelosigkeit als Grundzustand der Welt gegenüber in mir hatte. In meiner neuen Weltbildposition und dem Denksystem gab es aber dieses Gefühl der Schwerelosigkeit kaum mehr. Jetzt wurde der letzte Rest der psychisch nachklingenden Nabelschnur als Verbindung zum schwerelosen Schweben und Schwimmen im Mutterleib angeschnitten. Diese himmlische Über-Physik der Schwerelosigkeit hatte ihre Gültigkeit eingebüßt. Die Welt wurde nun nach anderen Gesetzen und Regeln, nach den modernen naturwissenschaftlichen Gesetzen regiert und in Funktion gehalten. Hand in Hand mit der moralischen Unterscheidung von Gut und Böse trat auch die physikalische Unterscheidung von Leicht und Schwer, von Gewicht und Leichtigkeit ein. Und aus dieser neuen physikalischen Gesetzlichkeit heraus konnte auch der Mißklang von schwerer Materie des fliegenden Menschen, der so und soviel Kilogramm Gewicht besitzt, und der leichten Materie Luft erkannt und vorgeführt werden. In der Bibel heißt es: «Gewogen und zu leicht befunden».

Frans Masereel. Flugzeugabsturz.

Das Motiv und der Topos des Flugzeugabsturzes nahm nicht nur für mich und mein Denken eine besondere Position ein. Auch andere Zeitgenossen, etwas älter als ich, hatten in jenen Jahren das Problem des Flugzeugabsturzes beim Aufkommen der Fliegerei in größerem Maßstabe ventiliert und waren beeindruckt davon. Dazu möchte ich einen hochqualifizierten philosophierenden Künstler anführen und berichten, was er über den Flugzeugabsturz dachte und an welche Stelle er ihn in seinem Denksystem einreihte. Ich möchte auf Frans Masereel hinweisen, der, 1889 geboren, 20 Jahre älter als ich ist und dessen Roman in Bildern «Die Sonne», sechs Jahre später als meine Zeichnung entstanden ist. Es steht das Urteil eines 37jährigen von 1926 gegen das Urteil eines elfjährigen Knaben von 1920. In Masereels Roman ist der Flieger, der zur Sonne fährt, der Künstler, der hinsichtlich der künstlerischen Idee blöderweise Idee und Wirklichkeit verwechselt. Er versucht, auf ungeistige, technische Weise, geistige Höhe, d. h. das Geistige und speziell die himmlische Inspiration zu erlangen. Der Künstler, der sich diese Sünde wider die Idee zuschulden kommen läßt, muß in der Realsonne verbrennen, muß untergehen, muß abstürzen, muß scheitern. Mit diesen materiell-technischen Mitteln, wie es ein Flugzeug ist, ist die künstlerische Idee, das geistige Ziel nicht erreichbar.

C.F. Heise sieht im Vorwort zu Masereels Roman richtig, daß ein geistiges Mittel wirksam und besser als das Flugzeug ist, um zur geistigen Idee zu kommen. Dies ist der Glaube. Der Glaube schafft es. Der Künstler als Glaubender kann ohne technische Hilfsapparate zur Sonne hinauffahren. Hierin ist der Künstler vergleichbar mit den katholischen Heiligen, die sich von der Erde erheben infolge ihrer Ekstase, ihrer Gedanken und Empfindungskraft. Aber auch hier, nachdem bei Masereel die mystische Vereinigung des Künstlers mit der Sonne stattgefunden hat und der Künstler in der Sonne verbrannt ist, kehrt sein Genius zum Zeichentisch zurück. Diese völlige Auflösung des materiellen Seins gehört zum Schicksal des Künstlers.

Wenn ich heute, 1980, nach 60 Jahren den Verlauf meines Denkens überblicke, so muß ich feststellen, daß hier in den gezeigten Zeichnungen zum ersten Mal die Ethik in meinem Bewußtsein Platz genommen hat. Trotzdem standen die ethischen Fragen nicht im höchsten Brennpunkt meines Interesses. In meiner Jünglingszeit hörte ich als Achtzehnjähriger Vorlesungen über Ästhetik, und die Welt lag noch jahrzehntelang kritiklos vor mir. Ich fand alles in Ordnung.

Auch als ich mir den Beruf des Kunsthistorikers und des schöngeistigen Ästheten erwählte, war ich der ethischen Beurteilung der Weltverhältnisse enthoben. Ich brauchte zunächst nicht darauf zu achten, ob die Kunstwerke die Menschen beglückten oder schädigten. Da war ich auf ein ethisch wertneutrales Gebiet gekommen. Die moderne Kunstwissenschaft kennt als sogenannte objektive positivistische Wissenschaft die Problematik der ethischen Beurteilung der historischen Fakten nicht. Die Kunstschöpfungen aller Epochen stehen als gleich-

190 In den Klauen der Moral

Frans Masereel. Der Künstler beobachtet den Absturz seines Genius.

Frans Masereel. Der von seinem Schicksal beeindruckte Künstler.

wertig gute und anzuerkennende Taten nebeneinander. Gleichgültig, ob es sich um Altäre, Tafelbilder, futuristische oder dadaistische, surrealistisch unethische und defaitistische Schöpfungen und Machwerke handelte. Gleichgültig, ob die Höllenwelt von Hieronymus Bosch, die Andachtswelt von Fra Angelico zur Debatte stand oder ob es sich um die Zerstörung des Naturbildes durch die Abstrakten Maler handelt. Alle Kunstäußerungen waren für die Kunsthistoriker gleichmäßig akzeptabel und gleich schön, gleichmäßig ethisch neutral bewunderungswürdig. Diese ethische Gleichgültigkeit gegenüber den Kulturprodukten und Kunstwerken mag als zeitbedingte Stellungnahme hingenommen werden.

Als ich aber von meinem Spezialfach, der Kunstgeschichte, zur Erforschung der allgemeinen Weltbildsysteme mit Einschluß der modernen Technik und Megatechnik überging, da begann die Sache schon anders zu liegen. Da standen die Dinge der Welt plötzlich in ganz anderer Relation und Proportion.

Bei der modernen Megatechnik geht es um ungemein hohe Werte, um materielle Realwerte, im Gegensatz zu der in dieser Beziehung viel harmloseren Kunst.

Da wurde ich wieder wie in der Jugend mit der Ethik und der Weltverantwortung konfrontiert. Allerdings auf einer ganz anderen Ebene. Es traten wieder ethische Fragen in den Zentralpunkt meiner Überlegungen.

Als Jüngling stand die einzelmenschliche Individual-Ethik im Vordergrund; als alter Mann war es die menschheitliche Allgemein-Ethik, war es die Verantwortung des Denkens im Ganzen.

Zu den ethischen Erwägungen gehört es, daß man in Grenzbezirken und Grenzsetzungen denkt, daß man u. a. auch in abgeteilten Räumen die Weltbezirke unterscheidet.

Diesen Gegensatz fand ich in der Nachzeichnung von Ludwig Richters Vorlage «Faust im magischen Kreis begegnet dem Teufel» ganz deutlich demonstriert. Dort lernte ich zu unterscheiden zwischen geborgenem, in sich geschlossenem Raumbezirk und zwischen dem verseuchten offenen Freiraum.

In meiner viel späteren Untersuchung über «das antitechnische Museum als weltethische Aufklärungsstätte» kam mir nochmals eine etwas andere Grenzsetzung entgegen.

Was in der Zeichnung «Faust im magischen Kreis begegnet dem Teufel» der Kreis bedeutet, bedeutet in dem Anti-Technischen Museum als Architektur-Gebäude die Grenzlinie der «Grenze des Machbaren», d. h. des noch oder nicht mehr Zulässigen an Schädigung der Weltsubstanz infolge der Hypertrophie der Technik und Megatechnik. Es ist in der dort angewandten Terminologie die Grenze zwischen den Begriffen des positiven «Benützens» und des weltnegativen «Zerstörens».

III. Erste Begegnungen mit dem Zeitgeschehen

1920/21 steigerte sich die Produktivität in meinen Zeichnungen und die Einsicht in die Welt keineswegs. Das Gegenteil trat ein, es erfolgte eine Erschlaffung. Aber nicht nur bei mir, auch bei meinem Vater stockte und versiegte ab 1920 die Holzschnittproduktion. Die allgemeine Weltlage war nach 1919 belämmernd. Es wurden die Auswirkungen des verlorenen Krieges spürbar.

Die äußeren politischen Umstände zwangen meinen Vater, die Schweiz zu verlassen. Er übernahm in Deutschland, in Karlsruhe, eine Professur an der Badischen Landeskunstschule.

Der offizielle Brief, den mein Lehrer der Primarschule an der Münchhaldenschule in Zürich fünf Tage vor meinem zwölften Geburtstage an meinen Vater anläßlich meines Ausscheidens schrieb, hat sich erhalten. Der handschriftliche Brief des Lehrers Heinrich Weber lautet:

«Zürich, den 4. IX. 21.
Sehr geehrter Herr!

Ich habe von Ihrem Wegzuge Kenntnis genommen. Franzsepp war mir stets ein lieber Schüler. Möge Ihnen und Ihrer Familie in Ihrer neuen Heimat alles Gute beschieden sein! Mit vollkommener Hochachtung zeichnet

Heinr. Weber».

Dieses Schreiben zeugt von der menschlich einwandfreien Atmosphäre, in der wir damals in der Schweiz und speziell in Zürich lebten.

Am 15. Oktober 1921 erfolgte die Übersiedlung von Zürich nach Karlsruhe. Hier vollzog sich ein Absturz, ein Sturz von einem herrlichen Milieu: Von Tieren, Menschen, Gebirgslandschaft in die katastrophale Öde einer Mittelstadtstraße, einer Flachlandschaft. Kein See! Kein Wasser! Keine Berge! Keine Aussicht! Keine Freunde! Kein weiterer Verkehr unter Menschen! Unsere Familie mit ihren fünf Köpfen war in die Enge einer Pension im dritten Stockwerk eines Reihenhauses auf zwei Zimmer zusammengepreßt.

In Karlsruhe wurde ich gezwungenermaßen zum Städter, zum Bildungsmenschen umgebogen. Aus dem ländlich-lebenslebendigen Milieu der Züricher Vorstadtstraße wurde ich in Karlsruhe zum Bewohner einer soeben abgesetzten fürstlichen Residenz. Die Wehen der Umwandlung der Monarchie zur Demokratie habe ich in Karlsruhe noch miterlebt. Darüber schrieb ich am 16. September 1922 meinem Freund Hans Pfleghardt in Zürich folgenden Bericht aus unserer Pension in der Bismarckstraße:

«Der Rathenau-Mord ist ja schon lange her, aber ich will Dir doch kurz den Nachklang von ihm in Karlsruhe schildern. An einem Samstag war er und am Dienstag wurde eine große rote Demonstration abgehalten. Diese war folgendermaßen: Der Zug zerfiel in zwei Teile, in Radfahrer und Fußgänger, zuerst kamen unzählige Radfahrer, dann Fabrikarbeiter mit roten Fahnen und Tafeln, auf denen auf die kaiserliche Regierung (geschimpft wurde). Dieser Zug ging eine halbe Stunde an der Pension vorüber, die Straßen waren rabenschwarz, abends gingen wir in die Stadt, da waren die Schilder zusammengeschlagen, wo Hoflieferant und Großherzoglich stand. Die Straßen waren nur Glasscherbenfelder.»

Doch der Beamtengeist blieb den Karlsruhern auch noch über die Revolution von 1918/19 hinaus ohne Gesinnungsänderung wohl erhalten. Verloren konventionell wartete ich einmal zuerst ab, was in meiner neuen Lage mit mir geschehen werde.

F. S. W. Im Botanischen Garten in Karlsruhe. Foto. 1921.

F. S. W. Vor dem sogenannten «Torbogen». Foto. 1921.

Als ausnahmsweise eine Bekannte aus Zürich kam, um uns in der neuen Umgebung zu besuchen, machten wir den Nachmittagsspaziergang in den wenige hundert Meter nahen Botanischen Garten, der zum Areal des Schlosses gehört. Man zog die beste Kleidung an. So jung man war, man mimte Bildung und Schauspielerei. Man wurde zur Schloßgartenstaffage, d. h. zum sentimentalen Gartenversatzstück. Zu mehr Betätigung reichte es nicht.

In dieser neuen Seins-Position fotografierte mich dann die Bekannte, Frau Hannah Rot, die Tochter des Stadtarchitekten von Zürich. Ich sitze elegisch gelangweilt auf dem Rand des Seerosenbassins, wohlerzogen den Blick auf die leere kleine Wasserfläche gerichtet. Nicht wissend, wie diese gezwungen noble Welt je mit Lebenskraft erfüllt werden sollte.

Eine zweite Fotografie vom selben Besuch des Botanischen Gartens hält meine Person vor dem sogenannten Torbogen fest. Ich weiß nichts Besseres als im Zwischenzustand von einem zur Exekution Geführten und einer klassischen Statue mit kontrapostisch verschobener Schrittstellung mich der Fotografin zu stellen. An sich war die Situation verlockend, sich vor dem Torbogen aufnehmen zu lassen. Es gibt in den Gärten solche Punkte.

Doch ahnte ich davon natürlich noch nichts, daß ich nach rund einem halben Jahrhundert den sogenannten Torbogen, der nach dem Zweiten Weltkrieg zu einem Vortragsraum für die Architekten der Oberfinanzdirektion umgestaltet wurde, als Bühne der Verkündigung meiner wissenschaftlichen und weltanschaulichen Gedanken einmal mit Erfolg benutzen würde.

Die Fotografie ist wie das lokale Vorgefecht, wie die Sondierung des Geländes für viele spätere Taten. Aus dem schüchternen, auf den Boden blickenden Knaben mußte aber zuerst in vielen Verwandlungen der Redner und Denker und Universitätsprofessor für Architekturgeschichte und Weltanschauungsfragen werden.

In Deutschland hatte sich die allgemeine politische und wirtschaftliche Situation zum Schlechten hin verschärft, da als Folge des verlorenen Krieges 1921 die Inflation ausgebrochen war. In der Pension Leppert in der Bismarckstraße 37a in Karlsruhe war es der Schwiegersohn der Pensionsinhaberin, der sich zu dem Bonmot aufschwang «mit dem Dollar wird es immer toller».

Den Wertverfall, der bis zu Zahlenwerten von Millionen- und Billionenscheinen getrieben wurde, habe ich als Dreizehnjähriger zur Kenntnis genommen. Bezüglich der Geldentwertung schrieb ich am 16. September 1922 an Hans Pfleghardt: «Natürlich wohnen wir noch in der Himmelspension (Höhe Himmel! Höhe der Preise Hölle!).» Auch künstlerisch wollte ich die katastrophale Geldsituation in einer entsprechenden Zeichnung festhalten. Ich zeigte das Gegensatzpaar von Einst und Jetzt. Für wenig Geld bekam man früher viel Ware. Für einen ganzen Sack oder Koffer voll Geld bekam man heute

F. S. W. Flugblatt «Einst und jetzt». Zeichnung. 1922.

nichts mehr. Auf der Seite der Pleite zeichnete ich ein Auto und eine öffentliche Uhr, also die Errungenschaften der modernen Technik.

Das Flugblatt «Einst und Jetzt» ist etwa im Stil von Pieter Bruegel d. Ä. entworfen. Man denke u. a. an das Gegensatzpaar der Mageren und der Fetten Küche dieses Graphikers. Die Kunst Pieter Bruegels und ihre Beziehung zu dem deutschen Flugblattwesen im 16. Jahrhundert sollte Jahrzehnte später zu einem Kernthema meiner kunstwissenschaftlichen Arbeiten werden.

Die Zeichnung von «Einst und Jetzt» riß mich seinerzeit jäh aus der bisherigen Geborgenheit und Gültigkeit meiner Lebensumgebung heraus. Sie steht wie ein Fanal und Fremdkörper in den bisherigen Sujets meiner Zeichnungen. Ich werde aus hautnahem eigenen Erleben der politisch-wirtschaftlichen Verhältnisse gezwungen, zum Bleistift zu greifen.

Diese unschöne, unbeholfene Zeichnung ist für mein Innenleben das notwendige Dokument und der erregte Schrei infolge der materiellen existentiellen Bedrohung. Unbedingt wollte auch ich meine zeichnerische Stellungnahme liefern. Und zwar im Sinne eines belehrenden, allgemein verständlichen Flugblattes. So, wie mein Vater dies tat.

Es ist etwas von der Zeitkritik angeschlagen, wie sie damals viel beißender und ironischer die Revolutionskarikaturisten wie George Grosz oder Wilhelm Scholz, der damals Assistent meines Vaters an der Badischen Landeskunstschule war, im Hauptgeschäft ihrer Kunstproduktion übten.

Meine Zeichnung atmet die Atmosphäre der «Zwanziger Jahre», die, mir unverständlich, heute so sehr gelobt und in alle Himmel gehoben werden. Hier ist bei mir die Alternative gestellt zwischen guter alter intakter Zeit und neuer schlechter

F. S. W. Frau Siebs am Klavier. Zeichnung. 1922.

korrupter Zeit, gefaßt in den schlichten Gegensatz: «Einst» und «Jetzt».

Für mich ist hier über alle künstlerischen Belange hinaus der erste Keim gelegt, um als zeitgenössischer Zeitkritiker aufzutreten. Allerdings ahnte ich nicht im entferntesten, daß es später einmal aus innerstem Verantwortungsgefühl heraus das Hauptanliegen meiner Forschungen und meines pausenlosen Überlegens werden könnte, als Kritiker und Warner der gesamten übertechnisierten Zivilisation mit ihren verheerenden Umweltschädigungen und Zerstörungen auftreten zu müssen. Von dieser Knabenzeichnung bis zu meinen kultur- und weltsystemkritischen Vorträgen war es allerdings noch ein langer und sehr windungsreicher Weg.

In der Pension Leppert begann stets nachmittags mit dem Glockenschlag zwei Uhr die Mieterin, eine Frau Siebs, «die Neureiche», in hellen Tönen zu singen: «Nun muß sich alles, alles wenden». Der Text dieses Gesanges «Die linden Lüfte sind erwacht», nach dem Gedicht von Ludwig Uhland, hat außerordentlich treffend auf unsere unschöne Lage in der Pension und im armen Nachkriegsdeutschland gepaßt. Wir haben oft über das Gesinge von Frau Siebs als sich auftakelnde, neureiche, bildungskonventionelle Dame gelacht und den Spruch wiederholt: «Nun muß sich alles, alles wenden». Diese unsere Gedanken sollte die Zeichnung, in der ich Frau Siebs am Klavier sitzend karikiert habe, im Bilde fassen. Sie schmettert ihren Gesang in die Gegend mit erhobenem Haupt und gravitätisch den Finger zum Anschlag erhoben.

IV. Meine Selbstbildniszeichnung als Dreizehnjähriger von 1922 und Albrecht Dürers Selbstbildniszeichnung als Dreizehnjähriger von 1484

Im Gärungsprozeß vom Kind zum Knaben wurde ich in meiner Art zu zeichnen sozusagen objektgläubiger Naturalist. Ich entdeckte dabei auch mich selber als ein Wesen und als ein Ding, das wie alle Dinge in dieser Welt ihr Dasein dokumentieren.

Bester Ausdruck dieses neuen Seinsgefühls ist die Art, wie ich mir selber entgegentrete, wie ich mich nun selbst empfinde. Diesen neuen Zustand realisierte ich in der Selbstbildniszeichnung vom 3. 9. 1922, sechs Tage vor meinem 13. Geburtstag.

Ich trete zum ersten Mal zeichnerisch meiner äußeren Erscheinung gegenüber. Ich verfertige zum ersten Mal ein Selbstbildnis mit dem Identifizierungshilfsgerät des Spiegels, der das innere Eigenbewußtsein mißachtet und roh zerstört. Sieben Jahre zuvor, beim Selbstbildnis des Sechsjährigen, brauchte ich keine solchen äußerlichen Selbstbeobachtungskrücken. Da zeichnete ich noch instinktiv sicher mein inneres Seinsgefühl. Da gab es embryohaft-weltganzheitlich nur meine eigene Person und kein Ambiente, in dem ich ein Ding unter vielen anderen war. Ich war noch als Ich die ganze Welt.

1916 verfertigte ich ein weiteres Selbstbildnis. Diesmal wollte ich als Siebenjähriger schon mehr von meinem äußeren Aussehen wissen. Doch – von wo dieses Wissen des Aussehens hernehmen? Ich wagte es noch nicht, mir in der äußeren Realität des Spiegelbildes zu begegnen. Ich war noch nicht fähig, ein solch ungeklärtes, verschwommen vielfältiges, akzentlos ungeordnetes Spiegel-Natur-Bild nachzuzeichnen und als Entscheidung Strich für Strich zu ordnen. Ich fand in dieser Schwierigkeit des Noch-Unvermögens den Ausweg, indem ich eine Zeichnung, die mein Vater ein Jahr vorher, 1915, von mir gemacht hatte, kopierte. Damit war ich fein heraus. Die Ordnung, die eigenschöpferische Tat, überließ ich meiner schon vorgeformten Vorlage.

F. S. W. Selbstbildnis. Zeichnung. 1922.    *Albrecht Dürer. Selbstbildnis. Zeichnung. 1484.*

In meiner Fassung wurde ich meines Ichs mit allen Verzerrungen meiner Unbeholfenheit recht und schlecht habhaft. Dies ist sozusagen ein Zwischenstadium-Selbstbildnis, bevor ich reif und meiner sicher war, mich im Spiegel als Darstellungsobjekt zu bewältigen und ohne fremde Verformung auf eigene Faust in das formlos-chaotische Naturbild Ordnung und Zeichenkürzel hineinzusehen.

So sehr ich auch auf die Einzelheiten der Birnenform meines Kopfes eingehe, so sehr ich auch das damalige Schielen in meiner Augenstellung notiere, so sehr empfinde ich meinen Kopf abgegrenzt und isoliert im All wesend, und außer dem Schillerkragen habe ich kein weiteres Verhaftetsein mit meiner Kleidung oder Statur angedeutet.

Wenn ich dieses Raumlos-in-der-Luft-Hängen meiner Gestalt als wesentliches Merkmal konstatiere, so erkenne ich dieselbe Eigentümlichkeit an dem Selbstbildnis eines anderen dreizehnjährigen Knaben. Albrecht Dürer hat 438 Jahre vorher in seiner Selbstbildniszeichnung von 1484 dieselbe Konzentration der Gestalt, dieselbe signethafte Umrandungskontur angewandt. Allerdings erweitert durch das Hemd und die Hand. Aber auch bei Dürer spürt man ebenso das Keimhafte, das erst Werdende, das Noch-Nicht-Voll-Entfaltete und Weltverhaftete wie in meiner Selbstbildniszeichnung von 1922.

Ohne mich zu erinnern, daß ich mich wie Dürer auch selber einmal im Knabenalter von 13 Jahren zeichnete, hat mich die Selbstbildniszeichnung des 13jährigen Dürer schon immer in ihren Bann gezogen. Ich habe sie stets mit Andacht betrachtet, als Zeugnis des frühen Könnens von Albrecht Dürer. So kam ich auch in meinem Rundfunkvortrag «Albrecht Dürers Selbstbildnisse», der 1950 im Baden-Badener Schulfunk gesendet wurde, auf diese Zeichnung zu sprechen. Ich war damals 41 Jahre alt.

Ich kleidete meine Ausführungen in das Gespräch von einem Erwachsenen und zwei Kindern. Hans ist schon Wissender und belehrt die Jüngeren, den Jakob und die Bärbel.

Die diesbezügliche Partie des Gesprächs lautet:

Jakob: Da ist eine Zeichnung.

Bärbel: Es ist die eines Buben.

F. S. W. Selbstbildnis nach einer Zeichnung von Ernst Würtenberger. Zeichnung. 1916.

Ernst Würtenberger. F. S. W. Zeichnung. 1915.

Hans: Sie ist mit dem Silberstift gezeichnet.

Jakob: Da steht noch etwas oben geschrieben. Ich kann diese Schrift nicht gut lesen. Lies sie mir bitte vor.

Hans: Da steht in alter gotischer Schrift: «Das hab ich aus einem Spiegel nach mir selbst conterfet im 1484. Jahr, da ich noch ein Kind war. Albrecht Dürer.»

Bärbel: Verstehe ich Dich richtig? Diese Zeichnung hat also Albrecht Dürer selber nach sich gemacht, als er noch so klein und jung war, wie dieser Bub da?

Hans: Ja, da ist Albrecht Dürer hingegangen, hat sich einen alten Spiegel genommen und hat einmal versucht, Strich für Strich abzuzeichnen, was er von sich selber im Spiegelbild erblickte.

Jakob: Da konnte er aber gut zeichnen. Wie alt war er denn?

Hans: Ungefähr 13–14 Jahre.

Jakob: Nur so alt, wie ich ja etwa bin. Das brächte ich nie fertig. Vielleicht einmal, wenn ich groß bin.

Hans: Du bist also der Ansicht, je älter und größer man wird, desto besser, schöner und leichter könne man zeichnen? Das stimmt nur bis zu einem gewissen Grade. Ein von Natur aus künstlerischer Mensch wird allerdings mit seiner vollen Begabung geboren. Albrecht Dürer hatte schon in seinen frühesten Kinderjahren in sich außergewöhnliche Kräfte und einen Schaffensmut besessen, der durch nichts zu unterdrücken war.

Bärbel: Ich weiß. Schon der junge Dürer hat kleine Kriegerfigürchen, lustige Reiter, fechtende Ritter und Maria und Joseph mit dem Jesuskindlein in Begleitung von musizierenden Engeln oder auch den Heiligen Christopherus, wie er das Jesuskind über das Wasser trägt, fein säuberlich gezeichnet.

Jakob: Er mußte aber doch zuerst lernen, wie man so

etwas macht. Ich gehe doch auch zur Schule und habe Zeichenunterricht. Aber ich würde mich trotzdem niemals so lebenswahr aus dem Spiegel abzeichnen können.

Hans: Der kleine Dürerknabe hatte eine noch viel nähere und bessere Anleitung als die Schule. Sein Vater war Goldschmied und zeichnete auch. Und diese Zeichnungen sah der junge Dürer schon zu Hause neben seinem Spiel her. Und da probierte er es auch einmal, sich selber abzuzeichnen. Ganz allein, ganz still, ganz behutsam und scheu.

Jakob: Wahrscheinlich wollte dem kleinen Albrecht sonst niemand stillehalten.

Hans: Jawohl. So muß es gewesen sein.

Bärbel: Und wie ich hier sehe, nahm er sich selbst zum Modell.

Hans: Sogar noch mehr. Dieses frühe Zeugnis seines hohen Könnens hat in späteren Jahren Dürer zum Andenken an seine allerersten Künstlerschritte getreulich aufbewahrt und beschriftet.

Jakob: Worauf zeigt denn der Dürerknabe mit der einen Hand?

Hans: Wohl auf nichts bestimmtes. Er hat sie bei Vaters Zeichnungen abgesehen. Wie er auch die harten, eckigen Falten überall an spätgotischen Zeichnungen, Kupferstichen und Schnitzereien sehen konnte. Schon als Knabe hat Dürer alles, was er sah, ganz genau angeschaut. Von ihm gibt es auch den Ausspruch: «Denn der alleredelst Sinn der Menschen ist Sehen».

Bärbel: Dies soll also heißen, daß man selbst das richtig Sehen lernen muß, nicht nur das Schreiben, Lesen und Rechnen.

Jakob: Man kann doch etwas viel rascher sehen, als es schreiben oder lesen und verstehen.

Hans: Man muß die Gegenstände auswendig lernen, man muß sie so intensiv und aufmerksam anschauen, man muß Form für Form sich einprägen, bis man sie aus dem geübten Gedächtnis herzeichnen kann, als ob sie vor einem stünden.

Jakob: Mußte aber Dürer nicht in die Schule? Hat er immer nur gezeichnet und gemalt?

Hans: Wohl das nicht. Zwei Jahre nach der Entstehung dieser Selbstbildniszeichnung, mit 15 Jahren, kam er am 30. November 1486 in die Malerlehre zu Michael Wohlgemut. In dessen Werkstatt durfte er und mußte er mit vielen anderen Gehilfen an manchen großen und buntfarbigen Altären mitarbeiten.

Bärbel: Durfte er da alles malen?

Hans: Nein. Der Lehrling und Geselle mußte zuerst Farben reiben, Pinsel waschen und grundieren, d.h. die Malfläche herrichten. Als er die Lehrzeit beendet hatte, ging er nach der Vorschrift der Malerzunft auf die Wanderschaft. Da zog Dürer von seiner Heimat- und Geburtsstadt Nürnberg nach Westdeutschland, um den Maler und Kupferstecher Martin Schongauer, dessen Stiche damals berühmt waren und bis auf den heutigen Tag berühmt sind, und von denen er schon manche abgezeichnet hatte, zu besuchen. Aber als Dürer nach Kolmar im Elsaß kam, erfuhr er die betrübliche Nachricht, daß Schongauer kurz vorher gestorben sei. So traf er nur noch dessen Brüder an.» ...

V. Abstieg vom weltganzheitlichen Einheitsdenken zum Vielheitsdenken

Mit den Jahren 1922 und 1923 war meine Weltbildposition in einem scharfen einschneidenden Umbruch und Umschwung begriffen. Es geht etwas zu Ende, und es bildet sich als Anfang von Zukünftigem etwas Neues. Es geht das kindhafte Welteinheitsdenken in die Brüche, und es beginnt das jünglingshafte Vielheitsdenken und damit die Zerreißung der Ganzheitsvorstellung der Welt. Das vom himmlischen Ursprung in die Welt des irdischen Daseins herübergerettete Allheitsbewußtsein geht zu Grunde.

Immer mehr entferne ich mich vom göttlichen Ursprung der niederen Zahlen, wo die Eins die höchste Zahl war. Obgleich im neuen System die sogenannten höheren Zahlen die wertvolleren Zahlen sein sollen, werden sie, je höher sie steigen, desto profaner, naturalistischer und zerbröckelter, minderwertiger. Die Welt wird zerlegt, und der irdische Realbestand der Welt wird ausgegliedert. Anstatt des Allgemeinen, Zusammenfassenden und Geborgenen kommt nun das Spezifizierte, Aufgefächerte, der Antagonismus von Vielheit und Detail zum Zuge.

Im Zeichnen wirkte sich das Bedürfnis, die Details der Dinge einzeln aufzuzählen, folgendermaßen aus.

Bei naturalistischen Realsituationen, dem Zeichnen nach der Natur, glaubte ich zu einem abgedroschenen, stumpfsinnigen Zählverfahren übergehen zu müssen. Denn die Natur ist ja die Aufgliederung von Raum und Zeit.

In der Zeichnung des «Speichers» von 1922 zähle ich die Holzscheite einzeln auf (vgl. Abb. S. 106).

In der Zeichnung der «Kirchhalde in Stockach» vom 3.9.1922 zähle ich bei den Bäumen alle einzelnen Blätter.

In der Zeichnung «Ansicht von Stockach gegen das Osterholz» von 1922 zähle ich alle Ziegel des Daches eines Hauses einzeln auf.

In der Zeichnung der Ansicht des «Braunenberg» von 1922 zähle ich alle Heuhaufen einzeln auf.

In der Selbstbildniszeichnung von 1922 verschone ich auch meine Person vor der neuen Methode nicht. Ich zähle alle

F. S. W. Stockach in Baden. Zeichnung. 1922.

meine Haare auf meinem Kopf einzeln auf.

Auch in anderen Sparten der Welteroberung kommt das Zählen über mich. Ich will mit aller Macht der Realausbreitung der Weltverhältnisse habhaft werden.

Ich steige in einer Sonderarbeit in die Silen des grauen Alltags hinab. Ich verfalle auf die langweilig-langwierige Arbeit, 40 Zunftwappen abzuzeichnen und damit Blatt um Blatt ein ganzes Schreibheft zu füllen. Keine Ausdauer ist mir dazu zu schade. Wahrscheinlich nahm ich dazu das alte Brockhaus-Lexikon zu Hilfe, das zufällig in dem Zimmer unserer Pension stand. In diesen Zunftwappen will ich die Vielheit der Realität ausschreiten, und zwar des schaffenden, handwerklichen Menschen. Jeder poetische Gedanke ist verschwunden und zerstoben. Die reine Statistik siegt. Ich will genau wissen,

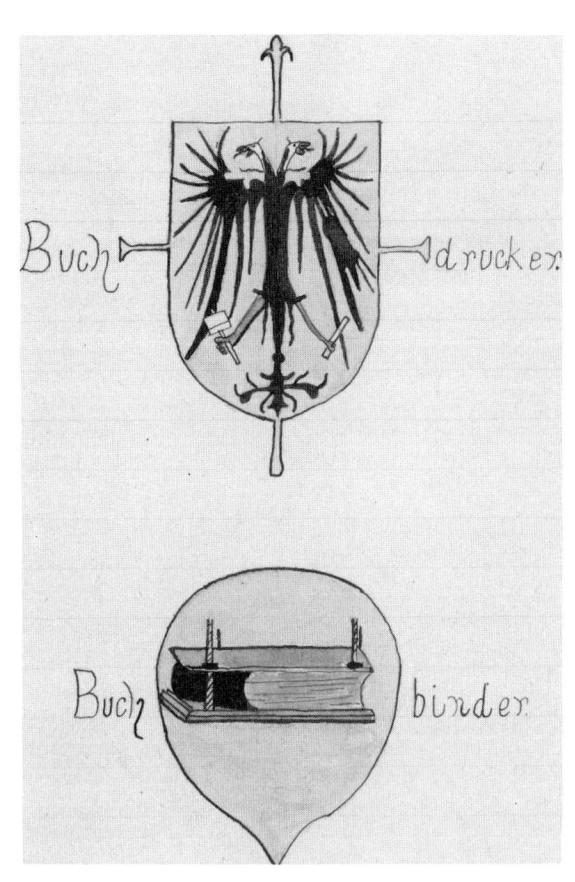

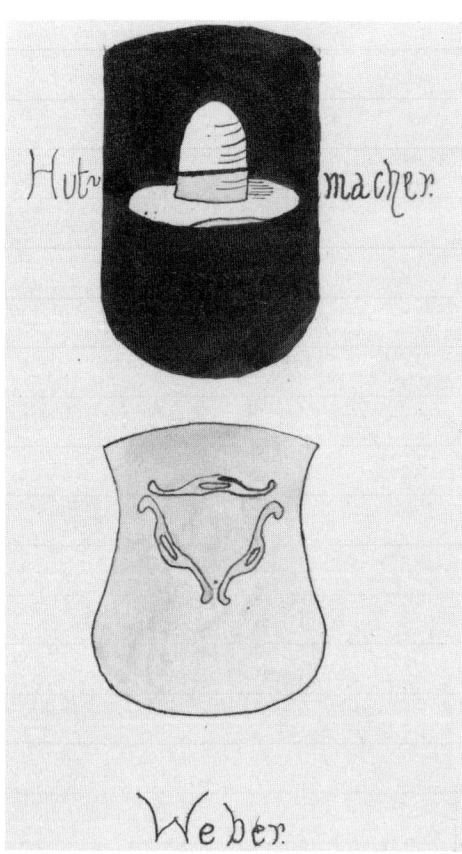

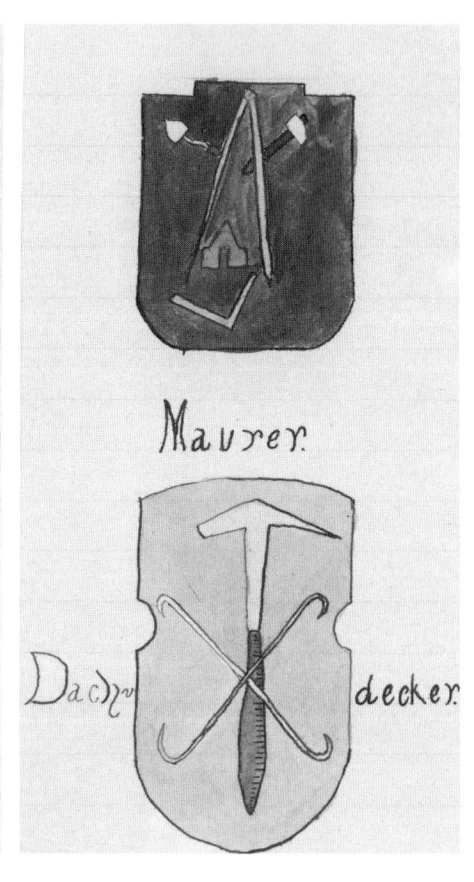

F. S. W. Aus der Folge der vierzig Zunftwappen. 1921.

was die Menschen täglich im einzelnen tun, womit sie ihr Geld verdienen, woher all die vielen notwendigen Gebrauchsgegenstände kommen.

Es konstituiert sich in mir ein neuer Begriff der Menschheit. Ein Jahr vorher hatte ich in fünf Zeichnungen die Menschenrassen allgemein behandelt. Nun fällt jede hochgesinnte Regung in mir zusammen. Jetzt interessiert mich nur die Sphäre des Alltäglichen. Diese Sysiphusarbeit lege ich meinen Eltern 1921 unter den Weihnachtsbaum.

Mit dem Abzeichnen und Kolorieren der 40 Zunftwappen – eine Aufgabe, die ich mir selbst gestellt habe und zu der ich nun in unserer desolaten Karlsruher Pension reif geworden bin – verliere ich mein Weltganzheitsbewußtsein und erkenne nur noch die banale realistische vielteilige Ausgliederung der Welt. Daraus spricht eine ganz bestimmte Welthaltung. Auch die Wahl der Zahl 40 ist dafür symptomatisch.

Die Zahl 40 ist diejenige Zahlenmenge, die die banale Weltverhaftetheit als ein niederes Niveau kennzeichnet. Man kann in meinem Fach der Kunstgeschichte speziell beobachten, bei welchen Gelegenheiten die Zahl 40 auftritt. In meiner Praxis sind mir die Bilderfolgen, die aus 40 Blättern bestehen, in letzter Zeit an folgenden Stellen aufgefallen:

1. Die sogenannten «Reisebilder» sind im Werk von Moritz von Schwind 1863 auf die Zahl 40 angeschwollen. Diese ganze Reihe faßte Schwind als Dokument eines geschlossenen biographischen Lebensabschnittes auf. In Schwinds Reisebildern wird der Mensch in die Macht des Ablaufes von Tag und Nacht gestellt. Wie sich diese Gemälde sowohl auf der Erde wie auch im Kosmos verteilen, habe ich in einer theoretischen Zeichnung dargetan, die ich in meinem Buche «Weltbild und Bilderwelt» veröffentliche.

2. Im selben Buche ist eine theoretische Zeichnung zu finden, welche 41 Metamorphosen der eigenen Gestalt des Allerweltkünstlers Franz von Pocci darstellt. 41mal hat Pocci sein eigenes Ich ausgegliedert.

3. Mein Freund Emil Wachter gab 1970/71 eine Lithographiefolge heraus, genannt «SOS», die ebenfalls aus 40 Lithographien besteht. Dort wird die Apokalypse der modernen, dem Untergange geweihten technisch-wissenschaftlichen, chemisierten und entnervten Welt geschildert.

4. Mein eigenes Manuskript des Malerateliers besteht aus 40 Einzelkapiteln. Diese Hingabe an die Vielheit, an das profane Detail, an die zahllose Ausgliederung und damit an die Vergänglichkeit muß weltethisch beurteilt als eine Fron, als

Vom Einheits- zum Vielheitsdenken 199

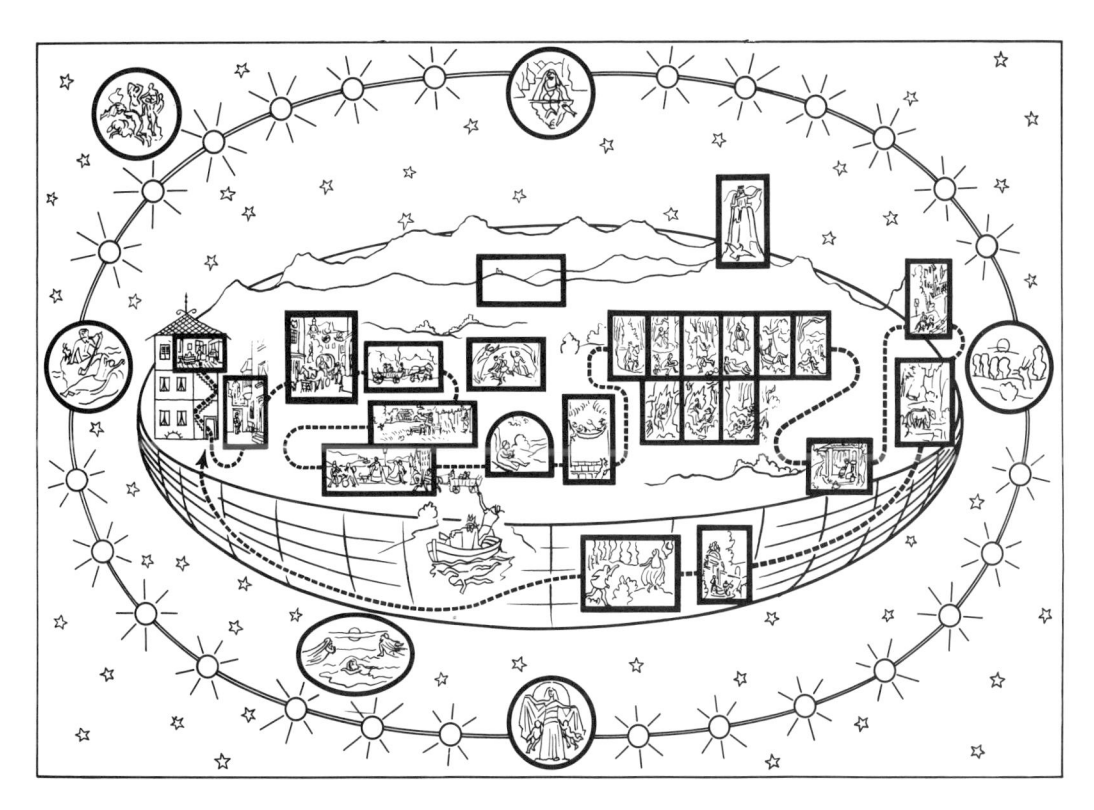

F. S. W. Schema für Moritz von Schwinds Folge der vierzig «Reisebilder».

Pieter Bruegel d. Ä. «Die Kinderspiele». Gemälde. 1560.

eine Buße, fast als Strafe des Abfallens von der Einheit in Gott, von dem hohen Begriff der sogenannten niederen Grundzahlen (bis etwa 12) aufgefaßt werden.

Die Theologen geben der Zahl 40 folgende Deutung. Josef Sauer schreibt darüber in seinem Buche «Symbolik des Kirchengebäudes»: «40 ist die Zahl der Genugtuung und der Buße, der wir uns 40 Tage lang zu unterwerfen haben, weil wir durch die 4-Zahl unserer Leiblichkeit oder des Jahres der Welt und des Tages das 10fache Gottesgesetz übertreten haben. Ebensolange fasteten Moses, Elias und Christus; die gleiche Zeit wird auch den unter dem Antichristen Abfallenden zur Buße gewährt werden. Die Zahl 40 erinnert an die vierzigjährige Wanderung, welche die Juden aus dem Joche Pharaos zu machen hatten.»

Friedrich Weinreb ergänzt die Ausführungen Sauers in seinem Buche «Der göttliche Bauplan in der Bibel»: «Trägheit, die sich in der Struktur 1–4 äußert, tritt uns in der Bibel stets als Dauer entgegen. Es dauert immer sehr lange, eigentlich ‹unendlich› lange. Die Knechtschaft in Ägypten dauerte 400 Jahre, der Zug durch die Wüste 40 Jahre. Moses blieb 40 Tage auf dem Sinai; Davids Regierung dauerte 40 Jahre.»

Das Problem des Zählens der vielen Details der Dinge und der zahlenmäßigen statistischen Ausgliederung von Begriffen, das mein Denken so sehr im Übergang vom kindlichen, zahlenmäßig engen Denken zum zahlenmäßig weiten Denken des Knaben beschäftigte, sollte mir dann später in meinen kunstgeschichtlichen Forschungen als hochwichtige Erscheinung und auch stilistisches Darstellungsschema entgegentreten. Und zwar gibt es einen Punkt in der Kunstgeschichte, wo das Problem besonders virulent wird. Dies ist im 16. Jahrhundert am Übergang vom dingkargen, abstrakt begrifflichen Denken des Mittelalters zum dingsüchtigen, detailhungrigen Denken der Neuzeit.

Derjenige Künstler, der in der europäischen Kunstgeschichte das Denkprinzip der vielfältigen Ausgliederung von Begriffen, d.h. das Zählen und Darstellen der vielen Details am konsequentesten und am frühesten erkannte und in seinen Stichen und Gemälden im großen Stil anwandte, war Pieter Bruegel d.Ä. (1525–1569).

Diesem Künstler, diesem der Irdischkeit am meisten verhafteten Maler widmete ich jahrelang, von 1935 bis 1943 meine intensive Aufmerksamkeit. Schließlich schrieb ich über ihn das Buch: «Pieter Bruegel d.Ä. und die deutsche Kunst».

In dieser Abhandlung ging ich besonders darauf ein, wie Bruegel in seinen Kompositionen zur Vielheit der Dinge kommt. Diesem auffallenden Phänomen widmete ich einen speziellen Abschnitt bei der Besprechung der Tafel der «Sprichwörter» unter dem Titel «Das Prinzip der Ausgliederung von Begriffen». Über die «Kinderspiele» schrieb ich an anderer Stelle:

«Bruegel hat in seinen ‹Kinderspielen› von 1560 eine ebenso reiche Musterkarte der menschlichen Bewegungsmöglichkeiten an Hand der Aufzählung von Kinderspielen sogar zum Hauptinhalt seines Gemäldes gemacht. Hier [...] entsprang die Abwandlung des gleichen Themas als Zeichen und Beweis der Vielheit der Natur, aus denen so sehr Rechnen, Zählen, Systematisieren spricht...».

Bruegel war weiterhin derjenige Graphiker, der, um seine Gelüste zur Detail-Vielzahl zu befriedigen, eine Stich-Folge der sogenannten kleinen Landschaften (1559–1561) in 44 Blatt herausgab, um das Flachland von Brabant und der Campine zu schildern. Diese Vielzahl bezieht sich gerechterweise auf die banalen, gewöhnlichen, einfachen Dorfstraßen, deren es ungezählt viele gibt. Als sich Bruegel hingegen auf das vornehmere Motiv von heroischen Landschaften warf, in der Stichfolge der «Großen Landschaften» (1553–1557), beschränkte er sich auf die gehobene und niedrige, fast heilige Zahl von 12 Blättern.

In meiner forscherischen kunstgeschichtlichen Hinwendung zu dem additiv denkenden Maler Pieter Bruegel d.Ä. machte ich dieselbe Stufe der Zuwendung zur detailsatten Realität durch, wie ich sie in der Entwicklung meines eigenen Denkens und Zeichnens in den Jahren 1922–1924 als Knabe durchmachte, als ich von meiner kindlich-«mittelalterlichen» Denkstufe zur knabenhaft-«neuzeitlichen» Denkstufe voranschritt.

VI. Ich und die Welt als Bühne des selbständigen Handelns

Nachdem ich 1922 in den Herbstferien in Stockach meine Umgebung sehr real zur Kenntnis genommen hatte und Landschaft und Innenraum und einen stillebenhaften Baumzweig entdeckt hatte, zog ich 1923 etwas andere Schlüsse aus meiner Lage in der Welt. Jetzt war ich noch stärker fähig geworden, mich in konkrete Lebenssituationen versetzt zu denken. Davon war bis jetzt noch nicht viel zu bemerken.

Von dem neuen Zupackenwollen ist die Selbstbildniszeichnung von 1923 erfüllt. Von der Zaghaftigkeit der Selbstbildniszeichnung von 1922 ist nur mehr wenig zu verspüren und an die Stelle der anfängerhaften Penibilität und Akkuratesse des Zeichenstriches trat ein flottes Sichsicherfühlen. Meine Blicke schießen zielsicher wie Pfeile aus meinen Augen. Jetzt erweitere ich auch den Abschluß des Schillerkragens durch die Andeutung der Schulterpartie zum wirklichen Brustbildtyp. Jetzt bin ich frei und unternehmungslustig und tatengeschwellt. Der Gebrauch der Brille, was im Selbstbildnis von 1922 den Stubenmenschen kennzeichnete, täte nun meiner aktionsfreudigen, erwartungsvollen Stimmung Abbruch.

F. S. W. Selbstbildnis. Zeichnung. 1923.

Jetzt ist die Welt für mich eine Bühne geworden, von der ich wußte, daß man auf ihr agieren kann und muß. Es regt sich der Wille, etwas mit der Welt anzufangen. Irgendwie muß das neue Verhältnis zur Welt ausgelotet und in Form und Gestalt gebracht werden. Um dies bewerkstelligen zu können, imaginiere ich mich unter dem Deckmantel anderer Personen wie des Taugenichts aus Eichendorffs Erzählung oder des jungen Kronprinzen Friedrich von Preußen oder eines Sternensehers in ganz konkrete Situationen hinein.

In der kolorierten Zeichnung «Aus dem Leben eines Taugenichts» führte ich eine Begebenheit vor, die auch mir passieren könnte. Es wird Abschied genommen. Der Taugenichts zieht von der Mühle seines Vaters weg in die schöne weite freie Welt, mit der Geige unterm Arm, die Straße dahin. Das Ziel und der Zweck sind unbekannt. Aber die reine Lust des Wanderns beflügelt die Schritte.

In dieser Szene ist eine der einschneidendsten Grenzsituationen des Menschenlebens überhaupt behandelt und aufgegriffen: Der Abschied vom Elternhaus. Das Eintreten dieser Situation war in meinem Fall jedoch noch nicht absehbar, da ich ja noch einige Jahre auf dem Gymnasium zu sein hatte. Erst meine auf einer Photographie von 1931 festgehaltene Abfahrt als Student nach Wien dokumentiert die Umsetzung der Abschiedsszene des Taugenichts in die wirkliche Realität meines Lebensweges. Erst dann ist die Idee des Abschieds, die ich wohl als Möglichkeit schon innerlich in mir sehe, reif, Wirklichkeit zu werden. Jetzt bleibt es bei einer Vorausschau, bei einer inneren Zwiesprache mit mir selber.

Wohl bleibe ich noch zu Hause bei Eltern und Geschwistern, aber meine Flügel haben sich gekräftigt, man wird flügge, und es steht die Zeit bevor, in der ich meinen Lebensradius vergrößere.

Ich löse mich eher vom engen Familienherd und mache bald größere Ausflüge. Es wird nicht mehr allzulange dauern, dann besitze ich ein Fahrrad und erweitere meinen Gesichts- und Aktionskreis. Für diese Stufe meiner Welteroberung steht dieses Motiv der Zeichnung des in die Welt hinausziehenden Taugenichts. Frei und unbekümmert liegt die Welt vor einem in ihrer täglich sich erneuernden Schönheit und Pracht. Man muß sich ihrer bedienen, soweit die Kräfte und Mittel eines 14jährigen Knaben reichen.

Die Szene des Taugenichts wird besonders poesievoll, indem vor dem Haus des Müllers das Wasserrad geht und seine gleichbleibende Melodie singt. Das Motiv des Mühlrades war mir damals nicht aus einer bekannten Landschaftssituation her vertraut, sondern von seiner Poesie war ich berührt worden durch die Holzschnitte meines Vaters. 1917/18 hatte mein Vater in seiner Holzschnittfolge «Der Dichter» das Blatt «Hör ich das Mühlrad gehen» konzipiert. Hier steht der einsame Wanderer an einen Baum gelehnt, ganz im Banne des Ganges des Mühlrades. Das Mühlrad ist, wie bei Bruegels «Kreuztragung» oder bei Bruegel d.J. «Hochzeitszug» die Windmühle, das Symbol für den Lauf der Welt, für den Ablauf der vergänglichen Zeit.

Vom selben Tatendrang wie mein Taugenichts ihn zur Schau trägt, spricht die Zeichnung des jungen Friedrich des Großen, der konzentriert vor seiner Landkarte steht und Pläne schmiedet für seine Strategie. Auch ich bin fähig geworden, Entschlüsse zu fassen: gewisse Werke und Taten zu inszenieren und durchzuführen. Diese Zeichnung, die von meiner Reifung Zeugnis gibt, habe ich meinem Vater zu seinem Geburtstag am 23. Oktober 1923 gewidmet. Wohl ist diese Zeichnung nach Adolf Menzels Xylographie kopiert, aber trotzdem ist sie eine Wegmarke meiner Weltbewußtwerdung.

Die Anforderungen in der Schule werden größer, man wird gezwungen, in den Aufsätzen über die Weltverhältnisse genauer Auskunft zu geben und selbständige Gedanken zu entwickeln. Am Ende des Jahres 1923 nahm ich das Motiv jener Grenzsituation wieder auf, die am Neujahr eintritt und die schon 1919 meine Sylvester-Zeichnung und die Anlage des Tagebuches verursacht hatte. Ich verfertigte eine Zeichnung und einen Holzschnitt mit dem Thema des Sternenguckers.

202 Selbständiges Handeln

F. S. W. «Aus dem Leben eines Taugenichts». Kolorierte Zeichnung. 1923.

F. S. W. Abschied vom Elternhaus vor der Fahrt nach Wien. Foto. 1931.

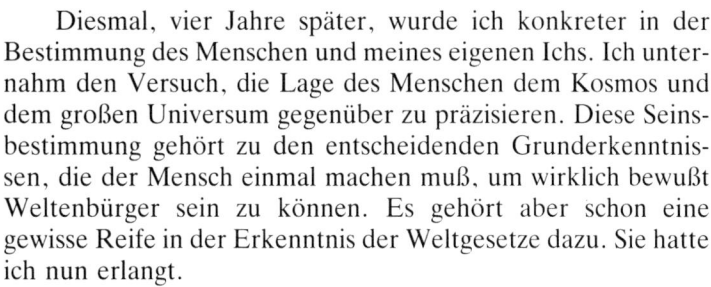

Diesmal, vier Jahre später, wurde ich konkreter in der Bestimmung des Menschen und meines eigenen Ichs. Ich unternahm den Versuch, die Lage des Menschen dem Kosmos und dem großen Universum gegenüber zu präzisieren. Diese Seinsbestimmung gehört zu den entscheidenden Grunderkenntnissen, die der Mensch einmal machen muß, um wirklich bewußt Weltenbürger sein zu können. Es gehört aber schon eine gewisse Reife in der Erkenntnis der Weltgesetze dazu. Sie hatte ich nun erlangt.

Ich will bezeugen, daß auch ich vom Wandel des Jahres und der großen Weltmaschine etwas verstehe. Ich imaginiere mich zum Sternengucker und steige auf ein Hausdach, lege mein Fernrohr an mein Auge und suche mit dieser technischen Ausrüstung den Anschluß an das Universum, die Einbindung meiner Person in den großen, schon längst von der Schöpfung vorprogrammierten Rhythmus der Sternenbahn. Das ist der eigentliche Sinn dieses Neujahrs-Holzschnittes, der die Unterschrift trägt: «Das alte Jahr ist schon vorüber, der Sternenseher schaut ins neue Jetzt hinüber.» Der Sternenseher bin natürlich ich selber!

Indem ich nach den Sternen sehe, weite ich mein Weltbewußtsein aus in weite Fernen, ich erobere mir das Universum. Ich sehe die Vielfalt des Sternenmeeres, die unendliche Fülle des gestirnten Himmels. Ich bin sozusagen dabei, die Sterne zu zählen. Aber wie kann ich diese Riesenzahl realisieren? Wie sieht die Realität der Zahl in meinem Kunstblatt aus? Zähle ich nachträglich die Zahl der hellen Punkte, so sind es 14 Sterne. Die Verteilung ist hier sorgsam vorgenommen. 7 Sterne links vom Fernrohr und 1 Stern direkt hinter dem Kopf des Sternensehers und ebenso groß wie sein Auge. Rechts vom Fernrohr sind nochmals 6 Sterne zum Teppichmuster des Himmelszeltes verwoben. Ich muß mich fast fragen: Sind diese Sterne meine Sterne? Jeder dieser Sterne steht für eines meiner bisherigen Lebensjahre: Sternenjahre, die ich gelebt habe. Denn als ich

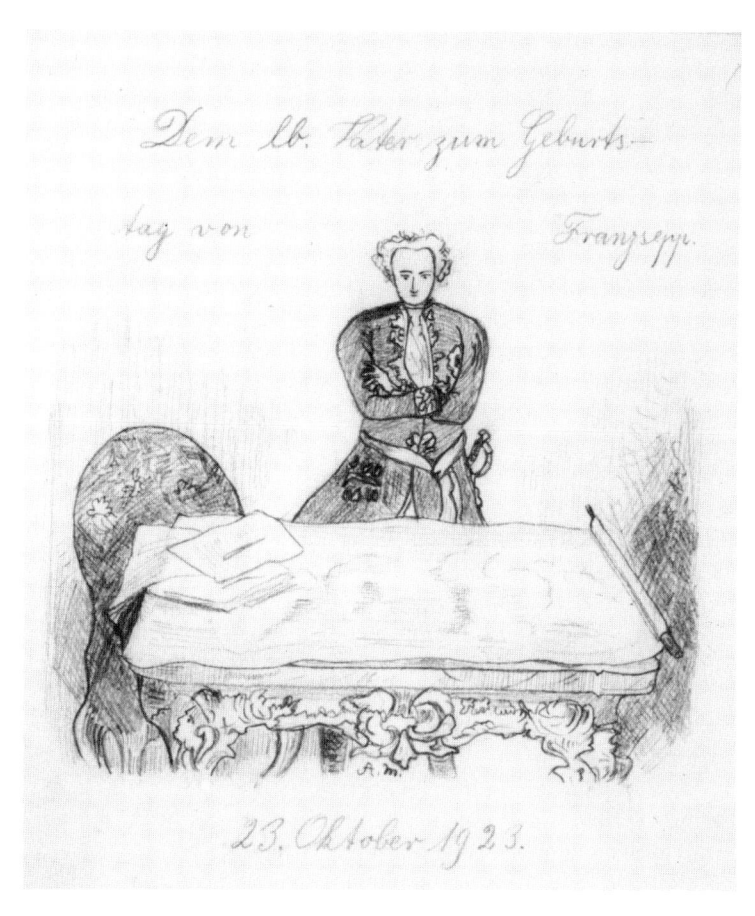

F. S. W. Nachzeichnung nach Adolf von Menzel. Der junge Friedrich d. Gr. 1923.

F. S. W. Der Sternenseher. Holzschnitt. 1923.

diese 14 Sterne in das Holz schnitt, war ich 14 Jahre alt.

In dem Bild des Sternensehers auf dem vom Erdboden abgelösten Dache mit dem Turm und der Glocke ist kernhaft eine Grundmöglichkeit des Verhaltens der Menschen der Welt gegenüber angeschlagen.

Es ist der Mensch gemeint, der mit der Überirdischkeit, mit dem Kosmos, mit der Sternenwelt Zwiesprache hält.

In meinem Falle habe ich eine besonders günstige Situation ausgewählt, um diese Zwiesprache vollziehen zu können. Ich löste den Sternenseher mit Hilfe des Gebäudes der Sternwarte vom Erdboden los.

In der Entwurfszeichnung für den Holzschnitt stellte ich den Sternenseher über ein Dach auf eine Balustrade, die einen Glockenturm umgibt. In der Entwurfszeichnung gab ich der Turmarchitektur noch religiösen Charakter, indem ich den Dreiecksgiebel des Turmes mit einem christlichen Strahlenkreuz schmückte und damit die bloße profane Sternwartearchitektur zum Kultbau erhob. Im Holzschnitt vereinfachte ich die Situation. Balustrade und Kreuz wurden weggelassen, und der stehende Sternenseher ließ sich direkt auf den Dachplatten nieder.

Diese Zwiesprache mit den Sternen und dem Universum haben die Menschen im Verlaufe der Menschheitsgeschichte auf verschiedene Weise gehalten. Dabei muß man darauf hinweisen, daß die Kultbauten der Weltgeschichte von den frühen Zeiten an extra zu diesem Zweck erbaut wurden, diese Zwiesprache als ein Urbedürfnis der Menschheit halten zu können.

Mit meiner Zeichnung der etwas primitiven Sternwarte bin ich in die Problematik der Architekturgebäude eingetreten, die ihrem Wesen nach den Bezug zum Kosmos miteinschließen.

Die hier angeschlagene Problematik sollte mich in meinen späteren Jahrzehnten als Architekturhistoriker brennend interessieren. Es wirkt für mich wie eine Erleuchtung über eine schlimme Unterlassungssünde der Wissenschaft, daß die Architekturgeschichten nur allzu wenig und kaum grundsätzlich diese kosmische Grundbeziehung der Kultbauten, der Tempel und Kirchen berücksichtigen. So habe ich als 66jähriger seit 1975 angefangen, umfangreiches Material zu sammeln über das Thema: Architektur und Kosmos.

Es ist aber im Leben eigentümlich, daß die im Denken und Seinsgefühl gleichen, tief verankerten Anliegen in anderen Lebensstufen einen ganz verschiedenen Stellenwert und eine verschiedene Bewußtseinshöhe einnehmen können. Zu den Motiven der soeben aufgezählten Zeichnungen von 1923 paßt ausgezeichnet ein Aufsatz, den ich 1924 in der Schule schrieb. Ich schilderte meine Erlebnisse am Karlsruher Hauptbahnhof anläßlich eines Sonntagsausfluges.

2. Hausaufsatz
Großverkehr im Karlsruher
Hauptbahnhof.

«Wenn wir an einem Sonntag in der Frühe auf den Karlsruher Hauptbahnhof kommen, sehen wir einen so großen Verkehr, daß wir es nicht für möglich halten, daß eine solche Stadt einen derartigen Sonntagsbetrieb hat. Woher kommt diese Tatsache? 1. Weil Karlsruhe eben ist und daher die Landschaft der näheren Umgebung für den anspruchsvollen Städter zu öde, schlicht zu einfach ist. 2. Da das heute arbeitende Volk in Vereinen und sonstigen ‹Clüben› ist, die an Sonn- und Feiertagen unter einer Fahne oder einem an einem Stock hängenden Affen dort in die freie Natur oder auf Vereinstage gehen.

Kommen wir an den Bahnhof, sehen wir eine große Menschenmenge heranschreiten. Gerade als ich und mein Freund das Hauptportal durchgehen wollten, stoße ich an einen dicken, glattrasierten, o-beinigen Zeitungsverkäufer, dieser rief in seiner Gemütsruhe und getreuen Pflichterfüllung: ‹D'Latern! Poincaré von seinem Aste abgesägt!› Bald hatten wir uns durch die Menge bis fast an die Sperre durchgedrängt. Da kommt es mir in den Sinn: Verflucht! Ich habe noch keine Fahrkarte! Ich sagte dies meinem Freunde, der machte große Augen, halb lachend über meine Dummheit, halb ärgerlich über diese Verzögerung. Gleich darauf lief ich in Windeseile zu dem Fahrkartenschalter. Kaum war ich fünf Schritte gelaufen, stolperte ich über einen Regenschirm und konnte das Gleichgewicht noch bewahren, kam aber mit unliebsamer Geschwindigkeit in den Schwanz der vor dem Schalter Stehenden hineingesaust. Dem Herrn, den ich angerannt hatte, fiel die Zigarre auf den Boden, und er fluchte in allen Tonarten. Ich ließ mich nicht aus der Fassung bringen, wurde aber feuerrot. Während ich am Fahrkartenschalter war, ging mein Freund an den Zeitungskiosk und kaufte sich die beliebte Morgenzeitung, das ‹Karlsruher Tagblatt›. Plötzlich stieß mich jemand, ich blickte um, und ich sah meinen Freund, der mir aufgeregt zurief: ‹In einer Minute fährt der Zug nach Calw ab, wenn du nicht sofort kommst, fahre ich allein!› Ich rief ihm entgegen: ‹Also, fahre allein, ich habe diese Schweinerei satt.› Mein Freund machte kehrt, rannte durch die Sperre und ich blieb stehen. Ich überlegte, was ich jetzt machen sollte. Da kam mir der Gedanke, ich gehe in den Wartesaal, rauche ein paar Zigarren und fahre mit dem nächsten Zuge meinem Freunde nach. Also, war nichts anderes zu machen, als in dem Wartesaal zu bummeln und dort die Zeit zu verbringen. Ich rauchte meine Zigarre und sah mir an den Wänden die vielen Plakate an. Hie und da kam ein Kellner herangesprengt mit einem meterhohen Tellerturm. So verging die Zeit, und ich löste in aller Gemütsruhe in dem schauderhaften Gedränge meine Fahrkarte. Als ich sie hatte, wurde ich selbst von der gewaltigen Masse durch die Sperre hindurchgedrängt. Auch zum richtigen Bahngeleise wurde ich geschoben. Dort angekommen sauste der Zug heran. Er wurde gleich bestürmt, niemand konnte aus dem Zuge gehen, bevor sich die Masse in allen Wagen verteilt hatte. Es war gerade umgekehrt als gewöhnlich, denn zuerst läßt man den Aussteigenden heraus und dann erst steigt man ein. Ich bekam gerade noch auf dem untersten Trittbrett Platz und war froh, als der Zug fortfuhr. Auf der Fahrt schwur ich, nie mehr in meinem Leben an einem Sonntag auf der Eisenbahn zu fahren und mich an Feiertagstouren zu ergötzen oder mich darüber zu ärgern. Und ich habe diesen Vorsatz bis auf den heutigen Tag durchgeführt.»

Die Zensur des Lehrers lautet: «Eine sprachlich und in der äußeren Form unglaublich nachlässige Arbeit; künftig wird derartiges nicht mehr angenommen. Inhaltlich: Ziemlich gut. 6.6.1924 Dr. Kast. Fast ungenügend, ganze Abschrift als Verbesserung.»

In den Themen der Zeichnungen begnügte ich mich nicht mehr mit allgemeinen Szenen, sondern, wie ich schon ausgeführt habe, schilderte ich konkret erlebbare Situationen. Auch im literarischen Selbstbildnis wie im Aufsatz über den Sonntagsbetrieb am Karlsruher Hauptbahnhof. Dort vollzog sich eine selbständige Begegnung mit der Außenwelt, auch eine Art von Geburt und Selbständigwerden, aber mit großen Hindernissen und schlechtem Ergebnis. Ich wurde zum Schwur gezwungen: Niemehr sonntags mich unter die Menschenmenge zu begeben. In mir regte sich die Angst vor der Mehrzahl und Masse der Menschen und die Furcht vor der Bedrängnis meiner Existenz durch die unbekannten, «fremden» Mitmenschen.

Es ist die Angst vor der Menschenmasse, der vielen und allzuvielen, wodurch die Situationskomik in meinem Aufsatz entstand.

VII. Vom Kinderbuch zur Bibliothek

F. S. W. Selbstbildnis. Zeichnung. 1924.

Auch im Hinblick auf das Buch und seine Lektüre tritt ein neues Verhältnis ein.

Wenige Grundbücher genügen nicht mehr zur Weltdeutung und ihrer geistigen Erfassung. Die Welt der weltganzheitlichen Kinderbücher wird verlassen. Das Interesse an Ludwig Richters «Volkskunst» als Vorlageschatz zum Abzeichnen schwindet.

Der Überzeugungsgrad der Märchen zerbröckelt. Jetzt will man genauer Bescheid wissen und sich informieren. Jetzt gibt es viele Autoren, viele Einzelwerke über verschiedene Interessenkreise. Jetzt hat man Lesebücher in eigenem Besitz, und allmählich bildet sich der Wille und die Absicht der Konstituierung einer Bibliothek, des Inbegriffes der Vielfalt und der Masse von Büchern. Die zergliederten Facetten der Probleme, der Wissenschaft und der Geschichte beginnen virulent zu werden. Man fühlt sich als kleines Konkurrenzunternehmen zu den voll gefüllten Bücherschränken der Eltern im Wohnzimmer.

Um den Stolz des eigenen Besitzes zu unterstreichen, legt man sich ein Ex Libris zu. Jetzt beginnt man, sich erwachsen und vollwertig zu fühlen. Insofern war die Fertigung eines Ex Libris für mich als 14jährigen im Jahre 1923 eine entscheidende und für meine Selbstbehauptung und Welteroberung notwendige Tat.

Ich schnitt unser Familienwappen, das aus zwei Posthörnern besteht, in Holz. Als Attribute hielt ich das Hinzufügen von Getreideähren als Zeichen der Fruchtbarkeit und der Ernte für sinnvoll. Selbstverständlich gestaltete ich diesen Holzschnitt im Stile meines Vaters. Es kam eine Parallele heraus zu dem Wappen der drei Künste mit Krone und dem Monogramm meines Vaters, das er in seinem Buche «Zeichnung, Holzschnitt und Illustration» 1919 publizierte. Auf die ausgewogene Schwarz-Weiß-Flächenwirkung achtete ich sehr. Wäre diese nicht gelungen, so hätte ich mich aufs schwerste disqualifiziert. Doch – es gelang.

Deshalb:

weil es nicht mehr die Bibel als verpflichtendes *Buch der Bücher* gibt, bin ich gezwungen, die unverpflichtende Bibliothek meines Bücherschrankes in ihrem Halbwissen abzubauen und für mich selber *Mein Buch der Bücher* zu schreiben, die Selbstwerdung meiner Gedankenwelt vorzunehmen.

Was nutzen mir die Bücher anderer Autoren, wenn ich erkannt habe, daß die Voraussetzungen ihrer Aussagen weltbegrifflich auf tönernen Füßen stehen?

Je mehr im 19. Jahrhundert die Bibel durch die einseitig falsche Weltsicht der Naturwissenschaft in Mißkredit kam, um

F. S. W. Ex Libris. Holzschnitt. 1923.

F. S. W. in seiner Bibliothek. Foto. 1975.

so mehr haben sich die Menschen bemüht, durch ihre *Biographien* sich selbst zu finden und sich an Stelle der ausgeschalteten Bibelwelt *ihre* eigene Welt als verpflichtende Ersatzwelt zu erobern und zurechtzulegen.

So ist es auch in meinem Falle. Ich bin gezwungen, meine Biographie zu schreiben. Mir über mich Rechenschaft zu geben.

Meine Tendenz geht heute dahin, daß ich seit 1972 mein Denken immer wieder mit Hilfe und im Zuge meiner Biographie rekapituliere und quasi dadurch aufarbeite, indem ich meine Bibliothek abbaue, ja, sie in ihrer angeschwollenen, undisziplinierten Überfülle überwinde. Dies meine ich so: Ich will das Gelesene und Zu-Lesende ersetzen durch meine daran geknüpften Gedanken, d. h. durch mein eigenes, eigengeprägtes Weltbild. Ich will das, was in den Fremd-Büchern steht und überlegenswert ist, einbauen in die Weltbildvorstellungen, die ich mir im Laufe der Zeit zurechtgelegt habe. Ich wäge nach diesem Gesichtspunkt die Dinge, die ich in den Büchern lese. Wenn ich sie gewogen und dadurch verarbeitet habe, d. h. als brauchbar oder unbrauchbar empfunden habe, kann ich die Büchermeinungen der anderen Autoren bei Seite legen. Damit wird der Bestand meiner Bibliothek geringer. Er konzentriert sich auf das mir wesentlich Erscheinende. Aber meine Biographie wächst! Dies sieht man schon an dem äußeren Erscheinungsbild meiner Bücherborde. Die 12 orangefarbenen Leitzordner, die meine Biographie enthalten, bilden einen festen Kern. Alle übrigen Schriften umkreisen dieses eigens geformte Zentrum meiner durchgearbeiteten Weltbild-Idee. Diese Bände sind mein geistiger, von niemandem sonst als ausschließlich von mir vollziehbarer Besitz.

VIII. Von der Einsprachigkeit zur Mehrsprachigkeit

Eine andere Akzentsetzung und Ordnung kommt in den Lernstoff der Schule. Die Welt des Gymnasiasten, in die ich seit Ostern 1922 eingetreten war, war viel spezialisierter und komplexer als die Primarschule in Zürich und die Volksschule in Karlsruhe, die ich gerade hinter mich gebracht hatte. Bisher,

1919–1921, gab es nur sogenannte Grundfächer: Sprache (mündlich und schriftlich), Rechnen, Heimatkunde, Schreiben, Zeichnen, Gesang und Turnen. Nun wurde eine erweiterte Palette an Fächern dargeboten, die Sprache teilte sich. Anstatt der deutschen Sprache als bisher einziger und nie bezweifelter Möglichkeit, sich auszudrücken, spaltete sich die Welt in verschiedene Sprachen auf. Zuerst das Latein als sogenannte alte Sprache. Die Ziege hieß jetzt nicht nur Ziege, sondern auch capra. Zwei Namen für das gleiche Tier.

Ab 1924 kam das Griechische hinzu. Mit Latein und Griechisch trat man aus dem Zustand reiner Augenblicklichkeit und Gegenwart in eine längst untergegangene Welt von Kulturen ein und erschloß sich im Bereich der Geistesgüter der Völker die Dimension der Geschichte und sogenannten Bildung, d. h. eines zeitlich und epochal geweiteten, überzeitgenössischen Gesichtskreises. Man las die alten Schriftsteller, einen Cäsar, Cicero, Vergil; Thukydides, Plato und Homer. Beim Griechischen erfuhr man, daß die Schrift, das Alphabet nicht immer gleich ist, sondern daß die Buchstaben ganz anders geschrieben werden.

Als lebende Sprache kam zum Deutschen das Französische. 1929 machte ich einen Kurs für Spanisch mit. Das Spanische ruhte dann lange Jahre. Erst als ich zwischen 1960 und 1972 Jahr für Jahr nach Spanien reiste, trat das Spanische im Lande selber wiederum in Aktion.

Später mußte ich das Niederländische, das Italienische und unter großen Opfern an Zeit und Geld in Privatstunden das Englische hinzulernen, um für meine wissenschaftlichen Belange die entsprechende Literatur verstehen zu können. Doch dies war gegenüber der Wirklichkeit des europäischen Sprachengemischs nur ein Bruchteil an Sprachen. Es fehlte jede Anleitung für die skandinavischen und slawischen Sprachen mit Einschluß des Russischen und Neugriechischen, geschweige denn des Portugiesischen und Arabischen. In der Schule wurde vom Chinesischen oder Japanischen oder von ägyptischen Hieroglyphen oder von den Sprachen der Eingeborenen Afrikas nie ein Sterbenswörtchen verloren.

Von diesen Völkern erfuhr ich höchstens durch ihre künstlerischen Schöpfungen etwas. Mein Vater hatte am 24.1.1911 in der «Neuen Züricher Zeitung» den japanischen Holzschneider «Sharaku» von I.K. Kurth besprochen und am 11.1.1914 das Werk «Toyokuni und seine Zeit» von Friedrich Succo. Seit jener Zeit standen diese Werke über den japanischen Holzschnitt in unserem Bücherschrank, und ich habe sie mir oft mit Andacht angesehen. «Der blaue Reiter», den mein Vater in der zweiten Auflage von 1914 besaß, bot mir Gelegenheit, mit den künstlerischen Schöpfungen aus Mexiko, Alaska, der Marquesas-Inseln, des Benin, der Malaya-Inseln wenigstens in einigen Proben bekannt zu werden. Nach 1924 kamen noch, von Karl With eingeleitet, die «Bildwerke Ost- und Südasiens aus der Sammlung Yi Yuan» aus dem Verlag Benno Schwabe, Basel, bei dem mein Vater seine eigenen Bücher verlegt hatte, hinzu.

Aber von einer wirklich systematisch geordneten Kunde über die Kunst- und Kulturkreise, von einer wirklichen Idee der Weltkunst unseres Planeten war keineswegs, auch nicht andeutungsweise, die Rede.

An die Stelle der geographisch und staatlich begrenzten Heimatkunde traten nun im Stundenplan des Gymnasiums Geschichte und Geographie. Hierin erschlossen sich den Schülern die Dimensionen von Raum und Zeit. Schließlich glaubte der Staatsarm des Schulwesens noch etwas vom naturwissenschaftlichen Aufbau der Welt vermitteln zu müssen. Dazu bekam man in Chemie und Physik und Biologie eine gewisse Ahnung von der Methode des Experimentes, das für den analytischen Aufbau des modernen Weltbildes von entscheidender Bedeutung ist. Dies war die Ausweitung. Dies war die Zerlegung der bisher einheitlich und ganzheitlich gesehenen Weltaspekte.

Es ist beim Eintritt in diese neue Stufe der Entwicklungsphase des Denkens beim Übergang vom Kind zum Jüngling und zum Erwachsenen zu fragen, ob diese Zerspaltung und Vielfalt der Weltsicht und des Weltenbaues nur ausschließlich Vorteile und Weiterbringen der geistigen und seelischen Existenzbedingungen des Menschen in sich birgt.

Zum Überdenken der Situation möchte ich dem Leser an dieser Stelle die prinzipielle, lebenskundige und geisteskundige Stellungnahme von Friedrich Weinreb vor Augen führen. Zum Begriff der Vielheit schreibt Weinreb in seinem Buche «Der göttliche Bauplan der Welt»: «Mit der Öffnung der leiblichen Augen schließen sich aber andere. Die Überlieferung erzählt, daß der Mensch, bevor er vom Baum der Erkenntnis gegessen hatte, in einem Augenaufschlag von einem Ende der Welt zum anderen sehen konnte, von einem Ende der Zeit zum anderen. Diese Augen schlossen sich. War die Sicht vorher ‹allumfassend›, so sah er nun nur noch die Vielheit dort, wo er gerade war und diese nur im Augenblick. Das große Bild, das *Alles* umfaßte, wurde verdunkelt, der Mensch unter der Vielheit der Details begraben; er verlor die Sicht für das ‹Umfassende›.»

IX. Vom Spiel des Kindes zum Sport des Knaben

Als Zehnjähriger bin ich an den Spielen der Nachbarkinder beteiligt. Was wir damals gespielt haben, geht aus den Aufzeichnungen meines Tagebuches von 1919 hervor. Dort wird von «Versteckis» und «Fangis» berichtet. Da ist noch das Kind als Gesamterscheinung beim Spielverlauf integriert. Man möchte des Nebenmenschen als Person im Ganzen habhaft werden oder die Person als solche verschwinden machen.

Es ist bei diesen Arten von Spielen eine ursprüngliche Magie und Phantasie beteiligt, die nachher beim obligatorischen Schulturnen und bei der Leichtathletik verloren geht. Auch hier vollzieht sich ein Absterben des Ganzheitsbewußtseins des Menschen.

Die Körperkräfte werden nicht mehr als einfach von Natur aus vorhanden hingenommen, wie dies das Kind tut. Auch darüber will man genau, fast statistisch und in vielerlei Sportarten aufgespalten Bescheid wissen und führt darüber sogar Buch. Ich meine das neue Verhältnis zu den eigenen Körperkräften, das sich in der Leichtathletik-Betätigung niederschlägt. Nun wird aus dem bisherigen freien Spielen und Sich-Tummeln ein präziser Leistungssport.

Man übte sich im Hochsprung und Weitsprung. Hinter dem Hause im Garten legten mein Bruder Thomas und ich eine Sandgrube an, wo man solche Sportarten üben konnte. Dazu kam das Kugelstoßen. Der Kampf um die Zentimeter der zu bewältigenden Höhe und Weite beginnt. Man will die Leistung ganz genau festgestellt wissen, man denkt nun plötzlich in Leistungsrekorden. Die Schule spornt an, indem sie dafür Preise verheißt. Der 100 m-Lauf wird mit der Stoppuhr gemessen, Rennfahrten mit dem Fahrrad werden gestartet. Ich legte in 27 Minuten 11 km zurück, wie ich im Tagebuch von 1927 notierte. Beim Spiel der Kinder wäre eine solche Zentimeter- und Sekundenklauberei unmöglich und lächerlich gewesen. Jetzt ist man aber wissenschaftlich bezüglich seiner Körperkräfte und Körperkünste.

Ich hatte mich an diesen Übungen und Sportarten wohl beteiligt, aber keinen eigentlichen Ehrgeiz entwickelt, im Gegensatz zu meinem Bruder Thomas, der bei der Schlußfeier des Gymnasiums im Pressebericht erwähnt wurde und schließlich das Deutsche Sportabzeichen errang. Ihm lag dies alles sehr am Herzen, denn er hatte damals den Plan, in die Elitetruppe der Reichswehr einzutreten und Offizier zu werden. Aber als Brillenträger wurde sein Bewerbungsschreiben abgelehnt.

Wie das offizielle Turnen in meinem Schulunterricht u. a. im einzelnen vor sich gehen konnte, geht aus einem Hausaufsatz hervor, den ich am 18.11.1925 als Fünfzehneinhalbjähriger abgab.

«Ein Spielnachmittag.

Unsere Klasse geht jeden Freitagnachmittag bei schönem Wetter zwei Stunden auf den Spielplatz des Gymnasiums. Dieser liegt in einer schönen Waldlichtung im Hardtwald. Da ich ziemlich weit von diesem entfernt wohne, fahre ich mit dem Fahrrad dorthin. Zuerst machen wir einen Staffettenlauf. Dieser wird geführt auf dem schmalen Weg, der um den Spielplatz herumläuft. Sobald alle Läufer auf ihrem zugewiesenen Platz stehen, wird das Zeichen zum Start gegeben. Die Staffette geht meistens um den Platz herum.

Nach dieser kleinen Laufübung verteilt sich die ganze

Ich und meine Klassenkameraden im Gymnasium Karlsruhe. Aufgenommen im Hardtwald am Engländerplatz. Foto. 1929. Ich stehend (vierter von links).

Klasse, um Ballweitwurf, Weitsprung oder Hochsprung zu üben. Da wende ich mich meistens dem Hochsprung zu, weil ich dort bis jetzt die größten Erfolge gehabt habe.

Zum Schluß wird noch ein Schlagballwettspiel veranstaltet. Da verlor das letztemal die Partei, in der ich spielte, weil die Gegenpartei eine bessere Schlägermannschaft hatte. Um sieben Punkte hatte sie gesiegt; hoffentlich siegen wir das nächste Mal um diese Zahl.»

X. Ich und meine Wandlung vom bildenden Künstler zum literarischen Kunsthistoriker (1926)

F. S. W. Selbstbildnis. Zeichnung. 1926.

Langsam aber stetig informiere ich mich über die Kunstgeschichte.

In meinem Kalender von 1926 tauchen die ersten Notizen darüber auf, welchen Themen ich mich damals zugewandt hatte.

Am 3. Juni 1926, am Fronleichnamstag, nachdem gerade wieder die Schule, die an sich lästige aber unumgängliche Abhaltung von meinen eigentlichen Interessen, nämlich der Kunstgeschichte, begonnen hatte, notiere ich:

«gelesen (Holländische Meister)». Es ist die früheste Notiz, daß ich mich mit der holländischen Malerei beschäftigt habe. Damit ist jenes Gebiet genannt, das ich dann als Kunstwissenschaftler zum Spezialgebiet meiner Studien und Forschungen erwählen werde. Nach neun Jahren werde ich mit einem Thema über dieses Gebiet promovieren. Der Same, der 1926 gelegt wurde, sollte also nach neun Jahren in der Frucht meiner Dissertation «Das holländische Gesellschaftsbild» aufgehen. Wahrscheinlich meinte ich mit der Angabe «Holländische Meister» das Buch von A. Philippi «Die Blüte der Malerei in Holland», Band I, Leipzig-Berlin 1901, das ich in der Bibliothek meines Vaters fand und dann auch im Literaturverzeichnis meiner Dissertation aufführte.

Von nun an begann ich mich von dem künstlerischen Weltbild meiner Zeichnungen zu lösen und dieses Weltbild Schritt für Schritt in logischen Übergängen in ein anderes Weltbild, nämlich in ein kunstgeschichtliches, literarisch gebildetes und nur durch viel Lesen sich anzueignendes Weltbild umzuwandeln. Wohl zeichnete ich noch, z. B. Anselm Feuerbach in einem großen Aquarell nach der Fotografie von Julius Allgeyer. Ich fand dieses Bild von Feuerbach, von dem ich in der Kunsthalle in Karlsruhe die großen Gemälde persönlich kannte, im Band der Knackfuß-Monographien von Eduard Heyck. Sicherlich habe ich nicht nur im Feuerbach-Band die Abbildungen angesehen, sondern ich habe selbstverständlich auch die Biographie Feuerbachs gelesen.

Ähnlich verfuhr ich mit Ludwig Richter. All die früheren Jahre hindurch habe ich aus einem Kompendium Richter'scher Werke viele Abbildungen abgezeichnet. Nun aber schalte ich auch hier um, lese über Ludwig Richter und bilde mich kunsthistorisch über ihn. Ich zeichne seine Bilder nicht mehr ab, sondern werde sie in Zukunft nur noch literarisch beschreiben, sozusagen nur noch gedanklich und nicht mehr in der Realität reproduzieren.

Wegen Erkältung bin ich 1926 vom 5. Juni bis 15. Juni im Bett, und es erfaßt mich ein vielfältiger Leseeifer. Ich lese Eduard von Gebhardt, R. Heinemann (Goethe), C.F. Meyer: «Jörg Jenatsch», Wilhelm Raabe: «Hungerpastor». Am Mittwoch, dem 9. Juni, lese ich Ludwig Richter «Lebenserinnerungen». Am Sonntag, dem 27. Juni 1926, besuchte ich mit meinem Schulfreund Walter Weber die Gemäldegalerie, die Kunsthalle in Karlsruhe. An dem Regensonntag des 22. August 1926 las ich von I.C. Heer «An heiligen Wassern». Parallel beginne ich auch kunstgeschichtliche Ausflüge zu machen, die später zu sogenannten Exkursionen oder gar Reisen erweitert werden. Die Kunstdenkmäler interessieren mich, und ich schreibe als erstes Zeugnis meiner kunsthistorischen Denkmälerkunde die Inschrift am Narrenbrunnen vor dem Schlosse zu Ettlingen ab, wohin ich mit dem Rad gefahren war. Wegen ihres von mir auch heute noch als wahr angesehenen Sinngehaltes möchte ich sie hier wiederholen. Der Narr spricht: «Laß mich unverachtet, bedenke der Welt Weisheit und Pracht ist vor Gott gleich einer Torheit geachtet. 1549».

Für mich war das Jahr 1919 der Höhepunkt und das Ende

F. S. W. Bildnis von Raffael. Holzschnitt. 1926.

der Kinderzeichnungen. Hier war die Bruchstelle zwischen unbewußt kindlicher und zwischen bewußter Weltvorstellung. Zugleich nahm ich damals die Klärung der Grundverhaltensweisen der Menschen gegenüber der Welt in einem Heft mit 10 Zeichnungen über Weltbild-Grundpositionen vor. Wenn ich meine damalige Kunstproduktion mit derjenigen meines Vaters vergleiche, so muß ich feststellen: Mein Vater hat von 1919 bis zu seinem Tode 1934 nur noch wenige Holzschnitte konzipiert. 1921 das Portrait von August Weidemann, 1924 dasjenige von Hans Thoma, 1926 dasjenige von dem Dichter Emil Strauss, 1930 von seinem Freunde und Landgerichtsrat Wilhelm Traumann. In diesen Jahren habe ich eine umfangreichere Holzschnittproduktion aufzuweisen. 1923 mein Ex Libris, 1924 Kleist, 1925 die Serie der sechs Generäle Friedrichs des Großen, das Bildnis Voltaires und des Vaters der deutschen Kunstgeschichte Johann Joachim Winckelmann. Der Holzschnitt meines Vaters von Emil Strauss steht parallel zu meinen Holzschnitten des Raphael und von «Napoleon mit Tod» im Jahre 1926.

Mein Holzschnitt von Raphael besitzt mit meiner Selbstbildniszeichnung von 1926 eine gewisse Ähnlichkeit in der ruhigen ausgewogenen Haltung und dem leicht melancholischen Zug in den Augen.

Nach dem von mir in Holz geschnittenen Selbstportrait von Raphael existiert noch eine frühe Zeichnungskopie durch die Hand meines Vaters auf einem Skizzenblatt. Raphaels Kopf ist durch Schraffierung herausgehoben, während das Selbstbildnis von van Dyck und der Krämer aus der Totentanz-Folge von Holbein d.J. nur leicht andeutend gezeichnet sind. Auch hier trifft es sich, daß mein Vater und ich am gleichen Kopf des Raphael besonderen Gefallen fanden.

Im selben Jahr 1925, wo ich mich als Zeichner zu meinem damaligen Idol Winckelmann bekenne, schreibt mein Vater sein literarisches Glaubensbekenntnis als Künstler: Seine Monographie über «I.A.D. Ingres. Eine Darstellung seiner Lehre und Form». Ich selber gebe meine kunsthistorische Gesinnung 1925 allerdings noch nicht literarisch kund, sondern in meiner bisher gewohnten Äußerungsform, dem genannten Holzschnitt von Winckelmann. Vorher war die Wahl der Berühmten Männer bei meinen Zeichnungen noch mehr oder weniger willkürlich, z. B. Mozart, Hans Sachs usw.

Durch das Buch meines Vaters erhielt ich sozusagen offiziell die Erlaubnis und den Startschuß, mich nicht nur künstlerisch zu betätigen, sondern auch Kunsthistoriker, auch kunstwissenschaftlicher Literat sein zu dürfen. Nicht umsonst gingen bei meinem Vater schöpferische Kunstbetätigung und Kunstschriftstellerei eng Hand in Hand. Ursprünglich wollte ich natürlich Künstler, Maler werden, wie es mein Vater war. Ich wollte ein gleiches Atelier betreiben wie er.

Nun erfolgt bei mir fast abrupt ein Abbau und Ende der Holzschnittproduktion. 1926 ist der Beginn meiner literarischen Kunstgeschichte. Dies vollzieht sich in feierlichen Formen. Weihnachten 1926 schrieb ich für meine Eltern den Aufsatz: Griechische Vasenmalerei. Diese Arbeit ist sehr sorgfältig geschrieben, die Schrift scheint etwas Geheiligtes und Korrektes: Ordnung! In den früheren Jahren habe ich den Eltern zu Weihnachten als Beweis für mein Können Zeichnungen geschenkt. Diesmal also ging ich davon ab. Allerdings ist es typisch, daß die Vorbereitung für diese schriftliche Studie noch sehr stark vom Zeichnerischen her gespeist war. Ich zeichnete in meinen «Notiz-Kalender» von 1926 als Vorarbeit recht sorgfältig mit Bleistift die Formen der Vasen und setzte nur wenig Text dazu. Dies wurde dann in der fertigen offiziellen Fassung

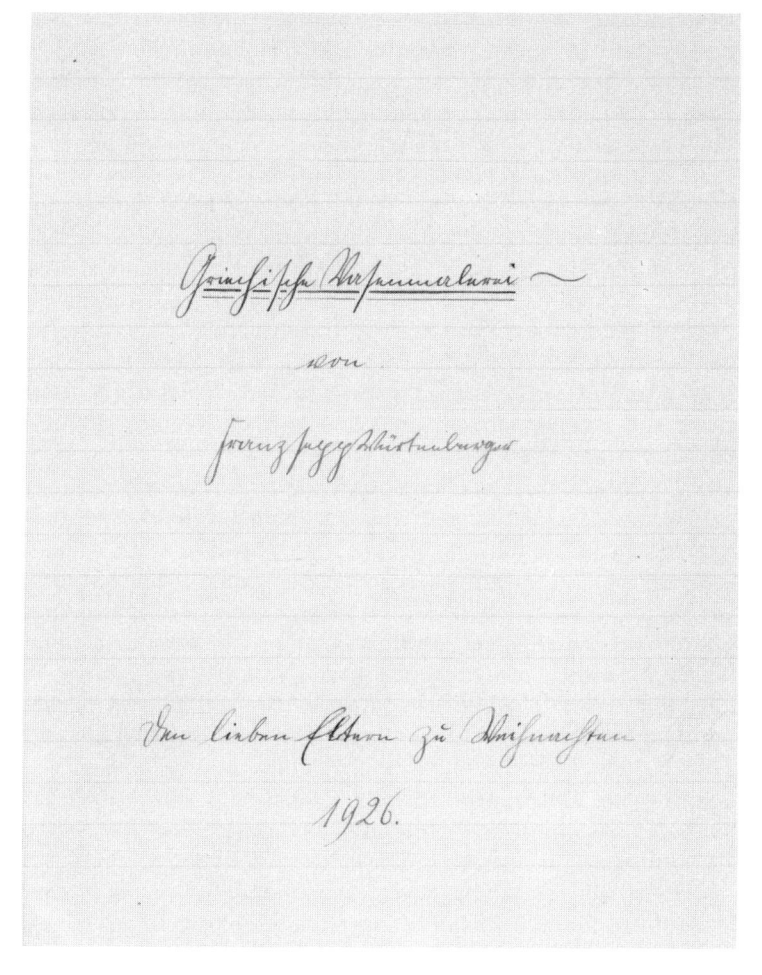

F. S. W. Titelblatt des Aufsatzes «Griechische Vasenmalerei». 1926.

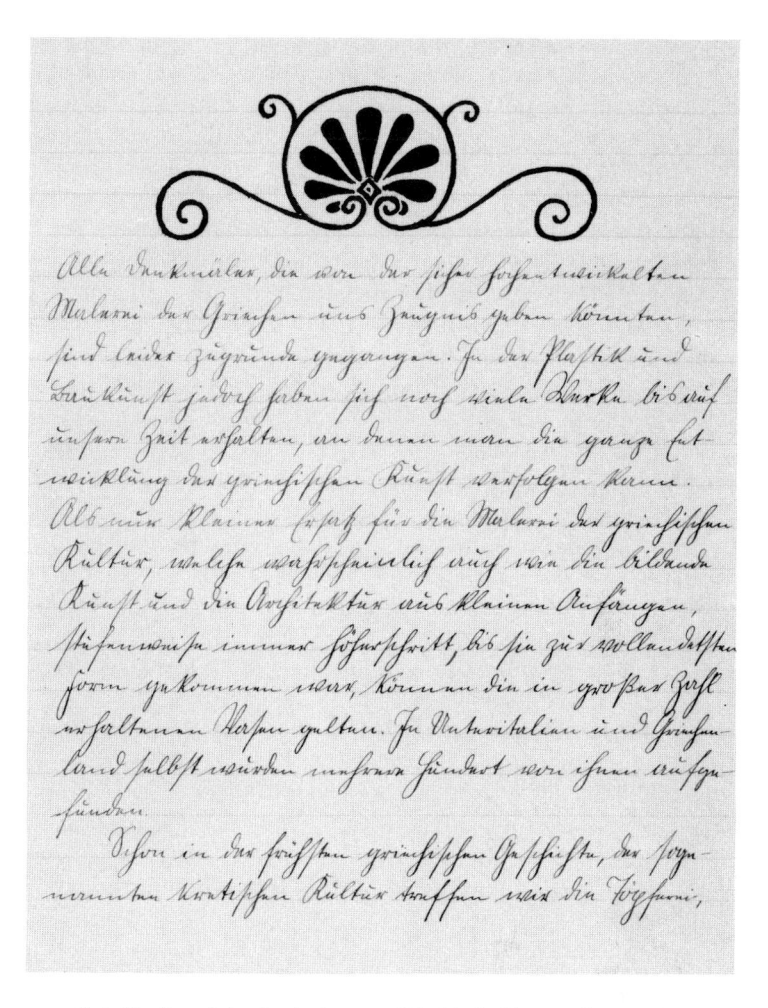

F. S. W. Erste Seite des Aufsatzes «Griechische Vasenmalerei». 1926.

anders. Da konzentrierte ich mich auf den Text. Übrigens behielt ich diese Methode bei meinem Buche «Der Manierismus», das ich 1960–1962 bearbeitete, bei. Dort sammelte und zeichnete ich zuerst die Abbildungen und verfertigte erst dann den Text, nachdem ich alle Abbildungen und ihre buchtechnische Anordnung schon gezeichnet hatte.

Die Aufteilung des Titelblattes meines Aufsatzes über griechische Vasenmalerei war für mich etwas Verpflichtendes, etwas bildkünstlerisch zu Formendes. Ich wußte von meinem Vater her, was ein Titelblatt an Überlegung bedeutet. Doch ganz gelang es mir noch nicht, den bildenden und Schwarz-Weiß-Künstler vollständig von mir zu werfen. Kleine Reste klangen noch nach; als Ergänzung der zierlichen Textschrift brachte ich noch eine kräftige Kopfleiste und Schlußvignette in Schwarz-Weiß-Manier an.

Ich erwarb mir bald darauf Ernst Buschors «Griechische Vasenmalerei» von 1921 und setzte auf das braune Vorblatt meinen Namen: Franzsepp Würtenberger darauf. Es ist einer der frühesten Buchbesitzernamen einer nachher langen Reihe.

In dem Heft der «Griechischen Vasenmalerei» liegt die erste Buchpublikation von mir vor. Dieses Oeuvre ist allerdings nicht gedruckt. Es präsentiert sich in einem Vorstadium. Alles ist von Hand gemacht: Die Titelblattanordnung, die Schrift als Druck-Ersatz ist gestochen und betont gleichmäßig, wie nie mehr in meinem Leben. Wie so oft, ist auch hier der Anfang zugleich auch der Höhepunkt, die Perfektion im ersten Anlauf. Den Buchschmuck lieferte ich auch selbst.

Als Abbildungsteil müssen drei Postkarten von griechischen Vasen gelten, die ich im Karlsruher Landesmuseum (Schloß) aus der Sammlung griechischer und italienischer Altertümer für wenig Geld erwerben konnte und hinter dem Text auf das Linienpapier aufklebte.

Als Gegenstück steht neben meiner frühesten literarischen Tat zugleich meine größte und intensivste Selbstbildniszeichnung. Dieser Höhepunkt meiner künstlerischen Selbstschau war zugleich die Abschiedsgabe des eigenen Ichs als Künstler. 1927 erfolgte dann sehr abrupt der vollständige Abbau der bildkünstlerischen Produktion. Damit war das Umschwenken auf die Kunstgeschichte und ästhetische Fragen vollkommen.

Sowohl in den Arbeiten im offiziellen Deutschunterricht des Gymnasiums nehme ich die kunstgeschichtlichen Themen wahr, wie auch in der privaten, häuslich familiären Sphäre das Schwergewicht auf schriftlichen Arbeiten liegt. Nebenher geht der Besuch der Vorlesungen über allgemeine Kunstgeschichte an der Akademie der bildenden Künste in Karlsruhe bei Prof. Emil Bender.

Es entsteht der erste Vortrag über die Illustrierung des Nibelungenliedes. Der Vortrag wird schön geschrieben und den Eltern zu Weihnachten 1927 überreicht. Die künstlerische Formungskraft, sofern sie noch vorhanden ist, geht in die gestelzte, preziöse Handschrift über, die Schrift wird größer, man spürt das Reifen des Intellekts gegenüber der künstlerischen Gestaltungskraft. An- und Aufstriche werden prononcierter als dies 1926 der Fall war.

Das letzte Nachglimmen, daß ich Maler werden wollte, bestand darin, daß mein Vater es noch während meines Universitätsstudiums gerne gesehen hätte, daß ich meine kunstwissenschaftlichen Studien für ein bis zwei Semester unterbrochen und bei ihm im Atelier die verschiedenen Maltechniken erlernt hätte, um dann auch als Kunsthistoriker bessere Einsichten vom Handwerklichen her in den Aufbau und Werdegang der Gemälde zu haben.

Über den Zwiespalt, ob ich mein Studium auf der Universität unterbrechen soll oder ob ich dies erst nach dem Studium nachholen soll, berichtet ein Brief an meine Eltern vom 2. Juli 1931 aus Wien, wo ich an der Universität das Sommersemester verbrachte:

«Über die Frage meiner weiteren Studienpläne habe ich eigentlich nie gesprochen, weil ich mir darüber bis heute noch nicht im klaren bin, obgleich ich an ihr immer wieder herumlaboriert habe. Zu einem sicheren Schluß kam ich deshalb nicht, weil das pro und contra der Lösungen auf der Kippe stand. Wenn ich zu dem lb. Vater ins Atelier ginge, so wäre es wohl richtig, daß ich für ein Semester die Wissenschaft aufgeben müßte, was an und für sich nichts schadete, als daß ich um das später fertig machte. Der Gewinn wäre sicher größer als das wissenschaftliche Semester. Allerdings liegt die Gefahr darin, daß man sich in die eine Sache so versenkt hätte, daß man für das andere vielleicht nicht mehr ganz die gerade Blickrichtung behält. Es wäre dann so, daß ich auf das Doktorexamen das Maltechnische wieder zurückstellen müßte, wenn auch die Arbeit etwa daraus entspränge. Aber mit voller Kraft könnte ich mich ihm nicht widmen, denn das Wissenschaftliche und bloß das zu Wissende nimmt einen großen Raum ein. Doch wie ich jetzt Wien zu durchackern versuche, glaube ich, bald ein ziemliches Wissen und Kenntnis an Material mir angeeignet zu haben. Ich bin sehr froh, daß ich ein Jahr in Freiburg war, denn hier bekommt man wenig Anhaltspunkte. Niemand dächte hier einmal eine Sache so zu Ende, wie es in den Bauch'schen Übungen über Rembrandt der Fall war, wo man über jede

Erscheinung Rechenschaft geben mußte. Hier weitet sich wohl das Gebiet andauernd, aber es schließt sich auch wieder zu größeren bekannten Komplexen zusammen. Wenn man hier etwa Rubens hernimmt, so kann man außer seiner Persönlichkeit noch seinen weitverzweigten Einfluß auf seine Schüler, Landsleute bis zu den Holländern verfolgen. Das kann einem nur eine Museumsstadt vermitteln und dann käme weiter vorerst Berlin oder München in Betracht. Aber auf alle Fälle möchte ich das technische Praktikum machen, denn ich sehe auf Schritt und Tritt, daß man ohne es gewisse Seiten in der Malerei nicht zu erfassen vermag, die wichtig sind und tief in das Innere eines Werkes gehen. Dann wäre wohl nach dem Doktor das Maltechnische das Richtige und zuletzt das Eigene. Doch die Frage kann, wenn ich wieder zu Hause bin, erst definitiv besprochen werden. ...»

Nach 1926 zeichne ich immer weniger. Es dauerte noch ein paar Jahre, bis die Produktion ganz eingestellt wurde. Die letzte Zeichnung, datiert 1931, ist eine flott hingesetzte Landschaftspartie. Mein letztes Selbstbildnis stammt vom 3. Oktober 1930. In denselben Jahren beginnt die Vorhut meiner kunsthistorischen Veröffentlichungen. In den Ferien in Stokkach schreibe ich zwei Aufsätze für die Kalender der Jahre 1929 und 1930 über Themen, die mit der heimatlichen Kunstgeschichte zusammenhängen. Zum einen über die Zizenhauser Terrakotten, und zum anderen über Hinterglasmalereien.

Die eigentliche Entscheidung, daß ich Kunsthistoriker werden wollte und nicht ausübender Künstler, war aber schon 1926 gefallen.

1926 war ich 17 Jahre alt. Dieses Jahr ist für mich von Bedeutung. In ihm geht etwas zu Ende und fängt etwas Neues an. Es überlagern sich bei mir zwei Tätigkeitsarten, zwei Gestaltungs- und Äußerungsmöglichkeiten. Damit stehe ich an einem Scheidepunkt meiner geistigen Entwicklung. Daß dies in meinem 17. Lebensjahr geschieht, hat anscheinend seinen tieferen Grund, der sich aufhellt, wenn man sich die Bedeutung der Zahl 17 in der Bibel vergegenwärtigt. Friedrich Weinreb schreibt darüber im «Göttlichen Bauplan der Bibel»: «Der Tag, an dem Moses das Goldene Kalb erblickte, war der 17. des vierten Monats. Wieder die 17 als Ende einer Entwicklungsphase. Auf einer anderen Ebene ist der 17. Tag des vierten Monats auch das Ende des biblischen Jerusalems. Auch dort ging die Entwicklung nicht mehr weiter, weil sie ihre größte Entfaltung vom Ursprung erreicht hatte. Man glaubt wohl noch an Gott, suchte aber nach einem Erlöser im irdischen Bereich. Was folgt, war hier wie dort, die ‹ewige Verbannung›.»

Für mich bedeutet die «ewige Verbannung» meine schriftlichen, kunstgeschichtlichen Werke und Arbeiten. Heim fand ich erst wieder sehr viel später zum Zeichnen, dem Eigentlichen meines Fühlens und Denkens: in meinen theoretischen Zeichnungen und schließlich in meinen Unterschrift-Kunstwerken in der künstlerischen Gestaltung meiner Namens-Lebenslinie seit 1956 als 47jähriger, 30 Jahre später.

Jetzt beginnt der harte, zur Verzweiflung mahnende Versuch, mir die ungeheuer angeschwollene literarische Kulturgut-Materie von Halbwissen und wissenschaftlicher Literatur der Kunstgeschichtsschreibung über alle Epochen und Länder hinweg anzueignen.

Eine grenzenlose Sisyphus-Arbeit liegt vor mir, eine nur schwer ausschreitbare, zunächst chaotische Materialfülle. Ich gerate in eine pausenlose Lesewut. Ich muß diesen Bildungsmoloch irgendwie bezwingen, dies ist nun mein Drache, meine Hydra; ein grauenvolles Abenteuer. Es kommt mir die Zeichnung, die ich nach Ludwig Richter abzeichnete in Erinnerung, wo ein Held in den Lüften im Kampfe mit dem Ungeheuer des Drachen steht.

Von überallher greife ich nach dem Wissen in den Büchern:
1. Ich lese die Bücher in der Bibliothek meines Vaters.
2. Ich kaufe mir eigene Bücher.
3. Ich gehe in die Landesbibliothek, in die größte erreichbare Ansammlung von kunstgeschichtlicher Literatur.

Dort leihe ich mir das furchtbare Sammelsurium von Zeitschriften aller Art. Ordnungslos wird einem der Stoff geboten, ohne Unterscheidung von wichtig oder belanglos.

Im Laufe der Zeit habe ich wohl nach gewissen Themenkreisen die Zeitschriften ausgewählt, lese aber jeweils den ganzen Band der Zeitschriften. So hatte ich nach und nach alle Bände und Jahrgänge von den Preußischen Jahrbüchern für Kunstwissenschaft und die Kunstwissenschaftlichen Jahrbücher des österreichischen Kaiserhauses in Wien bei mir daheim zum Lesen und Durcharbeiten. Als ich später auf die Universität kam, war ich bei meinen Kommilitonen auf diese Art und Weise Fachmann der Literaturnachweise geworden. Die Aufsatzthemen wählte ich, wenn ich frei entscheiden konnte, aus meinem Lieblingsgebiet, aus der Kunstgeschichte. So ereignete es sich dann nach dem Verlassen des Gymnasiums, daß die Schulaufsätze lückenlos in die Referate der Seminare der ersten Universitätszeit übergingen.

Der umfangreichste und für meine Einstellung zu den Kunstwerken charakteristische Schul-Hausaufsatz ging über das kunsttheoretische Thema «Das künstlerische Erlebnis». In diesem Aufsatz vom 23.6.1929 schrieb ich dem Erlebnis des eigenen Ichs bei der Betrachtung von Kunstwerken einen hohen Stellenwert zu. Methodisch stand die Abfassung dieses Themas unter dem Einfluß der Vorlesungen, die ich an der Technischen Hochschule in Karlsruhe in jener Zeit bei Prof. Dr. Arthur Drews über Ästhetik mit höchster Begierde gehört hatte.

Dem begutachtenden Lehrer war im Aufsatz meine Gedankenführung etwas zu geschliffen vorgekommen, so daß er zur Note «sehr gut» den Vermerk für nötig erachtete: «Vorausgesetzt, daß die Arbeit selbständig hergestellt wurde». Dies war sie im rein formal-juristischen Sinne zweifellos, sie war aber doch unter dem Eindruck dessen entstanden, wessen ich im Kolleg inne geworden war und mir fein säuberlich aufgeschrieben hatte.

Ich erkenne schon sehr scharf die Kluft zwischen dem Denken und dem Empfinden des Ichs und zwischen dem Denkanspruch, den das Kunstwerk in seiner Denkstufe an das beschauende Ich stellt.

Ich definiere diesen Sachverhalt unverwischt präzise: «Nur das Ich ist unsere Welt, ohne uns bestünde sie nicht, wir machen sie zu dem, was sie ist. Das Subjektive, das hiermit unsere einzige Welt und Vorstellung sein kann, muß in dem Kunstwerke aufgehen; das soll heißen, daß der Wille des Subjekts vom Objekt geleitet und unterdrückt wird, bis schließlich das Objekt und das Subjekt zu einer Einheit geworden sind.»

Diese Erkenntnis wandte ich auch auf historische Tatbestände an, das heißt auf Kunstepochen, die nicht unsere eigene Weltbildsprache sprechen. Ich fordere, daß beim Betrachten solcher Kunstwerke die rein historisch bedingten Faktoren abzuziehen sind, d. h. man hat sich in die damalige Anschauungsart einzuleben, um das ungetrübte künstlerische Erlebnis zu bekommen und werten zu können. «Wohl kann man auch ohne historische Kenntnisse bei Werken schwer verständlicher Kunstrichtung ein künstlerisches Erlebnis haben, aber es nie im Sinne der Zeit, also richtig, verstehen können.»

Um das richtige Verständnis von historischen Kunstwerken aus uns denkfernen Zeiten ging es mir auch im Aufsatze von 1928 «Betrachtungsweise christlicher Kunstwerke». Dort schrieb ich: «Erst wenn man zum Beispiel beim Betrachten der byzantinischen Kunst, die uns starr, leblos vorkam, den Begriff des Wollens zu Hilfe nimmt, kann die auf den ersten Blick unvollkommene Art uns auf ihre Weise als große Kunst vorkommen. So ist die mystische-gotische Kunst, die uns bisher ein in Dunkel gehülltes Rätsel, beinahe so entfernt wie etwa die Bauten und Ornamente der Inkas, war, zum Verständnis wiedergewonnen worden. Dazu muß man sich aber ganz auf die Sinnesart der jeweiligen Kulturperiode einstellen, um mitfühlen zu können.»

Genau dieses Ringen und das sachgerechte Verständnis des Betrachters gegenüber den Kunstwerken wurde dann in meinen späteren Forschungen ein zentrales Anliegen. Auf diesem Ringen beruht 30 Jahre später das 1958 erschienene Buch «Weltbild und Bilderwelt». Um nachvollziehen zu können, wie ich dort die völlig gleichen Forderungen an den Beschauer stelle, seien die entscheidenden und das Problem charakterisierenden Sätze aus dem Buche «Weltbild und Bilderwelt» zitiert: «Kunstwerke zwingen die ihnen begegnenden Menschen in bestimmte, festumrissene Positionen gegenüber der Welt [...] Bei jedem Kunstwerk ist die Wahl seiner Form zugleich eine Entscheidung über eine ‹Weltposition›. Und was den Betrachter anlangt, so weist ihm das Kunstwerk in der unendlichen Reihe möglicher Weltpositionen einen festen Ort an. [...] Es ist also nicht erlaubt, an ein Kunstwerk mit einer seiner Seinsphäre inadäquaten Weltvorstellung heranzugehen [...] Der historisch Betrachtende muß daher stets zum Wagnis bereit sein, auf seine einseitigen, gewohnten, durch seine tägliche Umgebung vertrauten Denkregeln zu verzichten, ja, diese unter Umständen ganz über Bord zu werfen.»

XI. Ich und die Bildungswelt des Gymnasiasten (1924–1929)

Die denkerischen Kräfte regen sich. Die Fähigkeit, sich sprachlich-schriftlich auszudrücken, wächst. Der Knabe lernt, in Zusammenhängen zu denken und Gedankengänge durchzuführen und sie auch logisch geordnet darzustellen. Durch diese Fähigkeit werde auch ich langsam, Schritt für Schritt, in die Zone vorgeschoben, wo die Kulturgüter meiner Zeit – was eben darunter verstanden wird – auch von mir gedanklich, teils nachahmend, teils schöpferisch, begriffen und ergriffen werden.

Es ist an sich vom schöpferischen Menschen aus gesehen ein Übergangsstadium, eine Lehrzeit, eine Zeit des Lernens und des Aufnehmens. Ein staatlich anerkanntes, in der Schule angewandtes, pädagogisch erprobtes Mittel, um hier weiterzukommen und die Kräfte zu messen und zu üben, ist der Schulaufsatz.

Im Konzipieren des Schulaufsatzes ist man selber aktiv. Man muß hier gestaltend wirken, hier haben sich die geistigen, eigenschöpferischen Eigenschaften zu melden und zu regen, um ihre Probe zu bestehen.

Bisher hat man sich den Bildungsgütern gegenüber nur erst rezeptiv verhalten. Man hat nur gelesen, aber nicht selber Literatur produziert. Als offizieller Lesestoff werden von seiten der Schule zur allgemeinen Orientierung die Lesebücher der einzelnen Altersstufen empfohlen. Wenn man das Lesebuch im Verhältnis zu den Schulaufsätzen sieht, so ist das Lesebuch fast so etwas wie ein Kompendium, eine Beispielsammlung von geglückten Schulaufsätzen durch andere Autoren. Die Lesestücke sind dem Denkniveau des jungen, in dem Bildungsbereich soeben flügge werdenden Menschen angepaßt.

Die Themen der Schulaufsätze können weit gefächert sein. Sie behandeln Themen aus der Geschichte, aus dem Gebiet der Literatur und Kunst oder auch allgemeine Lebensfragen und persönliche Erlebnisse.

Die Themen, die ich in Schulaufsätzen bearbeiten mußte, waren aus der Geschichte folgende:

am 5. 12. 1925 «Die Ursachen und Wirkungen der Französischen Revolution»
28. 6. 1928 «Aus dem Leben Rudolfs von Habsburg»
am 26. 6. 1925 «Der Bauernkrieg» (1524–1526)
am 28. 6. 1928 «Inwiefern bricht mit Rudolf von Habsburg eine neue Epoche der deutschen Geschichte an?»

Die Themen aus der Literaturgeschichte lauten:

am 27. 10. 1924 «Wodurch erreicht Audifax sein Ziel?»
am 3. 12. 1924 «Die Gefühle des Knaben in Goethes Erlkönig»
am 9. 3. 1925 «Der Charakter Fridolins in Schillers Ballade: ‚Der Gang nach dem Eisenhammer'»
am 22. 5. 1925 «Der Taucher»
am 19. 7. 1925 «Die Gliederung des Dramas, Gliederung des Gedichts ‚Belsazer' von Heine»
am 27. 1. 1928 «Die Gestalten der Brunhilde und Dietrichs von Bern in Hebbels Nibelungen»
am 12. 2. 1928 «Die Lieder Walthers von der Vogelweide, ein Spiegel seiner Zeit»
am 23. 5. 1928 «Wesen und Entstehungsgeschichte des mittelalterlichen Dramas»
am 17. 7. 1928 «Gottfried Kellers Stilmittel (nachgewiesen an der Novelle Hardlaub)»
am 18. 10. 1928 «Hans Sachs als Hauptvertreter der volkstümlichen Dichtung des 16. Jahrhunderts»

Dieses letzte Aufsatzthema war für mich nicht nur eine x-beliebige Pflichtübung, sondern der Name Hans Sachs hatte für mich schon von früher Kindheit an einen ganz konkretisierbaren Klang. Mein Vater hatte diesen altdeutschen Poeten in die Gemäldereihe seiner 12 deutschen Männer aufgenommen. Ich selber hatte, kaum daß ich mit ungefügen Strichen zeichnen konnte, in einer Kinderzeichnung von Weihnachten 1915 sein Porträt festgehalten. 1918 habe ich ihn nochmals gezeichnet, diesmal ausführlicher, genauer, aber keineswegs unmittelbarer.

Hans Sachs war für mich derjenige Künstler, der denselben lapidaren, kernigen, volkstümlichen Ton in der Dichtung anschlug, wie mein Vater in seinen Holzschnitten etwas ganz Ähnliches zu erreichen suchte. Hans Sachs ist zugleich der großartige Vertreter des altdeutschen Flugblattes mit belehrender Absicht, in welchem Sinne auch ich in meiner Zeichnung von 1922 «Einst und jetzt» Proben gegeben habe. Mein Vater gab auch in seinem Buche von 1919 «Zeichnung, Holzschnitt und Illustration» Hinweise auf das enge Zusammenleben von volkstümlicher Dichtung und flugblatthafter Holzschnittkunst. Insofern hatte ich in dem Aufsatz über Hans Sachs Gelegenheit, diese mir vertraute Welt zu charakterisieren. Diese Welt blieb mir auch später so vertraut und deshalb bearbeitungswürdig, daß ich sie sogar, allerdings in anderer Form, zu meinem späteren kunsthistorischen Forschungsprogramm erhob. Schließlich folgen noch zwei Aufsätze in der Sparte Literatur:

am 4. 5. 1929 «Der Kampf um die Lady Macbeth»
am 28. 9. 1929 «Zur Ehrenrettung von Goethes Clavigo»

Mit den Erzählungen aus dem eigenen Leben konnte ich mich schon etwas mehr identifizieren als mit den reinen Bildungsthemen und den literarischen Idealgestalten.

Folgende eigene Erlebnisse wurden in Schulaufsätzen behandelt:

am 6. 6. 1924 «Großverkehr am Karlsruher Hauptbahnhof»
am 22. 7. 1924 «Wie ich meine freie Zeit durch Kerbschnitzerei verbringe (selbstgewählte Aufgabe)»

1925 «Ein Spielnachmittag». Hier liegt ein Bericht über sportliche Betätigung vor.
am 19.9.1925 «Aus meinen Ferien.» Hier wird eine Radtour von Stockach nach Beuron über das Schloß Wildenstein geschildert.
am 23.1.1926 «Weihnachten»
am 12.3.1926 «Beobachtungen der Leute auf den Straßen der Stadt»

Wenn ich all dies mit wenigen Ausnahmen mehr oder weniger nur pflichtbewußt und nicht so sehr aus eigenem Interesse behandelte, nur meistens deshalb, weil es eben verlangt wurde und zum Schulerziehungsprogramm gehörte. Es gibt aber einen Sektor der Kulturgüter, an dem ich höchst persönlich Anteil nahm und mit dem ich mich ganz von innen heraus absolut identifizierte. Dieser Sektor ist selbstverständlich die Kunst, speziell die Anliegen der Bildenden Kunst, der Malerei oder Plastik, und damit zusammenhängend ästhetische Probleme. Da bin ich ganz zu Hause, da setze ich mich ganz ein. In dieser Sparte lebe und denke ich mit vollen Atemzügen.

Jede Gelegenheit, wo ich thematisch in den Hafen der Kunst einlaufen kann, benütze ich. Wenn ich ein Thema frei wählen kann, so wähle ich jedesmal prompt eines aus dem Gebiete der Kunst, meinem Herzensgebiet. Am 7.12.1927 schrieb ich den Hausaufsatz: «Etwas über die Schönheit in der Kunst.» In diesem Aufsatz komme ich auf die grundsätzlichen Unterschiede zwischen Malerei, Bildhauerei und Musik zu sprechen. Die Problematik dieses Gedankens nehme ich dann 30 Jahre später um 1955–1960 wieder auf und schrieb damals eine lange wissenschaftliche Abhandlung mit Titel «Malerei und Musik von Leonardo da Vinci bis Strawinski». Dort untersuchte ich das gegenseitige Verhältnis von Malerei und Musik und die besondere stilbildende Rolle der Musik seit dem 16. Jahrhundert bis 1950. Was mich schon als Gymnasiast interessierte, führte ich also Jahrzehnte später in meinen wissenschaftlichen Forschungen aus.

Als Abschluß der Reihe meiner Schulaufsätze wurde von mir gefordert, über das kulturpolitisch hochbrisante Thema Stellung zu nehmen: «Wahre und falsche Bildung.» Am 29.11.1929 lieferte ich diesen Aufsatz ab. Ich wurde durch diese Themenstellung aufgefordert, über Kulturethik meine eigene Stellung zu beziehen: Meine eigene Meinung zu vertreten und zu begründen. Dieser Fragenkomplex – ein ungemein großer und heikler, aber seit Oswald Spenglers «Untergang des Abendlandes» einer, der jeden bildungsbewußten Europäer hätte hoch bewegen sollen – war für mich sozusagen ein gefundenes Fressen.

Aus den Prämissen meiner geistigen Herkunft, aus der Kampfstellung meines Vaters heraus – den solche allgemeinen kulturpolitischen Fragen als schaffender Künstler direkt angingen und den je nachdem die Stellungnahme sehr persönlich auch in seiner materiellen Existenz trafen – konnte ich nicht umhin, ebenfalls harte Kritik zu üben an der damaligen kulturellen Lage seit 1919–1929, an der sogenannten modernen Kunst und Kultur. Ich konnte mir ein begründetes Urteil erlauben, da ich mit diesen kulturethischen Fragen, die hinter diesem Thema stecken, vertraut war und sie täglich am Familientisch erörtern hörte. Ich schrieb und fragte: «Haben wir aber dazu bei der heutigen hastigen Geschäftigkeit noch eine Kultur, die eine echte, harmonische, einheitliche, aus dem Trieb nach urwüchsiger Universalität entsprungene Bildung ermöglicht? Ist sie nicht ein buntes Chaos von erstorbenen Kulturtrümmern? Die kulturelle Schaffensfreude hat der moderne Mensch verloren. Wir wähnen, alle Epochen der Weltgeschichte zu verstehen – weil wir in dieser Beziehung keine eigene zum Verstehen haben. Wir kennen die Literaturen aller Völker und Zeiten. Nur die eigene, große kennen wir nicht – da wir sie nicht besitzen.»

Ich war inzwischen auch mit den neuesten und radikalsten Kunstrichtungen bekannt geworden und spreche von Surrealismus und Dadaismus. Dabei machte ich die traurige, die katastrophale Feststellung, daß für den modernen Künstler «das Elend darin liegt, daß er nichts mehr neu gestalten kann. So arm ist er geworden, daß er bei den Wilden unverbrauchte Formen sucht, damit er an seiner Arbeitslosigkeit nicht zugrunde gehe.»

Diese Feststellungen sind für einen 20jährigen Bürger böse und bitter, aber ehrlich.

Erstaunlich dabei ist aber, daß ich als Gymnasiast offiziell zur Beantwortung eines solchen schwierigen und schwerwiegenden Fragenkomplexes aufgerufen wurde! Dies war eine Feuertaufe, sich hier zu stellen. Und sich zu bekennen.

Nur nebenbei möchte ich anmerken, wie meine Stellungnahme zur Moderne auf der Waagschale des abendländischen Bildungsgedankens aufgenommen wurde. Der ganze Teil des Aufsatzes, der die Moderne, d.h. den Gegenwartsmenschen analysiert und ihm ein sehr abschätziges und begründet schlechtes Zeugnis ausstellt, strich mein Lehrer Dr. Schwarzstein ohne Skrupel kommentarlos kurzerhand jeweils über die entsprechenden Seiten mit einem roten, langen Diagonalstrich durch.

Für diesen Aufsatz mit Einschluß des durchgestrichenen Restes und Endes hielt er die Note «noch gut» bereit.

Diese Fragen, vor die ich in diesem Schulaufsatz gestellt wurde, waren für mich Fragen nach der geistigen Existenz des Menschen. Und deshalb tiefernste Fragen. Aber, wie es im Laufe des Lebens geht, sie traten in ihrer Umfassendheit und zu beantwortenden Nähe wieder zurück in meinem anschließenden Studium und den kunstgeschichtlichen Facherörterungen. Ebenso waren sie mir als Universitätsdozenten und als Fachmann von geschichtlichen Einzelfragen zunächst entglitten. Aber durch günstige Umstände und durch langwierige, systematische Gedankenarbeit über Weltbildforschungen mannigfacher Art arbeitete ich mich später wieder zu dieser Frage nach dem Schicksal der Kultur im modernen Weltbild hin. Dies trat ein, als ich abwägte, welche Kräfte die Technik und welche Kräfte die Kultur im technischen modernen Weltbild zu vertreten und einzusetzen hat.

Nach 40 Jahren Umweg und Abweg von den zentralen

Hauptfragen unserer geistigen Existenz oder ungeistigen Nichtexistenz nahm ich diesen Fragenkomplex meines letzten Schulaufsatzes wieder auf. Erst dann war ich gleichsam wieder so universal, so umfassend, wie ich es am Ende meiner Gymnasiumszeit war. Um dies vorwegzunehmen: Ich kam zum selben Resultat. Nur noch durch 40 Jahre Entwicklung negativer Art geschärft und verschlechtert, aber dadurch nur noch offenkundiger.

Nach vollen 40 Jahren behandelte ich 1970 ganz genau dieselbe Fragestellung des Schulaufsatzes «Wahre oder falsche Bildung» hinsichtlich unserer modernen Kultur in einer Abhandlung «Die Stellung des Ingenieurs und des Künstlers im modernen Weltbild-Denksystem». Diese Abhandlung ist ein Kapitel meines Buchmanuskriptes «Maschine und Kunstwerk» und wurde gedruckt in dem Bilderbuch «Die Karlsruher Realisten».

Lese ich heute meine Stellungnahme von 1929, so muß ich geradezu lachen, wie ich im Gedankenkern dieselben Probleme hege und wälze im Jahre 1971 am Schluß meiner Abschiedsvorlesung von der Universität Karlsruhe. Hier gab ich nach 40 Jahren die Beantwortung der Frage der Wirkung der Maschine auf den Menschen.

«Nicht das geistig-religiöse Angebot von seiten des Christentums führte zur totalen Menschheitsbeglückung, nicht die geistig-religiöse Menschheitsidee führte zur historischen, globalen Verwirklichung, sondern die ungeistige, materielle, reale, mechanisch-dynamische Idee der Maschine als praktisch-nützliche außerseelische Menschheitsidee führte zum Ziel: nämlich zur uniformen universellen mit dem geographischen Erdglobus identischen Menschheitsidee. Also nicht in der oberen Schicht des Denkens, sondern in der unteren Schicht des Handelns vollzog sich die Historie.»

Lasse ich heute nach 40 Jahren meine Mühen und Stellungnahmen in meinen Schulaufsätzen an mir vorüberziehen, so komme ich zum Schluß, daß mich schon dort keimhaft und motivisch völlig klare Fragen bewegen, die mich nach 40 Jahren auf anderer Stufe des Wissens und der Forschungsmethode wieder und nicht minder in ihren Bann schlugen. Insofern geht ein sehr deutlicher roter Faden durch mein Denken und Erforschen, durch mein Fragen um die geistig-kulturelle Existenz des heutigen Menschen.

Die Fragen und die Situationen und Probleme, die ich im Schulaufsatz von 1929 behandelte, gingen mich schon im Schicksalsjahr 1919 an und kamen nach 10 Jahren wieder in anderer Form auf mich zu. Diesmal, 1929, nicht mehr als mehr oder weniger instinkthaft lebender 10jähriger Knabe, sondern als 20jähriger, inzwischen kritisch gewordener Jüngling. Nach weiteren 10 Jahren, 1939, als ich ein 30jähriger Mann war, kam es heraus, in welcher Verfassung und kulturellem Zustand Europa war und wie weit wir es mit unserer Kultur gebracht haben, indem 1939 der Zweite Weltkrieg mit seinen technischen Vernichtungsschlachten ausbrach.

XII. Ich und meine erste Konfrontation mit der Anti-Kultur der Technik (1928/1929)

Im Gymnasium standen noch philologische und naturwissenschaftliche Fächer als Unterrichtsstoff einträchtig nebeneinander. Allerdings von der eigentlichen Technik oder gar Megatechnik, die den heutigen Weltbildvollzug noch um ein Vielfaches vermehrt bestimmen, war 1928/29 im Lehrstoff noch keineswegs die Rede. Erst ein halbes Jahrhundert später erscheint es dem Ministerium für Kultus und Sport in Baden-Württemberg unumgänglich, daß auch in den Gymnasien in der 5. und 6. Klasse das Schulfach «Technik» eingeführt wird.

Das Lehrprogramm in den höheren Klassen ging 1928/29 darauf aus, den jungen Menschen von 17 bis 20 Jahren wenigstens eine gewisse Gesamtschau über den allgemeinen Wissensstand der zeitgenössischen Weltbildsituation zu vermitteln.

Der Gymnasiast ist immer noch dabei, seinen Gesichtskreis zu erweitern und zu komplettieren. Man arbeitet noch an einer weltganzheitlichen Weltbildeinsicht. So wie das Kind auf seiner Stufe sich Stück für Stück die Weltkenntnisse erobern muß, so vollzieht sich im Jüngling nochmals auf höherer, kulturbewußter Ebene dieselbe Erweiterung und weltganzheitliche Abrundung der Kenntnisnahme der Weltorganisation.

In den letzten Klassen des Gymnasiums ist man aber nicht nur Aufnehmer und bloß gläubig Lernender. Als neuer Modus der Kenntnisnahme kommt nun die eigene kritische Beurteilung der Phänomene hinzu. Man hat ein meinungsinitiatives Mitglied der zeitgenössischen Kulturgemeinschaft zu sein. Ja, diese neue Wissens- und Entscheidungsstufe kann es mit sich bringen, daß man nicht verschont bleibt, mit den Schwierigkeiten des Weltbildzustandes der eigenen Zeit und Epoche konfrontiert zu werden und sich damit auseinandersetzen zu müssen.

So erging es auch mir.

Denn in jenen Jahren begannen sich schon die Erschütterungen und die Risse in unserem Kultur- und Kunstgebäude bemerkbar zu machen, die nicht aufhören sollten, weiterzuschwelen, um schließlich heute zur Hauptsorge der ganzen Weltorganisation unseres Planeten zu werden.

Neben Kultur und Kunst etablierte sich eine völlig andersartige Weise des Weltverhaltens und Weltgestaltens. Und zwar ist dies die Technik und neuerdings die Megatechnik mit ihren zahlreichen Einrichtungen und allen ihren Auswirkungen.

Da aber die Ziele und das Menschenbild, das hinter der Technik und auch hinter der Megatechnik steht, so völlig anders als bei der Kultur und Kunst, ja sogar im Zielwollen völlig konträr entgegengesetzt sind, ergeben sich und ergaben sich daraus böse, das heißt schwerlich gütlich zu lösende Konflikte.

Und gerade in jenen Jahren, 1928 und 1929, als auch ich mich in der Schule in den offiziell geforderten Aufsätzen darüber äußern mußte, war die Konfliktsituation, in der wir auch heute noch unvergleichlich tiefer drinstecken, schon vereinzelt prophetisch virulent.

Aus dieser sehr schwierigen oder gar nur mit großen Defiziten zu bewerkstelligenden Verrechnung von technischer Zivilisation und künstlerischer Kultur, entsteht bei mir mit meinen 20 Jahren schon eine kulturkritische, wenn nicht gar eine kulturpessimistische Grundhaltung.

Wie kritisch jene Jahre waren, geht daraus hervor, daß sich die Stimmen häuften, die auf den Konflikt zwischen Kunst und Kultur und dem Gegenspieler Technik aufmerksam machten.

1925 verfaßte José Ortega y Gasset seinen kulturpessimistischen Aufsatz «Die Vertreibung des Menschen aus der Kunst». 1927 erscheint von Hermann Hesse «Der Steppenwolf», wo beispielhaft der von der unmenschlichen Technik geschüttelte Mensch gezeigt wird.

Am 23. September 1928 hielt mein Vater einen Vortrag, in dem er die prekäre Situation der Kunst, insbesondere der Malerei an den Pranger stellte. Der Vortrag trägt den bezeichnenden Titel «Vom inhaltlosen Bild zur bilderlosen Wand». Drei Monate vorher, am 23. Juni, schrieb ich meinen Schulaufsatz über «Das künstlerische Erlebnis».

In all diesem Wetterleuchten bemühte auch ich mich, mich im Dschungel der Meinungen und Stellungnahmen, im Reigen von Pro und Contra zurechtzufinden und meinen Beitrag eines Neulings in dieser Branche der Weltbeurteilung zu leisten. Ob ich wollte oder nicht: ich mußte Farbe bekennen. Die Forderungen bei den Aufsatzthemenstellungen der Schule zwangen mich dazu.

Meine Stellungnahme zur Technik findet sich in folgenden drei Schulaufsätzen:

I. «Moderne Ästhetik» von 1928
II. «Wie denkst Du über das Kino?» von 1929
III. «Wahre und falsche Bildung» von 1929

Zum Teil kommt in diesen Aufsätzen die Auseinandersetzung mit der Technisierung unserer Welt nur gleichsam nebenbei zur Sprache. Aber sie ist nicht wegzudenkend vorhanden. Für meine spätere Entwicklung sind es außerordentlich wichtige und charakteristische Symptome. Besonders wertvoll und vielsagend, da ich im übrigen ja damals völlig einseitig mein Hauptaugenmerk auf die künstlerischen Fragen lenkte.

In dem Aufsatz «Moderne Ästhetik» von 1928 werfe ich die hochkritische Frage auf, wie sich in der modernen Kunstausübung die naturwissenschaftliche Nützlichkeit, das heißt der Zweck, in der künstlerischen Formung der Kunstwerke im Verhältnis zur rein zwecklosen Schönheit, die eigentlich der Kunst zusteht, ausnimmt.

Hier wird auch der Zwiespalt zwischen Maschine und Kunstwerk schon scharf erkannt und formuliert: «Die moderne Form drückt sich in mathematischen Zeichen, Figuren und Formen aus, denn eine Maschine oder Fabrikanlage hat eben nur ein Rechenexempel zu sein. Von Phantasie, von künstlerischem Erfinden kann dabei keine Rede sein, doch von Kombination, Harmonie oder Rhythmus.» Ich stelle fest, daß bei der modernen Ästhetik, die vom praktischen Zweck bestimmt wird, das Gefühl, das Menschliche, zu kurz kommen.

Diese Problematik, die hier in nuce angestimmt wurde, sollte dann, 40 Jahre später, in meiner Abhandlung «Maschine und Kunstwerk» (1966–1970) und in meinem Aufsatz über «Die Stellung des Ingenieurs und des Künstlers im modernen megatechnischen Weltbildsystem» (1970) ausführlich behandelt werden und zu einem Hauptanliegen aller meiner späteren Überlegungen werden. Dies geschieht deshalb, weil die grundsätzlich feindlichen Bereiche Kunst und Technik in krasseren Formen gegeneinander wirken.

In dem Schulaufsatz «Wie denkst Du über Kino?» vom 18. Juli 1929 schlägt mir die Frage entgegen: Wie verhält sich die technisierte Schauspielkunst, das durch eine Maschine ersetzte Bühnendrama, nämlich der Film, zum Menschen als humanem Wesen? In diesen Überlegungen komme ich zum Schluß, daß der Film bei dieser Aufgabe versagt. Es taucht der Zwiespalt zwischen dem überlegenden Wägen der Handlungen des Menschen und der bloßen brutalen Aktionssequenz auf.

Zum Schluß des Aufsatzes stelle ich die hoch aktuelle Gretchenfrage zum überhandnehmenden Gebrauch der Maschinen innerhalb einer hochtechnisierten Welt: «Sagte nicht ein europäischer Philosoph von Amerika kommend, der Mensch gehe an der Maschine zugrunde? Können wir die Maschine mit Geist erfüllen?»

Dies ist eine derart umfassende und für alle beteiligten Zeitgenossen neue Frage, daß ich sie damals 1929 natürlich noch nicht bearbeitet hatte und deshalb auch nicht beantworten konnte.

Aber dies ist festzuhalten: Diese Frage brandete und klatschte als stürmische Welle an mein Weltgefühl an. Es türmte sich ein Moloch und Koloß an Lebensangstfragen vor mir auf. Ich wurde damals als Oberprimaner gefordert so oder so Stellung zu beziehen. Und aus meinen Denkprämissen heraus, mich auf die Meinung meines mit Kunstgedanken gesättigten Elternhauses stützend, kam ich zu einer absolut kulturpessimistischen Antwort und zu einer ablehnenden Haltung gegen die Technik. Ich sah in ihr die Bedrohung und Mißachtung und sogar Zerstörung der geistigen, sinnvollen Beantwortung der wichtigsten Seinsfragen.

Wie diese Frage nach dem Sinn des Lebens innerhalb des heutigen hochtechnisierten Weltgetriebes zu einer beängstigenden Sinnkrise und Sackgasse des Verständnisses des menschlichen Lebens sich gesteigert hat, geht u.a. daraus hervor, daß die «Evangelische Akademie Baden» in Bad Herrenalb 1980 vom 6. bis 8. Juni eine Vortragsreihe mit dem Titel «Sinnvoll leben. Die Sinnkrise der Gegenwart und ihre Überwindung», startete, veranstaltet mit der «Gesellschaft für Verantwortung in der Wissenschaft».

Wie stark in dieser entscheidendsten Frage, die sich die Menschen stellen können, eine verheerende Verwirrung herrscht, geht daraus hervor, daß man genau diejenige Menschengruppe zur Antwort auffordert, die die Sinnkrise hervorgerufen hat: nämlich die Naturwissenschaftler und die Techniker. Dies kommt einem organisatorischen Abersinn übelster Art gleich! Was aber für die Orientierungslosigkeit unserer Zeit hoch typisch ist.

Die Katastrophe der Situation geht schon deutlich aus den Auspizien hervor, die der Einleitungstext der Einladungskarte zu dieser Tagung vom Veranstalter Dr. Wolfgang Böhme, einem evangelischen Theologen und zugleich Juristen, enthält: «Die Frage nach dem Sinn menschlicher Existenz wird immer dringender. Wissenschaft und Technik haben dem Menschen zwar ganz neue Möglichkeiten eröffnet, seine Lebensdauer verlängert, seinen Aktionsradius bis zum Mond erweitert, den Wohlstand gemehrt. Aber was fangen wir mit den gewonnenen Jahren an, bringt der Zuwachs an Macht und Reichtum auch einen Zuwachs an Erfüllung und Glück? Breiten sich nicht vielmehr in wachsendem Maße Langeweile und Lebensüberdruß aus (bis hin zum Anwachsen der Selbstmordzahlen), macht sich nicht überall, nicht zuletzt unter der Jugend, Angst vor der Zukunft bemerkbar?

Bei einer Meinungsumfrage unter 8 000 amerikanischen Studenten, warum sie studieren, antworteten 80 %: ‹Um den Sinn des Lebens zu finden.› Aber kann die Universität dazu tatsächlich etwas beitragen? Steht es nicht vielmehr so, daß sehr oft gerade auch die Wissenschaften ein Menschenbild vertreten, das keinen Sinn zuläßt? Freud hat die Suche nach Sinn geradezu mit unbefriedigender Libido in Verbindung gebracht. Und Monod sah den Menschen als einen ‹Zigeuner am Rande des Universums, ... das für seine Musik taub ist und gleichgültig gegen seine Hoffnungen, Leiden oder Verbrechen›.

So erscheint es notwendig, gerade einmal Wissenschaftler zu befragen, worin sie den Sinn des Lebens sehen und ob sie dem Menschen von heute dazu helfen können, aus der Sinnkrise herauszufinden. Auch wenn die Wissenschaften als solche darauf vielleicht keine Antwort geben können – der Wissenschaftler kann sich dieser Fragestellung nicht entziehen, selbst wenn er dabei den engeren Bereich seiner Wissenschaft überschreiten muß.»

Außerdem sind auf derselben Einladungskarte einige Zitate von Gewährsmännern abgedruckt, die sich zum Thema des sinnvollen Lebens äußerten:

«Es ist wohl nicht übertrieben zu behaupten, daß unter den gegenwärtigen Bedingungen der abendländischen Zivilisation die Erfahrung der Sinnlosigkeit menschlichen Lebens und Handelns für die meisten weitaus eher möglich und vollziehbar ist als die Erfahrung umfassenden Sinns.» Joseph Schmucker.

«Im Moment, da man nach Sinn und Wert des Lebens fragt, ist man krank, denn beides gibt es ja in objektiver Weise nicht, man hat nur eingestanden, daß man einen Vorrat unbefriedigter Libido hat.» Sigmund Freud.

«Welches ist der Sinn unseres Lebens, welcher der Sinn des Lebens überhaupt? Eine Antwort zu wissen, heißt religiös sein.» Albert Einstein.

«Wovon der Mensch zutiefst und zuletzt durchdrungen ist, ist weder der Wille zur Macht, noch ein Wille zur Lust, sondern ein Wille zum Sinn.» Viktor E. Frankl.

Aber diese gutgemeinten Zitate nützen wenig. Die absolute Katastrophe liegt darin, daß man soweit ist, daß man von derjenigen unmenschlichen Menschengruppe, nämlich von den Naturwissenschaftlern und den Technikern eine sinnvolle Antwort erwartet und erhofft, deren Werk es ja gerade traurigerweise ist, den wirklichen Sinn des Lebens mit böser Hand zu zerstören und zerstört zu haben. Arme, verblendete Welt!

In dem Schulaufsatz «Wahre und falsche Bildung» vom 29.11.1929 wurde die Frage nach der damaligen Situation der Kultur gestellt. An sich eine ungeheuer schwierig zu beantwortende Frage.

Aber das Leben ist stürmisch und drängt den Menschen oftmals zu Aussagen und Feststellungen, die seine Urteilskraft womöglich übersteigen. Vielfach muß man Antworten geben, die über die augenblicklichen Fähigkeiten hinausgehen, oder im vorliegenden Falle folgt man den Urteilen anderer, denen man zutraut, Geprüfteres und Ausgereifteres zu wissen.

In meinem Aufsatz habe ich die Feststellung gemacht, daß unser Begriff von Bildung und Kultur ein dekadenter ist. Ich hatte Wesentliches an der herrschenden Kultursituation auszusetzen.

Als Anklage und Ursache der Dekadenz und Zerreibung der Kultur nenne ich «die heutige, hastige Geschäftigkeit».

Verwandt und parallel mit der «hastigen Geschäftigkeit» läuft der Begriff der Schnelligkeit als einer der bestimmendsten Zielbegriffe der modernen technischen Weltbildgestaltung und Weltverhaltensweisen des modernen Menschen. Meinem Buchmanuskript «Maschine und Kunstwerk» aus den Jahren 1966 bis 1970 habe ich den Begriff der Schnelligkeit als Grundbegriff für die Technisierung zugrunde gelegt. Die «heute hastige Geschäftigkeit» steigerte sich in den kommenden Jahrzehnten sogar so sehr, daß Alwin Toffler das Buch «Der Zukunftsschock» 1970 schreiben konnte und mußte.

In meinem Aufsatz «Wahre und falsche Bildung» von 1929 gehe ich aufs schärfste mit der modernen Kulturlage ins Gericht. Ich frage, ob unter solchen kulturnegativen, schlechten Bedingungen «eine echte, harmonische, einheitliche, auf dem Trieb nach urwüchsiger Universalität entsprungene Bildung ermöglicht» wird. «Ist sie (die Kultur) nicht ein buntes Chaos von erstorbenen Kulturtrümmern? Die kulturelle Schaffensfreude hat der moderne Mensch verloren. Wir wähnen, alle Epochen der Weltgeschichte zu verstehen – weil wir in dieser Beziehung keine eigene zu verstehen haben. Wir kennen die Literatur aller Völker und Zeiten. Nur die eigene, große kennen wir nicht – da wir sie nicht besitzen. Wir kennen die Kunst aller Länder – aber wir können kein Bild mehr malen, keinen Stein zur Statue behauen. Das alles umfassende, nie satte Wissen hat uns zur Verbildung, zur Décadence geführt.»

In der Erkenntnis, daß in unserer Kulturauffassung grundsätzlich etwas nicht stimmt und Wesentliches aus den Fugen geraten ist, stand ich nicht allein, und die Einwände, die ich in meinem Aufsatz vorbrachte, hatten viel kompetentere und gereiftere Kulturexperten vor mir ebenso scharf und in gleichen Gedankengängen formuliert.

Ich kann die Schrift angeben, wo ich diese Ansicht sehr deutlich vorgeformt fand. Es ist das Buch, das Julius Langbehn, der sogenannte Rembrandt-Deutsche, 1890 herausgab: «Rembrandt als Erzieher». Dieses Buch erregte in seiner kompromißlosen Kulturanalyse in den Kreisen der Gebildeten ungeheueres und lange anhaltendes Aufsehen. So ohne Scheuklappen wurde dem deutschen Bildungspublikum außer von Nietzsche, den Langbehn gut kannte, selten der Spiegel der eigenen Unzulänglichkeit vorgehalten.

Mein Vater besaß die Neuausgabe von 1922, als das Buch die 53.– 55. Auflage erreicht hatte. Dieses Buch las ich zur Zeit der Abfassung des Aufsatzes «Wahre und falsche Bildung».

Ich kann sogar genau angeben, welche Sätze ich sozusagen noch im Ohr hatte, als ich meinen Aufsatz abfaßte. Sie seien wörtlich zum Vergleich hierher gesetzt, um nachzuweisen, wie fast sklavisch-gläubig ich mich der Meinung von Julius Langbehn anschloß:

«Leitgedanken.

Zeichen des Niederganges.

Es ist nachgerade zum öffentlichen Geheimnis geworden, daß das geistige Leben des deutschen Volkes sich gegenwärtig in einem Zustand des langsamen, einige meinen auch, des rapiden Verfalls befindet. Die Wissenschaft zerstiebt allseitig in Spezialismus; auf dem Gebiete des Denkens der schönen Literatur fehlt es an epochemachenden Individualitäten; die bildende Kunst entbehrt doch der Monumentalität und damit ihrer besten Wirkung; Musiker sind selten, Musikanten zahllos. Die Architektur ist die Achse alles wissenschaftlichen Denkens; augenblicklich gibt es aber weder eine deutsche Architektur noch eine deutsche Philosophie. Die großen Koryphäen auf den verschiedenen Gebieten sterben aus; les rois s'en vont. Das heutige Kunstgewerbe hat auf seiner stilistischen Hetzjagd alle Zeiten und Völker durchprobiert und ist trotzdem oder gerade deshalb nicht zu einem eigenen Stil gelangt (heute würde man dies alles unter dem Begriff Nostalgie zusammenfassen). Ohne Frage spricht sich in allen diesem der demokratisierende, nivellierende, atomisierende Geist des Jahrhunderts aus. Zudem ist die Bildung der Gegenwart vorwiegend historische, alexandrinische, rückwärtsgewandte; sie richtet ihr Absehen weniger darauf Werte zu schaffen, als Werte zu registrieren. Und damit ist überhaupt die schwache Seite unserer modernen Zeitbildung betroffen; sie ist wissenschaftlich und will wissenschaftlich sein; aber je wissenschaftlicher sie wird, desto unschöpferischer wird sie. ‹Die Teile haben sie in der Hand, fehlt leider nur das geistige Band›.»

Genau das Unschöpferische, die Übersättigung mit unfruchtbaren Historismen, das Stagnierende in unserer Kultur, greife auch ich an.

Und ich schloß mich der Ansicht von Langbehn an, daß die Wissenschaft, insbesondere die Naturwissenschaften, und der großstädtische Intellektualismus und Journalismus nicht kulturfördernd sind, sondern im Gegenteil von den schöpferischen Urwerten der Kultur abgleiten und wegführen, daß gesunde Kultur etwas ganz anderes ist.

Nicht zu vergessen ist, daß damals 1929 in der Bildenden Kunst schon der Futurismus, Dadaismus und der Surrealismus das zerbrochene, antikulturelle Verhältnis gegenüber einer wirklich intakten Kultur und Kunst unmißverständlich anzeigten und sich sogar etwas darauf zugute hielten.

Alle diese Einwände und Anklagen, die ich gegen den entkernten Bildungs- und Kulturbegriff machte, werden aber leider in der Folgezeit nicht verstummen. Nein, im Gegenteil, sie werden geradezu erschreckend zunehmen!

Nun aber wieder zurück zu meiner Person, zum 20jährigen Abiturienten Franzsepp Würtenberger von 1930.

Zuerst stürzte ich mich nach dem Abitur in meine Spezialwissenschaft der Kunstgeschichte. Derartig umfassende Themen, wie die Stellung der Kultur im Verhältnis zum Weltgestaltungsganzen meiner Epoche kamen zunächst nicht mehr in mein Gesichtsfeld. Ich war ein unwissendes Glied in der Wissenschaftsmaschinerie.

Als ich aber dann nach den Erschütterungen des Zweiten Weltkrieges in meinen Forschungen zu wieder umfassenderen Zusammenhängen vorstieß und Kultur und Bildung im Widerstreit der Technik zu beurteilen anfing, wurde ich schließlich als 69jähriger von offizieller Seite 1978 aufgefordert, mich über dieselben Fragen zu äußern, von denen ich schon 1929 Rechenschaft gegeben hatte. Nun aber fühlte ich mich durch selbständige, langjährige Forschungen und Überlegungen eher für solche Fragen gewappnet.

Anlaß dazu gab der Vortragszyklus der Evangelischen Akademie in Bad Herrenalb unter dem vielsagenden Motto, daß die ganze, heute schon für selbstverständlich erachtete Skepsis dem Kulturträger Mensch gegenüber enthält: «Verneinung des Menschen? Zum Menschenbild in Politik, Wissenschaft und Kunst». In diesen Zyklus übernahm ich das Referat «Enthumanisierung der Kunst? Das Menschenbild der modernen Kunst».

Und wenn ich meine jetzige Antwort der damaligen Antwort entgegenhalte, so kam ich auch diesmal leider zu keinem besseren Resultat, sondern im Gegenteil, die Antwort fiel noch viel schlimmer aus. Denn die Symptome, die ich als Ursache des Zerfalls der Kultur 1929 anführte, und unter anderem vor allem die «hastige Geschäftigkeit» hat sich inzwischen ja noch unheimlich ins Krankhaft-Absurde verstärkt und die Minusfolgen am Kern der Kultur blieben keineswegs aus.

Alle diese soeben angegebenen Stellungnahmen aus den Jahren 1928/1929 mögen noch so gering und nur keimhaft ausgegoren hingesetzt sein, in meinen Weltbild-Überlegungen nehmen sie aber einen gewichtigen Platz ein. Sie verraten mehr als nur ad hoc hingesetzte Improvisationen.

In der Entwicklung meines gesamten kritischen Weltbildüberdenkens sind es die ersten zaghaften Schritte, die ich ohne fremde Hilfestellung als selbständig kritischer Kulturmensch mache. Hier regt sich in mir schon der zukünftige Weltbildtheoretiker und Weltbildethiker.

Es ist hier am Platze, meine bisherige Stellungnahme zu dem Problemkomplex Technik zu rekapitulieren. Schon als Vorbereitung des Kommenden habe ich für mein Geburtsjahr 1909 die allgemeine Weltbildwertigkeit und den damaligen Stand der Technik am Anfang der hier vorliegenden Biographie charakterisiert. Denn auch die Technik gehört zu meinem Schicksal. Bei meiner Geburt im Jahre 1909 war ich allerdings noch nicht an der Stellungnahme zu den Problemen «meiner Epoche» beteiligt, aber ich war trotzdem mit meiner ganzen Existenz in eine ganz bestimmte Situation der Apostrophierung des Weltbildgestaltungskomplexes Technik durch mein Erscheinen auf diesen Planeten hineingeworfen worden!

Dann kann man als zweite Station fragen, welchen Stellenwert die Technik in meinem ersten Entwurf eines Gesamtweltbildes, den ich mir eigenschöpferisch in meinen 10 Weltpositionen als 10jähriger 1919 zurechtlegte, einnimmt.

Dort nehmen die Motive der Technik eine recht stattliche Anzahl der Weltbildsparten in Anspruch. Dies entspricht dem naiven Verhältnis des Knaben, der eben die Welt zunächst in der Form unkritisch hinnimmt und unreflektiert aufnimmt, wie sie ihm von der Außenwelt geboten wird.

Das Neue in den Schulaufsätzen von 1928/29 liegt nun im Vergleich zu den naiven Weltpositionen von 1919 darin, daß sich hier Kulturelles und Technik überlappen, sich im Wollen vermischen und versuchen, einander den Rang an Weltgültigkeit abzulaufen und so in eine ernsthaft bedrohte Konfliktsituation geraten sind. Es ist zu fragen: Wem gehört nun eigentlich mit gutem Gewissen die Oberherrschaft, das Übergewicht? Wem gehört das Potential des Wünschens- und Erstrebenswerten? Über diesen Konflikt bin ich zutiefst beunruhigt und mache daraus auch keinen Hehl.

Am Ende der Gymnasiumszeit hat man einen gewissen Hochstand an weitgefächertem allgemeinen Wissen erreicht mit allen Fährlichkeiten, die damit verbunden sein mögen. Doch geht man dann vom Gymnasium auf die Universität, so glaubt man, sich selbst endlich finden zu können. Man atmet auf, allen staatlich kontrollierten Wissenszwang abzuwerfen und sich endlich ganz seinen Lieblingsideen, seinem Lieblingsfach voll und ganz hingeben zu können. Aber in diesem Egozentrismus der Selbstverwirklichung liegt nicht Alles, liegt nachher betrachtet nicht das volle und absolute Heil. Denn: Hinsichtlich der Ganzheitlichkeit der Weltbildvorstellung tritt ein Rückschritt ein, findet ein böser Absturz statt. Dadurch, daß man ein Spezialstudium erwählt, ist man Mitglied nur einer Fakultät der vier Fakultäten der Universität. Man spezialisiert sich und verliert dadurch die ganzheitliche Kenntnisnahme der Welterscheinung und begibt sich dadurch in ein minderwertiges, kleingehacktes, zerspaltenes Weltverhalten. Wohl hört man das Fach Philosophie, aber dabei wird nichts von der praktischen Weltganzheits-Gestaltungslehre zur Sprache gebracht. Man verliert den Zusammenhang mit den Weltgesamtverhältnissen. Man wird einseitig und entschlägt sich dadurch des in die richtige Proportion-Setzens der Wissenschaften und der wirklichen Weltgestaltungsmöglichkeiten untereinander. Man büßt sein bisheriges Vollmenschsein und sein Bewußtsein eines Ganzheitsweltbildes ein.

Indem ich mein persönliches Zentralinteresse der Kunstgeschichte, diese nochmalige Sondersparte der Allgemeingeschichte zu meinem ausschließlichen Denken und Streben und Bearbeitungssektor des Weltbildes machte, geriet ich ins Abseits der wirklichen Kräfte und Mächte meiner Epoche. Ich verlor den roten Faden des vollen Lebens, des wirklich vollen und realen Lebens!

Ich verschanzte mich im Elfenbeinturm der Kunst als Spezialsektor der kulturellen Erscheinungsformen der Weltgestaltung. Ich wurde zum kunstliebenden Ästheten und Bildungsjünger, abseits vom wirklich zeitgenössischen Strom, den ich mehr oder weniger mit geringer Beachtung an mir vorüberziehen ließ. Bis zum bösen Erwachen aus dem Dornröschenschlaf des ästhetischen kunstwissenschaftlichen Snobismus.

Doch das Schicksal erreichte mich doch!

Es hatte sich im Laufe der Jahre zu viel ereignet und verschoben um nicht aufzuwachen, um nicht vom ganzen neuen Zustand der Weltmächte gepackt, geschüttelt und gerüttelt zu werden!

Mir Feuereifer wollte ich in meinem Spezialfach alles ganz genau, wissenschaftlich statistisch auseinandergelegt wissen. Einzelforschung und nochmals Einzelfakten standen obenauf. Die Zerstreuung der Interessen. Einmal hier, einmal dort. Nichts Ganzes!

Je mehr ich ins Einzelne vordrang, desto mehr verlor ich das Ganze der Welt! Verlor ich auch mich selber als Partikel der ganzen Welt, in der ich lebte. Ich wurde nur ein Halbmensch in der vollen Konfrontation mit den wirklichen Realmächten der Welt.

Weitere Schrumpfung des Weltganzheitsgefühls
Das Fachstudium der Kunstgeschichte (1930–1932)

I. Zwischen Gymnasium und Universität: Ich und die Reise nach Paris und in die Touraine

F. S. W., Hans Göhler und Walter M. Stern. Foto. 1930.

Oft schoben sich die Ereignisse lückenlos aneinander. War das eine Ereignis noch nicht erledigt, tauchte schon der Plan für die nächste Unternehmung auf. So war es auch zwischen dem Abschluß der Gymnasiumszeit und dem Beginn des Universitätsstudiums.

Mein Klassenkamerad Walter Marcel Stern, der Sohn des Direktors der Badischen Bank in Karlsruhe, forderte mich auf, mit ihm und seinem Freund, dem jungen Maler Hans Göhler, eine Abitur-Reise zu unternehmen.

Über diesen Plan schrieb ich am 6. Februar 1930 eine Postkarte an meinen Bruder Thomas nach Freiburg, wo er studierte:

«Jetzt gibt es für mich noch einiges fürs Abitur zu tun, z.B. in der Mathematik sind noch alte Sünden auszubessern. Dann aber gehts gleich los nach Frankreich. Und zwar über Strassburg, Besançon, Dijon, wo wir länger bleiben wollen und dann entweder in nördlicher Richtung über Nancy heim, oder über Genf. Ich finde, wie Du, die Sache «knorke» (mit langem o).»

Doch dieses Programm erschien uns dann zu wenig attraktiv. Das Stichwort Paris lockte mehr, und die Touraine mit ihren Schlössern. Außerdem wurden noch Orléans und Reims eingeplant und zum Schluß die Sensation für uns Binnenländler: in Nantes das Meer, den Atlantik, das Weltmeer persönlich zu sehen zu bekommen.

Zuerst ging es nach Paris. Wie wir drei Neulinge diese Stadt bewältigten, oder besser gesagt, Paris uns überwältigte, geht aus einem Brief an meine Mutter vom 17. April 1930 aus Tours hervor.

«Also einiges wäre noch aus Paris nachzutragen. Was man in 27½ Stunden zu Fuß in Paris sehen kann, das haben wir besucht.

Nun – vom Quai d'Orsay gingen Walter und ich, Hans begab sich sofort in den Louvre, an der Seine entlang nach Notre Dame, dann ans Hotel de Ville. Am Mittag war es eine große und lange Tour über die jardins des Tuileries zum Place de la concorde, der überhaupt nur noch wie ein Automeer aussieht; langsam gings die Champs Elysées hinauf, zum Arc de Triomphe zum Grab des soldat inconnu, wo man würdig den Hut abnehmen muß und wo eine immer dauernde Flamme brennt. Natürlich bestiegen wir auch den Arc d. Tr., da dort sternförmig die Straßen zusammenkommen und man eine großartige, weite Aussicht und Übersicht über die ganze herrliche Stadt hat. Über den großen Boulevard Haussmann und Boul. Fridland, die die Bahnhofstraße in Zürich in doppelter Größe sind, bestiegen wir auf den Abend den Montmartre mit der Kirche Sacré Cœur. Heim durch die beleuchtete Stadt mit der fabelhaften Lichtreklame war ein würdiger Abschluß für den «ersten Tag in Paris!» Die Wahl des Ausdruckes «der erste Tag in Paris» ist eine Anspielung auf eine Stelle in den Lebenserinnerungen meines Vaters «Das Werden eines Malers», wo eine Kapitelüberschrift lautet: «Der erste Tag in München.» «Daß ich tatsächlich in Paris war, kommt mir so eigenartig vor, daß ich es fast nicht glauben kann; wie es auch einem ‹spanisch› vorkommt, daß alle Leute um einem, seien es Kinder, Arbeiter, Gebildete, Ungebildete eine Sprache sprechen, die man selbst nicht ganz versteht. – Gestern morgen besahen wir die Chambres des Deputés, die mir als oberstes Regierungsgebäude der grande nation fast ein wenig pauvre vorkamen; dagegen der Dome des invalides mit seinen vorgelagerten fein im ersten saftigen Grün stehenden Gärten war ein Anblick, von dem man sich kaum trennen wollte.

Kurz besahen wir noch die Gärten von Luxemburg u. das Pantheon und dann war es Zeit, in raschem Marsch durch den Boulevard St. Germain nach dem Gare d'Orsay zu kommen, um nach einem großartigen würdigen Auftakt der Ferien durch welliges Land nach dem Erholungsort Tours zu fahren.»

An meine Großmutter Monika Schönenberger in Stockach (Baden), Neue Straße 270, wo wir seit 1919 regelmäßig unsere Sommerferien verbracht haben, sandte ich eine Postkarte mit der Ansicht von Tours «Panorama des Coteaux de la Loire» am selben 17. April mit folgendem Text:

«Tours. Hotel moderne. 17. April 1930.

Liebe Großmutter. Nun sind meine zwei Freunde und ich schon zwei Tage hier, nachdem wir zuerst Reims und das herrliche Paris angesehen haben. In einem fremden Lande herumzufahren macht mir bis jetzt viel Spaß; ich glaube, daß die Tante dies auch weiß. Übrigens herzlichen Dank für die lb. Abituriumskarte. Mit vielen herzl. Ostergrüßen Dein dankbarer

Enkel Franzsepp.
Hans Göhler
Walter M. Stern.»

Aus Tours berichte ich auf einer Postkarte vom 20. April 1930 an meine Eltern:

«Die erste Hälfte unserer Reise ist heute in Harmonie und Einklang unter uns vorbei. Heute morgen waren also Walter und ich im festlichen Pontifikalamt in der Kathedrale von Tours. Heute mittag waren wir nach Villandry spaziert, das in seiner Anlage einzig dastehend ist mit seinem Renaissancegarten. Gestern mittag gingen wir bei schönem Wetter an der Loire entlang, bis wir müde uns auf das Abendessen freuten, das unsere Hauptmahlzeit ist. Sonst kaufen wir uns Brote usw.»

Am nächsten Tag, am 21. April 1930, ergänzte ich den Bericht in einem Brief an meine Mutter.

«Heute machten wir einen langen Spaziergang von ½11–6 an der Loire aufwärts mit ungefähr 25 Km. Es sieht hier schon südlich aus. In den Villen und Gärten an den Hängen, die die Loire einrahmen, gibt es Palmen und andere exotische Bäume. Die Häuser der Bauern sind teilweise in den Fels gebaut und sind sehr niedrig und schmiegen sich infolge ihres Steinverputzes an die übrige Natur. Es ist schade, daß hier im Theater municipale keine Vorstellungen sind; die sonst hier spielende Truppe aus Paris kommt erst wieder, wenn wir fort sind. Wir hoffen aber, eventuell Donnerstag in Nantes ins Theater zu kommen. Am Mittwoch um 3^{00} werden wir von hier nach Nantes fahren. Morgen haben wir vor, nach dem Schloß Chenonceau zu gehen, ein Schloß, das auf eine Brücke gebaut ist und sehenswert sein soll.»

Am 18. April besuchten wir Blois.

An meine Schwester Monika berichtete ich, daß die Kathedrale nicht so schön und hübsch war wie nach der Beschreibung und ihrem Ruf. Dann fuhr ich im Gesamturteil über Blois fort: «Du reste Blois est situé à la Loire avec une remarquable beauté. Je sais maintenant, pourquoi on nomme la Touraine ‹jardin de la France›. Particulièrement joli est ce paysage, au printemps, quand les arbres fleurissent et les oiseaux chantent, et le soleil rit, comme aujourd'hui le matin.»

Mit dem Vorstoß zu den Schlössern der Touraine wurde ich zum ersten Mal mit Schloßanlagen und Gärten in größerem Stil bekannt, also mit einer Materie, mit der ich mich in meinen späteren kunsthistorischen Forschungen noch intensiv auseinandersetzen sollte. Schloßbesuche wurden für mich später geradezu zu einer Spezialität und Leidenschaft. Besonders, als ich die Epoche des Manierismus bearbeitete und als ich mein Barock-Buch schrieb. Da schwelgte ich in den Utopien der Schlösser, diesen künstlichen Paradiesen auf dieser Erde.

Der genannte Schloßgarten von Villandry hat heute eine besondere Bedeutung erlangt, da er als einer der wenigen Gärten original wiederhergestellt wurde dank der Initiative seines privaten Eigentümers, eines Dr. J. Carvallo, der sich auch sonst um die Erhaltung historischer Monumente bemühte und sich den heute teueren Spaß leistet, eine solche Anlage zu unterhalten. So berichtete mir dies mein Schüler, der Bauhistoriker und Regierungsbaumeister Dr. Joachim Goericke, als ich im Frühjahr 1980 im Heidelberger Schloß seine von ihm arran-

Der Garten des Schlosses Villandry. Postkarte.

gierte Ausstellung besichtigte, wo gezeigt wurde, in welcher Art man den Heidelberger Schloßgarten ursprünglicher wiederherstellen könnte.

In dieser Ausstellung zeigte mir Goericke ausgezeichnete eigene Großaufnahmen vom Schloßgarten von Villandry. Im Vergleich dazu ist meine 1930 gekaufte Ansichtspostkarte von Villandry – Le chateau, Ensemble des Jardins avec l'Eglise et le Village – fototechnisch altmodisch armselig, aber in der Erfassung der Gesamtsituation von Garten und Stadtansicht wunderbar eindrucksvoll wie ein Gemälde eines alten Meisters.

Für meinen Stand der Welterkenntnis bedeutete diese Reise von wenigen 14 Tagen meinen zweiten Versuch, ein europäisches Kulturzentrum ersten Ranges, wie dies Paris ist, in Verbindung eines ländlichen kulturgeschichtlichen Gebietes wie es die Touraine mit ihren Schlössern darstellt, für meinen Wissensradius zu erobern.

Der erste Versuch war die Radtour mit meinem Schulkameraden Gerhard Schneider zu den Kaiserdomen den Rhein entlang nach Speyer, Worms und Mainz und anschließend nach Nürnberg.

Die Reise nach Frankreich war im Gegensatz dazu das erste Ringen und Begegnen mit einem größeren außerdeutschen kultur- und kunstgeschichtlichen Komplex.

II. Ich und das Studium der Kunstgeschichte

Freiburg i. Br.

Nachdem ich die Gymnasiumszeit beendet hatte, war die Zuwendung zum Studium der Kunstgeschichte auf der Universität für mich kein besonderer Einschnitt oder gar ein Neuanfang. Der einzige Unterschied bestand darin, daß ich mich nun sozusagen hauptamtlich und ohne den Ballast der Schule voll und ganz meinem Studium der Kunstgeschichte widmen konnte. Somit ging ich mit einem Hochgefühl der Freiheit auf die Universität.

Hier wurde gleichsam längst Gewohntes und Praktiziertes fortgesetzt. Denn ich hatte ja schon während meiner Gymnasiumszeit sehr genau und bestimmt gewußt, welchem Gebiete der Wissenschaft ich mich zuwenden will. Es kam unter keinen Umständen etwas anderes als die Kunstgeschichte in Frage. Dies stand schon sehr früh fest. Mein Vater sagte in meinen frühen Jahren, als ich gerne und vor allem sehr lange vor Bildern in der Betrachtung versank, «der wird einmal Kunsthistoriker». Und kein Familienmitglied hatte je meine prädestinierte Berufswahl angezweifelt.

In dieser Hinsicht hatte es mein Bruder Thomas schwerer und mancherlei Metamorphosen durchzumachen. Zuerst wollte er Pfarrer, dann Offizier werden. Als er zum Studium kam, zog es ihn zur Geschichte, dann zur Soziologie, und schließlich wurde er Jurist. Dort bevorzugte er in seiner Universitätslaufbahn das Strafrecht und die Strafrechtsgeschichte und sattelte dann noch als Ordinarius des Strafrechts um zur Kriminologie.

An dem neuen Status meines Studentseins nahm Thomas, der damals mit drei Jahren Vorsprung in Freiburg studierte, brüderlichen Anteil. Mit der Widmung «Zum Studienbeginn» überreichte er mir Ostern 1930 das Buch «Zur Philosophie der Kunst. Philosophische und kunstphilosophische Aufsätze», Potsdam 1922, von dem Philosophen Georg Simmel. Dies war für mich eine hochwillkommene Gabe. Denn in diesem Sammelband waren vielerlei mich interessierende prinzipiell gestellte Themen angeschnitten, die auch später, so kurz sie auch sein mochten, immer wieder zu grundsätzlichen Überlegungen anspornten und mich irgendwie weiterbrachten. Z.B. die Aufsätze «Der Bilderrahmen» von 1912, «Venedig» von 1907, «Über die Karikatur» von 1917 und dann der allgemein philosophische Aufsatz «Das Problem der historischen Zeit» von 1916.

Es war nie eine Frage: Schon von Anfang an wußte ich, in welcher speziellen Richtung ich mir meine spätere kunsthistorische Tätigkeit dachte. Mich interessierte weniger die Museumslaufbahn, mich reizte keineswegs der Kunsthandel, mich lockte nicht die Denkmalspflege, sondern von jeher zog mich die Kunstgeschichte als Geistesgeschichte an, und somit kam als Berufsausbildung eigentlich nur die Dozentenlaufbahn in Frage. Denn dort glaubte ich am besten und ungestörtesten meinen Geschichtsspekulationen nachgehen zu können. Und dort konnte ich offiziell weitertreiben, was ich bis jetzt immer schon privat getrieben hatte.

Das Ziel meines Studiums war nicht so sehr darauf ausgerichtet, ein ausgedehntes Realwissen vermittelt zu bekommen, sondern mein Interessensschwerpunkt lag von Anfang an anderswo. Ich legte allergrößten Wert darauf, möglichst reich gefächert die kunsthistorischen Methoden und Systeme kennenzulernen. Nach diesem Gesichtspunkte wählte ich mir auch die Universitäten aus und wechselte deshalb öfter meinen Studienort. Die Etappen waren im Sommersemester 1930 und im Wintersemester 1930/31 Freiburg/Br., Sommersemester 1931 Wien. Im Wintersemester 1931/32 München, im Sommersemester 1932 Hamburg, im Wintersemester 1932/33 an der TH Karlsruhe und vom Sommersemester 1934 bis zum Wintersemester 1935 wieder Freiburg/Br.

Sommersemester 1930

Über den Einstand in meine neue Situation als Student, wo ich den Anfang meines Studiums der Kunstgeschichte an der Universität in Freiburg i. Br. ein ganzes Jahr verbrachte, berichtete ich meinen Eltern auf einer Postkarte vom 30.4.1930.

Das erste Semester hatte ich noch gemeinsam ein Zimmer mit meinem Bruder Thomas bewohnt. Da hatte ich über die äußeren Bedingungen, nämlich über die Unterkunft, folgendes anzumerken, was von meinem angelernten Ordnungssinn in häuslichen Dingen eine Probe gibt. «Unser Zimmer haben wir schön eingerichtet und alles hat gut im Kasten und in der großen Kommode Platz. Es machte mir Spaß, den so fein hergerichteten Koffer auszupacken und alles wohlgeordnet einzuräumen.»

Nun war also die Basis der Unterkunft gegeben, um zu starten und zu agieren. Ich hatte schon eine mit Spannung erwartete Vorlesung bei Heidegger gehört und da fiel mir noch beim Schreiben der Karte ein, daß ich mich schon zu Hause in Karlsruhe mit Heideggers Schriften beschäftigt hatte, so daß ich meine Mutter bat «mit dem Paket noch von Heidegger die Broschüre: ‹Was ist Metaphysik?› mitzuschicken. Sie ist im Türbüchergestell im oberen Fach».

Daß ich an der Universität unter die Schar der akademischen Bürger aufgenommen wurde, war von Amts wegen gar nicht so reibungslos erfolgt, wie man annehmen mochte. Auf derselben Postkarte schilderte ich den Massenandrang der Studierenden. «Als ich mich gestern anmelden wollte, mußte ich nach 1½stündigem Warten unverrichteter Sache wieder heim, da vorher schon viele Anmeldungen waren. Zur Immatrikulation meldeten sich über 1000 Studenten, deshalb ist für mich die Immatrikulation erst nächste Woche.»

Über die tatsächliche Immatrikulation 14 Tage später berichtete ich am 14. Mai 1930 an meine Mutter: «Letzten Samstag war die feierliche Immatrikulation. Der Rektor hielt eine kleine Ansprache, machte für Freiburg Propaganda und nachher wurden noch die Legitimationskarten verteilt, wo ich das Mißgeschick hatte, daß mein Name mit W anfängt und so zwei Stunden warten mußte, bis ich akademischer Bürger wurde.»

Meine Lehrer der Kunstgeschichte, denen ich in Freiburg zuerst begegnete, waren Prof. Dr. Hans Jantzen, Priv. Doz. Dr. Kurt Bauch und a. o. Prof. Dr. Walter Friedländer. Um zu erfahren, wie ein Studium der Kunstgeschichte wissenschaftsgerecht und weltbildabgerundet vonstatten gehen soll, wovon ich kaum eine volle Vorstellung hatte und auch nicht haben konnte, suchte ich den Privatdozenten Dr. Kurt Bauch auf. Über die programmatischen Ausführungen, die er mir noch unsicher Tastendem zuteil werden ließ, berichtete ich ausführlich meinen Eltern in einem vom 3. April 1930 datierten Schreiben, das aber wohl am 3. Mai verfaßt wurde.

Frau Dr. E. Sudeck, Dr. Kurt Bauch, Carmen von Wogau. Foto. Juni 1931.

«Liebe Eltern.

Nun ist die erste Woche meines Studiums vorüber. Ich glaube, daß währenddessen in das Dunkel des Ungewissen des Studiums doch ein wenig Licht hineingekommen ist. Gestern mittag besuchte ich Privd. Bauch im Seminar, der mich überaus höflich empfing, wie auch bereitwilligst über alles Auskunft gab, wie auch eigene Ratschläge gab. Er meinte, man solle sich die ersten zwei Semester an der selben Universität über das ganze Gebiet einen Überblick verschaffen. Das viele Wechseln der Städte, wie es die Kunsthistoriker im allgemeinen machen, hielte er nicht für gut und allzu förderlich. Man solle eher natürlich die Ferien dazu benutzen, die Museen kennenzulernen; er z.B. habe sich in Nürnberg 4 Wochen ein Zimmer gemietet und habe dann die dortigen Sammlungen systematisch durchgearbeitet. Nachher solle man vielleicht an eine Universität, an der ein ganz anderer Geist herrscht wie an der vorigen, um noch eine neue Art der wissenschaftlichen Forschung und Art kennenzulernen. Dann aber langsam sich auf die Doktorarbeit vorbereiten. Das Studium brauche mindestens 8 Semester und es sei besser, wenn man noch eins hinzugebe, um das Wissen möglichst zu erweitern und zu vertiefen. Denn es gebe heute viel Kunsthistoriker und man müsse dabei etwas leisten.

Als Nebenfächer hält er Geschichte und Philosophie für sehr gut; nur müsse man selbstverständlich noch in der Archäologie Bescheid wissen, da man sonst die späteren Epochen d. Architektur wie etwa die Renaissance nicht voll verstehen kann. In den Nebenfächern soll man sich immer auf dem Laufenden halten, um dann nicht, wie viele, darin auf das Examen zu sehr büffeln. Weiterhin empfahl er mir schon gleich in das Seminar von Jantzen zu gehen, was ich gerne mache, denn dort lernt man durch die Referate und die anschließenden Diskussionen den Betrieb erst recht kennen. Außerdem steht einem im Seminar die Literatur zur Verfügung. Für den Fall, daß mir etwas in der Vorlesung unklar sei, so solle ich zu jeder Zeit zu ihm kommen und er gebe gerne über alles Auskunft.

Bei Dragendorff (dem Professor für Archäologie) und Sauer (dem päpstlichen Hausprälaten und Professor für christliche Kunst an der theologischen Fakultät) war noch keine Vorlesung, dafür bei Jantzen über Barockmalerei, wo es mir gefiel, aber, um etwas davon zu haben, muß man sich in die Bibliothek setzen und selber über dieses Thema arbeiten. Von zwei Vorlesungen läßt sich auch noch nicht mehr sagen. Das Urteil über Friedländer (Professor der Kunstgeschichte und Spezialist für die Kunst des Manierismus) muß ich ändern, indem er bei dem Kolleg über Michelangelo und seine Zeit zusammenhängend und verständlich wie klar sprach, so daß ich auch davon einen Gewinn haben werde. Nur in der «Einführung in die moderne Kunst» wollte er sich des unterhaltenden Plaudertons bedienen, das hemmend und inhaltslos für den Vortrag wird. Ich freue mich hier zu sein und das Studium wird mir sicher gefallen.»

Mit dem Entwurf eines Studiumsverlaufes durch Dr. Kurt Bauch begegnete ich wiederum dem Phänomen von Idee und Wirklichkeit, von projektierter Idee und der dann in diesem Sinne auszuführenden Wirklichkeit. Dieses Phänomen hatte ich ja schon anläßlich meiner Geburt und des Lebenskonzeptes, das der österreichische Generalkonsul von Lippert in seinem Geburtsgratulationsschreiben entwarf, oder bei der Zeichnung des «Auszuges des Taugenichts aus dem Vaterhaus» und bei der persönlichen Verwirklichung bei der Abfahrt nach Wien in der vorliegenden Biographie geschildert.

Ich darf hier vorwegnehmend vermerken, daß mein Studium im Wesentlichen dann auch tatsächlich so verlaufen ist, wie Dr. Kurt Bauch ein solches Vorhaben mit mir besprochen hat.

17 Jahre nachdem mein Lehrer und nachmaliger Doktorvater Kurt Bauch mir seine Ratschläge zu meinem Studienbeginn zu Teil werden ließ, philosophierte ich 1947 anläßlich seines 50. Geburtstages am 25. 12., über die von mir inzwischen in der Praxis erprobten Erfahrungen und über die besondere Lehrmethode meines Lehrers Bauch, als ich damals im Kreise seiner Studenten, Kollegen und Gäste die Festansprache hielt. Auf der einen Seite galt die Rede der allgemeinen Würdigung Bauchs als Lehrer, und auf der anderen Seite auch im Besonderen als Ansporn und Vorbild für die jungen Studenten, die noch das Studium vor sich hatten. Ich fühlte mich zu solchen Ausführungen berufen, da ich damals mit meinen 38 Jahren ebenfalls Dozent mit Lehrerfahrung geworden war, wie seinerzeit Bauch 1930 mit seinen 33 Jahren, als er mich bei meinem Studienbeginn beriet.

Der Wortlaut meiner Rede, wie auch die Reaktion Bauchs auf sie, ist im Kapitel «Freiburg 1949–1951» nachzulesen.

Nach diesen Präliminarien werde ich dann ganz konkret in die speziellen Fachfragen und Themenstellungen der Kunstgeschichte eingetaucht, wie sie in den Übungen und Seminaren behandelt werden. Darüber gebe ich eine Woche später, am 10. Mai 1930, meinen Eltern recht genauen Bescheid:

«Liebe Eltern.

Bevor die Woche zu Ende geht, will ich von ihr Euch ein kleines Resumé geben. Am Mittwoch war ich bei Prof. Jantzen in der Sprechstunde, um ihn zu fragen, ob ich zu ihm in die Übungen kommen dürfe. Er fragte dann mich, was ich schon an Museen gesehen hätte und was ich schon über das Gebiet gelesen hätte, denn ein Anfänger-Seminar sei es gerade nicht; es ginge über Rubens, ich soll aber nur einmal kommen. Nun wurde in der ersten Stunde von Joos van Cleve ein Jünglingskopf gezeigt und die Kopie, welche Rubens davon gemacht hatte. Die Unterschiede mußten dann aufgezeigt werden und zum Schluß wurde darüber gestritten, welches Werk das frühere oder spätere sei. Die verschiedensten Thesen wurden aufgestellt. Z.B., daß der Kopist immer einen melancholischen Gesichtsausdruck zeigt. Großes Gelächter. Jantzen wollte aber auf diese Unterschiede hinaus, die Wölfflin in den Grundbegriffen anführt. Nachher wurden Rubenszeichnungen von der Sixtinischen Kapelle mit dem Original von Michelangelo verglichen. Hier wurden auch wieder analog zum Cleve-Fall Meinungen geäußert, die aber abgelehnt wurden. Das Facit war, daß Michelangelo vom Anatomischen des Körpers ausgeht und Rubens unorganisch vorgeht. Es ist sehr lehrreich zu hören, was junge Kunsthistoriker, deren es in der Übung etwa 25 sind, äußern und wie sie die Bilder betrachten. In den Vorlesungen wird Carravaggio behandelt und sein Einfluß auf die Niederlande und die europäische Malerei überhaupt. Im Anschluß daran gehe ich in die Bibliothek des kunsthistorischen Institutes und arbeite die Sache nochmals durch. Auf jeden Fall kann man von Jantzen am meisten lernen. Gestern war bei Bauch die erste Münsterführung, an der sich etwa 20 beteiligten. Als einer kam, um die Führung aus Liebhaberei mitmachen zu wollen, sagte ihm Bauch, er würde daran keinen allzu großen Spaß finden, denn sie werde ganz sachlich und genau wissenschaftlich werden. So war es dann auch, am ältesten Teil des Münsters, am Querschiff wurde angefangen. Man mußte jeden Bauteil genaustens beschreiben und aus Resten z.B. baugeschichtliche Schlüsse ziehen. So standen wir 2 Stunden auf dem Münsterplatz. Dabei lernt man besonders genau und sorgfältig beobachten und vor allem einen visuellen Eindruck sprachlich wiedergeben, was keine leichte Sache ist. Zu Friedländer in die Einführung in die moderne Malerei gehe ich nicht mehr, wohl noch zu seiner Michelangelo-Vorlesung, die besser ist. Ein Genuß ist jedesmal Heidegger, der eine ungemein große Zuhörerschaft hat, so groß, daß er sagen mußte, daß diejenigen, die nur aus Unschlüssigkeit kämen, bald verschwinden sollen.»

Wintersemester 1930/31

F. S. W. Selbstbildnis. Zeichnung. 3. Oktober 1930.

Das zweite, das Wintersemester in Freiburg, stand unter einem etwas anderen Vorzeichen. Der Zustand des Sich-Eingliederns in den neuen Universitätsbetrieb war überwunden.

Nun begann die richtige eigene Arbeit.

Um dieser Forderung ganz gerecht zu werden, lösten mein Bruder Thomas und ich unsere Wohngemeinschaft auf. Es hat sich herausgestellt, daß jeder seinen eigenen vollen Freiraum benötigte.

In der Wahl meines neuen Domizils hatte ich Glück. Ich bezog ein ganz reizendes altdeutsches Zimmer, wie bei Dürer im Kupferstich des «Heiligen Hieronymus im Gehäus». Das Zimmer mit Butzenscheiben war in der Baslerstraße 6 und gehörte zu einem Haus, dessen Besitzer der Freiburger Bäcker Baader, der Hersteller der damals bekannten «Baader-Brezeln» war. Über den Einzug in dieses Schmuckstück an Zimmer berichtete ich am 30. Oktober 1930 auf einer Postkarte an meine Eltern:

«Dann Mensaessen, wonach wir die Koffer holten. Dann aber erwartete mich der Clou des Tages: das Zimmer. Ich bin überaus damit zufrieden. Kleiminger [mein Studienfreund], der es schon bewunderte, meinte es wäre eher ein Studierzimmer für einen Kaiser als für einen Studenten. Etwas wahres ist daran. Zentralheizung am Fenster. Bis halber Höhe schwarz getäfelt. An den Wänden Hirschgeweihe und sogar ein Vermeer van Delft. Daß der Raum durch den davor stehenden Baum ein wenig dunkel ist, wird durch die gute Beleuchtung ausgeglichen. Ein kleinerer Bücherschaft, worauf schon teilweise ein Meyers-Konversationslexikon von 1893 prangt (erreichbar vom Klubsessel) 20 Bände.»

Nun beteilige ich mich an den Referaten bei den Übungen. Mein erstes Referat bei Prof. Hans Jantzen trug den hochwissenschaftlichen Titel: «Die Entwicklung des Verhältnisses der Initiale und der Buchseite, dargestellt an den Codices der St. Galler Schule mit besonderer Berücksichtigung des ‹Psalterium aureum›.»

Dazu der Brief vom 10. November 1930:

«Am letzten Mittwoch war in der Übung bei Prof. Jantzen Referatverteilung, wobei ich auch eines bekam und zwar die Übung geht über mittelalterliche Ornamentik, ein Gebiet das einem ganz neu ist und durch die verschiedenen Einflüsse vom Osten auch sehr schwierig wird. Ich bekam einen Psalter aus dem 9. Jahrhundert aus dem Kloster St. Gallen, sog. Psalterium aureum, ein Prachtspsalter mit reich ornamentierten Initialseiten, ornamentstilistisch zu behandeln. Die letzte halbe Woche brauchte ich dabei fast nur, um einen Weg zu finden, die Sache systematisch zu behandeln. Am 26. November soll das Referat gehalten werden.»

Am 19. November berichtete ich über die weiteren Bemühungen um mein Referat an meine Eltern:

«Mit dem Referat bei Jantzen geht es voran, besonders da hier die beste Gelegenheit ist, einen Exkurs über die prinzipielle Frage zu machen über die Initiale überhaupt und man eigentlich die Entwicklung zeigen muß, wie die Initiale, aus einem rein buchtechnischen Grund heraus zuerst verwandt, schließlich zum Schmuck der ganzen Blattseite wird. Dazu hätte ich gerne noch Britschs Theorie der Bildenden Künste, denn dort steht Brauchbares über Umrahmung und Füllung. Es wäre mir lieb, wenn man sie mir eventuell schickt, da sie hier nicht vorhanden ist.»

Wie es mir dann beim ersten Anlauf des Vortragens meines Referates in der Gemeinschaft meiner Kommilitonen und Kommilitoninnen ergangen ist, darüber berichtet der nächste Brief an meine Eltern vom 5. Dezember 1930:

«Am Mittwoch sollte ich als erster mein Referat halten,

aber das Frl. v. Wogau, die nachher sprechen sollte in der nächsten Stunde, ging zu Prof. Jantzen und bat sich die Änderung der Reihenfolge aus, da sie zu aufgeregt sei, wenn sie eine Stunde vorher gewartet habe. Mir machte dies Lampenfieber kein Molest, aber daß sie über die Zeit sprach, und so konnte ich nur noch die Hälfte meines Referates vortragen, was deshalb unangenehm ist, da ich ein geschlossenes Bild über die Initiale geben wollte. Doch Jantzen sagte schon über das Vorgetragene, daß ich eine Methode gefunden hätte, wie man die Sache behandeln kann. Das war gerade dasjenige, was er bei den anderen auszusetzen hatte. Also muß ich nächsten Mittwoch noch einmal damit anfangen.»

Ich trat diesem Thema nicht unvorbereitet entgegen und behandelte es nicht naiv anfängerhaft. Ich habe dieses Thema sogleich benutzt, um Prinzipien der Kunstgeschichte anzuwenden, die ich schon vorher gelernt hatte. Unter der Literaturangabe zum Referat notierte ich mir außer der Spezialliteratur über die Buchmalerei noch allgemeine Bücher für den geistigen Überbau, wie solch ein Thema behandelt werden soll. Ich zog Alois Riegls Aufsätze hinzu und wie aus dem Brief zu entnehmen ist, die Theorie der Bildenden Kunst von Gustav Britsch. Dieses Buch hatte mein Vater von Heinrich Wölfflin zugeschickt bekommen. Er schätzte diese Methode der Kunstbetrachtung sehr, und auch ich versuchte, mich in sie einzuleben. Heute spielt die Theorie von Britsch in der Kunst-Pädagogik eine grundlegende Rolle.

Schon in diesem ersten Referat zeigte sich der tiefe Zwiespalt in mir, kein eigentlicher Kunsthistoriker, kein geborener Historiker zu sein. Ich bin als Kunsthistoriker Künstler, Weltganzheitsdenker geblieben und schon bei diesem ersten Referat platzten die Gegensätze zwischen historischen Erscheinungen und außergeschichtlichen Kunstsystemen der Kunsttheorie aufeinander. Insofern ging ich mit künstlerisch vorgefaßten Meinungen und kunsttheoretischen Systemen an die historischen Fakten heran. Diese Diskrepanz, diese Spannung, dieser Gegensatz und Zwiespalt verließen mich mein ganzes Studium hindurch nicht. Ich saß nicht als künstlerisch voraussetzungsloser Historiker in den Kollegs, sondern als Künstlerkind mit festgeprägten Vorstellungen von Kunstsystemen. Immer sagte ich mir, da stimmt etwas nicht bei den ästhetisierenden Kunsthistorikern und literarischen Bildungshistorikern, ihnen fehle etwas Wesentliches.

Ich war derselben Meinung wie Delacroix, der im «Blauen Reiter» (S. 20., 2. Auflage 1914) zitiert wird: «Die meisten Schriften über Kunst sind von Leuten verfaßt, die keine Künstler sind: daher alle die falschen Begriffe und Urteile.»

Aus den historischen Berichten über den Verlauf des Semesters zu entnehmen, daß ich nur hinter meinen Büchern gesessen hätte, wäre ein Trugschluß.

In Freiburg war es üblich, daß man im nahen Schwarzwald die Gelegenheit nicht ausließ, sich dem Skilaufen zu widmen. Dies gehörte bei den Kunsthistorikern sozusagen offiziell zur erweiterten Institutsgeselligkeit. Davon berichtet die Postkarte vom 15.11.1931 aus Saig:

«L.E. Bei herrlichem Sonnenschein fuhr das ganze Seminar auf den hiesigen Hängen herum. Meine neueste Errungenschaft ist der Telemark. Mit Herrn Oertel gehe ich morgen ins Feldberggebiet.
Herzliche Grüße Euer Franzsepp.»

Die Ansicht der Postkarte zeigt das winterliche Saig mit verschneiten Tannen und einem in den Schnee gesteckten Paar Ski im Vordergrund, das wie ein Wahrzeichen der Wintersportlandschaft wirkte.

Die Postkarte vom 26.11.1931 an meine Eltern nach Karlsruhe enthält zum einen Pläne für die Unternehmungen zur Beendigung des Freiburger Wintersemesters, und zugleich auch schon Vorsorge für das kommende Sommersemester, das ich in Wien zu verbringen vorhatte.

Ich achtete stets darauf, in den Universitätsstädten eine Unterkunft zu finden, wo ich auch zu Hause arbeiten konnte.

«Liebe Eltern! Das schöne Freiburger Semester geht mit Riesenschritten dem Ende entgegen. Der Abschluß soll noch Ski-Laufen sein mit Thomas und Kleiminger. Wir haben dafür in Falkau bei Altglashütten in einem Jugendheim Quartier bestellt für 3 Tage. Anschließend wollen Kleiminger und ich vielleicht am Mittwoch nach Donaueschingen, um dort die Galerie zu besuchen. So kämen wir zwei um den Donnerstag heim. Kleiminger wollte noch gerne einige Tage bei uns bleiben, wenn es Euch recht ist, da wir eventuell von dort aus eine kleine Radtour unternehmen wollen ins Württembergische um Tübingen. Frl. Jantzen (die Tochter von Prof. Hans Jantzen) hat für mich nach Wien geschrieben zu Bekannten wegen eines Zimmers, von denen zwei je eines zur Verfügung haben, in Wien ist es besser, wenn man ein Zimmer empfohlen bekommt, da sie nicht immer so sehr sauber sein sollen. Gestern war ich bei Jantzens zum Nachtessen, heute bei Baaders (meinen damaligen Zimmervermietern). Daß Monika wieder Skilaufen war, ist nett. Ich freue mich, bis ich wieder daheim bin und grüße Euch herzlich Euer Franzsepp.»

Wien

Meine Hinfahrt nach Wien.
Meine Wallfahrt zu Michael Pachers Altar in
St. Wolfgang am Abersee bei Salzburg

Als ich nach Wien fuhr, machte ich noch in München Station. Was ich dort an Zwiespältigem zwischen krasser, aufwühlender Gegenwartspolitik und historischer, ruhiger Bildungs-Vergangenheit erlebte, schilderte ich auf der Postkarte vom 11. 4. 1931:

«Liebe Eltern. Vorgestern abend änderte ich meinen Plan für den Abend, da Hitler im Zirkus Krone sprach in einer Werbekundgebung. Es war dann auch so, daß er in der halbstündigen Rede kein Wort von Politik sagte, sondern das Programm der Bewegung darlegte. Er tritt wie ein Schauspieler vor die Menge, verschränkt die Arme, wendet sich von einer zur anderen Seite und spricht klar und deutlich. Gestern morgen schaute ich mir die Barockkirchen an. Dann ging ich nochmals in die Alte Pinakothek, wo ich wiederum Herrn Traumann antraf, und wir aßen zusammen zu Mittag. Es war sehr nett. In Berg am Laim besah ich noch eine Kirche und besuchte anschließend Herrn Doerner, wo ich sehr freundlich aufgenommen wurde, heute mittag geht es also ins Österreichische.»

Der Maler Max Doerner war ein sehr guter Studienfreund meines Vaters (vgl. Ernst Würtenberger. Das Werden eines

St. Wolfgang und der Wolfgang-See. Foto.

Michael Pacher. «Der Hl. Wolfgang baut die Kirche».

Ein Beispiel für die Konkurrenz von Kunst und Wirklichkeit.

Malers. Heidelberg 1936: das Kapitel «Max Doerner»), Doerner ist der Verfasser des in jedem Maleratelier zu Rate gezogene Buches «Das Malmaterial und seine Verwendung im Bilde», und nach Doerner ist heute das «Max-Doerner-Institut» in München benannt.

Bevor ich nach Wien fuhr, wollte ich mir unbedingt noch in St. Wolfgang am Abersee den spätgotischen St. Wolfgangaltar von Michael Pacher ansehen.

Michael Pacher war eine der großen Entdeckungen der deutschen Kunstgeschichte zwischen 1910 und 1920. Seine markante Formensprache wurde als verwandt empfunden mit der ebenfalls markigen Formensprache des Expressionismus. Mein Vater besaß die Prachtpublikation über Michael Pacher in Folioformat von Friedrich Wolff, I. Bd., die 1909 in Berlin erschienen war. Diese Publikation wurde als großer Schatz empfunden und alles, was mit der charaktervollen Kunst von Michael Pacher zusammenhing, hatte in den Gesprächen meines Vaters allerhöchste Beachtung gefunden. Deshalb drängte es mich, den St. Wolfgangsaltar, dieses Wunderwerk der deutschen Kunstgeschichte an Ort und Stelle zu betrachten. Und ich wurde nicht enttäuscht, denn es bewahrheitete sich, daß die landschaftsverhafteten Altäre erst in ihrer originalen landschaftlichen Umgebung richtig zum Schwingen und Klingen kommen. Die aus ihrer heimatlichen Umgebung herausgerissenen Tafeln wie die der Kirchenväter von Michael Pacher in den Sälen der Alten Pinakothek in München – so sehr pfleglich sie auch behandelt werden mögen – sind ihres eigentlichen Wirkungsraumes beraubt.

So verbrachte ich am St. Wolfgangsee einen beglückenden Tag im Betrachten und im Bestaunen des Altares an seiner noch originalen Stelle, wohin er gestiftet wurde und wo er bis auf den heutigen Tag seine liturgische Aufgabe erfüllt.

Ich weiß noch, ich machte mir tiefsinnige, unauflösbare Gedanken über das Aussehen der wirklichen Landschaft am St. Wolfgangsee, der ich mich soeben vor Betreten der Kirche hingegeben hatte, und über ihre Stilisierung in der Darstellung durch die Malerei. Ebenso zog ich, im Kirchenraum stehend, Vergleiche zwischen den gemalten unerbittlichen Perspektivfluchten des künstlerisch gestalteten Kirchenraumes und dem Verhältnis zu dem wirklichen Kirchenraum, in dem sich der Altar real befindet.

Gerade hier bei Pacher erschien mir einerseits alles so ausdrucksstark lebendig-wirklich und packend, und andererseits auch wieder so künstlich phantastisch und unnatürlich-feierlich, so daß ich mich mit diesem Vergleichen und in Konkurrenz-Setzen von Kunst und Wirklichkeit ständig in einem Teufelskreis von Überlegungen bewegte, ohne daß es mir gelang, aus dieser Wechselwirkung von Kunst und Realität und Realität und Kunst herauszukommen. Ich blieb mit meinen Überlegungen und Verrechnungen allein und bin es bis auf den heutigen Tag geblieben, ohne daß dieses Hin und Her und Her und Hin von Natur und Kunst und Kunst und Natur etwas von der Eigenschaft eines unauflösbaren Rätsels eingebüßt hätte.

Um sich derartigen Überlegungen hinzugeben, war die schon mit Naturalismus getränkte Stilstufe der Spätgotik und der fortschrittliche italienische Einfluß der Perspektive ein besonders günstiges Objekt. Nicht über den Altar selber, sondern nur über den einen Teil meiner Beobachtungen, nämlich über die geographische Lage und Eindrücke des Ortes St. Wolfgang, gab ich eine Schilderung an meinen Bruder Thomas in einem Brief vom 1. Mai 1931:

«Nun aber in Salzburg und St. Wolfgang ging es wesentlich idyllischer zu [als in München bei der Rede von Hitler meine ich]. Beide Orte liegen prachtvoll in den Alpen. St. Wolfgang macht schon ein wenig südländischen Eindruck vom See aus gesehen, denn die Kirche am Ufer ist mit einer Mauer mit Fenster mit der Schule verbunden und dann wirkt sie von der Sonne beschienen so wie die Kalkmauern in Italien. Im übrigen sieht man am Ufer frische Wiesen, dann Wald, und zuletzt Fels und Schneefelder bis zu zweitausend Meter. Man kann schon begreifen, daß sich hier Emil Jannings seine Sommerresidenz wählte...».

Wien

Sommersemester 1931

Die Kaiserstadt als weltganzheitlicher Kulturkosmos

Es ist merkwürdig. Es gibt Punkte im Leben, bei denen sich alles nur auf einen Wunsch und ein Projekt zusammenzuziehen scheint. So erging es mir mit dem Entschluß, nach dem Jahr in Freiburg im Sommersemester 1931 in Wien zu studieren. Es konnte gar nicht anders sein: Ich mußte nach Wien, um noch ein Vollmensch zu sein, um noch vor mir selber und den anderen bestehen zu können. Wien war das Mekka der Kunstgeschichte und somit auch meiner Wünsche. Ich brannte darauf, das bisher literarisch angeeignete Wissen in Wirklichkeit umzuwandeln. Nicht nur über Gemälde mehr oder weniger Geistreiches zu lesen, sondern leibhaftig vor ihnen zu stehen, sie mit eigenen Augen zu sehen; literarische Ergüsse und Analysen mit Originalen auszutauschen: Dies war das Ziel. Plötzlich im Kunsthistorischen Museum in Wien vor Tizian und Rubens zu stehen oder inmitten der Pracht der Gemäldetafeln von Pieter Bruegel d. Ä.: Im Paradies der Kunstgeschichte selber herumzuwandeln, selber Kunst zu werden. Dort in Wien war Parmeggianino, war Tintoretto, war Velasquez, dort malte Zeus die Schmetterlinge. Dort wirkten meine kunsthistorischen

Abfahrt nach Wien von unserem Karlsruher Haus. Foto. 1931.

Vorbilder Alois Riegl (1858–1905), Franz Wickhoff (1853–1909) und Max Dvorak (1874–1921). Dort lehrte noch Julius von Schlosser (1866–1938). Er war der letzte, den ich aus meiner Großvater- und Vatergeneration noch lebend antraf.

Aus dem idyllisch-ländlichen Freiburg nach Wien zu gehen, hieß für mich zum ersten Mal in eine Weltstadt zu kommen: Den Sprung in die große Welt zu wagen, die alte deutsche Kaiserstadt des Heiligen Römischen Reiches Deutscher Nation zu besuchen, neue geschichtliche Dimensionen zu erobern.

Nach Wien zu fahren, hieß für mich zugleich die Behütetheit des Vaterhauses zu verlassen, in eine Stadt zu kommen, wo nicht mehr Tanten und Onkels wohnten, wo nicht mehr, wie noch in Freiburg, mein Bruder mitstudierte. Es hieß für mich, in dieselbe Situation zu kommen, wie ich sie im Jahre 1923 in der Zeichnung «Aus dem Leben eines Taugenichts» festhielt, wo der Jüngling von der Mühle des Vaters auszieht. Die Mühle des Vaters war diesmal unser Karlsruher Haus Weinbrennerstraße 8. Von diesem familienhistorischen und autobiographischen Augenblick, wie ich zur Straßenbahn gehe auf dem Weg nach Wien, existiert noch eine Fotografie. Mein Vater und meine Mutter begleiteten mich mit dem Maler Hans Sturzenegger, der zu Besuch bei uns weilte, über die Straße. Ich stehe verloren etwas abseits, meinen Koffer in der Hand, einen etwas zu großen Hut auf dem Kopfe und mit einem etwas zu kurzen Mantel angetan. Sonst aber hoffnungsgeschwellt, gedanklich schon von zu Hause abgelöst.

Wien war für mich als 22jährigen ein zu erobernder und ein für mich verfügbar zu machender Weltbild-Kulturkreis-Kosmos.

Wien war für mich auch eine neue Erscheinungsart einer geschichtlichen Weltgestaltungsorganisation.

Vergleichsweise war Wien für mich eine neue Stufe von Welt-Ganzheitsbewußtsein, von Weltbild-Idee.

Insofern ist Wien für mich das, was für den 2½jährigen die Weltganzheitswirbel waren, die er in der Vollkraft seiner Selbstverwirklichung auf das Papier setzte. Oder wie es für den 10jährigen das Heft der Weltganzheitsidee der 10 Weltpositionen war.

Daß Städte – wie ihr Urbild des Himmlischen Jerusalem – weltganzheitliche Kulturgeschichtskosmen sein können, hatte ich mir kurz vorher als 21jähriger zum ersten Mal in Paris versucht zu vergegenwärtigen. Gegenüber der touristischen Abhakung von Paris war die Erfassung von Wien als weltganzheitlichem Kulturgeschichtskosmos für mich von viel intensiverer Durchdringung. Für Wien hatte ich immerhin ein Semester, ein gutes Vierteljahr, drei Monate, vom 11. April bis zum 13. Juli 1931 Zeit.

Die ungeheure Aufgabe, die mich in Wien erwartete, bestand darin, Kunst als Staatsmacht zu begreifen. Kunstgeschichte, bisher nur als Ästhetik begriffen, verband sich hier in deutlicher Weise mit Kultur – und politischer Staatsgeschichte.

Wien war eine der entscheidensten, verzweigtesten, weitausgreifenden europäischen Geschichts- und Kulturmetropolen wie Rom, Paris, London, Prag, Dresden oder Berlin.

In Wien war die monarchische Idee des Römischen Reiches Deutscher und aller anderen dazugehörigen Nationen, deren König und Herrscher der Deutsche Kaiser war, am eindrücklichsten ausgeprägt.

Dieser Block von universalen Kultur- und Kunstdokumenten spiegelt die diplomatischen und familiendynastischen Beziehungen und Verbindungen des Hauses Habsburg zu den übrigen Fürstenhöfen Europas. Es ist erstaunlich, wohin überall die Fäden gehen; nach Rom, Florenz, Neapel, Madrid, Venedig, Budapest, Prag.

Für mich waren alle diese Beziehungen am deutlichsten vorhanden und verkörpert in der Sammlungsgeschichte des Kunstgeschichtlichen Museums, der ehemaligen kaiserlichen Gemäldegalerie, worauf sich mein Studium am intensivsten konzentrierte.

Die frühesten Bestände gehen auf Kaiser Maximilian I. und auf Kaiser Ferdinand I. zurück. Der Prager Besitz stammt von Kaiser Rudolph II., der selber ein großer Kunstmäzen war. Die Sammlung von Schloß Ambras wurde von Kaiser Rudolph käuflich erworben und 1806 nach Wien gebracht. 1662 wurde das Erbe von Erzherzog Leopold Wilhelm, der Statthalter in Brüssel war, übernommen. Daher stammen die Gemälde von Rubens, Teniers und andere flämische Meister. Aus der Verbindung mit Spanien kamen die Gemälde von Velasquez. So etwa die Infantin Margarete Theresa als Geschenk Philipp IV. an Kaiser Leopold I. Viele italienische Gemälde resultieren aus der Tatsache, daß die Habsburger in Oberitalien Besitzungen hatten.

Die Kaiser-Idee hatte für mich einen überwältigenden, mystischen Klang. Was Herrscher-Sein heißt und welche Problematik dahinter steckt, konnte ich schon im Vaterhaus in frühester Jugend inne werden. Mein Vater hatte in der Holz-

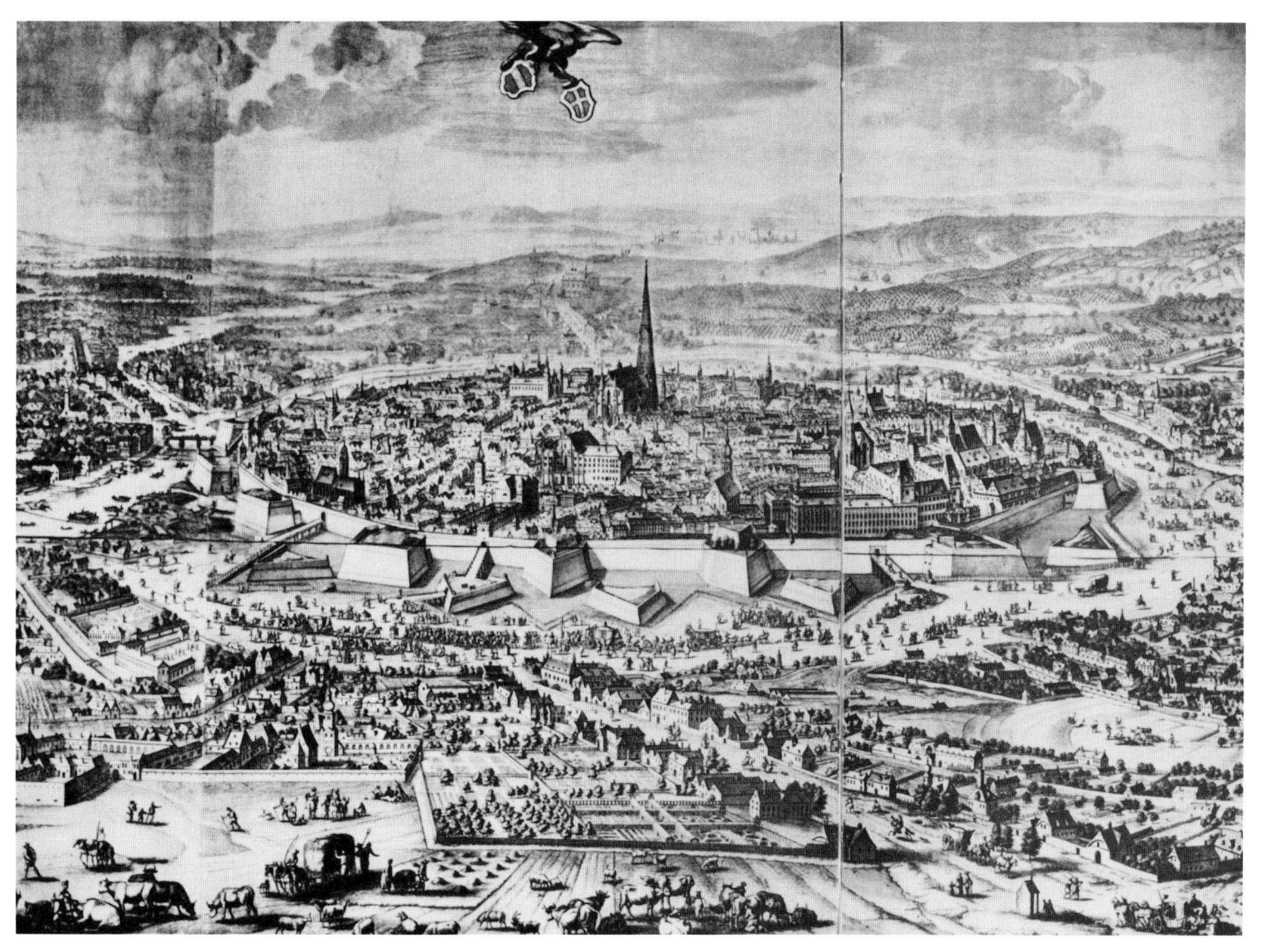

Stadt Wien aus der Vogelschau. Stich von Folbert van Alten-Allen. 1686.

schnittfolge zu dem Märchen «Der Fischer und syne Fru» gezeigt, wie der Hochmut, sich Herrschaft anzumaßen, am Ende desillusionierend ausgeht. Nämlich dadurch, daß die Frau des Fischers König, Kaiser und sogar Papst wurde und zuletzt wieder in die ihr zustehende ursprüngliche Armseligkeit der Fischerhütte zurücksinkt.

Die Idee eines bestimmten historischen Königtums lernte ich schon als Knabe durch die Lektüre von Franz Kuglers «Friedrich der Große» mit den Illustrationen von Adolf Menzel kennen.

Der Kaiser-Idee – allerdings in der kleindeutschen, preußischen, bismarckischen Form, nach dem damaligen österreichischen Sprachgebrauch reichsdeutschen Form – hatte ich 5 Jahre vor meinem Wiener Aufenthalt 1926 gehuldigt, indem ich anachronistisch zwei Portraits des Deutschen Kaisers Wilhelm II. verfertigte: eine große Zeichnung und eine Kerbschnittafel. Nun wollte ich die monarchische Kaiser-Idee an ihrem Kernort aufsuchen und in mich aufnehmen.

Meine zunächst nur rein historischen, «literarisch gedanklich vollzogenen» Vorstellungen füllten sich durch meinen Wiener Aufenthalt mit realer Anschauung.

In der Weltlichen Schatzkammer, einem engen, fensterlos dunklen Raum im kunsthistorischen Museum, stand ich vor den Reichskleinodien, d.h. vor dem zeremoniell geheiligten Rechtsmittel zur Beanspruchung des Kaisertitels.

Dort sah ich hinter erleuchteten Vitrinen die Deutsche Kaiserkrone aus dem 11. Jahrhundert. Es war jene Krone, die mir schon von meinem Besuch des Germanischen Nationalmu-

Ernst Würtenberger. Aus der Holzschnittfolge «Der Fischer und syne Fru». 1919.

seums Nürnberg, 1928, durch das Gemälde von Karl dem Großen im Krönungsornat, von Albrecht Dürer, bekannt war. Daneben sah ich die österreichische Kaiserkrone von 1602. Ich sah den deutschen Kaisermantel von 1133. Ich hörte dann Vorlesungen bei Julius von Schlosser, der eine Abhandlung über die Reichskleinodien schrieb und der eigentliche Hofhistoriograph der Sammlungen des österreichischen Kaiserhauses war. Sein Hauptwerk darüber war schon ein Jahr vor meiner Geburt, 1908, erschienen: «Die Kunst- und Wunderkammern der Spätrenaissance. Ein Beitrag zur Geschichte des Sammelwesens», Leipzig 1908. Julius von Schlosser war zwei Jahre vor meinem Vater geboren und vier Jahre nach ihm gestorben.

Ich sah die Broncebüste des Kaisers Karl V. von Leone Leoni und diejenige des Kaisers Rudolf II. von 1607 von Adriaen de Vries.

Genau 30 Jahre später, im Oktober 1961, sollte ich für meine Forschungen zu meinem Manierismus-Buch die ausgezeichnete Monographie von Gertrud von Schwarzenfeld: «Rudolf II. Der saturnische Kaiser», München 1961, erwerben.

Ich sah die Kaiseridee Rudolf II. komplettiert durch das Gemälde des Hans von Aachen, das die allegorische Darstellung Rudolf II. als Kaiser Augustus zum Inhalt hatte. Zugleich konnte ich auch die Verankerung der Donaumonarchie im römischen Kaiserkult nachvollziehen, indem ich die aus dem Besitz Rudolf II. stammende, 1246 bei Toulouse gefundene, größte antike Gemme, die Gemma Augustea, in der Augustus neben der Göttin Roma thront und die siegreichen Kämpfe des Tiberius gegen die Germanen und Pannonier gefeiert werden, bestaunen konnte.

In meinem Manierismus-Buch, das ganz im Sinne und in

Albrecht Dürer. Karl der Große im Krönungsornat. 1512.

den Fußstapfen der Forschungen von Julius von Schlosser verfaßt wurde, bildete ich die Büsten Karl V. und Rudolf II. ab und schrieb über das allegorische und mythologische Herrscherportrait im Allgemeinen:

«Die höchste Stufe des Seins erreichte der Mensch im Herrscheramt. In dieser Eigenschaft erhob er sich in die Sphäre des Göttlichen. Diese Beziehung wurde in den Bildwerken sowohl in Gemälden als auch in Statuen gebührend betont. In die oberste Sphäre stößt der Kaiser vor, als weltlicher Verweser der Herrschaft Gottes auf Erden.»

In Wien war die monarchische Idee, obgleich sie seit 1919 durch eine Demokratie abgelöst war, noch am besten ausgeprägt und ihre geschichtliche, einstige Leistung reichhaltig nachvollziehbar.

Für den heutigen allgemeinen weltpolitischen Meinungsstand war ich allerdings 1931 so nachhinkend zurückgeblieben und noch so wenig fortschrittlich demokratisch-proletarisch aufgeklärt, daß das Wort kaiserlich oder königlich für meine Weltvorstellung noch einen uneingeschränkten positiven Klang haben konnte. Heute aber: Welch ein zu verachtender Irrtum!

Die nachfolgenden, groß angelegten Entwertungskampagnien des monarchischen Gedankens in Presse, Rundfunk und Fernsehen, wie sie nach dem Zweiten Weltkrieg verschärft, und auf breiter Basis in der Deutschen Bundesrepublik, erfolgten, waren mir noch nicht bekannt geworden. Von Karl Kraus' Schrift «Ende der Menschheit», die schon 1919 in Wien erschien und das k.k.-Kaiserreich absolut desavouierte, hatte ich auch noch nichts gehört.

Insofern konnte ich noch ohne Schaden an meiner politischen Seele von der Kulturleistung der europäischen Monarchien, fast an sie glaubend, fasziniert sein und sie in ihren Kunstwerken bewundern. Und ich tue es immer wieder von neuem, besonders, nachdem ich das hoch aufschlußreiche Buch von Philipp Georgi-Windegg «Die Gekrönten. Sinn und Sinnbilder des Königtums», Stuttgart 1958 gelesen hatte und den Verfasser persönlich kennenlernen durfte.

Ich halte im übrigen die polemisch gehässigen Beurteilungen, ganz gleichgültig von welchen geschichtlichen Herrschaftsformen, wie sie heute, um der Schwierigkeit des sog. richtigen oder falschen Weltverhaltens willen, vielfach betrieben werden, für unangemessen und meistens überheblich-arrogant.

Bei meinem Studiensemester Sommer 1931 in Wien war es mit der Kenntnisnahme des Kunsthistorischen Museums, worauf ich mein Spezialaugenmerk zunächst wandte, noch keineswegs genug.

In der Stadt selber galt es noch für die Komplettierung der Gemäldekenntnis, den in den demokratischen Bundesstaat herübergeretteten privaten Kunstbesitz der Adligen anzusehen. Die Adelspaläste wollte man sehen, sozusagen den erweiterten Hof. Dann wollte ich auch noch die in den Wiener Kunsthandel abgeglittenen Kunstschätze kennenlernen, und deshalb besuchte ich auch den Betrieb der Kunstauktionen.

Dann aber strahlte Wien, wie jede Kulturmetropole, selbstverständlich auch aufs Umland aus. Um dies zu erschließen, machte man die entsprechenden Ausflüge.

Um dies alles, mitsamt dem Universitätsbetrieb, den Vorlesungen und Seminarien zu bewältigen, mußte man einen Schlachtenplan aushecken. Da durfte man nicht zimperlich vorgehen. Da mußte man sich dranhalten, um dies alles in gebührendem Ausmaß in sich aufzunehmen.

Diese drängende Aufgabe und die Etappen, wie ich sie Punkt für Punkt absolvierte, gehen aus meinen Briefen hervor, die ich an meine Eltern und an meinen Bruder Thomas meistens als Wochenberichte schrieb.

Nun bin ich endlich in Wien!

Genauso wie in Freiburg, informiere ich nach der Ankunft meine Eltern auf einer Postkarte vom 13.4.1931 über meine Unterkunft. Ich fand diese bei Frau Ida Pohorschelek in der Kollergerngasse 6, im Zentrum der Stadt, gleich neben dem Kunsthistorischen Museum. Ich erachtete es auch diesesmal für wichtig, daß man eine angenehme Wohngelegenheit hat und beschrieb die neue Bleibe folgendermaßen:

«Wien, d. Dienstag, 13.IV.31. Liebe Eltern! Hier bin ich nun gut angekommen; von Wien habe ich noch nicht viel gesehen, doch kann ich von der neuen Logis schon einiges schreiben. Ein ziemlich großes hohes Zimmer ausstaffiert mit Möbeln, Decken und Nippes aus dem Ausgang des vorhergehenden Jahrhunderts. Kleiderschrank, Wäschekasten, an einem der zwei Fenster einen Blumentisch mit verschiedenen Blattpflanzen, am anderen Fenster ein Schreibtisch. Für eine Studentenbude ist das Ensemble als vornehm zu bezeichnen. So sehr hell ist es nicht, dafür dient eine elektrische Stehlampe, die in eine alte Öllampe eingebaut ist. Frau Pohorschelek, eine alte Dame, die ein großes Zimmer und Küche bewohnt, lud mich, als ich angekommen war, gleich zu einer Tasse Tee ein, um mich zu besichtigen. Sie hat wohl kleine Eigenheiten, daß sie z.B. die Uhr um ¼ Stunde vorgehen läßt und immer so rechnet, aber ich bin froh, hier untergekommen zu sein. Morgen werde ich mir die Stadt ansehen.»

Vier Tage nach meiner Ankunft in Wien berichtete ich am 17.4.1931 meinem Vater und etwas später meinem Bruder Thomas über die Ergebnisse meiner ersten Begegnung mit dem Stadtkern von Wien. Der Brief an meinen Vater lautet: «Bis jetzt sah ich mir eigentlich nur die Stadt an. Ich wohne etwa 10 Minuten vom Ring weg, so daß ich also bald im Herz der Stadt bin, d.h. an der Hofburg, den großen Museen, Universität, Rathaus und Oper und Parlament. Der Ring, der alte Burggraben ist zugeschüttet und jetzt eine breite Allee mit starkem Verkehr. Das kunsthistorische Museum ist ein riesiges Gebäude, das Semper bauen half und so ein wenig den Zürcher Bauten ähnelt. In der Gründerzeit besonders als Galerie errichtet, aber so, daß es mehr ein prunkvolles Gebäude mit großen und hohen Sälen ist, als eine gute Galerie mit lichten Räumen. So mußten z.B. aus einem Saal durch niedere Zwischenwände zwei gemacht werden. Dann ist aber der hintere dunkel.

Wenn man durch die Säle geht, um sich einen Überblick zu verschaffen, ist es erschreckend, so viele Meister beisammen zu finden, bei denen jeder verlangt, mit seinem Auge zu sehen und seiner Absicht auch zu folgen. Andernfalls verschließt man sich wie Herr Traumann (ein Freund meines Vaters, ein Karlsruher Oberlandesgerichtsrat, den ich in München traf) manchen großen Meistern und wird zum «erhabenen» Geschmäckler...

Sonst machte ich Exkursionen nach Altwien, wo auch ein großes Material an Palästen, Fassaden, Statuen und Denkmälern dicht gedrängt beisammen steht. Ich kaufte mir einen sehr guten kunsthistorischen Führer durch Wien, anhand dessen die Sache systematisch angesehen wird. (Wien. Ein Führer durch die Donaustadt von Arch. Z.V. Prof. Othmar Leixner. Wien 1926.) Am Sonntagmorgen gehe ich in die Hofreitschule zu der Vorführung der Pferde in historischer Tracht der Reiter.»

14 Tage später, am 1. Mai 1931, zog ich meinem Bruder Thomas gegenüber Bilanz, wie ich mich mit dem Erlebnis-Koloß Wien zurechtfand und zwar in der Stadt, im Museum, bezüglich des Straßenlebens und in der Universität.

«Jetzt jedoch von Wien. Am meisten der Stadt das Gepräge gibt die breite, mit Bäumen-Alleen flankierte Ringstraße, der frühere Burggraben, der die ganze Mittel- und Innenstadt umschließt. Daran sind die riesigen Museen und das Rathaus, Parlament und Universität, für diese paar Gebäude braucht man eine Viertelstunde, um an ihnen vorüberzugehen. Auf der Innenseite des Rings liegt die Hofburg mit vielen Trakten, Höfen und Flügelbauten, Toreinfahrten und Parks. Seit der Renaissance hat jeder mächtige Kaiser seinen Stempel der Burg aufgedrückt und so wurde sie schließlich zum großen Konglomerat, das sich jedoch als Einheit begreifen läßt, da die späteren Herrscher jeweils noch großzügiger bauten als die vorhergehenden. Reitschule, Hofbibliothek, Reichskanzlei gehören zu den hervorragendsten europäischen Bauten überhaupt. Dann beherrscht der Stephansdom die Innenstadt zentral mit seinem sich stets verjüngenden Turm, der aber nicht wie der Freiburger auf das Tor gebaut ist, sondern seitwärts. Wenn man durch die Straßen streift, so findet man ein großartiges Palais am anderen. Deren 70 hervorragende Stücke. Wenn man die alle eingehend beschauen wollte, so bräuchte man ziemlich lange dazu. (Und ich habe deren Fassaden auch tatsächlich systematisch angesehen und darüber den Aufsatz von Dagobert Frey durchgearbeitet.) Was an Schätzen in den Museen gar aufgestapelt liegt, ist unübersehbar für den ersten Augenblick. Nach 3 Wochen weiß man erst ungefähr, was auf einem wartet. Doch wenn man sich mit einer Sache intensiv beschäftigt, so ist das Vergleichsmaterial nicht zu wenig zu schätzen. Man darf es natürlich nicht so machen wie (mein Studienkamerad) Kleiminger, der mit dem Katalog spazieren geht, sich Bild für Bild ansieht und gleich an jedem Bild alles fressen will. Was ihm dann nicht gerade gefällt mit seinem x-beinigen Aesthetenauge, ist dann in Ungnade gefallen. Solche Leute sind nicht zu gebrauchen. Na ja, nächstes Semester will er tatsächlich zur Altphilologie übersiedeln und nebenher noch in München ein *bischen* sich der Kunst widmen. Sehr praktisch und vernünftig, erstens fliegen einem die gebratenen Tauben nicht ins Maul, d.h. die Bilder wollen erarbeitet und erobert werden und zweitens tun sie sich einem Philologenherz nicht auf, denn es ist zu klein dazu; außerdem ist alte Sprache auch sehr schön zu studieren... Im übrigen machten wir beide sonntags einen kleinen Ausflug nach Grinzing und die Höhen über der Donau, wo man die Stadt und das Land übersieht. Viele Menschen tummelten sich auf den Wiesen und Pärchen lagen allenthalben unter schattigen Bäumen und verküßten sich. Oder vor dem Wirtshaus spielten 3 Musikanten auf mit Geige, Ziehharmonika und Zither. Zum Schluß tranken wir noch Heurigen und zogen mit dem großen Schwarm wieder nach Hause. Hier oder dort findet man die Lustigkeit des alten Wiener Blutes noch, die ist wohl nicht auszurotten. Doch in den Straßen der Stadt sitzen an den Ecken Bettler geigend oder andere wollen Kleinkram verkaufen. Ganz raffinierte junge Burschen ziehen in die Hinterhaushöfe, singen dort ihr Bettellied und warten, bis von den Fenstern ihnen milde Gaben heruntergeworfen werden. In einer Nebengasse stellten drei Bettler eine Orgel auf, die weithin hörbar ist und locken so die Leute an. Es ist ein bedrückendes Gefühl, doch auch das wird hier mit Geschick verbunden... Die Universität: Schlosser (Julius von Schlosser, Prof. der Kunstgeschichte) ein alter, feiner Gelehrter mit rein sachlichen Kenntnissen, die langsam seinem Munde entrinnen. Dann bei Gomperz war ich einmal. Ein feiner Philosophenschädel, der über Buddhismus liest... Im Seminar ist ein wenig komischer Betrieb, ein finsteres Loch, doch ich habe dort einen Platz als Gast und kann die Bibliothek benützen...

Also in summa: ich bin von Wien begeistert und laß mich von seinen Reizen ganz gefangen nehmen ohne jeden Widerstand. Bei euch Juristen kommen solche Gefangennahmen ja nur selten vor.»

Mein Drang, über alles andere hinaus, ging dahin, möglichst viele Gemälde im Original zu Gesicht zu bekommen und die Meisterwerke der Malerei quasi einzusaugen, wo auch immer ich sie finden möge. In diesem Belange kamen mir die Empfehlungen und Grüße, die ich von Prof. Walter Friedländer aus Freiburg für Dr. Johannes Wilde, den Direktor der italienischen Malerei im Kunsthistorischen Museum mitbekam, außerordentlich zu Hilfe. Darüber schrieb ich am 8. Mai 1931 an meine Eltern:

«Den einen Direktor des kunsthistorischen Museums Dr. Wilde besuchte ich auch, um ihm Grüße von Prof. Friedländer zu bringen. Es ist ein sehr feiner Mann, er machte mich darauf aufmerksam, daß ein Teil des Depots ebenfalls für Interessenten geöffnet ist, denn ein Museum sei nicht nur Schaustellung, sondern auch ein wissenschaftliches Institut.»

Noch ausführlicher über die Aktionen, überall Gemälde aufzuspüren und sei es auch bei den lockereren Beständen der Kunstauktionen, berichtete ich 12 Tage später meinem Bruder Thomas am 20. Mai 1931:

«Hier vermisse ich sehr sehr den Deinmeinigen, sagen wir Melone. Wer vornehm sein will, trägt die Melone. Doch trotzdem wohnte ich letzthin einer Kunstauktion bei. Saß unter Juden, Händlern, schönen Damen, Grafen, Taugenichtsen, Geldmännern und fühlte mich wohl, hatte ein achtsames Auge auf die Bilder, Zeichnungen, Miniaturen, und tat, wie mich die Sache etwas anginge, doch innerlich war ich wieder einmal der große Späher und Beobachter. Weniger vornehm war ich auf dem Stehplatz in der vornehmen Oper, doch ich wußte mit Würde und Eleganz mir einen guten Platz zu sichern. Es lohnte sich auch: Madame Butterfly. Dein Berliner-Stück, wenn ich mich recht entsinne.

Als Kenner ließ ich mir unter anderem eine Kirche zeigen, leuchtete mit einer Kerze die gut erhaltenen Bilder eines niederländischen Meisters um 1480 ab und war beglückt, etwas relativ unbekanntes vor mir zu haben.

Als Gelehrter ließ ich mir das Depot des kunsthistorischen Museums durch Protektion des Direktors Wilde zeigen. Nahm Kleiminger mit. Wie ein Pfau schritt er durch die Säle, der Philologe, der Erzphilologe. Der naive Bursche meinte, er lege auf die Herren Direktoren gar keinen Wert; der Schlauberger, mitgekommen ist er, das nächste Mal kann er an der Donau spazieren gehen oder mich von hinten ansehen oder ... Du bist im Bilde! Er ist ein Armer!

Hier gibt es viel zu sehen und zu erobern. Das Vergleichsmaterial liegt hier nebeneinander, das reizt den Historiker, aber auch im Depot kam die Fülle wieder zum Durchbruch. Ein Beispiel: Im Museum hängen 5 Landschaften eines Holländers, die neu und gewagt in der Erfindung sind für damals, im Depot sind sozusagen als Ergänzung und Erklärung dieses Phänomens elf weitere Landschaften ganz ähnlicher Art von dessen Bruder vorhanden. Man sieht hier eben nicht wie anderorts in Splittern, sondern in Komplexen. Dabei kommen die Vorlesungen ein wenig zu kurz, besonders die kunsthistorischen. Mit Vorliebe aber und Begeisterung höre ich die jungen Privatdozenten der Philosophie: Kainz und Garbeis.»

Nochmals über die Bilderauktion schrieb ich am 20. Mai an meine Eltern:

«Letzthin sah ich mir eine Bilderauktion an. Ein Canaletto erzielte den höchsten Preis von 4 500 Schillingen. Die Interessenten steigerten manchmal den Preis bei Stücken, die es eigentlich gar nicht verdient hätten, aber man muß, glaube ich, schon seiner Sache sicher sein, um nicht durch falschen Neid und Ehrgeiz Dinge zu teuer zu bezahlen, weil man sie dem anderen mißgönnt.»

Ergänzend zu den Schätzen des kunsthistorischen Museums, der ehemaligen kaiserlichen Sammlungen, besuchte ich noch die Kunstsammlungen der Adligen des Hofes, wie die Privatgalerien der Grafen Harrach oder Czernin. Der Gründer

Wien. Palais Schwarzenberg. Foto.

der Sammlung Harrach Graf Ferdinand Bon. Harrach war Ende des 17. Jahrhunderts Botschafter in Madrid. Sein Sohn Thomas Alois, der ebenfalls Botschafter in Madrid war, später Vizekönig von Neapel, erwarb zahlreiche Werke der neapolitanischen Schule. Friedrich Harrach, in der ersten Hälfte des 18. Jahrhunderts Obersthofmeister in Brüssel, erweiterte die Sammlung durch flämische und niederländische Bilder.

Über die Sammlungen des Grafen Lanckoronski und eine Besichtigung des Palais Schwarzenberg berichtete ich am 19. Juni 1931:

«Letzthin waren die Reichsdeutschen in der Sammlung Lanckoronski; im Palais des Grafen hängt jede Wand voll der seltensten Stücke. Im Vestibül schon ist ein Relief, das Phidias zugeschrieben wird, eine Athene mit dem Schilde, dann ein spätrömischer Sarkophag, mit Putten und Laubgewinden. Ahnenbilder der Familie von Vigée-Lebrun, ein Zimmer mit lauter Altdeutschen, von Holbein ein Portrait eines Herrn, von Bartel Bruyn eine Frau mit einer Nelke in der Hand. In einem Festsaal sind die Wände mit Fresken von Domenchino geschmückt, ein vollständiger Zyklus von 5 Szenen aus der Lebensgeschichte Apollos. Ein Hofrat, der Sachverwalter des Grafen führte uns und wußte hie und da nette Anekdoten zu erzählen. Z.B. hat die Sammlung ein Bild von einem Holländer Degger mit der Signatur Hobbema. Diese falsche Signatur wurde nicht erst später hinzugefügt, sondern Degger fälschte sie selber, da die Landschaften seines Rivalen Hobbema in Amsterdam mehr geschätzt wurden, obgleich er meinte oder da er glaubte, ebenso gut malen zu können wie der vielgepriesene Hobbema. Die berühmtesten Stücke sind eigentlich die Frühitaliener, die ein großes Kontingent der Sammlung stellen. Zwei Breitformate von Ucello erzählen die ganze Odyssee, in weiter Landschaft eine Begebenheit neben die andere gesetzt. Dies sind nur einige bekannte Stücke aus den vielen Schätzen des polnischen Grafen.

Die anderen Sammlungen sind leider nicht gerade jetzt zu besichtigen. Dr. Hahnloser (Assistent bei Julius von Schlosser und aus der Familie der schweizerischen Sammler von moderner französischer Kunst, die mein Vater von Zürich her gut kannte) fragte bei seinem Freunde Lederer an, aber dieser hat dafür begreiflicherweise keine Zeit, da er ganz noch in den Zusammenbruch des Bankhauses Auspitz hineinverwickelt ist, der für die ganzen hiesigen Finanzkreise ein schwerer Schlag gewesen sein muß. Das ist auch nicht so wichtig, wenn man sonst noch soviel zu sehen hat. Eine Übung von Swoboda (Karl Maria Swoboda, Professor an der Universität für Kunstgeschichte) fand im Palais Schwarzenberg statt, das heute auch noch bewohnt wird und eine Sehenswürdigkeit schon darum ist, da es von der Lebensweise der vornehmen Wiener Gesellschaft eine deutliche Vorstellung gibt.»

Meine erste Begegnung mit der barocken Deckenmalerei

In Wien hatte ich da und dort Gelegenheit, mich von der Illusionskraft der Deckenmalerei des Barock beeindrucken zu lassen. Entsprechende Berichte tauchen in meinen Briefen auf.

«Oder z.B. fuhren wir nachmittags vor die Stadt nach dem Schloß Hirschstetten, um dort eine Deckenmalerei anzusehen. Der Saal mit der Decke wird zwar bewohnt, doch der Besitzer, irgendein Baron zeigte es uns sehr freundlich und wußte nette Anekdoten darüber zu erzählen. Uns war es ein bißchen komisch, daß er den Barockraum direkt vom griechischen Tempel ableitete und zuletzt zum Schluß kam, daß es eine unbegreifliche Geschmacklosigkeit sei, daß Fürst Schwarzenberg an der gemalten Balustrade noch sein Wappen anbringen ließ.» (Brief vom 27. Juni 1931)

Die mögliche, mächtige und machtpolitisch notwendige Bedeutung von Wappen ging mir erst viel später bei meinen kunstgeschichtlichen Studien auf, als ich längst meine Person von solchen traditionellen Schmuckgelüsten freigesprochen hatte. Als ich mich intensiv mit den barocken Schlössern beschäftigte, erkannte ich immer deutlicher, welche hochwichtige Rolle die Wappen aller Art für die Legitimierung der feudalen Herrschaft spielen. Die Wappen sind Machtdeklarationen, sind Stempel und Zeichen der Machtansprüche, genauso wie die Titel. Über die Bedeutung der Wappen und ihre unwahrscheinlich vielfältige Anbringung im Bereich der barocken Schlösser habe ich in meinen Barock-Vorlesungen zwei Stunden lang ausschließlich gesprochen. Z.B. zählte ich am Schloß von Bayreuth alle Stellen auf, wo Wappen vorkommen, an dem Eingangsportal, an der Fassade, in den Zimmern, an den Möbeln, an den Betten, an den Bilderrahmen, am

Geschirr, an den Bucheinbänden, an den Uniformen.

Ein Residenzschloß ohne Staatswappen im Giebel der Stirnfront des Herrschertempels ist wie ein Mensch ohne Kopf.

Am 3. Juli schrieb ich an die Eltern:

«Jetzt muß ich schon ins Kolleg, in den Melkerhof [richtig: Mölkerhof], wo ein Deckenfresko besprochen wird von Maulpertsch, von einem ehemaligen Kapitän, der Kunstgeschichte angefangen hat zu studieren.»

Das Deckenfresko in der Kapelle ist nicht von Anton Franz Maulpertsch (1724–1796), sondern von Johannes Bergl (1718–1789).

Der Bericht vom 6. Juli ist am ausführlichsten:

«Letzte Woche war es so heiß, daß man nicht mehr wußte, was dagegen zu machen; es war auch der heißeste Tag des Jahres darunter und in Wien macht sich das nach allem besonders stark bemerkbar. Unsere Tour verschoben wir deshalb auch auf morgen, wo wir wieder viele Deckenfresken sehen werden, woran Österreich ja überaus zahlreich und reich ist. Hier ließen wir uns herrliche Stücke zeigen in der Alten Universität, die z.T. erst wieder ans Tageslicht kamen, da eine feindliche Zeit sie vorher übertüncht hatte. In den kühnsten Farbenzusammenstellungen schillern die Gegenstände in ihrer besonderen Perspektive von der Decke. Es hat so den Anschein, wie wenn diese Art Malerei im 18. Jahrhundert eine Spezialität Österreichischer Maler gewesen ist, die zuerst nur durch die Italiener ins Leben gerufen werden mußte.»

Ich erwähne diese erste Begegnung mit dem Phänomen der Deckenmalerei, da ich 7 Jahre später meine Habilitationsschrift über «Die manieristische Deckenmalerei in Mittelitalien» verfassen und manche Teile Italiens zu diesem Zwecke durchreisen und durchforschen werde.

Vorstoß zu den Ursprüngen der abendländischen Kunst in der römischen und altchristlichen Epoche

Über die Kenntnisse der Kunstmacht der Habsburger Donaumonarchie hinaus machte ich ergänzend noch einen Vorstoß, auch die Grundlagen in der Antike zu diesen späteren Kulturtaten in mich aufzunehmen. Dazu gaben die Lektüre und das Studium der diesbezüglichen Abhandlungen besonders über die römische Kunst Anlaß. Es waren von Franz Wickhoff «Die römische Kunst» und von Alois Riegl «Die Stilfragen», Berlin 1893. In den «Stilfragen» wurde zum ersten Mal die kontinuierliche Entwicklung eines Formmotives durch mehrere Jahrtausende hindurch verfolgt und aufgezeigt.

Ebenso intensiv studierte ich von demselben Alois Riegl «Die spätrömische Kunstindustrie nach Funden in Österreich-Ungarn. In Zusammenhang mit der Gesamtentwicklung der bildenden Künste bei Mittelmeervölkern dargestellt», Wien 1901. Es ist die Epoche vom Mailänder Edikt 313 n. Chr. bis zum Regierungsantritt Karl d. Gr. 768 n. Chr. ausgewählt. Obwohl dieses Werk von Riegl schon 30 Jahre vorher erschienen ist, so leistete es doch für die damalige Situation der Kunstgeschichte, als ich begann, mich ihr zu nähern und ihre Methoden kennen zu lernen, Grundlegendes und Vorbildhaftes. Dieses Buch mußte ich besitzen und schrieb darüber an meine Eltern im Brief vom 11. Juli 1931:

«Diesen Monat will ich mir Riegl: «Die spätrömische Kunstindustrie» kaufen, die zwar 45.– Schilling kostet, doch ich glaube dies gut aus dem Wechsel noch erübrigen zu können, wenn nicht noch besondere Ausgaben hinzukommen. Dies Buch hätte ich gerne, da dort Riegl seine Hauptthesen niedergelegt hat.»

In Riegls Abhandlung war u. a. auch die berühmte Handschrift aus der Spätantike, die sogenannte Wiener Genesis erwähnt und abgebildet, und so kam ich auf den Gedanken sie mir im Original anzusehen, denn dafür, um Originale anzusehen, war ich ja nun in Wien.

Wie es mir aber in diesem Falle erging, schrieb ich am 6. 6. 1931:

«Bevor diese Woche zu Ende geht, will ich über sie kurz Bericht erstatten. Sie verlief ziemlich ruhig ohne Seitensprünge außerhalb Wiens. So war ich gestern morgen auf der Nationalbibliothek und ließ mir die Photographien der sog. Wiener Genesis, der ersten christlichen illustrierten Handschrift, zeigen. Leider ist das Original nicht zugänglich und so mußte ich mich mit der Reproduktion begnügen, die auch noch ohne farbige Wiedergabe genügend Rätsel aufgibt. Es ist die älteste Illustrierung der Bibel, des Alten Testamentes und deshalb für die ganze christliche Kunst ausschlaggebend. Es ist begreiflich, daß die Stiftungsurkunde der christlichen Kunst nicht allgemein zugänglich ist. Dafür bekommt man in der Albertina, was man nur wünscht. Callot sah ich mir bis jetzt am genauesten an.»

Nun seien noch die Ausflüge in die nähere und weitere Umgebung von Wien aufgezählt.

Nach dem Brief vom 3. Juli 1931 fuhren Kleiminger und ich nach St. Pölten, Herzogenburg, St. Andreä und Gutenbrunn.

Über den Abstecher in die Wachau berichtete der Brief an die Eltern vom 29. Mai 1931. «Von Pfingstmontag an durchstreifte ich mit Kleiminger die Wachau, den Teil der Donau von Melk bis Krems, wo sich die Donau zwischen Bergen hindurchzwängen muß und sich so interessante Landschaftsaspekte ergeben. Besonders eindrucksvoll waren aber die Stifte und deren Kirchen. Melk war davon der Glanzpunkt. Nur schon seine Lage auf einem vorspringenden Hügel über der Donau thronend und vom Fluß noch von weitem sichtbar, wie mächtig hingestreckt das Stift daliegt, gibt von der Kühnheit der Bauherren eine Ahnung. Das Innere der Kirche ist aber dann vollends in seinem Auf und Ab, Vor- und Rückwärts der Bewegung kaum faßbar. Die Wände, die Decken biegen sich, nur die Pilaster geben den Augen Halt. Jegliche Fläche ist durch Malereien, Stukkatur oder Reliefs entwertet. Über eine Stunde sahen wir uns dieses Wunderwerk an, währenddessen in kleineren und größeren Gruppen einige hundert Sonntagsausflügler dies alles mit schnellem Blick erfaßten. Zu dieser Reise wurden wir veranlaßt, da es so schönes Wetter die Tage vorher war und es hielt auch an bis jetzt, wo es schon recht heiß ist.»

Vom 20. Mai 1931 liegt ein ausführlicher Bericht über die Besichtigungen von Schloß Laxenburg, Klosterneuburg und der Burg Kreuzenstein vor.

«Hier ist auch immer etwas los. Das eine drängt das andere. So waren wir am Auffahrtstag in Laxenburg, dem Lustschloß der Maria Theresia, das mit einer Front in das Dorf sieht und mit der anderen in einen großen englischen, romantischen Park; früher waren im Sommer dort große Hoffeste und nun ist es ein Ausflugsort biederer Wiener und fremder Engländer und ein Teil der Parkwiese ist zum Pferderennplatz umgewandelt. Doch überall wird man trotzdem an die vornehme Vergangenheit des Wiener Gesellschaftslebens erinnert. An andern Ausflügen außerhalb der Stadt wäre noch eine kunsthistorische Führung von Prof. Swoboda in Klosterneuburg zu erwähnen. Sie war am Sonntagmorgen unter großer Teilnahme; einen Teil der Leute führte Hahnloser, der alles sehr nett erklärte, aber seinen Schweizerdialekt dadurch verbergen zu müssen glaubte, indem er jede Silbe getrennt aussprach. Wenn man aber den Schweizer nicht am Wort oder am ganzen Satzakzent erkennen sollte, so tat man es eben an der einzelnen Silbe. Anschließend ließen Kleiminger und ich uns auf Anraten Hahnlosers über die Donau übersetzen, um Burg Kreuzenstein zu besichtigen. Ein gewisser Graf Wilček hat da aus allen Ländern eine reichhaltige Kunstsammlung zusammengetragen, die Burg dazu extra gebaut. Doch als Ensemble machte die Sammlung oder besser das Sammelsurium den Eindruck ähnlich, nur in bedeutenderem Ausmaß, wie die von Herrn Blum in Zürich. Er hat z.B. in seine Burg eine halbe gotische Kirche eingebaut, viele Waffen, Siegel zusammengetragen; das schönste ist ein Familienbild von Strigel.»

Der unumstrittene Höhepunkt der Ausflüge und zugleich der Abschluß des Wiener Semesters war eine Fahrt nach Budapest.

Darüber berichtete ich meinen Eltern am 13. Juli 1931 von Budapest aus, aus dem Grand Hotel Esplanade Nagyszalloda, III. Zsigmond Ucca 38–40:

«Liebe Eltern. Von hier aus will ich Euch nur kurz berichten, wie es uns in Ungarn ergeht. Gestern hatten Wolfgang und ich mit dem dritten Studenten, mit dem Wolfgang die Motorradfahrt machen wollte, eine lange 12stündige, doch in der Eintönigkeit der Landschaft, mit der ostischen Internationalität der Reisenden und ihrer wirren Sprachen eine seltsam schöne Fahrt. Vor der Abfahrt des Schiffes überflog noch der Zeppelin die Donau. Dies und die am Fluß stehenden Kuh- und Pferdeherden, die kleinen Dörfer und Gehöfte, die breiten Mühlräder

Willem Buytewech. Lustige Gesellschaft. Gemälde.

am Ufer bildeten die einzige Abwechslung. Abends war die Einfahrt in die Stadt imposant durch das Lichtermeer, das in Ofen von den Höhenzügen erstrahlte. Die Lage an der beträchtlich breiten Donau gibt der Stadt etwas ganz besonderes. Am Ufer stehen die großen Amtsgebäude, vor allem tritt der Riesenbau des Parlamentes hervor. Vor ihm das große Denkmal des Nationalhelden von 1848 Kossuth mit seinen Ministern. An allem sieht man, daß es eine neue Hauptstadt ist, die erst darauf hin kurz angelegt wurde.

Die Hauptsache, das Museum, hat wider Erwarten viele ausgewählte Stücke. Italiener, ein Bildnis von Sebastian del Piombo, eine reiche Auswahl von Primitiven Italienern, ein Bildnis von Giorgione, dann wurden 4 Tafeln vom «Messkirchi mester» hierher verschlagen mit anderen Altdeutschen. Besonders interessante und gute holländische Gesellschaftsstücke sind noch da, um in Auswahl das anziehendste zu sagen. [Das Gemälde der Tischgesellschaft von Willem Buytewech (um 1585–1630) werde ich 6 Jahre später in meiner Dissertation «Das holländische Gesellschaftsbild», 1937, abbilden.] Zuletzt werden wir noch mit dem Assistenten des Museums bekannt, der uns die Neuerwerbungen zeigte. Es war wirklich ein sehr sehenswertes Museum, das wahrscheinlich wegen seiner abseitigen Lage zu wenig geschätzt wird. Morgen werde ich es nochmal 3½ Stunden besuchen und dann nachmittags nach Wien zurückkehren. Am Donnerstag München. Dann aber habe ich den schönsten Teil der Ferien gehabt und werde mich zur Verdauung all dieser Dinge nach Stockach zurückziehen, worauf ich mich jetzt schon im Stillen freue. Der Name Grand-Hotel ist ein wenig sehr übertrieben, doch das Zimmer ist sauber.»

Der 50. Geburtstag meiner Mutter am 16. Mai 1931 und das Doppelportrait der zwei Studenten

Als meine Mutter in Karlsruhe ihren 50. Geburtstag feierte, war ich mitten im Semester und daher abwesend.

Doch übersandte ich, wie es für solche Familienanlässe bei mir seit eh und je Brauch war, ein Geschenk aus der Werkstatt meiner Ideen, die mich in dieser Zeit gerade besonders intensiv interessierten. Ich verfertigte also einen Aufsatz, zu dem ich durch den Besuch im kunsthistorischen Museum in Wien angeregt wurde. Ich wählte das mir besonders anziehend vorkommende Thema: «Farbstudien bei den Venezianern des Kunsthistorischen Museums zu Wien.» Dazu sei bemerkt, daß ich gerade vor einem Jahr auf der Pfingstexkursion des kunstgeschichtlichen Institutes der Universität Freiburg 1930 selber in Venedig war.

In meinem Aufsatz stellte ich im ersten Satz fest: «Das Gebiet der Farbe ist überall heiß umkämpft, wo auch immer es betreten wird.» Ich bin der Ansicht: «Bislang wurde die Farbe kaum als künstlerischer Ausdruck, verankert im Rieglschen Kunstwollen, im Zusammenhang mit anderen Darstellungskomponenten des Bildes oder als gesonderte Frage allzu große Aufmerksamkeit geschenkt.» «Die Entwicklung der Farbe ist zugleich ein Teil der Geschichte des europäischen Geistes und aus diesem Gebiet soll nur die Epoche der venezianischen Malerei im Beginn des Cinquecento herausgenommen werden.»

Ich beginne mit dem sechsteiligen Altarwerk von Antonio Vivarini von 1441, wo «die Farbe noch mit den Dingen identifiziert ist».

Giovanni Bellini «verstärkt die Schatten und bringt Farbenzusammenstellungen, die näher beieinander sind im Farbkreis.»

Über Bellinis Schüler Palma Vecchio schreibe ich: «Palma Vecchio sucht dann innerhalb der gegenständlichen Farbe noch größere Gegensätze und Abwandlungen auf und zertrümmert sie dadurch teilweise.»

«Das Gesetz, das Leonardo noch in seinem trattato della pittura aufstellt, daß der Schatten durch Beimischung von Schwarz zu geben sei, ist hier gründlich durchbrochen. Die gleiche Substanz wird durch verschiedene Farben dargestellt, je nachdem sie beleuchtet wird.»

Von Palma Vecchio gehe ich über zu Tizian.

Zuerst führe ich noch einen Vergleich zwischen den Landschaften des Giovanni Bellini und des Tizian durch. Beim «Ecce homo» von 1543 von Tizian fällt mir auf, daß «das Bild mit einem grauen Gesamtton überzogen» ist. Zugleich bemerke ich, wie hier «die Farbe selbst in die inhaltliche Dramatik eingreift und an der Handlung der Personen im Bilde regen Anteil nimmt». Dabei komme ich zur Feststellung: «Die Farbigkeit der Personen wird ihrer kompositionellen Wichtigkeit unterstellt. Die Farbe geht mit der Aktion überein, klärt die Aktion und nicht mehr die Form; sie (die Farbe) erwachte zu selbständigem Leben.»

Die Abhandlung endet im Resümee: «Das war unbestritten die Tat der Venezianer, die im Verlauf der späteren Geschichte der Malerei, sobald Fragen der Farbe zu beantworten waren, jeweils zu Rate gezogen wurden. Florenz wurde auf dem Gebiete der Farbe überflügelt und seine Hegemonie, die es im Quattrocento ohne Nebenbuhlerin behaupten konnte, war durch Venedig gebrochen.»

Diesen fein säuberlich mit der Hand geschriebenen Aufsatz ließ ich in einen weißen Einband mit roten Ecken binden, bevor ich ihn absandte.

Ernst Würtenberger. «Die zwei Studenten». Gemälde. 1931.

Den Gabentisch meiner Mutter schmückte noch ein Geschenk, an dem ich allerdings nur mittelbar beteiligt war. Ich meine das Gemälde des Doppelbildnisses, das mein Vater Frühjahr 1931 von meinem Bruder Thomas und von mir malte.

Meine Eltern, und besonders mein Vater, hatten eine sichtbare Freude, daß seine zwei «Buben», wie er uns nannte, auf der Universität studierten. Zugleich war es für meinen Vater eine familiengeschichtliche Genugtuung, daß seine Söhne das erreichten, was z. B. seinem Onkel Franzsepp, der Naturwissenschaft und Bauerntum untrennbar in mühsamem Doppelleben vereinigte, verwehrt blieb: nämlich die Loslösung zum hauptamtlichen Gelehrtentum.

Das Doppelportrait, «Die zwei Studenten» genannt, ist ein Halbfigurenstück. Thomas ist ins Profil gesetzt als Lesender dargestellt, eifrig in seine Lektüre vertieft. Ich sitze en face neben ihm am Tisch, stütze meinen Arm auf und blicke gedankenvoll zum Beschauer gewendet vor mich hin.

In der gegenständlichen Komposition ist meinem Bruder Thomas das Buch zugeteilt worden und mir das Gemälde mit dem vom Bildrand überschnittenen Bilderrahmen. Es ist die «Ideenplatte» der Malerei, der ich meine vollste Aufmerksamkeit in meinen kunsthistorischen Überlegungen zukommen ließ.

Dieses Doppelbildnis war zugleich eine Huldigung an meine Mutter, wie auch an das Studentendasein des Bruderpaares. Thomas wie auch ich geben uns eifrig und unbeirrt dem Studium des jeweiligen Wissensgebietes hin. Genau in einer solchen Atmosphäre der Geborgenheit durften wir zu den Weltdingen und zu uns selber kommen und Stellung beziehen. Insofern ist dieses Doppelbildnis Ausdruck und Zeugnis des Elternhauses, in dem über den ohne Zweifel auch notwendigen und nie leicht genommenen äußeren Tagesfragen die innere Disziplin des konzentrierten Denkens und Überlegens den unumstrittenen, selbstverständlichen Vorrang hatte.

Damit ich auch in Wien den neuesten Stand des Aussehens und Ergehens meiner Eltern, der Adressaten meiner Briefe und Postkarten, kannte, sandte mir meine Mutter am 25. Juni 1931 eine Postkarte mit einem Bild, das sie zeigte, wie sie ein Straßenphotograph beim Spaziergang in Karlsruhe im Vorbeigehen auf dem Kaiserplatz beim Mühlburger Tor aufgenommen hatte. Es ist eines der ungezwungensten und unmittelbarsten Fotos meiner Eltern. Sie sind in Harmonie stehengeblieben und schmiegen sich eng aneinander. Meine Mutter hält ihre Tasche vor sich hin, und mein Vater stützt sich auf seinen Spazierstock. Und beide lassen vergnügt gelassen das Fotografiertwerden mit sich geschehen.

München

Wintersemester 1931/32

Heimreise von Wien und Projektierung des Wintersemesters in München.

Am 11. Juni 1931 denke ich schon wieder an die Beendigung meines Wien-Aufenthaltes und äußere meinen Eltern gegenüber die Absicht: «Auf der Heimreise möchte ich noch gerne wieder einen Aufenthalt in München machen von 2 Tagen, um dort zur Ergänzung von Wien die Alte Pinakothek und besonders die dortigen Rubens anzusehen... Daß man schon wieder wegen der Heimfahrt Pläne schmiedet, kommt mir eigenartig vor, da das Semester hier so schnell vergeht. Das eine macht dem anderen Platz, ohne eine Pause dazwischen zu schieben...»

Bei der angekündigten Heimreise von Wien kam ich in München gerade noch zu recht, um eine Vorlesung von Wilhelm Pinder mitanhören zu können und entschloß mich aus solchen Prämissen heraus, das Wintersemester dort zu verbringen. Denn ich glaubte, daß dort ebenfalls anregende und wertvolle Erkenntnisse und Einsichten zu sammeln wären.

In München hatte ungefähr 38 Jahre vorher um 1891 mein Vater schon an der Akademie der Bildenden Künste studiert, und jetzt war ich im Begriffe, mich in derselben Stadt unter kunsthistorischem Vorzeichen dem damaligen Zeitgeist von München hinzugeben.

Gegenüber Wien war in München ein flotterer und aufgeweckterer Betrieb. In Wien ging der Betrieb der Kunstgeschichte ziemlich geruhsam und ohne großes Aufsehen vonstatten. In stillen alten Hörsälen trugen die Professoren ihre Vorlesungen pflichtgemäß vor.

Man spürte allenthalben noch die Nachwirkungen des Ersten Weltkrieges. Es gab Professoren, die zu meinem Erstaunen bei der Sommerhitze in leichten Turnschuhen ins Kolleg kamen, trotzdem hatten sie aber den besten internationalen Ruf. Da lernte ich kennen, daß äußere Schale und innerer Kern von Persönlichkeiten in schwieriger finanzieller Lage zwei völlig getrennte Dinge sein können.

Über die Etappen des Einlebens in München geben drei Postkarten an meine Eltern, je in Abständen von wenigen Tagen, Auskunft. Die erste Postkarte ist datiert vom 31.10.1931: «Liebe Eltern. Gestern bin ich gut angekommen. Es hat den ganzen Tag geregnet und gestürmt. Im Bayrischen liegt überall schon Schnee. So auch hier, der Englische Garten ist weiß. Heute morgen ist schon kalter und klarer Winterhimmel. Bei Giersbergs habe ich ein nettes Zimmer. Ich glaube, es ist das Zimmer neben dem, das Thomas früher hatte. Es ist dort ein anderer Mieter. Jetzt gehe ich auf die Uni. Herzliche Grüße von Eurem dankbaren Franzsepp. NB. Angesichts des Regens habe ich ein Taxi für 2.50 genommen.»

Die zweite Postkarte nach fünf Tagen ist datiert vom 4.11.1931:

«Wohl bin ich schon über eine halbe Woche hier und allzu viel hat auch hier bei mir sich nicht ereignet. Eingelebt hatte ich mich bald, denn mein Zimmer ist wohnlich, an besonderen Möbeln wäre ein Sofa und ein Lehnrohrstuhl als angenehm zu erwähnen. Giersbergs, die alles recht machen wollen; einen neuen kleinen Ofen haben sie für mich gekauft, der gut heizt; lassen Euch und Thomas grüßen. Heute haben die Vorlesungen so richtig begonnen. Im archäologischen Seminar bekam ich schon ein Referat zugeteilt über ein griechisches Relief (ein Zentauern- und Lapythenkampf). Außer dem Grafen Waldburg habe ich noch keinen früheren Bekannten getroffen. An anderen kunstbeflissenen Philologen fehlt es zwar deshalb nicht. So beteiligen sich bei Stange (Prof. Alfred Stange) etwa 120 an den Führungen durch die Neue Pinakothek. Die Französische Literatur des 20. Jahrhunderts bei Vossler ist ein Genuß. Das erste Mal mußte sogar eine deutsche Dogge das Getrampel zur Erheiterung verstärken. Die Kultursoziologie der Renaissance fällt leider aus! – Wegen des Körbchens, es pressiert keineswegs. Könnte man vielleicht die Schlittschuhe mitschikken? Wenn es kälter wird, jetzt ist gerade Tag für Tag sonnig und über Mittag warm, würde ich gerne fahren. Thomas wünsche ich guten Erfolg und Weiterarbeit, Monika gute Nothelfer (meine Schwester entwarf gerade damals einen Wandbehang dieses Themas) bunt oder gedämpft. Herzliche Grüße an Euch alle von Franzsepp.»

Die dritte Postkarte nach 8 Tagen ist datiert vom 12.11.1931:

«Jetzt erst geht alles seinen richtigen Gang. So brauchte es einige Schwierigkeiten zu überwinden, in das Pindersche Seminar zu kommen, da ich erst 4. Semester bin und eigentlich nur vom 6.ten ab man aufgenommen wird. Aber es ging trotzdem. Es geht über Ornamentik, wo ich ja schon in Freiburg bei Friedländer im Seminar war. In München gefällt es mir gut, aber ich glaube nicht, daß es die Universität zum fertig machen sein wird. Die Vorlesungen bei Buschor sind sehr gut und machen mir auch am meisten Spaß.»

In München war gegenüber Wien die Zahl der Kunsthistoriker wesentlich höher, und die Vorlesungen der Kunstgeschichte waren gleichsam ein gesellschaftliches Ereignis. Bei den zahlreichen Kunsthistorikern gab es vornehme Zirkel; besonders denjenigen, der sich um die Person des Prinzen von Hessen scharte.

Zu den großen Galavorlesungen von Wilhelm Pinder (1878–1944) im Auditorium maximum strömte alles aus der Stadt, was etwas auf ästhetische Bildung hielt, zusammen. Es gab über das rein Wissenschaftliche hinaus gewissermaßen eine treue Anhängerschaft von Pinder-Verehrern. Denn in München wollten alle den Redner Pinder erleben, der von gedanken- und geistreichen Einfällen sprühte.

Mir selber war Pinders Kunstbetrachtungsweise ein Schuß

Prof. Dr. Wilhelm Pinder in München. Foto. 1931.

zu psychologisch-gefühlvoll spritzig. Die Geistesgeschichte und die allgemeinen philosophischen Hintergründe der Kunstwerke kamen für meine Erkenntnisziele zu kurz. Insofern fand ich dort nicht im vollen Ausmaße das, was ich mir von einem Lehrer erhofft hatte. Deshalb blieb ich auch nur ein Semester in München.

Dies soll aber nicht heißen, daß ich im Pinderseminar nicht einsatzfreudig mitgearbeitet hätte. In den «Übungen über Ornamentik von 1550–1750» lernte ich viel über Entwicklungsstadien einer an sich abgelösten Formenwelt, wie sie die Ornamentstiche vertreten; ein Gebiet, das mich stets sehr anzog. Ich übernahm ein Referat über den Ohrmuschelstil und erntete von Pinder auf dem Belegschein das Lob, daß es sich um «eine sehr wertvolle Arbeit» handle.

Neben Pinder war Ernst Buschor im Fache der Archäologie die große Koryphäe. Dessen bekanntes Buch «Die Griechische Vasenmalerei» kannte ich schon von der Knabenzeit her und war davon begeistert. Bei Buschor hielt ich ein Referat aus dem Gebiete der griechischen Plastik. Über den Verlauf meiner Ausführungen gab ich meinen Eltern am 23. Januar 1932 folgenden Bericht:

«Letzten Mittwoch hatte ich das Referat bei Buschor über das geheimnisvolle Relief am Theseion in Athen in der Gipsabgußsammlung. Es war gut, d.h. wie es über eine Sache sein kann, bei der bis jetzt keine endgültige Lösung gefunden wurde. So mußte ich mich auf das Tatsächliche stützen und die einzelnen Aktionen der steineschiebenden Männer erklären. Die Teilnehmer waren unglücklich darüber, daß für die realiter unmöglichen Szenen keine Lösung gegeben werden konnte.

Buschor selber hatte darüber einmal etwas veröffentlicht, und ich hatte es vorher nicht gelesen, aber er konnte da auch nur fruchtlose Hypothesen vorbringen, und so war er mit meiner sachlichen Behandlung des Stoffes zufrieden.»

Wenn ich auch in München kein Pinderschüler im eigentlichen Sinne wurde, so ließ ich mich späterhin immer wieder von Pinders Gedankenwelt, von seinem historischen Feingefühl und seinen Einfällen anregen und kam in meinen Forschungen und Überlegungen auf ähnliche Pfade, wie Pinder in seinen Schriften sie beging. Pinder schrieb u.a. einen Aufsatz «Die Romantik in der deutschen Kunst um 1500». (Das Werk des Künstlers. Kunstgeschichtliche Zweimonatszeitschrift 1939/40. Stuttgart). Von meinen Forschungen her kam ich dann später zu einem ähnlichen Vergleich, wobei die Polaritäten ebenfalls die altdeutsche Malerei und die Romantik waren, aber ich schaltete zwischen das 16. Jahrhundert und die deutsche Romantik um 1800–1850 noch die holländische Gattungsmalerei als Verbindungsglied ein, das man auch nicht übersehen sollte. Auf diese Brücke legte ich deshalb Wert, da die holländische Malerei des 17. Jahrhunderts mein spezielles Forschungsgebiet war und ich gleichsam Vorheriges und Nachheriges dazu ergänzte. Darüber hielt ich 1943 einen Vortrag in der Kunstwissenschaftlichen Gesellschaft in Freiburg unter dem Titel «Altdeutsches in der holländischen Malerei und Holländisches in der deutschen Romantik».

Für meine Arbeiten über das Verhältnis von Malerei und Musik war mir der Exkurs in Pinders Buch «Das Problem der Generationen in der Kunstgeschichte Europas» (1928) ‹Künste als Generationen› höchst wertvoll und anregend.

Viel später erst vermochte ich die Genialität des Blauen Buches von Pinder «Rembrandts Selbstbildnisse» (1943) zu ermessen. Das Problem des Lebenslaufes interessierte mich daran, und für meine diesbezüglichen Forschungen war mir dieses Buch Stütze und feste Handhabe.

Wie in Wien habe ich selbstverständlich auch in München die Ausflüge in die nähere Umgebung unternommen, um die Kenntnis der Kunstdenkmäler in der Stadt München selber zu erweitern. Aber als historischer Städtekosmos im Ganzen konnte mich das kurfürstliche und königliche München nicht so sehr faszinieren wie das unvergleichlich geschichtsträchtigere kaiserliche Wien.

Ebenfalls am 23. 1. 1932 schrieb ich an meine Eltern über das Vorhaben, mit meinem Klassenkameraden aus meiner Karlsruher Gymnasiumszeit, Bertold Spuler, nach Freising und Moosburg zu fahren:

«Morgen fahren Spuler und ich nach Freising und nach Moosburg, das ziemlich beieinander liegt. In Freising ist besonders der Dom zu besichtigen und in Moosburg ein riesiger Schnitzaltar von Hans Leinberger von 1513/15.»

Im Brief vom 16. 2. 1932 an die Eltern berichtete ich davon, daß ich eine Fahrt «Nach Ebersberg, Wasserburg und dem berühmten Rott am Inn» gemacht habe.

B. Spuler, Künzle. F. S. W. Wasserburg am Inn. Foto. 1932.

Dann aber bin ich in Erwartung, die Wies aufzusuchen. Darüber schrieb ich im selben Brief:

«Als letzte größere Unternehmung fahre ich nächsten Sonntag voraussichtlich in die Wies. Es ist zwar ein bißchen weit, die Wies liegt über dem Starnberger See, aber es ist sicher lohnend, denn die Wies ist ein Hauptwerk des bayrischen Rokoko und wenn ich das noch gemacht habe, habe ich einen richtigen Begriff von bayrischem Barock. Diese Bauten kann man nur durch Autopsie richtig kennen lernen. Die Werke um München habe ich ja nach und nach mit Spuler gemacht. Gestern über die Mittagspause fuhr ich nochmal nach Berg am Laim mit der Straßenbahn raus. Daß ich das bayrische Gebiet so doch noch einigermaßen kennenlernte, ist eine wertvolle Ergänzung zu den österreichischen Werken dieser Art.»

Über den vollzogenen Besuch der Wies berichtete ich dann am 26. 3. 1932:

«Letzten Sonntag war ich wirklich noch auf der «Wies», um die dortige Wallfahrtskirche anzusehen. Es handelt sich um eine der spätesten Barockkirchen, wo man noch von eigentlichem architektonischem Aufbau sprechen kann, aber die Wände und jede Raumbegrenzung in hohem Maße negiert wird. Ich machte die ein wenig umständliche Tour mit einem anderen Kunsthistoriker zusammen, der auch sich mit einer Preisarbeit herumschlägt. (Wie es in jener Zeit mein Bruder Thomas in seinem juristischen Fachgebiet getan hat.) Es war ein schöner kalter Tag. Zwei Stunden mußten wir durch den Schnee wandern, was sehr seinen Reiz hatte, auch ohne Ski. Und dann kehrt man auf dem Berg ein zu einer Suppe und besichtigt die Kirche. Abends hatten wir dann wieder den gleichen Marsch ins Tal. Dies war ohne Zweifel der schönste Ausflug des Semesters. Morgen mittag wollen Herr Endres und ich nach Fürstenfeldbruck fahren; die letzte Exkursion.»

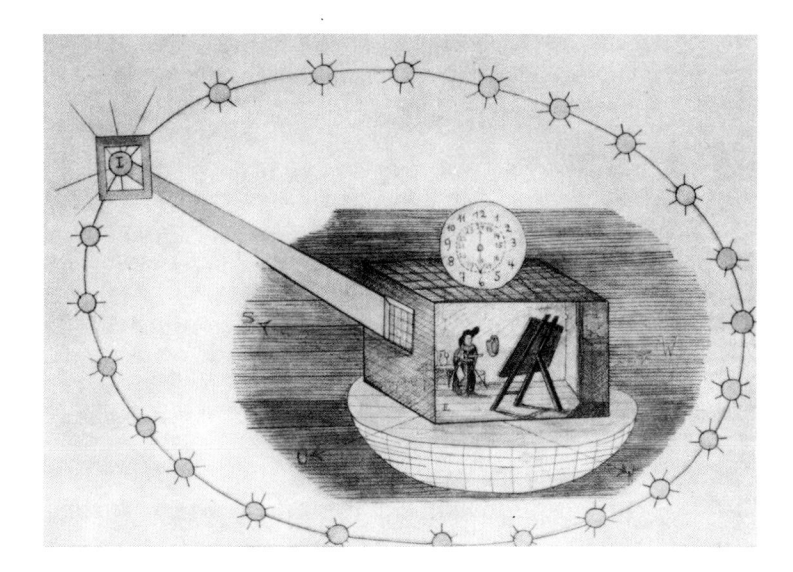

F. S. W. Das Atelier Rembrandts mit dem Lauf der Sonne.

Die Einschätzung der «Wies» hatte im Verlaufe meiner Beurteilung der geistigen Hintergründe von kirchlichen Bauwerken große Wandlungen erfahren.

Eine ganz neue Sicht vermittelte mir Carl Lamb mit seinem Buche «Die Wies», München 1948, besonders das Kapitel «Der Raum im kreisenden Licht. Lichtwirkungen im Ablauf des Tages. Künstlerische Einbeziehung des Sonnenlichtes». Dort ist der großartige Versuch unternommen, den Innenraum und die Figurenplastiken der Heiligen der Wies unter das Gesetz des täglichen Sonnenlaufes zu stellen und in dieser Form der Vergänglichkeit zu sehen. Ähnliches hatte ich in den theoretischen Zeichnungen zu meinem Buch «Weltbild und Bilderwelt» mit Rembrandts Atelier ausprobiert. Dort ließ ich um Rembrandts Ateliergebäude die Sonne kreisen und demonstrierte die Wirkung des Sonnenstandes auf seine Gemäldeorganisation des Hell-Dunkels.

Durch die «Auflösung» der Substanz des Baues der Wies erhält das an sich feste Kirchenbauwerk in seinem Vergänglichkeitscharakter eine weltethisch suspekte Note.

Die Art der neuartigen Bau- und Raumanalyse durch Carl Lamb imponierte mir, und ich wurde mit ihm aufs beste bekannt. Über seine Begegnungen mit mir berichte ich im Brief an meinen Bruder Thomas, indem ich ihn über den Kunsthistorikertag in München 1949 informiere, folgendermaßen:

«Mit Maestro Lamb, dem ‹Die Wies›-Lamb feierte ich römisches Wiedersehen. Einen Abend war ich bei ihm eingeladen mit 10 anderen Leuten und da führte er tolle Farbphotos (Konkurrenz zu Gmelin!) vor und erklärte die einzelnen Tiepolos ganz herrlich. Dies war der allergrößte Genuß und dabei habe ich am meisten gelernt. Schade, daß wir nicht mehr zusammen sein können.»

Nach weltethischem Maßstab messe ich dann die Erschei-

Die Barockkirche «Die Wies».

nungsform des religiösen Architekturgebildes und Kunstgebildes der Wies sehr scharf in meinem Manuskript «Das Anti-Technische Museum» (1979) im Kapitel «Antireligiöse Fehlentwicklung der neuzeitlichen Kirchenbau-Programme». Dort schreibe ich über die Wies:

«Bezüglich der Festigkeit des Ewig-Ruhenden findet das Denken im Ganzen immer mehr Einbuße!

In der Wies schon brach der ethische Gegenpart des Anti-Religiösen zum Ewig-Konstanten, Überirdisch-Bleibenden immer mehr herein und die Vergänglichkeit, die Zeit, der reale Sonnenlauf war entscheidender als das unerschütterliche A und O: das ewig gültige Seelenheil.

Die plastisch starke Architektur und die Plastiken der Heiligen wurden die Opfer des profanen, naturwissenschaftlichen Vanitas-Sonnenlaufes. Dafür zeugt die Bedeutung des Chronos neben dem Tor der Ewigkeit an der Decke. Es soll nicht nur das Tor, die Möglichkeit, die Vorbereitung zur Ewigkeit in dem Kirchengewölbe dargestellt werden, sondern das

Gewölbe soll das ewige Himmelsgewölbe selbst verkörpern. Es ist Unsinn und Un-Bereichs-Hieratisch, oben im Gewölbe, im Himmelsgewölbe *irdische* Erde, irdischen Erdboden, das Niedrige und Unteres darzustellen! Dies ist *Verrat* am Symbol des Ewigen und Ganzen des Himmels!

Das zeigte Carl Lamb in seinen Forschungen, daß der heilige Bau in den Sog des Contra-Religiösen gestellt wurde und von seiner Substanz Erheblichstes verlor!

Wie unsinnig und religiös falsch und theologisch wertlos, verführerisch-leichtsinnig die Himmelsvorstellung im Rokoko in der Deckenmalerei gehandhabt wurde, darüber berichtet die Abhandlung von Hermann Bauer ‹Der Himmel im Rokoko. Das Fresko im deutschen Kirchenraum des 18. Jahrhunderts›, Regensburg 1965.»

Auf einer Postkarte vom 10. Februar 1932 meldete ich von einem Ausflug nach Diessen:

«In Diessen habe ich mir ein Hinterglasbild erstanden. Eine Hl. Dreyfaltigkeit. Allerdings im National-Museum sah ich noch schönere Exemplare aus dem Rococo.»

Zu den Hinterglasbildern hatte ich ein besonderes Verhältnis. Ich verfertigte selber einige und schrieb im «Überlinger Kalender» von 1930 einen kleinen Aufsatz über Hinterglasbilder. Das Diessener Hinterglasbild der Dreifaltigkeit hängt heute als Supraporte über meiner Studierstubentüre.

Hamburg

Sommersemester 1932

Der Entschluß, das nächste Semester, das Sommersemester 1932, nach Hamburg überzusiedeln, reifte in mir schon in München am Ende des Wintersemesters.

Die erste Notiz, die von solch einem Plane Kenntnis gibt, erscheint in dem Brief vom 29.1.1932 von München aus an meine Eltern. Ich begründete mein Vorhaben mit folgenden Erwägungen:

«Wenn ich eventuell doch nächstes Semester nach Hamburg gehe, ich lese momentan alles, was ich gerade von Panofsky erwischen kann und seine ganze Art möchte ich doch von ihm selber näher kennen lernen, denn er geht auf das Inhaltliche mit einer Schärfe los, das sonst niemand außer ihm so tut, [...] Zunächst geht mir Florenz im Kopf herum und da kann die systematische Vorbereitung beginnen.»

Die Erwähnung von Florenz bezieht sich auf die Absicht, in den Ferien zwischen Winter- und Sommersemester vier Wochen mit meiner Schwester Monika Florenz zu besuchen.

Vier Tage später, am 3. Februar 1932, wird in einem Brief an meine Eltern der Plan nach Hamburg zu gehen, noch konkreter vorbereitet. Dort berichte ich:

«An Hamburg denke ich eigentlich immer ernstlicher. Ich ließ mir die Vorlesungsverzeichnisse kommen und Panofsky liest wieder und zwar über französische Kunst des 17. und 18. Jahrhunderts wie der Privatdozent über französische Kunst des 19. Jahrhunderts. Also ein ganzer Zyklus über französische Kunst. So viel wie hier (d.h. in München) wird nicht gelesen, aber dafür kann man alles belegen. Bei den Übungen für Fortgeschrittene bei Panofsky zusammen mit Prof. Saxl, der dieselbe ikonographisch-formgeschichtliche Anschauung hat, wird Latein und Italienisch vorausgesetzt. Das Italienische kann ich bis dorthin ja noch vervollständigen.»

Unter den gegebenen Umständen war es unumgänglich: ich mußte nach Hamburg, um meine Erwartungen und Wünsche erfüllt zu sehen.

Wie ich es in Freiburg und in Wien getan hatte, so berichtete ich über meine Ankunft und Unterkunft in Hamburg meinen Eltern auf einer Postkarte vom 30. April 1932. Die Reise unternahm ich diesmal zusammen mit meinem Klassenkameraden Bertold Spuler, mit dem ich in München zusammen war und der sich ebenfalls Hamburg zum Studienort erkoren hatte und später dort Ordinarius für orientalische Sprachen und Geschichte geworden ist.

«Liebe Eltern! Bei gutem Humor sind wir gestern abend hier angekommen. Mit dem Taxi fuhren wir gleich mal in die Wohnung Spulers, die ganz in der Nähe der Universität liegt. Spuler hat ein nettes Zimmer. Die Wirtin empfahl mir ein Zimmer im gleichen Haus bei Majorsleuten (ein Stock höher, also 3.), das ich heute morgen ansah und auch genommen habe für 25.– Mk mit Frühstück. Wohl so billig, weil ein ungeheures Angebot besteht. Die Lage ist wirklich sehr gut; das Zimmer geht in einen Hof mit Bäumen. (Zur Ergänzung der Charakterisierung meines Zimmers schreibe ich an meine Eltern auf einer Postkarte vom 3. Mai 1932: «Mit dem Zimmer bin ich zufrieden, nur die Schuhe muß ich selber putzen, das will Frau Mayor nicht machen, früher habe sie 3 Dienstboten gehabt. Herr Mayor muß dies auch machen, sicher aus Prinzip.») Die Immatrikulationsformalitäten habe ich Gott sei dank schon hinter mir. War schon im kunsthistorischen Seminar. Panofsky war noch nicht hier, habe nur eine Studentin getroffen, die hier im Kupferstichkabinett Assistentin ist, doch war es gut, daß ich schon jetzt hier bin. Die Sammlungen sind wider Erwarten reich.» (Adresse: Hamburg, Grindelallee 6III bei Mayor Klinckhammer).

Vier Tage später ist es soweit, daß ich meinen Eltern über die erste Begegnung mir Panofsky (1892–1968) berichten kann:

«Hamburg, den 3. Mai 1932. Liebe Eltern! Der Universitätsbetrieb hat schon richtig begonnen. Für das Seminar von Panofsky bin ich aufgenommen. Er fragte mich, ob ich derjenige sei, der unter dem Namen «Würtenberger» schon etwas veröffentlicht habe, worauf ich ihn über den richtigen Sachverhalt aufklärte. Die Anfängerübung war bei ihm schon so, daß er sein ganzes Programm entwickelte und das mir sehr treffend scheint. Darüber später mehr.» Dann füge ich noch hinzu, welche Bücher mir aus meiner Bibliothek geschickt werden sollen: «Ich habe noch einige Bücherwünsche, die im Koffer mitgeschickt werden können. I. Das Tagebuch des Herrn von Chantelou 2. J. Burckhardt: Constantin der Große. Windelband: Geschichte der Philosophie. Nr. 1 und 2 steht in dem Tischbüchergestell. Nr. 3 gehört Thomas und steht in seinem Gestell.»

Nach wiederum vier Tagen ist es soweit, daß ich meinen Eltern schon recht genau berichten kann, wie das Programm an kunstwissenschaftlichen und archäologischen Studien aussieht, die zu behandeln mir in diesem Semester bevorsteht. Es ist dabei zu erkennen, wie ich mich gegenüber Freiburg, Wien oder München schon einen Grad intensiver in die Forschungsmethode der Kunstgeschichte einzuleben im Begriffe bin.

Der Bericht lautet:

«Hamburg, den 7. 5. 1932. Liebe Eltern! Auf den Sonntag reichte es mit diesem Brief leider nicht mehr. [...] Hier habe ich mich nun schon eingelebt und weiß auch wie sich die Arbeit, sei es in der Universität, sei es in der Bibliothek Warburg ungefähr verteilen wird. Dazu sind zunächst einmal drei Referate zu bearbeiten. Das eine bei v. Tolnai soll schon etwa in einem Monat stattfinden. Tolnai übt über die mittelalterliche Plastik in Frankreich. Ich habe das Thema zu behandeln, wie sich der Stil von Chartres in Frankreich weiterhin ausgebreitet hat. Es ist eine dankbare Aufgabe, den Chartreser Stil in seinen verschiedenen Brechungen zu verfolgen. Dazu habe ich gestern mittag das bekannte Buch von Vöge über die Entstehung des monumentalen Stils in Frankreich angefangen zu lesen und bemerkt, daß hier an jede Sache herangegangen wird mit der Frage, welche Aufgabe war bei einem Werk von vornherein gegeben, mit welchen Schwierigkeiten war von vornherein zu rechnen und Vöge dann zuletzt die Lösung ansieht. Es ist zwar eine alte kunsthistorische Arbeitsmethode, ich glaube aber eine sehr gute.»

Das Buch von Wilhelm Vöge «Die Anfänge des monumentalen Stiles im Mittelalter, eine Untersuchung über die erste Blütezeit französischer Plastik», Straßburg 1894, war damals immer noch ein richtungsweisendes Werk. Die Handhabung der ikonographischen und morphologischen Methode ist darin meisterhaft vorgetragen.

Panofsky war Vöge-Schüler, und in dem Freiburger Kreis um Jantzen, der der Nachfolger Vöges auf dem kunstgeschichtlichen Lehrstuhl in Freiburg war, wurde Vöge hoch geschätzt. In meinem Bericht fahre ich fort:

«Das zweite Referat ist ein archäologisches über römische Klappmesser. Es klingt nicht sehr verlockend, es gibt aber bei diesen Messergriffen sehr schöne figürliche Darstellungen und die Arbeit wird sich glaube ich, zuerst darauf beschränken müssen in die vorhandenen Stücke eine feste chronologische Reihenfolge hineinzubringen.»

Über den Verlauf des Referates über die römischen Klappmesser finden sich noch folgende Postkarten-Notizen vom 15. 7. 1932:

«In den letzten Tagen mußte ich noch das Referat über die römischen Klappmesser vorbereiten, ungefähr 30 Stücke habe ich zusammengebracht.» Und vom 21. Juli 1932: «Gestern erledigte ich noch mein archäologisches Referat, das dem Thema und den Umständen entsprechend zufriedenstellend ausfiel. So ist der hochoffizielle Teil des Semesters vorbei.»

In meinem Bericht über die zu bearbeitenden Referate und über die Vorlesungen vom 7. 5. 1932 stelle ich weiterhin fest:

«Das dritte Referat bei Panofsky weiß ich noch nicht, denn die Übungen fielen diese Woche aus wegen des Himmelfahrtstages. Und so kam ich erst eigentlich, außer der kurzen Anmeldung, mit ihm nur in den Vorlesungen in Berührung und in den Anfänger-Übungen, wo er seine Methode kurz anzudeuten versuchte. Und zwar warf er die Frage auf, Was ist in einem Bilde interpretierbar? Nicht näher zu definieren seien die reinen Formelemente. Zu interpretieren seien die Gegenstände, die dargestellt sind und diese würden immer in einem bestimmten Darstellungsmodus erscheinen (das nennt man sonst in der Kunstgeschichte Stilstufe). Dann komme die inhaltliche Bedeutung zu deuten, wo zu achten wäre, was in einer Zeit überhaupt darstellbar und zugleich auch vorstellbar wäre. Zuletzt sei noch das Wesen und Eigentliche zu erklären, das nur aus der weltanschaulichen Grundhaltung heraus möglich sei. Ich glaube, daß man für das Letzte besser den Zusammenklang von Darstellungsmöglichkeit und Darzustellendem einsetzt. Die Vorlesungen sind besonders auch an allgemeinen Bemerkungen und sog. Abschweifungen reich. Z.B. gab er letzthin eine kurze Charakterisierung des Begriffes Geschmack.»

Mein Referat über «Die Ausbreitung des Stils des Königsportals von Chartres»

Mit dem Referat über Chartres wurde ich gezwungen, gleichsam kopfüber in die aufregendste und zugleich auch heiß umstrittene Materie der damaligen Kunstgeschichte hineinzuspringen. Wie es mir bei diesem ersten Anlauf erging, mich kunstgeschichtlich zu profilieren, werden wir noch sehen.

Die weitere Bearbeitung und die Wirkung bei den Zuhörern über das Referat des Königsportals von Chartres sah folgendermaßen aus:

Im Brief vom 7. Juni 1932 berichtete ich meinen Eltern: «Bis jetzt bin ich aber eigentlich ganz von meinem Referat über das Königsportal von Chartres in Beschlag genommen gewesen. Zuerst konnte ich mit dem Thema überhaupt nichts Positives anfangen. Daraufhin las ich alle Bücher über die Sache durch und wurde auch nicht klüger: das Thema hieß genau «Die

Ausbreitung des Stils des Chartreser Westportals». Nun habe ich herausgefunden, daß die Ausläufer gar keine sind, sondern Vorfahren und Vorstufen zu Chartres. Dies war eben nur auf genauer Kenntnis des Materials möglich und ich habe eine lückenlose Reihe von Denkmälern, die zu Chartres hinführen. Und zwar die Kenntnis von 2 Portalen (ist) dazu nötig, die wohl schon länger publiziert worden sind von einem Engländer Kingsley Porter, die aber noch nie an ihre richtige Stelle gesetzt wurden.

Bis jetzt hat man Chartres um 1145 angesetzt und ich muß es in die 80er Jahre verlegen. Ich bin ungeheuer gespannt, ob am Samstag meine These Anklang finden wird. Bis jetzt konnte mir noch kein stichhaltiger Grund entgegnet werden. Eventuell wäre die Behandlung des ganzen Fragenkomplexes geeignet zu einer Dissertation. Es wäre zum mindesten sachlich genug. Bis jetzt komme ich mir noch wie Zanini mit den Schuhen vor, wo die anderen alles falsch gemacht hatten, aber ich glaube fest, der Unterschied besteht darin, daß ich Recht haben werde. (Die Nennung von «Zanini mit den Schuhen» bezieht sich auf ein Erlebnis meiner Jugendzeit aus Zürich. Dort brachte meine Mutter ein Paar orthopädischer Schuhe zum Schuhmacher Zanini. Dieser Schuhmacher riß alle Einlagen heraus und behauptete: «Alle Einlagen auf der falschen Siete gsi» und hatte die Einlagen gerade umgekehrt eingepaßt, wodurch die Schuhe absolut unbrauchbar geworden waren durch seine absurde Besserwisserei.) Über dieses Gebiet erschien 1931 ein französisches Buch, das meine früheren Portale als Chartres übergeht, aber doch noch sagt: alle diese Denkmäler sind im Stil altertümlicher, und haben auf die vorchartreser Tradition zurückgegriffen. Die Übungen sind nicht bei Panofsky, sondern beim Privatdozenten v. Tolnay.»

Fünf Tage nach diesem Bericht konnte ich schon von Resultaten des gehaltenen Referates berichten. Der diesbezügliche Text der Postkarte vom 12. Juni 1932 lautet:

«Gestern hielt ich also mein Referat über Chartres. Es wurde sehr mit gemischten Gefühlen aufgenommen. Die Logik und die Folgerichtigkeit meiner neuen Ansicht wurden allgemein anerkannt, aber partout durfte ich nicht recht haben (die Diskussion darüber kommt übrigens erst nächsten Samstag), weil ich Behauptungen, die das letzte Semester gemacht wurden, angriff, und damit das Prestige der Übungen wohl gelitten hätte, so sie berichtigt worden wären. Es ist eben schwierig, eine voreingenommene feste Meinung zu berichten. Den Vorwurf, daß ich an der Fassade jede Kleinigkeit erklärt hätte und damit das Werk zu einem kompilatorischen gemacht haben soll, diesen Vorwurf fand ich am besten. Es bezeichnet die Naivität derjenigen schlagartig, die glauben, daß ein Werk wie Chartres aus dem Nichts erstehen könne. Ich werde in dieser Sache noch für mich weiterarbeiten [...] Heute bin ich trotz schönstem Wetter zu Hause und lese. Etwas besseres weiß ich nicht zu tun. Nachher mache ich noch einen kleinen Spaziergang an die Alster.»

In meinen Akten hat sich ein Heftblatt erhalten, worauf ich die «Entwicklungsreihen zu Chartres» zusammengestellt habe 1. nach der Meinung von Vöge, 2. vom «hiesigen Seminar» und 3. nach meiner eigenen Ansicht. Außerdem eine Schema-Zeichnung, wie die Fassade von Chartres kunsthistorisch aufzuteilen ist.

Entwicklungsreihen zu Chartres

Vöge
Toulouse
Arles
St. Gilles
Südfrankreich

CHARTRES
St. Denis
Le Mans
Bourges Corbeil

hiesiges Seminar
Vézelay
Autun
St. Denis, La Charite

CHARTRES
Le Mans, Avallon
Bourges, St. Loup de Naud
Corbeil

meine Ansicht
Autun
Vézelay, Dijon
Avallon Bourges
Burgund

Le Mans, St. Loup de Naud
La Charite
St. Denis

CHARTRES
Corbeil

Für das Mitteltympanon hat das hiesige Seminar keine Erklärung. Die Gewändestatuen leite ich von Vézelay und Avallon ab.

In Avallon befindet sich an einem Portal, das allgemein anerkannt wird, eine überzeugend ähnliche Figur, wie die von Chartres.

Aber das Tympanon von Avallon hat größte Verwandtschaft mit Vézelay. Außerdem ist die Gewändefigur von Avallon, wie sie im Bauwerk angebracht ist, durch die Figuren von

Vézelay zu erklären. Die komplizierten Gewändefiguren von Chartres sind ohne die Vorformen von Avallon, Le Mans nicht denkbar. In Chartres hängt die Figur sozusagen vor der Säule, und diese Trennung von Säule und Figur konnte nicht mehr weiter fortgeführt werden, deshalb hat Chartres auch keine direkten Ausläufer, da die nachfolgende Entwicklung an einem früheren Stadium anknüpfen muß und nur dort anknüpfen kann.

Eine Woche später referierte ich meinen Eltern über die Kritik, die mein Lehrer von Tolnai an meinem Referat über Chartres übte:

«Hamburg, Sonntagmorgen, den 19. Juni 1932.
Liebe Eltern.

Den Brief des lieben Vaters beantworte ich erst heute, da ich die gestrige Übung noch abwarten wollte. Bei der Diskussion kam gar nichts heraus. Die Übung dauerte 4 Stunden, von 12–4, drei andere Referate wurden vor meinem diskutiert. v. Tolnai behandelte meine Sache folgendermaßen: Er griff einige Punkte aus dem Zusammenhang heraus, die bloß im gesamten einen Sinn hatten, und versuchte so die Sache zu widerlegen. Die Hauptpunkte, Avallon z.B., das ich als neuen Fund in die Entwicklungsreihe stellte, hatte er überhaupt nicht berührt. Ich empfand die Behandlung meiner These auf diese Art und Weise recht unsympathisch, wenn nicht rechthaberisch und nur auf das Prestige bedacht. Ich sprach nämlich vorher mit Dr. v. Tolnai meine Ansicht durch und er mußte meine Sache Schritt für Schritt anerkennen. Die Kühnheit meiner neuen These hatte er auch gestern betont, aber damit ist mir nicht geholfen. Panofsky begrüßte mich letzthin: «Herr W. Sie haben ja mit Ihrer neuen Chartre-Chronologie das ganze Hamburger Seminar durcheinandergebracht und ich möchte die Sache auch gerne einmal erfahren». Ich werde daraufhin die Sache mit Panofsky besprechen. Tolnai will mich einmal zu sich einladen.

An Einladungen fehlt es hier nicht demnach. Man hat hier das Gefühl, man sei in einen Kreis von Leuten hineingekommen, die alle die gleichen Interessen haben. So war ich vor ein paar Abenden mit noch einigen Kunsthistorikern bei Frl. Dr. Sudeck zu einer Bowle, wo über alles mögliche diskutiert wurde, natürlich auch wieder über Chartres, das nicht zur Ruhe kommen will.»

Die Unterredung mit Panofsky wegen Chartres fand statt, und ich berichtete darüber meinen Eltern am 24.6.1932 Folgendes:

«Ich möchte nur ganz kurzen Bericht machen. Gestern war ich also bei Panofsky. Er war meiner Anschauung über Chartres sehr zugänglich, machte mich aber darauf aufmerksam, daß Avallon wahrscheinlich irgendwie umgebaut worden sei, und der Befund des Bauwerks einmal genau untersucht werden müßte, wenn man darauf weiterarbeiten wolle. Er glaube auch nicht, daß in den bisherigen Forschungen alles stimme und ich soll der Sache nur einmal nachgehen.»

Aus all dem geht hervor, wie ich dabei bin, mit Panofsky die uns beide gleichermaßen interessierenden Probleme der Wissenschaft zu besprechen.

Aus Wismar, wo ich gerade bei meinem Freunde Wolfgang Kleiminger zu Pfingsten zu Besuch bin, schreibe ich an meine Mutter am 14. Mai 1932 über ein Zusammentreffen mit Panofsky Folgendes:

«Ganz genau weiß ich noch nicht, wielange ich hier bleiben werde, vielleicht bis Donnerstag, dann fahre ich wieder nach Hamburg zurück, denn dort harrt eine Menge Arbeit. Das wichtigste war für mich, daß ich nun unverhofft einmal richtig mit Panofsky zusammengekommen bin. Letzten Donnerstag abend hatten wir bei ihm Übungen, und zwar die ganze Kunsttheorie durchgenommen von Alberti, Ghiberti bis auf Winckelmann und die Romantiker, etwas was ich immer schon wollte. Ich habe ein Referat übernommen über den Manierismus in Italien, d.h. die ersten Schriften von Kunsthistorikern zu behandeln.

Nachher traf ich auf der Straße zufällig Panofsky mit einem anderen Studenten und da lud er uns zu einem Glase Bier in eine Wirtschaft ein und wir saßen noch bis nach 12^{00} zusammen. Er fragte mich, ob ich schon eine Doktorarbeit hätte, worauf ich sagte, ich hätte noch nichts Bestimmtes vor, vielleicht über die Holzschnitte Dürers und ihr Verhältnis zu seinen Vorläufern. Er meinte, es wäre ganz gut, als ich ihm sagte, man müsse dabei auch auf den Holzschnittstil eingehen, trug er gleich einen Datierungsversuch, der von seiner Seite unternommen wurde, mir vor. Für mich war dies eigentlich am wertvollsten, daß ich die Möglichkeit überhaupt habe, bei ihm zu doktorieren. Ich kann bei ihm sicherlich auch eine Arbeit machen, die das Verhältnis von Form und Inhalt genau untersucht, wie z.B. die Dürerische und seine Vorläufer, aber aus allem merkte ich heraus, daß seine eigentliche Domäne die Ikonographie ist, das ist eine Seite, die zu sehr vernachlässigt wird und so ist seine Methode sehr gut, nur muß man das andere selber hinzugeben.

Ein anderes Thema, das er als lohnend vorschlug, war die Ikonographie bei Raffael, denn man wolle doch endlich gerne mal wissen, was eigentlich auf der «Schule von Athen» dargestellt ist. Wenn man das weiß, kann man sicher dadurch auch der formalen Schöpfung Raffaels näherkommen und man erkennt vor allem, welche Frage Raffael vorgelegen hat. Auf alle Fälle habe ich bis jetzt von Panofsky sehr viel, und ob sich etwas besseres finden läßt, ist sehr fraglich. Wenn ich wirklich in Hamburg bleiben werde, so könnte ich sicherlich zu jeder Zeit bei Panofsky angenommen werden.»

Von der Persönlichkeit Panofskys bin ich entzückt, und meine Erwartungen hatten sich erfüllt.

In dem Brief an meine Eltern am 7. Juni 1932, Donnerstag früh, charakterisiere ich die Faszination, die von Panofsky auch im gesellschaftlichen Gespräch und Verkehr ausging.

«Ich war also letzten Sonntag bei Prof. Panofsky, wo zusammen 12 Personen zu Tee und 2 Flaschen Weißwein geladen waren. Außer mir waren noch die 3 Hauptschüler von

Panofsky da und ein Dr. Brinkmann, der 1. Flötist des hiesigen Philharmonischen Orchesters mit seiner Frau. Es wurde musiziert und dann eigentlich nur Witze erzählt über Kunsthistoriker etc. Panofsky erzählte andauernd über die merkwürdigsten kunsthistorischen Ereignisse, was ihm mit seinem ungeheueren Wissen nicht schwer fiel. Er ist wohl einer der geistreichsten Leute, die ich überhaupt kennengelernt habe. Er gab mir ein Buch zum Lesen von einem gewissen Alexander Friedrich, der selber Radierer ist: «Handlung und Gestalt des Kupferstichs und der Radierung», das viele gute Bemerkungen über Technik und Inhalt enthalten muß.»

Noch bevor ich bei Panofsky das Referat über die Kunsttheorie des Manierismus in Italien gehalten hatte, erkannte er meine Begeisterung für den Manierismus und wollte mich dazu veranlassen, mich an der näheren Erforschung der manieristischen Architektur zu beteiligen.

Damals war die wissenschaftliche Bearbeitung dieses Gebietes noch ein Desideratum, das erst einige Jahre nachher von der Forschung eingelöst wurde.

Allerdings hatte Panofsky schon zwei Jahre vorher einen Anfang dazu gemacht, indem er 1930 einen Aufsatz veröffentlichte: «Zwei Fassadenentwürfe Domenico Beccafumis und das Problem des Manierismus in der Architektur» als Anhang zum Aufsatz: Das erste Blatt aus dem «Libro Giorgio Vasaris», in: Städel-Jahrbuch Bd. 6. 1930. Die ausführlichen Sonderbehandlungen über manieristische Architektur kamen erst 1933 und 1934 heraus; so Ernst Michalsky «Das Problem des Manierismus in der italienischen Architektur», in: Zeitschrift für Kunstgeschichte, Bd. II 1933, und Loni Ernst «Der Manierismus in der Florentiner Baukunst des 16. Jahrhunderts». Dissertation, Köln 1934, und Ernst Gombrich «Zum Werke Giulio Romanos. I. Teil: Der Palazzo del Te», in: Jahrbuch der Kunsthistorischen Sammlung in Wien, NF. Bd. VIII; 1934 – II. Teil: «Versuch einer Deutung», ebenda, Bd. IX; 1935.

Über meinen Plan, vielleicht über die Architektur des Manierismus zu arbeiten, berichtete ich meinen Eltern auf einer Postkarte vom 24.6.1932:

«Gestern war ich also bei Panofsky [...] Im Laufe der Besprechung des Referates über die Kunsttheorie des Manierismus kamen wir auch auf manieristische Architektur in Italien zu sprechen und da machte er mir den Vorschlag, darüber zu arbeiten, was ich noch offen ließ, aber sehr gerne machte, so ich überhaupt bleibe. Ich glaube aber nicht, daß ich irgendwo anders mehr profitiere als hier. Panofsky gab mir einmal einige Photographien über die in Frage kommenden Bauten. Ich glaube, daß dieses Thema in relativ kurzer Zeit und mit gewissem Erfolg behandelt werden könnte und auch theoretisch aufschlußreich wäre. Ich werde mir die Sache noch reichlich überlegen.»

Im Seminar bei Erwin Panofsky übernahm ich das Referat «Die Kunsttheorie des Manierismus». Dieses Thema war mir wie auf den Leib geschneidert. Mein Sinn stand schon lange danach, hinter das Geheimnis der sich so seltsam darbietenden manieristischen Kunst zu kommen. Da konnte nur die in tiefere philosophische Schichten lotende Theorie helfen.

Von den verschiedensten Seiten her war ich schon mit dem Stilphänomen des Manierismus vertraut gewesen; einmal durch Max Dvoraks Buch «Kunstgeschichte als Geistesgeschichte». München 1924, und zum anderen durch die Vorlesungen von Walter Friedländer, des Schöpfers des Begriffes des «Antiklassischen Stils».

Nach einer Postkarte vom 27. Mai 1930 an die Eltern hatte ich bei Walter Friedländer in Freiburg ein Referat gehalten über Pontormo, Rosso Fiorentino und Bronzino. Die Werke der Manieristen schaute ich mir besonders genau und begeistert in Wien im kunsthistorischen Museum an und in München in der Alten Pinakothek, wo allerdings noch keine Spezialabteilung existierte, wie es heute der Fall ist.

Für die Kunsttheorie des Manierismus dienten mir als Grundlage die bekannten und hochgeschätzten Bücher von Julius von Schlosser «Die Kunstliteratur. Ein Handbuch zur Quellenkunde der neueren Kunstgeschichte» (welches Buch im selben Kunstverlag Anton Schroll & Co in Wien 1924 herausgekommen ist, wie 1962 mein Buch über den Manierismus) und von Erwin Panofsky «Idea. Ein Beitrag zur Begriffsgeschichte der älteren Kunsttheorie» (Studien der Bibliothek Warburg, 5). Leipzig, Berlin, 1924.

Nun stieß ich sozusagen in die Herzkammer des Manierismus vor, indem ich mich mit der Kunsttheorie dieser hochgeistigen Epoche in offiziellem Auftrag beschäftigen durfte. Da mußte ich mich mit dem neuen Begriff des gelehrten Künstlers, mit der Theorie des Disegno von Vasari und Zuccari, mit den Schriften von Lomazzo und mit dem Geniebegriff des Michelangelo auseinandersetzen.

Hier wurde ich also in eine Kunstwelt geführt, in der über Jahrzehnte hinweg mein Forschungsziel fixiert wurde.

Freiburg durch Walter Friedlander, Wien durch Julius von Schlosser und dann aber Hamburg durch Panofsky und Karl Tolnai, dem wir sein monumentales wissenschaftliches Werk über Michelangelo verdanken, waren seinerzeit die Hochburgen der Manierismusforschung gewesen. An diesen Erkenntniszielen wollte auch ich als Anfänger mitarbeiten.

Der erste Bericht über die Beschäftigung mit meinem Referat über die Kunsttheorie des Manierismus findet sich in dem Brief an meine Eltern am 19.6.1932:

«Aber die eigentliche Hauptnebenarbeit [neben dem Referat über «Die Ausbreitung des Stils des Königsportals von Chartres»] ist das Referat über die Kunsttheorie des Manierismus in Italien mit der Theorie der Poetik, eine Sache, die mir Spaß macht, aber nicht so sehr einfach ist, da man ziemlich Quellen lesen muß.»

Über den Verlauf meines Referates, die anschließende Diskussion und meine weiteren Studienpläne berichtete ich an meine Eltern in dem Brief vom 2. Juli 1932:

«Schon wieder ist eine Woche vorübergerast, und in 4 Wochen wird schon dieses Semester zu Ende sein. Am Donnerstag hielt ich also mein Referat über die Kunsttheorie des Manierismus. Von Panofsky wurde es für gut befunden und für ihn sei es höchst interessant, er bemerkte aber wohl richtig, daß nicht gleich alle alles verstanden hätten, da die philosophischen Ausführungen eigentlich eine nähere Bekanntschaft mit dem Stoff voraussetzten. Doch hatte ich mich bemüht, die komplizierten Theorien möglichst deutlich zu schildern und klar gegeneinander abzugrenzen. Ich schilderte zuerst sozusagen als Folie die neue gesellschaftliche Stellung des Künstlers in Italien, der von der handwerklichen Tradition sich trennt und sich frei bewegen will, wie es vorher schon der Dichter tat. Das konnte aber nur geschehen, als man das Gedankliche, den Inhalt des Bildes überschätzte. Und dann versuchte ich zu zeigen, wie dieser Riß zwischen Technischem und Gedanklichem in der manieristischen Theorie sich auswirkt und im Manierismus auch überhaupt am stärksten bemerkbar ist und dann erläuterte ich noch am Geniebegriff, wie erst wieder bei Kant diese Kluft zu überbrücken versucht wird, indem er sagt, die freie Kunst könne nur auf der mechanischen aufbauen, was gerade der Manierismus verneint. Prof. Saxl (der Bibliothekar der Bibliothek Warburg), der auch immer sozusagen als 2. Vorsitzender an den Übungen teilnimmt, bestritt, daß die manieristische Theorie zum ersten Mal die Frage der Darstellungsmöglichkeit überhaupt gestellt hat. Sekundiert von Panofsky konnte ich ihn schließlich doch davon überzeugen. Das Referat dauerte über eine Stunde. Einmal passierte mir das Unglück, daß ich im Manuskript absolut nicht mehr weiter wußte, da alles wirr durcheinander geschrieben war, ich verlor die Ruhe aber keineswegs und fand dann endlich den Anschluß wieder.

Gestern überreichte mir Panofsky eine Streitschrift von ihm gegen Sauerlandt mit dem Titel: ‹Faksimiledruck und Reproduktion›, die auch Fragen wie in meinem Referat behandelt mit einer schönen lateinischen Widmung. «Commilitoni dilecto in disputationem de rebus technicis memoriam». – Ich freute mich sehr über diese kleine Broschüre. Nach dem Referat saß ich mit einem anderen Studenten und mit Prof. Panofsky und Saxl zusammen bei Bier und einer ‹Bürgermeisterplatte›.

Von allen Universitäten, die ich bis jetzt kenne, hat Hamburg am besten abgeschnitten, und am liebsten möchte ich hier bei Panofsky weiter- und fertigmachen, denn eigentlich habe ich hier das gefunden, was ich mir vom Studium versprochen habe, und ich glaube auch, daß ich hier mehr Profit haben werde als etwa in Frankfurt.

Wenn ich wieder im Winter hier sein sollte, so würde ich mein jetziges Zimmer nicht mehr nehmen, weil es schlecht heizbar ist und der Ofen gerade am Bett ist und selbiges nicht wegzustellen ist. Dies soll aber nicht heißen, daß ich hier nicht gut untergebracht war, im Gegenteil, im Sommer ging es ausgezeichnet und ich hoffe nur, daß ich wieder so nette Mietsleute bekomme. Für den Winter wollte ich am liebsten sehen, daß ich ein Zimmer mit Zentralheizung bekommen kann.

Ganz gerne möchte ich noch wissen, wie sich Eure Sommerferienpläne gestalten werden. Wenn nichts im Wege steht, möchte ich eventuell noch ganz gerne hier 2–3 Wochen bleiben und mich in die Bibliothek Warburg setzen. Ich müßte mich noch erkundigen, ob man die Ermäßigung der Heimfahrt dann auch noch bekommen kann. Mit dem Geld käme ich noch gut aus.

Am Ende des Semesters macht das Seminar vielleicht noch eine 3–4tägige Exkursion nach Braunschweig und Hildesheim. Ich werde auch daran teilnehmen. [...]

Am nächsten Samstag ist das Seminarfest der Kunsthistoriker in einer feudalen Villa in Blankenese mit Blick auf die Elbe. Es wird eine kleine Aufführung veranstaltet. Ich muß auch daran glauben und in einem 8köpfigen Chor mitwirken, und zwar als ‹Ideallandschaft!›»

Die Postkarte vom 15. 7. 1932 meldete den Vollzug des Festes:

«Unser Seminarfest mit der Aufführung klappte und es war ein schöner Abend in dem kühlen Park an der Elbe.»

Über das Programm der Exkursion des kunsthistorischen Institutes mitsamt den Professoren und ihren Frauen nach Westfalen informiert die Postkarte vom 15. 7. 1932 an die Eltern:

«Heute war noch ein vollbesetzter Tag. Morgen beginnt also die Exkursion, die bis Dienstag abend dauern soll und nach Osnabrück, Münster, Soest und Paderborn geht.»

Die Postkarte vom 21. Juli 1932 berichtet dann vom Verlauf der Exkursion:

«Die Exkursion nach Westfalen war sehr schön. Sie war gut organisiert, indem jede folgende Stadt die vorhergehende überbot. Außer den Kirchen bekamen wir in den verschiedenen Diözesan-Museen noch kostbare Reliquienschreine etc. zu sehen, die dem allgemeinen Publikum nicht zugänglich sind. Leider war das Wetter nicht besonders gut [...] So ist der hochoffizielle Teil des Semesters vorbei. Kleiminger hat mich zu sich nach Wismar für den ersten Teil des August eingeladen. Er wollte von dort aus noch einen Abstecher machen nach Kopenhagen. Ich werde ihm aber abschreiben, da die ganze Sache mit großen Kosten verbunden sein wird. Also um den 1. 8. werde ich heimkommen, worauf ich mich freue.»

Die kulturwissenschaftliche Bibliothek Warburg

Gegenüber allen anderen Universitätsstädten, die ich aufsuchte, wie Freiburg, Wien oder München, zeichnete sich Hamburg durch eine Institution der Forschung aus, wie sie nur hier und sonst nirgends zu finden war.

Dies war die in ihrer wissenschaftlichen Zielsetzung und geistigen Ausrichtung einzigartige kulturwissenschaftliche Bibliothek Warburg.

Das Forschungsinstitut der Bibliothek Warburg war durch den Interessensradius ihres Gründers, des Hamburger Bankiersohnes Aby M. Warburg (1866–1929) geprägt. Das besondere Anliegen Aby Warburgs war es, Kunstgeschichte mit Kultur- und Religionsgeschichte zu verbinden und im Speziellen die Forschung über das Nachleben der Antike in Europa zu fördern.

(Vgl. den Aufsatz von Fritz Saxl, dem Sekretär und Betreuer der Bibliothek Warburg, «Die kulturgeschichtliche Bibliothek Warburg in Hamburg» (1930) in Aby M. Warburg: Ausgewählte Schriften und Würdigungen. Herausgegeben von Dieter Wuttke. Baden-Baden, 1979).

Bald nach ihrer privaten Gründung wurde die Bibliothek an die neu gegründete Universität Hamburg angeschlossen, und auch die Studierenden der Kunstgeschichte hatten dort ihren Arbeitsplatz.

Eine Charakterisierung der Bibliothek Warburg fügte ich in dem Brief vom 7.5.1932 an meine Eltern an, worin ich von meinem ersten Einleben in die Arbeit des Semesters schreibe:

«Die Bibliothek Warburg ist wirklich sehr gut, sie hat viele theoretische Schriften und außerdem umfaßt sie alle übrigen Geistesgebiete, besonders außer Kunstgeschichte noch Religionswissenschaft. Sie ist wohl nach amerikanischem Muster klubmäßig gedacht, wie sie ja auch eine private Stiftung ist und es ist so, daß eine Villa an einem Alsterarm in die Bibliothek umgewandelt worden ist. Man hat seinen eigenen Arbeitstisch, wo man seine Bücher deponieren kann. Nur ist sie eine halbe Stunde von meiner Wohnung weg, jedoch ist es ein schöner Spaziergang durch schöne, breite Alleen. In Summa gefällt es mir in Hamburg gut und ich bedaure es fast halb, daß Pfingsten schon nächste Woche ist.»

Die Bibliothek Warburg gab auch eigene Veröffentlichungen heraus. Einmal die «Vorträge» und zum andern «Die Studien», seit 1922. Die «Vorträge» enthalten eine erstaunlich breite Fächerung weltanschaulicher Themen. Gleich als Auftakt im ersten Band ein Aufsatz über das kosmische Bewußtsein bei den Chinesen. Otto Franke: «Der kosmische Gedanke in Philosophie und Staat der Chinesen». Vorträge 1925/26. Oder Entscheidendes über mittelalterliche Philosophie.

Ich habe damals alle diese Vorträge heißhungrig gelesen und ließ mich von der souveränen Weite der Themenwahl faszinieren. Für die Bildung meiner eigenen Weltbildvorstellung hat diese Lektüre wesentliche Anstöße gegeben.

Von den «Studien» wurden gewisse Bände zu meinen Lieblingsbüchern, vor allem von Erwin Panofsky «Idea. Ein Beitrag zur Begriffsgeschichte der älteren Kunstgeschichte», Leipzig 1924 und ebenfalls von Panofsky «Herkules am Scheidewege und andere Bildstoffe der neueren Kunst», Leipzig 1930. Die Abhandlung von Fritz Saxl «Antike Götter der Spätrenaissance. Ein Freskenzyklus und ein Discorso des Jacopo Zucchi», Leipzig-Berlin 1927, zog ich mit Gewinn für meine Abhandlung «Die manieristische Deckenmalerei in Mittelitalien» von 1939/40 zu Rate.

Im größeren Ganzen gesehen war es gleichgültig, was ich im Einzelnen nun in der Atmosphäre der Bibliothek Warburg aufgenommen und was ich damals auch schon wirklich verarbeitet habe oder nur als Wunschland auf mich wirken ließ. Es war für mich viel wichtiger, daß ich überhaupt in die Gedankenwelt der Forscher im Kreise der Bibliothek Warburg eingetreten war, daß ich erfuhr, welche verschiedenen weltgeschichtlichen Weltsysteme es gegeben hat, und zwar auf Äußerungen und Formung innerhalb der bildenden Kunst bezogen, daß sich mir eine Weltsichtweite eröffnete, die ich sonst nirgends finden konnte und auch später nicht in dieser Konzentration antraf.

Aber einmal mit solchen Weltbild-Ideen bekannt geworden, ließ das unstillbare Streben, diese Länder der Sehnsucht, die Weite und die Erfülltheit der Weltsicht zu erlangen, nicht mehr nach. Insofern war Hamburg für mein eigenes inneres Agens meines Denkens ein entscheidender Markstein und ein unverlorener Besitz.

Daß ich für meinen Teil «meine Warburg-Kreis-Idee» in meiner späteren Entwicklung erreicht habe und daß in mir die damaligen Ansätze und Knospen aufgegangen sind und in langer Arbeit und tausendfältigen Überlegungen zu Früchten reiften, konnte ich nach fast einem halben Jahrhundert bei einem ganz konkreten, mir zugespielten Anlaß feststellen und bekräftigen.

Dies geschah, als im Herbst 1979, 47 Jahre nachdem ich in Hamburg Student war, vom Kultursenat der Hansestadt zu Ehren des 50. Todestages von Aby M. Warburg ein Preis für Forscher ausgesetzt wurde, die ihre Arbeiten in seinem Sinne ausgerichtet haben. Um diesen Preis habe ich mich beworben. Und zwar nach meiner Meinung zu Recht.

Denn es kam mir aus diesem Anlaß die Erleuchtung, daß ich in der jahrzehntelangen Zwischenzeit von 1932 bis 1979 eigentlich völlig im Sinne von Aby Warburg weitergedacht und weitergeforscht habe. Ich brauche dabei nur an mein Buch «Weltbild und Bilderwelt», von 1958, mein Manuskript «Maschine und Kunstwerk (1967–1971) oder an mein kulturprogrammatisches Projekt des Antitechnischen Museums von 1979 zu denken. Auch ich arbeitete wie Warburg bei seinem Spätwerk der Kulturtabellen «Mnemosyne» mit entsprechenden tabellarischen, sogenannten theoretischen Zeichnungen. Und auch ich zog in meine Erörterung die Technik ein.

Dabei ging mir nochmal auf, daß ich viel mehr im Sinne von Warburg dachte und forschte als die meisten übrigen facheingeschränkten Kunsthistorikerkollegen. Und dies gab mir den Mut, mich in Hamburg für den Warburg-Preis zu melden.

Es ist übrigens charakteristisch, daß das Spätwerk von Warburg die «Mnemosyne», das auch die Technik miteinbezog, bisher wenig Beachtung fand und darüber noch gar keine ausreichende wissenschaftliche Bearbeitung und Veröffentlichung vorliegt. Jetzt erst soll, wie mir Günther Diehl mitteilte, die Dissertation einer Göttinger Studentin im Entstehen sein.

Meine Reise nach Wismar und der jäh unterbrochene Einstand zum Wintersemester 1932/33 in Hamburg

Nach den Sommerferien 1932 gab es für mich keinen Zweifel, in Hamburg weiterzustudieren.

Die Hinfahrt nach Hamburg zum Wintersemester 1932/33 benutzte ich, um noch manche Zwischenstationen und Abstecher einzulegen und dadurch meine Kenntnis der Kunstdenkmäler zu erweitern. Ich besuchte u. a. Fulda, Naumburg, Magdeburg, Halle, Merseburg, Stendal, Tangermünde und verbrachte noch einige Tage in Wismar bei meinem Studienfreund Wolfgang Kleiminger.

Aus Fulda sandte ich am 28. September 1932 eine Postkarte mit der von mir gezeichneten Ansicht des Domes an meine Eltern. Über die Stadt selbst hatte ich folgendes anzumerken:

«Bin hier gut angekommen bei leidlichem Wetter, das sich jetzt zum heiteren Himmel durchgerungen hat. Den Morgen verbrachte ich mit großartigen karolingischen und ottonischen Handschriften. Ausgesuchte frühe Stücke. Die Bibliothek war sehr zuvorkommend. Fulda ist gerade recht, um in einem Tage gemacht zu werden. Fahre auf den Abend nach Naumburg.»

Am 3. Oktober berichtete ich meinen Eltern in einem ausführlichen Brief über den weiteren Verlauf der Reise:

«Wismar, den 3. Okt. 1932.
Liebe Eltern!

Ich verbrachte gestern hier schon einen legeren Regensonntag. Die Reise hat sich vorschriftsmäßig abgewickelt, so sie das kann, wenn man kein ganz festes Programm aufgestellt hatte. In Magdeburg wurde nur der Dom angesehen, vor dem ein reges Jahrmarktleben herrschte mit vielen Buden, Scherenschnittschneidern; ich hätte mich gerne schneiden lassen, es standen aber zu viel Leute um den Mann. Dem Schnitt hätte man dies zwar nicht angesehen, aber ich geniere mich. War's vielleicht der Bart? Auf alle Fälle habe ich ihn heute wieder entfernt. Ich habe gesehen, daß er die Lippen breiter erscheinen läßt und merkwürdigerweise das Gesicht jugendlicher. Das genügte auch, das Experiment dauerte nur 14 Tage.

Im Magdeburger Dom war es leider ziemlich dunkel, mit knapper Not konnte man die großen, schönen spätromanischen Kapitelle erkennen, die reiche Verzierungen haben. Die gotischen bronzenen Grabplatten der Bischöfe mußte ich mit Zündhölzern ableuchten, damit man sie sehen konnte. Aus den erleuchteten Stellen mußte man den Gesamteindruck zusammenreimen. Von Halle aus fuhr ich mit der Straßenbahn nach Merseburg, wo eine ganz frühe Grabplatte von Rudolf von Schwaben im Dom liegt von 1080. Stendal durchwanderte ich von morgens ½8 bis 12. Einige große spätgotische Backsteinkirchen. Die Backsteingotik war demnach nicht nur in den Seestädten, sondern kam noch weiter ins Land hinein.

Mittags fuhr ich per Zug wirklich nach Tangermünde, das am Hochufer der Elbe liegt und einen einheitlicheren Eindruck macht als das weitauseinandergebaute Stendal. Ich durchwanderte wieder die Straßen mit manchen alten Bürgerhäusern, bis ich an die Elbfähre kam, wo 8 Lastautos voll Nationalsozialisten übergesetzt wurden, die nach Potsdam wollten zum Reichsjugendtag der NSDAP. Nachher traf ich etwa nochmal 12 solcher Autocars. Überhaupt wenn man in den deutschen Städten ist, könnte man glauben, daß ein großes Heer unter Waffen stünde, so viele uniformierte Leute sieht man durch die Straßen ziehen. Von Tangermünde lief ich die 12 km zurück nach Stendal durch den märkischen Sand. Erst so lernt man das Land richtig kennen. Der Weg war so eben, daß man Stendal immer schon vor sich sah und man Tangermünde auch immer im Auge behalten konnte. Windmühlen, wenig Häuser und Wagen mit 3 oder 4 Pferden bespannt und der Fuhrmann reitet meistens auf einem von ihnen. Die Aufseher über die Landarbeiter reiten von einem Arbeitsplatz zum anderen. Dies alles sieht großzügig aus und ungewohnt. Auf den Abend fuhr ich also dann nach Wismar, wo es schon recht kalt und herbstlich ist. Heute morgen scheint wieder die Sonne und so werde ich noch schöne Tage haben. Für den lb. Brief der lb. Mutter herzl. Dank [...]

An Euch alle von hier oben viele herzliche Ostseegrüße, an die wir gleich einen Spaziergang machen, von Eurem dankbaren Sohne Franzsepp.»

Drei Tage später bin ich in Hamburg und berichte meinen Eltern auf einer Postkarte vom 8. Oktober von meinem neuen Zimmer aus der Brahmsallee 27 II. bei Hahlo über meinen Einstand für das Wintersemester:

«Nun bin ich wieder hier und esse gerade in der Mensa zu mittag, nachdem ich heute morgen mit einer Autoverbindung von Wismar hierher gefahren bin und mich in meiner Wohnung soweit installiert habe. Ich glaube, daß ich es bei Hahlos sehr nett haben werde. Auf alle Fälle wird es wärmer sein als bei Kleimingers, die noch nicht geheizt hatten. Doch ich hatte in W. sehr schöne Tage. Gestern fuhren wir bei herrlichstem Wetter, das überhaupt immer gut war, per Rad auf die Insel Poel ans Meer. Sonst vertrieben wir uns die Zeit mit Lesen und abends habe ich Wolfgang zum Gesang begleiten müssen.

Wagner, Schubert. Hugo Wolf wurde wegen der Schwere abgelehnt. Jetzt werde ich in die Bibliothek Warburg rausfahren mit dem Vaporetto.» ...

Daß ich mit dem Vaporetto in Hamburg und in der Bibliothek Warburg wie in einer zweiten Traumstadt Venedig eingetroffen war, bedeutete für mich, daß ich mich wieder sozusagen im Paradies der Studiermöglichkeiten befand. Hier konnte ich mit Feuereifer und Wissensdurst meinen Gedanken und Forschungen nachhängen.

Aber, daß ich diesen Traum länger träumen durfte, dieses Glück war nur noch von allzu kurzer Dauer.

Denn – es sollte alles anders kommen.

Der Doktorand. Erste Schritte zur eigenen Forschung (1932–1935)

I. Die Krankheit meines Vaters

Und es kam alles anders, z. T. unvorstellbar anders. In doppelter Hinsicht kam alles anders. Zum einen in meinen eigenen, familiären Verhältnissen, zum anderen in der allgemeinen politischen Lage und Entwicklung in Deutschland.

Kaum, daß ich in Hamburg war, erkrankte mein Vater Ende Oktober 1932, und es wurde eine schwierige Operation notwendig.

Man sah nach dem ärztlichen Befund voraus, daß hernach eine lange Erholungszeit eingesetzt werden muß und nach der Rückkehr aus dem Krankenhaus die Familie meinem Vater zu Hause alle Hilfe und Pflege angedeihen lassen müsse.

Unter diesen Gesichtspunkten und Umständen brach ich meine Zelte in Hamburg abrupt ab und begab mich auf unbestimmte Zeit nach Karlsruhe in mein Elternhaus zurück. Dort stellte ich mich vor allem den familiären Tagesgeschäften zur Verfügung.

Aber ich hatte auch noch Zeit, über dies und das meiner Wissenschaft nachzudenken und darüber kleinere Essais zu verfassen. So schenkte ich zu Weihnachten 1932 meinen Eltern einen Aufsatz: «Blick und Blickrichtung». Darin machte ich Bemerkungen über die Augenstellungen und Kopfhaltungen bei den Ägyptern, Griechen, bei den pompejanischen Wandgemälden, im Mittelalter und schließlich bei Raffael, Dürer und Holbein d.J.

Mein Vater war nach seiner Operation auch nach Monaten noch recht geschwächt. Im Sommer 1933 erlebte er eine gewisse erträgliche Rekonvaleszentenzeit, die ihm eine eingeschränkte Aktivität erlaubte.

In welchem Rahmen dies möglich war, geht aus einer Postkarte vom 13.8.1933 an meinen Bruder Thomas hervor, die ich ihm von Karlsruhe nach Heidelberg sandte:

«Lieber Thomas! Wenn Du über das Weekend nicht heim kommst, so will ich über unser hiesiges Ergehen Dir berichten. Dem lb. Vater geht es gut; er war sogar am Donnerstag morgen im Atelier. Er fuhr hin und zurück mit einem Taxi, und absolvierte das Ganze sehr gut. Im Atelier holte er sich dies und jenes vor und werkte richtig herum. Wegen der Hitze macht er im Garten 10 Runden anstatt auf die Straße zu gehen. Die Nächte sind auch sehr gut. Uns anderen geht es ebenfalls gut, wenngleich wir alle gestern ungemein froh waren, daß es ein wenig abgekühlt hat. Traumann war mal hier und zeigte die Urausgabe des «Struwelpeters». Am Montag abend habe ich die Ehre, ihn zu besuchen [...] Also sei vielmals herzlich von uns allen gegrüßt, bes. von Deinem Bruder Franzsepp.»

Während man zunächst noch Hoffnung haben konnte, verschlechterte sich aber am Ende des Jahres 1933 der Gesundheitszustand meines Vaters.

Auf dem Krankenlager hatte er noch seine Lebenserinnerungen, «Das Werden eines Malers», die er schon vor der Krankheit angefangen hatte zu konzipieren, fertiggeschrieben. Bis zuletzt blieb er seiner Devise treu: er liebe die Idee mehr als die Wirklichkeit.

Am 5. Februar 1934 fand sein reiches Leben und unentwegt der Idee der Kunst gewidmetes Schaffen sein Ende.

Nach der feierlichen Einsegnung in der Friedhofskapelle in Karlsruhe wurde mein Vater von sechs seiner Schüler der Kunstakademie Karlsruhe zu Grabe getragen. Meine Mutter, meine Geschwister Monika und Thomas und ich folgten unmittelbar dem Sarge. Die von auswärts gekommenen Familienmitglieder, die Freunde, die Kollegen und der Bekanntenkreis schlossen sich an.

Nach dem Tode meines Vaters war ich als Kunsthistoriker in der Familie plötzlich zum Sachverwalter des künstlerischen Nachlasses und Erbes meines Vaters geworden. Es oblag mir, bei den Gedächtnisausstellungen, die 1935 in den Städten Karlsruhe, Freiburg, Konstanz und Zürich veranstaltet wurden, mitzuhelfen und mitzuorganisieren.

II. Mein Studium an der Technischen Hochschule in Karlsruhe

Wintersemester 1932/33

Um mein Studium durch meine Rückkehr nach Karlsruhe wenigstens nicht ganz zu unterbrechen, schrieb ich mich im Herbst 1932 an der Technischen Hochschule Karlsruhe als Student der Fakultät der Architektur ein.

Hier kam ich in ein ganz anderes Milieu. Von der Hamburger ausgesprochen geistesgeschichtlichen Atmosphäre war nicht viel zu verspüren. Nun war ich unter auf das praktische und aktive Schaffen ausgerichteten Architekten. Da wurde alles etwas handfester gehandhabt als bei den philologisch-spekulativ und ästhetisch denkenden Kunstgeschichtlern.

Bei Prof. Karl Wulzinger hörte ich Baugeschichte und mußte in der Beurteilung meiner schriftlichen Bauanalysen hinnehmen, daß ich sie mehr als Kunsthistoriker denn als Bauhistoriker, betonter aus historisch angelernt Gewußtem denn aus konstruktiven Zusammenhängen heraus vornahm.

Bei Prof. Alker belegte ich Baukonstruktion im Mittelalter und zeichnete brav und bieder die Grundrisse, Aufrisse, Querschnitte und Detailkonstruktionen, Giebelsteinformen, Quadertechnik, Mönch- und Nonnendach usw. Da wurden die Palastkapelle in Aachen, Alt-St.Peter in Rom, San Clemente in Rom oder der Dom von Speyer in ihre baukonstruktiven Bestandteile zerlegt. Es schadete nichts, aber es war nicht ganz in meiner Richtung.

Allerdings konnte ich noch nicht ahnen, und es war fern aller meiner Vorstellungen, daß ich mich später einmal an derselben Hochschule als Dozent und als Professor ganz in die Welt der Architektur einleben und auch schließlich aktiv weltanschaulich kritisch sogar hauptamtlich an den Problemen der modernen Architektur teilnehmen würde. Dies geschah, da ich nach 28 Jahren, 1951, an das Baugeschichtliche Institut der Technischen Hochschule Karlsruhe kam. Nun war ich auch gesamtweltanschaulich so weit geschult und informiert, um einer solchen Aufgabe gerecht zu werden. Dazu war aber eine lange Entwicklung meines Interessenradius und Weltanschauungsbildes notwendig.

III. Ich und meine Dissertation «Das holländische Gesellschaftsbild»

Studium in Freiburg
Sommersemester 1933 – Wintersemester 1935/36

Nach dem Zwischensemester Winter 1933/34 an der Technischen Hochschule in Karlsruhe regte sich in mir die Absicht, wieder an eine Universität überzuwechseln, wo ich mein kunstgeschichtliches und vor allem malereigeschichtliches Studium fortsetzen konnte.

Ich hatte inzwischen überdies schon sechs Semester studiert und fand es an der Zeit, mich der konkreten Aufgabe der Abschlußarbeit einer Dissertation zu widmen.

Unter normalen Umständen wäre es selbstverständlich gewesen, daß ich wieder dorthin, wo ich meine Studien unterbrochen hatte, nämlich nach Hamburg, zurückgekehrt wäre. Denn dort hatte ich mein ideales Studierklima gefunden.

Doch dies war durch äußere einschneidende Verhältnisänderungen nicht möglich. Denn inzwischen hatten sich die politischen Verhältnisse radikal einseitig, wie in einem tödlichen Fieberanfall, immer rascher und düsterer verändert.

Die Nationalsozialisten hatten die staatliche Herrschaft an sich gerissen mit allen Folgen und Folgerungen. Es hatte schon seit dem ersten Weltkrieg ständig gegärt, und die Vorzeichen der Machtkämpfe der verschiedenen Parteien waren immer schon latent wie ein schwelendes Feuer sichtbar.

In meinen Briefen tauchen immer wieder entsprechende Bemerkungen auf. Z.B. 1922, als ich von den Straßenunruhen der Roten in Karlsruhe an meinen Freund nach Zürich schrieb. Dann der Bericht über die Studentenkrawalle der Nationalsozialisten in Wien an der Universität im Sommer 1931. Oder im Oktober 1932 schrieb ich, man könne aufgrund der vielen uniformierten Nationalsozialisten glauben, daß in den deutschen Städten ein großes Heer unter Waffen stünde.

Doch jetzt waren die schlimmsten Befürchtungen Realität geworden.

Durch die politischen Veränderungen wurde auch ich schwerstens und im Mark meiner Forscherpläne getroffen.

Die Grundvoraussetzungen des Studiums in Hamburg wurden erschüttert. Die dortigen Professoren der Kunstgeschichte wie Panofsky, Tolnai, Saxl und Wind verließen in Folge der Judengesetze Deutschland. Die Bibliothek Warburg entzog sich 1933 rechtzeitig dem Zugriff der Nationalsozialisten und siedelte nach England, nach London, über. Mein Lehrer Panofsky kehrte von einem Aufenthalt in den USA nicht mehr zurück und lehrte nun an den Universitäten Princeton und New York.

Ich befand mich in einem Vakuum meiner Zukunftsgestaltung. In dieser Situation fand ich es am Erwägenswertesten und Sinnvollsten, daß ich wieder an den Ausgangspunkt meiner Universitätsstudien zurückkehrte, nach dem nicht allzu weit von Karlsruhe entfernt liegenden Freiburg.

Dort war in der Zwischenzeit mein früherer Lehrer, der Privatdozent Dr. Kurt Bauch, zum Ordinarius für Kunstgeschichte ernannt worden, nachdem Prof. Hans Jantzen den Lehrstuhl in Frankfurt a. M. übernommen hatte.

Bei Kurt Bauch wollte ich weiterstudieren, da er meine Gedanken und Ideen stets freundlich-verständnisvoll begleitete und überdies meine Zuneigung zur niederländischen Malerei teilte und darin ein ausgezeichneter Kenner und Forschungsanreger war.

In einem Brief vom 19.3.1933 legte ich Bauch meine Pläne hinsichtlich der Bearbeitung eines Dissertationsthemas aus der niederländischen Malerei vor:

«Karlsruhe, 19. März 1933, Weinbrennerstr. 8
Hochverehrter Herr Professor!

Bei meinem Studium, das mich von einer Stadt zur anderen geführt hat, von Freiburg, Wien über München nach Hamburg ist insofern ein Einschnitt entstanden, als ich dieses vergangene Semester in Karlsruhe auf der Technischen Hochschule Architektur gehört habe. Dadurch bin ich von der fachmäßigen, eigentlichen Kunstgeschichte ein wenig abseits geführt worden. Jetzt habe ich aber vor, mich wieder ganz auf die Kunstgeschichte zu konzentrieren und eine Arbeit vorzulegen. Ich würde gerne die holländischen Gesellschaftsmaler behandeln; bin mir aber noch nicht ganz klar, wie und in welchem Umfange man die Arbeit machen könnte.

Ich dachte mir, daß man die Herkunft des Gesellschaftsbildes aufzeigte und dies als Bildgattung anhand der qualitätsvollsten Maler wie Dirk Hals, Pieter Codde, Palamedes, Dyster, S. van Kick, Adriaen van de Velde bis zu den von diesen beeinflußten Bildern von Jan Steen umrisse. In Wien und Florenz haben diese Bilder schon meine besondere Aufmerksamkeit auf sich gelenkt.

Nachdem ich nun eine Universität an die andere gereiht habe, so will ich mich irgendwo fest niederlassen, und da fände ich es schön, wenn ich wieder an den Ort des Beginnens meines Studiums zurückkehre. Die Möglichkeit dazu ist gegeben, indem Sie, wie ich mit großer Freude gehört habe, den Lehrstuhl in Freiburg übernommen haben.

Um keine Zeit zu versäumen, möchte ich schon vor Semesterbeginn anfragen, ob ich über diese Arbeit Ihre Meinung vielleicht einholen dürfte. So Sie in Frankfurt oder Freiburg zu erreichen wären, so wäre es mir sehr wertvoll, Sie an einem dieser Orte vielleicht aufsuchen zu dürfen.

Für einen freundlichen Bescheid wäre ich Ihnen zu großem Dank verpflichtet.

In dankbarer Verehrung bin ich
Ihr
Franzsepp Würtenberger.»

Die erste Erwähnung, daß ich meine Studien besonders dem holländischen Gesellschaftsbild widmen will, befindet sich schon zwei Jahre vorher in einem Brief vom 11. Juni 1931 aus meinem Wiener Semester an meine Eltern:

«Sehr gerne bleibe ich noch die erste Hälfte vom Juli hier, wo ich mir eine spezielle Arbeit vornehmen will, vielleicht über das holländische Gesellschaftsbild zur Zeit und um Franz Hals, denn dort scheint etwas vorgegangen zu sein in der Kompositionsart, das dann späterhin ausschlaggebend wurde; denn dort löste sich die kausale Geschichtenerzählung, und das Verhältnis der Menschen zueinander wurde nur durch ihr bloßes Zusammensein verbunden, zu einem allgemeinen Zweck, dem der Unterhaltung, und das wirkte sich im Bild zum ersten Male aus.»

Immer mehr hatte es mich aus eigenem Antrieb zur niederländischen Malerei hingezogen. Hier fühlte ich mich mehr als irgendwo anders zu Hause.

Von entwicklungsgeschichtlichen Abhandlungen war ich sehr begeistert, so von Alois Riegls «Holländisches Gruppenporträt» (1902) und von Hans Jantzens «Niederländisches Architekturbild» (1910). Wie ein und dasselbe Motiv und Sujet über Jahrzehnte oder Jahrhunderte hinweg jeweils andere Gestalt annehmen kann, interessierte mich außerordentlich. Da staunte ich, wie man präzise Unterschiede und Entwicklungskomponenten feststellen konnte. Da war ein Material ausgebreitet, das auch für die geschichtlichen Zusammenhänge etwas hergab. Ich kam deshalb auf den Gedanken, ob ich nicht auch eine parallele Arbeit vornehmen sollte. In diesen Überlegungen kam ich fast logisch auf die Bildgattung des Gesellschaftsbildes.

Wenn im Holländischen Gruppenportrait von Riegl der benennbare, bekannte Mensch als zu malende Persönlichkeit geschildert wird, so tritt uns im Gesellschaftsbild gewissermaßen ein Gegentyp von Mensch entgegen. Es handelt sich hier um einen allerdings weniger markanten, im Persönlichkeitsgrad unausgesprocheneren Menschentyp, nämlich um den anonymen Menschen, wie er sich in mannigfacher Form der Geselligkeit und den gemeinsamen Festesfreuden hingibt. Es ging mir als Problem auf, weshalb es überhaupt zu solch einer Bildgattung kam, und ich wollte auch wissen, aus welchen historischen Voraussetzungen heraus sie wuchs.

Zugleich machte ich die Feststellung, daß das, was wir als selbstverständlich und als gewohnten Alltag hinnehmen, daß man sich z. B. zu Spiel, Essen und Festesfreude zusammenfindet, in der Kunstgeschichte nicht immer als Darstellungsmöglichkeit bereitlag. Das Absonderliche war für mich, daß dies Selbstverständliche und alltäglich allgemein Menschliche in der Entwicklung der Kunstgeschichte nur eine zeitbedingte Erscheinung sein soll. Das Geheimnis, wie sich diese historische Bedingtheit dieses so sehr menschlichen Tuns wie die Geselligkeit in der Kunstgeschichte darbietet und auswirkt, wollte ich in meiner Doktor-Arbeit lösen.

Das Sammeln des Materials

Als ich den Entschluß gefaßt hatte, meine Dissertation über das Holländische Gesellschaftsbild zu verfassen, machte ich mich an das Sammeln des Materials.

Was es damit auf sich hatte, darüber informierte ich von Freiburg aus meine Eltern am 29. 9. 1933 auf einer Postkarte:

«Ich bin immer noch fest am Sammeln von Material für die Arbeit und besonders beim Sichten, was in Frage kommen kann. So ungefähr sehe ich, wie man die Sache anstellen kann, damit man zu positiven Ergebnissen gelangt. Die Abgrenzungsfragen machen mir am meisten zu schaffen. Am Freitag abend bin ich bei Bauch zum Nachtessen und da werde ich mich mit ihm darüber besprechen. Bis Montag ist das Seminar wegen Reinigung geschlossen und solange bin ich meistens in der Augustinermuseums-Bibliothek, die ziemlich reichhaltig ist.»

Am 12. 10. 1933 weiß ich meinen Eltern auf einer Postkarte zu berichten:

«Nicht heute, erst morgen bin ich bei Prof. Bauch, seine Frau hat mich zum Nachtessen eingeladen. Da werde ich nun Näheres über meine Arbeit besprechen. Ich werde darüber dann umgehend berichten. Sonst arbeite ich momentan am meisten an meinem Schongauer-Referat.»

Am 28. 10. 1933 schreibe ich enthusiastisch über mein Befinden:

«... Mir geht es hier auch gut; bin so richtig in meiner Arbeit drinnen und es ist nur schade, daß das Semester schon bald anfängt und die freie Zeit nicht mehr so schön vor einem liegt.»

Nach dem Tode meines Vaters hatte ich in gleicher Weise wie bisher meine Mutter auf dem laufenden gehalten über meine Lebensweise und meine wissenschaftlichen Arbeiten, im besonderen auch jeweils über den Fortgang meiner Dissertation.

Eine der ersten Nachrichten an meine Mutter lautet auf einer Postkarte vom 22. 2. 1934:

«Liebe Mutter! Hier bin ich tagtäglich mehr in der Arbeit drinnen, woran ich Spaß habe und auch einiges vorwärts bringe.»

Am 9. 3. 1934 kann ich meiner Mutter melden:

«Mit meiner Arbeit komme ich ganz gut vorwärts. Bis gestern habe ich mich durch den größten Teil der Zeitschriften hindurchgefressen. In den nächsten Tagen will ich Überschau halten, was ich bis jetzt habe, daß ich mit Bauch Rücksprache nehmen kann, bevor ich von hier weggehe. Gestern saßen wir bis 10 im Seminar und haben über Zusammenhänge zwischen Schongauer und Bruegel überraschende Dinge gefunden. Dies so nebenher.»

Die Reisen nach Holland (14. 9. 1934–5. 10. 1934) und nach Berlin (17. 7. 1935–26. 7. 1935)

Mein Vater erfuhr noch von meinem Plan der Dissertation, und kurz vor seinem Tode meinte er, man müsse mir wohl eine Reise nach Holland bewilligen, wie es dann auch geschah.

Im September 1934 reiste ich also für einige Wochen in das Ursprungsland meiner Gesellschaftsbilder: nach Holland.

Dort besuchte ich die Museen von Amsterdam, Haarlem, Leyden, Rotterdam, Den Haag und Utrecht. In der reichen Fundgrube des Rycksprentenkabinetts von Amsterdam sah ich mir die Druckgraphik vom 15. bis 17. Jahrhundert an. In Den Haag konsultierte ich das Rijksbureau voor kunsthistorische Documentatie, das von Hofstede de Groot gegründet wurde und eine ungemein reichhaltige Sammlung von Abbildungen holländischer Bilder darbot.

Die Reise trat ich fünf Tage nach meinem 25. Geburtstag an. Eine Postkarte vom 14. 9. 1934, 16.00 Uhr, aus Köln berichtete an meine Mutter über meine Sorgen einer preiswerten Unterkunft in Amsterdam:

«Liebe Mutter! Die Fahrt den Rhein hinunter war bei dem herrlichen Wetter sehr schön. Ich habe mir eigentlich nie klar gemacht, daß der Rheindurchbruch auf eine so lange Strecke so romantisch und abwechslungsreich ist. Die Mitreisenden sind z.T. Holländer und sie meinten, bei den Legers des Heils, bei der Heilsarmee könnte man anständig und gut unterkommen. Ihr Haus ist gleich beim Hauptbahnhof, und dann kann ich es ja einmal dort versuchen oder dann auch bei der Pomona. Das wird sich an Ort und Stelle entscheiden. Einige der Bröter ließ ich mir schon schmecken. An Euch Alle viele herzliche Grüße von der Reise.

Dein dankbarer Franzsepp.»

Am 17.9.1934 sende ich aus Amsterdam eine Ansichtspostkarte an meine Mutter. Als Sujet wählte ich von Roeland Savery: «Die Fabel vom Hirsch unter den Kühen» im Reichsmuseum. Denn die Malereien von Savery schätzte ich besonders, und freue mich auch heute noch jedesmal, wenn ich die Welt der Tiere, die seine Spezialität ist, mit seinen Augen betrachten darf. Insofern liebe ich diese Malereien, weil sie die Tiere trotz ihrer naturalistisch-saftigen Malweise spielzeughaft und zutraulich und sonntäglich zufrieden und unschuldig naiv schildern. Deshalb habe ich auch diese Karte von meiner Mutter zurückverlangt und immer sorgsam aufbewahrt.

Ich gebe Bericht über meine Eindrücke und meine Arbeit in Amsterdam:

«Liebe Mutter! Heute morgen war ich wieder im Reichsmuseum bei den Bildern, wo man immer neue Dinge entdeckt, dann arbeite ich mittags im Kupferstichkabinett. Mit Dr. Oertel war ich inzwischen noch in einer Ausstellung italienischer Kunst in Holland, die sehr schöne Stücke besitzt. Schnell schauten wir die van Gogh-Ausstellung an. Wie man in 8 Tagen rumkommen soll, weiß ich noch nicht genau. Amsterdam als Stadt gefällt mir sehr gut. Herzlichst Fr.»

Mit Dr. Robert Oertel, der ein ausgezeichneter Kenner der italienischen Malerei war und nach dem Zweiten Weltkrieg Professor der Kunstgeschichte an der Universität Freiburg und dann noch Direktor der italienischen Abteilung der Staatlichen Museen in Berlin wurde, blieb ich immer in Verbindung.

Einen Bericht über den Erfolg in Amsterdam übersandte ich meiner Mutter nach fünf Tagen, am 22.9.1934:

«... Montelbaanstraat 6.

Liebe Mutter! Leider langte es auf den Sonntag nicht mehr zu einem ausführlichen Bericht. Bauch habe ich länger über meine Arbeit geschrieben. Für zunächst habe ich mit dem Reichsmuseum abgeschlossen. Allerdings so ganz richtig kam ich erst in den letzten Tagen rein. Es ist immer so, daß man mit den Dingen erst richtig bekannt werden muß, um mit ihnen operieren zu können und einem sich die Zusammenhänge auftun. Morgen fahre ich also zu Frans Hals, um dann bei Hudigs zu Mittag zu essen. (Professor Hudig war der Schwiegersohn einer guten Bekannten unserer Familie aus Zürich und Kunsthistoriker in Amsterdam).

Gestern war ich bei Lutjens (Cassirer), ein Kunsthistoriker, mit dem ich sehr nett über meine Arbeit sprechen konnte und den ich nochmals besuchen werde, bevor ich von hier wegfahre. Nächste Woche will ich dann nach Den Haag gehen, wo hoffentlich die Leute auch so bereitwillig sein werden, um mir das Material zugänglich zu machen. Schade, daß ich Amsterdam schon wieder verlassen muß, wo ich mich hier schon heimisch fühle und jeden Morgen freue, durch die Grachten ins Museum zu gehen und dem Betrieb auf den Kanälen zuzusehen oder sehr schöne moderne Häuser zu entdecken. In meinem Volkslogement gefällt es mir unter den ‹Bachmännern› ganz gut, und ich hoffe, daß ich in Den Haag auch so praktisch wohnen kann [...] (Ein Modell meines Vaters in Zürich hieß Bachmann, ein Kauz und ein Lebensphilosoph. Wenn mein Vater ihn nach den Sitzungen entlassen hatte, so pflegte er nochmals zurückzukommen und anzuklopfen und zu bemerken: ‹Ich kumme dänn morn, wenn ich noch läbe›.)»

Im Brief vom 24.9.1934 schildere ich u.a. meine Eindrücke in Utrecht. In Amsterdam hatte ich außer meiner speziellen Arbeit noch manche gesellschaftlichen Anlässe hinter mich zu bringen.

«Liebe Mutter! Heute abend soll es endlich einmal zu einem Brief reichen. Soeben komme ich von einem voll ausgenutzten Tag aus Utrecht. Ich sah mir gründlichst sieben Stunden lang das Museum an, was man nur deshalb machen kann, da es ganz ausgezeichnete Stücke besitzt und eben die Utrechter Schule im 16. und 17. Jahrhundert einheitlich dort zu studieren ist. Für meine spezielle Arbeit machte ich zwei gute Entdeckungen und zwar zwei sehr schöne Beispiele, wie gerade Rembrandts Nachtwache auf die Gesellschaftsmaler gewirkt hat. Was ich schon entlegener vermutete, habe ich nun klar ausgesprochen vorgefunden, was mich sehr freute und wo ich auch dann gleich die zwar nicht ganz billigen Fotos kaufte. Zum Schluß ging ich noch in den Dom, wo ich einen richtigen Eindruck und Einblick bekam von einer niederländischen Kirche, d.h. von solch einem Raum, wo man von innen die Strebepfeiler sieht und man fast die Umgebung der Kirchen mehr empfindet als das Innere. Für das Verständnis von van Eyck ist es fast unerläßlich, daß man eben einmal in einem solchen Raum wirklich war, wenn auch die heutigen Kirchenräume hier meistens verunstaltet sind durch Kirchenstühle und reformierte Kanzel- und Orgeleinbauten. Von Utrecht kam ich geradezu begeistert heim, da man so vieles fand, das für das allgemeine Veständnis der niederländischen Kultur aufschlußreich ist und keineswegs das etwas Posierte und Zurechtgemachte hat, wie das Bauwerk des Reichsmuseums.

Gestern verbrachte ich einen geruhsamen Nachmittag bei Hudigs, wo ich zum Mittagessen eintraf. Frau Direktor (Frey aus Zürich) war wieder sehr herzlich und nett und meinte, ich wäre immer noch der gleiche wie in Zürich. Sie kommt überhaupt immer wieder auf die Zürcherzeit zurück und kann nicht genug sich daran erinnern, wie heimelig es allemal bei uns gewesen sei. Deinen Brief hat sie erhalten und sie hat ihn mir auch zum Lesen gegeben... Über die Bewilligung der 100.– Mk bin ich schon froh; hoffentlich mußtest Du nicht gar so sehr von Pontius zu Pilatus und wieder zurück gehen. Bis jetzt habe ich etwa 30.– Gulden gebraucht, allerdings wird die teure Zeit in Den Haag erst beginnen, weil ich hier äußerst billig wohnte für hiesige Verhältnisse.

Die Reise nach Den Haag verschiebt sich um einen Tag, weil ich morgen mittag soeben von Frau Frey zu ihr zum Mittagessen bestellt wurde und nachmittags kann ich dann die berühmte Privatsammlung Koenigs ansehen mit einem Hamburger Panofsky-Schüler, den ich schon von Hamburg her kannte. Wir werden dort also zum Tee erscheinen. Vormittags werde ich in Haarlem das Museum Teylor abmachen, das die dortige Zeichnungssammlung ist und die ich sowieso sehen wollte.

Es ist also ziemlich viel, bis man einigermaßen die Fülle übersieht, aber ich habe in dieser kurzen Zeit schon manches gesehen und eigentlich der Anregungen zu viele schon bekommen, um alles schon gleich ganz verdaut zu haben. Aber ich bin froh, hier einen solchen Überblick mir verschaffen zu können.

Wie rasch sich die übrige Arbeit in Den Haag vollziehen lassen wird, ist noch nicht auszumachen. Ich habe jedoch noch vor, zum Abschluß hier noch einige Tage in Amsterdam zu bleiben und dann werde ich durch die Vermittlung von Frau Direktor Frey und Prof. Hudig, der in den ersten Oktobertagen wohl zurückkommen wird, noch die übrigen schwer zugänglichen Sammlungen ansehen, wo Frau Direktor sogar selbst auch gern eventuell mitgeht. Darüber werde ich aber noch gegebenenfalls berichten. Einmal will ich auch zu Frederik Muller, dem großen Auktionshaus, wo so die schönsten und besten Bilder aus dem vornehmen englischen Privatbesitz angeboten werden und wodurch z. B. Reinhardt (Sammlung Oskar Reinhardt in Winterthur) seine besten Stücke sich erworben hat.

Das Programm ist sehr reichhaltig, doch will ich für heute abend schließen und hoffe, daß es Dir, liebe Mutter, gut geht und so grüße ich Euch alle herzlichst. Dein dankbarer Sohn Franzsepp.»

Nun fahre ich nach Den Haag.

Der Brief vom 26. September 1934 schildert die Eindrücke von Den Haag und den Abstecher nach Haarlem zur Zeichnungssammlung Teylor und zur Sammlung Koenigs:

«s'Gravenhage [...] Hotel Aurora, Assendelftstraat 20. Liebe Mutter! Nun bin ich in Den Haag und war sehr, sehr lange im Mauritshuis; eine Fundgrube für Erkenntnisse und ein Schmuckkasten eines Museums. Man geht von einem hervorragenden Bild zum anderen.

Besonders schöne Jan Steens gibt es zu sehen, die zu den besten Werken niederländischer Kunst überhaupt zählen müssen. Für mich im speziellen fand ich einige sehr schöne Dinge.

Hierher fuhr ich in einem Autobus, der billiger kommt als die Bahn. Die Fahrt war bei schönstem Wetter einfach herrlich. Teils durch die Felder, teils durch Parks, teils durch Gärten, wo die Tulpen mit der Sense abgemäht wurden, teils durch moderne Siedlungen und nicht zuletzt über vierbahnige, amerikanische Autostraßen, wo man in rasendem Tempo darüber hinweg fährt. Kurz vor Den Haag kommt man durch einen Wald, etwa wie der Hardtwald, nur daß immer wieder vornehme Landsitze am Ende einer Allee sich kurz zeigen.

Gestern war ich in Haarlem und sah mir die Zeichnungssammlung Teylor an, aß bei Hudigs zu Mittag. Dann bei Koenigs zum Tee mit Herrn Horst W. Janson, später Professor an der New York University (1913–1982), den ich von Hamburg her schon kannte. Frau Koenigs, die Tochter des Grafen Kalckreuth, zeigte uns in liebenswürdigster Art ihre glänzenden Dinge. Am meisten gefiel mir ein Hieronymus Bosch: Die Sintflut. Man sieht die Arche auf dem Berge landen, und nun gehen die Tiere aus der Arche in das verschlammte Land. Das ganze Bild ist nur weiß gehöht und sonst vollkommen grau. Ich wüßte nicht, wie man diesen Zustand der Erde besser und schlagender hätte ausdrücken können. Sonst sahen wir bei Koenigs noch Rubens-Skizzen, Dürer-Zeichnungen, Watteau, Altdorfer, Tintoretto, Tiepolo-Zeichnungen, um nur die großen Namen zu nennen. [...] Abends traf ich Herrn Janson nochmal bei einem Haarlemer Arzt Dr. Land, wo wir im Familienkreise um das holländische Kamin herumsaßen und uns über alles mögliche unterhielten, wie es bei charmanten Leuten nicht anders zu erwarten war.

Ich wohne hier im Hotel Aurora sehr gut. Pomona wäre viel zu teuer gewesen.

In den nächsten Tagen von hier aus nach Rotterdam, kurz Delft. Scheveningen muß ich sicher schwimmen lassen, denn ich komme so kaum mit dem nötigen aus.

Für heute abend herzlichste Grüße an Dich, Monika, Thomas von Deinem dankbaren Sohne Franzsepp.»

Auf der Postkarte vom 29. September 1934 ergänze ich die Eindrücke über Den Haag und den Erfolg meiner Bemühungen bei der Suche nach Gesellschaftsbildern.

«Liebe Mutter! Hier habe ich die letzten Tage die Abbildungssammlung von Hofstede de Groot durchgesehen und kam auf Grund der Fülle des Vorhandenen zum Schluß, daß ich hier länger bleiben werde, also noch einen guten Teil der nächsten Woche. (Hofstede de Groot hatte ein Zentralinstitut gegründet zur Dokumentation von holländischen Gemälden mit einer großen Fotosammlung. Prof. Bauch war seinerzeit Assistent bei Hofstede de Groot. Der damalige Leiter war der Schweizer Kunsthistoriker Dr. Hans Schneider). Dr. Schneider, ein Schweizer ist sehr nett, allerdings echt schweizerisch, kritisch. Sein Assistent, Dr. Gerson, ist sehr nett und gestern abend war ich bei ihm zum Abendessen. Hier glaube ich einen guten Teil der Arbeit zu machen, wo ich den völligen Überblick über das Material habe, wie sonst nirgends. Hier im Hotel wohne ich ein wenig teuer, so daß ich irgendwie umziehen werde, worüber ich noch berichten werde. Abends war ich einmal doch in Scheveningen, das wirklich kolossal angelegt ist. Ich dachte sehr an Monika. (Denn meine Schwester Monika war einige Jahre vorher mit Freundinnen in Scheveningen). Am Sonntag fahre ich wahrscheinlich nach Delft und Rotterdam, denn das Institut ist ja doch geschlossen.»

Die letzte Nachricht aus Holland ist vom 5. Oktober 1934:

«Liebe Mutter! Die letzten Tage beschäftigte ich mich ausschließlich bei den Abbildungen von Hofstede de Groot, was hier die Hauptarbeit ist und überhaupt des ganzen Aufenthaltes. Bis Ende der Woche will ich sicher noch hier bleiben, denn jeder Tag ist wertvoll. Vielleicht allerdings will ich einen Tag nach Aerdenhout fahren über Leyden zum mal ausschnaufen. Mit meiner Arbeit komme ich gut vorwärts, wenn auch das Material ein ausgedehntes ist; aber meine Forschungsmethode scheint sich zu bewähren. Beim Direktor des Gemeente-Museums machte ich einen Besuch, der bei einer Tasse Tee auf seinem Büro sehr nett war und mir freundlichst Auskunft gab. Ich bedaure es, daß ich so wenig ins Mauritshuis komme, aber das ist momentan schon Luxus. Sonst mache ich kleinere Gänge in die Umgebung der Stadt, die viel an den Hardtwald (den großen Wald bei Karlsruhe) erinnert. Als vornehme Stadt erinnert Den Haag überhaupt viel an Karlsruhe, wenngleich es eine lebhaftere Stadt ist.

An äußeren Ereignissen hätte ich nichts mehr zu berichten. Ich hörte von Euch schon lange nichts mehr, hoffe aber, daß Ihr wohlauf seid und grüße Euch Alle herzlich von Eurem Franzsepp.»

Aus dem unentwirrten Dunkel des reichen Materials, das ich für meine Dissertation sammelte, kristallisierten sich gewisse Themenkreise heraus, die schließlich zur Hochform des holländischen Gesellschaftsbildes führten.

Dabei waren besonders die Szenen aus dem Zyklus der Parabel des Verlorenen Sohnes und die Göttermahlzeiten der Manieristen und ihre Festmahldarstellungen. Es stellte sich also heraus, daß in der Frühstufe noch moralische Werte zum Zustandekommen dieser Bildgattung im Spiele waren. Nach 1600 war es dann soweit, daß einzelne Maler und Malergruppen, wie in Haarlem oder in Delft, Spezialisten dieses Bildgenres wurden.

Im Brief vom 19. Januar 1935 kann ich von Freiburg aus meiner Mutter über den neuesten Stand meiner Forschungen und die Bedenken von Bauch berichten:

«Von hier habe ich nur Gewöhnliches zu berichten. Wegen des ersten Teiles der Arbeit war ich einen Abend bei Bauch. Er meinte, wenn ich so fortfahre, würde die Arbeit zu lange und einige Partien müßten noch umgeändert werden und z. T. überhaupt hinaus, was ich schon vorher halb gedacht habe, da manches fast nur in anderen Zusammenhang gebracht werden kann.

Zwar wurde momentan der weitere Teil der Arbeit nicht so weit gefördert wie ich gerne gehabt hätte, da das archäologische Referat sich doch zu mehr Arbeit häufte, als ich zuerst angenommen hatte.»

Am 2.4.1935 berichtete ich an meine Mutter:

«Wann ich heimkommen werde, weiß ich noch nicht genau. Ich habe mir aber an Ostern gedacht, wenn Ihr nichts anderes vorhabt. Mit meiner Arbeit komme ich zu Streich. Morgen will ich unter Thomasens Leitung anfangen zu tippen. Dies wird das Einfachste sein. An Neuigkeiten kann ich eigentlich nichts berichten, da alles seinen richtigen Gang geht.»

Am 15. Mai 1935 gebe ich vom kunsthistorischen Institut aus meiner Mutter am Vorabend ihres 54. Geburtstages einen längeren Bericht. Ausnahmsweise ist dieser Brief nicht handschriftlich abgefaßt, sondern mit der Schreibmaschine geschrieben; wie wenn diese Art feierlicher wäre, sicherlich aber deutlicher lesbar, und von meiner neuen Fähigkeit zeugen sollte.

«Liebe Mutter! Zu Deinem morgigen Geburtstag will ich Dir meine herzlichsten Segenswünsche senden. Es ist für mich an diesem Tage besonders schmerzlich, daß ich nicht daheim sein kann und Dir persönlich vor allem eine gute Gesundheit wünschen kann. Aber ich werde an diesem Tage besonders nach Hause denken und weiß, daß wenigstens Thomas daheim ist und mit Freude diesen Tag feiern darf.

Von meinem Ergehen will ich Dir kurz berichten. Mit meiner Arbeit kam ich gut voran. Bis auf das kleine Schlußkapitel habe ich sie im Reinen, Bauch habe ich sie schon abgegeben und mit ihm durchgesehen und im einzelnen durchgesprochen. Nach dem Überblick, den er daraus gewonnen hat, war er zufrieden und meinte, sie mache einen geschlossenen Eindruck. Ich bin froh, die Sache doch soweit zu haben, daß ich hoffentlich nicht mehr viel zu ändern brauche. Der Bilderband präsentiert sich jetzt gut und wurde noch ziemlich erweitert, so daß er recht stattlich aussieht. [...] Heute mittag bin ich bei Prof. Friedländer zum Tee eingeladen, um mit ihm über einen Passus meiner Arbeit zu sprechen und ihm von Holland zu erzählen.»

Nachdem das Manuskript meiner Dissertation über vier Wochen auf dem Schreibtisch von Bauch lag, kann ich meiner Mutter am 20. Juni 1935 wenigstens ein Teilergebnis der Lektüre von Seiten Bauchs mitteilen:

«Bauch hat mit mir wegen der Arbeit gesprochen. Er habe leider noch keine Zeit gehabt, die ganze Arbeit durchzulesen, da er zur Zeit mehrere Dissertationen für Doktoranden für Ende des Semesters habe. Außerdem werde sich noch jemand für Kunstgeschichte in Freiburg habilitieren und da sei er damit ziemlich beschäftigt. Was er aber bis jetzt von der Arbeit gelesen habe, damit sei er einverstanden und habe nichts Wesentliches daran auszusetzen. Er werde mir in den Ferien mein Manuskript schicken, damit ich noch einige Kleinigkeiten daran verbessern könnte, um dann aber Anfang Wintersemester promovieren zu können. Ich bin schon froh, daß Bauch die Sache akzeptiert und daß man ein Ende absieht. Vielleicht werde ich schon einige Wochen vor Semesterbeginn nach Freiburg zurückkehren, um noch dort alles ins reine zu bringen. Allerdings dies kann man erst zur gegebenen Zeit endgültig bestimmen.

Nächste Woche werden Borgwardt, Perseke und Bolten fertig machen. Mit diesen tue ich mich zusammen und dann pauken wir mit mehr oder weniger Erfolg. Bolten bringe ich systematisch täglich eine Stunde altniederländische Malerei bei, wobei ich auch genug profitiere und repetiere. Insofern ist hier gerade ziemlicher Betrieb.»

Am 24. Juni 1935 berichte ich weiterhin meiner Mutter:

«Hier ist ziemlich viel los. Heute abend bin ich bei Prof. (Walter) Friedländer zum Nachtessen eingeladen, bevor er für 3/4 Jahre nach Amerika geht, um dort in New York und Philadelphia Lectures zu halten. Ich habe von ihm einen sehr interessanten Aufsatz von Panofsky zum Lesen bekommen. Ich finde es sehr nett, daß er mir einen Abend widmen will.

Bei Bauch war ich auch noch kurz und da erfuhr ich von ihm, daß seine Bemerkungen zur Arbeit, so weit er sie durchgesehen hat, wirklich nicht groß sind und daß es sich meistens um Dinge handelt, die eventuell noch zu erwägen wären, die man aber doch nicht sicher entscheiden kann. Ich habe den Eindruck, wie wenn er immer mehr damit einverstanden ist, je weiter er sich damit beschäftigt.»

Um die Unterlagen für meine Dissertation möglichst vollständig beisammen zu haben, hielt ich es doch für notwendig, auch noch die Bestände des reichhaltigen Kupferstichkabinettes in Berlin kurz vor dem Abschluß der Arbeit durchzusehen.

Die Reise nach Berlin unternahm ich im Juli 1935.

Auf einer Ansichtspostkarte, die das Holzrelief von Ernst Barlach «Die Verlassenen» zeigt, schrieb ich am 26. Juli 1935 meiner Mutter nach Karlsruhe:

«Liebe Mutter! Von Berlin habe ich nur Gutes zu berichten. Die letzten Tage arbeitete ich im Kupferstichkabinett meine Holländer des 16. Jahrhunderts durch und fand auch eine nette Zahl von Dingen, auf welche ich aus war und selbst in Holland nicht gefunden hatte. Gestern abend war ich mit Dr. Oertel zusammen und es kam noch Frl. Dr. Roediger aus Frankfurt, so daß wir ein richtiger kunsthistorischer Zirkel waren.

Heute morgen waren wir kurz im Märkischen Museum und wieder den ganzen Morgen im Kupferstichkabinett. Mittags fuhren wir raus ins Freie ins reizend am See gelegene Jagdschloß Grunewald, einer kleinen Dependance-Galerie...»

Die Niederschrift und Besprechungen mit meinem Lehrer Prof. Bauch

Kaum war ich von der Reise nach Berlin zurückgekehrt, suchte ich in Freiburg Prof. Bauch auf. Über diese Unterredung berichtete ich am 28. 8. 1935 meiner Mutter:

«Gestern Mittag ging ich also nun gleich zu Prof. Bauch, den ich auch angetroffen habe. Zuerst mußte ich ihm von Berlin erzählen. Dann sprachen wir die Arbeit durch. Dies und jenes soll ich noch ändern und eventuell noch einfügen. Wenn ich diese paar Dinge noch gemacht habe, soll ich die Arbeit einreichen. Es ist die Hauptsache, daß Bauch die Arbeit für abgabefähig hält, d. h. daß er in der Hauptsache damit einverstanden ist. Bei manchen Dingen meinte er, er wolle mir seine Meinung nicht aufdrängen, aber man könnte dies und jenes noch einmal erwägen. Sehr lange glaube ich nicht, daß ich dazu noch brauche, so daß ich eventuell schon wieder früher heimkomme. Je schneller und bälder, je lieber!

Bei Bauch war es sehr nett. Sie luden mich noch zum Nachtessen ein. In den nächsten Tagen soll ich wieder einmal zu Bauch kommen. Heute morgen arbeitete ich zu Hause und am Mittag im Seminar, wo kein Mensch ist und wo es herrlich ruhig ist.»

Eine Woche später berichtete ich ihr über den Fortgang meines Schaffens:

«Mit meiner Arbeit geht es hier doch noch länger als ich zuerst gedacht habe. Aber ich werde auf alle Fälle am Samstag abend heimkommen. Bis dann hoffe ich den größten Teil der Änderungen zu haben, und bald bei guter Witterung noch auf den Braunenberg zu gehen, wie wir es geplant haben.»

Diesen Aufenthalt auf dem Hofgut Braunenberg bei Stokkach habe ich dann vom 10. 9. 1935 bis 30. 9. 1935 durchgeführt.

Um finanziell nicht immer auf die Wechsel meiner Mutter angewiesen zu sein, bewarb ich mich bei Bauch um die Stelle des Famulus. Darüber berichtete ich meiner Mutter am 24. Oktober 1935:

«Ich bin Institutsfamulus, allerdings erst nach Weihnachten. Solange ist es noch Perseke, der die Stelle ja schon bisher inne hatte. Bauch war sehr nett, und er war sofort damit einverstanden. Es sei zwar nicht üblich, wenn man schon den Doktor habe, diese Famulus-Stelle einzunehmen, aber vielleicht ergibt sich hoffentlich etwas anderes für mich, wenn ich gar fertig bin mit dem Studium. Im Semester bekommt man zweihundert Mark. Ich rechne wohl, daß ich von Weihnachten bis Ostern etwa die Hälfte davon bekommen werde. Immerhin das.

Bauch erzählte mir noch kurz von seiner Hollandreise, welche er mit Prof. Jantzen zusammen gemacht hat. Er zeigte mir ein sehr interessantes neues Werk, vom Meister von Naumburg, das neu entdeckt wurde. Für den Winter ist eine sehr gute Vortragsreihe angesagt über den Ursprung und das Wesen der Kunst, wo nur beste moderne Kräfte sprechen werden: Heidegger, Jantzen, Bauch (Frühstil), Buschor, van Scheltema. Ich finde es sehr fein, daß nach der vergangenen Ebbe wieder etwas Erfreuliches geboten wird. Im Dezember wird übrigens Bauch in Karlsruhe über Schongauer einen Vortrag halten, den Du sicher besuchen kannst, so Du noch in Karlsruhe sein wirst.»

Aus meiner Bewerbung um die Stelle eines Famulus geht hervor, wie wenig ich mir konkret weitere Gedanken machte, um mich in das Berufsleben einzuschalten und wie sehr ich ausschließlich in meinen wissenschaftlichen Träumen lebte.

Nach zwei Tagen war es dann doch so weit, daß ich mich

bei den Professoren vorstellte, die in dem Doktorexamen die Prüfer in den zwei Nebenfächern Neuere Geschichte und Archäologie werden sollten.

Darüber schrieb ich meiner Mutter am 26. Oktober 1935:

«Gestern war ich bei Prof. Ritter (Gerhard Ritter), um mit ihm wegen des Gebietes für die Prüfung zu sprechen. Auf die Geschichte des 16. und 17. Jahrhunderts, besonders Kulturgeschichte haben wir uns geeinigt. Mit Prof. Dragendorff (Hans Dragendorff, Ordinarius der Archäologie und damaliger Dekan der Philosophischen Fakultät) habe ich auch nochmal gesprochen und er war besonders nett und zuvorkommend. Er riet mir, die Sache zu beschleunigen, hinhalten könne er den Termin immer noch und so schlug ich ihm einmal den Januar vor. [...] Sonst bin ich immer im Seminar und mache noch die Feststellung der Forschung für die Arbeit. Bis morgen hoffe ich damit fertig zu sein. Bauch hält Übungen ab, über Delfter Malerei (Vermeer usw.), worüber ich erfreut bin. Heute brachte er mir den Katalog von der Rotterdamer Ausstellung.»

Nach zwei Tagen, am 30. Oktober 1935, ergänze ich den Bericht in seiner neuen Phase:

«Ich bin schon wieder mitten in der Arbeit. Die Dissertation habe ich fertig, bis daß die noch geänderten und neuen Kapitel getippt werden müssen durch Boby (= ein Commilitone der Kunstgeschichte, Ernst Borgwardt). Es war noch ein ziemliches Stück Arbeit, bis alles wirklich klappte. Die Literaturübersicht habe ich auch gemacht, es war gar nicht mehr schlimm, da man die Sachen ja schon lange genug kannte. Im übrigen mache ich jeden Tag noch ein Pensum Archäologie und Geschichte, damit ich hier bald etwas weiß. Mit Frl. Dr. (Lisa) Schürenberg habe ich ausgemacht, daß sie meine Kenntnisse über mittelalterliche Architektur einmal prüft. Am Freitag gehe ich zu ihr. Außerdem will sie mal meine Arbeit sehen; sie kann mir vielleicht wegen der Veröffentlichung raten.

Daß Kleiminger Assistent würde, war eine Vermutung von Boby. Den Lauf der Dinge, daß ich ab Weihnachten Famulus bin, finde ich auch so ganz in Ordnung.»

Nach zwei weiteren Tagen habe ich am 2. November 1935 meiner Mutter zu berichten:

«Ich will Dir auf den Sonntag einen kurzen Bericht geben. Meine Arbeit wäre schon fertig getippt, wenn Borgwardt nicht krank geworden wäre. So ging ich jetzt mit der Sache auswärts und heute mittag werde ich annähernd damit fertig werden. Sonst bereite ich mich auf die Archäologie und die Geschichte vor. Bei Frl. Dr. Schürenberg war ich gestern abend. Für die Architekturgeschichte will ich noch einige Sachen nochmal ansehen. Es war sehr nett bei ihr und sie hat ein sehr schönes niederländisches Bild, das mich sehr interessierte. (Es handelt sich um eine Paradiesesdarstellung von Roelant Savery.)»

Die Situation spitzt sich zum Endspurt zu und darüber schreibe ich am 6. November 1935:

«... Nun, bei mir drängt sich alles ein wenig. Die Arbeit ist nun endlich ganz fertig. Bauch ist damit einverstanden, daß ich sie einreiche. Dies will ich heute tun. Mit Prof. Dragendorff habe ich schon gesprochen und er ist der Ansicht, daß ich das Mündliche noch vor Weihnachten machen könne. Darüber wäre ich sehr froh. Denn dann, wenn ich nach Weihnachten doch Famulus bei Bauch bin, kann ich mich mit ganzer Aufmerksamkeit dieser Tätigkeit widmen. Über die Ankündigung des Besuches von Thomas habe ich mich gefreut. [...] Am Samstagmittag bin ich im Seminar (eventuell auch im archäologischen Seminar, über dem kunsthistorischen). Ich hätte sehr gerne den Ranke, Geschichte der Päpste, nochmal hier. Den könnte Thomas mir mit der Wäsche mitbringen.»

Am folgenden Tag informiere ich meine Mutter über die offizielle Bedingung, um in das Doktorexamen gehen zu dürfen:

«Gestern habe ich meine Dissertation eingereicht. Es klappt jetzt alles bis auf die Promotionsgebühr. Ich wäre sehr dankbar, wenn in der nächsten Zeit den Betrag von 240.– Mk ich erhalten könnte, damit ich auch diese Etappe noch in Ordnung bringen kann. Vielleicht kann Thomas die Sache mitbringen. [...] Gestern war ein kleiner Vortrag von Bauch über die Vermeer-Ausstellung in Rotterdam.»

Eine Woche später (14. November 1935):

«Hier ist wieder richtiger Semesterbetrieb. Gestern war ein Vortrag von Heidegger über den Ursprung des Kunstwerkes. Er war so allgemein gehalten, daß er leider in vielem recht platt war und man eigentlich enttäuscht war. Bei Bauch sind die Übungen über die Delfter Malerschule sehr gut. Ich mache die Sachen wohl regulär mit, sitze aber im übrigen meistens in den verschiedenen Seminaren, besonders im archäologischen und geschichtlichen. Wann mein Termin ist, weiß ich noch nicht genau; als ich bei Dragendorff die Gebühr einzahlte, meinte er sicher noch vor Weihnachten, was ich sehr begrüße, denn ich bin froh, wenn ich die Sache hinter mir habe und man nicht immer noch meint, dies und jenes sollte man auch noch parat haben...»

Im Brief vom 23. November 1935 an meine Mutter äußere ich mich in einem kritischen Exkurs über die allgemeine Verhaltensweise der Studenten, wie sie sich durch die organisatorischen Maßnahmen im Dritten Reich herausgebildet hat:

«Wenn ein Brief von mir angekündigt wurde, so ist dies ein wenig übertrieben, denn ich wollte nur von einem Spaziergang am Buß- und Bettag einen Gruß schicken. Hingegen jetzt will ich den Brief nachholen und einen kleinen Wochenbericht erstatten. An großen äußeren Ereignissen habe ich eigentlich nichts zu erzählen. Ich bin meistens im historischen und archäologischen Seminar und klemme mich hinter die verschiedenen Bücher. Die letzte Seminarsitzung in der Archäologie bei einem jungen Dozenten (Werner Technau, mit dem ich befreundet war) verlief ein wenig dramatisch. Als die Studenten über seine Fragen nichts zu sagen wußten, fing er mit Recht über den heutigen Studenten zu schimpfen an. Die Studenten seien eine Horde von Scharlatanen, welche nicht zu arbeiten wüßten. Er pfeife auf die Fachschaften und Organisationskram, wenn das sachliche Wissen fehle. Die Wissenschaft beruhe nun eben einmal auf dem sachlichen Wissen, und darum käme auch der jetzige Student nicht herum. Mit irgendwelchen Bekenntnissen sei nichts getan. Es war ein Lichtblick, endlich einmal ein richtiges Wort gegen die Arroganz des Studenten zu hören. Und besonders von einem jungen Dozenten, der mit den Organisationsstudenten sich eingelassen hat und nun die Verlogenheit dieser Denkungsart satt hat.

Die gemeinsamen Übungen von Bauch und Heidegger finden nicht statt, da sich kein geeigneter Zeitpunkt finden ließ! Auf den Freitag waren sie angezeigt, aber dieser Tag muß für Sammlungen frei gehalten werden. Ich finde es schade, daß diese Übung ausfallen mußte, es ist aber auch ein Zeichen dafür, daß es vielleicht an der Zeit ist, daß von der Dozentenschaft aus gegen den neuen Studentenbetrieb Front gemacht wird. Wie weit diese Dinge etwas weiteres zu bedeuten haben, dies ist nicht ganz durchsichtig und es fragt sich, ob es Anzeichen für etwas Besseres sind. Im Ganzen bin ich froh, wenn ich mit diesen Dingen nichts mehr als Student zu tun habe. Und hoffentlich wird dies möglichst bald der Fall sein.»

Am 2. Dezember 1935 erspare ich es meiner Mutter nicht, sie über meine damals in mir umgehenden Examensvorgefühle in einem Brief zu informieren:

«Bei mir hat sich eigentlich nicht so sehr viel ereignet. Mein Termin rückt nun immer näher und ich habe erfahren, daß er auch nicht mehr gar ferne sein soll. Wenn alles klappt, werde ich am nächsten Samstag sozusagen «in den Doktor steigen». In diesen Tagen hat man ein wenig ein eigenartiges Gefühl, man soll alles parat haben und man sieht dies und jenes nochmal an, um festzustellen, daß man davon auch noch eine Ahnung hat. Entdeckt man aber irgendeine Lücke, so versucht man sie noch auszufüllen. Mit einem Wort, man ist nicht Fisch noch Vogel, sondern eben gewöhnlicher Kandidat.

In den Bauch-Übungen muß ich heute noch so nebenbei über ein paar Portraits der Delfter Malerschule referieren, als Abschluß meiner Studentenzeit. [...] Also hoffentlich kann ich Dir am nächsten Samstag eine gute Nachricht zukommen lassen.»

Am nächsten Tag, dem 3. Dezember 1935, teile ich ergänzend mit:

«Wann ich genau heimkommen werde, weiß ich noch nicht fest, denn nach dem Examen bleibe ich noch sehr gerne hier, besonders wenn ich nach Weihnachten die Assistenz im Institut übernehme. Gestern habe ich noch die Delfter Portraitisten vorgeführt. Im übrigen ereignete sich nichts groß Nennenswertes.»

Am 11. Dezember 1935, am Vortag der Prüfung, gebe ich meiner Mutter nochmals und zum letzten Mal meine Gefühle kund:

«Mein Examen war noch nicht. Der Dekan schrieb mir, daß es diese Woche noch sein wird und so warte ich, bis ich den endgültigen Termin bekomme. Den jetzigen Zustand empfinde ich nicht als besonders angenehm, indem man gleichsam immer alles parat haben muß. Je eher ich die Sache hinter mir habe, desto bälder werde ich vom Warten befreit sein. [...] Wenn alles so weit ist, werde ich wieder berichten. Vor einigen Tagen hat hier der Münchner Archäologe Buschor einen Vortrag gehalten, der hier, wo alles auf Heidegger eingeschworen ist, wie eine kleine Bombe gewirkt hat, denn die Leute sehen, daß es auch noch eine andere Methode gibt als nur die hiesige.

Für heute diesen Bericht und die herzlichsten Grüße an Dich und Thomas von Deinem dankbaren Franzsepp.»

Die Doktorprüfung

Über den Verlauf meiner Doktorprüfung, die nun endlich am 12.12.1935 stattfand, schrieb ich am 14. Dezember 1935 einen ausführlichen Brief:

«Liebe Mutter! Nun habe ich also noch vor Weihnachten meiner Studentenzeit den Abschied geben können. Eigentlich so, wie ich es mir am besten gedacht hatte.

Es stimmt, daß die Verschiebung der Prüfung vom Samstag auf den Donnerstag noch einige unangenehme Tage hervorrief, aber der ganzen Sache sah man fast immer gleichgültiger entgegen. Die Prüfung selber hatte ich mir bedeutend schwieriger vorgestellt. Es war mehr eine geistreiche Unterhaltung als ein wirkliches Eingehen auf das Wissen. In der Geschichte bei Prof. Ritter wurde ich ganz allgemein über das Buch von Andreas (Willy Andreas. Deutschland vor der Reformation. Eine Zeitenwende. Stuttgart, 1932) über Vorreformation gefragt und dann kamen wir auf Erasmus und endlich auf niederländische und spanische Kunst, um schließlich bei einer Charakterisierung des Escorials zu landen.

Bei Bauch war die Prüfungsart etwas unerfreulich, da meistens ganz unbedeutende und teilweise auch noch schlecht abgebildete Werke zur Bestimmung vorgelegt wurden, welche ich wohl einreihen konnte, aber eben zu keinem endgültigen Urteil kommen konnte, da die Werke zu unbedeutend waren. Das einzige, wo man etwas vorbringen konnte, war über niederländische Kunsttheorie, wo ich ja nun beschlagen war.

Die Arbeit und die mündliche Prüfung jeweils bei den einzelnen Professoren habe ich mit 1–2 zensiert bekommen; Bauch entschuldigte sich so halb, daß es kein summa geworden sei, aber er kritisiere so viel bei den anderen Arbeiten und da müsse er bei seinen Schülern umso kritischer, strenger sein. Nach allem muß er aber meine Arbeit besonders gut zensiert haben und ihren besonderen Wert und ihre spezielle Eigenart hervorgehoben haben. Das einzige, was er auszusetzen hatte, ist die historische Unterbauung, daß in der Verknüpfung der einzelnen Künstler vielleicht noch kleine Retuschen anzubringen sind.

An sich bin ich über die Zensur sehr glücklich, da ich gemerkt habe, daß meine Forschungsmethode akzeptiert wurde und ich auch ganz dementsprechend behandelt wurde. Nach der Promotion gingen Bauch, Kleiminger, Boby, Perseke und ich gemütlich zum Nachtessen, wo wir die Sache mit zwei Lagen Bier bescheiden feierten. [...] Meine Hausleute machten mir eine besondere Freude, indem sie mir zur Gratulation einen großen Blitzkuchen spendierten, den ich mit Kleiminger und Frenz verzehren werde.»

Aufgrund meiner Dissertation und des mündlichen Examens bestand ich die Doktor-Prüfung am 12.12.1935 mit der Note: magna cum laude. Zum Druck fand ich die preiswerte Druckerei Gatzer & Hahn in Schramberg/Schwarzwald, und 1937 konnte ich meine Forschung der Fachöffentlichkeit vorlegen.

Mit der Erlangung des Doktor-Titels war verbunden, daß ich nun offiziell anerkannt aufgenommen war in den Kreis der Gelehrtenzunft, in die homines docti. Die homines docti sind ein ausgezeichneter Verein von Menschen, die in puncto Wissenschaft den Wahrheitsbeweis geliefert haben. Jeder Mißbrauch oder eigenmächtige Aneignung des Titels eines Doktors wird strafrechtlich geahndet. Der Doktor-Titel ist gesetzlich geschützt; durch diesen Titel wird man ein Teilchen an der großen Pyramide der wissenschaftlichen Welterkenntnis.

Schema der Verteilung gewisser Bildgattungen im Naturraum.

Die Einreihung meiner Dissertation in die Erforschung der niederländischen Gattungsmalerei

Die Beschäftigung mit der niederländischen Gattungsmalerei ließ mich nicht mehr so schnell los. Ich hatte vor, eine vollständige Geschichte der niederländischen Gattungsmalerei zu schreiben, damit der Forschung die Ganzheit des naturalistischen Weltbildes klar und deutlich vorläge. Doch diese ungeheure Sisyphusarbeit, die zu solch einem Unternehmen notwendig ist, bekam mir gesundheitlich schlecht, worüber ich später berichten werde.

In meinem Buche «Weltbild und Bilderwelt» habe ich mein Bemühen um diesen Gegenstand wieder aufgenommen. In welcher prinzipiellen allgemeinen Weltbereichsschicht die niederländische Gattungsmalerei als Weltbildsystem sich vollzogen hat, faßte ich in einer sogenannten theoretischen Zeichnung zusammen.

Dort führte ich vor, wie die Idee der rein optischen, naturgläubigen niederländischen Gattungsmalerei als Operationsfeld ausschließlich sich auf die Sehobjekte der irdischen Natur, insbesondere auf das Landschaftsraumniveau, beschränkt. Dort trug ich als Beispiele in einen größeren Landschaftsabschnitt die Bildgattungen wie Seestück, Strandszene, Baumlandschaft und Gesellschaftsbild im Freien ein.

Alles, was nicht greifbar, sichtbar ist, existiert für diese Art von Malerei nicht. Alle höheren, universaleren, geistigen Phantasieräume, etwa des mittelalterlichen Weltbildes, wurden mit Ausnahme einiger wenigen allegorischen Begriffsdarstellungen ausgeschieden. Diese ganze Malerei tat nie z.B. einen außerirdischen, überzeitlichen Blick in die Sternenwelt.

Mit meiner Dissertation vollzog sich bei mir das erste selbständige Eintreten in die Forschung und ein aktives Mitwirken am Weltbildbau der Kunstwissenschaft.

In diesem an sich unendlich ausgedehnten Gebiet lieferte ich speziell einen Beitrag zur niederländischen Gattungsmalerei, und zwar erforschte ich aus dem großen Gebiet von der reich in einzelne Bildgattungen eingeteilten niederländischen Malerei nur einen kleinen bruchstückhaften Teil. Denn diese Realwelt als Weltganzheit war damals in folgende verschiedene Bildgattungen zerlegt wie: Portrait, Einzelportrait und Gruppenportrait, Allegorie, Historienbild, Genrestück, Landschaft aller Art, Flachlandschaft, Gebirgslandschaft, Flußlandschaft, Seebild, Architekturbild, bürgerliches Innenraumstück, Bauernbild, Straßen- und Stadtbild, Tierbild und Stilleben, Vanitas-, Blumen-Stilleben.

Aber die eigentliche Stelle, welche das Gesellschaftsbild

Somit kommt Jan Steen zu einem neuen Weltganzheitsbegriff und überwindet damit die Stufe der Weltkonzeption der niederländischen Gattungsmalerei, denn er läßt wie in einem Brennspiegel nochmals die gesamte Geschichte der niederländischen Gattungsmalerei Revue passieren.

Es ist recht charakteristisch, daß ich gerade diejenigen Hauptmeister der niederländischen Malerei zu meinem Forschungsobjekt wählte, die ihre beiden Pole, Anfang und Ende, bezeichneten. Brueghel als keimhaftes Beginnen, wo noch ein einzelner Künstler die Ganzheitsforderung der Welt in sich trägt. Und dann Jan Steen, wo die inzwischen verlorene Ganzheit von einem einzelnen Künstler wieder wiederherzustellen und in seinen Werken zu vereinigen versucht wird.

IV. Mein gescheiterter Versuch, eine Monographie zu schreiben: «Die Kunst Martin Schongauers»

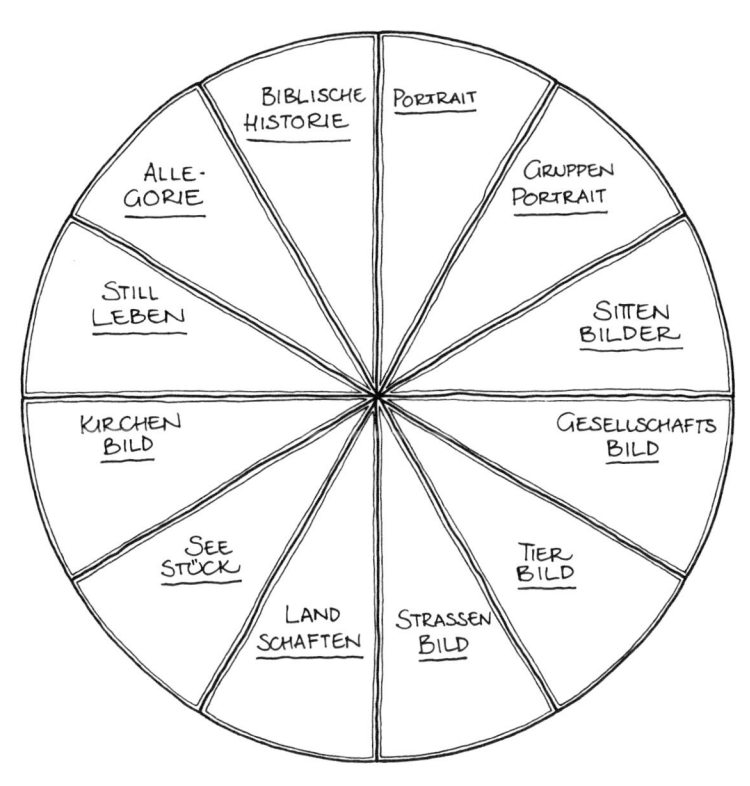

Kreis der niederländischen Bildgattungen.

im Weltbildsystem der niederländischen Gattungsmalerei inne hat und vertritt, ging mir erst später auf, als ich die gesamte Gattungsmalerei als vollständigen Weltbild-Organismus übersehen konnte.

Wenn man den gesamten Bildgattungs-Kreis der niederländischen Gattungsmalerei zusammenstellt, ergibt sich folgendes Schema:

Einen gewissen Nachklang erhielt die Beschäftigung mit der Gesamtheit der niederländischen Gattungsmalerei, als ich am 21.1.1958 meinen Vortrag über Jan Steens Kunst anläßlich des Zyklus «Holländische Malerei» in der Staatlichen Kunsthalle in Karlsruhe hielt. Dort konnte ich feststellen, daß Jan Steen innerhalb der holländischen Malerei eine Sonderstellung einnimmt. Und zwar insofern, als Jan Steen kein gewöhnlicher Gattungsmaler mehr ist.

Jan Steen sprengt den Rahmen der abgezirkelten, engen Gattungsmalerei. Auf seine Weise schließt er viele Gattungen in sein Werk ein und rekapituliert die Gesamtheit aller niederländischen Gattungsmalereien. Er ist Landschafter à la van Goyen, Bauernstück-Maler à la Ostade, Intérieur-Maler à la Vermeer, Selbstbildnis-Maler à la Rembrandt, Straßen- und Marktplatz-Maler à la Jan van der Heyden, Architekturbild-Maler à la van Vliet oder Emanuel de Witte, Bildnismaler à la Frans Hals, Genre-Halbfigurenbild-Maler à la Honthorst, vornehmer Gesellschaftsbild-Maler à la Pieter de Hooch, Sprichwortbild-Maler à la Brueghel.

Wieder nach Freiburg zurückgekehrt, hielt ich im Juli 1933 in den Übungen bei Prof. Bauch über «Martin Schongauer und die niederländische Kunst» ein Referat. Dies sollte Auftakt sein, mich noch lange Zeit intensiv mit der Kunst von Martin Schongauer zu beschäftigen.

Es ist charakteristisch, daß ich gerade Schongauer zum Favoriten meiner Forschungen und Betrachtungen gemacht habe. Da schwang noch ein gutes Stück Verwandtschaft mit dem künstlerischen Denken meines Vaters mit und glomm in mir nach. Mein Vater legte allergrößten Wert auf klare, präzise Darstellungsweise, wo jede Form, jeder Strich voll überlegt ist auf knappe, wohldurchdachte Bildlösungen, und ich fand dieselbe strenge Haltung bei Schongauer. So, wie mein Vater in der Kunstgeschichte auf den Hüter der Form und Tradition für das 19. Jahrhundert, auf den französischen Klassizisten J.A.D. Ingres eingeschworen war und über diesen Maler eine Monographie geschrieben hat, so bin ich auf den formalen Reiniger und Typenträger für die deutsche Malerei der Renaissance an der Wende des 15. zum 16. Jahrhundert verfallen und faßte den Plan, Schongauers Gesamtwerk in Buchform zu analysieren. Es schwebte mir dabei eine Parallele zu Heinrich Wölfflins Buch «Die Kunst Albrecht Dürers» vor, und ich nannte meinen Schongauer analog «Die Kunst Martin Schongauers».

Die Ähnlichkeiten zwischen den künstlerischen Verfahren meines Vaters und Schongauers gingen für mich sehr weit. In Schongauers großartigem Passionszyklus der Stiche fand ich z. B. dieselbe Logik des Geschehens, dieselbe Verzahnung der

Martin Schongauer. Gefangennahme Christi. Kupferstich.

Szenen, wo jede Geste und jede Figur bis aufs letzte durchdacht ist, wie bei den Holzschnittzyklen meines Vaters, bei den «Drei gerechten Kammachern», bei «Dem Märchen vom Fischer und siner Fru» oder beim «Dietegen». Insofern standen auch die festgefügten Kompositionen Schongauers der Kunst meines Vaters näher als der schon schweifendere, naturalistisch locker komponierende Albrecht Dürer. In Schongauer lebte noch die Typenprägung des Mittelalters nach, die gerade den modernen Graphikern um und nach 1900 in ihrer Schlichtheit imponierte.

Bei den Freiburger Kunsthistorikern stand damals die Forschung über die Kunst am Oberrhein und über Schongauer in hohem Kurs. Mein Lehrer Kurt Bauch suchte den Frühstil Schongauers zu klären. Josef Sauer beschrieb 1934 in einer Abhandlung die neu entdeckten Fresken des Jüngsten Gerichtes in der westlichen Halle des Breisacher Münsters.

Ich selber wollte unbedingt auch mittun an der Erhellung von Schongauers Schaffen; Gelegenheit dazu bot mir die Entdeckung seines kleinen Gemäldes «Maria im Gemach» im Privatbesitz des Dr. Tobias Christ, Basel. Diese Trouvaille publizierte ich im Jahre 1936 in der Kunstzeitschrift «Pantheon» und reihte mich damit in die Sitte ein, neu auftauchende Kunstwerke in Zeitschriften-Artikeln zu publizieren. Doch über diesen bescheidenen Ansatz, mich als kunsthistorischen Connaisseur zu betätigen, kamen meine Bemühungen über Schongauer nicht hinaus. Später konnte ich diese Aufzeichnungen für meine Vorlesungen über altdeutsche Malerei benutzen. Ich empfand meine sehr genauen Beschreibungen, etwa der Stichfolge der Passion, als gelungen und lehrreich.

Der Schongauer aber, den ich eigentlich schreiben wollte, blieb Manuskript und Fragment. Fähigere Wissenschaftler haben in den folgenden Jahren abschließende Bücher über dieses Thema verfaßt, wie Ernst Buchner in seiner Schongauer Monographie um 1939, so daß meine jahrelangen Bemühungen für die Wissenschaft überholt und völlig überflüssig wurden.

Im weiteren Verlauf meines Studiums in Freiburg hielt ich noch drei Referate in den Seminarübungen bei Prof. Kurt Bauch; am 17. Januar 1934 über «Giottes Frühstil», im Sommersemester 1934 über «Gotische Glasmalerei im alemannischen Gebiet» und im Mai 1935 «Die Pazzi-Kapelle» in den Übungen über Brunelleschi.

Über das Referat, das ich im Seminar von Bauch über Giotto gehalten habe, habe ich meiner Mutter am 5.6.1935 aus der Freiburger Hansjakobstraße 6 berichtet:

«Die letzte Zeit habe ich an meinem Referat noch gearbeitet, welches ich am letzten Montag gehalten habe. Es war noch nicht ganz das, was ich mir darunter vorgestellt habe, aber die Zeit war ein wenig sehr kurz. Mit Bauch werde ich noch darüber sprechen; denn ich hatte einige neue Dinge geäußert, über die er mit mir noch sprechen wolle. Wann dies sein wird, weiß ich noch nicht genau.

In der letzten Vorlesung über Giotto hat Bauch eine Bemerkung von mir über einen Maler vor Giotto zitiert, indem er sagte, daß einer aus ihrem Kreise diesen Maler tausendmal eindrucksvoller und religiöser empfinde als die Malereien Giottos. Ich habe mich über diese Zitierung gefreut.»

Mancherlei unsicher tastende Versuche, einen eigenen Ort und Weg in der Kunstforschung zu finden (1936–1951)

I. Ich als Museums-Volontär an der Staatlichen Kunsthalle in Karlsruhe

1936–1937

Nach dem bestandenen Doktor-Examen trat an mich die Frage heran, wie ich meine erworbenen Kenntnisse anwenden und noch weiter ausbauen könnte. So hielt ich es für günstig, mit der praktischen Kunstgeschichte meinen Berufsweg zu beginnen, und ich wurde auf den 1. April 1936 als Museums-Volontär in die Staatliche Kunsthalle in Karlsruhe aufgenommen.

Thomas Würtenberger. Porträtzeichnung des F. S. W. 1936.

Auskunft darüber, welchen Eindruck ich auf meine nächste Umgebung in jener Zeit gemacht habe, gibt eine Zeichnung meines Bruders Thomas, die er wenige Tage, bevor ich in die Kunsthalle kam, von mir anfertigte. Ich muß auf ihn einen ziemlich desolaten und weltabgelösten Eindruck gemacht haben, denn er stellte mich mit einem Heiligenschein dar, im klassischen Gestus der Melancholie die Backe in die Hand gestützt. Witzig-ironisch wußte er keine bessere Inschrift als: «O sancta simplicitas alias Franciscus Josephus. Thomasius te pinxit hac imagine! O me miserum, 29.3.36.» Unter solchen Auspizien startete ich also zu meiner Berufslaufbahn.

Es war übrigens der erste Heiligenschein, der mir von einem Portraitisten zugebilligt wurde. Den zweiten Heiligenschein erhielt ich 1967 im symbolistischen Portrait von der Malerin Clara Kress zum Josefi-Tag, als sie in einer Zeichnung mein Manierismus-Buch feierte und mich mit einer Bücher-Schlange, die vom Erdboden bis zum Auge Gottes reicht, charakterisierte.

Nach dem Betrieb eines großen Freundeskreises an der Universität in Freiburg, kam ich in Karlsruhe im Museum in eine Zone der Stille und Idylle. Ich lernte dort einen gepflegten Kreis von Kollegen und Kolleginnen kennen: Dr. Peter Halm, Fräulein Dr. Gerda Kircher, Fräulein Edith Ammann und Dr. Karl Schultz.

Aber so ganz richtig wußte man von Amts wegen nicht, was eigentlich ein Museums-Volontär, und speziell ich, tun sollte. So hing ich zunächst etwas tatenlos in der Luft. Ich fand z. B. Zeit und Muße, Fräulein Dr. Kircher nach Baden-Baden ins Neue Schloß zu begleiten und sie dabei zu unterstützen, den dortigen Gemäldebestand an Bildnissen aufzunehmen, woraus sich später ihre Publikation «Zähringer Bildnissammlung im Neuen Schloß zu Baden-Baden» (Karlsruhe 1958) ergab. Wir gründeten zu zweit allenthalben einen Bänkles-Verein und verbanden die Fahrt nach Baden-Baden jeweils mit Spaziergängen und Ausblicken in die abwechslungsreiche Landschaft.

Erst allmählich kamen die eigentlichen Aufgaben auf mich zu. Mehr als Nebenbeschäftigung bekam ich einen Lehrauftrag für Textilkunde an der Badischen Hochschule für bildende Kunst, mit der Begleitaufgabe, die Textilsammlung zu ordnen.

Aber es war mir noch eine Aufgabe anderer Art aufgegeben. Ich gab im Sommer 1936 die Lebenserinnerungen meines Vaters Ernst Würtenberger «Das Werden eines Malers» bei C. Winters Verlag, Heidelberg heraus. Mein Vater hatte diese biographischen Erzählungen in seinen letzten Lebensjahren geschrieben. In diesem Büchlein herrscht keineswegs das äußerliche biographische Element vor, sondern die Besonderheit besteht darin, daß jeweils typische Begebenheiten des künstlerischen Lebens und der künstlerischen Erfahrung in treffenden Kurzkapiteln aneinandergereiht werden.

Noch eine weitere Arbeit widmete ich dem Andenken und Bekanntwerden des Lebenswerkes meines Vaters. Während meiner eineinhalbjährigen Volontärzeit habe ich im Auftrag der Staatlichen Kunsthalle Karlsruhe das druckgraphische Werk meines Vaters bearbeitet, hauptsächlich seine Holzschnitte. Dieses Werkverzeichnis «Das graphische Werk von Ernst Würtenberger», bearbeitet von Franzsepp Würtenberger, kam im April 1938 in den «Schriften der Staatlichen Kunsthalle, Karlsruhe, Heft 1» heraus. Diese Arbeit war sozusagen ein

Abschluß, mich mit den Werken und den Kunstanschauungen meines Vaters zu befassen, von denen ich bis jetzt in meinem Denken geleitet wurde.

Als zweite Aufgabe dieser Art bearbeitete ich neben dem Werkverzeichnis meines Vaters noch «Das graphische Werk von August Babberger». Mit August Babberger war mein Vater befreundet, und ich war von der Art seiner Kunst sehr angetan. Dieses Werkverzeichnis wurde allerdings erst 1954 gedruckt, als ich wieder in Karlsruhe als Dozent an der Technischen Hochschule wirkte. Die inzwischen neu gewonnenen Einsichten über die moderne Kunst ließ ich auch in die Einleitung des Verzeichnisses einfließen. Diese Kenntnisse erwarb ich mir durch meine Forschung über das Maleratelier und über Weltbild und Bilderwelt und wandte sie nun speziell auf die Kunst Babbergers an. Als Charakterisierung der Weltposition, die Babberger einnahm, und die eine völlig andere war als die meines Vaters, schrieb ich als ersten Satz: «August Babberger gehört zu jenem Künstlergeschlecht, welches das fast übermenschliche Titanenwerk der Ablösung der Kunst von der Natur vollzog.»

Nebenher verfolgte ich meine eigenen Forschungsinteressen. Dabei begann ich, mich mit der Kunst Pieter Bruegels d. Ä. intensiver zu beschäftigen. Die erste Frucht dieser Begegnung war ein Vortrag: «Zu Bruegels Kunstform». Diesen Vortrag hielt ich am 19. Oktober 1936 im Schaffhausener Kunstverein und am 7. Januar 1937 in der Kunstwissenschaftlichen Gesellschaft in Freiburg i. Br.

Allzu lange in Karlsruhe in der Museumslaufbahn zu bleiben, war nicht meine Absicht. Es schob sich bald die Bewerbung um ein Stipendium an der Bibliotheca Hertziana, dem Kaiser-Wilhelm-Institut für Kunstgeschichte in Rom, in meinen Aufenthalt.

II. Ich als Forschungsstipendiat an der Bibliotheca Hertziana in Rom

1. 9. 1937–31. 12. 1938

In Rom konnte ich etwas Neues beginnen. Ich kam in eine Umgebung, die ganz andere Anforderungen stellte als das enge, in sich abgeschlossene Denken über Malerei, Holzschnitte und Kompositionsprinzipien. Selbstverständlich versank auch in Rom die Welt Martin Schongauers, obgleich ich in meinem Bewerbungsschreiben um das Stipendium an der Hertziana noch angegeben hatte, daß ich den Nachwirkungen der Stiche Schongauers in Italien nachgehen möchte. Aber dies war

Foto des F. S. W. von einem römischen Fotografen, »der auf ihn vier Scheinwerfer richtete, worunter man wahnsinnig schwitzte«. (Briefnotiz an die Mutter vom Oktober 1937)

ohne Zweifel eine zu kleine und begrenzte Aufgabe, um die römischen Eindrücke in angemessene Erkenntnisse der Wissenschaft umzusetzen. Die Bewerbung sandte ich am 13. Juni 1936 ein. Sie zeugt noch von der gewissen Unkenntnis dessen, was auf mich wartete, und hat folgenden Wortlaut:

«Karlsruhe, 13. Juni 1936
An die
Generaldirektion der Kaiser-Wilhelm-Gesellschaft
Berlin

Gesuch des Dr. phil. desig. Franzsepp Würtenberger wegen eines Stipendiums für den Aufenthalt an der Hertziana in Rom

[...] ich möchte meine wissenschaftlichen Kenntnisse noch vervollständigen [...]

Nun hielt ich es nicht nur für die Erweiterung der allgemeinen Kenntnisse, sondern auch zur Fortführung gewisser wissenschaftlicher Aufgaben für wünschenswert, wenn ich mich intensiver mit der italienischen Kunst beschäftigen könnte.

Als Hauptarbeitsgebiet wollte ich den Beziehungen der Spätantike und altchristlichen Kunst zur ottonisch-deutschen Kunst systematisch nachgehen. [...]»

Die Bewerbung hatte diesmal keinen Erfolg, und es erging die Bitte des Direktors der Hertziana, Leo Bruhns, an mich, das Gesuch im Mai 1937 zu wiederholen, da mir andere Bewerber zuvorgekommen waren. Meine Antwort an Bruhns enthält die Ansicht, daß der römische Aufenthalt einem Kunsthistoriker erst die volle Ausbildung gäbe.

Auf den Herbst 1937 klappte es dann. Ich konnte in das Forschungsparadies der Kunstgeschichte: in den Palazzo Zuccari in Rom einziehen.

Von der Anreise nach Rom sandte ich meiner Mutter am 29.9.1937 eine Postkarte aus Perugia, die von meinen Eindrükken und Plänen berichtet:

«Liebe Mutter! Ich nähere mich immer mehr meinem Ziele. Eben bin ich von Arezzo nach Perugia gefahren, am Trasimener See entlang durch üppige Felder. Perugia liegt ganz herrlich auf einem langgestreckten Hügel. In Arezzo war es sehr heiß, habe aber wieder viel gesehen: Piero della Francesca-Fresken. Abends hörte ich auf dem menschengedrängten Marktplatz die Reden von Hitler und Mussolini, so daß ich also nicht so ganz von der Welt ab bin. Übrigens kommt der Studentenkurs, der in Florenz war auch nach Rom und zunächst werde ich mich wohl den Führungen der Herren Assistenten der Hertziana anschließen müssen. Siena und S. Gimigniano ließ ich also aus und habe dafür Arezzo gemacht, das mich im Augenblick auch mehr interessierte, wegen der Vasari-Architektur.»

Dieser Vasari-Architektur habe ich dann 25 Jahre später, 1962, sehr intensive Beachtung und spezielle Forschungen zu teil werden lassen und in meinem Buch über den Manierismus andeutend behandelt.

Ein zweites Mal war ich in Arezzo, als ich 1954 mit meinen Freunden Helmut und Ruth Weirich mit dem Auto durch Italien fuhr. Damals trennte ich mich von Weirichs und fuhr allein mit dem Bus nach Arezzo. Unbedingt wollte ich den Atelier-Palast von Vasari sehen, von dem ich hell begeistert war. Bald darauf verfertigte ich eine ausführliche sogenannte Theoretische Zeichnung dieses Palastes als Anleitung, wie in ihm der künstlerische Inspirationsvorgang abläuft.

Mit meinen Studenten der Karlsruher Kunstakademie war ich ein drittes Mal in Arezzo 1961. Damals hatte ich einen schlimmen Nierenanfall. Den ganzen Vormittag war ich in der Vorhalle eines Grand-Hotels gesessen. Gegen Abend ging ich aber doch als einzige Unternehmung zu Vasaris Atelier-Palast. Auf ihn wollte ich auf keinen Fall verzichten.

Als ich in Rom angekommen war, teilte ich diese vollzogene Tatsache in einer Postkarte meiner Mutter nach Karlsruhe mit. Die Ansicht der Postkarte war nicht ein Bildmotiv von Rom, sondern ich verwendete noch eine Postkarte aus den vorhergehenden Stationen der Anreise: Arezzo, La Pieve Vista dal Corso V. Emanuele. Der Text der Postkarte lautet:

«Rom, 30.9.1937. Liebe Mutter und lieber Thomas! Nun bin ich also in Rom! Zwar habe ich noch nicht sehr viel gesehen, einen kleinen Blick vom Pincio über die Stadt, die Spanische Treppe, aber dies alles übertrifft die Vorstellung des Großartigen. In der Bibliotheca Hertziana wurde ich von Prof. Bruhns und dem Assistenten Degenhart sehr gut aufgenommen. Habe ein nettes kleines Zimmer. Die Bibliothek ist eine feudale Sache mit Nebenhäusern etc. [...] Es ist hier ein großer Betrieb und ich freue mich auf morgen, bis ich Neues entdecken kann. Es ist fast zu viel, aber ein Trost, daß ich länger hier bin.»

In Rom sah ich mich meinen Interessen entsprechend um. Ich verfiel darauf, die Monumentalmalerei des 16. Jahrhunderts in Rom zu bearbeiten. Dies war ein überreiches Gebiet und ein hochgestecktes Ziel. Daß ich mich auf einen Spezialsektor beschränken mußte, war selbstverständlich.

Schon nach einem halben Jahr des Aufenthaltes konnte ich in einer Sitzung über meine Forschungsergebnisse berichten. Am 7. April 1938 hielt ich in der Hertziana den Vortrag «Die Wand- und Deckenmalerei des 16. Jahrhunderts in Rom». Damit hatte ich mein Hauptthema, das mich fesselte und für das ich mich ganz einsetzte, gefunden. Merkwürdigerweise kommt im ganzen Vortrag das Wort Manierismus nicht vor, obgleich ich schon lange den Manierismus als historisches Geheimnis ansah und mich zu allem, was Manierismus hieß, hingezogen fühlte und obgleich so hochmanieristische Künstler wie Salviati, Vasari, Zuccari und Cherubino Alberti behandelt wurden. Aber es war so, daß das Allerliebste und Geheimnisvollste für mich tabu war. Das darf man durch Nennung nicht aufscheuchen; das muß im Hintergrund verborgen und vor dem Anruf versteckt bleiben. Es kam mir anscheinend ausschließlich auf die Tatbestände selbst an: auf den jeweiligen Realitätsgrad, den die Monumentalmalereien aufweisen. Es wird im Vortrag fein die Unterscheidung zwischen dem differenzierten Schicksal der Malereien an der Wand oder an der Decke beobachtet (Abb. S. 148 und 283).

Mein Aufenthalt in Rom als Stipendiat brachte es mit sich, daß meine Tätigkeit z. T. ein Gemisch aus freizügiger eigener Forscherarbeit und von gewissen gesellschaftlichen Verpflichtungen war, die eine solche Stellung mit sich bringt.

Es war selbstverständlich, daß man an den Vorträgen und Kunstführungen des Institutes selber teilnahm oder daß man entsprechende Veranstaltungen von befreundeten Instituten wie dem Deutschen historischen Institut oder dem Deutschen archäologischen Institut kollegial besuchte.

Diese Verpflichtungen wurden aber unausweichlich offiziell mit politischem Anstrich versehen, als im Mai 1938 der Staatsbesuch von Adolf Hitler in Rom stattfand und die deutschen Staatsinstitutionen in Rom während der Festveranstaltungen gehörig Staffagedienste leisten mußten.

Inwieweit auch ich selber daran beteiligt und davon betroffen war, schrieb ich in zwei Briefen an meine Mutter, die mich soeben in Rom besucht hatte und, um dem Rummel der Staatsaktion zu entgehen, rechtzeitig nach Karlsruhe zurückgekehrt war. Auf ihrer Heimreise wunderte sich meine Mutter über die luxuriösen Vorbereitungen des großen Ereignisses, da die ganze Bahnstrecke entlang, von Rom bis zum Brenner,

Hunderte von Kilometern ohne irgendeine Lücke und Pause Hakenkreuzfahnen und italienische Flaggen aufgeboten waren.

Am 4. Mai 1938 berichtete ich ihr aus Rom:

«Liebe Mutter! Wenn dieser Schnellbrief ankommt, so wirst Du schon daheim sein und von hier erzählen. Hoffentlich hattest Du noch eine schöne Heimreise – und nicht zu sciroccohaft heiß –, damit sich Deine Reise bis zum Schluß auch gut abwickelte. Ich vermisse Dich natürlich hier, aber Rom wurde noch mehr zu einem Heerlager und Bienenschwarm, so daß man sich von den Ereignissen treiben lassen muß.

Gestern abend war also der Einzug des Führers bei Nacht, bei phantastischer Fackelbeleuchtung der Kandelaber, bei *grün!* angestrahlten Bäumen und Wiesen, bei hellgelb angestrahltem Konstantinsbogen und rot brennendem, rauchendem Kolosseum! – letzteres ein Generaleffekt. In sechs Staatskarossen unter Vorantritt von einer Kavalkade, dies alles in barokkem Glanz und Prunk, wurden die Gäste abgeholt. Wir Deutschen hatten einen sehr guten Platz gegenüber dem Kolosseum, wobei allerdings die Aufmerksamkeit des Führers mehr von diesem in Beschlag gelegt wurde als von uns, trotzdem der König von Italien auf unsere Gruppe wies. Die lange Zeit des Wartens verbrachte ich mit unserem Bibliothekar, wo wir Zeit hatten, uns gut und ausführlich zu unterhalten.

Die Florentiner sind gestern um 24.00 gekommen und anschließend gingen wir noch durch die Stadt, um die Festbeleuchtung am Quirinal anzusehen, was sich lohnte. Manche Paläste sehen *echt* römisch festlich, großzügig festlich aus.

So jetzt muß ich – soeben erst aufgestanden – in die Rupa tarpea, um Bons einzusammeln und dann in die Maxentiusbasilika. Abends Treffen mit Siebenhüner etc. in Due colonne. Das Wetter ist nicht besonders, bewölkt und drohend «große» Tropfen.

An alle herzlichste Grüße, bes. an Dich, meine römische Mutter, Dein Franzsepp.»

Nach fünf Tagen berichtete ich meiner Mutter in einem zweiten Brief vom 9. Mai 1938 über den weiteren Verlauf der Festivitäten.

«Liebe Mutter! Die Festtage sind vorüber. Es ist zwar heute noch der zweite Jahrestag des Imperiums, aber er wird gleichsam als Übergang von den vorangegangenen bewegten Tagen zu wieder ruhigeren empfunden.

Ich war in den letzten Tagen Zeuge großer Volksbegeisterung und dies gehörte auch zum vollen Bild von Rom. Vom Einzug des Führers habe ich schon berichtet. Am Mittwoch war dann die Kundgebung in der Konstantin-Basilika auf dem Forum. Eine herrliche Umgebung für solch einen Anlaß. Der Führer und der Duce gingen zweimal durch die Menge, so daß ich beide jeweils von sehr nahe sehen konnte. Trotz des bewölkten Himmels und des zeitweiligen Regenrieselns verlief die Veranstaltung sehr feierlich. Wie es der Zufall wollte, kam ich neben Frau Brugger-Ley zu sitzen. Mit faulen Entschuldigungen konnte ich diese Situation retten, da wir beide uns über das listige Spiel des Zufalls freuten. Ich werde in den nächsten Tagen dort einen Besuch machen.

Am Donnerstag war ein häßlicher Regentag, wo man mit den ermatteten Florentiner Genossen von einem Essen zum anderen Café zog und am Abend mit den Resten und Degenhardts in einem Kino landete: Moderni tempi von Charlie Chaplin: ein ganz großartiger Film. Freitags war ein ruhiger Regentag, wo ich friedlich in der Bibliothek saß bis abends, wo die Veranstaltung im Borghese-Garten stattfand und es sich recht anständig aufheiterte, so daß es wunderbar war, in der in die Bäume, Pinien und Zypressen hineingebauten Tribüne zu sitzen und den Vorführungen im Beisein von Führer, Duce und Re Imperatore zuzusehen: Volkstänze in Trachten: ein sehr

Die vatikanische Laocoon-Gruppe. Postkarte.

schönes Bild und schließlich 100 berittene Carabinieri, deren Künste in der Formierung zu einem croce uncinata gipfelten.

Die gestrige Veranstaltung im Foro Mussolini schenkte ich mir und ich tat gut daran, denn Tausende mußten trotz Karten zurückkehren, da zuviel Karten ausgegeben worden waren – und ich fuhr nach Anagni, um dort einen ganz herrlichen Tag zu verbringen. Allein zog ich los, besah mir lange die Stadt, Dom und kleines Museum und marschierte dann in die großartige Landschaft. Als ich heim kam, sah ich dann das Auto mit dem Führer und Mussolini von der Veranstaltung heimfahren, gerade an der Ecke von der Sistina und der Gregoriana.

Heute ist ein strahlender Himmel, wie noch nie. Der erste wirkliche Sonnentag. Es ist schade, daß diese Schönwetterperiode nicht schon vorher eingesetzt hat und Du nicht noch einige solche Tage mitbekommen hast. Jetzt wirst Du wieder den häuslichen Sorgen obliegen und wirst schon manches von hier erzählt haben. Ich freue mich, bis ich daheim diesen Faden aufnehmen kann und weiter erzählen kann.

Per oggi tanti saluti von Deinem dankbaren Sohne Franzsepp.»

Wie sich die Postkarte, die meine Ankunft in Rom anzeigt, erhalten hat, so auch die Nachricht, daß ich Rom bald verlassen werde. Der Text der Postkarte vom 23.10.1938 besagt:

«Ich gleiche dem Laokoon, deshalb, da ich am Donnerstag Rom verlassen muß! Heute morgen nochmals Vatikan.»

Zur Unterstreichung der Identifizierung meines Seelenzustandes mit dem leidenden Laokoon benutzte ich eine Postkarte mit dem Bild der Vatikanischen Laokoon-Gruppe.

Die Postkarte mit der Laokoon-Gruppe bildungsbeflissen aus Rom zu verschicken, hatte in unserer Familie schon eine wohlgeübte Tradition. Meine Tante Elsa sandte fünf Jahre vor meiner Geburt, am 13. Oktober 1904, dasselbe Motiv an meine Eltern nach Zürich.

Als ich 1962, 24 Jahre nach meinem Rom-Aufenthalt, mein Manierismus-Buch veröffentlichte, war die Gelegenheit geboten, mich länger über die Laokoon-Gruppe auszulassen. Wiederum stand ich voll in ihrem Banne. Diesmal machte ich einen langen Exkurs über die weitgestreute Wirkung dieses antiken Meisterwerkes auf die verschiedenen Künstler des Manierismus, auf Plastiker, Freskanten, Tafelbildmaler und Zeichner.

III. Ich und das Gesellschaftsspiel der Berühmten Männer

Jeder Mensch, ob er will oder ob er nicht will, gehört irgendeinem Menschentyp oder einer Menschengruppe an. Entweder ist er als Mann oder als Frau geboren; entweder ist er im Alter eines Kindes, eines Erwachsenen oder eines Greises; entweder ist er im Zustand der Gesundheit oder der Krankheit; entweder ist er enthaltsam normal oder süchtig gefährdet anormal. Ebenso geht es ihm in seiner sozialen oder gesellschaftlichen Schicht. Entweder ist er Akademiker oder Arbeiter, Bauer oder Intellektueller, Aristokrat, Prolet oder Bürger. Ebenso ergeht es ihm in seiner Religionszugehörigkeit. Entweder ist er gläubig, ungläubig oder indifferent. Entweder gehört er aktiv den Wallfahrern an oder passiv den Zuhörern der Sonntagspredigten. Ebenso ergeht es ihm auf dem Sektor der Politik. Entweder gehört er einer Partei an oder ist parteienlos. Entweder ist er Kommunist, CDU-Mann oder SPD-Genosse.

Als sogenannter Gebildeter und kulturbewußter Mensch kann man sich verschiedenen Organisationsgruppen anschließen. Ist man etwa musikaufgeschlossen, so kann man sich angewöhnen, sich der ständigen Abonnements für Symphoniekonzerte zu bedienen, wie dies z.B. meine Berufsgenossen, die Kunsthistoriker an der Staatlichen Kunsthalle in Karlsruhe tun. Man kann aber auch, um kulturgenußbeflissen zu sein, Mitglied einer Buchgemeinschaft werden, wodurch man mehr oder weniger gezwungenermaßen zum Leser von Büchern, die andere für einen bereitstellen, wird.

Um die gesellschaftlich-berufliche Stellung zu sichern, ist es opportun, daß man während des Studiums in eine Studentenverbindung eintritt oder später etwa Mitglied des weltweit verbreiteten Rotary-Clubs wird. Dann ist die Karriere gesichert. Es kann auch sein, daß man für öffentliche Ehrungen empfänglich ist. Dann läßt man seine Brust mit Orden schmücken, etwa in Deutschland mit dem Bundesverdienstkreuz, oder in Frankreich mit dem Orden der Ehrenlegion, wodurch man die Ehre hat, einer verdienten, ausgezeichneten Menschengruppe anzugehören.

Wenn ich nun all diese Vereine, Clubs, Parteien, Berufsorganisationen, Liebhabergemeinschaften, Ehrungen etc. überblicke und mich frage, zu welchem Verein, Club oder Partei ich nun gehöre, wo ich mich am besten einreihen ließe und wohin ich mich auch innerlich zähle, wo ich mich zu Hause fühle, so muß ich sagen, all diesen Organisationen kann ich für meine Person kaum etwas Erstrebenswertes oder wirklich Identifizierbares abgewinnen.

Als ich als junger Student im ersten Semester von einer Studentenverbindung an der Universität Freiburg gekeilt werden sollte, habe ich mir einmal einen Abend die Sache angesehen, doch erkannte ich sofort, daß ich mit der dort zu Tage getretenen Mentalität kaum Berührungspunkte habe. Ich gehöre in meinem Denken, Streben und Sein einer ganz anderen, noch nicht hier genannten Personengruppe an.

Diese Personengruppe ist nicht so ohne weiteres greifbar, wohl auch organisiert, aber nicht so öffentlich sich artikulierend, aber auch wiederum kein Geheimclub. Sie konstituiert sich nicht um äußerer Vorteile willen. Ihr Aktionsbereich ist wohl die öffentliche Meinung, aber jener Bereich, der über den materiellen Dingen liegt. Dadurch ist nach heutiger Auffassung, wo sich alles um den äußeren Erfolg dreht, diese Gruppe unzeitgemäß, und somit im Absterben. Dieser Club bewegt sich im Reich der Gedanken und im Reich des Geistes: Es ist die olympisch hehre Versammlung Berühmter Männer. Es ist die Crème de la Crème der Gesellschaft – und sogar der Menschheit. Es sind jene Menschen, die im Bewußtsein der Menschheit die Würde und das Leistungspotential der geistigen Schöpferkraft des Menschen wahren und stets neu dokumentieren. Es ist ein hoch erhabener Elite-Club. Es sind in ihm die Weisen, die Propheten, die Erfinder und Künstler aller Art, die Geisteshelden der Weltgeschichte. Es ist die große, elitäre Zunft der in der geistigen Welterkenntnis und Weltgestaltung schöpferischen Menschen. Es sind die Genies, die Stars des Sektors des Denkens in der Auffächerung der Fähigkeiten des Menschen, wie man sie in der modernen Terminologie nennen müßte.

Ich selber kann wahrhaftig nichts dafür, daß ich in das Gesellschaftsspiel, das unsere Kulturstufe zur Zeit meiner Geburt mit den Berühmten Männern trieb, hineinverwickelt wurde. Um es vielleicht einmal schicksalshaft auszudrücken: ob ich wollte oder nicht, ich bin in das geistige Milieu der «Berühmten Männer» und «Geisteshelden» hineingeboren worden. Dies konnte damals am Beginn des 20. Jahrhunderts noch ein natürlicher, normaler Vorgang sein.

Durch das betont auf geistige Belange ausgerichtete Lebensmilieu meines Vaters als Künstler, Maler, als Bildungsmaler, der sich um die Schöpferkraft des Menschen enthusiastisch gekümmert hat, wurde ich in meiner Kindheit mit der olympischen Idee der Berühmten Männer bekannt und darin aufs beste eingeführt.

Die ganze Denkweise, die Gespräche am Familientisch, die Hausbibliothek, die Bilder meines Vaters, die ich entstehen sah, und die Besuche, die zu uns kamen, waren davon infiltriert und gesättigt.

Wenn mein Vater als Maler die berühmten Geisteshelden in seinen Zeichnungen, Holzschnitten, Monumentalentwürfen und Gemälden darstellte, hat er nicht nur irgendeinen beliebigen Gegenstand gemalt, war er nicht nur x-beliebiger Genrebildermaler-Spezialist, sondern er hat in dieser speziellen Form der Kommunikation von Geist zu Geist, d. h. als Geisterbeschwörer mit seinesgleichen Verbindung aufgenommen und mit ihnen Zwiesprache gehalten, da er selber von Natur und Denkweise her diesem Personenkreis angehörte.

Die bürgerliche Gesellschaft, die noch dem Glauben an die Elite der schöpferisch genialen Menschen anhing, hat die Leistung meines Vaters in dieser Richtung auch anerkannt und seinem Werk und seiner Persönlichkeit entsprechende Ehrungen zuteil werden lassen. In seiner Geburtsstadt Steißlingen bei Singen am Hohentwiel wurde nach seinem Tode, zur Feier seines 90. Geburtstages, 1958 eine Tafel an seinem Geburtshaus angebracht und etwas später in einem neuerbauten Ortsteil eine Straße nach ihm benannt. In Karlsruhe, wo mein Vater 13 Jahre, von 1921 bis 1934, an der damaligen Badischen Landes-Kunstschule gelehrt hat, wurde im Stadtteil Knielingen ebenfalls eine Straße nach ihm benannt.

Die Idee der Berühmten Männer durchzieht das künstlerische Schaffensprogramm meines Vaters während seines ganzen Lebens. Sie nimmt einen Hauptteil seines Werkes ein. Dabei ist es interessant zu beobachten, wie mein Vater zuerst den relativ lokalen und zeitlich begrenzten Umkreis der angesehenen Künstler, mit denen er z. T. selbst befreundet war, ausschritt und dann erst langsam zu den international schon längst anerkannten Berühmten Männern in Politik und Kultur vorstieß.

1901 kam die Zeichnungsfolge der «Alemannischen Bildnisse» in der Reihe «Teuerdank. Fahrten und Träume deutscher Maler. 11. Folge» im Verlag Fischer und Franke, Berlin, heraus. Es sind darin Bildnisse von Geisteshelden gemischt, welche schon verstorben waren wie Hans Holbein d.J., Jeremias Gotthelf, Johann Peter Hebel, Gottfried Keller oder Conrad Ferdinand Meyer. In diesen Blättern waren aber auch Männer dargestellt, die mein Vater nicht persönlich gekannt, aber als Spaziergänger doch gesehen hat, wie Josef Viktor von Scheffel, dem mein Vater als Knabe in Radolfzell begegnete. Dann schloß sich der Künstlerkreis an, in welchem mein Vater in späteren Jahren verkehrt hat und mit dem er befreundet war. Dies sind Arnold Böcklin, Albert Welti, Hans Thoma, Emil Strauss und Emanuel von Bodman. Als Dreizehnten im Bunde hat sich mein Vater selber auf dem Titelblatt der Folge dargestellt, wie er uns Beschauern die Portraitzeichnung von Böcklin hinhält.

Die Gestalten waren für meinen Vater also nicht nur Literatur- und Kunstgeschichte, nicht nur längst vergangene Zeiten, sondern zum Teil selbst miterlebte, ohne Unterbrechung aus der Vergangenheit entwickelte Gegenwart. Der Strom der «Berühmten Geisteshelden» zog in dieser Mappe, also gleichsam lückenlos von der Vergangenheit seit Holbein, seit der deutschen Renaissance und den Dichtern des 18. und 19. Jahrhunderts bis in die unmittelbarste und selbst miterlebte und selbst auch von meinem Vater mitgestaltete Gegenwart. Mit Böcklin verkehrte mein Vater in Florenz freundschaftlich. Hans Thoma lernte er in seiner Karlsruher Kunstschulzeit schon kennen. Albert Weltis Kunst und Persönlichkeit standen ihm besonders nahe, und Emil Strauss war schon als Freund seines Vaters Thomas Würtenberger bei der Familie in Emmishofen bei Konstanz ein gern gesehener Gast. Emanuel von Bodman kannte er schon aus der Gymnasiumszeit dort.

Ernst Würtenberger in seinem Züricher Atelier vor den Gemälden der deutschen Männer. Foto. Um 1918.

Ernst Würtenberger. Michelangelo in Carrara. Gemälde. 1928.

Allmählich eroberte sich mein Vater stufenweise den erweiterten Kreis der Berühmten Männer, sozusagen von der heimatlichen Basis des alemannischen Volkstums aus, und fand dann viele derartige Ansätze zu der Gestaltung seiner zwölf deutschen Männer. Was man damals als den Inbegriff des deutschen Beitrages an künstlerischer, philosophischer und staatsmännischer Schöpferkraft empfand, wollte mein Vater in dieser Gemäldeserie sichtbar machen. Vergleichbar mit der Bibel sind es die zwölf Apostel der deutschen Bildungswelt.

Im einzelnen sind es: Erwin von Steinbach, Gutenberg, Luther, Hutten, Hans Sachs, Grünewald, Bach, Friedrich der Große, Kant, Goethe, Beethoven und Bismarck. Es gibt eine Fotografie des Ateliers meines Vaters, wo er auf einem Stuhl vor acht Gemälden der deutschen Männer sitzt.

Von der Grundlage der deutschen Männer aus, weitete mein Vater das kulturgeographische Feld der berühmten Geisteshelden und schuf am Ende seines Lebens sechs Triptycha mit international europäischen Geisteshelden. Es sind dies: 1. Erwin von Steinbach vor dem Straßburger Münster, 2. Raffael vor Papst Julius II., 3. Shakespeare unter seinen Theatergestalten, 4. Johann Sebastian Bach an der Orgel, 5. Michelangelo in Carrara, 6. Goethe diktiert Eckermann.

Behutsam, systematisch überlegt und verantwortungsvoll ging mein Vater in dieser Materie vor. Erst als die Geistesgrößen, sei es Mozart, Bach, Richard Wagner, Goethe ihm selbst zum Gesamterlebnis geworden waren, wandte er sich ihren Gestalten auch künstlerisch aktiv zu. Dafür ist sein Verhältnis zu Gottfried Keller typisch. Ihm war die Weltphilosophie und Volkstumethik Kellers auch sein eigenes Bekenntnis seiner von ihm akzeptierten Weltsicht. In manchen Holzschnitten, Lithographien und Gemälden hat er die Ausstrahlungskraft, die von der Persönlichkeit Gottfried Kellers ausgeht, einzufangen unternommen. Und diese Portraits, wie auch die Holzschnittillustrationen zu den Erzählungen dieses Dichters, fanden in der Schweiz große Verbreitung.

Erst als mein Vater die Werke von Knut Hamsun gelesen hatte, malte er als Abschluß der Kenntnisnahme der Person dessen Bildnis. Erst als er die Klavierauszüge von Richard Wagner auf dem Klavier selber Abend für Abend durchgespielt hatte, malte er dessen Bildnis. Erst als er viel Bach gespielt und gehört hatte, malte er seine Bach-Komposition. Erst als er sich aufs intensivste mit eigenem Klavierspiel und Gesang um die Lieder von Hugo Wolf gekümmert hatte, malte er dessen Bildnis.

Gewissermaßen den Höhepunkt der Idee der Berühmten Männer erreichte mein Vater in den schon genannten Triptycha.

Dann aber hat sich mein Vater außerordentlich intensiv mit der Gestalt von Michelangelo, dem prometheischen Prototyp des Geisteskämpfers beschäftigt. Wiederum beginnt er zaghaft partiell 1906 mit drei Holzschnitten des Kopfes von Michelangelo. Zwischen 1910 und 1914 erweiterte er das Bildnis Michelangelos zur Halbfigur, und schließlich läßt meinen Vater das Thema des Kampfes Michelangelos zwischen Idee und Ausführung im Steinbruch von Carrara nicht mehr los. Mehrere Fassungen dieser ganzfigurigen Komposition entstehen, darunter ein monumentales Riesenformat.

Dieses Monumentalwerk meines Vaters ist inzwischen im Ernst-Würtenberger-Saal im Bürgerhaus in Steißlingen öffentlich zugänglich gemacht. Am 9. November 1975, am Eröffnungstag dieser kleinen Gemäldegalerie, die den Werken meines Vaters gewidmet ist, hielt ich eine Rede unter dem Titel: «Ernst Würtenberger. Malerei und Lebensphilosophie.» In dieser Rede machte ich über den Michelangelo meines Vaters folgende Ausführungen:

«Aus seiner Lebensphilosophie heraus mußte für Ernst Würtenberger die Gestalt von Michelangelo eine zentrale Bedeutung für sein Denken einnehmen.

Und so kommt es nicht von ungefähr, daß Ernst Würtenberger in die Gestalt Michelangelos ungeheuer viel an Erfindungskraft investierte und er auch diesem Thema eine riesige Komposition widmete.

Wie die Künstler des 19. Jahrhunderts vielfach das bescheidene Stubenbildformat verließen und große, sogenannte Bildmaschinen erfanden, so ist hier auch in diesem Michelangelo ein Hauptwerk des Schaffens meines Vaters entstanden; so wie Feuerbach sein «Gastmahl des Plato» schuf oder Ernst Würtenbergers Karlsruher Lehrer Ferdinand Keller seinen «Türkenlouis».

Und so wie der «Kuhhandel» das großformatige Paradestück für die bäuerliche Welt im Werk von Ernst Würtenberger ist, so wurde «Michelangelo» es für die Welt der geistigen Tat.

Für dieses großformatige Gemälde, das im Atelier der Kunstakademie in Karlsruhe entstand, war nach dem Tode meines Vaters in unserer kleinräumigen Wohnung kein Platz und so mußte es in der Karlsruher Staatlichen Kunsthalle deponiert werden.

Als ich diesen Sommer bei der Besichtigung des Ernst Würtenberger-Saales die noch freie Schmalwand des Raumes sah, kam mir bald der Gedanke, daß diese Wand ja wie geschaffen ist, den «Michelangelo» meines Vaters aufzunehmen.

Nun freue ich mich, daß dieses Hauptwerk einen solchen hervorragenden Ausstellungsplatz in seinem Geburtsort erhalten durfte. [...]

Wie Michelangelo hatte Ernst Würtenberger mehr die Idee geliebt als die Wirklichkeit.

Michelangelo ist der Heros des 16. Jahrhunderts, als die Welt zum ersten Mal in Gefahr war, im Zeitalter der Entdeckungen zu materiell und zu wissenschaftlich zu werden. Da stand Michelangelo auf und protestierte mit seiner Kunst gegen die frühen materiellen Übermenschen der beginnenden Wissenschaft und die materielle Verflachung des Wissens, wie es damals Michelangelos Gegenspieler Pieter Bruegel in seiner der Wirklichkeit versklavten Weltsicht tat.

Wie dies geschah, habe ich in meinem Buche «Pieter Bruegel d.Ä. und die deutsche Kunst» dargestellt.

Die Position Michelangelos habe ich ausführlich in meinem Buche «Der Manierismus. Die europäische Kunst des 16. Jahrhunderts» umrissen.

Aber mein Vater verlor sich nicht nur in Einzelpersönlichkeiten; er wußte, daß die Berühmten Männer, die sich geistig und gesellschaftsmäßig um ihn scharten, eine besondere Menschengruppe, eine Gemeinschaft sind, so wie es im Mittelalter und noch im Barock eine Gemeinschaft der Heiligen gab. Zur

Raphael Santi. «Die Schule von Athen».

Dokumentierung des Wissens um diese Gemeinschaft der berühmten Geistesgrößen hatte mein Vater in seinem Atelier eine große Farbreproduktion der «Schule von Athen» Raphaels hängen. Dieses Gemälde war ihm ein Leitbild seines eigenen geistigen Seins und der Inbegriff der Menschengruppe, zu der er sich selbst mit aller Energie seines Denkens und bildenden Schaffens zählte. Das Gemälde der «Schule von Athen» ist die berühmteste und klassischste gemalte Berühmtheitenversammlung der Kunst- und Geistesgeschichte der abendländischen Kultur.

Als mein Vater die Monographie über J.A.D. Ingres schrieb, hat er ein Kapitel der Berühmtheitsversammlung von Ingres «Die Apotheose Homers» gewidmet.

Dieses faszinierende Bekenntnis zu den Kulturtaten großer Männer tauchte gleichsam in den Fußstapfen meines Vaters wandelnd immer wieder in meinem Gesichtskreis und meinen kunsthistorischen Betrachtungen auf. «Die Apotheose Homers» von Ingres war ein Höhepunkt in meinem Vortrag «Die Verherrlichung historischer Geisteshelden», den ich 1959 in Rom im Palazzo Zuccari hielt.

Ich rief mir dieses Gemälde wieder ins Gedächtnis, als ich in meinem Buche «Malerei und Musik» (1964–1979) an die Charakterisierung des von Musik gespeisten Kunstempfindens des Malers Ingres kam.

Aber ich hatte noch eine ganz besondere Begegnung mit Ingres' «Apotheose Homers». Hocherstaunt war ich, als ich in der Universität Karlsruhe im Aulabau in der Café-Ecke, die im zweiten Stock vor dem Egon-Eiermann-Hörsaal eingerichtet wurde, plötzlich 1976 einen riesigen Farbdruck von Ingres «Apotheose Homers» entdeckte. Und dies, nachdem jeder Personenkult durch die radikale linke Studentenschaft als überflüssig und programmwidrig erklärt worden war. Aber anschei-

F. S. W. vor Ingres' «Apothéose Homers» in der Universität Karlsruhe. Foto. 1977.

nend hatte diese großartige Menschheitsmanifestation doch noch nichts an Zugkraft und Eindrücklichkeit eingebüßt. Über diese Entdeckung war ich hocherfreut. Dies war in neuer Form Wasser auf meine Mühle. Aus Freude darüber ließ ich mich am Abend des 7. Dezember 1977 durch meinen Freund Walter Schmidt vor dieser Monumentalmalerei fotografieren. Die Tafel, auf die ich mich stützte, mit dem Kreuz und der Inschrift «Universität 1977», bezieht sich auf die damalige Aufhebung des Allgemeinen Studentenausschusses, der der Hochschulpolitik der Regierung zuwiderlief.

Mit der Idee des Olymps der Berühmten Männer wurde ich weit, weit früher infiziert, so daß ich nur von Ferne beurteilen und ermessen konnte, was es mit dieser Kulturerscheinung, die noch aus dem 19. Jahrhundert stammte, auf sich hatte. Kaum, daß ich fähig geworden war, in meinen Zeichnungen halbwegs erkennbare Personen zu charakterisieren und nicht mehr nur kindhaft anonyme Männchen außerhalb jeglichen Kulturkreisbewußtseins zu zeichnen, habe ich mich sofort auf die Gestalten der Berühmten Männer geworfen und sie mir in meinen Bereich kindlicher Zeichnungsart und mein kulturgeschichtlich ungeübtes Weltbildes einzuverleiben bemüht.

Wie kam es, daß ich ein Unternehmen begann, von dessen Sinn und eigentlicher Absicht ich mit meinen sechs, sieben oder auch zehn Jahren keine Ahnung haben konnte, mich aber trotzdem um die Gestaltung dieser mir eigentlich verschlossenen Welt bemühte? Als ich 1919 ein Heft mit sogenannten

F. S. W. Johannes Gutenberg und Hans Sachs. Zeichnung. 1916.

F. S. W. Hans Sachs. Zeichnung. 1918.

Weltbildpositionen anlegte, erschien auch die Kategorie der Berühmten Männer. Als Vertreter dieser Weltposition wählte ich das Bildnis von Johann Wilhelm von Archenholz.

Die kindliche Früheinführung in den Olymp der Berühmten Männer verdanke ich ausschließlich dem Geistesmilieu meines Vaters. Allüberall war mein Lebensraum als Kind umstellt von dem Gedanken der olympischen Berühmtheitsversammlungen, von den Bildern der Berühmten Männer. Aus kindlich-instinkthaftem Nachahmungstrieb bemühte ich mich als noch so kleiner und noch so unbedeutend hilfloser Knirps mich in die einzige Welt, von der ich überhaupt Kenntnis hatte, nämlich in die Welt meines Vaterhauses einzuleben, und banal gesagt, auch auf meine unbeholfen-anfängerhafte Weise in ihr mitzutun, mich einzureihen und darin selbstverständlich etwas zu leisten. Denn ich sah schon damals, welch harten Kampf mein Vater um diese Gestalten kämpfte. Dabei wollte ich ihm helfen, so wie eben ein Kind seinem Vater helfen kann. Und dies geschah dann eben von meiner Seite aus recht und schlecht. Teilweise kritzelte ich am selben Familientisch, an dem mein Vater seine Männer zeichnete und entwarf, meine Kinderzeichnungen gleichen Inhalts. Dazu dienten mir zum Teil dieselben Vorlagen, die auch mein Vater für seine Bildnisse benutzte. Ein fast unerschöpflicher Schatz waren das Buch «300 deutsche Männer» oder ein paar von Velhagen und Klasings Monographien über Hans Sachs, Friedrich den Großen, Mozart und Hindenburg. Von den Nachzeichnungen durch meine Kinderhand haben sich folgende Bildnisse von Geisteshelden erhalten: Ganz früh, wohl 1916, Hans Sachs, Gutenberg (?) und Franz von Sickingen. Datiert 1916 Zwingli. Von 1917 der Dichter Emil Strauss, von 1918 Mozart, Hans Sachs, wohl nach der gleichen Vorlage noch einmal wie schon 1916. 1919 nochmals Mozart. Dann zeichnete ich meinen Vater mit dem Vermerk «nach einer Fotografie». Also auch meinen Vater und Emil Strauss, diese Männer, die ich gut kannte, reihte ich in meine Zeichnungsproduktion bekannter Bildnisköpfe ein. Darunter ist aber auch noch ein Heiliger: St. Nikolaus als «Samikaus» unterschrieben. Nun, es sind in meiner Frühstufe wirklich dieselben Männer, mit denen sich auch gleichzeitig mein Vater beschäftigte. Hans Sachs erscheint unter seinen 12 deutschen Bildnissen, Franz von Sickingen hat er 1913 als Holzschnitt gestaltet, Mozart hat mein Vater 1916 auf 1917 als Holzschnitt in Medaillenform dargestellt, und ich hatte in meiner Zeichnung von 1919 diese Komposition meines Vaters, wie der junge Mozart am Klavier steht, von der Rundform ins Quadrat übersetzt.

Der Gedanke der Berühmten Männer – Männer, die etwas in ihrem Leben geleistet und hingestellt haben – wurde mir dann auch noch in anderer Art vermittelt. In den Jahrgängen des Pestalozzi-Schülerkalenders, der als eine Fundgrube von Grundwissen in hervorragender Weise zur Anleitung für die heranwachsende Jugend geeignet ist, waren im Kalendarium jeweils Gestalten der Berühmten Männer als kleine Bildchen und mit kurzem Text dargestellt. Diese Hinweise nahm man natürlich dankbar an. Auch die Quartettspiele mit den Entdeckern, Forschern, Staatsmännern und Künstlern weckten den Sinn für bedeutende Männer.

Das Kalendarium Berühmter Männer des Pestalozzi-Kalenders hat in denselben Jahren zwischen 1917 und 1920 noch auf einen anderen bildungshungrigen Knaben im gleichen Zürich eine große Wirkung ausgeübt. Darüber berichtet ausführlich der Schriftsteller Elias Canetti (geb. 1905) in seiner Autobiographie «Die gerettete Zunge. Geschichte einer Jugend». Fischer, Frankfurt a. M. 1979, in dem diesbezüglichen Kapitel «Unter großen Männern»

In den Jahren 1923 und 1924 wandelte sich der Kult, den ich mit den Berühmten Männern betrieb, in der Wahl der zur Darstellung verwendeten Materialien etwas ab. Ich ging dazu über, sie in Kerbschnitt auf den Zigarrenkistchendeckeln meines Vaters, der ein ständiger Zigarrenraucher war, vorzuführen. In dieser Technik wurden Ferdinand von Schill, Hans Thoma, Bismarck und Friedrich der Große behandelt. Zu ihnen gesellte sich plötzlich noch eine ganz andere Gattung von Kultur- und Geistesgrößen. Aus dem Gedankenkreis der berühmten Männer der katholischen Kirche, also aus dem Kreise der Heiligen, schnitt ich Täfelchen von Zigarrenkistendeckeln mit den Halbfiguren-Bildnissen der Vier Evangelisten: Johannes, Lukas, Markus und Matthäus.

Es kommt mir eigentlich erst jetzt so recht zum Bewußtsein, daß ich in den Gestalten der Vier Evangelisten die gewaltigsten Stützpfeiler der gesamten katholischen christlichen Weltordnung erfaßt habe. Wievielmal wurden sie an den mittelalterlichen Portalen oder an den barocken Vierungskuppeln angebracht!

Die Vier Evangelisten traten nach meiner ersten Erfassung ihrer Gestalten im Jahre 1923 erst wieder viel später in meinen inzwischen kunst- und kulturwissenschaftlich geschulten Gesichtskreis. Vom Sommersemester 1932 finde ich eine Notiz im Heft der Übungen bei Erwin Panofsky in Hamburg, wo ich mir eine Synopsis der Stellen bei den verschiedenen Evangelien über die Marien am Grabe aufgeschrieben habe.

Als ich als Vierzigjähriger 1949 anfing, die Geschichte der künstlerischen Inspiration anhand der Maleratelier-Darstellungen zu schreiben, spielen die Vier Evangelisten für das frühe und hohe Mittelalter eine entscheidende Rolle. Sie sind die schlechthin vom Heiligen Geist inspirierten Schreiber für alles geistige Schaffen, mit Einschluß auch des künstlerischen Erfindens, soweit es damals überhaupt in das Bewußtsein der Menschen getreten war. Erst im 14. Jahrhundert schälte sich dann die Sonderstellung des hl. Lukas als Maler der Maria, und dadurch zum Patron der Malerzunft erklärt, heraus.

Dies alles schilderte ich dann in meinem Buch «Weltbild und Bilderwelt» von 1958 als Neunundvierzigjähriger, 35 Jahre, nachdem ich 1923 die Bildnisse der Vier Evangelisten zuerst primitiv in Holz geschnitten hatte.

Als ich elf Jahre später meine Vorlesungen über die mittelalterliche Kunst an der Universität Karlsruhe nach dem hierarchisch-systematischen Aufbau des christlichen Heilsprogrammes ausrichtete, wurde mir klar, welch ungeheure zentrale Stellung die Vier Evangelisten im Aufbau der katholischen Glaubenslehre wie auch im Programm der christlichen liturgischen Kunstwerke an Kirchenportalen oder bei den Evangelienbüchern einnahmen.

Aber es muß sich schon in meiner geistigen Verfassung als Knabe ein Gefühl für die unabschätzbare Bedeutsamkeit herausgebildet haben, daß ich 1923 gerade diese vier Heiligen als Objekte meines Darstellungsdranges ausgewählt habe. Den Täfelchen sollte ein erhabenes, feierlicheres Aussehen gegeben werden, und zu diesem Zwecke sägte ich die Zigarrenkisten-Deckelbrettchen ausnahmsweise in spitzbogig gotischer Form. In gleicher Weise zeichnete ich in den Jahren von 1920–1923 noch christliche, heilige Szenen neben profan-mythologischen. Hier dachte ich doppelpolig, sowohl in heiligen als auch in profanen berühmten Männern.

In den kommenden Jahren 1924–1926 wird dann die Fülle der Zeichnungsproduktion der Berühmten Männer abgeschwächt. Es entstehen nur noch wenige; nun aber ausgewogene und abgeklärte Holzschnitte wie Heinrich von Kleist, Johann Joachim Winckelmann, ein großer Holzschnitt des Bildnisses von Raphael, Voltaire oder Hindenburg. Zusätzlich entsteht noch eine Prachttafel in Kerbschnitt: Die Trias der Heerführer des Krieges von 1870/71: Kaiser Wilhelm I. in der Mitte, links Bismarck und rechts Moltke.

Man könnte fragen, weshalb das Interesse an den Berühmten Männern gerade jetzt abebbte, wo sich mein Aufnahmevermögen für die Erkenntnis der Berühmten Männer eigentlich in Haus und Schule gerade steigerte. Es ist richtig, das Interesse steigerte sich, und vor allem hat sich auch mit den Altersstufen meine Intelligenz entwickelt. Aber die Begegnung mit den Berühmten Männern sollte auf eine andere Art geschehen. 1927, mit 18 Jahren, war ich fähig geworden, auch die gedanklich-geistige Leistung der Berühmten Männer direkt zu würdigen und in mich aufzunehmen. Und nun setzte ich mich mit ihren schriftlichen Hinterlassenschaften auseinander. Ich brannte darauf, im einzelnen zu erfahren, was sie in meinem Spezial-Interessengebiet der Bildenden Kunst vorzubringen hatten. So legte ich unter dem Titel «Allerlei» ein Tagebuch an, worin ich eine Zitatensammlung exzerpierte, in der erklärten verschiedenste Autoren, was sie unter Kunst verstanden. Indem ich vorher die Berühmten Männer nach ihrem äußeren Aussehen fragte und mich in ihren Bildnissen näherte, wollte ich nun ihrer geistigen, literarisch festgelegten Leistung direkter innewerden. Aus dem Bildniszeichner ist nun ein Literaturkenner und Historiker der Kunstanschauungen geworden. Ich vertauschte damit grundsätzlich den Zeichenstift des Künstlers mit der Schreibfeder des Literaten. Meine Zitatensammlung ist eine lange Liste und bunte Mischung: Emile Zola, Heinrich Wölfflin, Leonardo, Richard Wagner, Goethe, Wilhelm Friedrich Hegel, Schiller, Hippolyte Taine, Gottfried Keller, Raphael Mengs, Schiller, Otto Wagner, A. Dürer, Emerson, J. A. Eberhard, Thomas Alfred Leger, Lichtenberg, Nietzsche, N. N., Friedrich Theodor Fischer, Tolstoi, Konrad Fiedler, Chinesischer Ästhetiker, Hans Thoma, Oskar Miller.

Diese Zitatensammlung ist sozusagen gedankliches Vorprojekt meiner künftigen Bibliothek. Genau denselben Autorenkreis werde ich dann später nach meinem Universitätsstudium als Kunstwissenschaftler in seinen Selbstzeugnissen, Lebensbeschreibungen und ästhetischen Schriften als Spezialabteilung sammeln. Die Richtung, in die mein zukünftiges Forschen und Streben gehen wird, ist hier schon vorgeprägt. Die ersten Weichen meines weiteren wissenschaftlichen Vorgehens sind gestellt.

Der nächste Schritt, um mir die Weisheit der «Berühmten Männer der Kunstgeschichte» zu erobern, war, daß ich 1929 in einem schwarzen Wachstuchheft, genannt «Büchernotizen», längere Exzerpte aus der kunstgeschichtlichen Literatur gemacht habe. Aphorismen und Kurzzitate genügen nicht mehr, mein Wissensdrang wurde detaillierter. Folgende Bücher und Autoren wurden exzerpiert:

1. Wilhelm Worringer, «Die Anfänge der Tafelmalerei»
2. Artur Schopenhauer, «Der Welt als Vorstellung zweite Betrachtung» von § 30 bis § 36
3. Max Dvorak, «Idealismus und Naturalismus in der gotischen Skulptur und Malerei»
4. Konrad Fiedler
5. Goethe
6. Hans von Marées, «Briefe»

Nun tritt aber im Verlaufe dieser Büchernotizen ein für meine geistige Entwicklung hochbedeutsames Ereignis ein. Am 15. Dezember 1929 tritt der außerordentliche Fall ein, daß ich nicht nur die Artikel von einem fremden Autor abschreibe und kopiere, sondern ich selber, Franzsepp Würtenberger, mische mich mit einer eigenen Urteilsleistung in den Reigen der von mir so sehr verehrten, geschätzten und angebeteten Kapazitäten. Es ist somit ein neuer Zustand meiner geistigen Existenz erreicht. Ich bin nicht mehr nur Kopist, Nachahmer, sondern selber Original. Eigenes Denken über die Dinge beginnt! Ich stehe nun als Denker über die Kunst auf eigenen Füßen. Inzwischen bin ich 20 Jahre alt geworden.

Wenn ich diesen Punkt in meinem Leben mit dem Ablauf des Lebens Jesu in der Bibel vergleiche, so bin ich an dieselbe Wegmarke gekommen, wie Jesus, als er seine Kindheitserlebnisse abgeschlossen hatte und in den Tempel ging, sich mit den Weltanschauungen der Schriftgelehrten auseinandersetzte und seine Weltsicht neben diejenige der bisherigen Meinungen stellte. Es kommt darin zum Ausdruck, daß die Entwicklung des Kindes und Knaben einmal den Punkt erreicht, wo man sich in die Weltkenntnis der Erwachsenen als vollgültiges Mitglied

276   Berühmte Männer

F. S. W. Die Evangelisten Markus und Johannes. Kerbschnittäfelchen. 1923.

Berühmte Männer 277

F. S. W. Die Evangelisten Matthäus und Lukas. Kerbschnittäfelchen. 1923.

Ernst Würtenberger. «Die Schriftgelehrten». Holzschnitt. 1905.

einreiht. Es liegt dieselbe Lebenssituation vor, wie sie mein Vater in seinem Holzschnitt und in einer großen Gemäldekomposition «Jesus unter den Schriftgelehrten» geschildert hat und mir in diesen bildhaften Fassungen von frühauf vor Augen stand.

Drei Monate später, im Frühjahr 1930, machte ich mein Abitur. Dadurch gelangte ich in eine merkwürdige Situation. Durch mein Studium, das ich natürlich der Kunstgeschichte widmen wollte, war ich nun imstande, diesen Geisteshelden, die gerade in jener Zeit und in jenen Jahren die Lehrstühle der Universitäten innehatten, persönlich zu ihren Füßen zu sitzen. Da trat also ein neuer Zustand und ein neues Verhalten zum Wissen der Geisteshelden ein. Die Kenntnisvermittlung brauchte nicht mehr ausschließlich durch das Lesen der Literatur zu erfolgen. Dies war nun auch durch das Anhören der lebenden Geisteshelden und persönliches Bekanntwerden mit ihnen möglich.

Ich bin damit in ganz dieselbe Lebenssituation gekommen, wie sie auf einer gewissen Stufe der geistig-gesellschaftlichen Entwicklung auch Karl Philipp Moritz in seiner Selbstbiographie «Anton Reiser» deutlich schildert. Um zu zeigen, wie sehr sich meine und Anton Reisers Situation ähneln, da sowohl Anton Reiser (um 1780) als auch ich (zwischen 1918 und 1930) am Gesellschaftsspiel der Berühmten Männer teilgenommen haben, möchte ich eine Stelle aus Anton Reiser zitieren:

«Aber seine Verehrung gegen die Verfasser solcher Werke wie die Leiden des jungen Werther und verschiedene Gedichte, die im Musenalmanach waren, fing auch nun an, ausschweifend zu werden – er vergötterte diese Menschen in seinen Gedanken und würde es schon eine große Glückseligkeit geheißen haben, nur einmal ihres Anblicks zu genießen. – Nun lebte Hölty damals in Hannover, und ein Bruder desselben war Reisers Mitschüler – und hätte ihn leicht mit dem Dichter bekanntmachen können. – Aber so weit ging damals noch Reisers Selbstverkennung, daß er es nicht einmal wagte, Höltys Bruder diesen Wunsch zu entdecken und sich selbst mit einer Art von bitterem Trotz dies ihm so naheliegende und so sehr gewünschte Glück versagte – indes suchte er jede Gelegenheit auf, mit Höltys Bruder zu sprechen und jede Kleinigkeit, welche dieser ihm von dem Dichter erzählte, war ihm wichtig. – Und wie oft beneidete er diesen jungen Menschen, daß er der Bruder desjenigen war, welchen Reiser fast unter die Wesen höherer Art zählte; daß er mit ihm vertraulich umgehen, ihn sooft er wollte sprechen, und ihn «du» nennen konnte.

Diese ausschweifende Ehrfurcht gegen Dichter und Schriftsteller nahm nachher mehr zu als ab; er konnte sich kein größeres Glück denken als dereinst einmal in diesen Zirkel Zutritt zu haben – denn er wagte es nicht, sich solch ein Glück anders als im Traume vorzuspiegeln.»

Bei meinem Studium der Kunstgeschichte wollte ich in gleicher Weise vorgehen wie bei meinen Büchernotizen. Wie ich dort Überschau halten wollte über die Meinungspalette des Wissens, wollte ich auch jetzt einen Namen nach dem anderen abhaken, und ich nahm mir vor, alle lebenden bedeutenden Kunsthistoriker, einen nach dem anderen, anzuhören.

Ich wollte nicht so sehr die kunsthistorischen Fakten übermittelt haben, die konnte ich mir ja selber aneignen. Es ging mir nicht darum, in einer speziellen Epoche perfekt zu werden, sondern die unterschiedlichen Denk- und Weltbildsysteme zu erkennen, die hinter den Aussagen der verschiedenen Kunsthistoriker verborgen sind.

Und so legte ich in der Projektierung meines Studiums großen Wert darauf, möglichst oft die Universitäten zu wechseln und dadurch möglichst zahlreiche Kapazitäten zu hören.

Zuerst ging ich nach Freiburg. Dort waren Hans Jantzen und Kurt Bauch meine Lehrer. Für meine spätere Forschungsrichtung wurde Walter Friedländer wichtig. Friedländer hat entscheidende neue Anstöße gegeben für die Definition des Manierismus.

Nach zwei Semestern Studium in Freiburg zog es mich im Sommersemester 1932 nach Wien. Dort traf ich im Kunsthistorischen Museum auf Hauptstücke der manieristischen Malerei. Zugleich war ich Hörer und Anhänger von Julius von Schlosser. Sein Buch «Die Kunstliteratur», wo sozusagen die praktische Philosophie der literarischen Zeugnisse der bildenden Künstler behandelt sind, war für meine Bestrebungen höchste Wonne. Dieses Buch war für mich eine Art Bibel und wichtigster

Quellennachweis. Julius von Schlosser war voll und ganz in jener Region des Wissenswerten zu Hause, was ich selber gerne wissen wollte.

Von Wien ging ich nach München und hörte dort Wilhelm Pinder. Wegen seiner geistreichen Kunstwerkanalysen und als glänzender Redner war Pinder hoch geschätzt. Den Archäologen Ernst Buschor kannte ich schon von seinem Buche «Die griechische Vasenmalerei» her. In gewisser Weise als Fortsetzung meiner Begeisterung für den Manierismus ging ich nach Hamburg zu Erwin Panofsky und seinem Kreis, der sich um die Bibliothek Aby Warburg scharte. Dort lernte ich Charles de Tolnai, Fritz Saxl und Edgar Wind kennen.

Das Ende meines Studiums verbrachte ich in Freiburg. In diesen letzten Jahren bis zur Promotion 1935 begegnete ich noch der Macht eines bedeutenden Denkers, der mein Denken entscheidend beeinflußte. Dies war Martin Heidegger. An Heidegger konnte ich erkennen und erleben, wie ein überragender philosophischer Geist alle übrigen Spezialgelehrten in seinen Bann zu ziehen vermochte, und ich sah, was eine einzige Persönlichkeit dank ihrer denkerischen Durchdringung der Welt alles in den anderen Menschen auslösen konnte. Heidegger bewirkte, daß selbst Ordinarien und andere ausgewachsene Gelehrte wieder zu Schülern, wieder zu Lernenden wurden. Ich denke hier an Kurt Bauch oder an Erik Wolf, den geistesgeschichtlich arbeitenden Strafrechtler oder an Ernesto Grassi. Diese Tatsache ist das Zeugnis dafür, daß uns als Spezialwissenschaftler der geistige Überbau unseres Denkens und unserer Weltvorstellung gefehlt hat. Das eigentliche Gerüst unserer Weltdeutung war gar nicht vorhanden. Unser ganzes Forschen und Wissen ist und war system- und grunderkenntnislos, rückgratlos in die Luft gebaut. – Und deshalb als eigentliche, fruchtbare, aufbauende Arbeit völlig wertlos, da ohne Ziel, ohne Fundament. Dies bedeutete den Ruin und die Katastrophe des Wissenschaftsbetriebes.

Ich selber hätte niemals meine Projekte und Forschungen über Weltbildsysteme durchführen können, wenn ich nicht durch Heidegger entscheidende methodische Hilfen und Anregungen erhalten hätte. Mit welcher Gier nahm man damals die neu herausgekommenen Schriften Heideggers «Vom Wesen des Grundes» und «Was ist Metaphysik?» auf. Ich wäre wohl nie über das enge Fachforschen in meinem Fache der Kunstgeschichte hinausgekommen, wenn ich nicht bei der Philosophie von Heidegger allgemeine Verhaltensweisen des Menschen gegenüber der Welt in aller Schärfe und Härte erfahren hätte. Ich selber hatte das Glück, früh genug zu erfahren, was es heißt, sich selber eine Weltbildanschauung erarbeiten zu müssen, um nicht als schwankendes Rohr zu gaukeln, sondern zu wissen, daß man nur als Wissenschaftler forschen kann, wenn man die übergeordnete Weltsicht kennt, in der man die Details einsetzen kann. So hat Heidegger auch mich aus dem Dornröschenschlaf der Fachkunsthistoriker aufgeweckt und mich angespornt, zuerst den Menschen und das Leben zu sehen und erst

Rom. Palazzo Zuccari. Foto. Um 1871.

dann davon abhängig die Kunst. Heidegger hatte in mir ein Etwas – die Härte der Fragen an den Menschen und seine Existenz – angestoßen, was nie mehr in mir erlöschen sollte. Heidegger lehrte mich die geistige, denkerische Disziplin.

1937 kam ich schließlich als Stipendiat in die Bibliotheca Hertziana. Damit trat ich in neue Berührungen mit den Geisteshelden meines Faches. Das Schicksal schob mich dorthin, wohin ich gehörte: an jene Stätte, welche diejenigen Geisteshelden und Kunstgelehrten gegründet und bewohnt hatten, welche die Idee der Kunst in meinem Sinne hochhielten!

Nirgends auf der ganzen Welt gehörte ich hin wie gerade hier in den Palazzo Zuccari. Und ich hatte das Glück, gerade dorthin hingeworfen zu werden, wo ich auch geistig beheimatet war und bin. Dort war ich mit meinen geliebten Geisteshelden an jener Stelle vereint, wie sie, wie auch ich, um den Kunstbegriff, die Idee der Kunst rangen.

In Rom war ich an jenem Ort gelandet, an dem einstmals Johann Joachim Winckelmann lebte und seine weltberühmten Werke schrieb. Im Palazzo Zuccari fühlte ich mich in eine gelehrte Atmosphäre mit alten Traditionen aufgenommen, aus der Winckelmann'scher Geist kam.

Hier spürte ich, daß sich für mich etwas erfüllte und fortsetzte, was sich schon als Knabe in mir regte und mächtig gärte.

Nie in meinem Leben, nie wieder wie damals als 16 Jahre alter Knabe, habe ich eine Biographie mit so viel Zukunftsvorstellungen und Zukunftshoffnung gelesen und in mein eigenes Lebenskonzept aufgenommen wie Goethes Aufsatz «Winckelmann und sein Jahrhundert».

Für meine Lage und Mentalität als werdender Verantwortlicher gegenüber meiner zu beginnenden Lebensleistung war dies das monumentalste Zeugnis eines in den meisten Teilen nachahmenswerten Menschenlebens. Hier wurde mir der Sinn für die Wegmarken und Meilensteine eines meiner Vorstellung adäquaten Menschenlebens zum ersten Male offenbar.

In Winckelmanns Leben und Werk sonnte ich mich. Denn ich selber suchte auch nach einem, nämlich ausschließlich meinem, Lebenswegprogramm. Hier fand ich es geformt, vorgelebt und ausgesprochen!

Die Logik der Etappen war für mich faszinierend. Die Abschnittüberschriften von Goethes Aufsatz waren mein Epos. Sie seien wegen ihrer Eindrücklichkeit auch hierher gesetzt: «Einleitung, Eintritt, Antikes, Heidnisches, Freundschaft, Schönheit, Katholisches, Gewahrwerden griechischer Kunst, Rom, Mengs, Literarisches Metier, Kardinal Albani, Glücksfälle, Unternommene Schriften, Philosophie, Poesie, Erlangte Einsicht, Spätere Werke, Papst, Charakter, Gesellschaft, Fremde, Welt, Unruhe, Hingang.» Alles Begriffe, mit denen ich entweder schon konfrontiert war, oder Situationen, die mir noch bevorstanden. Auch ich hatte schon «Unternommene Schriften». Allerdings lächerliche Stümperwerkchen. Aber sie waren für mich meine bisherigen Höchstleistungen. Auch ich widmete mich dem «Literarischen Metier». Auch ich hatte «Katholizismus» in mir. Auch ich wußte um «Heidnisches» und «Antikes». Auch ich durfte schon an «Freundschaften» teilnehmen. Auch ich rang mit dem Begriff der «Schönheit». Auch ich schlug mich mit der Philosophie herum, weniger mit «Poesie». Auch mir war schon der Begriff «Welt» zum Rätsel geworden.

Die letzten Begriffe wie «Unruhe» und «Hingang» las ich selbstverständlich auch mit Aufmerksamkeit. Aber diese Begriffe hatten für mich noch kaum existentiellen Realwert. Ich schob sie in jugendlichem Impetus in eine nebelhafte, unwirkliche Zukunft. Der «Hingang» war damals für mich noch in weiter Ferne. Zuerst kamen einmal die Taten und Wünsche. Die «Glücksfälle» hielt ich für wichtiger und notwendiger.

Einmalig war für mich die Tatsache, daß alle diese

F. S. W. Johann Joachim Winckelmann. Holzschnitt. 1925.

F. S. W. Foto. Juni 1926.

Thomas Würtenberger. «Pepp als Winkelmann». Zeichnung. 23. August 1932.

Begriffe, Welt- und Kulturkomplexe eingewoben waren in den Ablauf eines zu lebenden Menschendaseins und daß sie nicht nur schale Philosopheme und Literaria blieben. Es lag ein Menschenlebensschema vor, das auch ich, mit denselben Begriffen behaftet und belastet oder überhöht, – wie man will – soeben zu beginnen anfing!

Mein höchstes Ziel war es, auch Kunsthistoriker zu werden wie Winckelmann: auch Diener im Tempel der künstlerischen Idee.

In dieser Hochspannung meiner Winckelmann-Verehrung schnitt ich sein Bildnis 1925 als Huldigung an sein Genie in Holz. Er schaute frei und ehrlich in die Welt und hatte einen unbeengten Hals mit seinem Schillerkragen, so wie ich ihn auch zur Schau zu stellen liebte. So wie ich damals war, legte ich als ideales Spiegelbild meiner selbst jugendlich unschuldige Züge in das Gesicht Winckelmanns hinein.

Für die Mitglieder meiner Familie war ich alle die Jahre hindurch mit dem Ruf behaftet, von Winckelmann besonders begeistert zu sein. Aus dieser Stimmung heraus hat mein Bruder Thomas am 23. August 1932 von meiner Person eine Portraitzeichnung verfertigt mit der ironischen Unterschrift:

«Motto: ‹Stille Einfalt (das Zitat ist zusammengezogen aus der Originalfassung der zwei Begriffe ‹Edle Einfalt und stille Größe›) [...]› und ‹Bepp› (so wurde ich familiär genannt) als Winckelmann.» Mein Bruder signierte diese Zeichnung aus dem Wissen des Klassizismus heraus scherzhaft «Pseudo-Carstens».

Den letzten Satz in Goethes Winckelmann-Biographie bezog ich bei der Lektüre um 1925 sicherlich wieder auf mich: «[...] Daß Winckelmann früh hinschied, kommt auch uns zu gute. Von seinem Grabe her stärkt uns der Anhauch seiner Kraft, und erregt in uns den lebhaftesten Drang, das, was er begonnen, mit Eifer und Liebe fort- und immer fortzusetzen.» Hier, in diesen Worten fand ich nun tatsächlich meine Mission, den vor mir liegenden Lebensplan bestätigt. Wenn irgend jemand auf der Welt, so hatte ich für mich den »lebhaftesten Drang, das, was er begonnen, mit Eifer und Liebe fort- und immer forzusetzen». Und nicht nur den Drang. Dies ist ein noch zu schwaches Wort. Ich war mit Schreibfeder und Holzschnittmesser schon am Werk, mich im Sinne Winckelmanns zu betätigen, d.h. allerdings in meiner knabenhaften Naivität. Wie konnte dies anders sein bei meinen 16 Jahren!

Was ich mir als Knabe nur als Idee vorstellte, wurde für mich nach dem Studium der Kunstgeschichte 1937 konkrete Gegenwart. Ich wurde, wie schon berichtet, an der Bibliotheca Hertziana, die im Palazzo Zuccari in Rom ihren Sitz hat, Stipendiat.

Im Palazzo Zuccari erreichte ich sozusagen den Ort des Kunstparnasses, den ich mir bisher nur erträumt hatte. Ich war Fortsetzer, Fortlebender, Gast bei Zuccari, Winckelmann, Sir Joshua Reynolds, Jacques Louis David und Carl Ludwig Fernow. Ich war in meinem neuen Wohnsitz in die Ahnenreihe der Männer der Idee der Kunst eingereiht worden. Gerade Ich! Nicht Leo Bruhns, nicht Herbert Siebenhüner, nicht Hans Thümmler, nicht Ludwig Schudt, nicht Bernhard Degenhart, nicht Walter Paatz, nicht Wolfgang Krönig, nicht Harald Keller, nicht Paul Pieper. Diese Kollegen mögen alle tüchtige Fachkunsthistoriker sein und sie sind es auch unumstritten. Doch sie alle sind und waren nicht wesenhaft von der Idee der Kunst imprägniert und lebensmäßig mit ihr auf Gedeih und Verderb verhaftet.

Die geistesgeschichtliche Bedeutung des Palazzo Zuccari habe ich dann 25 Jahre später, 1962, anläßlich des Kapitels «Die manieristische Kunst als Mittel zur Verherrlichung künstlerischen Schöpfertums» in meinem Buche «Manierismus, der europäische Stil im 16. Jahrhundert» zu charakterisieren unternommen. Ich erklärte dort den Palazzo Zuccari zum «Atelierpalast des Malers als Kathedrale des Geistes» und stellte fest:

«Für die Entstehung von Ästhetik und Kunstwissenschaft ist Zuccaris Gedankengebäude so grundlegend richtungsweisend gewesen, daß noch Winckelmann glaubte, aus ihm Anregung und Systematik schöpfen zu können. Der Palazzo Zuccari selber, in dem Winckelmann später wohnte, ist eine gebaute und gemalte und erdachte Kathedrale für den Genius des seiner selbst bewußt gewordenen Künstlers. Er ist die Geburtsstätte der ästhetisch-artistischen Weltbetrachtung und auch eine wirklich greifbare und sichtbare Gestaltung dieser Ästhetik. Mit seiner Existenz wurde sichtbar, daß es neben den Kirchen der Theologie und neben den Alchemistenstuben der Wissenschaft auch heilige Hallen der Kunst gibt. Die Heiligkeit der Kunst beruht darauf, daß diese wie ein theologisches System, erkenntnismäßig den Anspruch erhob, eine ganzheitliche Welt für sich zu sein, ohne Abhängigkeit von anderem. Das kunstprofane, das artistische Handwerk stellte sich gleichberechtigt neben das Heilige als ein zweites, ein anderes Heiliges. Der Palazzo Zuccari darf aber noch nicht unter den Begriff der sogenannten ästhetischen Kirche gezählt werden, die erst das neunzehnte Jahrhundert errichten zu müssen glaubte, und zwar deshalb nicht, weil seine Bewohner – nicht Beschauer wie bei der modernen ästhetischen Kirche, worunter das Museum gemeint ist – ausschließlich der lernende Künstler war und noch nicht der genießende Laie. Der Abfall vom aktiven Erschaffen ins passive Nacherleben und Nachempfinden ist noch nicht vollzogen. Es genügte zunächst, daß die Kunst ihr dienendes Verhältnis der Theologie gegenüber aufgab; die künstlerische Idee, das Disegno, stellte sich dabei so weit auf eigene Füße, daß die Kunst zu ihrer eigenen, autonomen Verwirklichung gelangen konnte. Betrachtet man die Geschichte der Kunst unter diesem Gesichtspunkt, dann ist der Palazzo Zuccari als ganzheitliche Schöpfung die Form des neuen artistisch-philosophischen Gesamtkunstwerkes. Das Mittelalter hatte das theologische Gesamtkunstwerk der Dome und Kathedralen, der Palazzo Zuccari hingegen bedeutet, als eine ebenfalls in sich geschlossene Weltgestaltungstheorie, eine entscheidende Station auf dem Wege der Selbsterkenntnis des Künstlers, und er legt den Grundstein für alle zukünftige Ausübung von Kunst um der Kunst willen.»

Im Palazzo Zuccari, im Pantheon und Mausoleum der Berühmten Männer der Kunstgeschichte fühlte ich mich absolut zu Hause und wohl aufgehoben, und zwar so sehr, daß ich diesen Ort der Historie, diese abgestorbene Stätte, dieses Grabmal der Idee der Kunst kaum mehr verließ. Wie im Gefängnis war ich freiwillig Gefangener meiner eigenen Idee. Ich schloß mich selbst darin ein. Nirgends fühlte ich mich in mir selbst wie hier. Es war mir lästig und unangenehm, diesen Herkunftsort meines Denkens und Strebens je zu verlassen; es war mir sogar schon lästig, mit den Kollegen zum Mittag- oder Abendessen gehen zu müssen. Es waren wohl notwendige, aber für meine direkten Belange unnütze Handlungen. All dies empfand ich als Trödel, als ein äußeres Abziehen und Verstellen vom Wesentlichen. Es war mir ebenso lästig und gegen mein eigenes Konzept, an den allgemeinen Führungen vom Direktor der Hertziana, Prof. Leo Bruhns, in der Stadt Rom selber anstandshalber teilnehmen zu müssen. Immer erst in letzter Minute verließ ich meinen Platz und Stuhl. Diese Füh-

Prof. Leo Bruhns bei der Führung in Rom. Hinter Bruhns F. S. W. in Ganzfigur. Vor Prof. Bruhns Dr. Bernhard Degenhart. Foto. 1938.

rungen waren die Vorbereitungen und Forschungs-Ergebnisse, die L. Bruhns in seinem großangelegten Werk «Die Kunst der Stadt Rom» später herausgab. Auch die Abendveranstaltungen und Vorträge befreundeter Institute besuchen zu müssen, absorbierte mich von meinen eigenen Ideen. Ich konnte nichts anderes feststellen als: Ich war am Ende, am Ziel meiner Wünsche. Wo auf aller Welt hätten meine angestammten Gelüste mehr befriedigt werden sollen? Ich war im Reich der Idee der Kunst! Dort, wohin mich der ganze Strom meines Denkens bislang hingezogen hatte.

Am meisten hingezogen von der Belegschaft fühlte ich mich zum Bibliothekar der Hertziana, zu Dr. Ludwig Schudt. Er verließ das Haus am wenigsten, er hatte kaum auswärts zu tun, er war ständig auf seinem Posten in seinem Zimmer. Ihn konnte man immer und zu jeder Zeit um Rat fragen. Wenn alle schon gegangen waren und ich glaubte, allein zu sein, so war er auch noch da. Er gehörte nicht zu jenen schweifenden Menschen, die immer dort den Zielpunkt ihres Kompasses und Heils suchen, wo sie nicht sind.

Was brauchte ich den Blick und das Panorama von Rom, das vom selben Palazzo Zuccari nur einige Schritte entfernt ist, aufzusuchen? Was brauchte ich an die Rampe der Spanischen Treppe vor dem Obelisken vor Santissima Trinità dei Monti zu treten, um meinen Blick zu weiten, um erfüllter und damit himmlischer zu werden? Das Eintauchen in viel gewaltigere Räume hatte ich in meinem Gefängnis zu erleben. Einen unendlich größeren Himmel hatte mir der Palazzo Zuccari selber zu bieten. Dort auf meinem Arbeitsplatz war der Raumblick nicht vor mir, sondern dort hatte ich den Himmel der Idee der Kunst direkt über meinem Kopfe, über meinem Studierstuhl. Dort wurde in der Deckenmalerei der Sala di Ganymede

Rom. Palazzo Zuccari. Sala del Disegno und darüber die Deckenmalerei.

Rom. Palazzo Zuccari. Decke der Sala Terrena. Apotheose des Künstlers. Minerva und Apoll heben den Tugendhelden empor, und Chronos-Saturn verzeichnet die Taten des Künstlers im Buche des Lebens.

Ernst Würtenberger. Nach J. A. D. Ingres'. Apotheose des Homer. Tuschzeichnung.

und der Sala des Disegno der Himmel des Olymp entfaltet! Dort erlebte ich die Himmelfahrt des Künstlers in den Kunsthimmel! Was mir weder Religion noch Wirklichkeit geben konnten; meinen Himmel, den Himmel der künstlerischen Idee gab mir die Fresko-Malerei des Federigo Zuccari.

In der Decke der Sala Terrena ist der Gott Saturn-Chronos zu sehen. Er ist dabei, die Taten in das Buch des Lebens einzutragen.

Wann hätte ich je gedacht, und am wenigsten als ich damals unter dieser Decke saß und meine Habilitationsschrift über «Die manieristische Deckenmalerei in Mittelitalien» schrieb, daß auch ich einmal der Chronist des Buches des Lebens, und zwar meines eigenen Lebens werden würde.

So kann es einem Humanisten gehen, daß er selber in die Situation hineinrutscht, die er zunächst nur gelehrt und abstandsvoll in sich aufnimmt.

Die abendländische Kulturerscheinung des Gesellschaftsspiels der Berühmten Männer ließ mich von da an nicht mehr los. Wohl vergingen nach dem Aufenthalt als Stipendiat in Rom viele Jahre.

Ganz andere Interessen traten in den Mittelpunkt meiner Arbeiten, bis ich wieder an das Thema der Berühmten Männer kam. Anlaß dazu war meine Beschäftigung mit den Künstlerateliers. Dabei stieß ich auch auf die Berühmtheitsversammlungen. Als ich 1959 von der damaligen Leitung der Bibliotheca Hertziana aufgefordert wurde, dort über ein von mir völlig frei zu wählendes Thema einen Vortrag zu halten, hielt ich für diese Stelle und für diesen Anlaß kein Thema für geeigneter, als über die «Verherrlichung historischer Geisteshelden im 19. Jahrhundert» zu berichten. Denn, wie wir ja gesehen haben, spielt der Palazzo Zuccari in der Geschichte der Verherrlichung der Geisteshelden eine hervorragende Rolle.

Zugleich wandelte ich mit diesem selbstgewählten Thema wiederum instinktmäßig auf den Spuren meines Vaters. Was mein Vater in seinen Malwerken festhielt, bearbeitete ich nun auf dem Sektor der Kunstgeschichte.

Wie bei den Beziehungen zu den Werken meines Vaters in meinem Vortrag «Die Maler als Wanderer im 19. Jahrhundert», stellte ich diesmal ebenfalls eine Bilderfolge zusammen, die mit den Gemälden meines Vaters weitgehend übereinstimmte. Mein Vater hatte in seinem Buche über Ingres «Die Apotheose Homers» beschrieben und in eine Linienzeichnung umgesetzt. Auch in den Ausführungen meines Vortrages ist Ingres' Gemälde, das ich einige Male bei Besuchen im Louvre staunend im Original sah ob seines Gedankenreichtums und seiner kompositionellen Wucht, eine zentrale Schöpfung.

Wenn ich in meiner Stipendiatenzeit 1937 die eine Art von Himmel erlebte, so erlebte ich kurz darauf, als ich 1959 meinen Vortrag im Palazzo Zuccari hielt, noch eine andere Art von Himmel.

Anschließend an den Vortrag mußte ich möglichst rasch wieder nach Karlsruhe zu meinen Semestervorlesungen zurück. Dabei benutzte ich die Errungenschaft des modernen, technischen Zeitalters: das Flugzeug. Es war ein herrlicher Sonnentag; ich sah ganz Mittelitalien und das Mittelmeer wie eine Landkarte ausgebreitet unter mir liegen. Über der Insel Elba wurde das Mittagessen mit Spaghetti und Vino rosso gereicht. Diese Mahlzeit in himmlischer Höhe wurde mir zum unvergeßlichen Erlebnis, da ich mich an die Darstellungen der Göttermahlzeiten, die über allen Wolken eingenommen werden, erinnerte, z. B. an Raphaels «Göttermahl bei der Vermählung von Amor und Psyche» in der Villa Farnesina in Rom, oder in Mantua im Palazzo del Te «Die Hochzeit von Amor und Psyche.» Die Göttermahlzeiten der niederländischen Maler hatte ich 1936 in meiner Dissertation «Das holländische Gesellschaftsbild» behandelt. Dort widmete ich dem Prachttisch der «Hochzeit von Amor und Psyche» (1587) von Hendrik Goltzius nach Bartholomäus Spranger eine längere Beschreibung.

Als ich auf meinem Flugzeugpassagiersessel saß, war ein unvorhergesehenes Wunder der Vertauschung von Seinsbereichen eingetreten. In kürzester Zeit war ich leibhaftig in eine Bereichssituation hineinversetzt worden, die ich mir bislang nur in der Phantasie oder von ihr abhängig als gemaltes Bild vergegenwärtigen konnte. Aber niemals hoffte ich oder nahm ich an, daß ich diesen erdabgelösten Idealbereich des Himmels leibhaftig in solch absoluter Realität nachvollziehen könnte. Ich fand es sonderbar, daß mir als doch kleinem, unscheinbaren, vergänglichen, zeitlich bedingten Menschen schon vor meinem Tode, schon ohne Absolution meiner Todsünden, urplötzlich ganz daselbe Glück der antiken Götter und christlichen Heiligen zuteil wurde, das bislang nur überzeitlich ewigen Personen zustand!

Es regten sich in mir ewigkeitstrunkene Herrschergefühle.

Ich fühlte mich als Jupiter, Mars oder Herkules, Gottvater oder wie die Heiligen, die aus der Sphäre des Ewigen auf die Kleinwelt der vergänglichen Erde herabblicken.

Das Nachvollziehen dieses Glücksgefühls, leibhaftig über allen Wolken und Gebirgen im Himmelluftraum schweben zu können, erschloß mir das technisch moderne Fahrzeug, das Flugzeug. Da verspürte ich die Macht der Technik! Damit erlebte ich kurz nacheinander den Gegensatz und das Verbindende zwischen den zwei Welten des Kunsthimmels der gemalten Illusion des 16. und 17. Jahrhunderts und des technisch eroberten, physikalischen Realhimmels des 20. Jahrhunderts.

Hier in diesen zwei Sphären, die sonst so beziehungslos getrennt nebeneinanderliegen und die ich aber das Glück hatte, so intensiv kurz hintereinander zu erleben, sind auch die Gründe zu suchen, daß es mir in späteren Jahren gelang, Kunst und Technik in ihrer gegenseitigen Verschiedenheit zu durchdenken, abzuwägen und schließlich das Manuskript «Maschine und Kunstwerk» zu schreiben.

Der mythologisch-christliche Himmel über allen Gebirgen und Wolken hat noch eine sehr direkte Beziehung zur Idee der Versammlung der Berühmten Männer, die ich im Vortrag in Rom im Palazzo Zuccari behandelte. Die Berühmten Männer stellen sich nämlich vor, nach dem Tode in die himmlische Versammlung und Genossenschaft der Künstler aufgenommen zu werden, analog zu dem Himmel der antiken Götter und der christlichen Heiligen.

Ganz im Sinne von Hans Thomas Komposition «Hans Sachs wird in den Himmel aufgenommen» hat mein Vater ein

Bonaventura Genelli. Olymp der Künstler. Zeichnung um 1850.

Bildchen gemalt, wie ein Wanderer hoch in den Wolken von dem Heiligen Petrus an der Himmelspforte empfangen wird. Ich vermute, daß mein Vater sich im Wanderer selbst gesehen hat.

Zudem erinnerte ich mich der Zeichnungsfolge, die Bonaventura Genelli seinem «Lebenslauf eines Künstlers» um 1850 widmete und im Schlußblatt als Krönung seiner Taten und Werke in den Olymp der Künstler unter dem Patronat des Malerheiligen St. Lucas aufgenommen wird. In seinem Spezialhimmel der Maler trifft Genelli die Genossen seines Faches Johann Asmus Carstens, Bury, den Maler-Dichter Müller und den Landschaftsmaler Josef Anton Koch. Aus seiner eigenen Familie trifft er Hans Christian, den Bruder Janus und seinen Sohn Camillo, der sich ebenfalls als Künstler versuchte und früh verstorben war.

Der Himmel der Berühmten Männer und Geisteshelden erscheint in der Dichtung als ein Topos, als eine feststehende Vorstellung.

Ein wunderbares Beispiel der Vorstellung der Versammlung Berühmter Männer sandte mir 1980 mein Kollege, der Professor der Kunstgeschichte an der Gesamthochschule Wuppertal, Donat de Chapeaurouge, in seinem mir zugedachten Aufsatz «Ingres' ‹Apotheose Homers› und der griechische Freiheitskampf» (Sonderdruck aus «Kunst als Bedeutungsträger, Gedenkschrift für Günter Bandmann») zu. Es ist der Traum des Malers in dem Trauerspiel «Corregio», das von dem Dänen Adam Gottlob Oehlenschläger 1809 geschrieben und 1820 in Stuttgart-Tübingen publiziert wurde.

Der Traum lautet:

«Ach Gott, ich habe / Geschlafen und geträumt – nein, mehr als ein Traum! / Ein Vorgefühl der Künft'gen Seligkeit! / Ich stand in jenen seligen Gefilden, / Weit schöner als uns Dante sie beschreibt, / Im Musenhain, dem Tempel gegenüber / Von weißem Marmor, hoch und groß erbaut, / Granitnen Säulen, kolossalen Statuen, / Und drinnen voll von Büchern und Gemälden. / Ringsum im Gras sah ich um mich versammelt / Die größten Künstler alter, neuer Zeit, / Dichter, Bildhauer,

Maler, Architekten. / Der große Phidias saß auf der Schulter / Der Herkulesstatue wie ‹ne Fliege, / Er haute fleißig mit dem Meißel zu. / Und wußte klar den ganzen Riesenbau / In seinem Geist harmonisch fest zu halten. / Apelles tunkte lächelnd seinen Pinsel / Ins Morgenrot und malte Wunderbilder / Auf Wolken, die von Engeln hingetragen. / Bei seiner Orgel sah ich Palästrina. / Die Orgelpfeifen gingen durch die Welt / Und die vier Winde hauchten Luft zum Ton. / Ihm stand Cäcilia zur Seit' und sang. / Homer der Greis saß bei der heiligen Quelle. / Er sprach und ringsum horchten alle Dichter. / Mich führte in den Kreis bei seiner Hand / Der hohe Rafael, schön wie im Leben, / Nur Silberflügel deckten ihm die Schultern. / Da tritt heraus – ich werd' es nie vergessen, / Die Musa, eine wunderschöne Jungfrau, / Rein wie der junge Morgentau und blühend / Und leicht und heiter wie die Morgenrose. / Sie setzt mir mit der schneeweißen Hand / Den dunklen Lorbeer auf's Haupt und sagte: / ‹Ich weihe dich zu der Unsterblichkeit.› ‹Sieh, da erwacht' ich›.»

Auf eine andere treffliche, mich überraschende Charakterisierung des Himmels der Berühmten Männer stieß ich bei der Lektüre von Hermann Hesses «Steppenwolf». Dort wird gewissermaßen der Schlüssel gegeben, weshalb die Menschen so lange an die Mission des Geniekultes geglaubt haben, indem der Himmel der Religion und der Himmel des Geniekultes als geheiligte Bildungsidee zu einem großen Einheitshimmel verschmolzen wurden.

Die Stelle bei Hesse lautet: «[...] Der Ruhm ist es nicht, oh nein! Aber das, was ich Ewigkeit nenne. Die Frommen nennen es Reich Gottes. Ich denke mir: wir Menschen alle, wir anspruchsvolleren, wir mit der Sehnsucht, mit der Dimension zu viel, könnten gar nicht leben, wenn es nicht aus der Luft zu atmen gäbe, wenn nicht außer der Zeit auch noch die Ewigkeit bestünde und die ist das Reich des Echten. Dazu gehört die Musik von Mozart und die Geschichte seiner großen Dichter [...] Die Heiligen, das sind die echten Menschen, die jüngeren Brüder des Heilands. Zu ihnen unterwegs sind wir unser Leben lang mit ihrer guten Tat, mit jedem tapferen Gedanken, mit jeder Liebe. Die Gemeinschaft der Heiligen, die wurde in früheren Zeiten von den Malern dargestellt in einem goldenen Himmel, strahlend schön und friedvoll – sie ist nichts anderes als das, was ich vorher die ‹Ewigkeit› genannt habe. Es ist das Reich jenseits der Zeit und des Scheins. Dorthin gehören wir, dort ins unsere Heimat, dorthin strebt unser Herz, Steppenwolf, und darum sehnen wir uns nach dem Tod. Dort findest du deinen Goethe wieder und deinen Novalis und den Mozart, und ich meine Heiligen, den Christoffer, den Philipp von Neri und alle [...] Ach Harry, wir müssen doch durch so viel Dreck und Unsinn tappen um nach Hause zu kommen! Und wir haben niemand, der uns führt, unser einziger Führer ist das Heimweh.»

Wenn ich als Kunsthistoriker, abtrünniger Künstler und als Sohn eines Künstlers den Club der Berühmten Männer betrachte, so bin ich in dieser Vereinigung kein aktives Mitglied. Ich bin nur eine Nebenperson des Betriebes, nur gleichsam Schriftführer, oder eben nur in der Eigenschaft des Historikers über Kunst und Wissenschaft als Chronist zugehörig.

IV. Ich als Universitätsassistent und Dozent in Graz

(Graz – Stockach – Graz – Göppingen) 1939–1944

Nach dem Aufenthalt in Rom und dem Idealzustand, ausschließlich sorgenlos von meinem Stipendium zu leben, mußte ich zum ersten Mal danach streben, Geld zu verdienen und sozusagen eine ertragreiche Stelle zu erhalten.

Ich wurde von der Wissenschaft weitergereicht.

Prof. Hermann Egger holte mich als Assistent mit der Aussicht, mich zu habilitieren, an das kunsthistorische Institut der Universität Graz. Dieses Institut hat den Nachlaß Kallab deponiert, worin sich Aktendokumente befinden, die ich für die Forschungen meiner italienischen Deckenmalerei benötigte, und von daher hatten sich Beziehungen zu Graz und Prof. Egger ergeben. So fügte sich das eine zu dem anderen.

Graz. Maria Trost. Postkarte.

In Graz lebte ich mich gut ein. Ich wohnte romantisch im Café im Walde, das wirklich im Walde liegt gegen Maria Trost hin. Eine lange Freundschaft verband mich mit Frau Dr. Trude Aldrian, der Gattin eines österreichischen Generals, die am Institut arbeitete und selbständig forschte. Gemeinsam besuchten wir viele Konzerte, veranstalteten Einladungen und unternahmen Radtouren in die Umgebung von Graz. Manchmal ermahnte mich Frau Aldrian, wenn mein Schreibtisch zu sehr in Unordnung geriet und ich der Versuchung unterlag, zu sehr mich in die Forschungen zu verlieren, auch wieder einmal den offiziellen Anliegen mein volles Interesse zuzuwenden.

In meiner Wissenschaft verfolgte ich nun wieder alte Pläne. Nachdem ich Dozent geworden war, setzte ich meine Studien über Pieter Bruegel fort. Ich hielt darüber Spezialvorlesungen und Übungen. Am intensivsten wollte ich die Geschichte der holländischen Gattungsmalerei vorantreiben. Ich wurde zusätzlich noch dazu animiert, indem das Grazer Institut einen großen Bestand an Abbildungsmaterial durch die Sammlung Gusseck besaß. Diese Bestände ordnete ich und stieß auf sehr viele niederländische Abbildungen.

In meinen Forschungen über die holländische Gattungsmalerei kam ich in gewisse Konkurrenz mit ähnlichen Plänen meines Lehrers Kurt Bauch in Freiburg. Bauch schrieb mir diesbezüglich am 22. 11. 1941 aus Berlin:

«Manches von dem, was Sie vorhaben, wird zwar auch in meinem 2. Band des jungen Rembrandt, der etwa dem damaligen Kolleg entspricht, seit vier Jahren fertig ist und gleich nach dem Krieg erscheinen soll, vorkommen, so daß wir nicht gerade genau gleichzeitig damit an die Öffentlichkeit treten sollten. Wenn etwas schon vorausgesetzt werden kann, ist man sehr entlastet und kann die eigenen Forschungen anschließend weiterspinnen.»

Auf diesen Brief hin, schilderte ich Bauch am 6. 12. 1941 aus Stockach den Stand meiner Pläne:

«Mir kommt es vor allem darauf an, den themenmäßigen Gesamtumfang der holländischen Malerei zu fassen und dabei zu zeigen, in welchen Stufungen und Wandlungen sich die Entwicklung vollzog. Wenn in dem 2. Band des jungen Rembrandt schon die einzelnen Gattungen von ihrer Entstehung an behandelt werden, hat es keinen Sinn, daß ich diese Materie nochmals vorbringe. Besonders deshalb nicht, weil es ein sehr ausgedehntes Gebiet ist und ich mich in diesem Falle auf Einzelthemen beschränken würde und sie eventuell in ihrer weiteren und breiteren Entwicklung und Formung über Holland hinaus verfolgen würde.

Über die eventuelle Form der Veröffentlichung meiner Studien habe ich mir wohl schon Gedanken gemacht, aber ohne rechte Schlüsse. Wenn man die feine Verästelung der Entwicklung zeigen will, so erfordert dies um so mehr Abbildungen und dies ist ein teures Unternehmen; denn die Entwicklung kommt erst in ihrer Kontinuität und Abwechslung heraus, wenn man ihre Schwankungen in manchen, wenn auch nur in charakteristischen Beispielen zeigt. Ich stelle mir eine fast statistische Überschau über den holländischen Motivenschatz vor.»

Doch letzten Endes waren all diese Erörterungen verfrüht. Denn meine Pläne der holländischen Gattungsmalerei blieben zunächst im Sammeln von Rohmaterial stecken, und später

Hans Mauracher. Porträt des F. S. W. Eiche. 1939.

habe ich meine Forschungen in meinen Vorlesungszyklen an der Technischen Hochschule und an der Staatlichen Akademie der bildenden Künste in Karlsruhe eingebaut. Seine Forschungen hat Kurt Bauch dann in gekürzter Form in seinem Buch «Der frühe Rembrandt und seine Zeit» erst 1960 im Abschnitt «Die neue holländische Fachmalerei (Landschaft, Stilleben, Sittenbild, Bildnis)» veröffentlicht.

Die holländische Gattungsmalerei als in sich geschlossenen Eigenkosmos der Kunst hinzustellen, wie ich es mir vorstellte, unterblieb allerdings bis auf den heutigen Tag. Mein Plan, hat mir aber für meine allgemeine Weltganzheitsvorstellung und in ihren historischen Ausgestaltungen sehr geholfen und war, wenn auch nicht bis ins letzte Detail ausgeführt, von hohem Nutzen.

Auch außerhalb der Universität fand ich einen Freundeskreis unter den Künstlern, den Maler Hans von Schrötter und den Bildhauer Hans Mauracher (1885–1957). Mit beiden entspann sich ein reger freundschaftlicher Verkehr.

Der Bildhauer Mauracher fand an meiner Erscheinung Gefallen und hat von mir eine Büste in Holz geschnitzt, die sich heute in der Sammlung der Neuen Galerie in Graz in öffentlichem Besitz befindet.

Über den Hergang der Herstellung der Büste berichten zwei Briefe an meine Mutter nach Stockach. Der Brief vom 25. 11. 1942 lautet:

«Abends saß ich, wie schon fast jeden Sonntag mit dem Bildhauer Mauracher zusammen, mit dem ich mich stets gut unterhalte, letztes Mal neben einem Hasengulasch. Montag suchte ich ihn in seiner Werkstatt auf und sah gute Sachen bei ihm stehen und angefangen. Nach Weihnachten wird er mich verbildhauern. Ich freue mich schon auf die Sitzungen.»

Und der Brief vom 8. August 1943 weiß dann von der tatsächlichen Konkretisierung des Planes zu berichten:

«Vorletzte Woche habe ich mich also doch von Bildhauer Mauracher modellieren lassen, d. h. auf sein Betreiben. In Ton hat er mich schon in vier Sitzungen fertig modelliert und in Gips gegossen. Die Büste wurde sehr gut, sehr ähnlich, und ich freue mich sehr über dieses Ergebnis. Er will mich nochmals in Ton modellieren, und zwar in genauer Lebensgröße, denn diesmal hat er die Größe um vier Zentimeter darüber genommen. Dann erst werde ich in Eichenholz geschnitzt, und diese Büste habe ich vor, zu erwerben, obgleich Mauracher zunächst die Arbeit aus Freude an meinem Kopf begann und nach meinem Dafürhalten ihn auch zu erfassen versteht.»

Jedoch – der Grazer Aufenthalt ließ sich nicht in allen seinen Teilen so harmonisch idyllisch an, wie er sich von den äußeren Umständen her darbot. Es überkam mich eine innere Unruhe, teils durch die Kriegsereignisse, teils durch Forderungen an mich selbst hervorgerufen, die ich nicht einzulösen vermochte. Ich glaubte, all diesen Schwierigkeiten innerer Belastungen durch einen desto intensiveren Arbeitseifer entgehen zu können. Doch dies war ein Trugschluß. Ich steigerte mich in solch einen Zustand hinein, daß ich Tag und Nacht arbeitete, besonders an der holländischen Gattungsmalerei, und die Überfülle dieses Materials mich gleichsam erschlug.

Ich überanstrengte meinen Denkapparat und konnte ihn nicht mehr abstellen. Ich mußte erfahren, daß auch das Denken begrenzt ist und daß es bei Überbelastung zu einem Nervenzusammenbruch kommen kann. Ich war ein halbes Jahr in der Universitätsklinik in Graz.

Als ich mich wieder soweit erholt hatte um reisefähig zu sein, fuhr ich, aus dem Dienstverhältnis der Universität Graz entlassen, nach Stockach und nach Karlsruhe, um dort eine weniger anstrengende Tätigkeit an der Staatlichen Kunsthalle in Karlsruhe zu versehen.

Über die dortige Tätigkeit und die dann doch nicht realisierbaren Pläne hat sich ein Brief an meinen Freund Wolfgang Kleiminger erhalten, den ich am 5. 3. 1942 als Feldpost No. 005256d an die damalige Ostfront sandte:

«Mein lieber Wolfgang! Aus Deiner neuen Dienstpost bei den Soldaten habe ich noch nichts vernommen, doch will ich von mir berichten.

Schon bald einen Monat bin ich in Karlsruhe und halte Umschau nach einer meinem jetzigen Gesundheitszustand geeigneten Tätigkeit. Nach langem Schwanken und Suchen glaubte ich, ein rechtes Betätigungsfeld gefunden zu haben. Ich befragte mich bei Direktor Martin von der hiesigen Kunsthalle, der für meine Lage Verständnis zeigte, und mir anbot, in Straßburg eine Abteilung von wissenschaftlichem Material der Malerei des Elsaßes des 17. und 18. Jahrhunderts einzurichten und zugleich soll ich die wissenschaftliche Bearbeitung der Glasfenster des Münsters überwachen, welche von einer Nachfolgerin von Fräulein Konow vorgenommen werden wird. Also eine recht schöne und auch verlockende Sache, die mich auch von meinen sonstigen Plänen nicht allzu weit entfernt. Vor allem aber glaube ich, sie mit meinen verfügbaren und eben doch noch reduzierten und haushälterisch zu behandelnden Kräften bewältigen zu können. Wann ich ins Elsaß umsiedeln werde, ist noch nicht genau bestimmt, aber ich glaube, es wird in nicht sehr ferner Zeit sein. Solange bin ich in Karlsruhe und mache auf der Kunsthalle die Erledigung laufender Geschäfte von Bilderbestimmungen und was sonst eben anläuft. Direktor Martin ist ganz froh, einen Mitarbeiter zu haben, da Lauts eingezogen ist, und zur Zeit läuft im Anschaffungsgebiet sehr viel. In unserem Keller stehen Neuerwerbungen mancherlei Art: Goya – Bildnis, Tiepolo – Skizzen, ein herrliches Nachtstilleben (Vanitas) von Flegel, ein paar schöne altdeutsche Bildtafeln, eine Corot-Landschaft und einige ausgezeichnete französische Impressionisten (darunter eine hochinteressante Skizze von Degas, aus dem Gedächtnis nach Menzels Ballsouper gemalt!), hinzu kommen wird noch ein kapitaler Beuckelaer (ein Fischstilleben) und einige gute Thomas. Dies alles im Hinblick darauf, daß zur gegebenen Stunde die Museen in Karlsruhe und Straßburg in neuem Glanze aus ihren derzeitigen Gräbern auferstehen mögen.

Meinen Vortrag: Die holländische Gattungsmalerei und die deutsche Kunst habe ich letzthin in ganz kleinstem Kunsthalle-Damenkreis vom Stapel gelassen; meine letzte Frucht meines Stockacher Landaufenthaltes. Ich glaube, es ist ganz gut geworden, doch mußte ich noch etwas simplere Beispiele zwischen holländischen Beziehungen zu den deutschen Romantikern wählen: Damit auch jeder die Sache versteht. Wenn diese Korrektur gemacht ist, werde ich den Vortrag tippen und dann sollst Du endlich auch ein Exemplar davon haben, denn sonst werden Dir die Zähne danach zu lange – und hoffentlich sind Deine Erwartungen nicht zu hochgespannt. [...]

Nun habe ich also das Land wieder mit der Stadt vertauscht und bin dabei, soweit es möglich ist, wieder ein Amt zu versehen, denn es wäre nicht gut und günstig, in meiner jetzigen Verfassung so ganz nur Privatgelehrter zu sein. [...]

Von den Freiburgern habe ich kaum etwas gehört, nur Körte schrieb mir, ob ich in Innsbruck das Institut betreuen wolle, solange er weg ist. Was ich leider absagen muß. Er steht vor Leningrad und ist nun Leutnant geworden. [...] In treuer Freundschaft Dein Franzsepp»

Nachdem ich mich wieder soweit gekräftigt hatte, hat sich meine Situation insofern geändert, daß ich von Professor Egger zum zweiten Male nach Graz gerufen wurde, da er meine Tätigkeit schätzte. Ich nahm dort meine Arbeit in der Doppeleigenschaft als Dozent und Assistent wieder auf.

Meine Ernennung zum Dozenten kündigte ich meinem Bruder und meiner Schwägerin mit einer Postkarte folgenden Wortlautes von Graz aus am 22.5.1943 an:

«Lieber Thomas, liebe Ingrid! Heute möchte ich mitteilen, daß der Herr Bruder nun *offiziell* zum Dozenten ernannt wurde. Damit hat ein längeres Bemühen darum seinen markanten Abschluß gefunden und nun steht ja nichts mehr im Wege, die sogenannte Lehre und Forschung zu vereinen. Allerdings gegenüber meinem Klassenkameraden Bertold Spuler kann ich mich verstecken! (Spuler wurde früh schon Ordinarius für vorderasiatische Geschichte und Sprachen und ist Inhaber von zwei Ehrendoktoraten: Dr. theol. h.c. und Dr. de lettres h.c.)

Doch SUUM CUIQUE! Die erste Tat des neuen Dozenten war, daß er für das Wintersemester Vorlesungen über Rubens 2stündig ankündete, d. h. daß die Arbeit nun erst richtig beginnt.»

Mit dieser Überforderung meines Denkapparates und meinem Übereifer an wissenschaftlichen Arbeiten stehe ich in der Familie der Würtenberger allerdings nicht allein da. In der Wissenschaft vollen Einsatz zu leisten, ist eine Familieneigenschaft.

Leopold Würtenberger (1846–1886), Sohn meines Großonkels Franz-Josef Würtenberger, der am Karlsruher Polytechnikum Geologie, Chemie und Mathematik studierte und dort 1866/67 als Assistent der Mineralogie tätig war, wurde bei der Münzverwaltung als technischer Assistent mit der Funktion eines Münzkontrolleurs angestellt, 1876 wechselte er als Assistent zur ständigen Ausstellung landwirtschaftlicher Lehrmittel, Geräte und Maschinen über, wurde jedoch noch im selben Jahr auf seine Bitte wegen Krankheit in seinen Heimatort Dettighofen beurlaubt und im Oktober 1877 aus dem Dienstverhältnis entlassen. In einem ärztlichen Attest (1876) ist von «nervöser Überreizung infolge anhaltender geistiger Tätigkeit» die Rede, wahrscheinlich hervorgerufen durch «übermäßigen Blutandrang» nach dem Gehirn. (Gaston Meyer, Die Geologen-Familie Würtenberger)

Allerdings erlitt ich in Graz noch einmal einen Rückfall in meine Krankheit. Diesmal packte es mich härter und langwieriger. Ich vermochte nicht mehr, etwas Schriftliches zu gestalten. *Eine innere Stimme verbot mir von neuem, zu denken.* Ich durfte keinen Gegenstand, keine Wolke, keine Blätter, keine Balken mehr intensiv betrachten und mich mit ihnen denkerisch beschäftigen. Denn sofort löste sich sonst eine Kette von Gedankenfolgen aus, die ich kaum mehr abstellen konnte. Und dies schadete meinem Zustand.

Nur schon der Gedanke, das Geringste schreiben zu müssen, bereitete mir Schmerzen und Unbehagen im Kopfe und ließ meinen Gedankenapparat auf allzu hohen Touren laufen. Was im normalen Zustand keinerlei Schwierigkeiten bereitete, wurde nun zur Qual. Ich vermochte nicht einmal mehr, eine Postkarte zu schreiben. Schon diese Bagatelle war zuviel. Jahrelang war selbst das Bedienen eines Telefonapparates eine große geistige Anstrengung, was einem gesunden Menschen kaum auffällt.

Mich der Tätigkeit der Betrachtung von Bildern enthalten zu müssen, auf die ich bisher so sehr viel Mühe, Sorgfalt und Schaffensfreude, ja alles gelegt hatte, war für mein Existenzgefühl einschneidend und kam einer Katastrophe gleich. Ich war auf einen Nullpunkt meiner geistigen Aktionsfähigkeit gesetzt worden. Im Gefolge damit war der Zusammenbruch aller bisherigen Pläne meiner wissenschaftlichen Arbeiten gegeben. Denn, ohne die Formenwelt der Kunstwerke zu analysieren, kann man keine Forschung über bildende Kunst betreiben.

In dieser Situation blieb mir gar nichts anderes übrig, als mich in meinen Zustand mit Ergebenheit zu schicken und geduldig abzuwarten, bis sich meine Kräfte wieder von selbst im heilenden Verlauf der Zeit regenerierten. Immer war die beste Medizin abschalten und wieder abschalten, ausruhen und Ruhe und schlafen, nochmals schlafen. Auch dies mußte ausprobiert und gelernt sein, und ich bekam darin Routine. Der Mensch ist so konstruiert, daß er Notwendigkeiten Rechnung trägt und sich nach den Gegebenheiten einrichtet. Auch jetzt noch, nachdem ich meine Krankheit längst überwunden habe, verspüre ich ein gewisses schmerzhaftes Gefühl, wenn ich daran zurückdenke. Jedoch weiß ich, daß es nicht überhandnehmen wird, daß ich über die bedrohliche Klippe hinweg bin, daß diese Wunde zugeheilt ist und eine Narbe zurückließ.

Zugleich weiß ich aber auch, daß diese meine Krankheit als ein bestimmter Entwicklungsabschnitt zu meinem Leben gehört und, wie ich nachträglich erkenne, auch einen ganz bestimmten inneren Sinn hatte.

Ich weiß jetzt, nachdem ich meine ganze zukünftige geistige Entwicklung überblicke, daß dieser Nullpunkt meiner geistigen Existenz ein Übergangsstadium, die Vorbereitung für einen prinzipiellen Neuanfang, ein Auftakt zu neuem Ausholen war; zu reicheren, höheren und gefestigteren Einsichten und Denkmöglichkeiten.

Um diese Krankheit in meinem Gesamtleben einreihen zu können, scheint es mir nicht fehl am Platze, meine Entwicklung, meinen Lebensweg mit sehr allgemeinen Schemen von Lebenswegtypen zu vergleichen.

Bei Mircea Eliade «Mythen, Träume und Mysterien»,

Kapitel: «Sinnliche und mystische Erfahrungen», «Morphologie der Auserwählung» ist darüber zu lesen: «In der archaischen Geisterwelt bedeutet das ‹psychische Chaos› in Wiederholung des ‹praekosmischen Chaos› einen gestaltlosen und unbeschreibbaren Zustand, welcher aller Weltschöpfung vorausgeht. Aber wir wissen ja, daß für alle archaischen und überlieferungsgebundenen Kulturen die symbolische Rückkehr zum Chaos notwendige Voraussetzung jeder Neuschöpfung ist, auf welcher Ebene diese auch in Erscheinung treten mag: Jeder neuen Saat oder jeder neuen Ernte geht eine allgemeine Orgie voraus, die das Wiedereintreten des ‹praekosmischen Chaos› symbolisiert; jedes neue Jahr bringt eine Reihe von Zeremonien mit sich, welche die Wiederholung des ursprünglichen Chaos in der Kosmogonie bedeutet. Die ‹Rückkehr zum Chaos› ist für den Menschen archaischer Kulturen zugleich Vorbereitung einer neuen Schöpfung. Nun läßt sich dieselbe Symbolik in der ‹Verrücktheit›, dem ‹psychischen Chaos› des zukünftigen Schamanen erkennen; es ist ein Zeichen, daß sich der ‹profane Mensch› auflöst und daß eine neue Persönlichkeit im Begriff ist, geboren zu werden. Alle Martern, Trancezustände oder Einweihungsriten, welche diese ‹Rückkehr zum Chaos› hervorrufen oder fortführen, bedeuten, wie wir gesehen haben, Phasen eines mystischen Sterbens und Auferstehens und damit letztlich die Geburt einer neuen Persönlichkeit.»

Tatsächlich war ich nach meiner Krankheit, nach dem Überstehen dieses psychischen Chaos nicht mehr derselbe wie zuvor. Alle Dinge, sei es Beruf, Verkehr mit meinen Mitmenschen, Pflichten und Vergnügen, Forschen, Wissen und konventionelle Modekonversation oder persönliches Ringen um Erkenntnisse, auch das Leben selber, hatte für mich andere, neue Dimensionen, eine neue Wertigkeit bekommen. Eine bestimmte Periode von Lebensart war für mich ein für allemal abgeschlossen. Die Krankheit bewirkte einen Reifungsprozeß, den ein nicht krank Gewesener kaum in diesem Ausmaße erfahren kann. Dazu ist die Härte, die zunächst geglaubte Ausweg- und Hoffnungslosigkeit, die mit einer solchen Krankheit verbunden sind, vonnöten.

Meine Krankheitsgeschichte war eine nochmals konzentriertere Besinnung auf die inneren, geistigen Werte und Kräfte in mir. Das sogenannte Nichtstunkönnen und -müssen der Rekonvaleszentenzeit ließ eine ganz andere Lebens- und Denkweise aufkommen. Wenn sich bisher immer noch eine gewisse Mischung von geistiger Tätigkeit und ein Einsatz meiner Körperkräfte in Sportarten wie Skilaufen oder Radfahren feststellen ließ, so schwindet die körperliche Betätigung. Ich brauche diese Expansion meiner Person, um ein erfülltes Leben führen zu können, nicht mehr. So ergibt sich auch von der rein äußerlichen Seite meines Wesens und Verhaltens eine andere Einstellung.

Nach dem Reifungsprozeß durch meine Krankheit stand ich auch meinen kunsthistorischen und kunsttheoretischen Forschungen mit ganz anderen Forderungen und Fragen gegenüber. Vieles erschien mir nun schal, unwesentlich, ablenkend von den Hauptfragen. Ich packte mein Problem der künstlerischen Bildmittel, der Rätsel der Darstellung und Bewältigung der Welt durch das Zeichen als Welteroberungsproblem noch intensiver, noch prinzipieller, noch nachdenklicher an.

Die langen, einsamen Spaziergänge benützte ich zu langen einsamen Monologen über meine Probleme. Ich veranstaltete förmlich einen Wettlauf mit dem Verlauf der Genesung meines Denkens und mit der erlaubten Belastung meines Denkens, damit ich nicht durch zu starke Anstrengung wieder einen Rückschritt im Heilungsprozesse erlitt. Dieses Abwägenmüssen und zum Teil meinen Wünschen Einhaltgebieten hielt noch jahrelang an; bis ich kaum mehr Rücksicht zu nehmen brauchte, dauerte es fast ein Jahrzehnt.

Aber ich war in einer an sich trotzdem günstigen Lage. Ich brauchte nichts, gar nichts zu überhasten. Ich brauchte mich nach gar keinem beruflichen Tagesbetrieb, nicht nach Meinungen irgendwelcher anderer zu richten. Ich konnte mich wochenlang ungestört nach meinen Gedankengängen richten.

Und den Zustand und die Lebenseinstellung, die nun erfolgt, möchte ich fast in Parallele setzen mit dem, was Mircea Eliade über den Schamanen und seine Veränderung bezüglich des Wertes der sinnlichen Erfahrung schreibt.

Denn auf meine Art und Weise, auf meiner Sein- und Denkstufe des intellektuellen Europäers, liegt eine parallele Entwicklung vor. Ich darf mir erlauben, diese Parallele zu ziehen, denn das tercium comparationis ist jenes, daß es sowohl dem Schamanen als auch mir um die Erringung des Wissens und der geistigen Zusammenhänge der Welt geht: «Für uns ist nun vor allem die Frage wichtig, in welchem Maße die schamanische Berufung und Einweihung den Wert der sinnlichen Erfahrung verändert, insofern sie die Fähigkeit zu unmittelbarer Wahrnehmung des Heiligen mitteilt. Grosso modo kann man sagen, daß der oben erwähnte Vorgang – die Krankheit als Einweihung – zu einer Veränderung der Sinnesorganisation führt, zu einer qualitativen Umwandlung der sinnlichen Erfahrungsweise: Aus der ‹profanen› wird eine ‹auserwählte›! Während seiner Einweihung lernt der Schamane, in andere Dimensionen der Wirklichkeit einzudringen und sich darin aufzuhalten: Welcher Art auch seine Prüfungen seien – sie alle schmieden eine ‹Sinnlichkeit›, die die neuen Erfahrungen zu erfassen und einzuordnen vermag. Die psychopathologische Krise zeigt die Sprengung der normalen, der profanen Erfahrung an: Von den über-natürlichen Mächten ‹auserwählt›, hört der zukünftige Schamane auf, mit seiner alten ‹Sinnlichkeit› der Einweihungserfahrung zu widerstehen. Fast möchte man sagen, daß dank all dieser Prüfungen die sinnlichen Funktionen des ‹Erwählten› als solche darauf gerichtet sind, Hierophanie zu werden: In den seltsam geschärften Sinnen des Schamanen selbst gibt sich das Heilige kund.

Von Graz übersiedelte ich während meiner Krankheit nach Göppingen im Württembergischen. Dort lernte ich im Christophsbad aus allernächster Nähe kennen, was es heißt, mit den Nerven kaum mehr heilbar zerrüttet zu sein und nicht mehr von fixen Ideen abzukommen. Gegenüber diesen Menschen war mein Zustand noch akzeptabel und hoffnungsvoll. Mit zwei Mitpatienten hatte ich besonderes Mitgefühl. Es waren äußerst sensible Menschen, die in ihre Krankheit ergeben waren und mit Einsatz ihres Geistes in höchst vornehmer Weise versuchten, ihrer seelisch schwierigen Lage Herr zu werden. Von einem dieser Mitpatienten fand ich unter meinen Papieren ein Gedicht, das er mir schenkte, weil ich mit ihm gelegentlich über die allgemeine Seelenlage sprach, in der wir uns damals befanden. Zum Dank dafür überreichte mir einer dieser Mitkranken, ein Herr Heinz Gertz, ein durch ihn gedichtetes und abgeschriebenes Gedicht, das ich stets aufbewahrt habe, folgenden Inhalts:

Festlied

1. Sei hochgelobt in Ehren
   mein Vater in der Höh'!
   Du wirst mir's nicht verwehren,
   daß ich den König seh.

   Der König ist gar wonnig,
   goldlicht ist sein Gewand.
   Aus seinem Mund fließt Honig,
   Brot hält er in der Hand.

2. Dem König aller Könige
   sag' ich Ruhm, Ehr und Preis.
   So nennt sich der, den wen'ge
   geliebt, als Er so heiß

   um unser Heil gestritten,
   gelitten in den Tod.
   Gott holt ihn die Mitten
   des Himmels sonder Not.

3. Dort sitzt Er Ihm zur Rechten
   an Seinem reichen Tisch.
   Die Ihm zu Ehre fechten,
   bewirtet er mit Fisch

   mit Wildpret und mit Kuchen
   mit klarem, roten Wein.
   Was wir bei Tische suchen,
   soll uns beschieden sein.

4. Der Heilige Geist in Ehren
   gelobt sei immerdar.
   Er sammelt uns in Heeren
   lichtklar an Kleid und Haar.

   Er führt uns auf die Wege,
   wenn wir verirret sind!
   Und Straßen, Weg und Stege
   säumt er für die, die blind.

5. Harr' aus an unserer Seite,
   Du edler, treuer Hort!
   Wir fliehn in die Weite,
   du ziehst uns an den Ort,

   der unser aller Wonne
   das Fest bereitet hat.
   O, Vater, Sohn und Sonne
   der Gnaden, Himmelsstadt!

Donnerstag nach Pfingsten 1944
Christophsbad Göppingen

Der Verfasser: Heinz Gertz

Herrn Dr. Würtenberger zur freundlichen Erinnerung an ein Gespräch im Christophsbad.

Göppingen, 13. 4. 1945   Heinz Gertz.

In Folge der letzten Kriegswirren und des Einzuges der Truppen der Alliierten, der Amerikaner, mußte ich noch über meinen ärztlichen Entlassungstermin hinaus in Göppingen bleiben. Endlich war es nach Wochen so weit, daß meine Schwester Monika meinen Laissez-Passer in Stockach erhielt und mich im September 1945 von Göppingen nach Stockach zu meiner Mutter bringen konnte.

Die Freude war groß, wieder zusammenzusein.

Gänzlich neues Lebens- und Forschungskonzept nach der Weltbilderschütterung infolge des Zweiten Weltkrieges

I. Stockach

Sommer 1945 – Frühjahr 1949

Von nun an wohnten meine Mutter und ich in Stockach in zwei kleinen Zimmern im Hause von Herrn Liebherr, eines pensionierten Mittelschulprofessors, der sich nach dem Umsturz in Stockach zum Landrat emporgeschwungen hatte.

Die Lage des Hauses war sehr schön, da man vom Balkonzimmer auf die Silhouette des alten Städtchens Stockach in seiner Hügellage zu sehen vermochte. Meine Schwester Monika wurde wegen Platzmangels in ein Nebenhaus ausquartiert.

Das Zusammensein mit meiner Mutter auf engem Raum gehört zu den schönsten und harmonischsten Zeiten meines Lebens.

Meine Selbstbildniszeichnung am Vorabend des 65. Geburtstages meiner Mutter am 16. Mai 1946

Zum Geburtstag meiner Mutter am 16. Mai 1946 nahm ich die alte Tradition von vor 20 Jahren, daß ich meiner Mutter zu ihrem Geburtstage eine Selbstbildniszeichnung verfertigte, wieder auf. Inzwischen war das Alter meiner Mutter von 45 auf 65 Lebensjahre angestiegen.

Dieser wiederaufgenommene Versuch einer Neubestimmung meines Seins in einem Selbstbildnis erfolgte mehr oder weniger aus einer Zwangslage heraus. Ich konnte kein Geburtstagsgeschenk kaufen, hatte keinerlei Geld zur Verfügung; aber ich wollte diesen Tag ehren. So griff ich zur Selbsthilfe des Selbstbildnisses und fand diese Gabe auf jeden Fall passend. Es stand mir kein richtiges Zeichenpapier zur Verfügung, kaum ein richtig funktionierender Bleistift. Ich ging ans Werk und stellte mich vor den Waschtischspiegel meiner Mutter.

Ich setzte das Oval meines Kopfes halslos medaillenhaft, frei schwebend in den Ovalrahmen des Spiegels. Ich suchte markant ungeschönt, meine sich neuerdings gebildeten Falten im Gesicht zu zeigen. So steht der Mund etwa inmitten des Kinnfaltenovals. Die Striche sind ungelenk und ungeübt, aber

F. S. W. Selbstbildnis. Zeichnung. 1946.

echt im Bemühen. Der Blick ist medusenhaft starr im eigenen Ich verklammert.

Doch dies genügte mir nicht ganz. Es sollte noch mehr aus dem Problem des Selbst-Seins herausgeholt werden.

Zu diesem Ziele experimentierte ich in einer zweiten Selbstbildniszeichnung mit zwei Spiegeln. Ich nahm noch den ovalen Handspiegel zu Hilfe. Und so entstand eine Zeichnung, wo ich mich zweimal auf demselben Blatt darstellen konnte: Einmal im verlorenen Profil, und zum anderen im ovalen Handspiegel en face. Ich ging aber darauf aus, möglichst viele Ansichten von meinem Kopfe einzufangen. Und siehe da: Es ließ sich machen. Es gelang mir, mit den zwei Spiegeln drei Ansichten meines Kopfes erfassen zu können. Und zwar alle etwas verschoben; ich schaltete sozusagen meinen Hinterkopf zwischen die zwei verschobenen face-Ansichten hinein. Damit hatte ich etwas sehr Wesentliches erreicht: Ich sah mich nicht mehr direkt, sondern ich konnte gleichsam einen Rundgang um meine eigene Gestalt machen. Es bildete sich ein Kreis von vier Personen, wenn ich mich noch als Realperson zu den drei gespiegelten Scheinpersonen hinzunehme. Dieser Neuansatz war symptomatisch. Es versteckt sich hinter diesem Selbstbildnis-Typ – den ich übrigens erstaunlicherweise nirgends vorher sah – ein noch allgemeineres Problem, das mich späterhin noch stark und prinzipiell beschäftigen sollte: das Problem der Verhaltensweisen zwischen Beschauer und Kunstwerk. Welche Rolle kann der Beschauer beim gedanklichen Funktionieren eines Kunstwerkes spielen? Dies ist eine Frage, die mich brennend interessierte, die ich in weiteren theoretischen Zeichnungen immer wieder aufnahm. Leider fand ich außerhalb meiner Überlegungen kaum Beiträge zu diesem hochwichtigen kunstphilosophischen Thema in der modernen Kunstliteratur. Aber mit dem Experiment meines Selbstbildnisses hatte ich für mich ganz prinzipiell die neue Einstellung zu diesem Problem sehr fortschrittlich und sozusagen auf einer höheren Erkenntnisstufe fixiert. Es zeugt davon, daß ich reifer geworden war in der Definition des Verhältnisses des Menschen und seiner Umgebung und der Integration des Kunstwerkes in den möglichen Kreis zwischen Beschauer und Werk.

Am ausführlichsten äußerte ich mich später über die Rolle und Bedeutung des Beschauers in dem Vortrag: «Die Macht der Bilder» von 1958.

F. S. W. Im Walde bei Stockach. Foto. Um 1947.

Maßnahmen zur Förderung meiner Rekonvaleszenz

In Stockach hatte ich nur ein einziges Ziel: daß ich meine Gesundheit wieder regenerierte.

Den Neuaufbau meiner Nerven versuchte ich, mit Hilfe von täglichen langen Spaziergängen zu vollziehen. Nachmittags schlief ich regelmäßig noch zusätzlich. In der waldigen Umgebung von Stockach bis zum Bodensee hin streifte ich in denselben Gegenden herum, wo ich schon in den Ferien während meiner Gymnasiumszeit bei der Großmutter erholsame Wochen verbracht hatte.

Mit der Zunahme meiner Kräfte dehnte ich den Radius meiner Spaziergänge aus. Ich zog bis an den Bodensee. Ein Maimorgen blieb mir besonders in Erinnerung, als ich über Sipplingen bei Überlingen auf den Haldenhof kam, wo ich die schönste Baumblüte erlebte mit Blick auf den blauen sonnigen Bodensee und die fernen Alpenketten. Da war die Welt verklärt. Und mir, der ich von der Höhe auf sie herabblickte, gehörte sie ganz, so weit ich sah: das Land, das Wasser, die Luft und der Himmel. Ich hatte nichts Besseres zu tun, als den Weltenraum anzusehen, ihn in mich aufzunehmen, mich ihm gedanklich wie ein Vogel entgegenzuwerfen.

Nach einer gewissen Zeit, als meine Kräfte wieder einsatzfähiger waren, suchte ich nach einer entsprechenden Beschäftigung. Ich meldete mich zur Feldarbeit bei meinem Vetter Karl-Maximilian auf dem Braunenberg, dem bäuerlichen Hofgut, von dem meine Mutter stammte und das etwa eine gute halbe Stunde Fußmarsch von Stockach entfernt liegt. Dort half ich bei der Kartoffelernte, beim Heuen, beim Einbringen des Getreides oder beim Entfernen von Baumstrünken.

An sich hatte ich meine Wissenschaft und auch die Aussichten, bald wieder in meinen Beruf als Dozent der Kunstgeschichte zurückzukehren, ad acta gelegt. Die Zukunft war ungewiß, doch konnte ich es für mich selbstverständlich auch in dieser Lage nicht ganz unterlassen, an meinen kunstgeschichtlichen, wissenschaftlichen Problemen herumzudenken und mir dies und das sozusagen zwischen den Lücken der Krankheit und Erholung zu überlegen. Doch all diese Gedanken formten sich keineswegs zu gefaßten, in Themen festgelegten Arbeiten. Davon war ich zunächst noch weit entfernt. Damit dies eintraf, bedurfte es eines Anstoßes von ganz anderer Seite.

Meine 100 Vorträge im Stockacher Kreis

In der damaligen Situation kamen sich die Menschen durch das Erleiden gemeinsamer Schicksale viel näher als es vor dem Kriege und als es wieder nach dem Besserwerden nach dem Kriege der Fall war.

Meine Mutter und ich waren befreundet mit der evangelischen Pfarrerfamilie Dürr. Und zu dieser Familie stieß auch ihr Schwiegersohn, der Volksschullehrer Kurt Wiedmann, der ebenfalls, wie ich, recht zerrüttet in den Nerven vom Kriege heimkehrte. Wir zwei freundeten uns als gemeinsame Leidensgenossen an.

Eigentlich ganz unvermittelt äußerte Herr Wiedmann eines Tages bei mir den Wunsch, etwas über Kunstgeschichte zu erfahren, wovon er gar wenig wisse. Er machte mir den Vorschlag, ob ich ihm nicht etwas über die Kunst Ludwig Richters vortragen könnte. Ludwig Richter sei ihm bis jetzt kein fester Begriff, aber er habe schon manches über ihn gehört. Ich nahm diese Anregung auf und konnte auf die Bücher Ludwig Richters in unserem Bücherschrank zurückgreifen.

Aus diesem Anlaß veranstalteten wir Vortragsabende, die teilweise bei der Pfarrersfamilie oder bei uns stattfanden.

Die Vorträge über Ludwig Richter waren das erste Thema, das ich nach der langen Pause, die durch meine Krankheit und den Krieg verursacht war, behandelte. Es ist recht seltsam, daß ich gerade mit diesem Thema bei meinem Neubeginn der kunsthistorischen Tätigkeit, wenn auch im kleinsten intimen Kreise, zu dem vertrautesten Gedankenkreis meiner frühen Kindheit zurückgreifen und daran anknüpfen konnte. Es war gleichsam, wie wenn alle übrigen kunstgeschichtlichen Epochen und Themen nicht existiert hätten. Ich mußte mich aber dem geistigen Niveau und geschichtlichen Horizont von Herrn Wiedmann angleichen und somit auf den Bilderschatz der bürgerlichen Gesellschaft des 19. und 20. Jahrhunderts zurückgreifen. Also auf Dinge, die ich lange, lange durch mein Studium und meine Lehrtätigkeit in Graz hinter mir gelassen hatte. Jene fast kleinbürgerliche, häusliche, gemüthafte Welt Ludwig Richters hatte kaum jemanden von meinen Fachgenossen, von den wissenschaftlichen, offiziellen Kunsthistorikern interessiert. Keiner meiner Universitätslehrer, weder Bauch, noch Friedländer, noch von Schlosser, noch Panofsky, noch Tolnai hatten über die Bilderwelt Ludwig Richters in ihren Vorlesungen oder Gesprächen je ein Wort verloren. Daraus geht hervor, wie wenig die damaligen Kunstgeschichtler willens waren, auf die Bedürfnisse der Gedankenwelt des gewöhnlichen Durchschnittsbürgers einzugehen.

Durch diesen Anstoß Herrn Wiedmanns wurde gleichsam eine Institution auf privater Basis eingerichtet. Ein kleiner Klub von Zuhörern fand sich jeden Mittwochabend zusammen. Das Ganze glich einem Privatkolleg. Die Zuhörer freuten sich schon wieder ungemein auf den nächsten Vortrag. Denn sonst war keinerlei Konkurrenz geboten; kein Kino, kaum ein Konzert. Um jede Anregung waren die Menschen damals froh.

Meine Vortragsthemen erweiterten sich. Nach Ludwig Richter kam Albrecht Dürer dran, dann Pieter Brueghel d. Ä. Aus diesen dort vorgetragenen Anregungen kristallisierte sich schließlich mein Buch «Pieter Brueghel d. Ä. und die deutsche Kunst» (Wiesbaden 1957) heraus. Zur Behandlung dieser Einzelmeister gesellten sich noch Hans Baldung Grien und Hans Thoma. Hernach behandelte ich einzelne Kapitel aus meinen Forschungen über die Geschichte des Malerateliers. U. a. hielt ich in der Wohnung von Pfarrer Dürr am 4. Juli 1948 den Vortrag «Das Atelier als Kultraum im 19. Jahrhundert».

Im gesamten hatte ich zum Schluß über drei Jahre hinweg die erkleckliche Zahl von etwa 100 Vorträgen im Stockacher Bekanntenkreis gehalten und damit manchen Keim für meine künftigen Pläne und Objekte gesetzt. Diese Vorträge ließen sich sehr gut als äußerer Antrieb an, mich wieder in die kunstgeschichtlichen Bezirke einzuleben und zielbewußt Themen mannigfacher Art zu bearbeiten. Aus diesen Anregungen und Vorarbeiten entstanden dann meine zukünftigen öffentlichen Vorträge, mit denen ich gereist bin.

Mein Vortrag: Die Gehalte der modernen Malerei

Aus diesem Laienkreis wurde ich auch mit der damals üblichen Tagesfrage nach der modernen Malerei bestürmt. Ich wurde von daher gezwungen, auch zu diesem Komplex Stellung zu nehmen; besonders, nachdem die Menschen sich bewußt wurden, daß sie infolge der Kunstpolitik des Nationalsozialismus von der modernen Kunst abgeschlossen waren und jetzt dieses Versäumnis nachzuholen sei.

Aus diesem Bedürfnis heraus entstand mein Vortrag «Die Gehalte der modernen Malerei». Dort machte ich klar, wie die Moderne sich ganz anders zum Inhalt der Malerei stellt als die vorherige Tradition. Diesen Vortrag hielt ich am 16. November 1947 zum ersten Mal in Stockach bei Pfarrer Dürr und seinem Kreis. Und dann zog ich mit ihm wie ein Wanderprediger auf die Landstädte hinaus, wo gerade damals das Bedürfnis vorhanden war. Zum zweiten Mal hielt ich ihn in Müllheim bei Medizinalrat Dr. Warth am 23. November 1947. Arrangiert wurde diese Veranstaltung von dem Zeichenlehrer Hans Wild, einem früheren Schüler meines Vaters an der Akademie in Karlsruhe. In dem alten Patrizierhaus waren etwa 50 Gäste anwesend. Zum dritten Mal hielt ich ihn am 16. Dezember 1947 in Waldshut an der Hochrheinschule vor etwa 300 Zuhörern. Zum vierten Mal in Überlingen im Jugendbildungswerk am 26. Februar 1948 vor 100 Gästen mit anschließender Diskussion; am 29. Oktober 1948 in Schwäbisch Gmünd an der Volkshochschule vor 150 Hörern, am 2. Oktober 1950 in Karlsruhe-Rüppurr in der Krypta der Christ-König-Kirche unter Leitung des kunstliebenden Stadtpfarrers Markert. Und schließlich am 26. Januar 1951 vor den Jung-Buchhändlern von Freiburg i. Br. in den Räumen der Akademie der Bildenden Künste.

Meine Freundschaft mit dem Maler Dr. Adolf Eiermann

Dr. Adolf Eiermann. Selbstbildnis. 1948.

Meine Forschungen über das Maleratelier referierte ich in fünf Vorträgen an der Volkshochschule Konstanz. Diese Besuche in Konstanz brachten mir die Freundschaft mit Dr. Adolf Eiermann ein. Durch seine ekstatischen Malereien wurde ich neuerdings mit surrealistischer Malerei bekannt. Als er in Konstanz ein schön gelegenes Haus gebaut hatte, hielt ich vor geladenen Gästen die Eröffnungsrede über die dort ausgestellten Gemälde. International bekannt wurde Eiermann durch sein Altarwerk, das für die Opfer von Hiroshima von der Deutschen Bundesrepublik gestiftet wurde.

Über die Wirkung des Vortrages in Überlingen schrieb ich von Stockach an meinen Bruder Thomas nach Ingelheim am 12. 3. 1948 folgende Einzelbegebenheit:

«Vor 14 Tagen war ich drei Tage in Überlingen. Der Vortrag über ‹Die Gehalte der modernen Malerei› verlief gut und je nach Publikum anerkennend. Frau Ehrenmann [die Witwe eines Rentamtmannes, alemannisch: Liegenschaftsverwalter] meinte allerdings: ‹Es ist für den Dr. F. S. W. nicht würdig gewesen, über solch scheußliche Bilder so schön zu sprechen. Er hätte sich ein besseres Thema wählen sollen. Aber zuhören hätte sie noch lange können.»

In dieser Eröffnungsrede vom 4. 8. 1950 nahm ich die Gelegenheit wahr, die Erkenntnisse, die ich durch die Bearbeitung der Geschichte des Malerateliers gewonnen hatte, auf den praktischen Fall eines lebenden Künstlers anzuwenden und die historische Spezialsituation des modernen Künstlers zu erklären.

Diese besteht darin, daß der moderne Künstler die speziellen eigenen kleinen Erlebnisse zum Thema seiner Kunst macht und dies auch in seinem Atelier-Typ sich auswirkt, indem nämlich das künstlerische Schaffen samt seiner Thematik in das alltägliche, weltbildpartielle Lebensmilieu des Einzelmenschen eingebunden wird.

Der Text meiner Eröffnungsrede lautete:

«Wie überall im Leben ist es auch hier: Man kann eine Sache, eine Erscheinung erst dann verstehen, wenn man sie einzureihen vermag. Wenn sie in einen größeren Zusammenhang eingegliedert vor uns steht.

So ist es auch bei jedem Kunstwerk. Auch bei diesen Gemälden, welche hier an diesen Wänden hängen.

Wir wollen kurz etwas weiter ausholen.

Erst allmählich dämmert die Einsicht, daß die Kunstformen *nicht* sogenannte ewige und deshalb grundsätzlich allgemein verständliche Formen sind. Die Theorie dieser sogenannten ewigen Werte ist eine laienhafte, auf billige Genußsucht gegründete und von welterobernder kultur-raffender Barbarei erfundene Hypothese.

Erst allmählich wird man inne, daß die verständliche und die nicht in egoistisch-eigenbrötlerische Spielereien sich überschlagende Kunst – eines *Lebensraumes* bedarf.

Und – gestehen wir es uns ehrlich ein: Dieser Lebensraum, nachdem alle übrigen Reservatgebiete verloren gegangen sind, kann nichts anderes sein als das alltägliche Milieu des übrigen Denkens und Handelns.

Der erste europäische Maler, der den intimsten Anschluß seiner Kunst in diesem Sinne mit dem *Leben*, d.h. mit seiner alltäglichen Umgebung sucht, war Rembrandt.

Noch *nicht* Dürer, noch nicht Raffael oder Michelangelo. Nur bedingt und ausnahmsweise Rubens.

Rembrandts Bildgedanken und Seelenschilderungen sind erst verständlich – so allgemeinverständlich sie uns heute erscheinen mögen –, wenn wir uns mit denselben realen, häuslichen Erlebnissen identifizieren, welche Rembrandt in Leyden in seinem Elternhaus und in Amsterdam in seiner Familie gehabt hat.

D.h. es gibt plötzlich Maler, die aus ihrem *häuslichen* Lebensmilieu heraus und mit den zufälligen Menschen, mit denen sie täglich zusammenleben müssen, ihre Bilderwelt gestalten.

Nicht nur das. Es geht noch weiter.

Am Ende des 19. Jahrhunderts wurden die Maler*ateliers* bei den wirklichen Künstlern zu *vollständigen Lebensbühnen*. Es wurde darin gekocht, gewaschen, gebügelt, Besuche empfangen – und unter anderem auch gemalt. Malen und Leben war in diesen Atelier-Wohnungen ein und dasselbe geworden.

Den Begriff der selbständigen, vom übrigen Verkehr losgelösten Werkstatt gab es ja schon lange nicht mehr. Aber auch nicht das vom allgemeinen Lebensrhythmus ausgespiene Pseudo-Atelier des Bohème genügte.

Die Kunst war immer und ist nach unserer Anschauung auch heute noch dazu da: *Im* Leben und *aus* dem Leben und *für* das Leben *das* Leben zu wiederholen – und in dieser Wiederholung den Lebens-*Sinn* zu offenbaren.

Die Kunst steht in einem natürlichen Kreislauf.

Insofern sind die Künstler diejenigen, welche Lebens-*Deuter* sind innerhalb des Getriebes des Lebens, das für gewöhnlich seinen Sinn verhüllt und oft reiner Ablauf, reine zugeknöpfte Hülle scheint. Dies ist nicht nur die neueste, auch die für unsere gegenwärtige Lebensanschauung einzig mögliche und angemessene Aufgabe der Kunst. Sicher aber gesünder als die Absonderung in aesthetisierende Isolation, welche das bürgerlich-gesicherte 19. Jahrhundert sich leisten konnte.

Früher – in der Renaissance und im Barock – waren die Künstler zuerst Künstler und noch früher – im Mittelalter und im Altertum – zuerst Handwerker – und erst in ihrem Werk (und nicht als Menschen, die streckenweise anonym ihr eigentliches Wesen verbergen mußten) konnten sie zur Künstlerschaft aufsteigen.

Die *persönliche* Lebenserfahrung, ihre *persönlichsten* Gefühle wurden in ihren Werken nur gar sehr bedingt und *kaum direkt* verwirklicht.

Dies ist mit Rembrandt als Sonderfall des 17. Jahrhunderts und seit dem Ende des 19. Jahrhunderts allgemein anders geworden. Die Künstler sind zuerst *Menschen*, sind zuerst im Lebenskampf, sammeln zuerst Lebenserfahrung, das ist ihre große Lehrzeit und *dann erst* zuletzt sind sie auch Künstler.

Die spezielle Wahl der Kunstart ist dann gar nicht so wichtig und entscheidend.

Ob sie nun Maler, Bildhauer, Dichter oder Musiker sind.

Sie können sogar unschlüssig schwanken; so Goethe, so Gottfried Keller, Adalbert Stifter, so Joseph Viktor von Scheffel. Gaugin war zuerst Bankbeamter, Leibl war immer leidenschaftlicher Jäger, van Gogh zuerst Pfarrer und Prediger.

Zu dieser Gruppe der «Künstler des Lebens» gehört auch *Adolf Eiermann*.

Er war nicht von vornherein Maler-Spezialist. Er war zuerst ein Mensch, der das Geschehen um ihn in dessen reicher Vielfalt in hinreißender Gier mit allen Fasern seines Seins aufsaugte. Er war Musikant, er ist mit Literaturhistorikern befreundet, Studienrat der romanischen Sprachen, nebenamtlicher Hochschuldozent, er ist Sportsmann. Er stand als Soldat im Felde und hat den Krieg nicht nur depressiv mitgemacht, sondern wurde davon als einem dämonischen Ur- und Grunderlebnis gepackt und geschüttelt. Von überallher strömten die Anregungen auf ihn ein.

Erst später entdeckte Eiermann in wunderbarer Selbstschau, daß er alle diese Eindrücke ja auch gestalten könne. Daß er ja nur zum Pinsel und zur Palette greifen braucht und z.T. in nächtlichen schöpferischen Hochspannungszeiten *das* malen muß, worüber die andern höchstens abstrakt nachdenken, aber kaum in Bilder umsetzen können.

Diesen spontanen, erhöhten Drang nach Lebenseinheit spiegelt auch Adolf Eiermanns Atelier-Haus-Wohnung. Den Plan dazu hat er selbst entworfen. Mit seiner tapferen Frau hat er den Grund selber ausgeschachtet. Er hat mit den Handwerkern zusammengearbeitet, als ob er selber vom Baumetier wäre.

Da konnte es nicht ausbleiben, daß er, als er zufällig mit einem neuen dehnbaren Werkstoffverfahren bekannt wurde, sogleich die künstlerischen Möglichkeiten darin entdeckte.

Und das Resultat: Hinter dem Flügel sind die festlichen Wandornament-Blumen, neben den Fenstern die Landschaften und Straßensituationen als überpolitische Zeitbilder. In der Diele der Fußboden und darüber die Ölbilder und Aquarelle: alles aus einem Guß und von der selben Hand geformt. Wir befinden uns in einem Lebens- und Arbeitshaus; in einem Landschaftsobservatorium und Kunstheim zugleich. All dies fließt lückenlos ineinander über. Ohne Trennung zwischen Haushalt und Gartenarbeit, zwischen Musik und Bildern, zwischen geistiger und profaner Schaffensstätte. Es gibt auch keine Grenze zwischen Innen und Außen. Im eigenen Malmotiv hat Eiermann sich ein ständiges Zelt errichtet. In stürmischen Tagen und in ruhig sonnig-warmen. Es braucht an solch einem Erdenfleck die Staffelei nicht mehr hinaus- und herumgetragen zu werden.

Im alltäglichen Austausch mit dem Blick auf den See und die Alpen mischt sich die wirkliche Wirklichkeit und die Vision, und so erschafft Eiermann seine Bilder von jener Landschaft, der er temperamentsmäßig sich sehr verbunden fühlt in ihrem z.T. raschen Wechsel von Heiterkeit und bedrohlicher Wucht.

Der einzige kategoriale Unterschied zwischen den übrigen

Dachgaupenmietern und Villenbesitzern von Konstanz und zwischen Dr. Adolf Eiermann besteht darin, daß Eiermann den Charakter der Voralpenlandschaft nicht unverarbeitet hinnehmen kann, und nicht nur einmal en passant, vielleicht als Landschaftssonntagsjäger konventionell begeistert, sondern als ein echter Künstler die innere Verpflichtung in sich fühlt, die Natur in seinen Malereien als die *einzige*, gewaltige *Lebenssphäre* zu erkennen. Als merkwürdig aufregendes Zwischenreich zwischen Natur und Menschenwerk liebt Eiermann deshalb auch die Ruinen-Stätten ganz besonders. Keine Zunftregel, kein akademischer Titel, kein verhängnisvoller Selbstausschluß aus der übrigen Gesellschaftsordnung zeichnet heute den Künstler gegenüber seinen Mitmenschen aus.

Heute ist die Stellung des Künstlers viel normaler, viel humaner, viel gerechter und weiter, viel lebensgefüllter, viel realer, viel äußerlich anspruchsloser und *innerlich* echter, allerdings deshalb auch *riskanter* geworden.

Insofern ist der heutige Künstler kein hybrider Geschmäckler oder schwacher verkümmerter Aesthet. Im Gegenteil. Der heutige Künstler muß so sprühend und stark sein, daß er tief und *tiefer* als jeder andere Zeitgefährte, und auch tiefer als der nur geschäftige Realist, im Leben steht und *darüber hinaus* dieses völlige Im-Normal-Getriebe-Drinnensein noch ideell (was aber nicht auch heißt ideal, denn dies ginge oftmals gegen die Wahrheitsliebe) zu meistern weiß und sich deshalb nur noch dem Dasein verschreibt. Der Maler reißt Türen und Fenster auf, läßt Sturm und Wetter, Sonne und Licht durch seine Räume fluten. Sein Haus ist wie seine übrige Existenz den Elementen preisgegeben, vergleichbar dem Schiff auf der See.

Wenn es sein muß, läßt er sogar in selbstverständlicher Allgemeinverbundenheit die Menschen durch seine Zimmer hindurchziehen, welche noch über den Alltag hinweg in sich den Sinn für die Zusammenhänge des Ganzen bewahrt haben. Mögen es wenige, mögen es viele sein. Was besagt schon die Zahl?

Auf alle Fälle fühlen wir als zusammengekommene Gäste uns hier zu Hause, da wir hier den Geist der Freiheit des Daseins einatmen dürfen. Wenn es überhaupt noch irgendwo Ort und Stelle gibt, dies tun zu dürfen, dann im Hause eines Künstlers.

Das ist viel, das ist übergenug.

Wir werden beglückt und gestärkt nach Hause gehen und zu uns selber sagen: Ja, es ist auch in der sonstigen Zersplitterung der Zeit noch möglich, eine Einheit zu erringen. Und was ist ermutigender und zukunfts-bejahender als dies?

Für das Geschenk dieser Einsicht möchte ich im Namen aller Gäste dem offenherzigen Hausherrn besonders herzlich danken.»

Die Eröffnungsrede der Ausstellung
«*Französische Impressionisten*»

Mein erstes öffentliches Auftreten nach dem Kriege in offizieller Mission war die Eröffnungsrede anläßlich einer Ausstellung, die vom Badischen Kultusministerium in Zusammenarbeit mit der französischen Militärregierung aus kulturpropagandistischen Gründen der Stadt Stockach zur Auflage gemacht wurde. Als am Ort ansässiger Kunsthistoriker mußte ich die Rede am 5. Januar 1947 im neuen Schulhaus in Stockach halten. Das Thema der Ausstellung waren Farbreproduktionen der französischen Impressionisten. Anschließend entstand ein Streit zwischen der Kompetenz des Landrates und des Bürgermeisters, wer die Kosten übernehmen solle. Nach längeren Verhandlungen ließ sich der Bürgermeister breitschlagen, diese zu begleichen.

Diese Ausstellung der Französischen Impressionisten wurde von der Militärregierung außerdem noch in anderen Städtchen und Städten herumgereicht, u. a. auch in Singen.

Mit welchen persönlichen Gefühlen und publikumsbezogenen Erfahrungen ich meinen Vortrag in Singen gehalten habe und wie gespannt die Lage der Zivilisten in den Besatzungszonen damals war, darüber berichtete ich am 20. März 1947 in einem Brief an Fräulein Dr. Gerda Kircher in Karlsruhe:

«Letzten Samstag wurde ich nach Singen a. H. beordert, um die besagte Ausstellung der ‹Französischen Impressionisten› vom Landratsamt Freiburg durch einen Vortrag über Impressionismus zu erklären. Ich wurde dazu vom Leiter des Singener ‹Kulturbundes› aufgefordert. Die Singener waren von meinen Ausführungen und anschließender Führung sehr angetan und es erschien auch ein recht zahlreiches Publikum. Der Kulturbundleiter meinte, ich hätte nun das gesagt, was eigentlich in der Eröffnungsrede hätte gesagt werden sollen und Frl. Dr. Schulze-Battmann leider unterlassen habe. Nun ja, ich war ja noch in der Materie drinnen.

Der Singener Vortrag gab mir aber insofern einen Aufschwung, indem ich morgens drei Stunden ohne Unterbrechung die Oberrealschulklasse führte und ich dabei sah, wie sehr die jungen Leute an den Dingen und Fragen interessiert sind, welche für die Alten unterzugehen scheinen. Vor allem gab dies mir die Erkenntnis, daß man in seinem kleinen abgelegenen Stübchen doch nicht nur dummes überlebtes Zeug macht, und damit stimme ich mit Ihnen ganz und gar überein, daß der Tag kommt, an dem das, was man im Augenblick einsam macht, doch wieder seine richtige Auswirkung haben wird...»

II. Freiburg im Breisgau

1. 4. 1949–31. 3. 1951

Stellenlos

Langsam normalisierten sich die Verhältnisse wieder, und man besah sich den Gesamtschaden, der durch den Krieg angerichtet worden war. Nach und nach begann man, das Trümmerfeld des Krieges aufzuräumen und neue Gebäude darauf zu bauen oder auch nur Altes wiederherzustellen. So ging es auch bei mir in den Belangen, die unmittelbar meine Person betrafen, und ich suchte mich langsam wieder in den Strom des normalen Lebens einzugliedern, peu à peu. Beruflich und wissenschaftlich suchte ich wieder Fuß zu fassen.

Der Sturz durch den Krieg bewirkte gesundheitlich, wissenschaftlich und beruflich ein vollkommenes Darniederliegen. Ein allmähliches Wiederaufstehen begann.

Es blieb nichts anderes übrig, als auf allen Sektoren neu zu beginnen. Der wichtigste, der Gesundheitssektor kam befriedigend wieder in Ordnung. Wissenschaftlich nahm ich schon in Stockach meinen eigenen Betrieb auf, zuerst nur wenig, dann aber stetig mehr und intensiv. Nach und nach überkamen mich immer umfangreichere und prinzipiellere Projekte.

Beruflich lag ich noch sehr darnieder. Ich war ohne Stelle, ohne Verdienst, ohne lebensnotwendiges Geld. Das konnte kein Dauerzustand bleiben, so idyllisch sorglos es bei meiner Mutter als Privatgelehrter auch war.

Dann ging ich nach Freiburg, in die nächstgelegene Kapitale. Das war ein besseres Aktionsfeld als das Land rund um den Bodensee.

In Freiburg faßte ich neu Fuß.

Meine Selbstbildniszeichnung vom 7. Juli 1946

Aus der Periode dieses Neuanfangs stammt eine Selbstbildniszeichnung vom 7. Juli 1946. Ich habe sie in meinem Buche «Meine akrobatischen Unterschriften» folgendermaßen charakterisiert:

«Für den Neuanfang meiner Persönlichkeitsfindung und -setzung nach dem Zweiten Weltkrieg hat sich ein wichtiges Dokument erhalten. Es ist eine Selbstbildniszeichnung vom 7. Juli 1946. Sie ist 15 Uhr nachmittags gezeichnet in Freiburg im Breisgau. Ich sitze auf dem Sofa, schlage meine Beine übereinander und blicke in den Spiegel des Kleiderschrankes.

Unterschrieben ist die Zeichnung mit der auf mich selbst bezogenen Unterschrift ‹Ich› in Gänsefüßchen.

F. S. W. Selbstbildnis. Zeichnung. 1946.

Das vielsagende Wort ‹Ich› ist diesmal die Unterschrift. Kein übliches Franzsepp, kein Würtenberger. Die Kurzformel ‹Ich› enthält genug und alles.

Neben mir liegt ein Kissen. Es besteht aus lauter Kreisen, und ich weiß noch, wie ich an diesen Wirbelkreisen Freude hatte und sie als eine Art Lebenskreiszeichen, eine Art von Weltbildmeditationsformel empfand. Ich dachte intensiv an die Erscheinung des Urwirbels der Frühstufe des Kindes in geklärterer Form zurück.

Diese Zeichnung soll besagen: «Hier bin ich, und ich bin zu neuem Start bereit.»

Beim Anschauen dieser Zeichnung am 3. Oktober 1973 ließ meine Schwägerin Ingrid Würtenberger spontan die Bemerkung fallen: «Der eigenwillige Träumer neben dem Schneckenhaus des Alls.»

Einige Monate nach dem Entstehen dieser Selbstbildniszeichnung gab ich in einem Brief vom 2. November 1946 aus Stockach an Fräulein Dr. Gerda Kircher in Karlsruhe zusätzliche Rechenschaft über die damals doch nicht so selbstsichere Beurteilung meiner Situation: «Irgendwie werde auch ich hier in der Stille von der Zeitlage erfaßt. Obwohl ich hier mich in einem idealen Zustand der Ruhe befinde. Doch rührt sich mehr und prinzipieller die Frage über das Bemühen: cui bono? Deshalb zumeist zog es mich nach Freiburg. Ich wollte dort sozusagen neu Atem schöpfen, denn es ist auf die Dauer schwierig, ohne Luft zu schnaufen. Normalerweise müßte man dort sein im Austausch mit anderen. Dieses war inzwischen nur bedingt möglich zwischen dem sonstigen Hasten und Drängen. Manches habe ich wieder gesehen und gehört, aber noch mehr als Leerlauf empfunden. Und eigentlich auch erkannt, daß es sicherlich gerade so produktiv und wirkend sein kann, hier oben mit bescheideneren Mitteln zu arbeiten. Zum mindesten, bis ich wenigstens die angefangenen Arbeiten zu Ende gebracht haben werde. Zudem weiß ich, daß man auch im sogenannten kleinen Kreise Widerhall finden kann. Und meistens braucht es ja gar wenig, daß man eine neu befruchtende Bestätigung des Arbeitens als Ansporn zu weiterem Tun hinnehmen kann. Und dies hoffe ich auch fernerhin hier zu haben. In dieser Beziehung ist es mir stets wohltuend, wenn ich eine gleiche Einstellung aus Ihren Briefen entnehmen kann und auch fernerhin entnehmen darf! In diesem Wunsche bin ich stets Ihr getreuer Freund Franzsepp Würtenberger.»

Aber trotz dieser Philosophie des Sich-Wohlfühlens im Rückzugsgebiet ländlicher Idyllik reihte ich mich dann doch wieder in Freiburg in das Berufsleben ein. Zuerst noch ganz locker und unzulänglich. Um mich überhaupt über Wasser zu halten, gab ich, durch Vermittlung eines Freundes, des Architekten Frank Beyer, Abendkurse über Kunstgeschichte in einem Jugend-Bildungswerk. Ich versuchte, einzuhaken und meine Anker auszuwerfen, wo es gerade ging. Mich an der Universität Freiburg als Privatdozent zu bewerben, als Fortsetzung meiner abgebrochenen Grazer Tätigkeit, wagte ich von mir aus nicht. Es war kein erstrebenswertes Ziel. Überdies waren die Stellen schon an andere Kollegen vergeben worden, die gesundheitlich die Kriegswirren besser überstanden hatten.

Ich machte Anläufe verschiedenster Art. Ich bewarb mich um die Stellen als Museumsleiter in Konstanz oder, als Kleinlösung, als Sammlungsleiter der Fürstlichen Galerie in Sigmaringen. Ich war schon in konkrete Verhandlungen eingetreten und hatte mir bereits den zukünftigen Schreibtisch im Schloß und die Bibliothek mit ihren gelben Bücherregalen und den Zeitschriften-Bänden angesehen.

Oder ich wollte nach Karlsruhe an die Staatliche Akademie der bildenden Künste und schlug dem damaligen Direktor Gehrig vor, zunächst einmal Vorträge über «Das Maleratelier, eine Geschichte des schöpferischen Schaffensvorganges» zu halten.

Über alle diese und noch andere Versuche berichtete ich meinem Bruder Thomas in einem Brief vom 12. Februar 1949 in der Winterspürerstraße 10, Stockach, auf die weitere Entwicklung harrend:

«Mein lieber Thomas! Für Deinen lieben Brief, der sich so sehr brüderlich mit allen Fragen, die mir zur Zeit auch durch den Kopf gehen, befaßte, möchte ich Dir meinen ganz herzlichen Dank sagen.

Es ist jetzt gerade im Augenblick, daß man, wo man auch anklopft, um etwas seine Sache anzubringen, zurückgewiesen wird. Jetzt erst kommen die Auswirkungen der allgemeinen Lage. Aber trotzdem darf man den Kopf nicht hängen lassen, und dies werde ich auch nicht. Der Fortfluß des Lebens ist stärker als die augenblicklichen Zurückweisungen. Plötzlich – und vielleicht von ganz anderer Seite – werden die Dinge, die man gerne sagen möchte, vor ein Forum zu bringen sein. Die Hauptsache und viel wichtiger ist es, daß man etwas vorzubringen hat.

An Versuchen, da und dort meine Arbeiten zu verwerten, hat es in letzter Zeit meinerseits nicht gefehlt. Das praktisch sich auswirkende Echo war ziemlich gering. An Direktor Martin (an der Staatlichen Kunsthalle) in Karlsruhe hatte ich einen langen Brief gerichtet wegen der Vortragsreihe über das ‹Maleratelier› an der Karlsruher Kunstschule. Ich habe auch noch ein recht ausführliches Inhaltsverzeichnis der 16 Vorträge beigelegt. Es ist etwa schon drei Wochen her, doch noch keine Antwort. Dann wendete ich mich auf Anraten von Dr. Anton Lehmann an die Akademie Comburg (Kurse für Mittelschullehrer, Toni war selber dort). Für die zweite Maihälfte wurden meine Vorschläge geprüft und an die Tagungsleitung weitergeleitet. Ich bekäme noch Bescheid.

An Dr. Koblitz-Inzigkofen, durch Dr. Barth vermittelt, habe ich geschrieben. Eventuell mal ein Einzelvortrag. Kurse über Kunstgeschichte würden keine abgehalten. Außerdem schrieb ich an einen Direktor Schelentz (Bildhauer) von der neuen Handwerkerschule in Bonndorf (Schwarzwald). Direktor Gehrig hatte mir das angegeben. Keine Antwort auf meine sehr höfliche Anfrage.

In Konstanz war ich letzthin. Wahrscheinlichst werde ich den Vortrag über die ‹Moderne Malerei› dort am 16. Februar, also nächsten Mittwoch, halten. Dies wäre das greifbarste.

In Konstanz habe ich vorletzte Woche beim Oberbürgermeister (Dr. Knapp) vorgesprochen, um mich als Konservator am Rosgarten-Museum zu bewerben. Der OB meinte, ich würde reichlich spät kommen und soll meinen Lebenslauf einreichen. Sofortigst machte ich dies und gab mein Bewerbungsschreiben am Montag ab. Nun erklärte mir der OB die Situation.

Bisher sei die Konservator-Stelle ehrenamtlich versehen worden, wie so mancher andere Posten in Konstanz. Am Rosgarten-Museum sei schon einmal die Tochter des Dr. Leiner gewesen; diese habe wohl zwei Semester Kunstgeschichte studiert, sei aber keine Fachkraft. Dr. Leiner wolle natürlich seine Tochter versorgen, aber er, der OB sei gegenteiliger Meinung: es müsse eine richtige Fachkraft eingesetzt werden. Er habe auch schon Gutachten darüber eingeholt (bei Direktor Julius Baum, Ulm und Sauer, Freiburg). Nun aber! Eine richtige Stelle koste die Stadt Geld! Und ob sich heute die Stadt dies leisten könne, daran zweifle er. Die Sache werde in der nächsten Kulturausschußsitzung im Stadtrat behandelt. Also: genau wie im Falle Mainz: die Geldfrage ist der Bremsblock.

Wie es auch sein mag, ich werde mich wieder um die Sache kümmern; auf jeden Fall stehe ich auf der offiziellen Bewerbungsliste. Und werde meine Beziehungen zu Konstanz wach halten: Volkshochschule und meinen Malerfreund Dr. Eiermann, mit dem ich z.T. zusammenarbeite und der mir wohl will.

In der Unterredung mit dem OB sagte ich auch, daß man die Bestände des Rosgarten-Museums in der Wissenschaft kaum kennen würde – gegenüber Villingen oder Überlingen – , da sie nicht richtig betreut wurden und schon lange nicht mehr sichtbar sind – und dies sei schade.

Den «Maleratelier als Kultraum»-Vortrag habe ich an den Südwestfunk nach Baden-Baden vor etwa zehn Tagen geschickt. Sollte er unangenommen zurückkommen, so schicke ich ihn Dir sehr gerne für Hamburg. Sicherlich wäre er auch etwas in der Länge für ‹Die geistige Welt› in dieser kurzen Fassung. Ich habe ja noch eine ausführlichere, geeignet als größeren Aufsatz mit mehr Bildern oder selbständige Broschüre. Nun ja, ich will ja das 19. Jahrhundert des Maleraterliers in allernächster Zeit fertig machen, um so (etwa 100 Seiten) Dr. Vogelsang in Freiburg vorzulegen für seine Reihe (‹Einführung in die Kunstgeschichte›). Ich habe mit Vogelsang darüber schon gesprochen.

In den letzten 14 Tagen habe ich etwas abgestoppt mit direkten Arbeiten. Ich lag zu nahe auf den Dingen droben. Jetzt habe ich aber wieder Abstand und bin ausgeruhter, um die tippfertige Zusammenfassung und Überarbeitung dieses Teiles des Maleraterliers bewältigen zu können. [...] Von Frl. Dr. Kircher bekam ich einen langen Brief. U.a. stand darin, daß die katholische Gildenvereinigung (Frl. Kress) nach einem Diskussionsredner über moderne christliche Kunst suche. Dabei sei verlautbart worden, ich sei der richtige Mann für diese Sache und ich soll mich an einen Kaplan Weiss in Karlsruhe wenden. Dies werde ich auch tun. Ich weiß auch schon, von welcher Seite her die Sache angepackt werden muß. Nur von der Kunst her ist diese Frage nicht zu lösen, nur von der Werte-Harmonie der einzelnen Kulturgebiete her. Und darüber habe ich schon einiges Konkretes nachgedacht. Diese Probleme interessieren mich sehr und sind z.T. auch in meinem Maleratelier enthalten.»

Bei all diesen soeben aufgezählten Bemühungen hielt ich es für besser, wenigstens eine kleine Aktionsbasis zu erlangen, als gar nichts. Doch alle diese Pläne und Vorstöße zerplatzten am Ende wie Seifenblasen.

Ich als Dozent für Kunstgeschichte an der Akademie der Bildenden Künste in Freiburg i. Br.

Dann aber konnte ich doch in festere und meinen Intentionen angemessenere Positionen gelangen. Ich bekam einen Lehrauftrag für Kunstgeschichte an der neu gegründeten Akademie der bildenden Künste in Freiburg. Diesen Lehrauftrag versah ich während zwei Jahren, vom 1. August 1949 bis 31. März 1951.

Bei der Gründungsfeier war ich zugegen. Der damalige Badische Staatspräsident Leo Wohleb hielt eine ausgezeichnete Rede, aus der hervorging, daß er etwas von Kulturpolitik verstand.

Der Lehrauftrag war für Kunstgeschichte schon an Dr. Robert Örtel, der Privatdozent an der Universität Freiburg war und den ich von früher her gut kannte, vergeben. Ich bat Örtel, daß er mir den Lehrauftrag gäbe, da ich nichts hatte und gerne an der Kunstschule lehren mochte. Dabei sei für mich von der Aufgabe her eine gewisse Ideallösung erreichbar. Denn ich empfand es für meine Belange günstiger und besser, mit schaffenden Künstlern zusammenzuarbeiten, als mit Kunstgeschichte betreibenden Philologen. In gewisser Weise war Dr. Örtel sogar froh, daß er von der zusätzlichen Verpflichtung entbunden wurde.

An der Akademie fand ich einen aufgeschlossenen Kreis von Kollegen vor. Angeregte Unterhaltungen führte ich bei familiären Einladungen beim Direktor, dem Bildhauer Wilhelm Gerstel, der mir viel von seinen Arbeiten erzählte.

Das Programm des Lehrauftrages war weit gespannt. Ich konnte nicht nur, wie ich es bisher gewohnt war, Einzelgebiete vortragen, sondern mußte zuerst einmal die gesamte Kunstgeschichte im Überblick von den Ägyptern bis heute gleichmäßig behandeln. Die Antike zu bearbeiten war für mich neu, aber die vorher stattgefundene prinzipielle Durcharbeitung dieser Epoche in meiner Abhandlung des Maleraterliers kam mir sehr zustatten, denn so konnte ich auch auf die prinzipielle Welthaltung des künstlerischen Denkens hinweisen und von dorther den Kunstwerken gerecht werden.

Vortrag und Brief über Picasso

Sogleich lenkte ich mein Interesse stärker und anhaltender auf die moderne Kunst. Ich wollte klären, wie die Zeitgenossen sich zu ihr verhalten sollen und können. Aus diesen Bestrebungen heraus hielt ich zur Ergänzung des Vortrages «Die Gehalte der modernen Malerei» einen Vortrag über die Einzelleistung und das Phänomen Picasso.

Wenn ich auch schon von aller frühester Kindheit mit

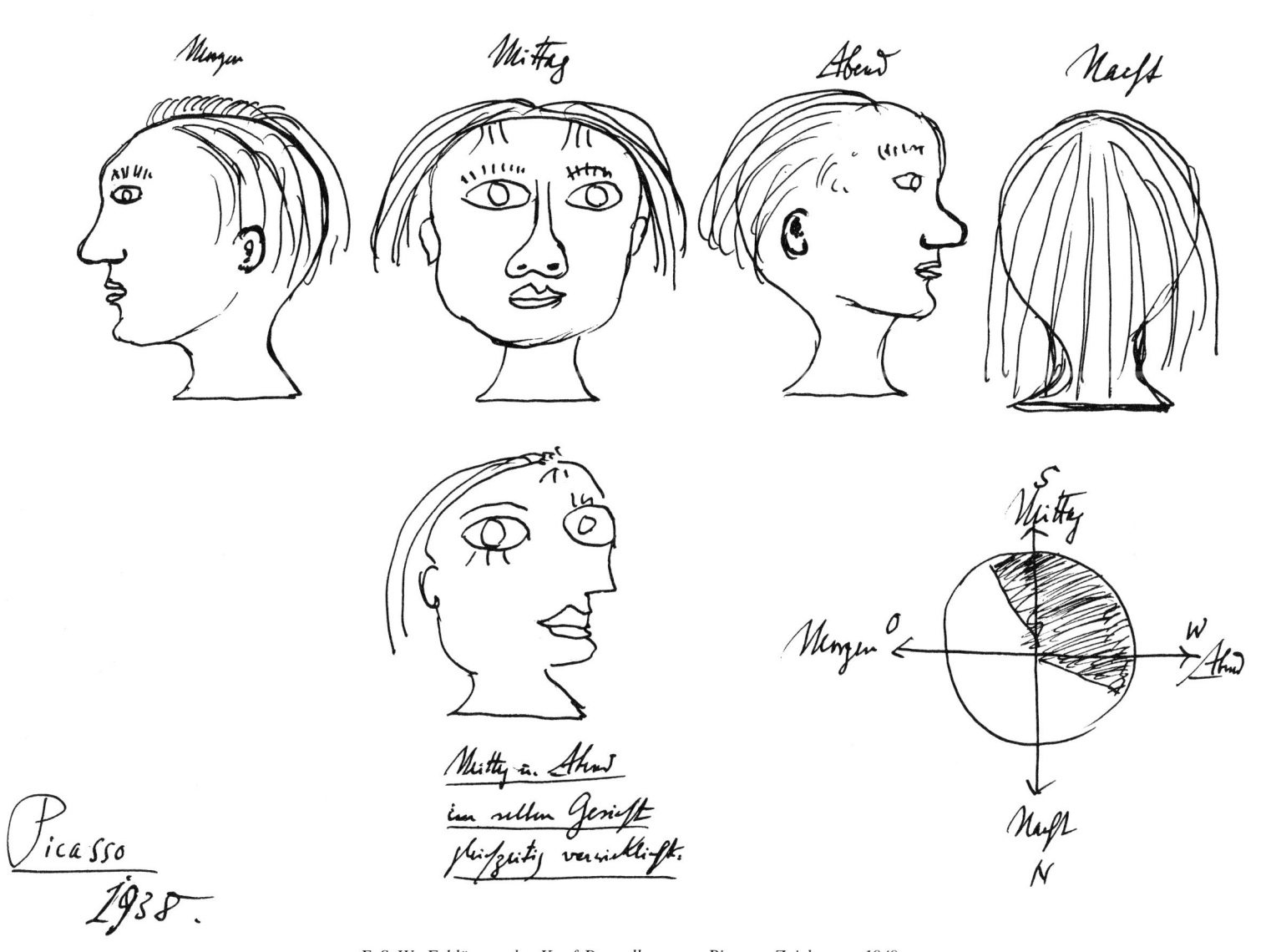

F. S. W. Erklärung der Kopf-Darstellung von Picasso. Zeichnung. 1949.

Picassos sensationell radikal andersartiger Kunstweise vertraut war, so wurden mir jedoch erst jetzt seine Werke zum Objekt meiner Wissenschaft. Erst jetzt wurde er von mir zu einem Stück meiner eigenen Weltsicht erarbeitet. So lange Zeit hatte es dazu gebraucht. Es ist eigentümlich: was man selbst nicht erarbeitet und durchdacht hat, gehört einem im eigentlichen Sinne nicht, ist nur fremdes und loses Anschwemmgut.

Mit dem Picasso-Vortrag ging ich auf Reisen. Zum ersten Male habe ich ihn im Volksbildungswerk in Bad Krotzingen am 12. 3. 1950 gehalten, dann bei Beyers in Freiburg am 25. 5. 1950 wiederholt, am 28. September 1950 bei Fräulein Dr. Gerda Kircher in Karlsruhe, am 13. Februar 1952 im Kunstverein Karlsruhe und am 8. März 1952 bei Dr. Kurt Erbach, einem Arzt, der sehr kunstverständig ist und unter anderen Zuhörern den Maler Erich Heckel dazu einlud. Dann sank dieses Vortragsthema etwas aus seiner aktuellen Rolle herab und wurde bei bildungshungrigen Studentenverbindungen der Technischen Hochschule Karlsruhe gehalten.

18 Jahre später nahm ich nochmals Stellung zum Phänomen Picasso, aber von ganz anderer Seite. Diesmal auf Grund einer intensiven persönlichen Begegnung mit seinen Werken in der mediterranen Gesamtatmosphäre seines heimatlichen spanischen Wurzelbodens.

Diesbezüglich schrieb ich an meine Schwester Monika in ihren damaligen Ferienort Cademario, oberhalb von Lugano, in die Casa di cura:

«Montag, den 19.7.1968 wieder in Karlsruhe angekommen. Liebe Monika! Ich bin schon am Donnerstag früh um 10.00 von Comarruga gestartet – um in einem Zuge nach K'he zu fahren. Doch in einem Zuge ist übertrieben gesagt. Ich hatte in Barcelona von 12.00 bis 18.00 Aufenthalt. Ich sah mir bei dieser Gelegenheit das dortige Picasso-Museum an, das in einem alten Feudal-Palast eingerichtet ist in der Altstadt. Nun – da muß man sagen, wirken die Picasso-Sachen ganz anders. Sie sind dort in ihrem natürlichen Milieu – und dort gehören sie auch hin. Ich sah in ihnen das ganze Leben und Treiben von Spanien. Die Mauern, die Steine, die Früchte, die Straßen, Wege, Felder, Himmel, Meer, Wolken, wiederum Steine und die Menschen in ihrer rohen südlichen Ursprünglichkeit. Dorthin gehört das Auge und das Schaffen von Picasso. Aus der unglaublichen Fülle und Gedrängtheit der Eindrücke entsteht auch seine Kunst. Er kann so wenig damit fertig werden, wie niemand, der dort im Süden ist – und auch ich wurde damit nicht fertig – eher hat sie mich fertig gemacht.

Deshalb ist es falsch und irreführend, in der abgezirkelten, nordisch-sinnlich toten Baden-Badener Kunsthalle Picasso zu zeigen und dort dann be- und ergreifen zu wollen. Da haben seine Werke keinen Resonanzboden, da fehlt das Milieu, die Umgebungsschwingungen machen nicht mit – weil sie gar nicht da sind. Ohne in Spanien, ohne im Süden gewesen zu sein, ohne noch den südlichen Sinnenrhythmus in und um sich zu haben, bleiben Picassos Werke stumpf, amorph, ungeklärt und willkürlich. Doch – nach dem Besuch des Museo Picasso di Barcelona muß ich mein Urteil in Baden-Baden revidieren. Picasso *ist* der künstlerische Widerhall der südlichen Welt: er *ist* der Süden – von dem wir meistens nichts verstehen – wenn man nicht so in ihn hineingetaucht wurde, und zwar eigentlich *gegen* meinen eigentlichen Willen, wie ich diesmal in meinen Ferien.»

Die zwei Vorträge über das Tafelbild

Daneben interessierte mich die allgemeine historische Tatsache, daß in der modernen Kunst das Tafelbild als Bildgattung starke Einbußen und Veränderungen erleidet, und über dieses Thema hielt ich zwei Vorträge. Es überfiel mich schockierend der Gedanke, daß die Form des Tafelbildes, von der ich zunächst glaubte, daß sie unumstößlich dauernd sei, es eben nicht war, sondern durch ganz andere Tendenzen zur Formung der Bilderwelt gar schwer gefährdet wurde. Ich sah, daß eine für fest angesehene Welt einfach über Nacht zusammenstürzte, an Glaubwürdigkeit und Überzeugungskraft verlor.

Alle diese Vortragsthemen überdachte ich, da der Nachholbedarf des deutschen Publikums für das Verständnis der modernen Kunst – groteskerweise der eigenen zeitgenössischen Kunst – ungemein groß war. Was heute für selbstverständlich und als allgemein bekannt vorausgesetzt werden kann, mußte damals noch in schwerer Arbeit errungen und angeeignet werden.

Den Vortrag über die Entstehung des Tafelbildes hielt ich zunächst Ende 1950 in der kunstwissenschaftlichen Gesellschaft in Freiburg. Anschließend erschloß ich ihn einem weiteren Publikum, indem ich den Vortrag über zwei Abende verteilte. Den 1. Vortrag vom 14.2.1951 betitelte ich «Die Entstehung des Tafelbildes zu Beginn der Neuzeit» und den 2. Vortrag vom 21.2.1951 «Das Verschwinden des traditionellen Tafelbildes durch das aperspektivische Weltbild in der Gegenwart». Diese zwei Vorträge hielt ich im Kunstverein in Freiburg.

Nach dem Kriege war mein Verhältnis zur Kunstgeschichte ein anderes geworden. Die Kunst war nicht mehr nur ein gegenwartsabgelöster, schöngeistiger Wissenshort. Dieses Bildungsideal war für mich ein für allemal zu gering an wirklich gelebter Lebensspannung, und deshalb war es zerbrochen. Dafür wurde man, und auch ich, durch die Kriegserlebnisse und Kriegsveränderungen zu sehr den existentiellen Realitäten des Lebens zurückgegeben.

Diese Wendung war die große, wertvolle, heilsame und energiegeladene saftige Frucht des Zweiten Weltkrieges in meinem Denken.

Ich und Hans Sedlmayrs Buch «Der Verlust der Mitte»

Es gab ein kunstgeschichtliches Werk, das dieser neuen Situation Ausdruck verlieh. Es war Hans Sedlmayrs Buch «Der Verlust der Mitte», Salzburg 1948. Dies war nicht nur ein bloß wissenschaftlich kunstgeschichtliches Buch, sondern ein kulturkritisches, weltgeschichts-ethisches Buch, eine Abrechnung mit dem Stand der Welt, wie sie nach dem Zweiten Weltkrieg fällig war.

Es war in gewisser Weise die Fortsetzung der Gedanken Oswald Spenglers in seinem Buch «Der Untergang des Abendlandes» von 1917. Dieses Buch von Sedlmayr brachte die Gemüter in Aufregung. Den Menschen, besonders den modernen Menschen, wurde der Spiegel ihres Tuns und Weltverhaltens vorgehalten. Die Menschen wurden zur Stellungnahme gezwungen, und es gab viel Pro und Contra.

Ich erhielt dieses Buch zu meinem 40. Geburtstag von meinem Bruder und meiner Schwägerin aus Ingelheim zugeeignet. Auch mich wühlten die dort geäußerten Gedanken auf, auch ich zog Konsequenzen, auch ich wurde vom Kunsthistoriker zum Kulturkritiker und Weltanschauungsethiker.

Über das Buch von Sedlmayr schreibe ich meinem Bruder Thomas am 12.11.1949 von Freiburg nach Ingelheim: «Nun muß ich Dir, lieber Thomas, noch wirklich herzlichst danken für den Sedlmayr. Er ist für mich wichtig und ich bin glücklich, dieses anregende Buch zu besitzen. Im Augenblick habe ich es sogar ausgeliehen an Frl. Dr. Schroth, die mich darum gebeten hat, da sie es für einen Vortrag braucht. Sonst aber betrachte ich es als ein Haus- und Magenbuch, das durch manche Widersprüche, die es hervorruft, zu eigenen Gedanken nur befeuert. So soll es sein. Erst durch Gegenmeinungen kommt man zur eigenen festen Ansicht.»

Sedlmayr war mir natürlich kein Unbekannter. Schon in Wien kaufte ich 1931 sein Frühwerk «Österreichische Barock-Architektur». Anhand dieses Buches lernte ich die Barock-Architektur kennen und wurde in ihre Probleme eingeführt. Dann wirkte Sedlmayrs Borromini-Buch (1930) wie ein Pistolenschuß, das Künstlerische ganz neu und modern psychologisch zu sehen. Ich hielt für meine Zwecke dieses Buch mit Kurt Bauchs Abhandlung «Die Kunst des jungen Rembrandt» (1933) zusammen, wo ebenfalls versucht wird, mit modernen Mitteln die ältere Kunst zu charakterisieren. Dabei ist festzustellen, daß Bauch und Sedlmayr Generationsgenossen sind. Bauch ist 1897 und Sedlmayr 1896 geboren. Beide ließen sich in den genannten Büchern von modernen Philosophien leiten. Wie sich aber so nahe gelagerte Zeitgenossen in die Haare geraten können, erlebte ich, als Sedlmayr in Freiburg nach einem Vortrag noch ins Kunsthistorische Institut eingeladen worden war und wir mit ihm zusammensaßen und diskutierten und Bauch Sedlmayr scharf angriff und Sedlmayr diese Spitzen ziemlich stoisch hinnahm.

Doch in dem Buch «Der Verlust der Mitte» übertraf sich Sedlmayr selbst. Hier gelang es ihm, die Kunstgeschichte aus der Lethargie des Ästhetizismus und Formalismus herauszuführen. Da war nun plötzlich die Moderne als eigenes Zeitalter sichtbar geworden. Sie war als Komplex, als Epoche, als viertes Zeitalter der abendländischen Kunst proklamiert worden.

Das, was wir bisher immer nur mehr oder weniger als Gegenwart, als uneingereihte und deshalb ungeschichtliche Zutat zur Geschichte angesehen haben, hat Sedlmayr nun als Ganzes, als Weltsystem für sich und sui generis gesehen. Diese Tatsache war das Überraschende an diesem Buch. Es hat unser historisches Weltbewußtsein um ein gutes Stück vorwärts gebracht, es hat den Zeiger der Weltgeschichtsuhr um einige Jahrzehnte vorgeschoben. Nun setzte Sedlmayr den Weltgeschichtsprozeß «Die Moderne» in Konkurrenz und in Proportion zu den übrigen abendländischen Geschichtsepochen. Denn die Moderne hatte ihr Gesicht schon genügend enthüllt und ihre Erscheinungsform weiterentwickelt, um darüber als Gesamtepoche, als Leistung und Nichtleistung sprechen zu können. Von Spengler, der 1917 der Öffentlichkeit den «Untergang des Abendlandes» übergeben hatte, waren bis zu Sedlmayrs Buch gerade 30 Jahre Weltgeschichte vorübergegangen. Es hatte der 2. Weltkrieg stattgefunden. Diese Epoche hatte nochmals gezeigt, zu was sie fähig ist, und in welcher Form die Menschen fähig sind, sich auszutoben und ihren Erdball nach ihren Ideen umzuackern. Diese Schau nahm nun Sedlmayr, allerdings mit gewissen Wertungen und Kritiken, vor.

Dies war das Neue und Überraschende und zugleich Zündende!

Nach der Lektüre von Sedlmayrs «Der Verlust der Mitte» wußte ich, daß ich mich noch intensiver mit der Sichtnahme und den in diesem Buche angeschlagenen Problemen der Moderne beschäftigen mußte. Es gab für mich vieles, allzu vieles nachzuholen und neu anzupacken. Mir ging es genauso wie Sedlmayr nicht allein um die Kunst und um die Fach-Kunstgeschichte, sondern vielmehr um das Menschenbild des modernen Menschen, der sich hinter der modernen Kunst und hinter der zweiten Weltgestaltungsmöglichkeit: der modernen Technik verbirgt. Genau über dieses Thema hielt ich 1978, 30 Jahre später, meinen Vortrag in der Evangelischen Akademie Bad Herrenalb. Insofern half mir Sedlmayr, von der bisherigen Kunstgeschichte loszukommen und die weit dringlicheren weitgespannten Probleme der Gesamtkultur und Gesamtweltgestaltung zu sehen. Und somit wurde ich gleichsam auch ein Konkurrent in den Dingen, über die Sedlmayr nachdachte. Ich nahm von da an jedes neue Buch von Sedlmayr mit Spannung in die Hand. Ich wollte und mußte wissen, wie weit Sedlmayr in seiner Deutung der Moderne ist, und wieweit *ich* war!

Dazu gehörte die Schrift «Die Revolution der modernen Kunst» von 1955. Das Buch der «Entstehung der Kathedrale» schlug mich weniger in seinen Bann, da er die Kathedrale von einer Seite aus behandelte, die mich für meine Zwecke nicht so sehr interessierte. Mich hätte eine Analyse der Kathedrale als hieratisch geordneter architektonischer Weltenbau interessiert. Eine solche Analyse gab eher Otto von Simson, aber auch nicht ganz das, was ich darunter verstanden wissen will. Die Beschreibung der Kathedrale als Gesamtkunstwerk, wie sie mir immer noch vorschwebt, fand ich leider bis jetzt noch nicht. Soviel auch darüber geschrieben wurde, und so sehr ich auch den Forschern und Historikern dankbar bin, darüber inne geworden zu sein.

Ich erkenne, daß Sedlmayr nicht so weit ist, die konkretisierte Konkurrenz zwischen Maschine und Kunstwerk zu erforschen. Sein Grundthema bleibt die Kunst. Er geht noch nicht von der bestimmenden Hauptmacht, der Maschine aus, sondern bleibt beim Nebeninstrument der modernen Weltgestaltung, beim Kunstwerk, stehen. Mir gelingt es, in meiner Abhandlung «Maschine und Kunstwerk» Sedlmayr, der 13 Jahre älter als ich ist, gleichsam zu überholen und eine fortschrittlichere Position der Forschung einzunehmen.

Das tiefgründig gemeinte, die Kulturhaltung der modernen Zeit anklagende Schlagwort des Titels «Der Verlust der Mitte» schwelte immer weiter und verlor bis auf den heutigen Tag kaum etwas von seiner Brisanz.

So griff das Zitat vom «Verlust der Mitte» auch Emil Wachter in seinem Buche über die Kirchenausstattung, die er selber programmiert hatte, «Die Bilderwelt der Autobahnkirche Baden-Baden», im Jahre 1980 nach 33 Jahren wieder auf, worin er die Grundlagen des christlichen Kirchenbaues zu definieren unternahm und auf die speziellen heutigen ethischen Notwendigkeiten ausrichtete.

Da sich Emil Wachter von der weltethischen Bedeutung und der heilsgeschichtlichen Richtigkeit des Begriffes der Mitte nichts abkaufen ließ, möchte ich ihm zustimmen und seine diesbezüglichen Ausführungen hier zitieren:

«Den berühmten ‹Verlust der Mitte› (H. Sedlmayr) gibt es garnicht, denn dieser würde bedeuten, daß wir darüber befinden und zu verfügen haben, wo und was Mitte ist. Die Mitte bleibt die Mitte, völlig unabhängig davon, ob wir uns danach richten oder nicht. Sie heißt Jerusalem, und sie ist nie abhanden gekommen. Es gibt nur das Vergessen der Mitte, und dies erklärt die Krankheit der Moderne. Die Welt ist vom Kleinsten bis Größten, was beides uns unerreichbar ist, gebaut, und wir leben in ihr. Die Mitte ignorieren heißt, das eigene Haus niederreißen, um andere zu bauen, wo keine Fundamente sind. Die vorgetäuschte Autonomie ist nicht, als das sie gerne verkauft wird, Freiheit, sondern ihr Gegenteil. Und in der Konsequenz Chaos...

Die Mitte mag verschüttet sein. Was hindert uns, sie freizulegen und neu darauf zu bauen?»

Mein Vortrag über die Bedeutung der Ruine

Die Bearbeitung kunsthistorischer Themen, nur der Themen willen, in einer weltabgelösten L'art pour l'art-Gesinnung gab es für mich nach den Lebenserschütterungen nach dem Zweiten Weltkrieg nicht mehr. Wenn sie nicht einen direkten existentiellen Bezug auf mein eigenes Leben und sogar auf meine Existenz als Mensch hatten, ließ ich sie links liegen. Das Leben als ewige Feiertagsstimmung der bürgerlichen Bildungs-Euphorie war für mein kunstgeschichtliches Handeln vorüber. Wie sehr ich auch gelernt hatte, Kunstgeschichte gegenwartsbezogen anzusehen, läßt sich am Beispiel des Begriffes der Ruine am eklatantesten dartun.

Als ich von Stockach wieder in größere Orte kam, erlebte ich die gewaltigen Trümmer- und Ruinenfelder, in welche die Städte hauptsächlich durch Fliegerbomben verwandelt worden waren: So in Freiburg, Karlsruhe, Frankfurt am Main, Mainz. In Köln durchquerte ich stundenlang die schauerlichsten Ruinen-Landschaften, ohne ein aufrechtstehendes Gebäude mehr zu erblicken. Diese Ruinen identifizierte ich so sehr mit einer Grundeigenschaft der vom Menschen geschaffenen Architektur, daß mich auch von hier aus das Verhältnis der Menschen zur Ruine, zur zertrümmerten Eigenwelt gedanklich und historisch brennend zu interessieren begann. Ich wählte aus innerem Wissensdrang das Thema: «Die Ruine in der Malerei» zu meinem Forschungsobjekt.

Die Ruine war aber nicht mehr nur ein x-beliebiges Thema, wie sie noch im Katalog meiner niederländischen Gattungsmalerei betrachtet wurde, wo die Ruine als Ruinen-Landschaft einen speziellen Landschaftstypus unter vielen gleichwertigen Motiven vertrat.

Die Ruinenlandschaft wurde in meinem Denken ein zentrales Thema. Dabei stellte ich fest, welche Rolle die Darstellung der Ruinen in der Ikonographie des Mittelalters hatte, wie sie in den Geburtsszenen Christi die Überwindung des Alten Testamentes durch Christus verkörpern soll. Dann betrachtete ich die Ruine bei den altdeutschen Malern, wie auch bei den niederländischen Malern des 16. und 17. Jahrhunderts, wo die Ruine zum Symbol der Vergänglichkeit, der Vanitas, geworden war.

Über die Wirkung meines Vortrages über die Ruine, den ich in Freiburg in der Universität hielt, berichtete ich am 6. 12. 1947, 14.30 meinem Bruder Thomas nach Ingelheim:

«Bei Bauchs Geburtstag hielt ich die Begrüßungsrede im Seminarfest, das ganz groß aufgezogen war. Dann hielt ich am vergangenen Mittwoch den Ruinen-Vortrag mit allergrößter Anerkennung von Seiten der Studenten. Solch klare Definition über bisher Unausgesprochenes hätten sie noch nicht gehört. Es ist erstaunlich, ein wie netter und tüchtiger Studentenkreis wieder sich um Bauch schart. Jetzt erst lerne ich ihn näher kennen.»

Bezüglich der modernen Malerei dämmerte mir eine schauerliche Erkenntnis. An den Serien der Kathedralen von Claude Monet ging mir auf, daß die modernen impressionistischen Malereien die heilen Kathedralen in der künstlerischen Anschauungs- und Darstellungsweise dieser Art zerstören und atomisieren!

Die Moderne hat damit ein weltzerstörerisches Verhältnis zur Welt. Das Zerstörte, das ruinös Zerbröckelte taucht also als allgemeines Stilmerkmal auf. Diese Erkenntnis war für mich eine hoch aufregende Tatsache. Der Begriff der Ruine auf die moderne Kunstweise angewandt, ließ mich in tiefe Weltbild-Schluchten der modernen Kunst und des modernen Menschen hinabblicken. Das Stichwort der Zerstörung wird dann in dem Konzept meines Anti-Technischen Museums (1979) ein Grundbegriff des modernen technischen Menschen sein. Ich widmete dort diesem Begriff ein ganzes Kapitel.

Hier möchte ich noch hinzufügen, wie es mir auf dem Kunsthistorischen Kongreß in Trier erging, als ein Fachgremium von Geistlichen und Kunsthistorikern und Architekten über die Restaurierung des Speyrer Doms diskutierte.

Es sollte u. a. entschieden werden, ob im Speyrer Dom die Fresken der Romantik erhalten werden oder um eines puristischen Eindrucks willen verschwinden sollten.

Die rücksichtslose Behandlung dieser Angelegenheit regte mich derart auf, daß ich in der Versammlung aufstand und nicht anders konnte als folgendes zu erklären: «Wir wissen doch ganz genau, wie der Speyrer Dom nach unserer Meinung und unserem Geschichtsbewußtsein aussehen muß. Dies wurde in den Referaten und Diskussionen sehr selbstsicher demonstriert.

Um diese unsere Idee wirklich rein zu gestalten und vor uns zu haben, schlage ich vor, wir sollten den Speyrer Dom genauso lassen in seinem jetzigen historisch gewordenen Bestand, an dem uns vieles nicht gefällt, wie er gerade ist. Hingegen unsere eigene Idee, gegenwärtige Vorstellung des Speyrer Doms (in ihrem geschichtlichen Purismus) sollten wir doch eindeutig und nicht gehemmt durch uns unangenehm erscheinende historische Querschläge gestalten. Wir sollten den alten Bestand des Speyrer Doms so lassen, wie er gegenwärtig ist. Keine Pfeiler herausreißen, keine Fresken abkratzen. Sondern ich schlage vor, neben dem alten historischen Speyrer Dom einen neuen, zweiten, unserer Vorstellung völlig gemäßen Speyrer Dom zu bauen. Das ist die einzig richtige, einzig wahre, einzig uns befriedigende und beglückende Lösung. Und wir haben ja als Menschen mit unserer hoch entwickelten Technik des 20. Jahrhunderts das Glück, mit Leichtigkeit diese unsere Vorstellung zu realisieren.»

Es ging ein betretenes Schweigen durch die Versammlung und einer schrie erbost: «Dies ist der Amerikanismus!» Nach Beendigung der Diskussion kamen eine Reihe junger Kunsthistoriker und gratulierten. Endlich habe sich mal einer gemeldet und habe Licht in das Dunkel des Feilschens um das Stilbild des Speyrer Doms gebracht. Prof. Friedrich Gehrke, den ich gut kannte, fragte mich schüchtern: «Herr Würtenberger, ich kam nicht draus; wie haben Sie Ihre Äußerung gemeint?» Ich antwortete: «So, wie sie gemeint war.» Die alten, offiziellen Kunsthistoriker schnitten mich von da an. Ich war für sie Luft.

Nachtrag vom 29. November 1972:

Zur Feier des 75. Geburtstages von Kurt Bauch versammelten sich seine Schüler, 35 an der Zahl, in Freiburg im Gasthaus «Zum Bären» am Sonntagnachmittag, dem 29. November 1972. Bei dieser Gelegenheit unterhielt ich mich mit dem jungen Bauhistoriker Ernst Adam über die Bedeutung der Fresken und Mosaiken des Mittelalters. In diesem Gespräch bestätigte Adam, daß damals bei dem Kunsthistoriker-Treffen in Trier meine Stellungnahme wie ein Fanal, wie eine notwendige Korrektur, auf ihn gewirkt habe. Ich hätte damals die Situation völlig richtig eingeschätzt, und er sei heute mehr denn je auf meiner Seite. Für ihn sei der Speyrer Dom in der Restaurierung ohne Fresken eine Katastrophe. Er gehe jedem letzten Freskenrest in den romanischen Kirchen nach. Auch selbst das vielgepriesene, angeblich abstrakte Würfelkapitell im Sinne von Jantzen und Kautzsch sei eine moderne Erfindung im Anschluß an die moderne abstrakte Kunst.

Die Vorgeneration hätte sich am Geiste des Mittelalters vergangen, indem sie ihre moderne Kunstanschauung recht plump auf die mittelalterlichen Bauten übertragen habe. Adam sprach mir seine Bewunderung aus, daß ich spontan und freimütig diesem Irrweg der Kunstgeschichte und der Denkmalspflege entgegengetreten sei. Es sei damals der richtige Zeitpunkt und die richtige Gelegenheit gewesen. Für mich ist dieses Urteil von Adam eine späte Bestätigung, daß ich damals aus innerem Drang heraus in Trier richtig gehandelt habe.

Meine Freundschaft mit Claus Bremer

In Freiburg wohnte ich bei der Familie des Architekten Frank Beyer, der die Tochter von Emil Strauss geheiratet hatte. Dort war ein höchst reger Treffpunkt von vielen Freunden und Bekannten, von Schriftstellern, Journalisten, Studenten, Musikern, Schauspielern, Architekten und Fotografen.

Besonders gut verstand ich mich mit Claus Bremer (geb. 1924). Er war damals Student der Literaturgeschichte und an den Städtischen Bühnen Regieassistent. Jedesmal, wenn wir uns trafen, war ein enger geistiger Kontakt vorhanden, wurden wir beide automatisch von einem höheren Lebensgefühl erfaßt. Wir blödelten tüchtig, machten Witze und lachten über die simple, aber umso wertvollere Tatsache, daß wir über die Skurrilität der Welt und ihren absurden Gang dieselbe Meinung hatten. Claus Bremer nahm regsten Anteil an meinen Arbeiten, wir setzten uns über die Mittage und Abende in meinem Zimmer zusammen, und ich las ihm die neuesten Partien meiner Arbeiten des Malerateliers und des Buches «Weltbild und Bilderwelt» vor.

Aus gemeinsamem Überdenken der Probleme entstand eine intensive Freundschaft. Claus Bremer widmete mir eines seiner Gedichte des Bändchens «Poesie»: «Mondgesicht für Franzsepp Würtenberger, 1950». Im selben Bändchen ist das «Dauergedicht» abgedruckt, das auf mich große Wirkung tat, da ich anhand dieses Gedichtes etwas Wesentliches von der Grundstruktur des Denkens des modernen Menschen begriff und oft bei der Bearbeitung des modernen Weltbildes, bei der Auffassung des Manuskriptes «Maschine und Kunstwerk», bei dem Begriff des Bandes, der Bandstadt etc. an das Dauergedicht dachte.

Inwiefern ich meinerseits Claus Bremer förderte, hatte er in seinem Buche «Anlässe. Kommentierte Poesie 1949–69», festgehalten, indem er dort schrieb: «Zur Veränderung meines Schreibens beigetragen haben in erster Linie Reiner M. Gerhardt, Franzsepp Würtenberger, Hermann Heiss, Daniel Spörri, Dieter Rot und Emmett Williams.»

Kleine Aperçus meiner Arbeiten hat Claus Bremer in der von ihm redigierten Zeitschrift «Das Neue Forum», Darmstadt, veröffentlicht, als er dort Chefdramaturg bei Gustav Rudolf Sellner war. 1956/57 «Vom Hier und Jetzt zum Nirgendwo und Überall» und «Die Überlagerung von Zeit und Raum», 1957/58

«Die Kunst im 18. Jahrhundert. Der Künstler als Lebenskünstler» und «Das Dauerkunstwerk», 1959/60 «Der Prozeß der Formverwandlung» (mit zwei Tabellen aus «Weltbild und Bilderwelt»).

Mit Claus Bremer blieb ich immer in Verbindung. Denn wir haben gar sehr gemeinsame Interessen. Ich besuchte ihn ein paar Mal in Zürich-Forch. Wir sahen gemeinsam die Ausstellung der Zeichnungen seines Freundes Dieter Rot in Zürich an, wo ich die Schriften von Dieter Rot kaufte.

Im August 1980 fuhr Claus Bremer zu mir nach Karlsruhe, um sich über die Abfassung meiner Biographie zu orientieren, da er etwas Ähnliches in Form eines Tagebuches vorhatte und er meine Person dort auch behandeln wollte.

Claus Bremer war von meiner Biographie bezüglich ihres in sich geschlossenen und konsequent durchgehaltenen Weltsystems begeistert.

Er sagte, ich wäre mit dem Aufzeigen des eigentlichen Weltgesetzes völlig im Recht und es sei mir prinzipiell ohne Rückhalt zuzustimmen. Doch die absurde Schwierigkeit bestehe darin, daß es dem Menschen, in seiner Irdischkeit verstrickt, kaum möglich sei, in der Lebenspraxis einem solchen Anspruch an weltethischer Konsequenz tatsächlich gerecht zu werden. In Beziehung auf seine eigene Person habe er ein anderes Verhältnis zur Welt als ich. Er sei zersplittert und zermalmt und weltanschaulich hin- und hergeworfen. Während er meine strikt durchgeführte, feste, unverrückbare Stellungnahme bewundere.

Eine Reportage in der «Frankfurter Illustrierten»

Die gesellige Aufgekratztheit, die im Kreis um den Architekten Frank Beyer herrschte, fand ihren journalistisch ausgewerteten Niederschlag in einer Reportage, die der bekannte Freiburger Fotograf Leif Geiges unter Beiziehung seiner Freunde und Bekannten inszenierte. In der «Frankfurter Illustrierten» erschien Ende Mai 1950 ein Bericht unter dem Motto «Was Männer so reden... Einige Sprechplatten von Männern aus der Sammlung einer jungen Frau. Mit Aufnahmen von Leif Geiges.»

Da wurden acht Charaktertypen vorgeführt. 1. Die intellektuelle Platte. 2. Die Platte des Mannes, der Geld hat. 3. Die Platte des Unzufriedenen. 4. Die Platte mit der künstlerischen Note. 5. Ein ganz Gefährlicher: Der Windhund. 6. Der Mann, der die Welt kennengelernt hat. 7. Der Realist gibt ganz groß an. 8. Die Platte des Verlobten. Zu dieser Reportage wurde auch ich beigezogen, und zwar als «Die intellektuelle Platte». Deshalb traf ich mich mit einer Studentin in der Freiburger Universitätsbibliothek, wo uns ein Gespräch unterstellt wurde, das folgenden Inhalt hat: «Nein, ich freue mich wirklich, daß ich Sie kennengelernt habe. Ihr Gesicht sagt mir, daß Sie meinen Drang nach Einsamkeit verstehen. Sie sind noch jung. Sie wissen noch nicht, wie herrlich es sein kann, sich aus der geistigen Verflachung unserer Zeit hinter Bücher zurückzuziehen. Die meisten Menschen verdienen doch überhaupt nicht, daß man auch nur Notiz von ihnen nimmt. Ich habe schon

Reportage aus der «Frankfurter Illustrierten». Mai 1950.

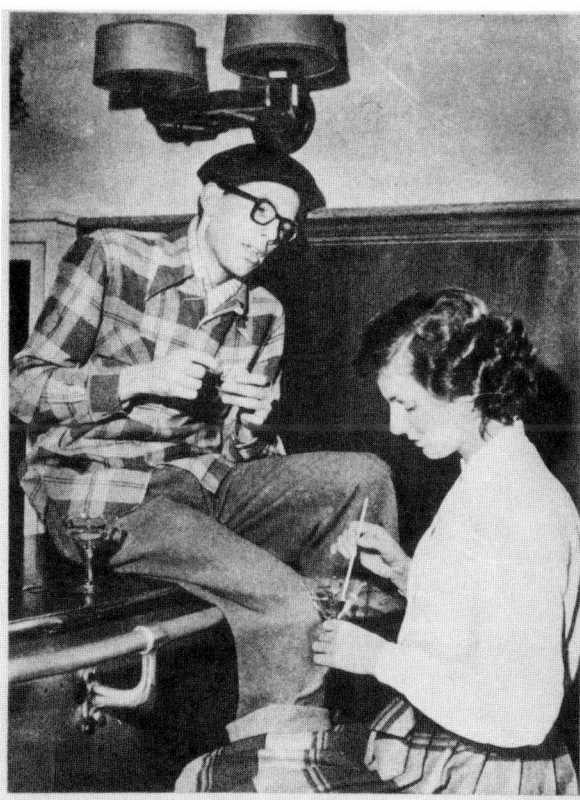

Reportage aus der «Frankfurter Illustrierten». Mai 1950.

zuviel Enttäuschungen erlebt. Für mich existiert nur noch meine Arbeit. Kennen Sie übrigens dieses Buch? Das ist mein wertvollstes Stück, ein ganz alter Druck von Spinoza. An sich verleihe ich nur ungern Bücher, aber Ihnen steht selbstverständlich alles zur Verfügung. Nehmen Sie dieses Buch nur mit, und wenn Sie wiederkommen, dann unterhalten wir uns bei einer Tasse Tee mal ausführlich darüber.»

Mein Freund Claus Bremer trat als «Ein ganz Gefährlicher: Der Windhund» auf.

Wenn auch die zu dieser Fotoserie Beigezogenen nur als Schauspieler in die nicht von ihnen selber ausgesuchten Rollen versetzt wurden, so trafen die Inszenatoren doch vielleicht jeweils ein Körnchen vom Wesenskern der Auftretenden. So empfinde wenigstens ich in meinem Falle.

Empfindungen an meinem 40. Geburtstag, am 9.9.1949

F.S.W. im Gespräch mit Kurt Bauch auf dem Kunsthistorikerkongreß in München. Foto. 1949.

Meinen 40. Geburtstag verbrachte ich in München auf dem Kunsthistoriker-Kongreß in aller Unauffälligkeit. Doch als ich am Nachmittag des 9.9.1949 das Bedürfnis verspürte, zwischen dem Anhören von Vorträgen im Nymphenburger Park allein spazieren zu gehen, reflektierte ich über mein Gesamtbefinden als Kreatur. Da machte ich die für mein Ichbewußtsein entscheidende Feststellung: Der Mensch besteht nicht nur aus Fleisch und Knochen, sondern er hat ein Skelett, an welchem der ganze übrige Habitus aufgehängt ist. Mit diesem Gefühl war deutlich der Anfang der Möglichkeit gegeben, sich gebrechlich zu fühlen. Dieses Erlebnis meines Skelettes empfand ich als größeren Einschnitt als mein Lebensgefühl am 50. oder 60. Geburtstag. Damit war das bisherige Ganzheitsgefühl meines Körpers aufgehoben.

Diese speziell persönliche Feststellung hat einen allgemeinen Hintergrund. Die Zeitspanne von 40 Jahren hat im Lebensablauf des Menschen eine besondere Bedeutung erlangt, die von verschiedensten Seiten bestätigt wird, sowohl von der Bibel wie auch von dem deutschen Mystiker Johannes Tauler und von dem modernen Naturwissenschaftler Alexis Carrel.

Um mich noch näher über die Bedeutung der Jahre nach 40 Jahren Lebenszeit zu informieren, kaufte ich mir am 23.1.1975 das Taschenbuch von Walther von Hollander «Der Mensch über Vierzig; Lebensformen im reiferen Lebensalter.» Dort fand ich die Sätze: «Zu den Jahren bis vierzig gehört hauptsächlich die materielle Dimension [...] Spätestens mit 40 Jahren muß man den spirituellen Bezirk ganz erschließen, und spätestens mit sechzig soll der Mensch ganz vollendet sein, indem er die letzten geistigen Erkenntnisse in sich verwirklicht.»

Im Anschluß an diese Bemerkung von W. von Hollander darf ich rekapitulierend fragen, wie es bei mir mit meinen 40 Jahren bestellt war und vorausschauend, wie meine Lage wurde, als ich nach 20 Jahren das 60. Lebensjahr erreichte.

In gewisser Weise habe ich bis 40 die «materielle Dimension» ausgeschritten. Um 1949 erfolgte der langsame schmerzliche Umbruch zu etwas ganz Neuem, das erst nach 20 Jahren, 1969, voll zur Auswirkung und Reife kam.

Wenn es heißt, mit 60 Jahren soll man «spätestens den spirituellen Bezirk ganz erschlossen haben», so erfolgte dies für mich in sehr eigentümlich modifizierter Form.

Bei mir fand mit 60 Jahren die große Abrechnung mit den gewaltigen Weltmächten meiner Gegenwart statt: der Kampf zwischen Materie und Geist, zwischen Ratio und Phantasie, zwischen Ingenieur und Künstler, zwischen Maschine und Kunstwerk.

1969 habe ich mein Barockbuch geschrieben, nachdem ich 1962 als 53jähriger die historische Vorzeit dazu, die Epoche des Manierismus, geschrieben hatte.

Ich verlasse dann 1969 die Historie und wende mich ostentativ noch im Schreiben des Barockbuches, das ich fast abrupt abbreche, da ich mit dem Werk an die Pforten der modernen Jetztzeit poche, den schlimmsten Nöten der eigenen Zeit zu.

Da gibt es nichts zu beschönigen und keine Flucht in die wie auch immer geartete, womöglich durch ihre Ferne verklärte und nicht mehr weh tuende, schon längst überstandene Vergangenheit. Da branden die aktuellsten, nahesten Realfakten an meine eigene Existenz. Es beginnt die harte, unmittelbar mitzuerlebende und mitzuerleidende Auseinandersetzung mit der Entgeistigung der Welt durch die teuflische Manipulation der Welt mittels der hypertrophen Maschinen. In existenzkritischer Hochspannung schreibe ich zwischen 1967 und 1971 mein Manuskript: «Maschine und Kunstwerk.»

Aber gerade weil und trotzdem ich auf's unbarmherzigste gefordert wurde, empfinde ich in diesem Lebensabschnitt den Kulminationspunkt meines mir zustehenden Wissen-Dürfens und -Müssens um die Weltdinge.

Wenn diese ungeschminkte Realschau der Gegenwart, die ich mit 60 Jahren vollzog, zu den «letzten geistigen Erkenntnissen, die der Mensch in sich verwirklicht», gezählt werden kann, so habe ich das von W. von Hollander postulierte Ziel und «Glück» wohl erreicht, allerdings auf meine Weise; auf Grund der mir vom Schicksal zugeteilten Prämissen heraus.

III. Übersiedelung nach Karlsruhe

1951

Im Freiburger Freundeskreis traf ich eine Persönlichkeit, die für mein weiteres Lebensglück und Wirken von ausschlaggebender Bedeutung sein sollte. Dies war der Architektur-Historiker, Archäologe und damals am Universitätsbaubüro als Architekt tätige Arnold Tschira. Wir kannten uns schon von Rom her, verloren uns aber wieder aus den Augen. Hier in Freiburg feierten wir ein freudiges Wiedersehen. Wir erkannten uns gegenseitig als zwei Menschen, die grundsätzlich dieselbe Einstellung zur Welt, zur Kultur und zur Kunst hatten – und dies blieb auch bis zuletzt so – bis zum frühen Tod von Arnold Tschira im Jahre 1969.

Tschira war in derselben Lage wie ich. Auch er war aus seiner Laufbahn gerissen und versuchte, neu Fuß zu fassen. Er bewarb sich um den Lehrstuhl für Baugeschichte an der Technischen Hochschule in Karlsruhe. Zugleich eröffnete er mir den Plan, daß er mich, wenn er nach Karlsruhe berufen würde, als Kunstgeschichtler in sein dortiges Institut mitnehmen wolle, quasi als Morgengabe. Und so kam es auch.

Über die neue Aufgabe, die mich an der Technischen Hochschule in Karlsruhe erwartete, schrieb ich am 8. 3. 1951 an meinen Bruder Thomas in einem Brief:

«Nun also ist es entschieden, daß ich auf nächstes Semester nach Karlsruhe komme als Assistent unter Berufung in das Beamtenverhältnis auf Widerruf an die Abteilung für Baugeschichte an der T. H. Heute erhielt ich die Ernennungsurkunde und am Sonntag früh war Tschira da, und hat mir diese Neuigkeit verkündet. Jetzt habe ich das Gefühl, doch wieder einen richtigen Boden unter den Füßen zu haben und nochmals ein ausgedehnteres Arbeitsfeld.

Zunächst wird es eine gewisse Umstellung sein für Architekten zu sprechen anstatt für Maler und Bildhauer. Aber die Zusammenhänge hatte ich immer schon im Auge gehabt und werde dies noch mehr ausbauen. Insofern glaube ich, daß die neue Aufgabe auch fruchtbringend sein wird. Dienstantritt 1. April und vorher fahre ich nochmals nach Karlsruhe, um noch die Bezüge im Ministerium zu regeln, denn Heidelberger weiß anscheinend nicht genau, wie mich einzustufen. Dazu habe ich aber ja die Unterlagen.»

Der Weltbildtheoretiker anhand der Malereigeschichte

1951–1980

Über eine große Strecke meiner wissenschaftlichen Betätigung hinweg, hegte ich lebhaftes Interesse an der Kunst Pieter Bruegels d. Ä.

Der Anblick der Werke Bruegels erhoben mein Seinsgefühl jeweils in eine höhere Ebene. Von der Erfassung der Dinge dieser Welt, wie sie der Hand Bruegels gelang, bin ich immer in ganz besonderem Maße angetan. Ich möchte sagen, innerlich elektrisiert. Da treten in meinem Weltempfinden mehr sinnliche Nervenstränge in Aktion als sonst. Da greife und beiße ich zu, wie wenn ich eine Lieblingsspeise vorgesetzt bekomme, und immer wieder, wenn sie aufgetischt wird, hat man denselben intensiv frischen Appetit. Man hat eben solche Lieblingsfreuden, wofür man nichts kann – denn Liebe und Zuneigung ist ein angeborener Drang und kann in diesem Falle auch nicht durch irgendeine Schule des Sehens und Erkennens angelernt werden.

Insofern hat meine wissenschaftliche Bearbeitung der Kunst Bruegels in ihrem Ursprung und Kerninteresse nichts mit Wissenschaft, nichts mit Stilgeschichte zu tun, sondern ausschließlich mit einem menschlichen Bedürfnis, mich in der Welt, die Pieter Bruegel erschaffen hat, wohlzufühlen, und bei ihr, zugleich auch bei mir selber, ganz zu Hause sein zu dürfen.

Ich habe im Umgang mit Bruegel bis auf den heutigen Tag keine Enttäuschung, keine Trübung der Freundschaft erlebt. Noch ist mein Verhältnis zu ihm trotz langen Verkehrs in keinem Punkte abgeebbt oder gar erkaltet. Ich schwärme immer noch für «meinen» Bruegel.

An Bruegel schätze ich die ruhige, bedächtige, fast phlegmatische, aber deshalb keineswegs abgestorbene, sondern in der Fülle ihrer Einzelheiten hoch lebendig geschilderte Welt. Wohl das bemerkenswerteste an Bruegel ist, daß die Fülle und scheinbare Überfülle der Einzelmotive in seinen Bildern nicht zum Chaos, nicht zur gräßlichen, wüsten, sinnlosen Unordnung und ausweglosen Wirrnis führt, sondern daß auch in diesem Zustand die ordnende Disziplin des Denkens die Oberhand behält. Es bleibt die Landschaft als Lebensbühne aller Kreatur noch Weltlandschaft und wird nicht zum Fragment und herausoperierten Ausschnitte erniedrigt und verstümmelt. Es bleibt die Welt immer noch ein geordnetes Ganzes, es bleibt auch unsere irdische Welt noch Kosmos.

Alles ist ohne komplizierten Hintersinn durch- und überschaubar – aber deshalb beileibe nicht trivial. Wohl scharf und klar charakterisierend, aber nie verachtend abschätzend und karikierend.

Dabei ist alles so frisch und appetitlich, wie wenn unsere Erde soeben neu aus der Schöpfungsretorte gekommen wäre. Die noch nicht alte und brüchige, unsauber dreckige Realität, wie 70 Jahre später bei seinen Nachfolgern Adrian Brouwer, Jan M. Molenaer oder zum Teil Jan Steen oder sogar Rembrandt. Im Gegensatz zu ihnen schimmert bei Bruegel der letzte Glanz der gesunden, hellen, unverbrauchten, vom Mittelalter herübergeretteten Zeitlosigkeit der Welt auf die reale Wirklichkeit, die von der naturalistischen Zeitlichkeit bedroht ist. Dies ist das Wunder, das uns Bruegel glaubhaft macht zwischen hellem Mittelalter und in ihrer Zeitlichkeit verwelkenden Neuzeit.

Wann und wie ich in meinem Leben zum ersten Mal der Kunst Bruegels d. Ä. bewußt begegnete, weiß ich nicht mehr anzugeben. Bruegel gehörte im Angebot von Kunstwerksreproduktionen zunächst einmal zu den bekannten Größen, wie Raffael, Michelangelo, Corregio, Tizian, Rembrandt, Vermeer, Frans Hals, Dürer, Holbein, Rubens oder Tiepolo. Wie diese Namen tauchte sicherlich auch Bruegel hier und dort vor meinen Augen auf und verschwand wieder.

Wie ich mich aber zuerst literarisch kunsthistorisch mit einem Gemälde Bruegels einließ, ist noch aus meiner Gymnasiumszeit anhand von einem von mir mit 20 Jahren angelegten Heft, «Büchernotizen» überschrieben, nachweisbar. Dort erfolgte der Eintrag: «Bildbeschreibung. Kindermord zu Bethlehem von Pieter Breughel, gen. Bauernbreughel. Um 1566. Hofmus. zu Wien.»

Was auf mich Eindruck machte, ist nicht so sehr der kunstgeschichtliche stilistische Tatbestand des Gemäldes, sondern ich empfinde das Kunstwerk noch unmittelbar sachbezogen naiv, gemüthaft, laienhaft.

Das verwerfliche Faktum der Ermordung der unschuldigen Kinder durch eine erbarmungslose Soldateska erregte meinen höchsten Unmut. Ich bin über dieses Faktum innerlich empört. Ich billige Bruegel allerdings in Verwunderung geraten zu, daß er die Schrecklichkeit dieser Untat in hervorragenden Einzelmotiven zu schildern wußte.

«Das schlimmste und abscheulichste: Ein fetter Metzgerhund wird auf die Kleinen gehetzt. Ein Vater bittet auf den Knien um Erbarmen.» Ich male mir noch – wie dies gemütvolle Emotionalisten in solchen Fällen zu tun pflegen – die Folgen aus, die auf dem Gemälde gar nicht zu sehen sind und fahre fort: «Der Befehl wird ausgeführt. Wie ein Sturmwind kam die Horde, wie eine Diebesbande verschwindet sie. Das Jammern und Klagen bleibt zurück.»

Zur gleichen Zeit, 1929, las ich einen der ersten kunstwissenschaftlichen Versuche, die Kunst Bruegels allgemeinstilistisch in die übrige europäische Bildgeschichte einzureihen, wie dies einer der Begründer der modernen Kunstgeschichte, Max

Dvorák bahnbrechend in seiner Aufsatzsammlung «Kunstgeschichte als Geistesgeschichte», München 1924, getan hatte.

Ein Jahr später, 1930, nun Student der Kunstgeschichte geworden, werde ich mit dem 1925 erschienenen Buche von Karl Tolnai «Die Zeichnungen des Pieter Bruegel d. Ä.» bekannt.

Hier wurde das Gesamtwerk Bruegels zum ersten Mal mit fortschrittlichen geistesgeschichtlichen Methoden, weit über die Schau von Dvorák hinausgehend, regelrecht seziert und aus einer geschichtsphilosophischen pantheistischen Weltsicht heraus gedeutet.

Durch diese Lektüre erstand für mich Bruegel als gewaltiger Weltbildschöpfer im vergleichbaren Ausmaß wie Jan van Eyck, Hieronymus Bosch oder gar Leonardo. An dieser neu eröffneten Wissensintensität wollte auch ich unbedingt teilhaben! Und einmal im Banne, kam ich von Bruegel und seiner Weltsicht nicht mehr los.

Der wissenschaftliche Einstieg in die Bilderwelt Bruegels war für mich allerdings nicht ganz leicht.

An den Bildkompositionen von Bruegel fand ich alles von Grund auf anders, als ich es von der mir geläufigen und vertrauten Renaissance-Kunstform, etwa nach der Interpretation von Heinrich Wölfflin, her gewohnt war. Dieses Anders-Sein wurde mir zum Problem, und so war ich gezwungen, über den Unterschied von Bruegels Bildgedanken, die primär auf der Landschaftsszenerie beruhen und die Figuren nur als sekundäre Beigaben behandeln, zu den umgekehrten Bildgedanken der italienischen Renaissance-Künstler, die die Figuren als primär empfanden und die Landschaft nur als zusätzliche Aktionsbühne behandelten, nachzudenken.

Aus diesen Überlegungen entstand nach Beendigung des Studiums mein Vortrag «Zu Bruegels Kunstform. Besonders ihr Verhältnis zur Renaissance-Komposition». Diesen Vortrag hielt ich am 19. Oktober 1936 im Kunstverein Schaffhausen und wiederholte ihn am 7. Januar 1937 in der Kunstwissenschaftlichen Gesellschaft in Freiburg im Breisgau. 1941 veröffentlichte ich den Aufsatz, der aus dem Vortrag hervorging, in der «Zeitschrift für Kunstgeschichte».

Die erste Auseinandersetzung mit der Gesamterscheinung des Werkes von Pieter Bruegel d. Ä. bewirkte eine Besprechung des Buches von Gotthard Jedlicka «Pieter Bruegel. Der Maler in seiner Zeit», Erlenbach-Zürich 1938, in der Zeitschrift für Kunstgeschichte. An diesem Buchkonzept hatte ich auszusetzen und richtigzustellen, daß es Bruegels Größe und europäische Bedeutung aufgrund grundsätzlich abzulehnender Vorurteile ausschließlich auf sein malerisches Werk festlegen will. In meiner Besprechung frage ich: «Darf man die Malereien Bruegels isoliert behandeln? Ist es berechtigt, das Zeichnungs- und Stichwerk so stillschweigend beiseitezuschieben? Ist Bruegel wirklich so eindeutig und ausschließlich der Maler in seiner Zeit?» Diese Frage erhebt sich, da Jedlicka das Graphische und Erzählerische in Bruegels Kunst ausschalten möchte zugunsten der ästhetischen Kategorie des Malerischen, wie dieser Begriff erst durch den Impressionismus zum allerhöchsten Kunstlob hochstilisiert wurde.

Jedlicka glaubte nämlich in falschem Maßstab, daß die Genialität Bruegels in den modernen Kategorien des Genialen und Malerischen zu suchen sei und damit gerade das Genrehafte und Erzählerische und Nichtgeniale als Bruegels Hauptanliegen ausschaltet. Mit seinen Begriffen des Genialen und Malerischen hat Jedlicka Bruegels Hauptanliegen gerade eliminiert und verkannt, nämlich, daß Bruegel das Graphische und Erzählende und damit das flugblatthaft Volkstümliche bevorzugte, und daß dies auch ein Hauptfaktor, über sein Stichwerk hinaus, in seinen Gemälden ist. Für den intellektualistischen Großstadtästheten Jedlicka waren allerdings das Flugblatthafte und das Volkstümliche keine erstrebenswerten Werte mehr, und deshalb hielt er sie auch in seinem Urteil von seinem Helden Bruegel fein säuberlich fern.

Von hier ab aber ließ mich die Kunst von Pieter Bruegel nicht mehr los. Als ich in Graz 1940 Dozent wurde, hielt ich ein ganzes Semesterkolleg ausschließlich über Bruegel.

Zu weiteren Bruegel-Studien ermunterte mich mein Lehrer Kurt Bauch, der für meine Ideen stets reges und geradezu freundschaftliches Interesse bekundete, in einem Brief vom 15. 2. 1942: «Ihre Breughel-Studien haben mir manches Neue gesagt und ich freue mich, daß Sie Ihr altes Thema immer weiter verfolgen. Sie wissen, daß ich in der Beurteilung von Jedlickas Buch ganz Ihrer Ansicht bin und daß ich es für richtig finde, immer wieder auf die Verkehrtheit dieser Betrachtungsweise dieses scheinbar verführerischen Buches hinzuweisen.» Dann schlägt mir Bauch vor, das Thema Bruegel auszuweiten: «Überhaupt würde ich für sehr fruchtbar halten, wenn Sie grundsätzlich und vollständig einmal den Zusammenhang Breughels mit der deutschen Graphik der Reformationszeit untersuchen würden. In seinem Wesen ist er nur von daher zu verstehen (formal zum Beispiel das Bilderbogenhafte, Flugblattartige, Graphische seiner Kunst, inhaltlich das Volkstümliche, Lehrhafte). Ich habe darauf in Übungen und Gesprächen oft hingewiesen [...] Wenn Sie das einmal behandeln würden – es ist allerdings ein sehr großes Thema – so wäre damit auch eine gute Grundlage gelegt für Ihre Studien für die Spaltung der Kunst um 1600 und um 1800 (im Sinne Pinders), denn Breughel ist der große Mittler zwischen deutscher Kunst der Reformationszeit und der nicht mehr deutschen, sondern nur noch holländischen Kunst des 17. Jahrhunderts.»

Bauch spielt hier auf einen meiner Vorträge an, dessen These lautete: «Altdeutsches in der holländischen Malerei und Holländisches in der Malerei der deutschen Romantik».

Diesen Überlegungen ging ich in Fortsetzung von Gedanken Wilhelm Pinders nach, der einen Aufsatz veröffentlichte: «Die Romantik in der deutschen Kunst um 1500» in der Zeitschrift «Das Werk des Künstlers», Band I., Stuttgart 1939/40.

Die Anregungen von Bauch nahm ich auf. Am 17. Juli

1942 schrieb ich aus Karlsruhe an meinen Bruder Thomas nach Erlangen:

«Hier geht alles seinen gewohnten Gang. Ich sitze hinter der Vorbereitung des Kollegs über Breughel – auch ohne daß es zu Stande kommt, als Vorbereitung für ein Bruegel-Buch; das ich doch mal machen will.»

Weitere Pläne, das Thema Bruegel in Vorträgen zu behandeln, eröffnete ich meinem Bruder in einem Brief aus Karlsruhe nach Erlangen am 23. Juli 1942:

«Durch die Vermittlung von Direktor Martin [der Staatlichen Kunsthalle in Karlsruhe] habe ich eine Aufforderung vom Städtischen Kulturamt von Mühlhausen bekommen, einen Vortrag zu halten im Winter. Allerdings soll er ein ‹allgemein gehaltenes, kein spezielles Forschungsthema sein, da es notwendig ist, einen aufnahmefähigen Zuhörerkreis erst zu erziehen und zu gewinnen›. Ich glaube aber, daß man das, was vor 70 Jahren Jacob Burckhardt in Basel wagen durfte, daß er vor dem Verein junger Kaufleute populäre Vorträge ganz spezieller Fragestellung hielt, ebenfalls heute noch wagen kann. Drum werde ich – wenn ich mich überhaupt diesen Winter hier befinde – meinen erweiterten Bruegel-Vortrag und nichts anderes vorschlagen. Ich halte das Thema für allgemein genug.»

Dieses Projekt kam nicht zustande.

Dann stellte ich aber doch meine Ergebnisse zunächst mal zu einem Vortrag zusammen, den ich am 11. Januar 1943 in der Kunstwissenschaftlichen Gesellschaft in Freiburg im Breisgau hielt. Dem Vortrag gab ich denselben Titel «Pieter Bruegel und die deutsche Kunst» wie später meinem Buch.

Es war übrigens mein letzter Auftritt in dem noch heilen, noch nicht vom Krieg zerbombten Freiburg, wo ich jahrelang studierte und viele paradiesisch idyllische, sorgenlos ruhige Studierstunden zwischen dicken Barockmauern im kollegialen Verkehr und Gedankenaustausch mit Gleichgesinnten verbrachte. Nicht lange hernach wurde das Barockgebäude des kunsthistorischen und musikhistorischen Instituts in der Bertholdstraße 14 durch die Bomben zerstört.

Nach der Beendigung des Zweiten Weltkrieges erhielten meine Forschungen über Bruegel eine intensive Bearbeitung, als ich mich nach 1945 in Stockach am Bodensee wieder neu aktiv kunstgeschichtlich betätigen konnte, soweit dies die notwendige Rekonvaleszenz meiner damals zerrütteten Nerven zuließ.

In der ländlichen Kleinstadt Stockach mußte ich mich auf eine Bearbeitungsart beschränken, die möglichst wenig Literaturnachweise erforderte. Für die Abbildungen hatte ich das schöne Bruegel-Buch mit seinen für damalige Verhältnisse ausgezeichneten Farbdrucken vom Verlag Anton Schroll in Wien, der später mein Verlag wurde, zur Verfügung. Ansonsten mußte ich zunächst auf die kunstgeschichtliche Familienhausbibliothek zurückgreifen. Was schließlich noch zu ergänzen war, stand mir später in der hervorragenden Bibliothek der Staatlichen Kunsthalle in Karlsruhe zur Verfügung; im besonderen das kostbare, von Max Geisberg bearbeitete, Quellenwerk, «Der Deutsche Einblatt-Holzschnitt in der ersten Hälfte des 16. Jahrhunderts», München 1930.

Durch die Beschränkung war ich gezwungen, mehr auf allgemeine lebensphilosophische Gedankengänge Nachdruck zu legen, als eine wissenschaftliche Vollständigkeit des Materials anzustreben. Diese Verschiebung des Inhaltes wurde dann auch in den Besprechungen des Buches von den rein wissenschaftlichen Beurteilern vermerkt.

1946 war es soweit, daß ich die erste Fassung des Buchmanuskriptes Kurt Bauch vorlegen konnte. Bauch schrieb mir darüber am 7. 9. 1946, zwei Tage vor meinem 37. Geburtstag:

«Mein lieber Herr Würtenberger, endlich habe ich Ihr Manuskript lesen können. Es hat mir sehr gut gefallen und ich habe manches daraus gelernt. Ich glaube auch, daß alles oder fast alles so einleuchtend ist [...] Im Ganzen ist gerade die skizzenhafte Form in lauter Einzelabsätzen gerade richtig, finde ich. Sie verstehen sicher, daß ich froh bin, meine Anregungen so schön aufgenommen zu sehen [...] Ich freue mich sehr, daß Sie trotz aller Hemmnisse und Nöte so schön haben arbeiten können. Ich könnte es jetzt nicht. Möchten Sie weitermachen und alles ausbauen, daß er erscheint.»

Dazu hatte es noch etwas Weile.

In einem Brief aus Stockach, Winterspürer Straße 10, an Fräulein Dr. Gerda Kircher in Karlsruhe vom 20. März 1947 komme ich nochmals auf den Fortgang der Arbeit am Manuskript des Bruegel-Buches zu sprechen:

«Der ‹Bruegel› gedeiht. In kleinen Schüben kommt er doch so allmählich zu Ende, daß ich bald ans Tippen gehen kann von Kapiteln, die so ziemlich durchgearbeitet sind. Die große Schwierigkeit ist hier natürlich, daß ich mit der nötigen Literatur kaum versorgt bin. Irgendwie muß sich diese Lücke eben doch beheben lassen und sie soll das Ganze nicht gefährden.»

Im weiteren Verlauf hatte ich das Manuskript des Bruegel-Buches dem Verlag Benno Filser in Augsburg vorgelegt. Doch der Lektor hatte etwas andere Vorstellungen, wie der Anteil der Deutschen Kunst bei einem derartigen Thema aussehen soll. Mit dieser anderen Auffassung mußte ich mich auseinandersetzen.

Darüber berichtete ich von Stockach aus in einem Brief vom 21. November 1948 an meinen Bruder Thomas:

«Daß Filser mit dem Bruegel nicht richtig zieht, damit kam ich noch nicht recht ins Reine. Es ist mir noch nicht klar, ob ich ihn in seinem Sinn umarbeiten soll. Dann gingen manche speziellen Erkenntnisse weg und ich müßte mich allgemeiner fassen, und dies wäre nicht förderlich. Für eine Darstellung der nachdürerischen deutschen Reformationskunst müßte ich noch tüchtig Spezialstudien machen, die ich vom Lande aus nur schwer machen kann.

Allerdings ist es ja erfreulich, daß Filser merkt, daß in meinem Bruegel das noch nicht gesehene Problem der deutschen Reformationskunst gesehen und angeschnitten ist. Aber

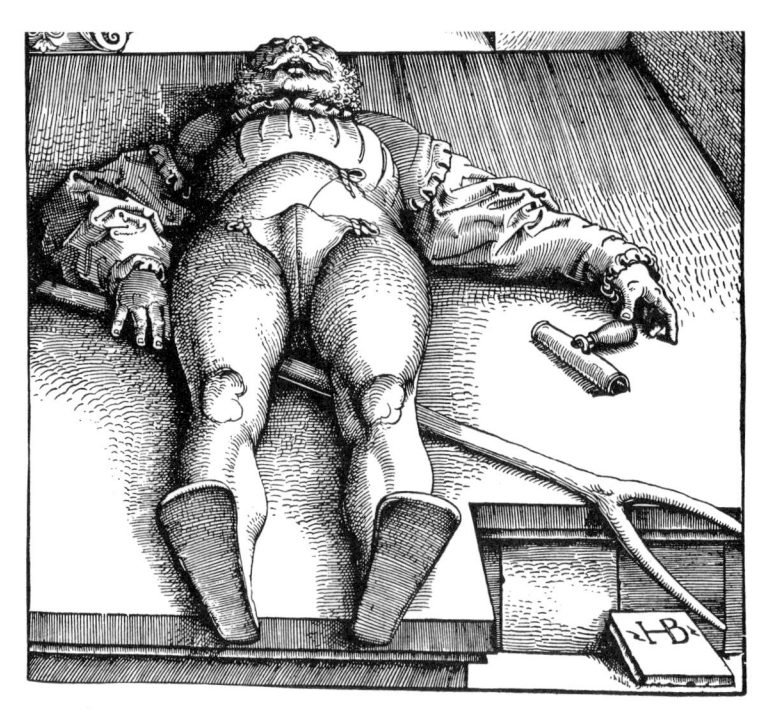

Hans Baldung Grien. Der behexte Stallknecht. Ausschnitt. Holzschnitt. 1544.

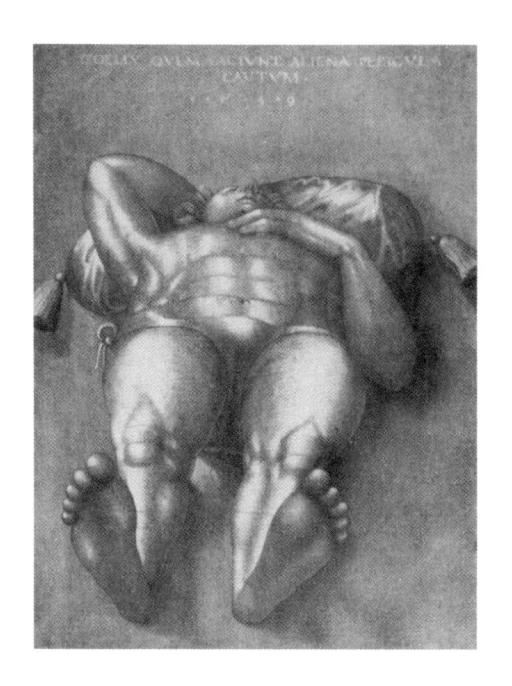

Nürnberger Meister. Liegefigur. 1549.

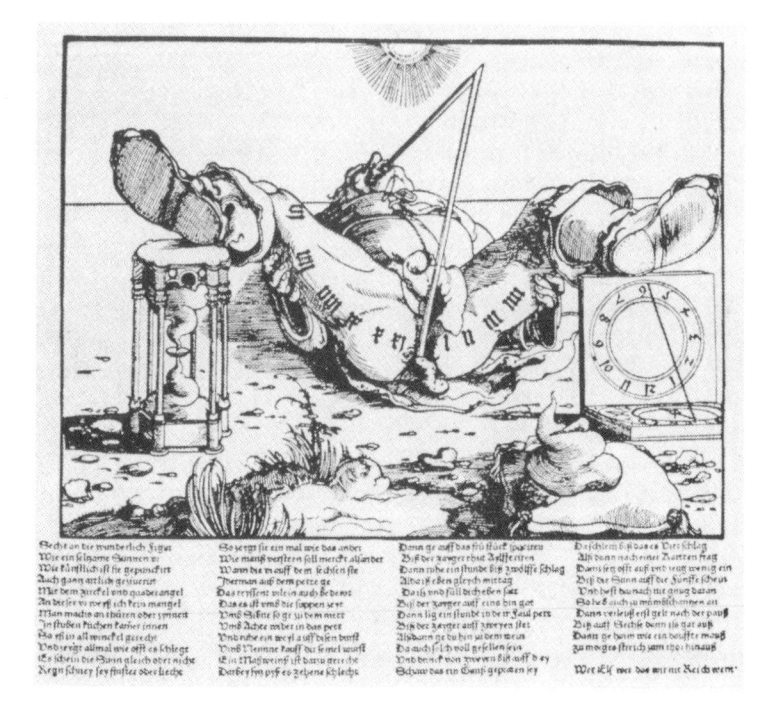

Peter Flettner. Die menschliche Sonnenuhr.

Bruegel d. Ä. Der Gelehrte. Ausschnitt aus dem Gemälde des Schlaraffenlandes.

F. S. W. als Liegefigur. Foto. 1975.

Filser möchte eben nur die allgemein gängigen Rosinen aus dem Bruegel-Kuchen herauspicken.

Vielleicht hat Filser recht, daß die deutsche Reformationskunst noch weiter hinein muß – aber dann ist es eben eine andere Sache und Thema. Und man darf nicht vergessen: erst mit der Bruegel-Brille erschloß sich mir die Zeit der deutschen Kunst zwischen 1530 und 1570, über die es tatsächlich keine Darstellung gibt. Aber wie gesagt, dazu müßte ich nochmals fest und neu arbeiten.

Vielleicht wäre es am besten, den Bruegel, ähnlich wie er ist, als Aufsatz unterbringen zu können, etwa Marburger Jahrbuch, Münchener Jahrbuch. Aber dies alles muß ich mir noch reiflich überlegen und im Augenblick kann ich mich noch nicht entscheiden und entschließen, den Bruegel umzukrempeln und ihn nur als Anhängsel einer deutschen Reformationskunst zu machen. Ich werde Dich darüber auf dem Laufenden halten.»

Inzwischen siedelte ich nach Karlsruhe an die Technische Hochschule über. Beim 4. Kunsthistorikertag 1952 in Nürnberg wollte ich meine Wissenschaft wieder meinen Kollegen vorstellen und hielt am 11. August 1952 über das Spezialgebiet meines Buches «Schlaraffenlandgedanken in der Nürnberger Flugblattgraphik und bei Pieter Bruegel» einen Vortrag, den ich für den Genius loci von Nürnberg für geeignet erachtete.

Ich hatte dabei u.a. eine sehr prägnante und aparte Reihe von Liegefiguren zusammengestellt, die dann als Kapitel: «Die Liegefigur bei den Italienern und Deutschen» in mein Bruegelbuch Eingang fand.

Die für den Menschen eigentümliche Haltung des auf dem Boden ausgestreckt Liegens, hatte für mich später noch ein persönliches Nachspiel. Insofern nämlich, daß ich 1975 bei einem Photographen in meinem Fastnachtskostüm irgendwelche attraktiven Stellungen einnehmen sollte.

Da fand ich es wirkungsvoll, wenn ich mich selber flach auf den Boden legen würde und alle Viere von mir streckte. Und dies tat ich auch. Nachträglich stellte ich anhand dieses Fotos zu meinem großen Erstaunen fest, daß ich mich genau in die Reihe der Liegefiguren meines Bruegelbuches als lebendes Bildbeispiel einfügte.

Das Motiv, daß der Liegende seine Beine oder Arme noch auf untergelegte Gegenstände stützt, verbindet mich im besonderen mit dem Holzschnitt der «Menschlichen Sonnenuhr» von Peter Flettner. Dort stützt der Liegende seine Beine auf ein Stundenglas und auf eine Sonnenuhr, während ich meine Hände auf zwei Jünglingsportraits meiner Person lege, die mein Vater gemalt hat. Diese zwei Portraits verwendete ich zu dieser Schau, um der ganzen Situation einen gewissen surrealen Pfiff und Beigeschmack zu geben.

Daß ich mich also nolens volens ganz ikonographisch bruegelisch-altdeutsch benahm, besagt: So sehr war ich mit kunstgeschichtlichen Vorstellungen imprägniert, daß mir ganz instinktiv diese kunstgeschichtlich vertraute Körperstellung in Fleisch und Blut übergegangen war und ich mich selber spontan in sie hineinimaginierte.

Das Am-Boden-Liegen empfand ich immer schon als einen außerordentlichen und eindrucksvollen Seinszustand. Nun aber war ich doch hoch erstaunt, als ich unter den Zeichnungen

Ernst Würtenberger. Der Riese. Zeichnung. 1900.

meines Vaters Ende 1979, nachdem ich glaubte, das Thema der Liegefigur sei für mich abgeschlossen, entdeckte, daß auch mein Vater sich sehr intensiv mit der Darstellung des Liegemotivs abgegeben hat. Dies geschah in einer Zeichnung: «Der Riese», von 1900. Und zwar kam es meinem Vater darauf an, die lastende Schwere des Körpers des schlafend entspannten Riesen zum Ausdruck zu bringen. Zur Unterstreichung der Körperlast bog mein Vater die Arme und die Beine des Riesen zangenartig ab, so daß man am Bogen der Zangenbewegung den Grad der Schwerlast abzulesen vermag. Diese dynamische Lösung der künstlerischen Darstellung stand anscheinend den Künstlern der vorhergehenden Jahrhunderte noch nicht zur Verfügung, sondern war erst dem modernen Kunstempfinden zugänglich, wie z. B. der Nachfolge von Arnold Böcklin. Daß mein Vater großen Wert auf diesen Bildgedanken gelegt hat und ihn in der Zeichnung als vollkommenen Kompositionsentwurf anerkannte, geht daraus hervor, daß die Komposition zusätzlich mit einem kostbaren Rahmenwerk eingefaßt ist.

Für mein Bruegelbuch fand ich durch Vermittlung meines Bruders Thomas den Verleger Franz Steiner in Wiesbaden. Durch einen Zuschuß von seiten des Germanischen Nationalmuseums in Nürnberg gesichert, übernahm Steiner das Buch. Der Druckvorgang erfolgte prompt und reibungslos. Der Verlag stiftete mir den schönen gelben Leinwandeinband, und das Buch konnte 1957 erscheinen.

In der Anordnung der Abbildungen gelang es mir fast durchgehend, die altdeutschen Werke als oberes Band den Werken Bruegels als unterem Band auf den Seiten parallel zuzuordnen, was zur erfolgreichen didaktischen Vorführung der Bilder wesentlich beiträgt.

Das einfühlsamste Echo fand das Buch in einem Brief des Malers und Freundes Emil Wachter, der die darin entwickelten lebensphilosophischen Zusatzbemerkungen in seiner großen Lebenseinsicht verständnisvoll zu schätzen und zu würdigen vermochte.

Einen späten Widerhall löste mein Bruegelbuch anläßlich des 400. Todestages von Bruegel aus, indem mich der Feuilleton-Redakteur der «Neue Züricher Zeitung» als Bruegel-Kenner aufforderte, für das Jubiläumsfeuilleton am 5. 9. 1969, vier Tage vor meinem 60. Geburtstag, einen Beitrag zu Bruegels Nachruhm zu verfassen. In meinem Artikel – den Hauptartikel steuerte mein Lehrer Charles de Tolnai bei – ging ich bei meinem neuen Forschungsinteresse der Beziehungen zwischen Moderner Kunst und Technik darauf aus, Verbindungsfäden von Bruegels Weltbild zu Weltbilderscheinungen der Jetztzeit zu suchen. Dabei stellte ich fest, daß Bruegel infolge der künstlerischen, großräumlich empfundenen Landschaftsgestaltung einen besonders intensiven Bezug zu den Straßen, und im Zusammenhang damit, auch zu den Fahrzeugen, den Wagen besitzt. Dies kann man daran erkennen, daß er etwa in dem Gemälde der «Volkszählung in Bethlehem» einen ausgedehnten Parkplatz für Pferdefuhrwerke einfügte, oder daß er in Stichen unter Umständen als Hauptstaffage das Motiv des Wagens, wie zum Beispiel im Stich «Plaustrum Belgicum», einführt.

Überdies wies ich auf seinen Sohn Jan Bruegel und auf Jan Momper hin, in deren Werken das Motiv der Wagen und der Straßenzüge und Wege zunimmt und sogar als Hauptmotiv der Bildgedanken herausgestellt wurde.

Hier wurden sozusagen die künstlerisch-weltbildmäßigen Voraussetzungen geschaffen, daß das, was wir heute Verkehr nennen, nämlich die Straßen mit ihren Fahrzeugen, bis zur heutigen verkehrstechnischen Hypertrophie mit ihrem überräumlichen, superschnellen Raumgefühl stets zugenommen hat. Allererste Anzeichen zu dieser Entwicklung liegen schon keimhaft als Beginn der rationalen Neuzeit in der Landschaftsauffassung von Bruegel d. Ä.

Die Ansätze, die ich bei P. Bruegel d. Ä. erkannte, die über die Thematisierung von technischen Fahrzeugen in den künstlerischen Darstellungen zu der realen technischen Maschinenwelt der Moderne überleiten, baute ich in den kommenden Jahren noch stärker aus, je mehr mein Interesse an den Beziehungen von Kunst und Technik wuchs.

Schließlich habe ich in meinem Architekturmodell für das Landesmuseum für Technik und Arbeit (1982) den Stich der

«Zeit» von Bruegel mit dem Wagen des Saturn dazu verwendet, um an ihm den allegorisch-philosophischen, weltethischen Schlüssel für die technische Maschinenwelt vom Fahrrad bis zur Raumrakete zu demonstrieren und zugleich den Übergang von der Kunstwerkwelt des Gestaltens der Welt zur Maschinenwelt des Benützens der Welt aufzuzeigen.

II. Die Geschichte des Malerateliers 1948–1955

In meinen kunstgeschichtlichen Forschungen kam es mir immer stärker merkwürdig einseitig vor, daß man die Kunstwerke oft nur als genießender Beschauer betrachtete, den Künstler selbst aber nicht befragte, wie er vorging, um zu diesem oder jenem Resultat zu kommen. Deshalb begann mich immer mehr der künstlerische Inspirations- und Schaffensvorgang zu interessieren, war ich doch meiner Herkunft nach mehr im Maleratelier, in der Produktionsstätte, aufgewachsen, als in einem kunstgenießenden, ästhetisierenden, philologischen Milieu.

Meinen Vater Ernst Würtenberger hat das Problem der künstlerischen Inspiration zentral interessiert. In Hauptwerken seines Schaffens hat er darauf abgehoben. Und er stellte vielfach Künstler aller Art in der Pose der Inspiration, der künstlerischen Eingebung dar. Seien dies Dichter wie Hans Sachs, Shakespeare, Goethe, Gottfried Keller oder Conrad Ferdinand Meyer, Maler wie Dürer, Grünewald oder Rembrandt, Bildhauer wie Michelangelo, Architekten wie Erwin von Steinbach und Komponisten wie Johann Sebastian Bach oder Beethoven.

Aus meines Vaters früher Schaffensperiode stammt das Gemälde «Der junge Dürer in der Werkstatt des Michael Wolgemut». Das Gemälde wird auch «Der Farbenreiber» genannt, da der Malergeselle Dürer die Farben präpariert. In diesem an sich untergeordneten Tun aber hält er inne, und nach höheren Sphären verklärt aufblickend, sinnt er über seine Bildideen nach, während sich der Meister hinter seinem Rücken an der Staffelei dem handwerklichen Malvorgang an einer Bildtafel hingibt.

In einem Holzschnitt zeigt mein Vater den Maler Matthias Grünewald, wie dieser sich in der Arbeitsekstase mit verzertem Gesicht um die Werkwerdung seiner Ideen bemüht.

Außerordentlich intensiv beschäftigte sich mein Vater mit der Persönlichkeit von Michelangelo. Wir begegnen dem Titanen der Erfindungen von Bildwerken in den Marmorsteinbrüchen von Carrara. Hier kam es darauf an, die körperlich

Ernst Würtenberger. Der junge Dürer in der Werkstatt des Michael Wolgemut. Um 1900.

schwere Arbeit der Marmortransporteure mit der Schwere der geistigen Erfassung der Werkideen des Künstlers in Konkurrenz zu setzen.

Von diesem Bildthema existieren viele Skizzen und drei ziemlich gleiche Fassungen, u.a. eine von 1927. Außerdem widmete mein Vater diesem Vorgang noch sein größtes Monumentalgemälde, das im Ernst Würtenberger-Saal des Gemeindehauses Steißlingen bei Singen am Hohentwiel ausgestellt ist.

Mein Vater hat sich selber des öfteren in der Pose des Menschen, der um die Inspiration seines Werkes ringt, dargestellt, z.B. in der Zeichnung «Ich weiß keinen Anfang».

Aus dem Bedürfnis heraus, mir über die innerkünstlerischen Vorgänge Klarheit zu verschaffen, ging ich daran, mir das historische Material zu besorgen, welches über den Schaffensvorgang der Künstler Auskunft geben kann. Dieses Material erkannte ich in Fortsetzung dessen, was ich schon bei meinem Vater gesehen habe, in der Darstellung des Schaffensvorganges durch die Künstler selber. Hier fand ich die direkteste und kompetenteste Quelle für meine spezielle Fragestellung vor.

Mit Feuereifer vorangetriebenem Anlauf wollte ich die gesamte Geschichte der Kunst nach diesem einen Kriterium untersuchen. Ich habe in jahrelanger Arbeit «Die Geschichte der künstlerischen Idee und Inspiration» geschrieben.

Ich begann möglichst früh, wo die ersten faßbaren histori-

Ernst Würtenberger. Matthias Grünewald. Holzschnitt. 1906.

schen Quellen fließen. In der ägyptischen Kunst stieß ich auf die Gestalten der Schreiber als Ersatz anderer Künstlerdarstellungen. Über die Griechen und Römer kam ich zu den Darstellungen der christlichen Evangelisten und im 14. Jahrhundert zum Hl. Lukas, der der Patron der damals aufkommenden Malerzünfte wurde. Von dort aus konnte man die Malerateliers mit Staffelei und Modell betreten.

Über meine Arbeit berichtete ich enthusiastisch meinem Bruder Thomas aus Stockach nach Ingelheim, zunächst am 29. 1. 1948:

«Seit Tagen arbeite ich wie toll Tag und Nacht an einer neuen Aesthetik. Ich glaube, das Ei des Kolumbus gefunden zu haben. Gleichsam die 4. Dimension der Kunstbetrachtung. Mein nächster Vortrag wird wohl lauten: ‹Die Kunstgeschichte als Wissenschaft der Bewunderung oder die Gestaltbarkeit des an sich nicht darstellbaren Unendlichen›. Ein vollständiges System über Kunst; etwa die Philosophie Heideggers lückenlos ad oculos zu demonstrieren. Eine Standpunktsmathematik mit lauter Verhältnisrechnungen! Und alles logisch! Aufweisbar an Abbildungen: Eine Verbindung von Künstler, Kunsthistoriker, Philosoph. – Faßbarkeit und Darstellbarkeit der künstlerischen Idee. Vielleicht übertreibe ich, aber die Ergebnisse mit der neuen Methode sind z.T. erstaunlich. Vielleicht kann ich Dir diese Bilder- und Gedankenreihen bald mal zeigen.»

Ein weiterer Bericht am 12. 3. 1948:

«Lieber Thomas! Für Dein tolldickes Zeitungsausschnitt-Paket empfange meinen herzlichen Dank. Die Rosine drinnen war das Atelier-Bild des Grafen Harrach. So was brauche ich gerade noch. Ja, das Atelierbild geht so nebenher weiter. Es ist und wird eine runde Sache. Vor allem habe ich sehr viel und Wesentliches daran gelernt. Ich habe Einblicke bekommen, die auf anderem Wege nie möglich gewesen wären in das Wesen und in den Aufbau und die Absichten der Kunstwerke. Allerdings hatte ich in letzter Zeit in steter Arbeit meine theoretischen Untersuchungen stärkstens gefördert. Und auch mit Erfolg und überraschenden und klaren Ergebnissen. Ich weiß jetzt, was Zeit und Raum in einem Werk sind. Begriffe, über welche bislang nur geschwafelt wurde. Gedanklich systemmäßig bin ich nun mir völlig klar, und es ergibt alles einen wunderbar sich ergänzenden Aufbau. Es ist mir gelungen, die Beziehungen der bildenden Künste untereinander tatsächlich zu definieren und was so sehr not tut: eine geschlossene Gesamtvorstellung über die Künste zu haben. Jetzt will ich die Sache an einer konkreten Sache (an Bruegels ‹Schlaraffenland›) demonstrieren. Wahrscheinlich für einen Vortrag in Freiburg.»

Am 5. 5. 1948 lasse ich meinen Bruder Thomas wissen, daß ich meine Forschungen über das Maleratelier für Vorträge verwenden will.

«Gestern war ich in Konstanz. Auch bei Direktor Veneday von der Volkshochschule. Auf Ende Mai und 1. Hälfte Juni habe ich drei Vorträge über das Maleratelier dort zu halten. Veneday kam es sehr zurecht, daß ich mich bei ihm meldete, da ihm für das Programm der Volkshochschule etwas der Stoff ausgegangen sei. Also nicht ganz ungünstig.»

Inzwischen bin ich von Stockach nach Freiburg, Sternwaldstraße 1a, bei Schelhaas, übergesiedelt, da ich an der neu gegründeten Akademie die Vorlesungen der Kunstgeschichte übernommen habe. Meinem Bruder Thomas berichtete ich am 29. 6. 1948 folgendes über meine Forschungen:

«Zur Zeit stecke ich bis über die Ohren in meiner Arbeit drinnen. Die Vorlesungen an der Akademie sind eine kleine Nebenbeschäftigung gegenüber den sonstigen Studien. Ich bin dabei, meine Theorien in die Tat umzusetzen. Und es gelingt mir auch, alles klar auszudrücken.

Mein Maleratelier weitet sich zu einer Darstellung des künstlerischen Denkapparates; ich schreibe nun in fast mittelalterlicher scholastischer Weise ein großes Gebäude, wo jedes seinen Platz und Ort hat, um über die Welt, die ‹Bild›, ‹Gemälde› heißt, genau Bescheid zu wissen. Dies ist natürlich ein sehr weitschweifiges Unternehmen, wirst Du denken. Doch habe ich durchaus mir die ganze Zeit her dafür die Methode erworben und dann wird es schon gehen.

Ich zeichne sehr viel. Die meisten Gedanken und Bildanalysen werden womöglich in Skizzen zerlegt. Dies ist natürlich eine große Arbeit. Aber einiges steht schon da. In den Ferien, die bei mir am 1. August beginnen, will ich an die Rein-Zeichnung meiner theoretischen Analysen gehen.»

Nach etwa anderthalb Jahren ziehe ich wiederum Bilanz, wie weit meine Forschungen über die Geschichte des Malerateliers gediehen sind, und kann meinem Bruder Thomas am 30. 10. 1950 darüber berichten:

«Im übrigen habe ich mein Maleratelier noch schwer in die Kur genommen. Jetzt bin ich immerhin so weit, daß bis auf ganz wenige Lücken die Sache dasteht. Es ist jetzt alles verzahnt und so verdichtet, daß die Unausweichlichkeit der Entwicklung, glaube ich, auch wirklich im Lesen herauskommt. Es ist eigentlich der Roman der künstlerischen Entwicklung. Es sind 40 Kapitel geworden. Am liebsten möchte ich die ganze Sache in einem Schwung durchtippen. Aber ich finde es zunächst die Hauptsache, daß das Ganze dasteht.

Bis natürlich alles bis aufs Allerfeinste durchgefeilt ist, ist nochmals eine Arbeit. Dies wirst Du an Deinem Kunstfälscher-Endspurt gemerkt haben…»

Unablässig bin ich dabei, meine Forschungen zu konkretisieren. Immer wieder greife ich Einzelprobleme heraus, um meine Versuche zu erproben.

So schreibe ich meinem Bruder Thomas am 7. 12. 1950 aus Freiburg:

«Morgen werde ich in der ‹Kunstwissenschaftlichen Gesellschaft› einen Vortrag halten mit dem Titel: ‹Beobachtungen um das Problem der Durchsichtigkeit und des Gemäldes und des Lichts im 16. Jahrhundert›. Also eine hochwissenschaftliche Explicatio und die Proklamation einer Kunstgeschichte der 4. Dimension. Erschrecke nicht, es wird alles ad oculos demonstriert werden. Es ist einmal eine gewisse Zusammenfassung meiner bisherigen Arbeiten und Ideen. Ich bin gespannt, wie die Sache aufgenommen werden wird. Auf jeden Fall hat Bauch diese Veranstaltung schon in seiner Vorlesung verkündet und empfohlen.»

Der Neuansatz meiner Forschungen stellte sich als sehr fruchtbar heraus. Diese Arbeit erschloß mir viele neue Beurteilungskategorien für die Gestaltung der Kunstwerke selber.

Als ich ein Manuskript von 450 Seiten über die Geschichte des Malerateliers ohne die theoretischen Zeichnungen in zwei Bänden gebunden beisammen hatte, übergab ich diese Fassung 1955 Herrn Dr. Gustav Künstler, dem Cheflektor des Verlages Anton Schroll und Co. in Wien zur Prüfung.

Nach längerer Zeit wurde mein Angebot abschlägig beschieden und eine Veröffentlichung von zahlreichen Änderungen abhängig gemacht.

Wohl war ich recht enttäuscht, aber ich glaubte an die Mission meines Forschungskomplexes. Denn ich war der Ansicht, daß in diesem vielleicht nicht ganz glücklichen Ansatz grundsätzliche Erkenntnisse und Tatsachen steckten, die nicht weiterhin undefiniert und unausgesprochen bleiben dürften. Mir waren die von mir angepackten Probleme zu sehr ans Herz gewachsen, als daß ich locker ließ.

Für mich waren diese Studien eigentlich nur Vorstudien, um überhaupt endlich einmal Gedanken über dieses Thema zu formulieren. Viel zu schaffen machte mir die Materialflut, die das 19. und 20. Jahrhundert zu dem Thema «Das Maleratelier» bereithielt. Ich schrieb viele Kapitel darüber.

1951 war es so weit, daß ich meiner Mutter zum 70. Geburtstag das Kapitel «Die Verherrlichung historischer Geisteshelden im 19. Jahrhundert» auf den Gabentisch legen konnte.

In diesem Aufsatz wurde folgendes Problem herausgearbeitet: «Daß das künstlerische Schaffen sich in einem vom übrigen kulturellen Gesamtdenken abgelösten und eigens zurechtgelegten Geistesraum vollzieht, läßt gegenüber den vorhergehenden Epochen besonders aufhorchen.» [...] «Nun wird an die Künstler die nicht leicht zu lösende Aufgabe herangetragen, über ihre allgemeine Geisteshaltung und über ihre gesamte Denkrichtung und kulturelle Stellungnahme sich Rechenschaft zu geben. Diese Aufgabe dürfen wir in ihrer miteingeschlossenen Verantwortung nicht unterschätzen.» Es ergibt sich, daß selbst die Bildenden Künstler in der neuen Bildungsatmosphäre Kulturphilosophen und Kulturkritiker sein müssen. Als Kronzeugen dieser Haltung werden Johann Heinrich Füssli, Jacques Louis David, Eugène Delacroix, Jean A. D. Ingres, Ludwig Richter, Karl H. Hermann und Auguste Rodin aufgerufen.

Von all den vielen Kapiteln aus der «Geschichte des Malerateliers» wurden nur ganz wenige veröffentlicht. Es erschien das Kapitel «Das Maleratelier als Kultraum im 19. Jahrhundert» als Beitrag zu den «Miscellanea Bibliothecae Hertzianae» (1960) als Festgabe für Graf Metternich und Ludwig Schudt. Außerdem wählte Dr. Klaus Gallwitz aus meinem Material zum Katalog seiner Ausstellung «Maler und Modell» in der Staatlichen Kunsthalle Baden-Baden 1969 das Kapitel «Galante Atelierszenen im 18. Jahrhundert und die Würde der Kunst» nach publikumsaktuellen Gesichtspunkten aus. In dem genannten Katalog sind übrigens in hervorragender Fülle die Darstellungen der Malerateliers zusammengetragen, die ich in mühsamer Sammelarbeit nur bruchstückhaft zusammengebracht hatte. Aber leider wurde von anderer Seite bisher keineswegs die Chance genutzt, dieses Material auch erkenntniskritisch auszuwerten, worauf es mir in meiner Bearbeitung so sehr ankam. Dadurch war ich in ein ganz neues Verhältnis zu meinem zu bearbeitenden Stoff gekommen. Ich konnte aus den Erkenntnissen der Erhellung des künstlerischen Schaffensvorganges ganz bestimmte Konsequenzen ziehen.

Nach dieser Absage durch Dr. Künstler verfertigte ich nochmals ein ganz neu konzipiertes Manuskript. Als besondere Neuerung erdachte ich mir Tabellen, auf denen ich jeweils die Weltbildpositionen der einzelnen Epochen einzeichnete. Diese Tabellen nannte ich theoretische Zeichnungen. Aus der Geschichte des Malerateliers wurde dadurch ein ganz neues Buch «Weltbild und Bilderwelt», das eine neue Methode beinhaltet, die Kunstwerke in ihrer Wertskala, in ihrem Weltgehalt neu zu definieren.

Auf ein Thema aus der Geschichte des Malerateliers aus dem 19. und 20. Jahrhundert soll noch näher eingegangen werden:

«Die Maler als Wanderer»

III. Die Maler als Wanderer. 1800–1850

Vortrag, gehalten am 11. 11. 1953 in der «Badischen Heimat» im Bunte-Hörsaal der Technischen Hochschule Karlsruhe.

Daß ich das Thema des Malers als Wanderer aufgriff, hat ganz andere Beweggründe als nur rein kunsthistorische. In der Gestalt des Wanderers versteckt sich eine allgemeine menschliche Verhaltensweise. Es ist eine Verhaltensweise, mit der ich schon von früher Jugend an konfrontiert und bekannt gemacht wurde. Um die Tiefenschicht der Wahl gerade dieses Motivs in meiner Forschung aufzudecken, will ich auf meine früheren Begegnungen mit der Gestalt des Wanderers hinweisen. Dabei ergibt sich, daß die Gestalt des wandernden Menschen seit meiner frühesten Kindheitsperiode auftaucht. Ich hatte schon immer ein besonderes Verhältnis zum Menschen, der sich mit eigener Körperkraft fortbewegt. Dieses Verhalten gehört zu meinen Ur- und Grunderlebnissen.

Es taucht schon in meinen frühest erhaltenen Zeichnungen, als ich sechs bis sieben Jahre alt war, in Form von Männchen aus dem Jahre 1915 und 1916 auf. Dort stattete ich das eine Männchen mit einem Stock aus; es soll wohl ein Spazierstock, das Fortbewegungsbegleitinstrument, sein. Dieses Motiv wird in einer Zeichnung von 1917/18 fortentwickelt. Es werden zwei Wanderer gezeichnet, die Rücken an Rücken in entgegengesetzte Richtungen marschieren. Wie diese zwei

F. S. W. Zwei Wanderer. Zeichnung. 1917.

F. S. W. Ein wanderndes junges Kerlchen. Zeichnung. 1919.

Gestalten aneinander vorüberkommen sollten, habe ich mir noch nicht überlegt.

Von 1919 stammt eine Zeichnung, in der ein junges Kerlchen, auf dem Kopfe einen Hut und mit Spazierstock bewaffnet, auf einer Horizontlinie dahinschreitet. Der Hut ist lustigerweise so weit ins Gesicht herabgezogen, daß das Kerlchen wohl kaum seinen Weg sehen kann. Diese Zeichnung und Auffassung hat vermutlich Züge einer Selbstreflektion, also eines verkappten Selbstbildnisses.

Ganz auffällig ist das Wandermotiv in der Zeichnung des Taugenichts von 1923 herausgehoben, wie der Jüngling, die Geige unter dem Arm, die Mühle seines Vaters verläßt und seine Lebensstraßen dahinzieht.

Damit ist das Motiv des Wanderers für lange Zeit abgeschlossen, bis es meteorhaft nochmals in meinem Kollegheft von 1930/31 auftaucht, wie ich Adam Elsheimers «Aurora» abzeichnete, wo der Wanderer im Sonnenaufgang einhermarschiert. Dann ist es, wie so vieles aus dem primären Jugenderlebnisbereich verschüttet, versunken und verdrängt.

Erst wieder bei meiner Dissertation des «Holländischen Gesellschaftsbildes» (1937) tritt bei der Parabel des Verlorenen Sohnes das Lebensweg-Motiv wieder in meinem Gesichtskreis auf, diesmal allerdings nur als kunsthistorisch literarisches Motiv.

Dann tritt das Problem des Wanderers in anderer, viel allgemeiner gefaßten Form in meinen Beobachtungskomplex in den Forschungen über Pieter Bruegels Kunst. In meinem Buche «Pieter Bruegel und die deutsche Kunst» widmete ich ein Kapitel dem Problem «Die aus der Landschaft entwickelte, vielfigurige Historie», wo der Abschnitt zu finden ist «Der Weg als Erlebnis».

Hessemer. Selbstbildnis als Wanderer.

Johann Adam Klein. Maler auf der Wanderschaft. Stich.

Aber, wie gesagt, Anlaß mich intensiv und bewußt dem Motiv des Wanderers zuzuwenden, bietet mir erst die Verhaltenspsychologie des Künstlers in dem Zusammenhang mit der Bearbeitung des Malerateliers. Dann allerdings greife ich dieses Motiv als etwas sehr Bestimmendes, sehr Wesentliches und meinem Denken über die Welt wichtig Erscheinendes wieder auf. Ich faßte alle meine Beobachtungen unter dem Titel «Die Maler als Wanderer» zu einem Vortrag zusammen. Wenn ich die dortige Abfolge der Lichtbilder aus dem Ende des 18. Jahrhunderts bis zum Beginn des 20. Jahrhunderts wieder an mir vorüberziehen lasse, mit vielen in der Landschaft dahinwandernden Künstlergestalten, wie J. A. Klein, Moritz von Schwind, Franz von Pocci, Hessemer oder Ferdinand Hodler usw., so kommt mir noch eine andere Quelle für meine Liebe zu den Darstellungen der Wanderer in den Sinn. Dieser Anregungskomplex sind die vielen Wanderergestalten, die sich im

Ernst Würtenberger. Titelblatt zu «Der Weggefährte». 1912.

Ferdinand Hodler. «Ahasverus». Gemälde. 1886.

Werk, in den Holzschnitten, Gemälden und Zeichnungen meines Vaters finden. Der wandernde Mensch war geradezu eine Lieblingsgestalt meines Vaters.

Auf folgende Werke möchte ich besonders hinweisen:
1. Die Zeichnung von 1906 «Im Thäli». Hier befindet sich der Wanderer auf dem Waldweg, der bei Stockach zu dem Bauerngut Braunenberg führt. Diesen Weg bin ich selber in den Ferienzeiten sicherlich mehr als 200 mal gegangen.
2. Das Titelblatt für das «Jahrbuch 1913», «Der Weggefährte». In dieser Federzeichnung ist dargestellt, wie zwei Handwerksburschen auf der Straße dahinziehen.
3. Die Zeichnung «Die Auswanderer».
4. Der Holzschnitt mit der Szene aus der Serie «Aus dem armen Mann im Tockenburg», «Garnhandel».
5. Der Holzschnitt «Der grüne Heinrich» nach Gottfried Kellers Romanfigur, 1916/17 als Gedenkmünzen-Medaille. Das Motiv des den Hut schwingenden Jünglings geht auf eine Komposition von Ludwig Richter zurück. Als ich 1937 nach Rom ging, hatte meine Mutter die Idee, diesen Holzschnitt jedem, der aus dem Kreise der Staatlichen Kunsthalle bei uns zum Abschiedstee war, zu schenken. Denn auch ich ging auf die Wanderschaft. Bei Fräulein Dr. Kircher fand ich nach Jahren diesen Holzschnitt als Wandschmuck in ihrer Küche. Fräulein Edith Ammann büßte ihren Holzschnitt durch den Krieg ein, und ich schenkte ihr 1972 wiederum ein Exemplar aus unseren Beständen, worüber sie sich sehr freute.
6. Die Zeichnung: «Homer». Die Gestalt des greisen Dichters ist in der Haltung ähnlich gestaltet wie Hodlers «Ahasverus» von 1886, den ich in meinem Vortrag auch zeigte.

Diesen Vortrag hielt ich nicht unbedingt für geeignet, um ihn vor einem rein kunstgeschichtlichen Fachgremium zu

Ernst Würtenberger. Homer. Zeichnung.

halten, da die Problemstellung aus dem üblichen fachkunstgeschichtlichen Rahmen herausfiel. Ich fand es sinnvoller, meine Beobachtungen einem Publikum vorzutragen, dessen Interesse mehr auf das Wandern als Sport aus eigener Ausübung ausgerichtet ist, und das nicht nur nach kunstgeschichtlichen Zusammenhängen und Motivabhängigkeiten fragt. So habe ich meine Beobachtungen am 11.11.1953 im Ausflugsverein «Badische Heimat» im Bunte-Hörsaal der Technischen Hochschule Karlsruhe vorgetragen. Die Zuhörer zeigten großes Verständnis für die innermenschliche Problematik dieses Themas und waren erstaunt, daß Kunstgeschichte so lebensnah sein kann.

Die Rezension des Vortrages im Durlacher Tagblatt vom 9.12.1953

Eine gute Zusammenfassung meines Vortrages «Die Maler als Wanderer» erfolgte im «Durlacher Tagblatt» vom 9.12.1953 unter der Überschrift:

«Heimatgeschichtlich – und doch aktuell. Interessante Vorträge in der «Badischen Heimat». Der Verein ‹Badische Heimat› hat es sich auch in diesem Winter wieder zur Aufgabe gemacht, seinen Mitgliedern und Freunden und darüber hinaus allen Interessierten in monatlichen Vorträgen kultur- und kunstgeschichtliche sowie volkskundliche Themen in lebendiger Form nahezubringen. [...]

Ein Thema ganz anderer Art behandelte im November vor einer sehr zahlreichen Zuhörerschaft Dr. Franzsepp Würtenberger im Bunte-Hörsaal der T.H. Wer sich unter dem Titel ‹Maler als Wanderer› lediglich eine Art Kunstgeschichte aus einer etwas eigenwilligen Perspektive heraus vorgestellt hatte, sah sich insofern getäuscht, als weniger die Entwicklung und Wandlung des malerischen Sehens im Verhältnis zur Landschaft, als vielmehr die Wandlung des menschlichen Natur- und Weltgefühls von der Romantik bis heute im Mittelpunkt dieses ebenso glänzenden als originellen Vortrages stand. Es war nicht die Naturzugeneigtheit allein, die den romantischen Künstler zu wandern trieb; ein neues Lebensgefühl, das über die Belange der Kunst weit hinausging, hatte sich in der Lust am Reisen Bahn gebrochen. Dieses Erlebnis einzufangen, versuchten auch Nicht-Maler und versuchten auch die Maler selbst mit anderen als nur malerischen Mitteln. Es ist die Zeit der ‹Zeichenkameras› und der Reisetagebücher. Das Wandern ist ‹geistige Arznei›, eine Tat aus ‹freiem, männlichem Entschluß›. Die Reise wird als Loslösung vom bürgerlich-engen ‹genossen› und demgemäß ist jede kleine Situationsänderung notierenswert. Die Ansichtenzyklen als ‹Summe› des Reiseerlebnisses entstehen. Dieses ‹neue Gefühl› aber war die Wurzel einer merkwürdigen, seelischen Entwicklung. Die Absage an den Innenraum war auch eine Absage an die Inspiration, die Losgelöstheit von bürgerlichen Verpflichtungen hatte Teil an der Flucht der Künstler in die ‹Bohème›. Zudem empfanden gerade die besten Künstler in zunehmendem Maße die Diskrepanz zwischen dem Lebensgetriebe und schöpferisch-geistiger Ruhe. Vor die Alternative Ruhe oder Rasen, Getriebe oder Sammlung gestellt, ging ein reines Ideal in die Brüche. Inzwischen hatte aber die Entwicklung der Technik zu immer schnellerer Überwindung von Raum und Zeit geführt und der Künstler konnte dem Zeitgeist nicht entfliehen. Die Erkenntnis, daß es keine ‹Insel der Beschaulichkeit› gebe, führte zu künstlerischen Gewaltakten. Dem Maler zerbröckeln und zerflimmern die Dinge infolge allzuraschen Vorübereilens: Die Wandlung zur Unrast hat auch die Kunst ergriffen. Es wäre töricht, diese Wandlung zu bagatellisieren. Sie ist, wie der Vortrag Dr. Würtenbergers zeigte, weit über die rein künstlerischen Belange hinaus mit maßgebend für die Entwicklung des modernen Menschen zum Ahasverus.»

Und tatsächlich haben mich die hier angeschnittenen allgemeinen Probleme des Verhaltens des Menschen zur Welt auch später nicht mehr losgelassen. Besonders, nachdem ich begann, vom reinen Kunstgeschichtler mich zum Weltbildethiker zu wandeln.

Das Problem des Wanderns stieß mit besonderer Wucht in den Kreis meiner Überlegungen schließlich beim Bearbeiten des Buchmanuskriptes «Maschine und Kunstwerk» von 1970/71, wo ich eine kulturphänomenologische Stufenleiter der Weltverhaltensweisen des Menschen vom Astronauten bis zum Säulenheiligen gebe. Dort steht der wandernde Mensch etwa in der Mitte zwischen den Extremen des technischen, raumgierigen Menschen. Den Wanderern widmete ich deshalb ein eigenes Kapitel unter dem Titel «Der Wanderer und die Erfassung der Welt jenseits von Maschine und Kunstwerk».

IV. Weltbild und Bilderwelt
1955–1958

Außer den von außen herangetragenen Themenstellungen begann ich, in mir noch spezielle innerkünstlerische Probleme zu wälzen. Mein Bestreben war, von der einen philosophierenden, nur mit Begriffen und unanschaulichen Worten operierenden Stilgeschichte loszukommen. Ich wollte die Bilder als etwas von Haus aus Sichtbares, in ihren Stilverschiebungen und Formenentwicklungen auch sichtbar messen. Denn es handelt sich bei den Bildern um etwas Gesehenes. Um dies bewerkstelligen zu können, bedurfte es einer entsprechenden Forschungsmethode.

Der Anfang war schwer, der Weg war zunächst noch sehr undeutlich und verworren. Das Ziel aber stand fest. Ich erinnerte mich an Beispiele in dem Werk meines Vaters «Zeichnung, Holzschnitt und Illustration». Dort war dieselbe landschaftliche Situation in zwei Arten der Gestaltungsmöglichkeiten vorgeführt worden. So war z.B. eine Gruppe von Menschen auf einem Hügel dargestellt, das eine Mal war der Hügel nahe zum Besucher gerückt und das andere Mal in den Hintergrund.

Man wurde dadurch angeregt, sich über die formalen Verschiebungen hinaus auch den inhaltlichen Weltgehalt in seiner Verschiedenheit klar zu machen. In der verschiedenen Distanzdosierung erkannte ich eine grundsätzliche Verschiebung des Weltgehaltes des Motivs und nicht nur eine belanglose Variante.

Ernst Würtenberger. Variante desselben Themas. Tuschzeichnung. 1919.

Solche Probleme der Bildgefüge versetzte ich dann in die historische Schicht der Bildgestaltung. Es tauchte z.B. die Frage auf, wann der Horizont möglich ist oder wann nicht. Diese Fragen begann ich nun systematisch in der Kunstgeschichte durchzuspielen.

Ich hatte zunächst allergrößte Mühe, meine Beobachtungen in Zeichnungen zu Papier zu bringen, ich mußte die Darstellungen aus der Geschichte umdenken, erweitern oder verkürzen, die Grundstruktur verändern und dann den anders gewordenen Weltbildgehalt zu messen versuchen. Es mußte

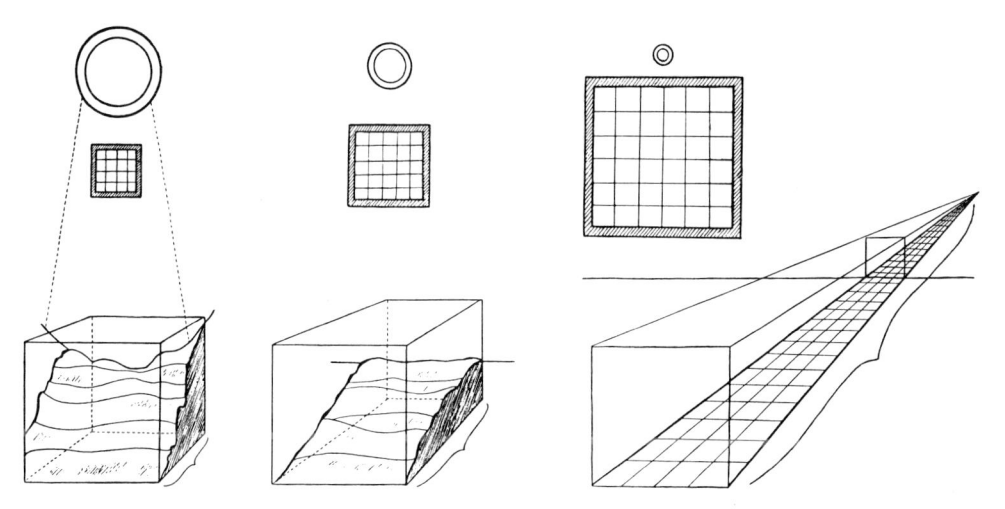

Schematische Darstellung der Schrumpfung des symbolischen Geschehens und der Weitung des irdischen Horizontes.

festgestellt werden, ob mehr oder weniger Natur verwirklicht ist, es spielte die Frage des Ausschnittes und die Bedeutung des Horizontes und manch andere diesbezügliche Frage eine Rolle.

Angestrengtestens dachte ich über diese Sichtbarmachung der Weltbildgehalte der Bildkompositionen nach. Ich experimentierte in vielen sogenannten theoretischen Zeichnungsentwürfen herum. Ich erinnere mich noch, wie mich nach verzweifeltem Ringen um ein Resultat meines Mühens das erste Gelingen wie eine Erleuchtung und Vision überfiel.

Nachts wachte ich um zwei Uhr früh auf und wurde aus dem Bett getrieben, um am Tisch meine neue Einsicht und mein neues Können sofort aufzuzeichnen. Der ganze Vorgang kam mir wie ein Wunder vor. Es gelang mir etwas, was ich vorher einfach noch nicht konnte und kannte. Aus einem Tor bin ich über Nacht damals ein Wissender und Einsichtiger geworden.

Meine schweren denkerischen Bemühungen hatten sich gelohnt.

Als ich den Anfang hatte, konnte ich Stufe für Stufe, Stück für Stück, Stein für Stein aufbauen und weiterbauen. Ich hatte meine Methode gefunden, um mein spezielles Anliegen mit Hilfe der sogenannten theoretischen Zeichnung auszudrücken und tatsächlich ad oculos zu demonstrieren. Nun experimentierte ich wie ein Besessener.

Von der rein philologischen, geistesgeschichtlichen und philosophischen Begriffswelt der kunstgeschichtlichen Sprache kam ich damit los und konnte selber, so wie es die Naturwissenschaftler schon lange tun, experimentieren. Durch meine Methode war es mir gelungen, jedes beliebige Gemälde der Kunstgeschichte so zu verwandeln, wie es in einer anderen Epoche der Kunstgeschichte dargestellt würde. Es gelang mir, auf experimentellem Wege selber Geschichte zu machen.

Ich überwand damit die nur beschreibende Tätigkeit der sonstigen und bisherigen Kunstgeschichte.

Nun lag ein ungeheures Arbeitsfeld vor mir.

Um zu allgemein gültigen und vorweisbaren Resultaten zu kommen, mußte ich die gesamte Kunstgeschichte umdenken. Es entstanden viele Versuche. Immer wieder neue Versuchsreihen wie beim Naturwissenschaftler.

Selbstverständlich kamen mir die Vorarbeiten der Untersuchungen der Geschichte des Malerateliers hervorragend zustatten. Ohne diese Vorarbeit und Bereitstellung dieses Materials wären die theoretischen Zeichnungen niemals möglich gewesen.

Im Laufe der Zeit war es so weit, daß ich mich entschließen mußte, meinen vielen Experimenten und verschiedenen Ergebnissen eine vorlegbare Form zu verleihen.

Anstoß dazu gab der Vorschlag meiner Freundin Clara Kress, die an meinen Arbeiten regen Anteil nahm, meine Forschungen in Rom in der Universität Gregoriana vorzutragen. Denn ihr Neffe, Dr. Eugen Kress, studierte dort und vermittelte diese Möglichkeit.

Zu diesem Zweck ließ ich die theoretischen Zeichnungen in Reinzeichnungen verfertigen und hatte dann Gelegenheit, in zwei Sonntagmorgen-Vorträgen vor der Jesuiten-Universität in Rom meine Thesen darzulegen.

Nach dieser gelungenen Feuertaufe vervollständigte ich mein Manuskript, um gleichsam in neuer Form die Geschichte des Malerateliers dem Verlag Schroll & Co. in Wien vorzulegen. Diesmal wurde es von dem Cheflektor Dr. Gustav Künstler akzeptiert.

Ursprünglich wollte ich dem Buch den Titel geben: «Weltbild, Denksystem und Kunstform. Ein Lehrbuch über die Formensprache der abendländischen Malerei von 1200–1950 mit Tabellen». Dies hielt ich für die richtigste Bezeichnung, die auch den Tatbestand, um den es hier geht, am adäquatesten zum Ausdruck bringt. Denn in diesem Titel sind die drei Grundbegriffe enthalten, auf deren gegenseitige Beziehung es mir wesentlich ankam. Die Entstehung wie auch die Interpretation eines Kunstwerkes gelingt nur, indem die genannten Kom-

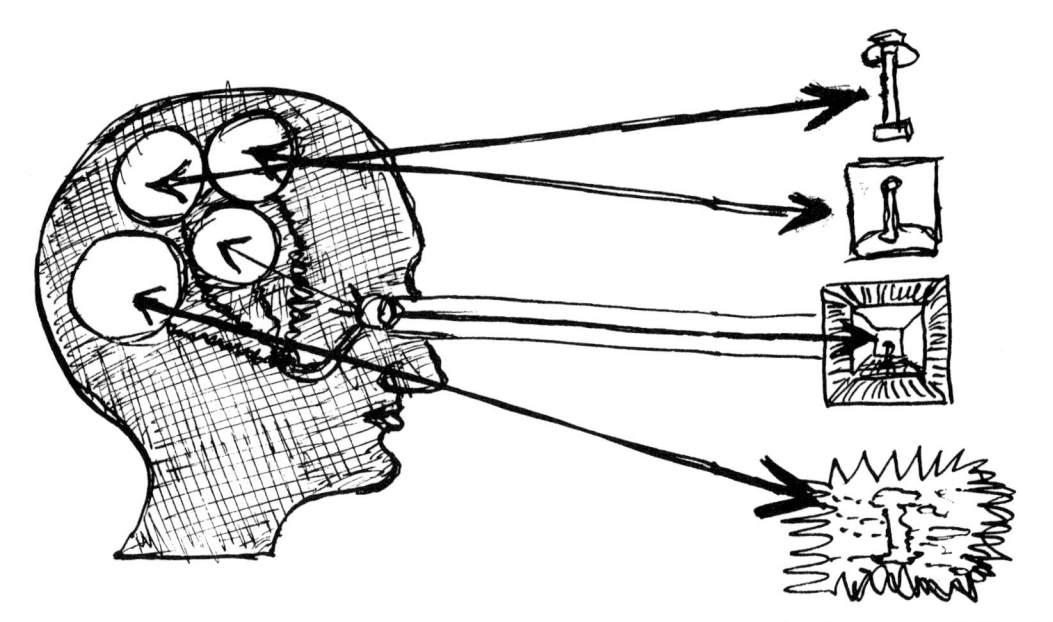

F. S. W. Früher Entwurf eines Titelblattes für das Buch «Weltbild und Bilderwelt».

ponenten ineinandergreifen, strikt aufeinander bezogen werden, ja eventuell voneinander abhängig sind. Und dies sollte hier deutlich und anschaulich gemacht werden.

Doch dem Verlag erschien der Titel «Weltbild, Denksystem und Kunstform» zu wissenschaftlich, gedanklich zu überlastet und, um einen propagandistisch zügigen, publikumsfreundlichen, aber sachlich leider aufgeweichten Titel zu kreieren, wurde der Stab der Mitarbeiter zusammengerufen, und man erging sich in Wortspielkombinationen, bis dabei der schlagkräftig kurze Titel «Weltbild und Bilderwelt» herausgewürfelt wurde. Trotz meines Widerspruches und zu meinem bis heute nicht abgeebbten Bedauern mußte ich diesen Titel hinnehmen, da ich gewissermaßen auf die Einsatzfreude des Verlages angewiesen war. Denn andere Verlage hatten nicht den Mut, für meine unkonventionellen Gedanken verlegerisch einzustehen.

V. Die Wirkung von «Weltbild und Bilderwelt»

a) Allgemeine Wirkung und Nichtwirkung

Ich war so naiv zu glauben, daß mein Buch «Weltbild und Bilderwelt» für die Kunstgeschichte ein Neuanstoß sein könnte, daß das Buch mit Spannung und höchstem Interesse aufgenommen würde, daß die neue Sichtnahme quasi sogar revolutionierend wirken würde und müßte. Wie sollte es anders sein? Denn ich hatte rund zehn Jahre intensiver Forschung investiert. Stöße von sogenannten theoretischen Zeichnungen häuften sich auf meinem Arbeitstisch. Und dann wurde nur ein Extrakt von 100 Seiten davon veröffentlicht. Aber diese Seiten sind umso gewichtiger und komprimierter und gehorchen einem strikten logischen Aufbau. Dies konnte nur jemand unternehmen, der von seiner Idee voll überzeugt war. Und dies war ich!

Wenn ich allerdings glaubte, dies alles würde von den Lesern honoriert, und hatte ich mich in meiner Begeisterung während der Erarbeitung des Stoffes über meine eigenen Funde und Erkenntnisse erfreut, so wurden meine Erwartungen herb enttäuscht.

Das Buch war ein vollständiger publizistischer Versager. Die Kunstwissenschaft nahm kaum davon Notiz. Anscheinend liegen die weltanschauungssystematischen Erkenntnisse und Methoden zu abseits von der offiziellen Kunstgeschichtsschreibung.

Der einzige namhafte Kunsthistoriker, der das Buch in der Neuen Zürcher Zeitung besprochen hat, war der Schweizer Eduard Hüttinger, Ordinarius der Kunstgeschichte in Bern. Er anerkannte die denkerische Leistung, daß ich mich an eines der schwierigsten Kapitel der Kunstgeschichtsbetrachtung mit doch eigentlich gutem Resultat gewagt habe. Aber dabei blieb es.

Einige Wellen schlug das Buch in den Kreisen der Kunsterzieher. Denn diese witterten in diesem Buche ein bequemes System, die Stilepochen begreifen zu können. Überdies haben die Kunsterzieher einen viel besseren Zugang zu den theoretischen Zeichnungen als die meistens nur philologisch geschulten Fachkunsthistoriker. Und somit gehört dieses Buch – soweit es bekannt wurde – bei den Kunsterziehern viel mehr zum Rüstzeug als bei den Kunsthistorikern.

Welche Schwierigkeiten anderer Art sich jedoch bei den Künstlern einstellten, bekam ich ebenfalls zu spüren.

Denn meine Ansichten und Thesen waren der heutigen üblichen Verschluderung der Kunstanschauung so sehr entgegengesetzt, daß meine unabdingbar geforderte und deshalb als autoritär empfundene Stellungnahme im kunstpädagogischen Bereich und auch in den freiheitlich modernistischen Kreisen der Künstler und Kunstprofessoren höchstes Aufsehen erregten und schärfsten Widerspruch auslösten. Meine Ausführungen wurden als härteste Opposition gegen den individualisierten, willkürlichen Kunstbegriff angesehen und deshalb mußten sie bekämpft werden.

Diese Opposition bekam ich besonders real an der Akademie der Bildenden Künste in Karlsruhe zu verspüren, wo ich den Kunstgeschichtsunterricht für die Lehramtskandidaten der Kunsterziehung übernommen hatte. Ich verlangte hohe geistige Denkdisziplin und gerade dies war das Allerverachtetste und am schärfsten zu Bekämpfende. Die erste Reaktion nach Erscheinen meines Buches «Weltbild und Bilderwelt» bestand darin, daß dort mein damaliger Kollege, der bekannte schwäbische Graphiker, HAP Grieshaber, der glaubte, für das Credo an der Kunstschule in seinem Sinne verantwortlich zu sein, sofort die Studenten zusammenrief, um ausschließlich über mein Buch zu diskutieren und den Kampf gegen die Disziplin des Denkens in Kunstsachen aufzunehmen. Denn HAP Grieshaber sah sich in seinen Theorien absolut bedroht.

Und dies tat HAP Grieshaber von seiner Seite aus mit Recht. Denn so viel spürte er, daß meine Grundeinstellung zur Kunst seiner verschwommenen, freigeistig-wilden, unverdauten Ansicht konträr entgegengesetzt war.

Wie meistens bei solchen Veranstaltungen, war HAP Grieshaber gar nicht fähig gewesen, auf meine Ansichten sachlich einzugehen – dazu fehlte ihm jede Voraussetzung abgeklärten, handfesten und systematisch durchdachten Wissens –, sondern er stellte seine in historischer Sicht zweifelhaften und ungezügelten, pseudogenialen Kunstemotionen meinen präzisen Feststellungen entgegen.

Das Aufsehen und die Diskussion um mein Buch «Weltbild und Bilderwelt» und um meine allgemeine grundsätzliche Haltung gegenüber der Kunst und der Kunstgeschichte waren umso schlimmer, da damals gerade die Revolution der Studenten im Gange war. Schließlich kam ich in Konflikt mit dem Lehrkörper der Akademie, und die Kollegen waren froh, als sie einen offiziellen Grund fanden, mich aus ihrem Kreis zu entfernen.

Wie sich nun mein Auftreten in dem Streit um die Neugestaltung der Akademie auswirkte, darüber liegt ein Bericht von Prof. Dr. Gerd Presler in der Zeitschrift «Die Weltkunst», Heft 3, 1979 vor, worin die Geschichte des 125jährigen Bestehens der Akademie von 1854–1979 referiert wird.

Über den Vorgang meines Ausscheidens aus dem Lehrkörper der Akademie im Einzelnen berichtet Richard W. Eichler in seinem Buche «Viel Gunst für schlechte Kunst», München 1968. Dort wird insbesondere das unakademisch-managerhaft-brutale Vorgehen von Professor Georg Meistermann bloßgelegt und verurteilt.

Wenn ich auch zuerst schockiert war über die unkollegiale Haltung der Direktion der Akademie, so handelte sie beamtenrechtlich absolut legitim. Denn sie war dabei, die Aufgaben des Kunsthistorikers mit dem Amt eines Kurators der Akademie zu koppeln. Zu dieser Verbindung von wissenschaftlicher Tätigkeit mit Verwaltungsarbeit war ich auf gar keinen Fall bereit. Und so entfiel meine nebenamtliche Tätigkeit, die ich zusätzlich zu meiner außerordentlichen Professur an der Technischen Hochschule betreute. Dieser Verpflichtung ledig, konnte ich meine Aufmerksamkeit um so intensiver wieder den Aufgaben an der Universität im baugeschichtlichen Institut zuwenden.

Weitere Reaktionen:

Einer meiner Schüler an der Staatlichen Kunstakademie Karlsruhe, Klaus Wendel (geb. 1933), Oberstudienrat in Bruchsal, hat das Schema der Theoretischen Zeichnungen für seine Zwecke adoptiert und unter dem Titel «Versuch einer gestaltpsychologischen Deutung» in der «Zeitschrift für Kunstpädagogik», Düsseldorf, Januar, Februar 1974 veröffentlicht. Von meinen Forschungen und Anregungen erwähnte Wendel kein Wort.

Nun will ich erzählen, wie ein Fachgenosse, ein Wissenschaftler und Theoretiker der Ästhetik, mein Buch «Weltbild und Bilderwelt» verarbeitet hat.

1964 machte ich den internationalen Kongreß für Kunstgeschichte in Bonn mit. Als ich das Referat des Holländers H. R. Rookmaker «The Changing Relation of Style, Motif and Theme in European Art» anhörte, staunte ich von einem Lichtbild zum anderen immer mehr. Herr Rookmaker hatte sich Tabellen über Entwicklungsvorgänge zusammengestellt, die im methodischen Aufbau völlig den theoretischen Zeichnungen meines Buches «Weltbild und Bilderwelt» entsprachen. Zum Teil waren diese Zeichnungstabellen bis in die geringsten Einzelheiten meinen theoretischen Zeichnungen nachgemacht. Ich stellte mich nach dem Vortrag Herrn Rookmaker vor, und er zeigte sich erfreut, den Autor von «Weltbild und Bilderwelt» kennenzulernen. Daß er aber in seinem Vortrag mein Buch nennen könnte, fiel ihm nicht ein. Er hatte sich so sehr in mein Gedankengut eingelebt, daß es ihm als eigenes völlig in Fleisch und Blut übergegangen war. H.R. Rookmaker ist in Amsterdam ein angesehener Kunsttheoretiker.

Im März 1979 erfahre ich von dem Bildhauer, Kunsterzieher und Entwicklungshelfer Dieter Göltenboth, wohnhaft bei Stuttgart, Freund des Architekten Thomas Sperling, daß er sich zu seinem dreijährigen Aufenthalt als Entwicklungshelfer in Nairobi (Kenia) mein Buch «Weltbild und Bilderwelt» mitnahm, um es immer bei sich zu haben und intensiv zu studieren. Er empfindet dieses Buch grundlegend für sein eigenes Schaffen und künstlerisches Denken.

Welche pädagogischen Schwierigkeiten sich meinem Buche aus dem Jahre 1958 für den Weltanschauungsradius der heutigen bundesdeutschen Schüler auftun, darüber schrieb mir meine Schülerin, die Kunsterzieherin Marianne Grosse-Bley aus Münster in Westfalen am 10. April 1980 folgenden Tatbestand:

«Übrigens prüfe ich im Abitur auch nach Ihrem Werk: ‹Weltbild und Bilderwelt›. Neben vielen Angeboten von Stoffbreite findet das Thema als Prüfungsthema Anklang. Vielleicht mit einer kleinen Einschränkung, die Ihnen sicher schon lange bekannt ist: Mit dem Thema ‹Heiligenfigur› können die Schüler nichts anfangen. Es ist eben sehr schwer erklärbar in unserer menschlich verseuchten, psychisch verschmutzten und konsumgierigen Zeit sogenannte seelische Bezüge interessant zu erklären, dann, wenn ich gleichzeitig weiß, daß unsere jungen Leute das alte Thema ‹Meditation› den ‹Trip ohne Droge› zu nennen pflegen. Auch daß die Kunst seit den neun Jahren meines Hierseins immer noch so viel Zuspruch findet, empfinde ich als ein Bedürfnis, über dieses Phänomen hinaus etwas zu erfahren, wozu meine häuserorientierten, autogeilen, unzufriedenen, sinngebungsunbezogenen und vielfach auch noch verantwortungslosen Kollegen(innen) nicht mehr die Kraft besitzen. Wer engagiert ist, seinen Frust nicht an Schülern ausläßt, der oder die ernten Neid und Schläge in zweiter Phase. Neun Jahre in Coesfeld, das war für mich und bleibt ein Dschungel von Gefühlen, die Nichtübereinkommbarkeit menschlicher Kommunikation, das Mitleid mit allen, für die Statussymbole den Erfolg darstellen, um festzustellen, daß sich der Weg nicht lohnte.»

Zu diesem Fehlen und rigorosen Schwund der geistig-seelisch-religiösen Werte bei Schülern und Lehrern kann ich nur anmerken: So weit haben wir es gebracht. Wir sind so sehr barbarisiert und brutal materialisiert, daß die ganze Aufbauarbeit, die ich in meinem Buche «Weltbild und Bilderwelt» zu leisten hoffte, wie auch der weltethische Ansatzpunkt dieses Buches, absolut sabotiert und sein Credo unverständlich belanglos geworden ist. Daß sich eine derartige geistige Totalpleite im Jahre 1980 ereignen könnte, habe ich mir allerdings beim Abfassen meines Buches, 22 Jahre vorher, noch nicht vorstellen können. Aber das Unvorstellbare hat sich anscheinend inzwischen doch vollzogen!

b) Emil Wachter und seine «Bilderwelt in Beton»

Mein Buch «Weltbild und Bilderwelt» sollte noch eine ganz andere, erfreuliche Auswirkung haben, nämlich auf den Erfindungsimpetus eines schöpferisch tätigen Künstlers.

Dem besonders im süddeutschen Raum bekannten Karlsruher Kirchenbilder-Glasmaler, Maler, Grafiker und Bildhauer Emil Wachter (geb. 1921) genügte es nicht mehr, die Kirchen-

Klaus Ringwald. Porträtbüste des Emil Wachter.

räume nur fragmentarisch mit seinen Werken auszuschmücken, wie er es bisher gewohnt war. Plötzlich hatte er davon genug, nur jeweils einzelne Fenster, einzelne Einzelwände mit Fresken oder Reliefs oder Teppichen zu gestalten, als ob es sich um Werke handelte, die aus einer Kunstausstellung in die Kirche übertragen worden wären.

Emil Wachter erkannte, daß das Kirchengebäude einen in sich geschlossenen, funktionierenden, organischen Gesamtkosmos darstellt. Deshalb sollte auch die Gesamtweltidee in den anzubringenden Bildern, also in der künstlerischen Ausgestaltung, als ein Gesamtprogramm zum Zuge kommen. So bot sich für Emil Wachter in der Kirche St. Kilian in Osterburken die von seiner Seite genial aufgegriffene Gelegenheit, im Sinne der Gesamtbildprogramme der mittelalterlichen Kathedral-Plastik ein theologisch ausgedehntes Progamm zu verwirklichen.

Die architektonische Grundlage dafür bot der Umbau der alten Kirche mit dem stehengebliebenen Turm im Westen durch den Baudirektor Manfred Schmitt-Fiebig aus dem erzbischöflichen Bauamt in Heidelberg.

Emil Wachters Schaffenswille nahm einen neuen Anlauf und bekam frischen Auftrieb.

Insofern ein moderner Künstler, ohne die Geborgenheit des mittelalterlichen Werkhüttenbetriebes, so etwas wie ein mehrschichtiges Kathedral-Plastik-Programm in heroisch titanenhaftem Alleingang verwirklichen kann, hat Emil Wachter dieses Riesenunternehmen tatsächlich innerhalb von vier Jahren durchgeführt. Dabei kam ihm das moderne Verfahren des aus dem leicht mit einem Messer zu verarbeitenden Styropors als Matrize und die Technik des Betongusses sehr zu Hilfe. Monatelang arbeitete er an Ort und Stelle.

Nun liegt ein ausgedehntes Gesamtkunstwerk vor. Der Innenraum wie die Wände am Außenbau, die Pfeiler und Portale der Kirche wurden mit plastischen Werken durchsetzt, ja selbst die Gestaltung des Platzes um die Kirche wurde später noch miteinbezogen.

Als Emil Wachter mich am Montag, dem 25. April 1975, im Auto nach Osterburken mitnahm, um mir die nun fertige Anlage zu zeigen, war ich erstaunt, wie sich der gesamte Kirchenkomplex mit Einschluß der Platzgestaltung, zusätzlich mit dem Grabe Adams und den Grabsteinen für die Gestalten des Alten Testamentes, als Gesamtbezirk darbot. In seiner festlichen Feierlichkeit ist dieser Bezirk mit dem Campo Santo in Pisa oder der Situation am Dome von Perugia mit dem Brunnen des Pisano zu vergleichen. Inzwischen ist Osterburken ein Anziehungspunkt der Touristik, ein beliebtes Ziel für unzählige Omnibusse geworden. Am Rande des Platzes kann man von einem Café aus geruhsam das künstlerisch gestaltete Ensemble überblicken und genießen.

Um die inhaltliche Geschlossenheit des Progammes unmißverständlich festzustellen, hat Emil Wachter 1974 eine Prachtpublikation mit einleitendem Text, Zeichnungen, Skizzen, Plänen und vor allem Fotos herausgegeben. Es wurde gleichsam ein Textbuch daraus in altem Sinne wie in der Renaissance, im Manierismus oder im Barock die Kunst des Programmentwerfens geübt wurde, nicht nur von den Künstlern, sondern auch von den Gelehrten oder von den Theologen.

Emil Wachter war für eine solche Aufgabe besonders prädestiniert, da er selber früher Theologie studierte. Sein Darstellungsprogramm zeichnet sich noch dadurch aus, daß es manche Anspielungen auf heutige politische Verhältnisse enthält.

Um aber ausdrücklich zu dokumentieren, wie sehr Emil Wachter zu einem derart unüblichen und kaum vergleichbar groß angelegten Unternehmen speziell durch meine eigenen Bestrebungen in dieser Richtung ermutigt und angestachelt wurde, hat er im Vorwort seiner Publikation festgestellt:

«Den Begriff Bilderwelt verdanke ich Professor Dr. Franzsepp Würtenberger aus dem Buche ‹Weltbild und Bilderwelt›, 1958.» Seine eigene Publikation nannte Emil Wachter «Eine Bilderwelt in Beton, 1970 bis 1974».

Als Emil Wachter 1980 sein Buch über sein monumentales Hauptwerk «Die Bilderwelt der Autobahnkirche Baden-Baden» herausgab, ist er, zugleich auf die Einsichten und Forschungen des jüdischen Philosophen Friedrich Weinreb hinweisend, wiederum auf meine Anstöße zu seiner künstlerischen Konzeption zurückgekommen und schrieb darüber:

«Franz-Sepp Würtenberger, Professor in Karlsruhe, dessen grundlegendes Werk ‹Weltbild und Bilderwelt› (Schroll Verlag, Wien und München) eine Wendemarke in der Orientierungslosigkeit der modernen Kunstgeschichte darstellt. Nicht nur der Begriff ‹Bilderwelt› stammt von ihm, sondern die Erarbeitung eines Denk-Kosmos, der die Phänomene der Kunst und der Technik in ein Größeres einzuordnen und zu deuten vermag. Mittels dieser ‹Weltethik› ist Kunstgeschichte bei ihm zugleich Anthropologie geworden.»

Emil Wachter, mit dem ich schon lange Jahre eng befreundet bin, hatte seinerzeit in aller Nähe und Teilnahme miterlebt, wie sehr ich um den Begriff «Weltbild und Bilderwelt» bei Abfassung meines Buches gerungen habe. So ist also von meinen wissenschaftlichen, weltganzheitlichen Weltbildideen auch ein Funke auf das unmittelbare Schaffen eines ideenreichen Künstlers übergesprungen. Dies ist eine Auswirkung meines Buches, die ich mir zunächst nie hätte träumen lassen. Aber manchmal gehen Ideen ganz andere, seltsam verschlungene Wege.

In diesem Falle ist besonders anzumerken, daß die theoretische Denkarbeit eines Kunstwissenschaftlers das geistige Konzept eines bildenden Künstlers über die Gewohnheiten der unsrigen Zeit hinaus befruchten und beflügeln konnte.

c) Eine Kunstausstellung unter dem Motto meines Buches «Weltbild und Bilderwelt» 1984/85 im Stuttgarter Kunstverein

Nach dem langen Zeitabstand von 26 Jahren seit dem Erscheinen meines Buches sollte diese Publikation noch eine sehr bemerkenswerte und für mich überraschende Ausweitung auf dem Gebiete des Kunstausstellungswesens haben.

Der Verband Bildender Künstler Württemberg e.V. veranstaltete zum Jubiläum des 60jährigen Bestehens eine Ausstellung der neuesten Arbeiten der Künstler des Verbandes ausdrücklich unter dem Gesichtspunkt der zeitgenössischen Verwirklichung der Begriffe Weltbild und Bilderwelt.

Um die eigentliche Absicht und den Sinn meiner Gedanken, die ich in meinem Buche formuliert hatte, den Mitgliedern der Jury zu erläutern, lud mich der damalige erste Vorsitzende des Verbandes, Dieter Göltenboth, als Inaugurator des speziellen Ausstellungsthemas ein. Ich hielt vor der Jury folgende Einführungsrede:

«Herr Göltenboth hat mir mitgeteilt, daß eine Ausstellung unter dem Motto ‹Weltbild und Bilderwelt› veranstaltet werden soll. Und daß dieses Motto auch eine gewisse Handhabe und Verbindlichkeit für die Jury beinhalten soll. Da ich über dieses

Thema, das Herr Göltenboth persönlich sehr schätzt, ein Buch mit dem Titel ‹Weltbild und Bilderwelt› geschrieben habe, glaubt er, daß ich über die Zusammenhänge, die dieser Titel andeutet, kompetent sein müsse, und daß es auch jetzt noch lohnend und aufschlußreich, ja sogar wünschenswert für die heutige kunstinteressierte Gesellschaft sei, über die Zusammenhänge von Weltbild und Bilderwelt aufgeklärt zu sein, um an Hand dieser Zusammenhänge auch auf die Gegenwart gewisse Maßstäbe der Kunstbeurteilung zu erlangen.

Von diesem Buch wird also sehr viel erwartet, und es ist die Frage, ob dieses Buch auch das Gewünschte wirklich bieten kann.

In welcher *Schicht* dies meines Erachtens möglich ist, will ich versuchen, Ihnen zu vermitteln.

Zunächst muß ich von meinem Buch ‹Weltbild und Bilderwelt› sagen, es ist schon ein altes Buch. Denn es ist schon vor 25 Jahren geschrieben und schon 1958 erschienen. Ob es deshalb aber ein veraltetes und somit unaktuelles Buch ist, das wird sich herausstellen.

Dieses mein Buch ‹Weltbild und Bilderwelt› *ist doppelgesichtig*.

Auf der einen Seite behandelt das Buch historische Fakten und Epochen. Genau zeitlich begrenzt von der Spätantike bis zur Moderne. Den Begriff der Post-Moderne gab es 1958 noch nicht. Dies tut aber nicht viel zur Sache, wie sich herausstellen wird. Auf der einen Seite ist das Buch ein systematisches Buch, das die Historie in ganz fest umrissene Denk-Prinzipien einteilt und weltganzheitlich behandelt.

D.h., die äußeren, historischen, kunstgeschichtlichen Sachverhalte sind in diesem Buche nicht entscheidend. Es hat ein viel weitgespannteres und *tieferes* Anliegen. Es versucht aus dem stilistischen Formal-Bestand der Kunstwerke das dahinterstehende *Weltbild-Denksystem* zu erfassen. Der eigentliche Titel sollte sein: Weltbild, Denksystem und Kunstform, was die Beziehung zwischen Formalbestand und dem dahinterstehenden Denkvorgang des Betrachters der Kunstwerke präziser angibt. Und, daß es die Kunstwerke als Ausfluß und genaue Gegenstücke zu den jeweiligen Denkprinzipien der Weltanschauung erkannt wissen will.

Es wird festgestellt:

‹Jedem Kunstwerk im Ablauf der Zeiten ist eine konkrete geistige Gesamtregel, ein eigenes Denksystem eigen.› Für jede Epoche werden in meinem Buch von mir *Grundkategorien* des Denkens aufgestellt, nach denen die Bilder gedacht sind und funktionieren können, wenn der Betrachter sich in das entsprechende grundsätzliche Denksystem einstellt. Wenn der Beschauer dies nicht tut, so kann er den eigentlichen Sinn der Kunstwerke nicht erkennen. Bis auf die Zeit um 1910/1920 ist in meinem Buch bezüglich der behandelten Epochen alles klar und eindeutig systemgerecht formuliert und formulierbar gewesen.

Jede Epoche hat ihren ihr eigenen Stempel aufgedrückt bekommen. Dabei gab es wohl recht unterschiedliche Prinzipien. Aber das Eine gab es nicht: Es wurde keineswegs darauf geachtet, ob uns diese Prinzipien gefallen oder nicht, und ob sie der Kunst als Weltgestaltung zuträglich sind, oder ob sie uns künstlerisch-geistig Nutzen bringen oder nicht.

Das hinter den Kunstwerken stehende Denksystem war stets tragbar akzeptabel im Namen der Kunst. In dieser Beziehung war alles in Ordnung. Wir stehen bis 1910 auf festem Boden. Doch – am Ende des Buches, für den Beginn unserer Epoche, in der wir noch 25 Jahre länger drinnenstecken, bricht über die Kunst ein *furchtbares*, ihre innere Existenz erschütterndes *Faktum* ein.

Die Kunst bekam in der Weltgestaltung, die über Jahrtausende hinweg fast ausschließlich *ihr* Privileg war, eine weltweit sich verbreitende *Konkurrenz* und einen gefährlichen *Störfaktor*.

Dies ist der Einbruch und die weltbildsystemliche *Oberherrschaft* der Naturwissenschaften und der Technik mit ihrer *Maschinenwelt*.

Diese für die Kunst und ihr Sich-Auswirkenkönnen *tragische Situation* behandelt das Buch ‹Weltbild und Bilderwelt› auf den letzten zwei Seiten im Kapitel ‹Die Welt der Kunst und der Technik›.

Damit sind Denkprinzipien am Werk, die der Kunst, die auf die *geistige* Gestaltung der Welt und nicht auf ihren materiellen Nützlichkeitseffekt ausgerichtet ist, ihre eigentliche Weltgestaltungsmöglichkeit schmälern oder gar entziehen.

Von der Maschinenwelt der Technik überrumpelt, ringt die Kunst um ihre Existenz und ihrem Atem-Raum in einer erbitterten Auseinandersetzung. Dabei mögen wir bedenken: Bezüglich des rationalen Nützlichkeitseffekts ist jede moderne Motor-Maschine dem allerbesten Kunstwerk tausendfach überlegen!

Daraus resultiert, daß die Kunst in der Epoche der technischen Maschinenwelt eine kümmerliche, bedauernswert armselige Rolle spielt. Sie ist in das Ghetto der Ausstellungen und der Museen verbannt, nachdem sie aus dem Betrieb der wirklichen, aktiven Weltgestaltung herhausgezogen wurde.

Aber wenn der Mensch an der Kunst Schaden und Einbuße erleidet, so ist der Mensch als von Natur aus zu Geist begabtes Wesen geschädigt und erniedrigt sich somit selbst!

Nur das Ästhetisch-Sinnengenußhafte als Hauptkriterium für das Gedeihen der Kunst anzunehmen, wie dies seit 1900 geschah, ist schon eine Einschränkung des Lebensraumes der Kunst, d.h. ein Zeichen der Dekadenz.

In einer solchen Situation entsteht für uns geistige Menschen, die die Kunst lieben, die entscheidende Frage und Alternative:

I. Ob wir die Weltdeutung und Weltbehandlung der Technik und Megatechnik als verbindliche und gültige Grundlage unseres Denkens und Schaffens *anerkennen* und uns damit als Künstler (als Gegentyp zu den technisch denkenden Menschen) in das *Schlepptau* der technischen Welt nehmen lassen und dabei allerdings als Folge und Preis geistig und weltethisch als humane Menschen verkümmern oder gar untergehen,

oder

II. ob wir uns der allgemeinen (inhumanen und weltethisch suspekten allgemein) heute üblichen technischen Welthandhabung *entgegenstellen;*

und, um ein besseres Wissen um Welt und Mensch zu verwirklichen, die *Kunst* als *Gegen*welt und als *Weltbild-Korrektiv* einsetzen?

Die *Kunst* ist dann ein *Kampfmittel*, die Menschen zu sich selbst als Menschen zurückzubringen und zurückbesinnen zu lassen.

Die Kunst als das Humane, das Aufbauende, das Bleibende im Strome des Abbauenden, des Verschleißes der Menschen durch die Gewalt der Technik.

Der Kunst wäre dann eine ganz *andere* Rolle zugesprochen und zudiktiert.

Sie würde dann *nicht* in dasselbe Horn stoßen wie die allgemeine Weltanschauung, die durch die Technik und die Maschine gekennzeichnet ist.

Die Kunst wäre dann eine *Hilfe*, um die Menschen vor der geistigen Verrohung und Auspowerung infolge der technischen Einrichtungen und Hingabe an die Maschinen zu *bewahren* und eine *Gegenwelt des Geistes* zu errichten. Kunst wäre dann auf geistigem Gebiet so etwas wie der vielsagende Begriff des Umweltschutzes auf materiellem Gebiet, wo sich der technische Mensch vor seinen eigens von ihm selbst verursachten Fehleinschätzungen der Welt schützen muß.

Kunst wäre dann nicht (wie in früheren Epochen, wie ich es in meinem Buche ‹Weltbild und Bilderwelt› schilderte) weltsystem-adäquat, sondern wäre dann der allgemeinen Vertechnisierung gegenüber etwas ganz anderes!:

Eine ungeheuer schwere, aber leider sehr notwendige *Mission* fiele dann der Kunst zu!

Und diesbezüglich heißt es im Schlußabsatz meines Buches ‹Weltbild und Bilderwelt›:

«Aber es gibt nicht nur technisch-materialistisch denkende und in der technischen Welt lebende und voll darin aufgehende Menschen, sondern auch eine Gruppe von solchen, die vom Kerne ihres Seins her künstlerisch denken, indem sie an eine Gestaltung des Weltbildes durch die Idee glauben. Deshalb, und nur deshalb kann es in dieser technisch-geschichtlichen Zeit auch noch Kunst geben. Der technische Mensch in Reinkultur allerdings ist der Kunst grundsätzlich unbedürftig.

Damit ist die Frage nach der Kunst zu einer Frage nach dem Wesen des Menschen selbst geworden. Es geht auch in der Kunst um eine hominlistische Fragestellung. Die Kunst wird also nicht von der Technik bestimmt, doch vernichtet die Technik letztlich die Kunst, jene stationär zu nennende Kunst, die allein ein wirklich weltgestaltender Faktor in der Kultur sein kann.

Ob es weiterhin eine wirklich kulturgestaltende Kunst geben wird, hängt aber nicht von der Technik ab, sondern eindeutig allein vom Menschen der Zukunft, davon, ob er sich für die Technik oder für die Kunst entscheidet: für die Idee oder für die platte Wirklichkeit. Dabei erhebt sich die prinzipielle Frage, ob der Mensch im Kunstwerk symbolhaft sein Weltbild zu gestalten und festzuhalten beabsichtigt, oder ob er lediglich mit Hilfe von Maschinen die Welt im Sinne zu benutzender Weltkräfte verarbeiten will».

VI. Die Folge der Großen theoretischen Weltbildsystem-Zeichnungen

Im Verlaufe der Erarbeitung meines Buches «Weltbild und Bilderwelt» verfertigte ich eine Anzahl von sogenannten theoretischen Zeichnungen. Bei dieser besonderen Art von Zeichnungen beabsichtigte ich, gewisse von den Künstlern in ihren Gemälden festgehaltene Tatbestände durch von mir hinzugefügte Ergänzungen in größere weltganzheitlichere Zusammenhänge einzubinden. Dadurch sollte anschaulich gemacht werden, welche weltanschaulich allgemeinen Gedanken zusätzlich vom Betrachter solcher Bilder hinzugedacht werden müssen, um die gedankliche Konstruktion in ihrem eigentlichen Sinne verstehen zu können. Für die verschiedenen kunsthistorischen Epochen mußten noch verschiedene Ergänzungen eingesetzt werden.

Für die mittelalterlichen Ikonen und Altargemälde war es notwendig, sie in Beziehung zu setzen mit dem ewigen, himmlischen Sein, das sie zu verkünden unternehmen. Um dies deutlich zu machen, setzte ich über das tatsächliche Geschehen den Kreis der Ewigkeit. Dabei beachtete ich die graduellen Unterschiede, wieweit oder wie nahe in den verschiedenen Stilepochen das vorgeführte Geschehen mit Ewigkeit gefüllt ist, oder wieweit es davon entfernt ist.

Solche Weltanschauungsexperimente erprobte ich an hochmittelalterlichen Evangelisten-Darstellungen, an der Arena-Kapelle von Giotto, an der Sankt Lukas-Madonna von Rogier van der Weyden, am Genter Altar von Jan van Eyck oder am Allerheiligenbild von Albrecht Dürer.

In ihnen wird also der Sphärenweg, in den der Besucher beim Betrachten der entsprechenden mittelalterlichen Altarbilder hineingerissen wird, im von mir weiterkonstruierten Bilde konkret erlebbar gemacht. Ohne diese zusätzlichen Angaben der Sphärenskalen bleibt der Weg der Seele des Beschauers unartikuliert, vage und beliebig.

Für neuzeitliche Gemälde kamen wiederum andere allge-

330 Weltbild und Bilderwelt

F. S. W. Weltbildsystemzeichnung. Evangeliar Ottos III.

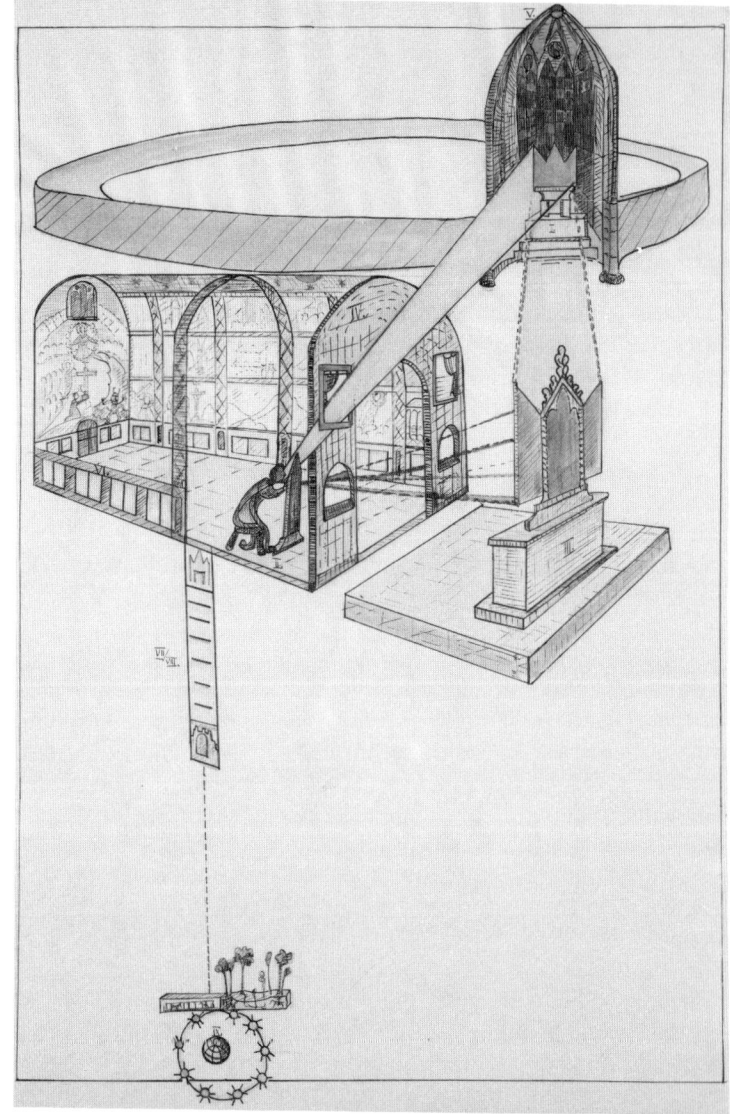

F. S. W. Weltbildsystemzeichnung. Die Arena – Kapelle in Padua von Giotto.

meine Ergänzungen in Frage. So beließ ich zum Beispiel die Ateliersdarstellungen von Rembrandt nicht in ihrem gewöhnlichen Tatbestand des irdischen Hell-Dunkels, in dem ein einzelner Sonnenstrahl die Dunkelheit des Malzimmers erhellt, sondern ich fügte noch den Sonnenlauf um unseren Planeten Erde mit Einschluß von Rembrandts Atelierhaus hinzu. Dadurch wurde die zeitlich fragmentarische Situation in Rembrandts Gemälde offenbar gemacht, indem sie jeweils nur einen Bruchteil des täglichen Sonnenlaufs berücksichtigt.

Ähnliches versuchte ich mit dem Atelierhaus von Giorgio Vasari in Arezzo.

Um die naturgetreue niederländische Gattungsmalerei im Verhältnis zu ihrem Weltgehalt darzulegen, erfand ich eine spezielle Methode. Ich zeichnete eine möglichst naturganzheitliche niederländische Landschaftsszenerie, die sowohl Felder und Äcker, Wald und einzelne Bäume, einen Weiher, Viehweiden, eine Düne, den Strand und das Meer enthielt, als auch menschliche Siedlungen, dörfliche Häusergruppen und eine ganze Stadt. Aus dieser weltganzheitlichen Landschaftssituation wählte ich jeweils Ausschnitte, welche die niederländischen Gemälde aus der Gesamtlandschaft fragmentarisch herausreißen.

Um die Stellung der sich im Begrifflichen bewegenden Bildgattungen der Allegorie und der symbolhaften Altarbilder, wie sie im 17. Jahrhundert nur selten zu finden sind, zu charakterisieren, habe ich Beispiele dieser Gemälde über den Wolken

Weltbild und Bilderwelt 331

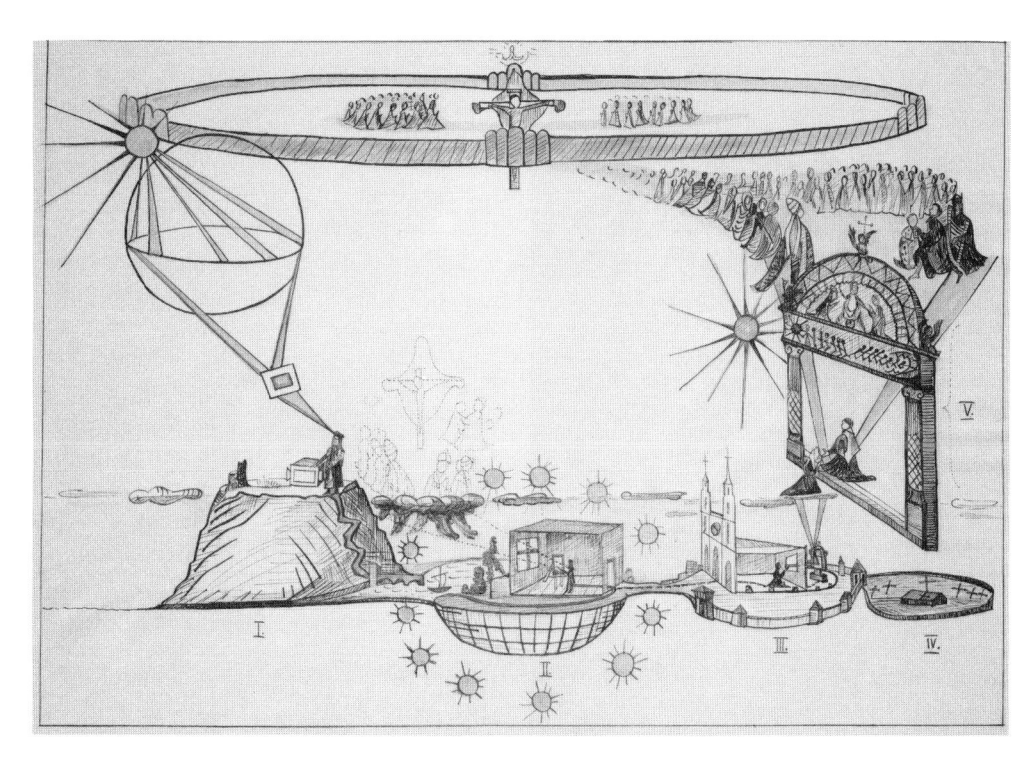

F. S. W. Weltbildsystemzeichnung des «Allerheiligenbildes» von Albrecht Dürer. I. Dürer als religiöser Visionär und als Künstler. II. Dürer als irdischer Maler. III. Die Welt des Stifters. IV. Der Friedhof. V. Regressus Fortunae.

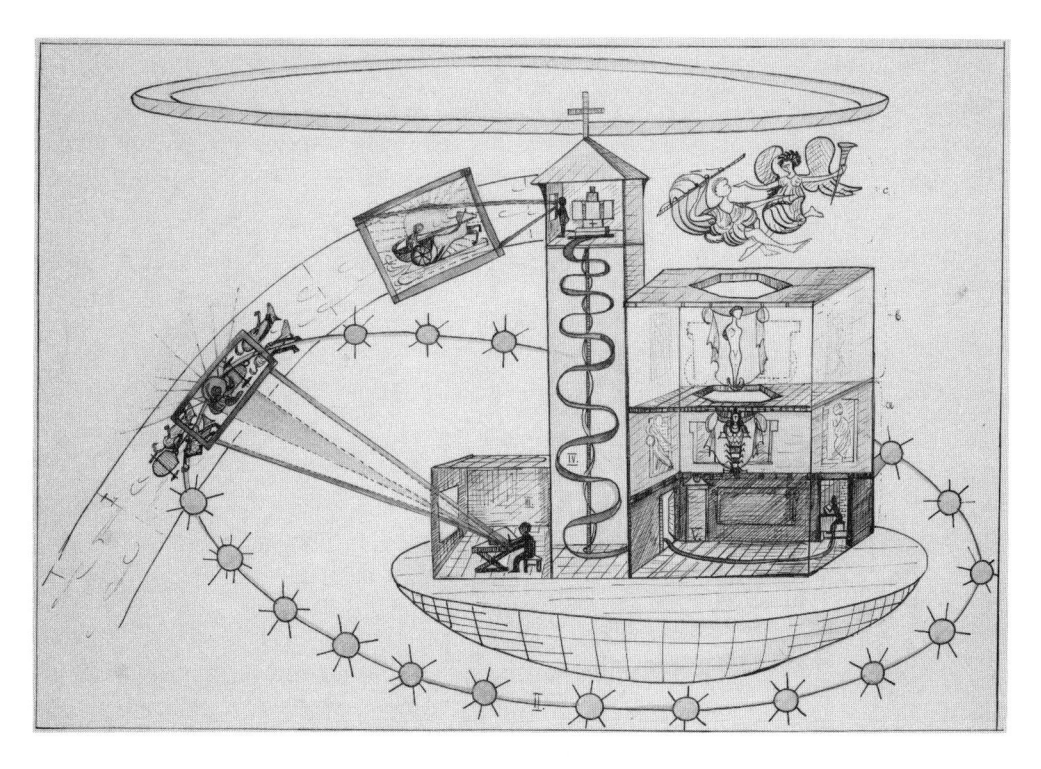

F. S. W. Weltbildsystemzeichnung des Atelierhauses des Giorgio Vasari in Arezzo.

und über dem Naturhimmel der niederländischen Gattungsmalerei angebracht, um dadurch ihren übernatürlichen Weltgehalt deutlich zu machen. Denn diese beiden Gemäldearten sind ihrem Wesen nach nicht von den natürlichen Naturbedingungen abhängig, sondern bewegen sich in einem höheren Reich des begrifflichen und symbolhaften Denkens.

Für das 19. Jahrhundert erkannte ich, daß es Bestrebungen gab, um den zeitlich fragmentarischen Naturalismus von Rembrandt aufzuheben und ein ganztägliches Weltbild mit den vier Tageszeiten zu entwerfen. Dieses Ziel erstrebte Moritz von Schwind, indem er die Folge seiner sogenannten Reisebilder zusammenstellte, und es ihm deshalb möglich wurde, das Geschehen im Rundgang eines ganzen Tages als Summe von vielen Einzelszenen zu schildern. Um dies zu verdeutlichen, setzte ich die Folge der Reisebilder von Schwind auf unsere Erde und ließ die Sonne um die Erde kreisen mit der Einfügung der allegorischen Rundbilder vom Morgen, Tag, Abend und Nacht.

Bei der Lektüre von Wilhelm Buschs Erzählung «Eduards Traum», wo der Mensch als denkender Punkt in das Weltall hinausgeschleudert wird und dann wieder auf der Erde landet, reizte es mich, das nur in der Vorstellung Rekonstruierbare an Buschs Erzählung in einer theoretischen Zeichnung anschaulich zu fixieren. So entstand ebenfalls eine eindrucksvolle Zeichnung daraus.

Oder als Hermann Finsterlin mir gesprächsweise klar machte, von welchem siderischen Standort aus er seine Bilder erfinde, ging ich her und versetzte in einer Zeichnung das Atelier von Finsterlin in die Sternenwelt.

Zunächst hatte ich alle diese Versuche und Experimente der theoretischen Zeichnungen in mehr oder weniger skizzenhaften Bleistiftentwürfen festgehalten. Als ich in den Jahren 1955 und 1956 so sehr damit beschäftigt war, führte ich alle diese Zeichnungsentwürfe auch der Kunsthistorikerin Frau Dr. Gerda Kircher vor, da sie sich von jeher für meine Arbeiten freundschaftlich interessierte und wir oft in langen Gesprächen darüber diskutierten.

Da Frau Dr. Gerda Kircher immer schon Freude hatte zu zeichnen und zu aquarellieren, äußerte sie den Wunsch, meine skizzenhaften Zeichnungsentwürfe in farbige Kunstblätter zu übersetzen. Diesen Einfall fand ich ausgezeichnet, denn ich selber hatte nicht die Muße zu einer solchen Unternehmung. Ich mußte froh sein, meine umfangreichen Forschungen überhaupt fixieren zu können, da quasi ein Gedankenproblem das andere jagte.

Frau Dr. Gerda Kircher machte sich mit Eifer an die von ihr selbst gestellte Aufgabe, und so entstanden 15 Stück meiner Entwürfe als verständnisvoll gestaltete graphische Kunstblätter. Teils wurden die Federzeichnungen zusätzlich koloriert, teils blieben sie ohne Farbe als reine Tuschzeichnungen.

Frau Dr. Gerda Kircher war von ihrem Einsatz derart begeistert, daß sie darüber äußerte, diese Tätigkeit sei eine der schönsten und erfülltesten ihres ganzen Lebens gewesen. Diese Bemerkung fußt wohl darauf, daß sie bei ihrer Arbeit spürte, in welche außerordentlich reichhaltigen und weitgespannten Sphären sie hier schöpferisch geführt wurde, wie sonst kaum irgendwo.

Einige dieser Blätter wurden dann auch in meine Publikation «Weltbild und Bilderwelt» übernommen und dort veröffentlicht.

Es war interessant zu beobachten, wie der Verleger bei den weltbildmäßig kühn und ungewohnt angelegten Blättern nicht zugriff, sondern sie ohne große Erklärungen beiseite schob. Doch – ich ließ die Sache auf sich beruhen, denn ich war erstaunt und angetan davon, wie sehr er sonst grundsätzlich meine Methode der theoretischen Zeichnungen akzeptierte und den Wagemut bewies, sie wenigstens auszugsweise zu publizieren.

VII. Ich und mein Buch über den Manierismus 1960–1962

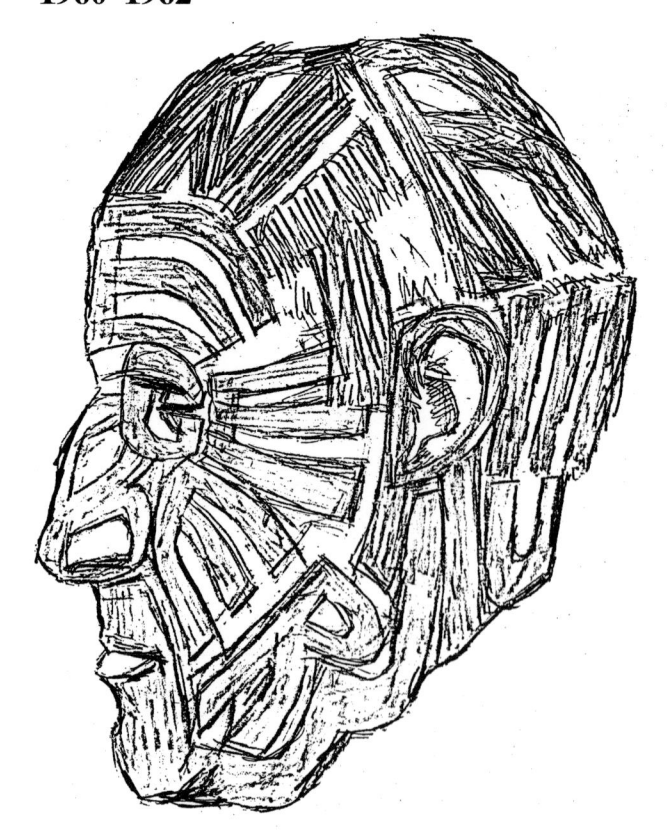

Günther Diehl. Porträt des F. S. W. à la Arcimboldo.

Thea Bellm. Porträt des F. S. W. à la Arcimboldo. Aquarell. 1983.

Vor das Kapitel, das den Verlauf der Konzeption meines Buches über die Stilepoche des Manierismus behandelt, möchte ich ein Portrait meiner Selbst stellen, das mich in manieristisch verfremdeter Form darstellt und insofern die in mir selber stets vorhandenen manieristisch zu deutenden Ambitionen und Verhaltenseigenschaften unterstreicht. Es ist das Portrait, das mein Freund und Schüler Günther Diehl in seiner Folge von Federzeichnungsbildnissen «Franzsepp Würtenberger als Mensch, Forscher und Zeitkritiker», 1977, aufnahm.

Das Bildnis zeigt mich im skurrilen Stil des Erzmanieristen Guiseppe Arcimboldo, der u.a. den Kopf des deutschen Kaisers Rudolf II. aus lauter Gemüsearten oder den Kopf eines Bibliothekars aus lauter Büchern zusammenmischte.

Nach diesem Verfahren stellte Günther Diehl meinen Kopf aus den Buchstaben meines Namens Würtenberger zusammen. Angeregt zu dieser speziellen Kombination wurde Günther Diehl durch meine Schreibspiele mit den Buchstaben meines Namens, die ich in der Abhandlung «Meine akrobatischen Unterschriften» veröffentlicht hatte.

Nach Jahren wagte es eine Künstlerin, mein Portrait ebenfalls im Stile des Arcimboldo zu gestalten. Angeregt wurde sie dazu durch einen Besuch im Wiener Kunsthistorischen Museum, wo sie die hervorragenden Phantasieköpfe von Arcimboldo sah und an meine Liebe zu diesem Künstler dachte. Thea Bellm, die mit mir befreundete, begabte Zeichnerin aquarellierte mich 1982 als Gemüsekopf.

Die Stirn besteht aus zwei Äpfeln, die Wangen aus zwei Rettichen, die Nase aus einem Lauchstengel, die Ohren aus Kartoffeln, meine Baskenmütze aus einer Paprikaschote, die Lippen aus zwei Bohnen, der Hemdkragen aus Weinlaubblättern und die Hemdknöpfe aus Haselnüssen. Besonders anzumerken ist mein rechtes Auge, es ist mit einem Vergißmeinnicht ausgezeichnet.

Das Thema für meine Publikation «Der Manierismus. Der europäische Stil des 16. Jahrhunderts», 1962, habe ich nicht selbst gewählt. Sonst habe ich alle übrigen Bücher und Arbeiten ausschließlich aus eigener Initiative heraus konzipiert.

Diesmal war es anders gekommen.

Eines schönen Tages bekam ich einen Anruf von Dr. Gustav Künstler, Wien, ich solle zu ihm reisen, er wolle etwas mit mir besprechen. In Dr. Künstler reifte, seitdem er mir zur Herausgabe von «Weltbild und Bilderwelt» verholfen hatte, der Plan, mir ein Buch über die Stilepoche des Manierismus in offiziellem Vertragsauftrag zu geben. Verlegerisch sei die Situation reif, ein Buch über den Manierismus herauszugeben, und dazu sei ich der geeignete Autor. Diese Meinung bildete sich bei Dr. Künstler, weil er bei mir Studienmaterial gesehen hatte, mit dessen Hilfe ich eine Soziologie der Kunst des 16. Jahrhunderts schreiben wollte: Die Kunst der Adligen, der Geistlichen und der Bürger. Daran hatte er sich erinnert, und so kam er zu diesem Vorschlag.

An sich kam dieser Auftrag in meiner eigenen Entwicklung reichlich spät. Früher, und von früh an, hatte mich das Problem des Manierismus brennend interessiert. Schon als Student im ersten Semester habe ich die entsprechenden Stellen bei Max Dvořák aus «Kunstgeschichte als Geistesgeschichte» abgeschrieben. Durch das Interesse am Manierismus verband mich in meiner Studentenzeit in Freiburg eine besondere Zuneigung und Verehrung mit Walter Friedländer, der zur Klärung des Begriffes Manierismus durch seine Studien über den antiklassischen Stil Wesentliches für die Forschung beigetragen hat. Im Seminar bei Erwin Panofsky in Hamburg referierte ich 1932 über die manieristische Kunsttheorie. 1939 verfaßte ich meine Habilitationsschrift über die manieristische Deckenmalerei in Mittelitalien. 1952 versetzte mich beim Kunsthistoriker-Kongreß in Nürnberg die gleichzeitige Ausstellung «Aufgang der Neuzeit. Deutsche Kunst und Kultur von Dürers Tod bis zum 30jährigen Krieg 1530–1650» in die Epoche des Manierismus.

334 Der Manierismus

Mit höchstem Interesse nahm ich damals die Eindrücke in mich auf, und ich fühlte mich in dieser Materie zu Hause und von ihr immer höchst angetan. In Amsterdam sah ich mir 1955 mit Begeisterung die Ausstellung «De Triumf van Het Manierisme van Michelangelo tot El Greco» an. An sich war alles bereit in mir, den Manierismus zu schreiben, aber im Augenblick war ich mit ganz anderen Problemen beschäftigt: Mit der Abhandlung Musik und Malerei. Davon mußte ich mich losreißen.

In den Sommerferien 1960 benutzte ich eine Reise nach Spanien mit meinen Freunden Helmut und Ruth Weirich, um die Hochorte des Manierismus in diesem Lande des Don Quichote zu besuchen: den Escorial und die Stadt des Malers El Greco: Toledo.

Auf Grund der von mir mit meinen eigenen Augen gesehenen Stadtansicht von Toledo, wie eine Fotografie eines Straßenfotografen meinen persönlich erlebten Lokaltermin am 25. September festhält, stellte ich dann in meinem Buche über den Manierismus die Verrechnung von realen Wirklichkeitseindrücken und von idealer Verklärung eines solchen Stückes Natur an, wie sie der Maler El Greco in seinem Gemälde der Ansicht von Toledo handhabte.

Diese Beschreibung, die ich geeignet halte, einen allgemeinen Schlüssel für die Denkweise des manieristischen Künstlers überhaupt zu geben, bildet das Schlußbild und den Schlußtext des ganzen Manierismus-Buches.

Die Beschreibung möchte ich auch dem Leser meiner Biographie nicht vorenthalten:

F. S. W. Vor der Stadtsilhouette von Toledo. Foto. Am 25. 9. 1960.

«Als Greco in seinen spätesten Schaffensjahren um 1608 den Auftrag bekam, eine Ansicht von Toledo zu malen, von jenem Stück Erde, das er selber zu seinem Wohn- und Schaffensort auserkoren hatte, öffnete sich ihm eine höhere Vision. Er hat alles getan, um die Realsicht von Toledo nicht zur Hauptsache werden zu lassen. So setzte er in den Vordergrund links die Gestalt des Flußgottes des Tajo. Das Kloster, das außerhalb von Toledo liegt und für das Greco vermutlich diese Ansicht der Stadt malte, löste er von der Realität ab, indem er

El Greco. Ansicht und Plan von Toledo. Gemälde.

es von dem festen, schweren Erdboden weg auf eine helle, luftig-leichte Wolke versetzte. Über ihr ließ er die Vision von Maria auftauchen, wie sie als Himmelsmutter und Schutzherrin von Engeln in die Lüfte hoch über der Stadt Toledo gehalten wird. Nicht genug damit, zerstörte der Maler nochmals die natürliche Einheit des Blicks auf Toledo und den eindeutigen Realitätsgrad der Landschaftsszenerie durch Hinzufügung des Brustbildes eines Knaben, der uns Beschauern den Plan von Toledo hinhält. Toledo, die Stadt, erscheint somit noch einmal, in einer zweiten, anderen, einer künstlichen und bildungshaft-wissenschaftlichen Erscheinungsform. Einen Stadtplan kann man entfalten und zusammenrollen, ja man kann in einer derartigen Modellprojektion ideenhaft die ganze Größe der realen Landschaft zwischen die ausgebreiteten Arme nehmen. Das Kunststück, die Reallandschaft durch diese Bannung auf den Stadtplan dem Menschen gefügig zu machen, ist in diesem Bild vollbracht, und Greco feiert damit den Sieg der Idee über die Materie.

Aber selbst die Ansicht der realen Stadt wird dem Maler zur entwirklichten Traumlandschaft. Sie ist in eine seltsame Farbstimmung getaucht: Graue, olivgrüne und gelbe Töne mischen sich; es ist nicht die vertraute braune oder grüne Erdoberfläche, sondern die Erde verklärt sich in einem geisterhaft gelösten Farbzustand, sich dem entmaterialisierenden Gelb und Gold zuneigend. Dabei allerdings ist das Überraschendste, daß in diesem Fall die entmaterialisierte Stimmung kaum einer Umsetzung durch den Künstler zuzuschreiben ist; denn die reale Natur der kastilischen Hochebene erscheint erstaunlicherweise in Wirklichkeit wie entmaterialisiert und visionsgetränkt. Greco hat sich sogar überraschend nah und genau an das Naturvorbild gehalten. Über solche Einzelüberlegungen hinaus ist das Bezeichnendste, daß der Manierist El Greco sich einen schon von Natur aus «unwirklich» erscheinenden Landstrich für sein Kunstschaffen und als Lebensraum ausgesucht hatte. Bis zuletzt hielt dieser Meister, der seinen radikalen Manierismus am weitesten in das neue Jahrhundert des barocken Naturalismus hineinschob, an der «Idee» und an der Überwirklichkeit fest. Er gehörte zu jenen, echten und wahren Manieristen, deren Liebe zur Idee viel stärker war als die Hinneigung zu der platten, gewöhnlichen Wirklichkeit. Nicht daß ihnen diese unbekannt gewesen wäre; das Entscheidende war nur: Sie glaubten nicht an die Ausschließlichkeit der Wirklichkeit und sahen diese nicht für ihr Tun als bestimmend an. Ihre freie Wahl ging nach dem Höheren.»

Bei meinem Manierismus-Buch wagte ich es, in meiner Wissenschaft zum ersten Mal eine Epoche als Ganzes zu charakterisieren, einen Stil-Gesamtkomplex in Angriff zu nehmen und nicht nur Einzelphänomene zu durchleuchten, wie ich es in meinen bisherigen Arbeiten: Bei dem holländischen Gesellschaftsbild, bei der manieristischen Deckenmalerei Mittelitaliens oder bei Pieter Bruegel d.Ä. und der deutschen Kunst getan habe. Auch der Entwurf der holländischen Gattungsmalerei bezog sich nur auf eine Kunstart. Als Weltbild-Konzeption war dieser Versuch denkbar einfach und unkompliziert. Es gab darin keine Spannungen und Schwierigkeiten des Abwägens. Diesmal beim Manierismus war die Aufgabe eine viel umfassendere geworden. Es brauchte ganz andere Gedanken und Überlegungskräfte, um mit solch umfangreichem Material zurecht zu kommen. Dieses Großunternehmen bedeutete einen Aufschwung und eine wesentliche thematische und systematische Ausweitung meiner Weltbildkonzeptionen.

Wohl hatte ich schon bei «Bruegel und die deutsche Kunst» geübt, ein Gesamtweltbild in seiner Differenzierung und Verästelung zu konzipieren. Auch schon dieses Buch gibt ein außerordentlich penibles, systematisch aufgebautes Gefüge eines Weltbildes, auch wenn es sich nur um das Weltbild der Werke eines einzelnen Menschen handelt. Doch diesmal war die Aufgabe unvergleichlich umfassender. Meine Absicht war von vornherein, den Manierismus – analog zu Bruegel – ebenfalls als in sich geschlossenes Weltbild-Gebäude, als Gesamt-Weltbild-Komplex zu betrachten. Denn ich bin der Ansicht, daß jede Epoche ein anderes geschichtlich-logisches Gefüge darstellt, bei dem eine gewisse Wertung der Einzelphänomene unter sich stattfindet und dieses Gefüge nach gewissen Grundgesetzen funktioniert und abgestimmt ist. Diese Abstimmung der Werte herauszubekommen und zu ordnen, darauf legte ich in allen meinen Arbeiten allergrößtes Bemühen. Hier im Manierismus fand ich dazu eine hervorragende Epoche zur Bearbeitung vor.

Den Stoff habe ich in die klassische Zahl von acht Kapiteln gegliedert. In acht Kapitel hatte ich auch schon mein Buch «Weltbild und Bilderwelt» eingeteilt und im Anschluß daran die acht Weltbild-Standpunktpositionen angenommen. Die Acht hatte sich als Einteilungsstufen-Schema schon bewährt, so auch diesmal.

Ich wollte den Manierismus nicht als kunstgeschichtlichen Stil charakterisieren, nicht im Sinne der formalen Kunstgeschichte von Walter Friedländers Stilbegriff antiklassisch etc., eher wie bei Max Dvoraks «Kunstgeschichte als Geistesgeschichte». Mir kam es vor allem darauf an, die Kunstwerke des Manierismus in den großen weltpolitischen und bildungspolitischen Rahmen der damaligen Zeit einzureihen. Auf die weltgeschichtlichen Aufgaben und Zwecke, welche die manieristischen Kunstwerke an der allgemeinen Weltgestaltung ihrer Zeit zu erfüllen hatten, kam es mir vor allem und wesentlich an. Deshalb habe ich ein langes Kapitel «Die manieristische Kunst als Mittel zur Selbstbehauptung herrscherlicher Macht» überschrieben. Da werden die Kunstwerke nicht als ästhetische Erscheinungen gefeiert, sondern als höchst praktische und für die politische Herrschaft notwendige Unternehmungen angesehen. Die Kunstwerke werden auf dem Sektor der geistigen Machtentfaltung und der Repräsentation als gleich nützlich und gleich effektiv angesehen wie die militärischen Maßnahmen der Herrscher, wie ihre Befestigungen und ihre Kanonen und Waffen aller Art. Die Kunst als politische, geistespolitische Machtdemonstration sollte unterstrichen werden. Mit einer derartigen Einstellung zu meinem Stoff verließ ich das Gebiet reiner ästhetisierender, formaler Kunstgeschichte.

Ich hob auf viel lebenswichtigere und lebensintegriertere Werte der Kunstproduktion ab. Ich wies auf die neue machtpolitische Rolle der fürstlichen Residenzen hin, die im Manierismus an Bedeutung und Machtzuwachs gewinnen. In der Malerei ging es mir nicht um die Werke der Einzelkünstler oder um die Tafelbilder und Altäre des 16. Jahrhunderts, sondern viel wichtiger und entscheidender hielt ich die Durchführung der ungeheuer umfangreichen Fresken-Dekorationsmalerei. Ich sah darin die Groß- und Monumentalmanifestation der Gedankenwelt, welche die Fürsten als Herrscher dieser Welt bewegten. Es sind die Prachtsäle und Prachträume, gleichsam die ständige, festgebaute Theaterkulisse des repräsentativen Vollzugs ihrer gelebten Herrscheridee.

Obgleich sich der manieristische Stil im gleichen Jahrhundert ausbreitete, in dem auch das Werk von Pieter Bruegel d. Ä. geschaffen wurde, stellt der Manierismus in seiner geistigen, weltbildhaften Absicht eine konträre Gegenposition zu der Weltbildidee Bruegels dar. Der manieristische Künstler unterwarf sich gerade nicht dem alles beherrschenden Naturbegriff des Pieter Bruegel d.Ä. Er will nichts wissen von der Unterjochung des Willens des Menschen durch die dumpfen Mächte der Allnatur. Als Menschentyp ist nicht der Bauer als Landmann, als in die Natur integriertes, unselbständiges Wesen der wichtigste Mensch in seinem Untermenschentum. Auch vom Handwerker will der manieristische Künstler nicht allzuviel wissen. Der manieristische Künstler huldigt einem ganz anderen Menschen- und Gedankenideal. Er schlägt sich auf die Seite der Gelehrten, der Literaten, der geistig hochgezüchteten Philosophen. Soziologisch verbündet sich der manieristische Künstler mit den Fürsten und ihren Hofgelehrten, mit den raffinierten mythologischen und emblematischen Ideen. Der Manierist erhebt sich über die Natur, er verbündet sich mit der Götterwelt, mit dem Humanismus, mit der Bildung des Gelehrtentums, das seit der Renaissance an Macht gewonnen hat.

In gewisser Weise ist der manieristische Mensch gegen die naturwissenschaftlich zu durchschauende Natur, gegen den Realismus der Renaissance. Er erträumt sich ein Idealreich des Geistes, er errichtet auf seine Art und Weise unter anderen geistesgeschichtlichen Veränderungen eine neue mittelalterliche Hierarchie des Geistes und denkt sich eine philosophisch begründete Neoscholastik zurecht. Groß ausgebildet wird die Kunsttheorie. Ohne die Kenntnis der Schriften von Lomazzo, Armenini, Vasari und Zuccari ist das eigentliche Wollen der manieristischen Künstler nicht zu verstehen. Sie verbinden sich mit den Ideen der Gelehrten der Höfe aller Art, mit den Historiographen, Emblematikern, Hofgeographen, Hofastronomen, Hofmusikern, Hofpoeten usw. Aus diesem Milieu erschaffen die Künstler in enger Zusammenarbeit mit den Fürsten und Gelehrten, auf alles Geistige, Exquisite und Komplizierte Wert legend, ihre manieristische, superraffinierte Weltinszenierung über ganz Europa hinweg.

Gerade aus dem Antagonismus der Weltbildidee von Bruegel d.Ä. und dem Manierismus konnte ich deutlich lernen und erfahren, wie widerspruchsvoll und geistig schöpferisch komplex die Entwicklung des abendländischen Weltbildes war. Hier bricht ein tiefer Zwiespalt auf, der alle meine künftigen Arbeiten durchziehen wird. Es ist die Frage nach der Realnatur und die Frage nach der außerrealen, geistigen, gedanklichen Weltkonzeption. Dieser Zwiespalt sollte mir noch sehr zu schaffen machen und mich viel Mühe kosten, bis ich diese Problematik durchschauen konnte, da es sich um eine Problematik handelt, die bis auf den heutigen Tag anhält und hochaktuell geblieben ist.

Die Zusammenarbeit bei der Herstellung des Buches verlief zwischen dem Verlag Anton Schroll & Co. und mir in einer erfreulich angenehmen Atmosphäre aller Beteiligten. Als die Herstellung erfolgreich beendet war, wurde ich nach Wien beordert, um in einer feierlichen Zeremonie das erste fertige Exemplar des Buches in Empfang zu nehmen. Die Belegschaft des Verlages wurde zur Feier des Ereignisses in die Hofburg eingeladen, in einen soeben neu eröffneten Saal, der mit Möbeln des ausgezeichneten Jugendstil-Künstlers Hans Hoffmann ausgestattet war. Dieser in seinem stilistischen Habitus exquisite Ort trug zur feierlichen Stimmung bei. Bei diesem Festbankett wurde ich als Autor geehrt, und ich empfand diese reizend ausgedachte Zeremonie vergleichbar mit einer Dichterkrönung aus der Zeit des Humanismus, wo auf solche Dinge noch Wert gelegt wurde.

Mein Manierismus-Buch wurde ein Welterfolg. Wie kam dies? Ich als hausbackener Stubengelehrter sollte als Präzeptor mundi auftreten. Ich wurde wieder, wie dies schon in meiner Kindheit von Natur aus war, Weltbeherrscher und Welteroberer, natürlich auf ganz anderer Entwicklungsstufe. Diesmal auf der unpolitischen Ebene des Weltstaates des Gelehrtentums.

Das Manierismus-Buch wurde der Höhepunkt aller meiner sich über viele Jahrzehnte hinweg erstreckenden schriftstellerischen Bemühungen. Diese meine Bemühungen schritten Stufe für Stufe eine hohe Treppe empor. Ihre unterste Anfangsstufe waren die Schulaufsätze aus der Knabenzeit. Von ihnen nahm noch niemand Notiz außer meinen Lehrern, die meine Arbeiten direkt benoteten. Die zweite Stufe waren die Aufsätze, die ich für meinen eigenen Bedarf verfertigte. An ihnen ließ ich niemanden teilnehmen, als meine Eltern, denen ich die Aufsätze zu Weihnachten widmete und von denen ich annahm, daß sie mit meiner Gedankenwelt absolut und wie sonst niemand auf der Welt vertraut sind. Auf der Universität verfertigte ich Referate, die nun in einen schärferen Wind der Meinungen der Mitmenschen kamen. Sie wurden kritisch beurteilt von meinen akademischen Lehrern und den Fachgenossen, meinen Kommilitonen. Schließlich schrieb ich nach dem Studium Zeitschriften-Aufsätze und Bücher, die für ein anonymes Fachpublikum bestimmt waren. Dann aber faßte ich die Themenstellungen meines Faches der Kunstgeschichte so weit, daß der Fachpublikumskreis gesprengt wurde und sich meine Gedanken an eine sehr viel weitere Öffentlichkeit wandten. Ich ließ verstärkt davon ab, nur Wissenschaft zu treiben, sondern begann immer mehr, meiner Gedankenführung rein menschlich allgemeine Probleme voranzustellen. Ich begann damit schon mit meinem Buche «Pieter Bruegel d. Ä. und die deutsche Kunst». Ja, es trat bei meinem Buche «Weltbild und Bilderwelt» der Fall ein, daß dieses Buch von den unvoreingenommenen Laien und allgemein philosophisch denkenden Menschen besser und lebendiger verarbeitet und verstanden wurde als von den Fachgenossen.

Nie hätte ich aber geglaubt, daß meine kunsthistorische Fachschriftstellerei eine derart weltweite, dem Leserpublikum gleichsam von außen her aufoktroierte Wirkung tun könne, wie es dem Manierismus-Buch beschieden war.

Dem Verleger schwebte der Gedanke vor, daß dieses Buch aus der Reihe üblicher Kunstbücher tanzen, daß es mit allen verfügbaren Werbetricks zu einem durchschlagenden Erfolg führen müsse. Der Verleger Dr. Künstler wollte den Erfolg, der meinem Buche «Weltbild und Bilderwelt» in seiner etwas biederen und vornehm zurückhaltenden Aufmachung unter seiner verlegerischen Betreuung versagt blieb, wett machen, indem er mir einen internationalen Welterfolg eines meiner Bücher verschaffen wollte. Diesmal wurde der gesamte Apparat an Buchausstattung, Bebilderung und Propaganda in der Presse, über den ein Weltverlag wie Schroll & Co. in Wien verfügt, in Bewegung gesetzt, um den gewünschten Globalerfolg zu erzielen. Es entstand ein buchtechnisch einwandfreier, fortschrittlich gestalteter Prachtband. Schon allein das Format, die äußere Grunderscheinung wurde absichtlich überdimensioniert und das Normalmaß sprengend gewählt. Es sollte sich im Bücherschaft absichtlich nur schwer einfügen, es sollte auffallen!

Man tat so, als ob die ganze gebildete, historisch interessierte Menschheit nach der Weisheit des Manierismus lechzte. Das Projekt der Welteroberung gelang. Nach und nach wurde dieses Buch in vier Weltsprachen herausgegeben. Es erreichte damit jene Universalität, d.h. einen vergleichbar parallelen Sprachraum, den ich in meiner Schulzeit anstrebte, mit der Erlernung der lebenden Sprachen von Französisch, Spanisch und Italienisch. Das Buch wurde für die deutsch, italienisch, englisch-amerikanisch und spanisch sprechende Welt bereitgestellt. Der internationale Geschmack in seinen nationalen Modifikationen drückte sich bei den verschiedenen Ausgaben in den Formulierungen der Umschlag-Titelseiten aus. Die fünfte Weltsprache, das Französische, blieb ihm versagt, da es die französischen Verlagsunternehmer ablehnten, fremde Autoren in ihre Produktion zu übernehmen.

Als 1963 vom Südwestfunk Baden-Baden unter der Leitung des damaligen Direktors der Staatlichen Kunsthalle Baden-Baden, Dr. Dieter Mahlow eine Sendung über die Stilepoche des Manierismus veranstaltet wurde, war auch ich zur Teilnahme aufgefordert worden. Außer mir waren noch Prof. Dr. Otto Stelzer aus Hamburg, Prof. Dr. Arnold Hauser aus London und der Kunstreferent der Frankfurter Zeitung, Benno Reifenberg, gebeten worden.

Die Diskussion über den Manierismus sollte vornehmlich dazu benutzt werden, möglichst von dorther gegenwartsaktuell erscheinende Fäden zur Kunst des Surrealismus unseres 20. Jahrhunderts herüberzuziehen. Da sind sicherlich vereinzelt vergleichbare Erscheinungen festzustellen. Doch fand ich es richtig, nicht nur auf diese in unserem Sinne fortschrittlichen, meist individualpsychologischen Beziehungen abzuheben, sondern auch noch zu betonen, daß der Manierismus in wesentlichen Erscheinungen und Bestrebungen ein Gegenschlag des beginnenden naturwissenschaftlich-rationalen Weltbildes der Renaissance war und oftmals eine Restitution der die Idee als solche betonenden Welt des Mittelalters ganz deutlich und bewußt anstrebte. Doch diese Partien meines Referates wurden, wie dies üblich ist, für die öffentliche Präparierung der Sendung selbstherrlich herausgeschnitten.

VIII. Ich und Salvador Dali

Vortrag 1963 und Wiederholung 1971

Nun aber kam ich durch die Beschäftigung mit einer Persönlichkeit mit aller Macht in die Problematik der Lebenslauf-Fragen hinein. Und zwar in besonders hohem Maße, da ich über alles wissenschaftliche Interesse hinaus für diesen Menschen ein sehr starkes persönliches Engagement entwickelte. Da fand ich Züge in mir angesprochen, mit denen ich mich so stark wie bei keinem anderen Menschen identifizieren konnte. Dies brachte die Beschäftigung mit der sechs Jahre vor mir geborenen Gestalt des Salvador Dali.

Bei Dali interessierte mich das Problem der Abstimmung und Verquickung zwischen Kunst, Idee und Leben.

Großen Eindruck machte auf mich, d.h. auch auf mein eigenes Leben und Tun bezogen, der Ausspruch und die Lebensmaxime von Dali: Zuerst die Biographie schreiben und dann danach leben. Hinter dieser Aufforderung stand für mich eine großangelegte, lebenssouveräne Haltung. Donnerwetter, das ist ein Kerl, der sein Leben nach solchen Grundsätzen zu meistern versteht und nicht immer bei der Biographie das Abgedroschene ex post anwendet.

Seitdem ich diesen Ausspruch vernommen hatte, war Dali für mich ein großer Mensch, ein Halbgott. Und dies in besonderem Maße, wenn man bedenkt, wie die Menschen im allgemeinen geistig schlampig und ungepflegt über ihr Lebenskonzept verfügen. Wie katastrophal schlecht es damit im allgemeinen steht, wird durch die Forschungen der weltbekannten Psychologin Charlotte Bühler in ihrem Buche «Psychologie des Lebens unserer Zeit» von 1962 aufgeklärt, wenn sie zur niederschmetternden Feststellung gelangt:

«Und es ist außerdem auch unbekannt, wie viele Menschen tatsächlich Lebensziele haben, die als das Leben übergreifend und zusammenhaltend erlebt werden. Es ist sogar höchst wahrscheinlich, daß eine große Mehrheit von Menschen auf der Welt überhaupt nicht dazu kommen, sich je mit dem Leben als Ganzem zu befassen, sondern sich zufrieden geben muß, mit dem Problem des Überlebens von einem Tag zum andern fertig zu werden und dazu vielleicht noch einen Genußgewinn zu haben.»

In Dali verehre ich den tollkühnen Lebenskünstler! Die an sich absurde Mischung von banalem Leben und fantastischen Einfällen. Dali ist ein Don Quijote der modernen Zeit.

Der Erwerb und die Lektüre von Dalis Autobiographie «La vie secrète de Salvador Dali par Salvador Dali» (1952) ist ein Markstein in meiner Selbsterkenntnis. Kaum ein Buch hat so stark auf mein direktes Leben zurückgewirkt wie dieses Werk, erworben in der französischen Ausgabe in Paris, Mai 1953 und erworben in der illustrierten englischen Ausgabe als «new enlarged Edition» (1961) in London, August 1962.

Ich spiegelte mich schließlich in Dali.

Aus dieser innersten persönlichen Erschütterung verfaßte ich dann meinen Dali-Vortrag, den ich mit großem Erfolg 1963 an der Universität Karlsruhe hielt.

In diesem Vortrag habe ich seltsamerweise einen einzigen Künstler zum Objekt meiner Untersuchungen gemacht. Dies kam deshalb, weil Dali als Künstler viele neue, moderne Schichten des Künstlertums besonders deutlich und eigenständig originell bloßlegte.

Mein Dali-Vortrag war außerdem sozusagen die Vorübung, das Praeludium, das Vor-Exerzieren von Lebensprinzipien, die ich nun auf meine eigene Lebenserkenntnis anwenden wollte.

In Dalis Leben, Werken und Schriften fand ich vielfach die gleichen weltanschauungs-bedingten Spannungen vorgeprägt, mit denen ich mich bisher auch herumschlug. Dali lehrte mich, vom Gesamtkonzept des Lebens zu sprechen und gab mir den Ansatz, auch die pränatale Epoche des Menschen in meine Biographie miteinzubeziehen. Dafür sind Dalis Schilderungen seines Zustandes im Mutterleib verantwortlich.

Als 1984 die deutsche Ausgabe «Salvador Dali. Das geheime Leben des Salvador Dali» herauskam, erwarb ich diese natürlich sofort. Unter den reichen Illustrationen sind solche, die ich noch nicht kannte. Es ist immer erstaunlich, wieviel mehr die Künstler gezeichnet und entworfen haben, als das, was meistens zufällig zum Druck ausgewählt wurde.

Diesmal schien mir die Lektüre anekdotenhaft und in überraschenden Einzeleinfällen sich zersplitternd.

An meinem 75. Geburtstag schenkte mir Walter Schmidt ein zweites Exemplar von Dalis Biographie. Ich könne sie umtauschen, wenn ich sie schon hätte. Das tat ich nicht. Bücher, die einen faszinieren, kann man auch zweimal besitzen!

Ebenso erschloß mir Dali die Schicht der Happenings, d.h. die Trivialsymbolik der lebenden Bilder. Ich kenne sonst keinen anderen bildenden Künstler, der es verstanden hat, gewöhnliche Lebenssituationen so stilecht und erfindungsreich zu kabaretthaften lebenden Bildern werden zu lassen. Er führt an Hand seiner eigenen Person ein Mittelding zwischen Schauspiel und Bild auf. Diese lebensrealistische Schicht der künstlerischen Äußerung war bisher in diesem Ausmaß kaum einem anderen Künstler zugänglich, als vollwertig zu bewertendes Kunstmittel verfügbar.

Das in meinem Vortrag über Dali Vorgebrachte hat starke selbstbildhafte Züge. Da konnte ich unter der Tarnkappe von Dali manche Zeitprobleme behandeln, die Dali ebenso bewegten wie mich selber. Bei Dali ging mir auf, was ein kunsthaft durchgeführtes Leben ist. Kunsthaft ist in diesem Falle für mich bedeutungsvoller als künstlerisch. Dali steht auf höchster, kulthafter Selbstverwirklichung. Das Leben ist für ihn gleichsam ein Kunstwerk.

Allerdings ist eines zu beachten. Dalis Weltanschauung ist besonders in seinen Schriften «Dali sagt; Tagebuch eines Genies» weltanschaulich nicht logisch durchgeführt. Sie ist gefaßt in viele instinkthaft vorgeführte, wenn auch hochwichtige Aphorismen. Ich hingegen habe meine Weltanschauungsbilder, die ich in meinen Büchern behandelte («Pieter Bruegel d.Ä. und die deutsche Kunst», Manierismus, Barock, Maschine und Kunstwerk) systematisch wissenschaftlich durchgedacht. Ich denke vor allem auch an meine Bereichslehre in meinem Buche «Weltbild und Bilderwelt». So etwas ist bei Dali nicht vorhanden. Dies ist mein grundsätzlicher Unterschied zu Dali. Dali ist Künstler und ich Wissenschaftler.

Wie es mir mit meinem Dali-Vortrag erging, den ich 1963 und dann nach acht Jahren anläßlich der Dali-Ausstellung in der Kunsthalle Baden-Baden (1971) hielt, schilderte ich in einem Brief vom Anfang des Jahres 1971 an meine Freundin Lotte Brand-Philip in New York:

«In den letzten Wochen bin ich verschiedentlich beschäftigt aus Anlaß einer Salvador Dali-Ausstellung in Baden-Baden. Ich habe zur Erläuterung und Einführung meinen Dali-Vortrag gehalten in der Universität (Karlsruhe) mit großem Erfolg. Ich habe denselben Vortrag wegen des großen Zuspruchs nochmals wiederholt. Es tauchte dabei das witzige Phänomen auf, daß ich wörtlich denselben Vortrag hielt wie vor acht Jahren schon einmal in der Kunsthalle Baden-Baden.

Emil Wachter. F. S. W. beim Dali-Vortrag in Baden-Baden am 23. 2. 1971. Zeichnung.

Dabei lobten diejenigen Freunde, die ihn schon vor acht Jahren gehört hatten, den Vortrag, daß er nun gereifter und intensiver sei. Dies stimmt nun allerdings nicht, denn ich sagte wörtlich das Gleiche wie vor acht Jahren. Nicht mein Vortrag hatte sich verändert, sondern das Publikum ist geistig gewachsen und interessiert sich heute hier ungemein für Dalis Kunst. In Baden-Baden ist die Ausstellung am Samstag und Sonntag derart voll, daß man vor lauter Menschen kaum die Bilder mehr sieht. Am nächsten Donnerstag halte ich meinen Dali-Vortrag nochmals in Baden-Baden und am 25. April in Bretten im Rotary-Club, nachdem ich ihn schon in Pforzheim gehalten hatte.»

IX. Malerei und Musik (1963–1978)

Als ich mein Buch über die Epoche des Manierismus bearbeitete, hatte ich wohl eine Ausweitung der Weltbild-Aspekte der Epochen vorgenommen, indem ich alle drei bildenden Künste gleichmäßig in meine Beobachtungen mit einschloß. Ich konnte damit ein volleres Gesamtbild einer Epoche entwerfen, als etwa noch bei der Beschränkung auf die eine Kunst der Malerei, wie es bei der Bearbeitung der holländischen Gattungsmalerei der Fall war.

Als ich nun aber nach dem Abschluß des Manierismus-Buches nach neuen Aufgaben Ausschau hielt, verfiel ich darauf, den engen Ring der drei bildenden Künste zu sprengen. Ich unternahm es, auch noch die Musik gleichberechtigt in meinen Weltbild-Aspekt mit einzubeziehen. Für einen engen Fachkunsthistoriker begab ich mich damit auf ein kitzliges und quasi unkonventionell-exzentrisches Terrain. Ich verließ den gewöhnlich üblichen Ordnungskreis. Bisher hatte die Fachforschung kaum Notiz davon genommen, daß nicht nur Beziehungen unter den drei bildenden Künsten wie Plastik, Malerei und Architektur bestehen, sondern daß auch noch eine vierte Kunst in diesen abgezirkelten Reigen hineinspielt. Diese Zurückhaltung und Eingeengtheit des kunsthistorischen Blickfeldes empfand ich plötzlich als unerträglich. Und zwar um so mehr, da ich erkannte, daß mit dieser Beschränkung des Blickfeldes in der Forschung wichtige und entscheidende historische Grundphänomene entschieden in der Bewertung und Beurteilung zu kurz kommen oder ganz unter den Tisch fallen.

Eine derartige Verkennung und Mißachtung des historischen Tatbestandes muß aber bei einem wirklich wahrheitsliebenden Historiker Mißfallen erregen. Bei dieser Erkenntnisbedrängnis kann nur die diesbezügliche Forschung Abhilfe schaffen. Besonders, wenn es eben sich herausstellt, daß die wirklich historischen Fakten und Verhältnisse nicht Halt machen vor dem gar zu sehr eingekapselten Gesichtskreis der fest eingefahrenen Forschungsmethoden der üblichen Kunstgeschichtsbeschreibung. Daraus, daß die Entfaltung der Künste viel verschlungenere und großzügigere Wege gegangen ist, kann man die Erkenntnis entnehmen: Forschung und Fülle des Lebens müssen in richtiger Proportion gesehen werden, sonst trifft man die Phänomene nicht und geht damit geradeaus in die Irre.

Mich überfiel und überwältigte also die erdrückende Einsicht, welchen hochentscheidenden Anteil die Musik für die Entwicklung und das spezifische Wachstum der modernen bildenden Kunst besitzt. Vor dieser Erkenntnis konnte ich mich nicht verschließen. Ich empfand es als dringlichste Verpflichtung, diese Zusammenhänge zu untersuchen und aufzuklären. Und so entschloß ich mich, die Geschichte der gegenseitigen Beeinflussung von Musik und Malerei in der Neuzeit von Leonardo zu Strawinsky und hauptsächlich im 18., 19. und 20. Jahrhundert als Forschungsthema zu wählen.

Daß Malerei und Musik vielleicht etwas miteinander zu tun haben können, erahnte ich aus der Weltsicht meines Vaters. Denn die Musik gehörte nicht unwesentlich zu seinem Weltbild als Maler, in jener Dosierung und Form, wie es einem Künstler seiner Generation und seiner Herkunft von der mit musikalischen Vorstellungen inspirierten Malerei eines Arnold Böcklin und Hans Thoma entsprach.

Über das Verhältnis meines Vaters zur Musik referierte ich in meiner Rede anläßlich der Einweihung des Ernst Würtenberger-Saales im Bürgerhaus seines Geburtsortes Steißlingen am 9. November 1975.

«Selber musizieren gehörte bei Ernst Würtenberger zur täglichen Pflichtübung. Meistens vor dem Mittagessen und fast jeden Abend spielte er Klavier. Lange Zeit hindurch die Klavierauszüge der Opern von Richard Wagner. Aber auch viel vierhändig mit seiner Tochter Monika: Carl Maria von Weber, Mozart, Händel. Dann aber sehr viel Bach. Die letzten Jahre sang Ernst Würtenberger Lieder von Hugo Wolf. Jede Weihnachten kam ein neuer Band dazu, und zuletzt hatte Ernst Würtenberger alle Lieder vollständig. Die berühmtesten Musikergestalten hielt Ernst Würtenberger schon früh in Bildnissen als Holzschnitte fest. [...]

Ernst Würtenberger. Johann Sebastian Bach. Holzschnitt. Um 1912.

Otmar Schoeck, den Schweizer Komponisten, unterrichtete Ernst Würtenberger im Zeichnen in Zürich. Mit dem Züricher Komponisten Fritz Niggli war er befreundet.

Die Malereien von Ernst Würtenberger sind vielfach von Musik erfüllt wie bei Moritz von Schwind, Feuerbach, Böcklin oder Hans Thoma. Z.B. der Holzschnitt die ‹Frau am Klavier›, ‹Der Waldhornbläser›, ‹Der Flötenspieler›, Ziehharmonika spielender Knecht im Gemälde ‹Die Knechtekammer›!

Ein ausgesprochen passiv genießender Konzertbesucher war Ernst Würtenberger nicht. Bei ihm hatte die Musik einen anderen Stellenwert. Ihm kam es darauf an, die Spannung selber zu erleben, wie man selber Musik macht, wie man selber Klavier spielt oder singt.

Wenn auch Ernst Würtenberger kein malender Musikvirtuose war wie etwa Paul Klee oder Lyonel Feininger, so gehörte aber die Musik neben der grundsätzlich empfindungsspröderen Malerei zum Empfindungsschatz eines künstlerischen Vollmenschen, und es war selbstverständlich, daß man dieser seelenkraftspendenden Urkunst täglich soundsoviel Zeit und Aufmerksamkeit widmete.»

Nachträglich fand ich im Nachlaß meines Vaters Illustrationszeichnungen zu Liedern verschiedener Komponisten. Daraus geht hervor, wie eng und direkt mein Vater Malerei und Musik sah. Auch im Holzschnitt «Hör ich das Mühlrad gehen», d.h. die durchaus spätromantische Bezugnahme von Malerei und Musik. Zudem stellte ich fest, daß mein Vater im Hinter-

Ernst Würtenberger. Salomon Gessner. Federzeichnung. Um 1900.

grund des Portraits von Salomon Gessner, des schweizerischen Idyllendichters und Malers, den ich ausführlich in meinem Buche «Malerei und Musik» behandelt habe, die gleiche Szene von Salomon Gessner setzte, die ich auch in meinem Buche abbildete: «Die Erfindung der Musik aus der Natur».

Noch in einem anderen Mitglied der Familie Würtenberger zeigte sich der innere Drang, Malerei und Musik intensiv nebeneinander zu betreiben. Dies war bei der Schwester meines Vaters, Laura Würtenberger (1865–1909), der Fall. Darüber berichtet der Dichter Emanuel von Bodman in seiner «Gedächtnisrede für eine Freundin», die er am Tage der Beisetzung der Urne von Laura Würtenberger in Bernrain am 17. Februar 1909 gehalten hat. «In der Musik und Malerei, für die sie ein erstaunliches Talent besaß, ging sie völlig auf. Aber nicht so, daß ihre Beschäftigung ihre Liebe zu den Menschen und ihre erwählten Pflichten angerührt hätte.» (Emanuel von Bodman. Die gesamten Werke. Band 10. Vermischte Schriften, Stuttgart 1960.) Es wird auch erzählt, daß Laura Würtenberger so sehr von der Musik gepackt war, daß sie auch während Gewittern bei den nahesten Blitz- und Donnerschlägen das Klavierspiel nicht unterbrach.

Wenn ich nun noch von meiner ersten Zusammenschau von Malerei und Musik spreche, so möchte ich meine Kinderzeichnung von 1917 nennen. Ich zeichnete drei Notenlinien mit dem Violinschlüssel. Die «Melodie» hatte die eigenartige Eigenschaft, daß sie keinerlei Abwechslung zeigt, sondern stets die eine Note C wiederholt. Dieses Festhalten an einem Ton entspricht ganz meinem Musikgefühl, denn ich liebe es, einen Ton ganz und gar in seiner Eintönigkeit auszukosten. Jeder weitere Ton versetzt mich in Störung und in Ablenkung vom festgelegten, kaum ausschöpfbaren Genuß. Das an sich harmlose Notenblatt habe ich als vollwertiges Kunstwerk deklariert, indem ich es mit «1917 F.W.» monogrammierte.

Jahrelang hatte ich Klavierstunden und lernte recht und schlecht, doch mir immer zur höchsten Freude, das Klavierspiel, über das von einer Zuhörerin gesagt wurde, was ich auch spiele, es bleibt Franzsepp Würtenberger. Immer wenn sich Gelegenheit bot, spielte ich. Als ich dann als Historiker intensiv den Bezügen von Malerei und Musik nachging, war ich gezwungen, die ganze Musikgeschichte in Proben von Palestrina, Bach, Händel, Mozart, Beethoven, Richard Wagner bis zu Arnold Schönberg durchzuspielen. Dabei ging mir u.a. die große Bedeutung von Cimarosa auf, und wie sehr er von Ingres und Delacroix geschätzt wurde. Ich kaufte mir die Sonaten von Cimarosa und spielte sie auf meinem Klavier. Um dies zu dokumentieren, ließ ich mich im März 1975 von meinem Schüler und Fotografen Manfred Schäffer am Klavier sitzend fotografieren. Die Hände hochgehoben, in Erwartung der Töne und Akkorde, die angeschlagen werden sollen.

Jetzt (drei Jahre später) stelle ich fest, daß ich mich in dieselbe Stellung und Spannung hineinimaginiert habe wie mein Vater, als er um 1901 seinen «Palestrina» zeichnete oder sich selbst im Skizzenbuch von 1900 am Klavier. Auch hier ging ich ganz auf den Spuren meines Vaters. Auch hier liegt ein Beitrag vor für das Problem von Idee (Palestrina, Selbstbildnis meines Vaters am Klavier) und Wirklichkeit (ich in dem von mir selber gestellten Foto, fotografiert durch Manfred Schäffer).

Daß Beziehungen zwischen Musik und Malerei bestehen, fiel mir in meiner Forscherarbeit zuerst im Zuge der Behandlung der Geschichte des Malerateliers auf. Dort stieß ich auf Malerateliers, in denen die Maler sich nicht nur ausschließlich ihrem eigentlichen Metier hingaben, sondern auch noch der Musik. Außerdem interessierte ich mich für das Problem der sogenannten Doppelbegabungen. Das Buch von Herbert Günther «Künstlerische Doppelbegabungen» von 1938 stand schon lange Jahre, allerdings bisher gewissermaßen ungenutzt, in meiner Bibliothek. Von den Werken E.T.A. Hoffmanns, einem Prototyp der Doppelbegabungen, hatte ich in Mainz eine Gesamtausgabe kurz nach dem Zweiten Weltkrieg erstanden, und somit war mir eine vielschichtige Künstlerpersönlichkeit sehr nahe gekommen. Aus diesen Anfangsbeobachtungen heraus, stieß ich dann weiter in den Fragenkomplex vor.

Einen weiteren Anstoß bekam ich durch meinen Freund, den Maler Eberhard Doser. Doser lernte ich in Heidelberg kennen. Dort stellte er ein so originelles Gemälde aus, daß ich es in meinem Buche «Weltbild und Bilderwelt» als sehr treffendes Beispiel für das Drehraumgefühl abbildete. In Doser lernte ich zugleich einen experimentierfreudigen Künstler kennen, an dessen Versuchen ich regen Anteil nahm und er mir darüber

Ernst Würtenberger. Palestrina. Federzeichnung. Um 1900.

F. S. W. am Klavier. Foto. März 1975.

viele lange Briefe schrieb. Inzwischen hatte Doser eigenartige Experimente gemacht, seine Malereien in Musik umzusetzen. Er kam in Paris durch die Beobachtung eines Leierkastenwagens auf diese Idee. In mühsamen Überlegungen und in schwieriger Arbeit übersetzte er durch ein besonderes eigenes Verfahren die Farbtöne seiner Gemälde auf eine Matrize, die er auf einem mechanischen Klavier abspielen ließ. Doser war so sehr von seinem Verfahren und seiner Erfindung begeistert, daß er in seinem Atelier in der Rue St. Jacques 287 eine Zusammenkunft seines Freundeskreises veranstaltete, um seine sogenannte akustische Malerei einzuweihen und feierlich einem Publikum vorzuführen. Zu dieser Veranstaltung fuhr ich mit der Malerin Clara Kress nach Paris und hielt am 8. April 1959 die Eröffnungsansprache, worin ich die Neuheit und Kühnheit des innovativen Verfahrens würdigte.

In dieser Rede setzte ich natürlich auch einen gewissen Markstein für die Problemstellung meiner Forschungen in dieser Richtung.

Dosers Bemühen, die Zusammenhänge zwischen Malerei und Musik auch praktisch fruchtbar werden zu lassen, bedeutete auch für mich Ansporn und Hilfe, mich mit diesen Problemen noch intensiver zu befassen.

Zu meinem Geburtstag am 9.9.1963 überreichte mir die Malerin, Kirchenfenster- und Teppichentwerferin Clara Kress das Buch von Eberhard Hölscher über Aubrey Beardsley mit einem Zettel, worauf der künstlerische Tatbestand mit wenigen Worten schlicht vermerkt war: «Die Musik in der Linie. Clara Kress»

Was die Malerin damit Faszinierendes und Wunderbarkaum-in-Worten-Ausdeutbares sagen wollte, wußte sie nur zu genau. Ihr war klar, daß auch ich um die Kraft der Musik in der Linie wußte. Ich wußte aber auch, wie unendlich sie selber um die Musik in der Linie in ihren eigenen Arbeiten rang und dieser Anruf ihr Eigenstes enthielt.

Wie nun aber die Linie parallel zur Musik steht, hat mein Vater schon 1919 in seinem Buch «Zeichnung, Holzschnitt und Illustration» ausgeführt. Dort wird geradezu ein Hymnus auf die Schöpferkraft der Linie gesungen: «Die Linie gibt Wirklichkeit und Traum zugleich; sie gibt Nähe und Ferne, indem die Linie, der Umriß in seiner handfesten Wirklichkeit selber positiv ist, in seiner Bedeutung dagegen Zeichen bleibt. Es entsteht eine ähnliche Wirkung, wie sie Schopenhauer der Musik

Eberhard Doser am mechanischen Klavier mit F. S. W. im Atelier Rue St. Jacques in Paris am 8. April 1959. Foto.

zuschreibt: ‹Das unaussprechlich Innige aller Musik vermöge dessen sie als ein ganz vertrautes und doch ewig fernes Paradies an uns vorüberzieht, so ganz verständlich und doch so unerklärlich, beruht darauf, daß sie alle Regungen unseres innersten Wesens widergibt, aber ganz ohne Wirklichkeit und fern ihrer Qual.› Wie auch Schopenhauer den Ton in der Musik nur abstrakt, nicht unmittelbar, nicht nachahmend gelten läßt. Der Ton ist in seinem Klang real, in seiner Bedeutung dagegen abstrakt. Ähnlich dem Ton gibt die Linie eine abstrakte Welt. Himmel und Hölle, Tod und Teufel, Wolken und Meere, Menschen und Vieh, Fabelländer und -tiere, Kometen und Sterne, sind, leben in uns durch die Linie, kraft ihrer Gewalt. Das Reich der Linie ist nicht von dieser Welt; wir treten ein in das Reich der Vorstellungen, der Gedanken, in das Reich der Idee. Alles, was die Linie darstellt wird zum Gleichnis, zum Symbol.»

Über die Macht der Linie äußerte ich mich 1957 in meinem Buche «Pieter Bruegel d. Ä. und die deutsche Kunst» im Abschnitt «Das Werden der Kreatur aus der zeichnerischen Mache». Dort spreche ich allerdings kein Wort von der Musik der Linie. Dies wäre auch in Bezug auf Bruegels Linienführung falsch und unangebracht. Im Vergleich zu der Linienkultur der altdeutschen Zeichner stelle ich eher Bruegels Unmusikalität fest: «Bruegel erfindet nicht aus der Linie heraus. Hinter seinen schwingungslosen, stetigen Begrenzungskonturen steht keine frei pulsierende Künstlerhand im Sinne der altdeutschen überzüchteten Linienkontur. Sein Linienduktus ist kurzatmig, scharfkonturig und vor allem gegenständlich gebunden. Er nimmt eine überpenible Formenzertrümmerung in kleinste Partikel vor [...] Es gibt keine über die Dinge hinausgreifende Energie mehr. Der individuelle Schöpfungssturm der altdeutschen Zeichner legte sich bei Bruegel zu einer objektivierten Windstille.»

Ich selber habe immer die Macht der Linie bestaunt und lieferte dann meinen reichen und aktiven, eigenschöpferischen Beitrag zu dem Thema der Musik in der Linie in meinen sogenannten akrobatischen Unterschriften. In der entscheidenden Phase sind meine «musikalischen» Unterschriften bei meiner intensiven Beschäftigung mit der Musik, als ich mein Buch «Malerei und Musik» schrieb, um 1960 entstanden. In meinem Buche «Meine akrobatischen Unterschriften» bemerkte ich, «daß diese Deformationen mit meiner damaligen Beschäftigung mit der Musik zusammenhängen, wird noch angedeutet durch Einfügung des Violin- und Bass-Schlüssels auf den langen Horizontallinien von ‹Deinem› und ‹Franzsepp› in der Briefunterschrift von 1962»

Die eigentliche Hauptschaffenskraft konzentrierte ich erst auf das Thema Malerei und Musik, als ich im Winter 1963/64 in Baden-Baden zur Kur war, um meinen Arm auszuheilen, an dem sich arthritische Erscheinungen gezeigt hatten. In Baden-Baden beschaffte ich mir die diesbezügliche Literatur in der Stadtbibliothek. Sehr aufschlußreich war die Monographie über Luigi Russolo, den futuristischen Malermusiker, von dem Baden-Badener Fred K. Prieberg «Musica ex machina. Über das Verhältnis von Musik und Technik», 1960.

Bald arbeitete ich den Vortrag «Malerei und Musik – von Leonardo da Vinci bis Igor Strawinsky» aus. Diesen Vortrag hielt ich in der «Badischen Heimat» in Karlsruhe, dann am 10. Juli 1964 in Konstanz vor der Wissenschaftlichen Vortragsgemeinschaft, geleitet von Dr. Erwin Hölzle, dem Onkel meiner mit mir befreundeten Schülerin und Kunsterzieherin Iris Seuffert. In Graz hielt ich diesen Vortrag auf Veranlassung von Frau Dr. Trude Aldrian vor den Kunst- und Musikfreunden des Museums der Städtischen Galerie.

In Wien durfte ich Einblick nehmen in das Archiv über Musikalische Grafik von Dr. Hans Sündermann und Professor Berta Ernst, wo ich Anregungen für meine Forschungen erhielt.

Meine Ausführungen über das gegenseitige Verhältnis von Musik und Malerei in der Moderne entbehren nicht einer Dramatik, denn es stellte sich nach meinen Beobachtungen heraus, daß die moderne Malerei seit dem Impressionismus bis in die 20er Jahre des 20. Jahrhunderts hinein so sehr im Schlepptau der Musik als führender Kunst war, daß die Einwirkung musikalischer Gedanken auf die Malerei, ja selbst auf Plastik und Architektur, sich so stark auswirkte, daß die Musik als hocheffektive Geburtshelferin für die moderne bildende Kunst und vor allem für die abstrakte gegenstandslose Malerei anzusehen ist. Ja selbst auf dem Gebiete der Architektur ist dieser Einfluß feststellbar. Daß sich dies in so großem Ausmaße ereignete, war als Ereignis der Untersuchungen für mich eine sensationelle Überraschung.

Eine zweite Überraschung bestand darin, feststellen zu müssen, daß der Einfluß der Musik auf die Malerei fast abrupt aufhört und die Liaison in ihr Gegenteil umschlägt. Seit 1920, seit dem Ersten Weltkrieg bis heute, spielen die früheren Rangordnungen und Beeinflussungssphären der einzelnen Künste nicht mehr die entscheidende klassifizierbare Rolle wie in den vergangenen Jahrhunderten. In diesen allerjüngsten vier Jahrzehnten entspann sich sozusagen ein Kampf und ein hemmungsloses Geben und Nehmen der Künste untereinander, daß kaum noch die alte Künsteordnung anzuwenden ist. Man kann z.B. nur erstaunt sein, wie sehr die Architektur von der abstrakten Kunst Mondrians, Ozenfants und van Doesburgs überrannt und bestimmt wurde.

Im Verhältnis von Musik und Malerei ist es soweit gekommen, daß die Musiker in ihrer eigenen Kunst so ausgeheuert, musikfremd und ratlos dastehen, daß sie sich nun von den Werken der Maler anregen lassen. Hier ist mit besonderem Nachdruck auf den Einfluß von Paul Klee hinzuweisen.

Die Musiker erfinden nicht mehr primär akustisch, sondern legen größten Wert auf Seheindrücke und visuelle Formkomplexe der Partiturseiten und gehen damit ihrer autonomen musikalischen Gesetzlichkeit verlustig.

Mit dem ungewöhnlichen Doppelthema setzte ich mich buchverlegerisch zwischen zwei Stühle. Die kunstgeschichtlich orientierten Verleger wie Schroll & Co. in Wien sagten, sie hätten einen zu geringen, in ihren Interessen so weit gespannten Abnehmerkreis, und die Musikverleger ihrerseits wie Universal-Edition in Wien und Schott in Mainz meinten, das große Musikpublikum werde kaum so stark kunstgeschichtlich engagiert sein, daß sie es wagen könnten, dieses Buch herauszugeben. Auf diese vertriebstechnischen Bedenken hin, blieb diese Abhandlung zunächst unveröffentlicht, obgleich ich oft auf diese Forschungen von Freunden angesprochen wurde, denen die Problemstellung in ihrer Wichtigkeit aufgegangen war. Im Vorlesungsprogramm des Studium Generale der Universität Karlsruhe hatte ich mit diesem Thema besten Zuspruch, und ich mußte diese Vorlesung auf ausdrückliche Aufforderung der Hörerschaft wiederholen. Nurmehr aus zufälligem Gelegenheitsanlaß ist das Kapitel «Der Einfluß der Musik auf das Schaffen des bildenden Künstlers» in Ludwig Langenfeld (Herausgeber): «Max Ackermann. Aspekte seines Gesamtwerkes». Stuttgart 1972, veröffentlicht worden. Mit Max Ackermann, dem Stuttgarter Maler, hielt ich bei meinem Besuch Gespräche über sein Verhältnis zur Musik, und so fand ich es sinnvoll, zum 85. Geburtstag des so sehr feinfühlig und musikinspirierten abstrakt arbeitenden Malers allgemeine Beobachtungen und seine spezielle Meinung in seiner Festschrift zu erörtern. Weiterhin ging ich auf das von der Musik beherrschte Schaffen von Max Ackermann in der Rede zur Vernissage der Ausstellung von Werken von Ackermann in der Galerie Apfelbaum in Karlsruhe am 6. Oktober 1978 ein. Horst Apfelbaum hatte den größten Teil des Nachlasses des Künstlers erworben und ihn ausgestellt.

Das Kapitel aus meinem Manuskript «Malerei und Musik». «Der Begriff der Fuge bei den Kunsthistorikern und ihre Vorbildlichkeit bei den Musikern» wurde abgedruckt in der Zeitschrift «Das Münster» im Heft «Ars et Musica sacra», Dezember 1973, Heft 6, das hauptsächlich dem Thema der Orgel und ihrer Beziehung zur Kirchenarchitektur gewidmet ist.

Im Frühjahr 1978 machte ich bei Horst Apfelbaum die Bekanntschaft mit der einstmals einzigen berühmten deutschen Dirigentin und u.a. auch Komponistin, Philosophin und schließlich noch Malerin, Hortense von Gelmini. Gesprächsweise erklärte die vielseitige Künstlerin auf meine Frage, daß sich bei ihren Erfindungsvorgängen die einzelnen Künste und Gebiete nicht gegenseitig überschneiden, sondern jede Kunstart eigengesetzlich neben den anderen stünde. Diese Meinung stimmt mit den allerneuesten Theorien über das Verhältnis der Künste untereinander überein. Deshalb habe ich diese Stellungnahme von Hortense von Gelmini gleichsam als Schlußansicht in mein Buch aufgenommen.

Mehr durch den Anstoß meines Freundes Dr. Reiner Bentmann, als durch meine Initiative, eröffnete sich für mich nach Jahren die Möglichkeit, meine Abhandlung «Malerei und Musik» im Verlag Peter Lang in Frankfurt – Bern – Las Vegas herauszugeben. Nachdem ich die inzwischen eingetretene Weiterentwicklung des Verhältnisses zwischen Malerei und Musik nachgetragen habe, ist das Buch im Frühjahr 1979 erschienen.

Die lange Wartezeit von anderthalb Jahrzehnten hatte sich in einer Hinsicht trotz allem besonders gelohnt. In der Zwischenzeit hat sich nämlich herausgestellt, was die Musikalische Grafik für die Bereicherung der Musikentwicklung leisten kann und was nicht, was vorher noch nicht so klar zu Tage getreten ist.

X. Das Weltbild meines Barockbuches 1964–1967

Nachdem das Buch über den Manierismus in jeder Weise einen respektablen Erfolg ausgelöst hatte, glaubte der Verlag Schroll eine zeitlang, diesen Erfolg gleichsam fortzusetzen und wiederholen zu müssen.

Aufgrund dieser konjunkturell günstigen Lage kam im

Verlag Schroll die Meinung auf, das Manierismus-Buch könnte durch eine Publikation über die Epoche des zeitlich anschließenden Barockzeitalters ergänzt und weitergeführt werden. Aus diesem Bestreben heraus bekam ich im Jahre 1964 den Auftrag, eine Darstellung des Barocks zu liefern. Diesen Vorschlag nahm ich zuerst zögernd auf, da ich mir noch frisch bewußt war, daß ein solches Unternehmen neuerlich ungemein große Anstrengungen und Einzelforschungen erfordere. Doch die Aufgabe war für meine Pläne und Denkweise als Gesamtweltbildtheoretiker zu verlockend, um mich nicht in dieses neue Abenteuer zu stürzen. Und so konnte ich nicht umhin, mich zu diesem Projekt positiv zu stellen.

In der Bearbeitung stellte sich bald heraus, daß in Bezug auf meine Sicht und Methode eine fast schwierigere und zudem umfangreichere Aufgabe vorlag als bei der Konzipierung des Buches über den Manierismus. Dies war insofern der Fall, als das künstlerische Gesamtweltbildgefüge der Barock-Epoche, das nachzuvollziehen ich mir zur Aufgabe gestellt hatte, eine viel verzweigtere und differenziertere Konzeption beinhaltet als die vorhergehende Epoche des Manierismus.

Es kam damit also ein unvergleichlich größerer zu bewältigender und zu ordnender Koloß auf mich zu.

Ein entscheidender neuer Faktor machte sich gravierend bemerkbar.

Die künstlerische Weltbearbeitung und Weltgestaltung nahm in viel umfangreicherem Maße die reale Natur, die reale Räumlichkeit und reale Dingfülle der Welt in ihr Kunstwerk-Repertoire auf. Diese neue Ausdehnung des Einsatzes von Kunst infolge der Hinneigung zum Großreich der Natur ist nicht zu unterschätzen. Sie war entsprechend folgenreich.

Denn mit Hilfe der Hinzunahme von mannigfachsten Naturelementen war es der Barockkunst vergönnt, die Kunst viel intensiver an den realen Lebensvollzug zu ketten und in das aktive Leben zu integrieren als es bisher im Mittelalter, in der Renaissance und selbst im vorangehenden Manierismus der Fall war.

Der barocke Mensch kann auf seiner von ihm selber erschaffenen naturgefüllten Kunstwerkwelt-Bühne die Welt als Theater benützen und großartig in einem Halbzustand von Idee und in einem Halbzustand von Natur agieren.

Vor dieses unumgängliche Faktum gestellt, mußte ich ein völlig anders geartetes Aufbaugerüst, eine ganz andersartige Weltbildgliederung anwenden, um diesen historischen Tatbestand zu fassen. Ich bekannte mich zur kühnen Theorie und Einsicht, daß in der Summe aller barocken Kunstwerkgattungen eine große eigenartige Mischung von allegorisch-symbolhafter Weltschöpfung und einem zur gleichgewichtigen Macht angewachsenen Naturkosmos vorliegt.

Das Kunstwerk, das bislang in seiner eigenen idealen naturabgeschlossenen Sphäre blieb, öffnet sich der Macht der realen Größe und Weite des Naturraumes.

Ganze Landstriche werden gestaltet. Die Landvermessungskunst spielt eine neue Rolle. In den Landschaftsräumen werden durch Alleen lange Sichten gestaltet. In den Gärten werden lebende Bäume und Blumen, werden Wasserspiele, ganze Seen oder Menagerien mit ihren lebenden Tierarten in das Kunstwerkkonzept hereingenommen, was bis jetzt in dieser Freizügigkeit noch keineswegs zu finden war. Die Flüsse oder Wasserfälle als geographische Tatbestände werden in künstlerischen Großmonumenten nachgeahmt. In den Sälen der Schlösser und in den Kirchen werden naturalistische Sonnenglorolen eingesetzt. Dieser direkte Bezug zum Kosmos war dem Mittelalter noch unbekannt.

Diesen unerhört neuen Phänomenen wollte ich gerecht werden, indem ich in der Gliederung des barocken Weltbildes eine Mischung von symbolhaften und naturwissenschaftlichen Begriffen vornahm. Ja, ich wagte es sogar, in meiner Gliederung des Stoffes meines Barockbuches stets dieser Spannung des Barockzeitalters, die zwischen hoher allegorischer Begrifflichkeit und Symboldenken und zwischen ausgedehnter naturalistischer Realität und Banalität hin und her schwankt, direkten Ausdruck zu verleihen.

Dabei ist das Symbol-Denken das Althergebrachte, das Erbe des Mittelalters und des Manierismus und die Einbeziehung der Realität, d.h. die naturalistische, naturwissenschaftliche Komponente, das Neue.

Die Gliederung des Buches begann mit einem allgemeinen Weltganzheitsbegriff, mit dem Kosmos, den ich dann unterteilte in die Sonne, in den Himmel, das Wetter und die Zeit. Jeden dieser Begriffe zerlegte ich dann wiederum in seine alte symbolistische Erscheinungsweise und in seine naturwissenschaftliche Auswirkung. Dann schritt ich von diesen überirdischen kosmischen Begriffen herab, d.h. auf unsere Erde, zur sogenannten irdischen Großgeographie.

Als Oberbegriff der Großgeographie setzte ich den Globus, der im Barock an sehr vielen entscheidenden Stellen sowohl symbolisch gemeint, als auch als geographisches Demonstrationsinstrument auftritt. Daran schlossen sich die Weltkarten an, die Teile des Globus herausgreifen.

Erst als ich die kosmisch-schöpfungsgeschichtliche Voraussetzung geschaffen hatte, daß die Erdoberfläche als reales Aktionsfeld für die Menschen von der Schöpfung bereitgestellt wurde, habe ich im Einzelnen geschildert, wie die Menschen nun durch ihre künstlerische Gestaltungskraft von dieser natürlich gegebenen Grundlage und Aktionsbasis Gebrauch gemacht haben.

Nun aber wurde die Gestaltungskraft der Welt mittels der Kunst von den damals vorhandenen soziologischen Gliederungsmächten, den vier Ständen Adel, Geistlichkeit, Bürgertum und Bauernschaft in ganz verschiedener Art und Weise ausgenutzt.

Der Adel setzte die Möglichkeit der Weltgestaltung in seinen Schlössern durch die Kunst in unvergleichlich höherem Ausmaß ins Werk als etwa die Geistlichkeit in ihren traditionell begrenzten Arealen der Klöster, Stifte und Kirchen. Die Bürger neigten in ihren Städten und Wohnungen mehr den Gebrauchskunstwerken zu. Schließlich kamen die Bauern in ihrer künstlerischen Weltgestaltung verschwindend gering zum Zuge, wobei es schon bei den Bürgern in gewisser Weise haperte.

Der entscheidenden Eigenschaft, daß die Lebewesen in ihrem Gesamtkunstwerk agieren können, habe ich Rechnung getragen, indem ich die Hierarchie der Lebewesen im Gebiet der Schlösser nachvollzog. Und zwar ergab sich hier eine Kontinuität von den niedersten Lebewesen wie den Pflanzen, den Tieren über die Klammer der Mischwesen zwischen Tier und Mensch zu den Menschen selber. Und auch die Menschen zeigen in sich eine hohe Stufenleiter von den niederen Menschen bis zu den Herrschern und gottähnlichen Menschen und zu den Göttern selber, der obersten Spitze der Lebewesenpyramide. Dazu ist anzumerken: Bisher gab es noch in keiner Epoche einen derart weitgespannten und differenzierten enzyklopädischen Nachvollzug der Weltschöpfung. Dabei ist noch zu unterscheiden: Im Barock ist in den Schlössern der Übergang von den nur als Kunstwerke auftretenden Lebewesen zu den realen, lebenden Lebewesen fließend und gleichsam nahtlos.

Um sich nun vergegenwärtigen zu können, wie ungeheuer gefüllt und logisch verzahnt sich uns die barocke Weltbildkonzeption in ihrer Gesamtheit in vielen Einzelsparten und Einzelkomplexen darbietet, soll das Inhaltsverzeichnis meines Barockbuches hier vollständig vorgeführt werden.

Inhaltsverzeichnis

Die Welt der Schöpfung

Der Kosmos

1. *Die Sonne.* a) Die Sonne als Herrschersymbol, b) Die Sonne im kirchlichen Bereich, c) Die naturwissenschaftliche Sonne.

2. *Der Himmel.* a) Die Deckenfresken, b) Die Wolken, c) Kuppeln und Kuppelfresken, d) Der Nachthimmel als «Bühne» für das Schauspiel der Feuerwerke, e) Der astronomisch-wissenschaftliche Himmel.

3. *Das Wetter.* a) Politisch-moralisierende Klimatologie, b) Wetterhäuschen, c) Die Winde.

4. *Die Zeit.* a) Allegorien, b) Sonnenuhren und mechanische Uhrwerke in den Schlössern und in den Kirchen, c) Bürgerliches Zeitbewußtsein.

Die Großgeographie

1. *Der Globus.* a) Der Globus als Symbol der weltlichen und kirchlichen Herrschaft, b) Der Globus als Requisit der Wissenschaft.

2. *Die Weltkarten.*

Die Kleingeographie

1. *Die Karten und Stadtansichten.*

2. *Die Bedeutungsgeladenheit von Örtlichkeiten.* a) Geographisch-wissenschaftlich, b) Grenzsteine, c) Postmeilensteine, d) Gedenkmonumente.

3. *Die Landvermessung.* a) Die Vermessung und das Anlegen von Schlössern, b) Kanalsysteme.

4. *Die Personifikationen der Flüsse.* a) Die Flüsse in Europa, b) Die vier Weltströme.

5. *Die Verankerung der Bauwerke in der Landschaft.* a) Die Alleen, b) Blicknahmen, c) Die Lage der Bauwerke am Wasser.

Die Verteilung der Quoten der künstlerischen Gestaltung der Welt unter die vier Stände

I. Die feudale Welt
(Die Schlösser der Fürsten)

1. *Das Schloß als geistige Gesamtidee.* a) Der Begriff des Gesamtkunstwerkes, b) Die drei geistigen Bezirke des Schlosses: Enzyklopädisches, Moralisches und antike Mythologie, b) Der Kontrast zwischen dem symbolhaften Denken des feudalen Menschen und dem materiellen Denken des bürgerlichen Arbeitsmenschen.

2. *Die Gartenanlagen.* a) Die großen Gartenbeete, b) Die Bosquetts und Pseudo-Innenräume.

3. *Die Sonderbezirke des Gartens.* a) Labyrinth, b) Die Inseln, c) Die Wasserkünste.

4. *Die Sondergebäude des Gartens.* a) Tiergehege und Menagerien, b) Grotten, c) Eremitagen, d) Belvedere, e) Lusthäuser, f) Orangerien, g) Marställe.

5. *Die Innenräume der Schlösser.* a) Vestibül, Sala terrena, Treppenhaus und Festsäle, b) Vorgemach und Audienzzim-

mer, c) Paradeschlafzimmer, d) Spiegelkabinett, e) Zusammenhang zwischen Spiegelkabinett und Schlafzimmer, f) die Ruhmessäle zur Verherrlichung der Herrscher, g) Triumphgedanke in den Schlössern, h) Das Theater, i) Hoftheater und Hofkirche, k) Allgemeingänge und Galerien, l) Statuensäle und Gemäldegalerien, m) Kunstsammlungen und Schatzkammern, n) Kaisersäle, o) Schloßkapellen und Schloßkirchen, p) Fürstengrüfte und Mausoleen.

6. *Die Hierarchie der Lebewesen im Gebiet der Schlösser.* Zeitgenössische Theorien über die Kontinuität der Lebewesen.
a) Die Pflanzen. Die Botanischen Gärten, Das Reich der Flora, die Blumenmalerei, Plastischer Blumenschmuck.
b) Die Tiere. 1. Ehrfurcht vor den Kleingeschöpfen Gottes, 2. Niedere Tiere in Grotten, 3. Fresken mit Tieren, 4. Tierfiguren in Porzellan, Tier-Service, 5. Die Hunde, 6. Tiere als Symboltiere; Löwe und Adler, 7. Die Verehrung des Pferdes, 8. Jagdszenen in den Gärten und Innenräumen der Schlösser.
c) Die Mischwesen zwischen Tier und Mensch, 1. Die Metamorphosen des Ovid, 2. Mischwesen der antiken Fabeln, 3. Allegorisches.
d) Die Menschen. 1. Die niederen Menschen. Die tierähnlichen Menschen; Physiognomisches; Zwerge und Riesen, Hofnarren; Kuriosa und Ethnica, die im Kampfe unterlegenen Menschen: Gefangene, Sklaven und sterbende Krieger; niederes Hilfspersonal, festlicher Hilfstroß, Musikanten und Schauspieler. 2. Die vornehme Hofgesellschaft. Ihre Kostüme. Krönungsornat; Darstellungen der Hofgesellschaft in den Schloßräumen. 3. Fürsten- und Herrscherbildnisse; Das Reiterbildnis., Alchemistisch-magische Herrscherbildnisse. 4. Bildniszyklen. 5. Die sterbenden und toten feudalen Menschen. Leichenfeiern und Grabmäler, Leichenzüge, die Castra Doloris, Grabmale der Kriegshelden.
e) Der Herrscher als der gottähnliche Mensch. 1. Der Herrscher als Überwinder der Vanitas, 2. Der Herrscher und seine Identifizierung mit den antiken Göttern, 3. Der Herrscher in der Gestalt Alexander des Großen.
f) Die Götter. 1. Der Halbgott Herkules und sein Kult, 2. Die Götter.

7. *Die Fahrzeuge der Herrscher und Götter.* a) Die Wagen, Die Kutschen als Kunstwerke, Die Krönungswagen, Festwagen, Die Wagen als Himmelsfahrzeuge, b) Die Schlitten, c) Die Schiffe, 1. Der Schmuck der Schiffe, Galionsfiguren, 2. Die Kriegsschiffe, Die Staatsbarken, 3. Fest- und Theatergondeln, Schiffe in den Kirchen; Votivgaben, Schiffkanzeln.

8. *Der symphonische Aufbau der Gesamtprogramme der Schlösser.*

II. Die kirchliche Welt
(Die Heiligtümer der Priester)

1. *Die christliche Landschaft.* Beispiel zur Erklärung des Begriffes, a) Bildstöcke und Wegkreuze, b) Marien- und Dreifaltigkeits-Säulen, c) Die Brücken, d) Heilige Berge, heilige Wälder, Wallfahrtstreppen, e) Kalvarienberge, f) Kapellen, g) Wallfahrtskirchen, h) Klöster und Stifte.

2. *Das Kirchengebäude.* a) Außenbau, b) Innenausstattung, Gesamtklang der Dekoration, Die Altäre, die Kanzeln, Die Orgel, Vegetabiler Schmuck.

3. *Die weltgeschichtliche und geographische, globale Universalität der barocken Kirchenbaukunst:*
a) Die Barockisierung von Kirchenbauten aus früheren Stilepochen.
b) Die globale Ausbreitung der barocken Kirchenbauten.
a) Brasilien, b) Argentinien, c) Peru, d) Mexiko.

III. Die bürgerliche Welt
(Die Städte der Bürger)

Die Theorie des Städtebaues in Deutschland, Frankreich und Holland.

1. *Die Bauten außerhalb der Stadt.*

2. *Die Bauten innerhalb der Stadt.* a) Die Wohnhäuser. Die Innenräume der Wohnhäuser. Der Bilderschmuck (die Gattungsmalerei). Die Höfchen. b) Die Gebäude der korperativen Institutionen. Die Schützengilden. Anatomien. Krämergilde. Altmänner- und Altweiber-Häuser (die Gruppenbildnisse). c) Die städtisch-kommunalen Bauten. Krautmagazin. Butterhaus. Fischhaus. Kornhaus. Fleischhalle. Die Waagen. d) Die Rathäuser. Die Innenausstattung der Rathäuser.

3. *Der protestantische Kirchenbau.*

IV. Die Welt der Bauern
(Die rohe Natur als Lebensmilieu des Landmannes)

a) Vernachlässigung des niedersten Standes durch die übrigen drei höheren Stände. b) Der Mensch ohne Anteil an den Kulturgütern. c) «Bäuerliche Architektur». d) Wohnraumschmuck. e) Die Bildwelt des Bauern: Die Flugblätter. f) Schlußbemerkung über das Weltgrundverhältnis der verschiedenen Stände.

Die Skala der enzyklopädischen Welteinteilung der Schlösser, die ich mit einer Symphonie verglich und die von Stufe zu Stufe von den Pflanzen bis zu den Göttern geht, erschien mir als hochbeachtenswertes Phänomen. Allerdings war es mir nicht ganz unbekannt, da es mir schon früher einmal begegnete. Diese Skala der Welteinstellung war mir nämlich an einer Stelle bei meinem Manierismus-Buch aufgefallen. Und zwar geschah dies beim Schema der Bemalung der sechs Mauerringe in der Civitas Solis der Utopie des Domenico Campanella von 1602. Dort stand dieses Schema zunächst als utopisches Schema der Welteinteilung. Jedoch hier im Barock erschien dieses Programm der Welteinteilung nicht mehr nur als Fiktion und Vision eines phantasierenden Gelehrten, sondern in der Kunstwerkwelt der Schloßanlagen als real ausgeführte und entsprechend gegliederte Welttheater-Bühne. Dieses Phänomen machte auf mein historisches und persönliches Weltwissen allergrößten Eindruck.

Mir ging an dieser real gestalteten Kunstwerkwelt der Barockschlösser auf, daß ich hier vor den unmißverständlichen Grundlagen stehe, die schließlich im 19. Jahrhundert zu dem naturwissenschaftlich-biologischen Welteinteilungsschema der Evolutionstheorie des Charles Darwin (1809–1882) führen. Daß ich mich nicht getäuscht habe, beweist die wissenschaftliche Skala der Lebewesen, die typischerweise am Ende des Barocks unter dem Eindruck der Realkunstwerkhierarchie der Schloßanlagen von 1779 von Charles Bonnet in seiner Collection complète des Oeuvres de Charles Bonnet, Neuburg in der Schweiz, aufgestellt wurde. «Die Idee einer Leiter von Naturwesen» von Bonnet fing mit dem Menschen an, wurde dann fortgesetzt als nächste niedere Stufe mit dem Orang Utang, dann kam der Affe, anschließend die Vierfüßler, die Vögel, die fliegenden Wasservögel, die Fische, die Schlangen, die Muscheln, die Insekten, die Pflanzen, die Steine, die Metalle, die Halbmetalle, Erden, Wasser, Luft, Feuer und subtilere Materialien.

Allerdings hat die Weltbildleiter des aufgeklärten Charles Bonnet von 1779 gegenüber der Weltbildskala in den barocken Schloßanlagen einen charakteristischen Unterschied. Wenn das barocke Weltbildschema noch selbstverständlich die antike Götterwelt und die Mythologie miteinbezieht, so fallen diese Spitze und der geistesgeschichtliche Überbau weg, und die Weltbildleiter beginnt mit dem Menschen. Alle höheren, alle überirdischen Wesen wie Gott, Götter oder Engel existieren nicht mehr als weltbildverbindliche Erscheinungen. In dieser Enthauptung und Absetzung bestand der Sieg des rein rationalen Denkens.

Ich stand mit diesen Feststellungen vor der mich in höchstem Maße überraschenden und erschütternden Erscheinung, daß aus der gebauten und künstlich-künstlerischen, aber ebenso auch naturgefüllten Weltbildhierarchie der barocken Schloßanlagen schließlich die theoretische naturwissenschaftliche Weltbildkonzeption geworden war.

Von einer sehr charakteristischen Eigenschaft innerhalb des Welteinteilungsschemas des barocken höfischen Schloßbetriebes soll hier noch die Rede sein.

Als neue Erscheinung fiel mir auf, daß im Barock die Fahrzeuge aller Art, Wagen, Schlitten und Schiffe, sowohl in der Malerei und in der Plastik als auch als zu Kunstwerken erhobene bewegliche technische Verkehrsapparate eine außerordentliche Rolle spielten. Deshalb behandelte ich sie in einem gebührend ausführlichen Sonderkapitel. Mit diesem so sehr beachtenswerten Zusatz gegenüber allen früheren Weltbildschemata zollte das Barockzeitalter gewissermaßen schon in einer prämodernen Art und Weise dem kommenden technikbetonten Weltbildgestaltungssystem, das vorzüglich der Vorstellung einer von technischen Erfindungen und Maschinen geprägten Weltbildidee huldigte, wie sie dann im 19. Jahrhundert und im größten Stil im 20. Jahrhundert in Schwung kam, seinen Tribut.

Durch alle diese Beobachtungen wurde mir immer klarer, wie sich im Weltbildsystem des Barockzeitalters das endende Mittelalter mit dem sich mit Macht durchsetzenden technisch-naturwissenschaftliche Weltbild mischte und es schon offensichtlich vorbereitete.

In der Entwicklung meiner eigenen Weltbildvorstellung geschieht beim Weltbildsystem des Barockbuches etwas sehr Eigenartiges. Wenn ich als Kind ein sozusagen selber gelebtes, in meinen Kinderzeichnungen künstlerisch gestaltetes Weltganzheitsbewußtsein pflegte und in meinen zehn Weltbildpositionen von 1919 zu einem Weltaufbausystem zusammenfaßte, so habe ich inzwischen, nach einem halben Jahrhundert gelebten Lebens, als denkender und rational bewußter Mensch eine Weltganzheitsvorstellung sehr reduziert, verstümmelt oder gar fast eingebüßt. Meine verlorene Weltganzheitsvorstellung war nach diesem katastrophalen Niedergang, als ich zum Wissenschaftler der Kunst geworden war, nach dem Tiefstand um 1939 bis 1950 auf neuer Basis aufzubauen. Aber dies gelang zunächst nur in Ansätzen.

Nun erlangte ich auf meiner Entwicklungsstufe des Kunstwissenschaftlers in der besonderen Form des Weltbildsystem- und Weltbildganzheitsforschers durch die Konzeption des Barockbuches ein derart ganzheitliches Weltbildbewußtsein, das gerade in seiner Eigenschaft als großausgreifendes Weltbildsystem eines rund 55–60jährigen (1964–1969) zu vergleichen und in Beziehung zu setzen ist mit dem Weltganzheits-Bewußtsein in meiner Kindheit eines 7–10jährigen (1916–1919).

Was ich mir als zeichnender Knabe als Weltganzheitsgefühl eroberte, legte ich mir nun als Weltgeschichtshistoriker, als das Weltbildsystem beschreibender Historiker zurecht. Als 55–60jähriger konnte ich mein Weltbild bei weitem nicht mehr so unmittelbar gegenwarts- und realitätsbezogen aufbauen wie ich es als Kind noch vermochte.

Der Historiker nimmt Abstand von der Welt.

Der Historiker macht als Weltbildganzheits-Systematiker einzelne Schritte, wie etwa bei den Überlegungen über den hierarchischen Aufbau, durch die Epochen der Vergangenheit. Dem Historiker tritt die Welt als etwas Überschaubares, als etwas gedanklich Nach-Baubares, Nachvollziehbares entgegen. Und in dieser abgelösten Schicht hat der Historiker auch Welt. Daraus kann er auch verschiedene Grade von Ganzheitsbewußtsein entwickeln – je nachdem wie stark er die Gesamtheit der von ihm behandelten Epoche in seinem Forschen und in seinen Überlegungen berücksichtigt.

In meinen Forschungen kam es mir allmählich nicht immer mehr auf Erforschung von Einzelphänomenen und Detailaspekten an, sondern auf die Gesamthierarchie der Werte, auf den Gesamtstruktur-Aufbau einer Epoche. Insofern überschrieb ich das Barockbuch «Die Kunst als Mittel zur Gestaltung der Welt und des Lebens».

Diese barocke Gesamtweltaufbau-Hierarchie, um die es mir im Barockbuch ging, hat Elemente gemeinsam mit der Gesamtweltschau meiner Kinderzeichnungen, im besonderen mit den zehn Weltbild-Positionen von 1919. Da wäre zu nennen: An erster Stelle die kosmischen Mächte und die Sonne. Die Sonne behandle ich in meinem Barockbuch an hoher oder höchster Stelle.

In der Bearbeitung meines Buches «Weltbild und Bilderwelt» ging mir langsam die außerordentliche und eigentlich selbstverständliche Weltbildbedeutung der Sonne für die Erkenntnisse der Kunstwerke auf. Ich ziehe den realen Sonnenlauf in die Beurteilung der Kunstwerke der Neuzeit mit ein.

Ich konstruierte zum Atelier von Rembrandt den zugehörigen Sonnenlauf dazu. Ohne die jeweilig gedankliche Ergänzung des Realsonnenstandes sind die Gemälde von Rembrandt und der gesamten niederländischen Malerei, die auf dem Gegensatz des naturalistischen Helligkeits- oder Dunkelheitsgrades beruhen, unverständlich und fragmentarisch.

In meinem Barockbuch bewundere ich die gipsernen, vergoldeten Strahlensonnen, wie z.B. diejenige von Bernini an der Kathedra Petri in St. Peter in Rom. Immer wieder nehme ich Gelegenheiten wahr, von diesen plastischen Barock-Sonnen in meinen Vorträgen zu sprechen. So 1972 im Vortrag «Architektur und Licht» und im Vortrag «Das niederländische Architekturbild und das Problem der Kathedrale» von 1974.

Ich bin von den barocken plastischen Sonnen so entzückt, daß ich mir 1970 in Spanien eine goldene Strahlensonne mit Hohlspiegel kaufte, sie mir in den Vorraum meiner Wohnung in Karlsruhe hängte und oftmals verzückt in diesen Sonnenspiegel schaute.

Doch – es gibt Perioden meines Lebens, wo die kosmische Komponente in meinem Denken sehr verkümmert ist.

Zwischen 1925–1960 ist mir die Sonne als Element des Weltorganismus gleichgültig und aus dem Blickpunkt des Weltbewußtseins entschwunden. Die Sonne und ihr Lauf sind hingegen im Weltbild des Knaben hochentscheidend. Man vergleiche die zwei diesbezüglichen Blätter der Sonne, das Aquarell von 1919 und das kleine Blättchen von 1917, der Mond und die Sterne.

Die Überlegungen, die ich als Knabe über die Zeit und den Gott Chronos anstellte, erscheinen erst wieder aufgenommen in meinem Buche «Weltbild und Bilderwelt» und in meinem Manuskript des Barock und in meinem Buche «Maschine und Kunstwerk».

Meine Kinderzeichnungen der Schiffe und Seelandschaften finden erst wieder ein Pendant in meinem Barockbuch. Ebenso geht es mit der Zoologie und den Tieren. Meine Kinderzeichnungen über das Thema Pferd sind mit jenen Ausführungen zusammenzuhalten, die ich im Barockbuch über die Bedeutung des Pferdes verfaßte.

Dann wären besonders noch die Fahrzeuge zu nennen. Im Weltbild des Knaben sind sie von allerhöchstem Interesse, und im Barock habe ich ihre außerordentliche Wichtigkeit festgestellt.

Das Element des Theaters habe ich in meinem Barockbuch geschildert, wie es auch in meinen Kinderzeichnungen des Kasperle-Theaters und der Herrscherpaläste aufklingt. Dann wäre noch die Erscheinung der Wappen zu nennen in meinen Zeichnungen von 1917–1923, die Schiffswimpel, die Wappen bei den Akrobaten und, parallel im Barock, das Auftauchen der Wappen an den Schlössern.

Aber diese im einzelnen feststellbaren parallelen Bereiche sind vielleicht gar nicht so entscheidend und wichtig. Vielmehr kommt es darauf an, daß ich im Barockbuch eine ebenso vollständige Weltbild-Gesamtgliederung erlangt habe, wie ich sie 50 Jahre früher schon in den Zeichnungen meiner zehn Weltbild-Positionen durchgeführt und beherrscht habe.

Hier in der Konzeption des Barockbuches taucht noch ein Begriff auf, der für meine Weltbildforschungen weiterhin von höchst gewichtiger Bedeutung sein wird und der ebenfalls schon in das Weltbild-Repertoire des Knaben gehörte. Dies ist der Begriff der Maschine; die Welt als Maschine, die «Macchina del mondo», und die Maschine als Welt. Oder auch die Gesamtwelt als organische Kosmosmaschine. Oder die Welt als Zeitmaschine: Sonne, Mond und Sterne und unser Globus. Als Kind zeichnete ich bei den zehn Weltbild-Positionen als Maschine «Das große Rad» und die Konstruktion der Wagen und Automobile. Zwischen den Jahren 1917/1919 und 1969 interessierte mich die Maschine überhaupt nicht. Hier standen allein die Kunstwerke im Mittelpunkt meiner Weltbetrachtung.

Mein Weltbild des Knaben war noch nicht so ausschließlich von der Kunst bestimmt wie später als Kunsthistoriker. Doch gibt es Ansätze, bei denen ich zum Begriff der Maschine zurückfinde. Und zwar entwickelte ich ihn aus Erscheinungen der Kunstgeschichte, vor allem aus der Charakterisierung des

F. S. W. spiegelt sich in der barocken, goldenen Sonne. Foto. Um 1975.

Funktionalismus des existentiellen Milieuateliers in meinem Aufsatz: «Vom milieubedingten zum existentiellen Künstlertum», von 1958. Dort schildere ich, wie Ferdinand Hodler bei den Fresken der Schlachtengemälde im Schweizerischen Landesmuseum in Zürich an die «materialistische Weltform der Maschine» gebunden und ihr verfallen ist. Dort schreibe ich von dem Schlachtengetümmel mit der Präzision einer Gleichtakt-Maschinerie. Ich komme zur wichtigen Definition: «In der stringenten Anordnung der Malapparatur bei Hodler liegt die Konsequenz einer Maschine, wo sich jedes einzelne Glied (jede Welle, jeder Kolben, jedes Gestänge) zum funktionierenden Getriebe zusammenfindet.» Eine ähnliche Definition nehme ich wieder auf am Beginn meiner Abschiedsvorlesung «Maschine und Kunstwerk» im Jahre 1971.

An zwei Punkten sprengte mein Barockbuch den üblichen Rahmen der Betrachtungsobjekte. Erstens einmal durch Einbeziehung von Nichtkunstwerken in Form von Fahrzeugen. Wagen, Schiffe, Schlitten sind keine Kunstwerke, sondern gehören einer anderen Kategorie der Weltgestaltung an. Sie sind Weltbearbeitungsinstrumente und gehören als Maschinen zur Technik und nicht zur Kunst. Zweitens in der geographischen Ausdehnung der barocken Welt. Die Kirchenbaukunst ist nicht nur auf Europa und das Abendland beschränkt, sondern sie erreichte eine globale Universalität mit dem Einschluß von Südamerika: Brasilien, Argentinien, Peru und dem nordamerikanischen Mexiko.

Wenn ich den Vollzug und den Effekt meines Manuskriptes über die Barock-Epoche nach dem äußeren Erfolg betrachte, so war es ein trauriger und bedauernswerter Mißerfolg.

Denn, als ich in pausenlosen, Tag und Nacht einsatzbereiten Eilmärschen mein Manuskript in einer annehmbaren Fassung dem Verlag Schroll vorlegte, war sein Interesse an meiner Arbeit erkaltet, da nämlich auf dem internationalen Büchermarkt das Thema der Barockkunst inzwischen durch eine französische Publikation desselben Themas belegt wurde, und so beschied mir der Verlag Schroll, er nehme von meiner Publikation Abstand. Nun stand ich um meine jahrelange Arbeit geprellt da. Aber, was wollte ich als nicht juristisch geschulter Geschäftsmann machen?

Betrachte ich jedoch meine Bemühungen um die Barock-Epoche nach dem inneren Gesichtspunkt der persönlichen Weltbild-Einsichten des Historikers und Philosophen, so waren diese geschäftlich gescheiterten Bemühungen ein ungeheurer, kaum hoch genug einzuschätzender Gewinn.

Was ich mir nie zu erträumen wagte, fiel mir durch das Barockbuch zu: Ich erlangte durch die systematische Erforschung des barocken Weltbild-Kosmos den Schlüssel und den überaus hoch zu bewertenden Ansatz für die Weltbildkonstruktion der Moderne, unserer gegenwärtigen Welt, der Welt, in der ich lebte und lebe. Ich legte zugleich die Ursprünge meiner eigenen Welt, meiner eigenen Ich-Umgebung bloß.

Abrechnung mit dem zeitgenössischen technischen Weltbildsystem. Der Kampf zwischen Kunst und Technik, zwischen Geist und Materie

I. Maschine und Kunstwerk Buchmanuskript 1967–1970

Während der systematischen Bearbeitung und Durchgliederung der Künste im Barockzeitalter kristallisierten sich immer mehr Eigenschaften und Erscheinungen heraus, die das barocke Weltbild immer stärker zum Vorfeld der Epoche der sogenannten Moderne werden ließen.

Von einem gewissen Zeitpunkt an fand ich immer mehr Vorstufen, Vorahnungen und Vorlösungen der modernen Welt in der vergehenden barocken Weltsicht. Dadurch wurde ich geradezu gedrängt, diesen Ansätzen nachzugehen und schließlich über das Barockzeitalter hinaus auch die moderne Zeit als großes ganzheitliches und einheitliches in sich selbst geschlossenes Weltbild-System zu erkennen und zu durchforschen.

Noch während meiner Barockzeit wurde ich von einer Unruhe gepackt, und ich machte das Barockbuch nicht bis in seine letzte Ausgliederung fertig.

Es brannte mir unter den Nägeln, mein Interesse intensiv auf das moderne Zeitalter zu werfen. Ich wollte mir unbedingt klar machen, unter welchen Aspekten die moderne Zeit, und zwar unsere Epoche, in der ich und meine Mitmenschen leben, angetreten ist. Ich wollte die Jetztzeit nicht nur als Detaillist sehen, ich wollte das ganze System erkennen. Ich wollte damit die Jetztzeit der Moderne als Historie, d.h. als vollfunktionierendes, in sich geschlossenes Weltbild-System begreifen lernen. Ich wollte mich aus einem staunenden, zustimmenden oder ablehnenden Zeitgenossen ohne Scheuklappen gegenüber den neuartigen Dingen zum kaltblütigen, objektiv erkennenden Historiker meiner Zeit machen.

Die Gegenwart verwandelte ich zwanghaft zur historischen Vergangenheit. Und zwar ging mir auf, daß ich, um dies wirklich den tatsächlichen Gegebenheiten gemäß durchführen zu können, von meiner Kunstgeschichte gewissermaßen Abschied nehmen mußte. Denn zu einem solchen Unternehmen reichte die Kunstgeschichte keineswegs aus.

Es trat etwas völlig Verrücktes und seltsam Absurdes ein. Um die gegenwärtige Welt wirklich zu kennzeichnen und zu erfassen, um zu wissen und sich klar zu machen, wie wir Zeitgenossen uns verhalten, durfte ich kein Kunsthistoriker mehr sein. Ich mußte dem Kunstgeschichtler in mir abschwören, um wissender Zeitgenosse sein zu können.

Das Pferd meines Wissens und meiner Wissenschaft mußte ich von einem ganz anderen Ende aus aufzäumen. Denn es hatte sich im Zeitalter der Moderne die nicht beiseitezuschiebende folgenschwerste Verschiebung vollzogen: Wenn in den bisherigen, prätechnischen Epochen die erste und oberste Weltgestaltungsmöglichkeit von der Kunst und von den Kunstwerken ausging, so sind jetzt die Kunst und mit ihr die Kunstwerke von ihrer beherrschenden, ersten Position jäh und ohne Gnade herabgestoßen worden. Wir sind unmißverständlich deutlich in das Zeitalter der Technik, in eine fest funktionierende Welt der Maschinen eingetreten. Hier bildet das naturwissenschaftlich technische Denken mit seiner Maschinenwelt den eigentlichen und primären Kern des Weltbildes und seines Vollzuges. Aus dieser unumstößlichen und unabänderlichen Grunderkenntnis heraus verließ ich, vom Kunsthistoriker inzwischen zum Weltbild-Systematiker empor- und umgestiegen, die Kunstgeschichte als primäre Erkenntnisquelle für die Jetztzeit und wandte mich mit Nachdruck den Maschinen zu. Und so unternahm ich es, mich in der Bearbeitung diesem neuen Standpunkt anzugleichen und zu unterwerfen. Ich untersuchte wie früher die Kunstwerke, nun die Maschinen auf ihren Weltgestaltungsgehalt, auf ihre Leistungen der Weltgestaltung hin. Aus diesem Programm heraus habe ich es unternommen, meine Untersuchungen und Überlegungen in einem Werk mit dem Titel «Maschine und Kunstwerk» niederzulegen.

Ich ließ mein Buch mit den leistungsgrößten Maschinen beginnen und reihte die weniger effektiven Maschinen in abnehmender Tendenz daran.

Als Einleitung bringe ich den philosophischen Überbau des technischen Weltbildes, wo ich den Begriff der Schnelligkeit als grundlegendes Hauptgesetz für die Inganghaltung der technischen Weltgestaltung durch die Maschine, hauptsächlich des Verkehrs, herausstelle.

Erst nachdem ich die realistischen Großleistungen der Maschinen festgestellt habe, kommen die Leistungen der Kunstwerke an niederer, zweiter Stelle. Damit ist gesagt, daß die Kunstwerke in der Weltbildkonzeption der Moderne eine ephemere Erscheinung geworden sind. In der Moderne gibt es keine die wirklichen Ideen und Antriebe der Epoche bestimmenden Kunstwerke mehr. Daß die modernen Kunstwerke auch das Siegel der Moderne tragen, ist bei dieser Frage nicht ausschlaggebend. Bei unserer Fragestellung kommt es allein darauf, ob die Kunstwerke im technischen Zeitalter tatsächlich aktiven und wirksamen Anteil an der Weltgestaltung haben oder nicht. Und bei näherem Hinsehen müssen wir ehrlicherweise sagen: Nein!

Ich wende mich von der kunsthistorischen Fachliteratur ab und derjenigen Literaturgruppe zu, welche die Bedeutung der Technik im modernen Weltbildsystem ernst nimmt und grundsätzlich bearbeitet.

Bezüglich des technischen Bildes, wo also im unmittelbaren Bereich des Bildes der Einbruch der Technik gelungen ist, und wo die Kunst in ihrer Aufgabe, auch Bilder zu gestalten, in der Wurzel getroffen ist – durch die Erfindungen der technischen Bildermaschine von Fernseh- und Foto-Apparat – lese ich die Abhandlungen von Günter Anders «Die Antiquiertheit des Menschen. Über die Seele im Zeitalter der zweiten industriellen Revolution», besonders das Kapitel «Die Welt als Phantom und Matrize. Philosophische Betrachtungen über Rundfunk und Fernsehen» (1961). Und von Karl Pawek «Das Bild aus der Maschine. Skandal und Triumph der Fotographie», 1968. Dann die allgemeinen Bücher wie Friedrich Jünger «Die Perfektion der Technik» (1953) oder Arthur C. Clarke «Im höchsten Grade phantastisch. Ausblicke in die Zukunft der Technik» (1962). Eines der wenigen Bücher, die sich direkt mit dem Problem Kunst und Technik beschäftigen, ist von Lewis Mumfort «Kunst und Technik» (1959).

Das Buch von Louis Pauwels und Jacques Bergier «Aufbruch ins dritte Jahrtausend. Von der Zukunft der phantastischen Vernunft», 2. Aufl. 1962, las ich mit großer Gier. Sätze und Gedanken wie folgende nahm ich mit Zustimmung und Befriedigung in mich auf: «Die Kathedrale ist also ein Werk des ‹art got› oder des Argot. Und was ist die Kathedrale von heute? Machen wir uns frei von nutzlosen Glaubenssymbolen der Vergangenheit, um uns dem Heute besser anpassen zu können! Suchen wir die moderne Kathedrale nicht in den von einem Kreuz überhöhten Monumenten aus Glas und Beton. Die Kathedrale des Mittelalters war das den Menschen von heute geschenkte Mysterienbuch. Das Mysterienbuch von heute aber wird von den Physikern und Mathematikern geschrieben. Und sie fügen ‹mathematische Wesen›, die Fensterrosen in ihren Konstruktionen, die interplanetarische Rakete, Atommeiler und Zyklotron heißen. Hier liegt die echte Kontinuität, hier verläuft der wahre Faden der Tradition.»

In welcher Sachbreite und in welchen Einzelheiten ich nun die Vorherrschaft der Welt der Maschinen und das Beiseite-Geschobenwerden der Welt der Kunstwerke demonstrierte und begründete, geht am besten aus dem vollständigen Inhaltsverzeichnis meines Manuskriptes hervor. Es lautet:

DER SÄULENHEILIGE	🏛
DAS KLOSTER	🏘
DAS SCHLOSS	🏰
DER WANDERER	🚶
DER RADFAHRER	🚴
DER AUTOFAHRER	🚗
DER FLIEGER	✈
DER ASTRONAUT	🚀

Tabelle der Stufen der geistigen Welterfassung und künstlerischen Weltgestaltung, des natürlichen Weltgenießens und der materiellen, technischen Welteroberung.

MASCHINE UND KUNSTWERK

Ein Beitrag zum Problem: Materie und Geist und Körper und Seele

Inhalt

Die Gestaltung der Welt

Grundlegung und Hauptgesetz des modernen Weltbildsystems

Die Schnelligkeit und Chronos
Das Weltgestaltungsprinzip der Technik im Konflikt mit dem gegensätzlichen Weltgestaltungsprinzip der Kunst
Schnelligkeit und Technik und die Religion

A. *Der den Realraum sich erobernde technische, körperlich schnelle Mensch*

Die technischen Mittel, um den Menschen in den Zustand der Schnelligkeit zu versetzen: Die Maschinen der Fahrzeuge

DIE FAHRZEUGE

Die Weltraumrakete und die Kathedrale

Die Flugzeuge und die Architektur

Der Einfluß des Flugzeuges auf andere Gebiete

Technisches Fliegen und die Vorstellung vom Fliegen in religiösen und mythologischen Himmelfahrten

Balkone und Luftschiffe und die Vakuum-Architektur

Berg- und Seilbahnen als Zustand des Schwebens und die Balkone

Automobile und Übermenschentum

Die moderne Realität der Erd- und Himmelsräume und deren Seinsstufen in Mythos und Religion (dargetan an den Erzählungen des Sturzes des Phaeton und der Vision des Hesekiel)

Das Fahrrad als die erste Maschine für geschwinde Fortbewegung

Die Schubkarren und der Krönungswagen als Symbole von Gegenprinzipien der technischen Fahrzeuge

DER SICH SELBST FORTBEWEGENDE MENSCH

Der sportliche Mensch

Der Geher und die weltgestaltungskritische Beurteilung des Schuhs

Der Wanderer als der jenseits von technischer Maschine und Kunstwerk stehende Mensch

B. *Der Gegentyp zum technischen Menschen: der in seiner Seelen- und Ideensphäre verharrende, sich geistig konzentrierende, der realen Welteroberung unbedürftige Mensch*

Der anstatt der Maschinen der Kunstwerke sich bedienende Mensch

DIE WELTBILD-MASCHINEN DER KUNST

Das Schloß einerseits als Partikel der Reallandschaft und andererseits zugleich als geistesgeographische «Weltbild-Maschine»

Das Kloster

Der christliche Säulenheilige und der meditierende Buddhist

A. *Die Installation von Verkehrsräumen als bewegliche und veränderbare Gestaltungsart der Welt*

Typologie der installierbaren Räume

Die kosmische Flugbahn der Astronauten und der Weg der Seele des Menschen nach Ansicht der jüdischen und christlichen Religion

Die Flugrouten als Großinstallationen

Die Autobahnen

Die Autobahn und der Begriff des Lebensstromes

Weltgeographie in Eisenbahnnetzen und Weltgeographie in barocken Schloßgärten

Die Erschließung von «Verkehrsräumen» in der Natur

Fußgängerweg und Wanderpfade

Der technische Begriff der Installation und die Übertragungsleitungen geistiger Kräfte und Mächte

B. *Die Architektur als statische, unveränderliche Gestaltungsart der Welt*

Die Einwirkung des modernen Zeitbegriffes in Form des Gestaltungsprinzipes des Bandes auf die Erscheinungsweise der Architektur

  I. Der Typus der Bandstadt und die Idee der geschlossenen Stadt

  II. Die an das Band des Verkehrs angeschlossenen Spezialanlagen und Bauten
    Die Flughäfen
    Die Tankstellen
    Die Bahnhöfe
    Die Brücken

  III. Das Band an den Fassaden der modernen Geschäfts- und Wohnhäuser und die Säulenordnung der prätechnischen Paläste und Kirchen

  IV. Die das Band des Verkehrs und der Produktion in ihrer Innengestaltung einschließenden Bauten
    Die Großgarage
    Das Hochhaus
    Das Fließband in den Fabriken
    Das Band in der Gestaltung der Innenarchitektur

  V. Das Band in verschiedenen anderen Gebieten

DIE BILDER IM MODERNEN WELTBILDSYSTEM

A. *Das technisierte Bild*

Das Fernsehen: das bewegte, superschnell wechselnde Bild

Fernsehapparat und Altarretabel

Die Fotografie: das ruhende, stets fixierte Bild

B. *Das zweckfreie, künstlerische Bild als Schöpfung des Menschen*

Die Zeitkomponente in der modernen Malerei

Der Begriff des Bandes in der Werkproduktion des modernen Künstlers

Der Begriff des Bandes im Ausstellungs- und Museumswesen

Die Schnelligkeit im Schaffensprozeß des Künstlers

Die Schnelligkeit im Kunstaufnahmeprozeß des Beschauers

Allgemeine Bemerkungen zum modernen Weltbildsystem der Technik

Die Stellung des Ingenieurs und des Künstlers innerhalb des technischen modernen Weltbildsystems

Das neue Paradies

Weltbildsystem-Ethik und Technik und Kunst

Literaturverzeichnis

Nach der Durchsicht der Themen erübrigt es sich, zu betonen, daß dieses Übergewicht der Technik über die Kunst für mich ein harter Schlag war. Seit meiner frühesten Kindheit bin ich in einer künstlerischen Umgebung aufgewachsen und hatte mich selber kompromißlos tatkräftig und bekennerhaft dem Dienste der Kunst und der Erforschung ihrer Geschichte gewidmet. Ich glaubte, wie viele andere meiner Fachgenossen, als Geistesgeschichtler die Zeichen unserer Zeit deuten zu können.

Nun sollte die Einstellung zur Welt vom Grundsätzlichen her erledigt und zunichtegemacht sein; sollte ich vor dem Zusammenbruch und dem vollzogenen Trümmerfeld der Welt als künstlerisch gestaltete Welt stehen? Dies kam einer Katastrophe meines bisherigen forschenden Ichbewußtseins und meiner Weltidentifikation gleich. Ich mußte einsehen, daß sozusagen die Todfeinde der Kunstwerke, die technischen Maschinen, die absolute Herrschaft der Welt an sich gerissen haben. Daß die Ära der Kunst und damit auch die Macht des Symbols als primäre Weltgestaltungsmöglichkeit beendigt sein soll und ad acta gelegt ist.

Die Auffassung, daß Kunst und Wissenschaft schwesterlich Hand in Hand gehen, war nicht mehr zu vertreten. Dies konnte man noch im Barockzeitalter propagieren, aber heute nicht mehr. Dieser Traum ist ausgeträumt. Daß Kunst und Naturwissenschaft, die als angewandte Wissenschaft Technik ist, keine Freunde, sondern sich bekämpfende und sich ausschließende Weltmächte sind, dies zu erkennen, war bitter und hat mein gesamtes Weltbildwissen umgeworfen.

Ich durchlebte aufregende Wochen und Monate, während denen ich diese Erkenntnisse, ob ich wollte oder nicht, verdauen mußte. Diese Operation der Umwertung aller Werte mußte gelingen. Ich erinnere mich noch, wie ich in dieser Umbruchszeit meistens sonntags zu meiner hochbetagten Mutter nach Baden-Baden-Lichtental ins Altersheim oder nach Freudenstadt in die Erholungspension fuhr und auf der Bahn meine Notizhefte füllte.

Unter meinen Zetteln finde ich folgende Notiz: «Ich habe erkannt (4.10.1967): Der Macht der Technik gegenüber sind beide Richtungen der Malerei auf dem gleichen Holzweg: Sowohl die Bremser: die zurückgebliebenen Traditionalisten, wie die fortschrittlichen Modernisten (vgl. Daumier: Kampf des Idealisten und des Realisten). Die einen laufen als Wolken-Kuckucksheimer herum, die anderen verraten die Grundlagen der Kunst, nämlich die Idee. Im Auge des reinen Technikers sind sowohl Ingres wie Delacroix gleich irregeleitete Menschen. *Tragisch!*»

Honoré Daumier. Kampf des Idealisten und des Realisten. Lithografie. 1855.

Meiner Mutter schilderte ich meine neuesten Einsichten über die Moderne, unsere Welt und meine Lage. Sie begriff meine Erregtheit und meinen Neubeginn, meine Einstellung zur Forschung trotz aller Bedrängnis verständnisvoll. Ähnliche Stürme und Wechsel der Weltmeinung hatte sie schon bei meinem Vater auf dem Gebiete der Kunstmeinungen miterlebt, war also für solche gefährlichen neuen Gedankengänge und Stellungnahmen schon längst vorbereitet und wußte, daß diese Umschwünge zum Lebensvollzug des Menschen und zur Dramatik der Menschheitsgeschichte gehören.

In der Themenstellung meiner Abhandlung «Maschine und Kunstwerk» habe ich den Stafettenlauf als Kunsthistoriker in der Eigenschaft als Weltbildsystem-Theoretiker, d.h. als Historiker zum Erkenner der eigenen Zeit, gewonnen!

Ich gelangte schließlich aus der Historie heraus und beurteilte die Gegenwart, meine Zeit, in der ich und meine Mitmenschen leben, gleich ausführlich, gleich objektiv, gleich methodisch einwandfrei und vorurteilsfrei wie die vorhergehenden historisch vergangenen Epochen. Es konnte mir gleichgültig sein, ob ein Ereignis jetzt oder vor einigen tausend Jahren passierte. Es war mir jeweils gleich nah und gleich fern, die historische Distanz gewissermaßen auszuschalten, so wie ich dies am Anfang meiner Biographie als idealen Denkzustand schilderte. Ich überwand als Zeitgenosse das Zeitgenössische, das Jetzige, Augenblickliche und konnte es als Historisches und Weltganzheitliches definieren. Jetzt erst kann ich gefüllter, bewußter und wissender Gegenwartsmensch sein! Jetzt erst bin ich voll und ganz Zeitgenosse meiner Zeit, und zwar, wie ich schon sagte, in der Gegeneigenschaft als auf Distanz gehender Historiker. Die Gegensätze von geklärter Vergangenheit und ungeklärter vager Zeitgenössigkeit habe ich damit in harter Gedankenarbeit überwunden und abgebrochen.

Allerdings, dies sei nochmals dick unterstrichen: dieses Glück, dieses Vollmenschentum, diese höchste Bewußtseins- und Wissensstufe konnte ich nicht als Kunsthistoriker, nicht von der Basis der Geisteswissenschaft aus, nicht als Historiker von geistigen Werken, sondern nur von ungeistigen, dem Materialistischen der modernen Maschinen her, erlangen. Mir wurde bewußt, daß man heute im Zeitalter der Technik weder als Künstler noch als Kunsthistoriker vollgültiger und alle primären Möglichkeiten des modernen Zeitalter ausschöpfender Zeitgenosse sein kann. Das Benützen der technischen Erfindungen in ihren ungeistigen und den Geist tötenden Auswirkungen steht dem Begreifen geistiger Werte in den Kunstwerken entgegen. Aber trotz dieses großen Abstriches in meiner persönlichen Beziehung zur Welt der Kunst halte ich meine Erkenntnis über das moderne technische Weltbildsystem in meinem Denken und in meinen Weltbildbewußtseinskreisen, die ich bisher Schritt für Schritt durchlaufen hatte, für einen echten Triumph und Sieg.

Wie beim Entstehen aller meiner sonstigen Bücher habe ich das Erforschte und Erarbeitete gleichsam als erste Generalprobe in meinen Vorlesungen vorgetragen. So war es beim Brueghel-Buch, beim Manierismus-Buch oder bei dem Manuskript über den Barock.

Bei den Vorlesungen im Studium Generale über das Thema von Maschine und Kunstwerk erging es mir allerdings recht eigentümlich und in gewisser Weise charakteristisch für die Mentalität der heutigen Menschen. Als ich das zweite Semester fortfahren wollte, Technik und Kunst weltphilosophisch zu verrechnen, stieß ich von Seiten der Zuhörerschaft auf Widerstand. Ich spürte im Auditorium eine gewisse Unruhe, und da stand ein Hörer auf und erklärte im Namen meiner Hörer, daß ich von diesem Stoff doch besser Abstand nehmen solle, denn es sei kein schönes Thema, es komme soviel Negatives hinein, daß sie lieber etwas Erfreulicheres und Angenehmeres hören wollten. Sie schlugen mir vor, ich hätte vor einigen Semestern eine so harmonische Vorlesung über

Malerei und Musik vorgetragen. Dies möchte ich wiederholen.

Ich entnahm diesem Wunsch, daß die bildungsbeflissenen Hörer nicht die Wahrheit über ihre eigene Zeit hören wollten. Dies konnte ich ihnen keineswegs übel nehmen, denn ich weiß, wie sehr die heutigen wissensdurstigen, bildungshungrigen Menschen in Zeitschriften, Zeitungen, Vorträgen, Taschenbüchern, im Radio und in Fernsehsendungen in euphorischen Beurteilungen über ihre Zeit informiert werden und daß sie in dieser falsch-bequemen Situation kaum mehr willens und fähig sind, härteren und leider deshalb wahreren Feststellungen Stand zu halten und sie durchzudenken.

Bei der Bearbeitung meines Manuskriptes «Maschine und Kunstwerk» kam ich zu einem Punkte, wo ich das Bedürfnis empfand, daß mir noch irgend jemand beim Durchsehen des Textes behilflich sein könnte. Diesen Wunsch trug ich Dr. Künstler in Wien vor. Seine Reaktion darauf habe ich in einem Brief aus Wien vom 21. Juli 1969 an meine Schwester Monika im Vincentius-Haus, Baden-Baden erörtert.

«Wien, 21. Juli 1969.
Liebe Monika!

Mit verwackelter super-historischer Mondkamera-Schrift meinen unverwackelten herzlichsten Dank für Deinen lieben Brief. (In jenen Tagen fand der Mondflug der Astronauten statt, und man sah im Fernsehen die verwackelten Bilder dieses Fluges). Wo soll ich anfangen zu erzählen?

Dr. K. (Künstler) und Reisser (der Wiener Verleger Dieter Reisser) sind doch recht entschlossen, die Moderne (Maschine und Kunstwerk) 1970 herauszubringen. Daraufhin begann ich jetzt gleich, die Korrekturen und Kürzungen vorzunehmen, so viel mir dafür hier Zeit bleibt.

Ich sagte Dr. K., ich würde noch jemanden brauchen, der mir dabei hilft. Ich sagte von Dr. Kircher (Frl. Dr. Gerda Kircher), aber für dies sei sie nicht die letzte Instanz. Da sagte mir Dr. K., er habe darüber nachgedacht, *wer* mir helfen könnte und würde mir jemanden sehr netten empfehlen im eigenen Haus: meine intelligente Schwester, Dich! Jemanden Besseren als meine Schwester könne er mir nicht nennen!

Also, topp abgemacht, dieser Rat ist mir heilig und teuer und ich ernenne Dich auf *Wiener*(!) Vorschlag zu meiner engsten, chicsten, und fleißigsten Mitarbeiterin. Etwas Besseres kann es nicht geben. Kein Spaß, wenn ich zurückkomme wird es Ernst – wie schon einmal – beim Manierismus!

(Denn damals, als ich das Manierismus-Buch in den Sommer-Ferien 1961 zu konzipieren begann, hat meine Schwester Monika ihren Urlaub in der Schweiz schlagartig abgebrochen und war zu mir nach Karlsruhe gefahren und half mir tatkräftig, daß ich alle Energie auf das Sichten des Materials verwenden konnte.)

Dr. K. sehr nett. War mit ihm lange im Kunsthistorischen Museum. Gestern nachmittag Treffen in einem Café zu wirklich freundschaftlichen Gesprächen. [...]

Heute früh (Dienstag) gehe ich mit Lotte (Prof. Dr. Lotte Brand-Philip) ins Kunsthistorische Museum und abends große, tolle Einladung bei Dr. Künstlers mit Lotte und Frau R. (Carla Radbruch aus Hamburg)! Mit tollen Kunsthistorikern: Fritz Novotny und Karl M. Swoboda, bei dem ich schon 1931 in Wien hörte.

Am Sonntag war ich allein bei Dr. Künstlers zum Nachtessen. Dr. K. hat mir seine neue Arbeit über Portraits der Niederländer vorgelesen. Ich brachte – trotz Verbot von Dr. K. – Frau Dr. K. einen tollen Orchideen-Zweig – nach Vorbild Deiner Orchidee. Hat gezündet!»

Meine Schwester Monika hatte nämlich bei ihrer Verabschiedung als Handarbeitsinspektorin von den Kollegen eine Orchidee überreicht bekommen, und darauf spiele ich an. In meinem Brief gehe ich noch auf die Dienstauffassung meiner Schwester ein. Und schreibe ihr:

«Immerhin hast Du auch die Verabschiedung überstanden. Ist doch immer etwas komisch, von anderen Menschen die Gefühle und Verdienste charakterisiert zu hören, die man doch am allerbesten selber kennt. Aber es kam doch heraus, wie *sehr* und *ganz* Du Dich eingesetzt hast und *kein* moderner Dienst-Mensch bist, sondern den persönlichen Sach-Einsatz über allen blöden Dienstkomment stelltest.

Nun, ohne Philosophie und Vieles vergessen habend, das ich leider aus Zeitmangel nicht schrieb: ich *muß* zu Lotten.
Dein Bruder
Franzsepp.»

Der Antwortbrief meiner Schwester lautet:
«757 Baden-Baden, Vincentiushaus, 24.7.1969
Mein liebster Franzsepp,
immer noch Wiener!

Leicht wäre ich ins Wackeln gekommen, wenn ich Deine Botschaft nicht wegen des Knies bereits liegend empfangen hätte! Vielen Dank! Es scheint eine Phase wichtiger Entscheidungen zu sein.

21. Juli 1969. USA-Präsident Nixon an Astronaut Neil Armstrong per Welttelefon, 50 Minuten nach seinem Fußaufsetzen auf den Mond: «Der Himmel ist ein Teil unserer Welt geworden.»

21. Juli 1969. Verleger Dieter Reisser und Lektor Dr. K., bei mündlicher Unterredung, sind doch recht entschlossen, die Moderne von Franzsepp Würtenberger herauszubringen.

21. Juli 1969. Dr. K. empfiehlt nach Überlegung, die nette und intelligente Schwester des Autors zu seiner Mitarbeiterin im eigenen Haus zu nehmen. Der Autor ist einverstanden und macht aus Spaß Ernst und teilt die Wahl der «Miss Mitarbeiterin» an Monika mit.

23. Juli 1969. Monika erhält die Botschaft, ist erstaunt und zugleich hocherfreut (Mary was surprised).

24. Juli 1969. «Miss Mitarbeiterin» gibt Rückantwort, ist einverstanden, den in freiem Teilzeitverhältnis bestandenen Arbeitseinsatz in ein «Volles Deputat» umzuwandeln, mit Termineinhaltung. Sie ist aber der Ansicht, es gebe dem ganzen

Unternehmen mehr Schwergewicht, nach der Berechnung der wieder in die Erdbahn zurückkehrenden Astronauten an diesem Tag, sechs mal mehr.

An der Peripherie dieser Ereignisse haben in Wien Museumsbesuche, Einladungen und Partys stattgefunden. Alles für Erdenbürger recht interessant. Auch die Angelegenheiten von Lotte gehören in die erdgebundene Kategorie.»

Daß sich welthistorisch gewichtige Ereignisse allgemeiner Art in Bezug auf den Fortschritt der Technik datumsmäßig unmittelbar mit dem Stand meiner eigenen Weltdeutungsversuche überschnitten, ereignete sich noch einige Male.

So war dies der Fall, als ich am 29. Juli 1971 meine Abschiedsvorlesung über «Maschine und Kunstwerk» hielt. In derselben Zeit, derselben Nacht, während ich sprach, verbrannten damals drei russische Astronauten infolge eines Fehlstarts. Die Zuhörer waren von diesem Mißgeschick hoch aufgewühlt.

Ein anderes Mal war es der Fall, als ich im «Torbogen» bei den Architekten meinen Vortrag über «Das Anti-technische Museum» hielt. Damals standen die Zuhörer noch unter dem unmittelbaren Eindruck des Reaktorunfalles von Harrisburg, USA.

Diese technikgeschichtlichen Ereignisse unterstrichen jeweils beängstigend meine Beurteilungen und Verurteilungen der allgemeinen Bedrohung der Menschheit durch die Hypertrophie der Technik und der Megatechnik.

Über den Fortgang meines Manuskriptes «Maschine und Kunstwerk» hatte ich Herrn Dr. Künstler in Wien stets auf dem laufenden gehalten. Es kam dann der Zeitpunkt, daß ich nach einem Verleger Ausschau halten mußte, um das Buch zu veröffentlichen.

Inzwischen war Dr. Künstler aus der Verlagstätigkeit bei Anton Schroll & Co. ausgeschieden, stand allerdings mit dem Haus noch in Verbindung. Während dieser Zeit hat Dr. Künstler für mein Buchmanuskript, das ich damals noch «Der Wechsel der Paradiese» nannte, ein Gutachten geschrieben, das dem Verlag Schroll vorgelegt wurde.

Es ist interessant zu erfahren, welchen Eindruck mein Manuskript zur damaligen Zeitlage auf einen derart hochgebildeten und kultursensiblen Menschen wie Dr. Künstler machte, und welche Werte er an meinen Darlegungen hervorhob.

Der Text des Gutachtens lautet folgendermaßen:
«Wien, den 21. April 1969, Dr. Kü/No
Betr.: Manuskript Würtenberger «Der Wechsel der Paradiese»

Es ist natürlich nicht möglich, dieses mehrere hundert Seiten umfassende Manuskript – weil immer wieder Teile von eins an paginiert sind, wäre der Umfang nur durch Addition festzustellen – seiner Bedeutung entsprechend in nur einer Woche durchzuarbeiten. Ich kann also nur von einem durch mehrmals wiederholtes Anlesen gewonnenen Eindruck berichten.

Es handelt sich um die außergewöhnliche und außerordentlich ernst zu nehmende Darstellung der Weltkonzeption der Menschheit im Zeitalter der Technik. Es ist nicht eine kunstgeschichtliche Darstellung, obwohl die Kunst, vor allem die Kunst seit dem Barock, immer wieder Beispiele zur Illustrierung der Gedanken liefert. Ebenso wichtig sind aber die schriftlichen Äußerungen bedeutender Künstler etc.

Der Grundgedanke ist rund der: Im Licht der historischen Erkenntnis folgten seit dem Mittelalter einander drei Weltanschauungen: die religiöse, die naturwissenschaftliche und die technische. Um die technische völlig klar zu machen, werden die noch geläufigen oder zumindest bekannten Auffassungen der früheren Perioden herangezogen.

Es geht darum, daß die Welt nicht mehr als Schöpfung und auch nicht mehr in ihrer natürlichen Funktion verstanden wird, sondern daß sie der Menschheit zum Benutzungsfeld geworden ist. Dabei ist es gleichgültig, ob es sich nur um die Erdenwelt handelt oder auch bereits um den Einschluß anderer kosmischer Welten. Es wird die Technisierung des menschlichen Lebens und der menschlichen Anschauungen außerordentlich präzise abgehandelt, ohne Verstiegenheiten und weitgehend ohne Wertungen. Eine kritische Einstellung ergibt sich streng sachlich eigentlich erst in dem Stadium der Ausführungen, wo von den Glückseligkeitsverheißungen durch die Technik die Rede ist. Das heißt also, daß die Menschheit geneigt oder bereits dazu übergegangen ist, den verheißenen außerweltlichen paradiesischen Zustand für in dieser Welt erreichbar zu halten, und dies mit Hilfe der Technik.

Der Autor spricht beinahe nicht von dem entsetzlichen geistigen Debakel, das sich weitgehend und allen ersichtlich abzeichnet, sondern begnügt sich mit den konkreten Angaben. Im Grunde genommen sind die Ausführungen dieses Buches erschütternd. Es sind nur der sachliche Vortrag und die Häufung der vorgebrachten Tatsachen, welche über das Chaos total technisch organisierten Lebens hinwegdenken lassen.

Würtenberger ist durch seine mir nun schon mindestens zwei Jahrzehnte bekannten geistesgeschichtlichen Forschungen heute vielleicht der einzige Mensch, der imstande ist, die Diagnose der Geistigkeit unserer Zeit so prägnant zu geben. Daß es ihn drängt, das zu tun, hat ethische Motive:

Ein Mensch, dem solche Einsichten zuteil geworden sind, hat wahrscheinlich nicht das moralische Recht, darüber zu schweigen. Dies ist eine Seite. Die andere Seite wäre die Frage, ob ein so radikal aufklärendes Buch sinnvoll ist. Dazu muß man wieder sagen, daß schließlich auch die Psychoanalyse in Fällen geistiger Insuffizienz weitgehend heilsam dadurch auftritt, daß sie die Ursachen des Zustandes klarlegt. Dieses Buch ist nun eine solche Klarlegung der Ursachen des Geisteszustandes der heutigen Menschheit. Eine dritte Frage ist, ob diese Analyse lesbar ist, d.h. ob sie für einen größeren Kreis denkender Menschen akzeptabel wird. Die Vortragsart Würtenbergers ist erstaunlich klar, und dadurch, daß er sich das Denken und zum

Teil die Terminologie des technisierten Zeitalters angeeignet hat, ist es ihm möglich, die Vor- oder Gegenbilder der Vergangenheit in die Blickrichtung des heutigen Menschen zu schieben und dadurch eins dem anderen verständlich zu machen. Geschrieben ist der Text klar und durchaus allgemein verständlich. Es sind keine intellektuellen Übersteigerungen da und auch keine Ausflüchte ins Mythische. Es wird von den Standpunkten der religiösen, wie der naturwissenschaftlichen, wie der technischen Weltsicht gleich objektiv berichtet. Daß sich dadurch gefühlsmäßige Wertungen ergeben, ist selbstverständlich; sie sind aber im Grunde nicht vom Autor gesetzt, sondern sie liegen in der Natur der Sache.

Wie alle diese in enormer Arbeitsleistung und brennender Ergriffenheit konzipierten Texte Würtenbergers leidet auch dieser an einer Überfülle und innerhalb der an sich strengen Systematik an einer gewissen «Unordentlichkeit». Es gibt Wiederholungen, es gibt in manchen Fällen Überhäufungen durch Beispiele, es gibt in einigen wenigen Fällen auch den erhobenen Finger des Deuters. Ich habe den Eindruck, daß man das Manuskript ohne Schmälerung der geistigen Auseinandersetzung um etwa ein Drittel würde straffen müssen. Wichtig für weitere Erwägungen verlegerischer Art ist es auch, daß dieser Text mit erstaunlich wenigen Illustrationen das Auslangen findet. Dies kommt daher, daß eben auch Textzitate illustrieren. Es handelt sich also um das Gegenteil eines Bilderbuches, nämlich um ein Lesebuch mit gewissen Illustrationen.

Es ist im Rahmen des Verlags, zumindest seit dem Krieg, kein Buch dieses Typus herausgekommen. DuMont hat mehr dokumentarische Texte gemacht, die ungefähr in dieser Richtung liegen, und auch sonst werden solche Publikationen im deutschen wie im internationalen Verlagswesen allmählich üblich. Vom geistigen Gewicht des Würtenberger-Textes scheint mir keine dieser Veröffentlichungen zu sein, schon deshalb nicht, weil sie für gewöhnlich gewisse Phänomene der jüngsten Vergangenheit zu dokumentieren suchen, z.B. die Dokumentation des Futurismus oder auch des Expressionismus usw. Das Entscheidende an Würtenbergers Text bleibt, daß er nicht kunstgeschichtlich ist, sondern in ihm die Kunst ausschließlich zur Erhellung der geistigen Situation herangezogen wird, was deshalb berechtigt ist, weil im Kunstwerk – sogar im gegenstandslosen – das Bekenntnishafte ein Wert schlechthin bleibt. Es gibt also keine objektiveren Zeugen, als es die Kunstwerke sind.

Ich halte also Würtenbergers Auseinandersetzungen nicht nur für richtig und unbeschreiblich interessant, sondern bin auch der Meinung, daß sie der Öffentlichkeit zugänglich gemacht gehören. Viel kommt dabei darauf an, auf welche Weise und in welcher Form es geschieht.   Künstler

Obwohl Dr. Künstler die Notwendigkeit oder sogar die innere Verpflichtung hervorhob, ein derart «radikal aufklärendes Buch» der Öffentlichkeit unbedingt zugänglich zu machen, brachte der Verlag Schroll nicht den Mut auf, sich über die gängigen, weltbildlauen Veröffentlichungen zu erheben.

Als ich das Manuskript nach dieser Absage an den einflußreichen Verlag DuMont in Köln sandte, hielt sich dieser Verlag ebensowenig dazu verpflichtet, die Öffentlichkeit mit meinen Beurteilungen der allgemeinen kulturellen Lage bekannt zu machen. Ja, der Verlag DuMont war darüber hinaus noch indigniert, daß ich es wagte, die künstlerisch-seelische Aussagekraft von Kunstwerken und Künstlern, die breit in ihrem Verlagshaus propagiert werden, in Zweifel zu ziehen. Mit dieser Begründung lehnte der Verlag DuMont es ab, meinem Projekt näherzutreten.

Nach diesen wenigen Versuchen blieb mein Manuskript unveröffentlicht in meiner Schublade liegen.

Schließlich ergab sich die Gelegenheit, wenigstens ein mir wichtig erscheinendes Kapitel des Manuskriptes einem kleineren Publikum zugänglich zu machen. Eine Karlsruher Künstlergruppe von sechs Malern, die sich unter der Bezeichnung «Realisten Karlsruhe» zusammengetan hatten, beabsichtigte ein Kunstheft herauszugeben, und bei diesem Anlaß forderten die Maler mich auf, einen Beitrag zu liefern. Dieser Aufforderung kam ich gerne nach und hielt eines der Schlußkapitel meines Manuskriptes «Maschine und Kunstwerk» mit dem Titel «Die Stellung des Ingenieurs und des Künstlers innerhalb des technischen modernen Weltbildsystems» in einem solchen Rahmen für geeignet.

Das großformatige Graphik-Heft erschien im Jahre 1970, und so konnte ich wenigstens dieses weltanschauliche Kernstück meines Buches meinem Bekannten- und Freundeskreis zugänglich machen.

Zur genaueren Information über meine Gedanken sei dieses Kapitel auch hier nochmals wiedergegeben.

II. Die Stellung des Ingenieurs und des Künstlers innerhalb des modernen, technischen Weltbildsystems

Ein Kapitel aus dem Buchmanuskript «Maschine und Kunstwerk». 1970

Im Weltbildsystem des modernen technischen Zeitalters haben die Naturwissenschaftler, die Forscher und die Ingenieure nicht nur eine sehr hohe, sondern die entscheidende Stelle inne. Das große Heer der Techniker aller Art vollzieht den unablässig mit allem größten Kraft- und Machtaufwand in

Gang gehaltenen modernen technischen Weltbetrieb, der über die Natur hinweggestülpt ist, als eine technisierte Übernatur. Es wurde sogar schon festgestellt, daß diesen «Taten» der Forscher schließlich sogar eine größere politische Relevanz zuzuschreiben ist als dem Tun und Treiben der Staatsmänner. Von der gleichen Autorin, Hanna Arendt, wird bemerkt, daß die Forscher und naturwissenschaftlichen Erfinder, die als unpraktischste und unpolitischste Mitglieder der Gesellschaft gebrandmarkt wurden, nun im modernen Weltbildsystem «sich plötzlich als die einzigen entpuppt haben, die überhaupt noch von dem Vermögen zu handeln Gebrauch machen und daher auch wissen, wie man es anstellt, zusammen zu handeln».

Der Ingenieur macht nicht nur Pläne und geistige Projekte, sondern er dreht selber mit seinen Instrumenten, Maschinen und Apparaturen an der Weltmaschine Welt herum. Der moderne Ingenieur ist in der Weltbild- und Weltbearbeitung sogar nicht nur Theologe, nicht nur Gott Erkennender, sondern er wird auch selber Gott, nämlich Weltbildhandelnder, was bisher im alten Weltbildsystem der Künste und der Religion nur Gott allein vorbehalten blieb.

Der moderne Ingenieur ist also nicht angewiesen auf eine Fiktion des Weltgebäudes, die die Kirche, die Philosophie, die Kunst nur geistig, aber nicht in ihrem Realbestand veränderlich, errichtet haben.

Was bedeuten schon einem Ingenieur als Beherrscher und «Gestalter» der Realwelt religiöse Vorstellungen? Was bedeutet ihm die Chimäre der Geistesgeographie der Paradiesesflüsse? Was fängt er an mit dem christlichen Einteilungsschema des Paradieses, des Fegefeuers und der Hölle in Dantes «Göttlicher Komödie»? All dieses sind in den Augen des modernen, technischen Tatmenschen Fabeln, unwirkliche Vorstellungen für Kinder und unaufgeklärte Erwachsene. All dies sind im besten Falle Sonntagnachmittagslektüren, solange das Auto gewaschen wird, oder man sich bei einem Glase Whisky von der sonstigen Hast, von dem Grundgesetz der modernen Welt, der Schnelligkeit, erholen möchte. Diese Lektüre erfreut einen nur solange und hat ihren Sinn, solange man sich nicht an den Aktionen der technischen Einrichtungen beteiligt. Was bedeutet die Einrichtung eines geistigen Überreiches in Form eines Barockschlosses? Was besagt die nur in der Phantasie bestehende Götterwelt? Wenn der Ingenieur die Räume bearbeitet, nämlich den Himmel, so enthimmelt er den Himmel und macht ihn als Experimentierfeld seiner Maschine zum realen Luftraum. Der Ingenieur hebt die bisherigen fiktiven Geistesräume, die nur gedacht, aber nie betreten werden können, auf. Religion, Geschichte und Kunst haben in seinem Weltbildsystem keinen primären und wirklichen Stellenwert. Der Ingenieur manipuliert selber mit dem Urgrund der Welt, mit der Metaphysik. Er benötigt die Metaphysik als geistigen Hintergrund seiner Pseudo- und Überphilosophie des Handelns nicht. Von der Metaphysik her gesehen ist er handelnder «Metaphysiker», wo sich Metaphysik aufhebt. Der Ingenieur kann den Theologen, den Philosophen, den Denker und Künstler, da diese alle im realen Sinne der realen technischen Taten unwirksam sind, guten Mutes bei Seite schieben. Im Weltbildsystem der Technik sind der Theologe, der Philosoph und der Künstler ihrer eigentlichen Weltbildidee beraubt und deshalb zur Untätigkeit und Belanglosigkeit verurteilt.

Der Ingenieur ist selber auf seine Weise Künstler, d. h. in seinem technischen Weltbildsystem nimmt er die Stelle ein, die früher im prätechnischen Weltbildsystem der bildende Künstler inne hatte. Der Ingenieur hat es jedoch mit greifbaren, realen Werten zu tun, im Gegensatz zu den Gedankengebäuden der Theologen und Philosophen. Der bildende Künstler manipuliert zwar nicht mit den hoch real effektiven Maschinen, aber doch wenigstens mit Kunstwerken, die ein Zwischenreich bilden zwischen den Gedanken und der konkreten Dingwelt. In einem sehr wichtigen Punkte unterscheidet sich der Ingenieur allerdings vom Künstler. Er gibt sich nicht mehr damit ab und lehnt es ab, sich auf die Symbolkraft seiner Maschine zu verlassen, wie dies der Künstler bei seinen Kunstwerken als kleine Weltgebäude tut und die Kunstwerke durch gedachte Zusätze von Vorstellungen, durch Geistesgebäude-Ideen, mühsam ergänzt. Denn erst durch diese gedachten Zusätze werden die Kunstwerke zu Werten, die nicht Realitäten, wie die Maschinen, produzieren, sondern Dimensionen des Geistes. Der Zusatz, den der Ingenieur seinen Werken und seiner Gestaltungsmöglichkeit der Welt zusetzt, ist von ganz anderer Art. Die Werke der modernen Technik, die materiellen Maschinen, bekommen den Zusatz der Antriebskraft, die Motoren, die die Materie in Bewegung setzen. Die Motoren der modernen Maschinen erlösen die Kunstwerke von ihrem real räumlich eingeschränkten, stabilen Dasein. Die Motoren, d. h. die eingefangenen und gebändigten Naturkräfte nehmen die Rolle und Stellung ein, welche im Kunstwerk der gedachte Überbau, den wir Geist nennen, inne hatte. Die Motoren bewirken, daß der große Realraum der Welt, der bisher nur gedanklich als aufgestockter fiktiver Gedankenzusatz der Kunstwerke erfaßt und erfahren wurde, nun auch real erreicht und befahren werden kann. Allerdings erfolgte dadurch ein radikaler Umschwung hinsichtlich der geistigen Substanz des Weltenraumes. Insofern hat der Ingenieur ein viel, viel ausgedehnteres, erfaßbares und erfahrbares und befahrbares reales Aktionsfeld.

Und zwar ist die Ausdehnung der realen gesamten Welt, der Erdglobus und der Kosmos, der Ort, wo seine «Kunstwerke», nämlich die Maschinen und Motoren, nicht ortsgebunden unbeweglich starr stehen, wie die früheren Kunstwerke, sondern wo überall die Fahrzeuge handeln und in Aktion treten und die realen Weltausdehnungsstrecken bearbeiten, nutzen und in dieser eigenartigen Weise auch eine Weltgestaltung vornehmen. Wie schon früher gesagt, ist die weite, riesenhaft große Welt als Realwelt für den Ingenieur seine Zeichentafel, sein Marmorblock, sein Gebäude, um ihn mit dem Bearbeitungsobjekt, mit dem es der Künstler zu tun hat, in Vergleich zu setzen. Von dieser gewaltigen Position der realen Gestaltung der Großwelt aus, kann der Ingenieur mit Verachtung auf die Künstler herabsehen. Dem Realcharakter der Leistungen der vom Ingenieur erfundenen und in Gang gebrachten Maschinen gegenüber müssen sich die Künstler, diese unrealistischen Ideenweltgestalter als Scharlatane, Wolkenkuckucksheimer und nichtsnutzende Schwächlinge vorkommen.

Flugzeuge brauchen für ihre Seinsberechtigung keine Theologie, keine Philosophie und keine künstlerische Idee, keine zusätzliche Phantasie und Gedankensphären. Kein Reich des Geistes. Jean Tinguely, der als Künstler der Verherrlichung der Maschine durch die Antikunstwerke der Maschinen-Kunstwerke bekannt geworden ist, schreibt hoch einsichtsvoll zu diesem Thema: «Kunst ist eine der dümmsten Erfindungen, die in den letzten Jahrhunderten gemacht worden ist.»

Heute muß sich jeder Künstler die Frage vorlegen: Darf er im Zeitalter der Maschinen noch mit gutem Gewissen Künstler sein? Wo ist der Ort und das Ziel seines Handelns und Schaffens? Steckt man dieses unnütze Tun nicht besser auf? Spielt man nicht gescheiter Schach, wie dies der erste Künstler, der die Ohnmacht der Kunst im technischen Zeitalter prinzipiell und folgerichtig erkannte, der Dadaist Marcel Duchamp, tat? Soll der Mensch sich wirklich dieser grundsätzlichen Abwertung der Kunst im technischen Zeitalter ausliefern? Kann er sich mit gutem Gewissen der antitechnischen Beschäftigung des Künstlers hingeben, wo er ein Ausgestoßener ohne geistige Heimat ist? Kann es einem wirklich denkenden Menschen, der sich aktiv und an vorderer Stelle an den Grundproblemen des technischen Zeitalters betätigen möchte, genügen, daß er sich der völlig aus der wirklich zeitgemäßen Weltgestaltung und Weltbearbeitung herausgeschlagenen Kunst hingibt? Reichen die Aufgaben und der Wirkungsbereich, die heute der Kunst noch geblieben sind, aus, um den Einsatz eines hellen und aktiven Kopfes zu befriedigen? Sind die Künstler nicht armselige Tröpfe, die nicht mehr die Macht und die Möglichkeit haben, am Weltbild der Wissenschaft und Technik mitzugestalten?

Der Künstler als Schöpfer des Kunstwerkes begibt sich im technischen Zeitalter mit völlig ungeeigneten Mitteln in Konkurrenz mit der zweiten Schöpfung des Menschen, nämlich den Ingenieurwerken, den Maschinen; denn das noch so große und berühmte und am besten ausgedachte Kunstwerk leistet gegenüber den Realeffekten der Maschinen in der Wertskala des modernen technischen Weltbildsystems nichts, gar nichts. Gegenüber den überwältigenden Realwirkungen der Maschinen sind die Kunstwerke, gleichgültig aus welcher Zeitepoche, auch die modernen, für den technisch starken Menschen ungefährliche, harmlose, schwache und belanglose Kinderspielzeuge. Nicht umsonst wurde der Begriff Kinderspielzeug, Dada, von derjenigen Künstlergruppe, die diese ungeistige geistige Situation der technischen Weltbildkonzeption erkannte, zu dem Stichwort ihrer Gruppe gemacht. Neben den Maschinen sind die Kunstwerke im modernen technischen Weltbildsystem ungenaue und deshalb chaotische Nebenprodukte des menschlichen Erfindungsgeistes im Verhältnis zu der mathematischen Genauigkeit der modernen Maschinen. Die Kunstwerke sind Produkte, die gemäß ihrer Wesensbestimmung auf der letzten Stufe der Werthierarchie der technischen Weltbildkonzeptionsskala eingereiht werden müssen. Das Schöpferische, das Geniale, das Beste, was der Mensch überhaupt von sich aus besitzt, liegt im technischen Zeitalter bei den Erfindern, bei den Naturwissenschaftlern, bei den Technikern und nicht bei den Künstlern, nicht bei den irregeleiteten Ideenmenschen.

Wie sehr der Künstler seinem weltgestaltenden Antipoden, dem Ingenieur, unterlegen ist, geht schon aus den Wesenseigenschaften hervor, welche dem modernen Künstler seit Beginn des 19. Jahrhunderts zugesprochen werden. Es wird von ihm gefordert, daß er alle Rationalität ablege und sich befleißigen möge, so naiv, instinkthaft unbewußt wie die Kinder in seinem Schaffen vorzugehen. Die Geistesverfassung der Kindlichkeit wird deshalb als Vorbild gepriesen, da diese Frühstufe in der Entwicklung des Menschen noch dem Ursprung des Schöpferischen näher sei als der erwachsene, volldenkende und überlegende, durch die kritische Vernunft schon gebrochene Mensch. Mit dieser von Künstlern wie Caspar David Friedrich, Philipp Otto Runge oder Paul Klee propagierten These, setzt sich der Künstler offenkundig in allerschärfsten Gegensatz zu denjenigen Eigenschaften, die vom modernen Ingenieur unabdingbar gefordert werden: mathematische Exaktheit, höchste rationale Perfektion, intellektuelle Reife und absolute Zuverlässigkeit im Realen. Es ist unvorstellbar, daß mit der Eigenschaft der Kindlichkeit, d. h. in der Unreife der Vernunft, unter Ausschaltung der Intelligenz, und ohne die rationale Wissenschaftlichkeit das experimentell exakte Getriebe der modernen technischen Maschinenwelt in romantisch vager Schwärmerei hätte erdacht, verwirklicht und in Gang gehalten werden können. Ein paralleler Zerfall der Geisteskräfte des Ingenieurs, wie man ihn von Künstlern zum Teil fordert, würde auf dem Gebiete der Technik zu den größten Katastrophen und verantwortungslosesten Schädigungen des Menschen führen. Mit kindlich unbewährter Einfalt ein Flugzeug oder ein Elektrizitätswerk zu konstruieren oder zu bedienen, ist absurd. Es ist auf der anderen Seite ebenfalls absurd, das Schaffen von Giotto, Leonardo, Raphael, van Eyck, Dürer, Rubens oder Balthasar Neumann mit dem Begriffe Kindlichkeit oder Naivität bezeichnen zu wollen. Ihre Werke, ihre Kunstwerke, sind in dieser Beziehung tausendmal verwandter mit der denkerischen Exaktheit des modernen Ingenieurs als mit den kindlichen Kunstwerkspielereien, die aus dem wirklichen Weltgestaltungsprozeß des modernen Weltbildes gezogen sind und denen vielfach der fast maschinenhaft exakte Gedankenbau mangelt, den die Kunstwerke früherer Jahrhunderte auf ihre Art und Weise besitzen.

Die menschliche Herabwürdigung der künstlerischen Tätigkeit hinsichtlich des Intelligenzgrades, ist erst eine Erscheinung des 19. und 20. Jahrhunderts. Sie läuft parallel dazu, daß die wirklich tatkräftige Gestaltung der Welt von den Händen der Künstler in die Konstruktionsbüros der Ingenieure mit ihren Maschinen überging. Erst in dem geschichtlichen Augenblick, als den Künstlern die eigentliche Verantwortung für die höchste und effektivste Gestaltung der Welt von den Maschinen der Technik abgenommen war, konnten sich die Künstler zu solchem spielerischen Unernst des Kindlichen, Unbewußten und Naiven bekennen.

Daß Kunst und Wissenschaft und Technik nun Feinde sind, war in der Geschichte nicht immer der Fall. Dies ist eine absolut neue geschichtliche Situation. Dies hat sich erst in der Moderne ergeben und herausgestellt, indem die Technik die Übermacht über alles übrige Handeln in der Welt an sich genommen hatte. In der Vorperiode des technischen Zeitalters, im Barock, waren Kunst und Wissenschaft noch versöhnte und Hand in Hand arbeitende Gebiete des menschlichen Geistes. Die beginnende Technik machte der Kunst noch keine lebensbedrohende und existenzraubende Konkurrenz. Erst mit der Prävalenz der Technik und des sie speisenden naturwissenschaftlichen Weltbildprinzipes im 19. und 20. Jahrhundert änderte sich dieses Verhältnis grundsätzlich. Erst dann wurde die Kunst in die Opposition der Nichtbeachtung gedrängt und in die Verbannung der Wirkungslosigkeit geschickt.

In der neuen Situation ist die Bilanz der Kunst eine bedauernswert ephemere und negativ traurige.

In der allgemeinen technisch sich vollziehenden Weltkonzeption kann der Künstler stets nur mit schlechtestem Gewissen Künstler sein, da er weiß – und es auf Schritt und Tritt zu spüren bekommt –, daß er sich schon allein durch sein bloßes Künstlersein gegen die allgemein gültige und sich vollziehende Weltthese der Technik vergeht, indem er aus der Wesensbestimmung der Kunst heraus eine Gegenthese setzt. Von dieser Seite her, nämlich von dem Standpunkt des Einsatzes menschlicher geistiger Werte her beurteilt, die die Technik nicht geben kann und im letzten Grunde strikt bekämpft, ist die Lage des Künstlers im modernen technisch ausgerichteten Weltbildsystem in ihrem Seinsgrund tief tragisch.

Die Gestaltung des geistigen Ideenraums der Welt verschwand und verschwindet immer mehr zugunsten der Bearbeitung des materiellen Realraumes. Man kann sagen: der in solcher Vollkommenheit in die Tat umgesetzte Geist ist kein Geist mehr und zeugt gegen sich selbst. Die real verwirklichte Weltkonzeption braucht kein geistiges Konzept und keine Reflexion mehr darüber. Und dies ist bei der konsequenten Durchführung des technischen, materialistischen Weltbildsystems, wie sie heute eingetreten ist, prompt eingetreten.

Durch diese Umwertung aller Werte vollzieht sich als logische Folge eine ganz neue Bewertungsskala und Hierarchie der Tätigkeiten der Menschen. Diejenigen, die sich um die Gestaltungsmöglichkeiten der Welt kümmern, nämlich die Künstler und die Naturwissenschaftler, und die von diesen abhängigen Techniker, verhalten sich nun anders zueinander.

In dem materialistischen modernen Weltbildsystem steht der einstmals hochgeschätzte und ob seiner Schöpferkraft verherrlichte Künstler als Mensch der Ideen, wie er sich auch betätigen mag in der Fassung und Gestaltung und Bearbeitung der Welt, weit unter dem Techniker. Der Architekt steht unter dem Installationsingenieur, der Plastiker steht unter dem Anatom und dem Fahrzeugerbauer. Der Maler steht weit unter dem Fernsehkonstrukteur und unter jedem Fotografen. Le Corbusier bestätigt diese Erkenntnis: «Man sehe sich die Silos und Fabriken aus Amerika an. Prachtvolle Erstgeburten der neuen Zeit. Die amerikanischen Ingenieure zermalmen mit ihren Berechnungen die sterbende Architektur.»

Die Futuristen begannen, in ihrer Kunsttheorie mit dieser Umwertung Ernst zu machen. Ihr Anführer Marinetti sagte 1911: «Ein Rennwagen ist schöner als die Nike von Samothrake!» Für die Weltkonzeption des so sehr erfolgreichen rationalen technischen Tatmenschen ist das Kunstwerk letzten Endes ein aufgeplustertes, geckenhaftes, willkürlich subjektives Geistesspielchen, ein längst ersetztes, da unwirksames Mittel, die Welt in ihrer realen, mathematisch präzisen und genauen technischen Gestaltung zu erfassen. Das Kunstwerk ist ein Instrument ohne eigentliche Bedeutung, da die Bedeutung und der Gedankengehalt, den es bieten kann, gar nicht gesucht und gefragt wird. Das Kunstwerk ist ein Rest einer vergangenen, geistig fiktiv sich vollziehenden Weltsicht, die der moderne Mensch mit Hilfe der technischen Einrichtungen und dem damit verbundenen präzis funktionierenden Element überwunden hat. Soll der Kunst aber doch noch ein Wirkungsfeld zugesprochen und eingeräumt werden, so kann dies höchstens im privaten Bereich der weltanschaulich-psychologischen Emotionen der einzelnen Menschen geschehen. Dieses Wirkungsfeld ist allerdings seines besten Teiles beraubt: nämlich der Wirkung auf die Allgemeinheit. Von dieser an sich in gesellschaftlicher Hinsicht schwachen Ausgangsstellung der modernen Kunst gibt es bis jetzt kaum einen Weg zur wirklich gesellschaftsbildenden Kraft und Schicht der modernen Kunst. Im Gegensatz dazu sind die technischen Einrichtungen und Maschinen bezüglich der gesellschaftlichen Wirkung und ihrer Notwendigkeit in einem nicht zu übersehenden Vorteil.

Daß sich die modernen technisch orientierten Menschen in ihren Privatstunden und Ruhepausen, wo sie sich selbst einmal aus ihrem von ihnen errichteten technischen Weltbilddenksystem entlassen, noch nebenbei mit Kunstwerken befassen, die von ihrer einstigen Macht und primären Weltgestaltungskraft zu unverbindlich schönen und deshalb unnützen Dingen herabgesunken sind und womöglich an den Kunsthandelsbörsen als gute Kapitalsanlagen eingesetzt werden können, dies wird hier nicht gemeint. Hier wird vom aktiven Anteil gesprochen, von der wirksamen und wirklichen Gestaltung der Welt innerhalb des technischen, gegenwärtig gültigen Wertsystems.

Die Künstler sind, so besehen, die Don Quichotes im technischen Zeitalter, denen nicht bewußt wurde, daß ihr Weltsystem schon längst außer Kurs gesetzt ist. Aber sie können es aus dumpfer, unausrottbarer Liebe zur Idee nicht unterlassen, trotz aller Erfolge der Technik noch in den alten verkrampften, vermoderten und verachteten Traditionen zu leben in derselben Weise, wie Don Quichote als Irregeleiteter in seiner Zeit nicht zur Kenntnis nehmen wollte, daß das mittelalterliche Wertsystem am Anfang des 17. Jahrhunderts nicht mehr existent war. Von hier aus betrachtet ist es nicht verwunderlich, wenn die Künstler im 19. Jahrhundert Don Quichote so sehr liebten und verehrten und in ihrem eigenen Schicksal die Parallele der traurigen Gestalt des Ritters de la Mancha sahen. Daumier und Delacroix und schon die deutschen Romantiker nahmen sich deshalb seiner Gestalt so verständnisvoll an. All diese Künstler wußten oder spürten, daß ihr Schicksal ein ähnliches ist.

Die Künstler sind die traurigen Irregeleiteten, die nicht begriffen haben, daß sich ihnen ihre geistige Existenzbasis in diesem ausschließlich harten, technisch wissenschaftlichen Realdenken, bei dem die reine Idee als solche keinen Platz mehr besitzt, entzogen hat. Alle im modernen technischen Weltbildsystemgetriebe aktiv beteiligten und sich betätigenden Personen, die Piloten, die Autofahrer, die Techniker jeder Art, die Chemiker, die Wirtschaftsführer haben die Kunst nicht notwendig, als primär zu entstehende Weltbildgesetzeskraft. Sie hat keinen legitimen und notwendigen Platz in ihrem Denken und Handeln, in ihrer Weltbildkonzeption. Darüber, wie sehr die Kunst in die Ecke gestellt und aus der wahren Lebens- und Weltgestaltung ausgestoßen und vertrieben wurde, waren sich einige Künstler um 1900 im vollen Ausmaße im klaren. Sie wußten, welch säkularer historischer Vollzug stattgefunden hatte. Bis auf den heutigen Tag hat sich die Situation nicht grundsätzlich geändert. Der französische Bildhauer Auguste Rodin fand für diese Situation treffende Beobachtungen und Feststellungen:

«Sie sind ein Original! Sie interessieren sich also noch für Kunst. Das ist eine Beschäftigung, die heute kaum zeitgemäß ist. Heute machen die Künstler und ihre Freunde den Eindruck fossiler Tiere. [...] Unsere Epoche gehört den Ingenieuren, den Großkaufleuten und Fabrikbesitzern, aber nicht den Künstlern. Das moderne Leben richtet sich ganz und gar auf den Nutzen: man müht sich, das Dasein in materieller Hinsicht zu bessern, die Wissenschaft hat täglich Erfindungen auf dem Gebiete der Nahrungspflege, der Kleidung oder der Verkehrsmittel zu verzeichnen. [...] Nach Geist, Gedanken, Träumen fragt man nicht mehr.

Die Kunst ist tot.

Kunst ist Vergeistigung.

[...] Die Kunst ist die erhabenste Aufgabe des Menschen, weil sie eine Übung für das Denken ist, das die Welt zu verstehen und sie verständlich zu machen sucht.

Heute glauben die Menschen, die Kunst entbehren zu können. Sie wollen nicht mehr nachsinnen, betrachten und ihre Phantasie anregen: sie wollen nur noch physischen Genuß.

Die erhabenen und tiefen Wahrheiten sind ihnen gleichgültig; es genügt ihnen, ihre leiblichen Gelüste zu befriedigen. Die Menschheit ist tierisch und roh geworden; sie weiß mit den Künstlern nichts anzufangen. [...]

Jetzt ist die Kunst aus dem täglichen Leben vertrieben. Was nützlich ist, sagt man, braucht nicht schön zu sein. Alles ist häßlich; man verfertigt es in Eile und plump mit öden, fühllosen Maschinen. Die Künstler sind Feinde.»

Das wesentliche am Kunstwerk ist das materiell Unvollkommene, das sogenannte Symbolische, d. h. es ist das vom Menschen Hinzuzudenkende, das die Materie Übersteigende. Die Maschinen nehmen dieses Hinzuzudenkende, den Symbolgehalt aus den Dingen, im Zeitalter der symbollosen Technik wird den Kunstwerken das Geistige, das Hinzuzudenkende, der geistige Überschuß und das Inkarnierte entzogen. Das Geheimnisvolle und für die menschliche seelische Existenz Wertvolle und die zu seiner Seinsbestimmung gehörende Diskrepanz zwischen Materie und Geist ist verschwunden und ausgetilgt.

Die modernen Künstler sind reine Mechanisten in Bezug auf ihr Menschsein, reine biologische Untermenschen ohne auf das geistige Sein des Menschen bezogene menschliche Konzeption. Die modernen Kunstwerke sind Geistesmaschinen, was die Kunstwerke an sich sind, ohne Geist, aber auch ohne reale Wirkungsmacht wie die wirklich technischen «Kunstwerke», die Maschinen. Die modernen Kunstwerke sind totgeborene Kinder. Sie sind Hülsen ohne wirkliches Leben.

Die Kunstwerke im Schlepptau und in der Abhängigkeit des technischen Wert- und Denksystems sind nichts weiteres als unbrauchbare, verzweiflungsvolle, ihres Sinnes beraubte Tautologien der technischen, naturwissenschaftlichen Maschinenwelt.

III. Meine Abschiedsvorlesung über «Maschine und Kunstwerk»

an der Universität (TH) Karlsruhe am 29.6.1971

F. S. W. Kurz vor seiner Abschiedsvorlesung inmitten der Hörerschaft. Foto. 1971.

Obwohl meine übergroßen Anstrengungen und verzweiflungsvollen Mühen, die ich auf das Problem der Verrechnung der zwei feindlichen Weltgestaltungsmächte, der Kunst und ihrer Gegenspielerin, der Technik, verwandte, nicht zur Verwirklichung in Form einer allgemein zugänglichen Publikation kamen, war ich in meinem Forschungsziel weiterhin durch die innere Brisanz dieses ganzen Gedankenkomplexes aufs allerhöchste engagiert und gefordert.

Als mein Ausscheiden aus der Hochschultätigkeit im Sommer 1971 herannahte, wollte ich dies zum gegebenen Anlaß nehmen, meinen Ideen in neuer Fassung Gehör zu verschaffen. Insofern kündigte ich eine Abschiedsvorlesung in der Universität an, die nochmals in einer Modifikation dasselbe Thema von Maschine und Kunstwerk wie schon in meinem Buchmanuskript anpacken und erhellen sollte.

Diesmal wollte ich das Problem an einem speziellen Detailfragenkomplex demonstrieren. Ich hoffte, auf diese Weise um so deutlicher und faßbarer sein zu können. Und zwar wollte ich den bisher kaum beachteten kulturgeschichtlichen Vorgang aufzeigen, wie aus künstlerisch dargestellten Ideenbildern gebaute Maschinen entstehen können. Oder mit anderen Worten: Wie aus Idee und Kunst schließlich Wirklichkeit und Technik werden können. Dies ist ein Vorgang, der für die abendländische Kultur- und Technikgeschichte äußerst wichtig und charakteristisch ist, da dieser ungeheuer einschneidende Umschwung das hervorstechendste und spezifische historische Schicksal der abendländischen Kultur und Zivilisation überhaupt beinhaltet. Diesen hochinteressanten Entwicklungsvorgang versuchte ich an der Entstehung der Räderuhr aus frühmittelalterlichen gezeichneten Weltbildideogrammen zu demonstrieren. Zugleich schilderte ich auch die weitere Entwicklung und Auswirkung solcher Ansätze bis auf die heutige Zeit.

Im Verlaufe der Bearbeitung meines Vortrages «Maschine und Kunstwerk» kam mir außerdem das geschichtliche Phänomen der jeweiligen Verrechnung von Denken und Handeln zum Bewußtsein. Besonders am Schluß des Vortrages sprach ich davon. Es geht darum, wie sehr sich eine Epoche mehr dem äußeren Tun oder dem inneren Überlegen hingibt. Daß das moderne, hochtechnisierte Maschinenzeitalter einen sehr starken Hauptakzent auf das Handeln legt und darin seine Triumphe feiert, dürfte klar sein. So konnte ich in meinem Vortrag hinsichtlich der Entwicklung der Gedanken der Menschen feststellen: «Also nicht in der oberen Schicht des Denkens, sondern in der unteren Schicht des Handelns vollzog sich die Historie. In dieser Vertauschung von Geist (Religion, Scholastik, Kunstwerk) mit der Materie (Rationalismus, Technik, Maschine) liegt aus der Sicht der Geistigkeit und von Seiten der Hoffnung der Seele der Menschheit anscheinend eine tiefe und wohl nur mit großen Mühen und Gegenmaßnahmen zu bewältigende und zu korrigierende Tragik.»

Zu den zwei polar entgegengesetzten Verhaltensweisen, die sich in der Praxis des Gesamtlebens aber trotzdem ergänzen müssen, möchte ich noch eine Anmerkung anfügen.

Diese polaren Verhaltensweisen fand ich nachträglich in einem Gemälde meines Vaters bildkünstlerisch ausgesprochen und gestaltet. Als mein Vater seinerzeit 1910 für die Universität von Zürich Bilder entwarf, hat er in dem einen Gemälde diesen Gegensatz sehr deutlich festgestellt, indem er als Thema wählte: «Fons scientiae cogitatio et experimentum», d.h. Theorie und Praxis; geistige Schau und Ausführung sind die Quelle der Wissenschaft.

Ernst Würtenberger. Die Quelle des Wissens sind das Denken und das Experiment. Gemälde. 1910.

Neben den Brunnen – als Quell der Wissenschaft – in die Mitte des Triptychons setzte mein Vater links zwei Mönche, die die Schrift auslegen und denken und von denen der eine nach oben zum Himmel, dem Sitz der Ideen, schaut. Auf der rechten Seite befinden sich zwei Wissenschaftler, die sich einem naturwissenschaftlichen Versuch hingeben, ein Mikroskop bedienen, und damit agieren.

Ich kannte dieses Bild meines Vaters natürlich immer schon, jetzt aber erschien es mir in ganz neuem, aktuellen Licht und im nahen Zusammenhang mit meinen eigenen Überlegungen. Dieses Triptychon schien mir so viel allgemein Wichtiges auszusagen, daß ich es als Supraporte in meinem Hause im Flur über die Türe hängte – als Hinweis auf meine eigene Denkerwerkstatt.

Dieses Gemälde beinhaltet auch noch den Gegensatz von Idee und Wirklichkeit, von dem ich stets, wie auch mein Vater, hochbeeindruckt bin und auf den ich auch in dieser vorliegenden Biographie oft hinweise.

Zur Illustration dieser Vertauschung von Geist und Materie hatte ich vor, die zwei Exponenten dieser Vertauschung auch auf dem Plakat zur Ankündigung für meine Abschiedsvorlesung auftreten zu lassen.

Zu diesem Zwecke sollten der kreuzförmige Grundriß einer Kathedrale als Beispiel der Kunst und des Geistes, und das ebenfalls kreuzförmige Schema eines Flugzeuges als Beispiel der Technik und der Bearbeitung der Materie einander gegenübergestellt werden. Den Auftrag, dieses Plakat nach meinen Angaben zu entwerfen, gab ich meinem Schüler und Freund Helmut Neumann. Dieser zeichnete ein mit vielen Ornamentmustern übersätes Kunstblatt. Die an sich gut gemeinte Ausschmückung des Tatbestandes verwischte jedoch die eigentliche Absicht der klaren Gegenüberstellung von Flugzeug und Kathedrale, und insofern widersprach sie meinen Absichten.

In letzter Minute ließ ich durch meine Schwester Monika ein zweites Plakat zeichnen, das meine Wünsche von absoluter linearer Einfachheit und Prägnanz sachlich einwandfrei erfüllte. So waren zwei Fassungen vom selben Plakatinhalt aufgehängt worden.

Eine Bemerkung zum psychologischen Ablauf meiner Abschiedsvorlesung: «Maschine und Kunstwerk» 1971 an der TH Karlsruhe (geschrieben 2.2.1975): Während ich meine Abschiedsvorlesung vortrug, hatte ich ein höchst sonderbares Erlebnis oder besser gesagt, wurde ich in einen höchst eigenartigen Sonderzustand meines Seins und Denkens versetzt und hineingezogen.

Helmut Neumann. Flugzeug und Kathedrale im Vergleich. Federzeichnung. 1971.

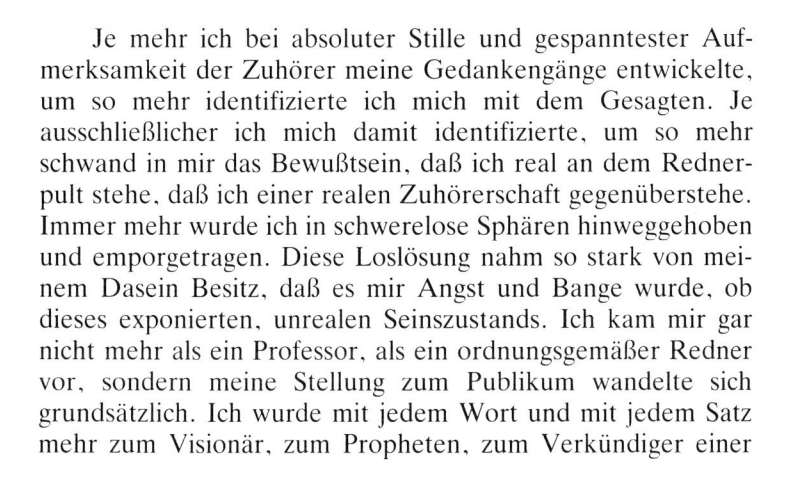

Monika Würtenberger. Nach F. S. W. Kathedrale und Flugzeug im Vergleich. Federzeichnung. 1971.

Je mehr ich bei absoluter Stille und gespanntester Aufmerksamkeit der Zuhörer meine Gedankengänge entwickelte, um so mehr identifizierte ich mich mit dem Gesagten. Je ausschließlicher ich mich damit identifizierte, um so mehr schwand in mir das Bewußtsein, daß ich real an dem Rednerpult stehe, daß ich einer realen Zuhörerschaft gegenüberstehe. Immer mehr wurde ich in schwerelose Sphären hinweggehoben und emporgetragen. Diese Loslösung nahm so stark von meinem Dasein Besitz, daß es mir Angst und Bange wurde, ob dieses exponierten, unrealen Seinszustands. Ich kam mir gar nicht mehr als ein Professor, als ein ordnungsgemäßer Redner vor, sondern meine Stellung zum Publikum wandelte sich grundsätzlich. Ich wurde mit jedem Wort und mit jedem Satz mehr zum Visionär, zum Propheten, zum Verkündiger einer Botschaft aus einer anderen Welt. Die Welt der geistigen Verrechnung der Welt kam über mich. Mir verwandelte sich das ganze Auditorium, alle meine Freunde, Kollegen, Studenten, Stadtpublikum, diese schwarze dumpfe Masse von Köpfen und gierigen Augen und Ohren in eine unheimliche, gleichsam geistaufgeladene okkulte Geisterbeschwörersitzung. Alle Sinne der Zuhörer hingen an mir, an diesem armen, sonst so hilflosen Menschen. Es befiel mich in dieser physisch exponierten Situation eine drohende Angst und die bange Frage: Wie kann ich um Gottes Willen wieder von dieser Entrückung, aus dieser fast übernatürlichen Machtposition entlassen und entlastet werden? Wie finde ich zurück zur Realität? Wie wieder zurück zum festen, zum wirklichen Boden, zum realen Hörsaal 16 in Karlsruhe am 29. Juni? Nur langsam landete ich wieder. Ich erwachte wie aus einem Krampf der Exstase. Heilfroh war ich, als ich wieder Boden unter den Füßen hatte, als ich wieder unterscheiden konnte, zwischen meinen gesprochenen Worten, zwischen dem Ideenreich der Weltgeschichte und zwischen meinem Realzustand als Redner mit gewöhnlichen Worten, Manuskript und Lichtbildern und vertrauter normaler Zuhörerschaft.

Diesen soeben geschilderten Zustand des Redners, der von seinen Worten selber entkörperlicht und in seiner Gesamtexistenz in das Geisterreich entführt wird, hatte ich in meinem Barockbuch ausführlich behandelt. Dort zeigte ich, wie auf den von Engeln getragenen Barockkanzeln, etwa in der Klosterkirche von Weingarten oder Ettal der Redner sich in der Sphäre der göttlichen Engelwolken befindet, wie der Prediger entwirklicht wird, wie der Priester schon als real Lebender und Lehrender im Himmelreich ist und von dort, dieser weltabgelösten Weltsicht herab, sein Wort in die Niederung der Zuhörer, die sich im Normalbereich des Bodenniveaus und der banalen Realität befinden, herabsinken läßt.

Daß ich aber selber einmal dieses Erlebnis durchmachen müßte, das dem Priester in den Barockkirchen seinsmedial in der Kirchenausstattung vorbereitet, dargeboten und ermöglicht wird, war für mich eine völlig neue und überraschende Erfahrung, obwohl ich täglich jahraus, jahrein auf dem Podium des Hochschuldozenten gestanden und meine Kunstgeschichte gelehrt hatte.

Die von mir selber inszenierte offizielle Abschiedsvorstellung von meiner Laufbahn als Hochschuldozent war für mich wider Erwarten zugleich der absolute exzentrische, außergewöhnliche Höhepunkt meiner Vorlesungspraxis als Geschenk des Himmels geworden.

Das Beachtliche an diesem Vorgang war, daß nicht nur ich als Redner in der beschriebenen Art und Weise über mein eigenes Sein hinausgetragen wurde, sondern daß es vielen Zuhörern in gleicher Weise erging und sie mir davon berichteten. Auch sie merkten, daß sich etwas Außergewöhnliches mit ihnen vollzog, daß sie in einen Zauberspiegel von Gedankenkombinationen schauten, die sie bisher noch nicht kannten und zu überdenken die Möglichkeit hatten.

Ich habe 20 Jahre daran gearbeitet, bis ich an der TH Karlsruhe zu Wort kam, bis ich meine Meinung zur Welt vorbringen konnte. Inzwischen ist die TH Karlsruhe verrückterweise und in perversem Mißverständnis sich selbst verleugnend, in eine Universität (TH) umbenannt worden.

Solange ich an der TH lehrte, durfte ich nie ich selbst sein, mußte mich immer verstellen, immer schweigen, immer wissen: Du bist unter Technikern, Du bist unter ahistorisch denkenden Architekten, Du bist unter Menschen, die in ihrem Weltkonzept anderswo stehen als Du. Immer Rücksichtnehmen war die Parole. Doch es gelang mir, ich selbst zu sein, meine Meinung zu sagen: Aber erst zuletzt. Ende gut, alles gut.

Das Vermächtnis meines Freundes, des Bauhistorikers Arnold Tschira, lautete: «Sag ihnen nicht zuviel!» Was dies bedeutete, wußte ich: Es hieß für mich 20 Jahre Verstellung, 20 Jahre nicht bei mir sein zu dürfen.

Meine Abschiedsvorlesung wirkte bei vielen von meinen Architekten-Kollegen wie ein Licht- und Blitzstrahl in dunkler Nacht, wie eine Bombe. Für kurze Zeit war der Himmel ihres Weltverständnisses, das für gewöhnlich im Dunkel der gegenwärtigen Situation der Architektur untergeht, erhellt. Es ging ihnen auf, wie die Welt sich selbst verrechnet, und auf welcher Seite dieser Minus- und Plusrechnung sie sich beteiligen; was sie als moderne technische Menschen gewählt haben. Mein Kollege, Prof. Rudolf Büchner vom Lehrstuhl für Entwerfen, sagte mir nach dem Vortrag erschüttert: «Wenn wir das gewußt und beachtet hätten, stünde es auch besser in unserer Fakultät.»

Es gelang mir, wenn auch nur für einen kurzen Moment, meine Kollegen und Studenten aus zeitbedingten Eintagsfliegen zu weltgeschichtlich bewußten und kulturethischen Alternativ-Personen zu machen. Dieses höchste Experiment eines Historikers vor ahistorischen, kulturellen Instinktmenschen ist mir vollauf gelungen! Ich konnte mit diesem Resultat zufrieden sein.

Von der Zuhörerschaft wurde der Gehalt meiner Ausführungen voll anerkannt. In der Tagespresse, in den «Badischen Neuesten Nachrichten», wurde eine ausführliche Besprechung der Vorlesung unter dem Titel «Die Startbahn der Seele» veröffentlicht. Der Verfasser war Ekhart Gillen, schon als Gymnasiast ein besonderer Verehrer meines Buches über den Manierismus und tüchtiger sowie begabter Kunstgeschichtsstudent, heute Spezialist des Realismus und der Sachlichkeit der sowjetischen und amerikanischen Malerei.

Jetzt soll noch ein Brief meines Freundes, des Malers Emil Wachter, hier abgedruckt werden, um die spezielle Wirkung meiner Vorlesung darzutun:

«Osterburken, 30.6.1971
Lieber Franzsepp,

Das war gestern ein großer Abend, und ich möchte den Tag nicht vergehen lassen, ohne Dir zu danken. Das Gebäude Deiner Gedanken, in völliger Klarheit errichtet, hat viele Fenster und Durchbrüche, aber nur einen Ein- und Ausgang, besetzt von Dämonen und Engeln. Jeder konnte sich als Begleitung nehmen, was er wollte. Verzeih deshalb bitte, daß wir nicht mitgekommen sind. Wir waren mit Morgenthalers und Fischers dann intensiv am Nachfeiern und Nachdenken.

Meine Hoffnung ist, daß dieser Vortrag noch einmal in anderem Rahmen zu hören sein wird.

Jetzt geht hier die Arbeit weiter; ich möchte sie Dir gern zeigen.

Mit Grüßen auch von Pia und an Monique!

Dein Emil.

PS. Es muß Dich nachher eine große Einsamkeit und Traurigkeit überfallen haben; es war ja der Abschied. So gehen wir durch eine Tür nach der anderen. Ich bin glücklich, daß ich Dir nahe sein kann. Die große Hoffnung verändert alles.

Von Weinreb gibt es eine Zeitanalyse «Hat der Mensch noch eine Zukunft?». Im Origo-Verlag; wenn Du sie nicht kennst, solltest Du sie unbedingt lesen. Leb wohl! E.»

Die Wiederholung meiner Abschiedsvorlesung im Kunsthistorischen Institut der Universität Tübingen am 25.11.1971

Auf Aufforderung meines Freundes Dr. Donat de Chapeaurouge hatte ich Gelegenheit, meine Abschiedsvorlesung in der Universität Tübingen zu wiederholen.

Um es gleich unumwunden zu sagen, die Wirkung meines Vortrages «Maschine und Kunstwerk» auf das Publikum der Philologen am 25. November 1971 im Kunsthistorischen Institut der Universität Tübingen war absolut ein Desaster; weder den Studenten noch den anwesenden Kollegen und Dozenten war es möglich, meine Kerngedanken zu erfassen und diese nachzuvollziehen.

Die erste Reaktion war, daß 15 Minuten nach Beginn meines Vortrages ältere Kollegen, darunter auch Prof. Wilhelm Böck, dessen Arbeiten auf dem Gebiete der Barockforschung und dessen Picasso-Buch ich sehr schätze, so wenig von meinen Ausführungen positiv aufnahmen, daß sie den Vortragssaal, wohl ruhig und unauffällig, aber deutlich enttäuscht verließen und früh und vorzeitig nach Hause gingen mit dem Resultat: ein verlorener Abend mehr.

Meine Ausführungen konnte diese Zuhörerschaft mit der Grundkonzeption ihres Weltbildes in keiner Weise in Einklang bringen oder bei aller Andersartigkeit abwägen. Da erkannte ich erschreckend deutlich, wie sehr die philologische offizielle Kunstgeschichte von den wirklichen Kräften der modernen Weltgestaltungsgeschichte entfernt ist. Daß es kaum eine Basis gibt, sich zu verständigen. Überdies auch, daß es bei den Philologen am guten Willen fehlt, meinen Gedanken zu folgen. Mein Kollege Prof. Schwager hielt mir bei meinem Besuch bei ihm am nächsten Morgen sogar vor, daß der Gottesbegriff der Scholastik bisher falsch verstanden würde und man neuerdings darüber große Bedenken hege. Wie dem auch sei: Ich *mußte* Unrecht haben, damit die weltfremden Philologen-Kunsthistoriker weiterhin in ihrem Gedankenkäfig bleiben können.

Eine weitere Auswirkung meiner Abschiedsvorlesung am 19. Februar 1973 in Dortmund vor dem Westfälischen Industrie-Club

Noch eine ganz andere Auswirkung und Wirkung sollte meine Abschiedsvorlesung «Maschine und Kunstwerk» haben.

Der Assistent am Baugeschichtlichen Institut, Bruno Brandi, sandte die Besprechung meiner Abschiedsvorlesung aus der Tageszeitung «Badische Neueste Nachrichten» an seinen Onkel Heinz van de Loo, einen Leiter und Mitinhaber einer Fabrik von Fahrrad-Zubehörteilen in Westfalen.

Wie sich herausstellte, hat sich dieser Onkel eine Sammlung von Abbildungen früher Fahrräder angelegt, als Hobby, das mit der Herstellung seiner Fahrräder unmittelbar zusammenhängt. Auf diesem Sektor denkt und forscht er aktiv. Er besitzt Beispiele aus dem 1. Jahrhundert n. Chr., an die 20–30 Exemplare aus dem 17. und 18. Jahrhundert bis dann der Strom sehr reich fließt. Im Rechen seines Interessenfächers für Historie blieb das Stichwort Fahrrad beim Lesen meines Vortrages hängen, und dies mit Recht, denn das Fahrrad taucht in meinen Ausführungen an gewichtiger Stelle auf. Aus diesem Grunde wurde ich von Herrn van de Loo aufgefordert, meine weltgeschichtlich weitgespannten Gedanken am 19. Februar 1973 vor dem Westfälischen Industrie-Club in Dortmund vorzutragen.

Es ist wirklich seltsam, wie die Dinge auf dieser Welt zusammenhängen, sich verknüpfen und verknoten, wie Geistiges und Großes und praktisch Profanes sich zu mischen vermögen.

Zur Veröffentlichung meiner Abschiedsvorlesung

Meine Abschiedsvorlesung hat Dr. Hans H. Hofstätter, Direktor des Augustinermuseums in Freiburg i.Br., in der von ihm redigierten Zeitschrift «Das Münster», Juni 1972, Heft 2, S. 133–145, veröffentlicht. Dr. Hofstätter hat zu dem Gesamtstichwort dieses Heftes «Marginalien zum Realismus» noch eine Einführung geschrieben. Da kommt er auch auf meinen Beitrag zu sprechen. Dr. Hofstätter stellt sich keineswegs zu meiner These, daß Kunst und Technik zwei getrennte und im Prinzip nicht zu vereinende Gegensatz-Positionen in der Weltgestaltung sind, sondern er argumentiert folgendermaßen:

«Prof. Dr. Würtenberger provoziert Vergleiche zwischen dem mittelalterlichen und dem modernen technischen Weltbild, aus der Sicht des in Bildern denkenden Kunsthistorikers, nicht des Theologen. Seine Darlegungen machen deutlich, daß im scholastischen Weltbild die Ideen und die geistigen Zusammenhänge als Realität verstanden werden, während sich im modernen technischen Weltbild die Gesichtspunkte verschieben und andere Zusammenhänge fixiert werden; diese Überlegungen dürfen nicht so verstanden werden, als ob der Theologe dem technischen Fortschritt negativ oder indifferent gegenüber stünde, sondern sie machen eine besondere Aufgabe der Theologie bewußt, nämlich im öffentlichen Bewußtsein die technischen Zusammenhänge mit dem christlichen Weltbild zu verschmelzen, soll die Gefahr vermieden werden, daß beide Weltbilder unvereinbar auseinanderbrechen.»

Dabei bin ich aber gerade der Ansicht, daß ein solcher Kompromiß nur von Übel ist und der christlich-menschlichen Weltsicht schweren Schaden zufügt, wie sich immer mehr und deutlicher herausstellt und auch mit Nachdruck von Papst Johannes Paul II. in seiner Stellungnahme zu diesem Problem bekräftigt wird.

Meine Abschiedsvorlesung hat folgenden Wortlaut:

Maschine und Kunstwerk

Das Wesentliche und Charakteristische bei den Maschinen des technischen Zeitalters liegt darin, daß durch bewegliche Teile des Organismus der Maschinen Verwandlungen und Umarbeitungen von Energiekräften vorgenommen werden können.

Eine besondere Art von Maschinen sind diejenigen, welche aus angetriebenem Räderwerk bestehen. Da denken wir zunächst an die Uhr, und speziell an das vollkommene Räderwerk als Räder-Uhr.

Das Räderwerk als technische Maschine gründet auf dem allgemeinen Prinzip des Ineinandergreifens von Rädern und Kreisen. Hinter diesem Mechanismus steckt ein ganz bestimmtes Denksystem. Es ist die Frage zu stellen, wo kommt dieses System her?

Dazu ist zu sagen: Der Ingenieur konnte erst ein solches technisches Räderwerk konstruieren und erfinden, nachdem ihm die grundsätzliche Idee der Verzahnung von Rädern als fest verfügbares Denkmodell und -Schema in Fleisch und Blut übergegangen war.

Diese grundsätzliche Idee der Räderwerk-Verzahnung gelang allerdings zunächst nicht den Ingenieuren, nicht den Technikern und Praktikern. Sie entstand nicht in den Mechanikerwerkstätten, nicht in den physikalischen Laboratorien und nicht in den Konstruktionsbüros der Ingenieure. Ihre Quellen und Ursprünge liegen wo ganz anders. Sie liegen in den Klosterzellen der Theologen und Mönche, in den Denkerstuben der Philosophen und in den Ateliers der Künstler.

Die Idee des Räderwerks entzündete sich an den theoretischen Zeichnungen, die die Welt und den Kosmos als schematisches Getriebe erkennen. Die Weltorganisation als Rädergetriebewerk aufzufassen, dies erfand das Mittelalter in seinen Schemata-Zeichnungen der einzelnen Weltelemente. Es liegen

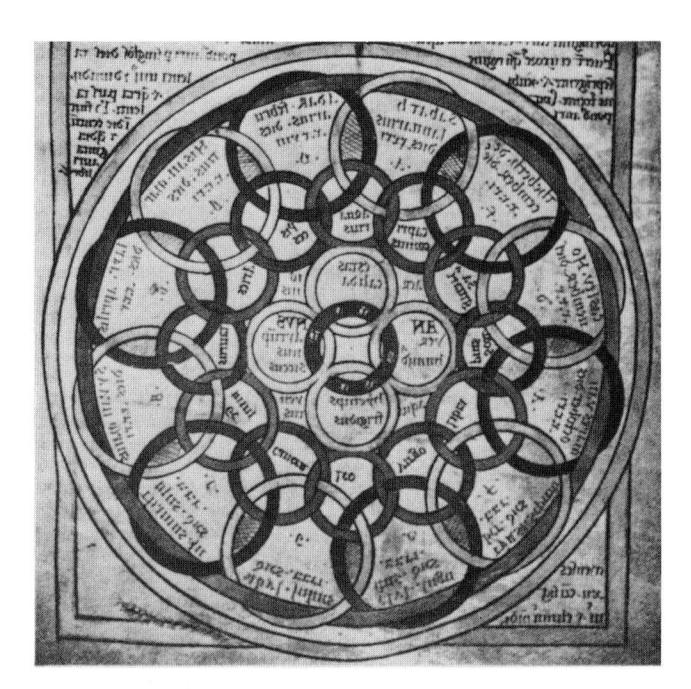

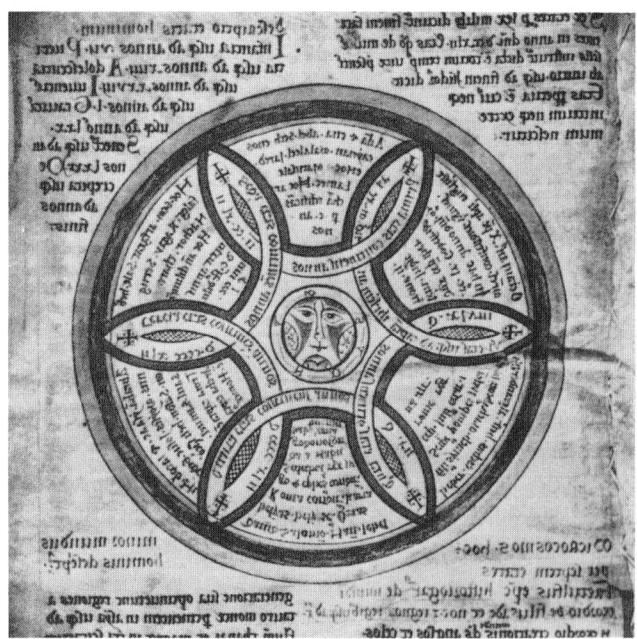

Begriffsschemata: 6 Zeitalter und Jahreskreise. Miniatur. 12. Jhd.

viele Schemata vor über die Einteilung des Kalenders, Begriffsschemata der sechs Weltalter, der sechs Menschenalter, der Windrosen, der Monatskreise, des Bildungs-Kreises der sieben freien Künste, des Makrokosmos etc.

Die Blütezeit dieser Begriffs-Schemata dauerte vom 9. bis zum 13. Jahrhundert, bis sie in der Scholastik ihren Höhepunkt erreichten.

prinzipiell mechanisch präzise Element bewundern und uns als technische Menschen dieser unausweichlichen Präzision erfreuen.

Aber wir technischen Menschen haben zu bemängeln, daß diese Darstellung über das Thema Zeit, das heißt über Jahr, Jahreszeiten und Monate, noch belastet ist mit den Darstellungen der 4 Elemente, der 4 Paradiesesflüsse und mit den Erdendbewohnern. Dies sind alles Themen, die zum Gedanken der Zeit nicht unmittelbar zugehörig sind und diesen gewissermaßen verunreinigen. Damit liegt in unserem Sinne ein schlechter Zeitangeber vor. Das Grundübel und der Fehler an dieser Rose liegt aber daran, daß sie ein Kunstwerk ist, daß diese Rose-Komposition starr und unbeweglich ist, daß der Haupteffekt und das allerwichtigste Wesensmerkmal der Zeit ausbleibt: nämlich, daß das Kunstwerk die Bewegung selber vollzieht. Es liegt in dieser recht komplizierten Kunstwerk-Komposition also eine dem wirklichen Tatbestand des Gedankens der Zeit recht unwirkliche, unrealistische, mangelhafte Rekonstruktion der Zeitmaschine Zeit (Annus, Jahr) vor.

Dieser Kunstwerk-Kalender bleibt in dem gezeichneten Schema stecken. Es fehlt ihm der Bezug zum tatsächlichen Ablauf der Zeit, wo sich über die Kathedrale von Lausanne der tatsächliche Wandel des Sonnenstandes vollzieht. Für diese Kunstwerk-Rose ist es irrelevant und gleichgültig, ob draußen in der Natur nun Sommer oder Winter herrscht, ob Sonnenschein oder Schneelandschaft, ob Tageshelle oder Nachtdunkel sich ausbreiten.

Man ist versucht, zur allgemeinen Erhellung der Sachlage einen Satz von Jean Cocteau zu zitieren: «Ein großmütiger

Lausanne, Kathedrale, Südquerhaus.

Diese Begriffs-Schemata, die schematisch die Gesetze des Weltablaufes nachvollziehen und bildlich fassen, blieben jedoch nur in kleinen handlichen Illustrationen der Codices zu besehen. Diese weltbildmechanistischen Begriffsschemata erhoben sich auch zu monumentalen, in sich geschlossenen Kunstwerkkomplexen. Da ist auf die riesenhaften Kompositionen der Radfenster der Kathedralen hinzuweisen.

Ein besonders eindrückliches Beispiel ist die Rose im südlichen Querschiff der Kathedrale von Lausanne. Diese Rose behandelt das Thema der Zeit, des Jahres, des Annus. Ergänzt wird die Rose durch die unteren drei Fenster, die das Thema der Artes liberales und der Virtutes behandeln.

An dieser Rose müssen wir modernen technisch denkenden Menschen ihre absolut abstrakte geometrische Klarheit, die in der Anordnung der Kreise stringente Komposition, das

Salisbury, Uhrwerk von 1386.

Amerikaner hat sich erboten, den griechischen Statuen des Louvre bewegliche Gliedmaßen zu schenken.» Dies besagt, daß der technik-gläubige moderne Mensch letzten Endes aus starren Kunstwerken am liebsten sich bewegende Maschinen machen will. Was sich nicht bewegt, ist weltsystemlich nicht vollwertig, gehört überholten, altmodischen Epochen an. Es wird hier schlaglichtartig der weltgestalterisch tiefe Zwiespalt zwischen Kunstwerkwelt und Maschinenwelt erkennbar.

In der geistesgeschichtlichen Situation des hohen Mittelalters geschieht etwas Erstaunliches und hoch Beachtenswertes. Aufgrund der überall voll beherrschten Begriffs-Schemata geht man daran, das fiktive kunstwerkintegrierte Räderwerk zu tatsächlichem Leben zu erheben und aus dem Dornröschenschlaf des starren, unbeweglichen Kunstwerkes zu erwecken.

Man übersetzt das tolle Gedanken- und Räderspiel des Zeit-Mechanismus der fiktiven Kunstwerk-Welt in die Realität eines wirklichen, tatsächlich beweglichen Räder-Mechanismus und erfindet somit die säkulare Neuschöpfung der Räderuhr.

Sehen wir uns frühe Räder-Uhrwerke aus dem 14. Jahrhundert an, so erkennen wir sofort den engen Zusammenhang der Schemata-Zeichnungen mit den vielen Kreisen und Rädern. So beim schmiedeeisernen Uhrwerk des Domes von Salesbury, gebaut 1386. Nur einfache, nur große Räder greifen ineinander, so lapidar und unkompliziert, wie die Kreise bei den gezeigten Schemata-Bildern der Miniaturen gleich groß und deutlich nebeneinandergereiht waren. Mit dieser technischen Erfindung der Räderuhr als Maschine stehen wir an einem bedeutsamen Punkt der Geschichte der Gestaltung der Welt. Es geschah etwas Hochentscheidendes und Umwälzendes. Dasselbe Problem der Weltgestaltung, nämlich des Habhaftwerdens und Manipulierens der Weltenuhr Zeit, das die Rose von Lausanne als Kunstwerk löste und bewältigte, wird nun von einer anderen Weltgestaltungsmethode übernommen: von der Mechanik und Technik. An die Stelle des Künstlers, des Steinmetzes und Glasfenstermalers setzte sich der Mechaniker und Ingenieur. In dieser Weise betrachtet, können wir Zeugen sein, wie nicht Kunstwerke Kunstwerke gebären, sondern wie Kunst schlagartig (wenn die Situation reif ist) in Technik verwandelt wird. Das heißt in diesem Falle, nicht die Technik hat der Technik das Problem gestellt, sondern der systematisierende-theologische Geist der Scholastik hat das welterkenntnismäßige Problem erfaßt, das dann in einem Umwandlungsprozeß zu einer technisch-banalen Lösung kam ohne Theologie und Philosophie.

Daß diese Tat, dieser Überfall auf die Theologie aber gelang, können wir eine Tat eines neuen Prometheus nennen. Der Erfinder der Räderuhr ist der Prometheus für die abendländische Technik. Er hat nicht das Licht vom Himmel herabgeholt, sondern es gelang ihm, das nur im Geiste nachvollziehbare Räderwerkschema der Scholastik in die ungeistige Realität der Zeitablese-Maschine Uhr herabzuziehen! Das heißt, ein reales Räderwerk en miniature als künstlich gebauter Mikrokosmos dem großen Welten-Räderwerk der Sterne und der Sonne als realem Makrokosmos entgegenzustellen. Dem Menschen gelang es somit, selber Weltengetriebe-Erfinder, d. h. Weltenschöpfer in Form des Maschinenerfinders zu sein.

An diesem Punkte ist die Frage zu stellen, wie und wo ging der Gedanke des Rädergetriebes in den Kunstwerken und in den technischen Maschinen der Technik weiter?

Einen späten Nachklang einstiger wichtiger Rädergetriebe-Schemata finden wir bei Hieronymus Bosch, dessen geistesgeschichtliche Stellung es ist, die mittelalterliche Ikonographie in neuzeitliche Gedankengänge zu überführen. Nicht mehr in einem Altar oder in einer dem Kirchenbau integrierten Glasfensterkompositionen vollzieht er das Zusammenspiel des Räderwerkes. Diesmal ist es ein aus dem Verbande der Kathedrale ausgeschiedenes, halb profanes Kunstwerk: der Sieben Todsündentisch. Um das Auge Gottes mit Christus als Schmerzensmann in der Mitte gruppieren sich die Speichen der Szenen der Sieben Todsünden, des falschen Lebensweges des Menschen. An den vier Ecken werden Sterbestube und die möglichen Konsequenzen des Sterbens, Hölle, Jüngstes Gericht und die Herrlichkeit des Himmels gezeigt.

Aber im ganzen ist die Stringenz und geometrische und damit mechanisch nachvollziehbare Strenge des Ineinandergreifens der Kreise nicht mehr wie im frühen Mittelalter gesetzt, sondern gelockert frei, nur noch fast wie eine Reminiszenz einstmaliger, viel ernster genommener Hoheitsformeln.

Zu erschreckend in der Idee herabgekommenen Räderwerk-Spielereien kommt es schließlich bei den Zeichnern des 20. Jahrhunderts, wo sich die Künstler etwas darauf zugute halten, womöglich aus bloßer kindlicher Fabulierlust und Nachäffung sich technischer, verrottet schlechter Räderwerk-Schemata zu bedienen, wie es der Amerikaner Saul Steinberg am Beispiel des Pseudo-Künstler-Ingenieurs vorführt.

Aber der echte Gedanke des Weltorganismus als Rädergetriebe geht auch in der Neuzeit im 16. Jahrhundert nicht verloren. Doch taucht er nicht mehr unter derselben Kunstgattung der Architektur auf, wie bei der Rose von Lausanne, sondern in den neu aufblühenden Gartenanlagen. Hier sind architektonische Elemente wie Beete, Bassins und Bosquetts mit dem Naturraum integriert, einer neuen Art von Kunstwerk, das aus einem Gemisch von Kunst- und Natur-Elementen besteht. Eine merkwürdige Mischung von geistiger Konzeption und von banalen Natur-Mitteln.

Die Gedanken, die vorher an den Kathedralen erprobt wurden, finden wir als Motive und Bezirke im Freiraum des halb Natur-, halb Kunstwerk-Raumes der Gartengestaltung wieder.

Bei näherem Hinsehen erweist sich ein Teil des Heidelberger Schloßgartens als direkte Übertragung des Systems der drei Bereiche, die wir in den mittelalterlichen Kathedralen vorfinden, auf den Garten. Diese Bereiche sind I. irdischer, II. kosmischer, III. himmlischer Bereich.

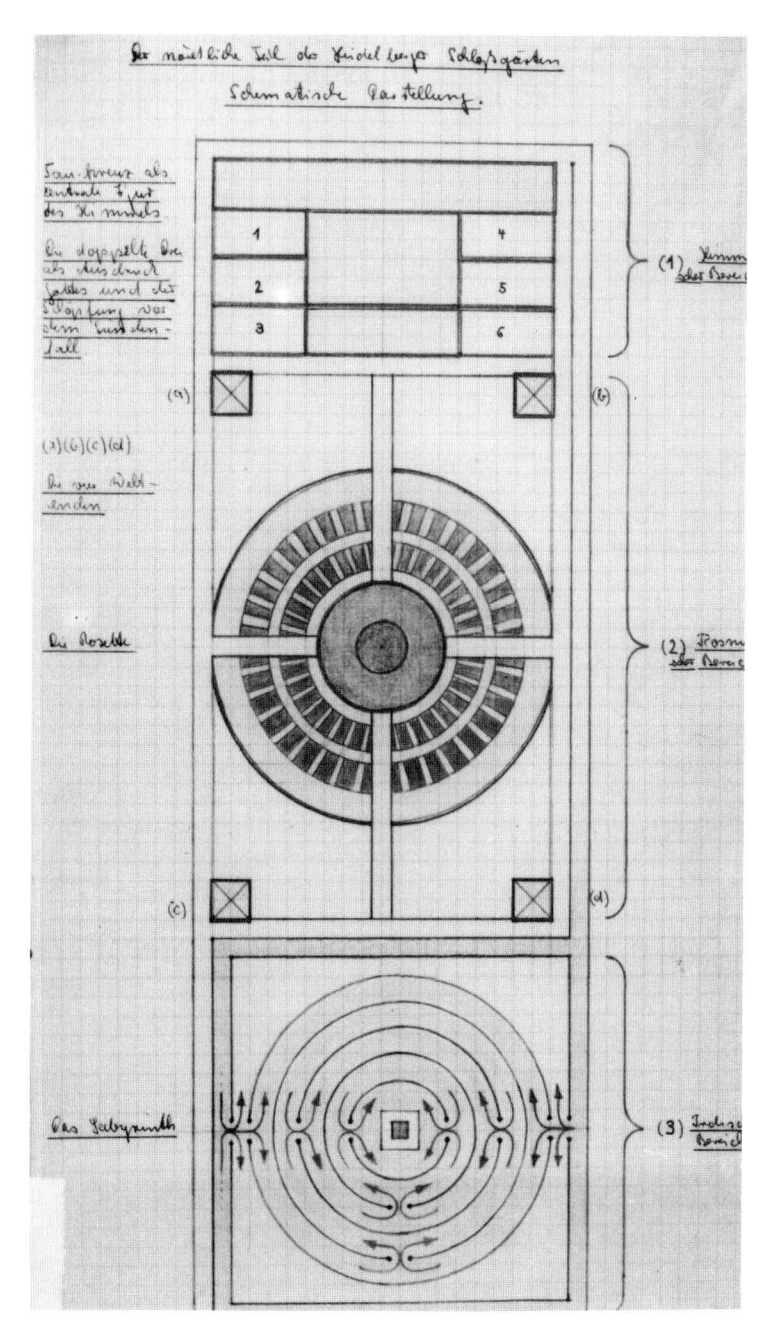

Heidelberg. Schema des Schloßgartens.

Daraus ergeben sich parallel dazu im Heidelberger Schloßgarten für den irdischen Bereich das Labyrinth, für den kosmischen Bereich die Rosette mit den vier Weltenden und für den himmlischen Bereich eine Heckenkonstruktion aus dem Tau-Kreuz und sechs Rechteck-Figuren, die sich in ein großes Rechteck einfügen. Das kirchliche Heilsgeschehen hat sich somit vom Innenraum der Kathedrale in den Garten verlagert und wird zu einem nachvollziehbaren höfischen Spiel in gestalteter Natur. Aus kirchlichem Kult und Liturgie wurde feudales Zeremoniell.

Die Idee des Rades, der Rosette und des Zirkelschlages hatte sich nochmals in einer großräumigen Großanlage niedergeschlagen, im Zirkelschlag des Stadtplanes von Karlsruhe. Diese Stadt mit ihren Strahlen und Speichen liegt wie eine Rosette da, die in die Rheinebene projiziert wurde und dort das Universum als Kunstwerk ebenso verkörpern sollte, wie dies die großen Rosetten an den Kathedralen vollziehen. Man erinnere sich an diejenige vom Straßburger Münster.

Der Karlsruher Zirkelschlaggrundriß hat komplexe, vielfältige Entstehungsgrundlagen. Man kann auf die Vorstufen der runden Menagerien wie in Versailles hinweisen, die man den natürlichen Tierkreis nennen könnte, in dessen Zentrum das Oktogon des Schloßturmes steht. Man kann aber auch zusätzlich auf eine mehr theologische Komponente darin sehen. In der Bilder-Bibel des Matthäus Merian ist eine Allegorie des göttlichen Wesens abgebildet, wo die Sonne als Symbol der Strahlkraft Gottes aufgefaßt wird und 20 Strahlen aussendet und zwei Zirkelschläge aufweist. Karlsruhe steht mit dieser mit Symbolkraft gesättigten Grundrißlösung an einer hochbeachtlichen Stelle der Geschichte der Weltgestaltung mittels Kunstwerken.

Denn die Menschen, die in dieser Stadt leben, können den Zirkelschlag des «Baumeisters des Universums» räumlich und zeitlich nachvollziehen, mit Schritten abmessen und durchwandern. Karlsruhe ist die nachvollzogene Schöpfung im Koordinatensystem von Raum und Zeit. Nun passiert aber in Karlsruhe wiederum etwas seltsam Ähnliches wie im hohen Mittelalter bei der Erfindung der Räderuhr aus dem scholastischen Räderwerk. Auch in Karlsruhe schlug plötzlich die Hochform des Kunstwerkes Großraum-Universum-Rad als Grundriß-Idee in Technik um.

In Karlsruhe wurde die Gegen-Symbol-Rosette, die mechanische Rosette des Fahrrades erfunden, also ein technischer Apparat, bei dem den Menschen seine eigene Übersetzung gelingt, um in kurzer Zeit größere Strecken zurückzulegen. Auch hier bekam der Mensch, wie bei der Uhr, die Schöpfung Gottes, den Mechanismus und die Organisation der Welt technisch und damit praktisch-nützlich in den Griff.

In verkleinerter Miniaturform setzt der Mensch als Radfahrer das große Welten-Universum-Rad mit der Kraft seiner Füße und Beine in Bewegung und ist damit ein Nachahmer des großen Weltenrades göttlichen Ursprungs.

Besonders deutlich wird dies in der 1870 erfundenen Spezialform des Fahrrades, des sogenannten Hochrades.

Allerdings reiht sich der Radfahrer noch in die Verwandtschaft einer ganz anderen Gottheit ein. Als Zurückleger profaner, realer Wegstrecken ist er ein Jünger und Nachahmer des heidnischen Gottes Chronos, des Verschlingers seiner eigenen Kinder, das heißt, der Zeitstrecken.

Straßburger Münster. Westrose.

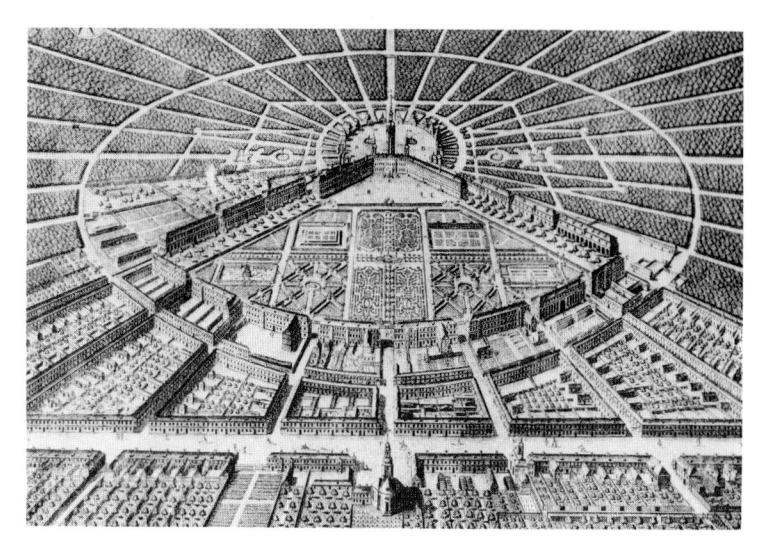

Karlsruhe. Stadtanlage.

Wie Chronos mit dem Fahren, dem Wagen, aber auch mit den Laufbewegungen des Menschen sowie mit dem Jahreskreis, dem Zodiakus und der Uhr, der Mechanik des gesamten Weltablaufes in Form der Zeit zusammenhängt, lehrt der Stich des «Triumphes der Zeit» von Pieter Brueghel d. Ä. um 1565.

In die Attitude des Chronos als Rad-Geher begibt sich der Radfahrer als Mensch, der sich zweier Räder bedient und zugleich geht, wie es der Freiherr von Drais getan hat, im selben Karlsruhe, wo der Schloßgarten als großes Weltenrad sich ausbreitet. Die Erfindung des Fahrrades bietet dem Menschen die tolle Möglichkeit, selber Partikel der Weltzeit-Maschine zu sein. Durch die direkte Koppelung mit dem technischen Apparat Fahrrad wird der Mensch selber Uhr, selber Chronos, selber Raum- und Zeit-Verzehrer.

Allerdings die Uhr als Maschine ist hinsichtlich ihrer Wirkungs- und Anwendungssphäre von anderer Art. Die Uhr und ihre Zeitangabe vollzieht sich «nur» im Geiste, «nur» im Denken, «nur» im Gehirn des Menschen. Sie ist ein Weltzeit-Denkmodell. Das Fahrrad hingegen hat mit Welterkenntnis nichts zu tun. Das Fahrrad als Fahrzeug, als praktisches Körpertransportmittel steht vom Geiste her beurteilt unter dem Uhrwerk. Damit wird der Mensch ent-philosophiert, ent-mythisiert, indem er selber aktiver Weltenchronos-Maschinenteil in Nachahmung des Gottes Chronos wird.

Auch das Flugzeug steht in einer ganz bestimmten Problemstellung, deren Ursprung, sowenig wie die Idee des Räderwerkes der Uhr oder des Fahrrades, nicht autochthon in der Technik gelegen ist.

Das Wesentliche am Flugzeug besteht darin, daß es die Sphäre der Erdbodenschwere überwindet und sich in den Luftraum erheben kann. Um die zwei so sehr verschiedenen Sphärenpole wie Erde und Luft zu überwinden, benötigt es eine ganz bestimmte Dynamik und Energieentfaltung. Das Flugzeug spannt seine Flügel aus, damit sich unter ihnen weiche Luft in harte, tragende Luft verwandeln kann.

Damit dies aber in ausreichendem Maße geschieht, benötigt das Flugzeug überaus starke Motoren, die das Flugzeug in schnelle Bewegung versetzen. Dann erst erweisen sich die Flügel als sogenannte Tragflächen und können ihre Funktion erfüllen. Es entsteht in der Konstruktion ein gewisses Parallelogramm von widerstreitenden Kräften; von nach vorn weisendem Rumpf und den nach den Seiten ausgespannten Flügeln. Dieses Parallelogramm der Kräfte ergibt die Form des Kreuzes. Die Form des Kreuzes kennen wir aber nicht nur im Resort der Formenwelt der technischen Maschinen und Apparate. Das Kreuz ist zugleich eines der weltsymbolträchtigsten Zeichen, das die Weltgeschichte fast zwei Jahrtausende ihres praetechni-

Speichenrosette eines Fahrrades.

Pieter Bruegel d. Ä. «Triumph der Zeit». Stich.

Karl von Drais auf seinem Laufrad.

schen historischen Ablaufes bestimmend beherrschte. Das Kreuz ist die aus den Vorstellungen der Religion geschöpfte Weltbildgestaltformel des Christentums an sich.

Wo das Kreuz als Kunstwerk angebracht und geistig eingesetzt wurde, soll hier nur gestreift werden: auf den Altären, an Meßgewändern, auf Codices-Deckeln, als Kruzifixe, als magische Waffe, wie in der Maxentiusschlacht durch Kaiser Konstantin d. Gr. oder durch Kaiser Otto I. in der Schlacht auf dem Lechfeld als Vortragskreuz, als Wegkreuze in der Barockzeit, als Fensterkreuz in den Wohnungen der Bürger.

Man kann beobachten, wie mit dem Rückgang des Christentums seit dem 18. Jahrhundert auch das Denkschema der Symbolgestalt des Kreuzes aus dem Vorstellungsschatz der gebräuchlichen Kunstformen zurückgegangen ist.

Nur ein Beispiel. Es ist auffallend, wie die Form der Fenster- und Türkreuze, die sonst überall an den bürgerlichen Wohnungen und in den Schloßbauten zu finden waren, bis ins 20. Jahrhundert hinein, in neuester Zeit fast restlos durch unbestimmte Proportionierungen ersetzt und verdrängt wurden.

Die künstlerisch großartigste und monumentalste Verwirklichung fand die Kreuzform aber in den Werken der Architektur. In den Grundrissen der christlichen Kirchengebäude wird die Weltgestalt-Formel des Kreuzes nochmals vollzogen. Und zwar mit einem ganz bestimmten ausgeprägten Akzent und Dynamismus.

Verglichen mit dem technisch kreuzförmig gebildeten Apparat des Flugzeuges wollen die christlichen Kirchen auf ihre Art ganz genau dasselbe, was die Flugzeuge vollbringen (vgl. Abb. S. 365).

Der Konstruktionsplan der christlichen Kirchen geht seit der altchristlichen Basilika ebenfalls darauf aus, den Menschen vom Erdboden wegzuheben und in eine höhere Seinsschicht emporzureißen.

Von der langen Bahn des Mittelschiffes geht es ständig in höhere Seinsschichten, bis dann schließlich im Chor das Ziel erreicht ist und die Gestalt Christi, des Herrschers des Himmels, der die Welt überwunden hat, erscheint. Insofern ist das Baugefüge und der innere Bauplan der Kirche ein stetiger Anstieg und Aufsteigen der Seele des gläubigen Christen, der die Richtungstendenz von Westen nach Osten durchlebt. In der Terminologie der Technik des Flugzeugwesens könnte man den Kirchenraum eine Startbahn der Seele zu Gott nennen.

Ganz deutlich wird die Seinsstufen-Abfolge im Prozessionszug der Heiligen in den Mittelschiffsmosaiken von S. Apollinare Nuovo in Ravenna.

Dort wird die Spannung zwischen realem, niederem Anfangs-Niveau der Stadtmauer und des Palastes und dem überirdischen hohen Niveau der thronenden Maria mit dem Christuskind ausgetragen.

Also auch bei den Kirchenbauten ist der Dynamismus festzustellen, einem fernen Ziel zuzustreben.

Allerdings handelt es sich bei den Kirchen nicht um die Aufhebung und Überwindung der physikalischen Erdenschwere, sondern um die Erhebung des Geistes, der Seele des Menschen. Aber man muß den christlichen Kirchen zubilligen, daß sie diese Erhebungstendenz der Seele mit ganz konkreten und bauplankonstruktiv mit sehr offensichtlichen und deutlichen Mitteln durchführen.

Wie beim Flugzeug geht der Kreuz-Grundriß der christlichen Kirchen darauf aus, den ganzen Baukörper, den ganzen Bauapparat nach einer Richtung vorwärts zu reißen und in dynamische Bewegung zu versetzen. Mit aller Macht und Richtungsbetontheit soll die christliche Kirche nach Osten, nach dem Ziel des Heils gerichtet sein.

Um wiederum in der Terminologie der Technik zu sprechen, werden an denselben Punkten des Grundrisses wie bei den Flugzeugen Zieh-Apparate, Energieapparate, in Form von Kapellen und Altären und Chören angebracht; sowohl im Hauptchor wie dann auch im Osten der Querschiffe. Diese Kapellen und Altäre haben im Organismus der Kirchen dieselbe Aufgabe wie die Motoren als ebenfalls starke Energieapparate beim Flugzeug-Organismus zu erfüllen. Die Kapellen können wie Turbinen wirken.

Der wesentliche Unterschied beider liegt darin: Die geistige Dynamik ist nur durch eine ungeistig-banale Real-Dynamik ausgetauscht worden.

Schauen wir uns Vergleiche zwischen Grundrißschemata und christlicher Kirchenbauten und moderner Flugzeugtypen an.
Man vergleiche:
I. den Grundriß der Klosterkirche von Hersfeld mit dem
II. STOL-Mehrzweck- und Zubringerflugzeug De Havilland Canada DHC – 6 Jerin Otter 200.
Man vergleiche:
I. den Grundriß der Kathedrale von Lincoln mit dem
II. Einsitzigen V/STOL-Kampf- und Aufklärungs-Flugzeug Hawker Siddley Harrier G. R. MK. I.

Wir müssen bei diesem Tatbestand fragen, seit wann können wir fliegen? Wer hat eigentlich die Idee der Flugmaschine erfunden? Wir müssen erkennen und feststellen: die Idee und das Denkschema des Fliegens und des Flugapparates haben nicht erst die Gebrüder Wright um 1900 konzipiert und realisiert.

Die entscheidende Grundidee des Anzugsapparates und der Richtungsdynamik haben die Arbeitsgemeinschaft der Theologen und Architekten des Mittelalters zur Welt gebracht. Sie sind die Erfinder des großen Hebewerkes des dynamisierten Baukörpers, der durch ungeheure Kräfte nach Osten gezogen wird. Dagegen sind die technischen Flugversuche von Leonardo bis ins 19. Jahrhundert hinein unzulänglich primitiv.

Erst als die Altäre und Choranbauten im Schema der Kirchengrundrisse durch hochleistungskräftige Motoren, heute bis zu 2–3 000 PS stark, ausgewechselt werden konnten, konnte das physikalische Experiment des Hebewerkes für das Körpergewicht des Menschen gelingen! Erst dann konnte die Seele des Menschen mit seinem Körpergewicht ausgetauscht werden! Erst dann konnten die Kirchenbauten der Religion für die praktisch-nützlichen Bedürfnisse der Menschen durch die technischen Apparate, durch die Flugzeugtypen aller Art ersetzt werden.

Beim technischen Apparat des Flugzeuges geschieht etwas Gleiches, wie wir schon beim Fahrrad festgestellt haben in Bezug auf den Weltganzheitscharakter, in bezug auf den Welt-Universal-Anspruch, den das Kunstwerk der Garten- und Stadtanlage von Karlsruhe bot. Die christlichen Kirchen verkörpern, symbolisieren die Ganzheit der Welt. Das Kreuz Christi geht bis an die Enden der Welt und umspannt jeweils das ganze Weltall. Dieser Ganzheitsanspruch kommt auch bei dem Weiheritus der Kirche zum Ausdruck. Die Kirche wird nach allen vier Himmelsrichtungen jeweils mit dem Kreuzeszeichen geweiht.

Aber dieser Weltganzheitscharakter des Kirchengebäudes, der durch die geistige Symbolkraft der Form des Kreuzes Christi garantiert wird, bricht beim modernen Weltenkreuz des technischen Apparates des Flugzeuges auf ein erschreckend punkthaftes Minimum zusammen.

Das Flugzeug will und muß auf ganz andere Art seinen Weltganzheits-Anspruch, seine Allgegenwart dokumentieren. Das Flugzeug als Gegenstand, der der banalen Realität angehört, ist seinem Wesen nach nur ein winziger Weltpartikel im riesigen Real-All-Raum der Luftregion oder des Erdbodens.

Aber trotzdem hat es Pseudo-Ambitionen, Weltenkreuz zu sein und Weltganzheitscharakter zu erlangen. Dies versucht es mittels irdischer, unsymbolhafter Mittel. Es strebt mit Hilfe der Schnelligkeit danach, eine gewisse Fülle an Weltganzheits-Quote zu erlangen. Die Schnelligkeit ist damit sozusagen das Korrektiv, um den mangelnden Symbolgehalt der technischen Fahrzeug-Maschinen, den symbolgetränkten und weltganzheitlichen Kunstwerken gegenüber, zu kompensieren.

Wenn der Mensch sich in ein schnelles Flugzeug oder in eine Weltraumrakete setzt, so gibt er sich einer unzulänglichen Ersatzlösung hin für das Ziel, was er durch die Meditation der Ganzheit der Welt, d. h. durch das gedanklich-kontemplative Sich-in-Gott-Versenken viel reiner und wirksamer erreicht. Je schneller ein Flugzeug fliegt und damit je mehr Luftraum es verarbeitet, desto mehr überwindet es seinen Weltvereinzelungscharakter.

Allerdings dem Weltganzheits-Symbolgehalt der christlichen Kirchenbauten gegenüber ist dies fast unerheblich und recht gering zu nennen. Darin ist die letzte und kleinste christliche Kapelle dem schnellsten Superjet-Flugzeug neuester Bauart mit über tausend zurückgelegten Kilometern in der Stunde millionenfach überlegen.

An diesem Beispiel enthüllt sich die Tatsache, daß durch die technischen Fahrzeuge der Gottesbegriff als Ganzheit der Welt und des Universums mit Einschluß der überuniversalen Größe Gottes nicht realisiert werden kann.

Das äußerliche, vanitasbedingte Real-Handeln, das Fahren in Flugzeugen, steht damit konträr zum Denken und Meditieren über Gott.

Die Macht der Tat und die Macht des Gedankens stehen einander frontal feindlich und sich bekämpfend gegenüber. Noch in einer anderen Eigenschaft unterscheidet sich das Flugzeug vom christlichen Kirchbau. Der christliche Kirchenbau hat das Ziel seines sehnsüchtig-dynamischen Strebens in sich selbst. Der Osten, das angepeilte himmlische Jerusalem, die Himmelsstadt, der Himmelsort, ist im Chor tatsächlich sichtbar und realisiert vorhanden.

Hingegen das Flugzeug hat nicht schon das Ziel in sich, in seinem Organismus eingebaut. Das Flugzeug ist nicht zugleich Weg und Ziel in einem. Sein Ziel ist stets außerhalb von ihm, liegt stets vor ihm und ist willkürlich wählbar und völlig richtungsbestimmt und ein braves Werkzeug des freien Willens des Menschen, der auf die Suche und das Finden Gottes, des Ganzheitsgedankens der Welt, von vornherein verzichtet hat.

Überblicken wir die Entwicklung der technischen Fahrzeuge von 1800 bis 1970, so läßt sich feststellen, daß ständig quantitativ erhöhte Antriebskräfte der Motoren den Ingenieuren zur Bearbeitung von Realraum-Arten und -Sphären zur Verfügung standen. Diese Steigerung bewirkte, daß für den Menschen stets höhere und damit auch weiter entferntere Allraumzonen befahrbar wurden. Wir können drei Stufen unterscheiden. Als erste Stufe sind die Bodenfahrzeuge anzusehen: Das Fahrrad seit 1816 und das Automobil, das seit 1886 dem Menschen zur Verfügung steht. Von dem Flugzeug als zweiter Stufe, das seit 1903 die Erdoberfläche verließ und in die Atmosphärenhülle der Luftregion emporstieß, haben wir schon gesprochen. Es bleibt uns noch übrig, von der letzten, dritten Stufe zu sprechen, von der Raumrakete, die die Anziehungskraft der Erde überwindet und in den luftleeren kosmischen Weltallraum des Universums vorstößt.

Wenn man die Form der Rakete ansieht, so kann man erkennen, daß sie Verwandtschaft zeigt mit der hochgezüchteten Form von superschnellen Flugzeugen. Das will besagen, daß die am Rumpf abstehenden Flügel immer mehr abgefaßt und weggehobelt wurden und schließlich eine so konzentrierte Form aufweisen, die eher einer Pfeilspitze sich nähert, die fast mehr Verwandtschaft mit einer Rakete aufweist, als mit dem frühen, klassischen Flügelflugzeug. Die Typologie dieser Flugzeuge hat Dr. Jürgen Zierep, Professor für Ströhmungslehre an der Universität (TH) Karlsruhe, in einer Abbildung in der Zeitschrift «Fridericiana» im April 1968 veröffentlicht.

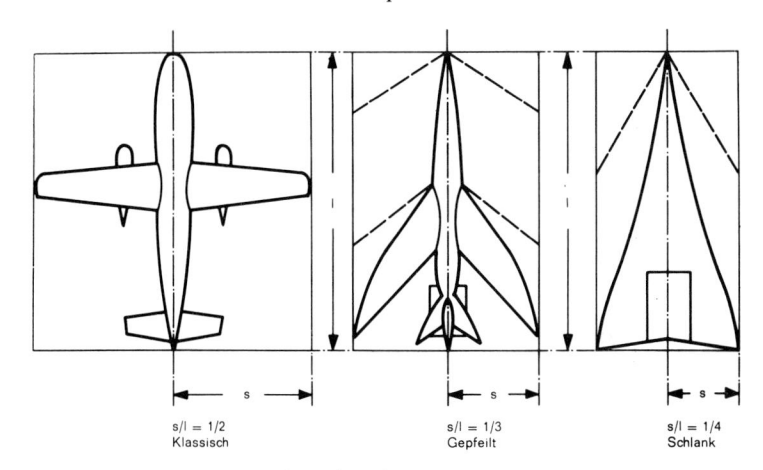

Entwicklung der Flugzeug-Strom-Form.

In der kosmischen Weltraummaschine der Rakete feiert die Technik ihren größten und neuesten Triumph.

Dieser Triumph ist aber nicht nur ein inner-technischer. Er ist auch in theologischer Sicht beachtlich. Die Astronauten haben mit dem Betreten des Mondes das bisherige Tabu des nur geistig-denkerisch oder poetisch-phantasievoll erfaßbaren Mondes als Exponent der Welt der Sterne als unbetretbaren, geheimnisvollen und deshalb als heilig angesehenen Ort aufgehoben.

Die weltgeschichtliche Großtat der Weltraum-Raketen-Unternehmungen besteht darin, daß sie den Himmel, den kosmischen Allbereich der Weltschöpfung des christlichen Gottes profanisiert, verirdischt hat und zum Anhängsel irdischer Verhältnisse erklären kann.

Von hier aus gesehen ist die Weltraumrakete dasjenige

Instrument, das die Sakralität des Himmelsgewölbes aufhebt und Gott aus dem Weltraum vertreibt; und den Gegensatz von Himmel und Erde, von religiösen nur geistig erfaßbaren Zonen und banaler irdischer Realität aufhebt.

An weltgeschichtlicher Gewichtigkeit einer neuen Verteilung und Einschätzung der Welten-Zonengrenzen kommt das Ereignis des In-Besitz-Nehmens der kosmischen Himmelskörper dem biblischen Ereignis der Austreibung der ersten Menschen aus dem Paradies auf unserer Erde gleich. Nur dieses Mal geschah die neue Grenzsetzung und Territoriumsverschiebung mit geradezu konträr entgegengesetzten Vorzeichen. In der Bibel wurde der Mensch zur Strafe seines ewigen Seinsorts, des Paradieses, von höherer Macht, von Gott selber beraubt und in die Zeitlichkeit des Daseins auf unseren Erdball geworfen.

In der Jetztzeit der Moderne hingegen vermochte der Mensch aus eigener technischer Superintelligenz und aus eigenem Willensakt (ohne göttliche Hilfe) in die neuen, allerdings toten Gestirnzonen einer Supervergänglichkeit der rationalen Gestirnswelt sich selber zu verjagen und auszusetzen und das bisher in der religiösen Vorstellung als göttlich angesehene Territorium Weltall Gott streitig zu machen.

Im modernen technischen Zeitalter inkorporiert sich in der Maschine der Weltraumrakete die höchste Idee, so wie im Mittelalter im Kunstwerk der Kathedrale die höchste Idee dargestellt wurde.

Ähnlich wie beim Flugzeug bietet sich die Gelegenheit an, die Form der Weltraumrakete mit der Gestaltung und Formung der Kathedrale zu vergleichen. Diesmal handelt es sich nicht um den Grundriß, nicht um die horizontale Erstreckung, sondern um die vertikal aufsteigenden Glieder der Kathedrale, um die Türme. (Daraus ersehen wir, welche komplexe Zusammensetzung aus verschiedenen Organismus-Gliedern das Bauwerk der Kathedrale besitzt. Von den technischen Maschinen her könnte gesagt werden, die Kathedrale habe in horizontaler Erstreckung Gedanken des Flugzeugs, in vertikaler Richtung bei den Türmen Elemente der Rakete und bei der Konzeption der Vierung als Hebewerk vergleichbares mit dem Hubschrauber in sich vereinigt.)

Wir wollen nicht die Formung der Türme der mittelalterlichen Kathedralen mit der Rakete vergleichen, sondern die Kathedraltürme einer modernen Kirche, die ebenfalls aus der weltanschaulichen Gesinnung der modernen Maschinenwelt entstanden ist.

Darüber bietet sich die «Kathedrale» des Jugendstils, die Kirche «Sagrada Familia» in Barcelona an, die 1882 begonnen und bis 1926 fortgesetzt wurde als Werk des Antonio Gaudi. Diese Türme der »Sagrada Familia« ruhen nicht mehr in sich gefestigt. Sie schließen vielmehr in ihrer Formendynamik und raumsehnsüchtigen Kurvatur den realen Umraum, den Allraum der Luft in sich ein. Die moderne naturexperimentelle aerodynamische Komponente spricht entscheidend bei ihren Formen mit. Insofern haben die Türme der «Sagrada Familia»

Antonio Gaudi. Barcelona. La Sagrada Familia.

bereits mehr zu tun mit der Formenwelt der technischen Raumfahrzeuge, mit Granaten oder Raketen, als mit dem statischen Seinsgefühl aller mittelalterlichen Kathedralen.

Dieser Prozeß, die Kathedrale ihrer eigentlichen statisch-hierarchischen Seinssphäre zu entziehen und in aktiver Beziehung und anti-kirchlicher Beziehung zum Umraum der Natur zu sehen, läuft schon längere Zeit.

Schon die Vorstellungen der Romantik um 1800 verzerren die geistigen Tatsachen des eigentlich religiösen und sich selbst ruhenden Seinsgrundes der wahren Kathedrale.

C. D. Friedrich hat in seinem Gemälde «Vision der christlichen Kirche», um 1805, die Kathedrale gleichsam zu einem im naturwissenschaftlichen Wolkenhimmel schwebenden Himmelskörper werden lassen. Es ist, als ob die Kathedrale wie bei einem Rampenstart einer modernen Weltraumrakete, sei es

C. D. Friedrich. Vision der christlichen Kirche.

Start einer Saturnrakete.

beim Start von Saturn 5 oder Apollo 12 in Houston, in den Himmelsraum geschossen würde.

Doch diese Verwechslung von Rakete und Kathedrale ist theologisch und weltkontemplativ beurteilt absurd und unnütz. Denn die Kathedrale, die schon von vornherein das ganze Universum und darüber hinaus noch vielmehr beinhaltet und das Ziel der Allwerdung schon in sich birgt und umschließt, nun dem Universum-Teilaspekt einer Raumfahrt-Route von soundso vielen realen Kilometern zu unterziehen, ist ein kläglich unzulängliches Bemühen.

Es ist ein Fehlweg des Denkens des Menschen, ein Ziel, das vorstellungsmäßig meditativ und kontemplativ, geistig vollgültig und vollkommen schon erreicht ist, nochmals mit irdischrealen Mitteln erstreben zu wollen. Man könnte wissen, daß dieser zweite materialisierte Weltganzheitsgedanke kindlich naiv hinter dem nur auf kontemplativem Wege erreichbaren und realisierbaren Weltganzheitsgedanken zurückbleibt und nur zu höchst leeren und nichtigen Ergebnissen führen kann.

Diese geistige Fehlleistung kann nur von einem Menschentyp unternommen werden, der den Glauben der Weltall-Universalität der Kathedrale und der christlichen Gottesvorstellung von sich abgestoßen und vergessen hat und das Ziel seines Denkens und Handelns geistig-theologisch unzulänglich nieder gesteckt hat.

Über Kathedralen, Altäre, aber auch über Windmühlen, Wasserräder, Fahrräder, Automobile, Flugzeuge und Weltraumraketen zu sprechen, ist nur sinnvoll, wenn man auch das Problem der Antriebskräfte in Rechnung stellt, welche sowohl die Kunstwerke wie die Maschinen in Gang halten.

Um sich über diesen wichtigen Punkt der Veränderung und Entwicklung der Auftriebskräfte der Welt Klarheit zu verschaffen, ist es notwendig, eine Typologie der Antriebskräfte aufzustellen.

Beginnen wir mit dem hohen Mittelalter. Damals wurden

die Kathedralen durch den christlichen Gottesbegriff in Funktion gehalten. Die Antriebskraft, die Weltenergie Nr. 1 für die Inganghaltung der Kathedrale als theologische Weltmaschine (im Sinne einer «macchina del mondo») ist die göttliche Allmacht Christi als Licht und Wahrheit. «Ego sum lux mundi et veritas.»

Aber allmählich erkannte man (in einem Umdenkungsprozeß, der über Jahrhunderte dauerte, im wesentlichen vom 15. bis zum 19. Jahrhundert), daß die Antriebskräfte der Welt nicht aus und in der Theologie zu suchen seien, sondern auch in der Natur zu finden sind. Seien dies nun die Schwerkraft der Gewichte der Räderuhr oder die Energie des Windes bei den Windmühlen oder der Flüsse bei den Wasserrädern oder auch die Muskelkraft der Tiere bei den Fahrzeugen.

Dieser Stufe der Technik entsprach das pantheistische Weltanschauungs-System, wo man in der Natur die Größe und Macht Gottes erkannte.

Es herrscht eine gewisse Unentschiedenheit zwischen göttlicher Welt und zwischen naturwissenschaftlicher Welt, die sozusagen auch noch mittelbar von Gott abhängig ist.

Wie sich die Vermischung der zwei Weltverhaltungsweisen innerhalb der zwei Arten von den Weltmaschinen: der Kirche und der Naturkräfte, der Theologie und der technisierten Welt anläßt, lehrt in der konkreten Auswirkung ein Gemälde wie der «Hochzeitszug im Freien» von Pieter Brueghel d. J.

In diesem Gemälde gibt es zwei Weltgestaltungs-Bereiche, die zwei ganz verschiedenen, ja entgegengesetzten Antriebsstufen der Welt angehören. Groß in der Mitte steht die Windmühle: der Exponent der naturwissenschaftlichen Maschinenwelt.

Die Windmühle aber steht hier nicht nur als beliebiges, beiläufig-zufälliges Genre-Motiv. Weit gefehlt. Hier soll die Windmühle die Weltmaschine Welt verkörpern. Ihre prononcierte Stelle in der Mitte des Bildes will besagen, daß die Zeit über die Welt hinwegzieht wie das Räderwerk der Windmühle. Die Windmühle steht in Vertretung des Weltgesetzes der Vergänglichkeit, der Flüchtigkeit der Bewegung der Welt an sich. Die Windmühle vertritt das Weltgesetz der weltlich-profanen Welt.

Der Exponent eines anderen Weltprinzips (d. h. mit einem anderen Weltantriebs-Prinzip) ist ebenfalls auch auf diesem Gelände dargestellt. Dies ist die Gegenposition der Windmühle: links am Rande die Kirche. Die Kirche ist aber gerade diejenige Institution, welche der Vergänglichkeit entgegenarbeitet, welche einen überirdischen Zeitbegriff hat. Dorthin ziehen die Menschen, um ihren vergänglichen Lebensweg als großen Windmühlen-Weg zu überhöhen und im Ewigen durch das Sakrament der Ehe die Vergänglichkeit zu verankern.

Pieter Brueghel d. J. Hochzeitszug im Freien.

Aber die Kirche, dieses im hohen Mittelalter ernste und einzige Welt-Kunstwerk ist nicht mehr ganz intakt vorhanden. Das Kirchengebäude ist verstellt von dem Natur-Vorhang der Bäume. Das Leben im Kirchenraum ist schon ziemlich weit davon entfernt, die einzige Realität zu sein.

Das kirchliche Sakrament der Ehe, das im Sakralraum der Kirche und nicht im Freiraum der Natur geschlossen wird, ist hier nicht dargestellt, sondern nur der profane Weg dorthin.

Noch im 15. Jahrhundert hat Rogier van der Weyden den sogenannten Sakramentsaltar gemalt, wo u. a. auch die Eheschließung im Kircheninnenraum stattfindet.

Die Welt als profaner Zeitablauf, die Landschaft als große Drehscheibe des Weges vom Dorf zur Kirche über freies Feld, über die Strecken der Natur, wo der Wind weht, ist die Hauptsache für diesen Maler der 2. Hälfte des 16. Jahrhunderts geworden.

Die Maschinenwelt der Windmühle-Stufe ist im Begriffe, über die Kunstwerkwelt des Kirchengebäudes und der Häuser an Terrain für sich ganz Erkleckliches zu gewinnen. Es ist typisch, daß neben der Maschine der Windmühle noch die technisch-mechanischen Fahrzeuge, der Planwagen rechts, so sehr eingehend geschildert werden.

Die Fahrzeuge stehen nach dem Weltprinzip der katholischen Kirche gemessen, wie es Rhabanus Maurus uns überliefert, auf der negativen, der Minusseite. Sie stehen ganz rechts, dort, wo unter ihnen das Verderben, der Tod, der Totenschädel liegt. Die linke Seite ist die Plusseite. Links, wo die Kirche steht, ist es schönes Wetter, leuchtet Sonnenschein, ist das Heil.

Hingegen die Windmühle steht wetterlich an der Grenzzone zwischen den zwei Polen des hellen Himmels und den dunklen gewitterigen Wolken. Die Windmühle profitiert sozusagen an diesem Moral-Streit der Himmelsatmosphäre.

Wir spüren bei diesem Gemälde, daß es voller historischer, weltanschaulicher Spannung ist. Hier Gottesglaube, d. h. Kunstwerk, dort Vollzug der anti-kirchlichen Vanitas, d. h. Maschine.

Eine völlig neue Stufe der Antriebskräfte der Welt kam im 19. Jahrhundert auf dem Sektor der Technik auf mit der Erfindung des Verbrennungsmotors.

Ein großer Sieg der Erfindungsgabe des Menschen wird errungen. Die von göttlicher Herkunft abgeleiteten Naturkräfte, die bisher von außerhalb der Maschine auf die Maschinen wirkten, werden nun in die Maschine selber verlegt. Eine derart konstruierte Maschine wird nun selber unter Ausschaltung der pantheistischen Umwelt-Natur Antriebskraft der Welt. Der selbständig als Eigenwelt und Eigenorganismus funktionierende Fahrzeugmotor tritt auf dem Sektor der Technik als Konkurrenz auf zum Gottesbegriff auf dem Gebiete der Theologie.

Das große Welträtsel ist gelöst. Jeder Fahrer, der am Lenkrad eines Motorfahrzeuges sitzt, kann sich als Gott en miniature fühlen, indem er sich, parallel zum theologischen Gottesbegriff, zum Gott, zum Herrscher und Dirigent der an sich winzigen, aber immerhin selbsttätig funktionierenden und sich bewegenden Welt-Einheit des Fahrzeug-Maschinen-Organismus erklären kann. Dem Menschen kommt nun das hocherhabene Gefühl zu, durch Weltantriebskraft, auch Welturscahe und damit göttlich zu sein.

Aber um die richtige Stelle zu definieren, wo im Weltsystem die modernen Motoren-Fahrzeuge sich befinden und welche Rolle sie spielen, müssen wir ihr Verhältnis zur Natur und Umwelt bestimmen.

Da ist etwas Sonderbares festzustellen.

Diese modernen hochleistungsfähigen Fahrzeugmotoren treten aus dem normalen natürlichen Naturablauf heraus. Sie stellen Regeln auf, die das Getriebe der Natur als eine in sich geschlossene Weltmaschine aus den Angeln heben. Sie sind gewissermaßen überweltliche Supermaschinen, die mit der gewöhnlichen, in ihrem eigenen Sein ruhenden Substanz der Natur in Konflikt kommen. Insofern ist die Technik bezüglich der Fahrzeuge in dieser hochentwickelten, vom Naturrhythmus losgelösten Phase geradezu naturfeindlich! Die moderne Technik baut Natur ab, indem sie die Natur künstlich übervorteilt und übertrifft.

Es findet ein unfairer Kampf statt, bei dem die einfache, normale, gewöhnliche Natur unterliegen muß.

Diese letzte Phase hat natürlich unmittelbar mit Theologie nichts mehr zu tun. Sie steht gegen die Theologie und damit auch gegen Gott, aber tragischer Weise eben auch gegen die Natur, den realen Urgrund allen Lebens, der nicht von der Theologie, sondern von den platten realen Tatsachen bestimmt ist.

Wir sind am Ende: Der Weltantriebsgedanke der modernen Maschinen richtet sich gegen die Welt als Welt. Das ist das bittere Ergebnis der Anti-Theologie und der sog. «Überwindung» der Theologie. Im Gegensatz zur Technik und Naturwissenschaft bewahrt die Theologie die Welt und achtet und pflegt ihre Substanz. Das ist ihre vornehmste Sorge.

Vergleichen wir die Welt der Theologie des hohen Mittelalters, die die Kunstwerkwelt der Kathedralen hervorgebracht hat, mit der Maschinenwelt der Moderne des 20. Jahrhunderts, die die Welt der Raumrakete und der Kernspaltung hervorgebracht hat, so erkennen wir, daß das eine Welt-Prinzip geradezu das Gegenteil des anderen Weltsystems ist. Alle Denkprinzipien, die hinter der Maschinenwelt stecken, sind geradezu die Umkehrung der alten Hierarchien der Kathedralen.

Man kann in diesem Zusammenhang zur Definition kommen, daß die Technik der Vollzug der christlichen Religion ist ohne Religion.

Uhr, Fahrrad, Automobil, Flugzeug, Weltraumrakete sind (von der Theologie der Scholastik aus beurteilt) gleichsam weltnegative Restprodukte derjenigen Ideen, die schon in den Kirchenbauten der christlichen Theologie einstmals reiche weltpositive Gestalt angenommen hatten. Diese modernen Fahrzeug-Maschinen sind demnach kümmerliche Verengungen der eigentlichen denkerisch vollzogenen religiösen Probleme.

Nun ist es vielleicht nicht unangebracht, nachdem wir die jeweilige weltbildsystemliche Funktion sowohl des Kunstwerkes der Kirche als auch der Maschinen wie Automobil, Flugzeug und Rakete betrachtet haben, uns noch der weltgeschichtlichen Ausbreitung, also der geographischen Effektivität der katholischen Kirche und der Technik der Maschinen der Fahrzeuge zuzuwenden.

Diese Frage schließt eigentlich einerseits den theologischen Auftrag der Kirche der Erlösung der Menschheit von der Erbsünde wie auch andererseits die praktische Frage der Befreiung des Menschen von ihrer humanitären Schwerfälligkeit durch die Wohltaten der Technik mit ein.

Also anstatt Erlösung der Seele steht Befreiung von der das Handeln des Menschen einengenden Theologie. Dabei ist festzustellen, daß die christliche theologische Welterlösung in ihrer geschichtlichen Ausbreitung ihr Ziel nicht erreicht hat.

Die Verwirklichung der restlosen Katholisierung des Erdglobus mit all seinen Völkerschaften und Nationen als corpus christianum mysticum der Menschheit ist historisch nicht eingetreten. Der Name der katholischen Kirche, der Kat' holän gän, «über die ganze Erde verbreitet», bedeutet, hat sich in dem Weltgeschichtsverlauf nicht bewährt und durchgesetzt.

Die katholische Kirche wurde nicht universal, global. Sie blieb in der Mission des Barock stecken.

Die katholische Kirche und die Christianisierung des Erdglobus sind seit dem 18. Jahrhundert und im 20. Jahrhundert eher rückläufig geworden. Wir brauchen nur an die Zunahme und wachsende Welteroberung von religionsfeindlichen oder religionsunbedürftigen Bewegungen wie des modernen Kapitalismus oder des Kommunismus und der materiellen Entwicklungshilfe zu denken.

Hingegen glücklicher in den geographischen Ausbreitungstendenzen und in der globalen Eroberung der Welt war und ist die anti-theologische Weltbearbeitung, das außertheologische Produkt der mittelalterlichen scholastischen Theologie: Die moderne abendländische Technik.

Die moderne Technik mit ihren den Realraum der Welt erobernden Maschinen hat das weltgeschichtliche, weltweite «Erlösungswerk» der Menschheit gewonnen. Sie hat an Antriebskapazität alle Weltreligionen, die jemals Teilgebiete des Erdglobus, gleichgültig welcher Größenordnung, für sich in Anspruch nahmen, in den Schatten gestellt und übertroffen. Die anti-theologische, ungeistige, im Sinne der katholischen Kirchenlehre auf der Negativ-Seite stehende Maschinenwelt hat das universal-globale Welt-Erlösungs-Werk auf ihre spezielle Art und Weise tatsächlich vollzogen.

Somit sehen wir, daß die Technik als säkularisierter Religions-Erlösungs-Gedanke alle Hindernisse, die dem Erlösungsglauben des Christentums entgegengestellt wurden, spielend

Book of Kells. Weltenkreuz.

überwunden hat. Die Annehmlichkeiten und Wohltaten der Technik werden von allen Anhängern aller Religionen oder Weltanschauungen akzeptiert und als große, unentbehrliche praktische Hilfe für die Lebensgestaltung des Menschen begrüßt und gepriesen. Die Automobile und Flugzeuge fahren und fliegen im kommunistischen Rußland, im China Maos, im buddhistischen Indien, im aufgeklärten Japan wie im sektenreichen Amerika und in den sonstigen christlichen Zonen.

Die vollkommen verwirklichte Katholizität und vollkommene Ausschaltung aller Religionsbekenntnisse steht beim Flugzeug, dessen Verkehrsnetz den ganzen Erdball dichtmaschig umschließt und übersät mit Flugrouten. Selbst der katholische Papst bedient sich des anti-theologischen Weltbearbeitungs-Instrumentes, des Flugzeuges. Zur Illustration dieses Tatbestandes sei das «Weltstreckennetz des Jet-Dienstes der Lufthansa und ausländischer Partner» gezeigt. Erst das Flugroutennetz um den Erdglobus konstituiert die alte, ursprüngliche Weltenkreuz-Idee des Christentums von einem Weltende zum anderen Weltende in neuer rational durchgeführter Form.

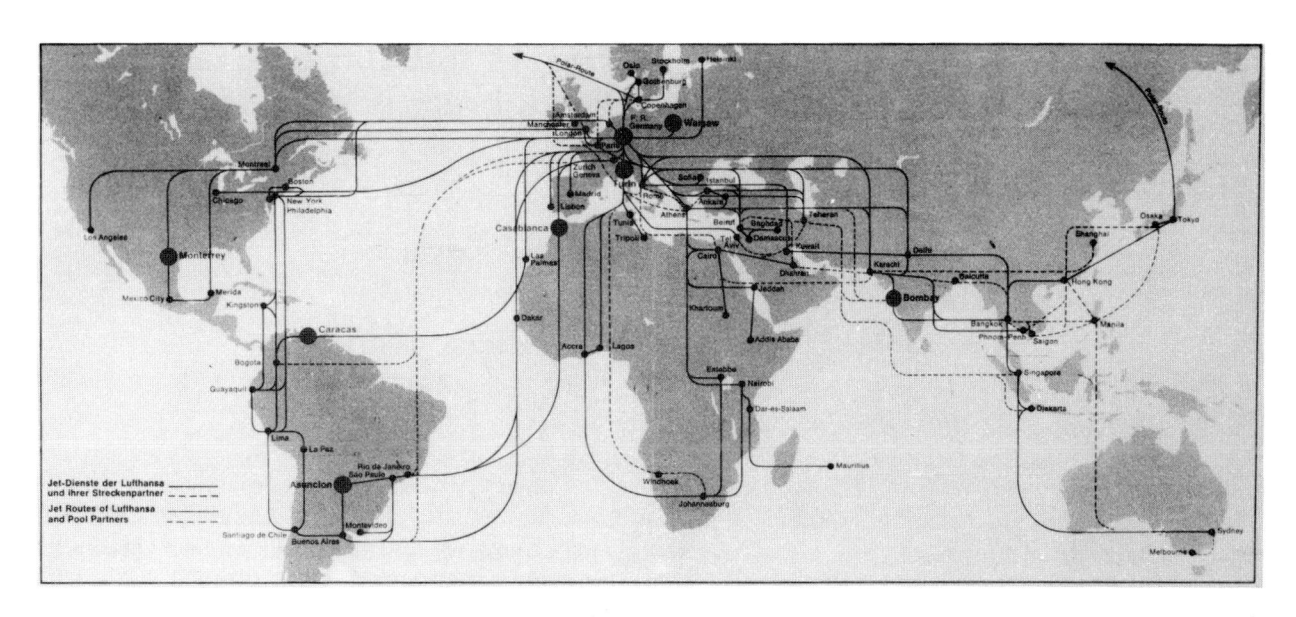

Weltstreckennetz des Jet-Dienstes.

Um die Verschiebung der Welt-Ideen zu demonstrieren, möge dem modernen Weltverkehr-Fahrplan die Weltenkreuz-Idee des mittelalterlichen Christentums daneben gehalten werden in dem Meditationsbild (als Kunstwerk) aus dem Book of Kells mit dem Bilde des Evangelisten Johannes. An Hand dieser mittelalterlichen Miniatur gelingt es, an die Ganzheit der Welt zu denken. Ja, dieses Kunstwerk als Meditationsbild verkörpert in sich selbst diesen Gedanken. Darin besteht seine weltbezwingende Macht. Die vier Kreuze bezeichnen die vier Weltenden. Die Ganzheit der Welt wird noch umfaßt von der übernatürlichen und überkosmischen Größe der Gestalt Christi, dessen Kopf, Hände und Füße am Rande des Darstellungsfeldes sichtbar werden.

Daß das Flugzeug als technisch funktionierendes Weltkreuz diese Weltganzheits-Vorstellung nicht besitzt, haben wir festgestellt.

Es soll aber noch auf eine Frühstufe der Entwicklung der Flugzeuge hingewiesen werden, wo sich unter Umständen beim Flugzeug Maschinencharakter und Kunstwerkcharakter noch frühstilhaft überschneiden und die Sphären von Kunst und Technik noch nicht säuberlich getrennt wurden.

Dies ist bei den frühen deutschen Militärflugzeugen im 1. Weltkrieg zwischen 1915 und 1918 der Fall. Dort sind auf den Flügeln, am Rumpf und am Schwanzsteuer das Zeichen des Eisernen Kreuzes aufgemalt.

Das Eiserne Kreuz als Orden, dessen Stiftung aus der Zeit der Befreiungskriege stammt, ist zugleich hier das Symbol, das die Idee der deutschen Nation als politische Macht für sich in Anspruch nimmt.

An diesem Flugzeug sind diese Eisernen Kreuze wie Großornamente, wie Symbolzeichen angeordnet. D. h. neben der technischen Realform des Flugapparates ist zugleich noch zusätzlich die gemalte, künstlerische Komposition der Kreuze wie ein magisches Zeichen «der letzten Kreuzritter» verwendet. Dieses Flugzeug ist so betrachtet vergleichsweise wie ein mit den Jahreszeiten geschmückter Barockofen: teils Kunstwerk, teils technischer, praktischer Apparat. Damit hat es durch seinen Symbolgehalt der Hoheitszeichen noch Beziehungen zur Miniatur des Book of Kells aus dem 8. Jahrhundert. Und tatsächlich, diese frühen Flugzeuge, die mit geringen Stundenkilometern in nicht allzu hoher Höhe vorüberfuhren, konnten noch optisch geruhsam wahrgenommen werden. Man konnte noch über ihre Bemalung nachdenken. Dieser Kunstwerkbezug, diese Chance zur Meditation, fällt bei den Flugzeugen mit Überschallgeschwindigkeit in 20 000 Meter Höhe völlig weg. Da ist der Faden zwischen Kunstwerkwelt und technischer Welt abgerissen.

Die erhöhte Schnelligkeit verdrängte gleichsam das restliche Kunstwerkelement der Bemalung des Flugzeugkörpers.

Mit der Ausbreitung der religiösen Kunstwerke der Kathedralen, die die Ganzheit der Welt denkerisch verkörpern, zur tatsächlichen, realen Welteroberung und «Missionierung der Welt» durch die antitheologischen technischen Maschinen hat sich etwas eigenartiges ereignet.

Nicht das geistig-religiöse Angebot von Seiten des Christentums führte zur totalen Menschheits-Beglückung. Nicht die geistig-religiöse Menschheitsidee führte zur historischen, globalen Verwirklichung, sondern die ungeistige, materielle, reale, mechanisch-dynamische Idee der Maschine als praktisch-nützliche, außerseelische Menschheits-Idee führte zum Ziel: nämlich zur uniformen, universellen mit dem geographischen Erdglobus identischen Menschheits-Idee. Also nicht in der oberen Schicht

Deutsches Militärflugzeug des Ersten Weltkrieges.

des Denkens, sondern in der unteren Schicht des Handelns vollzog sich die Historie.

In dieser Vertauschung von Geist (Religion, Scholastik, Kunstwerk) mit der Materie (Rationalismus, Technik, Maschine), liegt von der Sicht der Geistigkeit und von Seiten der Hoffnung der Seele der Menschheit anscheinend eine tiefe und wohl nur mit großen Mühen und Gegenmaßnahmen zu bewältigende und zu korrigierende Tragik.

Die Architektur im Brennpunkt von kosmischen Kräften

I. Die Trilogie

1. Architektur und Licht
(Vortrag 1972)

Meine Abschiedsvorlesung «Maschine und Kunstwerk» hatte ich vor, als gewissen Abschluß meiner wissenschaftlichen Tätigkeit anzusehen. Ich wollte endlich zur Entspannung meines Arbeitstempos eine Pause einlegen, bevor ich mich wieder von neuem in das Abenteuer des Durchdenkens irgendwelcher Themen und Probleme hineinstürzen würde. Doch es kam anders.

Durch einen ganz unvorhergesehenen Anstoß wurde ich in Bälde wieder in meine alte Gewohnheit, Probleme zu überdenken, hineingezwungen.

Ein Assistent am Institut für Grundlagen der Architektur an der Universität Karlsruhe, Herr van Schoor, besuchte mich an einem sonnigen Sonntagnachmittag mit seiner Frau, einer meiner früheren Kunstakademie-Schülerinnen, und erzählte mir, daß Prof. Lederbogen ein Seminar über Architektur und Licht abhalte. Ich ließ mir aus hohem Interesse am Thema vortragen, was dabei im speziellen behandelt würde. Als ich erkannte, daß dabei nur sehr am Rande oder kaum zur Sprache käme, was ich bei solch einem Thema berücksichtigen würde und möchte, geriet ich im Verlauf dieses Gesprächs immer tiefer in eine Gedankenlawine hinein. Und je mehr ich mich ereiferte, desto mehr verstummte der Assistent und hüllte sich in Schweigen.

Nach dem Weggang des Assistenten fragte ich mich: Kann es wirklich der Fall sein, daß ein in seinem Beruf lebender Architekt gegenüber einem alles bestimmenden Urphänomen der Begegnung von Architektur und Licht so stumpf sein kann? Sind wir Akademiker im Überdenken der Probleme so herabgekommen, daß uns gar nichts mehr innerlich packt? Und seien es selbst die einschneidensten Grundphänomene unseres Faches. Über diese Indolenz des Denkens bei der jungen Generation war ich sehr traurig.

Doch – was geschah? Nach 14 Tagen hatte sich der Assistent anscheinend von meinem Gedankenbombardement erholt und sah die hohe Bedeutung des Lichtes in meinem Sinne ein. Der Groschen war gefallen. Er forderte mich offiziell auf, im Seminar über dieses Thema von meiner Sicht aus zu referieren. Dies war das Startzeichen für meinen Vortrag. Sofort sammelte ich das Material, und meine Gedanken liefen auf Hochtouren.

Es kam mir wieder in den Sinn, daß ich am Anfang meiner Biographie den Kampf zwischen Licht und Finsternis als einen der urtümlichsten Kämpfe der Existenz des Menschen zu schildern versuchte. Und ich wurde mir bewußt, daß ich schon längst den Grundansatz für dieses spezielle Thema in mir hatte.

Befrage ich meine Akten, so stellt sich heraus, daß ich schon gleich im Beginn meines kunstgeschichtlichen Studiums wenigstens als mögliches Forschungsprogramm hoch interessiert an dem Thema Architektur und Licht war.

In den Skripten der Vorlesung von Hans Jantzen im Wintersemester 1930/31 in Freiburg über «die italienische Malerei von Giotto bis Raffael» finde ich eine diesbezügliche Notiz aus der Phase, in der die Trecento-Malerei von Taddeo Gaddi, Bernardo Daddi und Maso in der Kirche Santa Croce in Florenz behandelt wurde. Der Forschungsvorschlag, den ich als etwas Besonderes dick umrandete, lautet: «Die Darstellung des Lichts mit dem Verhältnis zur Architektur und Bildern, der Perspektive im 14. Jahrhundert als Problem für eine Arbeit. Von Giotto und Masaccio.»

Es wurde damit bezeugt, daß noch keine ausreichende Forschung darüber bestand. Dieses 1930/31 ausgesprochene Forschungsdesideratum habe ich dann 40 Jahre später für meine Belange, inzwischen vornehmlich zum Architekturhistoriker geworden, 1972 eingelöst. In meinem Vortrag bildeten dann auch die Fresken von Taddeo Gaddi Paradestücke, weil in ihnen das Verhältnis von Malerei, Architektur und Licht deutlich virulent wurde.

Nun war ich viel intensiver an der Architekturgestaltung interessiert als in meiner Studienzeit, in der ich einseitig fast ausschließlich auf die Probleme der Malerei eingeschworen war. Dieses Thema hatte nun von der Seite der Architekturgeschichte in mir gezündet.

Ich war höchst erstaunt, daß diese existentiellen Urmächte wie Luft und Architektur auf mein Fachgebiet der Architektur bezogen werden sollen. Diese überraschende Kombination und Beziehung befeuerte mein Denken und Überlegen in einem bisher in meiner Forscherarbeit kaum erlebten Ausmaß. Ich sah die gewaltige Dramatik und Tragik dieser Verkoppelung des Menschenwerks Architektur mit der Kosmos-Macht Licht. Die Architekturgeschichte von hier aus zu betrachten, war mir aus dieser Erkenntnis heraus höchstes und dringendstes Gebot der Stunde.

Ich war erschüttert über die Feststellung, daß in der Fachliteratur über die Architektur diese Begegnung und Verzahnung von Licht und Architektur kaum behandelt wird. Die Forscher waren nicht fähig, sich dieses großen und hochwichtigen Themas anzunehmen. In der Kunstgeschichte gibt es das verdienstvolle Buch von Wolfgang Schöne, einem Schüler von Hans Jantzen, «Über das Licht in der Malerei» (1954).

Um so mehr sah ich eine Verpflichtung in mir wachsen. Immer deutlicher erkannte ich, wie der Lichtbegriff nicht nur ein physikalischer, sondern auch ein weltanschaulicher Begriff ist und dieser, in Beziehung zur Architektur gebracht, ein hervorragendes Mittel ist, die jeweilige Weltanschauung, die hinter den Bauwerken steckt, sozusagen konkret und an Einzelphänomenen faßbar zu machen. Dieses konkrete Habhaftwerden der weltanschaulichen Architekturperioden auf relativ eindrücklich handfeste Art und Methode machte mir einen riesigen Spaß.

Und es gelang mir, die ungeheure Dramatik des Kampfes zwischen Licht und Architektur in den verschiedenen Architekturepochen «Von der Spätantike bis zur Gegenwart» aufzuzeigen und genau zu definieren. Für die Barockepoche war mir ein vierzehntägiger Aufenthalt in Rom eine große Hilfe. Da untersuchte ich die verschiedensten Kirchenräume nach meinem Gesichtspunkt.

Die Wirkung des Vortrages als Schlußvorlesung des Seminars am Lehrstuhl für Grundlagen der Architektur war mäßig. Die wenigsten kümmerten sich weiter darum. Das war ein zu sehr weltanschaulich spirituelles Thema.

Ganz anders war die Wirkung des Vortrages, den ich im «Torbogen» bei Heiner Gremmelspacher 1972 bei den Bediensteten der Oberfinanzdirektion Karlsruhe, Sektion Bauwesen, wiederholte. Die Zuhörerschaft war überraschend positiv getroffen. Einzelne kamen auf mich zu und drückten mir die Hand vor Rührung und Erstaunen, daß sie endlich einmal den höheren Sinn von Architektur hätten erkennen dürfen. Ich hätte ihnen ganz aus dem Herzen gesprochen.

Der Personalreferent, der Architekt Übelhör, hat mich beim nächsten Vortrag zu sich nach Hause zu einem Glas Wein mitgenommen. Er wollte den Mann, der einen so verständlichen und tiefen Vortrag über die Architektur gehalten hat, auch seiner Frau vorstellen.

Ein zweiter Baurat legte allergrößten Wert darauf, daß die Activitas der Studentenverbindung, deren Präsident er ist, diesen Vortrag unbedingt auch höre. Denn dann erführen die Studenten einmal, wie die Probleme in der Welt ihres Studiums geartet wären. Auch sei hiermit die beste Gelegenheit, über die moderne Zeit die Jugend aufzuklären. Und am 17.1.1973 hielt ich dann mit bestem Erfolg meinen Vortrag in dieser Studentenverbindung.

2. Architektur und Farbe
(Vortrag 1974)

Nachdem ich eigentlich ganz unabsichtlich, von außen angestoßen, zu Überlegungen über die Urmacht des Lichtes in ihrem Zusammenwirken mit der Architektur gekommen war, ereignete es sich zufällig, daß ich auch zur Bearbeitung der zweiten mit der Architektur konfrontierten Urmacht, der Farbe, kam.

Die Sektion der Karlsruher Architektenschaft fand es an der Zeit, daß das Verhältnis von Architektur und Farbe für ihre Belange neu überdacht werde. Denn es hatte sich in neuester Entwicklung herausgestellt, daß die in ihrer formalen Grundstruktur monotone, ungegliederte und deshalb ästhetisch unbefriedigende Architektur durch den zusätzlichen Faktor der Farbigkeit aufgewertet werden könnte.

Die Architekten befürchteten allerdings in gewisser Weise ein Zuviel dieser, ihrem Konzept gegenüber unfairen, Hilfsmaßnahmen. Sie sahen die Gefahren einer übertriebenen, unguten Buntheit und Unruhe unserer Straßen und Städte heraufdräuen.

Um dieses u.U. ungezügelte Allzuviel doch auf ein vernünftiges Maß einzudämmen, veranstaltete die Karlsruher Architektenschaft im Frühjahr 1974 einen öffentlichen Diskussionsabend über das Thema «Die Farbe der Architektur». Zu dieser Diskussion wurde neben namhaften Architekten aus dem Rheinland und Denkmalpflegern auch ich vom Leiter der Runde, dem Architekten Heinz Jakubeit, beigezogen, um mich von meinen Prämissen aus, in einem Referat zu äußern. Jakubeit wußte, daß ich den allzu hemmungslosen neuesten Bestrebungen aus grundsätzlichen weltethischen Erwägungen skeptisch gegenüberstand.

Aus vollster Überzeugung brachte ich dann auch meine Bedenken vor. Bei der anschließenden Diskussion schwang ich zur rhetorischen Unterstützung meiner Warnung das allerneueste Buch über dieses Thema, das den meisten Anwesenden noch unbekannt war, dem Publikum entgegen. Es war das Werk von Horst Schmidt-Brümmer und Feelie Lee «Die bemalte Stadt. Initiativen zur Veränderung der Straßen in USA, Beispiele in Europa», Verlag DuMont, Köln, 1973. Hier werden die abscheulichsten Exzesse gezeigt, wie die amerikanische Bevölkerung ihre Hauswände z.T. in Gemeinschaftsarbeit in wilden Gemütsausbrüchen und mit aufreizenden politischen Parolen verschandelt. Ein schauerliches Sammelsurium von Ungereimtheiten, vor denen uns ein guter Stern bewahren möge.

Von diesem tagespolitischen Anstoß aus fing ich Feuer und arbeitete das Thema «Architektur und Farbe» zu einem historischen Überblick auf, wie die Farbe in der Architektur seit dem Altertum bis heute eingesetzt wurde. Meine Ergebnisse faßte ich dann in einem Vortrag zusammen, den ich im Juli 1974 in der Universität in Karlsruhe und kurz nachher im sogenannten «Torbogen» vor den Architekten der Staatlichen Finanzverwaltung hielt.

Der Hauptzweck meines Vortrages bestand darin, daß ich für die Jetztzeit die Zusammenhänge zwischen wirtschaftlicher Werbestrategie und Farbigkeit der entsprechenden Gebäude, die zu Reklamezwecken degradiert werden, anprangern wollte.

In einem Resumée meines Vortrages, das in dem Fachblatt «KS Neues» des «Kalkstein-Kontor Südwest GmbH 75 Karlsruhe» im Heft 2/74 als Leitartikel in 29 000 Exemplaren verbreitet wurde, kam ich zu folgenden Schlußgedanken:

«Die moderne Farbigkeit huldigt einem absoluten abstrakten Farbradikalismus von ungebrochenen Komplimentärkontrasten. Aus dieser schonungslosen Rücksichtslosigkeit entwickelt diese Farbigkeit recht ungute und sogar verhängnisvolle Eigenschaften und Folgeerscheinungen. Wo sie auch auftritt, zerstört sie die ökologische Harmonie der Natur, d.h. auch damit eingeschlossen den natürlichen, gesunden, für den Menschen als Kreatur bestimmten Lebensraum. Und an welchen Orten man sie antrifft, die nicht schon von vornherein durch die Einrichtungen der technischen Zivilisation gefährdet sind, wie in den Großstädten und Siedlungen, platzt sie grell und kraß, fremdkörperhaft heraus, um den natürlich empfindenden Menschen im besten Falle in einen inhaltlosen Schock zu versetzen.

Weltanschaulich wird diese Farbigkeit in der Bestimmung ihres philosophischen Seinsortes von den Malertheoretikern (z.B. von Kasimir Malewitsch) auch von unserem Erdglobus weggeschoben und in die außerirdischen, kosmischen Räume einer fernen, eiskalten, lebenerstickenden Unendlichkeit hinausgeschleudert. Dieser Art von Farbigkeit hat sich nun aber auch die moderne Architektur in überwiegendem Maße angeschlossen. Im stechenden Primat des modernen technisierten Geschäftsbetriebes blieb volens-nolens den Architekten gar nichts anderes übrig, dies zu tun, um weltgestalterisch den technischen Produkten und Einrichtungen gegenüber konkurrenzfähig zu sein.

Und selbst die Architekten, in der Zwischenstellung zwischen Ingenieurtum und Künstlertum, wurden die Opfer der antinatürlichen und deshalb inhumanen Weltkonzeption der Technik.»

Den vollständigen Wortlaut des Vortrages nahm Professor Paul Schütz in die Schriftenreihe der Gastvorträge an der Universität Karlsruhe des Lehrstuhles für Gebäudelehre und Entwerfen und des Institutes für Gebäudeplanung des Sommersemesters 1974 auf.

3. Architektur und Gold
(1979–1982)

Ich habe keine Lust mehr, meine Gedanken meinen Fachkollegen vorzutragen. Über Nacht sind die Voraussetzungen verlorengegangen, daß sie sich noch für meine Probleme wirklich von innen heraus interessieren könnten.

Diese Einsicht ist mir bei der Vorbereitung des Vortrages «Architektur und Gold» im Sommer 1982 gekommen.

In diesem Vortrag will ich demonstrieren, wie seit den frühesten Kultbauten das Gold als Grundelement und hoch zu verehrende göttliche Schöpfungssubstanz verwendet wurde. Dabei ergab sich im Laufe der Geschichte, daß die mythische Weltschöpfungs-Ursubstanz des Goldes allmählich immer mehr aus der Vorstellung der Menschen verschwand. Auf welchem Nullpunkt dieses Weltschöpfungsmythos wir heute in unserer fast ausschließlich rationalen Architektur und Weltsicht angekommen sind, beweist z.B. die Tatsache, daß bei der Bemalung der Karlsruher klassizistischen evangelischen Stadtkirche das Gold an der Fassade aus billigstem Nützlichkeitsdenken heraus gespart wurde und man sich unverzeihlicherweise auf diese geistige Vertrottelung sogar noch etwas einbildete.

Ich habe das Gefühl, daß die Anerkennung von Grundwerten, um derentwillen ich das Thema «Architektur und Gold» in die Triologie «Architektur und Licht» und «Architektur und Farbe» wählte, für die jüngeren Fachgenossen der Architektur gar keine erstrebenswerten Werte mehr sind. Dafür ist ihnen anscheinend der eigentliche Sinn abhandengekommen. Wenn man von diesen Werten spricht, sehen sie einen entgeistert-naiv an, wie wenn man ein Märchenerzähler aus unbekannten fernen Zeiten wäre, mit dem sie nichts zu tun haben möchten. Diese Welt des Goldes ist anscheinend passé und aus dem Bewußtsein der Menschen sang- und klanglos verschwunden. Meine Begeisterung besitzt kein aktiv empfindendes Echo mehr! Meine Ausführungen könnten in ihren Augen höchstens belanglos unverpflichtende antiquarische Kuriositäten sein. Diese mindere Wirkung möchte ich auf keinen Fall auslösen, und deshalb blieb mein Vortrag bis jetzt unvorgetragen in meiner Schublade verwahrt. Denn ich empfand es plötzlich als unwürdige Aufgabe, für eine derartige, für sich selbst sprechende Ur-Macht wie das Gold einen Werbefeldzug inszenieren zu müssen.

Ich weiß auch gar nicht, welchem Fachgenossen ich meinen Vortrag «Architektur und Gold» zum Lesen geben sollte; wohl aber hatte ich ihn trotzdem zum 80. Geburtstag eines liebenswürdigen und von mir sehr geschätzten Kollegen aus der Universität in Eilmärschen tippen lassen. Dies jedoch mehr als Festwitz. Der Kollege hat nämlich im «Reallexikon der Deutschen Kunst» den Artikel über das gemeine Metall des Eisens geschrieben, und so wollte ich ihm eine Huldigung für das vornehmere Gegenmetall des Goldes überreichen. Für eine Festgabe ist dieses Thema wahrlich noch angebracht. In diesem Falle war es die Hauptsache, ich hatte aus meiner Werkstatt eine persönlich verfertigte Gabe auf dem Geburtstagstisch.

II. Architektur und Kosmos oder Ich und die Wiedergewinnung des Himmels

Materialsammlung zu einer Abhandlung, 1974 ff.

Bei meinem Interessenkreis, mich mit den Ur-Mächten auseinanderzusetzen, die auf die Gestaltung der Architektur einwirken wie Licht, Farbe oder Gold, ergab es sich fast logisch und zwangsläufig, daß ich auf das Thema verwiesen wurde, das am direktesten die Beziehung zwischen irdisch-menschlicher Weltgestaltung und überirdisch-himmlischen Sphären herstellt, nämlich auf die sogenannte kosmische Architektur.

Dabei ist anzumerken, daß im Verhältnis zu Licht, Farbe oder Gold der Kosmos, die Sternenwelt und das Universum eine ganz andere Kategorie von Urmacht und Urkraft beinhalten.

Bei meiner ersten Informationskampagne über diesen Fragenkomplex fiel mir auf, daß ich kaum auf zusammenfassende oder prinzipiell diese Belange behandelnde Literatur stieß. Ich fand lediglich hier und dort zerstreut Bemerkungen oder viele Einzelbeobachtungen. Auch in den drei Heften der Wiener Zeitschrift «Tangens», die einen Aufsatz Feuersteins dazu brachten, lag mehr eine statistische Erfassung als geistige Durchdringung des Themas vor. Außer dieser trocken-schematischen Abhandlung kam mir keine Publikation in die Hände, die die Frage der Beziehung von Architektur und Kosmos zum Hauptthema und Grundanliegen gemacht hätte. Dieses Fehlen und Ausbleiben empfand ich als echte Forschungslücke, ja als gravierendes Manko und darüber hinaus sogar als ein Mißachten und Wegschieben eines Fragenkomplexes, der über Jahrtausende hinweg das Tun und Streben der Menschen in seinen unausweichlichen Bann und Zwang schlug. Ich möchte mich zu dem Urteil vorwagen: Dem Typus von Mensch, der diese Zusammenhänge zwischen der Gesetzlichkeit des Universum und der Gestaltung des Menschenwerkes Architektur nicht mehr sieht und spürt, fehlt eine zum Wesen des Menschen gehörige Denkkategorie und eine Ur-Möglichkeit, sich in der Welt einzurichten und den wirklich elementaren Weltmächten seine ihnen schuldige Achtung angedeihen zu lassen.

Trotz allem Bemühen fand ich kein Buch, welches das enthielt, was ich über die Beziehung zwischen Architektur und Kosmos wissen wollte und will. Bei der Suche nach diesem Buch wurde mir allmählich klar, weshalb ich dieses Buch, das meiner Meinung nach die Grundprinzipien der höheren Baukunstgesinnung im Verlaufe der globalen Weltgeschichte über alle Weltkulturen enthalten müßte, nicht fand und weshalb in der heute vorliegenden Literatur der Architekturgeschichte zu wenig darüber nachgedacht und philosophiert wird.

Jedoch hat das Nicht-Vorhanden-Sein eines solchen Buches seine tiefere Ursache. Es liegt an einem Grundmanko unserer Einstellung nicht nur zur Architektur – gleichgültig, ob es sich um die aktiv schaffenden Architekten oder auch nur um die reflektierenden Architekturhistoriker oder -theoretiker handelt – sondern vielmehr an unserer gegenwärtigen Weltvorstellung überhaupt, denn uns heutigen Menschen fehlt die notwendige, vom eigentlichen Weltsinn geforderte anthropologisch begründete Vorstellung dessen, was überirdisches Weltbildmodell ist und bedeutet. Ja, noch mehr. Unsere derzeitige moderne, rationale Weltbildvorstellung ist im Grunde der gedanklich im Kosmos verankerten Architektur-Idee eher feindlich gesinnt.

Für uns technisch allmächtigen Menschen haben sich der Sinn, die Bedeutung und vor allem auch die Behandlung des Kosmos radikal verändert.

Der Kosmos des Mondes und der Sterne ist nicht mehr ein symbolgetränkter, unberührbarer Vorstellungsraum, sondern ein rational zu erobernder und zu bearbeitender Realraum, als Nutzraum sogar befahrbar und beschießbar und sogar zerstörbar geworden, wie wenn es sich um die gerade Fortsetzung von irdischen Gefilden handelte.

Aus einem derart einschneidenden Bedeutungswandel erfolgt eine völlig andere, unkosmische, desorientierte Auffassung von Architektur. Sie nimmt das Bewußtsein über die Existenz des Kosmos kaum mehr in sich auf und schiebt den Makrokosmos als zum erweiterten irdischen Mikrokosmos erniedrigten Pseudokosmos bei Seite; ein fatales folgenreiches Fehlverhalten unseres Denkens und Handelns.

In der Beziehung auf die Gestaltungsmöglichkeiten der Architektur haben wir durch ein solches Verhalten kaum etwas gewonnen, sondern unendlich viel verloren, vor allem die Architektur als Abbild und symbolhaft nachgebauten Weltall-Kosmos, als nachempfundene Weltbild-Idee.

Ohne die Einsicht um die über den kleinen irdischen Menschen hinauswirkende Über- und Großmacht des Kosmos, die sich im religiösen Bewußtsein niederschlug, kann es auch keine eigentliche, auf den Kosmos als Idee bezogene, Architektur geben.

Da aber dem technisch-materiell denkenden und handelnden modernen Menschen die weltanschauungsnotwendige Vorstellung, die über allem irdischen Tun des Kosmos steht, entschlüpft ist, wird auch in der gegenwärtigen Forschung über die Architektur, die wie jede Forschung von der jeweiligen Weltanschauung und Welteinsicht abhängig ist, dieses Thema der kosmischen Architektur ebenfalls stiefmütterlich behandelt und ist aus dem Desideratenkatalog des Wissen-Wollens mehr oder weniger gestrichen worden.

Wie sehr der moderne Mensch, und im Speziellen die junge Generation, den historischen Kultbauten, die von ihrer Idee her mit kosmischen Gedanken und Dimensionen erfüllt sind, aus kleinlichen parteipolitischen Gründen und Verhetzungen angereichertem Aberwillen gegenüber jeglichen ideenmäßig höheren Gesichtspunkten abgeneigt ist, mag ein Zitat aus der Schrift von Sibyl Moholy-Nagy «Die Stadt als Schicksal. Geschichte der urbanen Stadt.» München 1968, illustrieren: «Die jungen Studenten unserer demokratischen Gesellschaft fühlen sich von der Architekturgeschichte abgestoßen, weil sie anscheinend nur die Tempel und Paläste religiöser und weltlicher Herrscher aufzuweisen hat ...»

Zu der Stellungnahme der jungen Studenten kann ich nur sagen: Dies ist allerdings ein bedauernswertes ideologisches Pech einer unzulänglichen Information von Seiten ihrer zeitgenössischen Mitmenschen, deren Opfer sie sind.

Diesem Beiseite-Schieben eines derart elementargrundsätzlichen Zusammenhanges, wie ihn der Bezug zwischen Kosmos und Architektur knüpft und er sich im Besonderen in den Kultbauten der Tempel, Kirchen und in den Herrscherpalästen und Schlössern kundtut, kann ich aus meiner Weltvorstellung und meinem Weltverständnis keinesfalls stattgeben. Da erscheint mir, wenn dies der Fall wäre, das geistige Leben und das Nachdenken über die Welt und die daraus resultierende Handhabung der Welt zu armselig, zu dürftig, zu kleinhorizontig und vor allem auch zu unrealistisch beschränkt.

Und aus diesem Grunde wurde es für mich ein tief in meiner Weltsicht begründetes brennendes Anliegen, mir Rechenschaft darüber zu geben, wo und wann die Menschen in den Geschichtsepochen, und leider kaum in der allerjüngsten Gegenwart, den Bezug zwischen irdischer Erscheinung und Architektur und dem allkosmischen Bewußtsein knüpften und auch mittels Architektur überirdisches Denken und Hochgefühl zu realisieren unternahmen. Unter diesem Erkenntniszwang wandte ich mich dem Thema Architektur und Kosmos zu, wobei Architektur als kosmisches Weltmodell verstanden wird.

1974 habe ich mit meinen Studien darüber begonnen. Einmal die innerste Notwendigkeit dieses Themas erkannt, griff ich, wo auch immer ich einen Beitrag zu diesem gewaltigen Fragenkomplex zu erhaschen vermeinte, begierig und enthusiastisch eifrig zu.

Für die geistige Einordnung der Erscheinungen der Frühzeit der Menschheitsgeschichte waren mir die allgemeinen anthropologischen Abhandlungen des Religionshistorikers Mircea Eliade (geb. 1907 in Bukarest) hilfreich und richtungsweisend. Es sind Schriften wie: «Kosmos und Geschichte. Der Mythos der ewigen Wiederkehr», 1953; «Mythen, Träume und

Mysterien», Salzburg 1961; «Das Heilige und das Profane. Vom Wesen des Religiösen», Hamburg 1957; «Die Sehnsucht nach dem Ursprung. Von den Quellen der Humanität», Wien 1969; «Schamanismus und archaische Ekstasetechnik», Frankfurt a.M. 1975; (Besonders der Abschnitt VII. Schamanismus und Kosmologie).

Aufschlußreich war mir auch das Buch von Werner Müller «Die heilige Stadt. Roma quadrata, himmlisches Jerusalem und die Mythe vom Weltbabel», Stuttgart 1961. Ebenso vom selben Verfasser «Die blaue Hütte. Zum Sinnbild der Perle bei nordamerikanischen Indianern», Wiesbaden 1954 oder «Weltbild und Kult der Kwakiutl-Indianer», Wiesbaden 1955.

Das Buch von Werner Müller «Kreis und Kreuz. Untersuchungen zur sakralen Siedlung» von 1938 erwarb ich schon ziemlich früh. Es stand aber jahrzehntelang in meiner Bibliothek, ohne daß ich zunächst viel damit anzufangen wußte.

Durch meinen Freund Björn Fühler wurde ich auf den buddhistischen Philosophen Lama Anagaurika Govinda (geb. 1898) aufmerksam gemacht. In seinen Abhandlungen wie «Grundlagen tibetischer Mystik», Frankfurt a.M. 1979 oder «Der Stupa. Psychokosmisches Lebens- und Todessymbol», Freiburg i.Br. 1978, lieferte Govinda Beiträge, die sich auf ihre Weise mit dem Thema Architektur und Kosmos berühren und deshalb für mich aufschlußreich waren und sind.

Als ich 1976 aus der Neuen Zürcher Zeitung erfuhr, daß in München von der «Neuen Sammlung der Staatlichen Museen für angewandte Kunst» eine Sonderausstellung über «Kalenderbauten. Frühe astronomische Großgeräte aus Indien, Mexiko und Peru» veranstaltet wird, reise ich sofort an Ort und Stelle. Hier war meinen Wünschen vorgearbeitet worden, und auch aus dem Katalog der Ausstellung empfing ich Anregung und Ansporn.

Als in Zürich im Kunsthaus die Kultanlage von Borobudur auf Java mit einigen Originalteilen der Bauplastik im Auftrag der Unesco als Aktion zur Rettung des Borobudur gezeigt wurde, fuhr ich 1977 mit Gewinn zu dieser Ausstellung.

Inzwischen habe ich bis Ende 1981 ein umfangreiches Material zum Gesamtthema gesammelt. Ich wagte allerdings noch nicht, diese vielen Ansätze und noch schwankenden Kapitel in einem Vortrag zusammenzufassen.

Bis jetzt haben sich folgende Gesichtspunkte und Kapitelüberschriften herauskristallisiert:

Architektur und Kosmos

Einleitung: Architektonische Begriffe als Ordnungsmächte unseres Denkens und unserer Weltbildvorstellungen.

1. *Welt-Modelle*

   I. Die Drei-Teilung des Kosmos (Erde, Himmel, Hölle)
  II. Welten-Ei, Uterus und Höhle
 III. Hütte und Haus
 IV. Weltmittelpunkt, Weltachse, Weltenpfahl, Weltsäule

2. *Architektur und Zeiteinteilung*

   I. Der Zodiakus an Bauten
  II. Der Sonnenlauf (Tages- und Nachtlauf, Jahreszeiten)

3. *Die Poligkeit der Architektur zwischen Himmel und Erde*

   I. Die Stufen der sieben Planeten
  II. Die Symbolik der Treppe
 III. Bekrönungen auf Gebäuden als Anschluß an die Zone des Himmels
 IV. Die Durchbrechung des Daches oder des Bodens und das Loch als Durchschlagung der Weltzonen

4. *Götterwagen und Architektur*

   I. Götterwagen allgemein
  II. Tempel in Form von Götterwagen in Indien

5. *Die Himmelsrichtungen*

   I. Die Halle der vier Himmelskönige im buddhistischen China
  II. Die Winde
 III. Die vier Teile und die vier Straßen der Welt.

6. *Die Kuppel als Symbol des Himmelsgewölbes*

7. *Technikbauten und Kosmos im 20. Jahrhundert* (und die mobile Anti-Architektur der modernen Fahrzeuge)

Wenn ich das Thema meiner Abhandlung «Architektur und Kosmos» in den biographischen Ablauf meines allgemeinen Weltbewußtseins einreihe, so komme ich zu einer merkwürdigen Feststellung. Ich muß die Wahl dieses Themas unter dem Gesichtspunkt betrachten, wie ich mich während meines Lebens jeweils in den verschiedenen Phasen zu den großen Weltmächten wie Himmel, Sterne, Sonne, All und Universum verhielt. Es ist die Frage nach der Entwicklung meines kosmischen Weltbewußtseins.

Da muß ich feststellen: In meiner Kindheit und Jugendzeit haben die Ur-Mächte einen wesentlichen Teil meines Denkens erfüllt. Ich hatte sie von vornherein in meinem Seinsgefühl existentiell in mir. Wie habe ich schon in meinen Kinderzeichnungen mich von der Sonne als kosmischer Urmacht überwältigen lassen! Ich habe um die Bewußtwerdung des rational erkannten Zeitbegriffes als kosmisch bedingter Urmacht gerungen.

Nun muß ich traurig feststellen, wie ich in meinem Denken als Jüngling immer irdisch-kleinlich denkender wurde und im Laufe der nachkommenden Jahrzehnte während meiner Gymnasiums- und Universitätsstudienzeit die kosmischen Ur-Mächte immer mehr aus meinem Bewußtsein und Gesichtsfeld verlor. Ein Teil dieses Zerfallprozesses wird in dem Kapitel «Abstieg vom weltganzheitlichen Einheitsdenken zum Vielheitsdenken» geschildert.

Beim Beginn meiner eigenen kunsthistorischen Forschungen machte das Aus-den-Augen-Verlieren der kosmischen Ur-Mächte sogar noch rapide Fortschritte, da ich mich mit Nachdruck der niederländischen Malerei des 16. und 17. Jahrhunderts zuwandte. Diese Malerei ging betont darauf aus, die himmlischen Mächte aus ihrem Weltkonzept zu eliminieren und kleinkosmisch-irdisch zu denken. Der Höhepunkt dieses Ablösungs- und Zerfallsprozesses vom kosmischen Bewußtsein in meinem Weltverhältnis waren die Forschungen über Pieter Bruegel d.Ä. Dieser mich damals so faszinierende Maler gab sich mit allen Fasern seines Schaffens der Irdischkeit des Treibens der Menschen hin und erklärte die Kleinwelt unserer Erde zur Welt an sich.

Als Dreißigjähriger wählte ich wohl als Thema meiner Habilitationsschrift 1938 die manieristische Deckenmalerei in Mittelitalien. Die dort behandelten Deckenmalereien brachten mir die Himmelssphäre durch ihren Anbringungsort in gewisser Weise nahe. Aber die prinzipielle Überirdischkeit dieser Malereiart ging mir während der Bearbeitung dieses Themas keineswegs in gebührendem Ausmaß auf.

Erst als ich das 40. Lebensjahr überschritten hatte, erwachte in mir mein inzwischen verloren gegangenes kosmisches Weltallgefühl wieder und schlug sich in den Konzepten meiner wissenschaftlichen Forschungen nieder. Da griff ich gierig Themen auf, die den kosmischen Allbereich der Weltschöpfung miteinbezogen. Das 1958 herausgekommene Buch «Weltbild und Bilderwelt» hätte ich nicht schreiben können, hätte ich nicht eine bis ins Überirdische reichende Beurteilungsskala der Kunstwerke für die einzuordnenden stilistischen Fakten aufgestellt.

Von da an ließ ich nicht mehr davon ab, in überirdischen Kategorien für die Einreihung der Kunstwerke zu denken, legte absichtlich besondere Aufmerksamkeit darauf.

Ausdrückliches Zeugnis solchen Denkens ist meine Vortragstrilogie, die um 1974, als ich etwa 65 Jahre alt wurde, entstand und die Einzelthemen «Architektur und Licht», «Architektur und Farbe» und «Architektur und Gold» behandelt.

Ganz ausgesprochen und am allerdeutlichsten ist der Allbezug vorhanden in meiner Abhandlung «Architektur und Kosmos», mit deren Konzipierung ich seit 1974 beschäftigt bin. Hier habe ich die Weite der Allheit des Blickes wieder erreicht und mir wissenschaftlich erobert. Ich habe mir bewußt gemacht, wie er mir in meiner Kinderzeit instinkthaft unbewußt, schon von der Schöpfung mir als kosmischem Urgeschöpf, wie dies jeder Mensch von vornherein ist, mitgegeben war. Und von neuem darf ich mich, zum Ursprung zurückkehrend, als ein mit dem Himmel wesenhaft verbundenes Leben fühlen – diesmal allerdings erst nach mühsamen wissenschaftlichen Forschungen und weltphilosophischen Überlegungen.

III. Die Architektur der Lebewesen

Wenn ich glaubte, daß das Thema Architektur und Kosmos so umfassend, so großdimensional und deshalb abschließend für alle anderen Bestrebungen wäre, daß hernach nichts anderes Ähnlichwertiges und Gleichfaszinierendes mehr ins Blickfeld genommen werden könne, so ist dies in meinem Fall nicht ganz eingetroffen.

Die Welt und die Gesichtspunkte ihrer erkenntnismäßigen Erschließung sind eben doch facettenreicher und verschlungener als ich zunächst mir einbildete.

Gerade aber wegen seiner Umfassenheit und Übergröße war ich bei der Erstellung des Manuskriptes «Architektur und Kosmos» in gewisse Schwierigkeiten bei der Bewältigung aller Aspekte gekommen, so daß ich etwas den Mut verlor. Überdies kam noch eine Unterbrechung meiner wissenschaftlichen Unternehmungen durch gesundheitliche Rücksichten hinzu, denn ich mußte mich am 2. Juni 1983 im Städtischen Klinikum in Karlsruhe einer Blasenoperation unterziehen. Nach der schwierigen Operation durch Professor Matouschek erholte ich mich langsam aber stetig von Woche zu Woche. Bei der Nachuntersuchung am 26. Januar 1984 gratulierte mir der Arzt zu der guten Heilung.

Inzwischen war ich soweit wieder hergestellt, daß ich mich von neuem meinen wissenschaftlichen Plänen widmen konnte. Bei mehr oder weniger unverbindlichem Stöbern und Zurechtfinden stieß ich auf alte Ansätze zu einem völlig anderen Thema, das mir in der heutigen Situation der Architektur besonders wünschenswert und eventuell auch erkenntnisfördernd für die prinzipielle Einstellung zur Architektur überhaupt erschien.

Es ist ein Thema, das sich auf den ersten Blick etwas ausgefallen und ungewohnt ausnimmt. Das Thema zielte in seinen ersten Formulierungen darauf ab, eine Brücke zu schlagen zwischen den Architekturen von uns Menschen zu den Bauten der Tiere, unseren Mitgeschöpfen der Schöpfung. Es versucht gleichsam eine Rückkoppelung des Menschen zu seinen kreatürlich-biologischen Grundlagen und Eigenschaften in seinen speziell architektonisch zu gestaltenden Bedürfnissen vorzunehmen.

Zu einer solchen Fragestellung wäre ich allerdings wohl kaum gekommen, wenn nicht schon in der Weltbildskala und Weltbildsystematik meines Barockbuches die Tiere als wesentliche Faktoren miteinbezogen worden wären.

Denn dort wurde ich schon mit der Erscheinung vertraut, daß auch die Tiere und Pflanzen wie die Götter an der Konzeption der Schloßanlagen teilhaben und daß die verschiedensten Gattungen von Lebewesen an der Gestaltung der Welt mit dabei sind, daß zwischen den einzelnen Lebewesen ganz bestimmte Beziehungen, enge Übergänge und Vergleiche bestehen. Damit versuchte ich, eine gewisse Klippe und, nach meiner Meinung, eine Einengung unserer Gesichtspunkte und Kriterien gegenüber der zeitgenössischen Architektur zu überwinden. Dieser Absicht verlieh ich deutlich in der «Einführung in das Thema» in meinem Manuskript Ausdruck.

Ich stellte dort fest:

«Hier liegt eine neuartige Weltgeschichte der Architektur vor. Ihre Neuartigkeit besteht darin, daß sie von einem umfassenderen Begriff der Welt her konzipiert ist, als es für gewöhnlich üblich ist.

Die bisherigen Architekturgeschichten nehmen ohne weitere Bedenken von vornherein als selbstverständlich an, daß nur der Homo sapiens, nur der Mensch, über die Fähigkeit verfügt, Architektur zu haben und sie sein Eigen nennen zu können. Ausschließlich dem Genie des Menschen stehe es zu, seinen schöpferischen Tatendrang in Bauwerken zu gestalten und zu verwirklichen. Doch bei tieferer Betrachtung der Sachlage ist es nicht so.

Nur wir, auf unsere eigenen Taten Eingebildeten und dadurch kurzsichtig gewordenen Menschen, nehmen dies an.

Vielmehr: Nicht nur das Lebewesen Mensch ringt um seine Existenz und um die Weltsicherheit, die durch das Errichten von Bauwerken erzielt und gefestigt werden kann. Dies zu glauben ist Hybris und eine einseitige, egozentralbeschränkte Meinung.

Auch andere Lebewesen ringen um ihre Existenz und haben Anrecht auf ebensoviel Schutzbedürfnis, Lokalitätsverhaftetheit und Geborgenheitsgefühl wie wir Menschen. Es ist für die Mentalität des heutigen modernen Menschen typisch, daß der Mensch vergessen hat, daß auch eine ganze Gattung von Lebewesen, die unsere Brüder und Schwestern sind im Weltenplan, dieselben Nöte haben wie wir so hochmütigen Menschen.

Hier liegt ohne Zweifel ein Mangel an Weltweitsicht vor. Um diese Kurzsichtigkeit zu korrigieren, ist hier in dieser vorliegenden Architekturgeschichte auch noch die Naturgeschichte der Architektur der Tiere, als unsere nächsten Mitgeschöpfe, in den Kreis der Betrachtung miteinbezogen.

Und es wird sich herausstellen, daß vielfach bei den Architekturen der Tiere die gleichen Probleme der Bauten vorliegen wie bei den Architekturen der Menschen. Und dies trotz der essentiellen Unterschiede zwischen dem Denken und Fühlen der Tiere und des Menschen.»

Schon vor Jahren hatte ich das Buch von Karl von Frisch «Tiere als Baumeister», Frankfurt, Berlin, Wien 1974 entdeckt und erworben.

Doch dieses an sich hervorragende Buch zündete noch nicht recht. Ich fand damals darin nicht das, was ich eigentlich suchte. Ich wollte von den Tierbauten die Parallelen zur Architektur der Menschen schlagen. Aber gerade davon spricht das Buch mit keinem Wort. Es ist ausschließlich der geniale Einfall eines Zoologen, sich dem Spezialthema der Tiere und ihren Bauten anzunehmen. Hingegen waren grenzüberschreitende Gedanken, auf die ich abhob und begierig war, nicht darin zu finden.

Es war überhaupt nicht leicht, das neuzuerschließende Gebiet in den Griff zu bekommen und zu ordnen. Dabei half mir der geistesgeschichtlich interessierte Architekt am Institut für Gebäudeplanung der Universität Karlsruhe, Thomas Sperling, der bei der Gestaltung der einzelnen Kapitel mit manchen Einsichten und Vorschlägen den Fortgang der Überlegungen förderte. Thomas Sperling hatte mich schon vor zehn Jahren, 1974, für sein Seminar über «Der Tod, Begräbnis und Friedhof» beigezogen, wo ich ein entsprechendes Referat hielt und jetzt wiederum für sein Seminar im Sommersemester 1985 über den Schlaf und die Architektur. Zudem hatte er beim Wettbewerb um das Landesmuseum für Technik und Arbeit in Mannheim die Patenschaft für das Architekturmodell übernommen, da ich mich als Nicht-Architekt nur als ideenmäßiger Berater an dem Wettbewerb beteiligen durfte.

Zuerst glaubte ich, ich könne mich auf die Parallelen der Architektur der Tiere und der Menschen beschränken. Aber diese Beschränkung stellte sich bald als zu einseitig, zu eng und zu wenig global heraus. Bei der ursprünglichen Konzeption wären viele entscheidende Einsichten und Prinzipien unter den Tisch gefallen. So mußte ich aus der Eigendynamik des Themas heraus den Begriff der Lebewesen über Tier und Mensch hinaus wesentlich erweitern und unbedingt noch die Pflanzen und die Götter in die neue Gesamtwelt einbeziehen. Ich wollte auch hier ebenfalls nach Möglichkeit zu einem weltganzheitlichen Überblick vorstoßen.

Dabei stellte es sich heraus, daß noch ein ganz neuartiges Lebewesen im modernen technischen Zeitalter eine höchst folgenreiche Rolle spielt und als Konkurrenz zu den natürlichen Lebewesen auftritt: nämlich das Pseudo-Lebewesen der modernen Maschinen. Diese Neuerscheinung einzubeziehen und ihre Stellung innerhalb der Schöpfung und damit auch der natürlichen Lebewesen zu bestimmen, stellt ein besonders heikles und kaum zu unterschätzendes Anliegen dar.

Bei all dem Vorgehen versteht es sich von selbst, daß es unmöglich ist, eine erschöpfende Darstellung eines solch komplexen und vielschichtigen Themas zu geben. Aber darum geht es mir nicht. Mein Ziel ist es, überhaupt einmal, wenn auch noch so essayhaft und unvollkommen, auf gewisse biologisch-kreatürliche oder anti-natürliche Zusammenhänge der Architekturen in Geschichte und Gegenwart und auch in der Naturgeschichte zur Sprache zu bringen und den Finger darauf zu legen.

Dies scheint mir im Augenblick von wegweisender Bedeutung und für manche moderne Fehleinschätzung der Weltmächte wichtig zu sein.

Bis jetzt, Ende Februar 1985, habe ich etwa zwei Drittel der Hauptkapitel zu Faden geschlagen und manche schon diktiert.

Der heutige Stand des Manuskriptes ist folgender:

Die Architektur der Lebewesen

Inhalt:

*Einführung in das Thema:
Die fünf Arten der Lebewesen*

I. *Die Pflanze*

    I. Die Pflanze als Weltmodell
    II. Die Pflanze und die Architektur
    III. Die Pflanzen als «Behausung» und als Architektur-Ersatz für die Tiere
    IV. Pflanzliches in der Architektur der Tiere

II. *Das Tier*

    (*Vergleiche zwischen den Bauten der Tiere und der Menschen*)

    I. Allgemeine handwerkliche Tätigkeiten bei Tier und Mensch
    II. Architektonische Einzelelemente
    III. Vorarchitektonische Hüllen des Körpers bei Pflanze, Tier und Mensch
    IV. Die Höhle
    V. Die Vogelnester
    VI. Installationseinrichtungen (Wärme, Wasser, Luft) in den Bauten der Tiere und des Menschen
    VII. Organisation von Raumabfolgen bei den Baukomplexen der Tiere und Menschen
    VIII. Die «architektonischen» und sonstigen «künstlerischen» Fähigkeiten bei den höheren Menschenaffen

III. *Der Mensch*

    I. *Die Architektur der Eingeborenen*
    (Urbehältnisse, Urraumhülle, Urhöhlung, Urarchitektur)

    a. Die allgemeinen Voraussetzungen für die Architektur der Eingeborenen
    b. Die Architektur der Eingeborenen und ihr Geräte-Charakter
    c. Improvisierte Architektur infolge des Nomadentums
    d. Enge Wohngemeinschaft zwischen den Menschen und den Haustieren

    II. *Rückgriff auf Vorstellungen der Biologie im Bauen der Menschen*
    a. Penis und Uterus
    b. Das Welt-Ei
    c. Die menschliche Gestalt

    III. *Der Kultur-Mensch*

    A. *Die Bedeutungs-Inhalte der Höhle*

    B. *Von der Höhle und vom Grab zum Glashaus*
    a. Das Grab als ewige Ruhestätte
    b. Der prinzipielle Gegensatz von chthonischer und uranischer Architektur
    c. Der Gegensatz von chthonischer und uranischer Architektur in historischer, europäischer Sicht

IV. *Die Götter und Gott*

    I. Die Tiere als Gottheiten und die Architektur-Häuser des Zodiakus
    II. Die kultischen Geisterhäuser der Eingeborenen
    III. Die heiligen Lebewesen der Götter und ihre Forderungen an die Architektur
    IV. Die göttliche Herkunft der Architektur der Hochkulturen

V. *Die Maschine*

    (Das 5. Pseudo-Lebewesen: Die Maschine)

    I. Der Unterschied zwischen Maschine und Mensch
    II. Das Verschwinden der Arbeitstiere durch die Maschine und der dadurch ausgelöste Schwund an biologischen, schöpfungshierarchischen Bewußtsein
    III. Die bisherige historische Einschätzung und Fehldeutung der Maschine

    Die Architektur in den Klauen der Maschine

    1. Kampfansage des maschinengläubigen Architekten an die Hochkulturarchitektur des Homo erectus
    2. Rückfälligkeiten der modernen Architektur ins Tierhafte
    3. Die Wohnung des volltechnisierten Großstadtmenschen
    4. Die volltechnisierte Wohnung und das Auto und das Gegenweltkonzept des religiösen Weltmittelpunkt-Hauses

    IV. Die Maschine und die Natur und die Kopflosigkeit des modernen Menschen

Reden und Vorträge zur Karlsruher Architektur

I. Karlsruher Straßennamen und ihr Weltbild-Konzept
Vortrag 1975

Die Straße gehört als Aufenthaltsort des Menschen zu den urtümlichen, primär gestalteten Erlebnisräumen. In dieser Weise steht die Straße neben den anderen milieuräumlichen Begriffen wie Weg, Gasse, Promenade, Platz, Hinterhof oder Rasenfläche.

Im Laufe der Entwicklung unserer Kultur und der antikulturellen, technischen Zivilisation konnte die Straße mannigfaltige Gesichter der Benützungsmodifikationen bekommen. Zwei Extreme greife ich heraus.

I. Die Straße kann zum friedvollen Spielplatz der Kinder werden, wie Pieter Bruegel d. Ä. 1560 diesen Idealzustand in seinem grandiosen, von natürlicher Menschlichkeit erfüllten Meisterwerk schilderte: die Straße als Tummelplatz unbeschwert seligen Spiels.

II. Die Straße kann aber auch zum stinkenden, dämonisch geifernden Höllenpfuhl von wild gewordenen, kilometerfressenden Raubkatzen-Apparaturen werden, die von im Schnelligkeitstaumel erstarrten Unmenschen gelenkt werden, genannt Automobilisten oder Kraftfahrer.

Aus dieser Höllenzone wurden der natürliche Mensch, der Fußgänger, wie auch die von Tieren gezogenen Fuhrwerke, verbannt. Und der normale Mensch tut für seine Lebenssicherheit gut daran, sorgfältig wie die Pest, diese Höllenzone zu meiden, wie wir an der Menschenmenge, an der oberen Zeichnung auf dem Gehweg links vor der Häuserecke sehen. Diese Beispiele stammen von dem amerikanischen Kulturkritiker Saul Steinberg, um 1960, vier Jahrhunderte nach Bruegels Kinderparadies gezeichnet.

Für das behütete Kleinkind ist es eine beachtliche Milieuüberschreitung, ein großer Entwicklungssprung, wenn es sich von der häuslichen Geborgenheit der Zimmer und Stuben selbständig hinausbegibt in das wogende Meer des Straßengetriebes.

Für das Kind sind in normalen Zeiten die Straßen der nächsten Umgebung die erweiterte Welt der Öffentlichkeit.

Wie ein Knabe um die Kenntnis der Straßen doppelt deutbar,

I. als real erlebter Bestand und

II. als geistige Metapher, für sein Gemütsleben kämpft, geht aus zwei Knabenzeichnungen des Malers und international bekannten Puppenspielers Björn Fühler hervor.

Auf der einen Zeichnung notierte sich der Knabe genau seinen Lebensmilieuradius, den seine Eltern ihm in der Dresdner Neustadt boten. Der Knabe zeichnet brav die Straßenzüge – es sind elf an der Zahl – auf. Die Namen sind ihm wichtig. Die Kirche ist ihm wichtig und der davon abhängige Martin-Luther-Platz und die Martin-Luther-Straße.

Auf der zweiten Zeichnung gebraucht der Knabe Björn den Begriff Straße in einem übertragenen Sinne. Er spricht von einer «Straße voll Küsse» und vom «Brumm Kuß».

Wenn im Weltbewußtsein des Knaben Björn Fühler nur wenige Straßenzüge geläufig waren, nur ein Ausschnitt des Stadtplanes von Dresden, so bestehen die Wohnbezirk-Großeinheiten unserer Städte aus einem ungeheuren Gewirr von unzählbaren Straßenzügen.

Die Straßen nehmen sich am Gesamtkörper der Stadtgebilde wie Adern, wie Verbindungsstränge, wie ein dichtes Netzwerk aus, wie die Rippen eines Blattes, das sich über die Stadtfläche verästelt. So verwirrend und verknotet das Straßengespinst sich auch bei einer oberflächlichen Überschau ausnimmt, so muß sich aber trotzdem ein gewisses Ordnungsprinzip in diesem Gewirr kundtun. Der europäische rationale Ordnungssinn bemüht sich – im Gegensatz zu gewissen ostasiatischen, japanischen Städten wie Tokio – in die an sich unübersehbare Wirrnis ein Gesetz und eine Logik hereinzubringen.

Diese Ordnungs- und Einteilungshilfe leistet für die Städte des 19. und 20. Jahrhunderts seit ihrem ungeheuren Ausdehnungsdrang die Benennung der Straßen.

Man kann sagen, daß durch die Namensgebung der Straßen ein geistiges Raster über das real vorliegende Straßennetz mit all seinen Gebäuden, Gärten, Kanalleitungen, Straßenbahnschienen, Beleuchtungseinrichtungen etc. gelegt wird. Insofern wird die Stadt in der Straßennamensgebung quasi zum zweiten Mal in einer anderen Seinsschicht erbaut.

Diesmal nicht mit den Mitteln des realen, architektonisch materiellen Städtebaus, sondern mit den Mitteln geistiger Begriffe und Vorstellungen. Wie viel oder wie wenig dieses geistige Übergebäude im übertragenen Sinne architektonisch verspannende Elemente und eine innere Komposition in sich hat, wird sich jeweils zeigen.

Was nun unter dem geistigen Konzept einer Stadt zu verstehen ist, das sich in dem Schema der Straßenbenennung inkorporiert, möchte ich an einem einfachen Modell zeigen.

Es handelt sich um ein Stadtprojekt, um eine sogenannte Idealstadt, die der Engländer James Silk Buckingham (1786–1855) 1849 entworfen hat.

Das Straßennetz ist in den Straßennamen unter den beherrschenden Gesichtspunkt der Tugend gestellt. Es ist damit eine Stadt der sittlichen Geborgenheit.

Die Menschen, die diese Straßen bewohnen, befinden sich, von hierher beurteilt, im Banne der verschiedensten Tugendvorstellungen. Da gibt es die Avenue des Friedens, der Eintracht, der Tapferkeit, der Liebe, der Hoffnung, des Glaubens, der Gerechtigkeit und der Einheit.

Die Wahl der Straßennamen kann ein hochbrisantes Politikum werden. Deshalb ist es auch verständlich, daß jede politisch neue Macht, die an die Herrschaft gelangt, darauf nachdrücklichen Wert legt, daß ihre Staats- und allgemeine Weltidee in den Straßen- und Platznamen Gestalt annimmt und im großen Umfang wahrnehmbar wird. Denn: wir wissen von den Verfahrensmethoden der Werbepsychologie her, daß das stetige Lesen und Nennen der Namen ein probates Mittel ist, den Menschen damit assoziierte Ideen und Vorstellungen in ihre Gehirne einzuhämmern.

Wie Straßenumbenennungen zu irgendwelchen politischen Zwecken benutzt werden können, kann das Beispiel aus jüngster Zeit aus der «BNN» illustrieren, wo das Straßenschild der Richard-Willstätter-Allee mit dem Namen von Rudolf Heß überklebt wurde.

Das Problem der Straßenbenennung taucht in Karlsruhe schon im ersten Frühstadium der städtebaulichen Konzeption auf. Karlsruhe ist eine völlig aus dem reinen Geiste abstrakter Theorie erschaffene Neuschöpfung.

Von dem Zentralpunkt des Schloßturmes gehen 32 Strahlen in den Hardtwald hinaus als Alleen, und davon in der Stadtbebauung neun als Gassen. Zur Abgrenzung dieses Strahlungsgebietes wurden Zirkelschläge durch den Wald und die Stadt gezogen. In diesem so urtümlich einfachen Gestaltungsprozeß geschieht so etwas wie eine zweite Urschöpfung der Welt überhaupt, nicht nur einer Stadt.

Wie dies gemeint ist, werden wir gleich sehen. Nach der Vorstellung des Mittelalters hat der Urschöpfer der Welt, Gott Vater, das gesamte Universum mit Sonne, Mond und Erde auf die ganz gleiche Art und Weise konzipiert. Auf einer französischen Miniatur aus dem 13. Jahrhundert hat Gott Vater in der Gestalt Christi als Baumeister des Universums einen Zirkel, das hehre Attribut der Architekten, in der Hand und schlägt in gleicher Weise wie der Schöpfer des Karlsruher Schlosses und der Stadtanlage den Zirkel in den Mittelpunkt des Universums.

Von diesem Ur-Vorgang der Schöpfung des Ziehens der vollkommenst denkbaren Form, wie es der Kreis ist, hat sich in der Benennung der Karlsruher Straßen etwas niedergeschlagen, da die zwei Kreissegmente, die die erste Reihe von Gebäuden in der Stadt umschließen, Vorderer und Hinterer Zirkel benannt wurden. Gewissermaßen eine parallele Stellung zum Zirkel im Stadtgefüge von Karlsruhe nimmt in Wien der sogenannte Ring in Anspruch. Auch der Ring ist das zusammenfassende Element vieler Straßenzüge, und der Stephansdom liegt im Mittelpunkt der Gesamtanlage.

In diesem Sinne hat Karlsruhe auch Anteil an der christlich-abendländischen, biblischen Vorstellung der Schaffung des Universums, da die Stadt als Schöpfung das Abbild des himmlischen Jerusalems und damit der ganzen Welt sein soll.

Die zweite wichtige Straßenbenennung in Karlsruhe steigt gewissermaßen von dieser symbolträchtigen Begriffshöhe herab, da die Straße, die die Strahlen zwischen Durlach und Mühlburg durchschneidet, mit «Lange Straße» eine mehr irdische kühle Bezeichnung erhält. Eine Straße also, die sich durch ihre Quantität auszeichnet und dies mit Recht, denn sie geht sieben Kilometer von Durlach nach Mühlburg.

Die Bezeichnung «Lange Straße» oder «Lange Gasse» kann zu einem Topos für die Hauptstraße einer Stadt werden. So verwendete der Maler und Schriftsteller Alfred Kubin diese Bezeichnung in seinem «phantastischen» Roman «Die andere Seite» von 1908 und zeichnete die Lange Gasse im Plan der Stadt «Perle» ausdrücklich ein. Die Lange Gasse bildet das Geschäftsviertel.

Diejenigen Straßenstränge, die in Karlsruhe vom Schloß ausgingen und zu Wohnzwecken dienen sollten, waren nicht irgend x-beliebige Gassen. Sie sollten direkt dem Schloß zugewandt in eine höhere geistige Ordnung gehoben werden. Dies geschah auf eigentümliche, aber dem Prinzip des absolutistischen Herrschaftssystems und einer feudalen Hofhaltung sehr angemessenen Form. Dieser zur Herrschaftsidee sehr wichtige Grundriß-Kreisabschnitt sollte die Männergemeinschaft symbolisieren, die neben dem Gründer und obersten Herrscher für die Regierungsgeschäfte mitverantwortlich zeichnete. Diese Männergesellschaft vertrat den «Ritterorden der Treue», der sogenannte Fidelitas-Orden, zu dem hohe Adlige aus der Umgebung des Markgrafen Karl Wilhelm zählten.

Um dieser Idee Ausdruck zu verleihen, beantragte der Hofrat und Kammerjunker Johann von Güntzer beim vierten Ordensfest, im Jahre 1718, diese Straßen nach den Ordensherrn und den ersten Ordensrittern zu benennen. Es sind die neun Gassen der Fürstenstadt von der heutigen Waldstraße bis zur Waldhornstraße.

Man ersieht aus den Namen konkret, wie diese Männer als Regierungsmitglieder zusammenkommen und sich um den Herrscher scharen.

Dieser Gedanke wird auch in anderen künstlerischen und politischen Schichten faßbar. Die Herrscher mit ihrer Regierung oder mit dem Hofstaat von Künstlern darzustellen, ist ein älteres Prinzip. Es sei an den Prager Dom erinnert, wie Kaiser Karl IV. mit seinen Frauen, Ministern und Baumeistern in Portraitbüsten dargestellt wird. Oder es sei das Tondo an der Decke des Palazzo Vecchio in Florenz von Giorgio Vasari angeführt, wo Großherzog Cosimo I. inmitten seiner Künstlerschar sitzend gezeigt wird. Wenn in den Karlsruher Straßennamen neun Namen der Ordensritter genannt sind, so sind es im Florentiner Beispiel zehn Künstler. Sowohl bei diesem Gemälde in Florenz, wie bei den Namen der Gassen von Karlsruhe liegt dasselbe Programm des Herrschers und seiner Helfer zugrunde.

In einem alten Plan von Karlsruhe aus der Mitte des 18. Jahrhunderts sind die 32 Alleen im inneren Teil mit den 32 Namen der Ordensritter benannt, und im Verlaufe ihrer Entfernung vom Schloß verwandeln sich dann die adligen Namen in die Namen der Ortschaften, wohin die Alleen in die Ferne ziehen. Außen ist dann die Verhaftetheit und der Bezug zur weiteren Landschaft mit ihren Anhaltspunkten wichtiger geworden. Zum Beispiel verwandelte Herr von Üxküll sie in «Stutenseeallee» oder der Graf Karl Leiningen Westerburg in die «Friedrichstaler Allee». Diese adligen Höflingsnamen leben noch jetzt in den Gewanntafeln im Hardtwald weiter, zum Beispiel als Üxküll-Schlag.

In diesen 32 Alleen kündigt sich für die stadtmauerlosen Städte schon das städteplanerisch recht heikle grundsätzliche Problem des Zerlaufens und sich Auflösens in die unbewältigte Weite der Landschaft an, ein Problem, das uns am Ende unserer Betrachtung noch stark beschäftigen muß.

Zu den neun Gassen, die nach den Ordensrittern benannt sind, ist übrigens noch zu sagen, daß sie nach 1740 nach den Gasthäusern umbenannt wurden, die in den Gassen liegen, z.B. Waldhorn, Adler, Krone, Kreuz und Lamm. Das bürgerliche Element war hier also stärker als die markgräflich-höfische Konzeption.

Der nächste Schub in der Entwicklung von Karlsruhe findet im 19. Jahrhundert statt.

1813 führte Karlsruhe Straßentafeln und die Numerierung der damals 940 Häuser ein. Seit damals existiert die geordnete Reglementierung, die sich bis heute bewährt hat. Die Stadtverwaltung hat heute 13 000 Straßenschilder zu betreuen.

Im wesentlichen bleibt Karlsruhe den Straßenbenennungen nach eine Stadt des Fürstenhauses, eine feudale Stadt. Um den Straßen dieser Stadt als Residenz die gebührende Weihe und politisch landesgeschichtlich hohe Einreihung zu verleihen, kommen jetzt die Namen der regierenden Fürstlichkeiten an die Reihe.

Dem regierenden Großherzog Karl (reg. 1808–1818) wird die Karlstraße gewidmet. Ergänzt wird diese Straße durch zwei Frauennamen, die dem Großherzog Karl zugehören; die Stephanienstraße ist nach seiner Mutter, die Amalienstraße nach seiner Frau benannt. Beide Straßen stoßen an die Karlstraße.

Neben die Karl- und Stephanienstraße setzte sich, ebenfalls im Westen, noch ein neues, auf ein Fürstenehepaar bezogenes Straßenpaar an: die Leopold- und die Sophienstraße (Leopold reg. 1830–1865, Sophie lebte von 1801–1865).

In einer späteren Phase der Stadterweiterung wurden in der Oststadt verschiedene Straßen nach bekannten Mitgliedern des zähringisch-badischen Fürstenhauses getauft. Diesmal griff man stärker in die geschichtliche Vergangenheit zurück und betrieb somit auf dem genealogischen Sektor der Regentennamen so etwas wie gegenwartsabgelöste Lokalgeschichte. Es handelt sich um die Berthold-, Rudolf- und Bernhardus-, Georg-Friedrich- und Karl-Wilhelm- und Ludwig-Wilhelm-Straße. Es ist diesen Straßen eine beachtenswerte städteplanerische Form unterlegt. Die älteren Namen sind in die zusammenlaufenden Winkel, die nach den neuen Markgrafen genannt sind, einbezogen.

Es ist die alte barocke Form, die schon mit der Amalien-, Kaiser- und Stephanienstraße am Mühlburger-Tor angewandt wurde, und nun erscheint sie nochmals verstärkt am Durlacher Tor. Es ist eine stadtarchitektonische Form, die im barocken Rom erprobt wurde, an der Piazza del Popolo. Damit wird absichtlich Karlsruhe zu einem zweiten Rom, d.h. unter die Heilsstädte des Christentums und der Antike eingereiht.

Die ganze Situation bekommt noch einen ganz anderen Akzent durch die Erbauung der Bernharduskirche in den Jahren 1894–1901.

Außer den direkten Personennamen der Herrscher sind Straßen nach allgemeinen Begriffen, die das Herrscherhaus betreffen, benannt. Dazu kann man die Erbprinzen- und die Markgrafenstraße rechnen, die beide auf den Rondellplatz zulaufen, wo sich die Verfassungssäule befindet. Gewissermaßen die Tangente der soeben genannten Straßen bildet dann die Zähringer Straße, die die historische Bezeichnung des Herrscherhauses trägt. In dieser Weise ehren die Bürger ihre Herrscher und erleben täglich ihre eigene Landesgeschichte.

Die Zähringerstraße erscheint auch in den übrigen Städten, die einstmals unter der Herrschaft der Zähringer standen, z.B. in Baden-Baden, Pforzheim, Freiburg i.Brsg. und Zürich.

Diejenigen Straßen, die später nach der badischen Regentenfamilie benannt wurden, liegen in der Straßennetzkomposition von Karlsruhe uncharakteristischer und willkürlicher als diejenigen in der Innenstadt, aber doch noch beherrschend. In der Südstadt ist das Hauptachsenstraßenkreuz fürstlichen Personen vorbehalten. Es handelt sich um die Luisen-, die Marien- und die Wilhelmstraße. Marien- und Wilhelmstraße sind wiederum nach einem Ehepaar benannt.

Zwei Großherzöge erhielten keine Straßen zu ihrer Ehrung, dafür in der Innenstadt zwei markante Platzanlagen. Der Ludwigsplatz, an der Karlstraße gelegen, wurde nach dem Großherzog Ludwig I. (1763–1830, Regierungszeit ab 1818–1830) benannt. Der Friedrichsplatz erhielt seinen Namen nach dem Großherzog Friedrich (1826–1907, reg. seit 1852).

Die letzte große Demonstration einer bedeutenden städtebaulichen Straßenzuganlage, die einer fürstlichen Person gewidmet ist, ist die Nördliche und Südliche Hilda-Promenade. Die Hilda-Promenade zieht sich als breitangelegte, streckenweise gekrümmte Baumallee vom Mühlburger Tor zur Blücherstraße. Nicht mehr streng fürstlich im Kern der Stadt gelegen, spürt man bereits etwas von der neuen Raumdimension der technischen Zeit.

Noch ein Wort über ein Politikum, das die Benennung der Straßen beeinflußt: Die Neuordnung des politischen Deutschland durch den deutsch-französischen Krieg von 1870/71 hinterließ auch in den Straßenbenennungen in Karlsruhe Spuren. Man wollte unbedingt die Tat Bismarcks, die Gründung des deutschen Kaiserreiches gebührend feiern. Schon im Jahre 1872 richteten die Bewohner der Grünwinkler Allee an den Gemeinderat das Ersuchen, dieser Straße die Benennung Bismarckstraße zu geben. Neben Bismarck wurden noch Moltke und der General von Roon gleichsam mit Straßennamen geehrt. Auch die Schlachten bei Belfort, Sedan und Wörth, das nahe in der Pfalz liegt, nahmen als Straßennamen an der Neugestaltung der Stadt Karlsruhe teil. Hinzu kommen noch die Namen von drei Generalen, die die badischen Truppen im Kriege 1870/71 befehligten. Es ist die Wilhelmstraße, nach dem Prinzen Wilhelm von Baden (1829–1897) benannt. Sein Denkmal steht im Schloßgarten. Dann die Glümerstraße nach Adolf von Glümer (1816–1896) und die Werderstraße nach dem General Graf Karl August von Werder (1868–1895), der die Belagerung von Straßburg durchführte und als General des 14. Armeekorps an den Kämpfen bei Nuits und an der Lisaine beteiligt war.

1879 erfolgte die einschneidende Umbenennung, um den neuen dynastisch-politischen Verhältnissen gerecht zu werden. Die bisherige Lange Straße wurde in Kaiserstraße umbenannt. Durch diese Benennung wurde gewissermaßen die nach dem Markgrafen benannte Karl-Friedrich-Straße, die vom Schloß zum Ettlinger Tor geht, in ihrer einmaligen Bedeutung abgesetzt.

Weiterhin wurde die Mühlburger Landstraße in Kaiserallee umbenannt. Auf dem Kaiserplatz, der die Kaiserstraße nach Westen hin abschließt, wurde das Reiterstandbild Kaiser Wilhelm I. errichtet. Damit erfolgte eine denkwürdige Akzentuierung der gesamten Kaiserstraße. Das Kaiserdenkmal vertritt sozusagen den Thron und das Gegenstück dazu, die Bernharduskirche den Altar, um in diesen alten Antipodenbegriffen zu sprechen.

Das bisherige Konzept der Stadt Karlsruhe als rein badisch-durlachisches Programm wurde abgesetzt. Anstatt dynastische Landesgeschichte zu betreiben, stellte man auch Karlsruhe unter ein deutsches Gesamtkonzept.

Aus der souveränen absolutistischen Barockresidenz wurde Karlsruhe zu einer Provinzstadt im Verbande der Neugründung des Bismarckschen deutschen Kaiserreiches. Allerdings konnte die Abwertung durch dynastische Verwandtschaftsverbindungen relativiert werden.

Auch in anderen deutschen Städten hat sich städtebaulich ein Straßenkomplex und ein Straßennamenschema herausgebildet, wodurch die Gründung des deutschen Kaiserreiches im Gefolge des Krieges von 1870/71 in ganz ähnlicher Weise gefeiert wurde. So wurde dieser Straßenkomplex in Baden-Baden außerhalb der Innenstadt, großzügig in die freie Landschaft ausgreifend, angelegt. Das Programm ist gekürzt, ebenso in Heidelberg. In Freiburg ist es aufgewertet durch die Bismarckallee. In Mannheim ist der Komplex ziemlich weit ausgedehnt, in München wurde speziell auf die Beteiligung der bayrischen Truppen in dem Namen des Generals Von der Tann angespielt.

Wenn an Rang und Würde die Markgrafen und die Großherzöge wie ihre Familienmitglieder die erste Stelle einnehmen, so schließen sich ihnen sozusagen im zweiten Rang der hierarchischen Aufbauskala die ersten Staatsdiener, die Staatsminister, Verwaltungsbeamten, Abgeordneten und schließlich noch die Oberbürgermeister der Stadt an.

Wenn die Straßenbezeichnungen der Herrscher und ihrer Familienmitglieder dem Kern der Innenstadt vorbehalten blieben, so sind die Straßenzüge der Staatsminister im wesentlichen auf die äußeren Bezirke der Innenstadt verteilt.

Eine Übersichtskarte zeigt, wie diese Namenskategorie über das äußere Stadtgebiet verstreut ist. Der Kern der Innenstadt bis zur Kriegsstraße ist ministerfrei.

Die Namen der Oberbürgermeister rangieren in ihrer Lage im Stadtplan etwa mit den Ministern. Die Namen der früheren Bürgermeister aus dem 18. Jahrhundert zwischen 1720 und 1809 fehlen. Soweit geht das Interesse an der Karlsruher Lokalgeschichte nicht. Die dichteste Massierung der Namen der Oberbürgermeister erfolgt in der Oststadt gegen Rintheim hin, vermischt mit Philosophen- und Künstlernamen.

Nach Abschaffung der Fürstenherrschaft werden an deren Stelle nach 1919 die neuen Staats- und Stadtlenker mit repräsentativen Straßen- und Platznamen ausgezeichnet. Da in Karlsruhe die Innenstadt schon mit Namen der Großherzöge belegt war, mußte für die Namen der neuen Staatslenker Raum am Rande der Stadt gesucht werden. Bei der Straße, die nach dem ersten Staatspräsidenten der sogenannten Weimarer Republik, Friedrich Ebert, benannt ist, wurde das Problem derart gelöst, daß eine sehr lange Straße am Rande der Südstadt seinen Namen erhielt. Diese Straße hat eine bewegte Geschichte, ursprünglich hieß sie Walhallastraße. Die Straße, die dem Generalfeldmarschall im 1. Weltkrieg und dem zweiten Reichspräsidenten der Weimarer Republik, Paul von Hindenburg, gewidmet war, fiel nach 1945, wie auch anderen Orts, dem Verbot durch die französische und amerikanische Besatzungsmacht zum Opfer, Straßen nach deutschen Heerführern zu benennen. Auf Vorschlag des Stadtrates Sprauer wurde die Hindenburgstraße in Erzbergerstraße umbenannt.

Da wir schon bei den Staatspräsidenten der deutschen Republik angelangt sind, sollen die Staatspräsidenten und Kanzler nach 1945 jetzt auch mituntersucht werden. Der erste Bundespräsident nach 1945, Theodor Heuss, wurde in Karlsruhe durch die wichtige Verkehrsader und Verbindungsallee zwischen dem früheren Parkring, jetzt Adenauerring, zur Waldstadt ausgezeichnet.

Es ist sinnvoll, daß der Staatspräsident und der gleichzeitige damalige Bundeskanzler Adenauer auch straßenmäßig so nahe beieinanderliegen. In Pforzheim-Dillweissenstein ist die Theodor-Heuss-Straße eine kürzere Gabelung zur längeren Konrad-Adenauer-Straße.

Merkwürdigerweise erhielt Bundespräsident Heinrich Lübke trotz seiner verlängerten Amtszeit keine Straßenbenennung.

Nachdem die Nationalsozialistische Partei 1933 zur Alleinherrschaft gelangt war, gerieten auch die Straßenbenennungen in ein neues Fahrwasser. Auch hier wurden andere Akzente gesetzt. Ein Runderlaß des damaligen Reichsministeriums des Innern vom 15.7.1939 läßt genau erkennen, zu welchen machtpolitischen Zwecken die Straßennamen benützt werden sollten.

Für Karlsruhe hat dieser Erlaß zur Folge gehabt, daß in das bisher gewachsene Gefüge der Stadt mit einem Schlag wichtigste und zentralste Straßen nach den nationalsozialistischen Führern und Märtyrern benannt wurden:

Marktplatz = Adolf Hitlerplatz,
Durlacher Allee = Reichsstatthalter Robert Wagnerallee,
Gottesauerplatz = Reichsfeldmarschall Hermann Göringplatz,
Parkring = Horst-Wesselring,
Festplatz = Platz der SA.

Nach Beendigung des 2. Weltkrieges 1945 sind sofort die Gegner des bisherigen Regimes, das seinen Untergang erlitten hat, auf ihrem Posten und versuchen ihre Weltanschauung, die in der Zwischenperiode nicht zum Zuge kam, zu verwirklichen.

Der erste Vorschlag für Straßenumbenennung in Richtung der neuen, auch im Sinne der von der Militärregierung angeordneten Leitlinie, erfolgte in Karlsruhe am 18.8.1945 vom in den Akten anonym bleibenden Bezirksvorsteher der Oststadt. Nach seiner Vorstellung sollte als Gegenschlag zum zerbrochenen Nationalsozialismus das Programm und das Namenrepertoire der kommunistischen Partei und Weltanschauung in Karlsruhe zum Zuge kommen. Folgender Austausch von Namen sollte stattfinden an Plätzen und Straßen:

Adolf Hitlerplatz = August Bebelplatz
Kaiserplatz = Karl Marxplatz
Langemarkplatz = Karl Liebknechtplatz
Skagerakplatz = Rosa Luxemburgplatz usw.

In dieser Liste liegt also das vollständige Namensvokabular der SPD und KPD vor. Interessanterweise geht dieser Vorschlag der Linken umfassender und umkrempelnder als die Umbenennungen durch die Nazis vor. Auch die Geschichte des deutschen Kaiserreiches muß fallen. Nicht nur die Namen der Nazis müssen verschwinden, sondern auch Bismarck und Moltke sind Dornen in den Augen der neuen Weltanschauungspolitiker. Dieses radikale Programm ist symptomatisch für die weitere Zukunft.

Es enthält gewissermaßen ein Ziel, dem die Bevölkerung immer mehr durch entsprechende Wahlergebnisse nachstreben wird, wie es sich deutlich am 19. November 1972 abzeichnete.

Dazu gehört auch die strittige Einschätzung von Rosa Luxemburg, ob sie würdig sei, daß von ihr eine Briefmarke herausgegeben wird, oder daß sie Staatsbeamtin hätte werden können, was Minister Ehmke bejahte.

Ein zweiter Vorstoß, die Straßennamen den Forderungen eines neuen Weltbildes unterzuordnen, geht vom «Bund der Kriegsgegner» in der Stadtratssitzung vom 3.11.1947 aus. Im weiteren Verlaufe verfolgten die einzelnen Fraktionen der Parteien die Vorstellungen ihres jeweiligen Parteiprogramms. Verwirklicht wurden diese Bestrebungen zunächst durch den Stadtratsbeschluß vom 13. November 1955 über die Straßenbenennungen auf dem ehemaligen Flugplatzgelände.

Durch den Stadtratsbeschluß vom 2. Oktober 1956 wird das Programm der Parteipolitiker der Demokratie um die Straßen des Flugplatzgeländes ergänzt und erweitert. In diesem Schub kommt die Generation an die Reihe, die etwa zwischen 1860 und 1890 geboren ist. Friedrich Naumann (1860–1919), Gustav Stresemann (1878–1929), Kurt Schumacher (1895–1952), Josef Schober (1866–1930), Heinrich Köhler (1878–1949).

Für die Opfer des Nationalsozialismus gibt es ebenfalls ganz bestimmte Namenstypen. Nürnberg hat zu Ehren der Widerstandskämpfer einen «Platz der Opfer des Faschismus» eingesetzt.

Nachdem wir die Namen der Staatsführung, der Parteigrößen und hohen Beamten behandelt haben, müssen wir uns noch einem anderen großen Komplex zuwenden. Es sind die Namen der bürgerlichen Bildung und der Forschung; die Namen der Männer der Kunst und Wissenschaft.

Folgende Unterabteilungen sind zu unterscheiden: Philosophen, Mathematiker, Astronomen, die stets klein gehaltene Gruppe der Historiker. Größere, selbständige Gruppen sind die Dichter, die Maler und Musiker und andeutungsweise die Architekten.

In den Straßennamen wirkt sich das so aus, daß nun ganze Bezirke en bloc nach den verschiedenen sogenannten berühmten Männern benannt werden.

Dichter und Musiker liegen nahe beieinander. Ein geschlossenes Dichter-Straßenviertel entstand bei der Stadterweiterung um 1890 in der Weststadt. Es sind dumpfe, schattige Straßenzeilen. In ihnen wohnen untere und mittlere Beamte und Handwerker – dieser sozialen Schicht sollen die Bildungsnamen der deutschen Literatur von Hans Sachs über Schiller und Goethe bis Uhland und Scheffel zugute kommen.

Karlsruhe entwickelte in der zweiten Hälfte des 19. Jahrhunderts ein reges, auch international anerkanntes Musikleben, besonders um den Richard-Wagner-Operndirigenten Felix Mottl zwischen 1880 und 1905. Es entsteht das sogenannte Musikerviertel nördlich der Hildapromenade mit den Elitenamen der deutschen Musikgeschichte. Zum Beispiel der Haydnplatz mit den Strahlen der Beethoven-, Mozart- und Weberstraße.

Als nach 1920 dasselbe Gebiet weiterhin baulich erschlossen wurde, hat der Stadtrat am 21. September 1927 beschlossen, daß die weiteren Straßen nach den Gestalten der Opern von Richard Wagner benannt werden (Tannhäuser, Rheingold, Tristan, Isolde, Hagen, Alberich). Zu dieser Sitte vergleiche man die Reliefs von Franz Xaver Reich im Torbogen vom Alten Staatstheater nach verschiedenen europäischen Opern. Das Musikerviertel ist großzügig locker angelegt, im Gegensatz zum düsteren Dichterviertel. Vor den Häusern sind Blumenbeete, Trauerweiden, und sie beherbergen sicher besondere Musikzimmer mit einem Bechstein-Flügel als Ausdruck großbürgerlicher Bildungswelt.

Nun soll noch auf eine Liste von berühmten Musikern aufmerksam gemacht werden, die sich nicht auf Straßennamen beziehen, sondern auf Berge und Seeriffe, etwa 400 Seemeilen nördlich von Hawaii. Dort entstand ein merkwürdiger Unterwasserolymp berühmter Namen. Als Gegenstück dazu ist zu vermerken, daß die geographisch markanten Punkte auf der Mondkarte ebenfalls durch die Namen berühmter Männer, hauptsächlich der internationalen Naturwissenschaftler des Altertums und der Neuzeit bezeichnet werden (Ptolomäus, Theophilus, Tacitus, Hesiod, Heraklit, Kircher und Humboldt etc.).

Die Gepflogenheit, die Namen der verdienten Bürger einer Stadt zu ehren, stammt geistesgeschichtlich gesehen aus der Biographikerliteratur der italienischen Renaissance. So stellte der Florentiner Chronist Filippo Villani zwischen 1375 und 1390 eine Sammlung von Biographien zusammen von teils noch lebenden literarischen, künstlerischen, musikalischen, wissenschaftlichen, theologischen und politischen Stadtberühmtheiten. Diese Viri illustres sollen die Glorie, den Ruhm der Stadt, begründen und befestigen.

Um 1440 behandelt die Schrift des Nobile Nichele Savanorola «De Laudibus Pataviis», über das Lob der Paduaner, die Beschreibung der Stadt Padua. Es ist interessant, nach welchen Gesichtspunkten Savonarala in der Einteilung seiner Schrift vorgeht. Es sind sozusagen die Stände, die Ordines. Was früher in den Stadtbiographiken literarisch ausgeführt wurde, ist jetzt in den neuzeitlichen Städten des 19. und 20. Jahrhunderts real in den Straßennamen mit ihren Ordines, d.h. den berühmten Männern durchgeführt. Außerdem fanden die berühmten Männer gleichzeitig ihre Verherrlichung in den Gemälden der sogenannten Berühmtheitsversammlungen. Wir erinnern uns etwa an die Fresken von Raffaels Schule von Athen im Vatikan. Im großen Stil wird dann die Gemäldegattung der Berühmtheitsversammlungen im Zuge des erneuerten Geniekultes des bürgerlichen 19. Jahrhunderts wieder aufgenommen. Besonders beliebt und geeignet war dieses Thema zum Schmucke von Universitäten, Schulen und Museen (zum Beispiel für die Alte Pinakothek in München oder für die Universität in Bonn oder Staatliche Kunsthalle Karlsruhe, Eingangsportal).

Bei diesen Gemälden der Berühmtheitsversammlungen trat für die Künstler schon dasselbe Problem auf, das die Stadträte jeweils bei ihren Straßenbenennungen bedrängt und in Verzweiflung bringen kann: das Problem des Würdigkeitsgrades der Auszuwählenden.

Wie speziell etwa J.A.D. Ingres bei seiner «Apotheose Homers» vorging, berichtet Ernst Würtenberger in seiner Künstlermonographie über diesen Maler: «Ein Areopag der Nachfolge Homers strengster Art. Immer wieder verwarf er Figuren, zum Beispiel Tasso und Shakespeare. Auch Goethe nahm er nicht auf. [...] Goethe und Shakespeare mußten fallen, weil sie nach Ingres von der Romantik angesteckt seien, die er haßte.»

Der Persönlichkeitskult des 19. Jahrhunderts schlug sich aber noch in einer anderen Erscheinung nieder, um den Städten eine geistige und künstlerische Durchdringung zu Teil werden zu lassen. Dies ist der weitgepflegte Kult in Form der plastischen Denkmäler auf den Plätzen und Straßen des 19. Jahrhunderts. Oftmals gibt es natürlich in derselben Stadt parallel zum Straßennamen einer berühmten Gestalt auch das entsprechende Denkmal dieser Person.

Es kann auch vorkommen, daß in den Denkmälern mehrere Gestalten zu einem Komplex zusammengenommen werden. So ist dies der Fall in der Achtfigurengruppe beim Luther-Denkmal in Worms von Ritschel von 1853. Dort wird Luther als Zentralfigur von seinen Vorläufern umsessen. Eine parallele Gruppenbildung ist zu beobachten im Straßenblock der Reformatorenstraßen im Westen von Worms mit der Zwingli-, Calwin-, Lutherbaum- und Melanchthonstraße aus dem fürstlichen Bereich der Landgrafenstraße.

Was hier in Karlsruhe passierte, daß nach der Sprengung des alten Stadtkerns die Künstlernamen zur Sprache kommen, ist symptomatisch für die meisten europäischen Städte. In dieser Hinsicht soll Karlsruhe mit Florenz verglichen werden.

Die Altstadt von Karlsruhe beinhaltet die Namen der Mitglieder des Fürstenhauses, und in Florenz sind es parallel dazu die Namen der Adligen und der Patrizierfamilien.

Wo sich in Karlsruhe vor den Toren die Dichter- und Musikerblöcke ansiedeln, erscheinen in Florenz die zeitlich wohlgeordneten Namen der großen künstlerischen Vergangenheit dieser Stadt.

Am Arno unten die bildenden Künstler des 14. und 15. Jahrhunderts und weiter oben diejenigen des 15. und 16. Jahrhunderts. Im Gegensatz zu Karlsruhe ist das Musikerviertel klein gehalten.

Gegenüber den Gruppen der Kunst- und Geisteswissenschaften nehmen die Namen der naturwissenschaftlichen Forschung einen relativ bescheidenen Platz ein. Selbst in Karlsruhe, der Stadt der ältesten deutschen Technischen Hochschule, ist dies zu beobachten. Es gibt hier keinen eigenen zentrierten Bezirk, der ausdrücklich den Professoren der Technischen Hochschule vorbehalten wäre. Auch im Gebiet des Hochschulgeländes selber kommt es nur zu zaghaften Zusammenrottungen. Sonst sind im großen und ganzen die Professorennamen über das ganze Stadtgebiet verstreut. Die berühmten Chemiker wie Bunsen, Liebig und Weltzien haben eine Kombination im Verein mit der zweiten Trias der Architekten gefunden, mit Hübsch, Eisenlohr und Weinbrenner.

Nach 1900 schließen sich infolge der sich rapid ausbreitenden Technisierung und Industrialisierung des Lebens noch die Rubriken der Naturforscher, der Erfinder und die eng damit zusammenhängenden industriellen Großorganisatoren an.

In Frankfurt/Main-Hockenheim erscheint z.B. ein ganzer Block, der den Forschern über die Elektrizität gewidmet ist. Der Bedeutung der Industrieunternehmungen für das Gedeihen der Stadt Karlsruhe gemäß, können diese Betriebe diese Anerkennung mit Fug und Recht in Anspruch nehmen. Zum Beispiel ist unter dieser Begründung in Durlach die Pfaffstraße vom Stadtrat am 21. Januar 1965 genehmigt worden.

Es gibt Firmen, die geradezu verbissen die Stadt erpressen wollen, um zu erreichen, daß nach ihrem Betrieb eine Straße benannt wird. Zürich z.B. lehnte es grundsätzlich ab, Firmennamen als Straßennamen zu verwenden. Im Anschluß an die Fabrikbetriebe werden manchmal die Straßen nach den Produkten benannt, die sie herstellen oder nach den Rohstoffen oder den Werkzeugen, die sie verwenden.

Zugleich werden bedeutende Vertreter des Verkehrswesens geehrt: die Männer des Eisenbahnwesens und des Flugverkehrs.

Erst in allerletzter Zeit taucht die, die sonst peinlich mit wenigen Ausnahmen eingehaltenen nationalen Grenzen sprengende Rubrik der allgemeinen Wohltäter der Menschheit auf: Männer und Frauen, die zur Humanisierung unserer zum Teil recht inhumanen Epoche wesentlich beigetragen haben. Z.B. Straßen um die Europa-Schule.

Nach 1900 erfolgte ein ganz neues System der Stadterweiterungen. Nun beginnt die Zeit der Siedlungen. Meistens sind sie an den Stadtrand gesetzt. Nun kommt das moderne naturwissenschaftliche und durch die Technik diktierte Weltbild zum Zuge. Die bildungsbetonten und die historisch lokalen dynastischen Namen wie die Namen der Geisteshelden und selbst die politischen Belange treten zurück. Es ist typisch für die allgemeine kulturelle Situation, daß das Buch im Bücherschrank nicht mehr so wichtig ist und für den Lebenssinn entscheidend.

Im Umraume von Karlsruhe sind seit 1910 30 solcher Stadtrandsiedlungen um den Mutterkern der alten Residenz entstanden. In Mannheim sind es 26 Stadtteile, die eingemeindet wurden, in Stuttgart sind es über 60.

Das Charakteristikum der Siedlungen der neueren Zeit liegt darin, daß sie nicht geschichtlich gewachsen sind, sondern ohne weitere Vorbereitung sozusagen auf einen Schwung in die bisher noch botanisch und zoologisch ungestört dahinlebende freie Landschaft hineingesetzt wurden. Dadurch wird in rascher Entwicklung das bisher noch landwirtschaftliche und forstwirtschaftliche Naturland in zivilisatorisches Bebauungsareal umgewandelt.

Die Tatsache der unvermittelten baulichen Bearbeitung des Ackerlandes wirkte sich auch im System und der Ikonographie der Straßenbenennung bei den Siedlungen aus. Die verschiedenen Naturlandschaften prägen vielfach auch das Repertoire der Straßennamenbezeichnung. Insofern wurden die Straßennamen vielfach aus dem Topf der zivilisatorisch verarbeiteten Landstriche, d.h. aus dem Gebiete der Naturgeschichte, entnommen. Drei große Bereiche sind dabei vorherrschend:

die Zoologie, die Botanik und der umfangreiche Bereich der Geographie.

Durch diese Erweiterung des Namensschatzes für die Straßen in der Richtung zur Natur erhalten die Städte durch ihre ungeheure territoriale Ausdehnung im gesamten gesehen und addiert einen sogenannten enzyklopädischen Anstrich. Zur Weltvorstellung tritt hier das große Gebiet der Natur hinzu.

Beginnen wir in unserer Betrachtung mit der Sparte der Zoologie. Diese spezielle Straßennamenzoologie bezieht sich sach- und lokalbezogen fast ausschließlich auf die Tierwelt der Heimat, d.h. auf die Tiere, die in dieser Landschaft bis vor kurzem ihren Lebensbereich hatten und infolge der Besiedlung durch den zivilisatorischen Menschen vertrieben wurden. Dabei ist es bezeichnend, daß selten reine zoologische oder botanische Bezeichnungen in ein und derselben Siedlung erscheinen. Die Namengeber hatten doch noch das Gefühl der ökologischen Einheit und des notwendigen Zusammenlebens und Zusammenspiels von Tierwelt und Pflanzenwelt in sich wachgehalten. Und so finden wir sehr oft die zoologischen und botanischen Namen gemischt. In gewisser Beziehung handelt es sich hier um eine Sehnsuchtszoologie oder -botanik, indem man sich der vertriebenen Tiere und Pflanzen wenigstens noch mit Hilfe der Straßennamen erinnert.

Wie liebevoll sich die Bürger dem Kleingetier und den Vögeln in Karlsruhe annehmen, kann in der Rheinstrandsiedlung, die 1937 an die Stadt angegliedert wurde, beobachtet werden.

Diese Siedlung liegt landschaftlich poetisch am Alten Federbach, dem letzten Ausläufer des Altrheingebietes.

In dem dendrologischen Rahmengerüst von einheimischen Baumarten läßt sich die einheimische Vogelwelt nieder und bildet festgefügte Blöcke. Es wird eine recht reiche Besetzung, wie in dem Vogelhaus im Zoo des Stadtgartens, geboten.

Zu den Straßennamen aus der Realnatur, der Zoologie und der Botanik, gesellt sich noch der Komplex der geographischen Namen. Es sind die Namen von Bergen, Flüssen und von Dörfern, Städten und Burgen.

Bei diesen geographischen Namen, die gar nichts mehr unmittelbar mit der lokalen Nachbarschaftsgeographie zu tun haben, tritt die geradezu groteske Situation ein, daß die schon an sich zentrifugalen Siedlungen, die weitab vom Stadtkern liegen und sich in die Landschaft hineinfressen, in ihren Namen noch mehr explodieren und raumerobernd und Räume verschleißend sind, als sie es schon in Wirklichkeit tun.

Dabei können wir feststellen, daß diese ferngeographischen Namen sehr oft aus derselben Himmelsrichtung genommen wurden, in welcher die Siedlung zum Karlsruher Kerngebiet steht. Wir erkennen daraus, wie logisch die Raumerweiterung durch die Straßennamen vorgenommen wurde.

Die Siedlung im Westen der Stadt, westlich vom Flugplatz, holte z.B. die Berge-, Orts- und Burgennamen aus der im Westen gelegenen Pfalz heran.

Die geographischen Straßen im Siedlungsrand von Stuttgart sind nicht himmelsrichtungsbetont wie dies im wesentlichen in Karlsruhe, Freiburg oder Mannheim der Fall ist.

Das «Nirgends bin ich zu Hause», die ewige banale örtliche Allwerdung entspricht der Weltbildidee des Autofahrers. Das antikulturelle Prinzip des Ewig-auf-der-Flucht-vor-sich-selbst-Seins schlug sich auch in der Art der Straßenbenennung deutlich nieder. Es ist das landschaftsauffressende, raumzerstörende Prinzip nicht der Siedlung, sondern der Zersiedlung. Es ist die Namensart des verkehrssüchtigen Menschen, der auf ständige mobile Ortsvertauschung aus ist, koste es, was es wolle, und verwandle sich die fruchtbarste, schönste Gegend in die abscheulichste, entleerte Öde eines dichten, allzu dichten Landstraßennetzes.

Hier ist noch die sogenannte politische Sehnsuchtsgeographie anzuschließen, wie sie in der Waldstadt von Karlsruhe mit den Namen der Städte der verlorenen deutschen Ostgebiete in Erscheinung tritt.

Ein ähnlicher Vorgang ist festzustellen in der Siedlung der amerikanischen Besatzungsarmee, wo Namen der Städte und Staaten der fernen USA verwendet werden.

Eine sogenannte moralische Geographie gibt es in Mannheim-Käfertal. Dort erscheinen Namen wie: Kleiner Anfang, Zäher Wille, Große Ausdauer, Guter Fortschritt, Frohe Arbeit (plötzlich dazwischen Hessische Straße), Freier Weg, Eigene Scholle, Gute Erde, Neue Heimat, Freie Luft. Dann vom Wetter genommen: Abendröte, Regenbogen, Planetenweg, Sonnenschein usw.

So einzigartig und exzentrisch, wie uns diese Bezeichnungen erscheinen mögen, gibt es dafür doch Vorstufen aus dem 17. Jahrhundert in den Landkarten der sogenannten Liebesinseln, z.B. in der Carte du Tendre aus dem Roman «Clélie» der Madame de Scuderie. Dort gibt es den «plan raisonné» des Liebesterrains mit den drei Städten «Tendre», welche in den Flüssen «Inclination, Estime, Reconnaissance» liegen. Es gibt die Dörfer «Jolis vers, Billet galant, Billet doux». Zugleich gibt es dort auch moralisch schlechte Orte, wie den «Teich der Gleichgültigkeit» oder das «Meer der Feindschaft». In anderen Städten gibt es noch einige wenige Sprengstücke dieser Mentalität. So in Pforzheim «Arme Sünder Weg» und in Freiburg-Mooswaldsiedlung «Verlorener Weg».

Überblicken wir die Fülle der Straßennamen mit ihren verschiedenen Rubriken an Inhalten im Ganzen, so hat diese lange Liste nicht nur einen historischen Charakter, sondern auch einen systematischen. In dieser Rubrizierung der Welt tritt zugleich eine betont enzyklopädische Absicht zutage. Man versucht eine sachbezogene Aufgliederung der Welt in einem möglichst vollen und in einer geschlossenen Ganzheit funktionierenden Umfang.

Daß man nun einer Stadt diesen bestimmten enzyklopädischen Stempel aufprägt, entspricht einer ganz bestimmten kulturbewußten, bürgerlich-naturwissenschaftlichen Weltauffassung, die ihre historischen Quellen und Vorläufer besitzt. Diese Art von naturwissenschaftlichem und kulturell-politischem Geiste kam aus der Barockzeit. Da soll ganz besonders auf ein utopisches Programm einer Stadtanlage aus dem Beginn des 17. Jahrhunderts hingewiesen werden, worin in schönster Weise und Ordnung schon prinzipiell die gleichen Rubriken aufgezählt werden, wie sie uns in unserem Karlsruher Straßennamen-Programm begegnen. Dieses Programm stammt aus der Staatsutopie des Sonnenstaates, der «Civitas Solis» des Tommaso Campanella von 1623. (Abb. S. 451)

Campanella ist ein für seine Zeit revolutionärer, von frühkommunistischen Gedankengängen durchdrungener Philosoph und Dominikaner-Mönch (1568–1639). Im Sonnenstaat werden die Realverhältnisse unserer Erde wie in einem Lehrbuch geordnet vorgeführt. Die Stadt des Sonnenstaates hat sechs Mauerringe, die innen und außen bemalt sind. Nach der Beschreibung des Campanella habe ich die Bemalung der Mauerringe rekonstruiert und gezeichnet. Wir können feststellen, wie viele Ähnlichkeiten sich hier mit den Karlsruher Straßennamenrubriken finden lassen.

Eines ist allerdings in Karlsruhe mit den zwölf Ringen anders. Dort ist im innersten, wichtigsten Ring nicht von der Materie ausgegangen worden, sondern die Herrscher sind in Karlsruhe im Mittelpunkt und Ausgangspunkt des Weltbildprogramms. Die Hierarchie der Werte wurde also gerade umgekehrt.

Das enzyklopädische Repertoire der Straßennamen, das wir in Karlsruhe kennenlernten, ist ebenfalls symptomatisch für ganz Europa. Selbst ganz neu aus dem Boden gestampfte Orte bedienen sich dieses Weltbildschemas.

Ich möchte das Beispiel des italienischen Badeortes Lignano zwischen Venedig und Triest anführen. Da finden wir die Rubriken des Kosmos, der Natur, der Kunst und der Siedlungskunde in geradezu klassischer Form nebeneinandergestellt. Das Schema mag dies verdeutlichen. Hauptadern werden mit Begriffen belegt, z.B. Viale dell'Industria, Viale del Commercio. Neu sind die Rosa dei Venti, die Windrichtungen und Windarten. Dann kommen die Götter, die Nationen, die Bäume und Blumen und die Städte und Landschaften. Also ein reiches Kaleidoskop der Welt, wie es auch der Vorstellung von Leonardo da Vinci entsprach.

Nachdem wir dieses geistige Aufbaukonzept der europäischen Städte erkannt haben, soll noch darauf hingewiesen werden, daß das absolut gleiche enzyklopädische Weltbildkonzept auch in anderen Bereichen zutage tritt und verwendet wird.

Da möchte ich den großen, die Allgemeinheit der Bürger angehenden Komplex der Welt der Briefmarkenbilder anführen. Auch dort erscheinen haargenau dieselben Themenkreise. Wörtlich dieselben Namen wie z.B. Gutenberg, Adam Riese, Adalbert Stifter, Mozart, Heine, Fichte, Lassalle usw. Ebenso die Reiche der Natur und des Märchens als Wohlfahrtsmarken.

Weiterhin macht sich die Deutsche Bundesbahn das enzyklopädisch gefächerte Weltbildschema werbestrategisch zu Nutze. Und dies auf zwei Sektoren. Einmal auf dem Sektor der Benennung der besonders zu empfehlenden Schnellzugverbindungen und zum andern auf dem Sektor der Werbeplakate als Bilderbogen (z.B. die Tierwelt oder die Burgen und Schlösser oder Dome und Kirchen).

Für die Schnellzüge steht selbstverständlich legitim der geographische Bereich zur Verfügung (Italia-Expreß, Riviera-Expreß, Gallia-Expreß, Porta-Westfalica-Expreß). Besonders chic ist dafür die Wahl des Lateinischen. Dann romantische Bezeichnungen wie Rheingold, Loreley, dann Verherrlichungen der dynamischen Schnelligkeit wie Komet, Rheinblitz, Toller Blomberg, Rheinpfeil oder Chargenbezeichnungen wie Konsul, Senator oder Prinzregent oder Messefavorit: der Dompfeil verkehrt zwischen den Domen von Worms und Ulm.

Geringe botanische und mineralogische Ansätze sind in den Bezeichnungen Saphir oder Blauer Enzian zu erkennen.

Aber auch die berühmten Namen der Kunst und Musik werden zur Freude der Reisenden hier nicht geschont. Man trifft auf den Bahnhöfen Beethoven, Mozart (Wien – Paris), Rembrandt, Goethe, Hans-Sachs, Merian, Wilhelm Busch (Köln–Dortmund) und den Geographen Mercator. Vom Verkehrsbüro in Siders (Sierre) im Wallis (Schweiz) wird man aufgefordert, einen Rainer-Maria-Rilke-Sommer 1975 zu verbringen.

Dazu ist anzumerken, daß die gewöhnlichen Personen- und Eilzüge von der Gunst dieses kulturellen Gesellschaftsspieles ausgeschlossen sind. Demnach sind also erst ab 140 km Schnelligkeit die Kulturnamen einsetzbar. Als ob Schnelligkeit und Komfort mit dem Kulturbewußtsein etwas zu tun haben. Ich würde eher das Gegenteil annehmen. Die Langsamkeit, die Muse und das ruhige Verweilen ist in Wirklichkeit kulturfördernd. Aber unsere Zeit ist so sehr zivilisatorisch, technologisch und antikulturell eingelullt, daß dieser Widerspruch niemanden weiter stört.

Welche seelische Verelendung und Verödung und Verblödung an uns Menschen in langer Fortschrittsentwicklung geschah und geschieht, hat der bekannte Karlsruher Graphiker Walter Schmidt in seiner erschütternden Höllenvision auszudrücken versucht.

Der zivilisatorisch fehlgeleitete Mensch ringt verzweifelt mit dem letzten Lichtstrahl der Sonne der Kultur. Es enthüllt sich darin, welchen seelischen Höllensturz auch wir Karlsruher Bürger infolge einer seelisch und kulturell falschen Entwicklung durchgemacht haben.

In den Massenwohnbezirken der Siedlungen aus neuester Zeit, wo die Nummern-Konsummenschen anstelle der Bildungsmenschen vorherrschen, erkennt man, wie sich das Weltbild der enzyklopädischen Straßennamen als Weltbild des Verkehrs selbst aushöhlt und banal wird und sich damit als wenig aussagekräftig erweist. Mit dem räumlichen Zerlaufen der Städte in den Freiraum der Landschaft verflüchtigte sich auch der geistige und geschichtliche Bedeutungskern der Stadt als wirklicher Weltschöpfung.

Es melden sich schwere Bedenken und Einwände. Als Ausdruck dieser Haltung sind die skeptisch ironischen Ausführungen anzusehen, die Hermann Dallhammer in seinem Buche «Von Straßen und Wegen» 1959 unmißverständlich scharf formulierte.

Es lohnt sich, den ganzen Passus zu zitieren, um im vollen Ausmaße zu erkennen, mit welcher abschätzigen Einstellung Dallhammer an das Zerbröckeln des enzyklopädischen Weltbildes herangeht. Er schreibt: «Entsteht heute eine neue Straße, so ist die Namengebung ein Vabanquespiel. Sie hängt jeweils nur von der vorherrschenden Staatsform ab.

Neue Straße?

Name? Moment mal! Haben wir keinen anständigen Politiker mehr frei? Schade! Sämtliche Blumennamen, einschließlich Rosen und Nelken, sind auch schon abgeklappert. Aber ein Wirtschaftsführer wäre doch nicht schlecht. Ach so, der ist ja von der anderen Partei! Die bekannten Dichter und Musiker hat uns die Jahrtausendwende schon weggeklaut und die jüngeren sind sowieso unverständlich. Und die neuen Häuserblocks nur nach Säugetieren und Vögeln zu benennen, das ist auch nicht originell. Gott sei Dank gehören solche Probleme bald der Vergangenheit an. Bauen doch moderne Architekten schon eine supermoderne Stadt, die anstelle eines Namens nur eine Ziffer und einen Buchstaben erhalten soll. Auch die Straßen werden nur mit Ziffer und Buchstabe kenntlich gemacht. Fehlt nur noch, daß man Vorname und Name des Bewohners auch noch abkürzt, weil das Zeit beim Adressenschreiben spart.»

Der Autor möchte die ganze Bildungswelt über Bord werfen und ist froh, wenn eine andere, radikal-sachliche Position eingenommen wird. Es sind nicht mehr Begriffe und geistige Zusammenhänge, unter denen die Bauten der Straßen stehen sollen, sondern es soll die reine Ratio, die extreme mathematische Sachlichkeit herrschen. Die Rettung aus dem Dilemma der zerbrechenden, letzten Endes barocken Bildungskultur sind die kalten Ziffern und Buchstaben, die sinnentleerten Schemata reinsten Wassers.

Was bezüglich der Straßennamen bei Dallhammer 1959 noch als erst werdende Utopie und Möglichkeit heraufbeschworen wurde, ist dann nach 13 Jahren 1972 schon vollkommen vollzogene Praxis geworden. Kalte Zweckhaftigkeit siegte über jede kulturelle enzyklopädische Regung.

Zeuge dieser neuen, vollkommenen, in sich lückenlos geschlossenen Welt ist ein Passus aus einem unserer gebräuchlichen Schulbücher. Im badisch-württembergischen Schulbuch «Sozialkunde. Lehr- und Arbeitsbuch zur politischen Bildung» von 1972 ist zu lesen: «Die Erziehung zum sozialistischen Menschen.

Alltag in der DDR. Halle-Neustadt, eine der aus dem Boden gestampften ostdeutschen Satelliten-Städte.

Straßennamen gibt es in dieser neuen sozialistischen Stadt keine mehr, auch keine Kirchen. Im Block 602, Aufgang 2, wohnt die Arbeiterfamilie Blumeier.»

Es ist recht typisch: Straßennamen und Kirchen werden in einem Atemzug genannt. Wir erinnern uns, wie liebevoll sie im Stadtplanausschnitt des Knaben Björn Fühler eingetragen waren. Beide sind inzwischen gleichermaßen suspekt geworden und deshalb abgeschafft.

Wie sehr die Namen der freien geistigen Persönlichkeiten als Vorbilder für uns darniedergesunken sind und sich an ihrer Stelle eine hilflose Verwirrung ausgebreitet hat, können wir nachlesen, in dem für unser bundesdeutsches Niveau symptomatischen, weltethisch zwar wertlosen, aber trotzdem schriftstellerisch hervorragend geschriebenen Roman von Siegfried Lenz «Das Vorbild» von 1973. Dort ist u.a. zu lesen: «Vorbilder sind doch nur eine Art pädagogischer Lebertran, den jeder mit Widerwillen schluckt, zumindestens mit geschlossenen Augen.»

In der Hinsicht der Planung einer Stadt ist es sehr charakteristisch, daß im hiesigen Rathaus im Zimmer, wo der Beamte seinen Arbeitstisch hat, der die Namengebung bearbeitet, als Wandbild kein Kernplan von Karlsruhe aufgehängt ist, sondern die städteplanerisch chaotisch wild emporgeschossene Skyline von New York von Bernard Buffet, einem der vielen verästhetisierten künstlerischen Rohlinge.

Und für die Frage, wie es um die Namen der geistigen Vorbilder auf dem hiesigen Karlsruher Rathaus im Pro und Kontra steht, möchte ich über das für mein Wissen um diese Dinge erhellende Gespräch, das ich am 5. Juli 1973 mit dort beschäftigten Angestellten führen durfte, berichten.

Herr Wackenheit schilderte die Situation folgendermaßen: «Für die Bildung wird heute viel getan, und wenn die Straßennamen der Künstler verschwinden, so müssen sie in der Schule und in den Museen umso mehr wachgehalten werden. Ohne diese Namen können wir nicht leben.»

Ergänzend dazu war Herr Ried der Meinung: «Im Computerzeitalter müssen sowieso die Namen der Straßen verschwinden. Jede Straße muß von vornherein, um im Computer erfaßt zu werden, sowieso eine Nummer erhalten.» Und dann folgte der vielzitierte und das Gewissen beruhigende Ausspruch: «Dies bringt dieses Zeitalter mit sich». Das heißt, das Schicksal hat vorbestimmt, was mit uns geschehen wird. Für diese allgemein verbreitete denkbequeme Meinung ist es typisch, daß die kulturellen Belange ohne weiteres aus der wirklichen Lebensfunktion herausgetrennt werden können und dann als Kompensation in den papierenen Lehr- und Lernbereich der Schulen und Museen abgeschoben werden sollen.

Anstatt wirklich gelebten kulturellen Lebens soll die Kultur als Schulfach eingetrichtert oder im Gefängnis des Museums kaserniert werden. Und man rühmt sich selbstgerecht bespiegelnd, daß das Museumswesen so außerordentlich statistisch blüht und gedeiht.

Diesen Intensitätsverlust an wirklich gehandhabter und tätiger Kultur nimmt der heutige Bürger ruhig und selbstverständlich in Kauf, zugunsten von radikalen, sinnhohlen Verwaltungsgroßmaßnahmen.

Das Unterscheidungsvermögen zwischen wirklicher Kultur und lebenswertem Leben und nur verwaltungstechnischem aufgeplustertem, kulturell abgestorbenem, äußerem, technisch organisiertem Schein- und Ersatzleben, ist uns heute in allen Schichten der Bevölkerung abhanden gekommen. Sowohl bei denjenigen, die dieses zivilisatorische Scheinleben inszenieren, wie auch bei denjenigen, die auf Gedeih und Verderb die Opfer dieser menschlich und weltethisch zweifelhaften Maßnahmen sind.

Und wenn uns diese heutige Situation selbst an einem an sich so winzigen Teilproblem wie der Namengebung der Straßen einer Stadt bewußt werden konnte, so war die Mühe der Aufmerksamkeit, die Sie meinen Ausführungen schenkten, und wofür ich Ihnen danke, nicht umsonst.

Nomen est omen.

II. Die Südtangente in Karlsruhe

Referat bei einem öffentlichen Diskussionsabend im Studio des «Südfunks» in Karlsruhe, am 23. Juni 1975

Jede Zeit, jede Epoche hat mit ihrem eigenen Problem zu kämpfen. Ja, dem Menschen scheint es sogar aufgegeben zu sein, sich immer wieder mit den Dingen und ihrer Wert-Beurteilung neu auseinandersetzen und neu orientieren zu müssen.

Dies scheint überhaupt eine Hauptaufgabe des menschlichen Lebens als eines zeitlich, d.h. auch geschichtlich, den jeweiligen Kultur- und Zivilisationsstand unterworfenen Lebens zu sein.

Es gibt kein «Beruhigt die Arme in den Schoß legen», kein seliges Dahindämmern.

Kein selbstgerechtes: Für alle Zeiten immer das Richtige wissen.

Besonders nicht in der heutigen, technisierten, dynamischen und dadurch auch außerordentlich schnellebigen, vom Fortschrittsglauben gepeitschten Welt.

Dinge und Werte, die vielleicht bisher als unbezweifelbare Wahrheit angesehen wurden, werden nun sozusagen über Nacht in Frage gestellt. Plötzlich habe ich ein anderes Verhältnis zu meinen Eltern, zu Gott und der Religion, zum Staat, zur

Natur, zu den Bäumen und Bergen, ja sogar zur Einschätzung der Wissenschaft.

So ist es auch bei uns speziell in der Eigenschaft als Karlsruher Bürger von 1975.

Auch unser Bürgerbewußtsein ist nicht immer, kann nicht immer konstant sein. Muß mit den Zeit-Erfordernissen konform gehen.

Wer hätte noch vor 50, 40, 30, ja schon vor zehn Jahren jemals gedacht, daß uns solche Grundvorstellungen wie Natur oder Landschaft, Stadt und Land derart problematisch, derart in ihrer Existenz bedroht, ja zerstörbar werden könnten?

Bisher gehörten Natur und Landschaft zu Größenordnungen, an die die Macht des Menschen nur in geringfügigem Ausmaße heranreichte, die aber vorher keineswegs existenziell in das Schußfeld der Manipulierbarkeit durch das winzige Erdengeschöpf Mensch, durch diesen bisher lächerlichen Gernegroß kamen. Natur, Landschaft, Berge, Flüsse, Ebenen, Kosmos, Mond und Sterne waren unantastbare Größen, übermenschliche Dimensionen, Ehrfurcht gebietende Super-Größen.

Doch gerade dies ist anders geworden.

Durch die Macht der modernen Mega-Technik hat sich das David-Goliath-Verhältnis Natur–Mensch, Mensch–Natur umgekehrt. Der moderne technische Mensch als Übermensch ist über jede noch so große irdische (wie stellare) Dimension und jeden Universum-Raum Herr und Beherrscher geworden. Der Erdumfang ist auf wenige Flugstunden zusammengeschrumpft. Der Mensch hat es in der Hand, durch die Atombomben seine Welt, seine Existenzmöglichkeit auszulöschen. Man ist außerordentlich, kaum vorstellbar allergisch gegen die vertechnisierte Verramschung der Natur, und im speziellen des Landschaftsraumes, geworden.

Eine Flut von Literatur darüber ist aus dem Boden geschossen. Die Buchtitel sprechen das neu-modische Unbehagen und die Gewissensnot unumwunden deutlich aus. 1973 erschien: Rolf Keller: «Bauen als Umweltzerstörung. Alarmbilder einer Unarchitektur der Gegenwart.» 1974 erschien von Ulrich Conrads: «Umweltstadt, Argumente und Lehrbeispiele für eine humane Architektur», oder 1975 von Jost Krippendorf: «Die Landschaftsfresser, Tourismus und Erholungslandschaft – Verderben oder Segen».

Journalisten überschreiben ihre Artikel etwa mit Parolen wie «Muß Landschaft geopfert werden?» oder «Verunstaltende Zersiedlung verhindern».

Und die Techniker, Ingenieure und gewisse Architekten beginnen, nach dem von weltweiten Siegen gepflasterten Ruhmeszug plötzlich wie aus heiterem Himmel, fast als ein Weltfeind Nummer eins, diskriminiert zu werden, und die Armen im Geiste werden nun von eifrigen Modepropagandisten unbarmherzig vor den Richterstuhl der Weltgeschichte gezerrt. So als ob alle übrigen Zeit- und Aktionsgenossen nicht auch ganz lustig und vergnügt mitgemacht hätten!

Überhebliche Selbstgerechtigkeit wäre hier wenig am Platze. Es ist immer so bei der zweiten Phase solcher Prozesse, wenn es schiefgeht, war keiner dabei. Die bisher viel gepriesene, poetisch verklärte, unendliche, unerschöpfliche Natur ist durch die Erschließung durch den übernatürlichen, technisierten Machtmenschen zum Teufel gegangen. Was von ihr übrig bleibt, ist nur noch das vom organischen Lebensrhythmus abgefressene Skelett der technischen Planungs-Konstruktions-Anlagen. Die Natur ist kein Stück Erde mehr mit Wachstum und Vergehen, sondern rationalisiertes, totes Raumobjekt. Rohmaterial für die Experimente eines Groß-Laboratoriums für technisch einwandfrei funktionierende Einrichtungen.

Landschaft wird nicht mehr von kreatürlichen Vollmenschen erlebt und mit menschlichen Kräften bearbeitet, gehegt und gepflegt, sondern von seelisch kastrierten und ihr eigenes Ich und Selbst zum Narren gehaltenen Übermenschen konsumiert.

Wenn der moderne technische Mensch meint, er könne die Natur der ihr innewohnenden, eigenen Idee entkleiden und ihr seine weltethisch schäbige Weltkonzeption der brutalen Ausnutzbarkeit und der Verkonsumierung überstülpen, so hat dieser Menschentyp seine Weltrechnung ohne den Wirt gemacht.

In dieser Situation schlägt die Natur mit Recht zurück und meldet ihr Eigen-Recht an, nämlich als in sich selbst funktionierende Einheit zu bestehen und nicht nur zum Experimentierfeld von Physik und Chemie erniedrigt und versklavt zu werden.

Hier ist der Punkt, wo die Natur dem Menschen die Ethik, die Hierarchie der wirklichen und zwar unveräußerbaren Welt-Werte lehrt.

Der Ingenieur mit seiner real anwendbaren Supermacht über die Materie der Welt ohne Ethik ist, gelinde ausgedrückt, ein dem Weltbestand gegenüber verantwortungsloser Gauner. Denn der Mensch, der die Welt durch seine Machtmittel total zu beherrschen im Stande ist, ist – ohne eine Ethik gegenüber der Welt – als ein Verbrecher anzusehen. Macht und Ethik, Weltmacht und Weltethik sind Begriffe, die aufeinander bezogen sind, die in quantitativer und qualitativer Relation zueinander stehen. Das eine ist ohne das andere nicht zu denken.

Im Bereich der Politik mußten wir Deutsche diese bittere Binsenweisheit über uns ergehen lassen.

Im Bereich der Naturwissenschaft und der aus ihr abgeleiteten Vertechnisierung der Welt glaubten die Ingenieure, zum Schaden der Welt, ohne weltethische Grund-Grundsätze auskommen zu können.

Dies ist aber, wie sich im Vollzug der Ausübung und Verwirklichung ihrer Machtposition aus der Welt-Fehlrechnung heraus erwies, ein rächender Irrtum. Und wir stehen unversehens vor dem eigenartig logischen Phänomen der Rache der Natur am Menschen. Wie wir bereits in unserer speziellen Zivilisations-Stufe inne werden, erfolgt daraus ein Rattenschwanz von unübersehbaren, aber allmählich wohlbekannten und wohlweislich zu korrigierenden Konsequenzen.

Und so ist es für den verantwortungslosen, hemmungslos optimistisch und welteuphorischen, weltkonsumierenden modernen Menschen, der an die Technik als die allein selig machende Weltkonzeption als materielle Weltkonstruktion glaubt, eine tragische Situation, daß er in der siegreich souveränen Höhe seiner Macht die in den Begriffen Umweltschutz und Naturschutz verabsolutierte Durchführbarkeit seiner eigenen Weltideen schützen und abschirmen muß. Der Umweltschutz ist aber nicht nur eine hypothetische Forderung. Er kann recht konkrete Formen annehmen. Das weltethische negative Element des Umweltschutzes kann sich beim Bau von Straßentrassen sogar so weit architektonisch auswirken, daß er als neuartige Architektur-Groß-Form, als Lärmschutzwall, das Landschaftsbild wesentlich mitbestimmt. Man gebe mir nicht vor, daß die Ingenieure und Techniker ein Jota von ihren Plan-Spielen und Projekten gegen die Erhaltung der Natur- und Kulturandachtsgefühle zurückschrecken oder ihre Unternehmungen abbremsen würden, wenn nicht die Menschheit in ihrer Existenz selbst bedroht, benachteiligt und geschädigt würde.

Bei der Auslegung des Begriffes Naturschutz, Umweltschutz, muß man sich einmal praktisch fragen: Wer oder Was schützt denn eigentlich Wen oder Was? Wer ist Objekt, wer Subjekt des Schutzes? Muß die Natur vor der Natur geschützt werden? Oder der Mensch vor der Natur? Oder die Natur vor dem Menschen?

Die Natur braucht sich nicht selbst zu schützen. Die Natur ist an sich ein in sich ruhender Kosmos. Es ist gerade umgekehrt: Der Mensch ist des Schutzes bedürftig. Er muß sich im Naturschutz selbst schützen vor den Auswirkungen seines eigenen Denkens und inszenierten Handelns, sich selbst an seine eigene Brust schlagen.

An sich nimmt der moderne naturemanzipierte Mensch keinerlei Rücksicht auf die Natur, aber dummerweise schädigt er sich selber mit der Schädigung der Natur.

Der Mensch kann sich noch so sehr von der Natur befreien, doch er bleibt trotzdem immer und immer «nur» ein Stück Natur. Darin liegt der falsche utopische Kern der naturwissenschaftlichen technisch abstrakten Weltkonzeption.

Im lauten, zum Mode-Slogan gewordenen Geschrei des Natur- und Umweltschutzes in Diskussionen, Radio und Fernsehen, singt der moderne Mensch bis zu den staatlich eingerichteten Institutionen wie Sonderministerien den Gesang der Schande der eigenen Fehleinschätzung der Natur und ihrer ihr innewohnenden Gesetze.

Der Natur- und Umweltschutz ist nicht die Folge einer Fehlkonstruktion der Natur, sondern die vom Menschengeist ausgeheckte Weltkonzeption der modernen Naturwissenschaft und Technik, die auf Natur und Umwelt losgelassen werden, ist die Ursache des Natur-«Schutzes».

Wenn man die Selbstanklage des Menschen in fälschlich gewähltem Ausdruck Natur-Schutz sprachlich berücksichtigen würde, müßte es sinngerechter Menschheits-Selbst-Schutz heißen. Hier liegt eine der üblichen, geschickt kasuistischen Sinn-Bedeutungs-Verdrehungen der modernen geschäftstüchtigen und im Trüben der Lüge fischenden modernen Propaganda- und Reklame-Sprache vor.

Die Erkenntnis des Natur- und Umweltschutzes ist nicht nur ein Produkt nostalgischer, zurückgebliebener, weltferner, verschlafener Idealisten ohne Wagemut, sondern die Erkenntnis dämmert typischerweise selbst immer dringlicher im Denken der Naturwissenschaftler, Atomforscher, Ärzte, Klimatologen, Landschaftsplaner usw.

Ich möchte aus der beginnenden Flut der diesbezüglichen Literatur nur Walter Heitlers Buch «Naturphilosophische Streifzüge», 1970 und das Werk von Levis Mumfort «Mythos der Maschine und Macht», 1969 nennen.

Auch unser eigenster und eigentlicher Lebens- und Aktionsraum, das Stadtgebiet und die Umgebung von Karlsruhe, wurde schon in mannigfacher Weise durch großdimensio-

Walter Schmidt. Plakat für die Ausstellung im Studio Karlsruhe des Südfunks.

Die Südtangente in Karlsruhe

Walter Schmidt. Bulacher Kreuz. Motiv aus der Südtangente. Zeichnung.

nierte technische Superunternehmungen in wenigen Jahren (sozusagen im Handumdrehen) umgewandelt.

Man denke an den Adenauer-Ring, Verbreiterung und Untertunnelung der Kriegsstraße, an den Umbau von Mühlburg, an das Autobahndreick zwischen Karlsruhe-Durlach und an den Großabbruch der Altstadt, des «Dörfle» usw. Hier soll aber das letzte, soeben vollendete und zur Einweihung herangereifte Groß-Projekt zur Debatte stehen: Die sogenannte Südtangente in Karlsruhe.

Anlaß dazu bietet die Privatinitiative des als Chronist des Karlsruher Lebens wohl bekannten Künstlers und Graphikers Walter Schmidt, der eine stattliche Folge von Bleistift- und Kohlezeichnungen über dieses Thema über 17 Jahre hinweg, von 1958 bis 1975 gezeichnet hat: 36 Blätter und ein 3 1/2 Meter langes Panorama der Südtangente. In dieser Zeichnungsfolge liegt der einzigartige Fall vor, daß ein Künstler sich dem technischen Umwandlungsprozeß der Südtangente und der dramatischen Etappen dieses Vorganges angenommen hat.

Selbstverständlich wußten die Landschaftsraum-Ingenieure und Stadtplaner schon genau, was sie unternehmen, zu welchem Ziele sie vorstoßen wollen.

Aber der Künstler nimmt ein grundsätzlich anderes Verhältnis zur Welt und zur Handhabung und Erscheinungsweise der Welt ein.

Er registriert den Umwandlungsprozeß nicht mit rational präzisen Berechnungen. Für ihn ist Landschaft keine Angelegenheit von Reißbrettfiguren, von Raumplan-Strategie, von Betonmischungs-Maschinen-Einsätzen, nicht von Verkehrs-Kalkül, nicht von zu bezahlenden Arbeitsstunden.

Künstlerisches Sehen und Erkennen ist die Gegen-Position zum technisch-wissenschaftlichen Projektieren.

Der Künstler, der Maler und Zeichner, beurteilt die Objekte, die er ins Auge faßt, als ein Gesamtes, als übergeordnete Einheit, als vorgegebene Schöpfung. Die Objekte sind für den Künstler gesamtmenschliche Aspekte.

Künstlerisch eine Sache betrachten und beobachten heißt, den philosophisch-menschlich-seelischen Kern erfassen und herausarbeiten. So ist es auch hier bei Walter Schmidt der Fall. Bei der Betrachtung der Abfolge der Zeichnungen zeigt sich eine höchst eigenartige Möglichkeit des Urteils über den Vorgang der Umwandlung der Südtangente von einem historisch gewachsenen Landschaftsraum zu einem dem Verkehr erschlossenen technisierten Raum, der für eine Rehumanisierung als sogenannter Erholungsraum bereitgestellt ist.

Meistens sieht man nach der Tat nur noch das reale Resultat, und der Ausgangs-Aspekt ist in vager Erinnerung untergegangen.

Hier sind aber in den Zeichnungen sowohl Anfang wie auch Ende, d.h. zwei Pole der Weltanschauungs-Positionen, völlig gleich deutlich anschaubar und erlebbar und deshalb in derselben Seins-Schicht vergleichbar. D.h. das Untergegangene, nur noch fiktiv Nachvollziehbare und das jetzige Reale sind in der Schicht des künstlerischen Bildes gleichwertige Gegenwart.

Jetzt möchte ich noch kurz das besondere Problem der Verantwortlichkeit für seinen Lebensraum anschneiden, wie es sich speziell für den modernen technisierten Menschen, den Autofahrer stellt.

Beim technisch mobilen Verkehrsmenschen hat das Gefühl der Verantwortung für die Dinge, die sich in seiner unmittelbaren Umgebung abspielen, anscheinend abgenommen.

Der mobile Verkehrsmenschen-Typ glaubt, daß, wenn seine unmittelbare Umgebung an humanen Lebenswerten verliert, er diesen Schwund durch Ortsveränderung, durch rasche Verkehrsmittel wettmachen könne! Dies ist eine vielgeübte Reaktion – aber leider ein Irrtum. Das heißt praktisch, wenn ich in Durlach oder im Schwarzwald oder an der Alb keine Naherholungszone habe, so fliege ich nach Mallorca, Tunis oder Griechenland.

Die schnellen Verkehrsmittel sind Verlockungen, aus der Verantwortlichkeit der nächsten Lebens-Umgebung auszusteigen!

Für das Fern-Sein-Können gebe ich allzu leicht meine unmittelbare, nächste Umgebung und Heimat auf. Der heutige Super-Verkehr verbindet nicht mehr die Orte, sondern entwertet und tötet die Zwischen-Strecke und zerstört damit die Welt als Welt. Anstatt, daß die Weite der Welt erschlossen wird (wie der Fachausdruck heißt), schrumpft die qualitative Weite der Welt, wird die Welt anstatt größer und freier, leider kleiner, enger, entkerter, unbedeutender, nichtssagender und umso leichter fliehbar.

Heute ist es notwendiger denn je, über die Werte der Welt nachzudenken. Gehandelt und Ideen verwirklicht haben wir zur Genüge. Es ist in der neuen Situation des Brüchigwerdens der Prinzipien unseres Denkens und Handelns die neue Frage an uns alle, an jeden einzelnen und an die Gemeinschaft zu stellen:

Haben wir genügend gedacht und überlegt?

Verstehen wir die Welt wirklich zu deuten und vernünftig zu handhaben und einzurichten?

Insofern sind wir alle Herkules am Scheidewege!

III. Die stille Zerstörung

Vortrag zur Eröffnung der Ausstellung am 15. Oktober 1975 in der Orangerie in Karlsruhe unter dem Titel: «Das megatechnische Weltbildsystem und das Problem der Denkmalpflege».

Einleitung

Noch niemals wurde in der hiesigen Karlsruher Kunsthalle eine Ausstellung mit solcher Bitternis angekündigt.

Schon der Titel der Ausstellung «Die stille Zerstörung», den der Direktor der Kunsthalle, Herr Prof. Vey, für den vorliegenden Tatbestand hervorragend wählte, ist eine tiefe Anklage. Die Wortkombination des seelisch in sich gekehrten Beiwortes «still» mit dem brutalen Hauptwort «Zerstörung» enthüllt eine unmißverständliche Anklage an uns selbst.

Still heißt in diesem Falle, daß wir geistig so abgerutscht, geistig so leichtsinnig und oberflächlich waren, diese Zerstörung, d.h. Verwandlung unserer Umwelt in eine öde, gedankenlos umgestaltete Umgebung stillschweigend hinzunehmen, und untauglich und unfähig waren, sie zu verhindern.

Nur weil wir in unserer Indolenz über die wahren Weltwerte nicht Bescheid wissen, konnte diese Katastrophe der Zerstörung geschehen.

Über sich selbst und über die zu bewertenden Weltwerte (ganz gleichgültig, ob es sich um Kunstwerke oder um etwas anderes handelt – und es gibt noch viele andere Güter außer der Kunst unter Gottes Sonne –) nicht Bescheid zu wissen, ist der böseste und niederschmetterndste Vorwurf, den man zum Nachdenken Befähigten sogenannten Erwachsenen und angeblich durch vielerlei Bildungsbemühungen aufgeklärten, mit gesundem Menschenverstand ausgestatteten Kulturmenschen machen kann.

In der Ankündigung werden von Frau Dr. Schmuck die Symptome aufgezeigt, wie es den Kunstwerken in der modernen technischen Welt ergeht. Nur wenige hätten das derzeitige Weltsystem überdauert. Diese wenigen seien isoliert oder in die Ecke gedrängt.

Was heißt nun aber die gelassen ausgesprochene Aufforderung von Frau Dr. Schmuck «Bilanz zu ziehen», nachzudenken und selbst noch über alle statistischen Feststellungen hinaus weltethische Entscheidungen zu fällen, indem wir sogar zum Widerstand aufgestachelt werden, gegen den Antagonisten der Kunst, die Technik, kritisch Stellung zu beziehen? Denn Frau Dr. Schmuck schreibt «vermeintliche Notwendigkeiten sind in Frage zu stellen».

Die Frage, ob Technik oder Kunst zu fördern sind, ist keine Detailfrage in unserem derzeitigen Weltbildgefüge. Diese Frage reicht in das allumfassende Gebiet der Übersicht über den Gesamthaushalt der Weltgestaltung einer Zeit. Es ist eine Frage der Gesamtweltsysteme, der Gesamtweltkonzeption.

Um wirklich der Aufforderung von Frau Dr. Schmuck, Bilanz zu ziehen, Genüge zu tun, müssen wir uns, so ungern wir dies auch tun, der Gedankenarbeit unterziehen, ganz prinzipiell, sozusagen von Adam und Eva an, die Weltgestaltungsgesetze der Technik (und speziell der heutigen Megatechnik) und der Kunst (heute speziell der sogenannten Antikunst) zu analysieren. Dann erst sind wir gewappnet, die Phänomene zu messen und Bilanz zu ziehen.

Grundlegung

Der Unterschied zwischen Technik und Kunst

Es gibt zwei Welterscheinungsweisen, die sich prinzipiell voneinander unterscheiden.

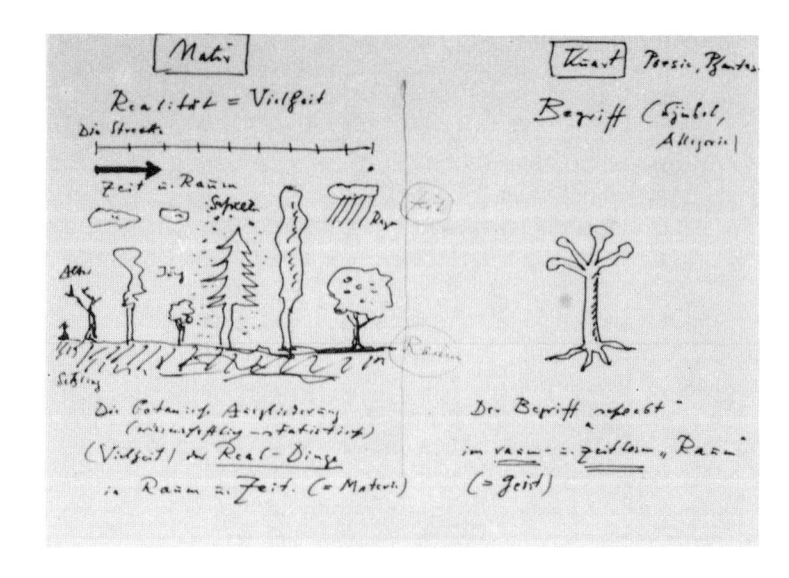

Es gibt die Welt als Materie, als Realdinge, die wissenschaftlich-statistischer Art sein können und sich ausgliedern in Raum und Zeit. Alle diese Dinge in ihrer Vielheit der materiellen Erscheinung gehören der Natur an. Sie sind materiell handhabbar, naturwissenschaftlich erfaßbar und real manipulierbar. Mit dieser Art von Welt hat es die Naturwissenschaft und Technik zu tun.

Im Gegensatz zu diesem Reich der materiellen Naturdinge existiert in unserer Vorstellung die geistige Welt der Dinge als Gedanken. Die Vielheit der Dinge kann sich zu Begriffen, Symbolen, Allegorien verdichten. Die Begriffe sind nicht der Ausgliederung in Zeit und Raum unterworfen. Sie schweben im Raum- und Zeitlosen.

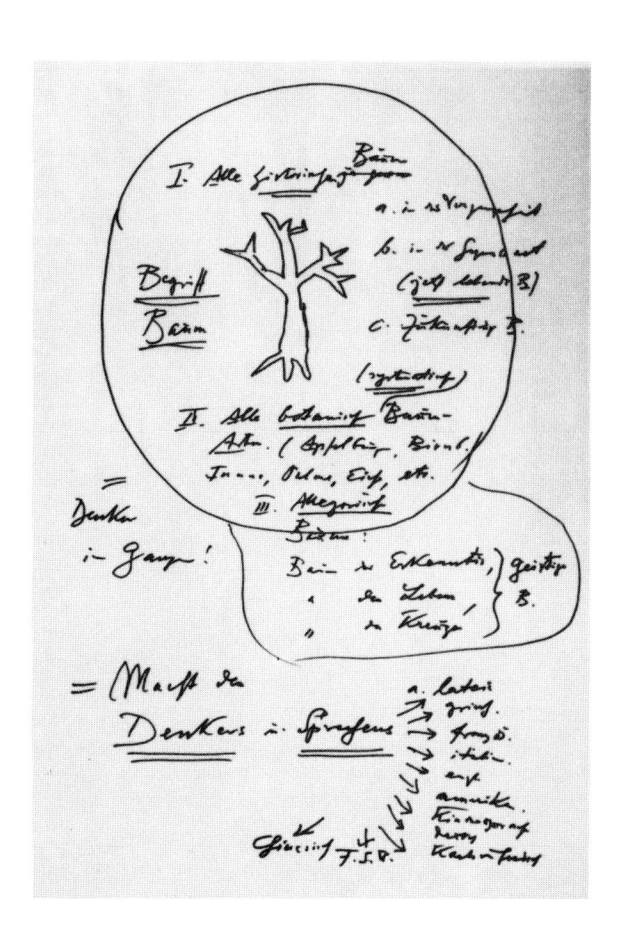

Der Begriff kann ungeheuer vieles und vielartiges beinhalten, sowohl Reales als auch Geistiges, Vergangenes, Gegenwärtiges und Zukünftiges. In dieser Welt vollziehen sich Poesie, Phantasie und auch die bildenden Künste: Architektur, Plastik und Malerei.

Die materielle Welt mit ihrer Ausgliederung in Raum und Zeit hat die Möglichkeit der *Bewegung*, des realen Hin- und Herbewegens von einem Ding zum anderen, als Seinszustand. Hingegen existiert die Welt des Denkens, der Idee, nur im Denkapparat, im Gehirn des Menschen, und ihr Seinszustand ist die *Statik*.

Am Beispiel des Baumes läßt sich dies veranschaulichen: Den Baum der Idee, den Baum an sich, den Ur-Baum hat noch nie jemand wirklich gesehen oder gepflanzt. Er existiert nur im *Geist*. Mit solchen Bäumen und vorgestellten Dingen hat es die Kunst zu tun. Das ist die Domäne, die nur ihr zukommt und in der sie sich auszeichnet.

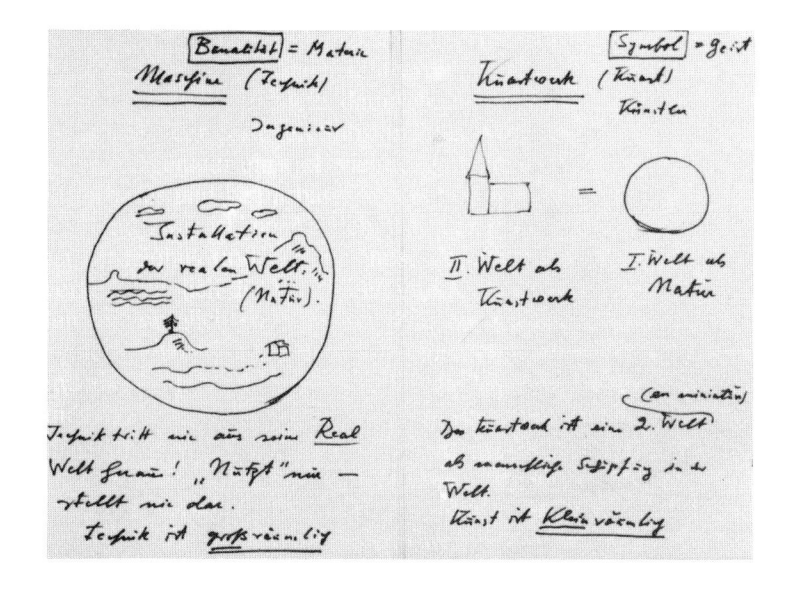

Speziell die Welt der Technik, inszeniert durch die Ingenieure, nimmt eine Installation der realen Welt, der banalen Natur vor. Technik tritt nie aus ihrer Realwelt heraus. Die Technik nutzt, benutzt nur die Weltgegebenheiten, stellt sie aber nie dar, fragt nie primär nach ihrer geistigen Bedeutung und ihrem Sinn.

Technik ist großräumig. Ihre Einrichtungen erfassen die Großräume der Erdoberfläche, der Landschaft, der Gebirge, der Meere, der Luft und neuerdings des kosmischen Universumraumes.

Hingegen verhalten sich die Kunstwerke der bildenden Kunst anders zur Natur und zu den Dingen. Das Kunstwerk (eine Kathedrale, ein Altar, eine monumentale Deckenmalerei, ein Tafelbild etc.) ist eine *zweite Welt,* allerdings diesmal nicht in der Realgröße der Natur, sondern en miniature, in der Welt. Das Kunstwerk ist eine zweite Weltschöpfung, in der Welt vom menschlichen Geist erfunden und hingestellt. Die durch das Kunstwerk bearbeitete Welt vollzieht sich nicht realbanal in der Welt als Natur, sondern in der Welt als geistig-gedanklicher Vorstellung, als geistige Idee.

Kunstwerke sind in dieser materiellen Beziehung als kleine Weltmodelle der großen Welt *kleinräumlich.*

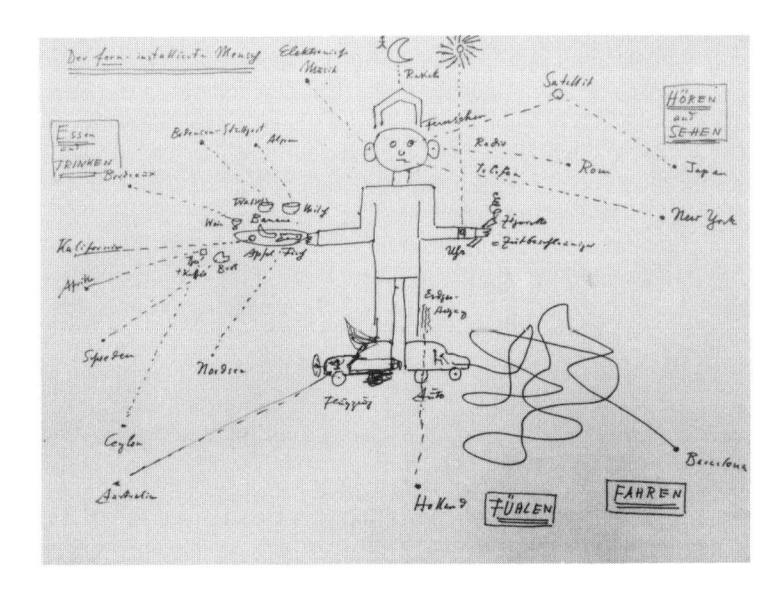

Nun wollen wir uns konkret vergegenwärtigen, wie der Mensch, der die modernen technischen Installationseinrichtungen auf sich wirken läßt, aussieht, in welches Netz von fernen, heute globalen Weltbeziehungen er durch seine Sinne (beim Hören, Sehen, Essen, Trinken und Fühlen und selbst beim Transportiertwerden) hineingestellt wird.

Parallel zu den Wirkungen der Installationen auf den Sinnenmenschen soll nun eine Liste des Menschen im Umgang mit den kleinräumigen Kunstwerken gezeigt werden. Ein paar Möglichkeiten sollen dies andeuten.

Orangerie

Vielleicht ist es ganz lehrreich, ein Gebäude, das heute dem Kunstbetrieb, dem Gegenweltbildsystem der heutigen Weltgestaltung gewidmet ist, daraufhin zu untersuchen, wie es über die Zeiten hinweg auf die zwei Weltgestaltungsprinzipien Kunst und Technik reagiert hat.

Botanischer Garten Karlsruhe. Die Orangerie. Erbaut von Heinrich Hübsch. 1853–56.

Als nächstliegendes Beispiel bietet sich das Gebäude an, in dem wir uns nun befinden: die Orangerie selbst.

Entstanden ist die Orangerie in der Mitte des 19. Jahrhunderts, als die Naturwissenschaften und die Technisierung der Welt schon recht fortgeschritten waren.

Schon der erste Zweck der Orangerie ist recht aufschlußreich für die allgemeine Situation. Wohl liegt die sogenannte Orangerie noch im Ausstrahlungsraum des Barockschlosses mit seinen ikonographischen Problemen der Verherrlichung der antiken Mythologie, sie ist aber keine barocke Orangerie, wo die mythologischen Äpfel der Hesperiden im Herrscherkult die entscheidende Rolle spielen, sondern sie war ein botanisches Palmenhaus. Damit ist die Orangerie ein Gebäude der Naturwissenschaft und kann ein botanisches Experimentierlaboratorium genannt werden.

Der Bau hat den Zweck, durch technische Heizung einen ewigen Frühling, ein irdisches exotisches Paradies zu erzeugen, trotz des winterkalten Nordens.

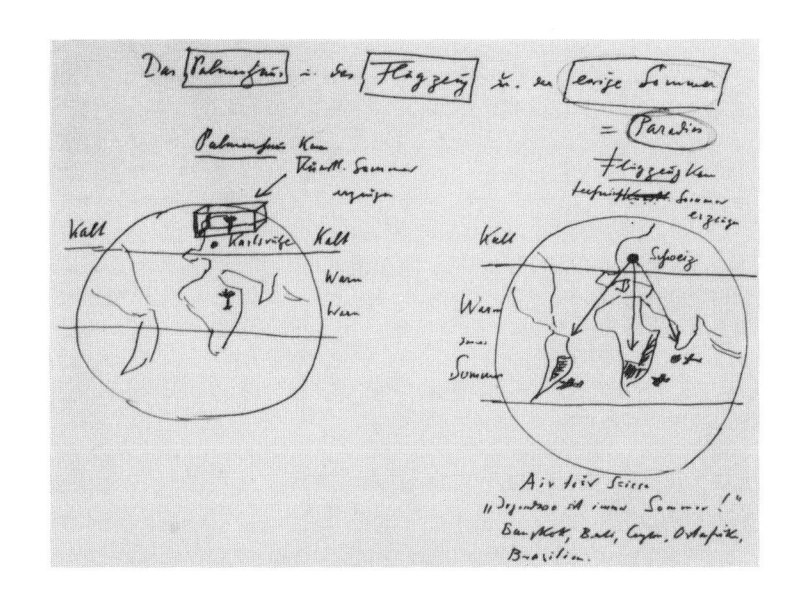

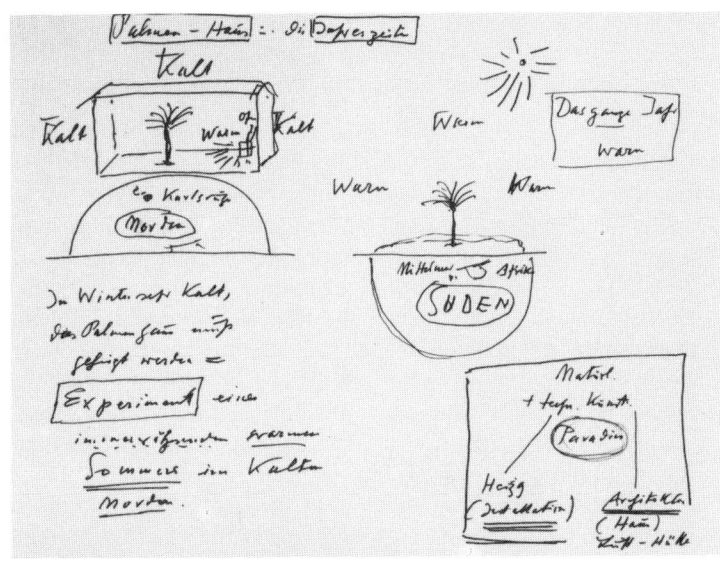

Wenn wir diese Aufgabe mit der weiteren Entwicklung der Naturwissenschaft und den heutigen technischen Maschinen und Fahrzeugen zusammenhalten, so erzeugte das damalige Palmenhaus dieselbe reale Paradiesessituation, die heute viel besser und originaler die Flugzeuge übernommen haben, indem den Menschen die große Glückschance geboten wird, mit diesen hochentwickelten technischen Glücksapparaten immer dorthin zu fliegen, wo gerade Sonne ist. Die Fluggesellschaft Airtour Suisse schrieb auf ihren Flugprospekt: «Irgendwo ist immer Sommer!» Entweder in Bangkok, Bali, Ceylon etc. Damit ist eigentlich die Aufgabe, ein festes kleinräumiges Gebäude, d.h. Architektur und Kunst, zur ewigen Sommererzeugung zu benutzen und zu erbauen, überflüssig geworden. Das großräumige, schnellreisende Flugzeug hat die kleinräumliche, stabile Architektur abgelöst und vertrieben.

Wenn wir beachten, daß das Palmenhaus vom Zweck her mehr der Naturwissenschaft als einem geistigen Programm dienlich war, so müssen wir sagen, daß der Erbauer, der Architekt Heinrich Hübsch, nicht mehr voll und ganz der geistigen Welt der Kunst zugehörte und ihrer Macht traute. Hübsch ist derjenige Architekt, dem das künstlerische Weltbild zerbröckelt und der die unkünstlerische, die antischöpferische, wissenschaftliche Frage aufwarf: «In welchem Stil sollen wir bauen?» Tatsächlich hat der Bau an Substanz und geistigem Konzept der architektonischen Idee verloren. Es ist ein Bau ohne Mitte, die zwei Enden sind betont. Es ist ein Bau mit wenigen plastischen Gliederungen, er hat eine malerische Außenfassade. Der Bau ist modern entwicklungsgeschichtlich von 1853–1858 linear gerichtet, anstatt geistig zentriert komponiert.

In den Jahren 1931/32 der naturwissenschaftlichen botanischen Glücksgefühlsbestimmung entzogen, wurde die Orangerie dem Programm der Kunstsammlungen der praktisch nahegelegenen Staatlichen Kunsthalle hinzugeschlagen. Ins Museum kamen seit der Erbauung von 1844 Jahrzehnt um Jahrzehnt immer mehr Kunstwerke, bis das Museum aus allen Nähten platzte. Wenn man nun schon die Möglichkeit hatte, den Hängeraum für Gemälde zu erweitern, entschloß man sich, die für altmodisch und überholt erklärte Gipssammlung und die Originalplastiken aus dem Hauptgebäude zu entfernen und in die großräumige Orangerie umzuquartieren. Durch diese Umordnung wurde das wohlgefügte Geistesgebäude der Kunsthalle zerstört und annulliert. Denn die Kunsthalle war nicht nur als Museum, nicht nur als Auffanglager sich stetig vermehrender Kunstprodukte erbaut worden, sondern in ihrem Kerngedanken als Manifestation der Idee der Hierarchie der bildenden Künste.

Die Kunsthalle war ursprünglich selber ein unveränderbares Kunstwerk und kein mehr oder weniger praktisch manipulierbares Bildermagazin wie die sonst üblichen Museumsbauten. Die Kunsthalle war eine Kathedrale der bildenden Künste, wie sie geistesgeschichtlich von Leonardo, Vasari und abschließend von Frederico Zuccari begründet wurde.

Die Architektur ist durch das Fresko des Freiburger Münsters vertreten, dem «ersten und größten Kunstwerk unseres Landes». Die Plastik durch das Fresko von Sabine von Steinbach und die Gipssammlung, die im Erdgeschoß untergebracht war, und die Malerei durch Hans Baldur Grien's Atelierbild und die im ersten Obergeschoß untergebrachte Gemäldesammlung.

Als man die Plastiken entfernte und abschob, wußte man nichts mehr davon (nur deshalb konnte man sie entfernen), daß eine Kunsthalle nicht nur ein Ort des passiven Kunstgenusses für ästhetisch fein empfindsame Laien von nah und fern, sondern auch ein Ort des Vorbildes und des geprägten festen

Die Kunsthalle in Karlsruhe im Querschnitt mit der Plastik- und Gemäldesammlung.

Formenschatzes für aktiv schaffende, ortsansässige Künstler ist, da sich die Kunsthalle in ein Künstleratelier verwandelte und die Gipse und Originalplastiken die Anleitung gaben, wie aus ihrem Nachmodellieren oder Abzeichnen wieder zukünftige, plastisch starke und für kommende Zeiten gehärtete Kunstwerke entstehen können und sogar müssen. Denn in Zeiten des wahren künstlerischen Denkens steht die Plastik, die feste Substanz des Steines, der Bronze, des Marmors, selbst noch des Gipses über der noch so verlockend gut gemalten Kunst des Scheins, des Realersatzes, der Illusion, der Malerei, der man 1931/32 das ihr zugehörige Gewicht und den gebührenden Glanz zukommen lassen wollte.

Indem man die Gipssammlung hinauswarf, hat man die Kunstproduktion offiziell ihres phänomenologischen, werkhierarchischen Kerns und langen abendländischen Erbes beraubt und den Kunstmaßstab der substanzentkernten, materiell minderen Malerei als Schein und Chimäre überantwortet. Man hatte damit die Ur-Kunst, die Plastik, die Substanz, aus der Trias Architektur – Plastik – Malerei ausgebrochen und zerstört und in das dürftige, heimatlose Nebengebäude eines naturwissenschaftlichen botanischen Experimentierhauses abgeschoben und notdürftig untergebracht. Als die Gipssammlung auch in der Orangerie dem weiteren Ansturm und der Ausbreitung der Malerei weichen mußte, wurden die Reste, die nach dem zweiten Weltkrieg übrig blieben, in den verschiedensten Kellern der Kulturinstitute, wie Hochschule und Kunstschule verteilt und leben dort ein schamhaft verstecktes, kümmerliches Leben wie in einer Grabeskammer.

Wenn wir uns heute dieses nicht weiter störende, sondern eher begrüßte Faktum der Ausbootung der Gipse in den allgemeinen Entwicklungsgang einreihen, so ergibt sich folgendes Bild:

Seit dem hohen Mittelalter entstand stets eine Abnahme der plastischen Substanz der Kunstwerke. Diese Abnahme drückt sich in einer ganz bestimmten Abfolge der Kunstwerkarten ab.

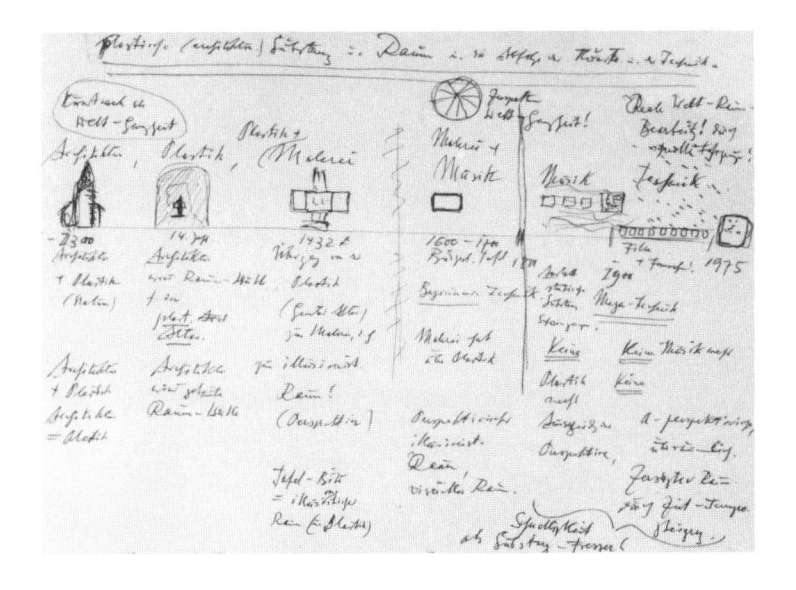

I. Kathedrale = Architektur und Plastik (Statuen) bis 1300.
II. 14. Jahrhundert. Architektur wird Raum-Hülle. Plastische Altäre.
III. 15. und 16. Jahrhundert. In den Altären Übergang von Plastik zur Malerei (Genter Altar mit illusionistischem Raum und Perspektiven).
IV. 17./18. Jahrhundert. Bürgerliche Tafel-Bildmalerei, Beginn der Technik. Malerei hat über Plastik gesiegt. Beginn der Vorherrschaft der Musik.
V. 1800–1900 Technik und Naturwissenschaft. Musik siegt in Schopenhauers Kunsttheorie über die Malerei. Anstatt statische Substanz – Raumschwingungen, das ortlose Ausstellungsbild.
VI. 1900–1975. Megatechnik. Zerhacken der Zeitsubstanz durch den Film. Keine eigenständige Musik mehr. Fernsehen. Anstatt Raumschwingung durch Töne – Schnelligkeit und körperliche Fortbewegung durch schnelle Fahrzeuge.

Nach 1900 wurde endlich die titanenhafte Raumschwingungskunst Musik von Richard Wagner, Bruckner oder Berlioz durch die technischen Raumschwingungsfahrzeuge wie Flugzeug, Auto oder Motorrad abgelöst und aus dem Gestaltungsfeld der Welt herausgeschlagen.

Wie die Übergänge von Kunst, hier Musik, zur Technik (Motorradfahren) historisch stattgefunden haben, möge diese Zusammenstellung einer Geigenspielerin, deren Haare sich in Landschaftskurven-Autobahnen verwandeln, und von Motorradfahrern, die ihrerseits zur Raumschwingungstechnik des Motorrades auf die Raumschwingungskunst der Stereomusik nicht verzichten wollen, illustrieren.

Bei Vollgas noch Musik im Sattel zu haben – das ist ein doppelt abgesicherter Glückzustand, der kaum mehr überboten werden kann und dem sich kein moderner Mensch zu verschließen vermag.

Das Schicksal will es, daß der Hinauswurf der Penaten der Kunsthalle, der substanzgeladenen antiken Gipsplastikkopien wieder in einem bedeutenden Ansatz rückgängig gemacht und damit das Rad der Geschichte der Kunsthalle zurückgedreht werden soll, da es Herrn Direktor Vey gelungen ist, Bartel Thorvaldsens Hebe, die Göttin der Jugend von 1816 zu erwerben. In denselben Räumen, wo früher die stolzen antiken Gipsstatuen standen, soll diese exemplarische Statue ihre bis jetzt noch sockellos und damit niveaulose Heimat finden. Von der Presse wurde diese Statue mit folgender begeisterten Bewunderung begrüßt: «Ein ungewohnter Anblick in der Kunsthalle, eine strahlend weiße, fast lebensgroße Statue steht im Brennpunkt zweier langer Blickachsen.» Man kann nur von ungewohntem Anblick sprechen, wenn man schon längst vergessen hat, wie es vor 45 Jahren in der Kunsthalle aussah und daß es selbstverständlich zu ihrem geistigen Konzept gehörte, daß in jenen Räumen legitim und notwendig die Grundlage der bildenden Künste gelegt wurde: die Bildhauerei.

Mit einer ganz neuen Idee wurde 1939 die Orangerie bekannt, als die Hans-Thoma-Gedächtnisausstellung zum 100. Geburtstag des Künstlers gezeigt wurde.

Hier wurde die Orangerie zum ersten Mal mit der modernen von naturwissenschaftlichem Un-Geist durchdrungenen Kunstwissenschaft bekannt. Und zwar passierte hier etwas Sonderbares. Die Anordnung des Lebenswerkes wurde nicht nach Sujets oder nach Größenarrangements aufgebaut, sondern der rote Faden war die reine Strecke des Ablaufes der Produktionsjahre von Hans Thoma. Angefangen von 1858, bis zu seinem Tode 1924.

Untersucht man diesen Begriff der Lebensstrecke, so ist dies kein aufbauender, komponierender, kein künstlerisch

410 Die stille Zerstörung

Bei Vollgas noch Musik im Sattel

Das erste Motorrad mit Stereomusik. Auf dieser Harley-Davidson tönt sie während der Fahrt aus zwei kleinen Boxen an der Windschutzscheibe. Das Bandgerät ist in der Gepäcktasche verstaut. Kostenpunkt ca. 250 Mark

Aus «Stern» Nr. 40, September 1975.

Edward Okun, Vignette zu: Jan Kasprowicz, Salve Regina. 1901.

Bartel Thorvaldsen. Hebe. Symbol der ewigen Jugend. Um 1840 nach einem Modell von 1816.

schöpferischer Begriff, sondern ein naturwissenschaftlicher, analytischer Begriff, der mehr zur Naturwissenschaft und als «Strecke» mehr zu den technischen Installationsprinzipien gehört als zur Kunst.

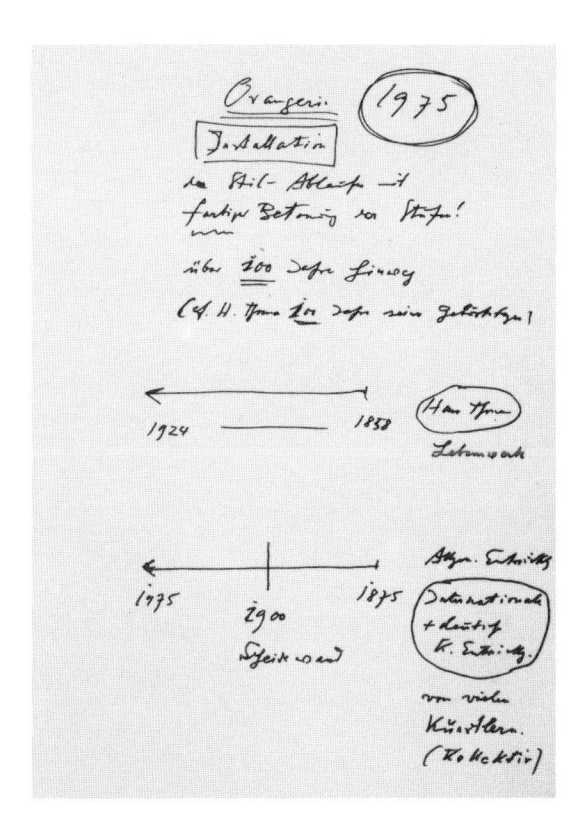

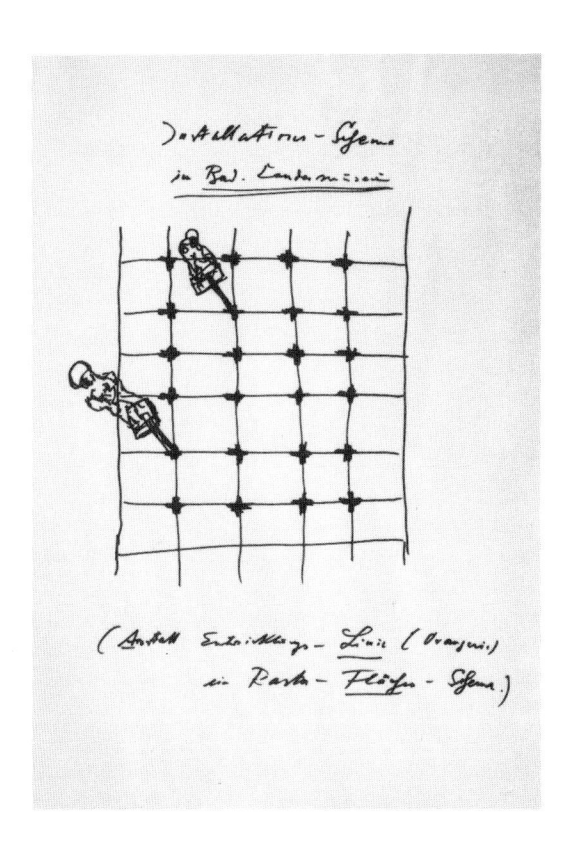

Die Strecke, der Ablauf, die Gegenstraße mag für die technische Weltinstallation als Weltgestaltungsprogramm genügen, für die Komposition und das Programm der Aufstellung von Kunstwerken ist diese Art von Darbietung von Kunst geistig ärmlich, gedanklich ausgedorrt. Das gedankliche Programm der Darbietung von Kunstwerken wird auch nicht viel besser, wenn man die lineare entwicklungsgeschichtliche Aufstellung und Anordnung von Kunstwerken durch ein *Rastersystem* von rechtwinklig sich schneidenden, unendlich fortsetzbaren Geraden auf dem Boden installiert, um, dem geordneten Zufall überlassen, hier und dort puzzlespielartig mittelalterliche oder andere Plastiken auf einen uniformierten Metallstab als idealen Schrumpfsockel zu setzen (Badisches Landesmuseum).

Der Geschichtsphilosoph Siegfried Kracauer schreibt über die reine Chronologie, daß sie wenig über Beziehungen und Bedeutungen aussage. Der Zeitraum würde in dieser Form vor unseren Augen zerfallen. Er wandelt sich zu einer Art Treffpunkt der Zufallsbegegnungen – wie etwa der Wartesaal eines Bahnhofes.

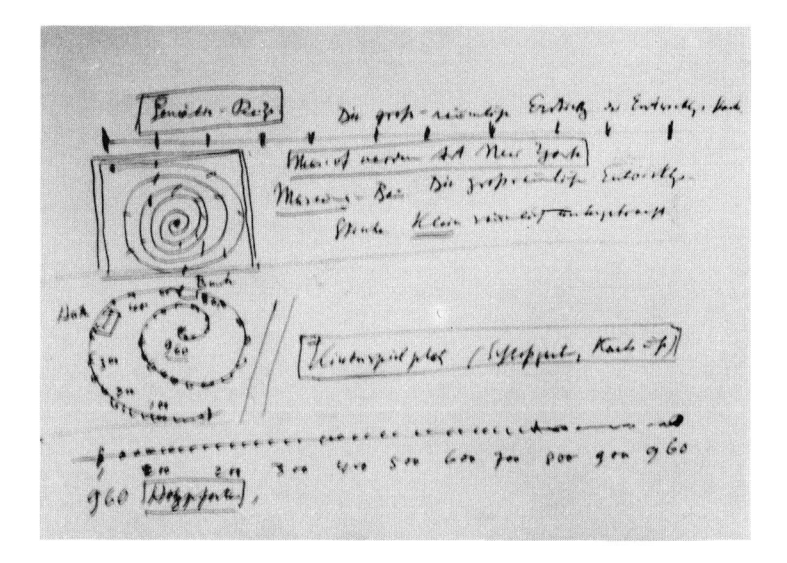

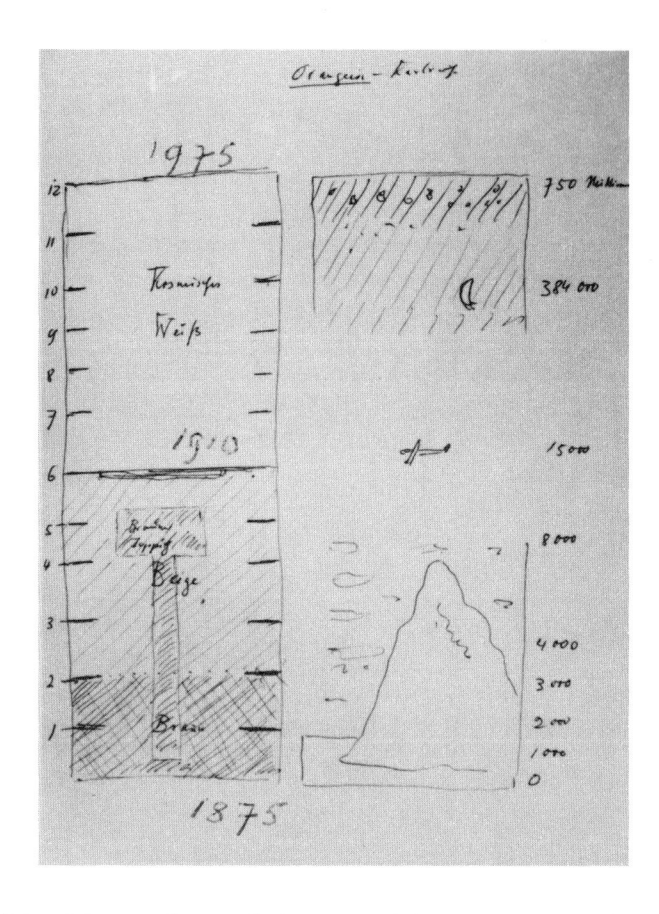

Die eindeutigste architektonische Lösung für diesen naturwissenschaftlichen Museumstyp hat Frank Lloyd Whrigt im Museum of Modern Art in New York gefunden, indem er die lange Entwicklungsstrecke kurzerhand als Spirale in einen kleinräumigen Bau zwängte. Der technisch zeitliche Ablauf in der Orangerie wurde nach der Ausstellung der Werke von Hans Thoma auch späterhin beibehalten.

Die neueste Anordnung der Orangerie von 1975 behielt den chronologischen Ablauf der deutschen, französischen und norwegischen und wieder deutschen und badischen Malerei an sich bei, und zwar über genau 100 Jahre von 1875 bis 1975. Diesmal wurde aber der Blick für die verschiedenen Abschnitte geschärft und dieser Tatsache museumstechnisch Rechnung getragen, indem sich die Stellwände in der Farbigkeit als Ausdruck des gesamten Weltbildstimmungswandels abheben.

Diese Stufung ist hoch bedeutsam.

Legen wir sie um (vom Braun über Beige, Hellbeige zum kosmischen Weiß), so kann man sie mit den Raumzonen der Erdoberfläche und der kosmischen Sternenallräume zusammenhalten, wie ich es in dieser theoretischen Zeichnung vorgenommen habe.

Es zeigt sich etwas Beachtliches. Genau an demjenigen Zeitpunkt, wo man die Megatechnik, das Flugzeug, erfand und erfolgreich erprobte und ein neues Zeitalter, nämlich die Vorherrschaft der technischen Welt über die symbolhaft künstlerische Welt begann, wurde von Herrn Direktor Vey eine scharfe Zäsur eingesetzt. Man wird den geschichtlichen Zusammenhängen gerecht und setzt den Weltbildstilbruch in der Bilderordnung durch eine harte Trennwand als Grenzscheide zwischen Kultur – Kunst und Unkultur, d.h. technisierter Unkunst oder Antikunst.

Nun wollen wir aber noch feststellen, wie weit sich die moderne technisierte Weltinstallation als Lebensrealität auch in den Gemälden seit 1875 auswirkte. Inwieweit der Verkehr der Fahrzeuge, der Eisenbahn, der Busse, schon eine Rolle spielen.

Hier zuerst die Tabelle der technischen Installationsmotive von 1875–1910. Wir sehen überraschend viele Straßen, Wege, Brücken und Stege in zwölf Gemälden. Also eine besondere Vorliebe für Verkehrsstränge. Es ist, wie wenn die Landschaft nur da wäre, um begangen und befahren zu werden.

Nach 1910 ändert sich die Welt für die Menschen. Dem megatechnischen Menschen werden die Luft- und Universumräume erschlossen, der irdische Erdboden verliert an Gewicht, der technische Übermensch läßt alle normalen irdischen Naturbedingtheiten außer acht.

Es ist interessant festzustellen, wie von 1930 motivisch die technischen Einrichtungen und Fahrzeuge naturalistisch darge-

Die stille Zerstörung 413

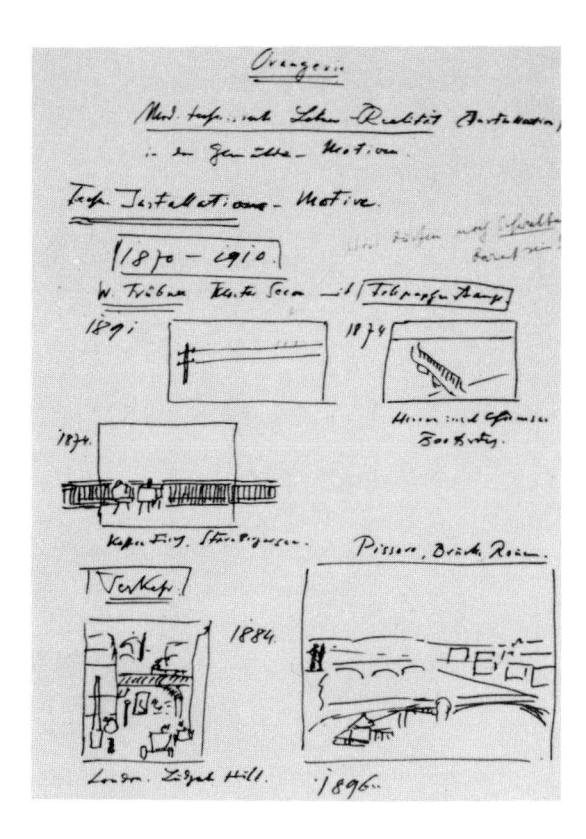

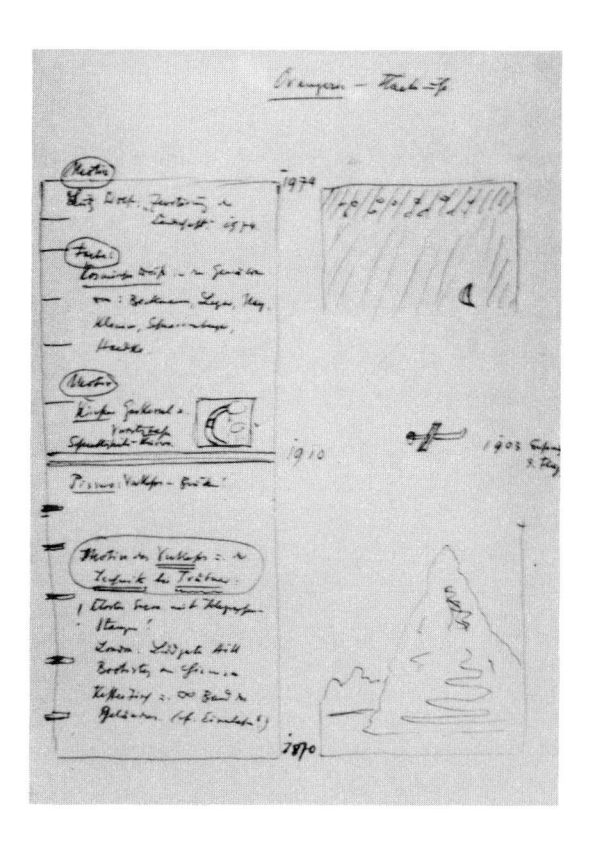

stellt werden, man aber später in den abstrahierenden Stilen die Urheber und Verursacher des neuen Weltbildes nicht mehr direkt zu Gesicht bekommt, sondern nur noch die stilistischen Folgeerscheinungen, die sie ausgelöst haben.

So ist übrigens das einzige Gemälde, wo der weltbildbestimmende technische Apparat, nämlich das Flugzeug, abgebildet ist, im Kindermuseum zu sehen. Das Flugzeug erscheint wohl klein am Himmel, aber hoch bedeutungsvoll, da im ersten Weltkrieg die Kinder im Karlsruher Zirkus durch Fliegerbomben umkamen, festgehalten im Gemälde des Marktplatzes von Hermann Göbel, 1916.

Daß aber für Karlsruhe, wo heute ein starker leidiger Kampf mit dem Fluglärm geführt wird, technische Einrichtungen auch friedliche Gedanken auslösen konnten, davon zeugt dieser Stich von 1800, wo ein Ballon über dem Karlsruher Schloß schwebt und technisch noch ahnungslos, technisch-frühstilhaft und naiv als Friedensbringer deklariert wird. Inzwischen hat sich allerdings allzu viel geändert, um dieser Devise des Friedens zustimmen zu können, da wir zu jeder Tageszeit von Flugzeug- oder Hubschraubergetöse überfallen werden können, so daß man das eigene Wort nicht mehr versteht und beim

414 Die stille Zerstörung

Überschallknall glaubt, die Fenster würden zerspringen und die Mauern über den Köpfen zusammenfallen. Dabei haben wir noch das Glück, daß Karlsruhe größtenteils nicht in einer Flugschneise liegt.

In der Farbe kommt das kalte kosmische Weiß auf. Es ist die Farbe des Leblosen, der Todeskälte, der Abgestorbenheit, der Arktis oder des Allraums.

Aber nicht nur in den Exponaten der Gemälde kommt diese Abgestorbenheit und das große Formsterben zum Zuge. Auch in der Innenarchitektur der Orangerie ist das Weiß in absoluter kosmischer Reinheit und Leerheit durchgeführt worden. Der Innenraum wurde fast durchgehend kosmisch weiß gestrichen; wenn in diesem lebensgetöteten Nirvana noch irgendwo eine Form auftreten sollte, so sind die neuen Formen und Glieder aus der Welt der Technik genommen. Sie gehören zu den technischen Installationseinrichtungen der Heizung oder der Beleuchtung. Der Innenbau ist, wo es nur ging, von Kunst gesäubert und da, wo früher vielleicht noch architektonische Gliederungen gewesen sein mögen, sind heute, wie als Ersatz für Kapitelle, Beleuchtungsstäbe angebracht, und wo vielleicht Kasettenornamente hätten sein können, sind gebündelte Neonröhren zu sehen. Wenn man auf dieses Phänomen der Ersetzung von architektonischen Gliedern und von ornamentalem Dekor durch technische Installationen achtet, so ist die Orangerie kein Einzelfall, sondern in allen übrigen Gebäuden ist dieser Zusammenbruch der Architektur vollzogen. Der heutige Mensch hat es sich abgewöhnt, in künstlerischen Kategorien zu denken, er installiert, anstatt daß er künstlerisch ornamentiert.

Kein Statuensockel, kein Rahmenprofil, keine Lisene oder Kapitell kam neu hinzu, alles was nur danach roch, wurde abgeschlagen, um der technischen Installation – der geistigen Leere – Platz zu machen.

Es findet das große Sterben der Natur als lebensspendende Macht statt. Anstelle der vegetabilen blutvollen Natur tritt nun die technisch starre, leblose Konstruktion.

Es erscheinen Gemäldekonstruktionen, wie Fernand Leger's «Konstruktion» von 1950. Die nun in der Darstellung der Vorstellungswelt Kunst (Malerei) erscheinende Unwelt und Unnatur erscheint auch einige Meter außerhalb der Orangerie in der Realität der monumentalen Straßenbelagmalerei der Hans-Thoma-Straße mit ihren Rauten, Streifen, Pfeilen, als Folge der totalen Technisierung der von uns gelebten Lebensströme.

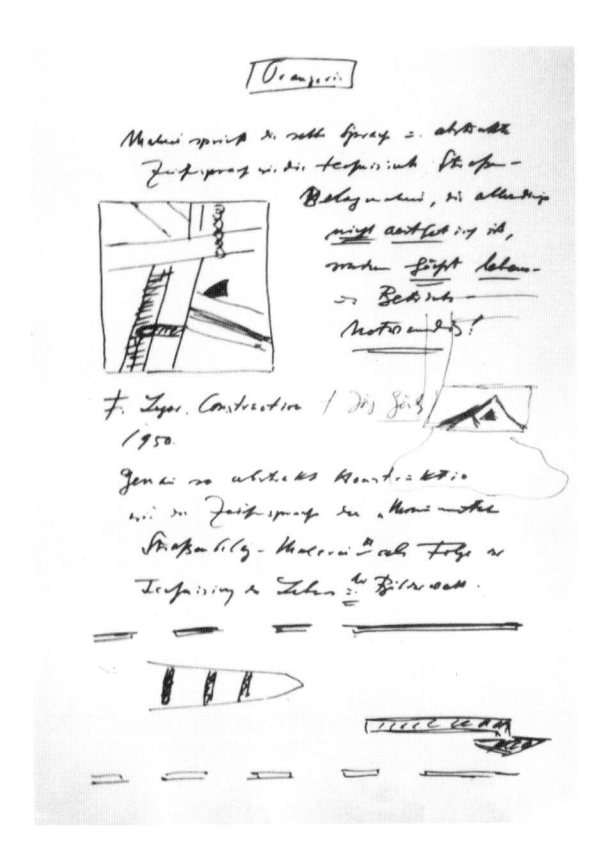

Es findet eine erschreckende Formenschrumpfung statt. Am besten ist dieser Vorgang am Mobiliar des Museums feststellbar, beispielsweise am fortschreitenden Formenschwund der Stühle. Tragen wir die Stühle in unsere Höhentabelle ein, so muß man sie, wie aus der Abbildung hervorgeht, einreihen. Genauso ist diese Abfolge der Stühle auch im Museum vorgenommen. Oben der Kunststoffstuhl des Kindermuseums, unwirklich, unorganisch, embryonal zusammengeschnurrt. Um ganz deutlich zu werden und um zu zeigen, was wirklich passierte und in welche Realsituation der technische Mensch auch in seinem technischen Weltbild kam, soll in dieser Tabelle der Mensch mit dem Autogurt und der Astronaut mit dem Sauerstoffapparat, eingezeichnet sein. Dies hieße praktisch, daß man die abstrakten Gemälde in die Realität übersetzt, die der Mensch nur mit technischen Hilfsmitteln, wie mit dem Sauerstoffapparat betreten kann, um nicht sofort als kreatürliches Normalwesen des Todes zu sein.

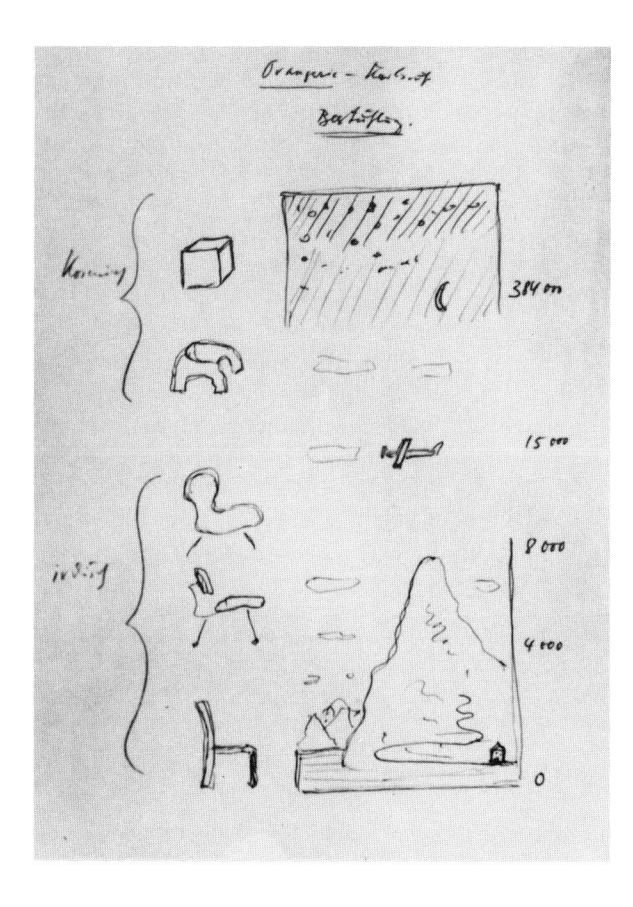

Wie wir aus all dem erkennen, führt die übermenschliche Megatechnik gerade nicht zur Fülle und zum Reichtum der Welt, sondern läßt in erschreckender Weise den normalen Lebensraum und die Lebensbedingungen des Menschen als kreatürliches Wesen verkümmern. Am besten können wir diesen Vorgang erkennen, wenn wir uns klar machen, wie sich in den verschiedenen Stufenschichten ein Baum verwandelt.

Der Lebensraum der Landschaft ist verödet, wie uns Wolf Lutz in seinem Gemälde von 1974 lehrt.

Franz Berhard's «Stehende» von 1973 ist nur noch ein Minimum oder Unter-Minimum von menschlicher Gestalt. Es zeugt von toller Naivität, in dieses ungeformte Stück Stahl menschliche Eigenschaften hineinzuinterpretieren. Dies ist ein billiger Propaganda-Gag, der von der Substanz her nichts wert ist. Die Normalmenschen werden in eine unterentwickelte Welt geführt, in eine geistig zurückgebliebene Sphäre.

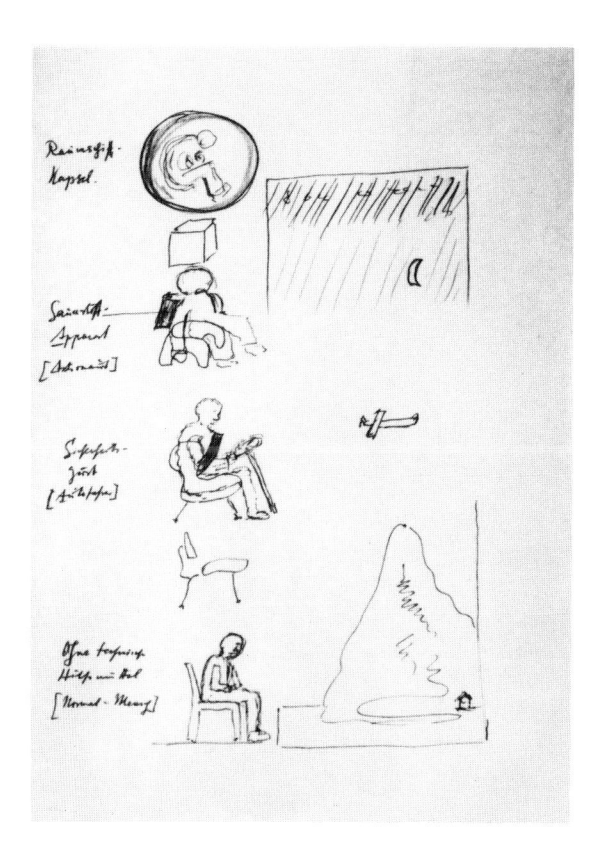

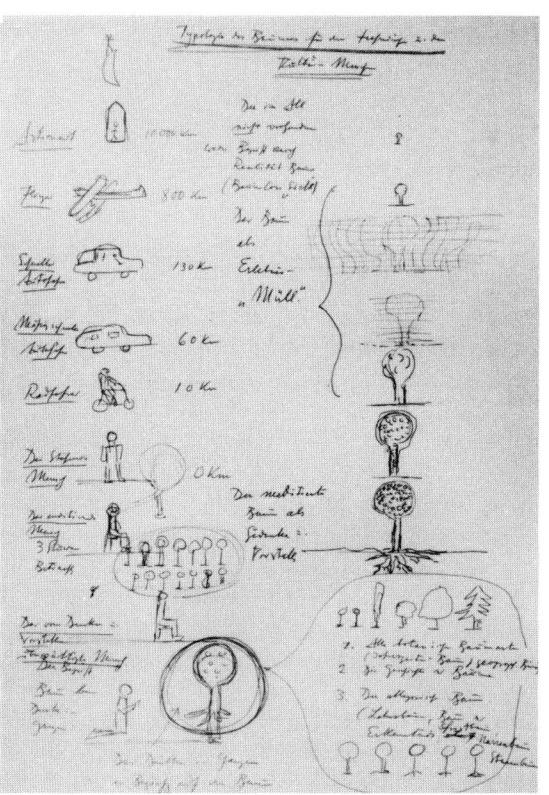

416 Die stille Zerstörung

Franz Bernhard. Stehende Nr. 2. Stahl und Holz. 1973

Es ist merkwürdig, daß wir erst über die Technik, erst über die Realität der Umwelt und ihre verheerenden Folgen für den Bestand der Weltsubstanz und ihre katastrophale reale Weltbildscheiterung erkennen, daß die künstlerische Welt keine ästhetische Spielzeugweltdeutung ist, sondern der Ausfluß von ganz konkreten, realen Umweltverheerungen und Verödungen. Es ist eine Täuschung, daß auch in der angeblich spielerischen, geschmäcklerischen, sich intellektualistisch von jeglichem Realzwang frei fühlenden künstlerischen Welt alles erlaubt ist und alles zum Heil der Menschen ausschlägt.

Die Geschichte beginnt uns anders zu belehren. Und wir müssen wohl wieder lernen, daß die Bande zwischen Kunst und Realität (heute Megatechnik) viel engere und ethischere sind, als wir bislang anzunehmen geneigt waren.

Dies erkennt man schon daran, wie lästerlich wenig sich die Kunstforscher mit der weltbildprägenden Macht der Technik wirklich konkret auseinandergesetzt haben. Der Einsatz und Ansatz in dieser Richtung ist bis jetzt erschreckend gering.

Die Kunst, die geistige Zeichensprache der Welt, lebt und webt nicht in einem real abgelösten Wolkenkuckucksheim. Das eine ist der unmißverständliche Ausschlag und Reflex vom anderen. Wir können uns nicht in der Technik so verhalten und dann in der Kunstausübung in ein ganz anderes Weltbildsystem umsteigen.

Handeln und Denken und Fühlen haben ganz enge innere Realbezüglichkeiten.

Le Corbusier wußte 1929 noch nicht, daß Technik und Kunst, besonders die Megatechnik, keine Freunde, sondern Erzfeinde sind, die sich bis aufs Messer bekämpfen, und daß die Megatechnik Kunst und Kultur aufhebt und materiell, energiepotentiell, bis zur Vernichtung der Kunst, überlegen ist.

Das geht aus der naiven theoretischen Zeichnung von Le Corbusier erschreckend deutlich hervor, über die er schreibt:

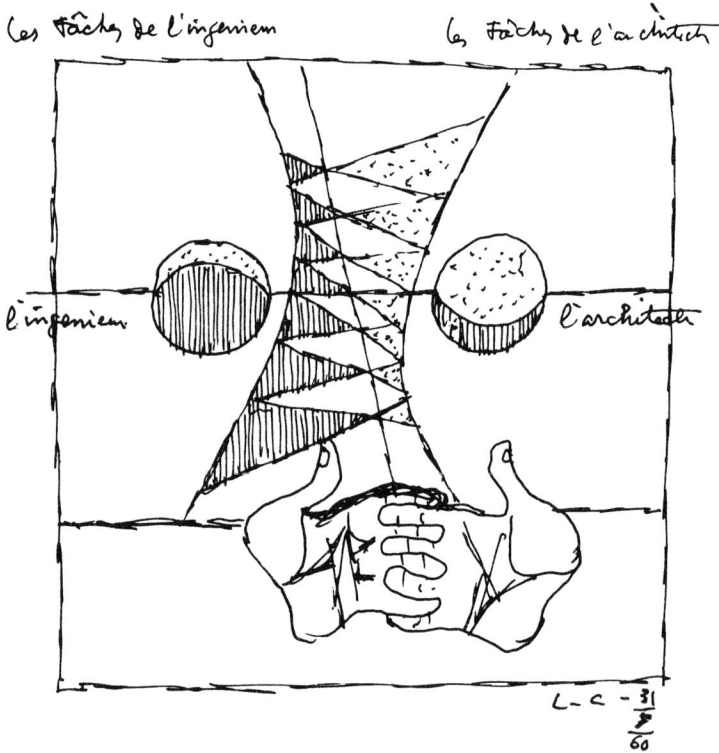

Le Corbusier. Die Aufgaben des Ingenieurs und des Architekten.

«Es wird künftig ein ständiger, brüderlicher, gleichmäßiger Kontakt zwischen dem Ingenieur und dem Architekten stattfinden. Die eine Gruppe (die Ingenieure) befand sich in Bewegung; die andere (die Architekten) schlief. Sie waren Rivalen. Die Aufgaben der ‹Konstrukteure› sind miteinander verknüpft. Vom Staudamm angefangen über die Fabrik, das Büro, die

DENKEN IM GANZEN : DIVIDIEREN : 1:2:3:4:5:6

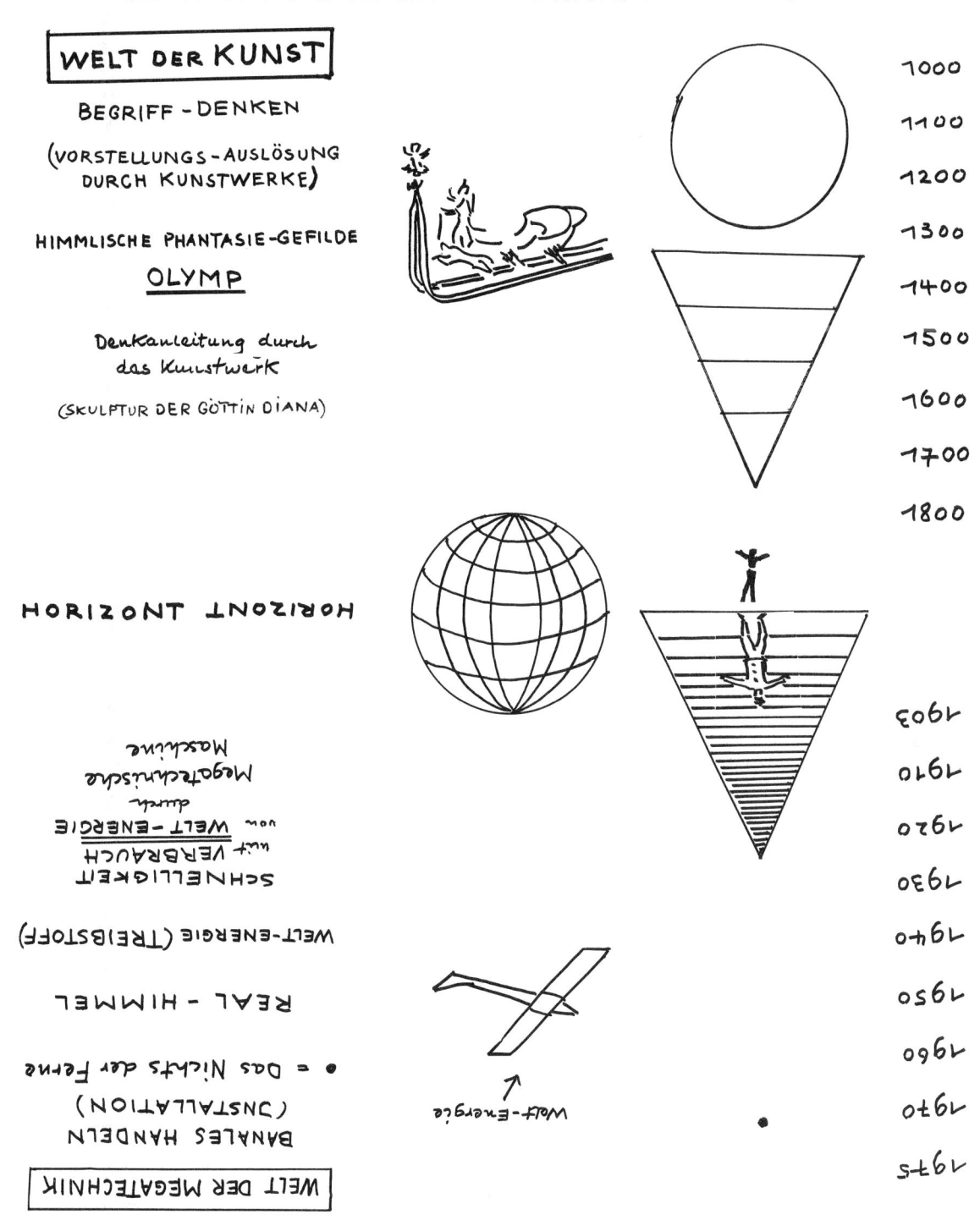

WELT DER KUNST

BEGRIFF - DENKEN

(VORSTELLUNGS-AUSLÖSUNG
DURCH KUNSTWERKE)

HIMMLISCHE PHANTASIE-GEFILDE
<u>OLYMP</u>

Denkanleitung durch
das Kunstwerk

(SKULPTUR DER GÖTTIN DIANA)

1000
1100
1200
1300
1400
1500
1600
1700
1800

HORIZONT TNOZIROH

1903
1910
1920
1930
1940
1950
1960
1970
1945

Megatechnische Maschine
durch
VERBRAUCH von WELT-ENERGIE
mit
SCHNELLIGKEIT

WELT-ENERGIE (TREIBSTOFF)

REAL - HIMMEL

(INSTALLATION)
• = Das Nichts der Ferne
BANALES HANDELN

WELT DER MEGATECHNIK

DENKEN IM DETAIL : ADDIEREN : 1+2+3+4+5 - ∞

Die zwei grundsätzlich verschiedenen Denksysteme: das Denken im Ganzen (Division = Welt der Kunst) und das Denken im Detail (Addierung = Welt der Technik)

Wohnung, den Palast bis zur Kathedrale – bis zum Letzten. Das Symbol für die Vereinigung erscheint auf dem unteren Teil der Zeichnung, zwei Hände mit ineinander verschlungenen Fingern, zwei Hände auf horizontaler Ebene, zwei Hände auf gleicher Höhe.»

Nein und abermals nein. Staudamm und Fabrik und Büro gehören zur Technik, zur Megatechnik so wie Auto, Flugzeug und Rakete; sie gehören zum Gegenweltbild von Palast und Kathedrale. Staudamm und Fabrik sind wohl horizontal gedacht, hingegen Palast und Kathedrale eindeutig vertikal. Diese Denkrichtung möchte Le Corbusier aber niveaulos einebnen.

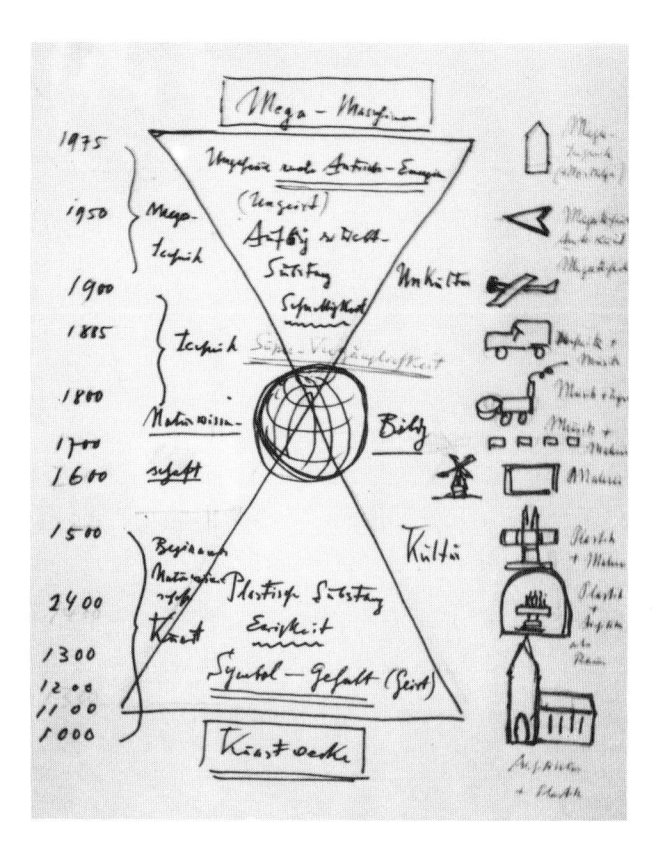

Diese theoretische Zeichnung möge den kategorialen Weltbildsystem-Umschwung von Megatechnik zur Kunst erläutern.

Die Welt der Kunstwerke wurde durch die Welt der Megamaschinen in ihrer Weltbildaussage geradezu auf den Kopf gestellt. Alle Grundkategorien wie Zeit, Antriebskräfte, Substanz, philosophischer und materieller Weltgehalt sind genau ins Gegenteil umgekehrt. Ja, die Gegensätze zwischen megatechnischer Maschinenwelt und zwischen der Welt der Kunstwerke werden für uns erst dann ganz klar, wenn man, wie in diesem Beispiel, die Maschine «Flugzeug» und das Kunstwerk eines Barockschlittens der olympischen Jagd der Göttin Diana gegenüberstellt.

Da drehen sich zwischen 1800 und 1900 die Weltstandpunkte so sehr, daß auch der Mensch selber sich drehen muß, um diesen Weltbildumschlag systemgemäß zu vollziehen, und man muß deshalb auch graphisch-zeichnerisch die Leserichtung ändern.

Der megatechnische Mensch denkt in Addition und steuert im Unendlichen einen Nullpunkt an.

Der künstlerische Mensch geht vom Denken im Ganzen aus und dividiert das Ganze und denkt in Begriffen und nicht im Detail.

Die sich an sich verlockend anhörende weltweit propagierte Synthese und Symbiose von weltaufbauender, welterhaltender Kultur, Kunst und Architektur mit der weltzerstörerischen Megatechnik kann leider nicht stattfinden.

Diese Verdrehtheit, diese Schizophrenie, diese Verrücktheit, dieser weltbildsystemische Unsinn und Widersinn geben die harten, realen, eigengesetzlichen naturwissenschaftlichen und ebenso harten, eigengesetzlichen kulturphilosophischen Weltgesetze der Gegensatzpaare wie Ruhe und Bewegung, Irdischkeit und kosmisches Handeln, von Supervergänglichkeit und Ewigkeit, von Stabilität und Schnelligkeit, von Substanzdichte und Substanzauflösung beim besten Willen einfach nicht her.

Le Corbusier ist mit seiner Meinung einem bösen, weltdenkerisch unverzeihlichen Irrtum erlegen.

Er glaubte, den Fünfer und den Wecken haben zu können.

Aber leider (oder Gott sei Dank, je nachdem) ist die Welt selber nicht so schizophren, nicht so surreal, nicht so aus den Fugen geraten, nicht so weltgesetzlich inkonsequent wie Le Corbusier es annehmen zu können glaubte und mit ihm all jene Künstler und Denker, die dem Surrealismus als Welthaltung anheimgefallen sind. Mögen sie Dali, Max Ernst oder Magritte heißen.

Die Schizophrenie, daß kochendes Wasser gleichzeitig auch zu Eis gefrieren kann, oder daß man seinen Körper in der Luft zerstäuben und gleichzeitig seine Gedanken zusammenhalten kann, existiert nur in unseren verwirrten Gedankengängen und irreal frechen Gedankenkapriolen, die aber in dem Realverlauf der Dinge schnell als dumme Einbildungen und Fehldeutungen und Fehldenken enthüllt werden.

Dies alles ist nur ein Gespinst unseres fehlgeleiteten, materialistisch irrealen Denkens, wo die Verrechnung von Materie und Geist durcheinander gekommen ist.

Wenn wir den Versuch wagen wollen, nach der Weltbildeinteilung von Megatechnik und Kunst Bilanz zu ziehen sowohl über die megatechnischen Einrichtungen, die die Stadt Karlsruhe beinhaltet, als auch über die künstlerischen Monumente, die sich aus der noch Kunstwerke produzierenden Epoche erhalten haben, worüber unsere Ausstellung noch genauer

Walter Schmidt. Kombination der kulturellen Monumente und der technischen Konstruktionen der Stadt Karlsruhe. Getönte Federzeichnung. 1975

Auskunft gibt, so würde die Bestandsaufnahme so aussehen, wie uns der Karlsruher Graphiker Walter Schmidt die Gewichte vom kleinräumigen Kunstwerk (wie das Schloß und die evangelische Stadtkirche und die Säule für die Architektur an sich stehen) und, auf der Gegenposition, die megatechnischen großräumlichen Unternehmungen wie Autorennstrecken und die dynamische Kurve der Südtangentenautobahn, Fabrikkamine und Bürohochhäuser und die Verkehrszeichenwälder nach dem jetzigen Stand der Dinge zeigt und als Künstler und als Denker im Ganzen empfindet.

Es scheint aber überhaupt ein Charakteristikum unserer modernen aufgeklärten Weltbildkonzeption zu sein, daß man alle erdenklichen Weltbildgegensätze, die sich bisher weltethisch bekämpften und wie Feuer und Wasser getrennt waren, aufheben will.

Damit glaubt man, genial das Welträtsel ein für allemal gelöst zu haben. Man glaubt zum Beispiel, leistungslos, nur durch Knopfdruck ungeheure Weltkräfte entfesseln zu brauchen, um angeblich wirkliche Leistungen vollbracht zu haben.

Aber weit gefehlt.

Mehr als ein Selbstbetrug wird mit dieser menschlich suspekten Methode nicht erreicht.

Da fällt die ganze Tugend- und Lasterlehre wie ein morsches Kartenhaus zusammen. Es gibt keine Verbrechen mehr, sondern nur noch Leidenschaften.

Diese ethische Einebnung garantieren Santa Claus und Sigmund Freud.

Dazu ist ein Aquarell des weltbildtüchtigen amerikanischen Zeichners Saul Steinberg hochbedeutsam und aufschlußreich. Das Aquarell schmückt als Vorlageblatt den Zeichnungsband mit dem bezeichnenden Titel «Labyrinth» (1954–1960). Dort werden wir belehrt, welche Ketten die Prosperity, unser derzeitig bevorzugtes Mittel zur Erlangung des Menschheitsglückes, sprengt. Und welche Gegensätze und weltethischen Unterschiede abgebaut und eingeebnet werden.

Saul Steinberg. Die Glücksvorstellungen des modernen Menschen.

Im moralischen Sektor vereinigen sich Tugend und Laster. Auf dem Kulturgestaltungssektor vereinigen sich Kunst und Industrie; schöpferische und technische Warenproduktion. Die Wissenschaft und der Kommerz werden in einen Topf geworfen. Ja, sogar Arbeit und Freizeit, die stärksten und allerhärtesten Gegenbegriffe im heutigen Gewerkschaftsdenken sind aufgehoben.

Und diese totalen Verdrehungen und die Aushöhlung der wahren Verhältnisse werden angewandt zum ewig neuprojektierten Ziel des Menschen: nämlich um «das Streben nach Glückseligkeit».

In dieser ethischen Gesamtkultur-Korruption sollen die Arbeitslosigkeit, d.h., nicht mehr an der Verwirklichung des megatechnischen Weltbildbetriebes beteiligt zu sein, und die Inflation, der Verlust des Geldgewinns, aus diesem Weltverhalten, als die großen neuen Laster und Höllenerscheinungen und Saboteure der modernen Prosperity-Weltbildglücksskala bekämpft und in die teuflische Unterwelt verbannt werden.

Um nicht weiterhin in der Zukunft am Narrenseil des Unmöglichen und Schizophrenen herumgeführt zu werden, müssen wir uns endlich entscheiden, ob wir Kulturmenschen sein wollen mit Weltverantwortung oder Kultur- und Natur-Herostraten ohne Verantwortung gegenüber dem Weltbestand und der Weltenergiesubstanz. Ob wir naturgeschehnis-rhyth-

Pieter Brueghel d. Ä. Das Jüngste Gericht. Stich 1558.

misch konform eine positive, lange Zukunftsgeschichte vor uns haben wollen, oder ob wir den kommenden Generationen den geschichtslosen und zukunftsgeschädigten, vergänglichkeitsbeschleunigten, megatechnischen Kahlfraß unserer weltethisch negativen Zukunftsprojektion übrig lassen wollen nach dem Motto von Gösta Ehrensvärd «Nach uns die Steinzeit».

Wenn wir den Ablauf des vorgeführten Weltbildschemas der abendländischen Kultur und Technik aus seiner Bereichsisolierung herausnehmen und den gleichen Verlauf in den religionsgeschichtlichen und moralischen Gesamtweltgeschichtsverlauf hineinstellen, können wir als bilanzziehende Weltbild-Gesamtsystem-Spezialisten feststellen, daß der bisherige Ablauf der christlichen abendländischen Kultur und Technik sich ganz genau parallel zur Moralskala des Jüngsten Gerichtes und der Apokalypse bis dato vollzogen hat.

Wie sollte es auch bei bis dato christlichen Menschen anders sein?

Dies wird ersichtlich aus den End-Glücksstufen des menschlichen Lebens beim Jüngsten Gericht von Pieter Bruegel d.Ä., das er mitten in seine Tugend- und Laster-Stichfolge hineingestellt hat.

IV. Beitrag zur Feier des 50jährigen Bestehens des «Dammerstockes» im Rathaus Karlsruhe am 14.12.1979.

Die Diskussionsredner anläßlich des Jubiläums des Dammerstocks.

(Diskussionsredner: Bürgermeister Jahn, Architekt Förderer, Prof. Linde, Denkmalspfleger Dr. Freyer, Architekt Ungers, Redakteur der BNN Josef Werner, Prof.Dr. Franzsepp Würtenberger)

«Jede Architektur-Form ist der Ausdruck und das Produkt auch eines ganz bestimmten Menschentyps. Architektur ist insofern: gestaltete und gelebte und immerfort zu lebende Weltanschauung.

So ist dies auch beim *Dammerstock* der Fall.

Eine ganz bestimmte Weltanschauung steht hinter den Menschen, *von* denen und *für* die der Dammerstock 1929, d.h. vor 50 Jahren gebaut wurde.

Der Dammerstock als Schöpfung des Bauhauses gehört der abstrakten *Kunst-* und Stilrichtung an.

Mit der abstrakten Kunst hat es eine kunst- und geistesgeschichtliche bemerkenswerte *Eigentümlichkeit* auf sich.

Die abstrakte Kunst ist *keine* aus den primären eigengesetzlichen Voraussetzungen der Kultur und der Kunst entstandene Weltgestaltung.

Sondern die sogenannte abstrakte Kunst ist eine erfinderisch unselbständige *sekundäre* Folgeerscheinung, quasi ein pseudokulturelles *Abfallprodukt* im Schlepptau der allgemeinen Vorherrschaft der hervorragend funktionierenden technischen Errungenschaften der *Maschinen*, die die wirklich tatkräftige Lebensgestaltung weltweit übernommen haben.

Walter Gropius. Gesamtübersicht des Siedlungsplanes des Dammerstocks. 1927/28.

ist besonderen *Eigenschaften* und Folgerungen unterworfen, die sich auf allen Gebieten, und nicht zuletzt auch in der Architektur-Gestaltung, auswirken.

Abstraktion auf den Menschen und weiter auf seine Behausung und Wohnung angewandt, heißt: *Leugnung* des Menschen als *kreatürliches* Wesen.

Abstrakte Kunst beinhaltet *Absage* an konkrete *Natürlichkeit* und *Vernachlässigung* der irdisch-natürlichen und darüber hinaus der seins-gefüllten seelischen Beziehungen des Menschen zu den Dingen. Die *Technik*, unter deren Einfluß die abstrakte Kunst entstand und die die *humanen* Belange des Menschen nicht berücksichtigt, führt nicht zu dem *wahren Wesen* der Dinge, sondern hält den Menschen davon ab und zerstört gar die menschlich einwandfreie, *direkte* Begegnung und *Erlebnismöglichkeit* zwischen Mensch und Ding.

Dafür tritt das berechnende Kalkül reiner *Nützlichkeit* ein; ohne Anklang und echtes Echo an die *organische* Fülle der Natur und der geschöpflichen Lebendigkeit. Es erfolgt eine rigoros scharfe und unerbittlich herzlos harte Reduktion der Dinge und des Menschen auf lebensentleerte Schemata. Die Architektur vom Dammerstock von Walter Gropius oder auch die Wohnmaschine von Le Corbusier stellen den Versuch und das absurde anti-humane Experiment dar, die ding- und menschenfeindliche, detailgefüllte Wirklichkeit zerstörende Weltanschauungs-Hypothese der Technik in praktisch handhabbare Lebensräume, genannt Architektur, umzusetzen.

Um dies zu illustrieren, ist es so, wie wenn wirkliche Menschen mit Blut, Haut und Körper versuchen würden, sich in den abstrakten luftleeren Raumgebilden der Gemälde von Piet Mondrian oder Paul Klee niederzulassen und den Versuch unternähmen, dort leben und atmen zu wollen. Sie würden sofort zu undifferenzierten Ur-Wesen oder spindeldürren Insekten zusammenschnurren.

Den Menschen auf diesen *Unter-Null-Punkt* der Existenz zu setzen, ist allerdings die *Untat* der raum- und zeitfressenden weltsubstanzzerstörenden Denk-Prinzipien der damit Ding- und kreaturfeindlichen *Maschinenwelt*.

Vom wirklichen, anthropologisch intakten *Vollmenschentum* her gesehen ist dieser derart verstilisierte Menschentyp ein armseliges, kulturkastriertes Schwund-Produkt.

Die abstrakt vertechnisierten Menschen werden höchstens zu geschäftstüchtigen, abstrakte Banknoten sammelnden, verbürokratisierten, ihres eigenen Denkens und Fühlens beraubten und vom *Strom* des *wirklichen* Lebens abgezogenen und abgelösten Schein-Wesen. Opfer und heute neuerdings *Ankläger* ihrer eigenen Theorie. Für diesen, der Abstraktion der vertechnisierten Welt anheimgefallenen Menschen war und ist noch heute der *Dammerstock* in seiner rational durchgerechneten, praktisch bequemen Simplizität eine geradezu *ideale* und *vorbildhafte* und für *unser* Grund-Denken hochcharakteristische und von hier aus mit Recht unter *Denkmalschutz* stehende Architektur-Gestaltung. Eine wirklich und ohne Zweifel und sogar mit weithin verkündeter und begründeter Absicht gebaute *Weltanschauung*. Als Lehrstück des menschlichen Geistes sollte diese Architektur in ihrer *ursprünglichen* Form unbedingt *erhalten* werden. Die Architektur des Dammerstocks bekam bezüglich ihres ausgemergelten Stils bei ihrer Erbauung 1929 noch eine gewisse zeitbedingte *soziale* Berechtigung und Gloriole, indem damals die *Weltwirtschaftskrise* noch das Ihre dazutat, um sich mit einer solchen Reduktion natürlichen Lebens *abzufinden*. Gleichgültig, ob man mit dem dargebotenen lebenskargen Stilbild dieser Siedlung im weltanschaulichen Einklang stand oder nicht.

Wobei dazu zu sagen ist, daß die *Anfänge* der abstrakten Kunst schon *früher*, schon in der Wirtschaftsblüte und dem ersten großen Vertechnisierungs-Schub vor dem Ersten Weltkrieg um 1910 liegen. Letzten Endes ist der Dammerstock für die durch die vorangeschrittene Technisierung *daseinsentwurzelten*, in ihrem Lebensstil abstrakt lebenden Intellektuellen gebaut.

Daß sich später viele Bewohner des Dammerstocks *nicht* dazu zählten und wiederum *ihre* veränderte Weltbildverwirklichung anstrebten, dafür zeugen die *Veränderungen* während der Ideologie des Nationalsozialismus nach 1933 und schließlich nach 1945 bis auf den heutigen Tag die als plötzlich unbedingt notwendig erachteten *Eingriffe* durch derzeitige Nachkriegs-Wohlstands-Bürger. Von heutiger Sicht aus, wo die Schäden, die die Vertechnisierung verursachte, vor aller Augen stehen und uns in einem *erbitterten Daseinskampf* über den Kopf wachsen, ist *Walter Gropius* eine tragische Figur.

Er machte sich das anstehende *daseinsentscheidende* Problem der weltethischen Verrechnung von Kunst und Technik, von Geist, von Lebenssinn und materiellem Gebrauch und Verschleiß der Dinge zeitopportunistisch zu leicht.

Walter Gropius gehört noch ausgesprochen dem humanistischen Bildungsbürgertum an, das dem rücksichtslosen Ansturm der brutalen kultur-indifferenten Techniker und des kultur-mißachtenden technokratischen Groß-Managertums keineswegs *welt-wert-philosophisch* gewachsen war.

Wohl erkannte Walter Gropius – z.B. im Gegensatz der prinzipiell anti-kulturellen und absichtlich weltethisch verantwortungslosen *Futuristen* – je später, je deutlicher wenigstens die heraufdräuenden *Gefahren*, die in der Vertechnisierung der Welt liegen.

Walter Gropius weiß 1952, also 23 Jahre nach Erbauung des Dammerstocks um «das übermenschliche Tempo der Entwicklung».

Er beklagt: «Die Krankheit unserer heutigen Städte und Siedlungen ist das traurige Resultat unseres Versagens, die menschlichen *Grundbedürfnisse* über wirtschaftliche und industrielle Forderungen zu stellen».

Gropius weiß, daß der Künstler die «Übermechanisierung» wieder ins *Gleichgewicht* bringen müßte und fragt, «wie man die Auswirkungen der Maschine *humanisieren* könnte».

Es schlägt ihm sogar das *kulturelle* Gewissen gegen die Barbarei der Technik, wenn er schreibt:

«Die Lawine des Fortschritts und der Wissenschaft hat den *Menschen* in Verwirrung gestürzt; unfähig sich anzupassen, *leidet* er an einem beklagenswerten Mangel an moralischer Initiative... wir verlassen uns auf *Quantität* statt auf *Qualität*».

Aber trotz aller dieser Einwürfe, Vorbehalte und an sich *richtigen* Einsichten versucht Walter Gropius *trotzdem*, mit den *falschen*, nämlich mit völlig *anti-humanitären* Mitteln und Stilformen das Ziel seines Humanismus zu erreichen.

Walter Gropius und das Bauhaus hingen der schizophrenen, undurchführbaren Irrlehre und dem Irrglauben an, man könne und müsse im Zeitalter der triumphierenden und allgemein sich ausbreitenden, entmenschlichenden, inhumanen Technik, um *human* zu sein, Technik und Kunst vereinen!

Dies hieße vergleichbar theologisch gesprochen: Himmel

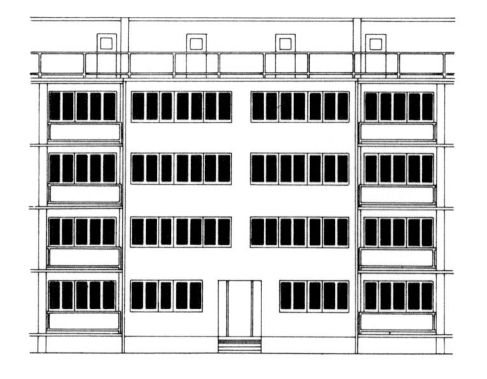

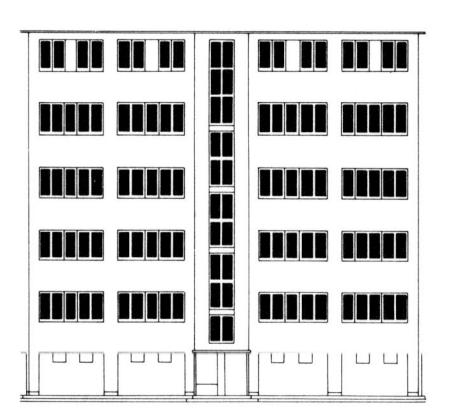

Dammerstock. Block 5.

und Hölle, Tugend und Laster in ein und denselben Eintopf zu werfen. Walter Gropius formulierte diesen tiefen Widerspruch, speziell auf *seine* Aufgabe bezogen, doppelzüngig konkret folgendermaßen: «Unsere Absicht bestand darin, die Nachteile der *Maschine* auszuschalten, ohne dabei *irgendeinen* ihrer Vorteile zu opfern». Auf gut badisch würde dies heißen: Er wollte den Fünfer und den Wecken.

Damit, mit diesem unerfüllbaren Narrentraum, machten Gropius und das Bauhaus mit der These der abstrakten Kunst, die das Stilprodukt des technischen Ungeistes ist, dem Todfeind des Humanismus *weltethisch unstatthafte* Konzessionen.

Hier also unterliegt Walter Gropius einem absurd unrealistischen, schizophrenen *Denkfehler*.

Nämlich dem, daß Kunst und Technik *nicht* Äußerungen menschlichen Tuns und Verhaltens sind, die brüderlich an einem Strick ziehen, sondern in Wirklichkeit in ihrem weltgestalterischen *Endziel* konträr feindlich einander gegenüberstehen und deshalb sich gegenseitig ausschließen und bekämpfen.

Diese fundamentale Einsicht, die wir aus dem nicht zur Ruhe kommen wollenden gesteigerten Konflikt zwischen Kunst, Kultur und Technik oder Mensch und Unmensch, zwischen Welt*bewahrung* und Welt*zerstörung*, 50 Jahre nach der Entstehung des Dammerstocks gewonnen haben, blieb Walter Gropius noch versagt.

Heute beginnen wir schmerzhaft deutlich zu erkennen, daß unsere Technik und Megatechnik nicht nur weltnützlich und hilfreich sind, sondern im Übermaß angewandt, Weltsubstanz zerstören und deshalb im höchsten Grade weltethisch *negativ* und als verantwortungslos zu meiden und einzuschränken sind.

Während hingegen die Kunstwerke als Welt-Ideen abbildhafte Welt-Modelle, weltgestaltend und welt-erhaltend und deshalb weltethisch *positiv* sind.

Weltethisch scharf ausgedrückt muß man sagen: das Weltbild des Künstlers ist das Weltbild des anthropologisch *einwandfreien* Menschen, während hingegen das Weltbild des Technikers und Megatechnikers dasjenige eines weltethisch verantwortungslosen Großverbrechers ist, der nicht davor zurückschreckt, die Welt *vorzeitig*, im Eiltempo seiner materiellen Macht- und Genuß-Gier zu zerstören und zu opfern.

Es geht nicht an, heute ein Triumphgeschrei über Walter Gropius und das Bauhaus und die abstrakte Kunst als Folgeerscheinung der überhand nehmenden Maschinenwelt anzustimmen. Als ob WIR die weltethische *Fehlhaltung*, der Walter Gropius anheimgefallen ist, schon *überwunden* hätten!

Dem ist leider keineswegs so.

Bei Lichte besehen sind *WIR* heute, nach 50 Jahren rasanter und um ein Vielfaches *gesteigerter* technischer Lebensinfiltration und technischer Weltmacht-Entfaltung, *noch tiefer* in der gleichen Patsche der Schizophrenie, um den unweigerlichen Entmenschlichungs-Prozeß in Folge der Vertechnisierung unserer Welt in falscher Welt-Wert-Hierarchie als menschenwürdig und *lebensnotwendig* zu deklarieren.

Und nur zaghaft widerwillig und zögernd und wenn, dann nur unter Zwang und Furcht vor noch größeren Welt-Wert-Einschätzungs-Katastrophen, ist *unsere Generation* willens und einsichtig genug, sich der kultur- und menschenfeindlichen Hypertrophie der Technik und Übertechnik zu *enthalten* und sie zurückzudämmen, um von daher die einzig mögliche, wirklich tragende, weltethisch *positive* Gesamt-Grundhaltung bereitzustellen, dem endlich wieder menschlichen *Menschen* eine menschenwürdige, voll lebensbejahende Voll-Architektur und, – um mit Walter Gropius zu sprechen – eine «Totale Architektur», d.h. eine Architektur aus dem Denken im Ganzen, zu ermöglichen.

V. Eine Bahnfahrt von Karlsruhe nach Ulm und Ehingen. Ich und meine Farben: Gelb und Orange.

Am 2. August 1978 fuhr ich im Speisewagen des D-Zuges von Karlsruhe nach Ulm. Abfahrt 13.28, Ankunft 15.37. Ich war auf der Fahrt zu meiner Eröffnungsrede für die Ausstellung von Reinhard Dassler «Karlsruher und Rechtensteiner Bilder» in der Sparkasse Ehingen und in der Volkshochschule Ehingen (3.–15. September 1978).

Der Speisewagen war eine Symphonie von Gelb und Orange.

Die Vorhänge = orange, hellbraun, gelb gestreift.
Die Deckenlampen-Flächen = orange und weiß.
Die Tischplatten = orange, gelb und grau.
Die Jacke des Kellners = orange.
Die Wände = orange.
Die Trinkbecher = orange.
Das Speisetablett = orange.
Die Köchin = orange Jacke mit braunen Aufschlägen.
Die Speisekarte ist gelb-braun getönt.
Die Eingangswand zur Theke = braun.
Sie trägt die weiße Aufschrift: «Selbstbedienung».
Die Sitze sind bezogen = braun.
Die Schmalseite der Sitze = orange.
Was will der Mensch noch mehr?

Hier ist das Paradies der süßen Farbe verwirklicht. Farbe ist mehr wert als Architektur. So will es das moderne einheitliche Allgefühl. Dies habe ich schon in meinem Vortrag «Architektur und Farbe» festgestellt.

Meine Schuhe paßten hervorragend in diese Symphonie. Sie waren knall-gelb.

Ich liebe das Gelb und das Orange.

Mein Buch «Pieter Bruegel und die Deutsche Kunst» ließ ich 1957 gelb binden. Mein Kollege Friedrich Gerke regte sich über diese grelle Farbe auf. Mein Buch «Malerei und Musik» (1979) ist im Umschlag auf Weiß-Schwarz und Orange gestimmt.

(Die neun Leitzordner meiner Biographie sind, können nur orange sein.)

Ich liebe die Orangen, wo auch immer ich diese Früchte sehe.

Die vier Leitzordner der Fotographien meiner Person sind gelb. (Zum Unterschied zum Orange der Biographie.) In meinem Farben-Himmel fuhr ich auf meinem Speisewagensessel durch die grünen Felder und Wälder.

Der Real-Himmel war weißgrau bedeckt, kaum lugte das Blau hervor.

Hier auf Erden, im Zug, war der Himmel meine Farbe. Die goldenen Getreidefelder fehlten.

Und während ich dies schreibe, fahren wir durch den dunklen, schwarzen Tunnel bei Pforzheim. Die Spiegelung des Orange im dunkeln Tunnel erhöht die Nirwana-Stimmung erheblich magisch-unwirklich.

Wieder dem Tunnel entronnen, zeigten die Karosserien der Autos auf den Straßen dasselbe Orange. Auch die moderne, reine abstrakte Primärfarbe. Auf dem Bahnsteig im Bahnhof von Pforzheim überall die gelben oder orangen Postwagen und Elektrowagen aller Art.

Diese Farbenschlacht hatte ich schon in meinem Vortrag «Architektur und Farbe» (1974) an Hand der Farben bei Möbel-Mann und den Reklameautos zwischen Karlsruhe und Durlach beschrieben und publik gemacht.

Auch der gelbe Zitronensaft im Glas meiner Nachbarin macht im Konzert mit.

Und das Mädchen in seiner roten Kunststoff-Jacke.

Ein knallvioletter Pullover eines Jünglings wirkt wie ein Fremdkörper.

Knallgelb sind die Ortsschilder: «Niefern».

Gelbe Sonnenblumen im Dorfgarten bei Mühlacker.

Auch die Natur macht teilweise mit.

Ich schlage mein Notizbuch zu: Es ist hellgrün im Umschlag, doch der Rücken zeigt einen gelben Leinwandstreifen. Es gehört eben doch zu mir. Dies war meine absichtliche Farbenwahl. Ein Auto im Vorgarten eines Hauses, das gleiche Gelb. Grün und gelb sind die Felder. Ich entgehe meinem Gelb-Tick nicht.

Gelbe Goldruten am Bahndamm. Ein Streifen von etwa 100 Metern. Mischung von Gelb und Grün.

Gelber Hausanstrich mit grünen Fensterläden.

Mein Kaffee im orangen Kunststoffbecher ist braun...
Der Kunstofflöffel ist weiß.

Irgendwo vor Stuttgart weht die Flagge Schwarz-Rot-Gold auf einem halbfernen Amtsgebäude.

Die Getränkedose Marke «Florida-Boy» meiner Nachbarin ist gelb ummantelt und mit orangem Orangen-Zweig mit grünen Blättern geschmückt.

So dringt das Natur-Paradies der Früchte des sonnigen Südens in den grau-braunen Norden.

Der Kreis schließt sich.

Nun bin ich wieder bei der «Orangerie» im Schloßbezirk von Karlsruhe mit ihren Erinnerungen und bei den Äpfeln der Hesperiden des Herkules und bei der Dissertation meines Freundes Arnold Tschira, die über die deutschen barocken Orangerie-Gebäude handelt.

Und bei der Erinnerung an meine Besuche in der Villa d'Este in Tivoli.

Mein Gegenüber: Eva mit gelblockigem Haar trank den Orangensaft. Adam mit dunkelbraunem Haar trank den gelben Gerstensaft, ein Glas Bier mit weißem Schaum.

Die Bier-Dose der Marke «Union» = «Dortmunder Spezial-Bier, Inhalt 0,33 l» ist weiß.

Das Wort «Union» ist weiß mit rotem und goldenem Ovalstreifen umrandet.

Im Munde des Kellners glänzt, wenn er lacht, ein einsamer Goldzahn.

Ich sehe durch den Küchengang auf die Kochmaschine. Auch der Kochlöffel mit dem die Köchin den Kartoffelbrei im Kochtopf umrührt ist orange-farbig. Die illustrierte Zeitung der Eva, meines Gegenüber, betitelt «Frau mit Herz», hat eine gelb-orangene Titelseite und innen gelbe Textseitenspalten. Dies paßt zur Speisekarte, die im Gesamten auf Braun-Gelb gestimmt ist.

Golden sind die Lettern der Getränke-Werbekarte mit der Aufforderung «Werden Sie Weintester».

«Goldgelb funkelt unser Wein – wir laden zum Verkosten ein». «Weinprobe im Speisewagen.»

Ich komme gegen Ulm.

Überall ein Meer von gelben abgeernteten Getreidefeldern.

Der Himmel ist aufgehellt.

Der Himmel ist blau, die Wolken weiß und die Sonne scheint auf mein Notizbuch – allerdings nur für kurze Zeit. Denn jetzt fahren wir durch eine grüne Baumallee.

Und das Radio sagt an: In wenigen Minuten erreichen wir Ulm. Dazu die ganze Fahrt gleichmäßig imprägniert von der Radio-Musik. Farbe und Musik gehören zum Glück zusammen. Dies stellte ich schon in meinem Buche über «Malerei und Musik» zur Genüge fest.

Auch die Radio-Musik kann man als einheitlich orangefarben bezeichnen.

Das Ulmer Münster, hochstrebend stolz gegen eine graue Regenhimmelwand. Aus einer anderen Welt erbaut.

Wie ich beim Ausgestiegen-Sein sehe, ist der D-Zug nach

Wien musikalisch benannt «MOZART». Auch die Werbetechnik bedient sich der Poesie und Kultur.

Der Zug hat eine abgestimmte Farbenkombination von weißen und orangenen Eisenbahnwaggons. Zwei weiße, vier orange. Allerdings hat mein Speisewagen außen blau und verriet nicht seine Farbenpracht im Innern.

Umgestiegen in den Bummelzug nach Ehingen: Alles dumpfer, erdiger, «billiger», alles braun, rotbraun, grau.

Die Farben des gesamten Wagens übereinstimmend mit den dunkeln Getreidefeldern, Boden-Farbe. Strohgraues Braungelb. Alles gedämpft. Es riecht nach Landwirtschaft und Arbeit. Die bäuerlichen Passagiere haben eine erdhaft verbrannte Gesichtsfarbe.

Doch zwei Akzente stachen aus dem melancholischen Grau-Braun heraus. Die Schlaf- und Liegewagen-Annonce der Bundesbahn an der Wand neben der Türe. Dargestellt ist ein vorbeirasender Zug und daneben die Eule, der Vogel der Nacht. Der Zug war grün, die Eule hatte violettes Gefieder. Das Ganze aber umwettert vom goldenen Mond und von Sternenblitzen.

Darunter ein kleines Hinweis-Schild, aber stark ins Auge springend, da knallgelb: «Vorzugsweise Schwerbeschädigten mit amtlichem Ausweis».

Die grauen Felsen von Blaubeuren.

Die grauen Donautal-Felsen sind mit dem Ulmer Münster verwandt. Auch die verregneten grauen Heuhaufen.

Letztes knalliges Gelb der kleine Fleck des Briefkastens beim Bahnhof von Schelklingen.

Und welcher Schreck! Als ich in Ehingen von Dassler und seiner chauffierenden Tochter abgeholt wurde und das Auto sah, sagte ich ganz entgeistert: «Das ist ja gelb!» Das «auch gelb und wie giftig gelb» behielt ich für mich.

Tagebuchartige Notizen und Aufschreie zum Problem der Vertechnisierung unserer Welt und Kunst (1971–79)

I. Frühes Innewerden der negativen Eigenschaften unseres modernen, technisch orientierten Weltbild-Systems

(1954)

Während der Bearbeitung der Geschichte des Malerateliers begann ich langsam zu begreifen, daß unsere moderne Weltbildkonzeption nicht nur positive Eigenschaften zeigt, sondern daß sie auch recht problematische und sogar weltbildethisch beurteilt fragwürdige Züge aufweist.

Ein frühes Zeugnis meines Innewerdens dieser negativen Beurteilung ist ein Eintrag in mein Notizbuch vom Dezember 1954.

Dort stellte ich eine Tabelle für das Maleratelier des 19. und 20. Jahrhunderts auf, wo ich hinsichtlich des *«Angriffs auf die Substanz der Erde»* 16 Punkte zusammentrug:

    I. Schnelligkeit (Wagenfahrt, Eisenbahn). (Die Schnelligkeit sollte dann in meinem Buchmanuskript «Maschine und Kunstwerk» ein zentraler Hauptbegriff werden)
   II. Wandern (Großräumigkeit)
  III. Idealist. Theorie (Schinkel, Neureuther)
  IV. Aufgehen im All (Wohnen auf dem Lande)
   V. Verströmen in der Gemeinschaft (Volk)
  VI. Musik (Daumier, Schwind, Busch, Runge)
 VII. Aufheben von Innen und Außen
VIII. Maler im Freien
  IX. Das Lichtbild (Foto)
   X. Schlaf (Bett)
  XI. Das Kindliche (darüber hielt ich einen Vortrag)
 XII. Das Existentielle (Cruikshank)
XIII. Friedhofsszenen
      (Nahtstelle zwischen Leben und Ewigkeit)
XIV. Künstler als Tiere (Animalisches)
 XV. Historische Räume
XVI. Kultraum

II. Ermüdungserscheinung in meiner oppositionellen Haltung gegen die heutige allgemeine Weltanschauung

(1971)

Die diesbezügliche Stelle aus einem Brief an meine Freundin Lotte Brand-Philip nach New York, Anfang 1971, lautet:
«Von mir kann ich berichten, daß ich nur schleppend mit meinen Arbeiten vorwärts komme. Zuerst hatte ich doch noch ziemlich viel mit den hochschulpolitischen Ämtern zu tun, und außerdem habe ich ein fast unstillbares Ruhebedürfnis. Ich habe eigentlich einen sehr gebrochenen Arbeitswillen, da ich die innere Notwendigkeit in der heute völlig veränderten Situation der Hochschule und der Studenten ihren Dozenten gegenüber zur eigenen Stellungnahme zu den mich interessierenden Problemen nicht einsehe. Die Grundstruktur des Wissen-Wollens läuft auf andere Ziele hinaus, als ich sie für wünschenswert halte. Nur stets in gewisser Opposition zu stehen, das liegt mir auf die Dauer nicht.»

III. Meine erste öffentliche Absage an die moderne vertechnisierte Architektur und Kunst

am 25. Mai 1973 anläßlich der Ausstellung von Hermann Finsterlin im Kunstverein Stuttgart

Ich hielt die Eröffnungsrede, um Finsterlins besondere Stellungnahme zu den Kunst- und Weltanschauungsproblemen zu charakterisieren. (Vgl. Sonderdruck: Hermann Finsterlin. Eröffnungsrede zur Ausstellung im Stuttgarter Kunstverein am 25. Mai 1973 von Franzsepp Würtenberger). Hier seien einige Gedanken daraus wiedergegeben:

«Aus dem Bewußtsein heraus, daß alle Kunstschöpfung und Lebensbereiche aus derselben Urquelle stammen und zusammenhängen, kam Finsterlin auf seine Art und Weise zu einer Kunstgattung, die sonst von Malern und Dichtern seltener aufgegriffen wird: zur Architektur. Und schon in frühen Jahren erfand Finsterlin Architektur-Modelle, die sich durch die Verbindung von Naturlandschaft, vegetabilem Wachstum und Architektur-Gedanken auszeichnen. Diese Architektur-Modelle wurden in der heutigen verfahrenen Situation der Architektur-Entwicklung berühmt, und die junge Generation stürzt sich mit einem Heißhunger auf Finsterlins Architektur-Theorie, die die technische Entwicklung der Architektur verabscheut.»

Hermann Finsterlin. Foto. 1962.

Finsterlin legte seine Architektur-Theorie in einer Reihe von Aufsätzen nieder, die 1969 in dem italienischen Verlag «Libreria Editrice Fiorentina» von Franco Borsi unter dem Titel «Hermann Finsterlin: Idea della architettura, Architektur in seiner Idee» in italienischer und deutscher Sprache herausgegeben wurden. Apokalyptisch hält Finsterlin dort Abrechnung mit der Welt-Architektur und kommt zum Schluß, daß die bisherige Entwicklung einseitig steril war und trostlos verwaschen ist.

Böse, anklagende Sätze sind hier zu finden: «Wir sind bei allem eingebildeten Geistesreichtum so grenzenlos verarmt, daß wir das All nicht mehr ertragen, das göttlich Bodenlose, die göttliche Befreiung in einer unbedingten rücksichtslosen Schöpfung selbst.» Finsterlin greift zu biblischen Anreden an den Leser: «Sagt mir, was Liebe ist [...] – und ich will euch sagen, was bauen heißt». Es wird der konsequenzenreiche Satz ausgesprochen, den sich das ganze technische Zeitalter hinter die Ohren schreiben kann: «Zweck verarmt».

«Wir haben bisher auf der Erde gebaut als Roboter und für Roboter. Unsere Gotteskäfige und Wohnkisten, Sachsärge und Wohnschachteln haben keine Beziehung zu Organismen und Organen.»

«Wir brauchen wieder eine menschenwürdige Baukunst. Eine Koexistenz von Zweck und Spiel.»

«Ob meine Zukunftsarchitektur ein Geschenk der Götter war, muß erst die Zukunft lehren.»

«Seit Beginn des technischen Zeitalters hat sich die Architektur anormalerweise nicht weiterentwickelt – die Technik hat wie eine Krebszelle die Entwicklungen aller Kunstgebiete mit ihrem Selbstzweck überwuchert und lahmgelegt.»

Hermann Finsterlins Architektur-Ideen sind recht alt. Eigentlich schon historisch. Sie sind vor einem ganzen guten halben Jahrhundert entstanden, zwischen 1917 und 1924. Sie stehen am Anfang der modernen Kunst, derjenigen Kunst, der wir bis jetzt unsere Reverenz gezollt haben und als die unsrige ansehen. Doch die moderne Kunst ist komplex. Sie zeigt zwiespältige Züge.

Es gibt eine offizielle Moderne, und es gibt eine inoffizielle Moderne.

Auf die Architektur bezogen gibt es die rationalistische, hochtechnisierte, abstrakte, unmenschliche, funktionale, aber unkreatürliche, unorganische Architektur (Bauhaus, Kandinsky, Mondrian, Mies van der Rohe, Rasterbau) und die Idee einer organischen, fantasievollen Ur-Architektur.

Finsterlin gehört zur inoffiziellen (unmodernen) Moderne! Er vertritt das Gegenteil, den Gegenpol seiner Zeit. Trotzdem daß er kurz am Bauhaus war.

Nun aber ist die entscheidende Frage zu stellen: Wer und Was hat sich historisch bewährt? Hat sich der sogenannte Fortschritt, der Sieg der Ratio, der Industrialisierung, der Technisierung oder Finsterlins Ur-Architektur (Das Ewig Alte) bewährt? Was ist das Ziel? Das Paradies? Was ist der eigentliche Mensch?

Nun – diese Frage ist für uns heute, nach 50 Jahren keine unbeantwortbare Frage und vage Hypothese mehr. Wir haben das Glück, nicht in dunklen Zukunftsräumen zu wandeln, sondern die 50 Jahre moderner Kunstentwicklung sind dabei, diese Frage zu beantworten.

Dabei ist sehr zu beachten: Die Moderne (der Fortschritt) ist kein Wunschbild der Zukunft mehr, sondern nach 50 Jahren schon eine vollzogene und damit geschichtlich vollzogene Tatsache, schon Historie.

Wovor sich die Moderne so sehr großsprecherisch gesträubt und wogegen sie angegangen und gewettert hat, ist sie selber geworden; sie ist nicht ewig jung geblieben, sondern alt geworden. Ist sogar verknöchert, schwach, ausgehöhlt, steril und sogar abgangsreif geworden! Durch den berechtigsten Vorwurf der Unmenschlichkeit! Durch die Proklamierung eines weltphilosophisch unethischen und deshalb falschen Weltbildes. Die Taten (und Untaten) der Moderne haben ihre realen Folgen, d.h. ihre Schäden schon enthüllt.

Hat sich die Waage der Geschichte zur extremen Seite des Rationalismus von Kandinsky und Mondrian geneigt oder zu Gunsten des anderen Extrems: zu Finsterlin?

Die Alternative lautet: Hybrider, unmenschlicher Rationalismus oder organische, natürliche Urgrundfantasie?

Bei dieser Frage nach dem Wesen der Architektur nimmt Finsterlin ohne Zweifel die bessere, tiefer schürfende Grundposition ein. Über die Ursprünge des architektonischen Denkens, die aus den Ursprüngen der menschlichen Seele (und nicht aus dem Nicht-Ursprung der Ratio, die kein menschlicher Ur-Ursprung ist) kommen, weiß Finsterlin als Weltdenker besser Bescheid.

Finsterlin denkt anthropologisch tiefer! Nicht zweckbedingt kausal, nicht hohlfunktional. Finsterlin geht von ganz anderen Prämissen in seinem Grunddenken aus. Er geht vom Ur-Sein des Menschen in der Mutterleibhöhle aus.

Aber Finsterlin ist kein solcher Phantast, daß er nicht wüßte, daß von der Architektur des Embryo über die Architektur des Neugeborenen, über das Kind bis zum menschlich intakten Erwachsenen und gar zum technisierten (menschlich unintakten, sogar kranken und geschändeten) technisch modernen Übermenschen ein langer, sogar ein allzu langer Weg und auf der letzten Strecke des technischen Über-Menschen sogar leider ein Fehlweg des architektonischen Denkens stattfindet und stattgefunden hat!

Finsterlin geht es zunächst gar nicht um die Ausführbarkeit seiner Architekturen. Sie bewegen sich grundsätzlich im Vorfeld. Es geht ihm um etwas viel wichtigeres: Um das menschliche Ur-Denken über etwas, was Architektur in unserem geläufigen Sinne einmal werden könnte.

Wie der Mensch erst erwachsen wird, wie der Mensch aber seine Ursprünge als Embryo, auch als Erwachsener, auch als technischer Über-Mensch nie verleugnen kann, so darf sich seine Architektur-Vorstellung auch nicht allzu weit vom Ursprung entfernen. Sonst wird der Mensch eine Vogelscheuche und ein Un-Mensch seines Menschseins.

Heute ist ein gigantischer Kampf zwischen Kunst und Technik, zwischen Kunstwerk und Maschine im Gang. Die Seele, das Vegetabile, das unverbrauchte Organische will sein Recht! Dieses Wollen ist nicht nur ein Wollen, es ist sogar ein Ur-Müssen; es ist die Frage der Existenz des Menschen im Ganzen oder sein Untergehen als Mensch, ein nur Dahinvegetieren als menschliches Abziehbildchen, als Ratioskelett ohne Fleisch und Blut.»

IV. Eine Stelle aus dem Buch von Margarete Susman: «Deutung biblischer Gestalten»

von mir gelesen am 16.4.1974

Wie ein Fanal wirkte auf mich die Lektüre von Margarete Susman: «Deutung biblischer Gestalten», Zürich 1960. Dort fand ich auf Seite 82/83 eine Stelle über die Dämonie der Technik, die auf mich einen erschütternden Eindruck machte und mich in meiner Stellungnahme zu den Problemen meiner Zeit noch tiefer bestärkte und künftighin leitete. Ich unterstrich diese Stelle in höchster Alarmstufe. Einen dicken Balken setzte ich an den Rand: ein unübersehbares Brandmal.

Die Stelle lautet:

«So liegt auf dem Grund des dunkeln Erdenschicksals des jüdischen Volkes der nie bis zum Ende gehobene strahlende Schatz, der immer erneuten göttlichen Rufe zur Umkehr, der eins ist mit der Verheißung der Auferstehung.

Und so schwach, von so unzähligen Stimmen übertönt der Ruf heute klingt, so verwischt und zertreten die Spuren in uns sind – die Botschaft der Prophetie geht uns gerade in der heutigen Welt wieder ganz und gar an. Jener Ursinn der Prophetie: das Herausreißen des Menschen aus der mythisch-magischen Existenzform, aus dem Ringen zahlloser blinder Mächte um die menschliche Seele, der ungeheure Kampf gegen Mythos und Magie, den alle Prophetie kämpft, um die Seele zu sich selbst: zur Einheit und Ganzheit, zur Verantwortung vor dem Einen zu zwingen, erhält in unserer Zeit einen neuen vertieften Sinn. Unerhört, über jedes Maß, ist ja heute die Herrschaft der Mächte über den Menschen angeschwollen und reißt ihn, Leib und Seele, in Fetzen. Wenn heute ein Prophet aufstände, um die Umkehr zu vollziehen – er fände sich ganz anderen, weit furchtbareren Mächten gegenüber. Nicht Mächten der Natur, des Lebens, nicht mächtigen blinden, aber doch lebendigen Gottheiten, sondern spukhaften wesenlosen Dämonen, einer dämonischen Welt des Todes selbst. Und auch wieder nicht nur selbstgeschaffenen Götzen aus Holz und Stein, sondern der Herrschaft selbstgeschaffener Sachen und Maschinen, die der Macht des Menschen entglitten, in blinder Dämonie über ihn selbst fortrasen und seine Welt in den Untergang reißen.»

Auf Seite 124 steht geschrieben:

«Jeder einzelne ist wirklich und wahrhaftig verantwortlich für das messianische Schicksal der ganzen Menschheit.»

V. Mahnzettel: Gegen den Übermenschen

(Mai 1974)

Einen Zettel mit folgender Feststellung hatte ich lange in meinem Studierzimmer unter meinem von Björn Fühler geschaffenen Portrait aufgehängt gehabt. (Vgl. Abb. S. 151)

DIE RELIGION VERBIETET

ODER BESSER GESAGT:

ES IST SÜNDE ein technischer *ÜBERMENSCH* zu sein, da dieser die welterhaltenden Gesetze der Welt gegenüber selber MISSACHTET.

Goldene Worte von:
FRANZSEPP WÜRTENBERGER
MAI 1974.

VI. Überdruß an der sich ewig neu und jung gebärdenden Moderne

(geschrieben am 12. August 1974)

Immer, täglich dasselbe. Die ständige Wiederholung. Immer wieder in den Gazetten dasselbe Thema lesen. Zum Kotzen langweilig. Immer wieder die Seerosen von Monet publiziert zu sehen. Jetzt im Weihnachtsheft der Zeitschrift «Du». Schon längst von mir bearbeitet. Schon längst als Problem ad acta gelegt. Schon längst an seinen historischen Ort eingereiht. Nichts Neues. Altes nur Wiederkäuen!

Immer noch mit dem Werden der Moderne sich abgeben. Wieder und nochmals eine Ausstellung von Juan Gris ansehen in Baden-Baden im Sommer 1974. Schon längst bekannt. Überbekannt. Nicht zum Aushalten abgestanden, diese für mich antiquierten Probleme. Ich mache endlich Schluß mit der ewigen Neuentdeckung der Moderne. Wieviel mal wurde schon der Jugendstil neu entdeckt? Die nicht sterbende Moderne mit ihrem ewigen Ausgegrabenwerden und der falschen Etikettierung des Neuen, Ewig-Jungen, soll endlich vor die Hunde gehen! Ihre historische Abgestandenheit ist nicht mehr auszuhalten. Diesen alten verstaubten Schnee nochmals und nochmals anzusehen, weigere ich mich. Ich habe die Moderne schon lange für überholt und für tot erklärt. Schon in Stuttgart in der Eröffnung der Ausstellung von Hermann Finsterlin.

Lieber ziehe ich mich auf mich selbst zurück, als mich unter die Jungen zu mischen, für die, weil sie jung und unwissend, unerfahren sind, vielleicht selbst der alte Schnee der Moderne neu und lebenswert sein kann. Die Glücklichen – diese Geschichtsnaiven.

12. August 1974, vormittags 1/2 11 in bester Laune. Trotzdem.

VII. Ich und Franz von Assisi
Allerheiligen/Allerseelen 1975
(1. und 2. November)

Ich muß und will ein zweiter heiliger Franz von Assisi werden. Mein Vater hat schon den Hl. Franz von Assisi in seinen Holzschnitten geehrt.

Mich beelendet die Schändung der Natur, der Dingwelt durch die Megatechnik zu sehr.

Ich erkenne die vollständige Mißachtung der Landschaft, der Bäume und was sonst in die Quere kommt, durch die schnellen Fahrzeuge; dieses Grundrecht den Dingen gegenüber. Dies alles wird mir noch eindrücklich klarer, indem ich mir die verheerende Wirkung der Megatechnik auf die Natur vor Augen halte, da ich den Vortrag über «Die Stille Zerstörung, das Megatechnische Weltbildsystem und das Problem der Denkmalpflege» vorbereitete und weiterspannte.

Wir verleugnen die Taten des heiligen Franz. Seine Predigt zu den Vögeln existiert nicht mehr für uns rationale Barbaren.

Daß ich die mahnende und klagende Rolle des heiligen Franz einnehme, hat der Architekt Paul Schütz gemerkt. Er hat dies von sich aus geäußert, als ich ihm vorlas, wie der Autofahrer die Bäume und Häuser mißachtet und existentiell zerstört, als ich den Vortrag über «Die Stille Zerstörung» vorbereitete.

Der Heilige Franz von Assisi, seine Nachfolge Christi und der mittelalterliche Reliquienkult

Schon recht früh erwarb ich mir das Monumentalwerk von Henry Thode: «Franz von Assisi und die Anfänge der Kunst der Renaissance in Italien», Wien 1934. Die erste Auflage erschien schon 1885.

Als ich mich mit Lebenslaufproblemen befaßte, wollte ich eine Konkordanz zwischen dem Leben Jesu und demjenigen von Franz von Assisi erstellen. Ich wollte jene Ereignisse zusammenhalten, wo Franz von Assisi auf das Leben Christi direkt zurückgreift und in seinem eigenen Leben das Leben Christi nachahmt; wirklich eine Nachfolge Christi vollzieht. Ich kaufte mir aus diesem Grunde gleich nach seinem Erscheinen Hubert Schrades Abhandlung «Franz von Assisi und Giotto», Köln 1964 und das Manesse-Büchlein «Franz von Assisi. Legenden und Laude», herausgegeben 1945 in Zürich von Otto Karrer. Außerdem erwarb ich mir etwa 1975 «Franziskus und Bonaventura», Assisi 1974 von Pater Gerhard Ruf, den ich bei Professor Richard Bellm persönlich kennenlernte, als er dort seine Assisi-Dias zeigte.

Assisi habe ich zweimal besucht. Mit Weirichs und mit einer Exkursion mit Studenten der Akademie der Bildenden Künste Karlsruhe.

Die Fresken des großen Giotto-Zyklus in der Oberkirche von San Francesco habe ich in meinen Vorlesungen immer sehr ausführlich behandelt. Daß Franz von Assisi sozusagen eine Rekonstruktion der Zustände zur Zeit des Lebens Jesu vornehmen wollte, hatte für mich exemplarischen Wert und Charakter erhalten. Denn das christliche Mittelalter ging in seinen Bestrebungen überhaupt darauf aus, die Zustände des Urchristentums wiederherzustellen. Und ganz konkret: Diese diesbezüglichen Fakten wollte ich in meinen Vorlesungen als spezifisches Weltbildsystem der mittelalterlichen Kultur zusammenstellen.

Zu dieser Rekonstruktion verhalf außerordentlich die Einbeziehung der leiblich realen Reste der Leiber der mittelalterlichen und frühchristlichen Heiligen und Märtyrer. Das Mittelalter verteilte die Reliquien der Heiligen und der Märtyrer über die damals bewohnte christliche Welt.

Das Kreuz Christi sollte identifiziert werden und wurde in vielen Partikeln über die ganze Welt verteilt.
Der heilige Rock Christi wurde in Trier gezeigt.
Die Wiege Christi sollte gezeigt werden.
Das Schweißtuch der Veronika wurde in Mailand gezeigt.
Die Dornenkrone Christi wurde gezeigt und verehrt.
Das Grabtuch Christi wurde in Turin gezeigt.
Der Egbert-Schrein oder Andreas Tragaltar (Trier um 977–993) besitzt einen Nagel vom Hl. Kreuz, Barthaare Petri, ein Glied der Ketten, mit denen er gefesselt war und die Sandale des Apostels Andreas.
Das Brustkreuz des Heiligen Servartius enthält Reliquien des Hl. Kreuzes und Grabes Christi, des Heiligen Laurentius, Felix, Cornelius, des Bischofs und Diakons Paulinus.
Es gibt ein Kopf-Reliquiar des hl. Papstes Alexander.
Neben Arm-Reliquiarien (Köln um 1220–1330) gibt es das Arm-Reliquiar Karls des Großen (Lüttich um 1161–1170)
Der Bezug auf die Zeit des Frühchristentums oder auf das Alte Testament ging noch weiter.
Jeder König war David oder Konstantin der Große.
Jede Kirche vertrat den Tempel in Jerusalem.
Jede Stadt war das himmlische Jerusalem.
Der Heilige Franz von Assisi erwählte zwölf Gefährten wie Christus zwölf Apostel.

Jeder Altar mußte, um Altar sein zu können, ein Stück eines Körperteils eines Heiligen enthalten. Sonst konnte der Altar als ein Stück inkorporierten, einstmals aktiven Glaubensbekenntnisses seine Aufgabe nicht erfüllen. Die Idee dabei war, daß wenn diese Heiligen und Märtyrer wieder lebendig werden würden, wieder der lebendige Urzustand der lebenden Heiligengemeinschaft beisammen wäre. Und in dieser Form hat sich das Mittelalter seinen Ideal-Zustand, seinen irdisch-faktisch-geschichtlichen Ideal-Zustand, vorgestellt und danach seine Realitäten geschaffen. So, wie sich der Barock seine olympische Schloß-Idee oder die Moderne mit ihrer Produktions-Maschinen-Idee das Paradies auf Erden vorstellt.

Als der Reliquienkult zu Ende ging, war auch das Mittelalter in seiner Ur-Idee zu Ende!

Das Lebendige im Mittelalter waren die Toten-Gebeine der Märtyrer und der Heiligen!

Solange an die Reliquien geglaubt wurde – und es wurde an sie geglaubt, und deshalb wurden sie zu hohen und höchsten Preisen gehandelt, und es wurden um ihren Besitz heftige Kriege und Kämpfe geführt –, solange waren der mittelalterliche Glaube und das davon abhängige Weltbilddenksystem in seiner Weise in Takt.

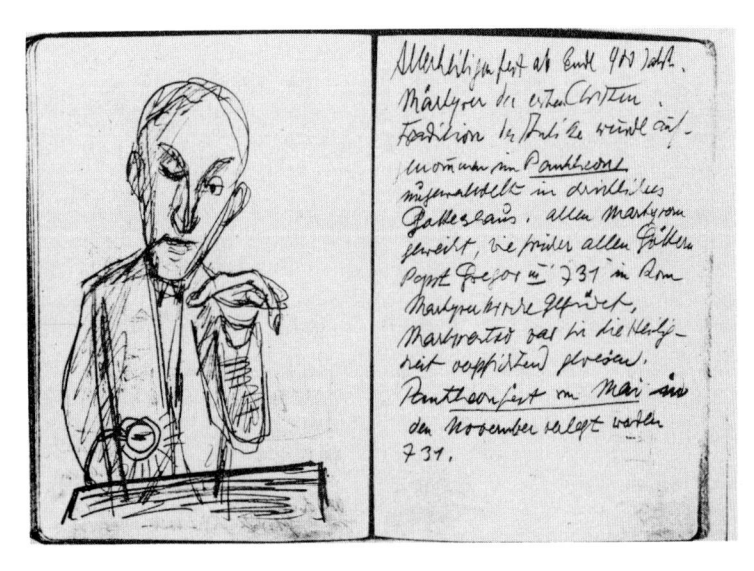

Walter Schmidt. F. S. W. bei seiner Mittelalter-Vorlesung. Zeichnung. 1970.

Ich hatte vor, die mittelalterliche Kunst ebenso im Aspekt der Gesamtweltvorstellung dieser Epoche zu behandeln, wie ich dies für das Barockzeitalter und für die Moderne getan hatte. Jedoch, dieses Vorhaben blieb in Vorlesungen stecken. Zu einem Buchmanuskript ist es nie gekommen.

Aber in welcher Geistesverfassung ich mich diesem Vorlesungsstoff der mittelalterlichen Kunst widmete, dafür liegt ein Zeugnis von meinem Freunde Walter Schmidt vor, der über meine Vorlesungen ein Skriptum führte und mich auch bei diesen Anlässen u.a. am 13.1.1970 protraitierte.

Walter Schmidt erfaßte ausgezeichnet die Intensität meines Vortrages und wie ich selber vom Thema ergriffen war. Mein Körper wurde schmal, dünn und zusammengeschrumpft, die erklärende hochgehobene Hand ist sehnig gespannt, und mein in der Kinnpartie schmaler gewordener Kopf wird zur Kalotte des Kopfes hin immer breiter und ausgegossener. In dieser Ausgestaltung des Kopfes empfinde ich eine Ähnlichkeit mit der Kopfform meines Vaters.

Walter Schmidt hat die stichwortartigen geistesgeschichtlichen Feststellungen notiert, die ich während des Portraitiertwerdens sprach: «Allerheiligenfest ab Ende 4. Jahrh., Märtyrer der ersten Christen. Tradition der Antike wurde aufgenommen, das *Pantheon* umgewandelt in christliches Gotteshaus, allen Märtyrern geweiht, wie früher allen Göttern. Papst Gregor III. 731 in Rom Märtyrerkirche gegründet. Märtyrertod war wie die Heiligkeit verpflichtend gewesen. *Pantheonfest vom Mai* in den November verlegt worden 731.»

*Ich und der Heilige Franz von Assisi
in meinen Unterschriften*

An einer ganz bestimmten Stelle und aus einer ganz bestimmten Seelensituation heraus bezog ich mich ausdrücklich bei meinen Unterschriften und Buchbesitzvermerken auf die Anrufung von Franz von Assisi. Ich verwendete ausnahmsweise in Angleichung an den H. Franziscus die lateinische Form meines Vornamens: Franziscus Josefus.

Dies geschah nach der Lektüre von Konrad Lorenz: «Die acht Todsünden der zivilisierten Menschheit», 1973. Darüber berichte ich in «Meine akrobatischen Unterschriften»:

«Ich wollte mich absichtlich über diese Kulturschändungen (die Konrad Lorenz vorführt) erheben und mich als Humanist der weltethischen korrupten Moderne entgegensetzen, indem ich [...] die kulturbewußte lateinische Form meines Vornamens wählte «Franziscus Josefus». Den oberen Teil des F artikulierte ich noch zusätzlich als mahnendes christliches Kreuz.»

Jetzt finde ich nachträglich in den «Materialien zu Hermann Hesses ‹Der Steppenwolf›» (Suhrkamp 1973), daß Hugo Ball 1927 in seinem Aufsatz «Ein mythologisches Untier» schreibt, daß nur der Hl. Franz den Steppenwolf in uns korrigieren könne:

«Von diesem wohlgebauten Steppenwolf verfangen keine falschen Geburtstagstiraden. Nur der heilige Franz selber könnte ihn bekehren. Daß solch ein mythologisches Untier sich mitten in unserem modernen Leben mag blicken lassen, das deutet auf eine Zeit, in der man die *Kunst der Liebe* und der *Begütigung*, die verstehende menschliche Kunst, nur noch gedruckt, nur schwarz auf weiß noch zu finden vermag.»

Für die heilsgeschichtliche Dimension der Kirche wie der Welt in der Zeit kann man die Worte von P. Gerhard Ruf in seinem Buche «Franziscus und Bonaventura», Assisi 1974, wiederholen: «Wir brauchten einen Franziskus auch in heutiger Zeit». Damit ist dies auf den kürzesten Nenner gebracht.

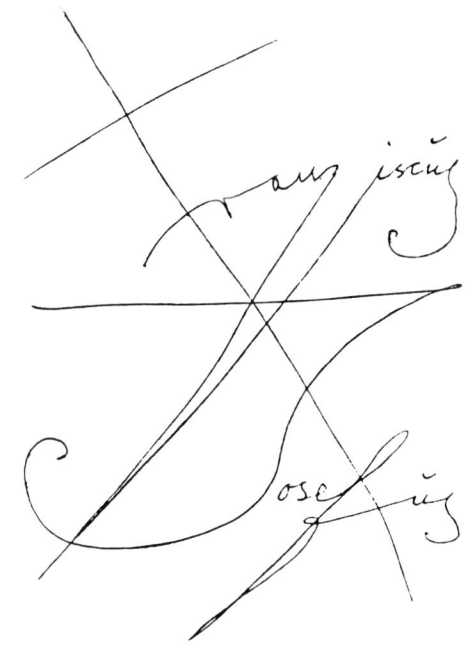

Konrad Lorenz
Die acht Todsünden der zivilisierten Menschheit

F. S. W. Unterschrift seiner zwei Vornamen. 1973.

Marianne Grosse-Bley. Porträt von F. S. W. Um 1960.

Mein Portrait, gemalt von Marianne Grosse-Bley, und Franz von Assisi

Meine Schülerin an der Staatlichen Akademie der Bildenden Künste in Karlsruhe, Marianne Grosse-Bley, hat mein Portrait als traumhafte Fantasieerscheinung eigenartiger Prägung gemalt.

Sie sagte mir, es ginge ihr darum, in diesem Portrait die Gestalt meiner Person mit der Person des Heiligen Franz von Assisi symbolhaft zu vereinen. Ich hätte nicht nur namensmäßig Verwandschaft mit Franz von Assisi, sondern auch wesensmäßig.

Es ist dies vielleicht eine absurd erscheinende Personenfusion, aber ich traue diesen Vorgang der gesteigerten Vorstellungskraft im künstlerischen Schaffensprozeß von Marianne Grosse-Bley durchaus zu. Sie ist zu urtümlicher und tiefenschichthafter Vision dieser Art fähig, und in diesem Sinne ist dieses hochexpressionistische «Portrait» von mir auch gemeint.

VIII. Ich und der 15. Oktober 1975

Heute ist ein großer Tag für mich. Ich empfinde es als einen Markstein meiner langen Bemühungen, daß mir an einem Tag, an dem 15. Oktober 1975, zwei Dinge zugefallen sind, die meine Arbeiten weiter bringen.

I. Nach längerem Draufwarten hat mir mein Kollege Paul Schütz das erste gedruckte Exemplar meines Vortrages überreicht, den er in seinem Institut für Gebäudelehre und Entwerfen veröffentlichte.

In diesem Vortrag «Das niederländische Architekturbild und das Problem der Kathedrale» gelang es mir, die Abfolge der Künste Architektur, Plastik, Malerei, Musik und der Anti-Kunst der Technik miteingeschlossen klar zu erläutern und zu zeigen, wie sie sich ablösen. Als Anlaß dieser recht schwierigen Geschichtsmanipulation nahm ich das niederländische Architekturbild, das die wirklichen Kathedralen nur abbildet, die Kathedrale nur als Malerei faßt. Aber wie verhält sich nun die wirkliche Kathedrale zur nur gemalten Kathedrale? Dies festzustellen, war das Problem. Aber selbst das noch viel schwierigere Problem, wie sich die gemalte Kathedrale zum Kathedral-Gedanken des 19. und 20. Jahrhunderts verhält, habe ich zu lösen unternommen.

Dies zu lösen war aber nur möglich, indem ich die Musik der nachkathedralen Zeit als Kathedrale ansah und im 19. Jahrhundert einsetzte. Ich ging der Vertauschung von Orgel und Altar als Kleinkathedrale im 17. und 18. Jahrhundert nach. Und schließlich fand ich die Verbindung der gemalten Kirchenräume der niederländischen Kircheninnenräume als Camerae obscurae mit den technischen Bilderfabriken in Form des Fotoapparates.

II. Als zweites Großereignis für meine Bemühungen ist am 15. Oktober 1975 zu buchen, daß ich an diesem Tag in der Karlsruher Orangerie anläßlich der Eröffnung der Ausstellung «Die Stille Zerstörung» meine Kultur- und Kunsttheorie an diesem hohen Ort der Kunst verkünden konnte.

Es war der Versuch, die naturwissenschaftlich orientierte Kunstanschauung gewissermaßen zu korrigieren, soweit dies in einem einzigen Vortrag möglich ist. Das ist allerdings ein höchst schwieriges Bemühen, da man dazu manche Grundeinstellungen umdenken muß und somit gegen den allgemeinen Strom schwimmt.

Das Merkwürdigste war aber für mich, daß ich diese Umorientierung am Gebäude selber, wo die Zuhörer meines Vortrages sich befanden, vornehmen konnte.

IX. Am 23. Oktober 1975, am 107. Geburtstag meines Vaters

Ich sehe immer deutlicher, daß das derzeitige megatechnische Weltbildsystem absurde Mängel aufweist und unglaublich verfilzt und einseitig borniert ist.

Ich sehe, daß es notwendig ist, diese Fehlleistung aufzuzeigen und bis in die Einzelheiten zu erkennen. Schon mit meinen Arbeiten wie «Der Ingenieur und der Künstler im modernen technischen Weltbildsystem» (1970), mit meiner Abschiedsvorlesung «Maschine und Kunstwerk» (1971, oder mit meiner Rede über Hermann Finsterlin (1973) oder «Architektur und Farbe» (1974), oder mit dem Vortrag «Das niederländische Architekturbild und das Problem der Kathedrale» (1975), oder mit dem Vortrag «Die Stille Zerstörung und das Problem des megatechnischen Weltbildsystems und die Denkmalpflege» (15. Oktober 1975), habe ich angefangen, heftig Kritik zu üben.

Aber ich nehme mir vor, noch gründlicher, noch schärfer, noch grundsätzlicher Kritik zu üben.

Ich möchte eine Weltbild-Abrechnung machen, wie Augustinus mit der heidnischen Götterwelt der Spätantike im «Gottesstaat», wie Erasmus von Rotterdam mit den Auswüchsen des Spätmittelalters im «Lob der Torheit», wie Karl Kraus 1919 in «Die letzten Tage der Menschheit» mit der österreichischen Monarchie. Jetzt ist es endlich an der Zeit, daß die hypertrophe Technisierung des Lebens durch die hypertrophe moderne Megatechnik darankommt. Sie ist reif, gründlich durchleuchtet zu werden. Ihre Hauptuntaten – so hoffen wir – sind vollbracht.

Vielerorts ist die Schreckensbilanz zu lesen.

Jetzt ist es an der Zeit, ihre schändliche Vergewaltigung der Natur und des Menschen an den Pranger zu stellen.

Ich will die Megatechnik vor den Richterstuhl der Weltgeschichte zerren. Der Megatechnik muß der Prozeß gemacht werden, wie es überall üblich ist, wo Unrecht geschieht. Sie ist die Angeklagte. Sie hat die Weltsubstanz betrogen, verraten und verkauft.

Die Megatechnik, die Zerstörerin von Natur und von Kultur, soll sich rechtfertigen vor der Weltethik. Jetzt gibt es kein Pardon, keine faulen Ausflüchte mehr.

Es ist keine pessimistische Marotte von mir, sondern dieser Prozeß muß um der Gerechtigkeit des Weltbestandes willen geführt werden. Mein Vorwurf: «Der Ingenieur ohne Ethik ist ein Gauner» stimmt!

Und den Vorwurf einer meiner Freundinnen Lotte B.Ph., den sie mir in einem Brief an meine Schwester Monika am 18. Oktober 1975 machte, weise ich zurück. Meine Freundin ist unfähig, weltethisch zu denken und zu empfinden. Jedoch ist ihr Denken zu ästhetisch-harmlos, zu unrealistisch, zu bequem und hedonistisch eingestellt. Ich kann nicht so leichtlebig, so lauwarm, so unengagiert sein wie sie. Sie schreibt:

«Habe gerade Deines Vaters Büchlein der Erinnerungen an Hans Thoma gelesen. ‹In hoc signo›. Welch ein klar und einfach denkender Geist, welch ein großer Schriftsteller! Man sollte für unsere heutige junge Generation das Ganze ins Englische übersetzen! Franzsepp wäre auch besser daran, wenn er mehr dem Geist seines Vaters folgen würde, statt des rein Negativen, der Kritik an der heutigen Zeit und Kunst, sich auf das Positive, nämlich auf das, was er darin für gut und verehrungswürdig hält, konzentrieren würde. Kritik ist immer vergebens, man richtet damit nichts aus, steigert sich nur in ein Haß- und Fremdheitsgefühl hinein.»

Meine Freundin weiß anscheinend nichts davon, daß mein Vater sich bitter über den Kunst- und Kulturzerfall beklagte, dem er schon in seiner Zeit ausgesetzt war. Sie weiß nicht, daß er am 25. September 1929 im Kunstverein Schaffhausen und im Karlsruher Kunstverein den aggressiven Anklage-Vortrag gegen das Kunst-Weltbild der Moderne hielt mit dem Titel: «Vom inhaltslosen Bild zur bilderlosen Wand». Und daß sein Buch «Zeichnung, Holzschnitt und Illustration» von 1919 ein Manifest ist gegen die Bildverschluderung des Impressionismus mit Angriffen auf das technisierte Bild, die Photographie.

Die Konstatierung von Haß- und Fremdheitsgefühlen durch meine Freundin trifft daneben. Genau das Gegenteil trifft zu.

Heute ist es eine bedauerliche Unterlassungssünde, wenn

Menschen, die die Bildung und Intelligenz in sich hätten und auf dem Sektor der Kunstgeschichte führend sind, nicht die kulturverheerenden Wirkungen und bedauerlichen Zerstörungs-Erfolge der Megatechnik einsehen, davon Kenntnis nehmen und ihr absurdes Weltbildsystem als unmoralisch verdammen. Heute ist es nicht an der Zeit, die Hände in den Schoß zu legen und alles zu verharmlosen und einsichtsbequem zu übergehen.

Ein jeder vernünftige und wirklich denkende Mensch muß härtestens und dringlichstens mitarbeiten, um mehr Unheil zu verhindern.

Ich bin positiv. *Ich* bin weltliebend.

Die anderen, die glauben, alle megatechnischen Schädigungen seien notwendig und zulässig, sind auf dem Holzweg, sind in ihrer Grundgesinnung ebenso mitverantwortliche Weltverwalter.

X. Über den modernen Menschen
Karlsruhe, Dienstag, 17. August 1976 zwischen Mittagessen und dem üblichen, noch nicht getrunkenen Kaffee

Endlich hat es meine Freundin kapiert. Wenn ich vom *modernen Menschen* spreche, bin ich wutentbrannt, bin ich an der Wurzel getroffen, bin ich in meinem und im allgemeinsten Menschentum zutiefst beleidigt und erniedrigt, bin ich innerlich angewidert.

Es gibt in der Gegenwart keinen fehlgeleiteteren, weltgesetzdümmeren, in seinem Gehaben frecheren und weltethisch minderwertigeren Menschen als die in den Tag hineinlebende Masse des megatechnisch gläubigen, industrialisierten Konsumgesellschafts-Menschen: diesen in seinem Geschichtsbewußtsein abgestorbenen, geistig verdorrten Naivling.

Da nutzt auch nicht ein blödes und ödes Geschrei nach Freiheit und angeblicher Selbstwerdung. Wie wenn es dies alles in dieser voraussetzungslosen Rohheit gäbe!

Endlich mußte selbst meine Freundin mir recht geben. Endlich hat sie die Situation kapiert.

Ich habe recht und wenn auch die ganze Welt der Moderne glaubt, sie hätte recht. Sie hat in ihrer arroganten Verblendetheit eben (leider) nicht recht.

Modern, d.h. geschichtslos zu sein, universalgeschichtlich und weltgeschichtlich in den Tag hineinzuleben, ist das größte und schlimmste Schimpfwort, das ich in meinem Arsenal an Schimpfworten besitze: der moderne Mensch, dieses geschichtslose Scheusal!

Wenn ich zu diesem Kapitel komme, da steigt mir die Galle hoch, da werde ich ein zweiter Abraham a Santa Clara, da werde ich weltbetrieb-verachtender Alemanne reinsten Wassers.

Diese Notiz nach einem langen und glücklichen Gespräch mit meiner Freundin bei gutem Mittagessen, bedient von der freundlichsten Kellnerin in der Snakbar im Kaufhaus Schneider, im obersten Stockwerk, wo man hoch oben über ganz Karlsruhe, ein zweites Manhattan en miniature, sieht.

XI. Ich und die allerneuesten Kunstrichtungen. Bis hierher und nicht weiter.
(geschrieben am 17.8.1977)

Jetzt habe ich wirklich genug. Jetzt wird es mir wirklich zu dumm, mich zu den allerneuesten Kunstrichtungen herabzubegeben und sie zu akzeptieren. Wozu?

Sie sind wirklich zu blöde und zu kindisch. Ihre Verfertiger sind wirklich eine andere Menschengattung als die, der ich (noch) angehöre. Ich habe keine Lust mehr, ihre nichtssagenden, geistig niederen und verblödeten Werke als etwas Positives ausdrückende Kunst, als meinem Denk- und Seinszustand etwas bedeutende Werke anzuerkennen.

Mit einem Wort: Ich bringe es einfach nicht fertig, mich mit solchen inferioren Gedankengängen zu identifizieren.

Ganz egal, ob es Kunst ist oder keine Kunst ist. Darum sollten sich die Berufsmanager wie in Hamburg bei der Ausstellung «Was ist Kunst?» mit dem Slogan: «Es gibt keine Kunst, es gibt nur Künste» ihre Holzköpfe wundschlagen.

Ich auf alle Fälle distanziere meine Seele und mein Denken von diesem meskinen Gestammel.

Ich für meine Person stehe nicht auf diesem Niveau, wo ich bei diesem Lämmerhüpfen und Kindergarten mitmachen kann. Da sind mir die Zeit und die verpuffte Energie zu schade.

Ich sehe alles ein. Es liegen hervorragende Zeitdokumente vor. Doch ich zähle mich nicht zu diesen banalen Inferioritäten. Meine Forderung an eine Zeit, an die Kunst, an den Menschen, ist eine andere, doch wahrhaftig eine etwas höhere.

Jetzt, Anfang August 1977, riß bei mir der Faden. Die katholische Akademie in Freiburg forderte mich auf, im Herbst in Mannheim in der Kunstmatinée zu sprechen. Ich wollte den Vortrag «Lebensbewältigung durch Kunst?» wiederholen. Doch – in Kisslegg, wo ich den Vortrag zum ersten Mal hielt, war das Gros des Publikums verärgert. Die Menschen wollen nicht wahrhaben, daß sie betrogen werden durch die modernen Nicht- und Antikunst-Bestrebungen. Wie weit die Menschen daran schuld sind und über ihr Betrogenwerden selber überhaupt befinden können, ist eine andere Frage.

Diesmal zog ich die äußerste Konsequenz. Ich paßte und

sagte kurzerhand meine Teilnahme an dieser unfruchtbaren Diskussion ab. Ein für allemal: Schluß damit! Ich will nichts mehr davon wissen. Ich will nicht in die Kellerräume, in das Dunkel der heutigen Weltbilder herabsteigen.

Ich will nicht mehr in diesem abscheulichen Gifthafen herumrühren.

Ich komme mir in meiner Konsequenz vor wie Marcel Duchamp, der auch aus Prinzip und besserer Einsicht, der blöden surrealistischen, dadaistischen Kunst entsagte. Er erkannte, der Fehlweg ist zu kraß, zu katastrophal. Da habe er nichts zu suchen. Von diesem Gestank hält man sich fern.

Jetzt bin ich befreit, jetzt bin ich wieder gesund, jetzt kann ich wieder atmen, jetzt bin ich wieder ich selbst. Jetzt bin ich nicht mehr Gefangener, Geknechteter und Unterdrückter durch diese Zeit! Durch diesen zeitgenössischen, allerdings weltweitverbreiteten Abersinn.

Aber, was geht's mich an, wenn die halbe oder fast die ganze Welt spinnt.

Ich für meine Person fühle mich zu entkräftet, zu schwach, um das Training des geistigen Sauerstoffmangels weiterzuführen, um die luftleere Raumfahrt auf dem unfruchtbaren Boden des Mondes der modernen Kunst weiterhin mitzumachen. Zu diesem Geist-Enthaltsamkeits-Experiment gehören bei Gott im Negativ-Effekt stärkere Naturen.

Nachtrag und Wutanfall am 23.8.1977, 0.45 Uhr.

Ich will nicht das Opfer sein von Propagandisten, Hasardeuren, Schludrianen, Kunstbörsenspekulanten, entwurzelten Intellektuellen, verantwortungslosen Tagesschreiberlingen und hemmungslosen Großsprechern und Modeproleten. Dafür bin ich mir selber zu gut.

Ich will mich einfach nicht mehr anlügen und am Narrenseil des heutigen verlogenen Kunstbetriebs herumführen lassen. Innerlich und auch äußerlich damit Schluß zu machen, ist Sache des Charakters. Das bin ich den Dingen schuldig. Wo und wann ich auch immer diesen Zerstörern der Liebe zu den Dingen begegne, will ich sie packen und ihnen tüchtig die Leviten lesen.

Es war für mich eine Wohltat, das Buch von Max Picard «Zerstörte und unzerstörte Welt» (1951) durch meine Freundin Lotte in die Hände gespielt zu bekommen. Denn Picard weiß die Wertigkeit der Dinge richtig zu setzen. Er nennt die Gefährdung der heutigen Welt beim Namen und schreibt:

«Mailand 8. August 1949. Ich schaue die Menschen an auf dem Rückweg gegen die Stadt. Entleert sind fast alle Gesichter, gleichmäßig entleert, ein Typus der gemeinsamen Leere ist entstanden, es ist, als sei dieser Entleerung ein furchtbares Ereignis vorhergegangen, etwas wie nochmals ein Sündenfall, ein kleinerer, unnützer schäbiger, der den Menschen nicht jenen Tod brachte, durch den das Leben abgeschlossen wird mit einem Ende, sondern den Tod, der dauernd im Leben selbst, unaufhörlich still, wühlt und es aushöhlt. Alle werden leer, darum fällt nicht auf, was geschah. Aber das unhörbare, fortwährende Abbröckeln im Innern macht die Menschen unruhig und nervös.

Plötzlich erscheint vor mir unter den vielen Zerstörten ein unversehrtes Gesicht, es allein ist jetzt da, die zerstörten Gesichter erscheinen jetzt unwirklich, nur wie von einem Projektionsapparat auf die Wand geworfen».

Kierkegaard schreibt einmal:

«Ein Einzelner kann der untergehenden Zeit nicht helfen, er kann nur zeigen, wie sie untergeht.»

«Ja, aber er wird sich bei ihr nicht sehr beliebt machen», merkt dazu Alois Melicher in der Schrift «Musik in der Zwangsjacke. Die deutsche Musik zwischen Orff und Schönberg» an.

XII. Nochmal Absage an die Moderne!
Nach dem Besuch des Wallraf-Richartz-Museums in Köln am 29.9.1977

Bei den modernen Menschen rächt sich sozusagen ihre von ihnen aufgestellte Theorie, daß der Mensch das Produkt und der Widerschein seiner Umgebung, seines Milieus, sei.

Und die Rache der von den modernen Menschen inszenierten Konsumgesellschaft besteht darin, daß auch ihre Kunst nichts besseres ist, eben auch den schlechten Konsum-Aspekt zeigt und Mülltonnen-Kunst ist.

Die moderne konsumübersättigte Großstadt kann gar nichts anderes hervorbringen als die katastrophale Wegwerf-Mülltonnen-Genuß-Kunst.

Dies wurde mir deutlichst vorgeführt in den Werken der Sammlung Ludwig, die ich am 29. September 1977 im Wallraf-Richartz-Museum in Köln angesehen habe.

Da war kein Zweifel mehr für mich: Der geistig ausgedörrten, oberflächlichen, seelisch armen Konsum-Gesellschaft gehört keine andere (milieubedingte) Kunst. Diese Gesellschaft muß untergehen. Sie soll und muß im eigenen, selber produzierten Dreck vergammeln.

Dies ist übrigens nicht nur in den sogenannten Bildenden Künsten der Fall, sondern auch gleicherweise im Film und Fernsehen.

Mit Recht konnte der Architekt und mein Schüler Heinz Mohl am 3. Oktober 1977 in seinem Vortrag im «Torbogen» vom «fatalen» Abgang der fehlgeleiteten Architektur sprechen. Nachdem man die Leere und Fehlleistung der megatechnischen Stahl- und Beton-Architektur einsieht! Heinz Mohl wagte es sogar von Glaube, Liebe und Hoffnung zu sprechen! Doch – wo sind diese geblieben?

XIII. Grundsätzliche Abscheu und Widerwillen gegen die moderne Kunst

Ich möchte nicht, daß irgendein ungebetener Gast der modernen Künstler mein Zimmer betritt und die Atmosphäre verpestet und vergiftet.

Juni 1981

Dazu gehört u.a. Dieter Roth, der Verfasser der Bücher: «Frühe Schriften und typische Scheiße!» und von «Die Die Gesamte Scheiße». Und unverständlicherweise Preisträger des Rembrandt-Preises 1982.

XIV. Postkarten vom 11. Juni 1979 und vom 8. Juli 1981

Eine meiner Freundinnen hat Witz und ein gewisses Verständnis für meine Ideen, wenn es ihr gerade in ihre allgemeine Laune paßt.

Am 11. Juni 1979, um die Bemühungen meiner Weltethik wissend, übersandte sie mir aus Zürich eine Postkarte, deren Ansichtseite die Erdkugel in ihrem Krankheitszustand zeigt. Der Künstler dieser Abbildung mit dem Titel «Die Verletzung» ist Michael Granger. Der Erdkugel wurde wie einem Patienten ein Verband angelegt, der mit einer Sicherheitsnadel ordnungsgemäß zusammengehalten wird. Der Text der Postkarte lautet:

«Liebster Franzsepp, die Landeninhaberin, die mir die Karte für Dich verkauft hat, meinte: ‹Bald wird sie einen ganzen Verband brauchen›, nämlich die Erde.»

Eine zweite Postkarte erhielt ich am 8. Juli 1981 aus Engelberg mit der Notiz: «Anbei an Dich vielleicht doppelt interessierender Kartengruß einmal für Dich als Bruegel-Verehrer, und zweitens für Dich als Atomkraft-ver-Unehrer. Hab' Spaß!»

Michael Granger. Die Verletzung. Postkarte. 1976.

Der Babylonische Turm von Pieter Brueghel d. Ä. zum modernen Atommeiler umfunktioniert. Postkarte.

XV. Ich als Gegner der Megatechnik

Dienstag, den 10. Juli 1979
Heute ist für mich und Monika ein großer Tag.
Ich habe aus Anlaß des Wettbewerbs der «Weinbrenner-Medaille», wozu auch als Planungsunterlage mein Vortrag im «Torbogen» «Das Anti-technische Museum der wahren Humanität» offiziell in die Ausschreibung aufgenommen wurde, der Fakultäts-Bibliothek der Architekturabteilung der Universität Karlsruhe meine sämtlichen fünf dicken Bände (1,250 kg schwer) übergeben. 1. Den Offenen Brief an den Ministerpräsidenten Lothar Späth, 2. den Vortrag des Anti-technischen Museums im «Torbogen», 3.–5. Anklage und Prozeß gegen das weltethisch korrupte, megatechnische Weltbild-Denksystem.

Am Abend haben Monika, Frau Isolde Oels, Herr Januschek und ich im Sport-Gasthaus «Germania» im Hardtwald tüchtig gefeiert.

Das Manuskript meiner Abhandlung «Anklage und Prozeß gegen das weltethisch korrupte, megatechnische Weltbild-Denksystem» habe ich größtenteils auf der Schreibunterlage des Bildheftes, das ich von meiner Tante Thusnelda Würtenberger, meiner Patentante, geerbt habe, geschrieben: auf dem Heft der Apokalypse-Holzschnitte von Albrecht Dürer: «Die heimliche Offenbarung Johannis».

Diese Schreibunterlage hielt ich als besonders würdig und angemessen für den Inhalt und das Endziel meines Manuskriptes, das eine scharfe Kritik des heutigen Weltbildes in seiner «apokalyptischen» Verworfenheit entwickelt.

Mit dem eigentlichen inhaltlichen Konzept wurde ich gerade in den besonders fruchtbaren Tagen vom Pfingstfest 1979 fertig: ein gutes Datum.

XVI. Meine Reaktion auf die heutige politische und weltethisch gefährdete Situation

(Geschrieben März 1980)

Manche meiner kunsthistorischen Kollegen und Kolleginnen haben an dem schon seit längerer Zeit in Gang gebrachten Prozeß des Kulturabbaues nicht Teil und keine Notiz davon genommen. Sie haben keinerlei Stellung zur modernen Kulturentwicklung bezogen. Sie geben sogar zu, davon nichts zu verstehen. Hingegen stand und stehe ich mitten, aktiv reagierend, in diesem Prozeß. Ich wurde und werde von den zeitgenössischen Ereignissen scharf gefordert. Von mir will man eine Antwort, eine Stellungnahme. Ich kann mich nicht verkriechen in zeitabgelöste, gegenwartsferne Epochen, um diese zu rekonstruieren und mich jahrzehntelang auf eine Epoche, auf ein einziges Objekt beschränken. Ich kann nicht etwa das Weltbild von Hieronymus Bosch zum einzigen Forschungs- und Interessensgegenstand nehmen. Dies ist an sich wunderschön und fachwissenschaftlich sicherlich hochverdienstvoll. Aber irgendwo ist der Wurm darin.

Bei dieser Art Wissenschaft ist man steril, nimmt man nicht unmittelbar lebendig an den Problemen, von denen die heutigen, jetzigen Menschen bedrängt werden, teil. Es ist ein einsames, einseitiges Abseitsstehen, ein vielleicht vornehmes, aber stummstumpfes und bequemes Sich-vor-den Notwendigkeiten-Drücken. Für mich geht es um die Erlangung eines gegenwärtigen, neu zu fassenden, lebenswerten Weltbildes. Danach lechzen heute die Menschen. Darauf haben sie auch Anspruch. Und ich bilde mir ein, diesem Anspruch und dieser Forderung wenigstens im Rahmen meiner Kräfte und meines Könnens gerecht zu werden, mich der Notwendigkeit, so bitter sie auch sein mag, zu stellen.

XVII. Das Urteil von Eberhard Doser über meine kritisch-mahnende Einstellung zu den modernen Künstlern.

(aus der Brief-Abhandlung vom 21. VII. 1981 aus Fraysse [Südfrankreich])

Nach einem heftigen Streitgespräch mit Eberhard Doser im Café des Kaufhauses Hertie in Karlsruhe, schrieb mir Eberhard Doser am 21.VII.1981 auch folgendes:

«Warum, eigentlich fragte ich mich zerknirscht, wo ich doch mit dem Maler L – alles in Allem – sehr zart umging, dagegen der Franzsepp sehr sehr hart mit Malern und anderen Künstlern umgeht, richtig herunterkanzelt fast wie ein Robespierre mit geschliffenster Rede und Schreibkunst? Aber was macht nun Dein Buch? (Doser meint meine Biographie) Ist es abgeschlossen, wird es verlegt? Ich brenne darauf, einen neuen Franzsepp Würtenberger zu lesen. Natürlich wirst Du meinen Rat nicht befolgt haben, noch je befolgen, Deine Schrift zu besänftigen im Umgang mit Malern und anderen Künstlern, die zwar sicherlich Kritik verdient haben, aber doch nicht so unerbittlich wie es den Anschein hat.

Andererseits: Durch Dich geht eine Kraft, die stärker ist als Du. Vielleicht mußt Du diese Aussage – ohne Rücksicht auf Verluste – machen. Es ist vielleicht Deine Aufgabe, Dein Auftrag. Und wer weiß, Deine Nachwelt wird vielleicht ganz im Gegenteil zu mir, Deine Schrift für zu mild, zu nachsichtig halten?

Jedenfalls bin ich voller Erwartung und hoffe, daß Du bald Deinen Abschluß für dieses Buch findest.»

Ich und der Abbau meiner Kräfte und das Wissen um die Allwerdung des Menschen mit dem Universum (1971–1983)

I. Der Versuch zur Rückkehr zum normalen, natürlichen Seinszustand nach meiner Pensionierung

(Brief von Comarruga nach Heidelberg an Helmut und Ruth Weirich vom 4. September 1971)

Nach meiner Pensionierung im Herbst 1971 fiel manches Hochgetrimmte und Überzogene von meinem Befinden und Fühlen ab. Von den Amtspflichten entbunden, wurde ich inne, daß der Mensch nicht nur aus hochgezüchtetem Intellekt und literarischem Wissensdurst besteht, sondern daß er auch einen normalen, natürlich funktionierenden Körper sein eigen nennt und seinem Wesen und Urgrund nach eigentlich Naturgeschöpf ist.

Über den Versuch des Sich-Zurückfindens zur Kreatürlichkeit berichtete ich von meinem Spanienaufenthalt an meine Freunde Helmut und Ruth Weirich, die in Comarruga bei Tarragona meiner Schwester Monika, Frau Elisabeth Reinke wie auch mir ihr Ferienhaus zur Verfügung gestellt hatten. Der Brief ist am 4. September 1971, fünf Tage vor meinem 65. Geburtstage, datiert.

Comarruga
Casa Joana
4. September 1971.
   «Liebe Ruth und lieber Helmut!
   Staunt Ihr nicht? Ich habe es tatsächlich und wirklich geschafft: ich bin in Comarruga. Die zwei Damen, Monika und Frau Reinke, haben mich wieder, und so sind wir ein ferienreifes und überglückliches Trio: denn: Wo? auf der Welt, und die Welt ist groß, könnten wir es schöner, erholsamer, gesünder und liebevoller vorbereiteter haben als hier bei Euch? Leider ist aber dieses bei Euch nicht ganz so vollständig, wie wir es gerne hätten: nämlich daß Ihr nicht schon weggefahren seid und wie die Freude, die Sonne, den Himmel, das allerherrlichste zu Hause, das Ihr uns drei so nett und freundschaftlich zur Verfügung gestellt habt, noch gemeinsam in vollsten Zügen, wie einen guten Wein, genießen können. Doch Ihr seid auch ferne seiend hier bei uns mit uns. Denn wir sagen immer wieder, wie Ihr alles so wunderbar eingerichtet habt. Wie alles so heimelig ist und Eure Fürsorge ausströmt. Sei es das kleine Tischchen im 2. Stock, wo ich mich im kleinen Doppelbett-Zimmer niedergelassen habe. Ich liebe die kleinen, engen Behausungen; drum wählte ich dieses intime Gemach. Auf meinem Konsolnachttischchen liegen meine zwei Brillen und die Armbanduhr. Alle beide Instrumente brauche ich nicht zur Zeit, deshalb liegen sie zur Zeit ständig hier. Die Uhr brauche ich nicht. Ich habe keine Termine; habe keine Hetze. Richte mich nach dem Sonnenstand und der inneren Uhr meines Wohlbefindens: mein neues Zeitgefühl: das Zeit-, d.h. Zeitlosigkeitsgefühl des vollkommenen Pensionisten.

Ebensowenig benötige ich mehr die Brillen; weder Nah- noch Fernbrille. Mit meiner Außerdienstsetzung haben sich meine Augen schlagartig gebessert. Der Gehirndruck der Dienstverpflichtung schwand dahin, und ich benötige nicht mehr unbedingt die Brille, um zu lesen oder in die Ferne draußen zu gucken. Es geht eine seltsame Veränderung in mir vor. Ich bilde mich rück. Ich überwinde den jahrzehntelang stattgehabten Zivilisationsprozeß, der mit Eintritt in die Vorschule begann (Gott sei Dank übersprang ich das Kindergarten-Stadium), mit Schule, Gymnasium, Studium und Dozenturen aller Art und Unart sich steigerte. Tatsächlich: ich werde wieder im Alter natürlich und normal und gesund. Ich erlebe eine neue Jugendzeit. Ich überwinde die Zivilisationsüberziehungen, die uns alle frühzeitig zu Brillenträgern machen: Ich sehe wieder ohne Gläser mit eigenen Augen und bin deshalb wieder kindhaft natürlich normal!

Mit meiner Sehkraft habe ich es geschafft, wieder Vollmensch zu sein. Hingegen wo ganz anders hapert es noch schwer: an meiner äußeren Erscheinungsform. Dies mußte ich plötzlich erschrocken am Strand, im Anblick des Meeres, unter Menschen wandelnd erkennen. Ich allein war kein Vollmensch: ich allein hatte nämlich zu viel an. Ich allein hatte es versäumt, den Zivilisationsballast der gesitteten Kleidung abzuwerfen. Ich allein hatte lange Hosen an; ich allein hatte ein sonnenschützendes Hemd. Ich allein verdeckte mein Haupt mit

F. S. W. am Strand von Comarruga. Neben ihm Frau Ruth Weirich. Foto. 1961.

einem Strohhut. Ich allein kämpfte mit den Waffen veralteter Zivilisation gegen die Sonne, gegen das Beste, Heilbringendste und Unendlichstarke, in dessen Schutz und Schirm sich der moderne auf- und abgeklärte Mensch waffenlos nackt begibt. Der neue Adam ist geboren und schreitet, liegt und schwimmt selbstbewußt stolz dahin.

Diesem Ideal und Idol strebe ich nach. Der Weg dorthin ist lang, das Ziel ist hoch; denn auf gar niedriger Stufe muß ich weißhäutiges Kulturgreenhorn beginnen. Ich verzage nicht; ich will und muß meine Stube vergessen: ich will und muß um jeden Preis mich enthüllen. Ich will und werde der lieben Sonne Tor und Tür öffnen und ihr entgegenschreien: Scheine auf mich! Mache mit mir, was Du willst: aber verspreche mir bitte: bräune meine Haut. Reihe mich ein in die unendliche Zahl der Sommerfrischler! Nehme mich auf in den modernen Club der Sonnenadamskinder! Es lebe ‹Piz Buin, das Exclusivöl, Factor de Protection 2, der pflegende Lichtschutz für Sonnengewöhnte jeden Hauttyps; himalayabewährt.› Liebes Fläschchen Hautöl, das auf meinem Schreibtischchen vor mir steht, ich bete dich an! Gib mir die Zuversicht und Kraft, daß auch ich es schaffe, Mensch zu werden. Vollmensch zu sein und reine, hüllenlos offene goldbraungerötete STATUE zu sein.
Für heute 1000 liebe Grüße an
Euch Alle von uns
3en
Euer
Franzsepp.»

II. Ablösung vom Immer-noch-mehr-wissen-Wollen

(geschrieben 1973)

Ich beobachte an mir den Gegenprozeß von Lernen und immer mehr Wissen, Vervollständigen und Detaillieren und Studieren.

Ich baue ab an sogenanntem Weltwissen und an Weltbeteiligung. Dem Abbau der Körperkräfte entspricht der tolle Fortschritt zur Allwerdung hin, weg vom schon fernen Ei-Universum und zum anderen Pol der Universumwerdung hin.

Ich mache den Gegenprozeß durch. Ich löse mich wieder vom Wissen, von der Information, vom Immer-Noch-Mehr-Wollen. Ich überwinde das Vielwissen und wende mich zu einer ganz neuen Einheitsidee: der Idee der Zersplitterung im Universum, zur Universum-Werdung hin.
Ich bemerke es an Kleinigkeiten.

Ich lese die Zeitung am Morgen lässiger, ich mache mit belanglosen Meldungen schneller, ich habe die ständige Wiederholung von schon zu oft Gelesenem satt.

So geht es mit vielem anderen: nochmals die Musik, nochmals diese Probleme, nochmals dieselben Bücher, nochmals die Monographie eines anderen, weiteren Künstlers. Nein! Ich wähle wählerischer aus, mich interessieren diese Wiederholungen nicht mehr, mich interessiert das Wesentliche, der Kernpunkt.

Die Welt entrinnt mir wohl, ich will sie nicht unter allen Umständen festhalten. Es ist kein Schade darum. Ich bilde mich gewissermaßen zurück, aber das Zurück ist auch zugleich ein gewaltiges, kaum faßbar übergewaltiges Vorwärts, nämlich vorwärts: Indem ich mich mehr dem Allsein hingebe, indem ich den Vereinzelungsprozeß, den ich schon am Anfang meiner Biographie schilderte (Ich und der Abstieg vom göttlich-himmlischen Einheitsdenken zum profanen, banalen, irdischen Vielheitsdenken [1920–1925]), diesen furchtbaren Vielfaltsprozeß zurückdrehe und mich vorwärts entwickle zum Einheitssein im All! Ich bereite meine Allwerdung auf neuer Basis vor. Ich vollziehe eine Zurück-Geburt, wie Claus Bremer diesen Zustand am 24.8.1980 benannte.

In meinem Alter sehe ich nicht enttäuscht und sehnsuchtsvoll darauf, was ich noch alles machen möchte und auf die Gelegenheiten, die ich versäumt, und auf die Werke, die ich nicht geschrieben habe.

Wievieles Freunde und Verwandte sagen, was sie noch tun wollten und nicht dazu kamen. Z.B. ist meines Bruders großer wissenschaftlicher Traum, eine Geschichte des Strafrechts zu schreiben. Jedesmal, wenn ich zu ihm komme, spricht er, sein sonstiges Tun überhöhend, von diesem Projekt und Wunschtraum. Meines Freundes Arnold Tschira großes Vorhaben, an dem er am meisten hing, war, eine Geschichte der griechischen Baukunst zu schreiben.

Ich selber habe diese Wünsche und Sehnsüchte nicht mehr zu haben. Sie wären fehl am Platze. Ich hatte das große Glück, meine Ideen, auch meine Lieblingsideen, rechtzeitig und immer zu ihrer Zeit unter Dach und Fach zu bringen. Ich habe das Glück gehabt, meine Ideen tatsächlich in jeder Alters- und Fähigkeitsstufe auszuführen, als sie in mir reif geworden waren. Der unbefriedigte Rest von nicht geschriebenen Hauptwerken existiert bei mir nicht.

Ich habe von meinem Wissen und Können aus den Bogen des Wissens und Könnens, den ich zu verwalten hatte, durch Begabung und inneren Drang und immer gerade am äußersten Grat meiner Existenz-Stufe daherschreitend, tatsächlich realisiert. Ich konnte in logischer Entwicklung einen Stein auf den anderen legen, bis ich mein Weltwissensgebäude aufgebaut hatte. Ich kann mit Befriedigung sagen: Mein Weltenbau, mein Weltbau-Bild habe ich vollendet und durchgeführt. Es würde nichts Besseres, Vollständigeres, auch wenn ich noch viele Jahre daran arbeiten könnte. Ich habe den jeweiligen Kräften und Wissensstufen gemäß den entsprechenden Weltbildsektor in Angriff genommen und vollendet. Dies soll aber nicht heißen, daß ich nicht hochspannungsvoll an den gegenwärtigen Tagesfragen und allgemeinen Weltsituationen Anteil nehme. Vielleicht gerade deshalb intensiver und interessierter als je zuvor!

III. Überdruß an Immer-wieder-Dasselbe

Auch in allgemeinen Verhältnissen und Stellungnahmen zur Welt machen sich Abnützungserscheinungen bemerkbar. Nicht nur am Organismus des Körpers sind sie spürbar; nicht nur im Nachlassen der Spannkraft der Muskeln, im Ausfallen der Kopfhaare, im Zersetzungsprozeß des Blutes, im Zunehmen der Dupruithrenschen Kontraktur meiner rechten Hand. Das Klavierspiel wird immer illusionärer, fragmentarischer im Anschlag und im Greifen der Tasten.

Ich bin allergisch geworden gegen das ewige Wiederholen des schon oft Geübten. Immer wieder am Abend zu Bett gehen, gut oder schlecht schlafen, immer wieder beim Erwachen sich zurechtfinden und den Willen zur Tat zu bilden und über den Verlauf des Tages Projekte machen und das Wozu des nahen Zukünftigen begründen. Dann am Morgen aufstehen, sich waschen, rasieren, zu entscheiden, ob eine neue Klinge zu nehmen ist, frühstücken, telefonieren, auf die Post warten: was kann sie schon bringen? – Wie habe ich früher gefiebert, diese oder jene Nachricht von einem von mir geschätzten Menschen zu erhalten! Allmählich weiß ich die Reaktion, die Konventionen, die Egoismen, die Meinungen, die Äußerungsvarianten der Mitmenschen. Es ist fürchterlich, keine neuen Menschen

F. S. W. beim Telefonieren. Foto. 1975.

mehr kennenzulernen! Nur stets kleiner Varianten von schon längst bekannten Verhaltensweisen inne zu werden.

Immer wieder dieselben politischen Parolen hören zu müssen. Schon seit ich zurückdenken kann immer wieder die Unzufriedenheit der Menschen an mein Ohr klingen lassen zu müssen, immer wieder das Geschrei von Revolution ertönen zu hören. Es genügt nicht, daß durch Karl Kraus die Welt der Monarchie und des Bürgers schon 1919 totgeschlagen und moralisch erledigt wurde. Auch 1973 muß die Welt der Monarchie und des Bürgers immer noch totgeschlagen werden. Dieser langlebige Historismus ist auf die Dauer höchst langweilig und zeugt von der institutionalisierten Denkfaulheit der Menschen.

Nichts, gar nichts darf von der Monarchie und vom Bürger übrigbleiben. Auch noch 1973 wird von einem Rezitator in einem Stuttgarter Theater das Buch, das die Monarchie zu erledigen sich zur Aufgabe gemacht hat, «Die letzten Tage der Menschheit» von Karl Kraus, schon 1919 geschrieben, noch einmal der neuen Generation vorgesetzt, wie ich einer Annonce des «Stuttgarter Tagblattes» entnehme. Wenn die neue Generation es vielleicht vergessen hätte, so soll absolute Vorsorge getroffen werden, daß die neue Generation sich nicht unterstehe, zu vergessen, daß sie die Monarchie und das Bürgertum zu erledigen habe. Die weltanschaulichen Feinde müssen bis auf den letzten, allerletzten Rest vernichtet werden; koste es, was es wolle!

Dies heißt, daß man zusehen muß, wie man immer auf Veränderung der Verhältnisse erpicht ist, ohne ein endgültiges Ziel anzustreben. Man ist immer wieder mit der Umschaufelung der nie befriedigten Paradieses-Vorstellungen konfrontiert.

Ich bewundere die Leute, die 20 oder 30 oder gar 40 Jahre lang die Symphoniekonzerte besuchen bis ins Alter von 80 und mehr Jahren. Ebenso ist es mit den Reisen zu Luft, Wasser und Land oder mit den Wetterstimmungen. Immer wieder dieselben uniformen Verkehrsschilder in sich aufzunehmen und die Betonautobahnen abzurasen. Immer wieder denselben rotgefärbten Sonnenuntergang zu bewundern. Immer denselben Hof um den Mond, immer dasselbe Waldesdunkel und Stimmungsgeheimnis und immer dasselbe «Ich weiß nicht, warum ich so traurig bin.» Immer dasselbe Lachen über entsprechende Witze. Lachte man nicht, so würde man verdächtig. So lacht man eben auch. Es ist nun mal so.

Das lebensfördernde, lebensbelebende Moment der Überraschung, das Ausgreifen ins Unbekannte, das erfrischende Erobern von wirklich Neuem fällt mehr oder weniger aus! Das ist der Fluch der abgeschlossenen, vielfältigen, jahrzehntelang intensiv geübten und übergenug gesammelten Erfahrung! Des schon Durchdacht-Habens! Des schon Vorher-Wissens!

Auch dieser Prozeß des abgenutzten Lebens gehört zum Leben.

IV. Der Lebensabbau als «Schule» der Greise

Mit dem Schon-vorher-Wissen aus angesammelter Erfahrung hat es seine besondere Bewandtnis.

Es ist ein gefüllter, übervoller Bewußtseins-Stand, der sozusagen als Gegenstück zum Schulunterricht des jungen Menschen einzuschätzen ist, wo noch ein gieriges, kaum genügend zu befriedigendes Wissenwollen und auch Wissen-Müssen stattfindet.

Hingegen liegen beim alten Menschen die Verhältnisse gerade umgekehrt. Der alte Mensch macht eine Gegenschule durch! Das ist die Schule des Abbaues, des Bremsens der Überfülle und des Immer-noch-mehr-wissen-Wollens. Es ist «die Schule» der Greise. Es ist die Schule des Gesättigtseins.

Der Herr Lehrer ist in diesem Falle das Lebensgesetz selbst.

Das Schulziel besteht darin, die Vereinzelung vergessen zu können, sich abzugewöhnen, am einzelnen beteiligt zu sein und sich vorzubereiten, in einen neuen Zustand, in den Universum-Zustand zu gelangen, sich von der hiesigen irdischen Enge und Kleinheit loslösen zu können und am Ende ein Partikel des Alluniversums zu sein, den anderen Pol der Pollosigkeit der Bestimmung des Menschen zu erreichen. Und zugleich: Es kommt, wird man alt genug, der Punkt, wo man mehr Tote kennt als Lebende und Gegenwärtige. Man wächst in die Schar hinein, bei der es keine Unterscheidung von Gegenwart, Vergangenheit und Zukunft gibt, wo diese Gesetzlichkeit der Zeit aufgehoben ist, wo es keinen Anfang und kein Ende gibt.

Man wächst in die Schar der Toten hinein. Die Zeit, die Aktivität an sich, vollbringt diese Tat.

Daß dem wachen geistigen Menschen gegen Ende des Lebens diese Allwerdung, dieses Abstreifen der Vereinzelung und das Hineinwachsen in das Allgemeine bevorsteht und er sie als wesentliche und notwendige Metamorphose des Denkens und Seins durchschreiten muß, diesen Läuterungsprozeß lernte ich kennen, als ich das Graphische Werk von August Babberger (1885–1936) bearbeitete und 1954 veröffentlichte.

August Babberger war ein Kollege und Freund meines Vaters, Professor für Malerei an der Badischen Landeskunstschule und dort Lehrer meiner Schwester Monika und der mit mir sehr befreundeten Teppich- und Glasfensterentwerferin sowie Graphikerin Clara Kress.

Wie August Babberger, dem ich noch persönlich begegnen durfte, sich schon gleichsam vor seinem Tode dem kosmischen Allgefühl zuwandte und sich von der Irdischkeit zugunsten der höheren Gesetzlichkeit, wo Zeit und Raum nur noch bedingt gültig sind, ablöste, schilderte ich an Hand der Entwicklung und Deutung seiner künstlerischen Werke. Babberger streifte also immer mehr das Bürgerliche-Gegenwärtige und körperlich Einmalige-Individuelle ab und sah immer mehr die elementarkosmischen Eigenschaften des Menschen. Ich schrieb in dieser

August Babberger. Freunde in der Natur. I. Holzschnitt. 1920.

Beziehung noch ergänzend: «Dies ist auch ein Weg, um sich von der gemeinen Alltags-Natur und von den profanen Gegenwartsstimmungen abzusetzen. Babberger weiß um sein neues Menschentum genau Bescheid und schrieb darüber Folgendes: ‹Ob er (der Mensch) ißt oder sich kratzt, ob er sündigt und sich mit der Polizei in Konflikt bringt, wenn er schlägt oder stiehlt usw., alle diese Zwischenformen gehen mich *nichts* an. Er liegt, ruht oder schläft, er sitzt, er schreitet ruhig oder hastig, er ist erregt und kämpferisch oder still und einig. Er ist allein, zu zweit oder in der Masse. Sein *Allgemeines*, das *Allgemeine*, das seine Bewegung übersichtlich macht, möchte ich herausholen›.»

Die Ablösung Babbergers von der Irdischkeit charakterisierte ich am Schluß meiner Ausführungen zusammenfassend: «Als Babberger am 3. September 1936 in Altdorf im Kanton Uri in der Schweiz starb, hatte er schon lange vorher in seiner Kunst den Tod und das Sterben überwunden. Als Künstlermensch weilte er schon längst nicht mehr unter uns geschäftigen, auf kleinlichen Gewinn und äußere Erfolge erpichten Alltagsmenschen. Auch seine Entlassung aus dem Staatsdienst 1933, infolge der Ausschaltung der modernen Richtung aus dem Kunstleben Deutschlands durch das Regime des Nationalsozialismus, konnte ihn nicht aus der inneren Fassung bringen. Er zog sich in seine geliebte Alpenwelt zurück. In seinen künstlerischen Schöpfungen hatte er sich schon ganz in jene höheren und reineren Gefilde begeben, in denen sich Zeit und Raum aufzuheben beginnen. Von dort aus verkündet er seine Botschaft an die wenigen zum seelischen Aufstieg fähigen und bereiten Menschen.

Die ewige Aufgabe des Künstlers erkannte Babberger darin, das Harmonische, das Festliche und Sonntägliche, das Glücksgefühl an sich, den unbeschreiblichen Jubel über die Größe des Seins in den Werktag gebracht zu haben.

Ein solcher Künstler mußte zwangsweise die Bürde des Prophetischen, beinahe des Heiligen, d.h. des weltabgelösten Weltüberwinders, auf sich nehmen. Babbergers Persönlichkeit strömt etwas von franziskanischer Milde und Güte aus.

Es gehört zum inneren Wesen seiner Kunst und auch zum Geiste seiner graphischen Blätter, daß sie sich von der Last der Gegenwart lösen, und so konnte er in einer Notiz von 1930 sagen: ‹Meine verehrten Kollegen, es ist mir zu oft deutlich, welch ein Bauer ich unter ihnen bin. Sie sind wohl noch Erfüller und Bestrahlte einer lebendigen Epoche, an der ich wenig Anteil hatte, denn als Erbe. Was mich erleuchtet und beleuchtet, liegt in der Zukunft, in einem anderen Bürger- und Menschentum.›»

V. Ich und der vermeintliche Zenit meines Weltwissens als 7 × 9 = 63jähriger im Jahre 1972

(geschrieben am 8. 9. 1972)

Nie in meinem Leben war ich so weise wie in diesen Tagen, bevor ich 63 Jahre alt werde. Die 63 hat für mich eine ausgezeichnete Bedeutung. In dieser Zahl ist die Neun, meine Zahl Neun, siebenmal enthalten. Dies soll jedoch nicht heißen, daß ich nicht schon früher Siege des Wissens um die Zusammenhänge der Welt mit mir selbst im Stillen feierte, wenn mir irgendein neuer Fortschritt der Weltkenntnis in meinem Denken gelungen war.

Aber diese Art von Weisheit ist diesmal von ganz besonderer Art. Kurz vor meinem Geburtstag vom 3. bis 6. September 1972 habe ich dies erlebt. Am 8. September schreibe ich dies nieder. Soeben schrieb ich das Kapitel über «Die Höhle als zweipoliger Seinsort des Menschen», projektierte ein Kapitel

«Licht und Finsternis» und stellte Überlegungen über die Lebenslaufschemata an.

Nie vorher in meinem Leben wußte ich über den Lauf des Lebens so viel Entscheidendes. Nie zuvor waren mir aber auch gerade die Grenzen des Weltbewußtseins des Menschen im Anblick der Weltuniversumsgeschichte so deutlich zu Bewußtsein gekommen. Nie in meinem bisherigen Leben hatte ich ein so weit gefächertes Wissen über die Weltzusammenhänge in Zeit und Raum und in Überzeit und Überraum, um die davon abhängige Existenz des Menschen.

Nie zuvor hatte ich ein so umfangreiches Bewußtsein der allgemeinen Geschichte der Welt. Nie war ich der Welteinsicht in so breitem Streukegel der existentiellen Menschheits-Seinsfragen so sehr begründet und durchdacht und überdacht, so sicher.

Nie zuvor in meinem Leben war ich fähig, ein solches Panorama zusammenfassend zu übersehen, vergleichbar mit dem Weltpanorama und der Weltbilanz, die sich die Seele macht, bevor sie heimkehrt zu ihrem Ursprung, zum ewigen All.

Ich ziehe die Summe meines bisherigen, ständig sich ausweitenden, ständig in vielen erweiternden Ringen sich komplettierenden Weltdenkens. Vor 20 (1952), 15 (1957), 10 (1962) oder gar 5 (1967) Jahren wäre es mir noch nicht möglich gewesen, dies zu formulieren und so souverän alle verschiedenen Fäden meines Welteinsichtsgebäudes zu beherrschen; noch nicht die Erkenntnisse meiner Forschungen über Kunst, Kunstgeschichte, Geschichte, Technik und Lebens-Common-Sense in einer Synthese zusammenzubringen.

Nun ist es soweit, nun bin ich gereift und reif zu solchen Überlegungen.

Ich erlebe einen Höhepunkt meiner Existenz, meines ständig geschulten Forschungsdranges, meiner geistig immer mehr zum Gedankenkunstwerk sich rundenden Weltvorstellung.

Und wenn ich diese, meine heutige Situation des $7 \times 9 = 63$jährigen betrachte und in das Wissen um die Gunst oder Ungunst der Lebensalterabschnitte einreihen will, so möchte ich auf die Gesetzlichkeit hinweisen, die Alexis Carrel (1873–1945) in seinem Werk «Der Mensch. Das unbekannte Wesen» (1950) im Kapitel «Die innere Zeit» aufstellte:

«Mit einem Wort: Der Körper ist ein Nebeneinander von organischen Bewegungen, deren Rhythmus in der Kindheit sehr rasch, in der Jugend schon viel weniger schnell und im reifen und hohen Alter langsam ist. Gerade dann, wenn unsere physiologischen Energien schwach zu werden beginnen, erreicht unser Geist die Höhe seiner Entwicklung.»

Was mich befriedigt, ist die Ordnung, das gedanklich Gefaßte und Formulierte, das Allumspannende und Allumfassende, die Dimensionen meiner Gedanken, dann aber auch das Kunstwerkhafte, das kreativ Gelungene und zugleich das Apparathaft-Funktionelle an meiner Weltvorstellung.

Und ein Punkt trägt fast am meisten zu meiner Zufriedenheit bei: Daß ich die Haupteinsichten und die Methode des Vorgehens meines Denkens, ohne die nichts möglich gewesen wäre, fast allein und vor allem aus eigener Kraft, aus eigener täglicher Energie und Willensbildung, aus eigenem Forschen und aus eigener Weltwissensgestaltungskraft mir in pausenlosem Ringen und Kämpfen und Wagen und Wägen erobert habe.

Allerdings ist dieser menschlich-gesellschaftliche allergische Punkt der Zufriedenheit durch viele Enttäuschungen und menschliche Niederlagen meinerseits erkauft. Es gehört dazu das Versagen mancher meiner Verwandten, Freunde, Kollegen, Berufsgenossen. Hier schieden sich vielfach die Geister nach eigenem und eigenartigem Gesetz. Die Erkenntnis des Alleinseins in den entscheidenden Lebenssituationen und Lebens-Weltfragen mußte ich bitter einsehen und – ich sehe es heute ein. Der Weg des Triumphes war zugleich auch ein Weg der Abstriche.

Ich wurde von den Mitmenschen zu der Erkenntnis gezwungen: Nur im Alleingang kann man allein zu sich und zu seiner eigenen Welt in der Welt finden. Diese Arbeit und Verantwortung kann einem niemand auf der ganzen Welt abnehmen. «Insofern sind», wie zu meinem obigen Satz meine Freundin Thea Engelhard, als ich ihr diese Partie vorlas, zusätzlich bemerkte – «die Enttäuschungen ein reiches Geschenk».

Zu meinem heutigen Stand an Einsicht und Weisheit gekommen, war die Arbeit des Herkules zu leisten. Lawinen von Vorarbeiten, Lawinen von Querschlägen waren zu beseitigen. Lawinen von Gedankengängen, Lawinen von mißlungenen Versuchen und halben Ansätzen waren zu bewältigen, d.h. zu überwinden.

Hier fehlte bislang noch dies, dort fehlte noch das für den Bau und die Verstrebung, für die Einsicht und gewisse Vollendung meines Weltbildgebäudes.

Jetzt erst erlangte ich eine mich befriedigende Übersicht über mein Leben. Jetzt erst fühlte ich mich meinem Denken gegenüber sicher und insofern Herr meiner selbst.

Wenn ich das 63. Lebensjahr innerhalb der ihm anhaftenden Zahlenmystik überblicke, so ergibt sich, daß das 63. Lebensjahr auf alle Fälle im Gesamtablauf des Lebens ein höchst kritisches und insofern hoch bedeutsames Jahr ist.

Ich selber habe es ganz deutlich als einen absoluten Höhepunkt, ja, als schicksalhaft dargebotenen Kulminationspunkt meiner geistigen Existenz empfunden. Nach diesem Zeitpunkt verflüchtigen sich die geistigen Kräfte, sah ich nicht mehr so wissensgefüllt klar. Es beginnt hernach mein Weltwissen wieder dunkler und unscharf zu werden.

Aber es gibt auch andere Deutungen der Kombination von $7 \times 9 = 63$ Jahren als ich sie vornahm.

So liegt eine antike Deutung vor, die nicht die positive Seite dieser Jahressumme hervorkehrt, sondern das Gegenteil. Das 63. Lebensjahr wird als Lebensklippe empfunden. Der abergläubische, der Zahlenkombination 7×9 nicht wohlge-

sinnte antike Mensch muß froh sein, wenn er nicht an dieser Klippe hängen bleibt und dann schon sein Leben beendet. So geschah dies bei dem Kaiser Augustus, wie dies aus einem Brief hervorgeht, den der Kaiser an seinem 64. Geburtstag am 23. September des Jahres I an seinen 20jährigen Enkel Gaius Caesar geschrieben hat.
(Ernst Kornemann. Gestalten und Reiche. Essays zur alten Geschichte, Bremen 1980)

«Das 63. Lebensjahr, das der Kaiser damals glücklich hinter sich gebracht hatte, galt bei den antiken Menschen als ein hochkritisches Jahr für alte Leute, weil 7 × 9 = 63, in 63 also die böse Siebenzahl und die böse Neunzahl als Faktoren stecken. Die Siebenzahl wurde für den Körper, die Neunzahl für den Geist als gefährlich angesehen. Augustus aber war sehr abergläubisch, dabei oft kränklich, so daß er sicher nicht erwartet hat, 76 Jahre alt zu werden. So schreibt er denn höchst erleichtert am 64. Geburtstag an seinen ältesten Enkel bzw. Adoptivsohn, der, mit einer diplomatischen Mission betraut, damals fern im Osten weilte: ‹Sei mir gegrüßt, mein Gaius, mein liebes kleines Arbeitstier; nach Dir sehne ich mich, die Götter wissen es, immer, wenn Du ferne von mir bist. Aber ganz besonders an solchen Tagen, wie der heutige ist, da suchen meine Augen allenthalben meinen Gaius, und mir bleibt nur die Hoffnung, daß, wo auch immer Du an diesem Tage gewesen bist, Du doch sicher heiter und gesund meinen 64. Geburtstag gefeiert hast. Denn, wie Du siehst, habe ich das für alte Leute hochkritische Lebensjahr glücklich überstanden. Solang mir noch Zeit zu leben übrigbleibt, bitte ich die Götter, uns gesund zu erhalten und mich den Rest meiner Tage im Angesicht eines blühenden Staatswesens verleben sowie Euch nach meinem Heimgang als treffliche Männer Nachfolger für meinen Posten werden zu lassen.› Hier spricht also der geburtstagfeiernde Herrscher selbst zu uns.»

VI. Ich und mein Auge und mein Auge als Ich
(geschrieben am 14. 9. 1983)

Im Juni 1983 lag ich im Städtischen Klinikum in Karlsruhe in der Urologischen Abteilung, um eine Blasenoperation an mir vornehmen zu lassen.

Acht Tage vorher war ich schon im Krankenhaus anwesend, um mich auf die Operation vorzubereiten.

Vor dem Eingriff überfiel mich eine immer stärker werdende Angst. Diese Angst steigerte sich besonders nachts, als ich in meinem Bette schlaflos lag. Ich war mit meinem Ichbewußtsein geradezu auf einem Nullpunkt angekommen. Immer mehr schwand in mir die Hoffnung auf Gelingen, und ich begann mich seelisch vorzubereiten, mein Weiterexistieren in Frage zu stellen. In keiner Weise besaß ich die Kraft, mich diesem Zustand irgendwie entgegenzustemmen. Ich wollte dies auch nicht. Ich konnte weder vorwärts noch rückwärts denken. Einfach voll hier und jetzt und sonst nirgendwo zu sein, war mein einziges Bestreben. In diesem Zustande überkam mich ein unabwendbares heftiges Weinen. Ich gab mich diesem Naturereignis widerstandslos hin. Was hätte ich auch anderes tun sollen? Alles andere erschien mir sinnlos und auch meiner Situation gar nicht angemessen. Ein Sträuben und Dagegenarbeiten wäre unangebracht gewesen. So wie man auch ein Gewitter nicht abwenden kann.

Mein Auge füllte sich immer intensiver mit Tränen. Zugleich ging aber in mir eine bemerkenswerte Veränderung vor. Von mir löste sich das Gefühl für meine übrigen Körperteile. Glied um Glied schwand mein allgemeines Körperbewußtsein dahin. Die Beine, der Rumpf, die Arme, der Hals, sogar der Kopf schrumpften zu nicht mehr zu beachtenden Anhängseln zusammen. Allein und nichts anderes als mein überprall mit Tränen gefülltes Auge existierte für mich. Hier in meinem Auge war mein Ich plötzlich weltganzheitlich geborgen. Es war nicht nur Mittelpunkt, sondern es mitbeinhaltete den gesamten Umkreis meines Seins, die Welt an sich.

Die angenehm einschmeichelnde Wärme der Tränen, die mich als Augenraum umgab, ließ mich, wie in einem wohligen Nest eingebettet, ganz zu mir selbst finden. Alles übrige war kalt, eisig, abstoßend und dadurch fremd und zählte somit nicht. In dieser Beschränkung an Dimensionsbewußtsein erreichte ich in mir eine seit meinem Sein als Embryo im Mutterleib nicht mehr derart empfundene Konzentration meines Seins.

Ich wurde gleichsam in den ursprünglichen mikrokosmischen Urzustand meines Seins zurückversetzt. Hier, in dieser Reduktion, die alle meine Entwicklungen zurücknahm, fühlte ich mich absolut wunschlos glücklich, zuhause. Es überkam mich eine unendliche Zufriedenheit. Ich brauchte endlich an nichts mehr denken, brauchte keine Zukunftspläne zu schmieden. Wozu immer noch mehr projektieren, wozu noch mehr sich abzurackern? Wozu immer wieder längst überholte Erinnerungen aus meinem Gedächtnis herauskramen? Ich war endlich aller Aktivität, der abscheulichsten Willensbildung, ledig. Ich erlebte ein Stück zeit- und raumloser Seeligkeit wie noch kaum.

War ich wirklich so klein? So winzig, auf ein Nichts zusammengeschnurrt?

Nein, keineswegs. In mir war alles Gefühl für jegliche Dimension erstorben. Ich unterschied nicht mehr, was Größe und Kleinheit zu bedeuten habe. Insofern schwand auch in und an mir die Unterscheidung von makrokosmischem oder mikrokosmischem Sein. Es sind Grundgefühle, die man sonst das ganze Leben hindurch wachhält. Beides rumpelte zur ununterscheidbaren Gleichwertigkeit zusammen, und zum Verstehen meines Seins möchte ich noch ein anderes Beispiel aus meinem Erfahrungsbereich heranziehen. Ich will auf die Zeichnung aufmerksam machen, die Clara Kress von meinem Gesicht machte, als ich etwa 50 Jahre alt war. Dort, in ihrem sonnenmakrokosmischen Bilde, erhielt ich ein sonnengleiches Auge als Universumrequisit. Damals allerdings wagte ich noch kaum zu ahnen, daß ich selber einmal eine ähnliche vergleichbare Universumswerdung meines Auges mit all ihrer unabdingbaren Wirklichkeit 20 Jahre später erleben könnte.

Dieses Geschenk – ich empfinde es als solches – einer außerordentlichen Metamorphose meines kleinirdischen Seins zum makrokosmischen Sein verdanke ich meinem Krankheitszustand von 1983.

Ich als Weltethiker

Das Anti-technische Museum

I. Brief an den Ministerpräsidenten Lothar Späth

(6. Februar 1979)

Der Gedanke, mein Anti-technisches Museum zu erfinden, geht zunächst äußerlich auf einen konkreten Anlaß zurück. Er wurde ausgelöst, indem der baden-württembergische Ministerpräsident Lothar Späth 1978 den Vorschlag machte, ein technisches Landesmuseum zu gründen. Dieses Projekt empfand ich als unzeitgemäß und eher schädlich, weltethisch negativ und unverantwortlich, als kulturell aufbauend und weltethisch positiv.

Ich hatte erkannt, daß der weltbildhaft negative Koloß der Technisierung einer langsamen, aber sicheren Zerstörung gleichkommt. Ich entschloß mich deshalb, aus innerer Verpflichtung heraus, mit einem Gegenmuseum dieser verheerenden Entwicklung unseres Weltverhältnisses einen Riegel vorzuschieben oder sie sogar mit allen mir zur Verfügung stehenden Mitteln zu verhindern. Wie gesagt, der Gedanke meines Anti-technischen Museums entstand unter dem Druck der Zerstörung der Weltsubstanz, die die Vertechnisierung der Welt im Gefolge hat und die leider schon weltweit ihre Konsequenzen gezeigt hat.

Es gab in unserem Jahrhundert schon einmal eine solche Situation, sozusagen die historische Vorsituation und das Vorfanal, daß sich die Menschheit einem ähnlichen Weltvernichtungskolosse gegenübersah und deshalb zur Bekämpfung eines unguten Weltverhaltens ein Verhinderungsmuseum inszenierte. Ich meine die Situation einige Jahre nach dem ersten Weltkrieg, als man das Teufelswerk des modernen technischen Krieges noch glühwarm vor Augen hatte. Damals wurde schon ein Anti-Museum gegründet, und zwar ein Anti-Kriegsmuseum.

Kurz nach Beendigung des ersten Weltkrieges mit seiner ahumanen Grausamkeit, Brutalität und Scheußlichkeit wurde das Jahr 1924, zehn Jahre nach Kriegsausbruch, zum Anti-Kriegsjahr erklärt, indem sich gewichtige Stimmen gegen den Krieg erhoben. Otto Dix bringt den Zyklus «Der Krieg» heraus.

Im Anti-Kriegsjahr erschien die für den Pazifismus zentrale Publikation «Krieg dem Kriege» von Ernst Friedrich, der das Anti-Kriegsmuseum gründete, das die Nazis im März 1933 schlossen. Sein viersprachig erschienenes Buch enthielt Fotodokumente aus dem Krieg, besonders Fotos von Verletzten und Verstümmelten.

Ich fand es grotesk-abwegig, in dem Moment ein technisches Museum vorzuschlagen, in dem man die verheerenden

Auswirkungen auf die Weltmaterie und die Seele des Menschen durch die Hypertrophie der Technik und Maschinenwelt allgemein erkennt. Aus solchen Erwägungen heraus verfaßte ich folgendes Schreiben:

Univ.-Prof. Dr. Franzsepp Würtenberger,
7500 Karlsruhe, Schirmerstraße 2c   6. Februar 1979

Offener Brief an den

Badisch-Württembergischen
Ministerpräsidenten,
Herrn Lothar Späth

7000 Stuttgart

Betr.: Projekt eines «Technischen Museums»

Sehr verehrter Herr Ministerpräsident Lothar Späth!

Ihr Projekt, ein «Technisches Museum» im Lande Baden-Württemberg zu errichten, hat – nach Presseberichten, die mir vorliegen – ein landesweites, begeistertes Echo gefunden.

Das Interesse ging sofort soweit, daß ein reger Wettstreit entbrannte, welche Stadt- und Landesregion dazu auserhsehen sein soll, dieses neue Institut beherbergen zu dürfen. Für die Bewerber ging es darum, wer von ihnen an Prestige gewinnen könnte. Welche Gruppe macht das Rennen in der Profitgier nach Renommee.

In der zweiten Phase der Begeisterung trat ein gewisser Wandel in der spontanen Freude ein.

Jetzt – nach neuesten Pressenotizen – verlagerte sich der Interessenstreit von der mehr oder weniger äußerlichen Entscheidung der Ortswahl zu der inneren Überlegung und eigentlichen Kernfrage:

Welches Programm soll das «Technische Museum» beinhalten? Welcher Idee an Menschheitsbeglückung soll dieses neue «Technische Museum» dienen? Zu welchem sinnvollen Endzweck sollen die großen finanziellen Aufwendungen gemacht werden, die zur Errichtung und Betreuung eines solchen ideell-unproduktiven Unternehmens, wie es jedes Museum ist, aufzubringen sind?

Wie ich aus den «Badischen Neuesten Nachrichten» am 29.1.1979 entnehme, haben Sie Herrn Prof. Herrmann von der Technischen Universität Stuttgart mit der Erstellung eines Exposé über das geplante «Technische Museum» beauftragt.

Und hier ist es für mich als Weltgesamtheitssysteme-«Spezialisten» hoch interessant, wie sich allmählich doch die Museums-Planer aus geschäftstüchtigen Profitmanagern zu weltanschaulichen Zweiflern und Weltbild-Denkern mausern.

Es formierten sich gegen das ursprüngliche Projekt sozusagen weltanschaulich wertmaßstäbliche Bedenken.

Ich möchte eine Stimme zitieren, die belegt, in welcher weltsystemlich aufgewühlten Situation wir uns heute befinden und welche gesamtweltgestalterischen Forderungen wir selbst an ein Museum stellen, das zunächst so harmlos aussieht, als handle es sich «nur» um ein mehr oder weniger unbelastetes Fachmuseum.

Ich lese in der BNN vom 29.1.1979: «Der Plan, ein solches «Technisches Museum» ohne Einbeziehung der sozialen Komponente der technischen Entwicklung aufzubauen, ist in Historikerkreisen auf herbe Kritik gestoßen. Unter der Hand wird von einem «unverantwortlichen Schnellschuß» oder von der Planung eines «Schwäbischen Museums» gesprochen, die die nackte Technik präsentiert, ohne deren Auswirkung auf das gesamte Leben der Bevölkerung und auf die von der Technik weitgehend geprägte soziale Entwicklung der beiden letzten Jahrhunderte zu berücksichtigen.»

Hier ist über allen Zweifel erhaben wichtig und richtig, daß die Technisierung unserer Welt eine derartig ungeheure Machtentfaltungsdimension gegenwärtig angenommen hat, daß von den ihr innewohnenden Möglichkeiten und Eigenschaften das Wohl und Wehe und die derzeitige Lebensqualität «der gesamten Bevölkerung» abhängig geworden ist. Es ist aus diesen Voraussetzungen heraus auch sehr sinnvoll, nach den sozialen Folgen der technischen Entwicklung zu fragen.

In einem anderen Artikel der BNN vom 2. Februar 1979 wird von Dr. med. H. J. Ziegert, Stadtrat, Karlsruhe, angeregt, daß die Frage der Energie, einschließlich ökologischer Problematik und Umweltschutz, veranschaulicht werde.

Aus diesem weiten Fächer von Themenvorschlägen möchte ich im besonderen auf den Umweltschutz näher eingehen, da an diesem Beispiel besonders deutlich symptomatische Eigenschaften des megatechnischen Weltbildsystems bloßgelegt werden können.

Der Umweltschutz, für den von Staats wegen ein ganzes, besonderes Ministerium eingerichtet werden mußte, ist weltsystemlich betrachtet das tatkräftige Eingeständnis und der logische Ausfluß des weltsystemlichen Fehlverhaltens der an sich weltsubstanzmäßig negativen Weltbildthese der Megatechnik.

Das Maß der Maßnahmen des Umweltschutzes zeigt das Maß des weltethisch unreifen Menschen an. Das heißt die Grenzen des Machbaren sind zu erkennen und zu überprüfen. Die Grenzen des Machbaren liegen dort, wo die Ehrfurcht vor dem Leben und vor der Substanz der Welt verletzt wird.

Wir tun so, wie wenn der Umweltschutz eine aus unbekannten Gründen vom Himmel gefallene Notwendigkeit und ein unvermeidbarer Unglücksfall wäre.

Aber dem ist keineswegs so.

Nicht die Störrischkeit und Ungenügendheit und Fehlerhaftigkeit der Natur ist daran schuld, daß wir die Umwelt schützen müssen, sondern dies liegt ausschließlich an uns Menschen und an unserem Verhalten selber, daß wir so frivol rücksichtslos gegen die Umwelt vorgehen und sie grenzenlos mißachten, daß wir uns vor unseren eigenen megatechnischen Untaten und Weltzerstörungsmanipulationen und falschen Denkansätzen schützen müssen.

Dies ist eine groteske, weltbilddenkerisch und weltsystemlich absurde Situation.

Die weltethische Forderung der Wahrung der Weltsubstanz hat über den naturwissenschaftlichen Erkenntnissen und den sogenannten von uns angebeteten Naturgesetzen der Physik und Chemie zu stehen, die wir dann in technische Weltausbeutungsvorgänge mit Hilfe von Apparaturen und Maschinen umwandeln.

Die noch so hervorragenden wissenschaftlichen Leistungen und sogenannten nutzbringenden Erfindungen sind von Übel und abzulehnen, wenn sie auf Kosten der welterhaltenden Weltethik gehen.

Als schlimmster Verstoß gegen die Weltschöpfung ist die Gefährdung des geschichtlichen Bestandes der Welt anzukreiden. Aus diesem Verstoß gegen die Welt-Dauer als Grundeigenschaft der Welt ist das Weltbildsystem des megatechnischen Fortschritts eine weltsystemliche Mißgeburt und Mißwirtschaft. Im Konzept selber liegt der Pferdefuß der Weltrechnung, liegt die Fehlbilanz: seine aggressive Wirkung gegen die Geschichte, gegen das Bleibende, gegen die Welt als Schöpfung.

Dieses Weltkonzept mag *im Detail* der Ausführung noch so verlockend, noch so genial, noch so ruhmreich, noch so einleuchtend, noch so gefällig, noch so bequem genußbringend sein, für das Denken *im Ganzen* in seinem Endergebnis seiner vollkommenen Durchführung – vor der uns Gott und alle guten Geister bewahre! – jedoch ist es katastrophal negativ zerstörerisch, um nicht zu sagen selbstmörderisch verantwortungslos und weltethisch verabscheuungswürdig und wahnwitzig unrealistisch. Dies ist Verrat am Gesamtkonzept der Welt als Schöpfung.

In dieser Situation eine Gewissenserforschung zu machen, ist keine Schande, eher der Anfang der Wiedergewinnung des für die Zukunft verspielten Glücks.

Diese Überprüfung des Machbaren war immer schon ein Grundanliegen der Menschen und im besonderen der Mächtigen auf jeder wie gearteten Kultur- und Zivilisationsstufe.

Historisch gedacht und betrachtet sind heute die megatechnisch denkenden Physiker und Chemiker, Ingenieure und Wirtschafts- und Industriemanager die heute Mächtigen, die Herrschenden, die Weltbildbestimmenden, die deshalb auch die Verantwortlichen sind, an der Reihe auch die Funktion der ehtisch anständigen, naturrhythmischen Weltverwaltung von den bisher Verantwortlichen und Auserwählten zu übernehmen: nämlich die Funktion und die weltethisch unabdingbaren Ämter der Geschaßten und aus dem megatechnischen, mythenlosen sozial-rationalen Weltdenksystem hinausgeworfenen Priester und Könige als Kontrolleure der auf Erden zu verwaltenden kosmischen Weltenuhr.

Die Mächtigen haben nach dem Rechten zu sehen, um nicht Weltbildsystem-Hasardeure und Bankrotteure zu werden.

Der allerschlimmste Vorwurf ist, wenn wir Menschen nicht mehr wissen, was zu machen angeht oder nicht. Aus dieser weltethischen Pflicht und Vernunft kann kein Mensch entlassen werden; auch nicht der heutige Mensch in der Verlockung und Hybris seiner noch nie in der Weltgeschichte so gewaltig zur Verfügung stehenden Machtbefugnisse.

Darin unterscheidet er sich keineswegs im allergeringsten von den früheren Menschen, und hier nützt ihm auch nicht seine vielfach an den Tag gelegte Verachtung der Geschichte. Das oberste Regierungsprinzip ist: Je mehr Macht, je mehr: Ethik und Verantwortung. Unrecht angewandte Macht erzeugt noch lange kein Recht.

In dieser Beziehung waren die prämodernen Menschen allerdings nicht so sehr geschickt und schlau wie wir heute, aber im Wissen, was weltwürdig und weltunwürdig ist, gerade durch ihren Verzicht, durch ihre Bescheidung, durch ihre Weltethik des Nicht-Könnens vorsichtiger, klüger, weiser als wir.

Auch Nicht-Können, so paradox dies für den megatechnischen, modernen Übermenschen als vermeintlichem Alleskönner erscheinen mag, kann unter Umständen von Vorteil und schadenverhütend sein.

Die früheren Menschen in ihrer «Bescheidung» des Nicht-Könnens brauchten sich im Umweltschutz nicht vor sich selber zu schützen.

Eine derartige Absurdität ihres Weltverwaltungs-und Welt-Gestaltungsprinzips haben sie sich geschenkt, und dieser negative Ruhmestitel bleibt unserem Weltbilddenksystem als zu lösendes und in Ordnung zu bringendes Problem vorbehalten.

Daraus kann man entnehmen, Herrscher, König, Regierungschef und Ministerpräsident zu sein heißt: Denker im Ganzen zu sein und das unproportionierte Denken im Detail, durch das im gegenwärtigen Falle eine Erscheinung wie der absurde Umweltschutz seine weltsystemliche Begründung und Ursache hat, zu überwinden.

Zu dem Satz in der BNN vom 26.10.1978: «Nach Späths Auffassung sei darin die Gefahr erkennbar, daß Technik und Gesellschaft sich weiter auseinanderentwickeln», da in der Bevölkerung ein gewisses Mißtrauen gegen die Folgen des technischen Fortschritts wachse, möchte ich folgendes sagen:

«Nach meiner Auffassung kann den Badenern und Württembergern als Lebensgemeinschaft und Glückssucher-Gesellschaft nichts Besseres geschehen, wenn sie die verheerenden Gefahren und schon eingetretenen und noch kommenden Schäden der Hypertrophie der Technik und Megatechnik und ihre tiefen inhumanen und asozialen Eigenschaften erkennen, sich von dem Pseudoideal einer Vertechnisierung der Welt abwenden und sich an diesem Weltausverkauf möglichst wenig beteiligen. Es ist also eher ein Segen als ein Unglück, wenn in diesem Punkte «Gesellschaft und Technik sich auseinanderentwickeln».

Die Jugend, die heute so sehr als instinktsicherer Pegel des Weltgerechtigkeitsbewußtseins hingestellt wird, scheint auch nicht überglücklich zu sein mit der naturwissenschaftlichen Verwissenschaftlichung unseres Denkens und ihrer Folgen, was aus dem Satz der BNN hervorgeht: «Das geringe Interesse der Abiturienten an naturwissenschaftlich-technischen Fächern dürfte auf derselben Ebene liegen» des Mißtrauens gegen den Fortschritt der Technik.

Von der Einsicht her, daß die hypertrophe Technisierung ein Fehlweg ist und daß, wie alles einseitig Übertriebene dekadente, kranke Züge in sich birgt, ist der technik-indifferenten Jugend, wenn ihr Verhalten aus wirklicher Einsicht über Wert oder Unwert der Technik entspringt, ein hohes Lob zu spenden.

Es ist schlimm genug, daß die menschlich menschlichen Menschen auch die Suppe der unmenschlichen Vertechnisierung unserer Welt mit auslöffeln müssen, mit allen Folgen wie: Entmenschlichung, Entdinglichung, Entpersönlichung oder Enteignung des Denkens (vgl. Karl Steinbuch. Maßlos informiert. Die Enteignung unseres Denkens. München-Berlin 1978).

Für die Entsozialisierung der Gesellschaft durch die technischen Einrichtungen wie Telefon und Radio möchte ich schlaglichtartig ein Zitat von Anais Nin anführen, das uns betroffen aufhorchen läßt (vgl. Die Tagebücher der Anais Nin, 1944–1947. München 1977): «Das Geheimnis eines erfüllten Lebens liegt darin, zu leben und mit anderen so zu leben, als seien sie morgen nicht mehr da, als sei man selbst morgen nicht mehr da. Dann gibt es nicht mehr das Laster, Dinge aufzuschieben, die Sünde, etwas zu verzögern, das verpaßte Gespräch, die fehlende Gemeinschaft. Diese Erkenntnis machte mich gegenüber allen Menschen aufgeschlossener; gegenüber allen Begegnungen, die den Keim von Intensität enthalten, der oft leichtfertig übersehen wird. Dieses Gefühl stellt sich immer seltener ein und wird durch unseren gehetzten und oberflächlichen Lebensrhythmus mit jedem Tag seltener, in einer Zeit, in der wir glauben, mit viel mehr Menschen in Verbindung zu sein, mit mehr Völkern, mit mehr Ländern. Diese Illusion kann uns daran hindern, mit dem Menschen, der uns wirklich nahe ist, eine aufrichtige Beziehung einzugehen. Die bedrohliche Zeit, in der mechanische Stimmen, Radio und Telefon, an die Stelle menschlicher Beziehungen treten, und die Absicht, mit Millionen in Verbindung zu sein, schafft eine zunehmende Verarmung von Vertrautheit und Menschlichkeit.»

Aber wie können sich die über Nacht Überfallenen vor Überfällen schützen?

Noch schlimmer ist, daß der Großteil der Masse noch selig träumt und die weltethisch bedrohte Lage gar nicht übersieht und sogar noch geschickt abgehalten werden soll, sie zu übersehen, ja noch mehr, in die Vertechnisierung der Welt, ihrer Welt und unserer aller Welt hineingehetzt werden soll. Daß dies inszeniert werden soll, entnehme ich aus dem anschließenden Satz des Artikels der BNN:

«Ein technisches Landesmuseum könnte hier dazu beitragen, daß in der Bevölkerung das Verständnis für die Technik wieder wächst und das Vertrauen in den technischen Fortschritt zurückgewonnen wird.»

Dieser Satz klingt so, wie wenn er aus einem psychologischen Werbetextgutachten der Wirtschaftsbranche entlehnt wäre. Wie wenn es auf mehr oder weniger geschickte Strategie ankäme, um auf dem Kampffeld des Wirtschaftsmarktes Erfolge zu erzielen. Man möchte für einen Artikel werben, damit die Flaute des Geschäftsganges wieder angekurbelt wird.

Hier stocke ich jedoch, wenn ich dieses eindeutig vertrauensselige und glückverheißende Lob der Technik lese.

Hier handelt es sich allerdings um keine Ankurbelung eines Geschäftes, sondern dahinter steht eine grundsätzlich viel viel weiterzufassende menschliche, weltethische und anthropologische Frage: Nämlich die große Frage: Darf und kann der «Technische Fortschritt» überhaupt so unbesehen und eindeutig «Vertrauen» für sich in Anspruch nehmen wie es hier hingestellt wird? Ist die Technik so unbezweifelbar das Glück? Fördert und erhöht sie denn wirklich das Menschsein des Menschen?

Von der Warte der Erkenntnis aus, daß die hypertrophe Technik und Megatechnik zur Vertechnisierung und damit zur Entleerung, Entkernung und letztlichem Ausverkauf unserer Lebensgrundlage führt, wäre es keineswegs ein schlechtes Zeichen, wenn Technik und Gesellschaft, was Sie Ihrerseits befürchten, sich auseinanderentwickelten. Ich sehe im Gegenteil in solcher Tendenz einen höchst notwendigen Gesundungsprozeß.

Der angepriesene Geschäftsartikel des technischen Fortschritts ist leider, wie man heute allmählich – und hoffentlich weltweit – einzusehen lernt, kein Fortschritt, sondern eine bedauernswerte Sackgasse des menschlichen Weltdenkens und Handelns. Er muß ein zum wirklichen, dauerhaften Wohl der Menschheit in der Anlage seines Konzepts zum Scheitern verurteilter, ungeeigneter Versuch und beklagenswerter Irrweg der Menschheitsgeschichte bleiben.

Am Ende des technischen Fortschritts liegen philosophisch, weltbildsystemlich immanent leider nicht die Fülle und Freude der Welt, sondern das negative Ergebnis des Traurigkeit und Seelenöde verbreitenden Ausverkaufs der Weltsubstanz und des absolut geistig-sittlichen Nihilismus.

Hier kann nur der Gedanke des Verzichts in Form der Eindämmung des Fehlhandelns helfen.

Je mehr man die Welt zum technisch-naturwissenschaftlichen Experimentierfeld und Laboratorium – und damit zu einem karikaturhaften Mißgebilde ihrer selbst – macht, anstatt sie in ihrer natürlichen Geschichtlichkeit und kosmisch bedingten Rhythmik zu belassen, desto weniger kann der technische Fortschritt Vertrauen auslösen. Hier geht es nicht um die Frage der vollen Kassen und um die Schaffung von weltethisch fragwürdigen Arbeitsplätzen, sondern um die existentielle, prinzipielle Grundalternative: Menschlicher Mensch zu sein oder sich noch weiter davon zu entfernen und zum verführten, volltechnisierten Übermenschen als sich selbst betrügendem Unmenschen hinabzuentwickeln.

Es ist aus den weltethischen Minus-Eigenschaften der gegenwärtigen megatechnischen Technik nicht am Platze und unklug, die grauenerregende Vertechnisierung aller Lebensbereiche noch extra zu fördern und aus ihrer beginnenden, museal werdenden Vergreisung wieder künstlich werbestrategisch aufzupäppeln.

Wer sich über die Geschichte der Technik informieren will, kann dies in wunderbarer Weise im «Deutschen Museum» in München tun. Wozu eine kostspielige Wiederholung in einem zweiten benachbarten Bundesland? Weshalb eine nur mit vielen Wunden der geliebten heimatlichen Ausstellungsbestände verbundene Kumulierung in einer Großstadt forcieren, wo sowieso schon ein vielfältiges herkunftsmäßig entwurzeltes Angebot an Bildungswerten vorliegt? Das hieße, den «Armen» noch den letzten Rest ihres Reichtums an Eigenidentifikation zu entziehen.

Wir sind auf dem Holzweg, wenn Staat und Bevölkerung glauben würden, die Flucht nach vorne würde uns wirklich helfen, das – allerdings nicht nur spezifisch badisch-württembergische, sondern globale – Weltbilddilemma des technischen Weltkonzeptes zu lösen.

Wenn schon ein Museum, das sich mit der Technik befaßt, errichtet werden soll, dann ein solches, das zur weltethischen Aufklärungsstätte wird für das wahre Gesicht der Megatechnik in heutiger Hypertrophie.

Es soll Anschauungsmaterial vorgeführt werden, das das Pro und Contra der Technik berücksichtigt. Nicht nur das einseitige Pro der Technik, sondern auch das angewachsene Contra. Ich meine damit die durch die Technik verursachten ungeheuren Schädigungen und beklagenswerten Wertminderungen an humaner und sozialer Lebensqualität: Die Schäden an den Kreaturen und Lebewesen: an Mensch, Tier und Pflanze, an den Bodenschätzen unter der Erdoberfläche, an Wasser, Meeren, Seen, Flüssen und Bächen, an ganzen Kulturlandschaften und geschichtlich überlieferten Kulturgütern und von Menschenhand geschaffenen Kunstmonumenten.

Im Ganzen ein schauerlicher Katalog.

Wir sind dabei, dem Irrtum zu verfallen, den Nutzen einer Sache als ihren Sinn zu mißdeuten. Dies beinhaltet leider einen grundsätzlichen Betrug an den wirklichen Werten der Welt.

Dem Museum dieser Welteinsicht gäbe man am besten die Bezeichnung: ANTI-TECHNISCHES MUSEUM DER WAHREN HUMANITÄT.

Im Vertrauen auf Ihr Denken im Ganzen
Ihr
Franzsepp Würtenberger

Anlage:
Zur näheren Kenntnisnahme lege ich ein vollständiges Programm mit der Beschreibung des gedanklich-weltsystemlichen Aufbaues eines solchen Museums bei mit Einschluß seines architektonisch-räumlichen Grundrisses.

Auf meinen offenen Brief an den Ministerpräsidenten Lothar Späth erhielt ich vom Staatsministerium Baden-Württemberg folgende Antwort:

Betr.: Technisches Landesmuseum

Bezug: Ihr Schreiben vom 6. Februar 1979

Sehr geehrter Herr Professor Würtenberger,

im Auftrag des Herrn Ministerpräsidenten danke ich Ihnen für Ihr am 5. März 1979 hier eingegangenes Schreiben, mit dem Sie in sehr kritischer und tiefgründiger Weise zu dem Projekt eines Technischen Landesmuseums Stellung nehmen. Der Herr Ministerpräsident hat von Ihren Ausführungen mit Interesse Kenntnis genommen.

Ihr Vorschlag, ein – wie Sie es nennen – «Antitechnisches Museum der wahren Humanität» zu gründen, versteht sich sicher nicht als ein konkretes Konzept, das unmittelbar realisiert werden könnte, sondern wohl als eine Aufforderung, das geplante Technikmuseum nicht als eine Kultstätte technischer Errungenschaften zu planen, sondern auch die problematischen Aspekte der technischen Entwicklung zu verdeutlichen. In diesem Sinn wurden Ihre Anregungen an die interministerielle Projektgruppe weitergeleitet, die Vorschläge für die künftige Konzeption des Landesmuseums erarbeiten soll. Auch wenn dieser Arbeit nicht vorgegriffen werden kann, so läßt sich doch voraussehen, daß ein heute konzipiertes Technikmuseum nicht nur als Gewerbemuseum den Fleiß und die Erfindungsgabe unserer Vorfahren darstellen kann, sondern sich auch mit den aktuellen und künftigen Entwicklungen der Technik und der Technologie auseinandersetzen muß. Es wird damit auch beigetragen zur Erörterung und Bewältigung der ethischen Fragen, die Sie in Ihrem Exposé umrissen haben.

Der Herr Ministerpräsident läßt Ihnen seine Grüße übermitteln.
Mit freundlichen Empfehlungen
Dr. Bopp

II. Das Technische Landesmuseum als weltethische Aufklärungsstätte

(Vortrag vom 2. April 1979 vor den Angehörigen der Oberfinanzdirektion Karlsruhe)

Reinhard Dassler. Portrait des F. S. W. mit dem Grundriß des Anti-technischen Museums. 1979.

Heute wissen wir, daß die Technisierung unserer Welt nicht nur positive Seiten zeigt, sondern auch große negative Folgen auslöst (Autobahnen, Verbetonierung der Landschaft, Fabriken und Luftverschmutzung, Fluglinien und Lärm). Insofern hat der Karlsruher Stadtrat Ziegert am 2.2.1979 in der BNN mit Recht die Frage der Energiebeschaffung, der Ökologie und die Problematik des Umweltschutzes eingebracht. Denn alle diese Fragen und Folgen stehen ja nicht außerhalb des Interesses der Menschen, sondern treffen den Menschen in seinem Menschsein zentral.

Und zwar, je mehr die Technisierung fortschreitet und perfekter wird und an die Grenze des Totalen, sich kaum noch zu Steigernden kommt, um so mehr ist ihr Zugriff am Menschsein bis zur Infragestellung des Menschen zentral und zentraler.

Denn nun stehen wir vor der Tatsache, daß der Mensch primär von jenen Komponenten abhängig ist, die zunächst so aussehen, als ob es sich nur um materielle Verschiebungen handle. Zunächst war es wichtig, daß ein Auto überhaupt existiert und fährt; wieviel Lärm und Umweltverschmutzung oder Betrug es an der erlebbaren Weltsubstanz auslöst, war zunächst unbeachtet und gleichgültig. Das Gleiche gilt für das Telefon, das Fernsehen oder die Atombombe.

Wie sehr also die Technisierung unserer Umwelt den Lebensraum und die Menschseinsbedingungen des Menschen in Frage stellt, ist erst ein akutes Problem der allerjüngsten volltechnisierten Zeit.

Da ist unumwunden festzustellen, daß man heute schon abwägen muß, ob Vorteil oder Nachteil überwiegen.

Aus dieser Erwägung heraus stellt Minister Prof. Dr. Wilhelm Hahn mit Recht fest: «Es könne ein Beitrag zur Vermenschlichung der Technik geleistet werden», wenn man beim Technischen Museum die sozialgeschichtliche Komponente berücksichtige. Aus dieser Formulierung geht aber auf der anderen Seite hervor, daß die Technik «unmenschliche Züge» an sich hat und deshalb auch im Sinne des wirklichen Menschseins fragwürdig wird.

Am 27.2.1979 schrieb mir ein hoher Museumsbeamter aus Stuttgart über das Programm des geplanten Technischen Museums: «Eine Grundidee seiner Konzeption soll ja sein, die Folgen der Technik und der Industrialisierung darzustellen. Welche Folgen und wie man das machen soll, darüber gehen die Vorstellungen etwas auseinander».

Wir sehen hieraus, vor welch heikle volksaufklärerische Gewissensfrage und vor welche Gewissenskonflikte der Ehrlichkeit oder Opportunität und «Rücksichtnahme auf augenblickliche wirtschaftliche Vorteile» die Inszenatoren des Technischen Museums gestellt werden. Inwieweit darf man den Menschen reinen Wein einschenken? Was soll publik werden, und was soll im Dunkeln bleiben?

Denn: jede Darstellung von Pro und Contra in solch einem Museum ist eine praktische Förderung der Technik oder eine Warnung vor deren Schädigungen.

Über die Frage des Menschlichen oder Unmenschlichen, das in einem heutigen Technischen Museum unbedingt zur Sprache kommen muß, da unser ganzes Dasein und Menschsein von dieser Frage existenziell und in den Grundfesten bedroht ist, können wir Erhellung erhoffen, wenn wir die historischen Wurzeln betrachten, aus denen der Gedanke eines Technischen Museums stammt.

Primär ist ein Technisches Museum eine Anhäufung von Maschinen, Apparaturen und verarbeiteten Verbrauchsgütern aller Art.

Das Zusammentragen der industriellen Produkte und ihrer

London. Kristallpalast. 1851. Das Eröffnungszeremoniell der Weltausstellung durch die Queen Victoria.

Erzeugermaschinerien fand zuerst in umfangreichem Stile bei den großen internationalen industriellen Weltausstellungen des 19. Jahrhunderts statt. Die Weltausstellung 1851 in London im Kristallpalast wird als weltgeschichtlicher Markstein empfunden. Dort feiert die industrielle, technische Maschinenwelt und mit ihr der sogenannte «Fortschritt» zu einer besseren Weltidee ihren ersten entscheidenden Triumph. Dort wird zum 1. Mal die materielle Welt im Gegensatz zur geistigen religiösen Welt der Kirchen im großen offiziellen Zeremoniell gefeiert und zur Schau gestellt. D.h. es erfolgte die Bestandsaufnahme der Realbestände der globalen, ganzen Welt, mit der selbstverständlichen Einschränkung, inwieweit eine solche gigantische, molochartige Idee und Unternehmung zu realisieren ist. Es ist ein ungeheurer, betont quantitativ statistisch ausgerichteter Überblick über den materiellen Reichtum der Welt. Die Weltschätze werden einzeln vorgeführt, additiv, indem kein Produkt vor dem anderen qualitativ bevorzugt steht.

Ohne eigentliche Hierarchie und innere Ordnung, ohne eigentliches Kernprodukt. Es ist eine Anhäufung ohne eigentlichen Mittelpunkt, ohne konkret dargebotenes Ziel. Es ereignet sich eine gewisse Katastrophe bezüglich der Sinnfrage einer solchen Veranstaltung.

Die Richtungslosigkeit drückt sich auch im Grundriß des Kristallpalastes aus. Es gibt keinen festen Mittelpunkt in der unendlichen bandartigen Addition. Der Bau ist dem sogenannten Rastersystem unterworfen, wo die verschiedenen Raumbahnen nirgends einen Anfang und ein Ende finden. Es ist das Rastersystem, das wir mit seinen Mängeln und in seiner Eintö-

nigkeit aus der nachfolgenden Nutz- und Zweckarchitektur zum Überdruß kennen.

Sich den Überblick über die Quantität der materiellen Güter und der Energiekräfte der gesamten Welt zu verschaffen, liegt in der Weltkonzeption des Materialismus und der Naturwissenschaften beschlossen.

Es beginnt anscheinend harmlos. Zunächst wird im 17. Jahrhundert das naturwissenschaftliche Weltbildkonzept vereinzelt und outsiderhaft propagiert, wobei die Sachwerte in den Mittelpunkt der Weltidee als entscheidenste Faktoren gestellt werden. Die bisher an 1. Stelle stehenden geistigen und menschlichen Begriffe und die daraus sich ergebende Ethik werden weitgehend ausgeschaltet.

So geschieht dies bei dem zunächst utopischen Weltbildsystem des präkommunistischen Dominikanermönches Tommaso Campanella (1568–1639).

In seinem «Sonnenstaat» von 1602–1623 entwirft Campanella die Weltvorstellung nach dem Prinzip der Naturwissenschaften.

Es wird der Bestand der Realwelt additiv katalogisiert, aufzählend deskriptiv verherrlicht.

Auf dem Altar des Tempels der Sonnenstadt ist kein Götterbild, kein personaler Gott mehr. Er hat abgedankt zugunsten des naturwissenschaftlichen Realbestandes des Universums. An seine Stelle treten zwei Kugeln, welche den Realbestand der Firmamentes, die Sterne, und zum anderen die Erde beschreiben.

Auf die äußeren Wände des Tempels sind die Sterne

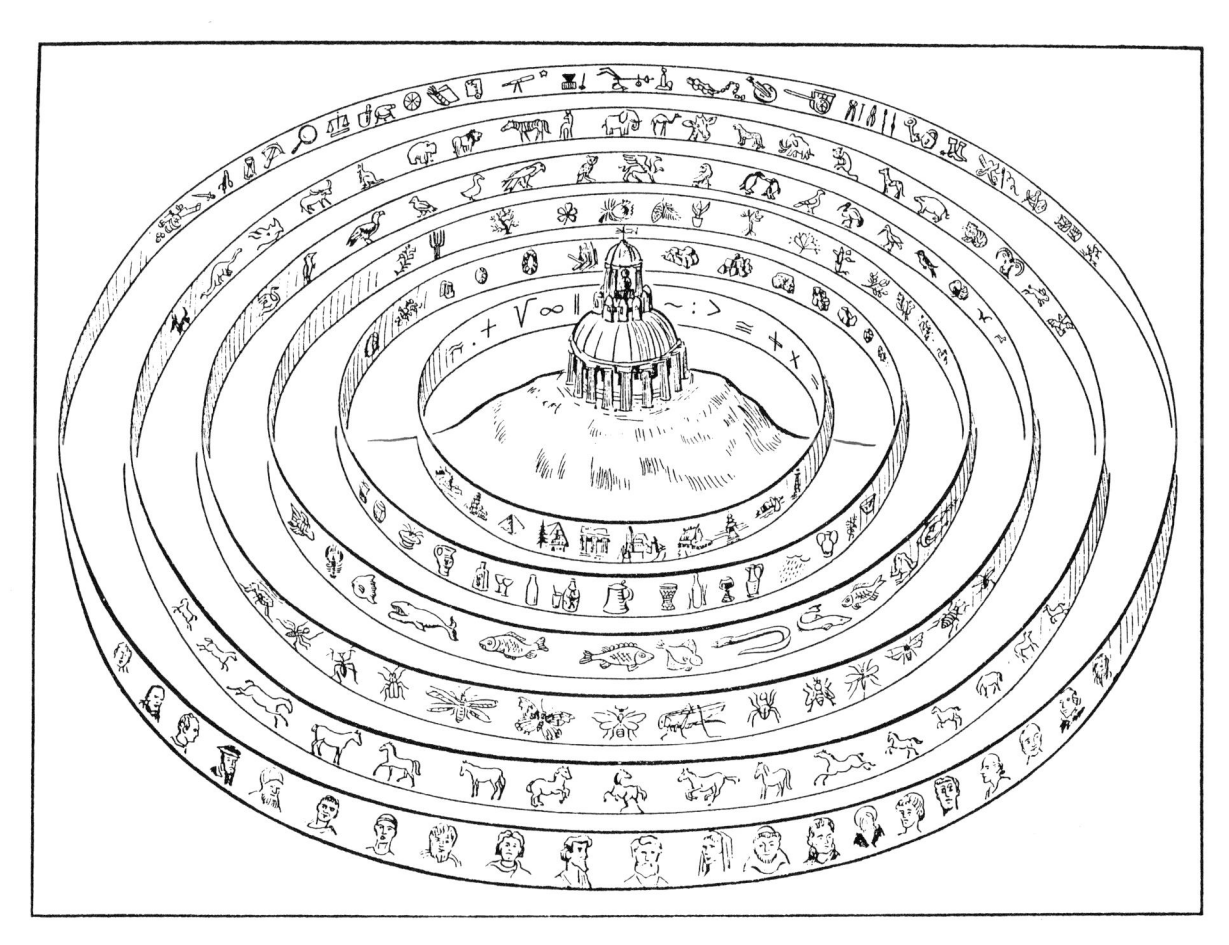

Schema der Bemalung der sechs Mauerringe der Hauptstadt der «Civitas Solis», entworfen nach Campanellas Bericht von F. S. W., gezeichnet von Hans Bonheim.

gemalt und ihre Größen, Kräfte und Bewegungen angegeben, d.h. es liegt eine Analyse vor, wie sie auch der moderne Naturforscher durchführt. Anschließend sind abstrakt die Alphabete aller Völker über dem Alphabet des Sonnenstaates geschrieben. Nur das reine äußere Handwerkszeug der Sprache, hingegen kein inhaltsvoller, sinnreicher Spruch der Sprache, keine geistige Anwendung des sprachlichen Rohmaterials.

Die Stadt selber ist in sechs Ringmauern eingeteilt, die bemalt sind.

I. An oberster Stelle im 1. Ring erblickt man alle mathematischen Figuren mit den dazugehörigen Definitionen und Lehrsätzen, wie sie in unseren heutigen mathematischen Lehrbüchern als Grundrüstzeug der Erkenntnis über die Materie in Physik und Chemie vorgeführt werden. An der Außenseite der 1. Ringmauer folgt eine vollständige Beschreibung der ganzen Erde, wie wir dies heute in den Atlanten der Geographie finden können.

II. Am 2. Ring sieht man alle Arten von edlen und gewöhnlichen Steinen, Mineralien und Metallen. Auf der Außenseite die Meere, Flüsse, Seen, Quellen und andere Flüssigkeiten. Dann die Meteorologie, Hagel, Donnerschlag und Luftbewegung.

III. Am 3. Ring kommt die Botanik auf der Innenseite zur Sprache, und auf der Außenseite beginnt die Zoologie mit den Fischen usw.

IV. Auf dem 4. Ring ist auf der Innenseite die Ornithologie, die Vögel, gemalt. An der Außenseite die Kriechtiere, Schlangen, Drachen, Würmer, Käfer.

V. Auf der 5. Innenmauer findet man hochentwickelte Landtiere, die so zahlreich sind, daß sie auch auf der Außenmauer fortgesetzt werden.

VI. Auf der 6. Innenwand sind alle mechanischen Künste dargestellt. Diese sind für den Materialisten weltbildhierarchisch entscheidend wichtig. Dazu die nötigen Werkzeuge und ihre Handhabung bei den verschiedenen Völkern sowie die Angabe ihrer Erfinder.

Auf der Außenseite kommt endlich und zuletzt der Mensch und seine geistige Leistung zur Geltung, allerdings nur in typischer Auswahl. An 1. Stelle stehen weder die Religionsstifter noch die Philosophen, von den Künstlern und von der Kunst, den Männern der geistigen, weltbildschöpferischen Genies ist überhaupt keine Rede. Gezeigt werden lediglich die Bildnisse von Entdeckern und Erfindern wissenschaftlicher und technischer Dinge.

Ebenso die Gesetzgeber, die Ordner des Staatswesens, darunter Moses, Osiris, Jupiter, Merkur, Lykurg, Pythagoras und Mohamed, allerdings dieser als lügenhafter und schmutziger Gesetzgeber.

Unter dieser weltgeschichtlichen Versammlung, den sogenannten Geisteshelden der verschiedensten Sparten, Propheten, Götter, Gesetzgeber, Mathematiker, Religionsstifter, in diesem bunten Topf ist u.a. auch der Stifter des Christentums eingereiht.

Jesus Christus mit den zwölf Aposteln ist wohl am würdigsten Platz unter all diesen Geisteshelden angebracht, und diese werden von Sonnenstaatlern gleichsam als Übermenschen gehalten. Aber die religiöse Erlösungstat Christi ist für dieses materialistische Weltbildsystem ohne bestimmende Bedeutung und Wirkung. Dann aber geht die Aufzählung im selben Atemzug weiter zu den großen Heerführern und Staatsmännern: zu Cäsar, Alexander, Pyrrhus und Hannibal und zu anderen in Krieg und Frieden berühmten Helden. Damit ist das religiös Kirchliche, christliche Erlösungswerk gesprengt und aus den Angeln gehoben. An Stelle der himmlisch-überirdischen Schar der Evangelisten und Heiligen sind die irdisch genialen Erfinder und weltlichen Herrscher getreten. Die Herrschaft der Wissenschaft ist aufgerichtet.

Die Wissenschaft wird auf Kosten der Religion, auf Kosten des Denkens im Ganzen immer größere Triumphe feiern.

1785 ist es soweit, daß Jesus Christus durch einen Mann der Naturwissenschaft, der Mathematik, Physik und Astronomie ersetzt und aus dem Felde geschlagen wird.

Der Engländer Isaak Newton (1643–1727) wird von den Aufklärern als «Der Messias des Wissens» gepriesen.

Er ist «das Organ der Natur, das ihre Gesetze nicht nur enthüllt, sondern auch diktiert». Es werden diesem naturwissenschaftlichen Genie göttliche Eigenschaften zugeschrieben und zugebilligt. Newton habe keine Jugend, er komme aus dem Göttlich-Unbestimmten heraus.

Er hat selbst biblische Dimensionen «Es war Newton! Und alles ward Licht!» schreibt 1732 Alexander Pope eine Paraphrase nach 1. Buch Moses, 1. Kapitel der Genesis. Damit ist das Erscheinen von Newton in Zusammenhang gebracht mit der Schöpfung der Welt, und er wird als Abgesandter Gottes eingestuft.

Newton bleibt das große Vorbild der Wissenschaftler und Techniker auch in unserem 20. Jahrhundert. Albert Einstein (1879–1955), quasi der Nachfolger Newtons, der von Bernhard Shaw zu den «großen Baumeistern des Universums» gezählt wird, geistiger Vater und 1939 Befürworter und Antreiber zum Bau der Atombombe, gestand 1954: «Ich beging einen großen Fehler in meinem Leben, als ich den Brief an Präsident Roosevelt unterschrieb, in dem ich die Herstellung der Atombombe empfahl.» Er hatte in seinem spartanisch-einfachen, künstlerisch-konzeptlosen Arbeitszimmer an der Wand ein Bildnis von Newton aufgehängt. So übernimmt ein Naturwissenschaftler vom anderen die Fackel der «Erkenntnis»; im Endergebnis die Brandfackel zur Zerstörung der Welt.

Für das naturwissenschaftlich-mechanistische, physikalisch-chemische Weltbildsystem ist es typisch, daß erst ganz spät in der hierarchischen Skala der Werte die Lebewesen und an die letzte, niederste, am meisten vom Mittelpunkt entfernte Stelle der Wertskala die Menschen kommen. Die anorganische, leblose Welt steht über der organischen Welt der Lebewesen und der geistig-sittlichen Fähigkeit des Menschen. Ganz im Gegensatz, ja in der vollständigen Umdrehung der Wertskala bei den religiösen, geistigen Weltbildsystemen, wo an oberster Stelle der personale Gott und der Religionsstifter und seine Helfer in der sittlich moralischen Durchführung des Systems kommen und erst zum Schluß die toten Realia, die Dinge und die Dynamik der Materie. (Man vergleiche z.B. das Weltbildsystem des Rhabanus-Maurus).

Aus dieser Umdrehung und Mißachtung des Menschen und seines Geistes werden im Laufe der Geschichte noch weltsystemimmanente Schwierigkeiten und böse Konflikte entstehen, besonders, weil man mit diesem Hinauswurf Gottes und des Menschen auch unklugerweise die Moral und Ethik über Bord geworfen hat.

Hier sei auf einen besonders wichtigen Punkt der Unethik und, nach alten Moralkategorien, auf das Laster der Unklugheit, der imprudentia, hingewiesen.

Der industrielle Materialismus greift nach allen nur irgendwie verfügbaren Rohstoffen und Energiekräften.

Wie wir wissen, wurde der Drang nach noch mehr Rohstoffverarbeitung, nach quantitativ noch gesteigertem Energiepotential im Laufe des industriellen Fortschritts so sehr forciert, daß wir heute an die Grenze des Verfügbaren kommen, wir die Natur überfordern und dadurch unsere technische Macht uns zum Verhängnis werden kann, indem wir den Abbau des Weltstoffes so sehr überziehen, daß es zur Katastrophe, der Auspowerung unseres Erdballes kommt. Heute ist es soweit, daß der Club of Rome den gesamten Rohstoffhaushalt der Welt registriert und vor weiterer Zerstörung der Weltsubstanz eindringlich warnt und warnen muß! Herbert Gruhl überschreibt 1975 sein Buch nicht umsonst mit dem weltethisch negativen Titel «Ein Planet wird geplündert. Die Schreckensbilanz unserer Politik». Oder der Franzose Maurice Blin nennt 1966 sein Buch ebenfalls anklagend «Die veruntreute Erde. Der Mensch zwischen Technik und Mystik».

In der Weltausstellung von 1851 werden mit Recht kulturgeschichtlich entscheidende Verschiebungen und eine Neuorientierung der Menschheit gesehen.

Die Ausstellung wird vielfach als Triumph des industriellen

Weltausstellung Philadelphia 1876. Corliß'sche Riesendampfmaschine mit 1 400 Pferdekräfte.

Weltausstellung Paris 1867. Götterbilder der verschiedensten Kulte aus exotischen Ländern.

Bürgertums, der Unternehmer gegenüber dem Adel oder gar der Geistlichkeit gesehen. Karl Marx schreibt:

«Die Bourgeoisie der Welt errichtet durch diese Ausstellung im modernen Rom (d.h. in London als neuer Hauptstadt der Welt, jetzt nicht als religiöse Kapitale, sondern des Handels und der Industrie, als der neuen regierenden Weltmächte) ihr Pantheon, worin sie die Götter, die sie selbst gemacht hat, mit stolzer Selbstzufriedenheit ausstellte».

Vergleichen wir mit Karl Marx den Kristallpalast mit einer Kirche, so fallen uns entscheidende neue Charakteristika auf. Wenn die Kirche die Altäre als Sitz Gottes in ihrem Innern beheimatet, so nimmt der Kristallpalast die neuen Götter, die Maschinen auf: anstatt der Energieträger des Geistes die Energieverbraucher der Maschine.

Das technische, materialistisch-akzentuierte Weltbildsystem, das bei Campanella im «Sonnenstaat» zunächst theoretisch als Idee und Utopie beginnt, wird im Laufe der Entwicklung immer realer und praktisch wirksamer. Die Weltausstellungen sind die epochalen Demonstrationen der Durchführung dieses Weltbildsystems.

Ratio und Mythos, symbolhaftes künstlerisches Denken und banales technisches Handeln kommen in Kollision.

An Stelle der Götter und Gottes als Inbegriff des Denkens im Ganzen treten die neuen Gottheiten: die Maschinen, die Bearbeiter unserer Erde im Detail.

Stolz werden die Maschinen in den Mittelpunkt der Weltgestaltung und des Weltbildsystems gesetzt.

Die äußere Energieleistung wird bewundert auf Kosten der

Sinndeutung des Lebens. Als mächtige Kolosse und als Eisen und Stahl gewordene Herkulesse stehen sie da.

Fragen wir gar unter diesen Triumphschöpfungen der Maschinen nach der Rolle der Götterstatuen, nach den Idolen gläubiger Menschen, die ihnen menschlich-seelisch Heimat spenden, so ist dies eine höchst traurige, beklagenswerte Rolle.

In der Weltausstellung 1867 in Paris wurden die Götterbilder der verschiedenen Kulte als Curiosa, als billige Sensation zusammengetrieben, als Touristikware auf einen großen Haufen geworfen, als wenn es sich um museal zusammengestellte Mülleimer-Abfallware der Religionen handelte.

Bezeichnenderweise war diese Kulturschande im Pavillon für kirchliche Mission zu sehen. Von Menschen also, die selber schon von dem areligiösen, akultischen, technischen Hochmut angekränkelt waren und sind.

Welche Weltwertskala im menschlichen Verhalten den Weltwerten gegenüber hinter den Weltausstellungen als Ausdruck der Technisierung der Welt steht, kann man am deutlichsten erfahren, wenn man die Weiterentwicklung des Weltbildsystems der Technik nach 70 Jahren bei den Futuristen von 1920 betrachtet. Denn die Futuristen haben die Weltbildsystemskala der neuen modernen technisch-materialistischen Weltidee am radikalsten und wertkonsequentesten formuliert.

Die Weltbildwertskala sieht folgendermaßen aus:

Oberste Gottheit ist die Maschine «Die Maschine ist die neue, erleuchtende, Gaben spendende und strafende Gottheit unserer Zeit, die futuristisch, d.h. der großen Religion des Neuen ergeben ist».
(Christa Baumgarth; «Geschichte des Futurismus», Reinbek bei Hamburg 1966)

Die Identifikation der Maschine geht über ihren Nutzwert hinaus. Es heißt vom Verhältnis des Menschen zur Maschine:

«Der klare, entschiedene Sinn der Mechanik zieht uns unwiderstehlich an. Wir fühlen die Maschinen. Wir fühlen uns aus Stahl erbaut. Auch wir Maschinen. Auch wir mechanisiert!» [...] «Durch die Maschine und in der Maschine vollzieht sich heute das menschliche Drama.»

D.h.: Auslieferung des Menschen an die Maschine, an Auto und Flugzeug. Wenn ich dieses Programm der Futuristen ansehe, so können Zweifel aufkommen, ob diese Welteinstellung eine positive oder negative ist. Wenn man diese Begriffe auf die Waagschale der Moral und der Weltethik legt, so sind sie in ihrer Ausführung ein Greuel, eine Weltkatastrophe, ein Raubbau.

Und genau dies hat sich in der weiteren Entwicklung von 1920–1979 ereignet.

Das weltethisch Negative hat sich verwirklicht! Aber zugleich hat das weltethisch amoralische System auch Schiffbruch erlitten, Schiffbruch erleiden müssen, denn es kam an die Grenze seiner vernünftigen Machbarkeit.

Die Technik entwickelte sich in ihrer Hypertrophie ohne Rücksicht auf Verluste nicht nur zum hilfreichen Freund, sondern ebenso und vielmehr zum gewaltigen Weltfeind Nr. 1.

Die Technik beginnt wie Chronos, angebetet in Form der Schnelligkeit, ihre eigenen Kinder, hier die Welt, zu verschlingen und zu zerstören.

In dieser verheerenden Situation, wo so viel an Weltwerten schief gelaufen ist, müssen wir das Verhalten des Menschen zur Welt neu definieren und neu in einen positiven Griff bringen.

Da ist es am nützlichsten, wir stellen eine Tabelle auf, in der festgelegt ist, welche Verhaltensweisen bisher in unserem abendländischen Geschichtsbereich des Menschen zur Welt festzustellen sind und zwar gemessen an den Kategorien der modernen technischen Welt.

Da erkennen wir, daß unsere abendländische Geschichte von zwei polar gegensätzlichen Weltverhaltensweisen beherrscht wird, indem sich geistiges, gedankliches Verhalten völlig vom realen Handeln scheidet.

Man kann das Gegensatzpaar auch auf die Begriffe Sein und Haben beziehen, wie dies der Weltethiker und Philosoph Erich Fromm tut.

Der eine Typ, dem das Denken das Höchste ist, denkt in Symbolen und strebt danach, die Welt im Denken im Ganzen zu erfassen. Der andere Typ handelt, die Welt im Detail nutzend.

Dem Denker ist die Ewigkeit das Höchste, dem technisch Handelnden ist die Schnelligkeit als weltbetrügerischer Begriff, wie sich immer mehr herausstellt, und damit die Supervergänglichkeit das Höchste.

Der geistige Mensch will in Kunstwerken symbolhaft die Ganzheit der Welt quasi als Weltmodell gestalten. Darin vollbringt er Taten der Kultur und Kunst.

Der andere, polar gegensätzliche Menschentyp, der Techniker, will mit Hilfe von Maschinen die Welt nicht geistig erfassen und gestalten, sondern je partiell benutzen. Darin vollbringt er die Taten der Antikultur der Technik.

Der Mensch steigt um vom Denken im Ganzen zum Handeln im Detail.

Nun wollen wir feststellen, wie sich diese verschiedenen Menschentypen zu einer Urkategorie der Welt, zum Raum verhalten, d.h. ob sie sparsam mit dem Raum umgehen oder raumverschwenderisch sind. Es ergibt sich folgende Tabelle in der Entwicklung des Abendlandes.

Der Säulenheilige als Denker im Ganzen benötigt keinen Raum, er vermeidet seinen Gebrauch und Verbrauch. Er verharrt sein ganzes Leben lang auf einem einzigen Weltpunkt, dem Säulenkapitell.

Der Mönch, in dem architektonischen Gesamtkunstwerk des Klosters lebend, erlaubt sich, etwas mehr durch die Kunst gestalteten Raum in Anspruch zu nehmen, aber doch in sehr begrenztem Umfang. Im Kreuzgang fängt er einen winzigen Ausschnitt des Naturhimmels ein.

Die nächste Form des architektonischen Gesamtlebenskunstwerkes der weltlichen Welt, die geschichtlich das Kloster ablöst, nämlich das Schloß, weitet den Raum aus und verbindet zweierlei:

Das Schloß setzt sich wie das Kloster aus der Architektur als Kunstwerk zusammen, schließt aber als zweite Komponente in seiner Gestaltung noch ein beträchtliches Stück Natur im Areal seines Garten mit ein. Hier findet die Kombination von Kunstwerkraum und realem Naturraum statt. Insofern ist das Schloß mit seinem Naturraum-Garten eine Zwittererscheinung. Es mischt Kunst und Natur. (Geist und Materie)

Der Schloßbewohner, um 1800 aus dem Verband des kombinierten Kunstwerkraums und Garten-Park-Naturraums entlassen, erschließt sich als freier Bürger und naturaufgeklärter Wanderer auf Grund seiner biologisch natürlichen Fortbewegungsmittel, der Beine, die Größe und Fülle des Naturraums.

Jetzt hat sich der Mensch als Wanderer von der symbolhaften Ideenwelt gelöst und gibt sich dem sinnlichen Genuß der Natur und dem bloßen Raumgefühl hin.

Er bewandert die freie Landschaft mit ihren Ebenen, Hügeln, Bergen und fernen Gipfeln und Meeresstränden.

Aber, einmal in den offenen Naturraum geworfen, begnügte sich der Mensch bald nicht mehr mit dem Naturkleinraum, den er mit seinen eigenen Füßen und seiner Herzkraft ausschreiten kann.

Den Menschen überkommt der Drang, mehr und mehr Realraum zu erfassen und zu beherrschen. Als der Mensch im Sturm und Drang und in der Romantik diese Stufe der Innewerdung des Naturraumes erreicht hatte, setzte er den Eroberungsfeldzug des frisch gewonnenen Naturraumes auf ganz andere Weise fort: d.h. mit Hilfe eines künstlichen Herzens, mit den Motoren der technischen Maschinen.

Nun setzt er anstatt der raumergreifungsarmen Kunstwerke die raumgierigen, außerhumanen technischen Maschinen ein. Der technisierte Mensch, dessen höchstes Ziel und neue Gottheit die Schnelligkeit ist, die er mit Hilfe der Fahrzeugmotoren erreicht, ist ein Raum- und Zeitverbraucher größten Stils.

Als Zwischenform zwischen Wanderer und technisiertem Menschen ist noch der Radfahrer zu nennen, der zur Fortbewegung noch keinen von selbst arbeitenden Motor benutzt, sondern das Antriebspotential aus seiner eigenen Muskelkraft und Herztätigkeit bezieht, also am Fahren noch eigenmenschlichen Anteil hat. Hier sind noch humanum und Maschinengerät gekoppelt.

Bei den Motorfahrzeugen fällt diese Verbindung zwischen humanum und Maschine absolut weg, und damit ist auch ein anthropologisch einschneidend anderer Status erreicht.

Ab 1829 in der Eisenbahn und ab 1885 im Automobil tritt der volltechnisierte Mensch in passiver Abhängigkeit zur Fahrzeugmaschine auf. Die Raumergreifung steigert durch die Loslösung vom Erdboden ab 1903 das Flugzeug und ab 1956 der Astronaut in seiner kosmischen Raumrakete.

Durch diese superschnellen Fahrzeuge findet eine Vergewaltigung und Mißachtung des Naturraumes und der naturgegebenen kosmischen Raumzeitrelation statt.

Der schnelle Mensch verbraucht mehr Raum als er Zeit dafür einsetzt und bringt dann das natürliche, kosmisch bedingte Zeitraumgefühl durcheinander, was mit einem großangelegten, weltweiten kosmischen Betrugsmanöver gleichzusetzen ist.

Damit nimmt beim volltechnisierten Menschen dieser Art das aktive Denken im Ganzen gegenüber der ansteigenden Kurve des passiven, punktuellen Detailhandelns erschreckend ab.

Jetzt soll noch eine weitere, zweite Tabelle aufzeigen, welche Regierungs- und Herrschaftsformen den verschiedenen Weltverhaltensweisen, wie Denken im Ganzen, Gestalten (durch Kultur und Kunstwerke), Benutzen (durch Naturwissenschaft und Technik) und Zerstören (durch die Megatechnik) entsprechen:

I. Dem Denken im Ganzen entspricht die ursprüngliche Regierungsform der Kaiser, Päpste und Könige sowie der Menschentyp der Heiligen und Mönche. Alle diese Menschen haben den Anschluß an den Himmel als Ganzheitsvorstellung der Welt.

II. Dem Gestalten (Kultur und Kunst) entspricht der Souverän, weltlicher und geistlicher Herrscher, mit seinem Stab von Gelehrten, sogenannten berühmten Männern der Kunst und Wissenschaft. Sie versuchen, ein mythologisch-olympisches Götterreich auf Erden materiell durchzuführen. Der Bruch von der Phase des Gestaltens zum Benützen ist gekennzeichnet durch die französische Revolution.

III. Dem Benützen (die Technik, Maschinenwelt und Zivilisation) entspricht zunächst noch ein Übergangsstadium im 19. Jahrhundert in der konstitutionellen Monarchie. D.h. halb Beteiligung eines Herrschers als Denker im Ganzen und halb die neue Herrschaft des Handelnden im Detail, der Bürger, der Gelehrten und Professoren, der Naturwissenschaftlern und der Unternehmer der Industrie mit ihrer Arbeiterschaft.
Hier scheiden sich Denken im Ganzen (Kultur) und das Handeln im Detail (Technik).
Der Ablösungsprozeß zwischen den Herrschern als Exponenten der Denker im Ganzen und den materialistisch Handelnden im Detail als neuer fortschrittlicher Weltverhaltensgruppe wird im 19. Jahrhundert dramatisch deutlich offenbar, und es kommt zu harten Kollisionen der weltanschaulichen Menschentypen.

Es wird von den neuen Schichten ein erbitterter Kampf gegen die gekrönten Häupter als Denker im Ganzen geführt.

Das 19. Jahrhundert ist das Jahrhundert der Attentate auf gekrönte Häupter. Es liegt eine lange, nicht abreißende Liste vor.

Man scheut sich nicht, diesen Menschentyp des Denkers im Ganzen als ungeeignet und weltsystemlich suspekt – da er eine polar entgegengesetzte Weltposition vertritt – durch Mord auszuschalten und so soziologisch auszumerzen.

IV. Dem Zerstören (der Megatechnik, Kernspaltung, Flugzeug, Mondrakete, Weltraumsonde, Atombombe) entspricht die Herrschaft des geschichtslosen, atheistischen, weltunethisch vorgehenden Massenmenschen, des Proleten, der das Zerstörungswerk an der Natur gewissenlos momentan-profitabel durchführt, wobei die Megatechniker, Ingenieure und Wirtschaftsbosse sowie Kriegsrüstungsmanager die Anweisungen dazu geben.

Das Denken im Ganzen wird ersetzt durch ein aktives, materialistisches Massenhandeln im Detail, das sich als Summe verheerend negativ auf die Weltsubstanz im natürlichen Welthaushalt auswirkt.

Nun wollen wir aber zu unserem speziellen Plan der Gestaltung eines technischen Museums zurückkehren. Neben den großen technischen, dem praktischen Leben zugewandten Gebäuden, wie Bahnhöfen, Krankenhäusern, Schulen, Fabriken, Verwaltungs- und Versicherungswolkenkratzer, Flugzeughallen, gibt es nur wenige Versuche, außerhalb der offiziellen traditionellen Kirchenbauten der anerkannten Konfessionen, daß auch aus der modernen, außerreligiösen Haltung heraus symbolhafte, weltanschauliche Tempel oder Weltanschauungsmodelle erfunden werden.

Doch wollen wir diese Bauten, die gleichsam in ihrer Grundidee eine gewisse Gegenposition der Humanität gegen die außermenschlichen oder zumindest menschlich indifferenten, technischen Bauten einnehmen, noch etwas näher betrachten.

Da ist der Versuch von Hugo Höppener, gen. Fidus, (1868–1948) sehr bezeichnend. Zwischen 1895 und 1901 projektierte er den «Tempel der Erde». Es ist gleichsam ein Heiligtum der urmenschlichen Eigenschaft, das der modernen Geschlechterliebe gewidmet ist.

Die Seele soll durch Heiligung und Reinigung erzogen werden. Das männliche und weibliche Geschlecht durchwandern ihren Entwicklungsgang auf getrennten Wegen.

An der Fassade erkennt man Mann und Frau in den Zwickeln des großen ovalen Eingangsfensters. Es gibt die Säle, die symbolhaft nach den Eigenschaften des Menschen wie Ehrgeiz, Wille, Liebe, Ergebung bezeichnet sind.

Für die Frau: Saal der Lust, Saal der Gefühle, Saal der Sehnsucht.

Dann die «Verrammelte Schwelle» mit der großen Rune der Tat, eingeschrieben in das Kreuz im Rund als Zeichen der Erde. Diese Stelle dürfen nur die Mysten und nicht die Adepten betreten, um durch die Kammer des Schweigens in das

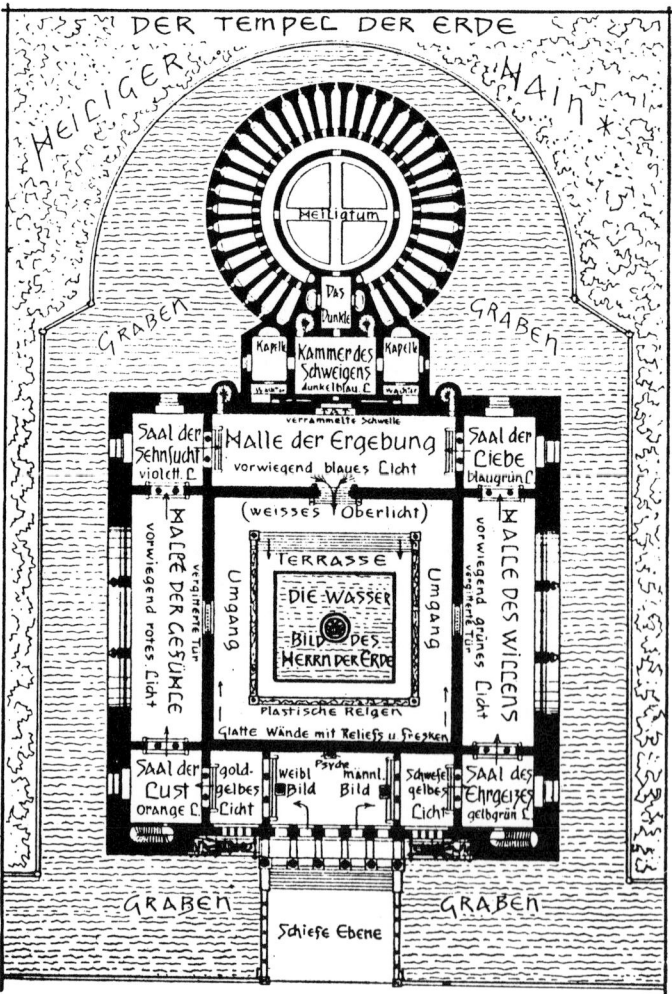

Hugo Höppener, gen. Fidus. «Tempel der Erde». 1895–1901.

Allerheiligste zu gelangen. Oder man kann durch eine offene Türe zum Bilde des Herrn der Erde im Lichthof des Tempels gehen. Die Drachen am Eingang sind die finsteren Mächte, während die geflügelte Sonnenscheibe, Sinnbild des Geistes und der Zeugung, das siegende Hauptmotiv bleibt. Das Fortschrittliche und faszinierend Wertvolle an der Tempelidee von Fidus ist, daß er von der kalten Ratio abweicht und den Menschen in seinem Seelenleben und seinen psychischen Eigenschaften, wie Ehrgeiz, Wille, Liebe und Ergebung, erfassen will. Über alle Nützlichkeitsgedanken hinweg stellte Fidus den Menschen in den Mittelpunkt seines Tempels. Damit nimmt er eine scharfe Gegenposition gegen das vermaterialisierte und vertechnisierte Menschentum ein.

Ein anderer Versuch, höhere menschliche Werte über die materielle Banalität hinaus zu wecken und dennoch ganz im Milieu der modernen Welt zu verharren, unternahm Bruno Taut 1920 mit seinem «Haus des Himmels».

Bruno Taut. «Haus des Himmels». 1920.

Säule des Gebetes

Säule des Leides

Bruno Taut. «Haus des Himmels». 1920.

Das Haus des Himmels ist eine Oase, eine Insel innerhalb der Welt der Technik und der Arbeit. Das Gelände, worauf dieser moderne Kultbau steht, ist im Norden an Werkstätten und Fabriken angeschlossen.

Hier ist also die Welt der Arbeiter und Unternehmer, die technisierte Industrie als Grundlage für das Wohl der Menschen angenommen. Der Kultbau, das «Haus des Himmels», hat der durch die Technik geprägten Bevölkerung zu dienen, weit entfernt von der naturverbundenen Schöpfung Gottes, der Natur und der alten Religion. Heute würde man sagen: Es ist ein Freizeit-, Sport- und Touristik-Zentrum gemeint.

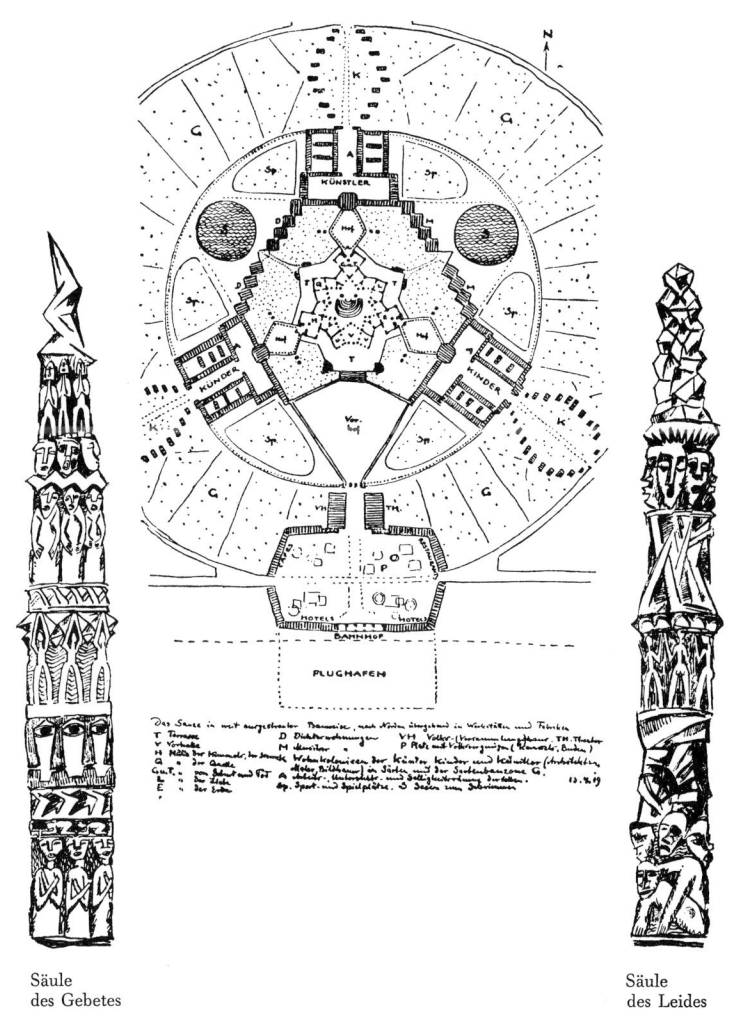

Im Süden liegen Flughafen und Bahnhof, Bauten des Verkehrs, des großen technischen Betriebes, Bauten, die der Zerstörung der Zeit und des Raumes dienen.

Es ist logisch, daß zum Tempel hin Unterkunftsbauten für den Verkehr liegen: Hotels, Restaurants und Cafés. Dies gehört zum Reisen und Fahren, und die entsprechenden Bauten befriedigen die leiblichen Bedürfnisse.

Anschließend ein Volksversammlungshaus und ein Theater, Häuser der Bildung und Gemeinschaftspflege.

Für das leibliche Wohl, nicht für das seelische, sind Sport- und Spielplätze sowie Seen zum Schwimmen angelegt als Mittel der neuen Religion der Technik.

Im Sport wird der Körper erprobt, wie sehr er als biologische Maschine belastbar ist. Der Rekordtest als Energietest wie beim Automotor: Rad-, Auto- und Skirennen mit Stoppuhr. Im Futurismus hatte das Turnen den Vorrang vor den Büchern. Ein Minimum an Professoren, dafür viele Landwirte und Ingenieure.

Und nun sind im äußeren Ring die Arbeiter angeschlossen an die Welt der Kunst. 3 Abteilungen von Wohnkolonien der Arbeiter grenzen an die Wohnkolonien der 3 K = Künstler, Kinder und Künder. Kinder und Künstler sind für das 19. und 20. Jahrhundert sehr verwandt, indem vielfach gefordert wird, daß die Künstler so naiv, unschuldig und instinktiv sein müssen, wie es die Kinder von Natur aus sind. Zunächst sind unter Künstler Architekten, Maler und Bildhauer zu verstehen. Die Musiker und Dichter nehmen eine höhere Stellung ein, indem sie an der West- und Ostflanke des inneren Tempeldreiecks angeordnet sind. Für die Kunsttheorie des 19. und 20. Jahrhunderts stehen die Musiker tatsächlich über den Malern, seitdem Schopenhauer den Primat der Musik erklärte.

Das wirkliche «Haus des Himmels», das im Dreieck sternförmig hochragt, ist in folgende Räume eingeteilt:

1. Haus des Himmels, der Sonne
2. Haus der Quelle
3. Haus der Geburt und des Todes
4. Haus der Liebe
5. Haus der Erde.

In dieser kargen Aufzählung liegt eine entkernte Weltkonzeption. Es wird nur auf die allgemeine Spannung von Himmel und Erde abgesehen. Nichts mehr von Gott oder Götterbegriff, auch ohne geschichtliche Mythologie. Geburt und Tod sind Gegenstücke der Zeit für das menschliche Dasein, wie Himmel und Erde ein räumliches Gegensatzpaar sind.

Die höchste Vollendung und das Ziel des Sternbaues ist: «alle Formen steigen empor, wachsen nach oben, angezogen vom Deckenstern». Von Taut wird das Gebäude folgendermaßen beschrieben: «Fährt man nachts im Flugzeug zum Hause hin, so leuchtet es von weitem wie ein Stern und klingt wie eine Glocke».

Ich würde sagen, dieser ästhetische Eindruck, daß man vom Flugzeug aus, aus dieser technischen Wundermaschine heraus einen weiteren Stern, wenn auch nur einen künstlichen, sieht, ist äußerst wichtig. Man hat den Realhimmel mit seinem Sternenmeer um ein Sternenexemplar vermehrt, und dies ist die höchste Illusionstat für den Anbeter der technisierten Himmelunendlichkeit.

Im Hauptbau des Sterngebäudes befindet sich eine große Musikhalle zur Aufführung von großen Konzerten.

Wenn es 1920 noch anging, euphorisch aus der technisierten Umwelt heraus zu einem reinen, optimistisch schöngeistigen Ästhetizismus und musikalischen Sinnengenußhaus aufzusteigen, wie dies noch bei Bruno Taut der Fall ist (er kommentierte sein «Haus des Himmels: «Ein Haus, das nichts anderes als schön sein soll»), so ist nach 60 Jahren, 1979, die Welt eine grundsätzlich andere, ernstere geworden.

Es ist nicht mehr opportun, das Weltgewissen durch zweifelhafte Kunstgenüsse zu überspielen.

Inzwischen hat die Totaltechnisierung ihr Gesicht enthüllt, ihr Visier geöffnet und uns das Problem der Korrektur und des Schutzes vor den eigenen Untaten in Form der Technik in den Gegenmaßnahmen des Umweltschutzes als existenzerhaltende Notbremse infolge des ethisch falschen Weltbildsystems beschert.

Wir in unserer Lage können uns mit der Weltkosmetik des Bildungsästhetizismus nicht mehr zufrieden geben und darin unser weltethisch geschändetes Gewissen beruhigen.

In unserer heutigen Lage türmen sich ganz andere, sorgenvollere Fragen vor uns auf, wenn wir es schon unternehmen wollen, unsere Lage, unser Können und Wollen und an erster Stelle das Dürfen in einem Museumsbau, in einem Bau, der den Namen der ehrwürdigen Musen für sich in Anspruch nimmt, der eigentlich vom Sinn her den Künsten und nicht der modernen, antikünstlerischen Technik gewidmet sein kann und sollte, zu feiern und darzustellen. Für die Sammlung von technischen Apparaturen den Namen «Museum» bereitzuhalten, ist surreal.

Wenn in der heutigen weltsystemlichen Situation ein der Technik und selbstverständlich auch der Megatechnik gewidmetes Museum, korrekt genannt «Sammlung», ins Leben gerufen werden soll, so muß es, um der heutigen, weltethisch fehlgelaufenen und deshalb hochgefährdeten Situation gerecht zu werden, vor allem anderen Zielen und Absichten dienen, es muß eine weltethische Aufklärungsstätte sein. Das Projekt eines solchen Museums muß ein Aufruf zur Humanität sein und zu einem neuen Menschentum, das sich von dem Fehlweg der vertechnisierten Welt befreit und zu einer ethisch gesünderen und lebenswerteren Gesellschaft führt.

Der architektonische Grundgedanke müßte folgende Verhaltensweisen des Menschen der Welt gegenüber, vom höchsten positiven bis zum tiefsten negativen Begriff, durchlaufen: Von der Ehrfurcht vor dem Leben bis zum Verbrechen des Selbstzerstörungswerkes der Atombombe.

I. Das Denken im Ganzen (wo die Welt als universale Schöpfung begriffen wird)
II. Gestalten, womit die Kunstwerke gemeint sind, die den Sinngehalt der Welt enthüllen als Gegenpol zu den Maschinen, die dies nicht tun und im äußeren Zweck steckenbleiben.
III. Das Benützen der Welt, wo die Welt durch die Maschinen, die man auf die Welt losläßt, zum Experimentierfeld und zum physikalisch-chemischen Großlaboratorium gemacht wird.

Dann kommt die «Grenze des Machbaren», von der heute so viel gesprochen wird, bis zum nächsten Schritt:

IV. Nämlich dem Zerstören, das durch die Überforderung der Weltsubstanz durch die Megatechnik bewirkt wird.

Das ethisch negative Wort des Zerstörens taucht in der gegenwärtigen Literatur, die sich mit Technisierung der Welt befaßt, in den verschiedensten Zusammenhängen auf.

Rolf Keller gab 1973 sein Buch heraus: «Bauen als Umweltzerstörung. Alarmbilder einer Un-Architektur der Gegenwart.»

Horst Vey, der Direktor der Staatl. Kunsthalle Karlsruhe, nannte 1975 eine Ausstellung über die Veränderungen des Aussehens unserer Städte am Beispiel von Karlsruhe: «Die stille Zerstörung».

Aureleo Perceo, der Präsident des Club of Rome, sprach im Febr. 1979 auf einer Tagung der Abkehr von Wachstums- und Zerstörungstechnologie das Wort.

In der modernen Kunsttheorie wird das Zerstören als Grundlage des künstlerischen «schöpferischen» Schaffens angenommen.

Wenn man nun diesen Ablauf der genannten Begriffe: Denken im Ganzen, Gestalten, Benützen, Zerstören in einen architektonisch gestalteten Zusammenhang bringt, so würde dieses Museum so aussehen:
Hier der Plan und der Grundriß der Anlage.

Zuoberst eine Rotunde, die dem Denken im Ganzen und der Weltethik gewidmet ist. Als Chorrund im Osten ist ein kleines Rund angegliedert: Es ist der Ehrfurcht vor dem Leben gewidmet und dem Denken im Ganzen.

Die zwei anderen Rundanhängsel sind dem Rhythmus des Kosmos und der vernünftigen, weltethischen Kontinuität der Geschichte gewidmet.

Anschließend kommt der rechteckige Hauptraum.

Als Verbindungsbau ist das Rund des Gestaltens dazwischengeschoben, als Ergebnis von Geist und Materie, worauf die Grundlage der bildenden Künste beruht und, davon abhängig, die Kunstwerke angesiedelt sind.

Anschließend werden die Gesetze der Naturwissenschaften, der Physik und Chemie erläutert und unter dem vielsagenden Stichwort des Benützens die Anwendung der Naturgesetze, die wir im engeren Sinne die Technik nennen, mit ihren besonderen Sektoren der Industrie und der Wirtschaft gezeigt.

Daran schließt sich der vielfach hypertrophe, durch Werbung hochgetriebene Konsum mit dem Problem des Mülls und der Entsorgung an. Dann der ebenfalls zum Selbstzweck aufgeplusterte Verkehr.

Über all diesem Riesenbetrieb steht das Riesenproblem: Wie sind die Maschinen in Gang zu halten? Woher sind die ungeheuren Energiepotentiale zu nehmen?

Die Energiefrage ist das Kernstück, das Herzstück, des technisierten Weltbetriebes. Die Bereitstellung der Energien garantiert ihr Gelingen.

Der Hauptbau wird von Hainen, Pavillons und Landschaften begleitet.

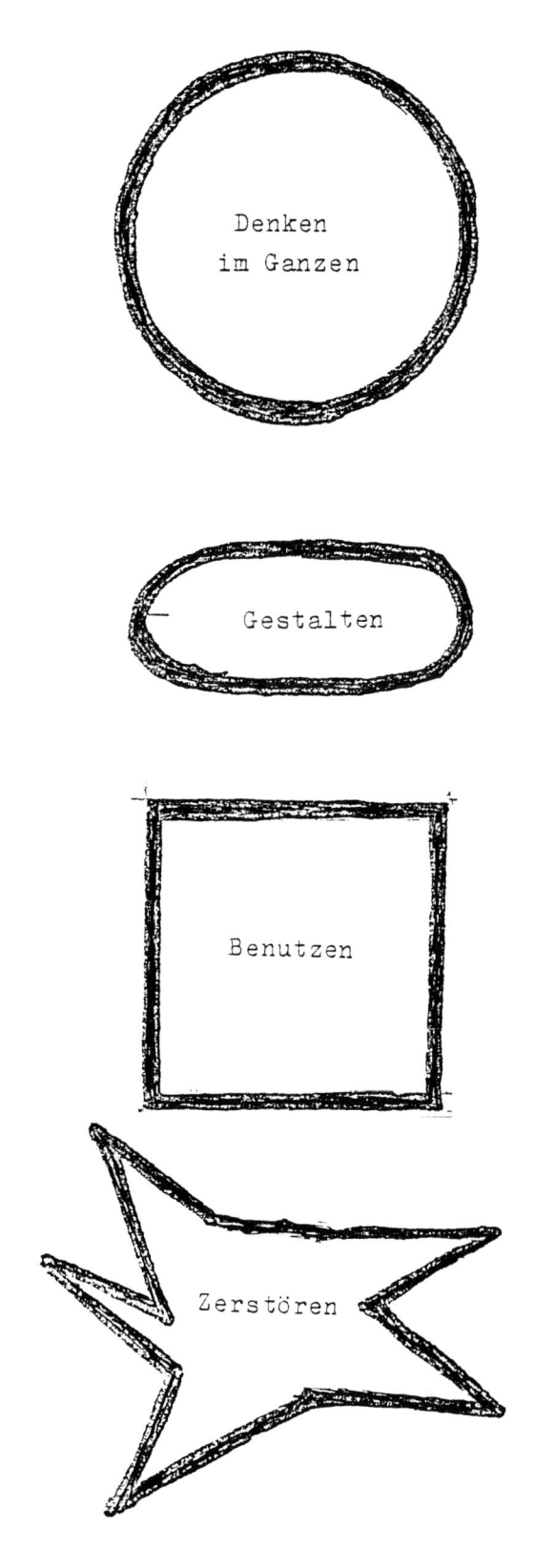

Die vier Verhaltensweisen des Menschen gegenüber der Schöpfung.

460 Anti-technisches Museum

Liste der Kreise, Monumente, Haine, Pavillons, Landschaften, Gedenkstätten, Areale, Antimonumente und Öden und Wüsten.

1. Kreis des Denkens im Ganzen und zugleich Monument der Ehrfurcht vor dem Leben
2. Pavillon der reinen Luft
3. Pavillon des reinen Wassers
4. Hain des Reichtums der Schöpfung
5. Hain des ethisch intakten Menschen
6. Kreis des Rhythmus des Kosmos
7. Kreis der vernünftigen weltethischen Kontinuität der Geschichte
8. Kulturlandschaft
9. Kunstlandschaft
10. Pavillon der Ökologie
11. Pavillon der Heilkunde für Zivilisationsschäden
12. Gedenkstätte der ausgerotteten Tiere und Pflanzen
13. Gedenkstätte der Verkehrstoten
14. Pavillon der durch Schnelligkeit zerstörten und der kosmischen Zukunft geraubten Zeit
15. Pavillon des durch Schnelligkeit geschändeten Raumes
16. Areal der ausgepowerten Landstriche und Wüsten
17. Areal der verbetonierten Verkehrsöde
18. Pavillon der Luftverschmutzung und des Lärmes
19. Pavillon der Wasser- und Bodenverschmutzung
20. Monument der Atombombe und des antigeschichtlichen, um seine Seele und Ehre sich selbst betrügenden hypertroph megatechnisierten Roboter-Menschen

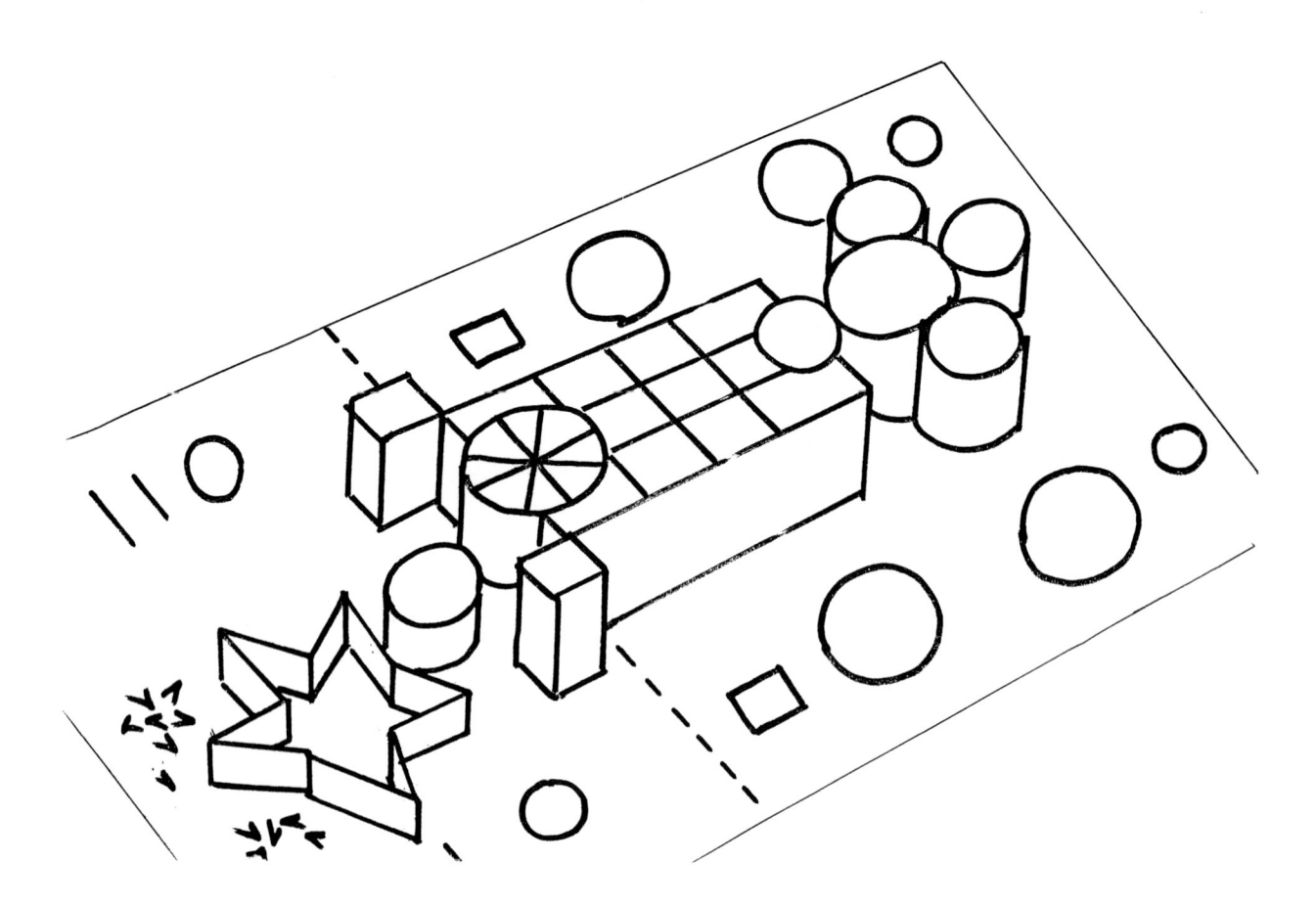

Anti-technisches Museum. Gesehen aus der Vogelperspektive.

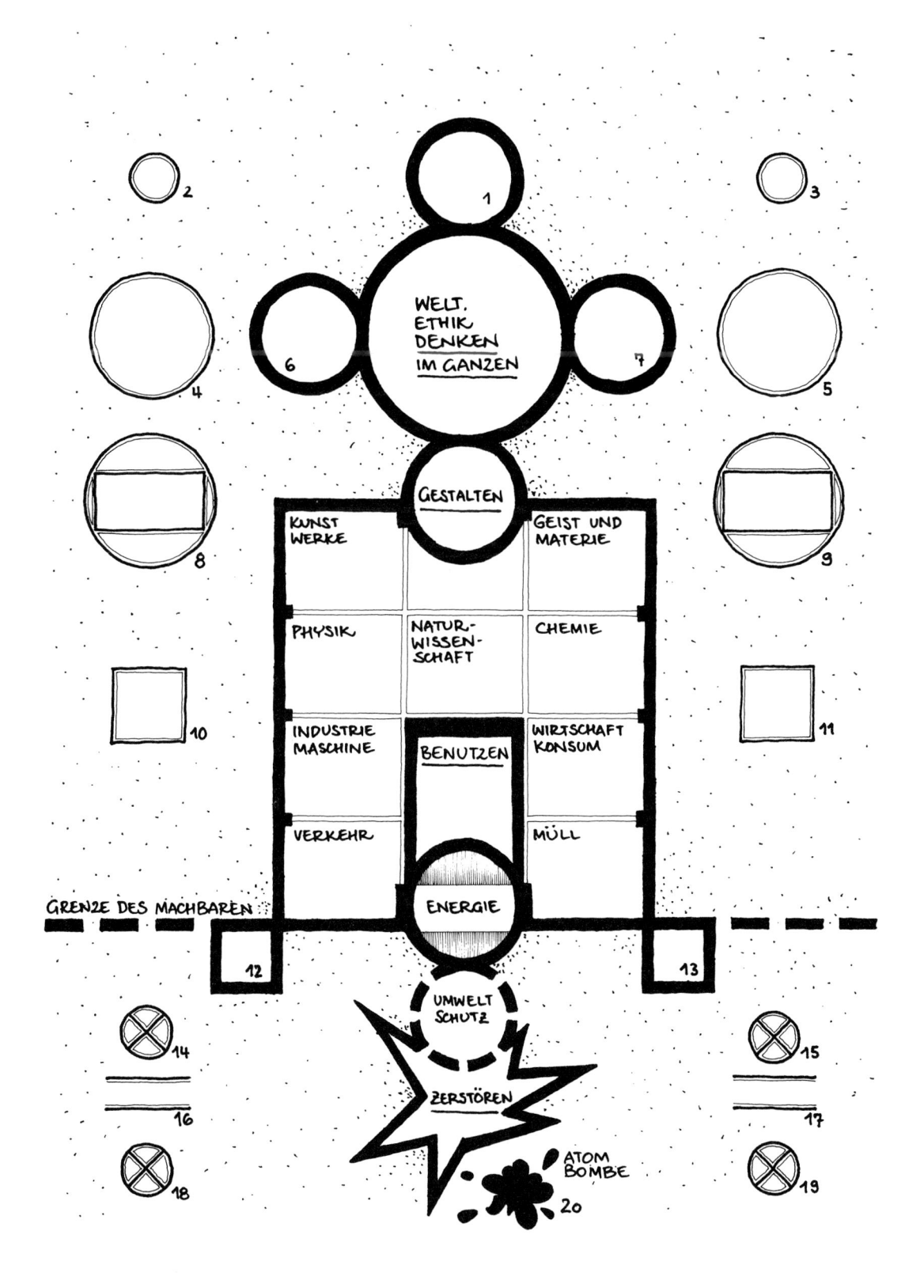

Grundriß des Anti-technischen Museums.

Oben sehen wir den Hain des Reichtums der Schöpfung und parallel dazu den Hain des ethisch intakten Menschen. Weiter unten sehen wir die Kulturlandschaft und parallel die Kunstlandschaft.

Weiter unten den Pavillon der Ökologie und den Pavillon der Heilkunde für Zivilisationsschäden.

Im Bereich der Vertechnisierung wird das Weltverhalten der Benutzermenschen kritisch und fragwürdig.

Das megatechnische Weltbildsystem kommt weltethisch ins Rutschen.

Es schwankt zwischen Gut und Böse, zwischen vertretbarem und unvertretbarem, weltethischem Verbrechertum.

Es kommt die disharmonische Zone, wo das hemmungslose Benutzen der Weltschätze überschwappt zur Ausbeutung oder gar Zerstörung der Weltsubstanz.

Als Gegenmaßnahme des frevelhaften Tuns stehen die Bemühungen des Umweltschutzes.

In der Zone unterhalb der Grenze des Machbaren sei nicht nur an die rohe, leblose Materie gedacht, sondern es sei an dieser Stelle der Lebewesen gedacht, die schon unter die Räder der Hypertrophie der Technik kamen.

Deshalb sind außerhalb des Vertretbaren, schon in der Zone des Unstatthaften, die Gedenkstätten der ausgerotteten Tier- und Pflanzenarten angebracht, um ein Menetekel aufzurichten, damit diesen unwiederbringlichen Verlusten an Schöpfungsgut ab sofort energisch Einhalt geboten wird.

Ebenso ist es mit den Sprachen. Seit nunmehr zwei Jahrzehnten sterben jährlich etwa 50 Sprachen oder Idiome aus, die Hälfte all derer, die noch 1950 gesprochen wurden, überleben nur noch als Themen für Dissertationen.

In einer zweiten Gedenkstätte sei der Verkehrstoten gedacht. Übrigens an dieselbe Stelle gesetzt wie die Säule des Gebetes und des Leides beim Haus des Himmels von Bruno Taut.

Die Verkehrstoten sind die Opfer, die die technisierte Gesellschaft sozusagen als nicht weiter zu diskutierende Folge des wagemutigen Experimentes der Schnelligkeit weltbildsystemgläubig mit in Kauf nimmt. Bezeichnend ist, daß in den Zeitungsnotizen über Verkehrsunfälle neben die Tatsache des Todes der Betroffenen oft noch der Materialschaden genau in DM-Höhe hinzugefügt wird, als wenn dies in der menschlich-tragischen Situation des Todes so wichtig und erwähnenswert wäre.

Dem Hauptbau der Zerstörung ist der Pavillon der durch Schnelligkeit zerstörten und der kosmischen Zukunft geraubten Zeit und parallel dazu der Pavillon des durch Schnelligkeit geschändeten Raumes, das Areal der ausgepowerten Landstriche und Wüsten, das Areal der betonierten Verkehrsöde, sowie schließlich die Pavillons der Luftverschmutzung und des Lärms wie auch der Wasser- und Bodenvergiftung angegliedert.

Das unterste Monument als Gegenpol zum Kreis des Denkens im Ganzen ist der Atombombe gewidmet, der bisher äußersten weltethisch technischen Minusgroßtat des Handelns des Menschen im Detail, im Gedenken an die 240 000 Menschen, die am 6. August 1945 in Hiroshima mit einer einzigen Zündung vernichtet wurden.

Gekoppelt sei dieses Monument mit dem Menschentyp des antigeschichtlichen, sich um seine Seele und Ehre selbst betrügenden hypertroph technisierten Robotermenschen, der unser aller Abscheu und Verachtung auf sich zieht, und dessen Weltverhalten durch nichts beschönigt werden kann.

Der Bundespräsident Walter Scheel wies bei der Fünfhundertjahrfeier der Universität Tübingen auf die Gefahren hin, welche die Technik in sich birgt. Er erkannte, daß die Technik so rasant schnell fortschreitet, daß sie gar keine Zeit läßt zu politischen Entscheidungen, bei denen das Fortschreiten der Technisierung wirklich überlegt werden kann. Wörtlich meinte Walter Scheel: «Es löst Unbehagen aus, daß die technische Entwicklung zur Einengung der Freiheit des Menschen führen kann. Überdies wollen wir auch in 1 000 Jahren noch menschlich leben und nicht von der Technik überrollt werden. Hier stellt sich den Parteien die Aufgabe, dafür zu sorgen.»

Das megatechnische Weltbildsystem bringt uns in seinen Folgen, die anscheinend weltsystemlich immanent bedingt sind, leider nicht die Fülle und Freude an der Welt, sondern das negative Ergebnis des Traurigkeit und Seelenöde verbreitenden Ausverkaufs der Weltsubstanz, des absolut geistig-sittlichen Nihilismus.

Durch das Versagen des megatechnischen Weltbildsystems sind wir als verantwortungsvolle Menschen gezwungen und sogar verpflichtet, eine grundsätzliche Wendung und Umkehr in unserem Denken und Handeln vorzunehmen und einen neuen Denkkodex einzuführen.

Von manchen Ansätzen dazu, die sich mahnend besorgt zu Wort melden, möchte ich nur einen Autor und wissenden Weltdenker nennen: Erich Fromm.

Erich Fromm fordert in seinem Buch «Haben oder Sein. Die seelischen Grundlagen einer neuen Gesellschaft» (1976), u.a. folgendes:

> «Sich eins fühlen mit allem Lebendigen und daher das Ziel aufgeben, die Natur zu *erobern*, zu *unterwerfen*, sie *auszubeuten*, zu *vergewaltigen* und zu *zerstören* und statt dessen zu versuchen, sie zu verstehen und mit ihr zu kooperieren».

Dies sind alles ethische Forderungen, die die Technik nicht erfüllt, sondern gegen die sie verstößt, weshalb sie abzulehnen ist.

Oder:

> «Unter Freiheit nicht Willkür zu verstehen, sondern die Chance man selbst zu sein – nicht als ein Bündel zügelloser Begierden, sondern als eine fein ausbalancierte Struktur, die in jedem Augenblick mit der Alternative Wachstum oder Verfall, Leben oder Tod konfrontiert ist».

Um die Verwirklichung seiner Einsicht ist Erich Fromm besorgt und schreibt:

«Ob uns eine solche Umorientierung vom Supremat der Naturwissenschaft auf eine neue Sozialwissenschaft glücken wird, kann niemand vorhersagen. Wenn ja, dann haben wir vielleicht noch eine Überlebenschance, aber nur unter der Voraussetzung, daß viele hervorragende gutausgebildete, disziplinierte und engagierte Männer und Frauen sich durch die neue Herausforderung an den menschlichen Geist aufgerufen fühlen – und durch die Tatsache, daß dieses Mal das Ziel nicht Herrschaft über die Natur ist, sondern Herrschaft über die Technik (!) und über irrationale gesellschaftliche Kräfte und Institutionen, die das Überleben der westlichen Gesellschaft, wenn nicht gar der Menschheit, bedrohen».

Aus dieser Gesinnung und gefährlichen Situation heraus habe auch ich mich veranlaßt gesehen, zu der beabsichtigten Anheizung der Technik und dem weiteren Propagieren des technischen Pseudofortschrittglaubens mit zweifelhaften Zielen von meinem Weltbegreifen her Stellung zu nehmen und ein Museum als weltethischen Gerichtssaal zu entwerfen, in dem man Gut und Böse, das Pro und Contra, Ethik oder Unethik des menschlichen Handelns, speziell auf die Technik bezogen, ablesen kann wie bei einem Fieberthermometer, ob ein Mensch krank oder gesund ist.

Am besten würde man ein Museum dieser Art auf Grund der vorgetragenen Überlegungen und Schlüsse «Anti-Technisches Museum der wahren Humanität als weltethische Aufklärungsstätte» nennen.

Obwohl mir ein Museumsleiter selbstsicher schrieb «Dieses Museum wird selbstverständlich nie entstehen», fühle ich mich dennoch umso mehr verpflichtet, Ihnen diese meine Meinung über die gegenwärtige Weltlage vorzutragen, die sich auch in einem Technischen Museum niederschlagen müßte, wenn es dem wirklichen Ziele, dem Wohle der Menschen und der Welt zu dienen, nachkommen wollte.

Nicht auf die gut laufenden Maschinen kommt es an, sondern auf den weltethisch intakten Menschen!

Nachdem ich eine erweiterte Fassung der Gedanken, die ich im vorliegenden Vortrag zusammengefaßt habe, an das Staatsministerium Baden-Württemberg gesandt hatte, bekam ich von Herrn Dr. Bopp eine für die gegenwärtige Auffassung des Staates den weltanschaulichen Fragen gegenüber recht bezeichnende Antwort:

Betr.: Technisches Landesmuseum
Bezug: Ihr Schreiben vom 11. Juli 1979

Sehr geehrter Herr Professor Würtenberger,
für Ihr Schreiben vom 11. Juli 1979 sowie die Auszüge aus Ihrer Abhandlung über das «Antitechnische Museum» danke ich Ihnen verbindlich.

Die Auszüge aus Ihrer Abhandlung über das «Antitechnische Museum» habe ich an die interministerielle Projektgruppe weitergeleitet. Meine knappen Bemerkungen hierzu, die Sie in Kapitel 15 etwas unvollständig zitieren, beruhen allerdings nicht auf ängstlicher Verdrängung, sondern auf durchaus vernünftigen Überlegungen. Die interministerielle Projektgruppe hat sich zunächst an die politischen Vorgaben zu halten, die der Ministerrat ihr gesetzt hat. Sie zielen auf die Entwicklung eines Museums, das die Voraussetzungen und Folgen der industriellen Revolution in unserem Lande verdeutlichen soll. Es versteht sich von selbst, daß das Museum nur dann eine volksbildende, aufklärende Wirkung haben wird, wenn auch die problematischen Seiten dieser Entwicklung zur Sprache kommen und die Verantwortung der Menschen nicht nur für ihre selbst geschaffene, sondern auch für die von ihnen vorgefundene Umwelt verdeutlicht wird. Da es für ein solches Museum bisher praktisch keine Vorbilder gibt, sind hier noch viele schwierige didaktische Fragen zu lösen.

Ich habe bereits in meinem Schreiben vom 2. April 1979 hervorgehoben, daß auch Ihre Überlegungen interessante Denkanstöße für die Entwicklung des geplanten Museums vermitteln. Allerdings gibt es auch gravierende Einwände gegen Ihr Konzept einer «Weltanschauungsarchitektur», für die der weltanschaulich neutrale Staat nach unserer Verfassungsordnung kaum legitimiert sein dürfte. Was «wahre Humanität» ist, kann eben nicht von staatswegen festgelegt und in quasi-sakralen Staatsbauten dargestellt werden.

Dies ändert selbstverständlich nichts daran, daß ich der Veröffentlichung Ihrer Abhandlung mit Interesse entgegen sehe.

Mit freundlichen Grüßen

Dr. Bopp

464 Anti-technisches Museum

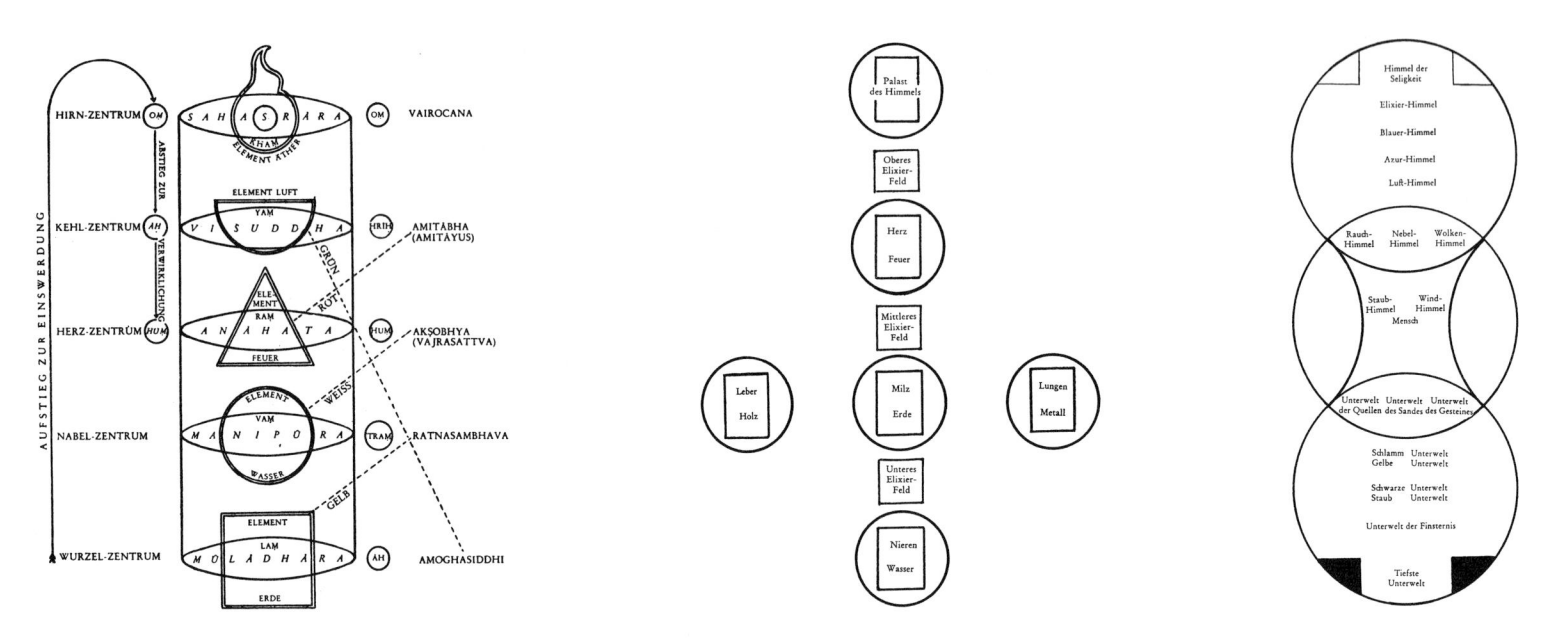

Drei Weltbildschemata aus dem Buddhismus

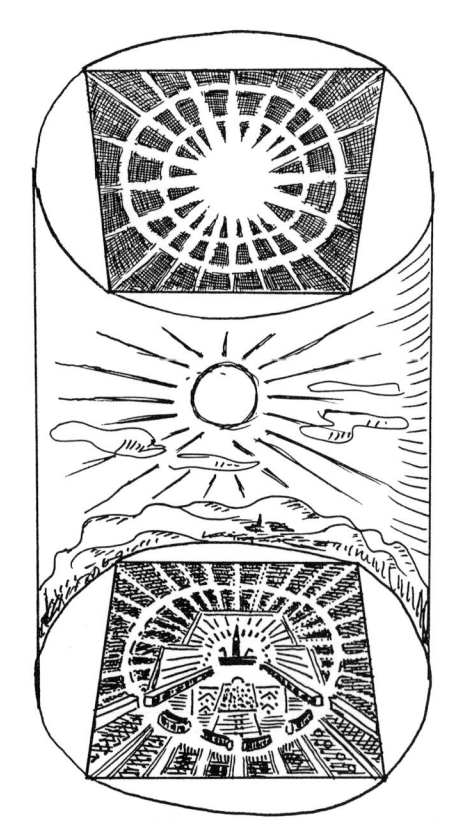

Rotunde der göttlichen Ganzheit. 1. Sonne des göttlichen Wesens. 2. Reale Sonne. 3. Fächer der Stadt Karlsruhe.

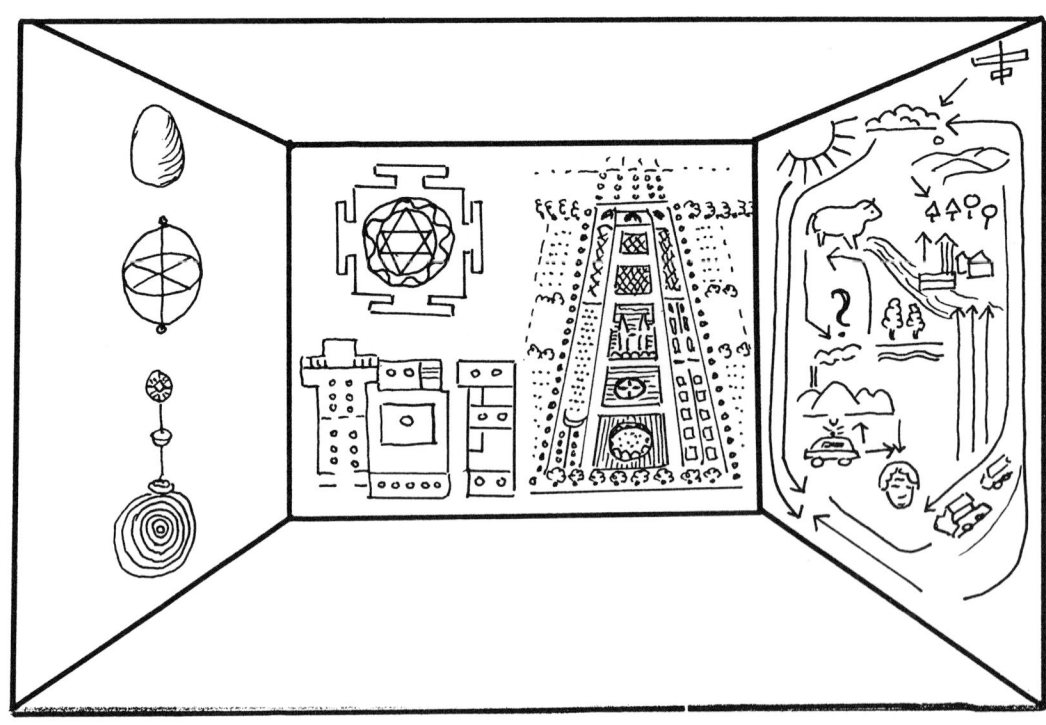

Saal der Weltmodelle (Linke Wand: Welten-Ei mit Zenit, Nadir und den vier Himmelsrichtungen. Mittelwand: Indisches Mandala, mittelalterliches Kloster, barocke Schloßgartenanlage. Rechte Wand: Netzwerksystem der Bio-Kybernetik nach Frederic Vester.)

Anti-technisches Museum 465

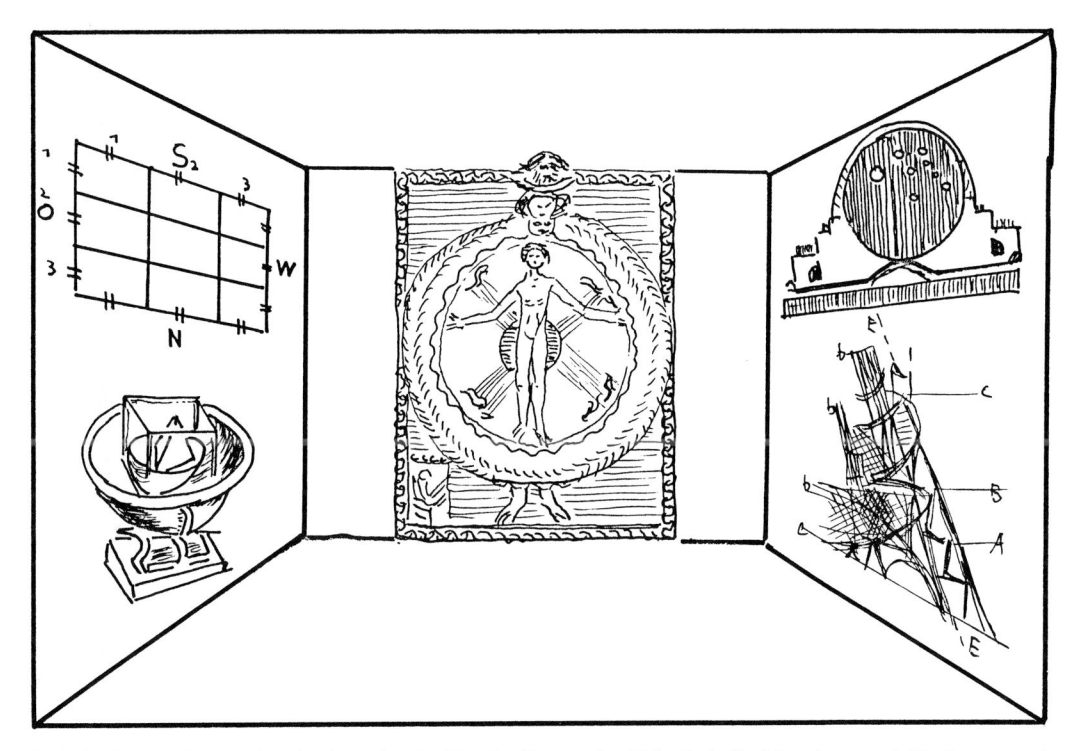

Saal der kosmischen Weltarchitektur (Linke Wand: Chinesische Kalenderhalle Ming-t'ang und Machina mundi artificalis von Kepler. Mittelwand: Der Kosmos-Mensch nach Hildegard von Bingen. Rechte Wand: Boullées Newton-Denkmal, W. Tatlins Denkmal für die 3. Internationale.

Saal der Stufen der Weltverbrechen [Linke und rechte Wand: Verschiedene Weltsysteme. Mittelwand: Menscheneinzelmord (Kain und Abel), Menschenmassenmord (Neros Brand von Rom), Totale Weltzerstörung durch die Atombombe].

III. Zusätzliche drei Weltbildschemata aus dem Buddhismus und vier Entwürfe für die mögliche Bebilderung der Ausstellungsräume des Anti-technischen Museums

Um zu zeigen, wie das Weltbildschema des Anti-Technischen Museums in seinen Grundlagen auch mit Weltbildschemata aus anderen Kulturkreisen sich vergleichen läßt, mögen drei Weltbildschemata aus dem Buddhismus danebengestellt werden. Wenn das Anti-technische Museum die Verhaltensweisen des Menschen der Schöpfung gegenüber zum Inhalt hat, so handelt es sich bei den buddhistischen Weltbilddiagrammen um Stufen der Meditation, um den wahren Weg zu finden.

Es stellt sich weiterhin heraus, daß die östlichen Weltbilddiagramme in gleicher Weise wie das Weltbildschema des Anti-technischen Museums auf polar entgegengesetzten Begriffen und Sphären aufgebaut sind. Es ist zum Teil die Spannung zwischen den höchsten und tiefsten Sphären ausgekostet, zum Beispiel von der tiefsten Unterwelt bis zum Himmel der Seligkeit (vgl. Abb. S. 464 oben).

Dabei haben die östlichen Weltbilddiagramme die zusätzliche Eigenschaft, daß sie den Aufbau der Diagramme, das heißt den Meditationsweg, noch vielfach mit dem Körperbau des Menschen in Beziehung setzen und hinter dem Aufbau der verschiedenen geometrischen Zeichen sich die Gestalt des Menschen verbirgt. Es wird von Hirnzentrum, Kehlzentrum, Herzzentrum, Nabelzentrum und Wurzelzentrum gesprochen oder es werden Körperteile mit den Weltsubstanzen identifiziert: Herz und Feuer, Leber und Holz, Milz und Erde, Lungen und Metall, Nieren und Wasser werden zusammengehalten.

Zwei der hier abgebildeten Diagramme, das eine über die Differenzierung von Tao und die Errichtung der drei Mächte des Himmels, der Erde und des Menschen, und das andere Diagramm über das wahre Tao der drei Elixierfelder und der fünf Elemente sind aus dem Buche entnommen «Die Erfahrung der Goldenen Blüte. Das klassische Werk über das Geheimnis des Goldenen Blüte – der Basistext taoistischer Meditation aus dem China des 12. Jahrhunderts. Herausgegeben und kommentiert von Mokusen Miyuki», Bern, München, Wien. 1984.

Verglichen mit dem östlichen Meditationsweg handelt es sich beim Anti-technischen Museum um eine recht anders geartete Weltbildskala. Dort ist nur der oberste Begriff das «Denken im Ganzen» mit der östlichen Meditation in etwa noch vergleichbar. Alle anderen unphilosophischen Begriffe wie Gestalten, Benützen oder gar Zerstören gehören einer völlig anderen Weltverhaltensschicht an. Es ist kein gedanklich passives Versenken oder gar Überwinden der Welt, sondern im Gegenteil ein in höchstem aktivem Tun und Handeln Sich-auf-die-Schöpfung-Stürzen, das sich bis zur absoluten Rücksichtslosigkeit der Schöpfung gegenüber steigern läßt.

Für unsere Belange ist es charakteristisch und bemerkenswert, daß alle diese Diagramme in ihren Zusammenstellungen architektonische Grundeigenschaften aufweisen und ganz ähnlich wie der Grundriß für das Anti-technische Museum ebenfalls sich je nachdem wie Grundrisse oder Aufrisse für Gebäudekomplexe ausnehmen. Beim Diagramm der Beziehungen zwischen Zentren, Elementen, Keimsilben und Dhyanis-Buddhas, das Lama Anagarika Govinaa in seinem Buche «Grundlagen tibetischer Mystik», Frankfurt/Main, 1979 beschreibt, wird von dem «Gleichnis des zum 5-stöckigen Pagodentempel gewordenen Körpers» gesprochen. Und das Diagramm wird quasi als Aufriß eines Gebäudes betrachtet.

Die Vision als Bauwerk wird noch weiter getrieben und Lama Anagarika Govinaa schreibt darüber folgendes:

«Wenn die den Zentren eingezeichneten Symbole der 5 Elemente in den ihnen entsprechenden dreidimensionalen Formen aufeinandergestellt werden, ergeben sie die wesentliche Struktur tibetischer Monumentalbauten (Mchod-rien), die sich aus den indischen Stupas, in denen ursprünglich die Reliquien des Buddhas und seiner Hauptjünger aufbewahrt wurden, entwickelt haben. Sie sind in Tibet reine Symbolbauten: plastische Mandalas.» Den Charakter eines Symbolbaues hat allerdings auch unser europäisches Anti-technisches Museum mit den Symbolbauten jeglicher Prägung gemeinsam.

Im Verlauf des Entwerfens des Anti-technischen Museums habe ich mir Gedanken gemacht, wie der eine oder andere Ausstellungsraum mit Anschauungsbeispielen ausgestattet werden könnte. Dabei legte ich besonderen Nachdruck auf Weltmodelle aus früheren Epochen parallel zum vorliegenden der technischen Welt.

Durch solche Modelle könnte uns unter Umständen klar werden, welche Grundvoraussetzungen für eine positive Weltsicht wir eliminiert haben und somit uns in eine schwierige Lage hineinmanövriert. Da kamen die Weltmodelle der verschiedensten Kulturen in Frage. So etwa für die Naturvölker die Idee des Welteneies. Für die Weltanschauung des Mittelalters könnte das Schema des Aufbaues der Sphären in Dantes «Göttlicher Komödie» Vorbild sein. Eine Spezialsparte sind die ideellen oder auch verwirklichten Architekturprojekte, wie etwa Klöster oder die barocken Schloßanlagen. Für die Jetztzeit ist das Weltmodell von Frédéric Vester mit der ökologischen Vernetzung von Interesse. Eine Sonderschau zeigt die Typologie der Verbrechensarten. Damit ist das Thema angeschlagen, wie jede Kulturstufe mit den jeweiligen Mitteln, die ihr zur Verfügung stehen, eine entsprechende Verbrechensform hervorbringt.

Als kulturelle Frühform der Mord am Einzelmenschen wie in der Bibel, die Erschlagung von Kain durch Abel; in der hohen Kulturstufe die Zerstörung ganzer Städte, wie z.B. der

Brand von Rom durch Nero. Oder in der Neuzeit ist zu zeigen, daß mit dem technischen Machtzuwachs der Größenmaßstab der Vernichtungspotentiale sich bis ins Unvorstellbare steigert, wie der Reaktorunfall von Tschernobyl uns lehrt.

IV. Das Architektur-Modell für den Wettbewerb Baden-Württembergisches Landesmuseum für Technik und Arbeit in Mannheim

(Abgabetermin 3. September 1982)

Nachdem der Bau eines Baden-Württembergischen Landesmuseums für Technik und Arbeit angekündigt worden war, und nach langen Erwägungen der Standort für Mannheim entschieden war, wurde vom Staatsministerium in Stuttgart für die Konkretisierung eines solchen umfangreichen Unternehmens ein Architekturwettbewerb ausgeschrieben.

Als ich davon hörte, war es mir sofort klar, daß ich aufgrund meiner bisherigen Interessen und Forschungen dazu auch meinen mir möglichen Beitrag liefern möchte. Doch war es mir ebenso bewußt, daß ich als Nichtarchitekt für eine solche architektonisch hochqualifizierte Aufgabe, an der satzungsgemäß sich nur Facharchitekten beteiligen dürfen, keinesfalls die notwendigen Kenntnisse und Befähigung besitze. In dieser Situation traf es sich günstig, daß Thomas Sperling, der schon lange Jahre hindurch in engem Gedankenaustausch über meine Weltbildvorstellungen Bescheid wußte, an dem verlockenden Wettbewerb sich als Architekt beteiligte, wobei ich als Berater für den theoretischen Teil des Museums beigezogen wurde. Weitere Mitarbeiter waren die zwei Modellbauer Norbert Hollerbach und Achim Lennarz und Dieter Göltenboth, Günter Diehl, Eduard Wilhelm und Otto Kränzler.

Thomas Sperling charakterisierte die Problemstellung seiner Entwurfsarbeit für die architektonische Gesamtgestaltung des Museums folgendermaßen:

«Dem Projekt liegt das Raum- und Funktionsprogramm des Auslobers, das heißt, des Landes Baden-Württemberg, vertreten durch das Finanzministerium Stuttgart, und das Staatliche Hochbauamt Mannheim, zugrunde. Es fordert etwa 22 000 qm Ausstellungsfläche und einen Werkstätten- und Depottrakt sowie einen Verwaltungs- und Informationstrakt von insgesamt etwa 3000 qm Fläche.

Franzsepp Würtenberger hat das Programm des Auslobers um ein zusätzliches Museum erweitert, das ausschließlich weltethisch bewertete, technische Gegenstände zeigen soll, um die (maßlose) Tendenz unserer technischen Entwicklung zu veranschaulichen und zu problematisieren.

Standort für das Museum soll das bisherige Maimarktgelände am östlichen Eingang zur Stadt sein.

Für den Architekten in der Arbeitsgruppe bestand die

Thomas Sperling und F. S. W. beim Projektieren des Anti-technischen Museums. 1984.

Modell des Anti-technischen Museums mit der Büste von F. S. W. kombiniert mit dem mechanischen Menschen in neo-gotischem Baldachin.

Aufgabe darin, für beide Programme typische Architekturformen zu finden, die zusammengenommen ein Ganzes bilden. Das Vorhaben war außerordentlich anspruchsvoll. Es konnte nur auf der Basis einer konsequent durchdachten Konzeption, die von ganz bestimmten Annahmen ausging, durchgeführt werden. Selbstverständlich mußte nicht nur die Funktion des Museums gewährleistet werden, sondern auch das Äußere dem Inneren logisch entsprechen. Wir hatten darüber hinaus die Absicht, Symbole zu finden, wie sie vergleichsweise zum Beispiel in den mittelalterlichen Kathedralen verwirklicht wurden. Dazu ein Hinweis: Der trompetenförmige Innenraum soll die totale Überwindung unserer Raumgrenzen vermitteln. Darüber hinaus soll er nach innen und außen unsere dynamische Kurve des Fortschritts zeigen. Falls man unsere Symbolarchitektur als annähernd gelungen bezeichnen kann, wäre der Versuch ein bauhistorisch interessanter Schritt aus dem Leerlauf jüngster Stilrichtungen. Er wäre auch, nach langer Zeit, ein interdisziplinär formulierter Schritt von Technikern, Künstlern und Wissenschaftlern zur kritischen Reflexion unserer Technik orientierten Situation mit bildnerischen Mitteln.

Die Synthese der beiden Museen erforderte eine Reduzierung der architektonischen Mittel auf elementare Formen. Nur dadurch konnten die wesentlichen Inhalte des Programms nach außen projiziert werden. Der weltethische Teil, seinen kuppelüberwölbten Zentralbau, der Longitudinalbau unter der dynamischen «Trompete» erforderte als Gegenstück eine prinzipiell ruhige Basis, ein Rechteck. Während das rechteckige Realmuseum vielleicht als «dinglich» bezeichnet werden kann, sollte das weltethische Museum der geistigen Sphäre angehören. Aus diesem Grunde wurde es angehoben, gleichsam schwebend konzipiert. Trotzdem stört es, in seinen Stelzen und seiner «Fortschrittstrompete», das ruhende Gleichgewicht des Realmuseums, zurecht, denn die beiden Teile hängen voneinander ab.

Der Zutritt zu dem Museum erfolgt zwischen dem Werkstatttrakt und dem Verwaltungstrakt, zwei «Kopfbauten», die sich von den Sammlungen etwas ablösen, weil sie mit diesen nur indirekt in Beziehung stehen. Das kreuzförmige Foyer, das im Zwischenraum entstand und dessen Eingang durch die Überhöhungen von Depot und Bibliothek Gewicht erhält, vermittelt nicht nur zwischen den unterschiedlichen Funktionen, sondern auch zwischen außen und innen.

Das Bestreben, die Architekturformen des Museums und deren Inhalte auf elementare Weise zu ordnen, führte zu einer

Anti-technisches Museum 469

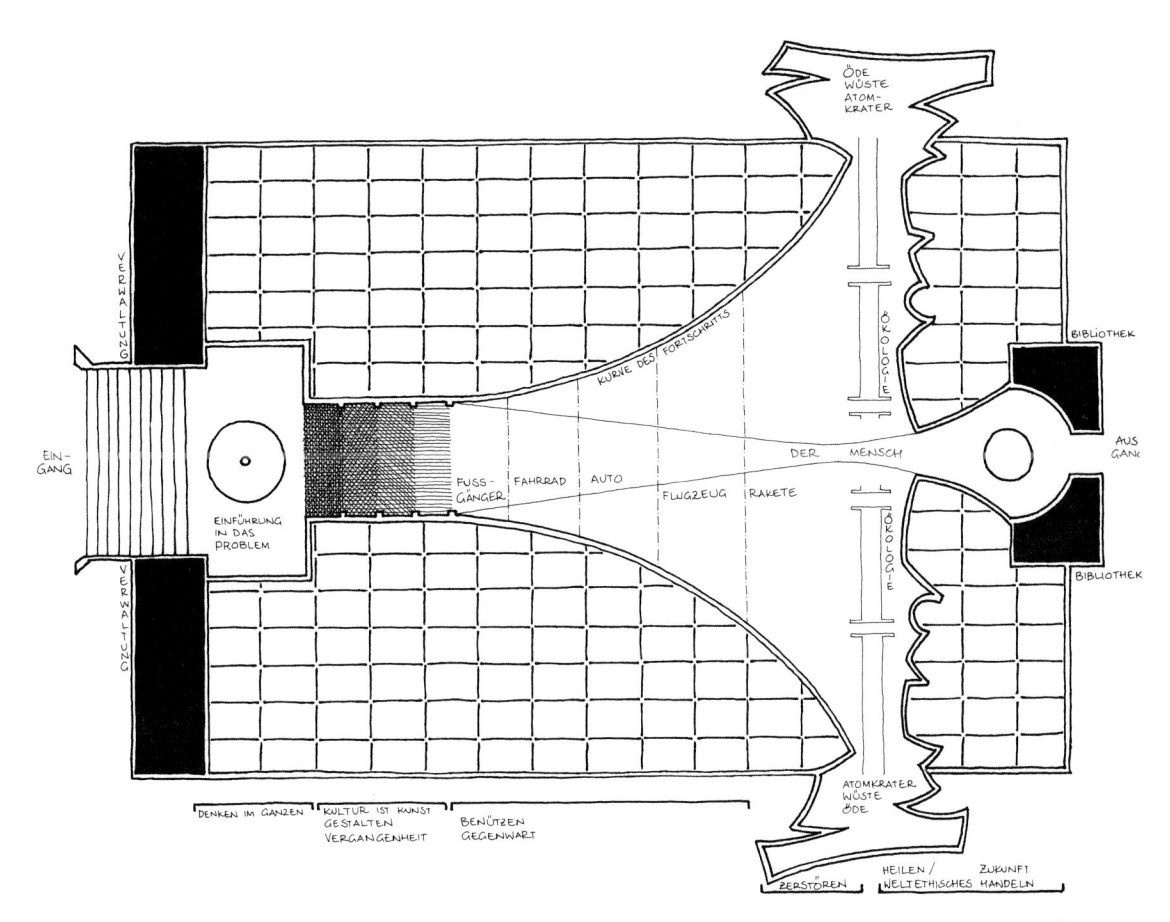

Früher Entwurf des Anti-technischen Museums vom 18.2.1982. Hier ist der später hinzukommende Garten der Ökologie durch die Bibliothek ersetzt.

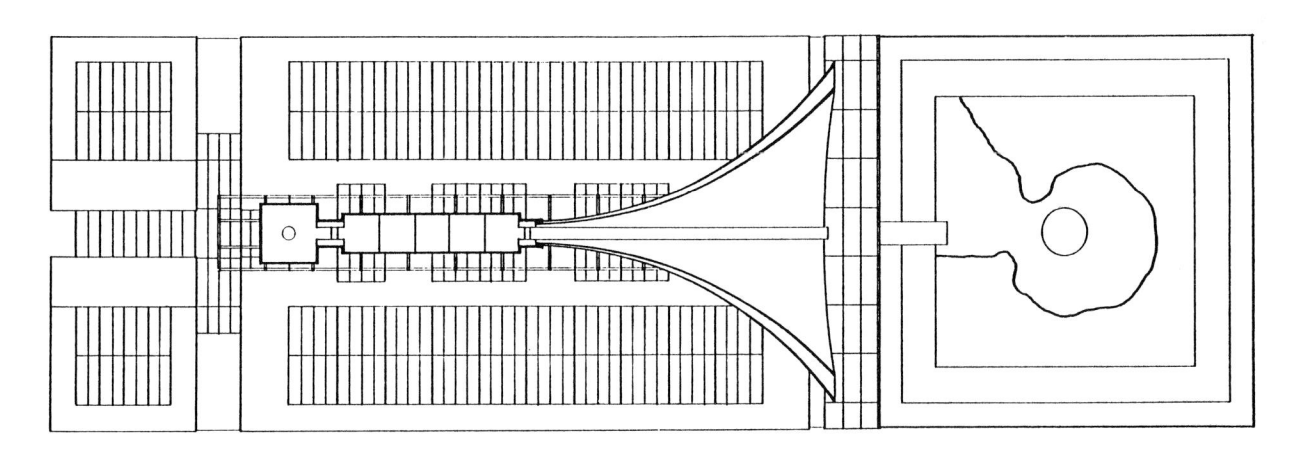

| ZENTRALBAU | DYNAMISCHE TROMPETE | ÖKOLOGISCHER GARTEN |
| des Denkens im Ganzen | des technischen Benutzens | des Heilens und Bewahrens |

| LONGITUDINALBAU | PROJEKTIONSWAND |
| des Gestaltens in Kunstwerken | der Aufklärung und Belehrung |

Endgültiger Plan des Anti-technischen Museums von Thomas Sperling vom Juli 1982.

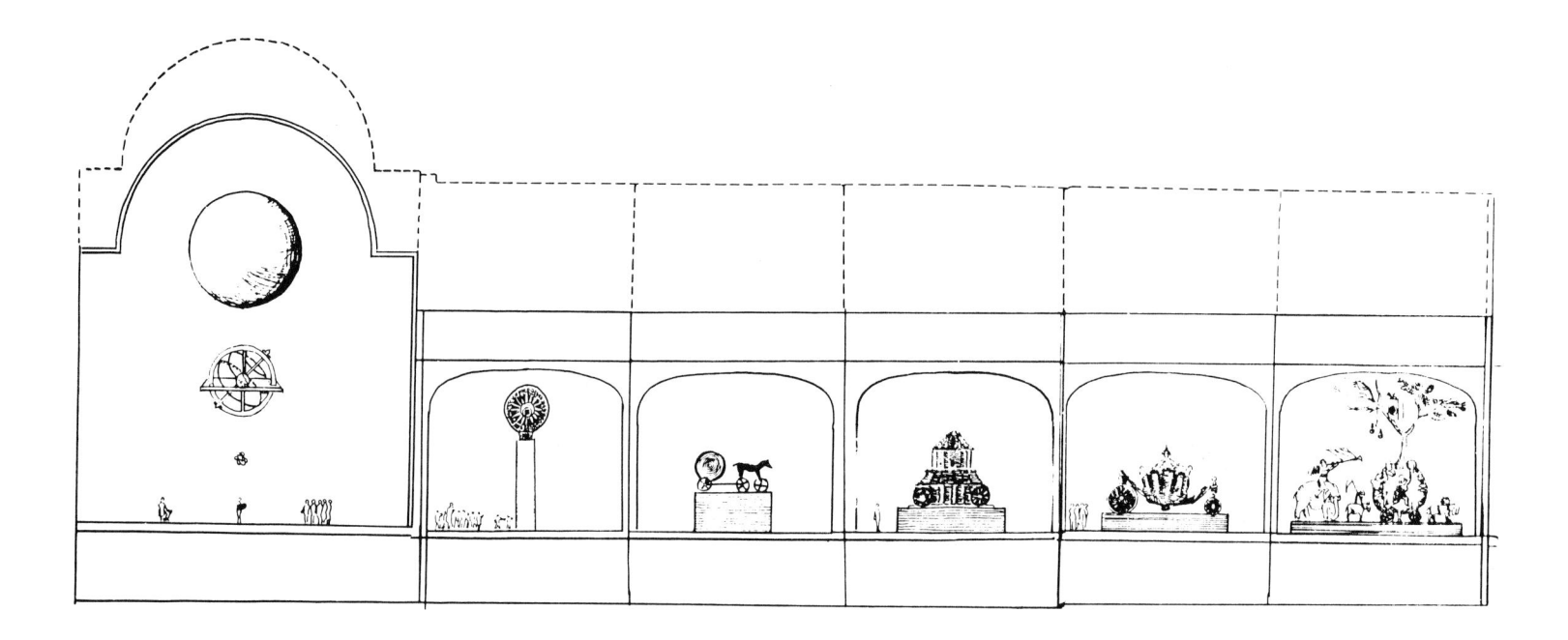

Schnitt durch die Museumsräume: 1. Der Zentralbau des Denkens im Ganzen. 2. Die fünf statischen Hallen des Gestaltens.

äußeren Erscheinung, die sich aus funktionsbezogenen Einzelheiten zusammensetzt. Diese Teile haben sich während des Entwerfens und des Modellbaus etwas divergent entwickelt, so daß die Form des Modells nicht ganz mit den Zeichnungen übereinstimmt. Die ästhetische Wirkung von Realmuseum und weltethischem Museum haben wir im Modell noch durch unterschiedliche Materialien betont.

Zur Ausstellung in Mannheim arrangierten die Verfasser ein Ensemble, in dem u. a. ein künstlicher Mensch neben das Modell gesetzt wurde. Er gibt auf Tonband Erklärungen und bestätigt noch einmal den Bezug des verantwortungsbewußten Menschen zu diesem Museumsprojekt.»

Nun soll mein Exposé über das Programm des speziellen weltethischen Überbaus des Museums zur Sprache kommen:

Von den Fähigkeiten, die den Menschen instandsetzen, der Welt gegenüberzutreten und sich ihr hinzugeben, sind vier Grundfähigkeiten zu unterscheiden. Sie umfassen einen ungeheuren, extrem auseinanderliegenden Verhaltensradius, der von der höchsten Verehrung und Ehrfurcht vor der Natur bis zur gröblichsten Mißachtung der Welt als Schöpfung reicht.

Aber zur heutigen Situation und Wahl der Fähigkeiten, wie die Menschen sich zur Welt verhalten, ist noch eine fünfte Fähigkeit getreten, die an sich keine Grundfähigkeit ist, sondern sich nur aus dem Zusammenspiel der anderen ergibt, aber es ist aus naheliegenden Vernunftsgründen doch notwendig, sie auf jeden Fall zu berücksichtigen.

Die vier Grundeigenschaften heißen:

I. Das Denken im Ganzen. Dies ist die Welt der Philosophie und Religion.
II. Gestalten. Dies ist die Welt der Kunstwerke.

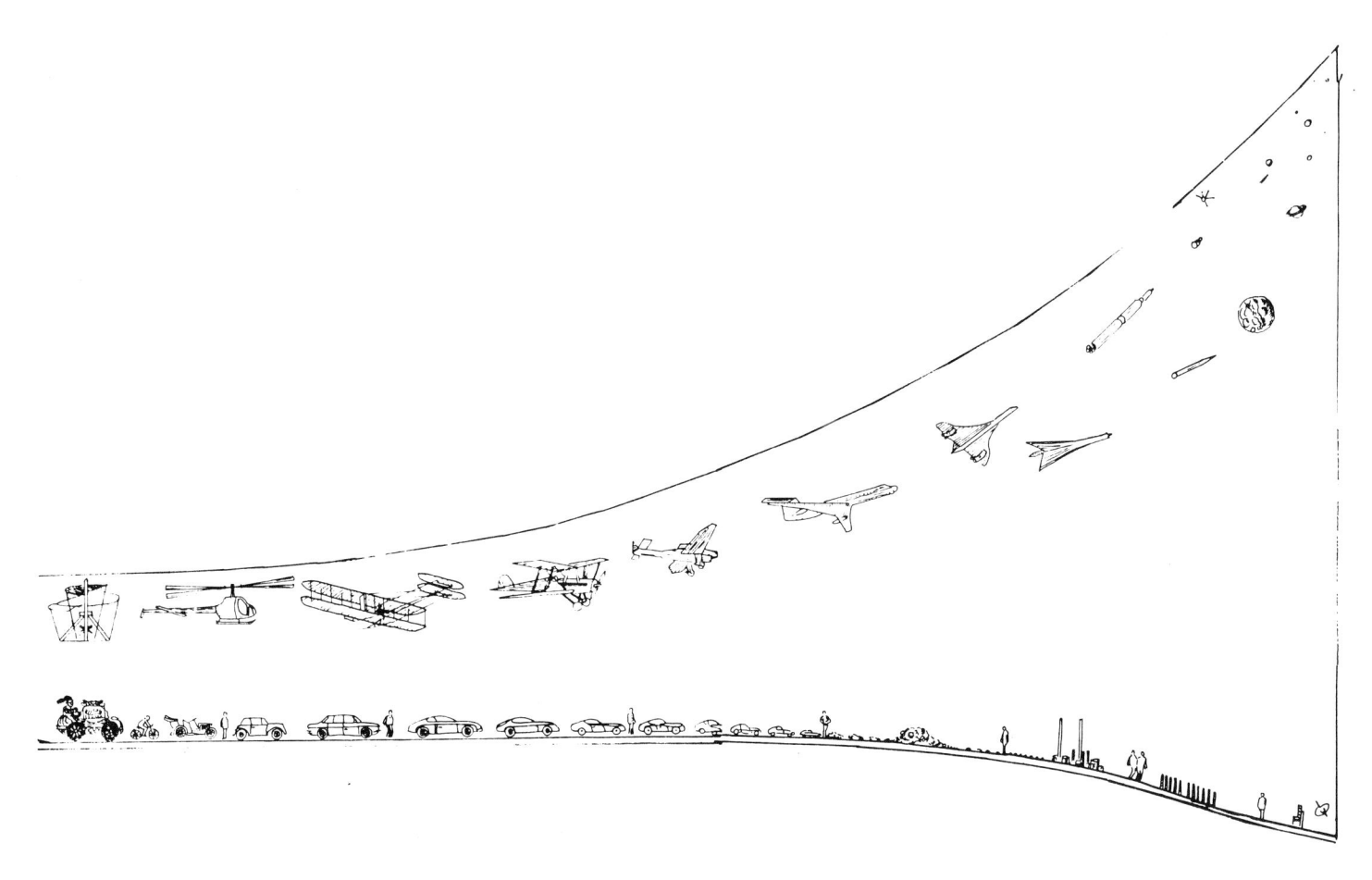

Schnitt durch die Museumsräume: 3. Die Trompete der dynamischen Fortschrittskurve.

III. Benützen. Dies ist die Welt der technischen Maschinen.
IV. Zerstören. Dies ist die Unwelt des Resultats der hypertrophen Anwendung der technischen Maschinen.

Die fünfte Eigenschaft wird durch eine moralische Verpflichtung und Abwehrhaltung gegen die weltethisch negative Grundeigenschaft des Zerstörens auf den Plan gerufen. Diese Gegenaktion heißt: Heilen, heißt Bewahren, heißt Retten, was noch zu retten ist und kommt einem Streben nach Wiedergutmachung einer bösen Tat gleich.

Nach diesen genannten fünf Eigenschaften ist nun der zweite, theoretische Teil des Museums auch in seiner architektonischen, planerischen Gestaltung und in seinem inhaltlichen Programm aufgeschlüsselt.

Folgende fünf Bauabschnitte liegen vor:

I. Das Denken im Ganzen als ein in sich ruhender Zentralbau mit einer Kuppel.
II. Das Gestalten als Longitudinalbau mit fünf einzelnen statischen Hallen für die Kunstwerke.
III. Das Benützen. Als Fortschrittskurve in Form einer dynamischen Trompete für die Maschinen der Technik.
IV. Das Zerstören wird erläutert in einer hohen Abschlußwand der Fortschrittstrompete, die die Doppelfunktion hat, das Zerstören zu demonstrieren und zugleich über die Folgen dieser Handlungsweise zu belehren.
V. Das Heilen und Bewahren wird als Gegenaktion des Zerstörens durch die Gartenanlage der Ökologie vertreten und ist zugleich ein Blick in die anzustrebende Behandlung der Welt, der Zukunft und Hoffnung.

Das Gesamtprogramm beinhaltet den großen Kampf des Menschen in der Bemessung von Geist und Materie, von Ideenwelt und Realwelt. Speziell soll hier darauf abgehoben werden, in welchem Verhältnis das maschinenmäßige Handhaben der Welt steht, was zur Zeit unser größtes Anliegen ist.

Vergegenwärtigen wir uns nun die fünf Teile des theoretisch-weltethischen Museums nach deren Zweck und Inhalt im einzelnen.

1. Der Zentralbau des Denkens im Ganzen

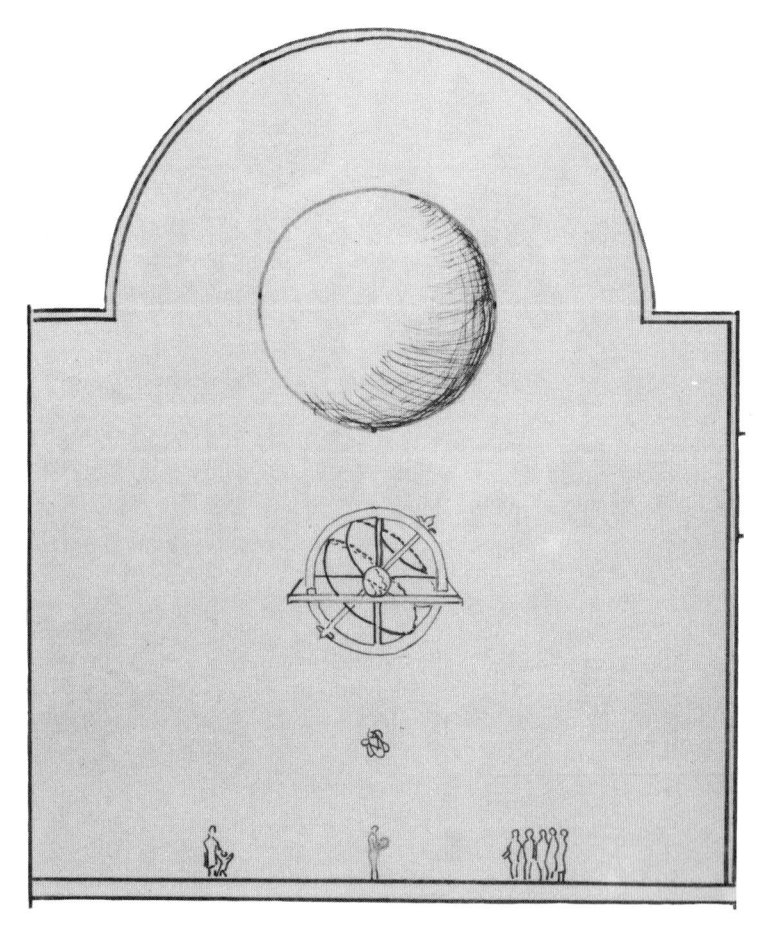

Der Zentralbau des Denkens im Ganzen.

Das Denken im Ganzen ist ein rein geistiges Tun und ist vom realen Handeln, das die Technik heute perfekt versteht, am weitesten entfernt.

Das Denken im Ganzen gibt den irdisch kleinen Menschen die denkerische Sicherheit, sich als Mitpartikel der Gesamtheit der Welt zu fühlen.

Das Denken im Ganzen sprengt die irdisch beschränkten Kategorien von Zeit und Raum. Es ist zugleich auch die weiteste Möglichkeit, die Individualität des Menschen aufzuheben und zur überhaupt größten, nur denkbaren Größe aufzusteigen.

Das Denken im Ganzen zu vollziehen, ist die Aufgabe der Religion, der Philosophie und der Metaphysik. Es ist ein Tun, das die banale Realität weit hinter sich läßt. Es ist reines Erkennen, ohne aktiv in die Substanz der Weltdinge einzugreifen.

Das Denken im Ganzen ist nicht direkt materiell darstellbar. Es ist nur in Symbolen, nur in durch Denken ergänzende Zeichen faßbar. Hier wird es symbolisiert durch eine goldene Kugel.

Unabhängig von äußeren Einflüssen ist das Denken im Ganzen in seiner Art der Weltbehandlung nicht beiseite zu schieben.

Die Kugelform wurde gewählt, da sie die vollkommenste Form überhaupt ist und alles in sich beinhaltet.

Als Farbe der Kugel wurde das Gold gewählt, da von alters her in den Mythen, die von der Erschaffung der Welt berichten, Gold als die Ursubstanz der Weltschöpfung betrachtet wird. Gold als Symbol der Allheit ist auch das Sinnbild des gesamten Kosmos.

Als zweites Abbild unseres Kosmos ist ein Sphäroid aufgehängt, das unser Sternensystem mit der Position unseres Planeten Erde anzeigt.

Darunter ist als dritte Symbolfigur, als Gegenstück zur größten Einheit der Sterne, ein Strukturmodell der kleinsten Einheit, des Atoms, gesetzt. Es ist die Ur-Kraft, die die heutige Naturwissenschaft, die Physik, als Ur-Gegensubstanz annimmt und gefunden hat. So begegnen sich Mikrokosmos und Makrokosmos.

Da aber dies alles nicht für uns Menschen vom Menschen abgelöst existiert, ist am Fußboden ein Mensch aufgestellt, der sein Verhältnis zur Ganzheit der Welt reflektiert und die Kugel als handhabbares Ganzheitssymbol der Welt in seinen Händen hält.

2. Die statischen Hallen des Gestaltens

Das Gestalten der Welt besteht im Gegensatz zum Denken im Ganzen darin, daß mit Zuhilfenahme von Materialien eine zweite Welt erschaffen wird. Mittels der Investierung von Gedanken des Denkens im Ganzen in die Materie entstehen die Kunstwerke. Die Kunstwerke funktionieren, das heißt sie erfüllen ihren Zweck und «Nutzen» nur, wenn wir Menschen in die Materie einen sogenannten Weltsinn einbringen. Technisch ausgedrückt könnte man sagen: Das Denken ist der Betriebsstoff für die Kunstwerke. Durch dieses Einbringen eines Sinngehaltes mit Hilfe des investierten Denkens in die entsprechende Materie ist es uns Menschen möglich, eine zweite Weltschöpfung hervorzubringen. Diese Tätigkeit nennen wir heute «kreativ sein» oder «künstlerisch sich betätigen». Dadurch erleben wir die Welt in neuer Form. Dies ist ein ungeheuerliches Tun und Können.

Für die statischen Hallen wurden absichtlich Kunstwerke ausgewählt, die eine Mischung von technischem Gerät und Kunstwerk darstellen. Wir haben dazu entsprechende Wagen ausgewählt, die statische Kunstwerke sind, aber auch mit Rädern, mit der technischen Urmaschine des Rades ausgestattet wurden. Diese Wagen haben als Endziel nicht unbedingt nutzbringende Effekte zu erreichen wie die echten technisch perfekten Wagen. Es sind Symbolwagen. Es sind Fahrzeuge, die noch durch ihre Last und ihren Kunstwerkcharakter in die Kategorie des Symbols und des Denkens im Ganzen aufsteigen. Es sind Kunstwerke, da sie in sich noch Begriffe, Denkformen, Allegorien und Symbole verkörpern. Sie bewegen sich in irrealen, in fiktiven und geistigen Räumen. Es ist eine Mischform zwischen Deuten und angedeuteter Nutzfunktion des Fahrens. Diese Kunstwerke sind zunächst also nicht dazu da, uns Menschen von einem Ort zum anderen zu transportieren. Sie sind dazu da, bedacht zu werden. Von der technischen Mechanik her beurteilt könnte man sagen: Sie fahren erst, indem wir sie als Kunstwerke durch unser Denken in Bewegung setzen. Im Reich des Geistes, dem diese Wagen als Kunstwerke angehören, wird ihr «Fortbewegen» nicht durch materielle Antriebsmittel und Realkräfte bewerkstelligt, sondern durch die Vorstellung, die der betrachtende Mensch in seinem eigenen Denken selber vollziehen muß. Bleibt die denkerische Arbeit aus, so ist der Zweck und Sinn dieser Symbolwagen nicht zu realisieren. Insofern hat man zu unterscheiden zwischen Geistfahrzeugen und Nutzfahrzeugen oder zwischen «Gedanken-Verkehr» hier und Realverkehr dort.

Um die Eigenschaft der symbolhaften Irrealität dieser Wagen (wie das Rad der Gesetzlichkeit, Sonnenwagen von Trundholm, Tempel der indischen Gottheit, der imperiale Krönungswagen des 18. Jahrhunderts und Wagen der Zeit von Pieter Bruegel d. Ä.) zu kennzeichnen und sichtbar zu unterstreichen, werden diese Wagen nicht direkt auf den realen Fußboden gestellt, nicht auf das normale übliche Fahrniveau gesetzt, sondern jeweils auf Sockeln erhöht. Damit wird bekräftigt, daß jeder dieser Wagen eine in sich geschlossene Kunstwerkwelt für sich ist, die sich von der übrigen Umgebung und den Fahrbahnen der Nutzfahrzeuge prinzipiell abhebt. In ihrer materiellen oder denkerisch-künstlerischen Gebrauchsgüte sind sie nicht unter sich konkurrierend oder gar quantitativ gegeneinander auszuspielen, wie dies bei den technisch perfekten Realfahrzeugen im nächsten Bauabschnitt der Trompete, der dynamischen Fortschrittskurve, der Fall sein wird.

Aus dem historischen Bestand sind folgende fünf Beispiele der symbolhaften Kunstwerke ausgewählt worden:

1. Das Rad des Gesetzes

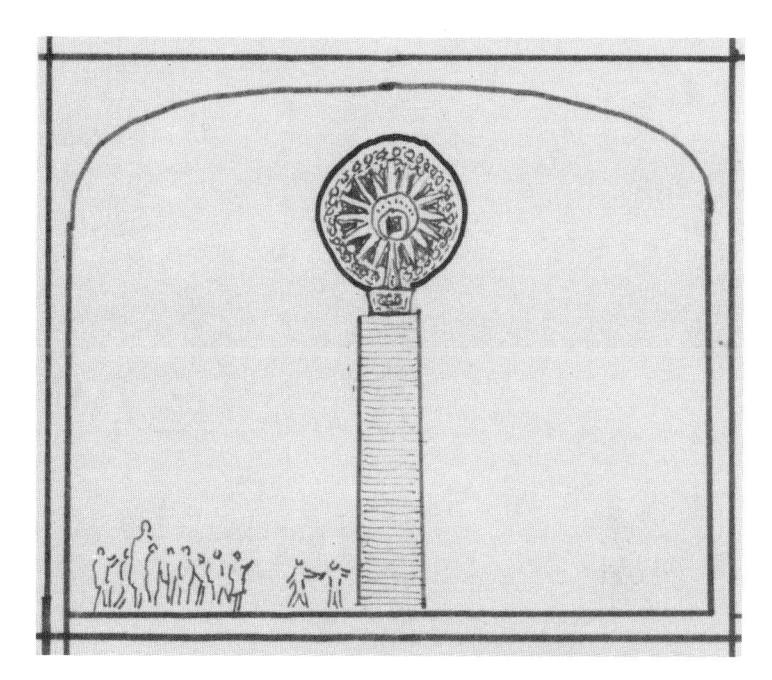

Die Halle des Rades des Gesetzes.

Das Rad des Gesetzes ist insofern auch ein technischer Apparat, als das Rad an sich eine elementar in der technischen Welt gebrauchte Form ist. Die Verwendung der genialen menschlichen Erfindung des Rades spielt innerhalb der technischen Maschinenwelt vielfach eine entscheidende Rolle. Das Rad ist so etwas wie eine Ur-Maschine. Das Rad vermag sich um seine Achse zu drehen, und auf den flachen Erdboden gesetzt, ist es imstande, sich fortzubewegen. Dieses hier aufgestellte Rad des Gesetzes wurde in P'ra Pathon in Siam mit einer Inschrift in Pali aus der Zeit vom 6.–9. Jahrhundert gefunden.

Dieses in Stein gehauene, auf beiden Seiten sehr reich verzierte Rad mit 15 Speichen, dessen Nabe wie zum Gebrauch auf der Straße ausgearbeitet erscheint, hat einen Durchmesser von 0,95 m und steht auf einem Sockel der 14 cm hoch ist. Die Speichen sind wie Säulen ausgearbeitet und greifen damit in das Gebiet der Architektur über.

Auf der einen Seite des Rades befinden sich zahlreiche Inschriften; sie betreffen sowohl Gedanken über die «Kenntnis der Wahrheit», «Kenntnis dessen, was getan werden muß», «Kenntnis dessen, was geschah», wie solche über den Schmerz, seinen Ursprung, seine Unterdrückung usw. Es handelt sich hierbei um Texte in direkter Beziehung zur Bewegung des «Rades des Gesetzes».

Vorschriftsmäßig wird noch auf andere Weise das Rad mit dem Menschen direkt in Beziehung gesetzt. Zum Beispiel in der mythischen Vorstellung des Rades der Fortuna, wobei der

Mensch von einem Rad hochgehoben wird und dann auch wieder herabsinkt, je nachdem, ob die Göttin Fortuna dem Geschick des Menschen günstig oder mißgünstig gesinnt ist. Bei einem solchen Bilde ist die Gestalt des Menschen unmittelbar körperlich mit dem Mechanismus des Rades in Verbindung gesetzt.

Als vollkommene Form ist das Rad als Einzelwesen der Kugel des Denkens im Ganzen verwandt und wurde deshalb in der Reihe unserer Symbolkunstwerke an die erste Stelle gesetzt.

2. Der Sonnenwagen von Trundholm

Die Halle des Sonnenwagens von Trundholm.

In der zweiten Halle der symbolisch-technischen Kunstwerkfahrzeuge ist der Sonnenwagen von Trundholm auf Seeland aus der Älteren Bronzezeit (1400–1200 v. Chr.) aufgestellt. Der Wagen wird von einem Pferd gezogen, und auf ihm ist das Symbol der Sonne in Form einer goldplatierten und spiralverzierten Scheibe angebracht. Die Sonne als kosmische Großmacht läßt im Beschauer allergrößte Raumweiten erstehen. Im gesamten hat das Wagenensemble sechs Räder, zwei für die Sonnenscheibe und vier für die Beine des Pferdes.

3. Der Sonnentempel von Konarak

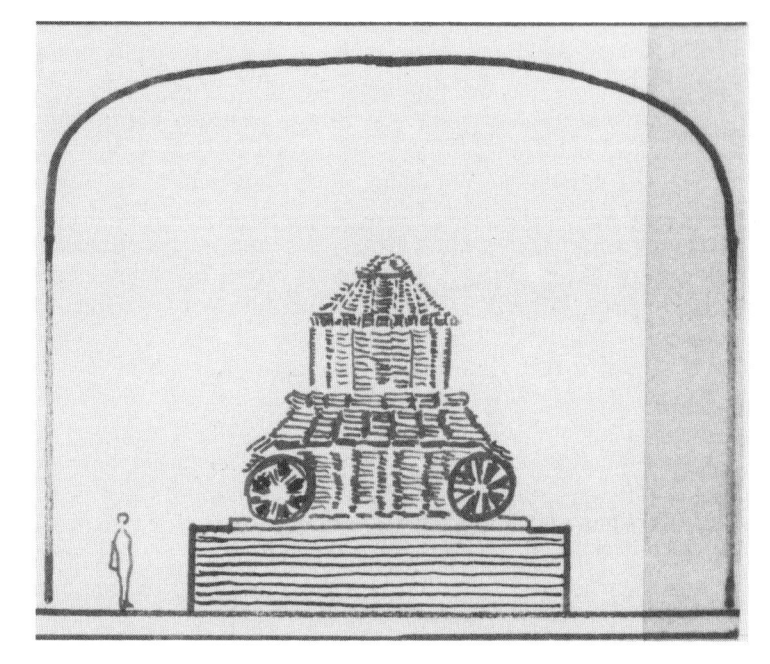

Die Halle des Sonnentempels von Konarak.

In der dritten Halle steht ein Abbild des Sonnentempels von Konarak in Indien aus dem 13. Jahrhundert. An der Sokkelzone des mächtigen Tempelaufbaues finden wir mehrere Räder als Symbole des Lebens. In den Speichen der Räder sind dementsprechend kleine Reliefs angebracht. Es macht einen recht sonderbaren Eindruck, wie die Tempelarchitektur mit den technischen Beigaben der Räder zu einer inhaltlichen Einheit zusammengekoppelt ist.

4. Der Imperialwagen aus Schloß Schönbrunn

In der vierten Halle begegnen wir zum ersten Mal unter den symbolischen Maschinenkunstwerken einem tatsächlich gefahrenen, sich real fortbewegenden Wagen in Originalgröße. Es ist ein sogenannter Imperialwagen aus der Wagenburg im Schloß Schönbrunn bei Wien, aus dem Ende des 18. Jahrhunderts.

Dieser Wagen zeichnet sich dadurch aus, daß er zugleich auch als in sich geschlossenes Kunstwerk zu gelten hat. Er verkörpert und stellt die ganze Staatsideologie des österreichischen Kaiserreichs dar, wie dies zum Beispiel auch ein entsprechendes Gemälde tun könnte. Er ist wie bei anderen Kunstwerken mit skulpturalem Schmuck ausgestattet, wie einem Altar, einer Orgel oder einem Grabmal. Er ist von der Krone gekrönt,

Die Halle des Imperialwagens aus Schloß Schönbrunn.

er hat an den Türen und Wänden Einlagen von Gemälden mit olympischen Götterszenen. Wenn dieser Prunkwagen von vielen Pferden gezogen durch die Straßen fährt, so ist die ganze Staatsidee symbolisch unterwegs. Diese gedanklich symbolische staatspolitische Wucht, die er ausströmt und beinhaltet, ist der Sinn und Zweck dieses Geisterwagens. Im Gegensatz zu den heutigen Fortbewegungsmaschinen, etwa dem Auto, kommt es bei ihm nicht auf die Stärke der PS und die Schnelligkeit an, auf die wir den meisten Wert legen.

In derselben Halle ist noch eine zweite Art von Symbolwagen zu bewundern. Diesmal ist der Wagen allerdings nicht in der Realität vorhanden, sondern nur illusionistisch als Gemäldescheibe über den Köpfen von uns Beschauern gemalt und aufgehängt. Es ist eine große Zeichnung als Skizze für eine Deckenmalerei, die für die Galerie des Odysseus im Schlosse von Fontainebleau angefertigt wurde. Diese Zeichnung von dem italienischen Manieristen Francesco Primaticcio stammt aus der Zeit, als er für den französischen König Franz I. tätig war.

Dargestellt ist der Wagen des Sonnengottes Helios, umgeben von den Horen, den Stunden. Dieser Wagen besitzt dadurch, wie er uns dargeboten wird und hoch über unsere Köpfe hinwegbraust, wir seine Unterseite sehen, als ob es sich um eine moderne Flugmaschine handle, eine bemerkenswerte Eigenschaft. Zumindestens im Gemälde kann dieser Wagen fliegen. Damit ist ein uralter Menschheitstraum, ein Wunder, das erst 350 Jahre später von der modernen Technik in die reale Wirklichkeit übersetzt werden konnte, in Erfüllung gegangen.

Der Wagen hat sich wie eine Flugmaschine vom Erdboden gelöst und fliegt schwerelos auch ohne Propeller oder Düsen mit nur 2 PS, nämlich mit dem Pferdepaar des Gottes Helios, in den Lüften dahin. Die Realisierung dieses Kunststücks verdankt dieser Wagen allerdings seinem Charakter als Kunstwerk mit den besonderen Stilmitteln des perfekt gezeichneten perspektivischen Augentrugs.

5. Der Wagen der Zeit auf einem Stich von Pieter Bruegel d. Ä.

Die Halle des Wagens der Allegorie der Zeit nach Pieter Bruegel d. Ä.

Der Wagen, der in der fünften Halle des Gestaltens der Welt durch Kunstwerke aufgestellt ist, ist an sich auch ein erdachter Kunstwerkwagen. Aber seinem inhaltlich-symbolischen Gehalt nach, wir könnten auch sagen, seinem ikonographischen Programm nach, setzt er sich im Gegensatz zu den bisher betrachteten Wagen schon außerordentlich intensiv mit den irdischen, quasi naturwissenschaftlichen Bedingungen des Fahrens auseinander. Doch dies zunächst philosophisch-allegorisch und keineswegs praktisch-real.

Er ist der Wagen des Begriffes der Zeit, wie ihn der niederländische Maler Pieter Bruegel d. Ä. um 1560 erfand. Er zeigt an, was der Wagen an sich beim Sichfortbewegen am realen Weltbestand bewirkt. Insofern kümmert sich dieser

Wagen, obwohl er ohne Zweifel noch der Kategorie der Symbol- und Begriffswagen angehört, um die realen, irdischen Bedingungen und weltanschaulichen Konsequenzen des Fahrvorganges. Wegen dieser Nähe zur Realität wurde er auch auf einen sehr niederen Sockel gesetzt, vom realen Erdboden nur wenig abgehoben. Er wurde gleichsam schon als übergeordneter Begriff und Klammer und theoretische Vorbereitung und Einstimmung auf die nächste Abteilung des theoretischen Museums eingesetzt, wo dann der Begriff der Zeit im Benützen der Welt durch die ausschließlich real funktionierenden Fahrzeuge wie Autos oder Flugzeuge und Raketen eine entscheidende Rolle spielt und vorgeführt wird im Bauabschnitt der großen Fortschrittstrompete, die ausschließlich technische Maschinen enthält.

Der Wagen der Zeit von Pieter Bruegel d. Ä. ist eingebunden in die Allegorie der Zeit, des Gottes Saturn. Saturn ist derjenige Gott, der seine Kinder frißt und um sich die Tierkreiszeichen als Symboltiere der Monate im Verlauf eines Jahres versammelt hat. Der Begriff der Zeit wird noch mit dem Phänomen der Vergänglichkeit, der Zerstörung des soeben Gewesenen gekoppelt. Die Vergänglichkeit wird hier noch speziell ausgedrückt, indem hinter dem Wagen der Zeit der Tod mit der Sense auf einem mageren Kleppergaul reitet.

Ergänzt wird der Gedanke des Todes und der Vernichtungsmacht des fahrenden Fahrzeuges dadurch, daß die Bäume mit ihren Blättern vor dem Wagen, d. h. im noch nicht befahrenen Streckenabschnitt im vollen Safte stehen, während nach der Vorbeifahrt des Wagens die Baumäste völlig ihre Blätter eingebüßt haben und entlaubt und verdorrt völlig verbraucht und zum Müll der Geschichte geworden sind.

In diesem Wagen der Zeit von Pieter Bruegel d. Ä. wird ein bitteres und wahres Naturgesetz unmißverständlich erkannt und vorgelegt, nämlich, daß die real durch die Landschaft fahrenden Fahrzeuge, seien es nur mühsam sich fortbewegende Bauernwagen oder auch die heutigen schnellen, flotten Autos, in jedem Fall ihren zurückgelegten, d. h. erledigten Strecken gegenüber ein nicht zu leugnendes Zerstörungswerk vollbringen.

Dies ist dann auch das weltethische Schlüsselverhalten aller realer moderner Fahrzeuge. Je schneller sie ihre Wegstrecken benutzen und erledigen, um so vollkommener und radikaler ist auch ihr Vernichtungswerk gegenüber der Weltsubstanz.

Um aber der Zerstörungstat und dem Vernichtungspotential der Zeit als großem Naturgesetz wenigstens ideel einigermaßen zu entgehen, glaubte das 16. Jahrhundert ein gewisses Mittel gefunden zu haben, wo die vollbrachten Taten des Menschen doch noch vor dem Weltzerfall gerettet werden könnten. Dieser Gedanke ist in der Gestalt der beflügelten Fama ausgedrückt, die auf einem Elefanten reitend den Ruhm mit einer Posaune in alle Welt hinaus erschallen läßt. Damit soll den Taten des Menschen über alle Vergänglichkeit hinweg ein Schimmer von Beständigkeit oder gar ein Gran von ewigem Gedächtnis verliehen werden.

Aus der heutigen Sicht der allgemein verbreiteten Volltechnisierung vom Fortbewegungsmittel gesehen, haben diese symbolischen Wagen als Kunstwerke einen gewaltigen Vorteil: Sie brauchen keine rohstoffverzehrenden Antriebskräfte. Um es banal auszusprechen: Sie sind energieunbedürftig und damit energiesparend, um das heutige Modewort zu gebrauchen. Bei unserer nicht unberechtigten Furcht, zu viel Energie und Brennstoff in die technisierte Fahrzeugwelt investieren zu müssen, sind die Symbolfahrzeuge von hierher beurteilt ideale Fortbewegungsmittel.

Der katastrophalen heutigen materiellen Energiekräftenot und Knappheit soll die Aufforderung angeknüpft sein, der Menschheit die Existenzfrage vorzulegen, ob es nicht besser und vernünftiger wäre, sich mehr im Reich der Kunstwerke zu bewegen, sich mit ihnen in das Reich der Vorstellung per Superschnelligkeit des Gedankens, die eine noch so schnelle Raumrakete nie und nimmer zu erreichen vermag, von einem Ort zum anderen zu versetzen, statt materiell so ungeheuer viel zu transportieren, den gewaltigen hypertrophen Realverkehr einzuschränken und weniger mit Flugzeug und Raketen im Weltenraum herumzugondeln.

Wenn ich hier im Jahre 1982 beim Programm des Technischen Museums die geistesgeschichtliche Scharnierstellung von Pieter Bruegels Stich «Triumph des Chronos» zwischen symbolischem Denken und realem Handeln besonders herausstellte, so möchte ich ergänzend zum weiteren Verständnis von Bruegels Zwischenrolle zwischen Mittelalter und Neuzeit und Moderne meine Ausführungen einschieben, die ich am 7. September 1969 in der «Neuen Zürcher Zeitung» zur Wiederkehr von Bruegels 400. Todestag am 5. September geschrieben habe. Der Artikel ist betitelt: «Pieter Bruegel d. Ä. und der Begriff des Lebensweges als Weg».

Pieter Bruegel d. Ä. und der Begriff des Lebensweges als Weg

Pieter Bruegel d. Ae. wird besonders als der Entdecker des Landschaftsraumes gefeiert. Ihm gelang es, die Landschaftsräume in ihrer rationalen Zerlegung zu erfassen und darzustellen. In wunderbaren Zeichnungen und Stichen schildert er, wie der große Landschaftskörper der sogenannten Weltlandschaften von Flüssen und Wegen durchzogen ist. Bruegel ist denn auch der erste neuzeitliche Mensch, der, wenn auch zunächst nur als Künstler, durch die Dörfer den Dorfstraßen entlangging. Seine Stichfolge der Dorfstraßen mit ihren 44 Blättern bezeugt dies. Insofern ist Bruegel in diesen wie in einem

Filmband ablaufenden, inhaltlich belanglosen Dorfstraßenbilderreihen nochmals der besondere Entdecker des Wegbandes, das heißt die Entdeckung des Wegbandes und die des Großraumes der Landschaft gehen Hand in Hand. Das eine ist nicht vom anderen zu trennen. Damit hat Bruegel in rationaler, wertfreier Gesinnung die Wege der Welt ohne Ethik und höheres Wissen um die Welt begangen.

Bruegel gelingt es aber nicht nur, die Landschaft an sich als etwas geographisch Abstraktes zu erfassen, sondern durch diese Erschließung der Welt wird zugleich auch die Frage nach der Daseinsform des Menschen neu gestellt, der in dieser Landschaft nun zu leben und zu agieren hat. Die endlosen, langen Flußläufe und Wege, die die Landschaftsräume wie ein groß angelegtes, weiterästeltes Installationsnetz durchziehen, werden zugleich auch die Lebenslinien und Lebensablaufbänder für den Menschen. Damit entdeckte Bruegel den auf die Wegstrecke gesetzten Menschen, den Menschen, der im Vollzug des natürlichen Raumes und der natürlichen Zeit sein Leben ablaufen läßt. Dieser in den Landschaftsablauf eingebundene Mensch ist für Bruegel der normale, der natürliche Mensch, der Mensch an sich. Großartig schildert er das Daherziehen der Menschen in den Monatsdarstellungen in Wien; in der *Heuernte*, in der *Heimkehr der Herde* und bei den *Jägern im Schnee* sind die Menschen gleichsam auch zu Naturwesen geworden im gleichen Rhythmus wie die Tiere und ihre Wege dahinziehend, als ob sie nichts anderes kennen würden und sonst nichts anderes bestünde auf der Welt als ihr Weg: ihre in der Natur geographisch abgegangene Wegstrecke ist ihr Leben.

Aber Bruegel beschränkte sich nicht nur auf kleinere Gruppen von Menschen. Es erschließt sich ihm auch das weitere Problem, daß lang auseinandergezogene Menschenzüge durch die Landschaft sich erstrecken und die Menschenmenge quasi selber Landschaftsraum wird. Diese Durchdringung der Landschaft mit der Menschenmenge behandelte Bruegel einmalig konsequent durchdacht in der *Kreuztragung Christi*, wo sich die Menschen weit verteilen auf der breiten Wegfläche von Jerusalem nach Golgatha. In der *Bekehrung Pauli* bilden der Gebirgspfad und der Heerzug in ihrem Ablauf durch die gesamte Bildbreite hindurch eine völlig identische Einheit. An dieser Komposition spürt man, daß Bruegel Spezialist auf dem Gebiete der Darstellung von Wegbändersituationen ist und auch verkehrstechnisch, wie man heute sagen würde, interessiert ist. An der Kurve des Zuges, in der rechten Ecke des Bildes hat er eine Gruppe von Reitern gesetzt, die man Verkehrspolizisten nennen könnte, indem sie gleichsam den Ablauf des Zuges überwachen.

Doch oftmals nimmt Bruegel das Problem des Wegablaufes nicht so philosophisch unkritisch hin wie in den genannten Werken. In dem Gemälde *Der Sturz der Blinden* wird die Bewältigung des Weges als tieftragisches menschliches Schicksal geschildert. Die des Augenlichtes beraubten Menschen sind «verkehrstechnisch» untüchtige und sogar im allerhöchsten Maße in dieser Funktion ungeeignete Menschen. Heute würde man sagen, sie müßten wegen dieses physischen Mangels aus dem Verkehr gezogen werden. Eine Wegstrecke kann körperlich-sinnlich erst dann zurückgelegt werden, wenn man den Weg sieht! Ein blinder Autofahrer ist Irr- und Wahnsinn.

Nun müssen wir uns weiter fragen: Weshalb sind die Blinden bei Bruegel blind? Welche Art von Blindheit liegt vor? Sie sind deshalb blind, weil sie das wahre Licht, Christus als Licht der Welt, nicht sehen und nicht, weil sie eine Augenkrankheit haben. Blindheit ist hier seelisch-geistig gemeint und nicht körperlich-medizinisch. Hier liegt verschlüsselt der Gedanke der sehenden Ekklesia und der blinden Synagoge vor. Bruegel hat einen bezeichnenden und folgenschweren Umschwung vollzogen: Bruegel hat diese geistig-seelische Blindheit auf eine reale Situation der Wegbegehung übertragen. Die Menschen haben einen neuen Sündenfall erlebt, sie sind aus dem Paradies der Kirchen und der Kathedralen vertrieben worden, daher sind sie auf einen neuen Nullpunkt ihrer Existenz gesetzt. Von diesem Zeitpunkt an, da sie außerhalb der Behütetheit der Kirche sich befinden, beginnt ein neuer Abschnitt der Menschheitsgeschichte. Grundsätzlich ist ja der Mensch dann nur noch durch seine eigenen Kräfte auf die Kräfte der Natur angewiesen. Hier, in diesem neuen Existenzbereich, hat der Mensch sich zurechtzufinden, anstatt Glaube ist nur die Intelligenz entscheidend.

In dieser Situation kommen die Blinden auf einen Gedanken, um ihre geistige Blindheit und Ausgestoßenheit zu korrigieren und zu kompensieren. Sie bedienen sich eines wohlverständlichen Mittels, ihre geistige Blindheit auszugleichen: Der Trick besteht darin, daß sie sich gegenseitig nach dem Sprichwort «ein Blinder führt den andern» helfen. Aber bringt diese Maßnahme das Heil? Ist sie fähig, ihre Verkehrsuntüchtigkeit aufzuheben? Die Blinden bilden eine Kette. Wohl stützt und verläßt sich der eine auf den anderen. Die Stöcke bilden das einigende Band – doch was ist damit geholfen? Einer muß nolens volens Führer sein. Jedoch der Erste, der Führer, kann sich auf keinen Vordermann, auf niemanden stützen. Aber gerade dieser Erste, der Eine, hat den Weg verfehlt, er hat den Graben, den Abgrund, den Schlund des Verderbens nicht erkannt. Er stürzt und zieht alle übrigen als rettungslose Kettenreaktion in dasselbe Unglück hinein. Dies ist die Folge, daß diese speziellen Blinden bei Bruegel die Kirche nicht mehr als Leitfaden, als Wegzeichen ihres Lebensweges anerkennen. Die Kirche steht wohl für uns Beschauer sichtbar in der Landschaft, sie thront etwas vom Wege abseits im Hintergrund des Bildes. Die Nichtbeachtung des geistigen Verkehrszeichens zeigt aber schwerwiegende Folgen. Dadurch wird, geistesgeschichtlich gesehen, die reale Straße, die Außenwelt, die Landschaft als körperliche, ungeistige Verkehrswelt konstituiert und als wirksam anerkannte Welt anerkannt. Insofern sind die Blinden Bruegels nach Aufhebung des mittelalterlichen kirchlichen Weltbildsystems die ersten modernen verkehrstechnischen

Straßenbenützer. Denn die Straße als Realität ist nun die Welt an sich, die allerdings nun des geistigen Überbaus entbehrt und nur als realer Vollzug mehr besteht, als körperliches Experiment, wie meistere ich die Wegstrecke, die Zahl der zurückzulegenden Kilometer.

Indem Bruegel grundsätzlich den Weg als Grundlage des Lebenswegvollzuges des Menschen erkannt hat, ist ihm im gleichen Atemzug des Erkennens auch die Bedeutung des Wagens aufgegangen. Der Wagen ist das Instrument, das die Wegstrecke erschließt und benutzbar macht. Es überrascht nicht, daß Bruegel recht oft dieses Motiv zeichnet. Der Wagen gibt Bruegel auch eine Gelegenheit, die Verhaftetheit des Menschen mit der Dingwelt, mit den Gebrauchsdingen zu demonstrieren, was an sich ein Hauptanliegen seiner Kunst ist. Man denke an die Stiche des *Alchemisten*, des *Kampfes der Kisten und Koffer* oder an die *Fette* und die *Magere Küche*. Der Wagen ist für Bruegel das konkretisierte Symbol für den potentiell gefaßten Landschaftsraum. Dem Motiv des Wagens in der Funktion des Fahrens als Hauptmotiv hat Bruegel zwei Kupferstiche gewidmet im *Plaustrum Belgicum*, dem belgischen Lastkarren, und dem Stich des *Pagus Nemorosus*, wo ein Wagen durch eine Furt hindurchfährt. Aber auch wenn Bruegel die Wagen, die Bauernkarren nicht in Bewegung zeigt, ist dies hoch symptomatisch und bedeutsam. Dies kann uns beim Stich der *Kirmes von Hoboken* klar werden. Dort sind im Vordergrund zwei Wagen in existentiellen Grundverhaltensweisen gezeigt. Ein stehender Wagen, auf dessen Deichsel sich ruhig ein Liebespaar niederließ, wodurch der Wagen als Ruhebank seiner eigentlichen Bestimmung, nämlich in Unruhe und in Fahrt zu sein, enthoben wird. Daneben steht ein Karren, der sich soeben zum Wegfahren und zum Befahren der Wegstrecke in Bewegung setzt. Diesem fahrenden Karren läßt Bruegel einen besonderen Akzent im Bild dann zukommen, als große, beherrschende Form wird das eine große, mannshohe Rad gezeigt, als ob sich die ganze Welt um dieses Rad drehen würde, als ob dieses Rad das Weltgesetz selber wäre. Damit hat Bruegel erkannt, was das Rad im neuen Weltvollzug der Welt bedeutet, daß es von der inneren Sammlung des Menschen hinweg und ihn in die reale Weite des Raumes führt.

Was nun weltphilosophisch das Zurücklegen einer Wegstrecke in konkreter Weise bedeutet, hat Bruegel in dem Stich *Triumph des Chronos* niedergelegt. Da wird gezeigt, wie im Dahinfahren des Wagens die Dinge der Wegstrecke sich verändern und daß sie sich verändern. Sehen wir zu, was geschieht. In jenem Teil der Landschaft, wo der Wagen des Chronos noch nicht durchgefahren ist, sind die Bäume noch frisch und haben ihre Blätter behalten. Hingegen in jenem Teil, wo der Wagen schon vorübergefahren ist, da sind die Bäume in ihrer Substanz vermindert. Sie sind kahl und öde. Hinter dem Wagen des Chronos, der die Wegstrecke durchlaufen und damit zerstört hat, reitet der Tod. Der Wagen ist hier also nicht nur als Symbol der Vergänglichkeit gesetzt, sondern es wird aufgezeigt, daß durch das Fahren selber die Vergänglichkeit und diese durch die Verminderung und damit die Zerstörung der Weltsubstanz erzeugt wird. Darin liegt eine tiefe Grunderkenntnis über den Begriff des Fahrens im besonderen.

Jan Brueghel. Wagen auf der Landstraße.

Daß Bruegel mit dem Motiv des Wagens einen Kern der zukünftigen Entwicklung und Einstellung des Menschen zum Problem des Weges als Lebensweges traf, bestätigt sich in den Gemälden und Zeichnungen seines Sohnes Jan Bruegel d. Ae. Dieser erhebt dann die Weglandschaften mit Fuhrwerken geradezu zu einer Spezialität und versteht erheblich mehr von dem praktischen Verkehrswesen. Bei ihm können sich Kolonnen von Fuhrwerken bilden, es können auch die Wagen einander begegnen und aneinander vorbeifahren. Er schildert auch vornehme Reisende, die mit ihrer Kutsche haltmachen. So weit ging in der realen Situationsschilderung der Vater Pieter allerdings noch nicht. Bei ihm ist immer etwas von der weltanschaulichen, inneren Spannung zu verspüren, daß der Mensch zwischen zwei völlig entgegengesetzte und im Prinzip feindliche Weltanschauungsweisen geraten ist. Da ist Pieter Bruegel d. Ae. noch ein geistig aufgewühlter Mensch des 16. Jahrhunderts und des gedankenbelasteten Manierismus.

Mit Absicht wurde in unseren Ausführungen so lange beim Problem des Wagens und des Fahrens bei Pieter Bruegel d. Ae. verweilt. Nicht deshalb, weil speziell der Wagen für Bruegels «Ikonographie» etwas besonders Charakteristisches gewesen ist. Es ist ein Motiv unter unendlich vielen anderen, gleichwertigen. Jedoch für uns moderne Menschen ist das Problem des Fahrens ein zentrales geworden. Ohne Fahrzeug, ohne Automobil können wir uns den Vollzug des Lebensweges überhaupt gar nicht mehr vorstellen. Wir modernen, die Technik benutzenden Menschen sind weit darüber hinaus, den Vollzug des realen, körperlichen Lebensweges nur gehend mit eigenen Kräften oder in von Tieren gezogenen Wagen zu vollziehen. In der technischen Entwicklung sind wir ungeheuer weit über die schwerfälligen Planwagen, die Bruegel uns präsentiert, hinaus. Wir haben technische Möglichkeiten erschlossen, von denen Bruegel noch nichts ahnte und in seinen Gemälden nichts aufzeigt. Wir haben das Fahren zum technischen Problem der Antriebskraft der Motoren gemacht. Wir feiern phantastisch ungeheure Rekorde in der Steigerung der Schnelligkeit der Fahrzeuge. Dagegen ist Bruegels Problematik seines Fuhrwesens primitiv, vorsintflutlich, anfängerhaft, keimhaft unscheinbar gering. Aber dies ist nicht das Entscheidende. Entscheidend ist, daß Bruegel das Problem der Fahrzeuge, des Wagens, des Weges, der Wegstrecke, des Fahrens grundsätzlich als Problem in seine Kunst und in sein Weltbild aufgenommen und durchdacht hat. Damit vollzog Bruegel eine historische Grenzüberschreitung. Damit gehört er nicht mehr zum vorhergehenden Mittelalter, sondern wir dürfen ihn als einen Künstler und Denker betrachten, der auf seine Weise mitgeholfen hat, die Grundlagen unseres modernen Weltbildes geistesgeschichtlich mitzugestalten und bereitzustellen.

3. Die Trompete der dynamischen Fortschrittskurve. Die technischen Maschinen

Wenn während vieler Jahrtausende die symbolhafte «Technik» der Symbolwagen und Symbolflugapparate in Form von Kunstwerken geübt wurde, so hat sich in den letzten zwei Jahrhunderten seit etwa 1800 ein grundsätzlicher Wandel vollzogen.

Man baute die denkerische Kraft des Symbols sukzessive ab und legte immer ausschließlicher Wert darauf, die Realität des Erdballs und des Weltenraums durch energieangetriebene Fahrzeuge zu erobern.

Anstelle der symbolhaften Kunstwerke traten immer mehr die technischen Maschinen, trat die reale Bearbeitung unseres Erdballs durch nützliche, von Industrieunternehmungen gelieferte Instrumente. Der sogenannte Verkehr wuchs ins Unermeßliche. Der Mensch selber eroberte in eigener Person die Dimension des Weltenraumes und erfuhr an sich selbst den Raum.

Der Abbau der Symbole und des künstlerischen Sinngehaltes wurde möglich, indem für die Fahrzeuge ganz neue Antriebskräfte eingesetzt werden konnten. Es gelang, die Zugkraft der bisherigen bescheidenen mühsamen Kräfte des Menschen und der Tiere durch mechanisch technische Energiekräfte, d. h. durch selbständig arbeitende Motoren, zu ersetzen. Zuerst die Dampfmaschinen, dann Verbrennungsmotoren, Düsenantriebe und schließlich die Raumraketen.

Damit war etwas entscheidend Neues und noch niemals in den vorhergehenden Kulturen Mögliches erreicht.

Der Mensch konnte sich unabhängig von sehr begrenztem, menschlichem oder tierischem Energieeinsatz nun quasi unbegrenzt frei bewegen. Die technischen Motoren erlaubten den Einsatz von nie und nirgends gekannten ungeheuren Energiepotentialen. Da erfolgte eine ständige Steigerung, und wenn man diese reale Steigerung in Proportion setzt, so ergibt sich eine dynamische Kurve. Mit dieser dynamischen Energiezunahme ist das stets bisher gleichbleibende und dadurch statische, d. h. symbolhafte Fahrzeugpotential der Symbolwagen aufgehoben und in eine ganz neue, bisher bei den anderen Menschentypen unbekannte Entwicklungsintensität hineingeraten.

Der Fortschrittsgedanke dieser Art ist eine Eigenschaft, die ihre Gültigkeit nur im Bereich der technischen Perfektion des materiellen Benützens und der direkten Bearbeitung der Materie besitzt. So war man bestrebt, immer noch stärkere Motoren zu konstruieren, noch schnellere Fahrzeiten zu erzielen und die Wegstrecken und den Raum auf immer weniger Zeit zusammenzudrücken und dadurch einen Verlust an Raumintensität zu erlangen.

In den geistigen Bereichen wie im Denken im Ganzen oder im Gestalten der Welt durch Kunstwerke hat dieser Fortschrittsgedanke keinen Sinn und Platz. Denn das Denken im Ganzen und das Gestalten sind immer schon ganz am Ziel und in der Vollendung angelangt. Da gibt es kein quantitatives Ausspielen von einer zur anderen Lösung.

Jedes Kunstwerk ist eine für sich autonom bestehende Lösung der Gestaltung eines Weltbildgedankens. Demnach kann ein Kunstwerkorganismus in seiner Güte nicht quantitativ direkt mit einem anderen Kunstwerkorganismus verglichen oder gar quantitätsmäßig in seiner Effizienz gegen ihn ausgespielt werden. Insofern gibt es kein Besserwerden, d. h. keinen Fortschritt bei der philosophischen Weltschau des Denkens im Ganzen oder bei der zweiten Weltschöpfung der Welt im Gestalten von Kunstwerken. Wohl aber, wie wir sahen, im materiellen technischen Bereich der nützlichen Effizienz der Maschinenwelt.

Für die Weltkonzeption des Zeitalters der Technik beschränkt sich die dynamische quantitative Fortschrittskurve nicht nur auf die Maschinen allein. Sie tritt auch in anderer Hinsicht als gravierende Erscheinung auf. Parallel ist auch die dynamische Kurve im Potential der industriellen Produktion angestiegen. Die Ausstoßquoten der Produkte in den Fabriken stiegen ins Beängstigende und Unermeßliche.

Als allgemeiner Hintergrund und wohl Anlaß dieser rasenden Entwicklung steht auch noch die sich ständig steigernde Zunahme der Weltbevölkerung seit dem 19. Jahrhundert. Diese Entwicklung geht beachtlicherweise zeitlich gleichlaufend mit der Entwicklung der technischen Einrichtungen und der allgemeinen Industrialisierung Hand in Hand. Es scheint so, daß zwischen beiden Erscheinungen ursächliche Zusammenhänge bestehen.

Der entwicklungsgeschichtlich dynamischen Steigerungsquote wurde ihrem expansiven Charakter entsprechend auch in der architektonischen Gestaltung des theoretischen Museums Rechnung getragen. Um diese unerhörte Expansion und Explosion der Fahrzeugentwicklung dem Museumsbesucher sinnlich und realräumlich anschaulich genug zu vermitteln, haben die vorher eingeschalteten Hallen nun die Form einer dynamisch sich öffnenden, stetig raumerweiternden Trompete angenommen. Nach langsamem Anlauf steigert sich der Raum in steilem Anstieg. Zur Unterstreichung der Dynamik wurde selbst der Fußboden in die Kurve mit hineingerissen und gesenkt.

Mit höchster Absicht wurde eine so gewaltige Realhöhe der Trompete gebaut, um möglichst selbst im an sich kleinräumigen Museum die Illusion der ungeheuren Raumeroberung der technischen Fahrzeuge und der darin fahrenden Menschen zu erzeugen. (Vgl. Abb. S. 471)

Die Art der Exponate der Fahrzeuge wurde deshalb gewählt, da bei den Fahrzeugen zur Personenbeförderung die Menschen selber intensiv körperlich beteiligt sind. So ist hier eine direkte Beziehung und ein Aufeinanderangewiesensein zwischen Maschine und Mensch vorhanden.

In dieser Halle der dynamischen Fortschrittskurve laufen sich zwei Arten von Fahrzeugtypen den Rang ab.

Einmal sind es die erdverhafteten Bodenfahrzeuge, speziell aufgezeigt am Beispiel des Automobils. Diese Fahrzeuggattung erfaßt in ihrer Benutzung nur einen recht beschränkten Raum des Erdbodens. Am Beispiel des Automobils wurde zugleich versucht, nicht nur seine sich steigernde Fahr- und Schnelligkeitstüchtigkeit zu demonstrieren, sondern auch die ungeheuer Jahr für Jahr sich weltweit steigernde Produktionsquote anschaulich zu machen. Zu diesem Zwecke wurde der ganze, sich stets erweiternde Fußboden der Trompete der Fortschrittskurve mit steigender Zahl von Automobilen reihenweise überschüttet.

Um diese Wirkung der Fülle und Überfülle noch zu potenzieren, sollten die Automobile durch perspektivische Verkleinerung in ihrer Realgröße ständig abnehmen oder sogar schließlich im Erdboden verschwinden. Währenddessen wird der Fußboden immer mehr zur öden Autobahn und Betonstraße. Dies geschieht, um auch noch den verheerenden Effekt des Landschaftsschwundes und der Verödung und Leere zu demonstrieren, ein Schaden, den die Überfülle der Autos anrichtet.

Im Gegensatz zu den Bodenfahrzeugen erfassen und erobern die Luft- oder gar die Weltraumfahrzeuge, die Flugzeuge, die Weltraumraketen und die Weltraumsonden einen wesentlich ausgedehnteren Aktionsraum. In den von ihnen ergriffenen Räumen kommt der großartige universale Triumph des Vermögens der technischen Maschinen zum Zuge.

Die Macht und Kraft des winzig kleinen Menschen ist mit Hilfe der technischen Erfindungsgabe in der Lage, bis in die astronomischen Weltraumgefilde, bis zum Mond und den Planeten hinaufgeschleudert zu werden.

Das Benützen mit Hilfe der motorangetriebenen Fahrzeuge feierte damit einen ungeheuren, technik-geschichtlich unbeschreibbar stolzen Triumph.

Indem der Mensch 1967 persönlich in den kosmischen Weltenraum vorstieß und den Mond betrat, und später manchen Sputnik und Satelliten bis zu den Planeten Merkur, Saturn und Venus vorstieß, geschah etwas Entscheidendes und für unsere bisherige Weltvorstellung absolut Umwälzendes: Damit stieß der Mensch sozusagen real in den Raum vor, der bisher unbetretbar nur dem Denken im Ganzen, nur dem symbolhaften Gedanken oder den Kunstwerken vorbehalten blieb.

Bei diesem Sachverhalt ist die Frage zu stellen: Hat der Mensch nun aber wirklich durch diesen Vorstoß ins Universum das Denken im Ganzen geschlagen und besiegt? Es steht die Macht des Handelns der Macht des Denkens gegenüber.

Doch – leider nur scheinbar. Denn nur die eine Mondrakete – und wenn es selbst Abertausende auf einmal gewesen wären – hat ja nur jeweils jede Rakete einen Punkt, eine Kosmosroute real befahren, d. h. im zeitlichen Nacheinander personal erreicht und von Punkt zu Punkt jeweils wieder verlassen. Das Denken im Ganzen in seinem Ganzheitsbegriffsdenken kann aber den Gesamtraum des Kosmos auf einen Schlag in einem und demselben Augenblick erfassen und im Denken reproduzieren. Dies ist aber ein hochgravierender, hochentscheidender Unterschied.

Auch hier: Die Fahrzeuge benutzen nur den Kosmosraum, aber sie erfassen ihn nicht als Ganzes, als Idee, sie gestalten ihn auch nicht im Kunstwerk. Von der Realisierung der Idee her sind die vollkommensten technischen Fahrzeuge Schwächlinge, unzulängliche Werkzeuge, sind die technischen Mittel jeweils Fehlinvestitionen.

Die technische Hypertrophie kann nur einem Menschengeschlecht passieren und unterlaufen, das verlernt hat, im Denken im Ganzen zu denken und die Welt im Gedankenvollzug zum Kunstwerk zu gestalten.

Nebenbei sei angemerkt, daß infolge der Gesamttechnisierung der Welt als Ausbeutungsobjekt die Kunst als Erschaffung der Welt, als zweite gedankliche Welt, hoffnungslos darniederliegt, als ob Gestalten keine ebenfalls hochwürdige Bewältigung der Welt wäre.

Der weltweite Abbau des Denkens im Ganzen und des symbolhaften Gestaltens der Welt im Kunstwerk und das An-diese-Stelle-Setzen des ausschließlich materiellen Benützens der Welt und der damit verbundenen nicht ausbleibenden Ausbeutung der materiellen Weltsubstanz durch die Hypertrophie der Maschinenwelt jeder Art, besonders des Verkehrswesens, kommt die Welt unvorstellbar teuer zu stehen, sie wird nach und nach an den Abgrund ihrer Existenz gebracht. Und gerade über diese Gefahr wird heute allenthalben geklagt.

Es geht hier nicht nur um Statistik und beliebige Schwarzmalerei, sondern um ernsthafteste und realpolitische Überlegung der Handhabung der Welt, unserer Erde selbst. Es steht der böse Vorwurf der Plünderung unseres Planeten ins Haus. Dieser Vorwurf wird noch gravierender und grandioser, d. h. wenn man ihn geschichtlich betrachtet, das heißt auch, in seinen Folgen erkennt. Denn diese heißen: Die Erde wird nicht nur zeitlich, vorübergehend geschädigt, sondern sie bleibt in fernster Zukunft ein in seiner Substanz geschmälerter Krüppel.

4. Die Wand des Zerstörens und der Besinnung

Nach dem vielfach hemmungslosen Benützen, dem ein Ausnützen als Steigerung folgt, folgt bei existenzbedrohender Steigerung die höchste negative Verhaltensweise des Menschen den Dingen und Schätzen der Welt gegenüber, nämlich das Zerstören. Zerstören, Vernichten, Mißachten ist der extremste, negativste und verwerflichste weltethische Gegenpol zum Denken im Ganzen und zur Ehrfurcht vor der Natur.

Das Weltbilddenksystem der Technik unterscheidet sich von allen bisherigen Weltbilddenksystemen der Weltgeschichte durch diese weltethisch höchst suspekte Eigenschaft. Nur uns blieb dieses Tun vorbehalten.

So muß leider festgestellt werden, daß in der heutigen hochtechnisierten Konsum- und Genußgesellschaft das Wort «Zerstören» ein weitverbreitetes Lieblingswort geworden ist. Ja, es ist geradezu zu einem Schlüsselbegriff für die Werteskala der technischen Weltbildkonzeption geworden, und zwar des-

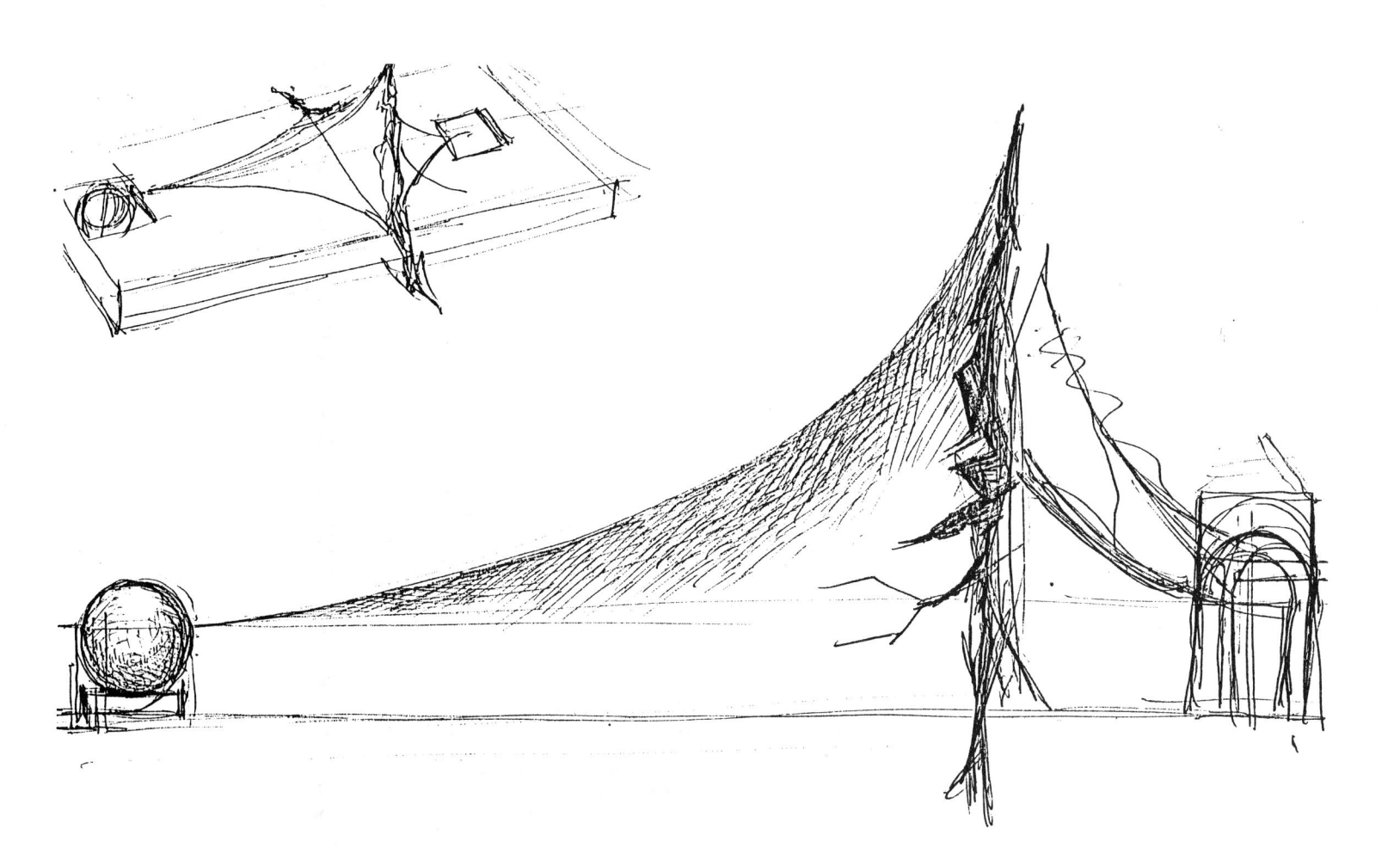

Frühe Entwurfskizze des Anti-technischen Museums mit der über 100 m hohen Ruinenkaskade der Wand der Zerstörung. Zeichnung von Günther Diehl.

halb, weil die strikte, perfekte Durchführung der technischen Weltbildkonzeption zu dem negativ schauerlichen Resultat der Zerstörung unserer Umwelt und Welt führt. Dies ist der negative Preis der einem solchen Weltbildsystem innewohnenden Mißachtung, Überrollung und Übervorteilung der natürlichen Existenzgrundlagen. Und so finden wir in der Literatur, die sich mit diesem Problem abgibt, alarmierende Sätze wie: «Wir sind dabei, die höchste Stufe möglicher Entfaltung (der technischen Entwicklung) zu erreichen, und damit zugleich die höchste Stufe möglicher Zerstörung [...] Es gibt keine historische Vernunft, die uns vor der Selbstzerstörung bewahrt.» So schreibt Hans G. Schneider in seinem Buche «Die Zukunft wartet nicht. Wir müssen die Zukunft steuern, bevor wir ihr Opfer werden», Stuttgart 1971.

Karl Steinbuch stellt lakonisch fest: «Die Menschheit bereitet ihre eigene Zerstörung ziemlich konsequent und systematisch vor.» (H. G. Schneider, a. a. O.)

Ursprünglich hatten die Bearbeiter der Architektur des Museumsbaues vor, der Verhaltensweise des Menschen der Welt gegenüber in Form des Zerstörens auch architektonisch nachhaltig Ausdruck zu verleihen. In dieser Hinsicht sollte die Abschlußwand der Trompete als riesige, über 100 Meter hohe, zusammenstürzende Ruinenkaskade errichtet werden (man vergleiche dazu die entsprechende frühe Entwurfszeichnung).

Doch – von dieser an sich wie ein verzweifelter Aufschrei des Entsetzens wirkenden, kühnen Gestaltung haben wir Bearbeiter unseres Projektes Abstand genommen.

Und zwar aus ganz bestimmten gesellschaftspolitischen und publikumspsychologischen Rücksichtnahmen. Wir wollten nicht, daß sich irgendwelche Schuldgefühle bei der für irgendwelche Rügen hochempfindlichen heutigen Gesellschaftsstruktur verfestigen. Wir wissen, daß die heutige Konsum- und Genußgesellschaft bei ihrem zusammengebrochenen weltethischen Gewissen ungemein niedergeschlagen und hilflos getroffen reagiert.

Bei irgendwelchen Rückschlägen des zunächst pseudoerfolgreichen Vorgehens sind die im Fortschrittstaumel verwöhnten Menschen kaum auf Korrekturen ihrer Kapitalsünden vor-

Die Wand der Belehrung mit dem Portrait von Albert Einstein.

bereitet. Denn sie sehen sogleich für ihre ganz anders vorgestellte Zukunft keine Hoffnung mehr. Nichts ist schlimmer für einen vernünftigen Fortgang der Welt, als lauter Desperados um sich zu haben.

Jeder, dem die zusammenbrechende Fortschrittstrompete im ersten Entwurfskonzept des Museums als Zeichen der Zerstörung gezeigt wurde, erschauderte über den unleugbaren Wahrheitsgehalt einer solchen architektonisch gefaßten Aussage und litt es aus übermenschlich geforderter Seelenqual nicht, daß dieses Fanal der zusammenbrechenden Riesentrompete als ständig zum Himmel schreiende Anklagemauer unseres eigenen Tun und Lassens unter uns schuldigen Menschen aufgerichtet würde.

Aus diesem Grunde haben wir anstelle der zerstörten und zusammenstürzenden Endwand nach der Eskalation der Fortschrittstrompete keine Ruinenkaskade eingesetzt, sondern wir haben eine alles übersteigende, hohe, zunächst neutrale Wand errichtet.

Aber auch diese in ihrer kühnen architektonischen Ausdruckskraft verminderte neutrale Wand hat ihre Aufgabe im Gesamtkonzept des theoretischen Museums zu erfüllen.

Man möchte sie die Wand der Gesinnungswende, das große Stoppzeichen für die bisher so fehleingeschätzte technische Fortschrittseuphorie nennen, zugleich aber soll sie auch die Wand der Belehrung und, aus ihr resultierend, der Überwindung der bisherigen, weltethisch suspekten und negativen technischen Weltbildideologie sein, wie sie in ihrer Eskalation in der Fortschrittstrompete gezeigt wurde.

Aus diesem Grunde soll diese Wand eine große Schautafel sein, auf die die entsprechenden aufklärenden Bilder und Texte mit Lautsprecher gekoppelt projiziert werden, wie es die Menschen heute im technischen Zeitalter gewohnt sind, Botschaften in sich aufzunehmen.

Diese Wand soll die heute allzu notwendige Diskussionsbühne sein, auf der das Pro und Kontra der Technik durchgesprochen und überdacht wird. Selbstverständlich soll auch hier das hohe Weltzerstörungspotential der Nuklearbombe nicht ausgeklammert werden.

Vor dem Abgrund ihrer Existenz stehend, soll den Museumsbesuchern als vor allem Betroffene und Geschädigte all dieser Zerstörungswerke die Hoffnung verkündet werden, daß man bei Überwindung und erfolgreichen Bekämpfung der durch die technische Hypertrophie angewachsenen Schädigungen wieder in ein Land der Hoffnung und Rettung sehen kann.

5. Der Garten der Ökologie

Nach den vielerlei bitteren notwendigen Erörterungen, Überlegungen und Abwägungen des Machbaren und zu Unterlassenden, die der Besucher auf der Wand der Doppelfunktion der Zerstörung und der daraus sich ergebenden Belehrung erhalten hat, besteht die weitere Etappe des Museumsbesuchers auf dem Wege der Weltbewußtwerdung darin, daß er die Diskussionswand im Rücken hinter sich läßt und den durch die soeben erhaltene Aufklärung vorbereiteten Boden des realen Bezirkes der geläuterten Weltbehandlung betritt. Dies ist das Reich der vernünftigen, naturadäquaten Achtung vor der Schöpfung, dieses Reich manifestiert sich heute im speziellen in der Wissenschaft unter der Bezeichnung und dem Schlagwort der Ökologie.

Auf einer Treppe kann der Museumsbesucher in den Garten der Ökologie gelangen (Vgl. Abb. S. 484).

Das Hinabsteigen auf der Treppe ist aber keineswegs ein Niedergang, eine Wertminderung oder ein Niveauverlust des Seins des Menschen. Gerade das Gegenteil ist der Fall. Der über die zweifelhafte Macht und Auswirkung der Technik aufgeklärte Mensch wirft dann das weltschädigende, hochmütige, weltethisch falsch programmierte, naturverachtende, brutal vorgehende, vertechnisierte Übermenschentum von sich, läßt von seiner Naturfeindlichkeit ab und erreicht immer mehr, Stufe um Stufe, ein einwandfreieres, seiner seinsmäßig zugehörigen Natur angemesseneres, d. h. in seinem Gesamtdenken über die Bestimmung des Menschen humaneres Menschsein.

Auf normalem, natürlichem Seinsniveau angekommen, steht der Besucher dann auf dem Boden einer neuen Wirklichkeit und befindet sich an einem mit geringeren Schuldgefühlen belasteten Seinsort.

Diese letzte Etappe des Museumsbesuchers ist nicht mit geschichtlich vergangenen, oft nur hypothetisch nachvollziehbaren Beispielen von Verhaltenstypen des Menschen durchsetzt. Diese Etappe ist zukunfträchtige Gegenwart und drückt ein hoffnungsvolles Sehnen nach besseren Lebensbedingungen aus.

Dem neuen Menschen ist aber wieder bewußt, daß der Mensch ein organisches Glied der Natur ist, was ihm infolge der Hypertrophie der Anwendung der technischen Einrichtungen verloren ging und ihn der Natur, dem Urgrund allen Lebens entfremdete. Dies nicht zum Nachteil, sondern zur Gesundung beider wesentlich aufeinander angewiesenen Teile. Denn die Technik bewirkt im Gegensatz dazu ein Zerstückeln, ein Durchschneiden der Wurzeln, mit denen der Mensch als biologisches Wesen mit dem Naturgeschehen verbunden ist.

Ebenso ist es ein Grundfehler im Verhalten der Natur gegenüber, sie als nichts anderes als ein Objekt reiner technischer Gewalt und Großmanipulation auszubeuten und ihre Schätze mit dem verachtenden Wort «Rohmaterial» zu belegen.

Der Garten der Ökologie. F. S. W. begrüßt, kurz vor dem Abgabetermin des Museumsmodells, am 4.9.1982 Dieter Göltenboth. Dazwischen der Modellbauer Norbert Hollerbach.

Die neuerkannte sogenannte Vernetzung, d. h. Ausgewogenheit und Angewiesenheit aller Lebenszusammenhänge in der Natur als ein auf sich selbst und in sich selbst funktionierender Kosmos, ist eine Denkungsart, die wieder einen guten Teil des Denkens im Ganzen in sich aufgenommen hat und dadurch wieder an Welthaltigkeit gewinnt.

Der neue posttechnische Mensch macht sich zudem zum Anwalt der durch die Technik und übertriebenen Wissenschaftsanalyse mißhandelten Natur. Dies drückt sich heute als Gegenaktion in den Bestrebungen der Institutionen und Organisationen des sogenannten Naturschutzes aus. Die Hauptaufgabe solcher Regenerierungsmaßnahmen besteht darin, die infolge der übertechnisierten Welt entstandenen Schädigungen der Natur wiedergutzumachen und das weltethisch unzulängliche Weltbildsystem der technischen Welt zu korrigieren.

Durch diese bewußte Einreihung wächst dem neuorientierten Menschen zugleich eine neue geschichtliche Dimension zu. Ja, er gewinnt überhaupt erst wieder das hohe Gut des geschichtlichen Seins, d. h. die Einreihung in den großen Ablauf des Universums, was ihm das Weltbilddenksystem der volltechnisierten Welt vorenthalten und sogar verweigert hat. Nämlich die Geschichte nicht nur als etwas Gewesenes und einem Müllhaufen Ähnliches, unnütz Verbrauchtes anzusehen, sondern, was viel gewichtiger und bedeutsamer ist, die Hoffnung zu haben, eine überhaupt würdig lebbare Zukunft vor sich zu sehen.

Diese Chance verweigert dem Menschen die Hypertrophie der Technik jedoch aus einem ihr immanent anhängenden Prinzip ihrer Geschichtsfeindlichkeit, die sich im Gefolge ihres Zerstörungsdranges einstellte.

Es ist nicht zu vergessen: Der die Technik eindämmende oder ihr gar entsagende Mensch wird dadurch nicht kleiner, nicht ineffizienter, nicht erfahrungsärmer, nicht erlebniskarger, nicht realitätsfremder. Im Gegenteil: Er gewinnt dabei viel gewaltigere und nachhaltig wirksamere Dimensionen wieder. Er ist wieder ein wohlgelittenes Glied des Alls und kein in seiner Hybris lächerlicher, sich und die Welt ins Unglück stürzender Widersacher!

V. Die Zuflucht des Architektur-Modells des Landesmuseums für Technik und Arbeit in Mannheim in meinem eigenen Hause in Karlsruhe

(Bericht aufgezeichnet am 12. Oktober 1982)

Über das weitere Schicksal des Modells für das Technische Landesmuseum in Mannheim, das vom 7. bis 11. Oktober 1982 in der Mannheimer Multihalle für die Öffentlichkeit ausgestellt war, soll nun berichtet werden.

Am 11. Oktober 1982, an dem Tage, an dem die Ausstellung der Wettbewerbsarbeiten beendet war, tauchte die Frage auf, wo und bei wem das ziemlich umfängliche, sperrige und schwere Modell in Karlsruhe untergebracht werden soll. Am Nachmittag kam mir spontan der Gedanke, bei den Modellbauern Norbert Hollerbach und Achim Lennarz anzurufen, an welchem Ort sie das Modell weiterhin zu stationieren gedächten? Es genüge ja nicht, das Modell mit unbestimmtem Ziele einfach abzuholen. Da erklärte Herr Hollerbach, daß in den Räumen der Neuen Schule, in deren Werkstatt es entstand, kein Platz für das Modell vorhanden sei. Herr Thomas Sperling bot ebenfalls keinen Raum in der Universität an, wo das Modell zu allgemeinen Studienzwecken hätte betrachtet werden können. So blieb mir nichts anderes übrig, als in letzter Minute in meinem eigenen Interesse und als Ausflucht, das Angebot zu machen, daß ich in meinem eigenen Hause Platz schaffen würde, um das heimatlose Modell mitleidvoll aufzunehmen. Bei der Umschau nach einer geeigneten Unterkunft stellte sich allein mein Studierzimmer im Parterre als groß genug heraus.

Sofort machten meine Schwester Monika und ich sich an die Arbeit. Der Ausziehtisch wurde zusammengeklappt, und Großvaters Bänkchen am Fenster wurde in mein oberes Studierzimmer geschafft. Mein Schreibtisch wurde weg vom Fenster möglichst nahe an die Büchergestelle geschoben. Bei der Ankunft der Fuhre konnte das Modell durchs Fenster ins Zimmer gehievt und parallel zur Fensterwand aufgestellt werden. Hier steht es nun mächtig, eigenwillig und beherrschend. Herr Lennarz legte größten Wert darauf, daß auch der Lichtbildapparat und der Lautsprecher gebührend funktionsfähig installiert würden und auch der Baldachinsessel mit meiner Büste aufgestellt würde. In dieser Position empfinde ich das wie ein Untier anmutende übergroße Ausstellungsensemble und Monument wie ein Begräbnis meiner Idee.

Hier soll also meine Idee der Welt, quasi aus dem Verkehr gezogen, eine Ruhestätte finden, aber – ist dies so schlimm? Es ist ihre Rückkehr und Heimbringung zu ihrer Entstehungsstätte, wo sie geschaffen wurde. Dieses weltanschaulich gefüllte Ideenarchitektur-Modell empfinde ich als Krönung aller meiner Weltgestaltungsmöglichkeiten in einem Kunstwerk. Es ist gewissermaßen die letzte Summe meiner Bestrebungen. Es ist für mich so bedeutsam wie für das Lebenswerkstreben für Hans

Das Modell für das Anti-technische Museum in meinem Studierzimmer am 16. Oktober 1982 in Karlsruhe. Thea Bellm, Richard Bellm, Margot von Steffelin, F. S. W. Foto. Monika W.

Thoma die Hans-Thoma-Kapelle in der Staatlichen Kunsthalle in Karlsruhe oder für Giovanni Segantini der Gemäldezyklus «Werden, Sein und Vergehen». Oder wie für Albrecht Dürer «Die vier Apostel» oder wie für Peter Paul Rubens «Die Medici-Galerie» im Palais Luxembourg in Paris.

Jetzt habe ich die Realisierung meiner Weltidee als utopisches Architektur-Modell hautnah bei mir zu Hause, eingetaucht in mein alltägliches Sein und Tun.

All mein Atmen in meinen vier Wänden identifiziert sich mit meinem von mir erdachten universalen Weltmodell. Mein Studio bekommt durch die überdimensionierte Anwesenheit dieses grandiosen Ideenapparates einen mich erhebenden, persönlichst bewegenden Klang und Inhalt.

Ich lebe im engsten Kontakt mit meiner realisierten Idee. Am liebsten würde ich mich ihr ohne Pause und Unterlaß widmen.

Wenn ich mich am Abend im anschließenden Schlafzimmer vor dem Zubettgehen ausziehe, oder am Morgen aufstehe, schalte ich die Ton- und Lichtbildkassette ein und vollbringe die eben genannten persönlichsten Verrichtungen unter den Klängen und Gedanken meiner eigenen Stimme und lasse mir selber meine eigenen Welt- und Lebensidealmaximen verkünden!

Dies ermöglicht mir, geistig ganz bei mir selber zu sein, wie sonst nirgendwo. Dies ist ein Geschenk, das ich mir selber gemacht habe, indem ich meiner eigenen Idee, bei allen Raumopfern, bei mir eine Zuflucht und Heimstätte gegeben habe. Diese Stimmung erinnert mich intensiv an die Geisterstimmung im Atelier meines Vaters wie dies im Kapitel «Ich und das Atelier meines Vaters und das Maleratelier als Kultraum» in dieser Biographie nachzulesen ist, wie auch in dem Kapitel «Ich als Gast bei Federico Zuccari in Rom».

Ich komme mir vor wie Goethe, der in seinem Schlaf- und Sterbezimmer auch Beweise seiner eigenen Weltideen aufbewahrt hat. So hat Goethe eine Tabelle über die Höhenlagen der Gebirge der Alten und Neuen Welt ganz nah bei sich aufgehängt, da er sich eng mit diesem Weltdiagramm identifizierte.

Ich als Lebensweg-Denker

I. Ich als Husar und Weltenherrscher

Zur Unbekümmertheit des Kindes gehört es, daß es die Welt allein für sich in Anspruch nimmt, daß es möglichst wenig von den Gegenkräften der Umwelt jeglicher Art Notiz nimmt und glaubt, die ganze Welt gehöre ihm und es könne diese Welt

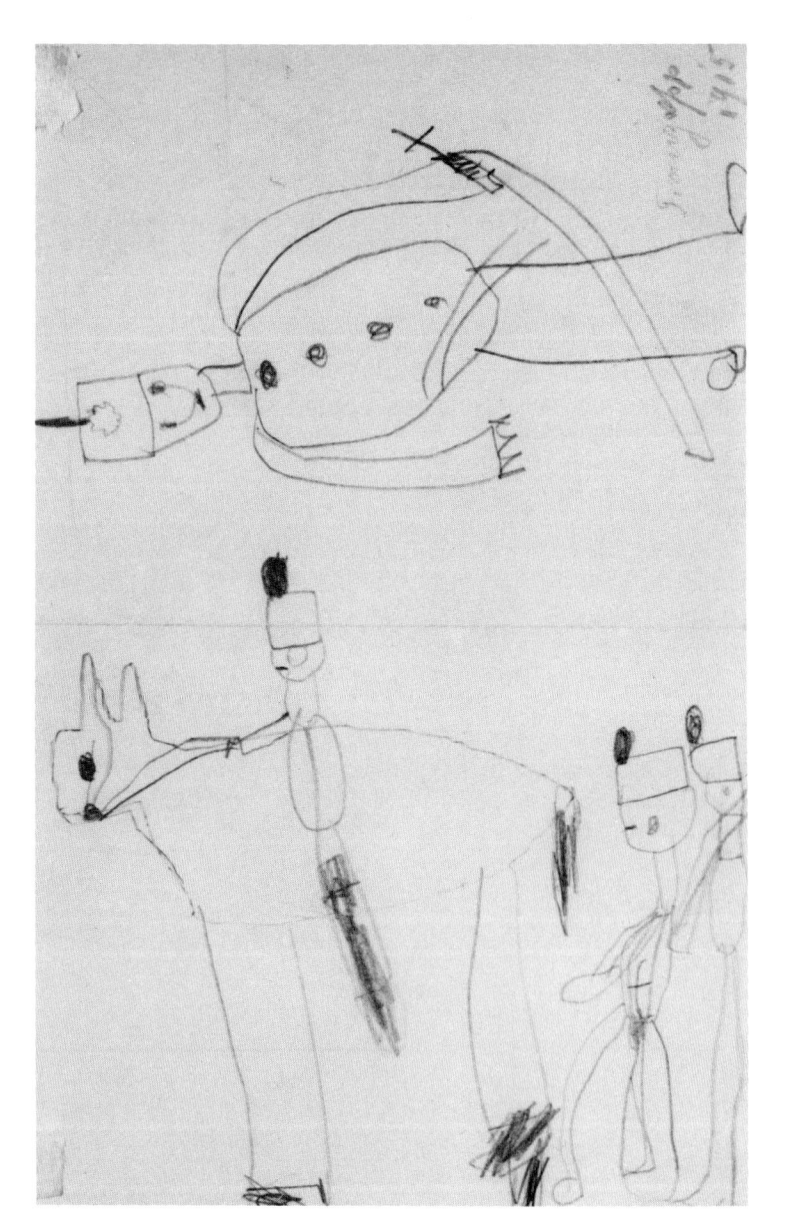

F. S. W. zeichnet sich als Husar. 1915.

F. S. W. zeichnet sich als Husar. 1915.

hemmungslos dirigieren, wie es es wolle. Sollte sich doch eine Gegenstimme erheben, wird diese mit einem Riesengeschrei beantwortet, bis die Welt wieder sich zu seinen Gunsten entschieden hat.

Das Kind ist so glücklich, noch nicht zwischen Spiel und Ernst, Phantasie und Wirklichkeit unterscheiden zu müssen und daß es ihm gelingt, auch das Spiel als Vollwelt zu nehmen und dort sein Wesen ungeschmälert verwirklichen zu können.

Zur Welthaltung der Knaben gehört als feststehender Topos, daß sie sich als Weltenherrscher fühlen, daß sie sich glauben machen, ihnen läge, wie Feldherrn, die ganze Welt zu Füßen. Sie wiegen sich in dieser Vorstellung in absoluter Sicherheit, und jeden Anlaß und jede gebotene Gelegenheit, die ihnen ermöglicht, dieses Hochgefühl des Daseins auszukosten, nehmen sie freudigst und als selbstverständlich hin.

Will ich meine Gefühle und geistige Verfassung in der genannten Lebensstufe einreihen, so möchte ich auf folgende Partie des Romans «Anton Reiser» von Karl Philipp Moritz hinweisen:

«Die Erzählung von der Insel Felsenburg tat auf Anton eine sehr starke Wirkung: Denn nun gingen eine zeitlang seine Ideen auf nichts Geringeres, als einmal eine große Rolle in der Welt zu spielen und erst einen kleinen, dann immer größeren Zirkel von Menschen um sich herzuziehen, von welchen er der Mittelpunkt wäre: Dies erstreckte sich immer weiter, und seine ausschweifende Einbildungskraft ließ ihn endlich sogar Tiere, Pflanzen und leblose Kreaturen, kurz, alles, was ihn umgab, mit in die Sphäre des Daseins hineinziehen und alles mußte sich um ihn, als den einzigen Mittelpunkt umherbewegen bis ihn schwindelte. Dieses Spiel seiner Einbildungskraft machte ihm damals oft wonnenvollere Stunden, als er nachher wieder genossen hat.»

Meine Weltherrschergefühle konnte ich realisieren und aktivieren, nachdem ich als Fünfjähriger zu Weihnachten eine Husarenuniform geschenkt erhielt. Diese Uniform bestand aus einem Brustvorsatz aus Pappkarton mit Tressen und aus einer Husarenmütze mit Federbusch und dem bekannten roten Latz auf dem Rand der Mütze.

Eine der frühest erhaltenen und von meiner Mutter aufbewahrten Zeichnungen, die ich als Kind verfertigte, zeigt mich in zweifacher Fassung als Husar und damit als militaristischen Weltenherrscher. Ich bin der Regent, ich bin der Potentat, ich bin der Befehlende, ich bin der erste der Menschen, der die Welt bestimmt. Ich bin der Reiter, der Hohe und Majestätische, der Erhabene, auf den die Welt zu blicken hat, nach dessen Willen die Welt sich dreht. Von diesem Ausgangspunkt der Weltposition zur Welt beginne ich meinen Lebensweg durch die Welt.

Meine zweite Zeichnung als Husar als mein eigenes Ich steht raumlos und horizontlos da. Mit ungebrochen knalligen

Farben: blau und rot schwimme ich im Nirwana des Nichts. Ich zähle noch nicht genau. Ich habe nur zwei Finger an jeder Hand, auch im Wenigen, Andeutenden bin ich ganz, überganz.

Ich bin nicht allein. Ich halte meinen Gehilfen zur Weltherrschaft am Zügel, das Husarenroß; mein Pferd, das edelste Tier der Welt. Dieses Pferd gehört mir, ich habe über es zu verfügen. Sein Kopf schmiegt sich konkav an die konvexe Kontur meiner Wange. So werden ich und mein Pferd zu einer Wesenseinheit.

Vom knalligen Rot des Latzes des Husarenkäppis und des knallig-roten Rockes bekommt das Pferd auch noch seinen Teil ab. Das Pferd hat die gleiche rote Schabracke aufgelegt.

Sieht man das kindliche Denken und das damit verbundene sich als Weltenherrscher Fühlen auf der Ebene der Weltgeschichte, so erkennt man, daß der Weltsouverän Kind mit allen großen Weltregenten der Weltgeschichte zutiefst verwandt ist. Es stellt sich in seinem ganzheitlichen Machtdenken neben die größten Regenten der Weltgeschichte. Sind die gewöhnlichen Erwachsenen nicht selber Herrscher, Staatspräsidenten, Kaiser, Könige oder Diktatoren, so ist es ihnen nie mehr im Leben möglich und vergönnt, das Gefühl des Weltenherrschers in der Realität auszukosten; es sei denn sie wären Narren, d. h. geistig verwirrt und durch böse, unrealistische Gedankengänge zermürbt und zersetzt.

So kommt es, daß die Kinder noch einen besonderen, direkten Zugang zu Herrschergestalten jeglicher Art haben. Aus solchem Bewußtsein heraus schrieb meine Schwester Monika als 16jähriges Mädchen eine ganze Liste der machtpolitisch Großen der Weltgeschichte in den Pestalozzi-Kalender des Jahres 1920. Mit sorgfältiger Schrift wird aufgezählt:

> Ramses der Große
> Alexander der Große
> Theoderich der Große
> Karl der Große
> Otto der Große
> Peter der Große
> Friedrich der Große
> Konstantin der Große

Meine Zeichnung «Ich als Husar mit Pferd» ist ein kindliches Traumbild; nach den Kategorien der Erwachsenen beurteilt, eine Phantasievorstellung. Wie ich dabei aber in meiner Uniform in Wirklichkeit ausgesehen habe, diesen realen Zustand hat im selben Jahr 1915 mein Vater in einer naturalistischen, sehr exakten, genau durchgeführten, leicht kolorierten Bleistiftzeichnung festgehalten. Diesmal nicht in weltganzheitlicher Ganzfigur, sondern nur als Naturausschnitt, als Brustbild. Der einzige Rest von Überwirklichkeit liegt in der Kopfhaltung: Ich halte meinen Kopf nach oben, nach der Ferne des Himmels. Die Zeichnung ist 5.3.1915 datiert und «Dem lieben Großvater zum 70. Geburtstag von uns allen» gewidmet.

Meine Kinderzeichnung als Husar steht nicht allein. Sie

Ernst Würtenberger. Portrait des F. S. W. Zeichnung. 1915.

wird noch ergänzt durch eine zweite Zeichnung aus demselben Jahr. Mein Husarsein verankere ich noch in der geschichtlichen Ebene. Es tritt neben mich eine weltgeschichtliche Gestalt, die das Husarsein mit ihrem Ruhm als Husarengeneral des 18. Jahrhunderts historisch unterstreicht. Ich habe im Dezember 1915 Zieten, den Reitergeneral Friedrichs des Großen, abgezeichnet und «Der alte Ziehten» darunter geschrieben. Die Vorlage hat die ganzheitliche Vollfigur ebenfalls zum Brustbild ohne Arme werden lassen. Er hat dasselbe Käppi auf und dieselben Tressen um die Brust gelegt wie ich auf der Zeichnung des Vaters. Meine Kinderzeichnung des Husaren hat es nicht zu Tressen gebracht, nur zu einer Reihe von 4 Knöpfen.

Doch Zieten ist nicht der einzige berühmte Mann, den ich abzeichnete. Neben ihm stehen Zeichnungen von Karl Philipp Fürst zu Schwarzenberg, dem ungarischen Revolutionsführer 1849 gegen Österreich, von Ludwig Kossuth (1802–1894), des Sultan Abdul Medschid, ebenfalls datiert Dezember 1915. Das

F. S. W. Bildnis des Ludwig Kossuth. Zeichnung. 1915.

Bildnis des Sultans Abdul Medschid ist auf dasselbe hellblaue Papier gezeichnet wie der alte Zieten.

Die Ebenen lassen sich verschieben, ich zeichne nicht nur diese Männer, sondern ich identifiziere mich auch gleichzeitig mit ihnen. Ich selber bin jeweils nicht nur Franzsepp Würtenberger, sondern auch Zieten, Kossuth, Sultan Abdul Medschid. Meistens setze ich neben die Köpfe noch mein Monogramm F. W., der Sultan Abdul Medschid hat zur Bekräftigung der beiden Identifikationsebenen meiner selbst und des gezeichneten Du die Überschrift: «Franzsepp» und die Unterschrift «Sultan Abdul Medschid». Alle diese Männer sind so souverän, so selbstherrlich herrscherlich, wie ich mich damals fühlte. Und deshalb empfand ich sie in ihrem eigenen Bereich meiner Spiel- und Zeichnungswelt als meine eigentliche Welt, als meine Freunde und Gleichgesinnten.

Meine Husarenuniform hatte auch eine reale Funktion zu erfüllen. Ich zog sie an, wenn ich mit meinen kleinen Spielzeug-Holzsoldaten auf dem Tische spielte und sie hin- und herschob. Auch in dieser Herrscherstellung hat mein Vater mich porträ-

F. S. W. Bildnis des Sultan Abdul Medschid. Zeichnung. 1915.

tiert und gezeichnet. Die Soldatenschar wurde noch ergänzt durch eine Burg, wo man die Soldaten auf den Zinnen aufstellen und mit ihnen Kriegsspiele arrangieren konnte. Diese Spielzeugburg war meine Arx felicitatis, die Glücksburg der Ikonographie des Lebensweges, wie ich erst viel später von der Bedeutungshaftigkeit der Burg als Symbol erfahren habe. Diese Arx felicitatis ist am besten bekannt durch die Burg in Dürers Stich «Ritter, Tod und Teufel».

Die Vorstellung des Weltenherrschers, der mit mir als kindlichem Weltenherrscher verwandt ist, war in mir noch lange wach. Noch über ein Jahrzehnt hinweg pflegte und hegte ich in mir das gesteigerte persönliche Interesse an den großen Potentaten und Herrschern dieser Welt und unserer europäischen Geschichte.

Nur allmählich verdichtete sich das Bild der Herrscher zur

Ernst Würtenberger. F. S. W. in Husarenuniform beim Soldatenspiel. Gemälde. 1926. Nach einer Zeichnung von 1916.

gegenwartsnahen Direktheit. 1919 verfertigte ich eine Zeichnung, die den schweizerischen General Ulrich Wille darstellt.

General Wille leitete zur Zeit des Ersten Weltkrieges die Schweizer Armee als Oberbefehlshaber. Ich habe den General Wille in der Herrscherpose hoch zu Pferd auf grüner Wiese dahinreitend gezeichnet. Der Schweizer General sitzt etwas bieder auf seinem Pferd. Aber immerhin huldigt er der damaligen Hoheitsformel hoch zu Roß. Die etwas zaghafte naturalistische Erfassung von Roß und Reiter entspricht etwa meiner neuen Erfahrung des Reiters, die ich selber im Jahre 1919 machen durfte.

1919 haben wir in den Sommerferien meine Großeltern in Stockach besucht. Mein Großvater mütterlicherseits war ein leidenschaftlicher Reiter, und er hielt sich als pensionierter Grundbesitzer das Russenpferd Iwan. Auf diesem Pferd durften wir Kinder unter seiner Anleitung reiten, und ich kann mir vorstellen, daß ich einen ähnlichen Stand an Realsitz erreichte,

F. S. W. Bildnis des Generals Ulrich Wille. Zeichnung. 1919.

wie ich ihn dem General Wille in meiner Zeichnung zukommen ließ. So vermischten sich die Stufen von Erfahrung und künstlerischer Situationserfassung. Aber die Kenntnisnahme der Person des reitenden Generals blieb nicht nur auf die künstlerische Erfassung beschränkt. Im selben Jahr, in dem die Zeichnung entstand, habe ich die Gestalt des reitenden Generals selber mit eigenen Augen hoch zu Pferd anläßlich eines Staatsaktes gesehen. Um das Defilée des Generals Wille in Zürich, wahrscheinlich aus Anlaß der Beendigung des Ersten Weltkrieges, mitzuerleben, wurden wir Kinder vom Industriellen Henneberg eingeladen. Er stellte uns den Balkon seines Palais Henneberg am Mythenquai zur Verfügung. So war General Wille der erste Herrscher, den ich bewußt zu Gesicht bekam und meine bisherige bloße Phantasievorstellung eines Weltenherrschers mit Realität anfüllte. Das Bild der Vorstellung wandelte sich in Wirklichkeit.

Mit einem anderen Weltenherrscher und hohen Militär, dessen Lebensdaten auch in meine Lebenszeit hineinragten, erging es mir ähnlich: Mit dem Generalfeldmarschall des Ersten Weltkrieges und späteren deutschen Reichspräsidenten Paul von Hindenburg.

Der weltpolitische geschichtliche Hausfreund meiner Kindheit war Friedrich der Große, der sogenannte Alte Fritz. Seine Gestalt war uns Kindern vertraut geworden durch die Biographie von Franz Kugler mit den Illustrationen von Adolf

Husar und Weltenherrscher 491

F. S. W. Bildnis Friedrichs d. Gr. Zeichnung. Dezember 1915.

F. S. W. Bildnis Friedrichs d. Gr. Zeichnung. Februar 1916.

F. S. W. Bildnis Friedrichs d. Gr. Zeichnung. 1916.

F. S. W. Bildnis Friedrichs II. Zeichnung vom 12. Februar 1916.

F. S. W. Bildnis Friedrichs d. Gr. Zeichnung. Um 1917.

F. S. W. Bildnis des Kronprinzen Friedrich von Preußen. Zeichnung. 1918.

Menzel. Dieses Buch stand gleichwertig neben Ludwig Richters «Beschauliches und Erbauliches», nebem dem «Lederstrumpf» oder Karl Mays «Der Schut». In Kuglers «Friedrich der Große» interessierte jede Lebenssituation, die uns durch Text und Bild nahegebracht wurde. Da zitterte und bangte man ob all der Gefahren, denen unser Held ausgesetzt war. Man nahm in Sanssoussi an Tafelrunden teil oder stürzte sich in Schlachtenlärm.

Kaum war ich der Kritzelstufe entronnen, kämpfte mein Bleistift schon um die bildliche Darstellung Friedrichs des Großen. Mit dem Festhalten seiner Züge versuchte ich mein Verhältnis zu diesem Idol meiner Geschichtsphantasie zu aktivieren. Die erste Zeichnung vom Dezember 1915 würde man kaum als den Alten Fritz erkennen, wenn nicht die kurz danach entstandenen Vergleichsblätter vorhanden wären.

Die zweite Zeichnung vom Februar 1916 ist schon sicherer in der Proportionierung der Einzelheiten. Es erscheint bereits der charakteristische Dreispitz mit der Schleife. Der Gesichtsausdruck ist melancholisch, mit stechendem Blick.

Die dritte Zeichnung, bezeichnet F. W. 1916, zeigt einen freundlicheren Gesichtsausdruck. Der König ist jugendlicher geworden, und es ist versucht, Hut und Schulter durch Schraffur zu beleben.

Die vierte Zeichnung ist mit dicker Kontur ins Papier eingegraben. Der Kragen bekam rote Farbe, und die Unterschrift als Neuerung ist ausführlich: «Friedrich II, König von Preußen. Den 12. Februar 1916. Franzsepp Würtenberger, nach einer Gemäldezeichnung, unverkäuflich».

Die nächste Zeichnung ist wohl 1917 entstanden. Das Brustbild wandelte sich zur Halbfigur. Der König hebt den rechten Arm. Kragen und Manschetten sind rot bemalt.

Mit meiner Frühkenntnis von Friedrich dem Großen und anderen berühmten Männern, als ich 1917 8 Jahre alt war, ging es mir gleich wie dem Anton Reiser im gleichnamigen Roman von Karl Philipp Moritz. Nur das dort erwähnte Buchstabieren und Lesen hatte ich mit dem Zeichnen vertauscht:

«Im 8. Jahr fing dann doch sein Vater an, ihn selber etwas lesen zu lehren und kaufte ihm zu dem Ende zwei kleine Bücher, wovon das eine eine Anweisung zum Buchstabieren und das andere eine Abhandlung gegen das Buchstabieren enthielt.

In dem ersten mußte Anton größtenteils schwere biblische Namen als: Nebukadnezar, Abednego usw., bei denen er auch keinen Schatten von Vorstellung haben konnte, buchstabieren. Dies ging daher etwas langsam.

Allein, sobald er merkte, daß wirklich vernünftige Ideen durch die zusammengesetzten Buchstaben ausgedrückt waren, so wurde seine Begierde, lesen zu lernen, von Tag zu Tag stärker.

Sein Vater hatte ihm kaum einige Stunden Anweisung

gegeben, und er lernte es nun zur Bewunderung aller seiner Angehörigen in wenigen Wochen von selber.»

In der Zeichnung von Friedrich dem Großen von 1918 haben sich alle bisherigen Schwankungen und Unsicherheiten im Strich gelegt. Die Kritzelstufe ist ganz ausgeschwitzt, ich beherrsche die Akzentuierung und Abstufung von Ordenskomplex und Rockknöpfen, von Dreispitz und Locken. Sicher wird das Monogramm geteilt, in die Mitte des Blattes werden die Buchstaben F. I. links und W. rechts gesetzt. Jetzt ist, wie aus der Unterschrift hervorgeht, aus dem König der Kronprinz Friedrich von Preußen geworden. Die Jahreszahl 1918 ist wiederholt.

Dann tritt nach dem erhaltenen Zeichnungsbestand ein paar Jahre lang eine Pause ein. Erst 1923 beschäftigte ich mich mit Friedrich dem Großen wieder zeichnerisch. Ich wähle eine Situation des Kronprinzen Friedrich aus den Holzstichen Menzels. Der Kronprinz steht vor dem Tisch und sieht konzentriert, die Arme verschränkt, auf die Generalstabskarte herunter. Es ist der Mensch gemeint, der Entschlüsse faßt und überlegt, was er tun soll. Ist die Wahl dieses Augenblickes nicht vielleicht ein Analogon zu meiner eigenen Person und Situation? Bin nicht auch ich mit 14 Jahren ein Suchender und Projektierender? Bin ich nicht auch Kronprinz und Feldherr über mein eigenes Tun? Regen sich in mir vielleicht neue Herrscherallüren? Diese Zeichnung hat etwas Feierlich-Überlegtes. Ich habe sie meinem Vater zu seinem Geburtstag am 23.10.1923 gewidmet. Die Parallelzahl 23 vom Monatstag und von der Jahreszahl hat mir sicherlich gefallen. (Vgl. Abb. S. 203.)

Es ist interessant zu beobachten, wie die Person Friedrich des Großen stets einen Verjüngungsprozeß in meinen Darstellungen durchmacht bis ich mich selber mit seinem Alter und seiner Lebenssituation identifizieren kann. Bei meiner Reihe der Zeichnungen und des Holzschnittes von Hindenburg, 1916–1925, ist es gerade umgekehrt. Da wird Hindenburg stets älter, und ich habe stets den neuesten Stand des Alters meines Zeitgenossen festgehalten. Hingegen bei Friedrich dem Großen, als historisch abgeschlossener Gestalt, waren mir stets von vornherein alle Altersstufen verfügbar. So konnte ich diesen Krebsgang durchführen.

1924 und 1925 kommt der Höhepunkt meiner künstlerischen Verehrung für den Alten Fritz. Ich schneide eine Holzschnittserie: Der Alte Fritz und fünf seiner Generäle. Darunter ist wiederum Zieten, den wir schon aus einer früheren Zeichnung kennen. Außerdem der Alte Dessauer, Seydlitz und Schwerin sowie der Bruder des Alten Fritz, Prinz Heinrich. Die Kopfhaltung des Prinzen Heinrich wähle ich nach derselben Vorlage wie bei der Zeichnung, die ich 1916 schon von ihm gemacht habe. Diese Portraitfolge ist meine umfangreichste Holzschnittarbeit. Ich trete mit ihr in offensichtliche Konkurrenz und direkte Nachahmung der vielen Holzschnittserien meines Vaters wie «Dietegen», «Die drei gerechten Kammacher» oder der Portrait-Medaillen.

Künstlerisch interessiert mich die Verteilung von Schwarz-Weiß-Komplexen mit der Untermischung verschiedenartiger Strukturen des Pelzkragens Zietens oder den Changeant-Tönen der Schärpen bei Seydlitz und Schwerin. Die Holzschnittserie schenkte ich meinen Freunden, die ich dafür würdig erachtete.

Von früh an hatte ich ein besonderes Verhältnis zu Paul von Hindenburg (1847–1935). Seine Persönlichkeit als Sieger von Tannenberg interessierte und faszinierte mich. Er erschien mir wie eine mythische Gestalt. Ich habe ihn in einem Zeitraum von 9 Jahren fünfmal im Bilde festgehalten. Zuerst 1916, als fast jugendlich aussehender Major. Ich als 7jähriger begegnete einem 68jährigen. Noch unbeholfen in der Zeichnungsweise, bemühte ich mich weiterhin noch zweimal die Züge Hindenburgs festzuhalten.

Von 1918 ist eine Zeichnung erhalten, wo ich schon besser zeichnerisch Bescheid weiß und der markante Kopf mit dem charakteristischen Schnurrbart sichtbar wird. Die Orden fehlen nicht.

1925 zu Weihnachten konnte ich meinen Eltern einen künstlerisch vollendeten Holzschnitt des Portraits von Hindenburg widmen. Ich habe den Kopf aus dem Streiflicht einer sogenannten Schwarzplatte herausgearbeitet. Das Ohr leuchtet einsam aus dem Dunkel. Am Kragen sind die Spiegel ebenfalls kühn als Akzent des sonst tonig gehaltenen Kopfes eingesetzt.

Sah ich den 1919 von mir gezeichneten General Wille mit eigenen Augen, so sah ich 1925 auch den im selben Jahr zum Reichspräsidenten gewählten Hindenburg in der Funktion eines neuen Herrschers über das Deutsche Reich. Diesmal erschien Hindenburg nicht mehr in der alten Hoheitsform des Reiters, nicht mehr das Herrschertum durch körperliche Leistung dokumentierend, sondern der alte Mann fuhr bequem passiv in einem Staatsautomobil an uns Schülern vorüber, die wir am Karlsruher Schloßplatz Aufstellung genommen hatten.

Ich staunte über den mächtig schweren Schädel von Hindenburg, der mir sonst schon lange als Sujet meiner Bilderwelt gedient hatte.

Dieser Mann kam mir wie die Inkarnation einer ruhigen, gerechten und väterlichen Persönlichkeit vor: Ein aus einer anderen, vergehenden Welt herüberragender Fels.

Als ich 1931 den dritten Politiker zu Gesicht bekam, interessierte mich das Problem des Weltenherrschers vom Darstellerischen und auch vom ideologisch Geschichtlichen her nicht mehr so sehr zentral wie bis 1926. Ich war inzwischen Erwachsener und Student geworden, und Politik war für mich nicht mehr das Höchste auf der Welt. Ich habe bereits den Wahn des Herrschergefühls der Politiker in mir ersterben lassen.

Doch zwischen 1924 und 1926 wallte die Welle des Weltenherrschergefühls als menschliches Urgefühl in mir nochmals in verschiedenen Varianten mächtig auf. Ich wandte mich der Gestalt des schon längst im Exil in Holland lebenden und politisch toten Kaiser Wilhelm II. (1859–1941) zu. Aber die mit

F. S. W. Friedrich II., König von Preußen. Holzschnitt. 1925.

F. S. W. Hans Joachim von Zieten. Holzschnitt. 1925.

F. S. W. Prinz Heinrich, Bruder Friedrichs II. Holzschnitt. 1925.

F. S. W. Friedrich Wilhelm von Seydlitz. Holzschnitt. 1925.

F. S. W. Graf Friedrich von Schwerin. Holzschnitt. 1925.

F. S. W. General Dessauer. Holzschnitt. 1925.

vielen Orden geschmückte Brust und seine Gestalt erschienen mir wie eine politische Traumgestalt, wie der Prinz in einem Märchen. Ich verfertigte 1924 eine grobe Kerbschnittafel mit seinem Brustbild, das in meinem Schulaufsatz vom 22.7.1924, «Wie ich meine freie Zeit durch Kerbschnitzerei verbringe», erwähnt wird.

1926 folgte eine sehr sorgfältige Zeichnung in Dreiviertelansicht im Riesenformat mit noch mehr Tressen und Orden, in mehreren Etagen übereinandergeschichtet. Und ich schrieb unrealistisch stolz darüber: Wilhelm der Zweite, Kaiser von Deutschland 1888–1918». Denn in dieser Gestalt fand ich die Verkörperung der einstigen Größe des Deutschen Reiches, an der ich festhalten wollte, obwohl sie seit dem Zusammenbruch am Ende des Ersten Weltkrieges keine geschichtliche Realität mehr war. Aber so sehr glimmte in mir als geschichtspsychologischer Topos das Bild des Herrschertums in dieser Form nach.

Meine Zuneigung zur Gestalt des Deutschen Kaisers Wilhelm II. kam ganz spät noch einmal zum Durchbruch. Man kann sagen, «alte Liebe rostet nicht».

Als ich 1976 die Geschichte meiner Unterschrift zu schreiben begann und sie unter dem Titel «Meine akrobatischen Unterschriften» herausgab, habe ich die Unterschrift Kaiser Wilhelm II. als Beispiel herangezogen, wie es auch unter den urdemokratischen Menschen viele gibt, die gleich Wilhelm II. ihre Unterschrift emotional aufplustern. Das schöne Beispiel der Unterschriften von Wilhelm II. fand ich in einem gründerzeitlichen Prachtband von 1898 «Unser Kaiser. Zehn Jahre der Regierung Wilhelm II.» Das Buch hatte ich von der Witwe eines mittleren Steuerbeamten bekommen, der in meinem Hause jahrelang in Miete wohnte. Wie Wilhelm II. heute beurteilt wird, erfuhr ich aus dem rororo-Buch «Wilhelm II. in Selbstzeugnissen und Bilddokumenten» von Friedrich Hartau, Reinbek bei Hamburg, 1978.

Für einen Knaben, der seine Kräfte und Weltgedanken nach allen Seiten ausdehnen wollte, dem Abenteuergeschichten von Karl May und sonstige Machtgelüste aller Art das Höchste bedeuteten und der sich ebenfalls eine Rolle in der Welt erobern wollte, waren die Inkorporierungen in den Gestalten der Weltgeschichte sehr verständlich und normal.

Zu dem deutschen Kaiser Wilhelm II. gesellte sich noch eine Herrschergestalt von welthistorisch ganz anderem Gewicht, die mich beeindruckte und in meinen Zeichnungen und Holzschnitten ihren Niederschlag fand.

Es ist die Gestalt von Napoleon. Obwohl seine politische Aktualität schon längst verklungen ist, so war aber seine überragende historische Erscheinung immer noch geeignet, höchste Aufmerksamkeit auf sich zu ziehen.

Wenn die jungen Menschen fähig geworden sind, Gestalten von weltgeschichtlicher Größe auf ihre eigene minimale Weltrolle zu beziehen, so hat die Gestalt von Napoleon einen ganz bestimmten Grad an Vorbildlichkeit und Faszination angenommen. Dieser Weltgewaltige hat einen festen Stellen-

496 Husar und Weltenherrscher

F. S. W. Major von Hindenburg. Zeichnung. 1916.

F. S. W. Paul von Hindenburg. Zeichnung. Um 1917.

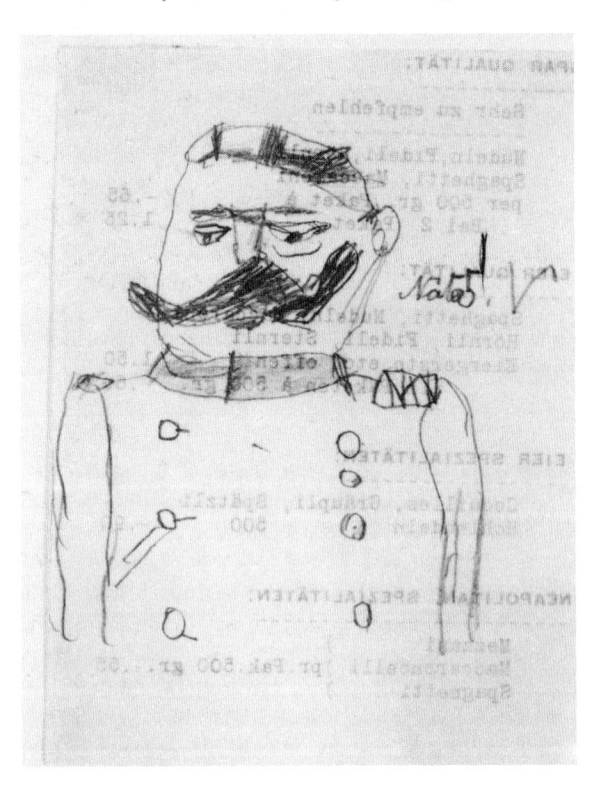

F. S. W. Paul von Hindenburg. General. Zeichnung. Um 1917.

F. S. W. Paul von Hindenburg. General. Zeichnung. 1918.

F. S. W. Generalfeldmarschall von Hindenburg. Holzschnitt. 1925.

wert im Bildungshaushalt des Bürgers am Ende des 19. Jahrhunderts und auch noch im 20. Jahrhundert erhalten.

Dieser Stellenwert kann allerdings recht verschieden sein. Das Bild von Napoleon kann u. a. als Verkörperung des abscheulichsten Machtwillens ins untergründig Psychologische abgleiten. In dieser Form fügte der Maler Max Ernst in seiner Collage-Folge «Eine Woche der Güte... der Löwe von Belfort» von 1934 das Bild von Napoleon in die Szene ein, wo der löwenköpfige General, an dem eine Löwin heraufspringt – gleichsam die zum Raubtier entartete Psyche versinnbildlichend –, zum verschwimmenden Bild Napoleons, dem Repräsentanten der Macht des Staates, der Autorität emporblickt.

Die Gestalt Napoleons kann aber auch Vorbild sein für den eigenen, sozusagen biologisch indigenen Anspruch von Weltherrschaft, nach dem geradezu zwanghaft jeder junge Mensch in seinem Entwicklungsgang strebt, um vor sich selber und vor der Welt bestehen zu können.

Denn es ist das unreife, unerfahrene und unrealistische Privileg der Jugend, zu glauben, daß ihr die ganze Welt zu Füßen liegen müsse und daß durch ihr In-die-Welt-Treten die Welt jeweils neu beginne. Insofern kann fast von einem jugendlichen Napoleonkomplex gesprochen werden, den jeder in irgendeiner Form bei dem Anschwellen seiner jugendlich ungebändigten Kräfte durchzumachen hat. Je nachdem, einmal etwas früher oder einmal etwas später.

So kann man beobachten, wie in den verschiedensten

F. S. W. Deutscher Kaiser, Wilhelm II. Zeichnung. 1926.

Biographien in der entsprechenden Jugendperiode Napoleon als angebetetes Idol auftaucht. So ist es bei verschiedenen Künstlern, die etwas in der Welt gelten wollen, wie z.B. bei Alfred Kubin oder bei Salvador Dali.

Alfred Kubin (1877–1959) schreibt in seiner Autobiographie von 1911: «Der Kaiser Napoleon war ein Halbgott für mich, und ich bedauerte nur, daß er kein Österreicher war.» Die frühesten Zeichnungen, die sich mit dem Thema Napoleon beschäftigen, verfertigte Kubin mit 24 Jahren, 1901 und 1902.

In der Biographie von Salvador Dali (geb. 1903) spielt die Gestalt Napoleons sehr früh eine Rolle. Dali zählte in seiner Autobiographie seine Kindheitsidolvorstellung auf und gesteht: «Mit 3 Jahren wollte ich Koch werden, mit 5 Jahren wollte ich Napoleon sein. Seitdem ist mein Ehrgeiz nicht geringer geworden, denn jetzt heißt das, was ich anstrebe, Salvador Dali.»

Als Dali sein Hauptlebenswerk vollbracht hatte, fühlte er sich als Sieger über die Maler der modernen Kunst. Bei dieser Gelegenheit kommt seine Identifikation mit dem Weltenherrscher Napoleon wiederum zum Durchbruch.

Auf diesen Personenkult nahm ich in meinem Vortrag über Salvador Dali 1963 in Baden-Baden Bezug, um eben die Weltherrschaft Dalis im Gebiete der modernen Kunst zu dokumentieren. Der diesbezügliche Passus in meinem Vortrag lautet:

«Aus all seinen spitzen und zum Teil aphoristischen, gehässigen Verdammungsurteilen über die modernen Künstler, die er 1956 in der Schrift ‹Die Hahnreie der alten modernen Kunst›

Salvador Dali. Dali benutzt die modernen französischen Maler als Sockel für seinen Ruhm.

niederlegte, schlägt der auch selbst und gerade in Weltanschauungsdingen geschäftstüchtige Dali ohne Bedenken für sich selber Kapital. Für ihn ist die Gelegenheit gekommen, sich als Richter und Retter der Malerei aufzuspielen. Er selber, Dali, nimmt natürlich für sich in Anspruch, daß er über diese Schar erhaben sei und ihre Fehler vermieden habe. Er schreckt nicht davor zurück, diese Hybris in einer Zeichnung zu dokumentieren. Als Sieger in königlichem Gewande thront unser Held mit den Insignien imperialer Macht, Zepter und Lanze, über dem Gemälde-Potpourri der Hauptmeister der modernen Maler. Dies ist über: Courbet, Manet, van Gogh, Toulouse-Lautrec, Modigliani, Cézanne, Matisse und Rouault. Wie ein Herrscher benutzt er seine Feinde, die er besiegt hat, als ‹Piedestal seines Ruhmes›.

Dali imaginierte sich in die Napoleon-Gestalt hinein, wie sie der französische klassizistische Maler Ingres im Bildnis des Kaisers von Frankreich dargestellt hatte. Zwei Personen kommen zusammen, die Dali imponierten: Napoleon, der Diktator der Politik, und Ingres, der Diktator der Kunst, und der Dritte im Bunde ist er, Dali selber!»

Wenn bei Kubin der Napoleonkomplex mit 24 Jahren und bei Dali schon mit 5 Jahren feststellbar ist, so wurde ich von

Ernst Würtenberger. Napoleon. Holzschnitt. 1905.

F. S. W. Napoleon als Kaiser. Zeichnung. 1926.

ihm mit 17 Jahren 1926 befallen. Neben Napoleon gibt es natürlich bei anderen Menschen in ihrer Jugend noch andere historische Identitätsgestalten.

So schreibt Anäis Nin in «Tagebücher 1944–1947», München 1977: «Als ich 15 Jahre alt war, wollte ich Johanna von Orléans sein und später Don Quijote.»

Napoleon war mir schon längst vertraut und hatte seinen festen Platz im Kult der großen Männer, von denen mein Vaterhaus vielfältig erfüllt war. Mein Vater hatte schon 1905 (4 Jahre vor meiner Geburt) Napoleon als Dreiviertel-Figur in Holz geschnitten. Ich bewunderte daran die ruhige, in sich gekehrte Haltung des Mannes, der die großen Entschlüsse ohne äußere Emotion faßte. In dieser Form war mir Napoleon von früher Kindheit an ein festgeprägter Begriff.

Erst viel später kam ich dazu, mich selber in eigenen Darstellungen aktiv dem Bilde Napoleons zu nähern. 1926 verfertigte ich vier Zeichnungen Napoleons. Sie sind fein säuberlich gezeichnet nach klassizistischen Vorlagen. Napoleon in den verschiedenen Stufen seines Werdeganges als Konsul, als General, als Kaiser.

Zugleich schnitt ich im selben Jahr Napoleon als Brustbild in Holz und malte danach noch ein Hinterglasbild. Zur Belebung der Gestalt fügte ich ein Totengerippe hinzu, das Napoleon das Stundenglas vor Augen hält. Diese inhaltliche Aufwertung des Weltenherrschers, daß auch er der Vergänglichkeit anheimfällt, wählte ich analog einer Federzeichnung meines Vaters, eines Bildnisses von Hans Holbein d. J., wo der Tod dem Zeichner des berühmten Totentanzes ebenfalls hinter seinem Rücken erscheint.

Das Problem des Weltenherrschers, des großen Diktators, der Millionen von Menschen auf dem Gewissen seiner Weltmachtpläne hat, und des Todes, des letzten Machthabers über die Menschen, stand mir seit frühester Jugend vor Augen und war in meinem Denken über Weltmachtpolitik mit der Gestalt

F. S. W. Napoleon als General. Zeichnung. 1926.

F. S. W. Napoleon und Tod. Holzschnitt. 1926.

Napoleons unzertrennlich verknüpft.

Mein Vater hatte 1918/19 einen flugblatthaften volkstümlichen Holzschnitt geschaffen, der nach der Komposition von Wilhelm von Kaulbach Napoleon auf St. Helena zeigt. Die Szene, wie Napoleon mit finsterer Miene auf dem Erdglobus herumzirkelt, dabei etwas aus dem Konzept kommt, außerhalb des Globus gerät und den Zirkel unversehens auf einen Totenschädel ansetzt, den ihm der Tod entgegenhält, hat auf meine Vorstellung vom Weltenherrscher in seiner eigenen Todesstunde allergrößten Eindruck gemacht, wie auch die vielsagende Unterschrift des Holzschnittes:

«Großer Kaiser, was zirkelt Ihr?
Laßt ab: Das Ziel und Land ist hier!
Ich grüße Euch als letzter Adjutant
Ich bin der Tod, Euch wohlbekannt.»

Dieses Kunstblatt ist zunächst nur Idee, nur Traum für mich gewesen, nur eine absurde historische Begebenheit von einstmals. Daß ich aber in einigen Jahren in der Wirklichkeit den Untergang eines napoleonischen Welten-Usurpators in der europäischen und globalen Politik miterleben werde, hielt ich früher für unausdenkbar und bei der angeblich hohen Vernunft der modernen aufgeklärten Menschen fast für ausgeschlossen. Um so mehr staunte ich dann, daß der moderne Weltenherrscher Adolf Hitler am Ende des 2. Weltkrieges sein St. Helena erlebte, indem er im Führerbunker in Berlin umgekommen ist und ihn der Tod als letzter Adjutant grüßen konnte als einen Menschen, der ebenfalls den Untergang von Millionen von Menschen auf sein Gewissen lud.

Als ich 1931 den dritten Weltenherrscher zu Gesicht bekam, eben diesen Adolf Hitler, hatte er seine Herrschaftsmacht noch nicht ganz entfaltet. Er war eine noch nicht enthüllte Sphinx. Ich begegnete ihm von Gesicht zu Gesicht, von Auge zu Auge.

Napoleon auf St. Helena

„Grosser Kaiser, was zirkelt Ihr?
Lasst ab: Das Ziel und Land ist hier!
Ich grüsse Euch als letzter Adjutant,
Ich bin der Tod, Euch wohlbekannt!"

Ernst Würtenberger. Napoleon auf St. Helena (nach Wilhelm von Kaulbach). Holzschnitt. 1918–19.

Ich studierte in München Kunstgeschichte und verbrachte meine Abende zum Teil allein im Hofbräuhaus, inmitten des Volkes biertrinkend. Bei dieser Gelegenheit kam Hitler zweimal mit den damaligen Gefährten und Kampfgenossen in denselben Saal, um sich am Nebentisch in einer Entfernung von 5–8 m von mir niederzulassen. Mit geschärftem Auge und Ohr verfolgte ich das Tun und Treiben dieser politisch hochexplosiven, sich dem äußeren Scheine nach recht bieder gebenden Stammtischrunde.

Ich wußte damals schon, daß ich in Hitler einen von Dämonen angetriebenen Menschen vor mir habe. Ich hatte «Mein Kampf» gelesen und wußte nur zu genau, was es mit der Ideenwelt und den Weltplänen dieses Politikers auf sich hatte. An der leiblichen Erscheinung dieses Dämons bemerkte ich den stechenden Blick und die wilde, unbezähmbare, pathologisch anmutende, raubtierhafte Unruhe in diesem Menschen, die sich in jeder Bewegung seines an sich schmächtigen Körpers bemerkbar machte. Ich wußte, daß in ihm der Plan Gestalt angenommen hatte, dafür Rache zu nehmen, daß einem an sich gleichermaßen wie die übrigen europäischen Völker zivilisierten Volke nach verlorenem Krieg eine nie bezahlbare Kriegslast aufgebürdet wurde und es in seiner Lebensfreiheit auch auf ziviltechnischem Gebiete zu knebeln, wie dies im Versailler Vertrag unwiderruflich geschehen war.

Nur auf solch einer Grundlage konnte eine geballte Willensenergie wie der Hitlerische Revisionsgedanke gedeihen. Ich wußte nicht, welch weltweites Ausmaß ein solcher Zustand in der Zukunft annehmen könnte. Ich konnte nicht ahnen, daß diesem Menschen seine durch Parteiengezänk in politischem Anstand und Feingefühl heruntergekommenen Mitbürger die Chance zuspielen würden, sowohl zum Teil in vermeintlich guten als auch bösen Absichten seine politischen Pläne und Programme in die Wirklichkeit zu übersetzen.

1938 sah ich Hitler noch einmal auf der Höhe seiner Macht anläßlich seines Besuches in Rom. Da war ich als Mitglied des Kaiser-Wilhelm-Institutes der Bibliotheca Hertziana in Rom Gast des Empfanges der Diplomaten. Ich erinnere mich noch an das skeptische, düstere Gesicht des amerikanischen Botschafters, der damals schon mehr über die zukünftige politische Entwicklung wußte. Kurz darauf löste sich das Rätsel. Die Welt war in das Flammenmeer des Zweiten Weltkrieges geraten.

Hitler hatte aber im politischen Geschichtsbewußtsein der Deutschen noch eine gewaltige andere Mission erfüllt. Er hat durch die Nachahmung und das Ansichreißen des abendländischen Herrschergedankens eines imperiumhaften Souveräns den Gedanken und die Idee des Monarchen von Gottes Gnaden restlos desavouiert und auch auf letzter Bastion des für die Volksseele bestrickenden Begriffes des unbekannten Soldaten und Gefreiten als Zerrbild eines Heerführers, als des vom Schicksal ausgewählten großen Herrschers zu Ende geführt.

Hitler hat kultur- und kunstgeschichtlich mit seinen architektonischen Ideen einer Residenz und eines Kuppelberges, der das größte Gebäude der Welt hätte werden sollen, den Gedanken der imperialen, symbolträchtigen Architektur bis in seine letzte Konsequenz weiter und damit zerdacht. Er war derjenige, der die Gedanken der symbolhaften Weltherrscherarchitekturen seit den Residenzen der deutschen Kaiser, von Karl dem Großen über Napoleon in die völlig anders gelagerte technisch-moderne Welt mit allen Verzerrungen dieser Projektion transponierte.

Hitler hatte es fertiggebracht, daß die Deutschen, und damit das Abendland, seines besten Teils, seiner Geschichte, des Gedanken des Hl. Römischen Reiches Deutscher Nation beraubt wurde und, von diesem Endzeitkaiser aus rückläufig urteilend, jeder Monarch zum Verbrecher und undemokratischen Saboteur gestempelt werden konnte und, wenn es zeitgemäß und nützlich erscheint, auch jetzt noch wird.

Die sich im Fortschreiten der Machtergreifung nach 1945 befindliche demokratische und kommunistische moderne Welt mit ihren Machtzentren New York, Washington und Moskau konnte sich keine bessere Gestalt ausdenken als gerade Hitler, der den von jenen bis aufs Blut gehaßten monarchischen Weltherrschergedanken erledigte und aus dem Spiel der weltpolitischen Herrschermachtsysteme ausschaltete. Insofern war die verabscheuungswürdige mickrige Gestalt Hitlers der willkommenste Steigbügelhalter für die unbefleckte Güte jeder demokratischen Regierung oder kommunistischen Diktatur, die anstatt des Herrschertums von Gottes Gnaden oder des Votums des Volkes zumindestens doch ein Triumvirat und die aufgeteilte Regierungsgewalt in der Trojka ihrer Parteispitze aufzuweisen hat.

Wenn wir von hier aus die weltgeschichtliche Rolle Hitlers betrachten, so muß man zur Schlußfolgerung kommen, daß Hitler den abendländisch-politischen Menschen unmißverständlich durch seine Unmoral als Abbauer und Erlediger der alten traditionsgebundenen, aus der Antike und dem Mittelalter stammenden Idee des Monarchen geholfen hat und ihn von allen veralteten und verstaubten Ressentiments und möglichen Rückfälligkeiten im überholten politischen Denken befreite.

Wenn wir diese verbrecherische Tat Hitlers, die er in bezug auf unsere politische Geschichte ausgelöst hat, betrachten, so sind auf anderen Gebieten der abendländisch-westlichen Kultur, wie etwa auf dem Gebiete der Malerei, ganz ähnlich gelagerte Abbauer und Erlediger der alten, traditionellen Güter und Geistesschätze am Werk gewesen, um uns von der gewesenen Geschichte zu trennen und zu verabschieden. Da möchte ich selbstverständlich nur vergleichsweise auf dem Gebiete der Malerei auf die Gestalt eines Künstlers wie Lucio Fontana (1899–1968) in der Sprengkraft gegen historische Werte hinweisen.

Fontana hat mit großer gekonnter und gut gezielter Wollust in vielen seiner Gemälde die herostratische Untat begangen und hat die bisher als integer betrachtete heile Fläche des Gemäldes, die Leinwandfläche mit einem Messer durchstoßen und damit die Heiligkeit der bisher nie in Frage gestellten sogenannten Ideenplatte als Spiel- und Aktionsfeld der Gedankenbilder ermordet. Damit hat Fontana ein für allemal den alten Begriff der zweidimensionalen Malerei, wie sie seit Giotto über Raffael bis zu Tiepolo und Ingres hin geachtet war und als Grundlage für das Denken der Malerei gesetzt wurde, erledigt und zum alten Eisen geworfen.

Welche verhängnisvolle Rolle der Typus des Ingenieurs als Weltenherrscher innerhalb der Entwicklung der modernen Technik hinsichtlich des Angriffes auf die Weltsubstanz spielte

Lucio Fontana. Raumkonzept. Erwartungen. Ölgemälde. 1960.

und spielt, untersuchte ich prinzipiell in meinem Aufsatz von 1971: «Die Stellung des Ingenieurs und des Künstlers im modernen technischen Weltbildsystem.»

Nach dem Zweiten Weltkrieg hatte ich die Stufen des Staunens und beinahe Anbetens der politischen Weltherrschaft gründlich ausgeschwitzt. Ich sah ein, daß es mehr Verantwortungsgefühl und Vertrauen auf die Menschen geben müßte, als die Gewaltherrscher es vorgemacht hatten. Aber trotzdem habe ich von der, dem Menschen von Kindheit an angeborenen Ureigenschaft, Weltenherrscher sein zu wollen, nicht abgelassen. Ich konnte nun meine Idealbilder von großen Herrschern – hießen sie nun Friedrich der Große, Napoleon und Wilhelm II. oder das Zerrbild von Hitler – auf sich beruhen lassen.

Diese Stufe hatte ich glücklich hinter mir gelassen. Aber mußte ich deshalb auf jede Weltherrschaft und Beherrschung der Welt verzichten? Mußte ich deshalb alles und jegliches kritiklos hinnehmen, was die Welt mir geboten hatte? Sollte ich deshalb allen Weltherrschaftsgelüsten entsagen? Sollte ich deshalb als Unbeteiligter, rein Passiver, blind dahinvegetieren?

Nein! Und abermals Nein!

Ich suchte den Gedanken der Weltherrschaft und Beherrschung der Welt auf einem ganz anderen Sektor und einer völlig anderen Ebene des menschlichen Seins zu verwirklichen. Ich wandte von nun an alle meine Kräfte darauf, auf dem Gebiete der geistigen Erkenntnis der Welt, d. h. meinem Spezialgebiet und in der Sparte meiner Wissenschaft, über die Welt Bescheid zu wissen. Ich erkannte, daß der Wissenschaftler und Historiker auch Weltenherrscher, und zwar kein geringer, sein kann. Es fragt sich nur, worauf man persönlich den Wert und Akzent legt. Arthur Rimbaud sagte in «Une saison en enfer»: «Das Ringen des Geistes ist so grausam wie die Kriege der Menschen, der Anblick der Gerechtigkeit ist das Vergnügen von Gott allein.»

Nach 1945 begann mein geistiger Eroberungsfeldzug der Welt des Geistes und der Geistesgeschichte. Ich wurde mir bewußt, daß auf diesem Gebiete, gleichermaßen wie in der Realpolitik, Kämpfe, Schlachten, Machtverteilungen, Herrschaftsansprüche und Enteignungen stattfinden. Ich spezialisierte mich auf die Systematik der Weltbilder. Die Gebiete, die ich als Herrscher auf dem Sektor Kunst- und Kulturgeschichte in Besitz nahm, mir mit den selbstgeschmiedeten Waffen meiner selbst zurechtgelegten Methode strategisch eroberte und in den geistigen Besitz meines Geschichtsbildes nahm, waren in der Reihe der Eroberungsfeldzüge folgende:

I. Das Gebiet der Malerei: In den Arbeiten der holländischen Gattungsmalerei und der Geschichte des Malerateliers.
II. Die Gebiete der drei Bildenden Künste: Malerei, Plastik und Architektur.
In meinem Buche über den Manierismus äußerte ich mich zum erstenmal über das Verhältnis des Reiches der geistig-künstlerischen, schöpferischen Welt zur Gegenwelt, der politischen Macht. Dort ging mir anhand der historischen Situation, wie sich Regent und Künstler zueinander verhalten, auf, daß die Welt des schöpferischen Geistes und des Gelehrtentums gerade soviel an Macht und Herrschaftsanspruch in sich vereinigen wie die große Politik. Aus diesen Ansätzen heraus kam ich dann für meine eigene Einstellung zu Politik und Kunst zur Überzeugung, daß im Reiche des künstlerischen Weltenschöpfertums ebensoviel und intensiv Weltherrschaft ausgeübt werden kann, sozusagen im Reiche der Seele, wie in der sichtbaren und täglich praktizierten Realpolitik in bezug auf äußere Besitz- und Machtverhältnisse.
III. Das Gebiet der Musik im Verhältnis zur Malerei im Buche «Malerei und Musik».
IV. Das Gebiet der Technik hinsichtlich der Frage, wie sich die Technik zum Begriff der Ganzheit der Welt verhält
  a) Buchmanuskript «Maschine und Kunstwerk» und
  b) Meine Abschiedsvorlesung in der Universität Karlsruhe im Juni 1971.
V. In letzter Zeit wandelte ich mich vom Weltenherrscher und Welteroberer eher zum Weltenrichter in der Eigenschaft als Weltbild-Ethiker.
Diese neue Funktion kam am deutlichsten bei meinem Architektur-Projekt des sogenannten Anti-Technischen Museumsbaus im Wettbewerb um das Badisch-Württembergische Landesmuseum für Technik und Arbeit in Mannheim in den Jahren 1979–1982 zum Durchbruch.

Dort stellte ich eine weltethische Skala auf, nach welchen Verhaltensweisen gegenüber der Welt der Mensch beurteilt und eingeschätzt werden kann und muß.

Aufgrund dieser neuen Bestrebungen und geistigen Eroberungsfeldzügen auf dem Gebiet der Historie und der geistigen Erkenntnis empfinde ich mich so sehr dem Weltganzheitsanspruch verpflichtet, wie ich als Kind es als Husar war und wie z. Zt. die Kommunisten auf dem politischen Gebiete nach Weltherrschaft streben.

Von hier aus gesehen bin ich in der Frage des Totalanspruches, über die Welt zu herrschen, der größte Monarchist und Kommunist.

Auch ich will unbedingt die ganze Welt für mich haben – darin bin ich über alle Jahrzehnte hindurch Kind geblieben und am Ende meiner Tage wieder mehr und mehr geworden.

Auch ich strebe in meiner Weltmachtsparte zur absoluten Weltherrschaft. Würde ich dies nicht tun, käme es mir vor, als hätte ich nur halb und unvollkommen gelebt und hätte die Hauptsache des Lebens nicht begriffen und weltphilosophisch sträflich versäumt: Nämlich die volle Welt voll zu haben.

Mit großer Einsicht in diesen Sachverhalt charakterisierte Hans Thoma in «Jahrbuch der Seele» das Ich des Menschen: «Das Ich ist der Welteroberer, denn alles, was das Ich umgibt, muß seinem Zwecke dienen. Es wird immer weiterer Kreise habhaft, je mehr sie seiner erfahrenden Vorstellung erkennbar werden. Durch diese Erkenntnis wird das Ich erst recht zum Mittelpunkt der Welt.»

In die ganze Problematik des politischen Weltenherrschers wurde ich neuerdings 1975 durch Gespräche mit Dr. Karsten Weber geführt, und zwar von völlig anderer Seite her. Karsten Weber war dabei, seine Dissertation über das Thema «Führer und Geführte, Monarch und Untertan, eine Studie zur politischen Ikonologie und ihre unterrichtliche Umsetzung» (1978, Moritz Diesterweg, Frankfurt/Main) zu schreiben. Er fragte mich um Rat wegen der kunsthistorischen Seite des Problems.

In K. Webers Buch sind hochinteressante Analysen der Bildnisse von Willy Brandt, Lenin, Hitler, Bismarck und auch ausführlich von Napoleon zu finden. Ganz neue politisch-historische Gesichtspunkte wurden an das Problem des Bildnisses der Weltenherrscher herangetragen. Es sind für mich erleuchtende Neubeurteilungen eines Themas, das meinen Vater von der künstlerischen Mache her interessierte. Meinem Vater kam es bei seinen Bildnissen von Napoleon oder Bismarck, Moltke oder Savonarola mehr auf die Gestaltung des kraftvollen Willensmenschen an, als auf die propagandistische politisch-historische Komponente.

II. Ich als Zahlen-Magier

F. S. W. als Zahlen-Magier. Foto. 22. Oktober 1976.

Erst wieder im Alter war mir eine neue Begegnung mit der welthaltig übervollen Welt der Zauberer und der Magier vergönnt. Allerdings nun in einer ganz anderen Erscheinungsschicht.

Im Oktober 1976 wurde ich von meinem Freunde Björn Fühler aufgefordert, sein Puppenspiel «Der Zirkus» und die gleichzeitige Ausstellung meiner akrobatischen Unterschriften im Kulturtheater «Sandkorn» in Karlsruhe durch einen Theaterauftritt meinerseits zu ergänzen. Dort trat ich als Extranummer leibhaftig in eigener Person auf als eine Art Zauberer. Hatte ich als Knabe meinen Zauberer nur als Idee gezeichnet, so verwandelte ich mich diesmal als Mann real in die Gestalt des Magiers. Genau wie auf den Zeichnungen des Zauberers, schlüpfte ich nach 60 Jahren in mein selbstentworfenes Kultgewand und setzte mir ebenfalls eine hohe Mütze auf den Kopf, die ebenso kosmisch mit Sternenpunkten geschmückt ist wie die gezeichnete Zaubermütze mit den kosmischen Emblemen von Sonne, Mond und Stern. Ich führte Lehrtafeln vor, philosophierte über den zahlenmagischen Sinngehalt und über meine beiden Namen Franzsepp und Würtenberger.

Zunächst habe ich nur eine Feststellung über die Anzahl der Buchstaben meines Vornamens und Nachnamens gemacht. Da schrieb ich die $3 \times 3 = 9$ Buchstaben des Vornamens Franzsepp in ein Dreieck und die $3 \times 4 = 12$ Buchstaben des Nachnamens Würtenberger in ein Viereck.

Anhand dieser Zahlenkombination, die zunächst eine persönlich-individuelle Veranlassung und Beziehung hat, griff ich weit darüber hinaus zum alchemistischen Weltdeutungs-Schema und -Gesetz zurück. Es bricht darin die uralte, von altersher vehement disputierte Weltgesetzlichkeit der tiefen Rivalität der Zahlen Drei und Vier hervor. Mit der Vorführung von 3 und 4 ist das zentrale Axiom der Alchemie aufgegriffen und angeschlagen. In den Zahlen 3 und 4 kämpfen Grundprinzipien der Weltschöpfung miteinander. C. G. Jung stellt dazu in seiner Schrift «Psychologie und Alchemie» fest: «Vier hat die Bedeutung des Weiblichen, Mütterlichen, Physischen, Drei die des Männlichen, Väterlichen, Geistigen. Die Unsicherheit zwischen Vier und Drei bedeutet also soviel wie ein Schwanken zwischen geistig und physisch: ein sprechendes Beispiel dafür, daß jede menschliche Wahrheit eine vorletzte ist.» Das geheimnisvolle Beziehungsspiel zwischen dem Dreieck und dem Viereck findet dann auch als Zeichnungen in den alchemistischen Büchern seinen anschaulichen Niederschlag. So z. B. in der Schrift von Jensthaler «Viatorum spagyricum» von 1625. Der Begleittext zu dieser Abbildung lautet: «Alle Ding stehen nur in den dreyen/In vieren thun sie sich erfreuen» (Quadratur des Kreises). Die Unterschrift einer anderen Abbildung in der Schrift von Maier «Scrutinium chymicum» von 1687 lautet: «Die Quadratur des Zirkels, die zwei Geschlechter zu einer Ganzheit zusammenfassend.» Dazu paßt eine Stelle aus dem «Rosarium philosophorum»: «Mache aus Mann und Frau einen runden Kreis und ziehe aus diesem das Viereck und aus dem Viereck das Dreieck aus. Mache einen runden Kreis und du wirst den Stein der Weisen haben.»

Im 19. und 20. Jahrhundert sinken dann solche allgemeinen, tiefsinnigen, symbolgeladenen Weltgesetzspekulationen in die Privatwitzsphäre der Künstlerspäße ab. So gibt es z. B. eine Witzzeichnung von Wilhelm Busch mit der Überschrift «Fester Glaube», wo der Pythagoräische Lehrsatz in einer Schulstunde aufs Korn genommen wird. Professor: «... Und nun will ich Ihnen diesen Lehrsatz jetzt auch beweisen.» Junge: «Wozu beweisen, Herr Professor? Ich glaube es Ihnen so».

In dieselbe Kerbe hieb mein Vater, als er in einer Selbstbildniszeichnung vor der Staffelei steht und auf eine quadratische Malfläche ein Dreieck hineinzeichnet. Den alten Bedeutungsstreit zwischen den Zahlen 3 und 4 benutzte mein Vater, um den wahlfreien, psychologisch begründeten Subjektivismus

*Aus: Maier, Scrutinium chymicum (1687).
Die Quadratur des Zirkels.*

*Aus: Jamsthaler, Viatorium spagyricum (1625).
Die Quadratur des Kreises.*

des modernen Künstlertums anzuprangern und schrieb unter seine Zeichnung folgende Verse:

> «Der eine macht ein Dreieck
> Der andere ein Quadrat
> Es muß halt jeder machen
> Das, was er in sich hat.»

Dazu ist noch ergänzend anzumerken, daß meinem Vater die Bedeutung der Zahlen 3 und 4 sehr wohl von seinem eigenen Schaffen her bewußt war und diese Grundzahlen für den Aufbau der Welt auch sinnvoll kombiniert zu handhaben verstand. Und zwar wandte er dieses Wissen auf die Komposition von Bildgedanken an.

Als mein Vater 1914 zwei Gemälde für den Wettbewerb der Ausschmückung der Universität Zürich entwarf, wählte er für das gedanklich übergeordnete Gemälde der «Quelle der Wissenschaft» die Form des triptychonartigen Dreierrhythmus und für die praktische Ausgliederung dieses Oberbegriffes im zweiten Gemälde den Viererrhythmus der Vertreter der vier Fakultäten (vgl. Abb. S. 364).

Wenn ich mir diese Beziehung von seiten meines Vaters zu den Zahlen vor Augen halte, darf ich sagen, daß ich in der Anwendung der Zahlensymbolik für das Spiel der Zahlen 9 und 12 meiner beiden Namen Franzsepp und Würtenberger schon einen Vorläufer habe und somit auch hier, allerdings unter ganz anderen Prämissen, in die Fußstapfen meines Vaters trat.

Die Zahlenakrobatik und -alchemie, die ich auf meinen Namen bezogen habe, hatte noch eine treffliche Nachwirkung. Mein Freund Emil Wachter las die Zahlenalchemie meines Namens in meinem Buche «Meine akrobatischen Unterschriften» und war davon so sehr gepackt, daß er diese Alchemie auf sich selber, auf den Zahlenbau seines eigenen Namens bezog und mir darüber in einem längeren Brief sofort nach der Lektüre berichtete. Es sind Überlegungen, zu denen nur ein geistig reger Künstler und Weltenschöpfer fähig ist.

Gaienhofen, 2. 1. 77

Mein sehr lieber Franzsepp,

Dein neuestes Opus war meine Lektüre in der Neujahrsnacht von 1976 auf 77, von 22.00 bis fast 2.00, und sie ließ mich beinahe die Familie vergessen. Z. T. habe ich daraus vorgelesen; so warst Du mit der ganzen Intensität Deiner kosmischen Behaustheit bei uns. Ich gratuliere Dir nicht nur, ich bewundere das alles: Deinen Mut, diese Identität im Suchen und Wählen und diese gar nicht selbst gebastelte, sondern innen gefundene und mit einem anderen als dem bloßen Verstandeslicht gefüllte Kammer (S. 95 bei Heidegger!). Du weißt und hast mal selbst geschrieben, daß dieser Schatz im Acker mein zentrales Thema auch ist. Mein Weg ist ein anderer; aber ich schätze mich glücklich und betrachte es nicht als Zufall (sondern als zu-gefallen), daß er sich mit dem Deinen an nicht wenigen Stellen berührt. Auch sind mir Deine Findungen

Professor: „...Und nun will ich Ihnen diesen Lehrsatz jetzt auch beweisen."

Junge: „Wozu beweisen, Herr Professor? Ich glaub' es Ihnen so."

Wilhelm Busch. «Fester Glauben».

Ernst Würtenberger. Eine Gewissensfrage des Künstlers über Dreieck und Quadrat. Zeichnung.

Anlaß, über meinen eigenen Namen etwas nachzudenken. Bei meiner so ex- wie intensiven Arbeit ist das weniger wichtig, aber es als bisher unbeachtetes Geschenk zu entdecken, ist doch nicht wenig: Emil setzt sich aus 4 Buchstaben zusammen, Wachter aus 7, das ist 4 + 3 und jene Zahl, die als Grundstruktur das ganze irdische Gefüge nach Gesetzen bestimmt, die nicht von hier sind. Zufall? Jeder von uns könnte auch einen anderen Namen bekommen haben. Aber wir haben eben diesen bekommen. Ich selbst hätte wahrscheinlich so wenig wie Du nie daran gedacht, ein Pseudonym zu suchen, so einig wußte und fühlte ich mich immer mit dem gegebenen Namen. Hinzu kommt, daß ich mit allem, was ich denke und tue einem Größeren diene, zumindest versuche ich es. Ihm, der es gar nicht nötig hat, ein Haus zu entwerfen und bauen zu helfen, begreife ich immer mehr als den Inhalt meines Lebens. Noch vor einiger Zeit hat es mich gestört, daß vielen, wenn sie es von mir haben, nichts einfällt, als daß ich ein «religiöser» Künstler sei. Jetzt entdecke ich, daß ich genau das sein soll und will. Es gibt nichts Anspruchsvolleres, und alle meine Kraft hat diese eine Richtung, und zwar ohne Rücksicht auf irgendeinen Menschen. Wobei ich vielen Menschen, darunter Dir, sehr viel zu danken habe. Vor allem Klara sei hier nicht vergessen.

Wir müssen bald über die Autobahnkirche, deren Bau begonnen hat, miteinander sprechen. Ich möchte Dir mein Programm, das mindestens den Umfang von Osterburken haben soll, entwickeln. Die innere Kammer, die Krypta, deren Wände ganz mit Reliefs überzogen sein werden, ist angefangen. In ihr spielen die Zahlen 4 und 3 die buchstäblich maßgebende Rolle. Weißt Du übrigens, daß ich, seit ich überhaupt Bilder oder Zeichnungen signiert habe, dies mit E Wa tat, also den drei Buchstaben als Zusammenziehung von Vor- und Nachnamen?

Hab nochmals herzlichen Dank für dieses frische «opusculum tremens».

Sehr schön ist auch die Unterschrift: Monika und Franzsepp.

Seid herzlich gegrüßt! Eure Pia und Emil

III. Die Sehnsucht nach der Unterhaltung mit Verstorbenen

(geschrieben 1974–1980)

Italienische Miniatur des 15. Jhd. «Die Seelen drängen sich um Dante.»

Motto: (entdeckt September 1981 in Max Picard, «Zerstörte und unzerstörbare Welt», Erlenbach-Zürich 1951.)

«Der Freund sagte: ‹Wenn ein geliebter Mensch einem stirbt, – jeder Tag, der bei seinem Tode vergangen ist, wird leer, weil der geliebte Mensch nicht mehr in ihm ist, und jeder Tag bringt seine eigene Leere und die vorhergegangenen Tage dem nächsten, so daß am Ende eines Jahres die Leere immer größer ist, die Leere und die Einsamkeit. Ich begreife nicht, wie die Zeit den Schmerz zudecken, lindern kann.›»

Immer wieder habe ich das drängende, immer wieder stoßweise aufkommende Bedürfnis, daß ich mit Menschen, die schon verstorben sind, Gespräche führen möchte, daß ich ihnen, nur ihnen, etwas zeigen möchte, daß ich mit ihnen wieder zusammensein möchte.

Dieser Wunsch ist ohne Zweifel zunächst, solange ich mich hier auf Erden befinde, ein utopischer. Aber trotzdem kann ich mein Sein in eine solche utopische Situation hineinimaginieren, und das will ich auch; dies kann ich gedanklich.

Gelänge es mir aber darüber hinaus, mich wirklich in das Reich der verstorbenen Seelen zu begeben und vor den Seelen von Angesicht zu Angesicht zu stehen und mit ihnen zu sprechen, so würde ich mich in die gleiche Geisterwelt hineinbegeben, wie dies Dante in der «Göttlichen Komödie» tat, als er sich im Läuterungsberg mit den Seelen der Verstorbenen unterhielt.

Um aber auch in einer solchen an sich utopischen Situation ein reales, anschauliches Vorstellungsbild zu haben, möchte ich auf eine italienische Miniatur des 15. Jahrhunderts aus der Bibliotheca Nazionale Marciana Cod. It. IX., 276, hinweisen. Dort wird vorgeführt, wie sich Dante in der «Göttlichen Komödie» im Läuterungsberg mit den Seelen unterhält und diese den Dichter bitten, ihre noch lebenden Eltern an sie zu erinnern, damit sie ihnen mit ihren Gebeten helfen mögen.

In meinem Falle stammt das Bedürfnis, mich mit Verstorbenen zu unterhalten, aus der Quelle, daß die Verstorbenen, von denen ich jetzt spreche, dieselbe Empfindungs- und Wissenslage besitzen wie ich selber. Hinzu kommt, daß sie echte Mitwisser von Dingen und Problemen sind, die für meine geistig-seelische Existenz von zentraler Bedeutung sind.

Und deshalb bin ich auch darauf angewiesen, unsere gemeinsamen Gedankengänge weiterzuführen.

In gewisser Weise bin ich geradezu auf die Zustimmung der schon Verstorbenen angewiesen. Denn sie dachten über das gleiche nach wie ich. Mit ihnen herrscht wesens- und generationsmäßig ein fruchtbarer, durch niemanden sonst auswechselbarer Konsensus. Es brauchen nicht erst lange, weit her-geholte Erklärungen gemacht zu werden.

Diese gemeinsame Sprache und Empfindungswelt zu haben, ist für einen geistig arbeitenden Menschen wie mich fast eine unabdingbare Notwendigkeit und ein echtes Anliegen, eine echte Sehnsucht.

Dieses Bedürfnis schwillt an, je mehr mir nahe und liebe Menschen dahinschwinden. Diese Augenblicke und Anlässe kommen immer häufiger und immer intensiver. Der Mangel, dies alles – je älter ich werde – nicht mehr oder auch weniger und häufiger nicht zu können, fällt mir immer stärker auf, fällt immer mehr in meinem Denken und Wollen ins Gewicht.

Es gibt eben Gedankenkomplexe und Probleme, für die in meinem Leben nur ganz bestimmte Personen sozusagen wirklich zuständig und kompetent sind, mit denen ich diese Dinge aus langer gemeinsamer Erfahrung und intensivstem Gedankenaustausch besprechen und überdenken kann. Denn nur mit ihnen habe ich dieses oder jenes Stück Leben gemeinsam. Aber durch diese Gemeinsamkeit hat es um so mehr Gewicht. Nur sie, die schon Verstorbenen, können ermessen, was ich mit dem Vorgebrachten meine. Den später Hinzugekommenen fehlt die Grundlage, fehlen die gemeinsamen Erinnerungen, fehlen dieselben Lebenslagen und daraus entspringenden gleichen Denkvoraussetzungen. So gibt es in meinem Leben Dinge, die ich wirklich in meinem innersten Innern nur ausschließlich mit ganz bestimmten Menschen besprechen möchte und kann.

An allererster Stelle stehen in dieser Beziehung meine Eltern. Wie niemand auf der Welt haben sie Anteil an mir und an meinen Problemen. Sie verstanden am besten, was ich wollte, sie waren und sind mit den Kernproblemen meines Seins und Denkens am allerbesten vertraut.

Ich sehe dies schon an der einfachen und naheliegenden, aber für mich in diesem Moment sich auftuenden Frage: Wem soll ich diese meine, hier vorliegende Biographie zeigen? Wer kann für dieses Unternehmen das weitgehendste Verständnis aufbringen? Ohne Zweifel, am allerliebsten würde ich diese meine Biographie meinen Eltern zeigen. Sie wären die kompetentesten Leser dieses Buches. Alle anderen Leser kommen später.

Außerdem möchte ich aus meiner Rückschau heraus meine Eltern noch so viel fragen, was nur sie beantworten könnten, und nun eben unbeantwortet und deshalb Lücke bleiben muß. Aber es sei festgestellt: Auch diese Lücke gehört zu meinem gegenwärtigen Zustand. Es fehlt etwas; das, was mich bei seinem Vorhandensein ganz machen würde. Ich muß sagen: Mich wieder ganz machen würde, wenn ich wieder mit ihnen sprechen könnte. Dies ist meine sehnsuchtsvolle Hoffnung!

Darf und soll es eine Unterbrechung des Eins-Seins, des gemeinsamen Dialoges geben?

Das Zusammensein und die Gespräche mit meinen Eltern sind Marksteine meiner geistigen Entwicklung. Früher, in meiner Kindheit, habe ich vielmals bei meinen Arbeiten gedacht, ich mache meine Zeichnungen, Holzschnitte und Aufsätze ausschließlich für sie.

In künstlerischen und sonstigen Belangen war ich meinem Vater immer schon besonders eng verbunden. Mit ihm identifizierte ich mich so stark, daß ich mir immer bewußt war, in seinem Sinne, aufgrund seiner Lehren und Meinungen und Erfahrungen zu arbeiten und meine Welt zu gestalten. Seine Maximen waren von klein auf in meinem Kopfe, und ich baute mein ganzes Leben an diesen Ansätzen weiter. Und jetzt, nachdem diese Ansätze Früchte getragen haben und Resultate erzielt worden sind, habe ich das Bedürfnis, auch die weiteren Schritte und Resultate meinem Vater zu zeigen, ihn davon in Kenntnis zu setzen. Ganz konkret gefragt: Was würde er zu meinen Büchern «Weltbild und Bilderwelt» oder «Malerei und Musik» sagen? Ich bedaure es unsagbar, daß mein Vater diese Bücher nicht mehr erlebte. Es müßte ihm doch sicherlich gefallen; er müßte viele seiner Wünsche erfüllt sehen.

Auch andere Menschen setzten meine Bücher in Beziehung zu meinem Vater. Ein Schüler meines Vaters, der Maler und Professor an der Karlsruher Akademie und mein späterer dortiger Kollege, Fritz Klemm, schrieb mir am 26.4.1977 nach der Übersendung meines Buches «Meine akrobatischen Unterschriften»: «Jetzt sind Sie wirklich der Sohn Ihres Vaters. Was er wohl dazu gesagt hätte?»

Es ist überhaupt eigentümlich, wie man nur mit ganz bestimmten Menschen ganz bestimmte Fragen besprechen kann. Jeder Mensch hat sozusagen seinen speziellen Interessen-

Clara Kress. Doppelbildnis. Foto.

und Fragenkreis, für den er ansprechbar ist und der ihm legitim aus seinen Veranlagungen und Erlebnissen heraus zugehörig ist.

Wenn sich nun der Interessenkreis des Neben- und Mitmenschen mit dem eigenen Denk- und Interessenkreis überschneidet oder gar deckt, dann kann eine außerordentlich enge Begegnung und ein fruchtbarer gegenseitiger Gedankenaustausch stattfinden und sich vollziehen. Daraus kann ein höchster Gewinn an Welt- und Lebenseinsicht entstehen.

Wie mir in meinem Leben solche Glücksfälle zuteil geworden sind, möchte ich nun im folgenden schildern und erläutern.

An hoher Stelle steht Clara Kress (1899–1971). Ihr Vater stammte aus dem Hessischen und ihre Mutter aus dem Dorfe Schwandorf, das nicht allzu weit von dem Herkunftsort meiner Mutter, dem Hofgut Braunenberg bei Stockach, in der Nähe des Bodensees, liegt.

Clara Kress war Malerin und Entwerferin von Glasfenstern

und Wandteppichen. Darüber hinaus war sie allem Mystischen, Magischen, Mythischen, ja Metaphysischen gegenüber aufgeschlossen. Sollte man sich eine Sibylle vorstellen, so kann man ihre Erscheinung dazu als Vorbild nehmen. Von an sich ländlich einfacher Herkunft, war sie von einem überraschend regen und tief bohrendem Wissensdurst besessen, der weit über alle konventionellen Bildungsschemen hinausragte.

Ich habe Clara Kress ziemlich spät kennengelernt. Erst nachdem ich mich 1951 als 42jähriger in Karlsruhe niedergelassen hatte, machte ich ihre Bekanntschaft. Bevor ich sie kennenlernte, war sie schon in den 1930er Jahren eine Freundin meiner Schwester Monika, die gemeinsam mit ihr im Seminar für Handarbeit studierte und anschließend ebenfalls Schülerin bei Professor August Babberger in der Badischen Landeskunstschule in Karlsruhe war. Ihre Studienzeit beendete sie bei Paul Klee in Düsseldorf.

Clara Kress hatte ein hohes Verständnis für die geistigen und seelischen Belange anderer Menschen. Meine Freundschaft mit ihr besaß einen nicht hoch genug einzuschätzenden Vorzug. Von vornherein wußte ich, daß ich mit meinen Lebenseinsichten und -einstellungen durch sie verstanden wurde.

An ihr und mit ihr erlebte ich die Aufregung, die die weltbildsensiblen Menschen erschütterte, als in den 50er Jahren die neue, bisher kaum geahnte Seelenräume aufreißende Weltbildkonzeption von Teilhard de Chardin nach und nach bekannt wurde. Wir beide, Clara Kress und ich, rangen gemeinsam in ihrem Atelier in der Dragonerstraße in Karlsruhe in langen Dialogen um ein Verständnis dieser tiefsinnigen Welt- und Menschensicht. Clara Kress hatte mir seinerzeit die Schrift von Pierre Teilhard de Chardin «Die Entstehung des Menschen», München 1961, geschenkt. Bei ihrer mystisch-philosophischen Veranlagung dachte sie für sich selber in den Kategorien von Teilhard de Chardin, und dieser Funke sprang auch auf meinen Weltbildkonzeptionsgedanken über, um mir durch solche Anregungen mein eigenes Weltbildkonzept zu zimmern. In jenen Jahren war ich gerade in der Hochspannung, das Buch «Weltbild und Bilderwelt» gedanklich zu erarbeiten, und da war ich für alle diesbezüglichen Anregungen besonders offen. Aus jener Zeit stammt das «Stern»-Portrait, das Clara Kress von mir entwarf.

Clara Kress hat große Verdienste am Zustandekommen meines Buches «Weltbild und Bilderwelt», da sie mir zum Ins-Reine-Zeichnen meiner theoretischen Zeichnungen die dazu begabte Stickerin Inge Walterhamm überließ und durch ihren Neffen Dr. Eugen Kress veranlaßte, daß ich die Ergebnisse meiner Forschungen zum ersten Mal zusammenfassen und in Rom an der Katholischen Universität Gregoriana vor den dortigen Professoren und Studenten an zwei Vormittagen vortragen konnte.

Sie war auch diejenige, die sowohl für den Maler Emil Wachter, mit dem sie sehr befreundet war, wie auch für mich den jüdischen Philosophen Friedrich Weinreb (geb. 1910) entdeckte. Nach einem Vortrag von Friedrich Weinreb, den er in der Evangelischen Akademie in Herrenalb in einem Vortragszyklus über die Bedeutung der Zahlen durch die Jahrhunderte hindurch gehalten hatte und den Clara Kress und ich gemeinsam besucht hatten, war sie so sehr begeistert, daß sie Friedrich Weinreb aufforderte, auch in Karlsruhe seine Vorträge fortzusetzen. Dies geschah dann auch.

Über diese Begegnung schrieb Friedrich Weinreb in der Publikation: Emil Wachter, Weinreb. Hören und Sehen. Friedrich Weinreb, Autobiographische Notizen zu Vorträgen und Veröffentlichungen 1928 bis 1980. Thauros Verlag, München. 1980: «11.6.67 Bibel und Zahl. Bad Herrenalb, Evangelische Akademie. Ich lernte dort einige neue Leute kennen, u.a. Emil Wachter, Prof. Würtenberger und Clara Kress, dadurch kamen dann die Vorträge in Karlsruhe zustande.»

Dadurch wurde ich mit den Gedanken Weinrebs noch näher bekannt. Die Ideen Weinrebs hatten meine Gedanken entscheidend mitgeprägt, ja sogar umgestürzt. Das Wertvollste dabei bestand darin, daß ich von dem einseitigen, weltethisch suspekten naturwissenschaftlichen Denken wegkam und die auf den Bedeutungskern der Dinge ausgerichtete altjüdische Weltanschauung kennenlernte.

Friedrich Weinreb lehrt z. B. in vollem Gegensatz zu unserer üblichen Theorie und Meinung, daß die Zahl Eins die höchste Zahl ist und nicht der Begriff Unendlich. Friedrich Weinreb zitiere ich des öfteren in meiner Biographie. (Vgl. auch Emil Wachter «Die Bilderwelt der Autobahnkirche in Baden-Baden». Freiburg i. Br., 1980, wo Wachter feststellt, daß Friedrich Weinreb und ich gleichzeitig seine Weltanschauung mitgeprägt haben.)

Auch wenn Clara Kress schon 1971 verstorben ist, so kamen die mit ihr besprochenen Probleme nicht mehr zur Ruhe. So denke ich auch jetzt noch, 10 Jahre später, 1980, an ihnen unentwegt weiter. Jedesmal, wenn ich in der Zwischenzeit an diese Probleme kam, fehlte mir bis heute das Gegenüber von Clara Kress, das Frage- und Antwortspiel zwischen mir und ihr.

Aus diesem Aussetzen und Fehlen des Dialoges heraus bin ich gezwungen, zu monologisieren oder zur Rettung dieses unbefriedigenden Zustandes des Dies-nicht-mehr-Könnens wenigstens durch ein fiktives Zwiegespräch zu kompensieren, aus welchem hervorgeht, welche Gedanken Clara Kress bereithielte.

Eine lange Strecke meines Lebens verbrachte ich eng an der Seite meines fast gleichaltrigen Freundes, des Architekturhistorikers und Architekten Arnold Tschira (1910–1967). Wohl kannte ich Arnold Tschira schon von früher her, als er an der damaligen Technischen Hochschule in Karlsruhe Architektur studierte und ich selber damals Vorlesungen bei seinem Lehrer, Professor Karl Wulzinger, hörte. Bei Professor Wulzinger war Tschira Assistent gewesen und später, nach dem Zweiten Weltkrieg, übernahm er dessen Lehrstuhl für Baugeschichte.

Arnold Tschira. Foto.

Arnold Tschira entstammte einer Freiburger Familie und war dadurch mit dem oberrheinischen Geistesleben bestens vertraut. In gleicher Weise wußte Tschira, daß ich durch meinen Vater mit dem Kreis von Gelehrten, Malern und Dichtern um Johann Peter Hebel, Jakob Burckardt, Hans Thoma und Emil Strauß ebenso bekannt war wie er. Von daher überschnitten sich unsere geistigen Ahnenschaften, und für alles, was wir in dieser Hinsicht miteinander beredeten und worauf wir stießen, war von vornherein der Boden gemeinsamen Verständnisses bereitet.

Zwar verloren wir uns nach dem Karlsruher Studium in der Mitte der 1930er Jahre wieder aus den Augen, doch als ich mich nach dem Zweiten Weltkrieg 1950 in Freiburg niederließ und wieder Fuß fassen wollte und nach neuer Betätigung als Kunsthistoriker Ausschau hielt, wohnte und verkehrte ich bei der Tochter des Dichters Emil Strauß, Liselotte, genannt Hutta, die mit dem Architekten Frank Beyer verheiratet war. Unter den vielen jungen Wissenschaftlern, Theaterleuten, Journalisten, Fotografen und Dichtern, die dort ein- und ausgingen, traf ich Arnold Tschira wieder. Die Freude war groß, daß wir uns wiedersahen. Sofort überkam uns das Fluidum gemeinsamer Einstellung zu den Problemen unserer Wissenschaft, des Lebens und der damaligen Zeit. Wir beide waren gereift und in unseren wissenschaftlichen Arbeiten anerkannt.

Arnold Tschira war wie ich infolge des Weltkrieges aus der Berufslaufbahn geworfen worden, und so suchten wir beide eine neue Basis für unsere weitere wissenschaftliche Laufbahn.

Für Tschira eröffnete sich die Aussicht, nach Karlsruhe an die Technische Hochschule auf den durch den Tod von Professor Wulzinger frei gewordenen Lehrstuhl des Institutes für Baugeschichte zu kommen.

Während ich selber über meinen damaligen Lehrauftrag an der Freiburger Akademie der Bildenden Künste hinaus eine Dozentur für mein Fach Kunstgeschichte anstrebte, kam Arnold Tschira auf den Gedanken, mich für dieses Fach nach Karlsruhe an sein Institut mitzunehmen, da er das Fach Kunstgeschichte auf keinen Fall mitübernehmen wollte, das damals noch unter Wulzinger mit der Baugeschichte gekoppelt war. Dieser Plan kam zustande, und ich übersiedelte 1951 mit Tschira nach Karlsruhe an die Technische Hochschule als Dozent, und später war ich dort als a. o. Professor für Kunstgeschichte tätig.

In den gemeinsam verbrachten Jahren entwickelte sich eine wunderbare, intensivierte, freundschaftliche Arbeitsatmosphäre und ein fruchtbarer Gedankenaustausch. Fast täglich war ich mit Tschira zusammen, jeweils blieben wir, wenn nicht dringende Amtsgeschäfte vorlagen, den Rest des Tages beisammen, um unsere persönlichen und amtlichen Anliegen und Pläne auszutauschen oder gemeinsam irgendein baugeschichtliches Monument der näheren Umgebung zu besuchen und anschließend noch lange bei Wein zusammenzusitzen.

Die dort veranstalteten Unterhaltungen waren für mich in vieler Hinsicht ein hoher Gewinn, denn Arnold Tschira war in seinem Wesen ein Mensch, der allen Dingen auf den Grund ging und über ein hochdiszipliniertes Allgemeinwissen verfügte. Alles Undisziplinierte, alles oberflächlich Halbe im Denken war ihm verhaßt. Ihm verdanke ich u. a. die Kenntnis von Montaigne, dessen Lebensansichten er teilte.

Was ich durch Arnold Tschira speziell über sein Forschungsgebiet der Architektur und die Belange der Architekturgeschichte inne geworden bin, bedeutete für mich unendlich viel und erschloß mir ein bisher mehr oder weniger nur vage gekanntes Wissensgebiet.

Ich staune heute, wie sehr mir überhaupt erst durch den täglichen Umgang mit Arnold Tschira die Welt der Architektur erschlossen wurde und wie ich im Verkehr mit ihm dort heimisch werden konnte. Hier ist zu sagen: In diesem umfassenden wesentlichen Sinne spielte vorher die Architektur weder in meinem Vaterhause noch während meines Studiums der Kunstgeschichte eine Rolle. Auch nicht in meiner Tätigkeit als Dozent. Von der weltbildgestaltenden Macht der Architektur wußte ich also kaum etwas. Mein Interesse lag bei den Malereien, bei den Tafelbildern oder bei ganz allgemeinen ästhetischen und geistesgeschichtlichen Fragen. Erst ganz allmählich ging mir im neuen Milieu der Architekturabteilung der Technischen Hochschule Karlsruhe, wo ich ausschließlich von Architekten mit ihren architektonischen Plänen umringt war, die ungeheuer bestimmende bedeutende Macht der Architektur für die Gestaltung der Welt durch den Menschen auf.

Es ist mir heute, nachdem mir die Architektur als viel mächtigere und umfassendere Weltbildgestaltung als die Malerei oder Plastik aufging, kaum begreiflich, daß mir nicht schon früher diese Dimension der Architektur in den Brennpunkt meines Interesses gekommen war.

An diesem Beispiel erkenne ich, welch entscheidenden Zuwachs an Einsichten und Kenntnissen durch den Umgang mit entsprechenden Freunden möglich ist; wie sich der Blick durch sie weiten und reifen kann, wie ganz neue Welten auch noch später erschlossen werden können.

In der Technischen Hochschule hielten Tschira und ich zum Teil gemeinsam Seminare über Architekturprobleme ab. Manchmal mußte ich Tschira semesterweise in den Architekturvorlesungen vertreten. Einmal mußte ich Hals über Kopf über ägyptische Architektur einen Vorlesungszyklus halten.

All dies war für meine eigene Weltbildbildung sehr heilsam und fruchtbar fördernd. Allmählich fing ich in meinen wissenschaftlichen Arbeiten auch an, Architekturprobleme aufzugreifen. In meinem Buche über die Gesamtkunst des Manierismus verfaßte ich ein Kapitel über die spezielle Situation der manieristischen Architektur, worin ich feststellte, daß diese zum Teil die Grundprinzipien einer vernünftigen Architektur mißachtet und wagt, sie in der besonderen geschichtlichen Situation in Frage zu stellen.

Heute, 1982, nachdem mein Freund Arnold Tschira schon 15 Jahre verstorben ist, frage ich mich, wie er meine jetzigen Ansichten und selbst erarbeiteten Architekturprojekte beurteilen würde. Mich würde interessieren, wie er meine Stellungnahme in dem Vortrag anläßlich des 50jährigen Jubiläums der Erbauung des «Dammerstockes» im Jahre 1979 beurteilen würde. Auch er machte gegenüber der modernen Architektur ein berechtigtes Fragezeichen. Dafür erkannte er die Gedankendichte der historischen Architektur zu gut. Was würde er gar über meinen Plan der Abhandlung «Architektur und Kosmos» oder über mein Weltbild-Architekturmodell des Technischen Museums in Mannheim 1982 sagen?

Ich muß feststellen: was ich einstens durch Arnold Tschira inne geworden bin, wirkt in mir immer noch hochintensiv nach und fort. Irgendwie ist seine Anschauung über Architektur und sein Respekt vor den architektonischen Schöpfungen immer noch Begleiter in meinem Denken geblieben.

Dr. Gustav Künstler. Foto.

Noch eines Mannes will ich gedenken, mit dessen Ideen meine geistige Entwicklung über entscheidende Strecken hinweg eng verbunden war.

Dieser Mann ist Dr. Gustav Künstler (1902–1974), der Direktor im Verlag Anton Schroll und Co. in Wien. Ich lernte ihn anläßlich der Suche nach einer Möglichkeit der Veröffentlichung meines Buchmanuskriptes «Pieter Bruegel d. Ä. und die deutsche Kunst» kennen. Obwohl Dr. Künstler aus rein verlegerischen, absatzbedingten Gründen dieses Buch nicht in das Verlagsprogramm von Schroll aufnahm, pflegte ich seit damals mit ihm einen regen Gedankenaustausch. Zwei meiner Bücher wurden im Verlag Schroll unter seiner Betreuung herausgegeben: «Weltbild und Bilderwelt» und «Der Manierismus».

Bis zu Dr. Künstlers Tod 1974 fuhr ich 20 Jahre lang regelmäßig mindestens alle Vierteljahre einmal zu ihm nach Wien, oder wir trafen uns am dritten Ort, in Basel oder Frankfurt a. M.

Es waren in Wien meistens nur wenige kurze Tage, aber mit um so gefüllterem Programm. Ich fand immer Gehör für meine Gedanken, die mich gerade brennend bewegten. Aus diesen verlegerischen Beziehungen entwickelte sich eine außerordentlich intensiv gepflegte Freundschaft, dank der ich das profunde allseitige Wissen von Dr. Künstler, das sich außer der Kunstgeschichte auf Literatur, Theater, Filmgeschichte, Ästhetik und Musik bezog, bewundern durfte. Auch für allgemeine menschliche Belange hatte er allerweisestes und gegründetes Verständnis, wie ich dies nur bei wenigen Menschen erfuhr.

Dr. Künstler ließ mich auch seinerseits an den Problemen teilnehmen, die er gerade bearbeitete. Im Anschluß daran erfolgten manche gemeinsame Besuche im kunsthistorischen Museum in Wien, wo wir jeweils kaum mehr als nur ein Gemälde durchgesprochen haben. Aber dies eine dann um so gründlicher. Sei es von dem altdeutschen Maler Wolf Huber das Bildnis des Dr. Ziegler oder von Raffael die «Madonna im Grünen» mit ihren schwierigen ikonographischen Deutungen. Über diese genannten Gemälde hat Dr. Künstler Aufsätze verfaßt.

Mit Dr. Künstler hatte ich das Buchmanuskript «Weltbild und Bilderwelt» durchgesprochen. Seinerzeit (1970) hat er das Gutachten über das Manuskript «Maschine und Kunstwerk» ebenfalls für den Verlag Schroll in Wien geschrieben. Inzwischen habe ich dieses nicht weniger aktuell gewordene Thema weiterentwickelt, und es entstand in den Jahren 1978 bis 1979 daraus mein Projekt und das Manuskript des Anti-Technischen Museums.

Ebenso erging es mir mit dem Buche «Malerei und Musik». Dr. Künstler hatte wie alle früheren Manuskripte auch dieses durchgesehen und einsichtsvolle Ergänzungen und klärende Vorschläge der Gestaltung vorgetragen. Damals hatte ich mit der auf mich zukommenden Überfülle des Materials zu kämpfen.

Jetzt, nachdem das Buch fünf Jahre nach dem Tode von Dr. Künstler, 1979, im Verlag Peter Lang in Bern im Druck erschienen ist, hätte ich das fertige Buch am liebsten zuerst Dr. Künstler vorgelegt.

Es ist nur allzu verständlich, daß ich einen derart intensiven und fruchtbaren Dialog auch über den Tod von Dr. Künstler hinaus weiterführen und ihn über meine neuesten Ergebnisse informieren möchte. Ich fragte mich: Was würde er wohl dazu sagen? Doch dies war nicht mehr möglich. Gleichsam als Ersatz dafür habe ich dieses Buch «Dem Andenken meines verehrten Freundes Dr. Künstler in Wien gewidmet». Ein Exemplar übersandte ich an die Witwe Frau Dr. Vita Maria Künstler, mit der ich bis heute in freundschaftlicher Verbindung und Briefwechsel stehe.

Welch großer Anzahl von schon Verstorbenen ich meine Gedanken mitteilen möchte, fiel mir besonders nach dem Abschluß meines soeben genannten Buches «Malerei und Musik» im Jahre 1979 auf.

So hege ich den Wunsch, dieses Buch außer Dr. Künstler auch meinem schon 1934 verstorbenen Vater zu zeigen. Denn in diesem Buche kommt so viel zur Sprache, was mit dem Interesse meines Vaters an der Musik zusammenhängt, so daß ich manche Anregung von dorther erst jetzt zum Durchbruch und zur Erfüllung kommen ließ. Überdies habe ich meines Vaters Begeisterung für Johann Sebastian Bach gewürdigt, indem ich dort seinen Holzschnitt des Komponisten abbildete.

Außer meinem Vater möchte ich dieses Buch meinem schon 1944 verstorbenen Lehrer Wilhelm Pinder vorlegen. Denn ich kann mir vorstellen, daß er darin manches finden würde, was er in seinen eigenen Schriften, besonders im Buche «Das Problem der Generationen», anschlug.

Ich bin immer noch fasziniert von dem Buche «Renaissance und Gotik» von Dagobert Frey, worin die Problematik der Verhaltensweisen der Künste untereinander ausführlich behandelt wird. Mein Buch «Malerei und Musik» ist ein Beitrag zum selben Fragenkomplex und deshalb gehört dieses Buch auch zu Dagobert Freys engstem Interessenkreis. Seinerzeit konnte ich ihm noch mein 1957 erschienenes Buch «Pieter Bruegel d. Ä. und die deutsche Kunst» zusenden, was leider bei «Malerei und Musik» unterbleiben mußte.

Früher, vor gut 40 Jahren, beim Erscheinen meiner Dissertation «Das holländische Gesellschaftsbild» im Jahre 1937 oder bei meiner Abhandlung «Die manieristische Deckenmalerei in Mittelitalien» im Jahre 1940, bestand für mich eine solche längere Liste des fiktiven Versandes an schon Verstorbene noch nicht. Da war ich erst im Beginn des Gedankenaustausches und erst langsam dabei, mein eigenes Weltbild zu konzipieren. Da waren noch keine als empfindlich störend sich auswirkenden Unterbrechungen von geistigen Freundschaften eingetreten. Da mußte ich selber zuerst in die Weltvorstellungen meiner Lehrer hineinwachsen. Da war eigentlich nur mein 1934 verstorbener Vater, der diese Arbeiten nicht mehr erlebte. Da war ich noch in ungebrochen vollem Gedankenaustausch mit fast ausschließlich Lebenden. Da verkehrte ich noch stets mit unmittelbar Ansprechbaren.

Es kann aber auch sein, daß man sich mit Zeitgenossen und engsten Freunden, die in der gemeinsamen Frühzeit dieselben Weltbildprämissen hatten und von denen man glaubte, man würde sich aus diesen Voraussetzungen heraus für immer verstehen, im weiteren Verlauf des Lebens durch völlig andere Milieueinflüsse und andere Erlebnisse und Schicksalserfahrungen auseinanderdenken kann. Auch dies ist möglich. Auch dies habe ich erfahren.

Daraus geht hervor, daß vermeintliche Gemeinsamkeiten in der Weltbeurteilung nicht nur immer mehr ausgebaut und gefestigt und bestätigt werden, sondern sie können sich auch im

Laufe des Lebens aufweichen, verflüchtigen und womöglich ins Gegenteil verdrehen.

Dies geschieht je nach der Veranlagung und dem bestimmenden Lebensmilieu der jeweiligen Menschen. Es ist deshalb aber keineswegs gesagt, daß man ihre gegenteilige Meinung nicht respektiert. Jedoch sind sie für das eigene Gedankenleben und Weltbildgebäude eher hemmend und störend als fördernd. Deshalb möge man ihre Ansichten am besten ohne Argwohn oder gar mißachtender egozentraler Prinzipienreiterei auf sich beruhen lassen.

Es ist merkwürdig, diese Sehnsucht nach der Unterhaltung mit Verstorbenen nimmt nicht ab, sondern steigert sich, je älter man wird. Denn die Schar der Verstorbenen, diejenigen, die mir nahe standen und die entscheidenden Phasen meines Lebensweges begleiteten und am Aufbau meines Welterlebnisses mitarbeiteten und jetzt nicht mehr ansprechbar sind, wird mit den Jahren immer zahlreicher. Die durch sie empfangenen Primärerlebnisse sind nicht durch neue Freunde, nicht durch neue Bekanntschaften zu ersetzen. Denn nur mit den alten befreundeten Menschen habe ich die Erlebnisse in den entscheidenden Phasen meines Lebens gehabt. Nur sie haben einen nicht mehr wiederholbaren, bestimmten Anteil an meinem Fühlen und Wollen. Nur sie teilen mit mir ihr Weltbild und ich mit ihnen das meinige. Nur sie waren von derselben, allerdings zeitlich bedingten Weltanschauung, wie es gar nicht anders sein kann, erfüllt und geprägt. Nur sie dachten in den gleichen Weltbildkategorien, die ich nolens volens auch zu den meinigen machte, oder von später aus gesehen: machen mußte.

Plötzlich kann jedoch der eigenartige Punkt im Laufe des Lebens eintreten, an dem man inne wird, daß mehr Tote um einen stehen als Lebende. Mit den Toten teilt man die gemeinsamen Erlebnisse und die gleiche Denkstufe.

Damit ist zugleich die Tatsache und die Erkenntnis verbunden, daß die meisten Mitlebenden jünger sind als man selbst. Aber dieses Jünger-Sein hat in bezug auf einen selber seine Tücken.

Man staunt über den sich stetig steigernden Erlebnis- und Erfahrungsschwund der Jüngeren. Ja, es kommt einem manchmal vor, als ob nur noch unreife Anfänger, ungereifte Halb-, Viertel- oder gar Achtel-Menschen um einen wären! Ein beklemmendes, ein verheerendes, ein beängstigendes Gefühl!

Es ist sozusagen nichts mehr oder nur noch ein Bruchstücksrest in dem Denkschatz und Vorstellungsvorrat der jungen Menschen vorhanden, der mit dem eigenen übereinstimmt und zu vergleichen ist.

Um dies zu verhindern oder wenigstens zu korrigieren, müßte man den Jüngeren alles, was man selber weiß und erlebt hat, ganz von vorne erklären und vergegenwärtigen und ihnen Nachhilfestunden über die Erlebnisfülle und Geschehensart zukommen lassen. Dies stellt natürlich ein utopisches und kaum realisierbares Unternehmen dar.

Das, was ich nicht mühsam bei den Jüngeren – und seien sie selbst meine Schüler – von mir gelebter Vergangenheit in die Gegenwart vermittelt und herübergerettet habe, ist bei den Jüngeren nicht vorhanden, kann nicht als selbstverständlicher Wissens- und Erlebnisfundus abgerufen werden. So stoße ich auf mannigfache Fehl- und Leer-Stellen.

Daraus ergibt sich: Nur auf einer schmalen und immer schmaler werdenden Basis gehören die Jüngeren zu mir, können sie Gesprächs- und Gedankenpartner meiner selbst sein. Sie können von meiner Erlebniswelt quasi nur ein verkümmertes und immer ferner werdendes Echo vernehmen. Ich kann nicht erwarten, daß sie meine Weltsicht ergänzen. Es ist so, daß ich immer nur der Gebende sein kann, nie der Beschenkte und Weitergeführte. Was ohne Zweifel den Umgang mit ihnen wesentlich erschwert.

Dies ist eine einschneidende Umkehrung des Verhältnisses zu den Mitmenschen!

Diesen Umschwung möchte ich, auf meine spezielle Situation angewandt, so definieren: Früher hatte ich viele ältere Lehrer und gleichaltrige Kollegen, mit denen ich geistig verbunden war. Heute ist es ganz anders. Von meinen vielen Lehrern und älteren Kollegen-Freunden leben kaum mehr welche, und sogar die gleichaltrigen sind immer weniger geworden. Ich selber bin schon längst vom Schüler-Sein in die Lehrerposition übergewechselt. Ich selber bin das geworden, was die anderen, die Älteren für mich waren! Meine einstmals jüngeren Schüler-Freunde sind inzwischen nachgewachsen und vielfach zu eigenen Persönlichkeiten ausgereift. Nicht, daß ich mit ihnen keinen regen geistigen Gedankenaustausch hätte. Daran fehlt es keineswegs. Dieser ist sogar äußerst intensiv und heftig. Es kommt aber darauf an, in welcher Schicht und in welchem von meinem so verschiedenen Erlebnisbezugssystem ich mit den Jüngeren sprechen kann und muß. Und dabei ist festzustellen: Sie haben eine ganz andere Geisteslage als ich selber. Ihnen ist stets nur das gegenwärtig und meiner Weltsicht verwandt, was ich ihnen vermittelte. Ihnen fehlt die Lehre meiner Lehrer, die mich prägte. Bei der Unterhaltung mit Jüngeren kann ich nie auf Erlebnisse und Ereignisse zurückgreifen und mich berufen, die meine Altersgenossen, wenn ich mit ihnen rede, als real miterlebten, zur Grundlage ihres Denkens und Fühlens unverlierbar und lebensnah machten. Hier setzt etwas Entscheidendes für die vollgültige zwischenmenschliche Verständigung und den absoluten Konsensus aus.

Denn es liegt eine folgenschwere Vertauschung von Selbst-Erlebtem zu nur von Ferne Gehörtem vor. Es ist ein himmelweiter Unterschied, ob ich eine Sache wirklich selber erlebt, erfahren und in der Unmittelbarkeit des Geschehens leibhaftig mittendrin gesteckt habe, oder ob ich eine Sache nur von anderen, sozusagen nur als schon vollzogene und womöglich schon überholte Geschichte und legendäre Vergangenheit erzählt bekomme.

Es ist bei diesem Vorgang höchst seltsam: Man wächst, ohne daß man es will, «aus seiner Zeit heraus». Man wird, ohne daß man es zunächst merkt: Ahne! Man wird selber Geschichte. Man wird mit der Irrealität des Gewesenen gefüllt! Allein schon durch die Tatsache, daß man das Leben vorher begonnen hat als die junge Generation, wird man aus der Gegenwart beiseite geschoben. Ich als 1909 Geborener stehe jetzt, 1980, meistens 1930 bis 1940 Geborenen und damit 1980 erst 50- bis 40jährigen gegenüber. Dies erlebe ich an meinen Schüler-Freunden und -Freundinnen. Florian Merz, geboren 1933, Günther Diehl, geboren 1941, Hans Gottfried Schubert, geboren 1936, Wolfram Seidel, geboren 1935, Björn Fühler, geboren 1935, Iris Seuffert, geboren 1934, Gesa van Schoor, geboren 1934, Bernd Birmesser, sich selbst Perá nennend, geboren 1946.

Man lebt sich durch diese unverrückbaren Fakten seltsamerweise automatisch von der nachkommenden, jungen Generation weg. Man kann gar nicht in die junge Generation hineinwachsen. Dazu müßte man ja seinen Vorsprung, sein intensives, vollblütiges die Welt damals und früher Auf-sich-wirken-Lassen, d. h. seine wichtigste eigene Lebensstrecke, leugnen! Wer könnte dies schon?!

Man müßte sein lebendig frisch gelebtes Leben vergessen und dadurch sein eigenes Wesen und Voll-Ich verstoßen. Aber wie kann ich dieser an sich absurden, schwer mit Vergangenheit belasteten Situation gerecht werden?

Über die Schwierigkeit, daß der alte Mensch von der jungen Generation nicht mehr verstanden wird und er selber womöglich die junge Generation nicht mehr versteht, bemerkt Goethe im Januar 1832 gegenüber Riemer: «Der Alte verliert eines seiner größten Menschenrechte: er wird nicht mehr von seinesgleichen beurteilt.»

Das Problem stellt sich etwas anders ausgedrückt folgendermaßen: Wie vermag ich die mir entzogene, früher voll gelebte Gegenwart, die inzwischen irreal gewordene Vergangenheit und damit in gewisser Weise zum Ballast erklärt, doch noch in ihrer unleugbaren Gewichtigkeit positiv buchen?

Zu diesem Zweck muß ich an ganz andere Institutionen meinen Appell richten! Hier muß ich mich in irreale Sphären begeben. Nämlich in das Geisterreich.

Als Ahne darf ich meine eigenen Ahnen nicht vergessen! Ich kann nichts anderes tun, als mich mit den Verstorbenen verbinden, mein noch lebendes eigenes Ich mit ihnen verknüpfen, um mein eigenes Ich vor dem Zerfall zu retten!

Die vielen und immer mehr werdenden Toten, die mir im Leben etwas bedeuteten, da ich an deren Gedankenwelt auch Anteil hatte, ziehen mich gleichsam mit magischer Anziehungskraft zu sich in den Himmel herauf. Ja, sie warten, bis sie so stark sind, auch mich in ihre Schar aufzunehmen.

Im Gestorben-Sein der mir wertvollen Menschen meiner Umgebung erlebe ich selber eine natürliche Art von Himmelfahrt, von Himmlischwerdung. Der Ablösungsprozeß von der Irdischkeit wird mir dadurch leichtgemacht.

Es sagte mir vor einiger Zeit, es war vor dem 28.1.1973, Frau E. R., daß sie sich darauf freue, wenn sie gestorben sei, dann wieder im Himmel mit ihren lieben Eltern und mit ihrem lieben Mann sprechen zu dürfen. D. h., das Leben hier unten hindert sie sozusagen, mit ihren lieben Eltern und ihrem lieben Mann zu sprechen. Zugleich soll dies auch heißen, daß sie eigentlich mehr zu ihren Eltern gehört als zu allen übrigen Menschen, mit denen sie hier unten auf Erden verkehrt und sprechen kann.

Und diesen Vorgang halte ich auch wesentlich für die Allwerdung des Menschen, als Übergang vom zeitlich-irdischen zum ewig-himmlischen Zustand und Sein.

Diese Sehnsucht ist nicht nur Einsamkeit und Verlorenheit, sondern im Gegenteil: im höheren Sinne die wirkliche Teilhabe an einem Reich des Geistigen und Fort- und Fort-Wirkenden.

Zu der hier angesprochenen Relation der Toten zu den Lebenden stellt Walt Whitman in «Grashalme» folgende Überlegung an:

Nachdenklich und stockend

Nachdenklich und stockend
Schreib ich die Worte «Die Toten»,
Denn lebend sind die Toten.
(Vielleicht die einzig Lebenden, einzig Wirklichen,
Und ich die Erscheinung, ich das Gespenst).

IV. Ich und meine Auseinandersetzung mit den historischen und modernen Lebenslauf-Schemata

Mein Freund Walter Schmidt hat 1980 zu meinem 71. Geburtstag auf einer Glückwunschadresse meinen Lebenslauf illustriert.

Ich muß mich fragen, wie bewältigte es der Zeichner, das unendlich lange Band meines Lebensweges, der sich über 70 Jahre, über mehr als achthundert Monate und mehr als zweimal zehntausend Tage hinwegzieht, zur Darstellung zu bringen?

Walter Schmidt wandte die einfachste und naheliegendste Form der Darstellung eines Lebenslaufes an, wie sie uns die neuere Kunstgeschichte in der räumlich unendlich ausgebreiteten, sogenannten Weltlandschaftsmalerei anbietet.

In dieser Ausdehnung der Landschaft ist Gelegenheit geboten, das Motiv des Lebenslaufes als Lebenswegband in großem Bogen in beliebiger Erstreckung durchzuführen.

Der Weg beginnt hoch oben in der Mitte des Blattes an dem Gestade des Zürichsees, wo mein Geburtsort liegt und unser Züricher Haus das Fähnchen mit dem Geburtsdatum 9.9.1909 trägt. Dann biegt der Weg links ab, bis er an eine Barriere, an einen Grenzpfosten kommt. Dies soll die Über-

Walter Schmidt. Zeichnung zum 71. Geburtstag des F. S. W. 1980.

siedlung meiner Familie von der Schweiz nach Deutschland, von Zürich nach Karlsruhe, im Jahre 1921 kennzeichnen.

An die weitere Lebensstraße, die am linken Bildrand herunterzieht, legt sich das Gebäude des Karlsruher Gymnasiums, das ich von 1922 bis 1930 besuchte. Zwei weitere Kulturgebäude sollen meine Aufenthalte als Student und Wissenschaftler charakterisieren; für die Studentenzeit in Freiburg die stolze Einturmfassade des Freiburger Münsters, für den Aufenthalt in Rom als Stipendiat an der Bibliotheca Hertziana von 1937 auf 1938 der gewaltige Bau der Peterskirche.

Inzwischen habe ich mich zum Autor von wissenschaftlichen Abhandlungen hochgearbeitet, und ein großer Bücherstapel hat sich am Wege angesammelt. Auf diesem Stapel stehe ich wie auf einem Denkmalsockel und lese sicherlich eines meiner selbstverfaßten Bücher.

Für die Kennzeichnung meiner langen Karlsruher Jahre, von 1951 bis jetzt, erscheint das Karlsruher Schloß. Ich selber gehe unbeirrt auf meinem Lebensweg dahin als pensionierter Hochschulprofessor mit Baskenmütze, die Hände in die Taschen des etwas zu kurzen grauen Mantels gesteckt, wie es ganz seinem wirklichen Aussehen und Schnitt entspricht. An dieser Stelle biegt der Weg nach rechts hin ab und erreicht die zeitliche Wegmarke des Fähnleins mit der Aufschrift 9. 9. 80 und läuft in die unbestimmte Zukunft aus, die mit der Aufschrift gekennzeichnet ist: «Weiterhin ...»

Daß der Lebenslauf eine zeitliche Erstreckung über den Raum hinweg hat, war nicht zu allen Stilepochen im Bilde darstellbar oder vielleicht auch wünschenswert. Diese Möglichkeit blieb nur ganz bestimmten Epochen vorbehalten. So ist dies der Fall in der neuzeitlichen Landschaftsmalerei, die die Größe des Naturraumes eroberte.

Wenn wir danach fragen, wie frühere Epochen, etwa das Mittelalter, den Lebenslauf und die davon abgeleiteten Lebensalter auffaßten, so sieht die bildliche Darstellung und die geistige Einreihung des Problems des Lebenslaufes ganz anders aus. Für das Mittelalter war der Lebenslauf nicht so sehr der kontinuierliche, reale Ablauf des Lebens des einzelnen Menschen, sondern es wogen die einzelnen in sich abgeschlossenen Stufen als nebeneinander stehende Eigenwerte mehr.

Die Lebensalter als Lebensstufen zählten zu den großen Weltmächten, aus denen das Weltgebäude nach der Meinung des Mittelalters zusammengesetzt ist. Diese Weltkonzeption wurde am sichtbarsten in der geistigen Konstruktion der Kathedralen faßbar.

Die zu Gruppen zusammengefaßten und in den Programmen der Kathedralen erscheinenden Weltmächte sind die Schöpfungstage, die Jahreszeiten, die Tageszeiten, die Monate, die Weltalter, die vier Elemente, die Erdteile, die Winde in der Windrose, die vier Paradiesesflüsse, die Tierkreiszeichen, die Tugenden und die Laster und eben auch die Lebensalter.

Die denkerischen Grundlagen der Begriffsschemata der Kathedralen finden wir in den Miniaturen der Codices.

Es sei auf ein Beispiel hingewiesen aus einer Handschrift in Wolfenbüttel aus dem 12. Jahrhundert, wo die Kreissegmente der sechs Weltalter den sechs Kreissegmenten der Menschenalter gegenübergestellt sind. Auf das parallele Begriffsschema, wie das Mittelalter das Jahr mit den 12 Monaten und den 4 Elementen kombiniert, in einer Miniatur aus dem 10. Jahrhundert, machte ich in dieser hier vorliegenden Biographie in dem Kapitel «Ich als Chronosmensch» aufmerksam.

Die Anzahl der Lebensalter des Menschen kann wechseln. Sie schwankt zwischen 4, 6, 7, 10 oder 12 Abschnitten.

Die Siebenzahl wurde bereits in der Antike entwickelt. Dort wurde die heilige Zahl Sieben der Planeten am Himmel auf die Zahl von sieben Lebensaltern der Menschen übertragen. D. h. es wurde eine symbolhafte Übereinstimmung des Baugefüges des Makrokosmos des Sternenhimmels und des Zeitablaufes des Mikrokosmos der Lebensdauer des menschli-

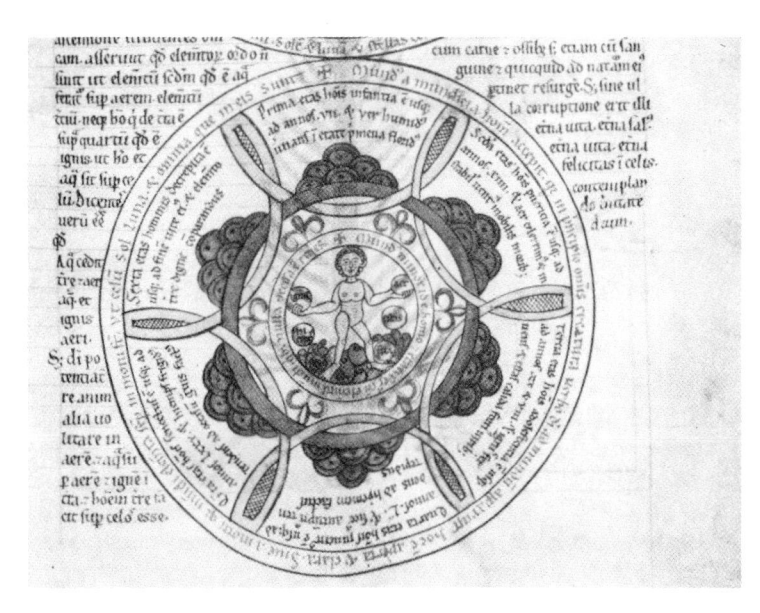

Miniatur aus Wolfenbüttel. 12. Jhd. Die sechs Lebensalter.

chen Organismus angenommen. Hippokrates war der erste, der die Etappen des menschlichen Lebens mit den vier Jahreszeiten der Natur und das Alter mit dem Winter verglich.

Auch im Mittelalter wurde diese Tradition fortgesetzt und entsprechend zeittypisch modifiziert. Die Stufen der Lebensalter werden dann in die Gebete und in die Ermahnungen zu einem christlichen Leben aufgenommen. So entsprechen die Lebensalter den einzelnen Tageszeiten des Offiziums. Darüber berichtet Fritz Ohly in «Schriften zur mittelalterlichen Bedeutungsforschung» im Aufsatz «Die Kathedrale als Zeitenraum»:

«Die sieben Alter des Menschenlebens sahen vor Sicardus von Cremona schon Johannes Beleth in ‹De ecclesiasticis officiis› (1160/64) und eine Generation vor diesem schon Honorius Augustodunensis in der ‹Gemma animae› im Gebet der Tageszeiten durchlaufen. Der Mensch geht in den Horen Tag für Tag seine sieben Lebensalter durch:

Matutin = infantia
Prim = pueritia
Terz = adolescentia
Sext = iuventus
Non = aetas virilis
Vesper = senectus
komplett = aetas decrepita et finis humanae vitae.
Sie sind zum Lob des Schöpfers alle gleich bestimmt.»

Am Portal des Baptisteriums in Parma erscheinen in den Reliefs von Antelami die sechs Werke der Barmherzigkeit den sechs Lebensaltern gegenübergestellt.

Als man anfing, sich aus dem starren mittelalterlichen Begriffsschema der Darstellungen der Menschenalter zu lösen, bekam man mit dem Spätmittelalter ein besonderes Gespür für den kontinuierlichen Ablauf des Menschenlebens. Dafür ist es

Aus dem «Losbuch» von Augsburg. Die sieben Lebensalter und das Glücksrad. 1461.

bezeichnend, daß damals im Gegensatz zu der bisher sehr häufigen Siebenteilung die Zehnerteilung angewandt wurde.

Als geeignetes Beispiel, den Zeitablauf des Lebens gleichsam wie auf einem Uhrzifferblatt abzulesen, stellte sich das ikonographische Motiv des Rades der Fortuna zur Verfügung.

Beim üblich gewöhnlichen Rad der Fortuna wurde zunächst gezeigt, wie der Mensch den Wechselfällen des Schicksales ausgesetzt ist. Einmal ist der Mensch glücklich oben, das andere Mal sinkt sein Stern, und er fällt von seiner hohen Position in die Tiefe des Verderbens herab.

Das Motiv des Rades der Fortuna war im Mittelalter ein beliebtes Motiv. Man findet es in monumentaler plastischer Ausführung als Radfenster an den verschiedensten mittelalterlichen Kirchen, so an der Stiftskirche in Tübingen.

Nun gibt es für unser spezielles Thema eine geschickte

Kombination des Rades der Fortuna mit dem Ablauf der Lebensalter des Menschen, wobei anschaulich der geschlossene Kreis der Lebensalterstufen von der Geburt bis zum Tode gezeigt werden kann. Diesen Vorgang führt eine Zeichnung aus dem «Losbuch» von Augsburg aus dem Jahre 1461 in der Bayrischen Staatsbibliothek in München vor.

Acht Lebensphasen ranken sich um das Rad der Fortuna. Unten links am Boden liegt das Kind in der Wiege. Oberhalb von ihm ist der Knabe (puer) mit 15 Jahren. Noch eine Stufe höher der Jüngling (adoleszens) mit 25 Jahren.

Auf des Rades Höhepunkt steht der Junker (juventus) mit 35 Jahren. Er ist ein stolzer Ritter in der Rüstung mit einem Banner in der Hand. Von hier ab senken sich Glück und Schicksal.

Der Mann (vir) mit 50 Jahren besitzt schon nicht mehr die volle Leibeskraft, um aufrecht zu stehen. Er ist hier sitzend auf der Radkufe gekennzeichnet.

Der Greis (senex) mit 90 Jahren ist noch hinfälliger geworden. Er kauert tief gebeugt und hält einen Stock in der Hand, der die fehlende Körperkraft kompensieren soll. Und dann als Gegenperson zum Kind in der Wiege erscheint der Tod als Gerippe. Er hält einen Spaten in der Hand, mit welchem Instrument er das Grab zu schaufeln vermag.

Nach diesem Tiefpunkt der zerstörten leiblichen Existenz erfolgt eine Überraschung. Der Tote hat wieder Leben bekommen und aufersteht aus seinem Grabe, indem seine Seele zum glückseligen Engel (angelus) gewandelt wurde. Damit dieses Wunder aber geschehen kann, muß sich etwas Entscheidendes im Seins-Zustand des Menschen ereignen. Fortuna, die das Rad der Zeit vorantreibt, muß außer Aktion gesetzt werden. Und um dies auch zu erklären, ist am Rande des Sarkophages das lateinische Wort «interruptio» = Unterbrechung geschrieben. Dies bedeutet: Ein anderes Maß von Zeit beginnt. Das bisher gültige irdische Zeitmaß ist außer Kraft gesetzt. Es herrscht von nun ab nach der Metamorphose des irdischen Daseins des Menschen zum himmlischen Engel-Sein die überirdische zeitlose Ewigkeit.

Dieses Rad der Fortuna als Stufenkreis der Lebensalter zeigt schlüssig das nahe Beisammensein von Anfang und Ende des menschlichen Lebens, des Kindes in der Wiege und des Auferstehenden aus dem Grab.

Die Altersstufen des Menschen als Lebenswegbrücke

Wenn man nun das Leben nicht im Zusammenhang mit dem Rad der Fortuna sieht, wie bei diesem spätmittelalterlichen Beispiel, so bildete sich in der Renaissance und im Barock ein anderes Schema in den Darstellungen des Lebenslaufes heraus: das Schema des Halbkreisbogens der Lebensweg-Brücke.

Das Motiv des Lebensweges als Brückenbogen ist gegenüber dem frei schwebenden runden Rad stärker auf die irdische Realität bezogen. Die Brücke hat ihre doppelte Verankerung und ihre Widerlager auf dem Erdboden.

Dieses Brückenmotiv, verbunden mit Treppenstufen, machte dann vom 16. bis zum 19. Jahrhundert hindurch lange Zeit Schule. Auch im 20. Jahrhundert können wir noch Ausläufer dieses Motives feststellen.

Wenn das Rad der Fortuna als Lebensalterschema einen Bezugspunkt in der höheren Sphäre besaß, d. h. in der überirdischen Zeit durch die Unterbrechung, und damit die Überwindung der irdischen Vergänglichkeit auslöste, so wurde dieser Bezug des menschlichen Lebens zur christlichen Heilsverkündigung noch im Schema des Brückenmotives beibehalten. Und dies geschah im Durchblick des Brückenbogens, wo jeweils die Endzeit der Welt beim Jüngsten Gericht gezeigt wird. Die Posaunen ertönen, die Toten steigen aus ihren Gräbern und flehen um das ewige Leben. Ein schönes Beispiel ist der niederländische Kupferstich aus dem 17. Jahrhundert mit der Überschrift: «Trap des Ouderdomes» und der Unterschrift «Des Menschen op en nedergangh; valt d'ene soet en d'ander bangh».

Um dem Gedanken des Aufstieges und Niederganges des menschlichen Lebens darstellerisch Nachdruck zu verleihen, haben die Barockkünstler für die jeweilige Altersstufe Treppenstufen bereitgestellt. Dieser Architekturform, diesem architektonischen Gerüst muß sich der Mensch beugen.

Das architektonische Darstellungsschema des Treppenbogens findet man auch in anderen Zusammenhängen. So auf einem Holzschnitt des 16. Jahrhunderts, der die Stufen der Wirklichkeit vorführen soll, im speziellen, wie der Mensch ist, lebt, fühlt und erkennt.

Diese Dramatik des Anschwellens, Sich-Kumulierens und wieder Abschwellens ist tief im architektonischen Denken des Barocks verhaftet. Wir finden es auch in den Bauwerken wieder, wie z.B. den Schloßbauten, deren einer Flügel niedrig beginnt, im Mittelportal seinen Höhepunkt erreicht und im wieder niedriger gehaltenen Gegenflügel abklingt. Dieses Schema konnten wir schon in der Abbildung des Karlsruher Schlosses in der Lebenslaufzeichnung von Walter Schmidt kennenlernen.

Im Barock ist laut den Abbildungen der Lebenslaufschemata das Leben des Menschen ganz bestimmten Ordnungsprinzipien unterworfen. Das Leben ist dem Rhythmus der Dekade, der Zahl Zehn, als einer der wichtigsten Ordnungszahlen der Weltordnung unterstellt. Sogar die bevorzugte Anzahl von zehn Jahren ist durchgehalten. Alle zehn Jahre beginnt ein neuer Abschnitt. Und zehnmal diese Abschnitte ergeben die meistens nicht der Wirklichkeit entsprechende Länge des Lebens von 100 Jahren.

Außerdem ist sehr auf die Einhaltung des Prinzips der Symmetrie geachtet. Der Höhepunkt, die Akmä, ist genau in

Lebenslauf – Schemata 519

Treppe der Lebensalter. 17. Jhd.

Stufen der Lebensalter. Spanischer Kupferstich. 19. Jhd.

520 Lebenslauf – Schemata

Die Stufenjahre des menschlichen Lebens. Kupferstich. 19. Jhd.

Das Stufenalter des Menschen. Kupferstich. 19. Jhd.

der Mitte der Lebenslaufbrücke: bei 50 Jahren vorher und gleichviel Jahren nachher.

Dem allgemeinen Stilempfinden entsprechend nimmt die barocke Dramatik der architektonisch betonten Brückenbogengestaltung im 19. Jahrhundert ab.

Die architektonische Gesinnung im Klassizismus oder auch im Biedermeier schwindet, wird zahmer und undramatischer. Dafür könnte man viele Beispiele auch aus der Baukunst anführen. Diese gleiche Tendenz wird auch in der Auffassung der Lebenslaufdarstellungen spürbar, was ihre architektonische Gefügtheit betrifft. Der Wandel macht sich darin bemerkbar, daß bei den Darstellungen der Lebenslaufschemata des Biedermeiers der Brückenbogen an Höhe und Kraft abnimmt. In der Mitte wird der Brückenbogen dünn, und im ganzen wird er flach geführt, ohne eigentlich einen pronuncierteren Höhepunkt aufzuweisen.

Eine derartige Konstruktion kann an dem Kupferstich mit der spanischen Inschrift: «Asi pasa la gloria del mundo» und «Graduacion de las edades» festgestellt werden. Dies besagt im ganzen gesehen, daß sich für den Menschen des 19. Jahrhunderts der Lebensrhythmus gleichförmiger, unartikulierter, horizontaler, irdisch flach, ohne Spannung zwischen Höhepunkt und Tiefe vollzieht.

In dieser Hinsicht ist es ebenfalls typisch, daß auf diesem spanisch beschrifteten Lebenslaufschema die Lebensaltersstufen als Paare auftreten, die gar nicht mehr als Einzelpersönlichkeiten voneinander abgesetzt sind, sondern in einen in sich lücken- und zäsurlos zerfließenden Menschenstrom einmünden.

Die Paare postieren sich nicht mehr statisch frei und eigenständig, sondern sind im Gehen und Sich-Umwenden begriffen, und damit huldigen sie dem neuen Lebensgefühl des haltlosen Vorüberfließens.

Gleichsam als Rest des früheren Absetzens der einzelnen Lebensaltersstufen sind am Anfang die Szene, wie eine Mutter dem Kinde die Brust reicht, und am Ende die Todesstunde, wie ein Paar im Bette stirbt, abgesondert. Daraus geht hervor, daß die bisherige Kontinuität der einzelnen Abfolge der Stufen willkürlich zerbrochen und unrhythmisch und unarchitektonisch geworden ist. Das Leben des Menschen ist in dieser Theorie seiner strengen Gesetzmäßigkeit beraubt und zu einem akzentlosen Partikel des Dahinschleichens im Strome der Zeit geworden. Den Menschen hat schon im Keime die Flüchtigkeit des modernen Verkehrsstrom-Menschen ergriffen.

In der zweiten Hälfte des 19. Jahrhunderts werden diese Tendenzen noch verschärft. Es tritt höchst auffällig eine Verkümmerung der Verankerung des Lebenslaufes in überzeitliche Sphären ein. Vor allem geht der große weltgeschichtliche und religiös-geistige Bezug zum Anfang und zum Ende des menschlichen Lebens offensichtlich verloren.

Die Fragen: Wo komme ich als Mensch her? Wo gehe ich hin? sind nicht mehr gestellt.

Wie aus dem Nichts kommend, wird in dem Kupferstich «Die Stufenjahre des menschlichen Lebens» mit dem schon recht groß gewordenen Kind begonnen, das aufrecht in seinem Laufstall stehend gezeigt wird. Die Anfangsstufe als frischgeborener Säugling wird weggelassen. Als letzte Phase des Menschen wird vorgeführt, wie der noch aufrecht sitzende 100jährige Greis eben das eine Bein in den Sarg hineinstellt. Was sich weiter ereignet, nachdem der Greis gestorben ist, ist nicht mehr erwähnenswert.

Man hat das Gefühl, daß man sich nun scheut und sträubt, dem schon aus dem Leben Geschiedenen, dem toten, horizontal liegenden menschlichen Körper die Ehre anzutun, ihn zu beachten. Der Tote wird sozusagen aus dem Vorstellungsschatz ausgeschieden und gemieden. Das Gestorbensein ist dem ausschließlich irdischen Tun zugewandten Menschen anscheinend unangenehm, und deshalb scheidet die Beschäftigung mit dem Tode absichtlich aus dem Denkkreis solcher Menschen aus.

Die für den Gesamtzusammenhang des Weltgeschehens, an dem der Mensch Anteil nimmt, wichtigen Phasen, wie der Eintritt in die Welt, also Geburt und das Geborgensein in der Wiege, aber auch beim Scheiden aus der Welt durch das Sterben und die Geborgenheit im Grab, werden nur noch angedeutet oder sogar völlig weggelassen.

Der Anschluß an die Endzeit des Weltgeschehens, an das Jüngste Gericht, d. h. die Entscheidung zwischen Erlösung oder Verdammnis, das bisher eine verbindliche Beigabe der Lebenslaufschemata war, wird ebenfalls gestrichen. In den barocken Lebenslaufschemata gab die Darstellung des Jüngsten Gerichtes gerade den wichtigen Anschluß an die außerirdische, mythisch-religiöse Sphäre. Vor allem beinhaltet das Jüngste Gericht auch noch die moralische seelische Dimension von Schuld und Sühne. Dies wird nun alles kassiert. An Stelle dieser Dimension wird aber kein gleichwertiger Ersatz gesetzt. Woher sollte er auch genommen werden?

In dem Kupferstich «Das Stufenalter des Menschen» wird unter die Lebensstufenbrücke an Stelle des Jüngsten Gerichtes die Darstellung des Paradieses gesetzt. Der Mensch ist eben erst dabei, durch den Sündenfall seine Unschuld zu verlieren. Sonst aber lebt er unter den Tieren des Paradieses unbeschwert-selig dahin. Anstatt daß der Mensch durch die Sünde der Vergänglichkeit anheimfällt und damit auch dem Tode verfällt, wird ein wunderbarer Idealzustand gezeigt.

In dem erwähnten Kupferstich der «Stufenjahre des menschlichen Lebens» ist an Stelle des Jüngsten Gerichtes ein in der irdisch-alltäglichen Sphäre verharrendes real-banales Friedhofsfeld mit Grabkreuzen und einem symbolisch für die Vergänglichkeit gesetzten Stundenglas dargestellt. Dies ist also der Weisheit letzter Schluß, sozusagen ein säkularisiertes Jüngstes Gericht, bevor die Toten aus ihren Gräbern steigen. Aber dies vermögen sie nicht mehr, da nur noch in irdischer Dimension nach dem Schicksal des Körpers, der leiblichen Hülle des Menschen gefragt wird. Und, wie wir gesehen haben, geschieht auch dies unvollständig. Was mit der Seele des Menschen geschieht, ist irrelevant und bleibt deshalb ohne Antwort. So kurzatmig und fragmentarisch ist die Vorstellung des Lebenslaufes bei dem rationalen, nur in irdischen Dimensionen denkenden Menschen.

Die architektonische, zahlenmäßig festgelegte Rhythmisierung des Ablaufes des Lebens wird nun im selben Zuge aufgeweicht. Die zehn Stufen zu je zehn Jahren werden zum Teil durchbrochen und damit der zahlensymbolisch ausgezeichnete Zehnerrhythmus verlassen.

Im Holzstich «Die Stufenjahre des menschlichen Lebens» wird in den frühen drei Stufen nicht, wie sonst bisher üblich, auf den Zehnerrhythmus angespielt. Es werden einfach die allgemeinen, zeitlich vage begrenzten Bezeichnungen: Kind, Knabe, Jüngling, Mann eingesetzt. Und dann wird das System auf präzise Zahlenangaben umgestellt.

Beim Höhepunkt des Lebens wird zahlenmäßig genau von 40 Jahren gesprochen. Da heißt es in der Unterschrift: «Der 40-jährige gleicht dem Löwen, der majestätisch wie ein König das Bewußtsein besitzt, daß er das vollkommenste Geschöpf der Erde ist.» Komischerweise ist der löwengleiche König kein echter König, sondern ein Stubengelehrter der Bildungswelt des 19. Jahrhunderts, der in einen Mantel gehüllt über das im Buche Gelesene nachsinnt und auf einem Sessel sitzt.

Mit der Annahme, daß der Höhepunkt des menschlichen Lebens mit 40 Jahren erreicht sei, wird auch eine von der Tradition abweichende Einteilung vorgenommen. Bisher wurde der Höhepunkt des menschlichen Lebens mit 50 Jahren, d. h. der Hälfte von 100 Jahren Gesamtdauer angenommen. Im genannten Lebenslaufschema wird merkwürdigerweise die Altersstufe von 70 Jahren übersprungen und in der Skala unbeachtet gelassen. Ebenso wird der 90jährige übersprungen, um mit dem 100jährigen Manne sozusagen ataktisch zu enden.

Diese unarchitektonische A-Rhythmik und individuelle Akzentuierung wird sich im 20. Jahrhundert bei den Lebenslaufschemata noch verstärken.

Arnold Böcklins Gemälde «Vita somnium breve»

Das Gemälde von Arnold Böcklin «Vita somnium breve» aus dem Jahre 1888 ist einerseits noch in gewissen Elementen dem traditionellen Thema der Lebenslaufbrücke verhaftet, und auf der anderen Seite äußern sich darin ganz andere Gedanken über den Ablauf des Lebens. Mit Recht konnte Ernst Würtenberger in seinem Buche «Zeichnung, Holzschnitt und Illustration» schreiben: «Böcklins ‹Vita somnium breve› ist eine volkstümliche sogenannte Lebensleiter, die als kolorierter Holzschnitt in jedem Hause hängen könnte.»

Das traditionelle, oftmals in Flugblättern verwendete Brückenmotiv klingt gleichsam noch an in der Architektur des

Arnold Böcklin. «Vita somnium breve». Gemälde. 1888.

Brunnenbogens mit seinen zwei Mauerstücken und den nach außen gedrehten und damit allerdings für das Betreten des Brückenbogens unnützen Treppenstufen.

An den Treppenstufungen nehmen bei den auf vier Phasen des Lebens geschrumpften Personen nur drei Personen Anteil. Zunächst die reife Frau rechts und der aus dem Bild herausreitende Ritter links, der sehnsuchtsvoll in die Ferne blickt.

Es ist eigentümlich und unkonventionell, wie als dritte Endphasenfigur auf der Akmä des Aufbaues, wo sonst der vierzig- oder fünfzigjährige Mensch in der höchsten Kraftentfaltung erscheint, nun der Greis auf einem Felsen ermattet sitzend vom Tode erschlagen wird.

Es ist eine völlig neue Deutung der Art des Sterbens, daß der Sterbende nicht wie sonst üblich langsam seine Lebenskräfte verliert und fast unmerklich von dem noch lebenden in den toten Seinszustand hinüberdämmert. Es ist auch nichts mehr von dem barocken Siegesbewußtsein vorhanden, das Leben mit Stolz beendet zu haben, wenn als Bilanz des Lebens geschrieben wurde: «Finis coronat opus». Hier wird die an sich natürlich bedingte Beendigung des Lebens als momentaner, brutaler Gewaltakt dramatisiert und in gewisser Weise auch eine Kritik an dem Naturgesetz geübt, daß der Mensch nur ein in seiner Lebenszeit begrenztes Wesen ist. Gegen diese Vorstellung rebelliert der moderne Mensch.

Der zweite, den vorhergehenden der Lebensleiter und Lebensbrücke durchkreuzende Gedanke ist aber ein ganz anderer.

Es ist der Gedanke des Lebensstromes in Form eines Quellbächleins, das aus einer Nische sprudelt und im Vordergrund des Bildes immer breiter werdend durch eine Frühlingswiese mit blühenden Blumen dem Beschauer entgegenfließt. Auf der Wiese ist Gelegenheit, die zeitlos glückliche Kindheit in ganzer Schönheit zu preisen. Ein Kinderpaar in seiner natürlichen Nacktheit sieht dem Spiele zu, wie ein Blumenstern stromabwärts getragen wird. Nur hier ist Friede, nur hier ist Glück. Beim Erwachsenenpaar der Frau und des Ritters sind die Menschen als Geschlechter getrennt.

In dieser Anordnung geschieht eine gewaltige Akzentverschiebung des Inhaltes gegen die bisher streng nach Altersstufen eingeteilten Lebensalterbrücken. Beginn und Ende des Lebens, so sehr sie auch bildkompositionell kontrastreich übereinandergestellt sind, sind völlig ungleichgewichtig geworden. Der unschuldigen, glückselig-paradiesischen, zeitlosen Kindheit ist der Vorzug gegeben vor allen anderen späteren entwicklungsbedingten Lebensaltersstufen. Es ist, als ob die weiteren Stufen nur noch von unheilvoller, unbefriedigender Problematik erfüllt seien.

Der Blumengarten ist aber auch zugleich die Vorstellung des glückseligen Zustandes der Toten, überhaupt des Paradieses. Im Rolands-Lied heißt es: «Gott schenke Eure Seelen (...) das Paradies und zwischen heiligen Blumen lasse er sie ruhen.»

Daß es bei den Lebensalterbrücken am Ende des 19. Jahrhunderts möglich ist, das biblische christliche Jüngste Gericht durch den Glückszustand des biblischen Paradieses mit dem ersten Menschenpaar auszutauschen, haben wir schon festgestellt.

Neu ist bei Böcklins «Vita somnium breve», wie auf jegliche Anspielung auf religiöse und theologische Bezüge verzichtet wurde. Auch jeder Bezug auf das Schicksal des Menschen nach dem Tode wurde vermieden. Die theologische, geistige Frage des Woher und Wohin des menschlichen Lebens ist weder gestellt noch beantwortet.

Es ist erschütternd, wie das Leben in einem brutalen Gewaltakt endet, nach altem Schema gleichsam auf dem Höhepunkt, auf dem Gipfel der Lebensbrücke. Den Menschen wird nicht einmal das Absinken, der «Abhang der Lasten» wie es auf einer Darstellung einer barocken Lebensalterbrücke heißt, gegönnt.

Die Gestaltung und Deutung des Lebenslaufthemas wurde hier absolut dem Gutdünken und der freien Entscheidung des Künstlers anheimgestellt. Er erklärte das Leben zum «kurzen Traum»: im großen Strom der Zeit ein Nichts.

Lebenslaufschemata der Moderne: Saul Steinberg

Kommen wir nun zur Auffassung der modernen Zeit des 20. Jahrhunderts über die Lebensalter, so wächst die Unsicherheit des Menschen in seiner Stellung in der Welt. Er verliert immer mehr das Bewußtsein der sinnvollen Verhaftetheit im Zusammenhang mit dem Weltganzen. Es überkommt den Menschen dadurch zugleich ein nicht genug ernst zu nehmender Entmenschlichungsprozeß.

All dies können wir sehr eindrücklich an den Lebenslaufschemata des amerikanischen Zeichners und Zeitkritikers Saul Steinberg (geb. 1914) erkennen, der sich in letzter Zeit sehr intensiv mit dem Problem der Lebensstufen des Menschen auseinandersetzte.

Bei Saul Steinbergs Zeichnungen von Lebensläufen fällt es auf, wie aufgelockerter, wie weltphilosophisch willkürlich subjektiv, wie spielerisch variantenreich, wie oft unarchitektonisch, wie untraditionell eigenschöpferisch und wie kaltblütig-rigoros denkerisch er das Problem des Menschen überhaupt und seine Lebenslaufdeutungen sieht.

Alle Bremsen um der Humanität willen sind bei ihm gelockert. Diese Verschluderung und Mißachtung des Menschen fällt im Vergleich mit den Lebenslauf-Schemata im Barock besonders kraß auf. In den barocken Lebenslauf-Schemata wurde der Mensch noch ernstgenommen. Er bewahrte das ihm gebührende Eigengewicht. Er behielt seine Würde und wurde nicht zur außermenschlichen Materie und in ein brutal-physikalisches Kräftespiel heruntergezwungen.

Man kann erstaunt sein, in welche existentiell verschiedenartige Sinn- und Seinszusammenhänge Saul Steinberg die Menschen hineinschleudert und wie er mit dem Menschenschicksal modern freiheitlich und psychologisch analysierend, und damit die Substanz des Menschen auflösend, umspringt.

Der Mensch ist der Spielball der pseudowissenschaftlichen Phantasie des Künstlers.

Im Œuvre von Saul Steinberg sind sieben Varianten von Darstellungen von Lebensläufen feststellbar. An sich behält er in sechs Fällen noch das barocke Motiv der Treppe bei. Nur einmal erscheint das architektonisch wirkungsvolle barocke

Brückenmotiv mit dem Bogendurchgang in der Mitte. Ein andermal klingt das Brückenbogenmotiv nach in einem im Treppenaufbau nach rechts hin verschobenen Regenbogen, unter dem sich die Szene abspielt, wo ein Reiter mit einer Lanze das ebenfalls mit einer Lanze bewaffnete Totengerippe bekämpft. Es ist das einzige Mal, daß in einem winzigen Figürchen der Tod eine unscheinbare Gastrolle gibt. Wie der Mensch im 19. Jahrhundert den Tod aus seiner Vorstellung verdrängt, haben wir schon gesehen.

Saul Steinberg reduziert die Dekade der 10 × 10 Lebensstufen mit der Gesamtsumme von 100 Jahren von 11 Personen auf 5 oder 7 oder 9 Phasen, oder erweitert sie auf 12 Phasen.

Charakteristischerweise für das moderne Denken kassiert der Zeichner und Lebenslauf-Philosoph Steinberg ebenfalls den Anfang des Lebens bei der Geburt in der Wiege und das Ende des Lebens auf dem Totenbett! Diese entscheidenden Verbindungsphasen, die den Menschen mit einem höheren Seinszustand, nämlich mit der Ewigkeit und mit dem All verbinden, interessierten den modernen Menschen nicht. Die wesentliche Verhaftetheit mit übergeordneten Gesichtspunkten ging verloren.

Diese unbegreiflich unrealistische Haltung entspricht dem ständigen Hintergehen des natürlich wirklichen Rhythmus der Zeit durch den modernen, kopflos dynamisch dahinrasenden Menschen. Der moderne Mensch ist Verkehrsmensch. Er wird unterwegs geboren und stirbt auch so. Es tritt dadurch für sein Seins- und Über-Seins-Bewußtsein eine katastrophale Einengung, eine Beschränktheit und ein Schwund an Bewußtseinsgröße im Denken ein.

Aber, wie sieht der gekürzte Lebenslauf bei dem modernen Zeichenstift-Philosophen Saul Steinberg aus?

In der verkürzten Lebensspanne ereignet sich zweierlei. Einmal kann es sein, daß die Lebensstufen ganz individuelle Sprünge machen. Die regelmäßige barocke Symmetrie von An- und Abstieg wird individuell verschoben und durchbrochen. So ist dies im Lebenslauf einer Modedame der Fall. Im Anfang ihres vor allem der Modekleidung gewidmeten Lebens gibt es einen steilen fünfstufigen Treppenaufstieg, und dann folgt ein siebenstufiger flacherer Abstieg.

In welcher Lebenssphäre nun der Lebenslauf der Modedame sich vollzieht, geht in die Richtung, die einmal Gottfried Benn («Fragmente» III. 2541) (vgl. Dieter Wellershoff, Gottfried Benn, Phänotyp der Stunde. Köln-Berlin 1958), zynisch charakterisierte:

Saul Steinberg. Die Lebensstufen einer Modedame.

«Ausdruckskrisen und Anfälle von Erotik:
das ist der Mensch von heute,
das Innere ein Vakuum,
die Kontinuität der Persönlichkeit
wird gewahrt von den Anzügen,
die bei gutem Stoff zehn Jahre halten.»

Die Modedame ändert Jahr für Jahr wie ein Chamäleon ihr Aussehen. Jeder Wechsel bleibt im gekauften Aufzug stecken.

Der Lebenslauf des Geschäftsmannes, des Managers, unterliegt einer andersgearteten Rhythmik. Vom Kleinkind an erlebt er einen sechsstufigen steilen Anstieg, bis er den Höhepunkt seiner Geschäftslaufbahn erreicht, der sich dadurch auszeichnet, daß er nicht steht und sich auch keiner Kopfbedeckung erfreut, sondern behäbig selbstsicher hinter dem breiten Büroschreibtisch sitzt. Bei den drei letzten Stufen seines Aufstieges ist er Brillenträger geworden und hat damit schon äußerlich den Hauch eines Intellektuellen an sich. Dann erfolgt aber nach diesem Höhepunkt an Macht und gesammeltem Reichtum ein jäher Abfall bis auf das niedere Anfangsniveau des Kindseins. In dieser letzten Phase hat der Geschäftsmann sein höchstes Endziel erreicht. Er hat das alles aufreibende Geschäftsgebaren von sich geworfen. Er hat nun Zeit und Muße, sich ganz dem Odem der Natur hinzugeben. Die letzten Haare sind vom Kopfe verschwunden. Er wird zum Sommerfrischler im sonnigen Süden, unter Palmen wandelnd. Er steht da in aller paradiesischen Nacktheit, nur mit einer hobbymodischen geblümelten Strandhose bekleidet. Die gewöhnliche Brille hat er mit einer die Augen vor allzu großer Sonnenstrahlen-Einwirkung schützenden Sonnenbrille vertauscht. Schon vor seinem Tode hat dieser moderne Glückspilz ohne Zukunft über den Tod hinaus das Paradies auf Erden als neuer alter Adam erreicht.

Der Geschäftsmann hat ungefähr denselben Zustand erreicht, in den ich mich nach meiner Pensionierung in Spanien am Strand von Comarruga zwischen Barcelona und Tarragona hineinbegab und darüber im Kapitel «Der Versuch zur Rückkehr zum normalen, natürlichen Seinszustand nach meiner Pensionierung» (Brief vom 4. September 1971) berichtete.

Wenn ich die zweite Lebensstufe des Geschäftsmannes betrachte, wie er als Kind in Matrosenkleidung herausgeputzt wurde, so erinnere ich mich, wie auch ich eine ähnliche Phase durchgemacht habe. Auch meine Eltern glaubten, meine

Saul Steinberg. Lebenslauf eines Geschäftsmannes.

526 Lebenslauf – Schemata

Saul Steinberg. Lebensstufen des Mannes mit Endstation im Lehnstuhl.

Alfred Rethel. Der Tod als Freund. Holzschnitt. 1851.

F. S. W. im Lehnstuhl. Foto. Mai 1982.

Geschwister und mich in besondere Kleiderphantasien stecken zu müssen. So wurden für uns extra Jugendstilkleider angefertigt, in welchen wir dann auch auf dem großen Familiengemälde meines Vaters erscheinen. Oder ich bekam die Uniform eines Husaren, die ich mit Stolz trug.

Noch in einer anderen Zeichnung setzte Saul Steinberg auf das Alter des Mannes seinen besonderen Akzent. Es ist jene Zeichnung, in der ein alter Mann in seiner ganzen behäbigen Schwere und Dickbäuchigkeit in seinem Lehnstuhl sitzt und dabei gleichsam die früheren neun Altersstufen seines Lebens übersieht und überdenkt. Die neun frühen Stufen hat der Zeichner in nebelhaftem, irreal gestricheltem Zustand belassen, im Gegensatz zur festen und voll gezeichneten Gegenwart des alten Mannes in seinem Lehnstuhl.

Saul Steinberg griff das Motiv des Sitzens des alten Mannes im Lehnstuhl als Hauptmotiv seiner Abfolge von 10 Lebensalterstadien heraus. Dieses Motiv, das, wie gesagt, den Abbau der Körperkräfte kennzeichnen soll, wurde auch schon früher für die Lebenslaufdarstellungen herangezogen. Bei Tobias Stimmers «Lebensstufen des Mannes» mit 100 Jahren unter dem Motto «genad dir Got» sitzt der Greis gebeugt und entkräftet im Lehnstuhl. Hinter ihm zeigt der Tod das Stundenglas, das abgelaufen ist. Der bequeme Lehnstuhl ist die letzte Station des Lebens.

Der Lehnstuhl erscheint auch auf dem Holzschnitt «Der Tod als Freund» von Alfred Rethel aus dem Jahre 1851. Diese Sterbesituation machte auf mich immer den allergrößten Eindruck, wie der Sterbende wohlgeborgen und zufrieden in seinem Lehnstuhl zusammengesunken ist und dort dem Tode entgegendämmert.

Für meinen Freund Günther Diehl war dieser Holzschnitt ebenfalls eines der wichtigsten Bilder, die ihm im Gedächtnis geblieben sind. Er war als Kind mit vielen Ängsten belastet, und bei diesem Bilde hat er diese Ängste ablegen dürfen, wie er mir erzählte.

Früher verglich ich diese Situation mit dem Lehnstuhl, der in der Stockacher Wohnung meiner Großmutter mütterlicherseits genau so am Fenster stand, wie bei Rethels Turmwohnung. Abends verbrachte meine Großmutter darin ihre Mußestunden. Tagsüber kam sie nicht dazu, sich länger auszuruhen und es sich entsprechend bequem zu machen. Dieser Lehnstuhl meiner Großmutter steht jetzt in meinem Hause in Karlsruhe in der Stube meiner Schwester Monika, ebenfalls in der Fensterecke. Dieser Stuhl ist für mich wie ein Heiligtum. Nur wenn ich mich einmal ganz den Gedanken hingeben will und eine Ruhepause in der sonstigen Beschäftigung einlege, setze ich mich hinein. Sonst ist er fast eine Tabuzone, die durch ihr Alter und ihre Traditionsträchtigkeit nicht profanisiert und alltäglich benutzt werden soll. Ganz ähnlich halte ich es mit dem Lehnstuhl meines Großvaters väterlicherseits, der in meinem Studier- und Bibliothekszimmer, auch in der Nähe des Fensters steht. Auch ihn benutze ich nicht täglich. Nur dann, wenn ich

mir wirklich einmal eine absolute Ruhepause gönne. Dann ist es für mein Lebensgefühl gestattet, sich im Lehnstuhl gehen zu lassen. Sonst nicht.

Im anderen Fall des energiegefüllten Alltags empfinde ich den Gebrauch des Lehnstuhls als Sakrileg, als Zeichen der Faulheit, wie etwa Alfred Rethel in der Zeichnung der «Faulheit», dieses Laster anhand der Historienszene des Kaisers Wenzel des Faulen, des Erfinders des Petschafts, demonstrierte und der feiste Kaiser willenlos breit und schwer im Lehnstuhl sitzt.

Ich bin kein Anhänger der modernen Clubsessel, die für sich völlig gehenlassende Menschen erfunden wurden. Ich konnte einen Schüler und Freund begreifen, der sich darüber ärgerte, daß seine Schwiegermutter als Hochzeitsgeschenk

Ernst Würtenberger. Alter Mann im Herbst des Lebens. Gemälde. 1911.

seine ganze Stube mit dickgepolsterten Clubsesseln vollstellen ließ, weil er als tätiger Willensmensch diesen Luxus und diese Verweichlichung verachtete. Auch ich lehne solchen lähmenden Wohnkomfort mit austauschbaren Wohnlandschaftselementen als tägliche Gebrauchsmöbelierung ab. Und dies trotz der verlockenden, fast täglichen Angebote seitens geschäftstüchtiger Möbelfirmen.

Die Gebrechlichkeitsstufe des Menschen vor dem Zustand des Sitzens im Lehnstuhl ist diejenige, daß die Kraft des Menschen zum selbständigen Gehen und Sich-Aufrechthalten nachläßt und man zur Kompensation dieser Schwäche sich eines Stockes oder beim schlimmeren Stadium sich der Krücken bedient. So sehen wir beim Stich von J. C. Visscher «Trap des Ouderdoms» aus dem 17. Jahrhundert, wie der alte Mann mit 80 Jahren sich auf einen Stock stützt und mit 90 Jahren zwei Stöcke zur Fortbewegung benötigt. Mein Vater nahm dieses Sonderthema in einem Gemälde auf, wo ein altes Männchen die letzten Sonnenstrahlen benutzt und vor einer Mauer mit Herbstweinlaub stehen bleibt, sich mühsam mit letzter Kraftanstrengung auf einen Stock gestützt aufrecht haltend.

Wenn ich den Gebrauch des Spazierstockes in bezug auf meine Person betrachte, so muß ich feststellen, daß ich es kurz vor meinem 70. Lebensjahr für angenehm und als Gehhilfe empfand, zu meinen Spaziergängen im Schloßpark und Hardtwald in Karlsruhe einen Stock mitzunehmen. Meinen Kollegen in der Universität fiel dies auf, denn sie sind alle Autofahrer und gehen kaum mehr zu Fuß. Sie fragten mich hoch erstaunt, weshalb ich mit dem Stock gehe: ich sei doch gesund. Das stimmt, aber ich finde es bequemer, mich des Stockes zu bedienen. Ein zweiter Grund, daß ich mit dem Stock gehe, liegt darin, daß ich ihn als Schutz gegen Radfahrer benutze, um gegen das knappe an mir Vorbeirasen geschützt zu sein.

Beurteilen wir die Lebenslaufschemata von Saul Steinberg weiterhin hinsichtlich der Rhythmisierung des Lebenslaufes, so stoßen wir auf einen recht extremen Fall, wie die Ponderierung der Lebensstufen vorgenommen wird.

In einer Zeichnung der Lebensalter der Frau wird an Stelle des Brückenmotives eine Waage gesetzt. Die Waagearme werden dabei sehr ungleich belastet. Auf dem einen Brettarm der Waage steht ganz allein ein junges Mädchen, das aber trotz seines Federgewichtes imstande ist, alle übrigen fünf Stufen des älter gewordenen Mädchens, die auf einer selbständig in die Luft gesetzten Treppe vorgeführt werden, in Balance zu halten. Eine bemerkenswert kühne Verschiebung der Gewichte liegt vor. Damit wird fast grotesk demonstriert, wie sehr die Jugendzeit im Leben überbetont wird. Die Jugend, die Kindheit, ist sozusagen schon der Höhepunkt, die entscheidende und gefüllte Phase, die alle übrigen aufwiegt.

Von gewissen Erwägungen her, daß in der Kindheit die Grundlagen gelegt werden, die für das ganze übrige Leben ausreichen müssen, kann man der Auffassung dieser Zeichnung, so absurd sie im ersten Augenblick erscheinen mag, durchaus beipflichten.

Die Metamorphose des Menschen in Tiergestalten bei Saul Steinberg

Bei den Lebenslaufschemata von Saul Steinberg finden wir die eigentümliche Erscheinung, daß sich die menschliche Gestalt im Verlaufe ihrer Entwicklungsphasen verfremdet und in Tiergestalten verwandelt. Da kann man miterleben, wie in der zweitobersten, vierten, Stufe der Mann plötzlich einen Hundskopf erhält, mit Hundenase und Hundeohren, aber trotzdem noch die menschliche Bekleidung beibehält. In der nächsten, obersten, Stufe hat sich die Männergestalt vollständig vertiert. Sie ist ein stolzer Adler geworden, der seine zwei Flügel ausbreitet. In den abwärts gehenden Stufen vollzieht sich die Verwandlung sprunghaft zum Krokodil, dann zum Fisch, zum Insekt und schließlich zum Schneckenhaus.

Was soll diese merkwürdige Metamorphose bedeuten? In der biologischen Lehre vom Menschen nahm man zeitweise an, daß am Beginn des Lebens der menschliche Embryo sozusagen alle Stadien der Tierwelt durchmachen muß, daß der Mensch luft- und wassertierartige Entwicklungen, als Vogel oder als Fisch, durchläuft. Soweit liegt also bei Saul Steinberg eine

Saul Steinberg. Die Lebenstreppe der Frau.

Saul Steinberg. Die Verwandlung der Lebensstufen des Mannes in Tiergestalten.

Ausdeutung des naturwissenschaftlichen biologischen Weltbildes des Menschen vor.

Allerdings sieht man nicht ganz ein, weshalb diese Entwicklung nicht den angenommenen biologischen Abläufen gemäß am Anfang, vor der Geburt des Menschen, gezeigt wird. Davon kann aber keine Rede sein, da bei Saul Steinberg am Beginn der Reihe ein Kleinkind steht, das wiederum mit Biologie kaum etwas zu tun hat, sondern so aussieht wie die Kinderzeichnung eines Kindes. Also nicht das Realaussehen eines Kindes wird gezeigt, sondern wie das Kind sich selber zeichnerisch darstellt, etwa mit drei anstatt mit fünf Fingern.

Weshalb aber nun diese Verdrehungen der biologischen Abfolge? Ist es künstlerische Freiheit gegenüber den naturwissenschaftlichen Theorien? Oder gaukelt und scherzt der Künstler nach freiem Gutdünken mit dem Menschenbild? Dann läge wohl ein mehr oder weniger amüsantes Kunstblatt vor, das aber auf Kosten biologischer Einsichten die Erkenntnis nicht erhellt, sondern eher verwischt und verunklärt.

Wohl gibt es schon vor Saul Steinberg die Erscheinung, daß der Mensch in seiner Entwicklung mit Tieren im Zusammenhang gesehen und verglichen wird. Nicht aber, daß der Mensch selber Tier wird. Daß der Mensch mit den Tieren verglichen wird, sehen wir schon in der niederländischen Stich-

Jörg Breu d. J. Die neun Lebensalter des Mannes. Holzschnitt. 1540.

folge des Meisters der Banderolen von 1464. Dort werden die 10 Lebensalter des Mannes mit Attributen je eines Tieres versehen. Im 16. Jahrhundert wird im Lebenslaufschema des Jörg Breu d. J. aus dem Jahre 1540 ebenfalls jeder Altersstufe eine Tiergestalt beigegeben. Die Tiere sollen bestimmte gute und schlechte Eigenschaften der Menschen betonen, so z. B. das springende Böcklein die Sinnlichkeit des 20- oder 30jährigen, der Löwe die Stärke und Tapferkeit des 40jährigen, der Fuchs die Schlauheit des 50jährigen, der Wolf den Geiz des 60jährigen, der Hund die Treue des 70jährigen, der Esel die Trägheit und Unbeständigkeit des 90jährigen.

Im 16. Jahrhundert wurde noch in anderen Zusammenhängen der Vergleich des Menschen mit Tieren vorgenommen. Davon legt die Lehre der Physiognomie des italienischen Naturforschers Giovanni Battista della Porta in seinem Buche «De Humana Physiognomia» von 1583 Zeugnis ab. Diese Schrift habe ich in meinem Manierismus-Buch erwähnt und die Zusammenstellung von einem Eselskopf mit einem Kopf eines Menschen, den Rücken eines Muskelprotzes mit dem Kopf eines Menschen, den Rücken eines Muskelprotzes mit einem gerupften Huhn oder Hahn, den Fuß des Menschen mit einer Tierkralle abgebildet. Bei zwei spanischen Lebenslauf-Serien aus dem 18. Jahrhundert als Schabkunst- und Holzschnitt-Blätter erscheinen zu folgenden Altersstufen folgende Tiere:

Zu 10 Jahre = Lamm
zu 20 Jahre = Pferd
zu 30 Jahre = Kuh
zu 40 Jahre = Löwe
zu 50 Jahre = Hirsch
zu 60 Jahre = Wolf
zu 70 Jahre = Hund
zu 80 Jahre = Katze
zu 90 Jahre = nicht mehr ein Tier, sondern ein Kind
zu 100 Jahre = kein Tier als Attribut, wie auch bei der Geburt in der Wiege keine Beigabe erscheint.

Die Verfremdung des Menschen durch Geometrisierung

Im modernen Denken bleibt dem Schicksal des Menschen nichts erspart.

Der Mensch kann nicht nur einem Entwicklungsprozeß nach dem Tierischen hin ausgesetzt werden. Wenn ihm dieses Schicksal widerfährt, so bleibt er wenigstens innerhalb des kreatürlichen Zusammenhanges, in den er von der Schöpfung hineingestellt wurde. Aber es gibt noch weit schlimmere und radikalere Entwicklungstendenzen. Der Mensch kann im Lauf seiner Entwicklung infolge seines übertriebenen rationalistischen Denkens vollständig seiner natürlichen Kreatürlichkeit

Saul Steinberg. Die Geometrisierung des Mannes im Verlaufe der Altersstufen.

verlustig gehen, und sein Sein kann sich in geometrische Grundformen und Formeln auflösen und verflüchtigen. In dieser Art von Entmenschlichung wird er das Opfer seiner eigenen Denkungsweise.

In der diesbezüglichen Zeichnung nimmt Saul Steinberg in der frühen Kindheitsetappe an, daß der Mensch aus dem Oval des Kopfes und dem Kreis des Leibs mit den Anhängestrichen der Arme und der Beine besteht.

In der zweiten Etappe als Knabe kann der Mensch sich des normalen Menschseins erfreuen. Allerdings nur kurze Zeit.

In der dritten Etappe, als angehender Mann, verhärtet sich sein Habitus. Die Arme und die Füße schrumpfen mit dem Leib zusammen. Im Gesicht fehlen Mund, Nase und Ohren. Unterhalb der Krawatte wird nicht mehr unterschieden zwischen Kleidung und Körper. Alles wird zur undefinierbaren Masse.

Die vierte Etappe zeigt dann ganz deutlich, wohin diese absurde Seins-Veränderung führt. Es bleibt im Schöpfungsprozeß nur noch die abstrakt geometrische Formel eines Kegels übrig – ein unmenschlicher Gegenstand, an dem gerade noch die Einschnürung zwischen Kopf und Rumpf an die einst sorgfältig gegliederte Gestalt des menschlichen Körperbaus von Ferne erinnert.

In der fünften Etappe als Höhepunkt der Lebensskala hat der Mensch die letzte Vollendung und Perfektion der Geometrisierung erreicht. Der Mensch wurde zur abstrakten Kugel. Alle Bezüglichkeiten zur organischen Gestalt sind erloschen. Hier liegt noch gerade ein vollplastisches Gebilde vor.

Hingegen werden die absteigenden Etappen des Seinsweges des Menschen noch hypothetischer. Sie sind nur noch als in Punkte aufgelöste Linien gekennzeichnet, d. h. als Wegmarken, wie der Kugel-«Mensch» Stufe für Stufe herunterrollt und auf der untersten Stufe im Nichts des Luftraumes verschwindet.

Es wirkt wie ein Hohn, daß im Vordergrund dieses zirkushaften Schauspiels der Entkreatürlichung des Menschen drei Bäume: eine Tanne, ein exotischer Baum, eine Trauerweide und dazwischen einige Blümchen als lebensbejahende Naturprodukte stehen dürfen. Am Himmel vollführen lebendig bewegte Wolken ihr dynamisch atmosphärisches Kräftespiel. Dies alles wird dem in seiner Ratio verkommenen und entmenschlichten Menschen in gerechter Konsequenz vorenthalten.

Das Motiv der Trauerweide nimmt sich übrigens wie ein Übernahmerelikt des Holzschnittes «Die Stufen des menschlichen Lebens» vom Ende des 19. Jahrhunderts aus, wo der Friedhof auf der rechten Todesseite mit einer Reihe von Trauerweiden und Efeupflanzen geschmückt ist, während links auf der Geburtsseite eine Reihe anderer Bäume und Rosenstöcke erscheinen.

Saul Steinberg. Die Verwandlung des Mannes innerhalb der Altersstufen in physikalische Kräfteströme.

Ein zweites Blatt von Saul Steinberg zeigt ebenfalls in ganz ähnlicher Weise die entmenschlichende Geometrisierung der menschlichen Gestalt während des Ablaufes der Lebensstufen.

Dabei verwandelt sich der Mensch noch stärker in die allgemeinen Naturgesetze, die auf die Materie angewandt werden und welche die moderne naturwissenschaftliche Weltbildtheorie als Grundlage ihrer einseitigen Welterklärung aufgestellt hat.

Wie im vorigen Blatt bleiben auch hier die Geburts- und die Sterbeszenen, Wiege und Sterbebett oder Sarg, die die früheren traditionellen Lebenslaufschemata besonders als Lebensanfang und Lebensende hervorgehoben haben, ausgeschaltet. Für die kurzatmige moderne Auffassung des Lebensweges ohne Bindung und Bezugnahme zu höheren geistigen Mächten ist es irrelevant, wann, wo und wie Geburt und Tod stattfinden. Denn der Lebenslauf reagiert in seinem Vollzug auf eine völlig anders angenommene Logik. Was man bisher ohne Zweifel als Eintritt in das Leben oder Austritt aus dem Leben ansah, ist nach absolut anderen Kategorien beurteilt.

Wenn man überhaupt schon vom Tode als biologisch natürlichem Ereignis, dem jeder Mensch ausgesetzt ist, sprechen will, so tritt der Tod unter merkwürdigen Umständen ein. Er findet nämlich irrealerweise schon in vollster Lebenskraft statt. Was dann aber in den folgenden Stufen des Seins weiterhin geschieht, ist reine naturwissenschaftliche Phantasmagorie, hat mit dem Wesen des Menschen kaum mehr etwas zu tun und gemeinsam.

Die ersten drei Lebensalterstufen weisen noch normale Lebensbedingungen auf. Die Menschen sind noch als menschliche Gestalten ansprechbar und sind noch im Genusse ihrer Körperfülle, aufgrund derer man zu leben vermag.

In der vierten Stufe wird es bei einem physikalischen Experimentiervollzug hochkritisch. Da endet die Lebensfähigkeit des Menschen, die unter normalen Verhältnissen erst mit 80 bis 100 Jahren erlischt, schon mit 20 bis 30 Jahren. Da wird die menschliche Gestalt ihrer Körpersubstanz beraubt und entleert. An ihre Stelle tritt eine aus dünnen Strichen zusammengesetzte Menschengestalt ohne Haut und Knochen. Überdies verschwinden alle Binnenformen im Gesicht wie Augen, Nase und Mund. Ein solch abstraktes Gebilde ist in biologischer und organischer Hinsicht nicht mehr lebensfähig, sondern ist, nach üblichem Maßstab gemessen, schon ins Totenreich eingetreten.

Über das Problem, daß der moderne Mensch unter der Zuhilfenahme der weltethisch suspekten Schnelligkeitseuphorie seiner Fahrzeugwelt die ihm zur Verfügung stehende Zeitquote der Zukunft schon vorzeitig anknabbert und verbraucht und sich damit um seine natürliche, kosmosrhythmisch ausgeglichene Lebenszeit betrügt, habe ich ausführlich in meinem Vortrag: «Das Zeit- und Todesproblem im modernen technischen Weltbildsystem», 1973, berichtet. Insofern stimmen meine dort gemachten Feststellungen mit denjenigen überein, die Saul Steinberg dazu bewogen haben, die Menschen in seinen diesbezüglichen Lebenslaufschemata ebenfalls vorzeitig sterben und die Restzeit ihres Lebens nicht mehr als wahre Menschen, sondern nur noch als entmenschte, schematische All-Partikel existent sein zu lassen.

In der nächsten, fünften Stufe kommt es noch schlimmer. Es wird jeder Zusammenhang mit der menschlichen Existenz radikal und rigoros geleugnet und ausgemerzt. An ihre Stelle tritt die ungegenständliche Abstraktion eines Dreiecks, wie wenn es aus einem Lehrbuch der Mathematik entnommen wäre. Vom Menschen blieb nur noch eine x-beliebige mathematische Formel übrig.

In der sechsten Stufe tritt eine bisher noch nicht beobachtete Veränderung ein. Das Dreieck beginnt virulent zu werden, wird explosionsartig von Energieströmen erfaßt, mit Elektrizität gefüllt und löst sich in Liniengezische auf.

Bei den nächsten drei Stufen 7, 8 und 9 nehmen die elektrischen Kräfteströme verschiedene Formen an. Einmal mehr beruhigt mäanderhaft in sich verschlungen, dann sich zur wild und weit in den Raum sich aufbäumenden dynamisch geladenen Schlangenlinie, und endlich am Schluß beruhigen sich die elektrisch geladenen Linien zu einem Bündel von in sich rotierenden Drahtreifen. So sieht das Ende des Menschen als physikalisches Experiment aus.

Die elektrischen Spannungen finden dann ihre legitime Fortsetzung in den bewegten Schraffuren der Wolkenbildungen am Himmel. In demselben atmosphärischen Spannungsnetz wird auch der Mensch, soweit man noch von einem solchen sprechen kann, gesehen.

Die drei Pflanzen am Boden vor dem Brückenbogen, eine Rose, eine Palme und ein Kaktus, die Relikte aus den Friedhofsdarstellungen früherer traditioneller Lebenslaufschemata sind, wirken wie groteske Karikaturen der elektrischen Kräfteströme und stellen gewissermaßen zugleich aber auch wieder die Verbindung zur menschlichen Gestalt als biologischem Organismus her.

Nach Auskunft dieses Lebenslaufschemas sehen wir, wie der Mensch derart zu Schanden gemacht, völlig seines eigentlichen Menschseins verlustig gegangen ist. Der Mensch ist nicht einmal mehr ein Glied der organischen Natur, sondern sank zu einem Partikel der physikalischen Bestandsaufnahme der Welt herab. Er ist nur noch ausschließlich als ein Objekt eines naturwissenschaftlichen Experimentes gesehen. Damit hat eine ungeheuerliche Entmenschlichung stattgefunden. Man muß dem Menschen als geistigem Seelenwesen schon eine alle sonstigen Vorstellungen niedermähende Verachtung entgegenbringen, um ihn so zu sehen und keine bessere Deutung und Meinung von ihm zu haben. So beurteilt, ist der Mensch das komplette Opfer seiner eigens zurechtgebastelten außermenschlichen Weltbildtheorie der materialistisch-physikalisch, naturwissenschaftlichen Experimentierwelt geworden. Von menschlichem Schicksal und von seelisch höheren, übermateriellen oder gar überirdisch geistigen Beziehungen und Vorstellungen ist überhaupt keinerlei Rede mehr.

Meine Auffassung des Lebenslaufschemas

Nachdem ich mich mit den Lebenslaufschemata der anderen Forscher und Theoretiker ideengeschichtlich auseinandergesetzt habe, ist es nun geboten, meine eigene Auffassung dieses Problems vorzutragen und zu begründen. Dies ist um so notwendiger, als diese hier vorliegende Autobiographie nach einem wohldurchdachten Schema angelegt und geordnet worden ist, das ich hier zur Legitimierung des inneren Aufbaus des Buches und der Einteilung der einzelnen Kapitel erklären möchte.

Wenn ich meine Auffassung den anderen soeben beschriebenen gegenüberhalte, so setzt sie sich in entscheidenden Punkten von denjenigen der bisher angewandten und erdachten Schemata ab.

Diese Komponenten sind vor allem Rhythmisierung der Lebensstrecke sowie Verankerung oder Nicht-Verankerung des Beginns des Lebens durch die Zeugung und das Ende des Lebens durch den Tod in bezug auf die übermenschlichen Mächte wie Weltall und Ewigkeit.

Ich halte gerade die Komponente, die bei Saul Steinberg offensichtlich und auffallend fehlt, nämlich den Anschluß, die Herkunft und das Hingeben zur Ewigkeit und zu dem Weltganzen für entscheidend.

Es geht nicht an, dieses über die Grenzen des Lebens Hinaus-Sein des Menschen zu eliminieren bzw. Phasen vor der Zeugung und nach dem Tode des Menschen aus dem Menschenbilde auszuschalten oder sie sogar kleindenkend zu unterschlagen! Insofern sieht mein Lebenslaufschema folgendermaßen aus:

Ich nehme an, daß der Mensch ein winziger Partikel aus dem unendlichen, endlosen Universum des Weltalls ist. Nach einer solchen prinzipiell nicht zu bestreitenden Feststellung kommt der Mensch aus der Ahnenreihe seiner Vorfahren aus dem Weltall, aus dem Über-Sein der Ewigkeit, und, nachdem er seinen Lebensweg beendet hat, kehrt er wieder in dasselbe Weltall, in das Über-Sein der Ewigkeit zurück. Und der Kreis schließt sich im Über-Sein der Ewigkeit. Zeichnerisch stellt sich dieser Vorgang der Herabkunft aus dem All und das Hineingehen in das All folgendermaßen dar:

Bei dieser Konzeption des Lebenslaufes beginnt der Mensch nicht tief unten auf gewöhnlichem irdischen Bodenniveau, wie bei den barocken Brückenbogen-Schemata, und endet auch nicht auf demselben Niveau, nachdem er in einer schönen Lebenskurve oder Lebensbrücke mit Anstieg und Abstieg zum gewöhnlichen Bodenniveau zurückfällt.

Bei der barocken Deutung unter Zuhilfenahme des Motives des Brückenbogens ist der Höhepunkt des menschlichen Lebens in der Mitte des Lebens, bei der Annahme der Dauer von 100 Jahren, mit 50 Jahren erreicht. Es wird vorausgesetzt, daß die körperlichen Kräfte bis zur Vollkraft bei 50 Jahren

Lebenslauf – Schemata

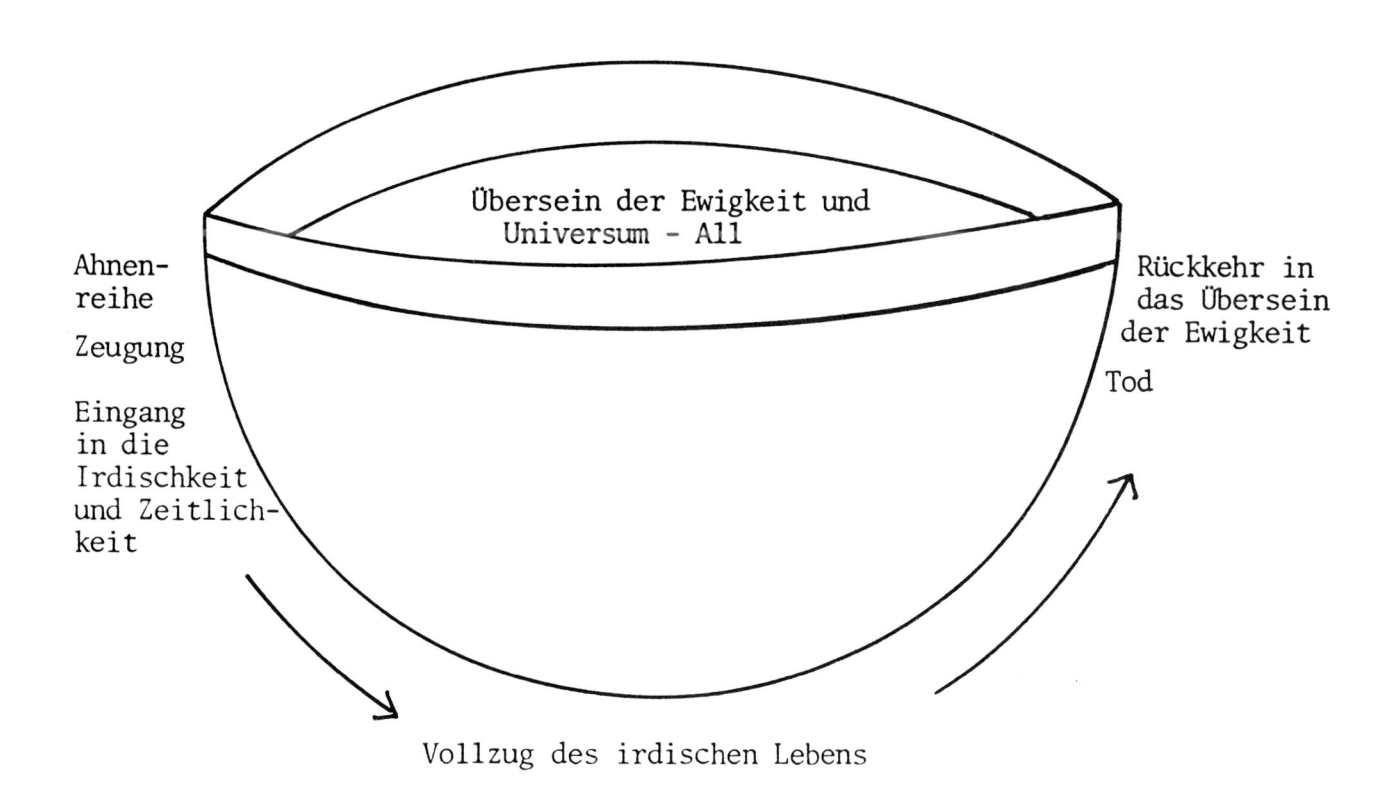

Diagramm:
- Übersein der Ewigkeit und Universum – All
- Ahnenreihe / Zeugung / Eingang in die Irdischkeit und Zeitlichkeit
- Rückkehr in das Übersein der Ewigkeit / Tod
- Vollzug des irdischen Lebens

immer zunehmen und dann wieder bis zum Tode hin stetig schwinden.

Diese Deutung hat ihre Berechtigung, wenn man die äußeren Körperkräfte in Rechnung stellt. Aber dies ist nicht der einzige Gesichtspunkt, der für den Ablauf des menschlichen Lebens verbindlich ist. Diese barocke Vorstellung und die Metapher der Brücke sind unzulänglich und einseitig gedacht. Die Lebenskurve, wenn man überhaupt davon sprechen will, ist gerade umgekehrt.

Der Lebenslauf des Menschen besitzt nicht nur einen «Höhepunkt», der in der Mitte des Lebens liegt, sondern er hat zwei «Höhepunkte». Nämlich dann, wenn er dem Weltall, seiner Überzeitlichkeit und der Ewigkeit am nächsten ist. Und dies geschieht zweimal in seinem Leben: I. Am Anfang bei der Zeugung und II. am Ende beim Tode. Hier, in diesen zwei Grundpolen, diesen zwei Grundpfeilern und «Höhepunkten», ist das Leben des Menschen verankert und eingerahmt. Hier findet der Mensch den Anschluß an die über ihn hinausragenden Weltmächte.

Man kann besser von einem Durchhängen, einem ständig Sich-Verlieren und Entäußern und mühsam Sich-Wiederfinden sprechen, als von einem Anstieg, Höhepunkt und Abstieg.

Nach diesem hier erklärten Grundschema richtet sich auch der ganze Aufbau meiner Biographie mit allen ihren Kapiteln. Die Konzeption des Inhalts meines Buches als in sich geschlossenes weltbildganzes Weltbildsystem aufgefaßt und in das Schema einer theoretischen Zeichnung übertragen, sieht folgendermaßen aus:

Das Weltganze
Kosmos und Mensch

Der Kosmosmensch

Übergang vom
Weltganzen zum Ich

Meine Ahnen

Ich als Embryo
Meine Geburt

<u>Schüler</u> Zürich
          Karlsruhe

<u>Student</u> Freiburg, Wien,
         München, Hamburg,
         Karlsruhe, Freiburg

<u>Stipendiat</u> Rom, Graz,
<u>und Dozent</u> Stockach, Freiburg

Übergang vom
Ich zum Weltganzen

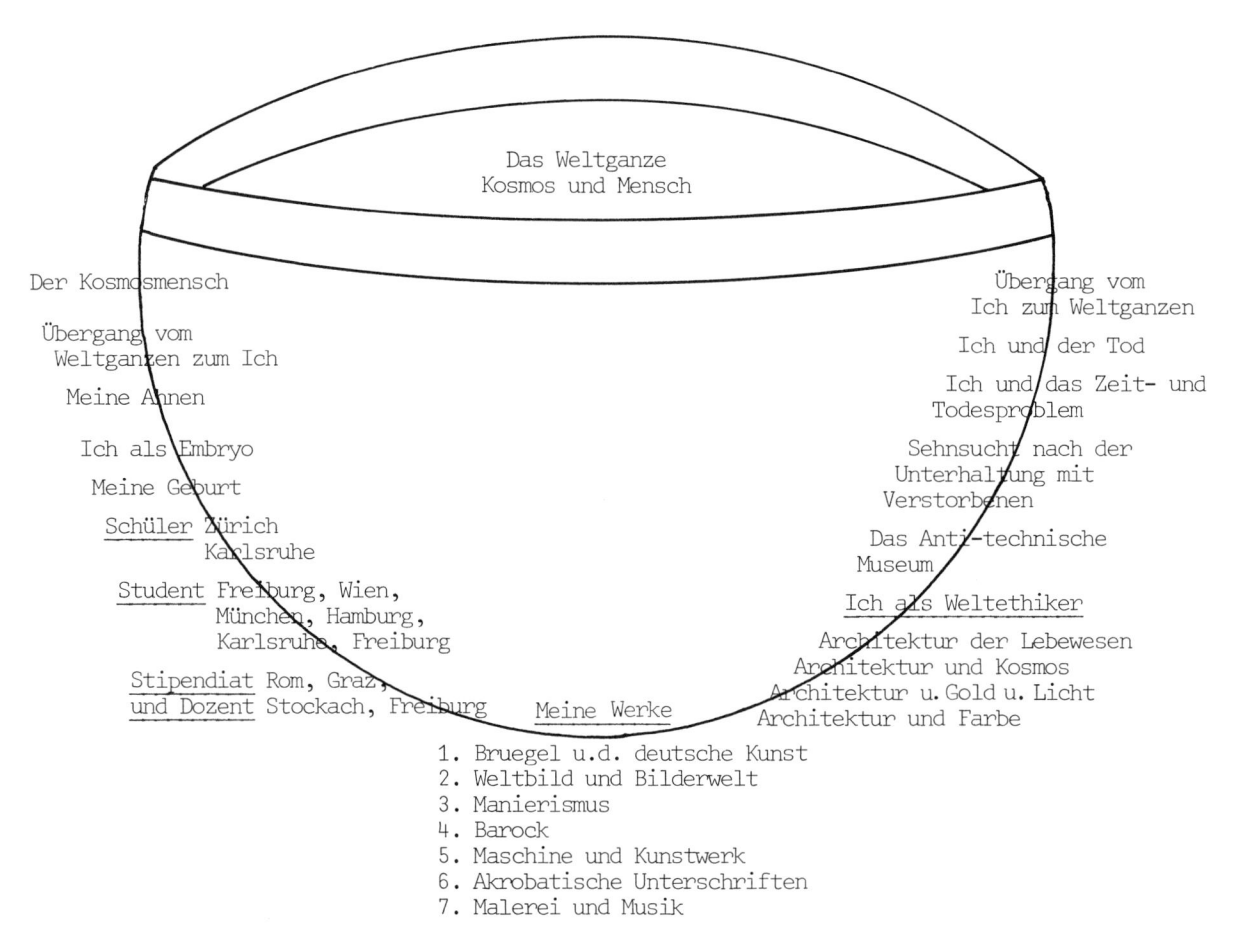

Ich und der Tod

Ich und das Zeit- und
Todesproblem

Sehnsucht nach der
Unterhaltung mit
Verstorbenen

Das Anti-technische
Museum

<u>Ich als Weltethiker</u>
Architektur der Lebewesen
Architektur und Kosmos
Architektur u. Gold u. Licht
Architektur und Farbe

<u>Meine Werke</u>
1. Bruegel u.d. deutsche Kunst
2. Weltbild und Bilderwelt
3. Manierismus
4. Barock
5. Maschine und Kunstwerk
6. Akrobatische Unterschriften
7. Malerei und Musik

Schema zu dem Lebenslauf und der Biographie des F. S. W.

Besonders hinsichtlich der inneren Kräfte-Energie, die dem Menschen seit der Zeugung mitgegeben ist, stimmt das Bild von Aufstieg, Höhepunkt und Abstieg nicht.

Den Höhepunkt und das allergrößte Kräfte- und Wachstumspotential besitzt der Mensch am Anfang seines Daseins. Nie mehr in seinem ganzen nachfolgenden Leben ist der Mensch so energiegefüllt, so wachstumstüchtig, so ausdehnungsfähig wie im Anfangsstadium des Ureis des Embryo.

Dieses ungeheure Wachstumspotential nimmt während des Lebenslaufes des Menschen ständig ab, bis es in der Todesstunde erschöpft und aufgebraucht ist. Insofern ist der menschliche Lebensorganismus wie eine ursprünglich zum Zerspringen gefüllte Lebensenergiebatterie, die ständig abnimmt und sich schließlich am Ende des Lebens aufgebraucht hat und deshalb nicht mehr lebensfähig ist.

Diesem Lebensablauf entspricht der Vorgang, daß der Mensch als Embryo sein Eigen-Kosmos-Sein neben dem Weltganzen immer mehr verliert, sich so dem außerpersönlichen Weltganzen öffnet und schließlich in ihm aufgeht.

Aber über diesen Tatbestand dürfen wir nicht vergessen, daß der Mensch am Anfang und am Schluß seines Lebensweges jeweils den Anschluß an die über ihn herausragenden Weltmächte gewinnt. Denn an diesen gewichtigsten und entscheidendsten Schaltstellen ist der Mensch aller kleinlicher, irdisch zeitlicher Beschränktheit enthoben.

Hier möchte ich darauf hinweisen, daß mein soeben

Reinhard Daßler. Entwurf für die Abdankungshalle auf dem Friedhof in Engen (Baden). 1985.

beschriebenes Lebenslaufschema in die Darstellung einer Lebenstreppe eingefügt wurde. Dazu bot sich Gelegenheit, da der Maler Reinhard Daßler einen Entwurf für die Ausmalung der Abdankungshalle auf dem Friedhof in dem oberbadischen Städtchen Engen lieferte. Als Thema wählte er das traditionell konventionelle Schema der barocken Lebensstufentreppe. Besonderen Wert legte der Maler auf das familiäre Leben, auf dessen Höhepunkt man darauf bedacht ist, ein eigenes Heim und Haus zu errichten. Den Abstieg der Lebenskurve, der für gewöhnlich gleichmäßig absinkend läuft, hat Reinhard Daßler diesmal nicht akzentlos abrollen lassen. Bevor das die Lebenskräfte zermürbende höhere Alter beginnt, wird noch ein Haltepunkt des sich Rechenschaftgebens und des Bilanzziehens einbezogen.

Für diese philosophische Mission hat der Maler meine Person bevorzugt, da er wußte, daß ich in den entsprechenden Jahren der Reife und des Überblickes meine Biographie geschrieben habe. Im Portrait von Daßler stehe ich vor einer Säule mit abgebrochenen Bogenansätzen und weise eindringlich auf die Seite des Buches hin, worauf mein besonders begründetes Lebenslaufschema den Besuchern der Abdankungshalle vor Augen geführt wird.

Sollte ich ein historisches Beispiel für einen Lebenslauf nennen, der der Tatsache Rechnung trägt, daß am Anfang und Ende des Lebens der Mensch höhere Seinsbereiche erlangt, so muß ich auf das einmalige Dokument des Gemäldezyklus der Lebensstufen der französischen Königin Maria Medici hinweisen, den der Maler Peter Paul Rubens in den Jahren 1621–1625 für das Palais Luxembourg in Paris malte. In jenem Zyklus wird gezeigt, wie das Leben der Königin seinen Beginn in überirdisch-himmlischen Sphären nimmt, indem der Lebensfaden der Königin von den drei Parzen im Olymp gesponnen wird.

Ebenso kehrt die Königin am Schluß ihres Erdendaseins,

Reinhard Daßler. Ausschnitt aus dem Entwurf für die Abdankungshalle in Engen (Baden). F. S. W. zeigt sein Schema des Lebenslaufes. 1985.

da sie als adlig-mythologische Gestalt nie die Verbindung mit der himmlisch-olympischen Götterwelt abreißen ließ, in der Szene der Versöhnung mit ihrem Sohn zum Ausgangspunkt des Olymps wieder zurück.

Demnach fängt also die Lebenslaufreise der Königin im Olymp an und endet wieder im selben Olymp. Somit schließt sich der Kreis des irdisch zeitlichen Daseins in der vollendeten Geborgenheit der Ewigkeit. Doch – diese Ideen der Gemälde von Rubens sind keine Marotten eines willkürlich launigen Künstlers, sondern die tiefe und wahre Erkenntnis über den Gang des Menschenlebens eines wirklich glaubwürdigen Weltbildphilosophen. Was dort von Rubens auf das Lebenslaufschema einer Königin bezogen ist, steht aber dem Schicksal jedes einzelnen Menschen zu.

536 Lebenslauf – Schemata

Peter Paul Rubens. Gemäldezyklus des Lebens der Maria Medici. Die Parzen spinnen den Lebensfaden der Königin. 1621–25.

Peter Paul Rubens. Gemäldezyklus des Lebens der Maria Medici. Der Triumph der Wahrheit. 1621–25.

Kritik an den modernen Lebenslaufschemata

Gibt man aber diesem Gedanken von der himmlisch-universumhaften Herkunft und Rückkehr des Menschen nicht statt, wie es in der heutigen Gesellschaft fast allgemein geschieht, so liegt in einem solchen Verhalten ein verheerender Verrat und Verlust an der Idee des Lebenslaufes und der Bestimmung des menschlichen Seins vor. Vor allem ist dies der Fall bei der bürgerlichen und proletarischen Weltbildauffassung und bei dem dazugehörigen Weltbilddenksystem, das sich des Denkens in Kategorien des Weltganzen entschlagen hat.

Das bürgerliche und proletarische intellektualistische Weltbilddenksystem des 19. und 20. Jahrhunderts hat, wie die Darstellungen der Lebensläufe aus dieser Epoche besonders deutlich am Beispiel von Saul Steinberg erweisen, gerade die allergewichtigste überzeitliche und überirdische Dimension der Ewigkeit, der Religion und des Mythos, das Denken in den das menschliche Denken übersteigenden Räumen und Zeiten ausgeschaltet. In welche unbefriedigende Situation sich der moderne Mensch dadurch hineinmanövrierte und wie hilflos er sich in ihr befindet, beklagt u. a. Mircea Eliade, der überragende Kenner der Zusammenhänge zwischen Mensch und Welt am Ende seines Buches «Die Sehnsucht nach dem Ursprung. Von den Quellen der Humanität», Wien 1973.

Den Schwund an Bewußtsein der Ganzheitlichkeit des Lebens der Menschen in der bürgerlichen Gesellschaft stellt Hans-Jochen Gamm in «Umgang mit sich selbst. Grundriß einer Verhaltenslehre», 1979, fest: «Jedenfalls hat das aufkommende Bürgertum die ganzheitliche Betrachtungsweise des Menschen preisgegeben, und der christliche Gesamtanspruch, wie bei Comenius vertreten, geriet aus der sinnstiftenden Mitte immer mehr zu schmückendem Beiwerk. [...] Von der Kindheit an wäre ein anderes Verhältnis zum Tode herzustellen, wenn die gesamte bürgerliche Welt nicht ihren Entschluß aufrecht erhielte, seine Existenz so an den Daseinsrand zu drängen, daß alles, was mit ihm zusammenhängt, undeutlich wird, eine verlegen-düstere Feierlichkeit annimmt. [...]» Martin Buber hat geradezu als den Sinn des Lebens das Sterbenlernen bezeichnet.

Durch ein solches Denken verstümmelte sich das Bewußtsein des Menschen um sein eigentliches All-Sein. Der Mensch beraubte sich der Urheimat des Seins im Ur-Ursprung.

Da waren die Fürsten des Barock in ihrem Gottesgnadentum noch tausendmal klüger, weltaufgeschlossener, für die Dimensionen des Menschseins fähiger, großzügiger, einsichtsvoller und in der Weltdimension zwischen Ich und Allheit der Welt und Allgeschichte und Allsein realistischer, denkerisch einwandfreier.

Daß der Bürger und der Proletarier eine soziale Wut und einen klassenkämpferischen Zorn entwickelt haben und deshalb nur dem «Göttlichen Barockfürsten» gram und neidisch sind und sich damit den besten Teil der Barockfürsten, nämlich ihr Göttlich-Sein, d. h. das in den Schöpfungskosmos Eingebunden-Sein, stehlen ließen, ist schwach, unlogisch und für das Denken über die Stellung des Menschen in der Welt katastrophal.

Die Teilhabe an der Größe der Schöpfung, die jedem Menschen in seinem Menschsein als Mensch zusteht, gleichgültig welcher irdischen Rangordnung – was hat sie schon zu bedeuten in diesem Zusammenhang! – er auch angehört, ob er Kaiser oder Bettler, Arbeiter oder Unternehmer ist, selber in ideologisch fehlgeleiteter Eigenregie zu verschludern, ist unverantwortlicher Schwachsinn.

Sich der allerbesten denkerischen Weltbild-Intaktheit zu entblößen und sich durch soziologische, kleinlich-mitmenschliche, von Neid erfüllte Querelen aus dem wirklichen Weltallgeschehen auszuschließen und damit geistigen Selbstmord zu verüben, ist keine lobenswerte Heldentat, sondern ein unbesonnenes Denkdesaster allergrößten Stils, das dem Menschen das beste Teil seines Seins, sein Übersein, die Mächtigkeit und Fähigkeit seines Denkens über seine seinsmäßige Kleinheit hinaus, kostet. Dies war eine der schlechtesten Weltbildrechnungen, die es je gegeben hat: eine für den Begriff Mensch abscheuliche Minus-Bilanz.

Aus dieser Sachlage und Erkenntnis heraus ist es an jedem Menschen, sich seiner wahren Seins-Dimension bewußt zu werden und danach seinen Lebensweg einzurichten und den Lebenssinn zu erkennen. Dann erst kann der Mensch in seinem Denken und Fühlen wieder wirklich Mensch sein.

Ich in der Spannung zwischen Zeit und Ewigkeit

I. Ich und mein Denken über Erde und Himmel, über Zeitlichkeit und Ewigkeit

Daß ich mein Leben als Partikel der Weltgeschichte und des Weltgeschehens über die Vergänglichkeit des Menschen hinaus in den Kreis der Ewigkeit einzureihen vermochte, mußte ich zuerst lernen und erforschen. Nur langsam tastete ich mich zu solchen Denkmöglichkeiten vor.

Die Weltmächte überwältigten mich als Kind, ich glaubte alles aufs Wort. Ich lernte allmählich Worte wie Welt, Erde, Hölle, Sonne und Himmel oder Gott, Teufel und Engel in ihrem Bedeutungsgehalt oder in ihrer polaren Stellung im Denken der Menschen zu begreifen. Vorher war ich nicht fähig, dies zu tun.

Begrifflich huldigte ich noch dem seligen Zuordnungschaos des Kindes. Ich brauchte mich noch nicht um solche kleinlichirdischen Begriffs- und Bereichsklaubereien und Unterschiede wie Himmel und Erde und Zeit und Ewigkeit zu kümmern, da ich noch frisch aus der überzeitlich-ewigen Sphäre des Embryo-Universums mit anderen Raum- und Zeitmaßstäben gekommen war. Da mußte ich zuerst umlernen.

Einmal kam dann die Lebenslaufstufe, wo ich solchen Urbegriffen wie Himmel, Hölle und Erde doch recht konkretisiert gegenüberstand. Dies war im Bereichsschema des Himmel- und Erdespiels der Fall. Es war das erstemal, daß ich nun selber ein Weltbildschema übernahm, es auf den Boden mit Kreide kritzelte und es dann eigenartigerweise als Maschinerie, als Weltmaschine in Gebrauch nahm und körperlich die Bereichsspannung zwischen Himmel und Erde nachvollzog, indem ich in die verschiedenen Weltbereichskästchen hineinsprang. Ausgehend von meiner eigenen Position und von der Erde, hatte ich dann vorzustoßen bis in Sphären, die ich zwar nur sehen, aber nicht anfliegen konnte, oder nur erzählt bekommen habe oder nur ahnte: den Himmel

Bei diesem Spiel gilt als Regel, daß man sich im Himmel auf beiden Beinen stehend ausruhen darf. An diesem Beispiel konnten von mir die zwei Zeitarten von Eile und Verweilen, von Bewegung und Ruhe demonstriert und erlebt werden.

Erst als Student in Hamburg im Sommersemester 1932 wurde mir wieder das Problem des Verhältnismaßstabes zwischen irdischen Bereichen und überirdischen himmlischen Sphären neu gestellt. Diesmal natürlich in ganz anderen, vermeintlich viel gescheiteren, gereifteren, objektiveren Bahnen als denen des Kindes. Jetzt wurde daraus ein wissenschaftlich zu überdenkendes, im speziellen ein kunstgeschichtliches und

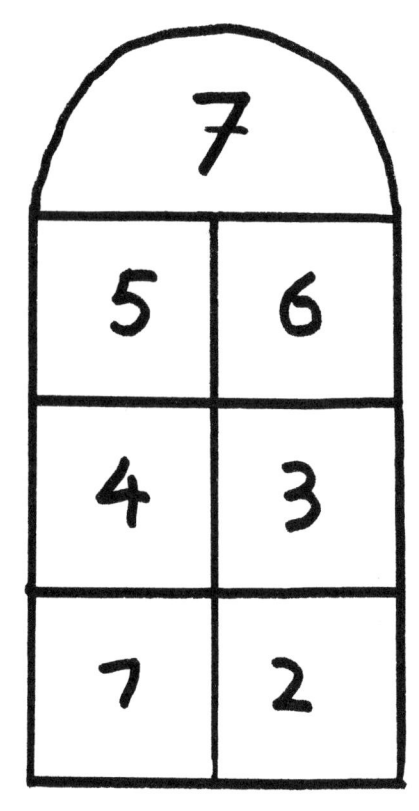

Das Kinderspiel «Himmel und Hölle».

geistesgeschichtliches Problem. Damit schob ich als Wissenschaftsanwärter mein persönliches Verhältnis zu Himmel und Erde auf eine sogenannte objektive Ebene fort; von mir als schicksalsträchtige Person, als Wesen, das den Lebenskampf um diese Menschheitsprobleme auch bestehen muß. So klassifizierte ich solche Probleme zu geschichtlich bedingten Menschheitsfragen, ohne jeden weiteren Bezug auf mein eigenes Schicksal.

Aus den Anregungen von Charles de Tolnais Interpretation des Begriffes der Weltlandschaft bei Jan van Eyck, Leonardo und Pieter Bruegel entwickelten meine Freundin Lotte Brand und ich lange Diskussionen über die Bereichskonstruktionen, wie sie sich u. a. bei der Rolin-Madonna von van Eyck vollziehen. In ausführlichem Briefwechsel hielten wir unsere Beobachtungen fest. Reiche Früchte brachten sie später in den gründlichen van-Eyck-Forschungen von Lotte Brand-Philip in ihrem Aufsatz im «Wallraff Richartz Jahrbuch» von 1970 und in ihrem großen van-Eyck-Buch über den Genter Altar von 1972.

Auch mich ließ dieses Bündel von Problemen nicht mehr los. In meinem Buch «Pieter Bruegel und die deutsche Kunst» von 1957 überschrieb ich ein Kapitel «Himmlisches und Irdisches», und zum Lebenslaufproblem nahm ich im Kapitel «Bruegels Zug der sechs Blinden und der Fatumsbegriff bei den Deutschen» Stellung. In meinem Buche «Weltbild und Bilderwelt» von 1958 habe ich in einer schematischen Darstellung die

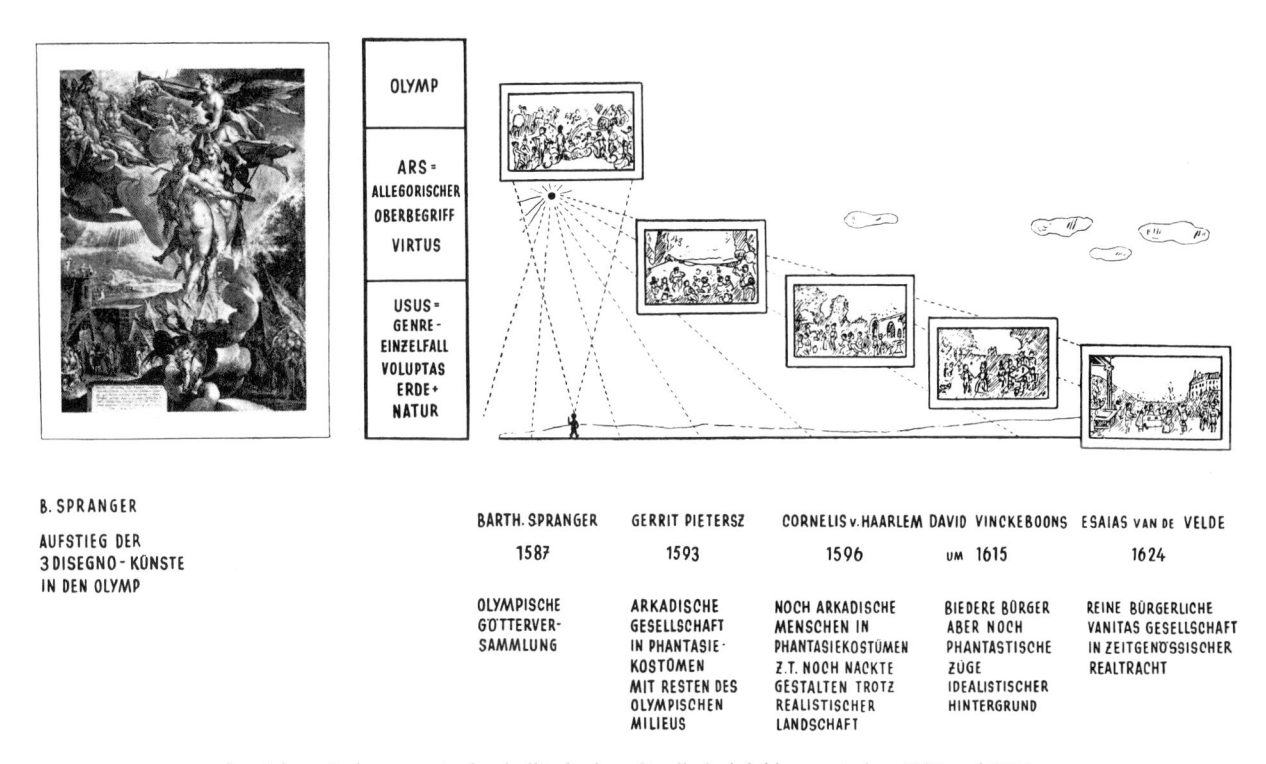

B. SPRANGER		BARTH. SPRANGER	GERRIT PIETERSZ	CORNELIS v. HAARLEM	DAVID VINCKEBOONS	ESAIAS VAN DE VELDE
AUFSTIEG DER 3 DISEGNO-KÜNSTE IN DEN OLYMP	OLYMP / ARS = ALLEGORISCHER OBERBEGRIFF / VIRTUS / USUS = GENRE-EINZELFALL / VOLUPTAS / ERDE + NATUR	1587	1593	1596	UM 1615	1624
		OLYMPISCHE GÖTTERVERSAMMLUNG	ARKADISCHE GESELLSCHAFT IN PHANTASIE-KOSTÜMEN MIT RESTEN DES OLYMPISCHEN MILIEUS	NOCH ARKADISCHE MENSCHEN IN PHANTASIEKOSTÜMEN Z.T. NOCH NACKTE GESTALTEN TROTZ REALISTISCHER LANDSCHAFT	BIEDERE BÜRGER ABER NOCH PHANTASTISCHE ZÜGE IDEALISTISCHER HINTERGRUND	REINE BÜRGERLICHE VANITAS GESELLSCHAFT IN ZEITGENÖSSISCHER REALTRACHT

Bereichsveränderungen in den holländischen Gesellschaftsbildern zwischen 1587 und 1624.

Bereichsveränderungen bei den niederländischen Gesellschaftsbildern zwischen 1587 und 1624 aufgezeigt. Es wird vorgeführt, wie die Spannweite der Bereiche dort vom ewigen Olymp zum banalen, vergänglichen Erdboden reicht.

Meine Freundin Clara Kress wußte um meine Bemühungen, die Beziehungen von Gott und Ewigkeit bis hinunter auf die Erde festzustellen und in theoretischen Zeichnungen festzuhalten. Auch kannte sie den Aufbau meines Barockbuches, das mit der Sonne beginnt und über den Olymp der Götter über das Treiben der Menschen bis zu den Grotten und Höhlen des Erdinneren reicht.

Aus diesem Wissen heraus hat Clara Kress mir 1967 zu meinem Namenstag «zu Josefi» eine Federzeichnung auf das Einwickelpapier des «Göttlichen Bauplanes der Bibel» von Friedrich Weinreb geschenkt. Dort halte ich als Buchautor beim Verlag Anton Schroll & Co. in Wien eine riesige Schlange von Büchern in Händen. Diese Bücherschlange reicht auf den Erdboden herab und zugleich hinauf bis zum allwissenden und allsehenden Auge Gottes.

Mit dieser Zeichnung waren meine Bestrebungen, im Denken die Spannung und die Verbindung zwischen Erde und Himmel, zwischen Irdischem und Göttlichem herzustellen, sehr anschaulich und geistreich gekennzeichnet.

Bei der Beschäftigung mit der Geschichte des Malerateliers, aufgefaßt als Geschichte des künstlerischen Schöpfertums, stieß ich von selbst auf die Kategorien von Raum, Endlichkeit und Unendlichkeit, wie auf die Kategorien von Zeit, Vergänglichkeit und Ewigkeit. Ich experimentierte nach vielen Richtungen hin, um mir über den jeweiligen Anteil dieser Welterkenntnis-Grundkategorien Rechenschaft zu geben. Dabei stieß ich auf das Problem des Horizontes und des Lebenslaufes des Menschen. Die Frage des Rundhorizontes als Symbol der Ewigkeit stieß mir bei Ferdinand Hodlers Gemälde «Die heilige Stunde» von 1907 auf. Dort erkannte ich die Überwindung der vergänglichen, zeitlich begrenzten, ausschnitthaften Horizontlinie.

Der Rundhorizont als Kreis der Ewigkeit war mir dann im Aufbau meiner theoretischen Zeichnungen eine große Hilfe. Beziehungen des Verhältnisses zwischen Zeitlichkeit und Ewigkeit (Himmel) erhob ich immer mehr zum Gegenstand meiner Forschungen. Und so entstanden viele theoretische Zeichnungen (z. B. theoretische Zeichnung des Genter Altares von van Eyck oder des Allerheiligenbildes von Dürer).

Dann stellte ich auch eine theoretische Zeichnung über die sogenannte Heils-Eklyptik der Seele des Menschen auf. Das Lebenslaufschema als Kreis, der die himmlische Ewigkeit und die irdische Vergänglichkeit mit einschließt, fand ich dann bei den deutschen Mystikern, wie bei Seuse. In einer späten Ausgabe des 15. Jahrhunderts erschien ein Holzschnitt «Ausfluß und Rückkehr der vernünftigen Kreatur in Gott».

Dann fand ich selbstverständlich die Begriffe von Ewigkeit und Zeitlichkeit in der Bibel. Die Bibel ist eines der Bücher,

540 Spannung zwischen Erde und Himmel

Clara Kress. F. S. W. mit Bücherschlange von der Erde bis zum Auge Gottes. Zeichnung. 1967.

Der mystische Weg der Seele. Ausfluß und Rückkehr der vernünftigen Kreaturen in Gott. Holzschnitt. 15. Jhd.

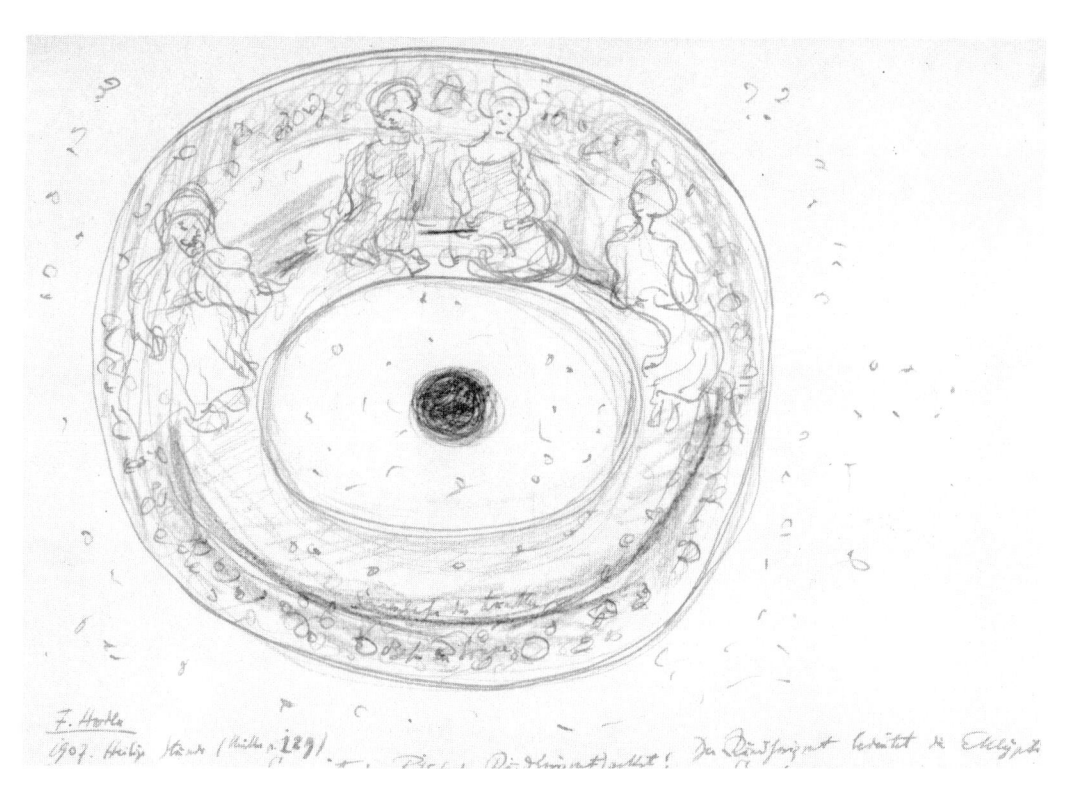

F. S. W. nach dem Gemälde von Ferdinand Hodler. «Heilige Stunde». 1907. Das Bild wurde in eine erdabgelöste Rundhorizontkomposition übertragen.

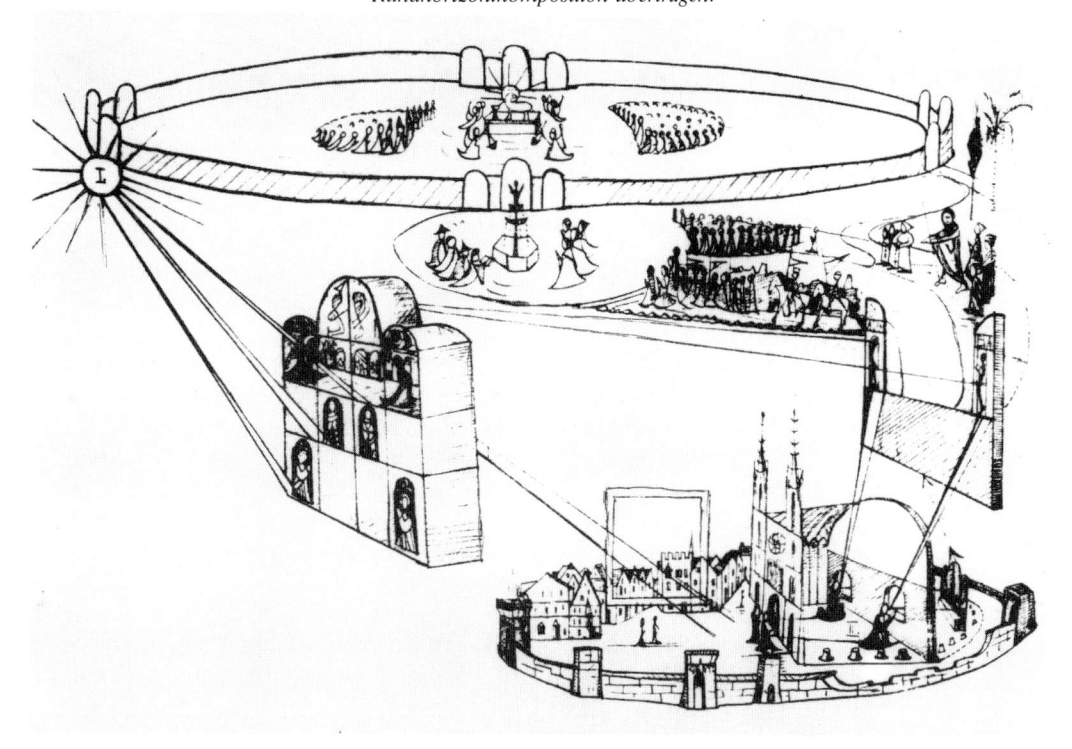

F. S. W. Der Gedankenweg, den der Beschauer des Genter Altares in seinen Bereichsstufen von der Erde bis in den Himmel zurücklegen muß.

Reinhard Daßler. Hochaltar der Kirche in Hofweier. 1978. F. S. W. weist als En-face-Figur wie am Anfang seiner Biographie (vgl. S. 11), so hier am Ende wiederum auf das A und O in der Bibel hin.

das den Bogen der Ereignisse vom Anfang der Weltgeschichte bis zum Ende, von der Ewigkeit der Vergangenheit über die Vergänglichkeit der Gegenwart bis zur Ewigkeit der Zukunft spannt.

Am Anfang der Schöpfung der Welt steht die Scheidung von Licht und Finsternis, und am Ende stehen Apokalypse und die Verheißung des ewigen Lichtes in Gott. Anfang und Ende treffen sich in Gott. Gott ist A und O. Gott ist jenes Wesen, das keinen Anfang und kein Ende hat, das also alles umfaßt und auch etwas hat, was den Menschen schwer oder unmöglich zu fassen ist, ein Sein ohne Geschichte, ohne Zeit, ohne Anfang und Ende zu denken.

Der Kreis schließt sich.

Nun bin ich soweit, alle diese in der Geschichte, in der Lebensgeschichte, in der Kunstgeschichte, meinem Spezialgebiet als Fach einer besonderen Art von Welterkenntnis und Weltvorstellung, aufgegriffenen Probleme über Himmel und Erde, über Zeit und Ewigkeit, über Anfang und Ende, über Lebenslaufarten, über religiöse Heilseklyptik, über die Komposition der Weltschöpfung und des Weltunterganges in der Bibel, dem Buch der Bücher der Weltgeschichte der Menschheit, auch auf *mich* anzuwenden.

Damit habe ich das objektivierte, entpersönlichende, wissenschaftliche Verhältnis zur Welt und den Dingen der Welt aufgegeben und überwunden.

Damit bin ich Anthropologe meines eigenen Ichs geworden und habe die Wissenschaft des Ichs begründet, die Egoitistik.

Ich habe die Waffen der Wissenschaft um 180 Grad gedreht und auf mein eigenes Ich angewendet.

Ich kämpfe nun mit mir selbst! Und zwar im direktesten Angriff. Das ist das Resultat, das *ich* aus meinen Forschungen gezogen habe:

Ich als Forschungsobjekt meiner selbst.
Ich als Partikel der Weltgeschichte der Menschheit.
Ich als Lebenslaufschema.
Ich als Stufenleiter der Seinszustände.
Ich, ich, ich und nochmals ich als Drehpunkt, als Mittelpunkt der Welt.
Ich als Maßstab der Welt, meiner Welt.

II. Ich und das Zeit- und Todesproblem im modernen technischen Weltbilddenksystem

(Vortrag am 13.2.1973)

Wie durch Zufall, ohne es zu wollen, ohne, daß diese Frage zunächst in meinen Gesichtskreis als dringlich und notwendig erschienen wäre, wurde ich in den Fragenkomplex, welche Bedeutung der Tod für den heutigen Menschen hat, hineingezwungen.

Der Architekt Thomas Sperling vom Lehrstuhl für Entwerfen veranstaltete in der Universität Karlsruhe ein Seminar über das Thema «Bestattung – Testament – Totenkult». Dabei bat er mich, als Auftakt für diese Veranstaltungen in der ersten Stunde am 13.2.1973, ein diesbezügliches Grundsatzreferat zu halten.

Als Thema wählte ich «Das Zeit- und Todesproblem im modernen technischen Weltbilddenksystem». Es war für mich gleichsam ein Spezialsektor aus meinen Überlegungen, die ich im Zusammenhang mit dem viel umfassenderen Fragenkomplex bei der Abfassung meines Buchmanuskriptes «Maschine und Kunstwerk» anstellte.

Doch, als diese Fragestellung auf mich zukam, um mich mit ihr gedanklich-weltsystemlich auseinanderzusetzen, war es keineswegs nur eine objektiviert ferne, x-beliebige und üblich routinemäßig abzuhakende, sogenannte wissenschaftliche Angelegenheit, die man eben pflichtgemäß erledigt ohne eigentliche innere oder womöglich ohne auf das eigene Ich bezogene Beteiligung.

Diesmal bedeutete diese Frage mir viel mehr. Sofort wurde daraus eine Frage, die an den Grundfesten meiner eigenen Existenz rüttelt. Ich machte die wissenschaftliche Frage eines Architekten-Seminars zur Schicksalsfrage par excellence meiner eigenen Person. Hier wurden die Seinsbezüge meines eigenen Ichs angeschlagen. Einmal das Problem gestellt, gab es für mich kein Entrinnen.

In dieser Fragestellung nach dem Tode erkannte ich, daß diese Frage weit über die Praxis der architektonischen Gestaltung der Friedhöfe und über die Arten des Bestattungsmodus hinausgeht, daß hier die Gretchenfrage an den heutigen hochtechnisierten Menschentyp gestellt wird, inwiefern er durch den Tod aus der vergänglich-irdischen Zeit herausgerissen, vor den Richterstuhl der überirdischen Zeit, der Ewigkeit gezogen, bestehen kann oder nicht. Es wird die Frage gestellt, ob in der Endsinngebung der Lebensführung und Lebensverwaltung der moderne, so sehr gegenwartsgefällige Mensch als Vollzieher des Lebens, als Mensch und Kreatur und nicht als hochgradig technikmechanisiertes Wesen, das mit dem wirklichen Menschsein primär nicht viel zu tun hat, vernünftig oder unvernünftig, naturadäquat oder naturwidrig sich verhalten habe.

Diese Frage, dieses Problem mußte in Angriff genommen werden. Ich hatte bei diesem Anruf das Alter von 63 1/2 Jahren erreicht. Es ist das Alter, in dem man solchen Lebenslauffragen geneigter und beteiligter gegenübersteht als in früheren Jahren. Es wird geahnt und instinktiv erwogen, daß das bisher nur theoretisch Erwägbare und Überlegbare in näherer Ferne auch in Praxis und vollzogenes Faktum umschlagen könnte.

Da diese Fragestellung meines Seminarvortrages ein solch hohes persönliches und somit auch autobiographisches Engagement in sich birgt, soll mein Beitrag zu der Frage des Todes hier in extenso, in der ganzen Breite seiner Deduktion seinen Platz finden:

Jede weltgeschichtliche Epoche macht sich eine andere Vorstellung vom Begriff der Zeit. Jedes Weltbilddenksystem, das solch einer Weltgeschichtsepoche angehört, unterwirft sich einer anderen Art, einem anderen System von Zeit und handhabt deshalb einen anderen Zeitbegriff. Wir könnten am einfachsten sagen, sie denkt in diesem spezifischen, nur ihr zukommenden Zeitsystem und gestaltet auch nach diesem Prinzip und Gesetz die Dinge dieser Welt. In dieser ganz bestimmten Gesetzlichkeit mit all ihren Folgen: Nachteilen und Vorteilen, mit ihren Eindeutigkeiten und Widersprüchen – legt der so geartete Zeitbegriff seine Schranke jeweils auf die Erscheinungen der Welt und der Dinge.

Die Grundlage für den Zeitbegriff des jetzt Gültigen, unseres modernen technischen, zeitgenössischen Weltbilddenksystems, wurde in dem Zeitbegriff der Renaissance und des Barock gelegt. Seit damals gibt es den Zeitbegriff, den wir den naturwissenschaftlichen Zeitbegriff nennen können, und zwar, weil dieser Zeitbegriff sich auf die Dingwelt der Natur bezieht (nicht etwa auf die Vorstellungen des Geistes). Der Ablauf der irdischen Dinge wird beobachtet, ihr Entstehen und Vergehen. Die Vergänglichkeit der Dinge, die sogenannte Vanitas, steht deshalb im Mittelpunkt des Interesses und der Wertskala der Menschen in der Renaissance und im Barock. Dieser Vanitas-Gedanke stand an höchster Stelle im Weltbilddenksystem dieser Epoche. Wie sich diese Tatsache auswirkt, könnte man z. B. an dem stilistischen Aussehen der Kunstwerke, der Gemälde, Plastiken, Bauwerke und Musikstücke dieser Epoche anschaulich nachweisen.

Die natürliche Zeit, die Zeit des Naturablaufes, teilt sich in drei Zeitarten auf: in 1. Vergangenheit, 2. Gegenwart, 3. Zukunft, und zwar die Zeit direkt bezogen auf die irdische Zeit, die Uhr-Zeit unseres Sonnensystems. Dann gibt es aber noch eine weitere Kategorie, die man an der Zeit beobachten kann: das Tempo der Zeit. Diese teilt sich wiederum in drei Arten: 1. die normale, sonnenrhythmusgleiche Zeit (normale Zeit), 2. die im Tempo verlangsamte Zeit (Zeitlupenzeit) und 3. die gesteigerte, das heißt beschleunigte Zeit.

Vom Begriff der normalen, natürlichen, auf das Tempo

des Sonnenlaufes bezogenen Zeit her gesehen, ist die gesteigerte, beschleunigte Zeit eine Minuszeit und damit eine in ihrer Qualität negative Zeit.

Das Gegenstück dazu ist die angehaltene Zeit. Die Zeit als Verfestigung, eine sich aufstapelnde, sich aufladende Zeit. Im Gegensatz zur beschleunigten, zeitverbrauchenden Zeit, ist die angehaltene Zeit eine Pluszeit und damit in ihrer Qualität positive Zeit. Der Vergänglichkeit, der Vanitas gegenüber, bewirkt sie deren Überwindung. Die angehaltene, positive Zeit ist die Voraussetzung, um über die Vanitas und über die reine Irdischkeit der Zeit hinauszukommen. Hingegen die beschleunigte Zeit, die der sogenannten Schnelligkeit huldigt, dezimiert, zerspaltet, zerstört die Zeit, frißt die Zeit auf; d. h. wie Chronos es tut, der in den allegorischen Darstellungen seine eigenen Kinder auffrißt.

Man könnte die Schnelligkeit auch eine gesteigerte Vanitas nennen. Die schnellebige Zeit, wie auch der Mensch, der sich dieser Zeitqualität und Zeitart hingibt und sie für seine Zwecke benutzt, treibt Raubbau an der Zeit. Zeit wird hier aufgefaßt als ein Weltgut, als das Weltkapital Nummer eins.

Zeit steht als Begriffskategorie über dem Raum. Raum ist das Korrelat zur Zeit, aber die Zeit läuft ab und ist existent auch ohne den Raum – aber nicht umgekehrt. Deshalb steht die Zeit als vierte Dimension über dem Raum als dritte Dimension.

Woher nimmt die schnelle Zeit, die in ihrem Zeitverzehr Raubbau der Zeit treibt, die Zeit?

Die schnelle irdische Zeit ist, wie alle irdische Zeit, immer gegenwartsbezogen. Nur die Zeit der Gegenwärtigkeit ist real, ist wirklich. Dies läßt sich experimentell an uns selber feststellen. Der Anfang dieser Abhandlung ist beim Leser als Vergangenheit eine vollzogene, an der und der Uhrzeit vollbrachte Irrealität. Der momentane Augenblick der und der Uhrzeit, zu der der Leser diese Abhandlung tatsächlich liest, d. h. als Gegenwart erlebt, ist ein realer Zustand. Das Ende unserer Lektüre, zu der und der Uhrzeit, ist als Zukunft eine nicht vollzogene Realität und deshalb für uns (noch) eine Irrealität, eine offene Wunschbildvorstellung, die allerdings auf uns zukommt und nicht von der der Leser, wie bei der Vergangenheit, weggeht.

Es besteht ein Gegensatz und eine Beziehung zwischen Weltzeit und Lebensablaufzeit des Menschen. Dieses Problem der Verrechnung von Weltallzeit und der irdischen Menschenlebensablaufzeit stellt der Tod.

Der Mensch, der den Naturrhythmus schon so sehr schändet und ausbeutet und in seinem Lebenstempo die Ewigkeit, die Potenzierung der irdischen Zeit verhindert und generell gegen sie verstößt, hat weltethisch kein Anrecht auf Ewigkeit, hat kein Anrecht auf ein Weiterleben nach dem Tod. Denn der schnelle Mensch stirbt schon, bevor er stirbt! Der tatsächliche Tod ist nur ein Ereignis, das in seiner Banalität vorher stets von diesem Menschentyp geübt wurde.

Bei einem solchen konstruierten und handelnden Menschentyp ist der Tod tatsächlich das Ende seiner Laufbahn. Hinter der irdisch potenzierten, der geraubten Zeit, steht keine weitere Zeit mehr, steht kein Kapital an Zeit mehr, das nun zum Zuge käme, das eingesetzt werden könnte, nachdem die irdische Zeit abgelaufen – und die ewige Zeit beginnt – und schon vor dem Tode zu Tode gehetzt ist. Der moderne technische Mensch hat einen beschleunigten Tod. Das ist seine Erfindung! Das ist sein Privileg! Das ist sein Trick gegenüber der Weltzeit!

Andere Epochen hatten ganz andere Methoden und Verhaltensweisen angewandt und kamen zu ganz anderen Resultaten. Doch – wir wollen hier keine Historie betreiben, sondern die gegenwärtige Situation des Weltbildsystems des modernen technischen Menschen erkennen und analysieren. Diesmal geht es um uns selbst – werden wir zur Kasse der Weltgeschichte gebeten!

Der technische moderne Mensch reiht lauter Tode, viele Tode aneinander. Er lebt gar nicht, sondern konstruiert lauter Todessituationen. Dem modernen technischen Menschen ist es verwehrt, aufgrund der Mechanik seines banalen, ausschließlich auf die irdische Zeit abgestimmten Weltdenksystems, sich etwa auf den übernatürlichen Begriff der Ewigkeit als Gegenbegriff der Vergänglichkeit zu berufen und ihn für sich in Anspruch zu nehmen!

Die Ewigkeit ist ein Grundbegriff der Religionen. Die Vergänglichkeit ist ein Grundbegriff der Naturwissenschaft. Denn die höchste und vornehmste Aufgabe der Religion ist es, die Zeit als höchstes Gut des Menschen, und selbstverständlich der Welt überhaupt, als Schöpfung und als Weltkapital Nummer eins zu bewahren und zu hüten und nicht leichtsinnig zu verschleudern.

In den Kirchen brennt das ewige Licht.

Es ist aus dem inneren Wesen der a-metaphysischen, a-religiösen, un-seelischen Struktur des modernen technischen Weltbildsystems logisch sich ergebend und systemgerecht, daß der Mensch, wenn sein Körper durch den Tod unbrauchbar geworden ist, d. h. nicht mehr zur Überholung und Zerstörung der Zeit eingesetzt werden kann, d. h. nicht mehr schnell sein kann, ebenso weggeworfen wird wie seine geliebten Hilfswerkzeuge, wie sein Auto, wie ein Flugzeug, wie eine Waschmaschine, die unbrauchbar geworden sind und auf den Müllhaufen geworfen werden. Dies ist der adäquate Abgang des modernen technischen Konsummenschen von der Bühne des Lebens! Mehr ist im modernen technischen schnellen Menschen nicht drin. Ein Mehr an Zeit, ein Mehr an Geschichte, ein Mehr an Schätzung und weltethischem Wert kann er nicht verlangen. Wollte er dies verlangen, so gäbe es nur ein einziges Mittel: er müßte sein Weltdenksystem von Grund auf ändern. Er müßte nach anderen Prinzipien gegenüber der Zeit und Ewigkeit leben, handeln und sich verhalten. Dann erst könnte er Totenkult, Totenehrung, symbolhaftes Weiterleben in Anspruch nehmen. Dann erst käme er aus seinem Eintagsfliegenleben und

Eintagsfliegentod heraus. Sonst und so allerdings nicht.

Es wäre grotesk, lächerlich und weltethisch arrogant und unverdient, wollte der schnellebige moderne technische Mensch, der es versteht, lauter Todessituationen aneinanderreihend, durch die Schnelligkeit zu erzeugen und zu produzieren, jetzt plötzlich nach dem Tode eine Verklärung oder einen Wechsel des Handlungs- und Denksystems für sich in Anspruch nehmen. Als wenn nun plötzlich nach dem Tode ein anderer Seinsrhythmus einsetzen sollte und die Zeit aus heiterem Himmel nun angehalten werden müßte, nachdem sie bisher ausschließlich beschleunigt, erledigt und in ihrer Substanz und Dauerhaftigkeit geschändet wurde. Nicht nur die Dinge sind in der modernen technischen Konsumgesellschaft zum Verschleiß, d. h. durch möglichst schnell kaputtgehende Materie dem Untergang geweiht, sondern auch dem Menschen kommt logischerweise dasselbe Schicksal zu, das er den Dingen bereitet. Auch der Mensch wird verschlissen und kann weggeworfen werden. Es wäre unfair, wenn man anders, d. h. nach einem anderen Weltsystem stürbe und nach dem Tode anders behandelt würde als man im Leben gelebt hat. Das Leben und das Sterben, der Tod und das Leben oder Nichtleben nach dem Tode richten sich nach der Art des Lebens. (Ja, noch mehr: haben sich danach zu richten!) Dies ist die einzig gültige und faire Relation. Lebensart, Todesart und Seligkeits- oder Nichtigkeitszustand nach dem Tode stehen gerechterweise in absoluter Relation zueinander. Wäre das nicht der Fall, wäre das Schicksal höchst ungerecht und anormal.

Es ist aber nun nach der Position der Religion, des Mythos, nach der Position der glückseligen Ewigkeit und des Nachlebens des Menschen im Himmel der Seelen zu fragen: Haben die modernen technischen schnellebenden Menschen denn gar keine Seligkeit? Keine Ewigkeit? Kein seliges Glück?

Diese Frage kann man nicht verneinen.

Nur sieht die Seligkeit, die «Ewigkeit» des modernen technischen schnellen Menschen anders aus, sie vollzieht sich in anderen Kategorien, verlagert sich in andere Schichten und andere Bereiche. Ganz nach der Struktur und der Mechanik und Konstruktion des modernen technischen Weltdenksystems. Wir haben die Antwort nach der Seligkeit bei der Frage der Zeit nach dem Tode schon gestreift. Dem modernen technischen schnellen Menschen wird das Glück zuteil, schon hier auf Erden in den Zustand der Seligkeit gesetzt zu werden, indem er durch die Schnelligkeit Partikel der (ewigen) Zukunftszeit schon in die Gegenwart hereinholt.

Hier wird dem modernen technischen Menschen das Bein gestellt: Hier wird ihm die Rechnung präsentiert.

Gegenüber der Ewigkeit des religiösen, mythischen, metaphysischen Menschen ist die Pseudoewigkeit des modernen technischen Menschen natürlich kümmerlich, höchst belanglos und eine katastrophale Fehlgeburt. Diese Pseudoewigkeit ist gleich mies, unzulänglich, lächerlich kleinatmig und verbohrt kurzsichtig wie das Weltdenksystem und die Handhabung der schnellen technischen Fahrzeuge als Zeitverschlingungsmaschinen durch den Menschen überhaupt. Und das ist noch mehr der Fall angesichts der ewigen Zeit der Religion!

Im Angesicht des Todes, nämlich der Grenze von der vergänglichen zur immerwährenden, ewigen Zeit, geht es dem modernen technischen Menschen, der sich durch die Schnelligkeit auszeichnet, wie im Bibelgleichnis den klugen und törichten Jungfrauen an der Himmelspforte. In der Öllampe des modernen technischen Menschen ist kein Öl, d. h. hier keine Zeit mehr, ja sogar leider weniger als nichts: ein Unter-Nichts an Zeit. Der moderne technische schnelle Mensch hat die Ewigkeit schon vor der Ewigkeit verbraucht und steht am Ende seines Lebens mit leeren Händen und ohne Anstrengungen und ohne Taten da, die auf die Erlangung der Ewigkeit vor dem Richterthron der Geschichte angerechnet werden können. Hier geht es um die Handhabung und Verwaltung der Zeit. Und dabei ist eben zu sagen, daß die Zeit, über dem Raum stehend und mehr wert als der Raum, in jeder Form das allerkostbarste Gut, die allerwichtigste, allerdings materiallose «Materie» der Welt überhaupt ist. Auf dieses höchste Gut einen so frechen und ungehemmten und unbedachten Angriff zu lancieren, wie die modernen technischen Menschen es tun, zeugt von einer grandiosen Unkenntnis und Verkennung des Funktionierens der großen Weltmaschine, des Universums aller Dinge. Der moderne technische Mensch beraubt sich selber der Zeit und damit auch der Ewigkeit, die für alle Menschen und auch für ihn nach dem Tode beginnt.

Der Mensch, der den Tod als Pforte zur höheren Zeit, zur Ewigkeit verspielt, ist nicht würdig, in einem höheren Sinne Mensch genannt zu werden. Ein Mensch, der das allerhöchste Gut, das ihm die Welt zu bieten hat, verspielt und vergeudet, ist beim richtigen Namen genannt ein Unmensch. Er ist deshalb ein Unmensch, weil seine Relation zwischen sich und zwischen dem Weltenlauf und der allgemeinen über ihn hinausweisenden Weltmaschinenkonstruktion aus den Fugen kam.

Der technisch superschnelle Mensch lanciert etwa mit seinen Flugapparaten einen Großangriff auf das Zeitrhythmusgesetz der göttlichen Weltschöpfung mit ihrem kosmisch natürlichen Ordo. Damit bringt der schnelle Mensch das natürliche Zeitgesetz in Unordnung. Er führt eine außergöttliche Zeitordnung ein. Wie wir gesehen haben, vernichtet er geradezu die göttliche Zeit-, Raum- und Seinsordnung. Der Mensch wird in der göttlichen Schöpfung, in der im Sosein gegründeten Natur, ein Fremdkörper, ein böser Störenfried, im alten Sinne ein Sünder. Das unschöne, die Freiheit des Menschen beschneidende und rügende Wort Sünde haben wir an sich tunlichst aus unserem Sprachschatz verbannt. Doch dort, wo es um die künstlich inszenierte Ordo, wesentlich um die Regeln des Zeitbegriffes des modernen technischen Verkehrssystems geht, da haben wir dieses Wort beibehalten, da werden wir böse, wenn die Regeln nicht eingehalten werden, damit es kein Unglück und Kleinholz gibt, da greifen wir auf die religiöse Weltsystemmoral sprachlich zurück und sprechen von Verkehrssündern. Sonst ist uns das Wort der Sünde gleichgültig und kaum mehr wirksam verwendbar.

Daß dieser so handelnde und sich verhaltende Mensch bei seinem Ausbrechen aus der göttlichen und natürlichen Ordnung Abstand nehmen muß vom Gottesbegriff, von der Anerkennung der göttlichen Ordnung, ist eine fast logische und selbstverständliche Folgeerscheinung.

Der superschnelle und technisierte Maschinenmensch hat sich selber aus dem göttlichen Weltgesetz der Zeit, aus dem ihm zugeteilten Ort, dem Erdenplaneten, herauskatapultiert.

Wie sich dieser Prozeß abspielte, kann man genau angeben. Historisch hat sich seit dem 16. und 17. Jahrhundert dieser Prozeß der Entgöttlichung des Denksystems des modernen Menschen genau mit der Entwicklung und schließlich der Prävalenz der technischen Errungenschaften und Erfindungen und Ausbreitung der Maschinenwelt vollzogen. Darin besteht ein logisches, historisch korrelatives Verhältnis. Überhistorisch gesehen muß man sagen, dem religiösen Menschen verbietet es sich, das Flugzeug zu besteigen, wie es sich einem wirklich technikgläubigen Atheisten verbietet, zu Gott zu beten.

Durch diesen Verstoß gegen die göttliche natürliche Zeitordnung ist der Mensch der Obhut und des Schutzes Gottes verlustig gegangen. Man spricht davon: Gott ist tot, Gott hat sich von der Erde (Welt) zurückgezogen. Und der Mensch ist nun ohne Gott, allein auf sich selbst gestellt. Aber der moderne technische Mensch hat mit Sicherheit noch etwas anderes verloren: er hat auch die göttliche Ewigkeit, das Leben nach dem Tode verloren: die übernatürliche Zeit, die religiöse Zeit. Dadurch ist der Mensch als Seelenkreatur zu einem Nichts, zu einer Zeitapalie zusammengeschrumpft.

Der moderne technische Mensch, nimmt er seine Technik ernst (daß er sie nicht ernst nähme, kann niemand behaupten) und hält sich die riesigen Anstrengungen vor Augen, die er dem Verkehr, dem Flugwesen und den Autobahnen widmet, wofür er unzählige Milliarden an Geld und Millionen Menschen als Personal freudig aufbringt, muß aus seiner Weltbildkonzeption heraus Atheist sein. Er ist in seinem Wesens- und Handelnskern a-religiös, gegen die Religion als Bewahrerin der göttlichen Zeitordnung, der Religion entwichen und kann sie nicht in sich aufnehmen. Im banalen Vollzug des Lebens stört diesen außerreligiösen, technischen Menschen diese A-Religiösität meistens wenig. Da gibt man sich mit Genuß dem Superleben hin. Doch an einem Punkte taucht das Problem der göttlichen Ordo wieder von neuem mit Macht auf. Dies ist in der Todesstunde. Dies ist am Ende des irdischen, mit irdischen Maßstäben zu messenden und gemessenen Lebenslaufes. Tritt der Mensch durch den Tod an die Scheidestelle zwischen zwei Seins- und vielleicht auch zwei verschiedenen Zeit-Zuständen – da nun wird es problematisch. Da werden ganz eigentümliche Fragen, Entscheidungen und Prüfungen aufgeworfen. Da wird der Mensch bezüglich des Zeitbegriffes zu einem Herkules am Scheidewege. Was soll ich tun? Was soll ich denken? Wie soll ich mich entscheiden? Was ist der Mensch?

Besteht der Mensch ausschließlich aus Körper, aus wissenschaftlicher Intelligenz? Aus Supervergänglichkeit als Resultat des technischen Denkens und technisierten Handelns? Genügt es dem Menschen, nur als Homo Faber, als Homo Technikus zur Sache und zum Weltgestaltungsprinzip der Technik zu stehen und sich selbst als Mensch zum Halbmenschen, zum Superminizeitmenschen zu erklären und im selben Tempo zu verschwinden, wie er durch sein technisiertes Leben gerast ist? Der Mensch als ein Super-Vergänglichkeits-Nichts.

Oder erinnert sich der Mensch, daß er früher, als er noch nicht als Homo Technikus, etwa als Kind, das noch Weltganzheitsbewußtsein in sich hatte, seiner Weltganzheitlichkeit noch nicht verlustig gegangen war, noch mehr Zeit, noch mehr Substanz in sich hatte? Daß er noch nicht ausschließlich Handelnder war, sondern auch noch ein Weltempfinden, eine Weltseele hatte, die er durch die Hingabe an die Technik verkümmern ließ oder gar aus sich heraustreiben mußte?

Das eine muß dabei beachtet werden: beides zugleich kann der Mensch nicht haben. Er kann nicht gleichzeitig Seele haben (intaktes Weltganzheitsdenken) und zugleich den Superminuszeitbegriff verwirklichen. Praktisch ist dieses Kunststück noch nicht erfunden: zugleich in der Kirche beten und im Flugzeug durch den Luftraum rasen. Diesen Zustand verbieten die zwei sich ausschließenden Zeitbegriffe der göttlichen Ewigkeit des Gläubigen und der superirdischen Vergänglichkeit des Technikers.

Da gibt es nur ein Entweder-Oder. Alles andere ist pervers, was wohl kaum vor dem Gericht der göttlichen Weltordnung bestehen kann.

Das technisch naturwissenschaftlich ausgerichtete Denken ist im Hinblick auf das Denken der Welt im Ganzen – dies verstanden als den weltethischen Gehalt und die Bewährung des Denkens – ein falsches, ein weltfeindliches Denken.

Man kann noch so viele Konferenzen, Weltverbesserungsgremien und Debatten und Diskussionen und real durchgeführte Ausweichsversuche unternehmen: es wird nichts nutzen. Die sonst noch so gescheiten, praktischen, tüchtigen und cleveren modernen Menschen werden an diesem, in seinem urgrundweltfeindlichen Denken, an diesem (vom Denken der Welt im Ganzen her gesehen) weltethisch falschen oder direkt gesagt: unethischem Denken zerschellen. Wenn nicht heute, so morgen, da ihre Weltgrundkonzeptionen auf falschen, auf weltethisch verdrehten und damit weltfeindlichen Prämissen aufgebaut sind. Da nutzen die korrigierenden, noch so durchdachten, noch so geschickt arrangierten Ausweichskonstruktionen und Maßnahmen auf die Dauer nichts – sie bewirken eher das Gegenteil, da sich die Reihe der pseudokorrigierenden Hilfsmaßnahmen (pseudo, da sie nicht die Wurzel des Übels packen) auch einmal erschöpfen muß und der Mensch dann tatsächlich keine Hilfsmaßnahmen zu weiteren Hilfsmaßnahmen mehr weiß. In welche hilflose, verzweifelte, bedauerlich armselige Lage sich der technische moderne Mensch mit seinen falschen Prämissen des Weltdenkens hineinmanövriert hat, davon berichtet am besten das hervorragende Quellenwerk über das unzulängliche Weltdenken des modernen technischen Menschen des Amerikaners Alvin Toffler: «Der Zukunftsschock», 1970. Dort werden die letzten Reserven an Gedankenkombinationen und Besserungsvorschlägen zur Abwendung der Folgen des Grundübels der falschen Weltdenkkonstruktion aufgerufen. Es sind die letzten Hilferufe von Ertrinkenden, die nichts von der Kunst des Schwimmens verstehen.

Die Schnelligkeit des modernen technischen Menschen beinhaltet ein liebloses Verhältnis zur Welt und zu den Dingen.

Der schnelle Mensch (als Automobilist, Flugzeugpassagier etc.) mißachtet die Welt. Er zerstört die Welt anstatt sie zu gewinnen.

Verharren ist Liebe, Wechseln ist Verachtung, ist Mißachtung.

Der Baum, das Haus, der Mensch, das Tier, der Bach, die Pflanze, an der ich schnell mit dem Auto vorbeirase mit 130 km/h ist nur als Baum, Haus, Tier etc. nicht teurer, wirklicher, wirksamer, wesentlicher geworden, sondern gerade das Gegenteil. Schnelligkeit erzeugt Substanzverlust der Dinge. Auch des Menschen, der sich der Schnelligkeit bedient. Wir sind in unserem Denken über die Welt und die Dinge so sehr verdorben und fehlgeleitet, daß wir gar nicht mehr wissen, welchen weltethischen Unsinn wir daherreden, wenn etwa die Deutsche Bundesbahn ein Plakat herausgibt und, vier mal vier Meter groß, aufhängt mit der katastrophalen Feststellung: «Wälder, Seen, Berge fliegen vorüber.» Das bedeutet, daß die Dinge, die Landschaften durch das im Eisenbahnzug-Sitzen an Substanz, an Seinswert verlieren; eben vorbeifliegen und damit ja wertlos werden. Wie wertvoll wären die Wälder, die Seen, die Berge, wenn man sie nicht abraste, sondern in ihnen verweilte. Wieviel tausend mal mehr hätte man von einer langsamen Fahrt oder noch besser bei einer Wanderung. Man würde mit der Pracht und Schönheit der Landschaft gar nicht fertig werden!

Es ist ein unzutreffender Satz: «Durch Schnelligkeit gewinnt man Zeit.» Das ist ein moderner, falscher Denkschluß. Durch Schnelligkeit zerstöre ich die natürliche Zeit, zerspalte und vermindere ich die Dinge.

Nachdem die weltbildmäßige Problematik des Todes des Menschen aufgezeigt wurde, ist es an der Zeit, daß wir die theoretischen Voraussetzungen, die wir uns hier erarbeitet haben, auf die praktischen Auswirkungen anwenden. Wir können nun sagen, daß die praktische Gestaltung des Todes im Bestattungswesen oder im Bestattungskult (Sitte) haargenau davon abhängt, wie wir im einzelnen den Tod beurteilen. Je nachdem, wie wir uns entschließen zu leben und auch zu sterben oder nicht zu sterben, sondern nach dem Tode weiterleben zu wollen, wird auch die Art der Behandlung unserer leiblichen Hülle, unsere Bestattung, sein. Die Gestaltung der Bestattung ist eine weltsystemliche Frage der Einschätzung, der Einstufung des Menschen überhaupt. Wenn überhaupt eine Frage, so kann diese Frage nicht ohne eine Gesamtbetrachtung und Gesamtweltrechnung beantwortet werden. Diese Frage ist die tiefste und schwerste und folgenreichste Frage überhaupt. Und zwar ganz unabhängig davon, ob wir die Schwere und Tiefe erkennen. Diese Tiefe der Frage liegt in der Problemstellung des Seins des Menschen: Der Mensch in seinem Eingespanntsein zwischen Zeit und Ewigkeit.

Aber etwas kommt hier noch hinzu. In der Frage des Todes darf es keine Verschwommenheiten, keine Halbheiten, kein Ausweichen, keinen unehrlichen Kompromiß geben. Dies wäre ein schlechtes, da unsauberes Resultat.

Im Angesicht des Todes muß sich der Mensch entscheiden. Da zeigt es sich, wie er sich einschätzt. Hier gibt es kein Unentschieden, auch wenn er sich sein ganzes Leben lang hindurchgemogelt hat. Es wäre bedauerlich, wenn der Mensch hier keinen Standpunkt, keine Stellungnahme, kein Dazustehen fände. Aber – auch das Entscheiden und Sichbekennen muß man lernen, üben und nochmals üben. Wer sich nicht im Leben entschieden hat, der wird auch im Tode der höchsten und längsten Entscheidung keine Antwort, kein «Ich bin, wie ich bin» wissen.

Vielleicht ist es aber auch für uns Menschen günstiger, daß uns in der Gesamtbilanz unseres Lebens und unserer Welteinschätzung, die sich im Todesproblem enthüllt, ein kleiner Rechenfehler unterläuft. Dann könnte es vielleicht sein, daß wir in der Verrechnung der Gestaltung des Lebenssinnes günstiger, ungeschorener, mit geringerer Anstrengung, mit weniger menschlicher Energie, vor allem mit weniger Nachdenken durchkommen.

Vielleicht wissen wir es gar nicht mehr – wir haben die Fähigkeit ausgebildet, menschlich Wichtiges zu vergessen –, daß wir schon lange unser Denken daraufhin durchtrainiert und abgestimmt haben, daß wir aus lange geübter und bewußt gepflegter Bequemlichkeit nur ausschließlich bequeme und augenblicksgünstige, sich dauerzeitlich allerdings verheerend auswirkende Entscheidungen treffen. Was weiter passiert (was gar nach dem Tode passiert), haben wir die abenteuerliche Genialität, darüber hinwegzuschreiten. Als ob das, was nach uns passiert, nicht auch noch zu uns gehörte! Vielleicht aber haben wir als Menschen die absurde Fähigkeit und anerzogene Frechheit und unbegründbare Selbstherrlichkeit so perfekt ausgebildet, um mit einem halsbrecherisch kühnen verantwortungslosen Gedankenhopser über jede Konsequenz besserer Einsicht hinwegzuspringen. Wer weiß dies?

Glückauf dem seichten Super-Minus-Menschen, der dies fertigbringt!

Vielleicht wollen wir aber auch mit voller Absicht dem tiefen Grundproblem, das im Tode steckt, keine ihm adäquate Einsicht gegenüberstellen. Vielleicht sagen wir, wir und andere haben mit der Schöpfung (nach der Tiefe bei diesem Problem) schlechte Erfahrungen gemacht. Deshalb genügt es uns vollauf, nur schon obenhin zu urteilen. Ist es gerade bei diesem Problem am Platze, sich unselbständig oder historisch verärgert zu zeigen und sich auf die angeblichen Erfahrungen der anderen zu verlassen?

An welchem Punkte des Einsatzes unseres Denkens geben wir es auf, machen wir schlapp, über die Qualität unserer Existenz als Menschen, die sich an der Einschätzung des Todes ermessen läßt, nachzudenken? Wieviel Zeit unseres Lebens wollen wir opfern für die Frage der Bilanz, der Gesamtbilanz der Zeit als Weltzeit, die wir hier auf Erden, von der Schöpfung der Welt aus gesehen, zur Benutzung und Verwaltung in unserem Leben mitbekommen haben?

Wieviel ist uns überhaupt das Todesproblem als urexistentielle Grundlage, wovon alles, aber auch gar alles, merkwürdigerweise auch die Lebensführung und Lebensgestaltung des Menschen abhängt, überhaupt wert?

Genügt hier die möglichst schnelle Erledigung und das möglichst schnelle Übergehen zum nächsten Tagesprogramm? Was hat der Mensch anderes zu tun auf seinem Erdenwege als die Relation Leben – Tod, Tod – Leben in Ordnung zu halten und sich zu bemühen, mit der Gesamtschöpfung in Einklang zu sein? Gibt es in aller Welt irgendwo und irgendwann etwas Besseres, Dringlicheres zu tun? Und zu denken?

Was sagt der Computer zu diesem Superproblem? Mit welcher unglaublichen Superschnelligkeit wird er dieses überfällige Problem aller dauerhaftesten Probleme lösen?

Welches Team von Forschern, Wissenschaftlern und auserkorenen Laien wird diese Denkmaschine sachgemäß füttern?

Genügt das Team von Theologen, Psychotherapeuten, Historikern, Altphilologen, Weltbildsystemspezialisten, Bestattungspraktikern und Architekten?

Sind Kinder, Mütter, Greise und Kranke zugelassen?

Betschwestern, Rauschgiftsüchtige, Geschäftsleute, Technokraten, Krieger, Beamte, Studenten, Arbeiter, Industrielle, Versicherungsfachleute und Staatsmänner?

Aus welcher Stimmenverteilung setzt sich dieser Weltwissenschaftsrat zusammen? Wieviel Stimmengewicht hat jeder? Auf Grund welchen Fragebogens?

Wer ist wieso kompetent? –

Jeder stirbt seinen eigenen Tod.

Keiner kann aus Erfahrung sprechen. Jeder aber ahnt etwas? Darüber herrscht kein Zweifel.

Deshalb, weil wir etwas ahnen, weil etwas in uns arbeitet, deshalb sind wir Hörer dieser Worte.

Also arbeiten wir.

Dürfen wir auch unsere Gedanken zu den Gedanken der Welt im Ganzen sammeln?

Wenn diese Vorfrage geklärt ist: Beginnen wir über uns selbst nachzudenken.

III. Ich und der Tod

(geschrieben März 1981)

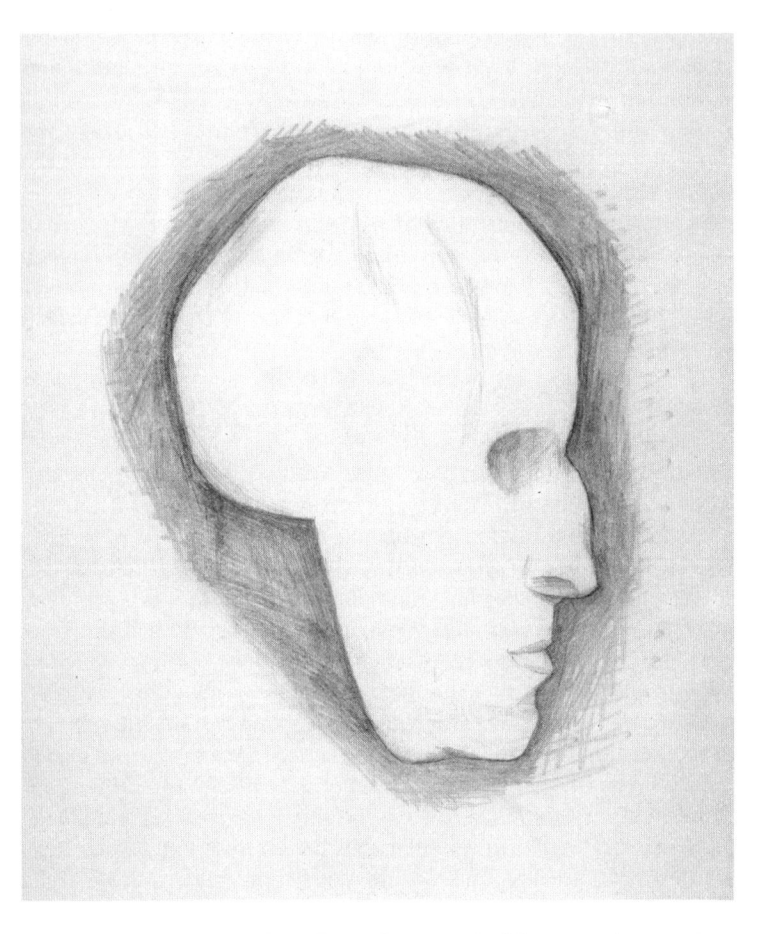

Günther Diehl. Portrait des F. S. W. als «Der Schädelige». Zeichnung. 1977.

Durch den Tod tritt der Mensch in einen grundsätzlich andersgearteten Seins-Zustand ein. Die irdischen, in jeder Sekunde neu erlebbaren und ständig sich fortsetzenden und wachgehaltenen Seinsregeln gelten nicht mehr. Denn der Mensch ist nun der nie unterbrochenen Sorge um die mit jedem Atemzug neu zu erkämpfende In-Gang-Haltung der Lebensfunktionen enthoben.

Aus dem stets aktiven Mittun am Sein ist ein lahmgelegtes, passives Anheimgegeben-Sein an eine andere Art von Sein, an ein Über-Sein getreten. Durch dieses Stillstehen der irdischen Seinsregungen ist der Mensch dem Prozeß der All-Werdung, der die Rückgabe an das Alluniversum bedeutet, unterworfen.

Dieser Zustand ist in seiner Unirdischkeit, in seinem antiirdischen Zeitbegriff nur mit dem Zustand vor der Zeugung vergleichbar. Durch den Tod bricht selbst die beste und ausgeprägteste Eigenschaft des menschlichen Individuums zusammen. Selbst die Haupteigenschaft des Menschen, das Ich als Mittelpunkt der Welt-Sein, ist nicht mehr gültig. Die Weltgeschichte hat aufgehört, sich um mein eigenes Ich als Mittelpunkt der Welt zu drehen. Der Mensch hat infolge des Todes kein selbständiges Welt-Sein mehr.

Sein bisher ausschließliches, zeitlich begrenztes Mittelpunkt-der-Welt-Sein wird zugunsten des Partikel-Seins, des unendlichen, ewigen Universums aufgehoben. Die Vergänglichkeit und dieser Mangel an Weltganzhaltigkeit des Menschen versuchte ich in meiner Biographie wenigstens gedanklich zu überbrücken. Dies ist die Hauptabsicht meines Bemühens. Darüber schrieb Alkmaion von Kroton (um 520 v. Chr.): «Die Menschen müssen deshalb sterben, weil sie nicht imstande sind, ihr Ende wieder mit dem Anfang zu verknüpfen.»

Deshalb beginnt meine Biographie mit demselben Begriff des Weltganzen, mit dem sie wieder schließt und endet. Beginn und Ende sind also ein und dasselbe!

Das Faktum des Todes ist irreversibel. Einmal eingetreten, ist es durch nichts in aller Welt rückgängig zu machen. Hier versagt die sonst vielleicht so große Macht des Menschen. Hier findet seine noch so geschickte Manipulationsfähigkeit ihr Ende.

Diese Irreversibilität wird sehr deutlich sichtbar gemacht an der Wortwendung in den Todesanzeigen, wo die Formel gebraucht wird: Der Gestorbene «hat uns auf immer verlassen». Diese Worte «auf immer» besagen, daß die Begrenztheit der irdischen Zeit beiseite geschoben wird, daß nun ein anderer Zeitbegriff seine Herrschaft angetreten hat. An die Stelle des Zeitmaßes der irdischen Vergänglichkeit ist die Überzeit der Ewigkeit, des «Immer», Immerwährenden und kein Ende Abzusehenden getreten.

Nach dem Gestorben-Sein ist keine Fortsetzung des Gewesenen mehr möglich. Das Menschsein des Menschen, sein Leben, das bisher sein Menschsein ausmachte, kam an eine unüberschreitbare Grenze.

Diesen unverrückbaren Abbruch und die nicht mehr Fortsetzbarkeit des Zeitablaufes erlebte ich schon auf einem anderen Sektor als auf dem des Lebensablaufes, und zwar in der Praxis meiner Vorlesungstätigkeit. Die harte Wortwendung «Für immer» wendete mein Freund und langjähriger Gasthörer meiner Vorlesungen Walter Schmidt auf die letzte Stunde meiner offiziellen Vorlesungen an der Universität Karlsruhe an. Daraus ersehe ich, wie sehr er auf meine Ausführungen Wert legte und deren Ende bedauerte.

Walter Schmidt notierte in seinem Kollegheft am 13.7.1971 lapidar mit Ausrufungszeichen: «Ende für immer!» Der letzte Satz, den er aufschrieb und der sich auf den Weg der Seele des Christen bezog, lautete: «Prof. Würtenberger: Die Kathedrale (und speziell die Apsis) ist die Abschußrampe der Seele zu Gott.» Es ist eine Variante von Gedanken, die ich kurz vorher

Walter Schmidt. Blatt aus den Kollegheften über die Vorlesungen des F. S. W. 13.8.1971.

in meiner Abschiedsvorlesung vom 21.6.1971 schon gebrauchte. Daneben zeichnete Walter Schmidt eine Art von Friedhofsmauer mit Vasen und Zypressen im Stile der Toteninsel von Arnold Böcklin.

Durch den Tod scheidet der Mensch aus der um ihn und mit ihm wirkenden und unter gleichen Seinsbedingungen seienden Gemeinschaft der lebenden Mitmenschen aus. Der gestorbene Mensch ist plötzlich aus einem Mitstrebenden und Mitagierenden zu einem absolut Unbeteiligten und unansprechbar Verstummten unter ihnen geworden. Die sonst üblichen Seins-Kategorien und -Bedingungen haben eine völlig andersartige Dimension bekommen. Alle Regeln von Raum- und Zeitvorstellungen als Grundkategorien der Lebenden sind außer Kurs geraten.

Dieses Ausscheiden und anderen Seins-Regeln Unterworfensein löst bei den noch in ihren Seinsregeln befangenen Mitmenschen tiefe Betroffenheit aus. Das Ereignis des Todes trifft sie in ihrem Denken wie das Einschlagen eines alles verzehrenden und versengenden Blitzes.

Von dem ersten Schock erholt, versuchen die bisherigen Mitmenschen sich neu zurechtzufinden. Die Mitmenschen stehen vor einem Phänomen, das sie veranlaßt, seiner Unabwendbarkeit auch eine gewöhnliche, aber der Mächtigkeit und Gewalt dieses Phänomens adäquate Geisteshaltung entgegenzubringen.

Die Mitmenschen achten darauf, daß sie in der Ausstrahlungsumgebung des Toten eine andere als im alltäglichen Tun übliche Verhaltensweise einnehmen.

Es herrschen Stille und Ruhe.

Ruhe und Stille und die dazugehörige Bewegungslosigkeit sind Zeichen dafür, daß der bewegungsreiche lärmende Betrieb und damit die irdische Geschäftigkeit hier nicht am Platze sind.

Ernst Würtenberger. «Die Totenfeier». Gemälde. 1912.

Damit bezeugen die Lebenden, daß sie die Größe und Macht des Anders-Sein, des Gestorben-Seins des Mitmenschen erkannt haben und somit auch respektieren.

Parallel zu dieser Szene des Abschiedes vom Leben notierte ich den Eintritt in die hiesige Welt, d. h. bei der Ankunft des Kindes bei der Geburt, daß ebenfalls feierliche Stille herrschen soll und uns Mitmenschen in der Illustration von Karl Hofer geboten wird.

«Geht leise,
es ist müd von der Reise!»

In welchem seelisch-geistigen und zugleich körperlichen Zustand sich die Mitmenschen befinden, die sich einem aus ihren Lebensregeln und -bedingungen ausgeschiedenen Menschen, d. h. einem Toten gegenübersehen, konnte ich durch ein Gemälde meines Vaters mit dem Titel: «Die Totenfeier» innewerden. Dieses Gemälde steht mir seit meiner frühesten Kindheit vor Augen. Es ist 1912 gemalt, als ich drei Jahre alt war.

In diesem Gemälde umstellen, scharf nach Geschlechtern getrennt, links die Männer und rechts die Frauen wie beim Gottesdienst in der Kirche den Sarg eines Mädchens. Die Lebenden sind noch der Kräfte ihres Körpers mächtig und fähig, in einer aufgerichteten Senkrechten zu stehen, während das tote Mädchen diese Fähigkeit völlig verloren hat und regungslos horizontal in seinem Sarge liegt. Dem toten Mädchen wurden die Hände übereinandergelegt, und die meisten Trauernden ahmen das Händefalten ergriffen nach. Nur eine Frau hielt diesen von seelischer Gefaßtheit zeugenden Trauergestus nicht mehr aus und verdeckt in ihrem unbändbaren Schmerz mit ihren Händen ihr Gesicht.

Die tröstliche Verbindungsgestalt zwischen den trauernden Lebenden und dem toten Mädchen ist Christus, der zur Erlösung der Menschheit am Kreuze gestorben ist. Der Kruzifixus steht auf einem gesonderten Tischchen, von zwei Kerzen umgeben in der Mitte der Bildkomposition. Die Kreuzform vereinigt in sich die zwei Grundrichtungen der Welt: die Senkrechte, die Verbindung zwischen Himmel und Erde und die Horizontale, die ihrerseits die irdische Dimension in ihrer irdischen Erstrekkung erschließt.

Für mich waren die hier abgebildeten trauernden Männer und Frauen keine fremden und unbekannten Menschen. Ich kannte die meisten von ihnen, da sie im Atelier meines Vaters als Modelle verkehrten oder Frauen aus der Züricher Nachbarschaft waren. Insofern konnte ich mich real-intensiv mit den Figuren dieses Gemäldes identifizieren.

In diesem Gemälde ist der Augenblick gewählt, in welchem die Trauernden zum letzten Mal dem Toten gegenüberstehen und ihm von Angesicht zu Angesicht begegnen können. Nach diesem andächtigen gedankenkonzentrierten Beisammensein wird der Sarg geschlossen, damit der Tote von der Außenwelt abgeschirmt wird. Der Sarg als neue Heimat und Behausung des toten Menschen wird dann der Erdhöhle, dem Grabe, übergeben.

IV. Gedanken über die Gestaltung meines Grabes

(geschrieben am 14.9.1982)

Bis jetzt war mir der Gedanke, wie meine Grabstätte aussehen sollte und könnte, ziemlich gleichgültig. Ich habe diesen Gedanken, wenn er vielleicht einmal sich an mich heranschlich, sofort als unerledigbar und beantwortungsunreif von mir weggeschoben.

Diese Frage überließ ich lieber den andern. Wenn es soweit wäre, so sollten sie das Problem lösen.

Daß aber diese Frage auch einmal konkret von anderen Menschen an mich herangetragen würde, konnte ich mir zunächst nicht vorstellen. In diesem Zusammenhang sehe ich des öfteren, daß sich die Mitmenschen zum Teil viel intensiver, vorurteilsfreier und ungezwungener mit meiner Person und ihrem Schicksal beschäftigen, als ich es in entscheidenden Grundfragen für mich selber tue. So sagte einmal ein guter Freund zu mir, als ich mich ziemlich oft mit einem Mädchen traf, spontan: «Heirate sie doch!» Ich selber hatte wohl auch schon vorübergehend solche Gedanken gehabt, sie aber nie in dieser kategorischen Befehlsform für mich verbindlich gehalten. Ich dachte stets: Kommt Zeit, kommt Rat. Nun ja, es ist seltsam, man wird komischerweise nur für die andern, für die Mitmenschen alt, man selber gaukelt sich vor, solange es angeht, man besäße die ewige Jugend.

Als ich einmal nachmittags in einem Karlsruher Café einen Modellbauer des Antitechnischen Museums in Mannheim, Norbert Hollerbach, zufällig traf, sprachen wir über das gelungene Projekt und wie begeistert er daran gearbeitet hätte. Plötzlich wurde er fast verlegen feierlich und sagte mir: «Ich habe es mir überlegt, diesen Bronzeguß des Antitechnischen Museums halte ich eigentlich für geeignet, um als Grabstein auf Ihr Grab gelegt zu werden. Dies würde Ihren Ideen entsprechen. Es wäre gerade die richtige Größe. Ich kann mir dies gut vorstellen.» Und gleich setzte er hinzu: «Nicht, daß ich meine, daß dies gleich sein müßte. Dies hat noch viel, viel Zeit.»

Im ersten Augenblick war ich über diesen direkten, unverhüllten Eingriff in meine allerpersönlichsten Angelegenheiten betroffen verletzt und aus den üblich konventionellen Gedankenbahnen hinausgeworfen. Ich faßte mich und im Gerüttel meiner blitzschnellen Überlegungsfetzen kam ich zur eindeutigen Antwort: «Ja, diesen Vorschlag akzeptiere ich, er ist sogar für meine Person hervorragend treffend. Denn dieses Architekturmodell ist nicht nur ein x-beliebiges Weltbildschema, sondern», fügte ich hinzu: «dieses Weltmodell mit seinen beiden Polen durchläuft nicht nur die abendländische Weltgeschichte, sondern beinhaltet zugleich auch die Entwicklungsstufen des einzelnen Menschen.»

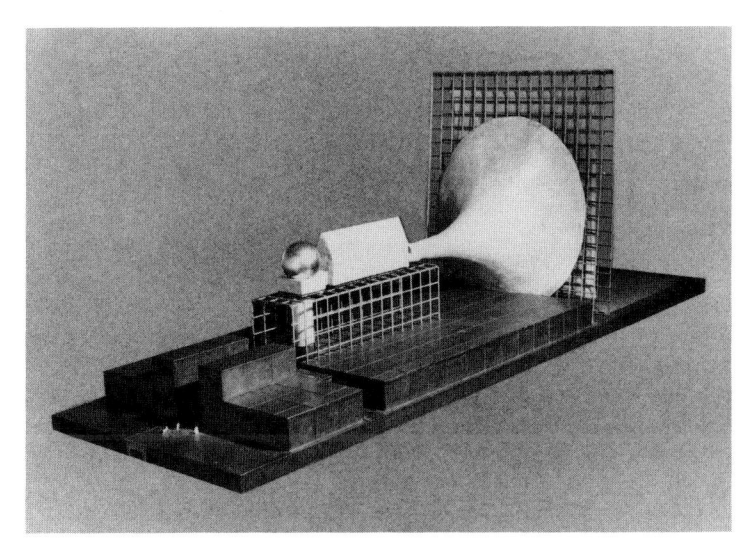

Weltmodell des Anti-technischen Museums, vorgeschlagen als Bronzeguß für das Grab des F. S. W. 1982.

Als Embryo ist der Mensch vergleichbar mit der goldenen Kugel des «Denkens im Ganzen». Im Laufe seiner Entwicklung löst sich dieses Denken im Ganzen stetig auf bis der Mensch schließlich als vereinzeltes Partikel des Universums zerstäubt. Parallel dazu hat die abendländische Welteroberung mit Hilfe der Technik ebenfalls einen universalen Zustand erreicht, indem der Mensch technisch fähig wurde, seinen Aktionsraum bis ins Universum der Sterne auszudehnen. Diese Einsicht habe ich in dem Architekturmodell in klare Formenabläufe gefaßt. Dieses doppeldeutige Weltmodell gehört auch auf mein Grab, den Ort meiner Universumwerdung.

V. Die Höhle als zweipoliger Seinsort des Menschen

(Grab und Uterus)

Nachdem wir Leser den Lebenslauf des Menschen bis zur Seins- und sogenannten Nichtseinsgrenze des Todes verfolgt und gesehen haben, daß der aus dem Leben geschiedene Mensch sein Grab, seine Grabeshöhle als neue Wohnung, als neuen Seinsort bezieht, werden wir zu einer eigenartigen Feststellung gezwungen. Das Leben des Menschen beginnt und endet mit derselben Kategorie von Raumart: mit der architektonischen Ur-Raumform der Höhle!

F. S. W. unter einem Felsüberhang hockend zwischen Barcelona und Comarruga. Um 1957.

Bei der Zeugung bezieht der Embryo als pränatalen Aufenthaltsort (wie wir schon im Anfangskapitel beschrieben haben) die Mutterleib-Höhle. Nach dem Tode bezieht der verstorbene Mensch die Grabeshöhle als postvitalen Aufenthaltsort.

Was zeichnet Mutterleibhöhle des Embryos und Grabeshöhle des Menschen nach der Lebensvollendung besonders vor allen dazwischenbezogenen Seinsörtern oder sogenannten Wohnungen aus? Es ist hervorzuheben, daß sowohl Mutterleibshöhle wie Grabeshöhle ausgesprochen enge, umweltfeindliche, von der Weltumgebung sich hermetisch abschließende Räume sind. Außerdem sind es Seinsräume, die gerade auf die Gestalt und jeweilige Körpergröße des Menschen ohne Umraum bezogen und abgemessen sind. Das raumgespannte Verhältnis von Mutterleibwand und Embryo haben wir ausführlich beschrieben.

Die umfangreich-vielschichtige geistesgeschichtliche und ikonographische Bedeutung der Höhle ging mir erst langsam und in den verschiedensten Ansätzen über Jahre hinweg auf. Aber immer wieder fiel es mir auf, daß die Höhle als Ur-Raumort eine besondere Bedeutungsgewalt besitzt.

Zuerst wurde mir die Bedeutung der Höhle bewußt, als ich an der Akademie der Bildenden Künste in Karlsruhe meine Vorlesungen über die Geschichte der Wandmalerei hielt. Da begann ich mit der Ur-Architekturform der prähistorischen

Pietro Cavallini. Die Geburt Christi. Mosaik in S. Maria in Trastevere, Rom.

Höhlen als Untergrund für Höhlenmalerei. Zum anderen lernte ich die Rangstufen der Höhlen und Grotten einzusehen, als ich in meinem Barockbuch die Weltbildsystematik der Schlösser entwarf. Da erkannte ich die Verhaftetheit und Verwurzelung der barocken Architektur mit dem Ursprung der Grotten. Von da ab bemühte ich mich bei jedem Besuch von Schloßgärten, auch die Grotten zu sehen und in ihrer Bedeutung bewußt zu erleben. So in Hellbrunn bei Salzburg mit den Höhlen des Orpheus und des Neptun, in Heidelberg und dann in Laxenburg bei Wien. Nie werde ich das Selbstbildnis Caspar David Friedrichs vergessen, wie er vor einer Höhle sitzt, in sie hineinschaut und den Blick ins Dunkle zeichnet.

Bei einem meiner Spanienaufenthalte an der Costa Brava begab ich mich, von der außerordentlichen Landschaftssituation angezogen, in der Nähe des Meeres in die ausgewaschene Höhlung am Fuße eines Felsenriffs.

In dieser eingeengten, nur in Hockestellung einzunehmenden Lage empfand ich mich in der Geborgenheit einer Ur-Situation, geschützt vor der Gewalt der freien, wilden Meeresunendlichkeit. Instinktiv zog es mich an diese Stelle. Mein Freund Helmut Weirich fotografierte mich in dieser Position.

Als ich im Juli 1972 mit einer Freundin und Kollegin 14 Tage in Rom weilte, zählte der Eindruck von Kunstwerken oder Lokalsituationen, die dem Motiv der Höhle gewidmet sind, zu meinen tiefsten Erlebnissen.

An drei Orten wurde ich veranlaßt, auf meine Weise über das Höhlenerlebnis zu philosophieren und mir Gedanken zu machen.

I. In Rom in Santa Maria in Trastevere sah ich das Mosaik von Cavallini «Die Geburt Christi» mit der Geburtshöhle. Maria, das Christkind, Ochs und Esel sind eng von dem Höhlenrand umgeben. Diesen byzantinischen Typus der Geburt

Subiaco, Sacro Specco. Der Heilige Benedikt. Fresko. 14. Jhd.

Christi würdigte ich besonders, da er mir von der Lektüre des für meine sonstigen Gedankengänge aufregenden Buches von Adolf Max Vogt «Boullées Newton Denkmal. Sakralbau und Kuppelidee» noch in wachster Erinnerung war.

II. In Subiaco wurde ich an jene historische Stelle geführt, wo der hl. Benedikt die Höhle als geistigen Fluchtort vor dem ungeistigen, weltlichen Großstadtbetrieb der Weltstadt Rom erkannte. Der hl. Benedikt konzentrierte sich schritt- und stufenweise immer stärker auf seine eigenen Gedankenkräfte. In diesem Streben landete er schließlich im kleinsten, dunklen, umgebungsabgeschirmten Naturraum der Höhle, dem Sacro Speco bei Subiaco. Die Heiligengeschichte erzählt, daß der Heilige die Höhle kaum verließ und sich die Nahrung in einem Körbchen an einem Strick herabreichen ließ. Gestärkt durch sein Höhlendasein, wurde er dann der hl. Benedikt, der Begründer des gesamten abendländischen Mönchtums und damit einer der größten Förderer des neuen, nachantiken Kulturlebens.

Das Höhlenleben ist also eine grundsätzliche Ursprungssituation, ein Ort des Anfangs, eine Keimzelle.

Es ging mir auf, daß sich in der Geschichte des Geisteslebens viele Geisteshelden in eine ähnliche Urzelle des Denkens begeben haben. Ich möchte einige Beispiele aus der Vergangenheit und Gegenwart erwähnen, die mir begegnet sind:
1. Bruder Klaus von Flüe. Seine Klause in Sachseln.
2. Der Florentiner Manierist Jacopo da Pontormo zog sich in seinem Atelier in ein Obergemach zurück, das nur durch eine Strickleiter erreichbar war.
3. Dali. Frühes Atelier mit Gala, nach der Ächtung durch seine Familie.
4. Mein Freund Eberhard Doser, der Maler, der Bewohner eines Hühnerstalles in Schwetzingen mit der Katze Farouche.

Michelangelo. Jüngstes Gericht. Rom, Vatikan. Sixtinische Kapelle. Ausschnitt: Gruppe der aus den Gräbern Auferstehenden. 1534–41.

III. In der Sixtinischen Kapelle sah ich mir das Jüngste Gericht von Michelangelo an. Ich staunte diesmal über die unterste Partie des Freskos, wo die auferstehenden Toten in merkwürdig morbidem Zustand geschildert sind, in einer zähen, melancholischen, tiefbraunschwarzen Farbstimmung. Ich erinnerte mich, daß Briganti in seinem Manierismus-Buch hocheindrucksvolle Fotografien von diesen Gestalten und Köpfen abgebildet hat. Vor dem Original überfiel mich ein noch heftigerer Schrecken. Plötzlich erkannte ich als manieristische Verbindungsfigur mit dem Beschauer, d. h. eben in diesem Augenblick mit mir, daß dieser eingeengte, horizontal gelagerte Mensch unter seiner Felsblockhöhle ja auch ich selber sein könnte. Zum ersten Mal in meinem Leben identifizierte ich mich, durch den Anblick dieser Michelangelo-Figur veranlaßt, als einen, der auch dereinst in dieser Höhlensituation sein wird.

Ich wurde zu demselben Gedankensprung angeregt, wie ihn schon vor mir James Ensor nicht nur gedanklich, sondern auch bildlich in einer Selbstbildniszeichnung ausführte. Ensor zeichnete im Jahre 1888 bei lebendigem Leibe ein Selbstbildnis, wie er als Toter, als Grabesskelett nach 72 Jahren im Jahre 1960, also 11 Jahre nach seinem tatsächlichen Sterbedatum im Jahre 1949 aussehen wird.

Ebenso wie Ensor habe ich mich gedanklich vor dem Toten in seinem Grab im «Jüngsten Gericht» des Freskos von Michelangelo in der Sixtinischen Kapelle auch als längst Gestorbenen und Verwesten gesehen.

James Ensor zeichnete sich im Jahre 1888, wie er 72 Jahre später aussehen wird. Radierung. 1888.

Subiaco. Sacro Specco. Cappella della Madonna. Geburt Christi und Anbetung der Hl. 3 Könige. Fresko. 14. Jhd.

Das Kunstwerk ließ mich in seinem primären Existenzschock über mich selbst nachdenken. Aus dem existenzstumpfen, wissenschaftlich aufgeklärten Kunsthistoriker als Bildbetrachter verwandelte ich mich in einen Beschauer, der sich von der existentiellen Lebensmacht des Gemäldes überwältigen ließ. Im Anschluß an die Metamorphose notierte ich mir jetzt beim Schreiben den Satz: Was gehen mich als Kunsthistoriker alle Kunstwerke der Welt an, wenn ich nicht durch sie zu den Grundwahrheiten des Lebens und des Todes geführt werde? Was nützt mir die Anhäufung gelehrten Wissensstoffes, quasi ungenützt auf irgendeine ferne Zukunft gestapelt, wenn er nicht direkt und hier an Ort und Stelle für meine Belange als Mensch fruchtbar und wirksam gemacht wird? Dies ist doch ohne Zweifel der eigentliche und beabsichtigte Zweck der Kunst: das Band von der Idee des Lebens mit dem Leben selber zu knüpfen und rückzukoppeln.

Daß das Dasein des Menschen auf der Erde, der Erdhöhle – als Symbol des Mutterschoßes – entspringt und daß der Mensch in einer zweiten Höhle sein Dasein beendet und zurücknimmt, blieb bei den byzantinischen Malern noch lange als Ur-Erkenntnis wach. Und diese Ur-Erkenntnis zeigten sie auch in den Darstellungen des Lebens Christi. Die Geburt Christi wird in die Felsen-Erdhöhle, und die Grablegung an die Ausgangsörtlichkeit der Erdhöhle des Felsengrabes, versetzt. Damit ist der chthonische Ursprung und die chthonische Rücknahme des Menschen unterstrichen und bezeugt.

Es ist typisch für die abendländische Entwicklung, wie man sich den Ablauf des Lebens, Ursprung und Ende vorstellt und daß dieses Bewußtsein des chthonischen und antiken Ursprungs im Leben Christi im Laufe der Jahrhunderte abgeworfen wird. Auf der höheren Kulturstufe, die glaubte, sich von den ursprünglichen Vorstellungen ablösen zu müssen, wird der Geburtsort Christi sozusagen vornehmer, gebildeter, feiner und damit architektonisch festlicher und künstlich durchdachter gestaltet. Zur Höhle tritt das architektonische Ur-Gestell der Hütte hinzu. Die gezimmerte Hütte aus geraden Stämmen und mit einem Dach versehen, ist in der Hierarchie der Architekturformen weniger Ursprungs-Naturarchitektur als die rohe, aus dem Stein ausgesparte Höhle.

Längere Zeit werden in den Darstellungen der Geburtsszene Christi Höhle und Hütte pari-pari vermischt. Bei Giotto in der Arena-Kapelle zu Padua ist die Wende. Giotto ist unentschieden. Der Geburtsort ist zur einen Hälfte Höhle, zur anderen Hälfte Hütte. Ebenso in der Geburtsszene im Fresko aus dem 14. Jahrhundert in Subiaco im Sacro Speco in der Cappella della Madonna, wo die Höhlensituation real als Naturgegebenheit vorliegt.

Daß beim selben Meister im selben Gemäldezyklus sowohl die Geburtshöhle wie die Grabeshöhle als chthonische Lebenslaufpole von Geburt und Tod angedeutet sind, ist noch bei Fra Angelico in San Marco in Florenz zu sehen. Trotz der Hütte als Hauptmotiv, stehen zumindest noch Ochs und Esel in einer Felsenhöhle. Trotz Sarkophag-Grab in der Grablegung, ist der Sarkophag in eine Felsenhöhle im Hintergrund hineingeschoben. Später im 16. Jahrhundert bei Dürer, z. B. in seinen Geburts- und Grablegungs- oder Auferstehungsszenen, ist nicht mehr der Zusammenhang von Anfang und Ende mit dem chthonischen Ursprung ersichtlich.

Als Ausnahme hat Bruegel, entsprechend seiner Verhaftung mit dem Landschaftsgefühl, bei der Auferstehung Christi ein Felsengrab eingesetzt. Schließlich ist um 1900 bei Hans Thoma in der Hans-Thoma-Kapelle in der Staatlichen Kunsthalle in Karlsruhe jegliche Reminiszenz in der Geburts- wie in der Auferstehungssituation Christi an Höhle und Erdglaube getilgt. Der Mensch hat damit seinen Ursprung und seine Heimkehr zu den Urschächten der Natur verloren!

Hingegen betont der Grabstein meines Vaters auf dem

Ernst Würtenberger. Blatt 8 aus der Holzschnittfolge «Die Heilige Woche». 1918/1919.

Karlsruher Hauptfriedhof gerade die Verhaftetheit des Menschen mit dem Erdinnern. Der Grabstein zeigt das achte und letzte Blatt aus der Holzschnittserie meines Vaters, der «Heiligen Woche» von 1918/1919. Es ist das Blatt der Auferstehung; die vier Unterschriftszeilen lauten:

> Ach Sohn, du liebster Jesu mein
> Was wirst du am Samstag sein?
> «Am Samstag bist du ein Weizenkorn,
> Das in der Erde wird neugeboren.»

Der Ausdruck Samenkorn besagt, daß damit, von der Botanik auf den Menschen bezogen, die Situation des Embryos, das Eingeschlossensein in die Hülle des Samens, gemeint ist und sich der Kreislauf des Sterbens und Werdens schließt.

Aus Anlaß dieses Holzschnittes meines Vaters, der zum Bild seiner Grabstätte ausgewählt wurde, möchte ich zurückblenden zu meinen Kinderzeichnungen, wo ich die Höhlen aus Rückerinnerung an mein Sein im Mutterleib zeichnete. Damals stellte ich einen Helden und Streiter mit Lanze in der Höhle dar (Abb. S. 104).

Die Grabessituation des Toten zeichnet sich dadurch aus, daß er für sein Sein nicht mehr des Bewegungs- und Aktions- und Weltenraumes bedarf. Auch nicht der Sonne! Der Tote ruht in sich selbst. Er ist der Umwelt und der Welt und auch des Antriebes der Welt, der Sonne, unbedürftig geworden. Raum-

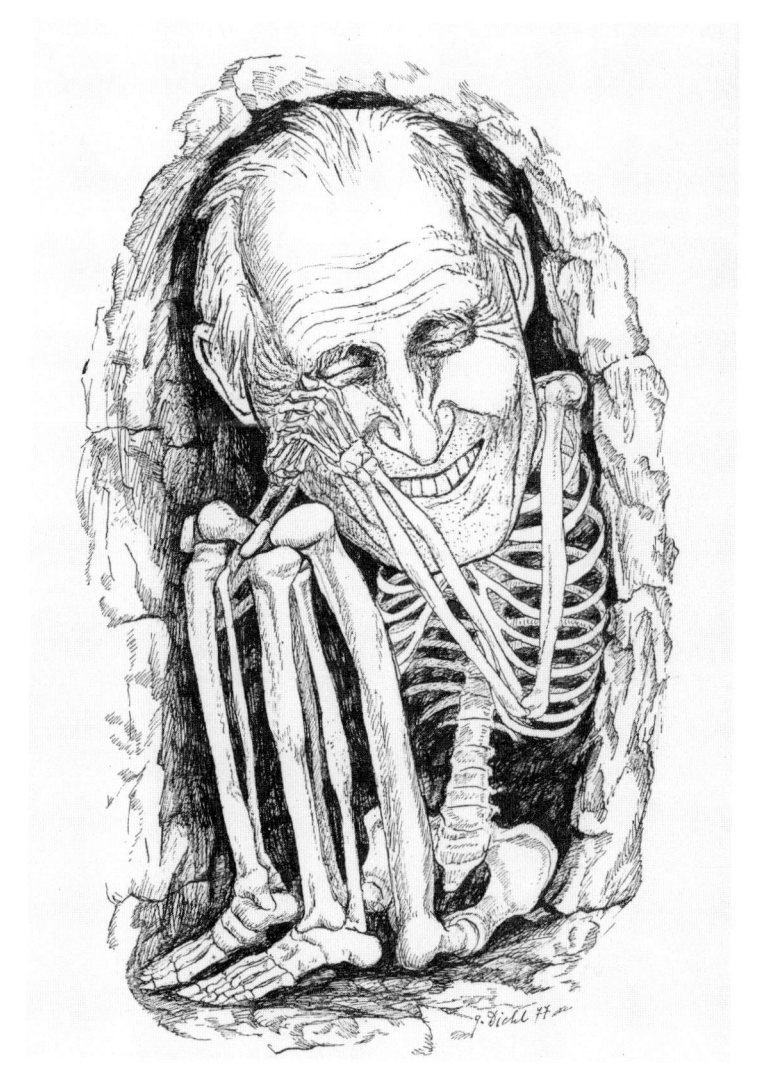

Günther Diehl. F. S. W. als Grabhocker. Zeichnung. 1977.

gefühl, Raumkampf, Umweltausdehnung hat der Tote von sich geworfen. Er kommt mit allergeringstem Existenzraum aus. In dieser Beschränkung und Einengung ist der Zustand des Toten mit dem Minimum an Existenzraum des Embryos im Mutterleib vergleichbar. Der Tod ist der Gegenpol und der Gegenzustand zur Zeugung. Dies kommt auch darin zum Ausdruck, daß die Toten oft in Stellungen, die denen des Embryos ähnlich sind, beigesetzt werden.

Zu dem Problem der Doppelpoligkeit der Grabeshöhle und des Embryos äußerte sich Carl Hentze in seiner Schrift «Das Haus als Weltort der Seele» folgendermaßen: «Wie die Seele vor der Geburt ihren Ort, ihr ‹Haus› schon im Mutterleib hatte, so hat auch des Toten Seele wieder dasselbe Haus einzunehmen im Leib der Erde. Dieses ‹Haus› ist die dunkle ‹Welt›, aus der er kam und in die er wieder einging. Daß beide

Häuser, dasjenige, das zur lichten Welt und dasjenige, das zur dunklen Welt führt, einander entsprechen, liegt wohl auf der Hand, weil es innerhalb dieses Kreislaufs gar nicht anders sein kann.»

In der Stellung des Grabhockers stellte mich Günther Diehl als Blatt 30 in dem Portraitzyklus über meine Person «Franzsepp Würtenberger als Mensch, Forscher und Zeitkritiker», 1977, dar. Günther Diehl wußte um meine biographischen Überlegungen. Er wählte deshalb die diesbezügliche existentielle Seinsphase meiner Person, die quasi meinen Lebenslauf einrahmt. Als Gegenstück stellte Günther Diehl mich als Embryo im Mutterleib dar. (Vgl. Abb. S. 55).

Die Erkenntnis über die besondere Bedeutung des Sarges und der Wiege als Fortsetzung des Embryo-Zustandes kam mir zum Bewußtsein, als ich das Thema «Vom milieubedingten zum existentiellen Künstlertum» in einem Aufsatz von 1958 behandelte und über die Lebens-, Geburts- oder Todesräume des Menschen nachzudenken begann. Dort schrieb ich anläßlich der Charakterisierung des Künstlerateliers Ferdinand Hodlers und seiner Gemälde, die dadurch geprägt sind, im speziellen über die Schreinerwerkstatt: «Die Schreinerwerkstatt ist die Arbeitsstätte, welche an die Abgründe des Lebens führt. Hier

Ferdinand Hodler. Ein Blick in die Ewigkeit. Gemälde. Um 1885.

wird man geradezu aufgefordert, über Zeit und Ewigkeit zu philosophieren. Hier werden die ewigen Bauten gezimmert: die Wiege und der Sarg. Dies sind nicht Werke des schönen Scheines und der Phantasmagorie, dies sind Werke, welche notwendiger, lebenswichtiger und daseinsunumgänglicher sind als alle noch so herrlichen, ästhetischen, vergnüglichen Kunstwerke willkürlich erfundener Gemälde und Plastiken. Aus diesem Grunde steigt die schlichte Schreinerwerkstatt über alle noch so prunkvollen Malerateliers auf zur unentbehrlichsten Universalwerkstatt des Lebens und des Todes: Was für einen existentiell denkenden und schaffenden Künstler den höchsten Rang bedeutet.»

Der Gestorbene und in seinem Grab Geborgene ist hinsichtlich der Einschrumpfung, Einschnürung, Bescheidung und Verkleinerung des Existenzraumes mit gewissen Seinszuständen der Lebenden verwandt, die ebenfalls in ihrem untoten, noch lebenden Zustand ihren Aktionsraum auf ein Minimum reduzieren.

Über die prinzipielle Frage des Umraum-Eroberungsmaximums und der Umraum-Bescheidung auf ein extremes Minimum habe ich in meinem Buche «Maschine und Kunstwerk» einen langen und ausführlichen Katalog der Stufen aufgestellt. Dort habe ich angemerkt, daß der Säulenheilige schon lebend jenes seinsörtliche Kunststück künstlich und absichtlich vollzieht und zu erreichen sucht, was der gewöhnliche sterbliche Mensch erst nach dem Tode im Sarg in seinem Grab erreicht: Die äußerste Reduktion des Aktions- und Umweltraumes, gleichsam die Rücknahme der durch die Geburt erschlossenen Außenwelt zu einem neuen Innenwelt-Universum, wie es vergleichbar schon im Mutterleib bei der Zeugung im Stadium des Embryos bestand. Insofern schließt sich der Kreis.

Vom Innenraum-Universum des Embryos geht die Entwicklungsgeschichte des Menschen über das Außenraum-Universum der Welt und des Realkosmos zum zweiten Innenraum-Universum der Grabeshöhle. Die Höhle ist der Ort, der von der Umwelt abgeschirmt ist und auch keine Sonne, kein Licht enthält, der Ort der Finsternis. Die Höhle ist als solche in dieser Beziehung mit den Mythen der Menschheit vergleichbar und gleichbedeutend wie in den Erzählungen, daß der Mensch von einem Ungeheuer verschlungen wird und sich in der Bauchhöhle etwa des Fisches, wie Jonas in der Bibel, befindet. Mircea Eliade schreibt darüber («Mythen, Träume und Mysterien»): «Aber andererseits bedeutet das Eintreten in den Bauch des Ungeheuers auch die Rückkehr in einen noch ungestalteten, embryonalen Zustand. Wir sagten es schon: Die Finsternis, die im Innern des Untieres herrscht, entspricht der kosmischen Nacht, dem Chaos vor dem Beginn der Schöpfung. Somit ergibt sich, daß wir es mit einer doppelten Symbolik zu tun haben: der des Todes, d. h. des Endes eines zeitlichen Daseins und folglich des Endes der Zeit – und jener der Rückkehr in den keimhaften Zustand, der aller Gestaltung und auch allem zeitlichen Dasein vorausgeht. Auf kosmologischer Ebene bezieht sich diese Doppelsymbolik auf ‹Urzeit› und ‹Endzeit›.»

Eine weitere Interpretation der Doppelpoligkeit des Begriffes der Höhle fand ich bei Ernst Bloch «Das Prinzip der Hoffnung», Bd. 3, Frankfurt a. M. 1968: «Das 19. Jahrhundert ging aber nicht nur poetisch, es ging auch mythengeschichtlich an die letale Rückkehr zur Natur heran, und zwar in doppelter Gestalt: chthonisch wie uranisch. Bachofen hat beide pointiert, wenn auch am stärksten die chthonische Form: Sterben als Heimkehr zur Erde. Die Höhle nimmt wieder auf, aus der der Mensch kam, die Erdwiege und das Grab. Der Grabkult der mutterrechtlichen Ordnung, der so von Bachofen wieder durchgeführt wird, bewegt sich in diesem Kreislauf: ‹Dasselbe Entstehen aus dem Mutterschoß des Stoffs, dasselbe Zurückkehren in sein Dunkel.› Oder aber Sterben wird in der vaterrechtlichen Ordnung Auffahrt zu den Sternen, in die apollinische, obzwar gleichfalls immanente Welt. An Stelle der Höhle und Erde tritt nun die uranische Höhe, wohin Herakles als erster nach dem Tod, durch den Tod eingetreten ist. Sterben wird so Übergang ‹zu dem harmonischen Gesetz der uranischen Welt und dem himmlischen Licht, der Flamme ohne Brand›.»

Aber noch eine Eigenschaft und noch ein Bezug, der der Höhle im Denken der Menschen anhaftet, muß unbedingt an dieser Stelle meiner Biographie zur Sprache kommen und mit allem Nachdruck betont werden: Die Höhle wurde in der Ikonographie auch mit dem Begriff und der Dimension der Zeit, der Geschichte in Zusammenhang gebracht. Und zwar gibt es die Höhle der Ewigkeit. Dies erfuhr ich aus dem Reallexikon der Deutschen Kunstgeschichte unter dem Stichwort «Ewigkeit». Im Gedicht des Stilicho um 400 n. Chr. werden die vier Zeitalter erwähnt, die sich in der Höhle der Ewigkeit befinden. Daß gerade hier der Begriff der Ewigkeit bei den Höhlensituationen im menschlichen Vor- und Nachleben auftaucht, ist sehr charakteristisch. Da der Mensch, der sich in die Höhlensituation des embryonalen Zustandes im Mutterleib oder des Grabes begibt, befindet er sich je nach der Grenzsituation, entweder rückwärts oder vorwärts, entweder an der Beendigung der Ewigkeit der Vergangenheit oder an dem Beginn der Ewigkeit der Zukunft. Mutterleibshöhle und Grabeshöhle sind gegenpolige Pforten für die Ewigkeit. Die Mutterleibshöhle läßt den Menschen aus dem Reich der ewigen Vergangenheit in die zeitliche Gegenwart kommen. Die Grabeshöhle läßt den Menschen aus dem Reich der zeitlichen Vergangenheit in die ewige Zukunft gehen.

Ich und das Weltganze

I. Übergang vom Ich zum Weltganzen

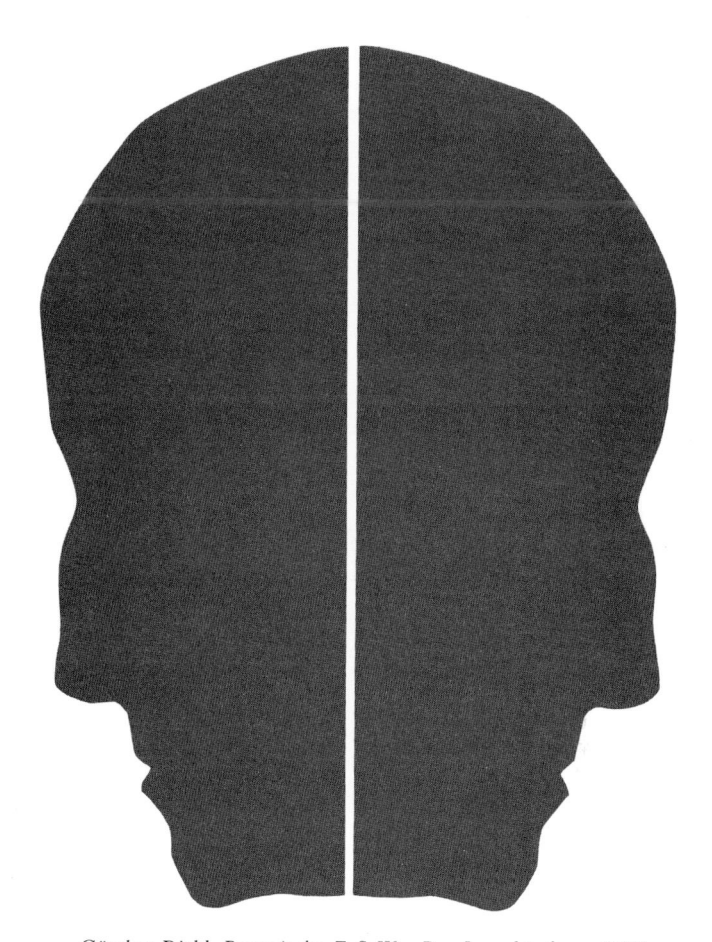

Günther Diehl. Portrait des F. S. W. «Der Janusköpfige». 1977.

a) Aufhebung der Macht der Zeit des Gottes Chronos

Am Anfang meiner Biographie habe ich den Vorgang geschildert, wie der Mensch von der zeitlosen Ewigkeit herkommt und immer mehr in seiner Entwicklung in den Strom der Zeitlichkeit hineingestoßen wird.

Solange der Mensch lebt, ist er der Zeitlichkeit, ist er der Vergänglichkeit unterworfen, ist er Spielball der Zeit.

Doch je mehr sich der Mensch vom Leben, von der stetigen Veränderung wieder entfernt, desto mehr hebt sich das Gefühl und das Schwimmen in der sich verändernden Zeit auf. Der Mensch nähert sich wieder dem Zustand der sich verfestigenden Ewigkeit. Konkret ausgedrückt löst der Mensch sich aus dem Banne des Gottes Chronos und damit aus der Begriffswelt des Wandels und der Veränderung.

Für diese Rücknahme aus dieser Art von Vergänglichkeitswelt erlangte ich in meinem Alterszustand von bald 72 Jahren ein zunehmend verschärfendes Bewußtsein. Ja, es gibt Situationen in der Begegnung mit Kunstwerken, die diese Rücknahme der Zeitlichkeit sogar bildlich-gedanklich darstellen. Für eine solche Darstellung war ich besonders empfänglich, als ich am 14. Juli 1981 im Schlosse Bruchsal die Barock-Ausstellung besuchte. Da traf ich im Marmorsaal auf das Fresko von Januarius Zick, heute nach der Zerstörung von 1944 neu gemalt von Wolfram Köberl, wo dargestellt wird, daß die Vergänglichkeit zum Ruhme und Glück des Fürstentums annulliert wird.

Dieser Vorgang stellt sich folgendermaßen dar: Der Gott der Zeit, Chronos, wird seiner Macht und Wirkung auf das Weltgeschehen enthoben. Diese Entmachtung wird symbolisiert, indem die Werkzeuge von Chronos für unbrauchbar und damit ineffizient gemacht werden. Ein Putto zerbricht die Sense, das große Zerstörungswerkzeug in den Händen des die Materie zerstörenden und gegen den Bestand der Erde wütenden Gottes. Ein zweiter Putto reißt aus den Flügeln des Chronos die Federn heraus und beraubt ihn somit der Fähigkeit des Fliegens und der Ortsveränderung. Ein dritter Putto schlägt das Stundenglas, ein Hauptattribut der Vergänglichkeit, entzwei. Ein vierter Putto kettet die Füße des Gottes an den Erdboden, damit der Gott seine Bewegungsfreiheit verliere und damit auch das Hauptelement seines Zerstörungswerkes des Vergänglichmachens der Weltdinge einbüße.

Diese Entmachtung des Gottes Chronos, von dem ich annahm, daß er in dem Vergänglichmachen der Welt der legitime Vollzieher des Grundgesetzes des Weltlaufes ist, beeindruckte mich sehr.

Aber auch das Resultat und die überraschende Wirkung, die durch die Aufhebung des Grundgesetzes der Vergänglichkeit der irdischen Dingwelt erzielt wird, nämlich den Verewigungsprozeß, hat der Maler Januarius Zick in der Figur des Atlas mit dem Himmelsgewölbe gezeigt. Und zwar sieht man, wie der soeben noch lebende, blutvolle Atlas zum unveränderbaren Kunstwerk erstarrt und versteinert. Hier wird die lebende und sich bewegende vergängliche Menschengestalt aus dem Zustand der Vergänglichkeit herausgeführt und zum verharrenden Kunstwerk einer steinernen Statue hervorgehoben. Hier wird demonstriert, wie die Kunst die Fähigkeit hat, die Dinge aus ihrer niederen irdischen Vergänglichkeit herauszuführen und in den höheren Zustand der himmlischen Ewigkeit zu versetzen.

b) Sehnsucht nach dem Aufgehen im All

Indem der Mensch seinen Lebensweg durchschreitet, kommt er in den Zustand, daß er sein Verhältnis zur Welt zu verändern versucht. Er entdeckt für sich das All neu, aus dem er durch seine Zeugung gekommen ist und sehnt sich danach, sich wieder der Mächtigkeit des Alls hinzugeben. Diese sich steigernde Sehnsucht überkommt nicht nur den Einzelmenschen. Es gibt auch eine Periode in der Kunstgeschichte, in der sich über ein ganzes Jahrhundert hinweg ein Künstler nach dem andern gesteigert bemühte, in seinen Darstellungen das All zu erobern.

Um diesen Vorgang der Loslösung des Künstlers vom Erdboden und sein allmähliches Hinaufschweben in das Weltall im 19. Jahrhundert zu demonstrieren, hatte ich in meinem Buche «Weltbild und Bilderwelt» eine Tabelle aufgestellt, die diese Tendenz in ihrer progressiven Steigerung in Beispielen aufzeigt. Die Reihe beginnt mit Karl Friedrich Schinkel und geht über Töpfer, Wilhelm Busch, Franz von Pocci, Ferdinand Hodler bis zu Frans Masereel.

Januarius Zick. Schloß Bruchsal. Fresko im Marmorsaal. «Die Entmachtung des Gottes Chronos».

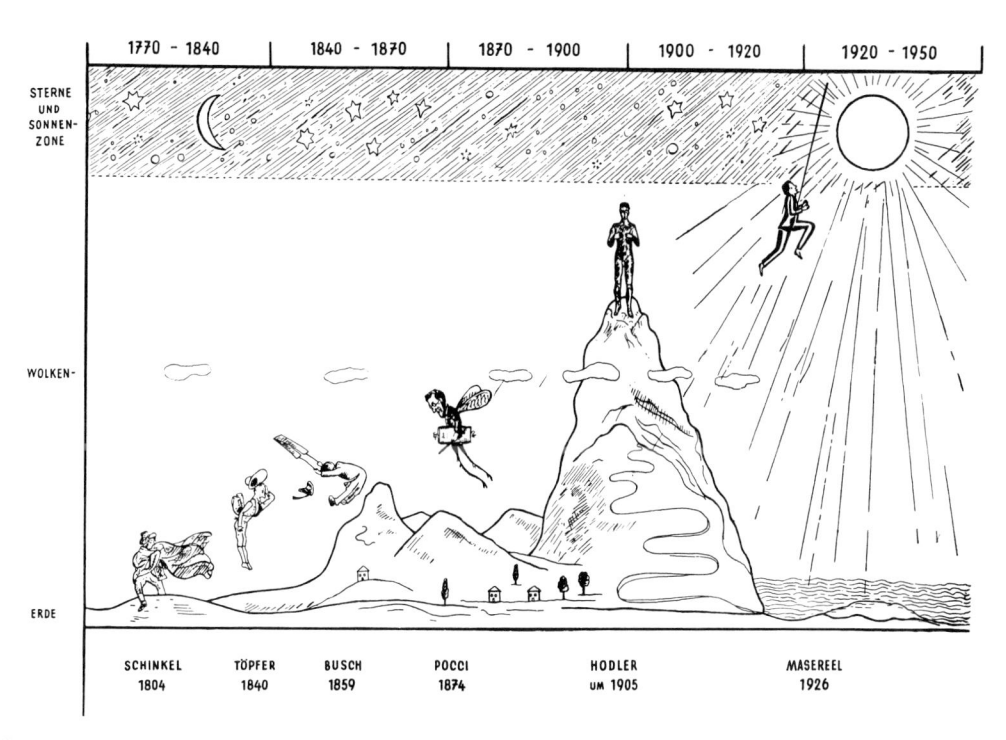

Schematische Darstellung, wie der Maler zwischen 1770 und 1950 progressiv den Höhenunterschied zwischen der bewohnten Erde und dem All überwindet.

Diese Tabelle läßt erkennen, in welche spannungsreiche Stufung des Weltbildes der Mensch sich hineinimaginieren kann.

Meistens nehmen wir kühlen Wissenschaftler und Weltbildtheoretiker solche Zustandsveränderungen ohne weitere Emotion und ohne seelische Anteilnahme hin. So sehr sind wir abgebrüht.

Was sich nun aber an wirklichen existentiellen Schicksalsspannungen im normalen Menschenleben verbirgt, machen wir uns nicht klar.

Über die wirkliche existentielle Not zwischen täglicher Realsituation und überirdischem Wunschbild, die der an seinen Planeten Erde gekettete Mensch auszuhalten hat, belehrte mich der Holzschnitt, den mir 1979 mein Freund, der Graphiker Walter Schmidt, am Neujahrstag überreichte. In der künstlerischen Manier und im inhaltlichen Geiste von Frans Masereel inspiriert, erläutert die Unterschrift des Holzschnittes, wie sein Sinn auf das Leben von uns allen Menschen bezogen ist:

«Ein hoher Berg,
ein unbekanntes neues Jahr.
Beide wollen bezwungen sein.
Dazu helfe uns die Sonne
der Hoffnung.»

Walter Schmidt. Neujahrsblatt für 1979. Holzschnitt.

Hugo Höppener, gen. Fidus. «Lichtgebet». 1922.

Ernst Würtenberger. Abschiedsgruß an das Hofgut Braunenberg. Postkarte. 1929.

Aber es gab auch wieder enthusiastischeres In-den-Himmel-sich-hineinbegeben-Wollen.

Schließlich malte 1922 Fidus (eigentlich Hugo Höppener) sein vielbewundertes «Lichtgebet». Der nackte Mensch reckt sich auf einem Felsengipfel den Wolken und dem Lichte entgegen. Mit den weit ausgebreiteten Armen will er den Allraum umspannen und ihn sehnsuchtsvoll umarmen.

In der gleichen Stellung, mit ausgebreiteten allumspannenden Armen, winkt mein Vater Ernst Würtenberger als Wanderer, mit Mütze und Spazierstock in den Händen, einen Abschiedsgruß dem Hofgut Braunenberg zu, das er 40 Jahre lang, von 1893 bis 1932, während der Ferienzeit besuchte. Diese außerordentliche allgeöffnete Haltung vertraute mein Vater einer Postkarte von 1929 an.

Wie man sich aber nun den ungeheuren Vorgang vorstellen soll, daß der Mensch das Ziel seiner letzten Sehnsucht nicht nur vergebens anstrebt und zu erreichen versucht, sondern tatsächlich erreicht und wie, wenn er überhaupt bildlich darstellbar ist, davon gibt uns das Gemälde der Auferstehung Christi von Matthias Grünewald im Isenheimer Altar eine Ahnung.

Die gewaltigste Seinssphärendistanz und der ungeheuerlichste Verwandlungssprung, die wir irdische Menschen uns ausdenken können, nämlich von unserer irdischen Existenz zur göttlichen Allheit, überwindet Christus im Gemälde von Matthias Grünewald in steilem Aufschweben. Plötzlich verwandelt sich der Körper Christi in kosmische Sphären. Die Auffahrt kommt zur Ruhe. Die Gestalt Christi vereinigt sich mit dem Symbol der Allheit und höchsten Vollkommenheit des Seins, mit der Aura des kosmischen Kreises.

In dieser Aureole verliert Christus alle irdische Schärfe und Bedingtheit und geht über in reines Licht, in das über alles erhabene Reich des kosmischen Alls, in den Quell allen Seins.

Matthias Grünewald. Der Isenheimer Altar. Der auferstandene Christus in der Glorie.

c) Rückgängigmachung der Zeit und Rückkehr zum Ursprung

Die Vorstellung, daß sich durch den Tod die Möglichkeit ergibt, daß der Mensch wieder ins Weltganze zurückgenommen wird, ist in der Geschichte des Denkens der Menschheit eine oftmals gefaßte Vorstellung. Sie entspricht der Weltauffassung, wenn man vom Begriff des Weltganzen ausgeht, so wie ich dies in der Gestaltung und im Ablauf meiner hier vorliegenden Biographie unternommen habe.

Bei folgenden Autoren bin ich auf literarische Stellen gestoßen, die das Rückgängigmachen der Zeit und das Eingehen in das überpersonale All des Weltganzen nach dem Tode des Menschen annehmen und beschrieben.

Mircea Eliade berichtet in seinem Buche «Die Sehnsucht nach dem Ursprung», daß es einen Totenkult gibt, bei dem symbolisch die embryonale Frühphase des Menschen in ihrer fortschreitenden zeitlichen Entwicklung und Entfaltung wieder rückgängig gemacht werden soll. Die zeitliche Entwicklung wird in ihr Gegenteil verdreht. Durch folgendes Ritual wird dies bewirkt. Der Priester hebt neunmal den Toten auf, um zu zeigen, daß der Tote wiederum durch die neun Monate der Schwangerschaft geht. Die Absicht und der Zweck liegt darin, daß der zeitliche Ablauf der Schwangerschaft rückgängig gemacht werden soll, damit der Tote wieder an den Anfang seines Seins kommt. Geschähe dies nicht, würde sich der Tote immer neu vom Ursprung, von seiner Urheimat des Anfanges, gleichsam ziellos entfernen.

Carl Hentze schreibt in seiner Abhandlung «Das Haus als Weltort der Seele»: « ... die Andere Welt, die ‹Totenwelt› entspricht unserer Welt, aber in einem anderen Ordnungsgefüge, einem umgekehrten. Nur bei den Toten sind sie es nicht mehr. Der Tod hat eine Ordnung aufgehoben. Mehr kann er nicht tun und er hat beileibe nicht alles vernichtet und jede gewesene Ordnung zerstört, er hat sie nur umgedreht, und so ist eben nichts mehr an seinem Platze. Das zyklische Denken rechnet damit, daß eine weitere Umdrehung alles wieder an seinen richtigen Platz bringt, weil es keine Unabänderlichkeit gibt.

Die Toten lassen die Kette der Kraft nie abreißen.

Nur das lineare historische Denken mit seiner Irreversibilität erlebt jeden der Punkte, aus denen sich die schnurgerade Linie der Geschichte zusammenfügt, als das Gewesene, das niemals wiederkehrt, als einen endgültigen Bruch. Bei dem zyklischen Denken aber verlangt außerdem das Bedürfnis nach Anschaulichkeit danach, daß man die verkehrte Welt auch sehen kann, daß sie also dargestellt wird.»

Über die Rückkehr zum Ursprung machte sich Thomas von Aquin folgende Gedanken: «Die Gesetze der Natur und der Gnade in der Bewegung des Universums.

Beim Hervorgang der Geschöpfe aus ihrem ersten Ursprung treffen wir eine gewisse Kreisbewegung oder Rückdrehung an, indem alle Geschöpfe zu dem als zu ihrem Ziel zurückkehren, von dem sie als ihrem Ursprung ausgegangen sind. Daher gilt, daß durch dasselbe, wodurch der Ausgang vom Ursprung sich vollzieht, auch die Rückkehr zum Ziele erfolgt.

Nun haben wir gesagt, daß der Hervorgang der (göttlichen) Personen der Grund ist, die Hervorbringung der Geschöpfe aus ihrem ersten Ursprung. Der gleiche Hervorgang muß also auch der Grund für die Rückkehr zum Ziel sein: die wir durch den Sohn und den Heiligen Geist geschaffen sind, so werden wir durch sie auch mit dem letzten Ziel vereint. Der Hervorgang der göttlichen Personen in die Geschöpfe hinein kann somit unter einem doppelten Hinblick betrachtet werden, entweder als Grund des Ausgangs vom Ursprung; dann betrachtet man den Hervorgang von den natürlichen Gaben her, mit denen wir ausgestattet sind. Die Weisheit und Güte Gottes gehen ein in die Geschöpfe, sagt Dionysius [...] Aber dieser Hergang kann auch betrachtet werden als Grund der Rückkehr zum Ziel, damit faßt man nur jene Gaben ins Auge, die uns unmittelbar mit dem Endziel, das heißt mit Gott vereinen und das ist die heiligmachende Gnade und die Himmelsherrlichkeit.»

Denselben Grundgedanken faßt Walt Whitman in den «Grashalmen» mehr in poetisch moderne Vorstellungen. Sehr leuchtet aus seinen Worten die Heimkehr der Seele zu ihrem Ursprung.

«Durchfahrt nach Indien»
7

«Ja – Durchfahrt, o Seele, zum Erstlingsgedanken!
Nicht zu Ländern und Meeren nur, sondern zu seiner eigenen klaren Frische,
Zu der jungen Reife eines Werdens und Blühens,
zu den Gefilden keimenden Gotteswortes.
O Seele, unbenennbare, ich mit dir und du mit mir,
Beginne die Umseglung der Welt, des Menschen, –
Die Heimkehr – Reiche seines Geistes
Zum Ursprung früher Paradiese
Zurück, zurück zur Wiege der Weisheit, zu den Erkenntnissen der Unschuld,
Zurück zur reinen Schöpfung.»

Diesen Autoren schließe ich mich ganz in ihrem Glauben an, daß die vom Menschen rational nicht erfaßbare Rückkehr der Entwicklung des Weltallganzen zum Ursprung des Anfangs stattfindet.

Voraussetzung ist allerdings, daß die irdischen Widersprüche und Ungenügendheit, die unserem nicht weltganzheitlichen Denken anhaften, aufgehoben werden. Das heißt in diesem Falle, daß Begriffspaare, wie Anfang und Ende, nicht mehr gültig sind.

Daraufhin erfolgt die Rücknahme dessen, was am Anfang der Biographie (vgl. S. 27) in den Worten: «Der Kreis öffnet sich» festgestellt wurde, und man kann sagen:

DER KREIS SCHLIESST SICH

II. Das Weltganze

«Alles ist eines – Eines in Allem». Ostasiatische Malerei.

Wir sind immer mehr an den Anfang unserer Wanderung gekommen, die ob ihrer Grandiosität am Beginn dieses Buches als «verwegenes, irres Unternehmen» benannt wurde.

All dies, was war und mit ungeheurem Aufwand an pausenloser Denkarbeit durchgeführt wurde, ist kaum mehr bemerkenswert. Begriffe wie menschliches Wollen haben längst ihren Dienst aufgekündigt. Und nach der schwachen und unzulänglichen Denkapparatur des Menschen, und im besonderen des Geschöpfes Franzsepp Würtenberger, wird gar nicht mehr gefragt. Alles Gelebte und Erdachte, Geformte und Ungeformte entschwindet in einem fernen Horizont.

Die Welt und das All haben schon längst dieses Wesen, dieses lächerliche Nichts und Nihil, das einstmals mit der Benennung Franzsepp Würtenberger geschmückt wurde und sich selber so zu nennen angewöhnt hatte, ins Meer der Vergessenheit gestürzt.

Es ist uns, als ob überhaupt nichts, gar nichts geschehen wäre. Der nichtige Lebewesenpunkt hat schon längst einem unendlich größeren, mächtigeren und umfassenderen Zusammenhang Raum und Zeit gegeben und ist zu irgendeinem Partikel des großen Universum-Ganzen zusammengeschrumpft, verwischt und aufgesogen, oder positiv gewendet, was man mit gleicher Berechtigung sagen kann: aufgestiegen!

Und es stimmt, auf mich bezogen, wieder die alle Bedenken und Hemmnisse überrennende Weltrechnung und Kausalkette:

Das Weltall ist Ich und
Ich bin das Weltall.

Mit dem Aufgehen im All hat der Mensch seine eigentliche Aufgabe, sowohl als Verpflichtung wie als Sich-selbst-Aufgabe, das Ziel seiner Bestimmung erreicht.

Anfang und Ende, Ende und Anfang fügen sich zu einer Einheit im alles verzehrenden und alles gebärenden Weltganzen.

Um aber die unausdenkbare, ungeheure Wucht dieses Vorganges, der alle Möglichkeiten unseres menschlichen Denkens und gehirnlichen Vorstellens überschreitet, unserem Denken nur andeutungsweise klarzumachen, seien dieselben Sätze zitiert, mit denen dieses Buch begonnen wurde und beendet wird. Es herrscht:

«Die leere Unendlichkeit.
Ohne Entstehen, ohne Zukunft.
Ein Lichtschein umgibt die Welt des Geistes.
Man vergißt einander, still und rein, ganz mächtig und leer.
Die Leere wird durchleuchtet vom Schein des Herzens des Himmels.»

Gedanken über ein Denkmal des Denkers

Das Denken über die Welt (über ihren Aufbau, über ihre Gesetze, über ihr Funktionieren, über ihren Organismus, über die Maschine Welt) ist an sich längerwährender als alle irdisch-weltlichen Handlungen. Das Denken hat Bestand in sich, als Wert an sich. Das Denken über die Welt ist das einzige, dem Menschen würdige und alle Zeiten irdischer Vergänglichkeit überstehende, überzeitliche, nie wieder zerfallende Denkmal. Die geistige Tat ist unsterblich, nicht aber die tatsächliche Tat.

Das Denken über die Welt kommt, wie die Seele des Menschen, vom überzeitlichen Himmel, und das einmal Gedachte und Ausgesprochene ist von selber schon wieder im Himmel und dort ewig während, unvergänglich aufgehoben und geht dort nie unter. (7.1.1972)

Das Weltganze 565

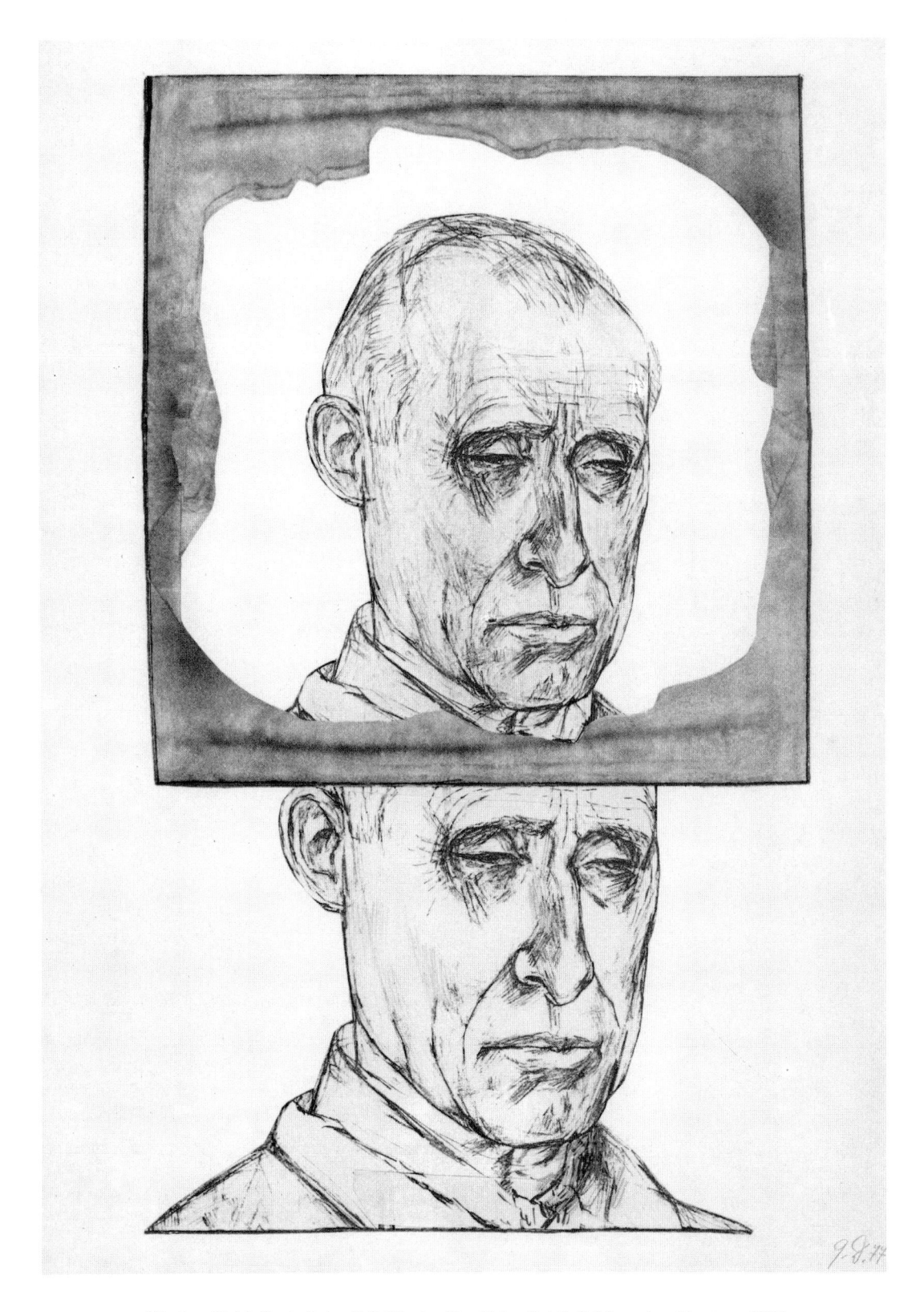

Günther Diehl. Portrait des F. S. W. als «Der Sich-selbst-Reflektierende». Montage. 1977.

INHALT

Seite

Einstimmung des Lesers in die Lektüre meiner Biographie 5

Das Weltganze und Ich

I. Das Weltganze 7
II. Kosmos und Mensch 13
III. Der Kosmos-Mensch 19
IV. Übergang vom Weltganzen über das Weltganze und Ich zum ausschließlichen Ich 24

DER KREIS ÖFFNET SICH 27

Die Prämissen zur speziellen Existenz meines Ichs

I. Ich und meine Ahnen 28
II. Meine Ahnen väterlicherseits 29
   Die Sippe der Würtenberger in Küssnach im 18. und 19. Jahrhundert
III. Meine direkten Ahnen väterlicherseits in Dettighofen und anderswo 30
IV. Meine Ahnen mütterlicherseits 46
V. Ich als Sammelbecken und Widerspiegelung aller meiner Ahnen 48
VI. Die Vorfahren meiner geistigen Entwicklung 50
   (Ich und die Evolutionstheorie von Darwin und Haeckel bei meinen Vorfahren und in meinen eigenen Schriften)
VII. Ich und die Projektierung meiner Person 53

Der Einstand zu meinem Lebensweg

I. Ich als Embryo 55
II. Meine Geburt 57
III. Mein Ich als Mittelpunkt der Welt 60
IV. Ich und meine Namen Franzsepp und Bepp 62
V. Ich und meine Schicksalszahl 9 64
   Ich als Apoll und die neun Musen
VI. Ich und der «Club der Neuner» 66
VII. Ich und die Problematik des kulturhistorischen und zivilisatorischen abendländischen Zeitpunktes meiner Geburt und die Ausgangsbasis meiner geistigen Existenz: das Jahr 1909 77
   1. Allgemeine Seelen- und Welterkenntnislage . . . 77
   2. Allgemeine Kulturlage 79
   3. Allgemeiner Stand der Kunst 79
   4. Stand der Kunstgeschichtsschreibung 81
   5. Allgemeiner Stand der Errungenschaften der Technik 81

VIII. Ich und die Kenntnisnahme meiner Geburt 83
IX. Das frühe Auftauchen meiner Person in der Porträtmalerei meines Vaters 86
X. Ich und mein Nicht-Geburtshaus 91
XI. Das Maleratelier meines Vaters und die Idee des Maleratelier als Kultraum 95

Meine zweite Geburt: Die Welt meiner Kinderzeichnungen

I. Biologische Voraussetzungen der Tätigkeit des Zeichners 97
II. Nachklänge und Rückerinnerungen an meinen Zustand als Embryo im Mutterleib
   Höhle und Wohnung 101
III. Ich und die Welt der Zauberer 108
IV. Ich und der Dadaismus 1915–1919 120
V. Ich und das Paradies der Tiere 123
VI. Ich und die Welt der Akrobaten 137

Erste bewußte Weltbildprojekte (1919–1920)

I. Ich als Chronosmensch 156
II. Die 10 Weltbildpositionen 167
   1. «Großes Rad» 167
   2. «Alpenhütte» 169
   3. «Das Meerschiff» 171
   4. «Johann Wilhelm von Archenholz» 171
   5. «O. Biders Flug über das Jungfraujoch (3 474 m)» 172
   6. «Das Wappen der Würtenberger» 173
   7. «Drache» 173
   8. «Das Grundlein» 175
   9. «Das Kasperle-Theater» 177
   10. «Der Christbaum» 179

Abstieg vom weltganzheitlichen Einheitsdenken des Kindes zum Vielheitsdenken des Erwachsenen (1921–1930)

I. Die Zeichnungen der Bibel und der antiken Mythologie 182
II. Erstmals in den Klauen der Moral 184
   Die Einengung der Freiheit des Kindes und das Einschwenken auf die rationalen Ordnungssysteme
III. Erste Begegnungen mit dem Zeitgeschehen 191
IV. Meine Selbstbildniszeichnung als Dreizehnjähriger von 1922 und Albrecht Dürers Selbstbildniszeichnung als Dreizehnjähriger von 1484 193
V. Abstieg vom weltganzheitlichen Einheitsdenken zum Vielheitsdenken 196
VI. Ich und die Welt als Bühne des selbständigen Handelns 200
VII. Vom Kinderbuch zur Bibliothek 205

VIII. Von der Einsprachigkeit zur Mehrsprachigkeit... 206
IX. Vom Spiel des Kindes zum Sport des Knaben ... 207
X. Ich und meine Wandlung vom bildenden Künstler zum literarischen Kunsthistoriker 209
XI. Ich und die Bildungswelt des Gymnasiasten 1924–1929 214
XII. Ich und die erste Konfrontation mit der Anti-Kultur der Technik 1928/1929 216

Weitere Schrumpfung des Weltganzheitsgefühls
Das Fachstudium der Kunstgeschichte (1930–1932)

I. Zwischen Gymnasium und Universität........ 221
Ich und die Reise nach Paris und in die Touraine
II. Ich und das Studium der Kunstgeschichte
Freiburg i. Br. 223
Wien
Meine Hinfahrt nach Wien. Meine Wallfahrt zu Michael Pachers Altar in St. Wolfgang am Abersee bei Salzburg............................ 228
Wien
Sommersemester 1931
Die Kaiserstadt als weltganzheitlicher Kulturkosmos........................... 229
Meine erste Begegnung mit der barocken Deckenmalerei 236
Vorstoß zu den Ursprüngen der abendländischen Kunst in der römischen und altchristlichen Epoche 237
Der 50. Geburtstag meiner Mutter am 16. Mai 1931 und das Doppelporträt der zwei Studenten .. 239
München
Wintersemester 1931/32................. 240
Hamburg
Sommersemester 1932................... 244
Mein Referat über: «Die Ausbreitung des Stils des Königsportals der Kathedrale von Chartres»..... 245
Die kulturwissenschaftliche Bibliothek Warburg .. 250
Meine Reise nach Wismar und der jäh unterbrochene Einstand zum Wintersemester 1932/33 in Hamburg 251

Der Doktorand. Erste Schritte zur eigenen Forschung (1932–1935)

I. Die Krankheit meines Vaters.............. 252
II. Mein Studium an der Technischen Hochschule in Karlsruhe 253
III. Ich und meine Dissertation: «Das holländische Gesellschaftsbild»........................ 253
IV. Mein gescheiterter Versuch, eine Monographie zu schreiben: «Die Kunst Martin Schongauers» 263

Mancherlei unsicher tastende Versuche, einen eigenen Ort und Weg in der Kunstforschung zu finden (1936–1951)

I. Ich als Museumsvolontär an der Staatlichen Kunsthalle in Karlsruhe 265
II. Ich als Forschungsstipendiat an der Bibliotheca Hertziana in Rom 266
III. Ich und das Gesellschaftsspiel der Berühmten Männer............................. 269
IV. Ich als Universitätsassistent und Dozent in Graz.. 286

Gänzlich neues Lebens- und Forschungskonzept nach der Weltbilderschütterung infolge des Zweiten Weltkrieges

I. Stockach
Sommer 1945 – Frühjahr 1949
Meine Selbstbildniszeichnung am Vorabend des 65. Geburtstages meiner Mutter am 16. Mai 1946.. 292
Maßnahmen zur Förderung meiner Rekonvaleszenz 293
Meine 100 Vorträge im Stockacher Kreis 294
Mein Vortrag: Die Gehalte der modernen Malerei 294
Meine Freundschaft mit dem Maler Dr. Adolf Eiermann 295
Die Eröffnungsrede der Ausstellung «Französische Impressionisten» 297
II. Freiburg im Breisgau
1949–1951
Stellenlos............................. 298
Meine Selbstbildniszeichnung vom 7. Juli 1946 ... 298
Ich als Dozent für Kunstgeschichte an der Akademie der Bildenden Künste in Freiburg i. Br. 300
Vortrag und Brief über Picasso 300
Die zwei Vorträge über das Tafelbild 302
Ich und Hans Sedlmayrs Buch «Der Verlust der Mitte» 302
Mein Vortrag über die Bedeutung der Ruine 304
Meine Freundschaft mit Claus Bremer 305
Eine Reportage in der «Frankfurter Illustrierten».. 306
Empfindungen an meinem 40. Geburtstag am 9.9.1949............................. 307
III. Übersiedlung nach Karlsruhe 1951 308

Der Weltbildtheoretiker anhand der Malereigeschichte (1951–1980)

I. Ich und Pieter Bruegel d. Ä. 309
II. Die Geschichte des Malerateliers. 1948–1955.... 315
III. Die Maler als Wanderer 1800–1850 318
IV. Weltbild und Bilderwelt. 1955–1958 322
V. Die Wirkung von Weltbild und Bilderwelt
a) Allgemeine Wirkung und Nichtwirkung...... 324

  b) Emil Wachter und seine «Bilderwelt in Beton»   326
  c) Eine Kunstausstellung unter dem Motto meines Buches «Weltbild und Bilderwelt» 1984/85 im Stuttgarter Kunstverein   327
 VI. Die Folge der Großen theoretischen Weltbildsystem-Zeichnungen   329
 VII. Ich und mein Buch über den Manierismus 1960–1962   332
 VIII. Ich und Salvador Dali   337
 IX. Malerei und Musik 1963–1978   339
 X. Das Weltbild meines Barockbuches 1964–1967   344

Abrechnung mit dem zeitgenössischen und technischen Weltbildsystem. Der Kampf zwischen Kunst und Technik, zwischen Geist und Materie

 I. Maschine und Kunstwerk. Buchmanuskript 1967–1970   351
 II. Die Stellung des Ingenieurs und des Künstlers innerhalb des modernen, technischen Weltbildsystems. Ein Kapitel aus dem Buchmanuskript «Maschine und Kunstwerk». 1970   358
 III. Meine Abschiedsvorlesung über «Maschine und Kunstwerk» 1971   363
  Die Wiederholung meiner Abschiedsvorlesung im Kunsthistorischen Institut der Universität Tübingen am 25. 11. 1971   367
  Eine weitere Auswirkung meiner Abschiedsvorlesung am 17. Februar 1973 in Dortmund vor dem Westfälischen Industrie-Club   367
  Zur Veröffentlichung meiner Abschiedsvorlesung   367
  Maschine und Kunstwerk   368

Die Architektur im Brennpunkt von kosmischen Kräften

 I. Die Trilogie:
  1. Architektur und Licht   382
  2. Architektur und Farbe   384
  3. Architektur und Gold   385
 II. Architektur und Kosmos oder Ich und die Wiedergewinnung des Himmels
  Materialsammlung zu einer Abhandlung. 1974 ff.   385
 III. Die Architektur der Lebewesen   388
  (Die Pflanzen, die Tiere, die Eingeborenen, die Götter, die Menschen der Hochkulturen, das Pseudo-Lebewesen: die Maschine)

Reden und Vorträge zur Karlsruher Architektur

 I. Karlsruher Straßennamen und ihr Weltbildkonzept 1975   391
 II. Die Südtangente in Karlsruhe 1975   400
 III. Die stille Zerstörung 1975   404
 IV. Beitrag zur Feier des 50jährigen Bestehens des «Dammerstockes» im Rathaus Karlsruhe am 14. 12. 1979   420
 V. Eine Bahnfahrt von Karlsruhe nach Ulm und Ehingen. Ich und meine Farben: Gelb und Orange   423

Tagebuchartige Notizen und Aufschreie zum Problem der Vertechnisierung unserer Welt und Kunst (1971–79)

 I. Frühes Innewerden der negativen Eigenschaften unseres modernen, technisch orientierten Weltbild-Systems. 1954   425
 II. Ermüdungserscheinungen in meiner oppositionellen Haltung gegen die heutige allgemeine Weltanschauung   426
 III. Meine erste öffentliche Absage an die moderne vertechnisierte Architektur und Kunst   426
 IV. Eine Stelle aus dem Buch von Margarete Susmann: «Deutung biblischer Gestalten»   428
 V. Mahnzettel: Gegen den Übermenschen   428
 VI. Überdruß an der sich ewig neu und jung gebärdenden Moderne   428
 VII. Ich und Franz von Assisi   429
 VIII. Ich und der 15. Oktober 1975   431
 IX. Am 23. Oktober 1975, am 107. Geburtstag meines Vaters   432
 X. Über den modernen Menschen   433
 XI. Ich und die allerneuesten Kunstrichtungen. Bis hierher und nicht weiter   433
 XII. Nochmal Absage an die Moderne   434
 XIII. Grundsätzliche Abscheu und Widerwillen gegen die moderne Kunst   435
 XIV. Postkarten vom 11. Juni 1979 und 8. Juli 1981   435
 XV. Ich als Gegner der Megatechnik   436
 XVI. Meine Reaktion auf die heutige politisch weltethisch gefährdete Situation   436
 XVII. Das Urteil von Eberhard Doser über meine kritisch-mahnende Einstellung zu den modernen Künstlern   436

Ich und der Abbau meiner Kräfte und das Wissen um die Allwerdung des Menschen mit dem Universum (1971–1983)

 I. Der Versuch zur Rückkehr zum normalen, natürlichen Seinszustand nach meiner Pensionierung   437
 II. Ablösung vom Immer-Noch-Mehr-Wissen-Wollen   438
 III. Überdruß am Immer-wieder-das-selbe   439
 IV. Der Lebensabbau als «Schule der Greise»   440

V. Ich und der vermeintliche Zenit meines Weltwissens als 7 × 9 = 63jähriger im Jahre 1972 441
VI. Ich und mein Auge und mein Auge als Ich 443

Ich als Weltethiker

Das Anti-technische Museum

I. Brief an den Ministerpräsidenten Lothar Späth . . 444
II. Das Technische Landesmuseum als weltethische Aufklärungsstätte 449
III. Zusätzliche drei Weltbildschemata aus dem Buddhismus und vier Entwürfe für die mögliche Bebilderung der Ausstellungsräume des Antitechnischen Museums 466
IV. Das Architekturmodell für den Wettbewerb Baden-Württembergisches Landesmuseum für Technik und Arbeit in Mannheim 467
V. Die Zuflucht des Architektur-Modells des Landesmuseums für Technik und Arbeit in Mannheim in meinem eigenen Hause in Karlsruhe. 485

Ich als Lebensweg-Denker

I. Ich als Husar und Weltenherrscher 486
II. Ich als Zahlen-Magier 505
III. Die Sehnsucht nach der Unterhaltung mit Verstorbenen 508
IV. Ich und meine Auseinandersetzung mit den historischen und modernen Lebenslaufschemata. 515
Die Altersstufen des Menschen als Lebenswegbrücke 518
Arnold Böcklins Gemälde «Vita somnium breve» 522
Lebenslaufschemata der Moderne: Saul Steinberg 523
Die Metamorphose des Menschen in Tiergestalten bei Saul Steinberg 528
Die Verfremdung des Menschen durch Geometrisierung 530
Meine Auffassung des Lebenslaufschemas 532
Kritik an den modernen Lebenslaufschemata 537

Ich in der Spannung zwischen Zeit und Ewigkeit

I. Ich und mein Denken über Erde und Himmel, über Zeitlichkeit und Ewigkeit 538
II. Ich und das Zeit- und Todesproblem im modernen technischen Weltbilddenksystem 543
III. Ich und der Tod 548
IV. Gedanken über die Gestaltung meines Grabes. . . 551
V. Die Höhle als zweipoliger Seinsort des Menschen (Grab und Uterus) 551

Ich und das Weltganze

I. Übergang vom Ich zum Weltganzen
 a) *Aufhebung der Macht der Zeit, des Gottes Chronos* 557
 b) *Sehnsucht nach dem Aufgehen im All* 558
 c) *Rückgängigmachung der Zeit und Rückkehr zum Ursprung* 562

DER KREIS SCHLIESST SICH 563

II. Das Weltganze 564

Gedanken über ein Denkmal des Denkers 564

Foto-Nachweis

Birnesser, Bernd: S. 152

Foto-Gleis, Karlsruhe: Umschlagbild, S. 21, 313

Bibliotheca Hertziana, Rom: S. 279, 283, 284

Huber, Hans, Stuttgart: S. 468, 482, 484, 551

Kneer, Munderkingen: S. 11, 542

Mechau, Thilo, Karlsruhe: S. 41, 47, 526

Neue Galerie, Graz: S. 287

Staatliche Kunsthalle, Karlsruhe: S. 411, 416

Rot, Hannah: S. 192

Schäffer, Manfred, Karlsruhe: S. 49, 87, 119, 133, 161, 206, 342, 350, 439, 449

Schaufelberger, Benedikt: S. 149

Schlesiger, Horst, Karlsruhe: S. 363

Schmidt, Walter, Karlsruhe: S. 154, 273, 505, 535

Wachter, Felix, Karlsruhe: S. 326

Weirich, Helmut: S. 334, 552

Würtenberger, Julian, Stuttgart: S. 127, 152

Würtenberger, Monika, Karlsruhe: S. 101 (rechts), 202, 230, 293, 485

Bilder-Nachweis

S. 59
aus Paula Dehmel und Karl Hofer «Rumpumpel», Agora Verlag, Berlin-Dahlem, 1978, das Blatt «Geht leise».

S. 456
aus Janos Frecot, Johann Friedrich Geist und Diethart Kerbs «Fidus 1868–1948 (Hugo Höppener)», Rogner und Bernhard, München 1972, S. 246 «Der Tempel der Erde» (2 Ansichten, Fassade und Grundriß), S. 295 (Betender Knabe, dat. 1910).

S. 285
aus Bonaventura Genelli «Aus dem Leben eines Künstlers», im Propyläen-Verlag, Berlin, 1922, Blatt 24.

S. 121 und 122
aus Carla Giedeon-Welker «Paul Klee», Verlag Gerd Hatje, Stuttgart, o. J., Abb. 31 und 169. © 1986, Copyright by Cosmopress, Genf.

S. 506
aus C. G. Jung «Psychologie und Alchemie», Walter-Verlag, Olten und Freiburg i. Br., 1975, Abb. 59 und 60.

S. 177 und 419
aus Saul Steinberg «Labyrinth», Rowohlt-Verlag, Hamburg, 1954.

S. 158, 528, 529, 530, 531
aus Saul Steinberg «Der Inspektor», Rowohlt-Verlag, Hamburg, 1965.

S. 524, 525, 526
aus Saul Steinberg, «Passeport», Rowohlt-Verlag, Hamburg, 1949.

S. 457
aus Bruno Taut «Frühlicht 1920–1921», Verlag Ullstein, Berlin-West, 1963, Abb. S. 34 und S. 36.

S. 168
aus Friedrich Weinreb «Texte zum Nachdenken. Buchstaben des Lebens», Verlag Herder, Freiburg i. Br., 1979, Abb. S. 7.

S. 478
aus Gertrude Winkelmann-Rhein «Blumen – Brueghel», Verlag M. Du Mont-Schauberg, Köln, 1968, Abb. S. 30.

S. 450, 453
aus dem Katalog «Weltausstellungen im 19. Jahrhundert». Die Neue Sammlung, Staatliches Museum für angewandte Kunst, München, 1973, Abb. S. 11, 77 und 95.

Zeichnungen nach Entwürfen von F. S. W.

I. Bonheim, Hans: S. 172, 199, 559

II. Diehl, Günther: S. 470–475

III. Gsedl, Ingo: S. 28, 31, 49, 52, 85, 124, 263, 353, 461

IV. Dr. Kircher, Gerda Franziska: S. 262, 330, 331

V. Würtenberger, Monika: S. 365, 464 unten, 465.